河南国土资源年鉴

2010

河南省国土资源厅办公室　编

中国大地出版社
·北京·

图书在版编目（CIP）数据

河南国土资源年鉴 . 2010 / 河南省国土资源厅办公室编 . －北京：中国大地出版社，2011.2

ISBN 978-7-80246-415-5

Ⅰ. ①河… Ⅱ. ①河… Ⅲ. ①国土资源－河南省－2010－年鉴 Ⅳ. ① F129.961-54

中国版本图书馆 CIP 数据核字（2011）第 014915 号

HENAN GUOTU ZIYUAN NIANJIAN 2010

责任编辑：赵 芳 滕 菲 贺秋梅

出版发行：中国大地出版社

社址邮编：北京市海淀区学院路 31 号 100083

电 话：010-82324508（邮购部） 82329120（编辑部）

传 真：010-82329024

网 址：www.chinalandpress.com 或 www. 中国大地出版社 . 中国

印 刷：河南传美印刷有限公司

开 本：889 mm × 1194 mm 1/16

印 张：47

彩 插：104 面

字 数：1350 千字

版 次：2011 年 2 月北京第 1 版

印 次：2011 年 2 月河南第 1 次印刷

印 数：1 － 500 册

书 号：ISBN 978-7-80246-415-5

定 价：180.00 元

河南省国土资源厅党组书记、厅长张启生

简　介

河南省林州市人，1954年4月出生。1972年7月参加工作，1981年8月加入中国共产党，中央党校在职研究生学历。先后任河南省林县东姚乡党委办公室干事、林县县委办公室干事、秘书组负责人、县委办公室副主任、机要科科长，河南省内黄县县委常委、宣传部长、县纪委书记、县委副书记，河南省安阳市纪委副书记、安阳市市委常委、宣传部部长、市纪委书记、市委副书记。2006年2月至今，任河南省国土资源厅党组书记、厅长。

河南省政区图
图例
省会
省辖市
县、市、区
省界
省辖市界
县、市、区界
复线铁路
单线铁路
窄轨铁路
高速公路
国道
省道
河流、水库
比例尺 1:2 650 000

着力服务好“扩内需、保增长”以“十个突出、十个确保”为重点

——河南省国土资源管理工作会议要求

张大卫副省长作重要讲话

2009年2月10～11日，河南省国土资源管理工作会议在郑州召开。会议全面总结了2008年全省国土资源管理工作，要求全省国土资源系统准确把握国土资源形势，以“十个突出、十个确保”为工作重点，着力服务好“扩内需、保增长”，促进全省经济平稳较快发展。河南省副省长张大卫、国家土地督察济南局副局长刘志萍出席会议并作重要讲话。张大卫副省长在讲话中，充分肯定了2008年全省国土资源工作取得的成绩，强调国土资源工作面临着当前扩大内需、保持经济平稳较快增长带来的资源保障压力，各地要紧紧抓住新一轮土地利用总体规划修编的机遇，进一步优化土地利用结构和布局，积极为现代产业体系、现代城镇体系、自主创新体系的构建与产业集聚区的发展创造条件。

张启生厅长作工作报告

大会会场

河南省国土资源厅厅长张启生作了题为《把握形势，主动作为，以奋力拼搏的精神推动国土资源工作再上新台阶》的工作报告。

省发展改革委、监察厅、财政厅、住房和城乡建设厅、环保厅等省直有关单位负责人，各省辖市主管副市长，巩义等47个扩权县（市）主管副县（市）长应邀参会。各省辖市国土资源局、省铁路土地局、河南油田土地管理局局长、办公室主任，各县（市、区）国土资源局（地矿局）局长以及厅机关副处级以上领导、厅属各单位负责同志等共400多人参加了会议。

各省辖市国土资源局局长向厅长递交工作目标责任书

河南省国土资源厅认真总结学习实践科学发展观活动成果

2009年2月27日，河南省国土资源厅召开深入学习实践科学发展观活动总结大会，厅党组书记、厅长张启生强调，要不断深化学习实践活动中取得的重要共识，巩固扩大学习实践活动成果，进一步提升国土资源管理水平，加强部门自身建设，增强执行力，做好新形势下国土资源管理工作。

在郑州的厅领导，厅机关全体党员、厅属各单位中层以上党员领导干部，在省厅主会场参加会议。各省辖市国土资源局、局属各单位中层以上党员领导干部，各县（市、区）国土资源局党组书记及学习实践活动群众代表在各省辖市国土资源局分会场参加了会议。

全省国土资源信访稳定工作会议在郑召开

2009年3月2日，河南省国土资源厅在郑州召开全省国土资源信访稳定工作会议，全面总结2008年国土资源信访稳定工作，表彰全省国土资源信访稳定工作先进单位和个人，对2009年信访稳定工作进行了安排部署。

张启生厅长在总结讲话中强调，要强化责任，严明奖惩，确保信访工作上台阶、上水平。

会上，对2008年信访稳定工作先进单位和先进工作者进行了表彰。郑州市、济源市、永城市、新野县代表在会上作了典型发言。

中共河南省委书记徐光春到省厅检查指导“讲、树、促”教育活动

2009年5月17日下午，在副省长张大卫的陪同下，中共河南省委书记、省人大常委会主任徐光春，深入到省国土资源厅检查指导“讲、树、促”教育活动。

徐光春书记逐一观看学习成果展板

徐光春书记听取了厅党组书记、厅长、活动领导小组组长张启生关于“讲、树、促”教育活动开展情况的汇报，并实地观看了提高阶段省厅各党支部（总支）学习成果展板。省纪委驻国土资源厅纪检组长、活动领导小组办公室主任司喜云具体介绍了学习宣传展板评比情况。

徐光春书记对30块宣传展板逐一观看并进行点评。他高度评价了我厅教育活动工作取得的成效。他指出，国土资源厅学习教育活动站位高远、主题鲜明、载体丰富、特色突出。主要体现在：领导高度重视。工作抓与不抓不一样，一般抓与认真抓不一样，学习形式新颖。展出的学习宣传展板文字不多，内容丰富，形式很好，各有特色；相互之间有展示，能够相互比较、相互学习、相互促进。针对下一步教育活动，徐光春书记强调：教育活动要与“决战二季度、齐心破危局、全力谋发展”相结合，抓住当前存在的突出问题，积极应对，攻坚克难，科学谋划，全力以赴做好“保增长、保民生、保稳定”工作。

徐光春书记还饶有兴致地参观了河南省地质博物馆。

徐光春书记一行参观省地质博物馆

上百专家学者齐聚郑州 共商深部找矿良策

上百专家学者齐聚郑州 共商深部找矿良策

2009年5月20日，由河南省国土资源厅主办、省地矿局承办的“推进整装勘查、加强深部找矿、实现地质找矿重大突破”专题研讨会在郑州召开。

中国科学院院士张国伟，中国工程院院士裴荣富、赵文津、郑绵平等著名地质专家应邀出席会议并分别作了专题发言。与会专家针对河南的资源现状，围绕地质找矿潜力和方向展开了研讨，并达成共识：整装勘查，加强深部找矿，是拓展第二找矿空间，实现地质找矿重大突破的有效途径。

研讨会由省国土资源厅副厅长郭公民主持。国土资源部地质勘查司司长、部大讨论办公室副主任彭齐鸣，河南省政府副秘书长张庆义出席会议并作了重要讲话。省国土资源管理部门、大型矿山企业、省有关地勘单位共260余人参加了研讨会。

★★★ 省第二次土地调查 ★★★
“决战年”动员部署现场会在洛阳召开

2009年5月15日，河南省第二次土地调查领导小组办公室在孟津县召开现场会，总结交流经验，安排部署“决战年”工作。

省第二次土地调查领导小组成员兼办公室主任、省国土资源厅副厅长李志民在会上强调，2009年9月底之前，必须完成县级农村土地调查成果的国家核查和确认、基本农田上图、专项用地调查以及市级汇总工作。2009年11月底之前，完成城镇（包括乡镇）土地调查和省级汇总工作。

会上，洛阳市、商丘市、郑州市和许昌市魏都区调查办分别作了典型发言，孟津县进行了现场演示。

郭公民副厅长深入南大吴村慰问并指导帮扶工作

2009年5月26日，省国土资源厅党组成员、副厅长郭公民带领厅有关处室领导，深入厅驻艾滋病帮扶地——上蔡县南大吴村调研，慰问南大吴小学学生，看望驻村工作队员并具体指导帮扶工作。

今年“六一”国际儿童节前夕，省厅自筹资金，为南大吴小学学生购置了300多套校服。26日上午，副厅长郭公民一行赶到南大吴小学，将校服作为“六一”儿童节的礼物送给了孩子们。郭副厅长勉励孩子们，要好好学习，长大成为对社会有用的人才。

省国土资源厅召开全省村级协管员队伍建设座谈会

河南省国土资源执法监察总队总队长 石昆山

2009年6月25日，全省村级国土资源协管员队伍建设座谈会在郑州召开。座谈会主要交流了各地村级国土资源协管员队伍建设进展情况，并对下一步工作作了安排部署。河南省国土资源执法监察总队总队长石昆山出席会议并讲话。

石昆山指出，村级国土资源协管员是国土资源队伍的延伸，从各地了解情况来看，全省落实的不一样，有好有坏。他强调，全省国土资源系统要高度重视，按照省国土资源厅要求，年底前落实好村级国土资源协管员队伍建设，并给村级国土资源协管员订阅省厅主管的《资源导刊》杂志，帮助协管员及时了解有关国土资源法律、法规及政策。

座谈会上，商丘市、巩义市、孟州市、宁陵县的代表作了典型发言。

殷殷中原情

——国土资源部部长

省委书记徐光春会见徐绍史部长

2009年5月21～23日，国土资源部部长、党组书记，国家土地总督察徐绍史在河南调研国土资源管理工作。他先后深入郑州、洛阳、漯河、许昌、周口等市，深入地质找矿、土地整理现场了解情况，并先后来到省地质勘探局、省国土资源厅、巩义市城区国土资源所、河南省地调一队和探矿三队调研，看望慰问国土资源管理、地质勘探系统干部职工。调研中，徐绍史部长对河南省国土资源管理工作取得的成绩给予充分肯定，他要求进一步构建科学发展新机制，做好国土资源管理和地质找矿工作，为应对金融危机，实现经济平稳较快发展和中原崛起作出新的更大贡献。

省领导郭庚茂、王文超、连维良、张大卫，省政府副秘书长张庆义，省国土资源厅领导张启生、司喜云、李志民、郭公民等先后陪同调研。

在淮阳朱庄“空心村”整治现场调研

徐绍史在河南调研掠影

5月21日，省委书记、省人大常委会主任徐光春，省委副书记、省长郭庚茂，在郑州亲切会见了徐绍史部长一行。徐绍史部长还在省委中心组第四次集体学习（扩大）报告会上，就当前我国的国土资源形势、任务和重大政策作了一场专题报告。

参观河南省地质博物馆

在豫期间，徐绍史一行先后来到省地质勘探局、省国土资源厅、巩义市城区国土资源所、河南省地调一队和探矿三队调研，并看望慰问干部职工。在国土资源厅，徐绍史部长考察了河南省地质博物馆，并与干部职工合影留念。在嵩县矿集区整合勘查项目指挥部，徐绍史部长听取了有关负责人关于整合勘查工作的汇报，并到4号机钻探现场进行实地考察。

在探矿四队嵩县项目4号机台调研

在河南调研期间，徐绍史部长还先后对郑州市的城郊违法用地拆除复耕现场、巩义市填沟造地现场、漯河市召陵区黏土砖瓦窑厂集中整治工作、许昌市的多层标准厂房建设、周口市淮阳县朱庄“空心村”整治项目等进行了考察和调研。

看望地勘系统劳模

今年"六·二五"活动真精彩

2009年6月25日是我国第19个全国“土地日”。河南省国土资源厅为纪念全国“土地日”，围绕“保障科学发展，保护耕地红线”的主题，开展了一系列宣传活动。

6月25日，第19个全国“土地日”，河南省国土资源厅党组书记、厅长张启生受邀做客人民网“高端网谈”栏目，介绍了河南省土地保护的实际情况，并回答网友们关心的问题

6月17日上午，省国土资源厅在郑州市千羽羽毛球馆举办首届河南省国土资源系统羽毛球大赛

6月22日，河南省“金土地杯”全国书法名家暨国土资源系统书法大赛在偃师市举行颁奖典礼。本次大赛由河南省国土资源厅主办，偃师市国土资源局承办

厅党组召开
庆祝中国共产党建党八十八周年纪念大会

纪检组长司喜云讲话

2009年7月1日上午，河南省国土资源厅召开庆祝中国共产党建党88周年纪念大会。党组书记、厅长张启生，纪检组长司喜云，副厅长李志民、郭公民、杨士海，执法监察总队总队长石昆山出席会议。纪念大会上，厅党组首先为省厅机关及二级单位的十名优秀共产党员和十个先进单位颁发了证书和奖牌。

厅长张启生站在新时期加强党性修养、弘扬焦裕禄精神、扎实推进科学发展的高度，结合当前工作实际，从加强党性修养、转变作风，提高保增长、保红线、改革创新、廉洁从政四种能力等方面，为全体党员干部讲授了一堂生动的党课。

促进河南又好又

省部共同推进中原城市群国

地质找矿工作合作备忘

2009年7月17日下午，国土资源部、河南省政府共同推进中原城市群国土规划编制暨开展豫西地区地质找矿工作合作备忘录签字仪式在京举行。国土资源部部长徐绍史，河南省省委副书记、省长郭庚茂出席签字仪式。

国土资源部副部长鹿心社、河南省副省长史济春分别代表双方签署合作备忘录。国土资源部副部长汪民，河南省政府省长助理、秘书长安惠元，以及国土资源部、河南省有关负责同志，省国土资源厅厅长张启生、副厅长郭公民等参加了签字仪式。

省委副书记、省长郭庚茂讲话

郭庚茂在致辞中首先代表河南省委、省政府，对国土资源部长期以来给予河南经济社会发展的支持和帮助表示衷心感谢。他说，当前，中央关于促进中部地区崛起、推进农村改革发展等一系列重要战略部署，为河南经济社会科学发展提供了重要机遇。中原城市群是河南在新的历史时期实现新跨越、新崛起的核心增长极，是全省经济社会发展中的“领头羊”，在促进中部地区崛起中起着至关重要的作用。2008年底，国土资源部研究同意将中原城市群列为全国国土规划的试点地区，这对中原城市群的建设和发展必将起到重要的促进作用。通过编制和实施中原城市群国土规划，可以从更高层面上统筹协调全省土地利用、城乡建设、能源、交通、水利等空间类规划之间的关系，从宏观上和战略上统筹协调全省城乡区域发展，调整和优化产业布局，更好地保护和合理开发利用资源，推动经济社会快速、协调和可持续发展。

他指出，河南是矿产资源和矿业大省，是全国重要的煤炭、石油、天然气、电力、钢铁、化工等产业基地，工业经济对矿产资源的依存度很高。但由于长期强力开发和过度开采，矿产后备资源危机已经开始显现。加强重要矿产资源勘查，争取早日实现地质找矿新突破，是当前河南一项重要而紧迫的任务。这次省部合作共同推进地质找矿工作，并将河南作为地质找矿体制机制创新试点，这对于进一步推动河南矿产资源勘查、增强资源保障能力，必将产生重要而深远的影响。

签字仪式

郭庚茂表示，省部共同推进中原城市群国土规划编制和开展豫西地质找矿工作合作备忘录的签署，不仅体现了国土资源部对河南经济社会发展和国土资源工作的重视与关心，更是河南加强资源保护和利用、统筹区域协调发展、努力实现中原崛起的一个重大机

快发展的一件大事

土规划编制暨开展豫西地区

录签字仪式在京举行

遇。作为合作方，河南省政府和全省各级各部门要精心组织，积极配合，提供一切便利和条件，确保合作顺利实施，使之成为省部合作的典范项目。

国土资源部部长徐绍史讲话

徐绍史在致辞中感谢河南省政府及有关部门近年来对国土资源工作的关心和支持。他说，河南是人口大省、农业大省、新兴工业大省和经济大省，近年来经济社会发展很快，特别是中原城市群发展迅速。同时河南面临的资源保障问题日益突出，迫切需要以科学发展观为指导，统筹谋划国土资源的开发、利用和保护，提高区域竞争力和可持续发展能力，促进经济社会全面协调可持续发展。他表示，部省合作共同开展中原城市群国土规划试点，有很强的代表性和重要的现实意义，必将有力推动河南省的建设和发展，同时也将为国土规划编制工作积累经验。

祝贺

徐绍史说，中原城市群国土规划编制暨开展豫西地区地质找矿工作合作备忘录签字仪式的成功举行，标志着部省合作进入了一个新阶段。国土资源部将在政策法规、理论技术、编制经验、地质科技、勘查装备等方面给予业务指导和大力支持，与河南省政府共同努力，争取使中原城市群国土规划编制、豫西地区地质找矿合作取得丰硕成果，为加强和改善国土资源管理提供经验，为河南省经济社会发展作出贡献。

徐绍史说，今天双方在这里签署中原城市群国土规划编制暨开展豫西地区地质找矿工作合作备忘录，标志着这两项重要工作的全面启动，也标志着国土资源部与河南省政府的合作又迈上一个新的台阶。他表示，国土资源部将在新的平台上更好地发挥作用，密切合作，扎实工作，开拓创新，全力支持河南经济社会发展，推动部省合作取得丰硕成果。

签字仪式举行前，郭庚茂与徐绍史进行了亲切会谈。

部科技与国际合作司与省厅签订共同推进河南省国土资源科技创新与对外合作意向书

2009年8月4日，国土资源部科技与国际合作司、河南省国土资源厅共同推进河南省国土资源科技创新与对外合作意向书签字仪式在郑州举行。仪式由副厅长郭公民主持。国土资源部科技与国际合作司司长姜建军，河南省国土资源厅党组书记、厅长张启生出席仪式并分别代表双方签字。

姜建军司长和张启生厅长签订意向书

此次共同推进河南省国土资源科技创新与对外合作意向书的签订，必将提升国土资源保护利用和管理的科学水平，充分发挥科学技术在国土资源各个领域强有力的支撑和引领作用。

意向书签字仪式合影

主动作为 促进国土资源管理再上新台阶

河南省国土资源厅党组（扩大）务虚会在郑州召开

2009年7月31日，河南省国土资源厅党组（扩大）务虚会在郑州召开。会议的主要任务是传达贯彻省委八届十次全会和国土资源部务虚会议精神，进一步分析研判当前形势，部署在全系统开展“找差距、提建议、补短板、上水平”活动。会议号召，广大国土资源干部职工要主动作为，切实把2009年各项工作任务落到实处。

7月31日下午召开的视频会议上，常务副厅长张和儒，纪检组长司喜云，副厅长李志民、郭公民分别通报了各自分管的工作。厅党组书记、厅长张启生传达了省委八届十次全会和国土资源部党组（扩大）务虚会议精神，并分析了当前国土资源管理工作形势，部署了下半年重点工作。全省国土资源系统共有2370人分别在各分会场参加了会议。

张启生在讲话中指出，面对新形势、新任务、新要求，国土资源管理工作当前矛盾突出、压力很大。他强调，今后在相当长的一段时期内，全省国土资源管理工作都会面临“两难”局面，承受双重压力。要更好地承担肩负的重任，破解难题，缓解压力，就必须在改革创新上多下功夫；就要力争在加强能力建设上、在增强整体合力上、在提高执行力上、在增强工作活力上、在完善管理体制上取得新成效，进一步寻找差距，不断改进工作，促进河南国土资源工作再上新台阶。

王屋山世界地质公园
国土资源科普基地揭牌

揭牌仪式

2009年9月16日，王屋山世界地质公园举行隆重仪式，为王屋山世界地质公园国土资源科普基地揭牌。

河南省国土资源厅、济源市政府、济源市科技局、济源市旅游局等有关部门领导参加了揭牌仪式，省国土资源厅科技处调研员魏丹斌、济源市副市长田志华共同为基地揭牌。

国土资源科普基地是由国土资源部核准并命名，面向公众开展国土资源地质科普知识和科普宣传教育的重要阵地，每两年举办一次，旨在推动我国国土资源科普事业发展，充分发挥国土资源领域科技场馆、科研实验基地、资源保护区的科普作用。在第一批国土资源科普基地评选工作中，王屋山世界地质公园等53个申报单位成为我国首批国土资源科普基地。济源王屋山世界地质公园、嵩山世界地质公园、云台山世界地质公园、南阳伏牛山世界地质公园4家地质公园入选资源保护类科普基地。

全省60名老地质工作者
荣获“地质工作突出贡献奖”

2009年9月29日，河南省国土资源厅二楼会议室洋溢着一派节日的气氛。上午9点钟，全省60名老地质工作者身佩红色绶带，面带笑容走上了领奖台，从省厅、省科协、省地质学会领导手中接过了由省地质学会授予的“地质工作突出贡献奖”证书。

河南省60年地质工作成就展在郑开幕

2009年9月29日上午，由河南省国土资源厅、地质矿产勘查开发局、有色金属地质矿产局、煤田地质局和核工业地质局联合举办的“河南省地质工作成就展”在河南省地质博物馆拉开帷幕。“成就展”以展板形式，真实记录并集中展示了新中国成立60年来，尤其是改革开放以来，我省国土资源事业特别是地质工作所走过的伟大历程和取得的重大成就。

省领导参观地质工作成就展

当天的开展仪式，由省国土资源厅副厅长郭公民主持，厅长张启生致辞。全国人大代表、省人大常委会副主任储亚平，省国土资源厅党组书记、厅长张启生，省国土资源厅副厅长、省地质矿产勘查开发局局长唐全国，省国土资源厅副厅长张和儒，厅纪检组长司喜云，副厅长杨士海，省执法监察总队总队长石昆山等领导出席。省地质矿产勘查开发局、有色金属地质矿产局、煤田地质局、核工业地质局负责人，省国土资源厅机关干部、厅属单位中层以上干部也参加了开展仪式，河南日报、河南卫视、大河报等多家新闻媒体对“成就展”进行了报道。

参加开展仪式的老专家

为河南省地质工作成就展开幕剪彩

创新国土资源
联合执法机制研讨会在洛阳召开

2009年9月24～25日，由国土资源部执法监察局、河南省国土资源厅、洛阳市政府联合主办的创新国土资源联合执法机制研讨会在洛阳召开。国土资源部执法监察局局长李建勤、副局长郭宝平、巡视员张新宝，国家土地督察济南局局长赵龙，省国土资源厅厅长张启生，副厅长张和儒、李志民，省国土资源执法监察总队总队长石昆山，洛阳市委副书记、市长郭洪昌等出席研讨会。

会议充分肯定了“洛阳经验”，认为组建国土资源警察支队，建立联合执法机制，是破解当前国土资源执法难问题的有效途径。李建勤要求各地认真借鉴洛阳等地国土资源联合执法的成功经验，充分发挥相关部门、地方政府和社会力量等作用，进一步拓宽执法渠道，积极稳妥地推进联合执法机制建设，以推动国土资源执法监察工作取得更大成效。

研讨会上，洛阳市、唐山市、本溪市、鸡西市等国土资源局围绕“创新国土资源联合执法机制”作了典型发言，与会人员进行了热烈讨论。

河南省国土资源工作新闻座谈会在郑州召开

2009年9月21日，河南省国土资源工作新闻座谈会在郑州召开。河南省副省长张大卫、省国土资源厅厅长张启生、国家土地督察济南局局长赵龙出席会议并讲话。会议由河南省省委宣传部副部长刘少宇主持，人民日报社河南分社、新华社河南分社、中央电视台、中央人民广播电台、光明日报驻河南记者站、河南日报、河南电视台等中央驻豫媒体和河南省媒体主要负责同志及新闻记者40余人参加会议。

会上，张启生厅长通报了河南省国土资源管理工作情况。他强调，下一步河南省国土资源管理工作将紧紧围绕省委、省政府和国土资源部对国土资源工作的新要求，更好地承担肩负的重任，破解难题、缓解压力，在全系统深入开展“找差距、提建议、补短板、上水平”活动，努力提高国土资源管理和服务水平。

庆祝建国六十周年歌咏比赛

河南省国土资源厅举办

厅领导为获奖队颁奖

“祖国，我的祖国。祝福你，我的祖国。我把壮丽的青春献给你，愿你永远年轻，永远快乐！”2009年9月26日下午，嘹亮的歌声回荡在郑州第四十七中学礼堂。河南省国土资源厅庆祝新中国成立六十周年歌咏比赛在这里隆重举行，来自厅属各单位、厅机关各处室共13支代表队参加了此次比赛。

此次比赛所有参赛曲目都以歌颂党、歌颂祖国、歌唱新生活为主题，以唱“红歌”的形式庆祝新中国成立六十周年是此次活动的一大亮点。歌咏比赛历时两个多小时，在厅领导和全体人员的《祝福祖国》的歌声中拉下帷幕。经过现场打分，一等奖被省国土资源科学研究院获得。厅领导观摩了歌咏比赛，并为获奖歌手颁奖。

土地储备中心合唱队参加比赛

• 国家土地督察济南局两省一市 •

土地督察工作联席会议在鹰城召开

在积极贯彻落实保障经济增长与保护耕地“红线”的关键阶段，2009年11月6日，国家土地督察济南局在平顶山市召开河南、山东及青岛两省一市人民政府土地督察工作联席会议。会议充分肯定了两省一市在保障经济增长、保护耕地红线行动中取得的显著成效，并要求第四季度继续全面加强土地督察工作，确保完成全年“双保”任务。

针对四季度的“双保行动”，国家土地督察济南局局长赵龙指出，前三季度，两省一市经济增幅均居国内前列，但面临的经济保障与耕地保护的压力依然很大。随着投资拉动经济的效应集中显现，很可能会在四季度迎来一个项目开工和用地高峰。尽管两省一市的土地利用规划已经批准，项目落地空间约束基本解除，但计划指标约束可能仍然存在。为此，两省一市的土地主管部门要在跟踪评估、总结宣传、构建机制方面，进一步探索土地督察制度与保障经济社会科学发展的最佳结合点。

会后，国家土地督察济南局还分别与河南洛阳市、山东临沂市、青岛胶南市政府签署了共建协议。

全省土地开发整理提速工程促进会在郑州召开

厅长张启生作重要讲话

2009年11月1日，全省土地开发整理提速工程促进会在郑州召开。这是省厅为加快落实省委、省政府部署的土地开发整理提速工程建设任务，针对当前工作中存在的问题召开的会议。各省辖市国土资源局局长、主管副局长、耕保科长、土地整理中心主任，国家和省级基本农田保护示范县、土地整治重大项目所在县（市）国土资源局局长以及省厅有关部门的负责人参加了会议。

副厅长李志民通报了土地开发整理提速工程和土地综合整治工作进展情况，指出了当前存在的问题，深入剖析了问题的根源，并对下一步工作进行了安排部署。

厅长张启生作了重要讲话。他要求全省国土资源系统，一定要高度重视土地开发整理提速工程，将其作为当前国土资源管理工作的重中之重，坚定信心，迎难而上，加紧推进，务必圆满完成省委八届十次全会布置的任务。省厅要抽调人员，组成一套人马，抓出一批典型，形成一套机制，以有效促进提速工程和土地综合整治工作的开展。他要求各市、县局负责同志作为推进土地开发整理提速工程的组织者、推动者和实践者，要加快启动土地综合整治试点，尽快形成3～5个亮点和典型，在此基础上，总结经验，大面积推广。

副厅长李志民通报情况

河南省国土资源系统全面开展

工程建设领域突出问题专项治理

厅重点建设工程清理会

2009年11月24日，河南省国土资源厅召开全省国土资源系统工程建设领域突出问题专项治理工作会议，安排部署全省国土资源系统工程建设领域突出问题专项治理工作。厅党组书记、厅长张启生出席会议并作了动员讲话。会议由厅党组成员、省纪委驻厅纪检组长司喜云主持。

张启生厅长在讲话中要求，全省国土资源系统一定要统一思想，提高认识，以高度的责任感和使命感，以政府投资项目特别是扩大内需项目为重点，用两年左右的时间，对2008年以来土地使用权、矿业权审批和土地出让进行全面清理。着力解决非法批地、低价出让土地、擅自改变土地用途、违规征地拆迁，以及违法违规审批和出让探矿权、采矿权等问题，建立健全统一规范的土地、矿业权等要素市场和综合监管平台。

全省国土资源系统工程建设领域突出问题专项治理工作会议

◆全国2009年国土资源科普基地工作研讨会在郑州召开

研讨会主席台

2009年12月3日～5日，2009年国土资源科普基地工作研讨会在郑州召开。这是自今年全国命名第一批国土资源科普基地后首次召开的全国性研讨会。来自全国国土资源科普基地、有关地质公园管理处、各省辖市国土资源管理科技处的代表及科技部政策法规司、中国地质博物馆、河南省国土资源厅、河南省科技厅等有关负责人共130余人参加了研讨会。

研讨会开幕式由中国地质博物馆馆长贾跃明主持，河南省国土资源厅副厅长郭公民、科技部政策法规与体制改革司科学技术普及处李永葳处长分别致辞。国土资源部科技与国际合作司司长姜建军出席开幕式并讲话。他在讲话中简要回顾了国土资源科普工作的历史传承和优良传统，概要介绍了国土资源科普基地的建设和开展情况，进一步阐述了开展这项工作的目的、意义和宗旨，以及下一步的工作打算。

与会代表在省地质博物馆参观

研讨会上，全国科普示范基地动态趋势中国科学技术交流中心科普处处长许佳军等5名专家做了精彩的科普报告。河南省地质博物馆等9家地方代表就各自的科普基地建设作了经验介绍，并对全国的科普基地工作进行了讨论。

《河南国土资源年鉴(2010)》编辑委员会

编辑说明

一、《河南国土资源年鉴》是河南省国土资源厅主办、河南省国土资源年鉴编辑部编撰出版的年刊，是河南省国土资源事业的资料性工具书。其宗旨是：以马列主义、毛泽东思想、邓小平理论、“三个代表”重要思想和科学发展观为指导，全面、系统、如实地记述上年度河南省国土资源系统贯彻执行党的基本路线出现的新成就、新经验、新趋势和全省土地利用、耕地保护、建设用地管理、地籍管理、地质勘查、矿产开发管理、地质环境保护、国土资源执法监察与信访工作、机构设置等基本情况，为河南社会主义物质文明、精神文明、政治文明和社会文明服务。

二、《河南国土资源年鉴》2002年创刊，2004年暂停，2008年重新启动，之后每年出版一卷，逐年排列卷次。2010年卷记述2009年度河南省国土资源管理与发展的基本情况、最新成就、主要经验与问题，力求准确、全面、系统、深入地反映河南省事业发展的历史进程。

三、本卷《河南国土资源年鉴》编排体例为三级标题条目式结构。一级标题共设八个，依次是重要文献、大事记、河南国土资源公报、地质环境公报、河南省国土资源工作概况、河南省辖市（县、市、区）国土资源工作、重要法规及规范性文件、新闻摘选。

四、本卷采用分类编辑法，以篇为单元，由类目、分目、条目组成，条目是主要表现形式。

五、年鉴所用稿件，均由河南省国土资源厅机关各处室，厅直属单位，行业管理单位，各省辖市（县、市、区）国土资源部门提供，编辑部根据需要对之进行修改、调整。少部分由编辑部根据有关报刊资料整理。

六、为便于国内外读者检索，卷首设目录。

目 录

重要文献

大事记

河南省国土资源公报(2009)

河南省地质环境公报（2009年度）

河南省国土资源工作概述

河南省辖市、县(市、区)国土资源工作

重要法规及规范性文件

新闻摘选

重要文献

高标准、严要求、快节奏
努力推动国土资源管理工作再上台阶

国土资源部部长、党组书记，国家土地总督察　徐绍史

（2009年5月21日）

非常高兴能来到河南。今天上午去了省地勘局，看望了地勘局机关的干部和职工，刚刚又看到我们省国土资源厅有这么漂亮的一栋楼，而且又参观了布展设计这么好的一座博物馆。我问他们中国地质博物馆的同志们来过没有。他们告诉我来过。我说，我们博物馆的一些设计和展品都已经超出了中国地质博物馆，非常好！看了之后也学到许多知识，难怪我们博物馆一年的参观群众就达60万，因为它确实很吸引人，看了之后我非常高兴。今天，我们国土资源厅机关处以上干部，以及测绘局、煤田地质局、有色地质局、核工业局的负责同志都来到这里，我们集体见个面。我到部里也两年多了，总体上感到，我们省委、省政府对国土资源管理工作非常重视、理解、支持，尤其是大卫副省长、省政府办公厅张庆义副秘书长、国土资源厅张启生厅长更是我们省委、省政府手中的三张“王牌”。近年来，我们河南省国土资源厅无论是在地政管理、矿政管理、测绘管理还是地质找矿等方面都做了大量工作，使我们省的土地和矿政管理等方面都在进一步走向规范，地质找矿也有了许多发现，应该说，为河南的经济发展作出了重大贡献！借这个机会，我代表国土资源部党组向河南国土资源系统、测绘局系统、煤田地质局系统、有色地质局系统、核工业局系统的全体干部职工表示亲切的慰问、衷心的感谢和崇高的敬意！

同志们，今年，我们正在应对全球性的金融危机，中央领导多次强调，今年是我们进入新世纪以来困难最多、形势最严峻的一年。河南作为一个农业、人口、经济大省，面临的发展任务非常重，发展压力非常大，所以我们国土资源厅以及测绘局、煤田地质局、有色地质局、核工业局都承担着非常繁重的压力和任务，我们一定要树立为地方经济社会发展服务的观念，要全力以赴地搞好“双保”行动，既要保增长，又要保红线。尤其是今年第二季度，各地建设用地的报批更是持续增长，增长用地的保障任务非常繁重。从第四季度开始，已经批准的项目要开工建设，“上马”的项目急需要供地，我们的任务非常繁重。我们要进一步跟踪、参与前期论证，拿出切实可行的办法，让在建项目尽快竣工，让规划项目尽快“上马”，让拟建项目尽快启动；同时，要加强监管，坚守耕地的“红线”，要严格地把关、执法。最近，媒体上相继披露了河南土地违规违法的案件，我说，这也正常，不奇怪。河南是人口大省，而且农村人口占大多数，在基层法制意识和观念都不是很强的情况下，出现这些案件也还算正常。问题的关键是，我们要吸取教训，早发现、早报告、早处置，把问题尽早地纠正。我希望，国土资源厅的同志要全力以赴地投入到“双保”行动中。与此同时，我们还要组织好“地质找矿大讨论”。上世纪末到本世纪初，地质找矿经历了一个从低潮到高潮的过程。现在，外部环境也好，各方面需求也好，都为促进地质找矿创造了很好的条件；但是，地质找矿本身，从体制到机制上都存在着诸多的问题，影响了地质找矿的发展。所以，大家一定要投入到“地质找矿大讨论”中来，把体制、机制上存在的障碍缺陷都找出来，从中找出应对之策，从而进一步推动地质找矿的发展。

最后，希望我们机关的同志要加强作风建设，要提高我们的执行力。现在各项任务这么繁重，同志们一定要转变作风，要坚持高标准、严要求、快节奏，更好地为河南经济社会发展服务。我相信，在省委、省政府的领导下，在大家的努力下，同志们一定会把国土资源管理工作做得更好，使国土资源的事业有更大的发展！

（注：此文为徐绍史同河南国土资源系统干部职工代表见面时的讲话摘编）

解放思想 转变职能
努力构建促进和保障科学发展的新机制

国土资源部部长、党组书记，国家土地总督察 徐绍史

（2009年5月23日）

非常感谢在我们这次考察的最后，省里还安排这么一次座谈。刚才，启生同志把河南省委、省政府关心、重视国土资源管理工作，以及全省国土资源系统开展工作的一些情况简要作了介绍，徐市长又简要介绍了周口的情况。这次来的时间不是很长，但是省里安排的调研和考察内容非常丰富。实实在在地说，了解了很多鲜活的情况，也了解了基层在经济社会发展过程中有关国土资源方面碰到的一些困难和问题，我们考察组的同志以及我本人也学到了很多东西，收获非常大。这一次时间虽短，但效果非常好。借这次机会，向省委、省政府以及所有参与这次接待的同志们表示感谢！下面，我简要地谈一些看法，供大家参考。

一、这次调研考察的整体印象

第一个印象，就是河南省思路清晰，经济社会发展的势头很好。我们来了之后，光春书记会见了我们，谈了河南的一些发展情况。郭省长更是同我们一起做了半天的调研考察，一路上介绍了很多河南经济发展的情况。我们考察组的同志都感到，河南经济社会发展的思路非常清晰、势头非常好。

河南是一个人口大省、农业大省，同时也是个经济大省。河南要从一个传统的农业大省向工业大省迈进，从经济大省变成经济强省，从文化大省变成文化强省，而且要以科学发展观为统领，引领中原崛起，努力实现跨越发展的目标，这个思路非常清晰。在这个过程当中，河南还提出了“四个坚持”，强调要坚持走新型工业化道路，建成先进的制造业和原材料工业基地；坚持走新型城镇化的道路，特别是推进中原城市群的建设、郑汴洛城市带的建设等。庚茂省长给我介绍了“一极、两圈、三层”这么一个大的思路，我听了之后确实非常受启发。对一个地方、一个省份的城镇化发展，从省里的实际情况出发，突破传统的发展模式，形成一种新的规划思路，来规划整个城镇的发展，确实难能可贵。省里还坚持把“三农问题”作为工作的重中之重，提出要发展粮食生产核心区；提出要坚持可持续发展，特别是合理开发利用资源、保护生态环境这样一个思路。总体感觉到，省委、省政府经济社会发展的思路清晰，而且势头很好。

第二个印象，就是干部群众精神振奋，积极扩内需、保增长、调结构、促改革。在这次应对金融危机过程当中，河南通过努力，2008年GDP已经达到1.8万亿元，增长幅度是12.1%；财政一般预算收入已经突破1000亿元，增长速度是17%。我看了一下城镇职工收入和农民的纯收入，河南作为一个农业大省，又是农民居多的省份，农民纯收入已经接近全国平均水平，这是很不容易的。今年第一季度，克服了很大困难，GDP增幅达到6.6%，全社会固定资产投资也接近30%。现在省委、省政府又提出要决战第二季度，上上下下都在谋发展、做实事，这个印象非常深刻。

第三个印象，就是重视、支持国土资源管理工作。刚才，启生厅长已经作了介绍。据我知道的，省委、省政府主要领导、分管领导对国土资源管理工作非常重视和支持。批示、指示就不用提了，而且作出了4个方面的重大决策，还出台了许多加强国土资源管理、加强地质勘查的一些规范性文件，来支持国土资源管理工作，这也给我们留下了深刻印象。这两年，河南的国土资源管理工作越来越规范，应该说首先得益于省委、省政府的重视、关心和支持。

二、对河南省的国土资源管理工作予以充分肯定

（一）地政管理越来越规范　一是土地利用

总体规划修编抓得非常及时。规划修编的成果很早就报到部里，部里经过相关部门征求意见后已报到国务院，还需要做一些调整修改意见，今年5月上旬返给省国土资源厅。回去之后，我们争取让河南的土地利用总体规划尽快批下来。

二是土地利用计划、执行得比较好。这几年，河南建设用地计划执行情况都是比较不错的，去年的大概数目是21万亩，连同单项选址大约是30万亩。

三是耕地占补平衡已连续10年做到“补大于占”。现在只占不补、占多补少、占优补劣的情况也不是个别现象，河南连续10年做到占补平衡而且基本上是补大于占，是很不容易的。

四是土地“三项整治”起步很早、决心很大。昨天到漯河听了区委书记的介绍，他给我说了三个“真”，第一叫“真难”，第二叫“真干”，第三叫“真好”。原来，我对这项工作的理解应该说还没有这么深刻，没有深刻认识到“三项整治”给地方财政收入、就业、利益平衡带来的大量具体工作。昨天听他讲了之后，我也非常感动。我说你真正办了一件大好事，节约了能源、减少了污染、增加了耕地，而且发展出了新型墙体材料产业，促进了就业和地方经济发展。河南这项工作确实起步很早，效果很好。

五是第二次土地调查进展非常顺利。特别是集体土地的确权登记和办证工作进展比较快，我看了统计数字，大概是76%多一点。

六是执法监察也在强力推进。去年年底，全省作了一次全面的部署，而且在执法监察机制方面也在努力创新，一些地方成立了国土资源警察。这次我到洛阳，连书记做了详细介绍；另外，听说漯河也在准备推进。6月下旬，部里相关单位准备和洛阳一道搞一个研讨会，大家一起作些研讨，对这项工作进行总结，探讨进一步推广的可行性。

（二）矿政管理很有特色 一是矿产勘查开发秩序整顿规范和资源整合工作很有成效。特别是煤、铝、金、铁、钼等资源的整合成效比较明显，整合后的小煤矿数量下降了66%，小铝土矿下降了60%，煤和氧化铝的产量相反还提高了50%，回采率也较大幅度地提高。经过勘查开采秩序整顿规范和资源整合，一方面节约了资源，另一方面促进了生产发展。

二是矿业权市场的建设卓有成效。据我所看的材料，应该是交易比较活跃，而且各项成交活动都比较顺利。河南是一个资源大省，矿业权市场的建设任务非常繁重。某种意义上讲，矿业权市场的建设比土地市场的建设任务更为艰巨。因此，河南矿业权市场建设也是做得不错的。

三是地质找矿活动扎实推进。我们豫西的矿区也是全国重要的成矿区之一，蕴藏着大量丰富的矿产资源。这几年投入不断加大，也有新的突破和发现，尤其是昨天我们所看到的嵩县整合勘查。整合勘查从理论探讨到写文章，应该说不乏其人，但真正付诸实践的为数不多。河南省地勘局同中国五矿集团资源部以及其他相关单位一起参加，搭了这么一个平台搞整合勘察，我认为非常有意义。这不但是积极的探索，更是有意义的尝试，只要扎扎实实地抓下去，一定会形成一些经验和成果，在面上得到推广。另外，矿山环境治理、地质灾害防治工作都有序推进，我们河南大概1/3不到的县也有一些地质灾害，60多个县治理工作抓得不错。从地质工作为经济社会发展服务来看，基础地质、矿产地质、广义的环境地质，尤其是农业地质、城市地质、旅游地质等工作，都跟进得比较快。所以我说，地质找矿工作在扎实推进。

四是地勘单位的改革发展也不断取得新的进展。省政府领导对这项工作不但思路上非常清晰，而且在实际操作中也有很多具体办法。我昨天听了大卫省长的介绍，感到省政府在指导上是非常得力的，地勘单位同志的自觉性也在不断地增强。我觉的属地化以后的这几年，河南地质工作服务经济社会发展是有新的作为，地质找矿是有新的突破，地勘单位改革发展是有新的进展，地勘单位职工生活条件是有新的改善。

（三）“双保”行动和大讨论抓得比较扎实 这里我不展开说了。以上这些工作，都是需要予以充分肯定。当然，我们国土资源管理工作当中也存在的一些问题，这些问题需要我们在今后的工作当中认真研究，努力予以克服。

三、要努力构建促进和保障科学发展的新机制

（一）要解放思想、转变职能，更好地服务经济发展 前天，在省委中心组学习报告会上介绍到这个情况，我说，这次危机是实实在在地倒逼“三大转变”：一是发展方式的转变，二是政府管理职能的转变，三是资源配置方式的转变。作为第一批学习实践科学发展观的单位，我们还是要坚持巩固和扩大学习实践科学发展观的成果，努力地来解放思想、构建新机制。具体有三个方面提醒大家关注一下：

第一，要坚持推进“四个转变”，即转变管理理念、转变管理职能、转变工作作风和转变工作方式。部里的情况和省厅不完全一样。从部里来说，最现实的一项转变就是要从重审批转向重监管。我经常讲，我们要把权利和责任一起放下去，把服务和监管真正抓起来。省厅层面的情况不大一样，但也有这方面的要求，也需要考虑。

第二，要改进作风，增强执行力。部机关下一步要开展作风建设活动，突出解决工作中四个大的问题。一是主动谋划不够，怎么样结合经济社会发展来谋划国土资源管理工作；二是工作办法不多；三是机关内部协调联动不够；四是贯彻落实不力。我看还有一个问题，就是调查研究也不足。因此，要从改进作风这个角度下功夫抓一抓，进一步来增强我们的执行力。建议省厅、全省国土资源系统也予以关注。

第三，要研究新情况、新问题、新经验。我们现在遇到大量新的情况、新的问题、新的经验。就像我们周口“三项整治”的经验、洛阳国土资源警察的经验、嵩县整合勘查的经验等，需要进一步总结规范，争取形成制度性的成果，在面上予以推广。当前新的问题很多，新的情况也很多，如农村土地管理制度改革中存在大量新的情况，农地的流转、集体建设用地的流转等，这个我不具体展开说了。总之，我们要善于研究新情况、新问题、新经验，不断来改进我们的管理工作。

（二）要搞好“双保”行动和“大讨论”　一是在“双保”行动方面，还是要坚持“两手抓”，积极主动服务、严格规范管理。首先，要把服务工作搞好，这方面我们已经有一些具体措施，要很好地予以落实；同时，要严格规范管理。河南的情况要比其他省好得多，庚茂省长的指导思想非常明确。现在有的省是争上项目、争取投资、争铺摊子的势头非常强劲。我出来之前，看到审计署的一个报告，说中央1.18万亿带动4万亿投资，但地方投入的配套资金现在仅仅只到位40%。昨天我跟大卫省长、启生厅长交换看法，也有这个担心：搞不好有一部分建设项目工期拖长，有的建设项目造成“半拉子”工程。从国土资源管理角度来看，可能还会形成一些新的闲置用地。因此，我们要关注这些新的情况、新的问题，特别是在第二季度，去年年底和今年一季度批准项目有的要开始征地，有的要开始开工建设，二季度项目报批数量也会很大。我们一定要帮助政府把好关，还要防止出现一些苗头性和倾向性的问题，特别是借机圈地、搭车用地，有的还打一些“擦边球”搞基础设施，结果搞了一些小产权房等。这些苗头性和倾向性的问题，建议要予以关注。

二是在“大讨论”方面，一定要把体制、机制性障碍的问题梳理出来，但不要停留在这个层面，更重要的是把解决这些问题的对策要找出来。对河南来说，大讨论不仅仅是思想识认层面的“大讨论”，而且还有像嵩县整合勘查这样的实践探索，这使得“大讨论”更为丰富，更容易取得成果。因此，要通过“大讨论”，把嵩县这样的整合勘查项目更扎实地抓好。

（三）要切实做好土地管理和改革工作　一是耕地保护要进一步做好。特别是土地执法监察，我觉得，一是要落实共同责任；二是一旦有恶性案子一定要严肃查处；三是我看昨天洛阳连书记讲的那两句话挺好，“每个部门职责范围内的事情要能及时发现，自己解决不了必须及时报告”。我也关注了一下河南有些土地违法、违规案子，及时发现、及时制止、及时处置这个环节上恐怕还是要继续加强。当然，河南作为一个人口大省，又是农民居多的人口大省，有些案件也是正常的，现在也是集中在极少数城市，我想这次卫片检查可能会好一些。另外，还有一些星星点点、时有发生的小案件，我也不太清楚，但我们媒体非常关注河南的土地执法监察情况。对于河南，我看怎么样落实早发现、早制止、早处置机制，恐怕是一个非常关键的环节。

二是农村土地整治要进一步推进。这项工作总体来看，河南做得不错。我们还是建议，农村土地整治要坚持城乡统筹这样一个总的指导思想，积极稳妥地推进。要尊重农民的意愿，让农民首先是愿意，整治之后是满意。关于农村土地整治，我昨天讲过，要对田、林、路、水、村、房进行统一整治、统筹规划、整村推进，最后做到“三个集中”，即耕地向规模经营集中、居住向中心村镇集中、产业向园区集中。同时，整治方式可以是多样化的。我感到，在城乡结合部，如果建设公寓式的住房，让农民住进来，这个问题还不是太大，但真正对广大农村地区，就像今天我们看的周口这个地方，不一定都采取公寓式的这种安置方式，还是要保留农村的特色、农耕文化的特色、当地的风俗、民俗和文化的特色。因为它毕竟是农村。新农村也还是农村，新农村应该享受同城市一样的公共服务和现代设施，无非就是在村庄整治的时候把公共服务和设施做上去。对于这项工作，建议省国土资源厅搭好平台，按照省政府的要求加强指导。

关于农村集体建设用地，我现在想了想可以归纳为四句话：第一句话是，整理之后首先复耕；第二句话是，要先满足农村的公益事业和公共设施建设的需求；第三句话是，农民还应该有发展用地，农民凭这些地来拿到土地收益，以实现土地财产权；第四句话是，再多出来的土地，给城市使用，城市拿到级差地租收益再返回来支持农村生产生活条件的改善，这样看来比较稳妥。这项工作，建议我们在具体工作当中予以关注。

三是农村土地管理制度改革要继续深化。这个我就不展开说了，还是要积极探索、稳步推进、依法规范。我们农地流转的规模正在逐步扩大，集体建设用地的流转事实上也在进行。这项工作需要精心的指导，特别是有些基础性的工作，诸如我前天所讲的集体土地所有权、使用权的登记、颁证。这是农村土地产权制度改革一项最基础的工作，没有这项基础工作，将来的流转会出现很多问题，提醒大家注意。

四是地质找矿和地勘单位改革要积极推进。基础地质工作、矿产地质工作和广义环境地质工作，包括地灾防治、矿山环境治理等，都需要一如既往地抓紧、抓好；地勘单位的改革也按照既定的方针进一步深化。

四、要进一步支持河南社会经济发展建设

刚才，启生同志提了五个问题。第一个是面上的问题，所有的省份的共有问题。因为新一轮规划没有最后批下来，国家重点项目可以调整规划、一起上报、直接落地；但省里的重点项目，包括一些民生项目，由于规划还没有批下来，在落地上有困难。目前，部里正在研究，争取尽快采取一个变通的办法，能够按照新规划的控制指标来争取早点让项目落地。这个我们正抓紧做。

第二个是在土地指标和项目上倾斜的问题。目前，河南比较迫切的就是城乡建设用地增减挂钩指标。3月份，部里下了2万，但今年如果要搞1000个村的整治可能会有些紧，我们回去商量一下，尽可能支持。

第三个是土地整治的问题。我们再一起来商量。

第四个是中原城市群国土规划的问题。我们争取早点付诸实施。

第五个就是整合勘查。我现在不清楚嵩县项目的资金怎么样，如果说确实还有需要的话，可以把中央地勘基金拉进来，进一步加快勘查评价的进度。

这一路上，大家还提出了一些其他问题，我们都会认真梳理，回去尽快研究，总之,以一个更好的、积极的态度，来支持河南的经济和社会发展。

（注：此文为徐绍史在河南国土资源工作汇报会上的讲话摘编）

徐绍史部长
在河南省委中心组(扩大)第四次集体学习报告会上的报告

(2009年5月21日)

尊敬的郭庚茂省长，尊敬的省委、省政府各位领导，各委、办、厅、局的负责同志：

大家上午好。

首先，我要感谢省委、省政府给国土资源部这样一次机会，到河南省委中心组学习报告会给大家介绍一下国土资源管理工作的情况、作一个汇报。非常感谢在座的领导和同志们今天上午抽出时间来听我的介绍。

其次，我还要借这个机会，向长期以来理解、关心和支持国土资源管理工作的省委、省政府，以及省直各委、办、厅、局的同志们表示感谢。我知道光春书记、庚茂省长对国土资源工作非常关心，多次作出批示、指示；分管的张大卫副省长对这块儿工作也非常重视。这些年来，河南的土地管理工作越来越规范，矿政管理工作也很有特色，地质找矿工作不断有新的进展，这些成绩都与省委、省政府的关心是分不开的。河南省国土资源厅、河南省地勘局的工作非常到位，使得河南的国土资源工作有现在这么一个局面。这里我要借这个机会，向省委、省政府和各委、办、厅、局的同志们表示感谢。

第三，这是我到国土资源部工作以后第一次到河南来。在国务院办公厅的时候曾经多次来过河南，主要是为了经贸、旅游特别是卫生的事情。我印象当中，2006年春节就是和国务院领导在河南渡过的，我还随国务院领导同志去过上蔡文楼村；为了搞好新型农村合作医疗；我也到新乡专门搞过调研。所以，我对河南很有感情，也长期关注着河南的经济社会发展。河南是一个人口、农业和经济大省，近几年，坚持以科学发展观统领中原崛起，去年以来努力克服金融危机所带来的困难，保增长、扩内需、调结构、促改革。去年的GDP已经达到1.8亿元人民币，增长幅度为12%。从河南来看，1～4月份的经济发展情况还是出现了回升的迹象。从我来之前看的一些材料，我为河南的经济社会发展取得这样的成绩感到高兴，受到鼓舞。

这次我来主要有三个目的：第一个目的，是要感谢省委、省政府；第二个目的，是为了应对当前的金融危机，落实保增长、保民生、保稳定这“三保”任务，我们看一看河南在应对危机当中还需要国土资源部做些什么，也看一看我们能为河南的经济社会发展做些什么；第三个目的，是想看一看在经济社会发展过程当中，还需要国土资源管理工作做一些什么样的改革，我们作为国务院的一个部委，看看需要自己做些什么改革，来更好地为地方经济社会发展服务。昨天晚上到了之后，今天上午为同志们作一个介绍和汇报，下午就要到一些地方去看一看，大后天才离开河南。这次来就是这么个考虑。我很珍惜省委、省政府给我的这次机会，想利用这2个小时的时间，向大家介绍一下情况，汇报一下工作，主要介绍四个方面的问题。

一、国土资源职能不断强化，管理责任重大

我们国土资源部是1998年机构改革的时候，由原地质矿产部、国家土地管理局、国家海洋局和国家测绘局“一部、三局”组合而成，到现在还是“一部、三局”，除了部，还设有海洋局、测绘局和中国地质调查局。职能上主要是五项工作，既土地管理、矿政管理、地质找矿、海洋工作和测绘工作。因此，这个部的组建是符合自然资源相对集中、统一管理要求的。从2004年以来，国务院高度重视这块儿工作，每年都有1～2个规范性文件来强化国土资源管理，或者指导全国的地质勘查和找矿工作。去年的机构改革中，国土资源部的职能得到进一步强化，主要职能从12项增加到16项，所以这个部的责任在不断强化、管理责任非常重大。

大家都知道，土地和矿产是稀缺资源，而且是经济社会发展的基础。当前，我们既要保障发展，同时还要保护资源。这是一个“两难”的问题，在

经济社会发展的实际工作中，必须想办法来求解，想办法来破解。

（一）关系到整个宏观调控政策的实施 2004年国务院赋予国土资源部运用土地、矿产政策参与宏观调控的职能，说简单一点，就是用土地“闸门”来参与宏观调控。土地政策与财政政策、货币政策、金融政策、产业政策、区域发展政策配合，通过土地供应的总量、布局、结构和时序来参与宏观调控。矿产方面，实际是通过矿业权的投放、矿产的勘查和开采来服务经济社会发展。土地“闸门”也好，矿产开发也好，它能够配合其他的宏观经济政策，对经济社会发展、产业结构调整、固定资产投资规模、社会事业的建设进行一定的调节。这就关系到宏观调控政策的实施。

（二）关系到粮食安全和资源保障 我们说13亿人吃饭是个大问题，13亿人的吃饭问题必须由一定数量和质量的耕地来予以保障。我们为什么要坚守18亿亩耕地，也是从这个角度来考虑。国家经济社会发展“十一五”规划要求，在“十一五”期间，我们的粮食年产量要达到一万亿斤。好在这几年政策好、天帮忙，去年我们的粮食总产量已经突破一万亿斤大关。考虑到随着人口增长、生活水平提高和需求水平的提升，我们国家到了人口的高峰年，每年将需要粮食1.4万亿斤，这1.4万亿斤要靠耕地来产出。考虑到单产的提高、复种指数和粮食经济植物之比这三个因素，要达到1.4万亿斤粮食，必须有18亿亩的耕地。这18亿亩的耕地不是靠拍脑瓜子拍出来的，它是根据人口增长、生活水平、需求提升以及粮食生产的单产提高、复种指数和粮经比这6个要素测算出来。国土资源部的耕地保护工作，实际上是关系到国家的粮食安全。

从矿产资源来看，它提供了90%的能源、80%的工业原料和70%的农业生产资料，所以，矿产资源也是经济社会发展的一个重要保障。因此，国土资源部的工作也关系到资源的保障。

（三）关系到社会的和谐稳定 从土地来看，土地既是农民的生活保障又是农民的社会保障，耕地为农民提供了40%～60%的经济收入、60%～80%的生活必需品。在工业化、城镇化进程当中，征占耕地当然是难免的事情，但是如果违法、违规征占耕地或者占用耕地，失地农民当前的生活水平就要下降，长远生计就没有保障，这就直接影响到社会的稳定。从矿产资源来看，矿产资源无序的勘查和开采，污染环境、破坏资源，还引起很多纠纷，一样影响到社会的稳定。

（四）关系到代际公平 土地和矿产的开发利用，还是要注意代际公平。我们是当代人，当前土地锐减、矿产资源滥采滥挖，当代人都难以为继，别说我们的后代了。耕地是历代人开发而形成的，矿产资源又是自然赋予的，都是不可再生的稀缺资源。所以，我经常讲，我们不能“吃了祖宗的饭、断了子孙的路”。因此，土地和矿产的开发利用一定要讲究代际公平，要以国土资源的有序利用，来保障我们经济社会的持续发展。

二、国土资源管理当前矛盾突出，今后压力很大

国土资源管理实际上是现代化进程当中一个带有全局性、根本性和战略性的重大问题。国土资源管理既要保障发展又要保护资源，我们承受着双重压力，面临着“两难”格局。

（一）国土资源禀赋并不优越，合理开发利用任务艰巨 首先，从耕地来看，我们国家的耕地可用三句话来描述，既人均耕地少、优质耕地少、后备耕地资源少。

第一个概念是人均耕地少。人均耕地到2008年，我们只有1.37亩，2007年的时候，我们还是人均1.38亩。2008年，全国净减少耕地29万亩，全国实际有的耕地是182570万亩。虽然只减少了29万亩，不到30万亩，但是去年我们的人口增加了600多万，因此，人均耕地还是减少了0.01亩。1.37亩只是世界人均拥有耕地水平的40%，北京、天津、上海、浙江、福建和广东6个省、市人均拥有的耕地，已经低于联合国粮农组织设定的警戒线。这个警戒线是人均0.8亩，粮农组织认为，如果一个国家和地区人均耕地低于0.8亩，它的粮食安全、经济发展就会面临比较大的风险。

第二个概念是优质耕地少。我们国家18亿亩耕地中，高产田和中低产田基本上是3∶7，三成是高产田，七成是中低产田；水浇地的面积还不到一半，大概只达到47%。而且水土在空间上分布很不均衡。从土地来看，南方占三成，北方占七成；但是从水资源来看，南方占八成，北方只有两成。所以，南方是地少水多，北方是地多水少。现在，耕地的突发污染还比较严重，据初步统计，工业“三废”污染的耕地全国已经将近9000万亩。“三废”危害、水土流失、盐碱化等损失的耕地还在增加；而且一些地方长期使用化肥，导致耕地的地力下降。所以，优质耕地并不多。

第三个概念是耕地后备资源少。我们预算全国还有2亿亩后备耕地资源，就是说还有2亿亩的土地还可以开发成为耕地，但是真正条件比较好、适合开发利用的，大概只有40%，也就是8000万亩。这就是我们国家的耕地现状，人均少、优质少、后备资源少。

从矿产资源来说，也是三句话，叫总量大、人均少、禀赋不好。

第一特点是总量大。我们国家已经发现的矿产有171种，已探明储量的矿产是159种，我们探明的储量占世界上总探明储量的12%，排在美国和俄罗斯之后，居世界第3位，45种主要矿产中有24种都排在世界前3位，我们矿产的总量是非常可观。

第二个特点是人均少。我们人均所拥有的矿产探明储量只有世界平均水平的58%，刚刚超出一半，在世界排在第53位。而且，重要的大宗矿产就更少，油气资源我们所拥有的只有世界平均水平的7%，铝达到11%，铜17%，铁35%。因此，我国人均所拥有的矿产并不多。

第三特点是禀赋不好。我们一般矿产的储量比较大，大宗战略矿产比如油气、铁、铜都严重不足。大矿、富矿、露天矿少，小矿、贫矿、坑采矿多，这对于开采的技术要求高，开采成本大大增加。单一矿少，共生、伴生矿多，171种矿产当中，有一半的矿产是以共生和伴生的形式产出的。空间分布空间布局也有特点，内地多、沿海少，空间布局不匹配，90%的煤炭分布在西北和华北地区，铜主要集中在江西、湖南、甘肃、西藏。我们很多矿产都是北富、南贫、西多、东少，空间布局有自己的特点。这是我要给大家介绍的资源状况。

从开发利用来看，可以归结为一句话，叫贡献很大、问题不少。我们国家的耕地只占世界耕地总拥有量的10%，但是我们养活了占世界总量22%的人口，这本身就是一个重大的贡献。

1997～2008年，我们国家的农村累计提供了7000万亩土地（其中6000万亩是农用地），还有5.3万亿元的土地出让金。同时，还提供了19亿吨石油、4685亿立方米天然气、193亿吨煤和70亿吨铁矿石，还有铜、铅锌等10种有色金属1.56亿吨，来支持经济社会的发展。大家可以看到，1997~2008年，城镇建设用地从5.4万平方千米扩展到8.2万平方千米，增长了53%，城镇化率也从30.4%提高到45.7%，上升了15.3个百分点，同期我们国家的GDP从7400亿元上升到2008年的3万亿元人民币，增长了4倍。所以说，土地和矿产为经济社会建设确实作出了重大贡献。

但与此同时，也带来了一些问题。从土地来看，在座的各位都熟悉，上世纪80年代，农村的土地主要用于兴办乡镇企业，农村利用富余的劳动力，用农村集体建设用地兴办乡镇企业，促进了农业的发展，增加了农民的收入，有些学者把那个阶段的农村土地利用称之为“以地兴企”。90年代，我们大家都非常熟悉的一个口号叫“经营城市”，有些学者就把它解读为“以地生财”，实际上就是出让土地，取得土地出让金来加速城市的发展。一直到本世纪的前9年，不少城市进一步以土地作抵押，从银行获取贷款，以至于加大征地、加大贷款来加速建设，也有的学者把这一阶段解读为“以地套现”。除了80年代，从90年代到本世纪初，“以地生财”也好，“以地套现”也好，带来的问题是农村土地以及土地出让资金都单向地从农村流向城市，在一些地方就出现过度征地、补偿方式不合理、耕地快速流失这样的一种局面。这十几年，我们国家的耕地已经净流失1.25亿亩，带来的这些问题不容忽视。

矿产勘查也跟不上经济社会发展的需要。我们现在2/3国有骨干矿山已经进入到中晚期，所拥有的储量已经很少，400多座矿山已经资源枯竭。而且矿产开采也在一定程度上造成生态的破坏、环境的污染和土地的损毁，因此，在一些地方纠纷频繁，上访不断。

因此，我们说土地和矿产资源的禀赋并不优越，开发利用过程中又积累了不少的矛盾和问题，隐藏着一定风险和不可持续性。作为国土资源部门来说，调查评价和合理开发利用国土资源的任务就非常艰巨。

（二）国土资源供需矛盾突出，保障发展压力相当大 现在，对国土资源的需求是刚性增长，主要来自两个方面。

一是粮食需求增长，对耕地保护的要求非常

高。我们国家人口高峰年要达到15亿人口，需要1.4万亿斤粮食；到2020年我们需要的粮食是1.145万亿斤，产需缺口要达到1450万亿斤。而且品种结构的矛盾也比较突出，总的来看是小麦、稻谷产大于需，玉米、黄豆产小于需。现在口粮的需求在逐步减少，饲料和工业用粮在逐步增长。工业化和城镇化进程当中，占用耕地和对矿产资源的需求都在持续的上升，坚守18亿亩耕地的红线任务非常重。

二是供需矛盾日益突出。有人非常形象地说，从国土资源管理角度来看，现在是城市与农村争地、工业与农业争地、燃料与粮食争地、住房与庄稼争地。同时，由于资本的活动，加剧了用地的矛盾。从国家和地方的重点建设需求来看，每年所需要的建设用地大概在1200万亩左右。最近几年，国家确定的建设用地计划都没有超过600万亩，2007年、2008年都是580万亩，580万亩中有180万亩是未利用地、400万亩是农用地（其中，只有280万亩是耕地）。今年扩内需、保增长，我们跟发展改革委商量，把今年全国建设用地计划由580万亩提高到630万亩，但供需矛盾还是十分突出的。国务院有些部门用于基础设施的建设用地供需矛盾也十分突出。到2020年，公路和机场空港的建设用地只能满足2/3，港口和码头的建设用地只能满足1/3；每年我们还有2000万人要进城，这2000万人也需要城市增加建设用地。

矿产资源供需矛盾同样十分突出。从上世纪90年代以来，矿产资源的消费快于生产，生产又快于勘查，因此造成国内供需失衡、对外依赖度不断攀升。从消耗来看，我们国家的GDP大概占世界GDP总量的6%左右，但煤气的消费占9%、铜的消费占21%、铝的消费占25%、煤的消费占38%、水泥的消费更是占到48%，我们对矿产资源的消费是十分厉害的。从生产来看，我们国家的粗钢、煤炭和10种有色金属的产量都占世界第一位，矿产的开发总规模占世界第三位，应该说生产规模也是很大。从勘查来看，现在的勘查投入年年增加，2008年勘查投入是720亿元人民币，勘查工作的总量在世界上占到9至10位。从贸易来看，整个矿产品占到我们国家进出口贸易总额的20%，我们的矿产品进出口占到世界矿产品贸易总量的15%，我们国家的油气、铁矿石、煤、锰、铝的对外依存度都已经接近或者超过50%。从以上分析可以看出，我们国家现在名副其实地是矿产品的消费大国、生产大国、勘查大国和贸易大国。我们都感到，国土资源供需的矛盾日益突出，保障发展的压力相当大。

（三）开发利用粗放浪费，违法、违规严重，保护资源的难度非常大 第一个方面，是从国土资源开发总体上看，粗放浪费比较严重。

一是城镇建设快速扩张，土地利用粗放浪费。我们国家城市人均所占有的建设用地是133平方米，而国家规定的城市人均所拥有的建设用地应该是80～120平方米，已经超出国家规定的上限。国际上一些土地比较少、人口比较多的国家，一般都在80～100平方米，我们已经达到133平方米。我们做过一些不完全的调查和统计，城市建设用地的40%低效利用、5%闲置。我们搞过一次调查，2007年底，全国由于各种原因闲置的土地达到400万亩。河南也搞过闲置用地清理，2007年底好像是1500亩。城市用地粗放浪费比较厉害，而且城市用地中工业用地的比例大于20%，南方一些城市的工业用地比重更大，而一般比较宜居的城市工业用地都应该小于15%。工业用地一方面占的多，一方面产出效率低。我们目前国内最好的城市单位工业用地产出效率还不到世界先进水平的10%，它的产出效率是低的。

二是农村居住用地与人口迁移逆向发展。1996～2008年，农村人口减少了2000多万，但是农村居住用地2007年又增长了112万亩，农村人均居住用地从1996年的193平方米上升到2008年的229平方米。我们搞过一次不完全调查统计，现在农村空闲住宅和“空心村”占的比重大概是10%～15%左右，有一些地方农村还出现耕地撂荒的现象。

三是矿产勘查开采浪费破坏严重。上世纪80年代，我们听说了“大矿大开”、“小矿放开”、“有水快流”的口号，因此矿产资源勘查开采发展很快。但是也带来了很多问题，乱采滥挖，小、散、乱的问题特别突出。从2006年开始我们搞矿产勘查开发秩序整顿和规范，通过资源整合和兼并收购，矿山企业减少一半，现在矿山企业已经从25万个下降到12万个。目前我们的矿山平均回采率只有35%，综合回收率大约也是35%，这两个数字都比国外的矿山低10～15个百分点，浪费是非常严重的。矿产开采过程中污染、破坏环境的现象也比较厉害。我们国家有40多个资源型城市出现了地面塌陷。我专门到宁夏的石嘴山市看了一下，石嘴山市出现9个塌陷大坑，面积很大，塌陷最深处29米，塌陷的地方什么都建不成，只能搞绿化，石嘴山市花费了很大的功夫，花了8年时间把居住在塌陷大坑周边的居民迁出来。现在，矿产开采损毁的土地也达到了230万平方千米，而且堆放的废弃物（包括尾矿）也有200多米，占用了大量的土地。

第二个方面，是违规、违法现象还未能有效遏制。

去年，我们搞了全国86个城市第八次卫片执法检查，检查的时间段是2006年10月～2007年10月，一共查到土地违法违规的宗数是8700宗，涉及到耕地面积27万亩。总体来看，第八次卫片执法检查要比第七次卫片执法检查出的违规、违法用地宗数和涉及到的耕地面积都有大幅下降，但是部分城市违法违规现象仍比较严重，少量城市违法、违规出现反弹。河南第八次卫片执法检查一共是923宗，涉及土地面积2万亩，与第七次相比有大幅下降，但有些城市违规、违法占用耕地的面积都超过了建设用地耕地面积的50%。我知道从去年年底开始，省里做出了部署，采取强有力的措施进行整改进行查处，效果也很好，因此2009年一季度，我们的违法、违规情况又有了大幅度的下降。

现在的土地违规、违法有四个特点特别明显，省、市、自治区政府基本没有违规违法批地用地，地市还有少数违规违法批地用地，违规违法用地主要向县、乡、村下沉，而且东部地区向中西部地区蔓延。违法、违规批地用地的危害是非常严重的，首先，它危及了耕地保护的目标，其次，危及了宏观调控政策的实施；第三危及了农村的社会稳定；更重要的是危及了法律的尊严和政府的威信。

现在违规、违法的主体是政府，特别是县、乡两级；村委会在集体土地流转、宅基地占用上也有不少违法、违规，但主体还是政府。政府本来是应该依法行政，贯彻落实中央的方针政策，很好地保护耕地，但有些地方政府没有这样做，而且违法、违规地批地用地，对存在的违规违法批地用地现象姑息迁就，有法不依，执法不严，使政府的公信力受到很大影响。更可惜的是，一批干部受到了党纪、政纪处分，触犯刑律的也要追究刑事责任。2007年第四季度到2008年第一季度搞的土地执法“百日行动”当中，涉及到的土地面积是336万亩，全国向纪检监察机关移送了3800人，向司法机关移送了2700人，加起来6800人，在全国2800多个县(市、区)，每一个县(市、区)平均2个人还要多一点。在去年的第八次卫片执法检查中，处理的人也达到2000多个。同时，矿产的乱采滥挖也没有得到根本遏制。这些年处理的无证勘查开采、越层越界开采、非法转让矿业权的案件大约有14万件，关闭不符合生产条件的矿山大概有4.8万家，处理1000多人。现在培养一个干部不容易，每一个干部成长发展也不容易，对一批干部倒在耕地“红线”上是我们不愿意看到的局面，也是各级组织不愿意看到的局面。

我们面对双重压力、面对“两难”局面，原因实际上是多方面的。我们分析了一下，主要原因恐怕是以下几条：第一原因是我们的思想观念没有完全转变，科学发展观还没有自觉树立起来，有些同志往往认为发展是硬道理，就觉得增长也是硬道理，因此，在经济社会发展中会出现偏差；第二个原因是我们国家特殊的资源禀赋，人口多、地少，矿产资源禀赋不好；第三个原因是长期形成的阶段性矛盾和粗放型增长方式尚未改变。从需求的结构来看，我们投资规模过大、有效需求不足；从总供给结构来看，我们主要是第二产业，第二产业特别是重化工比重过大，这两年，相对于第二产业，第一产业和第三产业的比重还在下降，农业基础薄弱，增长方式比较粗放。有时候，我们把它归纳为“四高一多”，“四高”即高投入、高能耗、高消耗、高污染，“一多”就是多占地。

三、坚持国土资源管理改革创新，保障和促进科学发展

当前，我们都面临着金融危机的冲击。这次金融危机我们认为它既有波及全球的结构性的震荡，同时也有我们国内经济周期性的调整，是由这两个因素叠加而成。因此，我们实际上面临的是双重挑战，既要应对全球结构性的震荡，又要应对经济周期性的调整。

在这次危机当中，国土资源工作也面临十分严峻的局面。土地管理方面，我们说是“两碰头一忧虑”，一是扩大内需的建设用地需求急剧上升，各地要求建设用地指标增长非常强劲，搞不好违规、违法用地批地就会出现反弹；二是十七届三中全会提出了要深化农村土地管理制度改革，各地的探索都非常稳健，如果不能做到规范推进，农村土地流转（包括承包地流转以及经营性建设用地流转），都可能出现偏差，也可能导致违规、违法的反弹，这两件事情从去年第四季度开始到现在都碰头了。我们会同监察部和人力资源社会保障部制定了《违反土地管理规定行为处分办法》，这个处分办法有一条“硬杠杠”，如果一个地方违法、违规占用的耕地超过新增建设用地占用耕地面积的15%，我们就要对这个地方进行问责，也就是我刚才说的非常不希望看到有大量干部被问责的局面。矿产资源开发现在的形势是“一松一紧、震荡调整”，我就不展开说了，总之，矿产资源勘查开发的形势也面临十分严峻的局面。

在这种情况下，国土资源部就要改革和创新工作，我们实实在在地在做几件事。

（一）解放思想，深化国土资源改革和创新 首先，要端正思想和认识。我们系统的一些同志经常自觉不自觉地把保障发展和保护资源对立起来，在实际工作当中也常有表现。贯彻十七大精神，特别是去年深入开展学习实践科学发展观活动，我们进一步端正了认识，觉得保障发展和保护资源实际上是对立的统一。发展是保护的前提和条件，保护资源虽然是矛盾的次要方面，但它也不是消极的，也会产生巨大的作用和影响。

其次，要有改革的紧迫感。改革开放30年，有种现象值得关注，这30年是逐渐由下往上发展的，因此，我们说改革需要注入活力和动力。学习实践科学发展观当中有三句话：一是安于现状不想改，二是畏首畏尾不敢改，三是思路狭窄不会改。通过学习实践科学发展观，大家都认同，确实存在这三个问题。下一步，我们要从“三不”走向“三勇”，即一要勇于革思想的命，二要勇于削手中的权，三要勇于去部门的利。只有这样，国土资源部才能更好地为经济发展的全局服务，为地方的社会经济发展服务。

第三，在实际工作当中，思想解放还要解决一个很重要的问题，就是当前形势下解放思想的指向是什么。30年前，改革开放的初期，我们解放思想主要是冲破教条主义思想的束缚；30年后的今天，冲破“左”的教条主义思想束缚这个问题依然存在，但我们感到主要不是这个。当前形势下，思想解放的指向主要应该是突破发展模式和管理模式的固定化。因此，我们要有解放的思想，坚持改革创新，来转变工作方式，转变工作作风。

我对改革作了一个很深入的分析，认为时至今日，需要改革的一些难题是内外交接、上下相连，它涉及的面很广、政策性又很强。大家可以分析一下，我们既要解决一些长期存在，深层次的矛盾问题，又要解决这些年来改革发展中出现的新矛盾、新问题；既要去除计划经济遗留的弊端，又要克服市场经济固有的缺陷。因此，改革需要统筹考虑，需要协调推进。目前，国土资源部主要采取三个方面的措施：一是巩固和扩大深入实践科学发展观活动的成果，把一些制度性建设作为改革的内容；二是超前部署，及时跟进国家一些重大改革；三是我们要把应急措施跟长远的措施结合起来。

（二）积极主动服务，严格规范管理，促进经济较快发展 面对当前这样的局面，我们给国务院写了一个报告。为了应对金融危机，我们国家已经实施了适度宽松的货币政策和积极的财政政策，这就意味着银根松动了，那么“地根”怎么办？我说，银根松动了，要紧还能紧回来，地根一旦松动就回不来了，因此“地根”不宜松。国务院赞成我们的思路和我们所采取的措施。那么，怎么来做呢？

一方面，积极主动服务，保证扩内需项目落地。为此，增加了新增建设用地指标，增加了土地供应，把城乡建设用地增减挂钩指标列入计划，要求计划指标保重点、一般项目靠挖潜。同时，加快用地审批，国家重点审批项目报件原来是35件，从今年开始压缩到10件，在符合要求的情况下一个月之内批地，而且把土地预审的环节前提到可研阶段，对一些有特殊要求的项目允许先行用地，采取多种措施保证扩内需项目落地，保证在建项目提前竣工、规划项目提前上马、拟建项目尽早起步。国土资源部要求全系统跟进一些重点项目，参与前期论证，保证及时供地。

另一方面，严格规范管理，保护国土资源。我们也采取了三项措施：一是严格审查把关。从规划和计划、产业政策和供地政策、占补平衡、征地补偿安置四个环节上把关。二是严格执法监察。卫片执法检查已经从86个城市扩大到172个城市，通过计算机网络平台，把土地审批、供应、使用、占补平衡和违法违规监测5个系统整合到一个平台上，加强了日常的人工检查和监察，力图做到天上看、网上管、地上查。三是当前需要注意的一个问题。就是在扩大内需当中、“搭车”批地、违规用地和打一些政策的“擦边球”，这都是有矛头性和倾向性的问题，需要高度重视。有些地方大搞设施农业，设施农业本来是好事情，但是他一搞就全乱了。中间一个塑料大棚，两边各建一个200平方米的小房子，或出租或出卖，最后塑料大棚也要出租或出卖。我们就要求这个地方自已整改、严肃查处，对于这些苗头性、倾向性的问题，请大家务必予以关注。

（三）准确理解中央精神，规范推进农村土地供应制度改革 目前，农村最核心的两项改革，一项是户籍制度改革，另一项就是农村土地管理制度改革，这是非常关键的工作。农村土地管理制度改革需要准确把握中央的精神，坚持产权明晰、用途管制、节约集约和严格管理的原则，具体的改革内容我们把它归纳为“三个两、一个三”。第一个“两”，是实行最严格的耕地保护制度和最严格的节约用地制度；第二个“两”，是建立城乡统一的建设用地市场和承包地流转市场；第三个“两”，是保护农民的承包经营权和农民的宅基地使用权。这三项工作具体地说，一是土地登记发证，农村土地登记发证非常重要，要结合第二次土地调查予以推进。如果没有登记，以后在流转的时候就会引发纠纷。二是征地制度改革，要逐步缩小征地范围，完善被征地农民的权益。三是完善政策制度和法律法规，这个我们也正在做。

农村土地管理制度改革是非常复杂的工作。每个国家要组成国家必须有3个要素，即有政府、有公民、有领土。土地具有两重性，它既是国家领土的一部分，又是一个国家的耕地，为整个民族所赖以生存和发展。因此，国家的三要素和土地的双重性就构成了非常复杂的土地管理关系。土地管理制度改革也具有双重含义，既有经济价值又有政治意义。大家可以回顾一下新中国成立以来，我们国家的土地制度改革真是波澜壮阔。解放初期的土改、改革开放初期的联产承包责任制、上世纪80年代中期的《土地管理法》，去年10月实施的《物权法》，都对土地管理制度产生了重大影响。农村土地的改革，第一不能等，要积极探索；第二不能急，要稳步推进；第三不能乱，要依法规范。在当前农村土地改革过程中，特别要注意一些矛头性和倾向性的问题，改进国土资源管理工作，为经济发展服务。

我们为什么要做这些工作、有这些想法？除了贯彻十七大精神和去年学习实践科学发展观之外，从去年第四季度开始一直到现在，实实在在地说金融危机使我们受到了触动，我们深深地感觉到变革的紧迫性。我们认识到，危机实际上孕育着巨大的制度创新，也会带来社会的重大进步。在危机当中，管理理念、政策思想和经济理论都可能会有重大进展，或者说重大突破。我们常说，危机像一面镜子，照出了我们工作上的不足、制度上的缺陷、发展中的风险，同时也让我们看到了危机当中蕴藏着的改革机遇。国土资源部要求，要把危机当成政府转变职能的良机，在危机当中勤于学习和思考，勇于探索和创新，善于总结和规范，在危机当中学习，在危机当中进步，在危机当中提高，使国土资源管理工作取得更大的进步，使国土资源事业有更大的发展，这就是我们对危机的认识。

四、把握关键环节，共同破解保障发展和保护资源面临的难题

在座的同志们体会可能更深，现在，耕地保护任务重、建设用地指标少、维护农民权益难、资源供应不足、地质服务跟不上等，这是大家在实际工作当中面临的现实问题，实际上也是国土资源部门面临的现实问题和重大挑战。因此，我们需要同地方政府很好地协调配合，共同来破解这些难题。怎么样来破解这些难题呢？我提几条建议：

（一）更新观念，调整结构，转变发展方式 我们现在面临的资源和环境“瓶颈”压力很大，资源压力的产生和积累实际上是与经济快速扩张相关的。改革开放30年，我们投入了大量的资源，实现了超常规的快速发展，这在经济起飞阶段是需要的，效果也是好的。那么问题集中在什么地方呢？我们今后10年、20年依然要完成工业化、城镇化的任务，依然要保持经济快速、平稳的发展，但今天和今后10年、20年的经济总量同改革开放前30年的经济总量相比有了很大变化。因此，如果发展方式不转变，单纯依靠资源的投入，就不可持续。我们河南目前经济总量是1.8万亿元人民币，在1.8万亿元人民币这个情况下要创造同等的价值和社会福利，所要投入的资源跟1000万人民币是不一样的，是成倍的增加。所以风险和问题就在这个地方。我

们经济总量增大，如果发展方式再不转变的话，是不可持续的。资源压力实际上就是这么来的。我觉得资源压力涉及到四个因素，一是我们的观念，二是资源禀赋，三是发展阶段，四是体制机制，这四种因素形成了资源压力。

资源压力的实质在什么地方？我们分析，资源压力是在大量应该做而且能够做的事没有去做的情况下产生的。我们的科学技术、政策措施、发展方式当中存在的问题和缺陷是很多的，相对自然资源和科学技术，我们受自身发展中的机制、体制和政策环境约束要大得多，这就是资源压力的实质所在。

化解资源压力的出路在哪里呢？我刚说了四个要素，观念、禀赋、发展阶段、体制机制。资源禀赋无法改变，发展阶段也不能超越，唯独能做的就是更新挂念，转变发展方式，这是唯一的出路。因此，一定要利用这次金融危机的时机，来调整结构、深化改革，更好地转变发展方式。这次金融危机大家看得非常清楚，实际上已经在进行三大方式的转变：一是发展方式的转变，二是资源配置方式的转变，三是政府管理职能的转变。做好这三大转变，我们的经济肯定会再上一个台阶。我们要趁这次机会，更好地调整结构，转变增长方式，提高经济发展的质量。

（二）搞好土地利用总体规划，落实耕地保护责任 省里的土地利用总体规划纲要已经批了，紧接着就是各市、县、乡（镇），包括村都要搞土地利用规划修编。在这个过程中，我们经常遇到违法违规。实实在在地说，前一轮土地利用总体规划我们没有做好，这是一个很重要的原因，当然也有发展速度快的原因，但没有做好规划是最重要的原因。因此，这一次土地利用总体规划的修编，请同志们无论如何要把经济社会发展规划、城乡建设规划、基础设施建设规划、生态建设规划等都叠加上，来提高土地利用总体规划的科学性和合理性。

土地利用总体规划是一项非常基础的规划，规划过程当中要严格防止“两减一增”的现象。所谓“两减一增”，就是减少耕地保有量、减少基本农田面积、增加建设用地。做好规划，落实保护耕地的责任，首先要守住“四条线”：一是土地利用规划线，建设用地在哪里，耕地在哪里，基本农田在哪里，这些线不要去碰。二是搞好占补平衡，建设占用耕地无论如何不能只占不补、占优补劣，三中全会的要求是先补后占。河南的占补平衡还是不错的，一定要继续把它做好。三是落实建立补偿机制，有些省份从土地使用权出让金中抽出一些资金，建立耕地保护基金。四是构建共同的耕地保护责任机制。

（三）坚持节约集约用地，严格控制建设用地规模 我们用地的潜力是很大的。首先，要把闲置地、空闲地用起来。河南这一块儿我觉得只要认真清理，还应该会有。还有批而未征、征而未供、供而未用、用而未尽的土地。计划已经批了，但是没有征，这在一些地方数量也不少；地已经征了，而没有供给项目、供给企业；或者地已经供给企业但没有用完。对这些批而未征、征而未供、供而未用、用而未尽的地，要把它挖出来，盘活它。另外，政府手里还有些储备用地，包括“空心村”治理等都是。

其次，要提高土地的利用效率。特别是一些工业园区的二次开发、城市旧的商业区、工业区二次开发，都要提高土地的投资强度、建筑容积率和产出效率，来提高土地的利用效率。

最后，就是要开拓用地新的空间。除了地表之外还有地下和地上。通过这些措施，我们还可以把土地的利用效率大大地提高，节约用地的潜力实际上是很大的。

（四）推进农村土地整治，构建新农村建设和城乡统筹新的平台 农村土地整治是一项大的工程，国土资源部已经搞了多年。现在我们有资金主要是这么几笔：第一笔是新增建设用地土地有偿使用费，每年全国大概500多亿，河南也不少。70%留给地方，30%集中到中央。中央除了用于重大项目之外，其他的按照每个省的耕地保有量、基本农田面积和粮食主产区的权重再返给地方，这是一大笔钱。第二笔钱就是土地出让金的15%，这也是国家规定用于土地整治的，全国大概也是500亿元。另外，还有土地开垦费、临时占用土地的土地复垦费等。把这些资金集中起来，用于土地整治。国土资源部从2006年开始实行农村建设用地减少和城市新增建设用地增加挂钩试点，河南也在搞。通过整治节约出来的土地给城市使用，城市拿到指标以后，土地出让金的级差收入再拿回来反哺农村。国土资源部从事这项工作，有资金、有经验、有比较成熟的做法。

同志们在工作当中也应该感觉到，从十六大提出新农村建设到十七大提出城乡统筹，这是一个伟大的进步。各地在实际工作中都在探索新农村建设和城乡统筹的抓手是什么，这是当前面临的一个问题。当前面临的第二个问题，就是最近几年中央惠农政策中一些资金的下拨，这些资金分散到农村实施，怎么更好地发挥这些资金的效益，各地都在探索解决这个问题。第三个问题，通过改革开放30年，我们农村集体经济组织手里有了一些钱，农民手里也有了一些钱，他们迫切希望改善农村的生产和农民的生活条件，而且有些地方自己盖房了、农村修了路等，怎样保护好农民的积极性，不要让这些自发的活动造成浪费，也是各地在探索解决的。

在这种情况下，国土资源部在今年的工作会议当中就提出了要集中搞农村综合整治，要搞一个万村的土地综合整治工程。这个土地整治简单地说有三个方面：一是从操作上来讲，是统筹规划、整村推进，田、水、路、林、村、房综合整治。各项基础设施整治都可以趁着土地整治集中推进去，根据土地利用总体规划，统筹规划，整村推进。二是从整治目标上来讲，要达到三个相对集中，即耕地向规模经营集中、居住向中心村镇集中、产业向园区集中。三是从机制上来说，就是政府引导、国土资源系统搭台、各地参与、多项资金整合。

这项工作眼下可以有效驱动农村需求，从长远来看是新农村建设和城乡统筹一个很好的政策措施，我们要求国土资源系统一定要搭好这个平台。搭好这个平台的关键是把城乡建设用地增减挂钩跟土地综合整治结合起来。成都通过土地综合整治，净增耕地5%～8%，通过宅基地和农村集体建设用地整治能够增加耕地13%～15%。我到都江堰去看过，都江堰是我们学习实践科学发展观的教育基地，一个村整出来100亩地，都江堰这个镇就返了30万元，用于农村道路改造。农民只要自己掏很少的钱，就能使生产、生活条件大大改善。

（五）国土资源部积极支持中原城市群的建设 中原城市群的发展确实是一项非常好的措施。经常到地方，跟地方上的同志聊，就会提到地方发展要做好什么事情呢。我想无非是五件事情：一是要制度性资源或者政策性资源，二是要项目，三是要企业，四是要资源，五是要人才。河南处在祖国大地的中心，物流量这么大，人流量这么大，流通体系和服务体系的健全和完善也是我们的一个特色。从国土规划的角度，国土资源部要很好地支持中原城市群的建设。

（六）充分发挥地质找矿工作的作用 目前，我们正在进行“地质找矿改革发展大讨论”活动。地质工作在经济社会发展中实际可以发挥很大的作用，除了传统的地质工作之外，还可以进行城市地质、农业地质、旅游地质等。

我就大概提这么几条建议。保障发展和保护资源是辩证的统一，只要我们资源利用和管理的方式转变了，发展就会有保障，资源也会得到保护，关键要有改革的勇气、要有新的思路，要趟出一条新路来，使有限的国土资源能够得到更加有效的利用，为中华民族的伟大复兴和繁荣提供保障。

就给大家介绍、汇报这么多情况，纯属我个人的一些看法，讲的不合适的地方请大家批评指正。

谢谢!

积极推进中原城市群国土规划编制工作

国土资源部党组成员、总规划师　胡存智

（2009年12月26日）

河南是我国中部地区的重要省份，是矿产资源大省和重要的交通枢纽，也是重要的农业大省和粮食主产区，在促进中原地区崛起中发挥着重要的支撑作用。当前，河南编制“中原城市群国土规划”十分必要，也十分及时。河南省委、省政府对国土资源管理和国土规划工作一直给予了高度的重视、理解和支持，河南省国土资源厅也会同有关部门，做了充分的前期准备和颇有成效的前期研究工作。我看了省、厅报部里的《中原城市群国土规划编制工作实施方案》，感觉方案提出的中原城市群国土规划编制的思路清晰、目标任务明确、进度安排合理、预期成果丰富、组织领导有力，具有较强的可操作性。我们部非常赞成，今后部里将在政策、技术指导和力量组织等方面继续给予大力支持，共同推进中原城市群国土规划的编制工作。同时，为了切实做好河南中原城市群国土规划编制工作，结合中原城市群国土规划编制工作实施方案，我简要地谈几点看法。

一是中原城市群国土规划的定位上要根据国家区域发展的战略要求，立足河南省情，密切结合河南作为我国中部重要的人口、农业大省和粮食主产区的实际，处理好中原城市群与全省的关系。规划范围可考虑覆盖全省，但要把中原城市群九个城市区域作为重中之重，在进一步提升中原城市群发展活力和区域竞争力的同时，充分发挥其辐射带动作用，努力促进全省各地区协调发展。

二是在国土规划编制的指导原则上，要充分体现国土规划作为综合性、基础性、前瞻性和约束性的空间规划的功能定位，切实做好与主体功能区规划、城乡规划、区域规划等相关规划的统筹和协调。这一点就是国土规划编制和八十年代那次的编制有很大的不同。八十年代的时候编国土规划的时候，很多规划都没有，包括城镇体系规划，包括土地利用总体规划这些都没有，包括铁路的交通规划，公路、高速路都没有，但是现在这一次的规划里，这些规划都成型了，只不过这些规划之间需要有一个更好的协调，而且把它统筹在中原城市群发展的大目标之下来综合考虑。因此这两个时代不同，条件不同，但是也为我们编制中原城市群规划提供一个前所未有的基础，过去没有基础，什么都需要从头来，现在不需要，很多东西可以结合进去。

三是在国土规划的理念、规划内容及规划编制方法上要有创新性。要通过国土规划的编制，充分发挥国土资源参与国家宏观调控、调节经济结构、促进产业升级的作用；要将提高能源资源的保障能力作为一个重要任务，全面考虑国土安全和区域均衡发展问题；要通过农村和城市土地整治工程，推动国土规划的实施；要结合规划编制，研究提出一批具有创新性和可借鉴的新理论、新方法和政策制度，争取为全国国土规划提供经验和示范。

四是建立在打造高效国土、创建和谐国土、营造宜居国土、构建绿色国土、建设开放国土的总体目标的基础上。进一步提出一些具体的规划目标，可以再侧重考虑以构建可持续发展国土空间，保障能源和重要资源供给，提升区域综合竞争力，保护生态环境，防止城市无序的蔓延，促进均衡发展等方面，提出一些更新的、更好的想法。

五是要建立部门合作的工作机制，成立专家咨询委员会。应建立国土资源管理部门和发展改革部门，住房城乡建设部门、财政部门、环境保护部门等相关部门的合作机制、合作的制度，共同开展规划的前期研究、编制和实施规划。规划的专家咨询委员应由经济管理、法律、土地、矿产、能源、水资源、生态环境、城乡建设、交通运输等方面的专家组成，负责就国土规划编制的重大问题和重大专项研究开展咨询、论证和评估工作。在专题研究的设置上，要切合实际，突出重点，集合整合，加强内容的协调衔接，避免重复交叉。同时，及时根据新情况、新要求，对设置的专题进行完善。

我们这次为期一天的论坛，时间安排的相当紧凑，为了把更多的时间留给在座的各位专家，我就先谈这些想法和认识，仅供大家参考，不妥之处请各位领导、专家和同仁多批评指正，期待在接下来的时间里聆听各位专家的高论。我相信，通过大家的共同努力，河南一定可以编出一个高质量、高水平的中原城市群国土规划，为河南省又好又快的发展和促进中部地区崛起发挥应有的作用。

（注：此文为胡存智在中原城市群国土规划论坛上的讲话摘编）

让国土资源管理工作在促进中部地区崛起中发挥更大作用

河南省人大常委会主任、中共省委书记　徐光春

（2009年5月21）

河南经济社会正处在快速发展的关键时期，用地需求量很大，在土地管理使用方面也出现了很多新情况、新问题。国土资源部给予了具体的指导和很大帮助，在国土资源方面为河南经济社会保持跨越式发展的良好态势创造了有利条件。可以说，河南有今天的成就，得益于国土资源部的鼎力支持。在全省上下全力以赴积极应对金融危机、保持经济平稳较快增长之际，徐绍史部长亲临河南，为大家宣讲政策、传递信息、指导工作，并且以严格保护和合理利用土地资源为主要内容，给省委中心组和河南省的广大干部上了一堂别开生面的课，对提高各地、各级各部门对国土资源的认识，普及国土资源知识，落实国土资源方面的法规和有关政策，依法使用和管理国土资源都具有重要意义。徐绍史部长的精彩报告，一定会对河南今后在国土资源的管理、使用方面产生积极的促进作用。 如今的国土资源问题是目前经济社会发展的重大问题，也是一个难关和难题。就河南而言，国土资源一直是经济社会发展的重要制约因素之一。河南人口众多，在16.7万平方千米的土地上生活着近一亿人，不仅要生存，而且要发展，要尽快富裕起来，难度可想而知。经过这些年来的努力，河南已经由一个经济欠发达省份转变为全国重要的经济大省，由一个温饱不足的省份转变为全国第一粮食生产大省，由一个传统农业省份转变为新兴工业大省，由一个文化资源大省转变为全国有影响的文化大省。按照胡锦涛总书记给我们提出的要求，河南要实现跨越式发展，在促进中部地区崛起中发挥更大作用、走在中部地区前列。在胡锦涛总书记讲话精神的指引下，全省上下正在加快“两大跨越”，推进“两大建设”，加快中原崛起的步伐。要实现跨越式发展，就必定会增大对国土资源的需求。尽管河南资源相对比较丰富，但通过多年的强力开发，存量减少、增量不足。今年还是国家粮食战略工程河南核心区建设的起步之年，到2020年再增产300亿斤粮食，就必须确保充足的耕地面积。衷心希望国土资源部在政策法律法、规允许的前提下，结合河南的实际情况，给予河南的发展以更多的关心和支持。尤其是对当前我省正在积极推进的土地修编工作给予指导和帮助。

（注：此文为徐光春在会见国土资源部部长徐绍史时的讲话摘编）

严格落实“两保一高”目标要求 走出一条符合科学发展观要求的节约集约利用资源之路

河南省委副书记、省长　郭庚茂

（2009年5月22日）

资源是经济社会可持续发展的基本条件，也是人类共同关心的重大问题。我国是世界上人口最多的国家，又是处于工业化、城镇化进程中的发展中国家，资源问题尤为突出。正确认识我国的资源国情，对认真贯彻落实科学发展观，妥善处理好保护资源和保障发展的关系，推动经济社会长期又好又快发展有重要意义。因此，这次报告会的主要目的，就是进一步增强做好国土资源工作的紧迫感和责任感，切实把我省国土资源工作抓紧、抓好，为实现中原崛起提供保障。

按照徐光春书记的批示精神，我就贯彻落实这次报告会精神，做好全省的资源保护和利用工作，再讲三点意见。

一、进一步增强做好国土资源工作的紧迫感和责任感

国土资源是一个国家和地区实现可持续发展的、不可替代的基础性保障。当前，我省正处于工业化、城镇化发展的关键时期。历史经验证明，这一阶段也是土地和矿产资源需求急剧增长的时期。我们必须从战略和全局的高度，充分认识做好国土资源保障工作的现实意义和历史意义。

（一）做好国土资源保护和合理利用工作是实现科学发展观的迫切需要　走可持续发展的道路是科学发展观的重要体现。实现可持续发展，就必须正确处理人口、资源、环境同生产、生活的关系，用尽可能少的资源环境代价获得经济社会的发展，在不牺牲未来需要的前提下，满足当代人的需要。近年来，我省以占全国1.74%的土地承载了占全国7.47%的人口，以占全国6.5%的耕地生产了占全国10.3%的粮食。经济总量连续多年保持两位数的增速。固定资产投入持续增加，特别是交通、水利、能源、工业等重大基础设施建设，以及教育、房地产开发等项目的用地量较大，给土地资源供应带来了很大压力。今后，随着经济快速增长、人口不断增加，土地、能源和矿产资源不足的矛盾还将越来越突出。高度重视国土资源问题、增强可持续发展的能力，是全面建设小康社会、实现河南可持续发展的根本大计。

（二）做好国土资源保护和合理利用工作是转变经济发展方式的迫切需要　国际金融危机的严峻形势，再一次向我们表明，我省要实现崛起，从路径上看有两个“走不通”，即发达国家走过的高消耗、高消费的发展道路走不通，我们自己传统的高消耗、高污染的粗放式发展道路也走不通。这其中就包括土地、矿产资源的过度开发、粗放利用和大量浪费。以土地为例，受经济结构和土地利用方式的影响，河南省土地利用效率普遍偏低，用地结构不合理，产出效率低下。2007年与2005年相比，河南省城镇化率提高了3.6个百分点，农村人口减少了290万人，而人均居民点用地却增加了8平方米。不仅仅是农村，在我们的城镇，用地粗放、严重浪费的问题同样存在。从矿产资源的角度看，由于长期强力开发和过度开采，我省部分矿种的储采比已大幅度降低。目前，大中型矿山中，资源严重危机矿山（保有和采储量不足5年）已占41.6%，资源形势很严峻。很显然，我们如果要继续沿用传统的高投入、高能耗、高污染、低效益的经济增长方式，资源将难以为继。

（三）做好国土资源保护和合理利用工作是加快城镇化和工业化的迫切需要　工业化、城镇化是人类发展的潮流，也是我省走向现代化的必经之路。保障1亿人口的吃饭问题、保证国家粮食安全，必须保有一定数量的耕地；同时，推进工业化、城镇化建设也需要土地。因此，必须正确处理两者之间的关系，推动土地等资源的集约利用和高效配置。近一段时间，我们着力推进中原城市群发展和产业集聚区建设，一个很重要的出发点就是利用有限的土地资源，实现我省的工业化、城镇化。因此，无论是工业化还是城镇化，都必须走节约用地的路子，十分珍惜和合理利用好每一寸土地。该大的要精打细算，不该大的要惜土如金。只有这样，才既能保证国家粮食安全，又能保证工业化、城镇化的用地需求。

二、下决心走出一条符合科学发展观要求的节约集约利用资源之路

党中央、国务院对国土资源工作高度重视，强调要珍惜每一寸土地，执行最严格的耕地保护制度和节约用地制度。但严格管理并不是不让用地、不让发展，而是要按照科学发展观和正确政绩观的要求，实现节约集约用地。

一是坚定不移地实行最严格的耕地保护制度。我省农业比重较大，农业现代化水平不高，推进社会主义新农村建设关键在于发展高产、优质、高效、生态农业，为此，必须加大耕地特别是基本农田的保护工作，使我省的耕地保有量维持在必须的水平。去年，省委、省政府编制了国家粮食战略工程河南粮食核心区建设规划纲要，提出到2020年粮食生产能力稳定提高到1300亿斤，这是我们对保障国家粮食安全的郑重承诺，也充分体现了省委、省政府严守全省耕地保护红线的坚定决心。各级各有关部门要严格执法，坚决制止和及时查处未批先占、以租代征、随意侵占基本农田的违法行为，确保基本农田总量不减少、用途不改变、质量不降低；同时，要建立健全符合实际的基本农田保护新机制，逐步实现基本农田标准化、基础工作规范化、保护责任社会化，不断提高基本农田管理和建设水平。

二是按照“两保一高”的要求，合理利用土地。针对当前的资源形势和任务，省委、省政府提出了国土资源工作“两保一高”的目标要求，强调要严格保护资源，基本保障工业化、城镇化健康发展的资源需求，努力实现资源高效利用，并重点明确了“有限指标保重点、一般项目靠挖潜”的用地模式。以此为指导，省政府连续出台了《关于严格保护耕地保障科学发展实现土地高效利用的若干意见》和《关于进一步加强矿产资源勘查开发管理的若干意见》，明确了国土资源保障科学发展的具体思路和措施。在具体工作中，国土资源部门要严格按照国家下达的用地计划规模，制定用地预算；发展改革部门要按照用地预算配置项目，有多少计划配置多少项目；除此之外的用地一律通过挖潜来解决，高效利用每一寸土地，靠节约集约、存量挖潜来解决项目的用地问题。

三是探索推进布局集中、产业集聚、用地集约的经济发展模式。针对我省工业化、城镇化程度低和人多地少的现实矛盾，省委、省政府提出要把发展方式转变和结构调整作为主攻方向，着力构建“一个载体、三个体系”，进一步优化土地资源配置，在全省规划建设一批产业集聚区，走出一条不以牺牲农业为代价，加快推进工业化、城镇化的节约集约用地新途径。各级各部门一定要把产业集聚区作为构建现代产业体系、现代城镇体系和自主创新体系的结合点，作为推进节约集约用地的着力点，大幅度地提高土地利用效率；把产业发展与城市建设密切结合起来，推动企业向园区集中、园区向城镇集中、劳动力向城镇转移，提升城市人口和产业的承载能力与集聚程度。要通过建设产业集聚区，彻底改变以往工业项目分散布局、用地粗放的不合理现象，全力推广使用多层标准厂房，主动提高土地利用效率。

四是认真开展土地综合整治。开展农村土地综合整治是保护耕地、节约利用集体土地的重要途径和手段。前几年，我们开展了以“空心村”、砖瓦窑和工矿废弃地为主要内容的“三项整治”，取得了较好成效。省政府最近决定，在总结“三项整治”和土地整理复垦开发经验的基础上，根据土地利用总体规划和城乡建设规划，整合使用各类土地专项资金，以土地整治和城乡建设用地增减挂钩试点为平台，统筹协调农用地整理、农村建设用地整理、废弃地复垦以及未利用地开发等各类活动，对田、水、路、林、村、房进行综合整治。为此，省里最近安排16亿元新增建设用地土地有偿使用费，专项用于土地综合整治。各地一定要高度重视这项工作，以新增建设用地土地有偿使用费等土地专项资金的分配为杠杠，把土地开发整理与新农村建设、城乡一体化和产业集聚区建设等结合起来，最大限度地发挥综合效益，努力实现土地面积有增加、耕地质量有提高、节约用地有突破、基础设施有改善、农民生活有提高。

五是切实维护和保障人民群众的合法权益。近年来，土地信访一直在各类信访中占有很大比重，其中，因征地引起的信访又是重头。造成这一问题的原因，固然有现行征地制度不完善等客观因素，但更多的是一些地方对群众利益重视不够，不严格依方案、依程序办事，造成补偿安置措施落实不到位，人为地造成和激化矛盾。要切实解决好这一问题，必须进一步强化群众观点，牢固树立以人为本、执政为民的意识，从改进征地工作和加强群众信访两方面入手，真正维护好群众的合法权益。要坚持依法依规征地，合理确定补偿标准。今年省政府将公布实施各地统一年产值标准和区片综合地价，各地要认真抓好落实，确保补偿资金按照新的标准足额发放到被征地农户手中。要积极探索采取留地安置、入股安置、就业安置、经营安置等多元化的安置方式，全面保障被征地农民的就业、住房、社会保障，确保被征地农民原有生活水平不降低、基本生活长期有保障。

三、进一步形成保护和合理利用资源的强大合力

资源管理涉及到社会生产和生活的方方面面，严格保护和节约集约、合理利用有限的资源是科学发展观的重要内容，也是各级党委、政府，各有关部门、企事业单位乃至全社会的共同责任。

一是各级政府要高度重视资源的保护和利用工作。各市、县政府要对本行政区域内的耕地保有量和基本农田保护面积、土地利用总体规划和年度计划执行情况、节约集约用地和依法依规用地情况负总责，政府主要领导是第一责任人。

二是国土资源主管部门要切实履行职责。要认真落实国家、省关于加强土地调控、严格国土资源管理的政策措施，及时研究解决耕地保护和土地开发利用中存在的突出问题。

三是各个部门要配合联动。发展改革、财政、建设、交通、水利、农业、工业信息、环保等部门要积极配合国土资源部门工作，进一步建立健全定期会商、政策协调、信息共享、联合执法等工作制度，各司其职、各负其责、上下联动、齐抓共管，确保各项措施落实到位。

四是严格落实行政问责。按照《违反土地管理规定行为处分办法》，对违反土地管理规定的各级行政机关、事业单位及其领导人员、直接责任人员进行行政问责，严肃追究有关部门和领导的责任。

五是坚持依法行政。征地必须符合土地利用总体规划，纳入土地年度利用计划，依方案、按程序报批。其中，涉及基本农田的，必须逐级上报国务院批准。要继续加大查处各类违法、违规案件的力度，提高行政执法的质量和效果，对重大土地违法案件要严格执行挂牌督办。

六是加大奖励激励力度。各地要按照已经下达的责任目标认真组织考核，对工作目标完成好的要给予奖励，从用地指标、资金项目上给予倾斜；对完成任务不好和没有完成任务的要扣减用地指标，对违法案件占地多、影响坏的要采取措施，暂停其农用地转用和土地征收。

（注：此文为郭庚茂在河南省委中心组（扩大）第四次集体学习报告会上的讲话摘编）

认识到位 行动迅速
积极贯彻落实省委、省政府工作部署

河南省委常委、省纪委书记 叶青纯

（2009年8月14日）

今天的会议是按照省委主要领导同志的批示要求召开的，主要任务是听取汇报、研究问题，进一步贯彻落实省委、省政府对黄河滩区违规建设砖瓦窑场、影响防汛工程建设事件的处理意见。刚才各有关单位作了详细汇报。从汇报情况看，新乡、濮阳、郑州、开封四个沿黄城市的市委、市政府及国土资源厅、黄河河务局等省直有关部门，思想统一，认识到位，态度坚决，行动迅速，积极采取措施贯彻落实省委、省政府的工作部署，最大限度地减少损失、降低影响，推进工作落实。刚才，张大卫同志讲了很好的意见，对当前和下阶段的工作提出了明确而具体的要求，希望各市和有关部门高度重视，认真落实。这里，受徐光春同志委托，我再强调以下四点。

第一，必须充分认识事件的严重性，增强妥善处置问题的责任感和紧迫感。黄河防汛问题历来是党中央、国务院和省委、省政府，全省乃至全国上下高度关注的重大问题。建国几十年来，国家每年投入大量的人力、物力、财力建设和加固黄河堤防，目的就是确保黄河安澜。这次发生的在黄河滩区违规兴建砖瓦窑场、影响防汛工程建设事件，给黄河防汛和人民生命财产安全造成重大隐患，一旦出现险情，后果不堪设想。对此，党中央、国务院高度重视，胡锦涛总书记、贺国强书记亲自过问、作出批示；省委、省政府连夜研究，提出处理意见。我们必须从政治和大局的高度，切实增强处理好这一问题的责任感和紧迫感。各有关市和省直有关部门都要把思想认识统一到中央领导的批示精神上来，统一到省委、省政府的部署和要求上来，严格落实工作责任，确保这一事件得到妥善解决。

第二，要态度坚决、不折不扣地落实省委、省政府的处理意见。对于这次黄河滩区砖瓦窑事件，省委、省政府根据事态进展和调查情况，提出了三条处理意见。对这三条处理意见，必须认认真真、逐条逐项抓好落实。各有关市、有关部门和单位，要把做好相关处置工作作为当前一项重要而紧迫的任务，各司其职、各负其责，不拖延、不推诿、不松懈，扎扎实实，抓紧、抓好。国土资源、黄河河务、城乡建设、发展改革、环保、工商、公安、电力等部门要按照有关政策，认真履行职责，严格审批手续，加强监督检查，凡是影响防洪工程建设和防洪安全的砖瓦窑场，必须在8月15日前全部拆除；凡是占用基本农田和一般耕地的，必须在8月底前坚决拆除；未经审批或手续不全的，立即停产整顿。继续在全省范围内开展拉网式排查，对影响重大水利设施安全特别是影响黄河防汛的违章建筑坚决予以拆除，对违反《防洪法》、《土地管理法》、《环境保护法》等法律法规的行为要坚决予以查处。各部门要搞好协作配合，加强联系沟通，形成齐抓共管的整体合力。联合调查组要切实负起责任，尽快查清事实、分清责任、提出整改意见。新乡市委、市政府要继续做好善后处理、治理整顿及维护稳定等工作，进一步细化措施，落实责任，确保实效。在落实省委、省政府处理意见问题上，一是认识要到位，二是行动要迅速，三是工作要扎实。

第三，严格责任追究，以警醒和教育干部。对这起事件，省委、省政府和新乡市委、市政府在查清事实、分清责任的基础上，分别提出了初步处理意见，对处理意见，要坚决落实到位。最近，中央出台了《关于实行党政领导干部问责的暂行规定》，目的就是要督促广大领导干部增强责任意识，忠实履行职责。我们要严格依照法律和党纪政纪的规定，坚持有什么问题就处理什么问题，是什么性质的问题就按什么性质处理，该问责的问责，该追究党政纪责任的追究党政纪责任，该追究法律责任的追究法律责任。在责任追究问题上，一是态度要坚决，决不姑息迁就；二是工作要做细，严格依纪、依法、依照程序处理；三是责任追究要到位，坚决从快、从严处置。

第四，要举一反三、认真吸取教训，防止类似问题发生。这个事件影响很大、教训深刻。我们要以此为鉴，举一反三。这次黄河滩区砖瓦窑事件，有许多地方需要我们认真反思和检查。原阳县违规兴建砖瓦窑场，影响防汛工程建设，违反国家明文规定，涉及环保、占地等问题，就在我们眼皮底下，为什么要等到媒体曝光、中央关注之后才去解决?事件发生在原阳，其他地方还有没有类似现象?在这么一个具体事件的背后，也暴露出一些不容忽视的深层次问题。比方说，有没有个别干部特别是领导干部目光短浅、大局意识不强，对重大问题敏感性不够的问题；有没有个别干部纪律观念淡薄，有令不行、有禁不止，甚至玩忽职守的问题，有没有个别干部责任心和事业心不强，对工作不负责任，作风漂浮，形式主义、官僚主义严重的问题；有没有体制机制不健全、不完善、不顺畅，互相推诿扯皮的问题，等等。我们要认真总结，查找原因，吸取教训，扎实整改。郑州、开封、新乡、濮阳等沿黄各市及全省有大型水利工程的地方，都要认真查一查有没有类似的问题，对存在问题的，要迅速采取措施，切实加以纠正。

最近，中共中央政治局常委、中央纪委书记贺国强对我省开展的“讲党性修养、树良好作风、促科学发展”教育活动作出批示：“希望你们认真抓好‘讲党性修养、树良好作风、促科学发展’教育活动和学习弘扬焦裕禄精神活动，努力在加强领导干部党性修养和作风建设方面走在全国前列。”我们要加强和改进作风，以良好的作风推动问题的解决，促进科学发展，维护社会稳定，以优异成绩迎接建国60周年。

（注：此文为叶青纯在落实省委、省政府对黄河滩区砖瓦窑事件处理意见汇报会上的讲话摘编）

不畏艰难 积极探索
扎实推进土地综合整治工作

河南省人民政府副省长、省政府党组成员 张大卫

（2009年5月14日）

当前，全省上下正在按照省委、省政府的部署和要求，积极应对国际金融危机带来的不利影响，加快推进扩大内需和“保增长、保民生、保稳定”各项工作。在这种形势下，召开这次土地综合整治现场会，不仅是严格保护耕地和节约集约用地的现实要求，是加快农村改革步伐、促进农业稳定发展和农民持续增收的重要举措，也是积极推进城乡建设用地增减挂钩、带动农村基础设施建设、拉动农村投资和消费、加快农村经济发展和城乡一体化的迫切需要。刚才，我们到淮阳、扶沟进行了现场考察和观摩，周口、信阳、商丘、济源4个市作了经验介绍，这些经验、做法很具有代表性，希望大家认真学习借鉴。下面，我讲三点意见。

一、充分认清形势，切实增强开展土地综合整治的责任感和紧迫感

今年以来，国内外形势变化对我省经济的负面影响日益加重，全省经济运行形势非常严峻。从第一季度的统计数据看，虽然也呈现出了一些积极变化，但整体形势仍然不容乐观。全省生产总值增速同比回落7个百分点，规模以上工业增速回落18.4个百分点，城镇固定资产投资增速回落3.4个百分点，一些主要指标增速在全国和中部地区的位

次明显下滑。这既源自于外部经济环境的恶化，也是我省经济长期存在的结构性、深层次矛盾的集中体现。在当前扩大内需和经济转型的双重压力下，我们必须按照党中央、国务院“保增长、保民生、保稳定”的决策和部署，从河南这个人口大省、农业大省和新兴工业大省的实际出发，统筹城乡协调发展，加快推进城乡一体化，积极主动地服务扩大内需特别是农村投资和消费，实现以工促农、以城带乡、城乡互动；同时，从调整优化土地利用结构和布局入手，推动经济发展方式和资源利用方式的根本转变。从这个意义上讲，开展土地综合整治正是这样一个重要的抓手和很好的切入点，必须引起大家的高度重视。

（一）推进土地综合整治，是服务“保增长、保民生、保稳定”的现实选择 土地综合整治本身就是扩大内需。通过土地综合整治，统筹安排农村基础设施和公共设施的配套建设，可以有效拉动农村投资；通过城乡建设用地增减挂钩的平台，对土地整治所节约的部分用地指标，在满足农村建设合理需求的前提下，可以调剂为城镇建设用地指标，获得级差地租收益，返还农村后，有助于增强农村购买力，扩大农村消费需求；通过实施土地整治项目，鼓励农民投工投劳，从中获得劳务收入，有助于缓解返乡农民工的就业困难，增加农民收入；通过土地综合整治，增加耕地面积、提高耕地产能、改善耕作条件，可以促进土地适度规模经营和现代农业的发展，进一步巩固我省粮食生产核心区的重要地位。

（二）推进土地综合整治，是落实最严格的耕地保护制度和节约用地制度的必然要求 我省城镇化程度较低，农村建设用地面积大、利用效率不高，特别是农村宅基地闲置浪费问题比较严重，超标准占地、一户多宅、“空心村”等现象大量存在，土地整治的潜力比较大。当前，各地正在开展新一轮土地利用总体规划修编工作，为了缓解土地资源供求矛盾，不少地方已将加快推进土地整治、实行城乡建设用地增减挂钩作为一项重要的土地利用战略，作为落实最严格的耕地保护制度和节约用地制度的重要措施。应该说，这也是落实科学发展观、实现土地资源可持续利用的必由之路。

（三）推进土地综合整治，是缓解各地建设用地供需矛盾的有效途径 当前，我省正处于扩大内需、保持经济平稳较快发展的关键时期，各方面的投资力度持续加大，一大批重点项目亟待开工建设。从省级层面来讲，我们按照“有限指标保重点”的原则，集中使用国家下达的年度建设用地计划指标，基本保障了省级以上重点项目的用地需求。但从市级特别是县级以下来看，产业集聚区和重要民生工程建设、县域经济发展等任务十分艰巨，用地矛盾仍然十分突出，不少地方一直在要求增加建设用地指标。经验数据表明，农地整理能够有效增加5%～8%的耕地；农村宅基地和村庄整理可以腾出不少土地，一部分可以开垦为耕地，剩余的部分在满足农村宅基地和公益设施建设用地的前提下，还有富余，可有偿调剂给城市使用，可以适度缓解土地供应紧张的压力。

（四）推进土地综合整治，是促进社会主义新农村建设和城乡统筹发展的有机平台 近年来，我省工业化、城镇化和农业现代化加快推进，城乡面貌和人民群众生活水平都发生了重大变化。但是，由于历史条件的制约，特别是长期形成的城乡二元结构没有根本消除，城乡关系失衡的局面尚未根本改变，统筹城乡发展任重道远。通过开展土地综合整治，特别是建立城乡建设用地增减相挂钩的机制，构建社会主义新农村建设和城乡统筹发展的新平台，将有效地打通这一阻隔，促进城乡之间土地资源、资产、资本有序而顺畅的流动，实现城乡之间互补、互助和互动。

目前，土地整治已被列入党和国家的战略部署，正式写进2009年中央1号文件和温家宝总理所作政府工作报告；国家有关部门也正在积极研究制订相关的政策措施；天津、重庆、成都等一些地方已经先走一步，探索积累了一整套成功经验。因此，对于我省来说，不失时机地抓紧推进土地综合整治，是当前我们各级政府加快经济发展、推进城乡一体化和新农村建设的一项紧迫任务，必须高度重视，花大力气抓紧、抓好。

二、统筹规划，整合资金，扎实推进土地综合整治

从2004年开始，我们在全国率先开展了以整治“空心村”、砖瓦窑厂和工矿废弃地为主要内容的“三项整治”，截至2008年底，已累计整治土地159.36万亩。同时，我们的土地整理复垦开发工作也在持续推进，2001年以来全省共安排土地开发整理项目458个，建设规模397.2万亩。这些卓有成效的工作，为我们严格保护耕地和节约集约用地发挥了重要作用。

但是，由于管理体制和机制等方面的原因，一些矛盾和问题也逐步暴露出来。一是土地“三项整治”和土地整理复垦开发工作各有侧重，耦合度不够，不利于整合资金和资源，难以形成合力，影响了工作的整体推进；二是农用地整理、建设用地整理、未利用地开发与农村村镇建设的衔接和协调不到位，缺乏统一规划，难以使土地资源配置得到进一步优化；三是对各项土地专项资金、农业土地开发以及其他相关涉农资金缺乏统筹，造成分头管理、分散使用、各自为政，难以形成规模效应，影响了资金的使用效果；四是部分地方在土地“三项整治”和村镇建设过程中，对农民权益的保护不够，对被拆迁农民和集体的利益考虑不周，甚至有损害农民利益的现象；五是在缺少城乡建设用地增减挂钩政策支持的情况下，土地“三项整治”所节约的土地难以转化为现实的建设用地指标，影响了地方开展整治的积极性。

今年年初，党中央国务院在《关于2009年促进农业稳定发展农民持续增收的若干意见》（中央1号文件）中明确提出，要“大力推进土地整治，搞好规划，统筹安排土地整理复垦开发、农业综合开发等各类建设资金，集中连片推进农村土地整治，实行田、水、路、林综合治理，大规模开展中低产田改造，提高高标准农田比重”。按照这一要求，我省的土地整治要在现有的基础上向综合化、规模化转变，就是要依据土地利用总体规划和城乡建设规划，以土地专项资金为纽带，以土地整治和城乡建设用地增减挂钩试点为平台，整合协调农用地整理、农村建设用地整理、废弃地复垦以及未利用地开发等各类活动，按照统一规划、集中布局、规模整治、分步实施的要求，对田、水、路、林、村、房实行综合整治。具体来说，要抓好以下几个重点环节。

（一）统筹规划，统一安排各项整治工作

各地要结合粮食生产核心区建设、产业集聚区建设、城市建设、村镇建设以及中原城市群区域发展的总体部署，加快编制新一轮土地利用总体规划、县（市）村镇体系规划、乡镇规划和村庄规划，并做好各个规划之间的衔接与协调。在此基础上，结合原有的土地整理复垦开发规划和土地整理五年实施方案，编制土地综合整治专项规划，明确土地综合整治的目标任务、区域布局、实施计划和保障措施，统筹土地“三项整治”、土地整理复垦开发与城乡建设用地增减挂钩项目区安排，科学确定农用地整理、农村建设用地整理与挂钩项目区的选点布局，并向郑汴产业带等省定重点发展区域、城乡一体化试点城市和产业集聚区倾斜，构筑土地综合整治、农村村庄建设和产业集聚区发展的统一平台。

（二）整合资金，集中支持土地综合整治

各地对省下达的新增建设用地土地有偿使用费，连同本级管理的用于农业土地开发的土地出让收入、耕地开垦费、土地复垦费、土地闲置费等专项资金，在扣除安排土地调查、项目监管等工作经费后，全部用于基本农田建设与保护以及土地整理、耕地开发等整治项目，切实发挥土地专项资金在土地综合整治中的主体作用。同时，各地要结合自身实际，以土地综合整治专项规划为平台，积极协调有关部门，按照“渠道不乱、用途不变、专账管理、统筹安排、各记其功”的原则，争取在更大范围内聚合引导农村公路建设、农业综合开发、小型农田水利、以工代赈、农业扶贫、退耕还林、中低产田改造等相关资金集中使用，充分发挥各项资金使用的叠加效应和规模效益。另外，要通过建立稳定的投资回报机制，积极引入社会资金参与土地综合整治，并切实保障投资者的合法权益。要鼓励和支持金融机构创新农村金融产品和金融服务，积极探索为农民建房、农村公益事业、农村基础设施建设提供信贷支持和资金补贴的有效途径。

（三）突出重点，积极稳妥地推进整治工作

要结合国家实施土地整治重大工程，开展大规模农田整治，对耕地、宅基地和其他集体建设用地进行整理复垦，在增加耕地的同时，按照田成方、林成网、路相通、渠相连、旱能浇、涝能排的建设标准，建设高标准基本农田。要加快推进粮食主产区基本农田整理工程，集中建设6个国家级和25个省级基本农田保护示范区，打造全省粮食生产核心区。加快实施黄淮滩地等宜耕土地开发工程和煤炭基地土地复垦整治工程，积极开发利用宜耕后备土地资源，增加耕地面积。

要结合国家开展的“万村土地整治”示范工

程，积极、稳妥地推进村庄整治。继续巩固和深化“空心村”、砖瓦窑厂和工矿废弃地整治成果，加大农村空闲地、闲置地、荒坡地、废弃地以及低效利用土地的清理盘活力度；对历史遗留的“一户多宅”和空置住宅进行清理处置，提高集体建设用地节约集约利用水平，并引导农民居住向中心村镇集中、耕地向适度规模经营集中、产业向园区集中，实现耕地增加、用地节约、布局优化、要素集聚的目标，加快推进新农村建设和城乡一体化发展。

（四）明确政策，有序实现城乡建设用地增减挂钩 对土地综合整治中农村集体建设用地整理所节约的土地，在复垦成耕地的同时调剂为建设用地指标的，要按照“先减后增，减增平衡”的原则，优先满足本村建设用地的需要，结余部分可以实行有偿转让，用于弥补当地产业集聚区建设、重要民生工程建设和县域经济发展用地指标的不足，或集中用于保障郑汴产业带等省定重要发展区域的建设用地需求，所得收入应严格用于整理区域内改善农村生产、生活条件的基础设施建设。对纳入土地综合整治专项规划的农村建设用地、农用地和未利用地整理复垦开发形成的新增耕地，其中可用于占补平衡的，其指标可以实行有偿转让，并优先用于产业集聚区等县域经济建设项目占用耕地的补偿。

以上是对土地综合整治的总体要求，下一步省政府还将研究出台具体的政策文件。各地要结合当地实际，在国家法律、法规和政策允许的框架内，积极进行探索和实践，争取在较短的时间内，在土地综合整治方面能有较大突破和明显进展。

三、加强领导，严格监管，确保土地综合整治工作顺利开展

推进土地综合整治工作，涉及城乡一体化建设的总体部署和农村经济发展的各个领域，涉及广大农民群众的切身利益，与农村改革发展的各方面工作紧密相连，各地一定要高度重视，加强领导，精心组织，积极、稳妥地有序推进。

（一）坚持政府主导 各市、县政府要加强统一领导，统筹各职能部门的力量，引导群众自愿参与，积极争取社会广泛支持，努力构建分工明确、协调联动、各计其功、惠及万民的共同责任机制，形成整体合力，发挥综合效益。国土资源、发展改革、财政、农业、建设、交通、水利、林业、环保、审计、监察等有关部门要在政府的统一领导下，各负其责，主动跟进，坚持统筹规划、集中资源、整合资金、协调政策，共同推进土地综合整治工作，切实做到资源优化配置、资金集中投入、政策配套运用、综合效益显著提高。

（二）坚持因地制宜 土地综合整治工作要根据当地经济社会发展状况、农业生产水平、农民生活条件和资金保障能力等情况，尊重土地整治和农村建设的客观规律，以满足农民实际需要为前提，以实现农业稳定增产、农民持续增收、农村生态宜居为目标，因地制宜、分类指导，量力而行、有序推进。要坚决防止盲目照抄照搬城镇建设的模式，坚决防止一哄而上、大干快上和盲目冒进，要以村为单位，做到成熟一个、整治一个、成功一个，不断总结经验教训，由点到面逐步推开。

（三）坚持严格管理 要改进现有的项目管理方式，将土地整理复垦开发项目、土地“三项整治”项目以及城乡建设用地增减挂钩试点中的“拆旧区”复垦统一纳入土地综合整治项目，按照土地整理复垦项目管理的规定组织实施，做到统一规划、统一立项、统一实施、统一验收、分类考核。要完善土地综合整治项目建设标准，建立项目基础信息备案和在线跟踪监管制度，对土地综合整治项目实行规划、立项、实施和验收的全程监管，并重点加强对整治资金使用情况的监督检查。要规范从业队伍及人员的资质管理，加强对设计、施工、监理及管理人员的政治思想及业务培训。要按照“总量控制、封闭运行、定期考核、到期归还”的要求，加强对城乡建设用地增减挂钩周转指标的管理和调控，严格按规定程序进行项目审批并加强监督检查。

（四）坚持维护权益 各地要真正把尊重农民群众的意愿放在首位，保障农民群众的知情权、参与权和财产处置权，在运作模式、规模经营、旧房改造、新居建设、非农就业和社会保障等方面提供多种选择。要通过公告、听证、公示等方式，广泛征求村民组织和农民对土地综合整治的意见，并依法签订协议。凡是农民和集体经济组织不同意的，不能强行实施，不得强行试点，严禁以行政命令的方式强行推进，搞大拆大建，损害农民群众的合法权益。

（五）坚持农民受益 各地要在保证土地综合

整治项目质量的前提下，积极创造条件，鼓励当地农民参与工程建设，将土方平整、林网建设、水土保持等技术含量较低的工程施工，交由当地农民集体经济组织或农民群众承担，其他通过招标方式确定的工程也要尽可能吸收当地农民参与，扩大农民的就业渠道和收益来源。要充分发挥土地综合整治的带动作用，最大限度地拉动农业规模化、产业化经营和农业生产资料加工、农村基础设施建设、农村商品流通及服务业发展等后续产业投资，促进工业化、城镇化和城乡一体化发展，为扩大内需、保持经济平稳较快发展发挥积极作用。

最后，我再强调一下违法、违规用地问题。近一时期，国内一些新闻媒体连续曝光了我省多起土地违法违规案件，包括三门峡灵宝市五帝产业集聚区违法用地的问题，洛阳市洛龙区反馈虚假信息将土地违法事件大事化小的问题，安阳林州市陵阳镇突击修路、连夜毁坏农田的问题等，在社会上造成了不良影响，也引起了国家有关部门的高度关注。这些问题的出现，反映出一些地方依法、依规管理和使用土地的意识还相当薄弱，坚守耕地红线、维护土地管理秩序的形势还相当严峻。今年，我省的土地管理工作至少面临三个重大考验：一是“扩内需、保增长”形势严峻，土地资源能否为我省经济社会发展全面回暖提供有力保障有待考验；二是《违反土地管理规定行为处分办法》全面实施并开始问责，各地能否把违法占用耕地的比例控制在15%的红线以内、避免大面积问责现象的出现，有待考验；三是国务院组织国土资源部等三部（局）对省政府耕地保护责任目标履行情况进行考核，并首次对考核结果进行排序，我省能否保持全国领先地位，有待考验。因此，希望大家要深刻吸取教训，引以为鉴，举一反三，坚决杜绝土地使用中的盲目决策和侥幸心理，以高度的政治责任感和使命感，坚决把住耕地保护红线，坚持依法、依规用地，严肃查处违法违规行为，为我省“扩内需、保增长”营造良好的用地环境。

同志们，开展土地综合整治，既是我们在当前严峻资源形势下的现实选择，又是我们发展的机遇和空间所在。只要我们不畏艰难、齐心协力、积极探索、勇于实践，就一定能在创新土地管理与利用机制方面奋力趟出一条新路，为我省经济社会科学发展做出更大的贡献。

（注：此文为张大卫在全省土地综合整治现场会上的讲话摘编）

积极推进矿产资源开发整合 着力提高资源节约集约利用水平

河南省人民政府副省长、省政府党组成员 张大卫

（2009年10月26）

河南是重要的矿业大省。上世纪80年代末以来，随着河南经济持续快速增长，矿产资源供需矛盾逐渐加大，矿产开发利用粗放，矿业权设置分散，部分地区乱采滥挖、采富弃贫等问题凸显，不仅破坏了资源、污染了环境，还引发安全事故，影响了矿业经济健康发展和社会和谐稳定。对此，河南省委、省政府高度重视，在国土资源部等有关部委的大力支持下，通过深入调查研究，作出了实施矿产资源整合的决策。特别是从2004年开始，率先对煤炭、铝土矿等重要矿产资源进行整合；2006年，组织开展了以金、钼、铁、沸石、珍珠岩等为重点的新一轮资源整合；2009年，启动了以推动深部找矿、整装勘查为主要目标的探矿权整合，逐步探索出了一条“治乱、治散、治本一起抓，以整顿促整合、以整合促规范、以规范促发展”的矿产资源勘查开发管理道路。通过资源整合，全省小煤矿从1569个减少到508个，铝土矿从144个减少到52个，铁矿由155个减少到49个。去年以来，我省又继续深化推进整合工作，由原永城煤业集团重组了焦作和鹤壁煤业集团，全省7大煤业集团整合为5家，矿业经济步入可持续发展的良性轨道，得到了国务院领导同志和国土资源部等部委的充分肯定。几年来，我们有以下几点体会。

（一）始终坚持政府主导、部门联动，形成齐抓共管强大合力　为加强对矿产资源整合工作的指导，省政府成立了由常务副省长任组长、主管国土资源和工业的两位副省长为副组长，省直12个部门主要领导参加的矿产资源整合领导小组。省领导和各职能部门领导分片包干，明确责任，亲临一线抓落实，研究解决具体问题；各级政府将整顿和规范工作纳入政府责任目标，坚持一把手亲自抓，主管副职具体负责，层层动员部署，有力地推动了各项工作落实。

（二）始终坚持政府调控与市场化运作相结合，依法、依规有序推进　按照“政府调控推进、企业平等协商、合理划分利益、依法规范办理、促进做大做强”的总体要求，制定了小煤矿整合总体规划，实行“一次布点、分批到位”，“先易后难、分批推进”。自2004年起，针对煤矿、铝土矿、钼矿先后出台了一系列指导性文件；2007年省政府研究出台了《关于进一步加强整顿和规范矿产资源开发秩序工作的意见》；2008年又出台了《进一步加强矿产资源勘查开发管理的若干意见》，明确提出了保护资源、保障发展、高效利用，即“两保一高”总体要求，对矿产资源勘查、开发、配置和矿业权设置等重要问题作出具体规定。同时，保障矿业权人的合法权益，鼓励企业按照市场机制依法自主推进资源整合，较好地处理了各种复杂问题和矛盾。

（三）始终坚持推进资源向优势企业集中，构建以骨干企业为主体的开发利用新格局　加强规划布局和政策引导，不断推动矿产资源和现有矿山向生产规模大、技术水平高、资源利用率高、经济效益好的优势企业集中，鼓励优势企业对其他矿业主体进行兼并、重组和升级改造，支持优势矿业企业取得后备资源，着力提高产业集中度，逐步形成规模化开采、集约化经营的矿产资源开发模式。经过调研，确定由5大骨干煤业集团、4家重点氧化铝企业和3家钼资源优势企业作为重组整合小矿山企业和矿权的主体，并确定其具有配置后备资源的资格，鼓励其运用市场机制，依法取得资源和扩大产能。这些措施实施以来，全省矿业经济年均增长20%以上，重点氧化铝企业产能五年内翻了两番，培育出了主营业务收入千亿元的矿山企业，骨干煤炭企业和重点氧化铝企业占有及控制的资源分别占

全省的70%和90%以上。

（四）始终坚持严格准入条件和打击违法活动，推动矿产资源开发秩序持续好转 围绕“两保一高”的总体要求，提高了矿产资源勘查开发的准入条件，在注册资金、产能和技术经济指标等方面，设置了较高的准入门槛。坚持多部门联合执法，在全省范围内先后组织了16次大规模打击无证采矿、超层越界开采专项集中治理活动，集中开展了整顿和规范矿产资源开发秩序“回头看”行动。洛阳、郑州、漯河等市相继成立了国土资源警察支队，保持打击违法活动的高压态势，全省矿业开发管理秩序明显好转。

（五）始终坚持不断创新工作方法，积极探索矿产资源整装勘查新途径 针对矿业权设置过小、过滥、多而分散和有探矿权人无探矿者的突出问题，我省积极开展了对已设探矿权的深度整合工作，在保护矿业权人合法权益的前提下，综合采用行政、法律、经济等手段，积极探索矿业权深度整合、退出机制及处置办法。此项工作现已在洛阳、三门峡、南阳开始试点。省地矿局联合中国五矿集团对嵩县自有探矿权进行整合勘查的实践取得初步成效，得到了国土资源部主要领导的充分肯定。

我省矿产资源开发整合工作虽然取得了一定成效，但还存在一些矛盾和问题。如，矿业权设置不尽合理，圈而不探、以采代探以及由于监管不严、小企业越界开采等现象依然存在。资源开发利用长效机制建立还需要一个过程。下一步，我省将认真贯彻落实这次会议特别是近期国务院领导同志重要讲话精神，紧密结合河南实际，在以下五个方面下功夫。一是在深化矿产资源整合、合理设置矿业权上下功夫。在巩固扩大煤炭、铝土矿整合成果的基础上，继续推进金、钼、铁等其他矿产资源整合，尤其是探矿权的整合，合理调整矿业权设置，逐步形成矿山开发利用和地质勘查工作的合理布局。近期，省政府正在酝酿出台关于小煤矿安全生产长效机制的特别规定，推进煤炭骨干企业对30万吨以下小煤矿进一步实施整合重组。二是在优化资源配置、促进产业升级上下功夫。坚持重要矿产资源向优势企业配置，继续支持骨干优势矿业企业对中小企业兼并收购，推动矿产资源向优势企业集中。引导探矿权人将资源用市场机制向优势企业集中，分享合理经济收益，有效规避其市场和安全管理的风险。支持优势企业延伸产业链条，发展高附加值后续产业和矿业循环经济。强制淘汰落后生产工艺，促进资源利用方式由粗放型向集约型转变。三是在强化矿政管理、构建长效机制上下功夫。进一步严格探矿权、采矿权管理，深化矿产资源的有偿使用改革，规范矿业权市场交易行为，建立、健全矿业权退出机制；总结推广洛阳等市建立国土资源警察支队的经验，不断完善执法手段，为矿业开发秩序的长治久安提供强有力的保障。四是在推动深部找矿、实施整装勘查上下功夫。以部、省合作开展豫西地区地质找矿为契机，加快推进深部找矿和整装勘查，努力实现重点矿种找矿新突破，切实提高矿产资源接续保障能力。五是在构建地质勘查开发新机制、支持国有地勘单位改革发展上下功夫。充分利用“地质找矿改革发展大讨论”成果和被国土资源部确定为地质找矿体制机制创新试点省的有利条件，切实抓好“大讨论”成果转化工作，继续探索符合河南实际的地质找矿体制机制，不断加大地质工作投入，努力提高国有地勘单位的发展活力，为实现地质找矿新突破奠定坚实基础。

（注：此文为张大卫在全国矿产资源开发秩序整顿规范总结表彰暨进一步推进整合工作部署电视电话会议上的讲话摘编）

严格保护耕地　保障经济社会科学发展　实现土地高效利用

河南省政府副省长 刘满仓

（2009年10月29）

河南地处中原腹地，是我国第一人口大省，也是重要的农业大省、经济大省和新兴工业大省。全省共有18个省辖市、158个县（市、区），土地总面积16.7万平方千米。截至2008年年底，全省耕地总面积1.189亿亩，人均耕地1.2亩，低于全国平均水平。按照新一轮土地利用总体规划要求，到2010年，全省基本农田保护面积要保持在1.017亿亩以上。河南是全国重要的粮食主产区，粮食产量占到全国十分之一强，不仅解决了我省近亿人口的粮食需求，每年还外调原粮和成品粮300多亿斤，为保障国家粮食安全作出了重要贡献。河南的水、热、光、温及土壤等条件十分适合粮食生产，但耕地质量总体偏低，高产、稳产田仅占三分之一，多数耕地的基础设施条件较差，生产能力不高，整治潜力较大。

党中央国务院对河南的粮食生产高度关注，并寄予厚望。2008年9月，胡锦涛总书记在河南视察时作出重要指示，强调“三农”问题始终是关系我国现代化建设全局的重大问题，河南是农业大省、粮食大省，尤其要毫不动摇地坚持把解决好“三农”问题作为全党工作重中之重的战略思想，不断巩固农业基础地位。2009年2月，河南发生特大旱情，温家宝总理亲赴河南，深入田间地头，在第一线指导抗旱浇麦夺丰收工作。今年在发生严重自然灾害的情况下，河南粮食产量再次突破1000亿斤，又创历史新高，中央对此给予了充分肯定。国土资源部等相关部委对河南的耕地保护和粮食生产也十分关心，给予了大量支持，帮助我们解决了许多实际问题。

河南省委、省政府历来高度重视粮食生产，把耕地保护作为一项重要的基础性工作来抓。近年来，河南在加快推进工业化、城镇化发展的同时，耕地面积一直保持稳定，按照“以建设促保护”的要求，不断提高耕地质量，先后实施土地整理项目665个，总投资70多亿元，总规模613万亩，地方自筹资金整治“空心村”、粘土砖瓦窑和工矿废弃地160万亩，新增耕地86万多亩，经依法批准的建设用地每年都实现了占补平衡有余，为全省粮食产量连续4年超千亿斤提供了有力支撑。

当前，河南在国家促进中部地区崛起战略的大力支持下，正面临着新的历史发展机遇。河南省委、省政府明确提出，要走出一条不以牺牲资源和环境为代价，推进工业化、城镇化发展的新途径。按照这一指导方针，在粮食生产方面，省委、省政府作出了建设国家粮食生产核心区的重大战略部署，计划到2020年，粮食生产能力从现在的1000亿斤增加到1300亿斤；在土地管理方面，提出了“两保一高”的总体要求，即严格保护耕地、保障经济社会科学发展、实现土地高效利用，并把耕地保护放在更加突出的位置，狠抓各项政策措施的落实。

为进一步加大耕地保护力度，提高粮食生产能力，巩固河南粮食生产核心区的地位，我们决定在南阳、新乡两市实施南水北调渠首及小浪底下游土地整治重大项目。之所以选址这里，主要基于以下几点考虑：一是符合新一轮全国土地利用总体规划；二是土地资源和水资源条件较好，土地集中连片，有大型灌渠，具备规模整治的基本条件；三是南水北调渠首涉及大量的移民安置，有开展土地整治的迫切需要。整个项目区位于南阳、新乡两市，涉及淅川、邓州、原阳、延津、封丘5个县（市），建设规模346万亩，实施后可新增耕地20余万亩，计划建设工期为5年（2009年～2013年），投资约50亿元。该项目的实施可从根本上改善项目区的农业生产条件，提高粮食生产能力，对于解决项目区民生问题、促进河南经济社会跨越式发展具有重要意义。据测算，项目完成后，每年可增加粮食产量近10亿斤，不仅能为保障国家粮食安全作出更大贡献，也可为南水北调渠首水源地和小浪底下游的区域经济发展创造有利条件。

我省从2008年年初，开始着手对项目进行研究论证。不久前，以省政府文件批复了该项目，并从地方留成的新增建设用地土地有偿使用费中投资3亿元，正式启动了项目建设。今后我省每年还将按计划投入一定数量的资金，全力以赴地做好这项工作，把土地整治重大工程建设成为全省土地整治的样板，发挥示范和带动作用。尽管我们有决心、有干劲，但河南毕竟是全国第一人口大省和经济欠发达省份，地方财力十分有限，在筹措项目建设资金方面，还面临着很多实际困难，恳请国家充分考虑我省的实际情况，对我们给予大力支持。

（注：此文为刘满仓在全国土地整治重大项目调研论证汇报会上的讲话摘编）

把握形势　主动作为
以奋力拼搏的精神推动国土资源工作再上新台阶

河南省国土资源厅党组书记、厅长　张启生

（2009年2月10日）

这次会议的主要任务是认真学习贯彻十七届三中全会、省委八届九次全会、省人大十一届二次会议和全国国土资源厅（局）长会议精神，总结工作，分析形势，明确任务，研究措施，全面部署2009年国土资源工作。张大卫副省长和国家土地督察济南局刘志萍副局长在这次会议上要作重要讲话，我们一定要努力贯彻落实。下面，我代表厅党组，讲四个问题。

一、奋发努力，2008年国土资源工作取得较大进展

2008年，全省国土资源干部职工在国际金融危机蔓延、国内经济运行困难、外部发展环境陡然严峻的形势下，快速反应，主动作为，改革创新，共克时艰，较好地完成了各项任务，得到了省委、省政府的充分肯定。今年1月20日，徐光春书记在我厅工作报告上批示：国土资源厅贯彻落实省委、省政府的指示、要求、决策、部署很坚决、很有力、很有效、很好地服务全省工作大局，服务经济社会发展。省委向你们表示感谢！郭庚茂省长和张大卫副省长也多次对国土资源工作予以鼓励和肯定。总结2008年工作，我们在以下八个方面取得新的进展。

（一）最严格的耕地保护和节约用地制度得到落实　省政府第一次把耕地保护纳入了对省辖市政府的综合目标考核体系，省、市、县、乡层层签订了责任目标，年底进行了考核。严格执行建设占用耕地“先补后占”制度，全年补充耕地19.17万亩，年内批准占用耕地16.44万亩，连续10年实现耕地占补平衡。基本农田保护示范区建设在基础工作规范化、保护责任社会化方面进行了积极探索。周口、驻马店、商丘、南阳、信阳等市耕地保护成果明显，粮食产量均超100亿斤。

认真贯彻落实《国务院关于促进节约集约用地的通知》（国发〔2008〕3号），调整了河南省工业项目建设用地控制指标，会同省发改委编制了《十五类建设项目用地指标（试行）》，完善了节约集约用地管理指标体系。严格执行建设用地控制标准，全年通过严把预审和用地审批关，共核减不合理用地6870亩。合理规划并积极促进产业集聚区建设，大力推广多层标准厂房等节地技术，2008年建成标准厂房建筑面积600多万平方米，累计建成标准厂房1837万平方米。继续深化“三项整治”活动，着力防止黏土砖瓦窑反弹，周口、开封、安阳、平顶山、濮阳、许昌、漯河等市工作突出。

（二）全省经济社会发展用地得到保障　石武铁路客运专线征地拆迁工作顺利完成，南水北调中线工程南阳试验段先行用地得到及时批复，郑州黄河公铁两用桥、连霍高速郑州至洛阳段拓宽、京珠国道安阳至新乡改扩建以及一批城市污水和垃圾处理工程等重点项目用地得到及时批准。

中央和省委出台扩内需政策后，我们及时跟进，在保增长、扩内需、调结构中积极作为，提出了8项具体措施，完善了重点项目用地保障机制，拓宽了重点项目用地“绿色通道”，实行全程跟踪服务。建立了统一组织、统一协调、统一标准、统一时间、统一上报的统征统迁服务模式。去年，全省共批准农转用和征收土地30.88万亩。

（三）矿产资源和地质管理工作取得新的成效 安排省两权价款和地质勘查基金项目136个，投入资金8亿元。整顿规范矿产资源开发秩序“回头看”行动受到国家九部委联合验收组的较高评价，三门峡、洛阳、郑州矿产资源开发秩序整顿成果得到巩固。矿产资源整合工作进一步深化，积极推进了钼矿和区域性矿产资源整合工作，产业集中度和资源综合利用效率进一步提高。矿山储量动态监管工作全面完成，平顶山、南阳、济源、鹤壁、焦作、商丘等市监测任务完成率达100%。

矿产资源有偿使用制度改革继续推进，完成31家省级发证的国有煤矿采矿权价款的核定和征收工作，成功组织了7个矿区的采矿权挂牌出让。地质环境保护工作取得显著成效，全省1696处重要地质灾害隐患点全部落实了防治措施，年内无一人因地质灾害伤亡，矿山地质环境治理恢复土地面积3.29万亩。地质遗迹保护和地质公园建设在全国领先。

（四）国土资源执法监管和信访工作基础进一步加强 逐步完善国土资源执法监管工作制度，在全省建立村级协管员队伍，启动了省级动态巡查工作，全年共开展四次省级土地执法巡查活动。建立了查处国土资源违法犯罪案件联合协调机制。郑州市完善了多部门联合执法；洛阳市国土资源警察支队建设取得新进展；新乡等市完善了动态巡查办法。

加大案件查处力度。认真组织查处黏土砖瓦窑死灰复燃案件，对35名县、乡级领导干部和相关责任人进行追究。妥善处理“百日行动”中发现的土地违法、违规历史遗留问题。针对全国第八次和我省第一次卫片执法检查发现的问题，在全省开展了集中整治行动，全省立案查处各类土地违法案件1436起，拆除违法建筑物419万平方米，复垦土地4389亩，给予党政纪处分133人，追究刑事责任126人。全年土地违法宗地数、违法占地面积和违法占用耕地面积比2007年分别下降了60%，59%和42%。对6个国家重点矿区和省确定的33个重点县（市）实行重点整治，全年立案查处矿产资源违法案件1080件。这些为今后加强执法监管奠定了基础。

全面完成征地区片地价修订听证工作，把被征地农民社会保险费用纳入区片地价。完善国土资源信访工作制度和措施，信访稳定工作取得积极进展。在北京奥运会等重大活动期间没有发生来自我省国土资源系统的信访案件。全省各级国土资源信访部门共接待来访群众11993批；省厅交办案件623起，结案率98.7%，群众满意率87.2%；国土资源信访量占全省的比例由2007年度的27%左右下降到16%左右。

（五）构建保障和促进科学发展新机制取得积极进展 这方面成果集中体现在省政府出台的《关于严格保护耕地 保障科学发展 实现土地高效利用的若干意见》和《关于进一步加强矿产资源勘查开发管理的若干意见》两个文件中。随着工作的推进，我们又结合实际提出要构建“五大机制”，并将任务分解到厅班子成员和各个处（室），初步形成了“五大机制”的框架。

（六）以市场手段配置国土资源取得显著成效 严格落实工业用地和经营性用地招拍挂制度，全省征收国有土地出让金出让总收入307亿元，比上年增长65%；征收新增建设用地土地有偿使用费22.74亿元，比上年增长24%；征收土地闲置费1889万元，为去年的17倍。实行矿业权招、拍、挂出让制度，全省征收探矿权、采矿权使用费及价款62.34亿元，比上年增长28%；矿产资源补偿费6.16亿元，比上年增长65.59%。

（七）国土资源管理基础工作成绩突出 《土地利用总体规划纲要》首批通过国土资源部审查，并已上报国务院审批。规划期内国家给我省的建设占用农用地指标23.4万公顷，建设占用耕地指标18.33万公顷，建设用地增量24.78万公顷，共核减我省基本农田14.14万公顷，占全国核减面积的10.6%，取得历史性突破。我省上报的重点发展区域和重点建设工程被列入了全国规划纲要，为争取国家政策支持和用地保障打下了良好基础。

积极参与产业集聚区规划编制工作，在用地规模、发展方向、主导产业等基础要件审核工作中发挥了重要作用。中原城市群国土规划被国土资源部列为了全国国土规划试点。第二轮矿产资源规划编制工作进展顺利，省级规划文本经国土资源部一次审查通过。

第二次土地调查工作整体推进迅速，创新了组织方式，完善了政策措施，开展了项目“招标月”活动，农村外业调查完成85%，城镇完成90%，全面转入内业整理建库阶段，整体工作处在全国前列。安阳、焦作、济源等市二次调查工作已基本完成。

测绘工作在互联网地图专项治理、测绘依法行政方面取得较大进步，测绘保障和应急能力全面提高。办公自动化系统投入运行，初步实现了公文无纸化网上办公。

（八）国土资源系统自身建设得到进一步加强

积极开展了深入学习实践科学发展观和“新解放、新跨越、新崛起”大讨论活动，全系统思想作风、工作作风有了较大转变。作为全国试点，率先开展了县、乡、村干部国土资源法律知识宣传教育活动，培训对象达8万多人。配合国家土地督察济南局在全省18个省辖市开展了15号令宣讲和土地利用管理形势巡回宣讲报告活动。进一步深化干部人事制度改革，规范干部管理制度。严格落实党风廉政建设责任制，认真抓好领导干部廉洁自律工作。切实加强政风行风建设，在去年全省政风行风评议中位次前移13位，被评为先进单位。严格执行预算，切实加强各项规费的征管，严格落实财务制度和领导离任审计。

回顾过去的工作，我们深感成绩来之不易，一些好的做法需要在今后的工作中继续坚持。一是坚持以高度负责的态度和良好的精神状态破解难题。二是坚持把构建保障和促进科学发展新机制作为关键措施。三是坚持把抓班子、带队伍作为重要保证。四是坚持把解放思想、改革创新作为根本方法。初步实现了从重审批轻监管、重管理轻服务向审批与监管并重、管理与服务并重转变；从主要依靠行政手段推进工作向综合运用法律、经济、技术和必要的行政手段推动工作转变；从被动应付、侧重治标向主动介入、标本兼治转变。广大干部职工的责任意识、服务意识、敬业精神和创新能力明显增强，思想状态和精神面貌发生深刻变化。

当然，在肯定成绩的同时，厅党组一班人也清醒地看到，我们工作中还存在着一些不容忽视的矛盾和问题。一是一些地方对做好国土资源工作站位不高、谋划不深，工作理念跟不上形势的要求。二是一些地方执法监管不到位，查处力度不大，手段不硬，方法不多，违规、违法现象时有发生。三是我们的机制制度建设还不够完善，工作运行机制还不够科学，审批方式还不够高效，推动落实的制度还不够有力，行政问责和责任追究制度还不够严格。对此，全省各级一定要采取有效措施，认真加以解决。

二、把握形势，切实把思想和行动统一到中央和省委、省政府的重大决策部署上来

当前，国际金融危机继续蔓延，对实体经济的影响进一步加深，全球经济增长明显减速；对我国的不利影响正在显现，从沿海向内地，从中小企业向大企业，从劳动密集型企业、出口导向型企业向其他企业逐步扩散。受其影响，我省经济增长呈现回落态势，一些指标增速放缓，经济运行中面临的要素约束、效益下滑等问题凸现。中央和省委对今年经济形势的基本判断是：形势非常严峻，但经济发展的基本面和长期趋势没有改变，加快发展的重要战略机遇期仍然存在；2009年可能是新世纪以来经济发展最为困难的一年，也是蕴含重大机遇的一年。为应对危机，中央和省委对今后经济社会发展提出了许多新思路、新举措。省委八届九次全会把保持经济平稳较快发展、保持全省经济社会跨越式发展的良好态势作为2009年经济工作的首要任务，提出要加快实施“8511”投资促进计划；推动“大郑东新区”和“汴西新区”加快发展，建设以“一极两圈三层”为主要内容的中原城市群发展新格局；加快构建“三个体系、一个载体”，促进经济结构调整和发展方式转变；开展企业服务年活动，着力为企业排忧解难等。在这样一个“扩内需、保增长”的形势下，国土资源管理工作任务更加艰巨，压力与难度加大，机遇和挑战并存。

（一）国土资源管理工作面临着严峻形势

从土地管理形势看，面临着“两碰头，一忧虑”。一是党的十七届三中全会提出要加快农村土地管理制度改革，激发出各地极大的改革热情，土地流转加快，各种探索踊跃，规范、稳妥推进农村土地管理制度改革的任务十分繁重。二是中央和地方新增投资力度大、范围广、建设时间集中，土地需求必然上升，违规违法用地可能反弹，国土资源部门保障发展、规范秩序、维护权益、遏制违规、违法用地的压力进一步加大。与此同时，我省正面临着1951年以来最严重的持续干旱，粮食生产受到威胁，耕地质量经受考验，保护耕地、推进土地开发整理的任务更加繁重。三是《违反土地管理规定行为处分办法》已正式启动问责，如果我们不能有效遏制违规违法用地势头，将极有可能出现干部被大量问责的局面。

从矿产资源管理形势看，受矿业“一紧一松、震荡调整”的影响，矿产品价格下滑，企业经营成本上升，矿业企业经营困难，资源对经济的支撑能力下降，作为矿业经济大省，对河南整个经济的影响将非常严重；同时，采富弃贫、滥采乱挖等破坏资源的行为可能上升，矿产资源综合利用的难度加大，有偿使用制度改革推进困难，矿产勘查萎缩，社会投资减少，地质找矿突破更加困难。

（二）国土资源管理工作面临着巨大压力

鉴于以上严峻形势，国土资源管理工作将面临四个方面的难题、四个方面的压力。一是破解土地供需矛盾突出的难题，实现保护与保障双赢的艰巨性带来的压力；二是破解矿产资源领域找矿难、管矿难、综合利用程度偏低的难题，增强矿产资源保障能力的复杂性带来的压力；三是破解国土资源违法行为屡禁不止的难题，推进依法依规行政的紧迫性带来的压力；四是破解国土资源信访量大的难题，消化信访工作中各种矛盾的不确定性带来的压力。破解这四大难题、缓解由此带来的压力，是今后一个时期我们要重点研究解决的问题。

（三）国土资源管理工作面临着重要发展机遇

党的十七届三中全会提出要实行最严格的耕地保护制度和最严格的节约用地制度，各级领导对国土资源工作更加重视，社会各界对国土资源工作更加关注，为我们更好地发挥作用、提升管理水平提供了有利条件和动力。从土地管理看，共同责任机制的建立特别是“15号令”的实施，必然会增强各级政府和广大干部依法依规、节约集约用地的意识；用地需求短期内迅速增加和用地总量的控制，必然会形成“倒逼”机制，促进节约集约用地，推动我们加快土地审批制度改革。从矿产资源管理看，一批小型矿业企业的停产关闭，给我们提供了整顿规范矿产资源开发秩序、整合重组矿产资源、“走出去”开展矿产勘查开发的有利条件，找矿、管矿、用矿面临着重要发展机遇。

面对国际、国内复杂、严峻的形势，面对国土资源工作中的困难与压力、机遇和挑战，各级国土资源部门领导班子必须认真学习党中央、国务院的决策部署和省委、省政府领导的重要讲话精神；必须认真分析、思考应对金融危机和保持河南跨越式发展态势，对国土资源工作提出哪些新要求、带来哪些新挑战、遇到哪些新障碍；必须以勇于解决问题的胆识，正视面临的困难、解决存在的问题，真正把广大干部职工的聪明才智运用到化“危”为“机”、改革创新、服务科学发展上来。

一要统一思想，坚定信心。全省国土资源系统广大干部职工要努力把思想和行动统一到中央和省委对当前形势的判断上来，全面、辩证地看待当前的形势，既要清醒认识国土资源工作面临形势的复杂性和严峻性，又要深刻认识面临的有利条件和积极因素；既要增强忧患意识，立足于迎接挑战，把困难估计得更充分一些，把措施准备得更周密一些，努力把不利影响降到最低限度，又要增强机遇意识，增强紧迫感和责任感，坚定必胜信心，努力变压力为动力，千方百计保增长、同心协力促发展。

二要提高素质，转变作风。全省各级国土资源部门要结合开展深入学习实践科学发展观活动和即将开展的“讲党性修养、树良好作风、促科学发展”教育活动，加强学习、提高素质、增长本领、转变作风、狠抓落实，进一步把科学发展观转化为谋划科学发展的正确思路、推动科学发展的能力水平、促进科学发展的政策措施，着力解决能力水平同当前繁重任务不适应的问题。要静下心来，加强对国土资源法律、法规政策的学习研究，增强结合实际灵活运用国家政策的能力；要扑下身子，深入开展调查研究，使我们的各项工作措施更加符合实际，方式、方法更加有效；要正视困难，找准症结，寻求切实可行的破解办法；要狠抓落实，贯彻决策雷厉风行，推进工作稳扎稳打，解决问题干脆彻底，确保工作实效。

三要统筹兼顾，科学谋划。今年的国土资源工作头绪多、任务重，关键是要统筹兼顾，科学谋划，抓重点、破难点、推亮点。工作中要注意处理好两个关系。一是处理好积极主动服务与严格规范管理的关系。既要为落实扩内需、保增长提供强有力的国土资源保障和服务，又要强化监管，严厉打击违规、违法行为。决不能以监管为由对服务经济社会发展消极作为，也不能以保发展为由弱化监管。基本要求是服务要到位，秩序不能乱，红线不能碰，用地要节约，权益要维护。二是处理好改革创新与依法行政的关系。既要解放思想、大胆探索，为落实省委重大部署和“两保一高”要求研究出台最直接、最有效、最有力的国土资源管理新举措，又要在现有法律框架内履行职责和权限。改革创新，可以在坚持法律基本原则的前提下，通过试点探索有所突破，但必须做到“局部实验、封闭运行、结果可控”。

三、主动作为，扎实做好2009年国土资源工作

2009年，国土资源工作要紧紧围绕“两保一高”总要求和“扩内需、保增长”的工作任务，全面贯彻落实十七届三中全会、省委八届九次全会、省人大十一届二次会议和全国国土资源厅（局）长会议精神，以构建保障和促进科学发展新机制为主线，以贯彻落实省政府关于加强土地、矿产资源管理两个重要文件为抓手，以推动全省经济发展方式转变和经济社会协调发展为目标，以“十个突出、十个确保”为工作重点，认真履行职责，积极主动服务，严格规范管理，努力为促进全省经济平稳较快发展和保持跨越式发展态势做出应有贡献。

（一）突出工作实效，确保土地二次调查和规划修编等基础工作任务按时完成　一要全面完成第二次土地调查任务。各市、县要加快进度，按时提交成果，确保6月底前完成省级成果汇总。要加强调查成果应用，土地利用总体规划修编、各级建设用地报批、土地开发复垦整理项目立项等工作，必须以国家确认的第二次土地调查成果为基础依据。要根据土地利用变化情况，对调查成果进行及时更新，保持地籍数据的现势性。二要全面完成土地利用总体规划修编工作。认真落实郭庚茂省长和张大卫副省长在“三个规划”会议上的讲话精神，争取国家尽快批复我省土地利用总体规划后，上半年完成市、县规划修编任务，年内完成乡镇规划修编任务。规划修编过程中，要优化土地利用结构和布局，引导城镇发展由“外延粗放型增长”向“内涵集约化发展”转变。要科学调整耕地和基本农田布局，引导耕地和基本农田集中连片分布。要重点保障产业集聚区和重大基础设施等用地需求，为工业化、城镇化发展预留空间。要结合新农村建设，稳步推进农村居民点迁并和村庄整治，为补充耕地和城乡建设用地创造条件。三要启动中原城市群国土规划编制工作。去年底，国土资源部批复，将中原城市群作为全国开展国土规划的试点地区。中原城市群国土规划是包含“一极两圈三层”、覆盖全省18个省辖市的大中原城市群国土规划。郭庚茂省长批示：此事要切实搞好，先请国土资源厅提出实施意见，报省政府研究。全省各市、县都要十分珍惜这个难得的机遇，加强组织领导，制定工作方案，建立协调机制，落实工作经费，认真抓好编制工作。四要加强测绘和国土科技工作。建立和完善市、县测绘行政管理机构，积极推进省、市、县三级基础测绘和信息化测绘体系建设。加强国土科技工作，注重科技人才培养，加强基础理论研究，推进科技成果应用，加快信息化建设。

（二）突出落实最严格的耕地保护制度，确保我省耕地特别是基本农田数量不减少　一要进一步严格落实耕地保护目标责任制。做好国务院对省级政府履行耕地保护责任目标情况期中考核迎检工作，组织好对省辖市政府的考核，考核结果要进行综合排序并予以通报。各市、县都要将耕地保护列入政府年度目标考核体系，明确考核程序、内容和方法，完善考核办法。今年的中央1号文件要求把耕地保护作为考核地方特别是县（市）领导班子绩效的重要内容，实行耕地和基本农田保护领导干部离任审计制度，我们要协调有关部门做好耕地保护责任离任审计，为当地党委组织部门选拔任用领导干部提供耕地保护责任目标履行的真实情况。二要强力推进规模化土地综合整治。整合新增建设用地有偿使用费、耕地开垦费及其他支农资金，集中投入，为规模化土地综合整治提供保障。原则上每个省辖市要确定一个基本农田示范区，作为开展规模化综合整治的试点。做好新乡、南阳两个省级土地整理重大工程前期准备工作，积极争取国家资金和政策支持。全面完成2007年底以前下达的国投土地整理项目建设任务，组织2008年度安排的项目评审、稽查，加强监管，确保工程进度和质量。进一步规范耕地占补平衡工作，加大补充耕地储备力度。

（三）突出用地计划的科学配置，确保重点项目建设用地及时供应到位 一要科学配置用地计划指标。对于国家下达我省的用地计划指标，要按照“有限指标保重点，一般项目靠挖潜”和“区别对待、有保有压”的原则，优先保障重点项目、重点区域用地，兼顾市、县和社会投资项目；积极争取国家新增建设用地计划指标，争取把更多项目列入国家重点项目范围之内，使用国家预留的建设用地计划指标；大幅度增加盘活存量建设用地计划指标，今年，要由去年的5万亩增加到7万亩。二要搞好用地服务。对重点项目要提前介入，加强协调，积极参与项目前期论证，提供优质服务。严格执行窗口办文和限时办结制度，改革预审、会审和审批制度，精简报件，简化程序，及时审批。对于新上项目，要依据国家产业政策、环保政策和土地供应政策，协助政府从供地总量、结构、布局和时序上把好土地供应关，防止“三高一多”（即高能耗、高消耗、高污染、多占地）项目“搭车”用地。三要积极推进产业集聚区建设。产业集聚区是构建现代城市体系、现代产业体系和自主创新体系的载体，是优化经济结构、转变发展方式、实现集约化发展的基础工作。各地要高度重视、支持和推进产业集聚区建设。一是科学规划，优先安排产业集聚区用地。各地要把产业集聚区纳入新一轮土地利用总体规划修编，作为重点予以优先安排。二是制定产业集聚区用地控制标准。明确建成区范围，保障发展区用地，界定控制区边界。严格集聚区建设用地控制指标和入驻标准厂房的规定，严禁超标准供地和单独供地。三是优化产业集聚区布局。原则上一个市、县设置一个产业集聚区，工业项目向产业集聚区集中，产业集聚区要充分利用坡地、荒地和闲置土地，尽量不占或少占耕地。

（四）突出落实最严格的节约用地制度，确保我省土地利用水平有新提高 一要严格新增用地的节约集约。加强规划管控，各项建设不得突破土地利用总体规划确定的用地规模、区位和标准。抓紧实施新修订的建设项目用地定额标准，在预审和审批时坚决核减超标准用地。推进多层标准厂房建设，今年将多层标准厂房新增用地计划下达到各市，由各市统一安排，鼓励建设和使用多层标准厂房。开展国家级和省级开发区以及产业集聚区土地节约集约利用评价，评价结果定期向社会公示。认真落实国土资源部即将颁布实施的《单位GDP和固定资产投资增长的新增建设用地消耗考核办法》，探索建立节约集约用地激励奖惩机制。二要充分挖掘城镇存量建设用地潜力。重点盘活批而未征、征而未供、供而未用、用而未尽的土地，以及破产倒闭企业占地、旧城区、城中村和棚户区用地等。各地要结合第二次土地调查，摸清存量建设用地家底，进行综合规划，每宗地都要上图、入库，列出时间表，落实盘活措施，省厅和市县都要不定期组织抽查，狠抓工作落实。

（五）突出改革集体建设用地制度，确保农村土地管理进一步规范 按照党的十七届三中全会对农村土地管理的新要求，本着既要不等不靠、积极探索，又要稳步推进、依法规范的原则，积极推进农村集体建设用地制度改革，健全和落实严格、规范的农村土地管理制度。一要加强农村宅基地管理。结合乡镇土地利用总体规划编制，按照《河南省农村宅基地管理办法》规定，合理确定宅基地规模和布局，加大“空心村”整治力度，严格执行宅基地标准和农村人均用地标准，积极探索宅基地退出机制。二要改革征地制度。严格界定公益性和经营性建设用地，逐步缩小征地范围。完善征地补偿机制，尽快公布实施征地区片综合地价，按照同地同价原则，及时足额给农村集体组织和农民合理补偿。三要规范推进农村集体建设用地流转。本着“先行试点，典型引路，以点带面，点面结合”的原则，积极稳妥地推进农村集体建设用地流转，深化农村土地产权制度研究，进一步细化权利、显化主体、明确权能，逐步建立城乡统一的建设用地市场。四要做好城乡建设用地增减挂钩协调。农村宅基地和村庄整理所节约的土地，首先要复垦为耕地，调剂为建设用地的必须符合规划、纳入计划并优先满足集体建设用地，富余指标可以通过增减挂钩置换给城镇使用。五要加快推进农村土地确权登记发证工作。结合第二次土地调查，全面查清集体土地所有权、集体建设用地使用权、宅基地使用权等权属状况，全面开展农村集体土地登记发证工作，集体土地流转必须取得集体土地使用权证后方可进行。

（六）突出地质找矿，确保矿产资源对全省经济发展的支撑能力明显增强 我省在提高矿产的保障能力方面必须有新的、更大作为。一是加大资金投入，严格项目管理，使资金发挥应有的社会效益。二是积极构建找矿新机制，实现政府和企业相互联动，公益性地质工作、商业性矿产勘查和地勘基金有机衔接，地质勘查与矿产开发紧密结合，地质找矿与矿业权管理、地勘队伍建设协调配合。三是按照“找新区、上专项、挖老点、走出去、依靠科技和人才”的要求，统一部署和组织实施重点成矿区（带）地质找矿，大力采用新的成矿理论、新的评价方法、新的勘查技术，努力实现找矿新突破。四是深化地勘单位改革，增强动力和活力，增强在市场经济条件下生存发展的综合实力。

（七）突出矿产资源整合和开发秩序规范，确保资源综合利用水平有新提高 一要严格矿业权管理。矿业权设置必须符合省矿产资源总体规划，严禁“大矿小开”、“化整为零”。严格探矿权延续条件，积极探索探矿权延续退出机制。进一步完善采矿权申请、延续、转让、变更、注销等相关程序和制度。加快实现三级采矿登记机关登记发证的统一配号工作，规范采矿权管理。二要加强矿产资源开发利用管理。矿山开采活动必须坚持贫富兼采、综合回收的原则，对具有利用价值的共伴生矿产，要进行综合开采综合利用。完善采矿回采率、采矿贫化率、选矿回收率等技术经济指标体系，加强对矿山企业资源利用情况的监督考核，全面落实矿山储量动态监测制度。积极采用重点矿区卫片监测技术，加强对矿产勘查、开采活动的日常监管。全面落实无证勘查开采增减率和矿业权人违规、违法案件发生率指标考核制度。全面完成矿产资源潜力评价、储量利用调查和矿业权核查年度工作任务。三要深化矿产资源整合。运用市场机制，推动矿产资源向优势矿业企业集中，支持优势矿业企业按市场价格依法取得煤炭、铝、钼、金、铁、天然碱、岩盐等重要矿种的后备资源矿业权。推进煤炭资源开发和整合，配合做好省骨干煤炭企业对地方煤炭企业和小煤矿的整合工作。支持地勘单位、重点氧化铝企业、拥有矿业权的煤炭企业合作，探索煤层下伏铝土矿的勘查开发。加快推进洛阳、南阳、三门峡和信阳等地钼矿资源整合。继续推进铁、金等其他矿产资源的区域性整合。

（八）突出地质环境保护治理，确保人民群众生命财产安全 要落实矿山生态环境恢复治理保证金制度，明确矿山地质环境保护和恢复治理的责任和投入主体，组织、指导矿山企业编制矿山地质环境恢复与综合治理方案，加强全省矿山地质环境治理项目管理，严格实施治理工程。完成全省65个县地质灾害调查，编制防治规划、方案、预案，强化全省重要地质灾害隐患点监测预警和群测群防体系建设，加大对重大地质灾害隐患点的治理力度，构建地质灾害防治的长效机制。积极配合河南省人大、省政府开展立法调研，争取尽快制定出台地质公园管理条例，进一步加强地质遗迹保护以及地质公园建设和管理。

（九）突出依法依规行政，确保国土资源违法违规现象得到有效遏制 全省要在已有工作基础上，切实依法、依规行政，坚决扭转国土执法监管被动局面。一是全面推行协管员制度，建立和完善市、县、乡、村四级动态巡查网络和动态巡查制度，全面落实国土资源执法动态巡查责任制，切实做到对违法、违规行为早发现、早制止、早处置。二是充分利用卫星遥感监测技术，在全省范围内全面开展卫片执法检查活动，运用土地二次调查成果，建立常态化的卫片执法检查制度，以“一张图”为依托构建综合监管平台，建立土地执法监管长效机制。三是进一步建立和完善由政府牵头，发展改革、公安、监察、国土资源、建设、房管、电力、工商等部门参加的联席会议制度和联合办案协调机制，推进部门联合执法。四是坚决查处一批典型违法、违规案件，重点查处违反土地利用总体规划、非法批准占用耕地（尤其是基本农田）、违反国家产业政策供地以及在农用地转用和土地征收中严重侵害农民利益等行为；严肃惩处无证开采、以采代探、非法转让探矿权采矿权、破坏浪费资源以及违反规划等违法行为，形成强大的震慑力。五是积极参与有关国土资源法律、法规修订工作，严格做好国土资源管理规范性文件合法性审查、清理、备案工作，认真开展行政执法责任目标考核，加快落实《国土资源管理系统全面推进依法行政规划》。

（十）突出解决热点、难点问题，确保人民群众切身利益得到维护 一要推进信访工作机制创新。要按照“谁决策、谁评估、谁负责”的原则，积极做好国土资源信访评估，着眼源头预防。要坚持领导干部尤其是县（市、区）局领导干部接访日活动，最大限度地把问题解决在基层、解决在萌芽状态。要充分发挥“县、乡、村”国土资源信访信息网络的主力军作用，排查化解矛盾纠纷，做到早预防、早发现、早处置。要积极搞好信访案件的督查督办，不断提高信访案件的结案率，做到事事有结果、件件有回音。要按照“属地管理、分级负责”的原则，严格信访工作责任制的落实。二要维护被征地农民的合法权益。在征地区片综合地价实施前，继续严格执行省委、省政府关于提高征地补偿标准的有关规定，实行征地告知、听证、确认程序和“两公告一登记”制度，维护被征地集体经济组织和成员的知情权。积极配合有关部门裁决征地补偿争议案件和查处侵害农民权益的案件。三要保障矿产资源开发地群众利益。各地要将矿产资源开发与改善当地经济条件相结合，妥善安排矿产资源开发地群众的生产、生活。积极探索农村集体经济组织将资源开发项目区内的集体土地使用权、地上附着物等作价入股参与矿产资源开发利益分配的路子，确保当地群众在矿产资源开发利用过程中长期受益。各市、县要从可支配的矿业权价款分成资金中拿出一定比例用于改善矿区群众的生产生活条件和解决其长远生计。矿产资源开发企业应优先安排符合条件的当地劳动力就业。

四、改革创新，努力推动国土资源管理工作再上新台阶

2009年，国土资源工作形势严峻、任务艰巨，我们必须采取有力措施，着力解决影响国土资源事业发展的体制机制等方面的问题，努力破解国土资源工作面临的难题。

（一）加快构建保障和促进科学发展新机制，为推进各项工作奠定基础　进一步完善国土资源管理共同责任机制。认真总结、借鉴和吸收成功的经验和做法，明确各级政府和有关部门的共同责任，形成政府牵头、部门联动、齐抓共管、社会各界共同参与的国土资源管理局面。加快构建市场配置和国土资源宏观调控机制。加强与有关部门的沟通与联系，增强国土资源政策与国家产业政策、财政政策、金融货币政策的协调性，充分发挥土地“闸门”的调控作用，使土地、矿产政策更好地参与宏观调控，促进河南省经济社会平稳较快发展。积极构建落实“两保一高”要求的激励约束机制。继续深化土地、矿产资源有偿使用制度改革，认真研究落实四个“挂钩”政策措施，将新增建设用地土地有偿使用费、省集中的土地使用权出让收入的使用与各地“两保一高”绩效挂钩，将建设用地计划指标的分配与各地重点项目建设情况挂钩，将建设用地计划指标的分配与盘活挖潜存量建设用地情况挂钩，将“两保一高”工作绩效与各市、县（市、区）政府年度责任目标考核挂钩。在构建国土资源执法监管长效机制上实现实质性突破。进一步完善国土资源违法行为发现和查处机制、部门联动和协作监管机制、约束和激励机制，改进和规范内部管理工作，努力建立国土资源执法全员监管、全程监管、联动监管的“立体式”国土资源执法监管新机制，有效防范和遏制各类违法、违规行为。在构建国土资源系统领导班子和领导干部绩效考核评价机制上迈出坚实步伐。建立符合科学发展观要求，能反映领导班子和领导干部综合素质、工作能力、工作业绩等情况的绩效考核评价制度，调动广大干部的积极性、主动性和创造性。

（二）加强学习调研，促进国土资源工作改革创新　切实加强学习。认真学习国家的新政策、新要求和外地的新做法、新经验，着力提升能力、提高水平。省厅和市、县要定期召开不同层次的研讨会或务虚会，查找问题，研究对策。深入调查研究。省厅领导要带头做好调研工作，保证每年有至少1个月的时间深入基层了解情况、解决问题、指导工作；每位厅领导要选择1～2个重大课题领题调研，提出切实可行的解决办法。省厅各处(室)负责同志要保证每年至少有2个月的时间深入基层进行调研，向厅党组提出3条以上合理化建议。各市、县（市、区）国土资源部门领导都要深入基层调查研究，全面掌握基层情况，分析研究解决问题，创造性地开展工作。

（三）深化管理体制改革，增强国土资源行政执行力　进一步转变职能。全省各级国土资源部门要下苦功夫落实“两转两提”要求，把服务社会放在突出的位置，增强服务意识，努力把工作重心从注重审批转到加强和改善宏观调控、依法监管和公共服务职能上来。理顺国土资源管理体制。认真落实国土资源管理“三定方案”，完善市以下国土资源管理体制，积极协调解决干部出路问题，着力加强基层国土资源部门特别是乡(镇)国土资源所建设。畅通国土资源政策执行渠道。按照“权责一致、决策科学、执行顺畅、监督有力”的原则，建立“上下协同、分级负责、有令必行、有禁必止”的政策执行机制。努力提升国土资源行政执行能力。强化责任意识，增强政治辨别力和职业敏感性，对看准的问题，果断决策、主动作为、依法行政，科学地、创造性地执行国家政策，提高干部职工正确理解政策、准确执行政策、灵活运用政策的能力。

（四）加强国土资源文化建设，切实增强系统凝聚力 要树立正确的国土资源文化理念。以“保护资源、保障发展、维护权益、服务社会”为共同愿景，建设以社会主义公共文化为基础，具有鲜明时代特点和职业特征，开拓进取、奋发向上、团结和谐的国土资源文化。开展国土资源文化建设“十个一”活动，充分发挥“一刊两网”的作用，加强国土资源重大决策和重要活动宣传。抓住建国60周年和“世界地球日”、“全国土地日”等重要时机，大力开展主题宣传活动。搞好“十个一”工程（即出一本关于国土资源文化建设的书，召开一次国土资源文化建设研讨会，开展一次优秀调研报告评选活动，组织一次文艺汇演，举办一次体育比赛、一次书法比赛、一次歌咏比赛、一次摄影展，树立一批国土资源管理典型，评选一批国土资源卫士）。正确看待和积极应对新闻媒体和社会舆论的监督。随着新闻媒体和社会各界对国土资源工作越来越关注，有些国土资源问题已经成为社会的热点和焦点。要看到这既是对国土资源事业的关心，也是对我们工作的监督，各级国土资源管理部门要及时回应热点、难点问题，为国土资源工作营造良好的舆论氛围。

（五）创新人事制度，加强干部队伍建设 创新选人、用人制度。坚持科学选人、公道用人、措施励人，建立健全体现科学发展观和正确政绩观要求的干部实绩评价体系，逐步推行公开选拔和竞争上岗制度。要注意选拔“眼界宽、思路宽、胸襟宽”的“三宽型”干部和“凝聚力强、公信力强、执行力强”的“三强型”干部，要从事业的长远发展考虑，积极选拔年轻优秀干部进入领导班子。创新干部培训制度。结合国土资源管理工作实际，开展各种形式、各种层次的培训，用科学发展观武装头脑，提高干部队伍整体素质，培养一大批“党性强、品行好、业务精、工作实”的优秀干部。加大后备干部培养力度。创新监督考评制度。强化对系统各级领导干部的工作考评和日常监督管理，不断提高国土资源工作的整体水平。创新交流轮岗制度。建立厅机关、直属事业单位、省辖市局领导干部交流制度，通过上挂下派等形式，扎实推进各层次的干部交流，激发干部队伍的生机和活力。今后，按照“在一个岗位上工作满3年的可以轮岗、满5年的需要轮岗、满8年的必须轮岗”的原则，加大不同岗位之间尤其是关键岗位上干部交流的力度，以激发活力，锻炼和培养干部。

（六）严格目标责任管理，确保各项任务落到实处 严格目标管理。经省厅党组研究，从2009年起，省厅将与各省辖市局签订工作目标责任书，对今年的工作任务实行目标管理。加强督促检查。建立重要工作督察制度，强化督察手段，通过督查专项工作汇报、督查通报以及约谈专项工作主要负责人等方式，发挥督查作用。严格考评制度。到年底，省厅将对各省辖市局完成目标的情况进行认真考评、综合排队，对考核结果予以公布。严格奖惩制度。对目标完成优秀和先进的单位进行表彰，该奖励的奖励；对完成目标任务成绩突出的领导班子，该提拔的提拔，该重用的重用；对完不成目标任务或造成重大失误的干部，该免职的免职，该调整的调整；对当年排名末位的市局予以黄牌警告，对主要领导进行诫勉谈话。严格落实党风廉政建设责任制。切实履行“一岗双责”，落实“一把手”负总责制度。大力推进政务公开，进一步规范各级国土资源部门行政行为，加强政风行风建设，促进政风行风进一步好转。坚持“标本兼治、综合治理、惩防并举、注重预防”的方针，完善惩治和预防腐败体系，拓展从源头上预防和治理腐败的工作领域。积极探索和建立国土资源系统反腐倡廉的长效机制，为国土资源事业健康发展提供有力保证。

同志们，让我们在省委、省政府和国土资源部的正确领导下，进一步解放思想、深化改革，抢抓机遇、顺势而为，推动国土资源工作再上新台阶，以优异成绩向新中国成立60周年献礼。

（注：此文为张启生在2009年全省国土资源管理工作会议上的讲话摘编）

坚持科学发展　积极应对挑战
推动河南新地矿建设迈出坚实步伐

河南省国土资源厅党组成员、副厅长、省地质矿产勘查开发局局长　唐全国

（2009年8月14日）

这次会议的主要任务是，以科学发展观为指导，认真学习贯彻省委八届九次全会精神，总结全局2008年工作，明确2009年主要任务。会议还要表彰2008年优秀地质成果获奖单位和个人。

下面，我代表局领导班子讲三个方面的意见。

一、2008年工作回顾

2008年是不平凡的一年。我局在省委、省政府的正确领导下，认真贯彻落实国务院、部、省关于加强地质工作的一系列重大决策，积极应对复杂形势，努力提高资源保障能力和服务功能，圆满完成了省政府下达我局的年度目标任务，为我省经济社会发展作出了积极贡献，同时也保持了地矿经济的快速发展。

（一）地质找矿取得重要成果　全局共完成各类矿产勘查项目146项，钻探进尺31.6万米。在省内新发现矿产地14处，提交了一批新增资源量，其中（煤11.46亿吨、钼12万吨）；通过普查和详查，升级了一批资源量，其中（煤50亿吨、铝土矿1600万吨、铁矿石8418万吨、铅锌6.5万吨）。在唐河探明了我省目前最大的铜镍矿床；在新蔡发现并评价了我省最大的铁矿床；大别山地区钼矿勘查新发现了信阳天目山、新县西沟和大银尖等矿产地；豫西地区铝土矿远景调查，圈定出丰富的隐伏优质铝土矿；豫北地区濮阳、滑县煤预查实现了我省东北部深覆盖区的找煤新突破；小秦岭国有危机矿山外围及深部资源勘查取得重大进展，新增金资源量68.3吨。以上成果有力地推动了我省重要矿种和重要成矿区（带）的地质找矿工作，并取得了阶段性或局部性突破，张大卫副省长先后三次对我局取得的重大找矿成果作出批示，给予了肯定和鼓励。

（二）地质服务作出重要贡献　全局共承担国家和各级政府下达的地质调查、地质环境、地质科研类项目197项，提交了一批新的调查研究成果。围绕我省进一步推进农村改革发展战略部署，出台了《关于进一步加强农业地质工作的若干意见》，明确了服务目标和任务。全面完成了黄淮平原经济区8.3万平方千米农业地质调查工作，圈定其中95%为绿色土地，为我省粮食核心区、国人粮仓建设提供了科学依据。围绕我省加快城镇化建设进程，开展了郑州、开封等11个重点城市的浅层地热资源评价与开发利用研究，完成了平顶山、三门峡等8个城市的环境地质调查评价工作。围绕我省改善民生实施饮用水安全工程，开展了水质型缺水地区洁净地下水勘查，完成地下水污染调查面积3.2万平方千米，对华北平原河南部分地下水进行了调查评价，规划22处应急水源地，可供1000余万人应急用水。围绕我省改善人居环境和减灾防灾，完成了一批矿山环境恢复和地质灾害治理项目，造福了一方群众。围绕我省旅游业发展总体规划，重点开展了“三山一河”地质遗迹调查评价和林州红旗渠、汝阳恐龙园等地质公园规划申报工作，促进了地方经济发展。还完成了我省援藏项目——羊八井地热地质公园核心景区详细规划，得到两地政府的高度评价。

（三）“走出去”迈出了新步伐　一是获取的矿产资源不断增加。在省外，以西藏、新疆、内蒙为重点，加强与我省资源互补较强的铁、铜、铅锌等矿种的勘查工作，已获取矿业权82个，新增资源量（铅锌65万吨、银800吨、钼10万吨）。在国外，几内亚铝土矿勘查已探获储量4.3亿吨，预测远景资源量10亿吨，超过我省铝土矿保有资源储量的总和；地勘单位控股已累计获取矿业权22个，年

度新提交资源量（铜25.3万吨、铅11万吨、锌7万吨、银178吨、金3吨、镍1.5万吨）。二是工作区域和发展空间不断拓展。目前，全局已有15个单位进入20余个国家，组建勘查开发企业8个，赴境外工作人员500余人，成为我省“走出去”实施资源勘查开发的一支重要力量。我们不仅在资源丰富、地质工作程度较低的非洲国家和与我国矿带相连的周边国家站住了脚，还进入了法制健全、矿业发达的国家进行了资源风险勘查的有益探索。三是发展带动作用不断显现。我局在省外、国外的工作，正在由“打工”向“创业”转变，从原来单一的工程施工，发展到地质勘查、矿产开发、国际贸易和技术咨询服务等多个领域，形成了一批基地，叫响了“河南地矿”品牌，为我省实施“走出去”战略充当了先锋。全年完成经营收入5.06亿元，占全局经营收入的36.2%，“走出去”正在成为我局实现跨越式发展的重要支撑。

（四）*改革工作取得了新进展* 坚持在事业单位分类改革的政策框架下，积极、稳妥地推进“事企分开”，按照“两精干一过渡”模式，不断完善地勘单位“一队一院一公司”管理体制。继续加强公益性队伍建设，在我省18个省辖市设立了地区性地调院。积极探索商业性矿产勘查的市场主体建设，整合内部力量，经财政厅批准，组建了豫矿资源公司；加强对外合作，寻求资本技术联姻，与中国五矿集团等有实力的矿业企业和国家开发银行等投融资机构合作组建了“走出去”联盟，与河南煤化集团等大型企业合作组建了资源勘查开发公司。这些举措进一步激发了地勘单位活力，解放了地质生产力。

（五）*地矿经济保持了平稳较快发展* 面对国际、国内经济形势，特别是矿业形势复杂多变的严峻挑战，我局牢牢抓住发展这个第一要务，不放松、不动摇，充分利用国家和我省加大地质勘查投入的宝贵机遇，争取了一批财政投资项目，竞得了一批市场项目，实施了一批合作项目，新上了一批自有矿业权勘查项目，巩固和发展了地质勘查、工勘施工、矿业开发、多种经营四业并举、“四轮驱动”的经济增长方式，保持了地矿经济平稳快速发展的良好态势，经济总量和职工收入增幅明显。全年实现经济总量21.7亿元，同比增长16%；其中（经营性收入17.7亿元，同比增长13%）；职工人均工资收入3.2万元，同比增长19%。以上主要经济指标提前两年超额完成了我局“十一五”规划。

（六）*党的建设、和谐队伍建设不断开创新局面* 围绕河南新地矿建设开展党的工作，加强基层党组织建设，较好地发挥了基层党组织的政治核心和战斗堡垒作用，提高了各级领导干部领导科学发展的能力；以开展解放思想大讨论和学习实践科学发展观活动为契机，加强理论武装，进一步解放思想，更新观念，创新机制，激发了科学发展的活力和动力；认真执行《干部选拔任用工作条例》，新提拔处级干部6名、考察转正20名，充实了部分单位领导班子；加强惩防体系建设，全面落实党风廉政建设责任制，为促进经济发展、维护队伍和谐提供了坚强的政治保证。坚持发展依靠职工、发展为了职工、发展成果由职工共享，着力提高职工收入，积极改善职工工作生活条件，努力帮助困难单位解决生产问题、帮助困难职工解决生活问题；尽力而为、量力而行，稳妥推进地勘单位迁郑工作，统筹开展新老基地开发建设；注重发挥工会、共青团作用，开展选树典型、技能竞赛、文艺汇演等活动，调动广大职工参与改革发展的积极性和创造性，增强了地勘单位的凝聚力和向心力；高度重视安全生产管理，认真做好信访稳定工作，为和谐队伍建设奠定了坚实基础。

2008年，我局紧紧围绕省委、省政府中心工作，在提供资源保障上下功夫，在强化服务功能上做文章，在地质成果质量上显水平，在建设和谐队伍上见成效，取得了较好成绩。这些成绩是在发展的不确定因素增多、市场竞争日趋激烈的情况下取得的，成绩来之不易，经验弥足珍贵。回顾起来，我们主要有以下几点体会：一是坚持以科学发展观为指导，深刻分析形势，紧密联系实际，集中全局智慧，理出了一条清晰、正确的改革发展思路，为我局科学发展指明了方向；二是坚持“两个更加”的服务宗旨，推动地质工作更加紧密地与经济社会发展相结合，更加主动地为经济社会发展服务，进一步明确了我局的职能定位；三是坚持实施大项目带动和“走出去”发展战略，大力推进地质科技创新，努力转变发展方式，促进了地矿经济又好又快发展；四是坚持“事企分开”的改革方向和“两精干一过渡”改革模式，深化地勘单位改革，整合内部力量，扩大对外合作，推进市场主体建设，激发了地勘队伍活力；五是坚持用科学发展观武装头脑，扎实开展解放思想大讨论和深入学习实践科学发展观活动，切实加强干部队伍建设，增强了各级领导干部领导科学发展的自觉性和坚定性。

2008年，局属各单位立足本单位实际，不断创新，大胆实践，创造了富有特色的发展模式。例如，地调院拓宽服务领域，改进服务方式，为经济社会发展提供地学支撑的能力不断增强；地调一队构筑地矿链环产业，走探、采、选、冶、商贸和矿山环境恢复治理综合发展的路子，推动了经济发展不断迈上新台阶；地质二队、水文一队依靠实施大项目带动和“走出去”发展战略，实现了又好又快发展。也有不少地勘单位十分重视能力建设，以强强项、补弱项的方式，培育专业品牌，提高竞争能力，创造出了特色鲜明的成功经验。例如，工程一院以地质灾害和环境治理为突破口，培育了新的经济增长点；地质十一队靠煤矿勘查完成了由弱到强的嬗变；测绘队、物探队、探矿四队、探矿三队、岩矿测试中心、区调队等单位在各自的专业领域独树一帜，靠塑造专业品牌赢得发展。还有些地勘单位走精细式内涵发展道路，创造出了科学规范的管理经验。例如，地勘二院的地质项目成果质量管理、地勘一院的内部企业化管理、水文二队的科技创新、地调三队的和谐队伍建设、集团公司的资质建设与管理、豫矿公司的规范化运作等等。这些都是我们全局的宝贵经验和财富，值得我们认真加以总结和推广。

同志们，过去一年的成绩和经验是省委、省政府和国土资源部正确领导的结果，是各级政府高度重视地质工作的结果，是省国土资源厅等有关部门支持和帮助的结果，更饱含着全局广大干部职工的心血和智慧。在此，我代表局领导班子向给予我们支持和帮助的各级领导，向大家、并通过你们向全局广大干部职工表示衷心的感谢！

在总结成绩的同时，也要看到我局发展中还存在一些困难和问题：一是全局上下对科学发展观学习、理解得还不深刻、不到位，思想观念与科学发展观的要求还不完全适应；二是地质找矿尚未实现重大突破，地质工作服务全省经济社会发展结合得还不够紧密，与省委、省政府对我们的要求还有一定差距；三是为国土资源管理提供技术支撑的主动性还不强，作用还不够明显；四是地质科技创新能力，尤其是自主创新能力不强，与我们主力军的地位不相称；五是地勘单位改革还处在探索阶段，内部活力难以充分释放。对此，我们要高度重视，并在今后的工作中认真加以解决。

二、2009年的工作目标和要求

2009年，我们将面临更多的困难和挑战。随着金融危机的日益蔓延和不断扩散，作为基础性产业的地勘行业难以独善其身。一是矿产品价格大幅跳水，导致商业性勘查需求下降，社会资金投入矿产勘查的热情下跌，投资增速开始变缓，勘查成果难以转让，商业性矿产勘查市场呈现出萎靡不振的态势。二是矿业降温导致省财政两权价款收入降低，对地质勘查项目的资金投入也可能相应减少，我们要有足够的心理准备和应对措施。三是部分企业资金链断裂，导致工程款回收难度加大，我们承担的大批工勘施工项目将难以保证应有的收益，对以工勘施工业为主的单位可能产生较大影响。但是，我们必须清醒地认识到，我国经济社会发展对地质工作的基本需求没有改变，支撑我们发展的基本要素没有改变，中央和我省加强地质工作的政策没有改变，我们仍处在实现跨越式发展的重要战略机遇期。地质工作具有超前性，地质勘查作为上游产业的前端，受金融危机影响会有所滞后，我们可以利用这一宝贵时机，把困难估计得更充分一些，把应对措施考虑得更周全一些，“危”中求“机”，努力在逆境中发现和培育有利因素，为今后的发展打好基础。中央和我省应对金融危机出台了一系列政策措施，大部分与资源环境的支撑紧密相关，有利于我们充分发挥地质工作的资源基础、环境基础和工程基础多功能保障作用。地勘单位是事业单位，有一定的经费供给，还有突出的专业优势，这几年也有了一定的物质积累，并有了一些应对市场变化的经验和能力。因此，我们有充足的信心，应对挑战、化危为机。

形势已经明确，任务非常艰巨，责任更加重大。我们一定要坚持以科学发展观为指导，认真贯彻落实中央经济工作会议和省委八届九次全会精神，按照国务院《决定》和我省“贯彻意见”、“加强矿产资源勘查开发管理若干意见”的要求，把握地质工作新形势、新要求、新任务，坚定发展方向，增强发展信心，强化机遇意识、忧患意识，扬长避短，趋利避害，顺势而为，在暗流涌动的大环境中营造有利于自身发展的小气候，在危、机并存的大格局中抢抓有利于自身发展的大机遇，继续保持良好的发展态势，努力实现逆境中奋起和跨越式发展。

2009年，我局的总体工作思路是：全面贯彻落实党的十七大、十七届三中全会、中央经济工作会议、省委八届九次全会和省政府〔2008〕49号文件精神，紧紧围绕省委、省政府重大工作部署，坚持以科学发展观为统领，以解放思想为先导，强化“两个更加”的服务宗旨，大力推进“两个建设”（即公益性地质工作服务保障能力建设、商业性地质工作市场主体建设），确保中央和省政府下达的地质工作任务高标准、高质量完成，确保地矿经济保持平稳快速增长，为我局实现跨越式发展打好基础，为加快中原崛起作出新贡献。

总体目标是“两个确保”，即确保中央和省政府下达的地质工作任务高标准、高质量完成，确保地矿经济保持平稳快速增长。前一个“确保”为年度工作目标，其中，地质找矿目标为新提交资源储量煤10亿吨、金10吨、铁矿石1000万吨；后一个“确保”为年度经济发展目标，其中，全局经营收入增长12%，在岗职工人均年收入增长15%。

需要说明的是，我们从今年开始将实行新的业绩考核办法。为了与新办法相衔接，对主要目标进行了调整，将中央和省政府下达的地质工作任务列入总体目标，而且放在了首位，这是为了更好地履行事业单位的职能，体现了地勘单位在改革发展思路上的理性回归。对经济发展目标也进行了修改，将其定位于经营收入的增长，扣除了省财政按预算下拨的地勘事业费。考虑我局近几年的经营收入情况和当前的经济形势，结合省政府制定的全省经济增长指标，我们把经营收入增长率定在了12%。

实现上述目标，做好今年及今后一个时期的各项工作，要重点把握好以下几个方面。

一是必须妥善处理“事”与“企”的关系，“戴好事业帽子，走好企业路子”。“两个分开”（事企分开、公商分开）是地勘单位体制改革的最终目标。目前，地勘单位改革还是围绕事业单位企业化经营管理而展开，逐步推进“两个分开”。在这个过渡时期，正确处理事、企关系，是一个极其重要的问题。我们要坚持搞好服务保障与发展地矿经济两手抓。作为地质事业单位，做好公益性地质工作，全面增强资源保障能力和服务功能是立局之本；通过企业形式，引入市场机制，加快地矿经济发展是强局之路。我局是全省公益性地质工作的主力军，我们要把这个优势发挥好，要靠公益性地质工作服务戴牢事业帽子，还要探索以公益性地质工作引领商业性地质工作、商业性地质工作反哺公益性地质工作的新机制，促进地矿经济健康发展。

二是必须妥善处理“好”与“快”的关系，努力转变发展方式。要继续解放思想，坚持科学发展，既要提升发展速度，更要强调发展的质量和效益；既要争取承担更多的政府项目，更要讲究项目的成果质量；既要扩大市场占有份额，更要突出经济效益。必须坚定不移地把加快优势矿产和紧缺矿产勘查作为地勘单位发展的支撑点，多获取矿业权，多占有资源；必须坚定不移地走勘查开发一体化道路，用高质量的勘查成果引导高效的矿产开发；必须坚定不移地以“大地质”姿态主动服务经济社会，充分发挥我局在水文、工程、环境地质和农业地质等领域的专业优势；必须坚定不移地走合作共赢的道路，以矿业权和专业技术为纽带，继续与省内外有实力的大企业、大财团联姻，不断创新合作方式，拓展合作领域，提高合作层次。

三是必须妥善处理“局部”与“整体”的关系，努力做到统筹兼顾、协调发展。要在鼓励先进的同时，解决好困难单位当前发展过程中存在的突出问题，形成全局竞相发展的良好局面。对发展快的单位要明确更好、更快的发展目标，在全局的发展中起领跑作用；对发展慢的单位要实行政策倾斜，鼓励自我加压，不断挖掘内部发展潜力，努力迎头赶上，不落伍掉队。要处理好整体利益与局部利益的关系，包括国家、集体、个人的利益关系。我们的发展依靠职工，也是为了职工，发展的成果必须由广大职工共享，切实把广大职工的根本利益实现好、维护好、发展好。

四是必须妥善处理“当前”和“长远”的关系，努力提高地勘单位可持续发展能力。当前是长远的起跑线，长远是当前的方向标。立足当前，就是从现实的热点、难点、焦点问题着手，从最现实、最迫切、最容易见效的事情抓起；着眼长远，就是要解决发展的思路和策略等根本性问题。因此，我们既要立足当前，又要着眼长远，统筹规划，努力实现可持续发展。面对复杂多变的新形势，当前最关键的是要拿出应对金融危机的有效措施，把地质找矿的重点放在找富矿、找好矿上，把地质服务的重点放在环境地质、工程地质上，把全部工作的重点放在抓项目、保增长上。从长远来讲，最重要的是不断推进地质科技创新和体制机制创新，增强抵御市场风险的能力，构筑跨越式发展的新平台。

三、2009年的主要任务和措施

2009年是确保地矿经济平稳快速增长的关键之年。围绕总体目标，要着力抓好以下10项工作。

（一）坚持以科学发展观为指导，努力提高领导科学发展能力 科学发展观是我国经济社会发展的重要指导方针，是我们党的最新指导思想。我们要深入开展好学习实践科学发展观活动，针对分析检查阶段找出的问题和原因，切实做好整改落实工作，着力破解影响科学发展的突出问题，努力做到党员干部受教育、科学发展上水平、广大职工得实惠。要把科学发展观作为谋划工作的指南、破解难题的利器、衡量工作的标杆，进一步理清2009年的发展思路，确定好目标任务，制定好保障措施，落实好各项工作，推动全局纳入科学发展轨道。特别是当前和今后一个时期，在困难和问题可能增多的情况下，更要把科学发展观作为应对金融危机的法宝，在迎接严峻挑战中加深对科学发展观的理解和认识，进一步解放思想，更新观念，不断提高各级领导干部领导科学发展的能力和水平。贯彻落实科学发展观是一项长期的重要任务，要把学习科学发展观与学习中国特色社会主义理论体系相结合，与学习市场经济、法律法规等知识相结合；把实践科学发展观与落实中央、省委一系列重大部署相结合，与建设河南新地矿相结合、坚持不懈地在学习中实践、在实践中学习，努力改造主观世界和客观世界，切实把科学发展观转化为世界观和方法论，转化为行为准则和自觉行动。

（二）全面完成年度地质工作任务，努力提高保障服务能力 我局是省政府直属事业单位，必须确立为省委、省政府决策服务、为河南经济社会发展服务、为国土资源管理服务的指导思想，履行好省政府赋予我们的职能，认真组织实施中央和省政府下达的地质工作任务，并确保高标准、高质量完成。针对当前我省应对金融危机出台的各项举措，要加强部署研究，找准地质工作的着力点和突破口，为我省“防冷消滞、保暖促长”作出及时的服务和应有的贡献。

遵循“挖老点、找新区、上专项，依靠科技和人才”的基本思路，加强深部找矿，推进整装勘查，努力实现我省地质找矿重大突破。强化地质勘查工作部署的科学性、有效性和整体性，重点开展小秦岭—熊耳山—外方山金银多金属矿、卢氏—栾川—方城钼（钨）银多金属矿、朱阳关—夏馆银金锑多金属矿、桐柏山—大别山银金多金属矿、三门峡—郑州—平顶山铝土矿及河南省中东部深部铁矿勘查；同时，要做好已在续做项目中安排的煤矿、岩盐勘查。要确保新发现矿产地、新提交资源储量等找矿目标的实现。

加强基础地质调查，提高我省地质调查研究程度。继续开展重要成矿区带1：5万区域地质矿产调查和平原区的多目标地球化学调查，对已完成区域地质调查工作的地区，补充开展有助深部成矿预测的区域地球物理、地球化学调查。作为主要项目承担单位，要切实做好全省矿产资源潜力评价、矿产资源利用现状调查和矿业权核查工作。

加强水文、工程、环境地质和农业、城市、旅游地质工作，拓展服务领域，增强服务功能。要高标准提交省部合作项目黄淮平原经济区农业地质调查成果，开展粮食核心区土壤现状调查及生态地球化学评价工作；继续开展中原城市群资源与环境调查评价工作；深入开展东部平原区地下水污染调查评价与应急水源地勘查工作；加强矿山环境治理、地质灾害调查工作。要以卓有成效的地学服务成果展示我局的形象，助推我省生态文明建设。

增强为国土资源管理提供技术支撑的能力。协助各级国土资源管理部门实施好资源规划、勘察（查）等工作，以完善的服务体系和创新的服务方式，确立我们不可替代的作用和地位。要在促进全省经济平稳较快发展中继续发挥好地质工作的基础性、先行性作用，主动承担并确保高质量地完成各级财政出资的地质项目，集中优势力量，取得更多、更大的优秀成果，并有效引导成果的转化和利用。

（三）扩大市场占有份额，努力推动地矿经济发展 要利用好“扩内需、保增长、调结构、促转型”的一系列政策措施，主动出击、抢抓机遇，制定积极措施，抢占更多市场份额。要高度重视工勘施工业对我局经济发展的支撑作用，抓住国家和我省启动铁路、公路、水利等一大批大型基础设施项目建设的有利时机，广泛收集市场信息，加大攻关力度，努力承揽更多大项目，使工勘施工成为我们危中寻机的一个亮点。要充分认识经济社会发展对矿产资源的刚性需求，在当前矿业市场低迷、准入门槛降低的情况下，加强市场调研论证，收购一些资源潜力大、价格较低的矿业权；加大对资源条件好、市场前景好的自有矿业权的投入，为矿业市场回暖之时加速发展矿产开发业集聚要素。要改变过去以矿业权低比例入股的做法，突出以勘查技术入股、高比例控股为主导的运作模式，尽力把握开发的主动权。要在拓展市场空间上下功夫，坚持省内、省外并重；国内、国外并重，巩固已有市场，开辟新的空间。要在拓宽经营领域上做文章，进一步开阔视野、创新思路，努力在开展商业性地质工作、发展多种经营和开辟地质延伸产业方面取得较大成效。要在提高核心竞争力上动脑子，充分发挥高资质、大品牌和技术过硬、资料齐全、装备先进等优势，努力占领市场制高点。

（四）继续优化产业结构，努力做大支柱产业　要努力破解我局四大产业结构不优、两强两弱的突出问题。充分认识地质勘查对拉长产业链条、发展延伸产业的重要意义，努力做精地质勘查业，实现找矿新突破、服务上水平。认真编制2009～2013年矿产开发总体规划，出台工作意见，加强科学规划和指导，逐步做大矿产开发业，扭转矿业对全局经济发展贡献不足的现状。要确保萑香洼、吉家洼、庙岭金矿生产稳定，力争黄金产量达到630千克；加快九仗沟金矿扩建工程建设，贾庄坡铝土矿、阿尔贝特铅锌矿要择机投产。工勘施工主营业务要向地质灾害防治、矿山环境治理、生态修复等具有专业优势的领域集中，着力为国家和我省民生工程、基础设施等重大投资项目提供服务，进一步做强工勘施工业，叫响“河南地矿”品牌，提高经济效益。以服务地质勘查、矿产开发和工勘施工三大产业为重点发展方向，优选新项目，丰富发展内涵，做活多种经营业，开辟就业岗位，提高自身发展实力。加快推进地质成果转化，发展地理信息、遥感等高新技术产业和地质旅游、地质文化、地质科普等新兴产业，培育新的经济增长点。

（五）着力抓好大项目实施，努力提高发展速度　要建立专门机构，加强对大项目的统一指导、协调和管理。建立局、队主要技术负责人联合谋划大项目机制，做到上下联动，早安排、早部署，努力争取抓住一批投资力度大、科技含量高、产业带动强的事关全局、有利长远的大项目。要研究制定相关办法，奖励争取到经济社会效益显著的重、特大项目的单位和个人。要切实做好大项目的实施工作，重点做好部省合作的豫西南地区优势矿产深部找矿、我省土壤质量调查评价、几内亚铝土矿二期勘查、东莞市东江与水库联网供水水源工程施工等项目，推进商城汤家坪钼矿矿山建设，积极做好与中国五矿、墨西哥JDC公司合作的地质矿产勘查项目。要着力形成单位一把手亲自抓、分管领导全力抓、各个方面配合抓的工作格局，确保顺利完成。

（六）继续加快“走出去”步伐，努力开拓发展空间　加强对我国、我省实施境外勘查开发相关政策研究，积极争取政策支持和财政扶持。加强对有关国家的法律法规和资源情况研究，有效规避风险。围绕我省经济社会发展需要，有组织、有规划地进军省外、境外开展矿产资源勘查开发，进一步增强“走出去”的发展带动作用。继续开展西藏地区战略性矿产勘查和西藏念青唐古拉、新疆西昆仑地区铜铁铅锌资源评价工作，力争提交一批可供进一步工作的新发现矿产地。坚持“立足开发搞勘查”，调整境外战略选区和主攻矿种，在巩固非洲市场的同时，选择资源潜力大、政局稳定、法制健全、基础设施完善的发达国家为目标区，适时进入受金融危机严重冲击的主要矿产国，以风险小、见效快的贵金属等为主攻矿种，争取利用小投入，获得更多的资源和较大的收益；做好已落实的坦桑尼亚金矿勘查、纳米比亚铜矿勘查、刚果（金）铜钴矿勘查等项目。强化对有实力大企业的引领作用。扩大国际工程施工市场占有份额。有针对性地开展地质科技咨询工作。

（七）不断推进科技创新，努力增强核心竞争力　一是加强与科研院所的合作，实施一批科技攻关项目。重点开展内生金属矿产深部成矿预测选区及综合勘查技术方法研究、深部找矿物探与钻探技术方法试验研究，为我省开辟第二找矿空间提供技术和理论支撑。二是创建重点实验室建设和工程技术中心，占领关键技术或重要领域技术制高点，全面增强我局的地质科技进步和自主创新能力。完成省级贵金属重点实验室建设，为建成国家级重点实验室打好基础；建设局级以选矿为主的资源综合利用重点实验室，开展赤铁矿、金红石、中低品位铝土矿等选矿研究；加快建设地（热）能开发利用、重金属污染生态修复等工程技术中心，推动浅层地（热）能开发利用和重金属污染土地生态修复技术的产业化。三是加强科技创新基地和科技人才队伍建设，打造我省地学人才高地。发挥省地调院、省岩矿测试中心等单位的科技创新带动作用，尽快形成覆盖全局的地质科技创新体系。继续加大引智工作力度，录用一批高学历地学专业新人，组织做好在职研究生培养工作，通过自主培养、联合培养和科技项目攻关，造就一支高素质的地质科技队伍。

（八）切实加强项目成果质量管理，努力推进诚信建设 要制定地质项目成果质量管理办法，建立和完善项目质量成果监管体系，使之覆盖项目组织实施的全过程。强化经常性、基础性质量管理，与突出重要环节质量管理相结合，根据项目进展，随时进行分析研究，发现问题及时调整，避免项目进度缓慢、质量不达标、成果提交不及时的现象，切实提高项目工作质量。强化初步成果、阶段性成果管理、与最新成果、重大成果管理相结合，有重要发现随时研究，及时追加工作量，集中精兵强将打好攻坚战，确保重点、重大项目的技术力量和必要的装备配置，做好成果的维护和应用推广工作，提高项目的经济社会效益。建立项目负责人制度，实行项目负责人持证上岗，实施项目负责人任职资格培训，建设一大批素质高、组织能力过硬的项目负责人队伍。强化项目诚信意识，严格行业自律，确保以优良的成果质量赢得市场，赢得投资者信赖。开展项目观摩和质量成果展评活动，及时总结、交流项目质量成果管理工作的好办法、好经验，营造“讲质量、出成果、要效益”的良好氛围，确保我局的项目质量和成果。

（九）继续深化地勘单位改革，努力增强发展活力 坚持“事企分开”原则，积极推行财务、人事、统计、考核等工作分体运行。制定以聘用制和岗位管理为核心的事业单位用人制度，探索灵活、有效的企业用工办法，完善、发展评价机制和收入分配机制。根据经济社会发展需要和我局产业布局，规范和调整地勘单位的名称、结构和职能，合理确定地勘单位的事业类别，为深化地勘单位改革创造条件。完成18个地区性地调院的挂牌运营工作，全面增强为国土资源管理服务的功能。以现代企业制度为规范，加快队级公司组建和现有公司规范化运作，使之真正成为勘查市场主体；发挥豫矿公司的投融资大平台作用，不断完善勘查和开发相辅相成、技术与资本有机结合的勘查工作新机制。

（十）继续加强党的工作，努力推进和谐地矿队伍建设 面对当前复杂的经济形势和繁重的改革发展任务，要把保持和谐稳定摆在更加突出的位置。切实做好基层党委的换届工作，努力建设推动科学发展、促进和谐稳定的坚强政治核心。深化干部制度改革，改进干部年度考核办法，建立干部交流制度，加大年轻干部的选拔任用力度，进一步增强干部队伍的活力。加强惩防体系建设，落实党风廉政建设责任制，为实现科学发展提供政治保障。尊重广大职工的主体地位，进一步重视对在职职工的教育培训工作，不断加大投入力度，努力提高广大职工的政治业务素质；着力提高职工收入，统筹解决好职工住房、待岗人员就业、困难职工生活、合同制工人养老保险等事关职工切身利益的突出问题，充分调动广大职工的积极性和创造性，使之成为推动改革发展的力量源泉。认真落实信访稳定和安全生产工作责任制，严防越级集体上访事件和重大生产安全事故发生。加强机关决策科学化和管理信息化建设，扎实开展基层单位评议机关活动，促进机关转变工作作风，切实履行职能，提高办事效率，发挥好表率作用。加强地矿文化建设，加大宣传工作力度，推进精神文明建设，充分展示河南地矿新形象。

同志们，2009年必将是我局广大干部职工不畏艰难、不甘落后、奋力拼搏、奋发进取的一年，希望与忧患同在，机遇与挑战并存。困难和艰难考验着我们，使命和梦想激励着我们。让我们把思想和行动统一到中央对经济形势的科学判断上来，统一到省委、省政府对经济社会发展的决策部署上来，深入学习实践科学发展观，坚定信心，迎难而上，团结一心，开拓进取，不断增强地质勘查的资源保障能力合服务功能，努力保持地矿经济平稳快速发展，为实现中原崛起做出新的更大贡献，以优异成绩迎接新中国成立60周年！

（注：此文为唐全国在河南省地质矿产勘查开发局2009年工作会议上的讲话摘编）

强化责任　再接再厉
确保国土资源系统党风廉政建设和政风行风建设工作取得新成效

河南省纪委驻国土资源厅党组成员、纪检组长　司喜云

（2009年3月）

这次会议的主要任务是，全面落实科学发展观，深入贯彻中央纪委三次全会、省纪委四次全会精神，部署进一步加强我省国土资源系统党风廉政建设和政风行风建设工作。下面，我就国土资源系统党风廉政建设和政风行风建设工作，讲三点意见。一会儿、省监察厅张战伟副厅长、张启生厅长还要作重要讲话，请大家认真贯彻落实。

一、扎实工作，2008年党风廉政建设和政风行风建设工作取得明显成效

一年来，省厅党组高度重视党风廉政建设和政风行风建设工作，召开了党风廉政建设暨政风行风建设工作会议，下发了《河南省国土资源厅2008年度党风廉政建设责任目标》，把党风廉政建设责任制纳入责任目标考评，与业务工作一起研究部署、一起检查与考核。张启生厅长与各市局、厅属各单位、机关各处（室）负责人签订了党风廉政建设暨政风行风建设目标责任书。各级、各单位采取有效措施，建立了责任目标考核和奖励制度，党风廉政建设责任目标得到有效落实，党风廉政建设和政风行风建设工作取得明显成效。

（一）反腐倡廉教育不断深化　根据省纪委大宣教的整体部署，我厅坚持突出教育重点，充实教育内容，创新教育形式，注重教育效果，深入开展廉政文化创建活动。开展“迎七一，廉政杯”书法比赛。组织全省系统参赛作品209幅，河南电视台进行了专题报道，取得了良好的教育效果。举行反腐倡廉形势报告会。邀请省反贪局副局长高德友同志为我系统全体干部职工作反腐倡廉形势报告，共5000人在厅主会场和18个视频分会场参加了报告会。组织收看廉政教育影片《当关》。利用国土资源系统内网，组织全省系统干部职工在规定时间收看。及时通报典型案件，进行警示教育。十月份，在新密召开的全省处级领导干部会议上，通报了近期发生的典型案件，特别是今年以来我系统发生的案件，做到警钟长鸣，加强廉政教育。结合“三新”大讨论活动、学习实践科学发展观活动，将“廉政国土”教育列为全省县、乡、村级干部国土资源法律知识宣传教育活动培训内容之一，举办培训班344期，达70729人（次）。南阳、洛阳市局受到国土资源部通报表扬。洛阳、濮阳市局编印了《国土资源警示录》、《国土清风》系列丛书，向全系统发放。宜阳县局建立了廉政教育基地，集中开展廉政教育活动。濮阳市局与市电视台联合组织全市职工举行“清风杯”电视知识竞赛，进一步扩大了“廉政国土”宣传面。平顶山市局联合市检察院开展了预防职务犯罪警示教育巡回讲座。漯河市局深入开展廉政文化进机关、进家庭活动，采取发放倡议书、廉政教育警示资料，制作廉政宣传字画，评选“廉内助”，家属与干部共同参加廉政谈话、征集廉政格言等多种角度开展廉政教育，达到了规模大、范围广、效果好的要求，被省纪委作为先进典型进行推广。

（二）惩防体系建设得到进一步加强　贯彻落实《建立健全惩治和预防腐败体系2008～2012年工作规划》，下发了《中共河南省国土资源厅党组关于贯彻落实〈河南省建立健全惩治和预防腐败体系2008～2012年实施办法〉的实施意见》。组织修订完善工作规则、工作职责、行政服务规定、政务公开、会议制度、规范性文件审查备案、公文管理、宣传信息、考评考核、督查督办、公务接待、档案管理、保密工作、印章管理、后勤管理等，共计30余项制度，初步形成了监督长效机制。重视农村

党风廉政建设工作。按照省纪委《关于加强农村基层党风廉政建设的任务分工意见》和《2008年农村基层党风廉政建设工作要点》的要求，下发了《中共河南省国土资源厅党组关于落实加强农村基层党风廉政建设的任务分工的通知》，明确了工作目标和推进工作的具体措施，确保农村党风廉政建设工作顺利开展。严格执行中央、省委关于领导干部廉洁自律的各项规定。制定下发了《中共河南省国土资源厅党组关于进一步加强全省国土资源系统领导干部作风建设的意见》，认真执行领导干部报告个人有关事项的规定，加强对领导干部利用婚丧嫁娶、子女出国学习、定居等事宜收钱敛财问题的监督检查。开封市局倡导“十个带头”，加强了干部作风建设。积极探索从源头上预防和治理的有效措施，把该项工作与治理“节日病”捆绑运行，在春节、五一等重大节日期间，及时下发文件，防止违纪案件发生。加强了干部提拔过程的监督工作，对反映个别干部的问题，按照干部管理权限予以调查处理。

（三）执行警示诫勉谈话制度已显成效 坚持“教育在前、警示在前”的工作原则。对群众反映有苗头性、倾向性问题的党员干部，实行分工负责制，及时进行警示诫勉谈话。据不完全统计，对处级领导干部谈话49人（次），领导干部任前廉政谈话101人（次），诫勉谈话20人（次）。新乡市局对所属县（市、区）局147名科级干部进行了廉政谈话，均收到了良好效果。

（四）政风行风建设取得新的成绩 组织召开了政风行风建设工作会议。下发了《河南省国土资源厅关于进一步加强政风行风建设工作的通知》，明确提出2008年的政风行风建设要“突出一个工作重点，加强四个方面监督”（抓好国土资源基层所建设;保护资源、保障发展；依法行政；维护群众利益；转变纪律作风）的工作目标。加强了基层所建设。按照“机构设置规范、名称标识统一、办公设施完善、管理制度配套、工作纪律严明、人员素质优良、基层群众满意”的工作要求，明确工作职责，健全工作机制，进一步提高了基层所干部职工的思想素质、业务水平、行政能力、服务质量和办事效率。焦作市局制定“十有”标准，强力打造群众满意的基层站（所），在省政府纠风办进行的查访工作中受到好评。今年，我省系统共有24个单位被省纠风办表彰为群众满意的基层站所。加强了对政风行风建设工作的指导。制定了政风行风工作安排一览表，印发《纪检监察工作简报》65期，及时总结推广各市典型经验。拓宽监督渠道。通过《大河报》向社会各界公布省、市、县三级国土部门政风行风热线电话225部，开设“行风监督举报专栏”。发放调查问卷3万张，征求各界对国土系统工作意见，接受社会舆论监督。组织参加河南省广播电台“政风行风热线”，接听群众电话25次，都做到事事有回音、件件有着落。认真做好群众意见建议整改落实工作。针对省政府纠风办向我厅反馈的483条群众意见建议和案件线索，进行了梳理归纳，及时召开政风行风整改工作会议，下发《河南省国土资源厅关于认真开展政风行风整改工作的通知》，明确各市局重点整改任务，限期对483条群众意见建议进行全面整改。各单位“一把手”把行风评议工作作为工作的重中之重，主管领导亲自带领有关科室登门向本地区人大代表、政协委员通报本部门行风建设工作情况，听取他们对国土资源管理工作的意见和建议。主动发放“政风行风建设征求意见表”，听取各方意见，及时落实整改措施。认真组织互查暗访工作。组织18个省辖市局纪检组长进行互查暗访，共暗访县（市、区）局50余个，乡所200个。市局“一把手”亲自听取暗访情况，确保把群众反映的意见建议落实到位，促进了全省系统政风行风建设工作的开展。积极主动与各省辖市纠风办领导沟通情况。省厅监察室先后到18个市登门征求主管市长、市纪委、市纠风办领导意见与建议，争取工作支持，均收到良好效果。强化政务公开，实现阳光行政。强力推进我厅机关网上办公和政务信息公开制度，提高了行政审批的效率和质量。截至目前，共受理各类行政许可、审批、备案等事项3172件，整体办结率达98%，依法收取规费36.60亿元，接待办事群众约5800余人（次），接受电话咨询4500个以上。我厅被省优化经济环境工作领导小组表彰为“优质服务窗口”单位。三门峡市局印制了卡片式告知单，对申办事项、办理程序、申报材料、承诺时限、收费标准进行了“五公开”。信阳市局坚持公开土地登记发证，印发“收费明白卡”，整治乱收费。安阳市局实行窗口审办受理报件月通报制，切实提高了工作效率。通过开展政风行风建设活动，我省国土资源行业形象得到了明显提升，在2008年的政风行风评议中，国土资源部门在参评的50个政府部门中位居第14位，被评为先进单位，受到了省政府的表彰。周口、鹤壁、郑州、商丘、济源市局重视民主评议政风行风工作，在本地区民主评议中取得了前10名的好成绩，特别是周口市局，连续三年在全市排位名列前茅。

（五）案件查办工作力度不断加大 全省立案查处各类土地违法案件1436起，拆除违法建筑物419万平方米，复垦土地4389亩，给予党政纪处分133人，追究刑事责任126人。对6个国家重点矿区和省确定的33个重点县（市）实行重点整治，全年立案查处矿产资源违法案件1080件。制定了《河南省国土资源厅纪检监察信访工作制度》，规范了信访案件管理，完善了信访办案程序，重视群众来信来访工作。一年来，共接待来访群众158人（次），收到群众来信511封，上级交办案件311起，目前已办结825起，群众满意率达95%以上。全省纪检监察部门查办案件120起，已办结93起，党政纪处分76人。各级纪检部门配合省、市、县三级纪委、检察院查办信阳市国土资源局超标准建房案、许昌市国土资源局干部受贿案、驻马店市国土资源局干部渎职案、焦作市国土资源局处级干部受贿案等5起案件，7名处级干部受到行政处分，移交司法机关11人。

（六）反腐倡廉牵头目标任务全面落实 全省各级国土资源管理部门认真完成2008年省纪委部署的反腐倡廉两项牵头目标任务。加强对土地管理法律法规、耕地保护目标责任制和节约集约用地政策执行情况的检查，从严控制新增建设用地，着力纠正违反耕地保护制度的行为。完善土地和矿产资源开发利用监督机制。加强对土地利用总体规划执行、土地使用权和出让情况的监督检查。积极参与整顿和规范矿产资源开发秩序“回头看”行动，不断完善和落实探矿权、采矿权有偿出让制度。严肃查处征收征用土地和矿产资源开发中违纪违法行为。认真贯彻执行国务院《关于深化改革严格土地管理的决定》和《关于加强土地调控有关问题的通知》，严格按照土地规划、土地利用计划和审批权限进行土地审核与管理，依法保障被征地农民的合法利益。协同有关部门，拓宽安置渠道，认真执行多途径安置政策规定，将“征收或者征用土地及其补偿、补助费用的发放、使用情况”通过政府公报、政府网站、新闻发布会以及报刊、广播、电视等便于公众知晓的方式公开。征地工作的透明度进一步增强，被征地农民切身利益得到了有效维护。

回顾2008年工作，我系统各级领导班子对党风廉政建设和政风行风建设高度重视，工作思路进一步拓宽，党风廉政建设和政风行风建设工作取得新的成绩。在省厅组织对18个省辖市局、9个厅属单位年终考核中，班子党风廉政建设责任制平均分为96.3，处级干部党风廉政建设责任制平均分为99.97，调查问卷满意率为98.19%。周口市局和厅信息中心领导班子考核中均取得了满分。驻厅纪检组监察室2008年度被省纪委、监察厅、省人事厅评为“全省纪检监察法规工作先进单位”、“全省纪检监察信访举报工作先进单位”、“全省纪检监察先进集体”，受到了嘉奖与表彰。这些成绩的取得是全系统齐心协力、扎实有效开展工作的结果。成绩应归功于厅党组的正确领导，各省辖市局、厅机关各处室、厅直属单位领导的大力支持，各级纪检监察干部的辛勤工作。

在肯定工作成绩的同时，我们也应清醒地看到，当前，一些部门领导对本单位党风廉政建设和政风行风建设工作思想认识还不到位，工作措施还不够得力；个别基层单位服务意识淡薄，办事效率较低；个别单位领导对重大事项报告不及时或未报告，离任审计不及时或未审计等。我们要高度重视，采取有力措施，认真加以解决。

二、突出重点，努力做好2009年党风廉政建设和政风行风建设工作

2009年，全省国土资源系统纪检监察工作的总体思路是：以邓小平理论和“三个代表”重要思想为指导，全面落实科学发展观，深入贯彻中央纪委三次全会、省委八届九次全会和省纪委八届四次全会精神，坚持标本兼治、综合治理、惩防并举、注重预防的方针，认真落实《建立健全惩治和预防腐败体系2008～2012年工作规划》及我厅实施意见，严格落实党风廉政建设责任制，认真开展对耕地保护和节约集约用地政策执行情况的监督检查，把反腐倡廉工作融入国土资源各项管理工作之中，不断提高纪检监察工作的创新性、针对性、实效性，为国土资源管理工作提供坚强保证。

（一）严格落实党风廉政建设责任制 各单位

要按照承担的党风廉政建设和反腐败任务，研究制定目标明确、分工具体、责任到人的党风廉政建设责任目标。要层层签订党风廉政建设责任书，切实履行“一岗双责”，“一把手”要亲自抓，负总责；分管领导要具体抓、抓落实。要将党风廉政建设工作纳入目标管理体系，一起部署，一起落实，一起检查，一起考核。对违反党风廉政建设责任制的行为，进行责任追究。领导班子及其成员党风廉政建设测评不低于90分。

（二）进一步抓好党员领导干部廉洁自律工作 严格执行“四大纪律，八项要求”和中央、省委干部廉洁从政的各项规定，建立党员领导干部廉政档案，定期记录党员领导干部职务履行中廉洁自律的情况，并逐步健全廉政档案制度，确保内容真实、规范统一。按照省纪委的工作部署，重点查处领导干部利用职权谋取不正当利益五个方面问题：一是严禁领导干部违反规定收送现金、有价证券、支付凭证和收受干股等行为。二是落实领导干部配偶和子女从业、投资入股、到国(境)外定居等规定和有关事项报告登记制度。三是治理违规组织集资合作建房、超标准建房、在风景名胜或公园区建房等问题；纠正领导干部违反规定发放住房补贴、多占住房、以明显低于市场价格购置住房或以劣换优、以借为名占用住房等问题。四是严禁领导干部利用和操纵招商引资项目、资产重组项目，为本人或特定关系人牟取私利。五是严禁领导干部相互请托，违反规定为对方的特定关系人在就业、投资入股、经商办企业等方面提供便利，牟取不正当利益。配合有关部门继续开展治理“小金库”和规范公务员津贴补贴工作。

（三）继续加大查处违法、违纪案件的力度 一是重点查办领导干部干预招标、投标获取非法利益的案件。严肃查处非法批地、低价出让土地、擅自变更规划获取利益、违规审批探矿权和采矿权，违法入股矿产开发、土地开发整理项目、资源评估的案件。规范案件管理，执行市、县两级案件零报告制度。二是深入开展治理商业贿赂专项工作。认真查办土地出让、资源开发、矿权评估等领域的商业贿赂案件，强化监管，推进改革，综合治理，探索并形成防治商业贿赂的长效机制。三是进一步完善信访办案程序。严格信访办案制度，加强案件的统计分析工作。各级纪检监察部门要严格工作程序，及时处理举报信访案件，对省厅要结果的案件要认真调查、及时处理、按时上报。今年适当时候召开查办案件研讨会，专题研究加强办案工作。年底信访案件办理率达100%，结案率达95%以上。对单位班子成员发现违法、违纪行为的，或在社会上造成重大影响事件的，或依法追究刑事责任的，年底取消评先资格。

（四）严格执行警示诫勉谈话制度 认真落实省厅下发的《河南省国土资源厅警示诫勉工作实施办法》，对发现系统党员干部存在的苗头性、倾向性问题，及时进行警示提醒、诫勉督导和责令纠错，充分发挥警示诫勉在反腐倡廉建设中的廉政预警、动态监督和保护挽救作用。

（五）切实加强领导干部作风建设 认真落实“八个坚持、八个反对”的要求，进一步加强领导干部作风建设，抓好四个方面工作。一是认真执行中央和省委有关厉行节约、反对铺张浪费的规定。规范和控制领导干部职务消费，严禁用公款大吃大喝和进行高消费娱乐活动，坚决纠正花钱大手大脚，讲排场、比阔气、奢侈浪费等不良风气。及时纠正领导干部配备使用超标小汽车问题。二是认真解决作风浮燥、片面追求政绩的问题，坚决纠正形式主义、官僚主义、弄虚作假、追名逐利的歪风。严格控制各种名目的研讨会、论坛、节庆活动。三是坚决克服拜金主义、享乐主义和极端个人主义。坚决查处领导干部以权谋私、贪污受贿等违法、违纪行为。深入开展“节日病”治理工作。四是严格执行组织人事纪律。严格干部任用标准和选拔程序，严肃查处拉票贿选、跑官要官等违纪、违法行为。按照省纪委的要求，一经发现必须记录在案，两年内不予提拔使用，是后备干部的取消其后备资格；对行贿买官的要一律先免职再按规定处理。

（六）切实加强政风行风建设工作 一是深化“两转两提”。按照省政府的要求，深入开展“企业服务年活动”，着力推进行政审批制度改革、规范行政执法行为、加强行政效能建设，为企业营造更加优良的发展环境。二是加强和规范“窗口办文”制度。深入推行政务公开，细化公开措施，丰富公开内容，规范公开形式。大力推行首问负责制、限时办结制、会审会签制和责任追究制，建立运行规范、制约有效、程序透明、监督有力的权力运行机制。三是抓好乡所建设。强化管理工作，提高人员素质，全面提高乡所依法行政水平，认真解决群众反映的问题，使全省国土资源系统的政风行风建设再上新台阶。

三、求真务实，促进国土资源管理工作上台阶、上水平

为了全面落实今年的各项工作任务，切实加强2009年党风廉政建设和政风行风建设，我们要以科学发展观为统领，不断提高工作能力和水平。

（一）切实抓好宣传教育工作 我们要以省委和省纪委安排开展的“讲党性修养、树良好作风、促科学发展”活动为载体，市、县两级国土资源局要采取有效措施认真开展第二批学习实践科学发展观活动，加强中国特色社会主义理论体系和党性、党风、党纪教育，教育和引导干部职工树立和坚持正确的事业观、工作观、政绩观，自觉做到“四个统一”。通过增强党性、改进作风，推动转变不适应、不符合科学发展观要求的思想观念，解决影响和制约科学发展的突出问题，促使党员干部提高党性修养，筑牢拒腐防变的思想道德防线。要建立健全国土资源系统党风廉政教育的长效机制，坚持教育的经常性、制度性和针对性，结合国土资源部门特点，丰富活动载体，充实活动内容，加强廉政文化建设，深入开展廉政文化进机关、进家庭活动，各省辖市局、厅属各单位每年至少要开展一次反腐倡廉警示教育活动。今年要召开廉政文化进机关、进家庭经验交流会，不断增强廉政文化的吸引力和感召力。

（二）切实抓好监督检查工作 要加强对上级重大决策部署执行情况的监督检查。坚决纠正有令不行、有禁不止的现象，努力促进我省国土资源管理各项政策措施的贯彻落实。按照省纪委的统一部署，结合我系统工作实际，今年重点做好五个方面监督。一是开展对耕地保护和节约集约用地政策规定执行情况的检查。坚决纠正破坏、浪费土地资源以及落实耕地保护政策中弄虚作假的问题，严肃处理违反土地承包经营权流转政策的行为。二是认真治理征地拆迁中损害群众利益的问题，严肃处理不履行征地审批手续、征地补偿不到位，甚至采取暴力手段强行侵占农民土地等行为。三是认真治理土地管理和矿产资源开发领域的突出问题，严格执行国有土地使用权、探矿权、采矿权招标、拍卖、挂牌出让制度。四是切实加强政风行风建设工作的监督检查。利用明察暗访等有效手段，加大监督力度，对群众反映的问题，做到快速解决、及时反馈。五是加强对民主决策执行情况，干部调任、离任审计工作情况的监督，及时检查党组会议记录。加强对上级交办的信访案件办理情况的监督。此外，我们要按照国土资源部的统一部署与要求，积极探索对直属单位、各市局的巡视工作。

（三）切实加强纪检监察干部队伍建设 各级国土资源部门要关心支持纪检监察工作，及时配齐配好纪检组长，不能缺位，对个别纪检监察室人员偏少的单位，要尽快调整充实人员。要加强培训工作，采取不同形式加强对纪检监察干部教育培训，不断提高纪检监察干部综合素质。纪检监察部门要加强调查研究，改进工作作风，不断提高自身的组织协调能力、处理复杂问题能力和执法办案能力。各级纪检监察部门在年中、年底要向本单位党组（党委）和当地纪委汇报一次工作。

同志们，完成好今年党风廉政建设和政风行风建设工作，任务艰巨。我们要在厅党组的坚强领导下，以求真务实、真抓实干的精神状态和良好作风，把全省国土资源系统的党风廉政建设和政风行风建设工作抓实、抓好，促进我省国土资源事业的健康发展，为全省经济社会发展作出新的贡献！

（注：此文为司喜云在党风廉政建设暨政风行风建设工作会议上的讲话摘编 ）

抓紧部署　认真落实
充分发挥土地综合整治在推进城乡统筹发展中的作用

河南省国土资源厅党组成员、副厅长　李志民

（2009年5月14日）

上午，张大卫副省长就新形势下开展土地综合整治工作进行了动员部署，提出了明确要求，周口市、信阳市政府介绍了开展土地综合整治，带动区域发展的经验、做法，大家又现场参观了扶沟县产业集聚区和淮阳县土地综合整治项目。应该说，大家对省政府决定在当前推进土地综合整治的目的和要求有了比较清楚的认识。下面我重点围绕如何推进土地综合整治工作讲几点意见。

一、开展土地综合整治的背景

省政府决定在围绕“扩内需、保增长”，决战第二季度的特殊时期召开土地综合整治现场会，充分说明了开展这项工作的重要性和紧迫性。省政府决定开展土地综合整治，主要是基于以下几点。一是党的十七大为树立科学发展观，实现经济社会又好又快发展，明确提出要加快推进城乡统筹发展。省委、省政府更是把推进城乡统筹发展作为壮大区域经济、解决“三农”问题、支持社会主义新农村建设的重要抓手。土地综合整治正是推进城乡统筹发展的重要平台。一方面，我省整体上已经进入以城带乡、以工促农、工业反哺农村的发展阶段，城镇化、工业化的发展不仅为农村基础设施改造、社会事业发展、基本农田建设提供了比较雄厚的资金保障，还带动了农村劳动力就业和农村经济的繁荣；另一方面，通过土地综合整治，不仅促进了农村土地利用结构和布局的调整优化，促进了土地的节约集约，保护了耕地，提高了产能，维护了社会的稳定和国家的粮食安全，还可通过农村建设用地减少和城镇建设用地增加挂钩，为县域经济社会发展提供用地空间，进而促进县域城镇化和工业化，特别是产业集聚区的发展。二是国土资源部为贯彻落实党的十七届三中全会精神，实现“保红线、保增长”的目标，决定在全国开展土地综合整治。国土资源部这方面的实施意见最近就会下发。三是我省正处于城镇化、工业化加速发展时期，尤其是在目前应对金融危机、扩内需、保增长、保民生的关键时期，用地保障面临的压力越来越大，急需将去年和今年分配的新增建设用地土地有偿使用费落实到具体项目，拉动内需；并通过土地综合整治，将整治出的农村建设用地通过挂钩解决县域经济发展尤其是产业集聚区发展所需的用地保障问题。这里需要强调的是，大家在用地保障上，不能把今后的希望完全寄托在土地利用总体规划的修编上，修编后的规划可以解决建设用地项目符合规划的问题，但不能很好地解决县域经济社会发展所需的建设用地指标问题。国家将对年度建设用地指标尤其是占用耕地指标实行更为严格的管理，在这种情况下，省里还要对计划指标实行“有保有压”的政策，县域经济发展所需的用地指标主要靠土地综合整治、靠增减挂钩来解决。

大力推进土地综合整治恰逢其时，形势所趋。中央对土地整治高度重视，提出了具体要求，为我们开展工作指明了方向；国土资源部、省政府把土地整治列入重要工作议事日程，部长、省长亲自部署，为我们开展工作提供了有力的支持；各地在土地整治工作中进行了有益的探索，积累了不少成功的经验，为我们开展工作奠定了基础；土地整治可有效地推进城乡统筹发展，支持社会主义新农村建设，综合效益十分显著，具有旺盛的生命力，为我们的工作提供了强大动力。我们应该充满信心，把这项重要工作抓出成效，为拉内需、保红线、保增长作出重要贡献。

二、夯实基础，为推进土地整治创造条件

对农村田、水、路、林、村开展大规模综合整治，不仅是一项复杂宏大的工程，也是一项长期

的任务。要实现土地整治目标的多样化，必须做好相关基础工作。一是要在第二次土地调查成果的基础上，进一步调查适宜整治土地的有关情况，包括水、土资源条件，基础设施条件，新增耕地潜力，可整治的农村建设用地具备的条件、区域社会经济社会条件等，做好土地整治备选区的初步确定工作。二是在修编地方各级土地利用总体规划的过程中，统筹考虑土地整治区尤其是重大土地整治工程的布局问题。三是在县级政府的统一组织领导下，编制中长期土地整治专项规划，尤其是要在土地整理5年总体实施方案的基础上，按照“集中连片、规模整治、统一规划、分步实施”的原则，编制到2012年的土地综合整治实施方案，明确整治的目标任务、空间布局、实施计划、部门承担的重点工程和保障措施。实施方案要对土地整理复垦开发、农业综合开发、小流域综合治理、农田水利基本建设、农村道路建设、社会主义新农村建设等统筹考虑，统一规划布局。需要强调的是，实施方案要由县级政府组织有关部门共同编制，并经政府组织论证同意后实施。三是协同建设部门抓紧做好土地整治规划区内的村镇规划工作。

三、创新机制，形成土地综合整治工作合力

大规模开展土地整治是一项新的、复杂的系统工程，极具挑战性。这就需要解放思想，理清思路，进行机制创新，做好制度设计。一是以近期土地整治实施方案为载体，建立涉农资金集中投入制度，整合新增建设用地土地有偿使用费、耕地开垦费、土地出让金用于农村土地开发资金以及其他涉农部门的有关资金，按照“渠道不乱、用途不变、专账管理、统筹安排、各计其功”的原则，集中实施土地整治，充分发挥各项资金使用的叠加效益。二是坚持政府主导、部门运作、社会参与的原则，整合有关部门和社会力量，强化部门分工合作，建立齐抓共管、共同推进的工作机制。三是积极探索建立土地整治有关指标有偿使用制度，按照市场化运作的原则，加强指标的调控调配，发挥土地政策激励作用。比如说，通过农村建设用地整治出的耕地，在优先满足本村建设用地需求的情况下，如何转化成城镇建设用地指标；转化成的建设用地指标如何在省辖市、县域范围内有偿转让或调剂使用；转化成的城镇建设用地有偿使用后所得土地收益如何反哺农村，支持农村建设和新的土地整治，进而形成良性循环的土地整治机制；如何吸引社会资金用于占补平衡和农村集体建设用地整治等。各地要通过这些机制的创新和制度的建设，激发土地整治的活力。

四、抓好示范工程项目建设，发挥示范带动作用

（一）抓好省、市两级土地综合整治重大工程项目建设 发挥其规模大、影响面广、示范作用强的优势。推进机制创新、政策创新，带动和促进全省及各地规模化土地综合整治工作的开展。省厅将以国家实施重大工程为契机，先期实施新乡、南阳两个百万亩以上省级土地整治重大工程项目，并上报国家，争取部、省共建。今年，我省在分配新增建设用地土地有偿使用费时，已对两大工程项目各单列4000万元予以支持。各省辖市也要根据本地区的自然条件和土地资源条件等实际，突出地方特色，积极向市政府汇报，加强与财政、有关涉农部门的联系和沟通，集中使用有关资金，规划建设市级重大工程项目。今年分配的新增费已统一分配到市，不再像去年那样直接分配到县（市、区），而是由市统一安排项目，这样，就为实施大规模的省、市级重大工程项目创造了条件。对省、市级重大工程项目，要以近期土地整治实施方案为依据，原则上按3年期规划建设。重大工程项目要优先考虑国家或省级基本农田保护示范区。

（二）推进“百村土地整治”示范工程 国土资源部正在抓紧部署实施“万村土地整治”示范工程。建设该项工程的主要目的是推进土地整治和城乡建设用地增减挂钩试点的有机结合，优化土地利用结构，促进新农村建设，拓展城镇建设用地空间。我省要以此为契机，计划选择300个以上的村或平原地区的乡（镇）作为示范点，制定实施意见，给予一定的资金和政策支持，争取在2～3年内完成示范工程建设任务。各市要根据国土资源部和省厅的有关要求，加强与有关部门和县级政府的沟通协调，在做好论证的前提下，提出整治工程名录。列入“百村土地整治”示范工程的县，要在县级政府的统一领导下，以村或乡（镇）为单位，原则上按照“全域规划、全域设计、全域整治”的要求，编制土地整治规划，并拟定实施方案，安排落实资金，尽快推动示范工程建设。

五、强化措施，务求土地综合整治尽快取得实效

（一）加强领导协调，明确部门责任 土地综合整治不是国土资源部门一家能够完成的事情。要敦促省辖市政府制定下发关于大力推进土地综合整治的通知或意见。各县（市、区）政府要发挥组织领导作用，成立以政府主要领导为组长、各相关单位主要负责人为成员的土地综合整治领导机构，组成工作班子，负责总体工作安排部署、重大事项的协调，并对辖区内土地综合整治任务完成情况负责。县级政府各相关部门要在政府的统一领导下，主动跟进，融入全局，切实履行职责。国土资源部门要具体承担土地利用总体规划、土地综合整治规划的编制、土地整治政策制定和项目实施管理等工作；财政部门要切实做好资金统筹、使用监管、财税政策制定等工作；农业部门要做好土地质量建设、农地流转和土地承包经营权落实等工作，引导、指导广大农民或企业，利用土地整治搭建的良好平台，发展规模化经营和现代农业、高效农业；建设部门要编制好村镇规划，实施好村镇道路、供水、危房改造等工程项目；交通、水利、林业、环保、审计、监察等有关部门要各负其责，配合做好土地整治的相关工作。乡级政府也要成立项目实施组织领导机构，协调解决项目实施、村庄拆迁、新居建设等过程中遇到的问题，协助做好权属调整工作，制定落实项目基础设施后期管护制度和措施。

（二）统筹政策运用 要按照省里的有关规定和要求，充分利用城乡建设用地增减挂钩试点政策，将农村土地整治中建设用地整理出的耕地转换为建设用地指标，在优先满足本村建设用地需要的前提下，富余部分可以实行有偿转让，将农村的建设用地指标调剂到城镇使用。对城镇来讲，弥补了建设用地指标不足；对农村来讲，建设用地指标转让所得收入可用于改善当地生产、生活条件的基础设施建设，反哺农村，促进城乡统筹发展。对国土资源部门来讲，可使用新增费以外的资金实施土地整治所形成的新增耕地完成耕地占补平衡任务。

（三）加强有关资金的使用管理 前不久，省政府办公厅印发了土地专项资金使用管理办法，明确了征收、支出范围，使用管理等方面的规定，总的要求是要专款专用，严格按支出范围使用，及时拨付。现在，国家审计署、省审计厅正在我省对土地专项资金进行大范围严格审计，将来要通报审计结果，并依法追究责任，现在看来，形势不容乐观，希望大家要把有关情况向政府汇报，和财政部门沟通。

（四）严格项目管理，确保工程质量 土地整治项目管理要做到统一规划、统一立项、统一实施、统一验收、分类考核。要加强项目规划设计的评估论证，确保规划科学合理，符合当地实际，切实可行。要按照项目管理的要求，规范运作。要实行项目基础信息备案和在线跟踪监管制度，对项目规划、立项、实施和验收实行全程监管。各市、县（市、区）政府要指定监察机关等职能部门，对土地综合整治项目工程质量和进度以及资金使用情况进行定期检查，发现问题及时纠正。

（五）尊重农民意愿，维护农民合法权益 开展土地综合整治要始终把维护农民的合法权益放在首位，要充分尊重农民的知情权、参与权。确定项目区、进行规划设计、制订实施方案和权属调整方案等要通过公告、听证、公示等方式，广泛征求村民组织和农民对土地整治的意见，并依法签订协议；项目实施和竣工验收也要听取当地群众的意见，发挥其监督作用。凡是村民组织和农民不同意的项目，不得强行立项实施。村庄整治以满足农民实际需要为前提，循序渐进地开展工作，依法保护农民的财产收益权与处置权。要保证土地整治工程的质量，确保农民长期受益。要尽可能招用农民参与土地整治项目施工，尽可能使农民直接获得工资收入，扩大农民收益渠道。要依法、及时做好整治后土地确权登记工作，保障农民土地权益。

（六）建立考评制度，实行激励政策 省将对各市、县建立考评制度和奖惩政策，对土地综合整治工作成效突出、资金管理规范的市、县（市、区），在有关资金分配、建设用地增减挂钩项目安排等方面给予倾斜；对检查、验收中发现建设质量差、资金管理使用问题大、弄虚作假以及其他严重违规、违纪问题的，除依法依纪处理有关人员外，还要相应核减下一年度有关资金分配规模和建设用地增减挂钩指标等。各市、县（市、区）也要建立土地综合整治年度考评制度，并按照考评结果兑现奖惩政策。

六、加快在建土地整理项目实施和新增费投放

全省国土资源系统要把思想和行动迅速统一到省委、省政府“扩内需、保增长”和国土资源部“保增长、保红线”的安排部署上来，尤其要加快土地整理复垦开发工作进度，尽快使相关资金落地，服务和促进经济增长。

（一）加快2007年以前下达的土地整理项目实施进度 已批复下达的土地整理项目建设进度远远达不到要求。2006年以前，国家下达项目189个，还有25个项目至今未完工，且有些项目存在工程质量问题，有的还不断被媒体曝光。2007年下达的83个项目，仍有17个项目未开工。

存在这些问题，固然有客观原因，但主要还是主观上的问题，思想上不够重视，制度上不够严谨，工作上抓落实不到位。这些问题务必要引起高度重视，认真加以解决。各市、县国土资源管理部门要在保证工程质量的前提下加快实施进度，2007年以前的项目10月底前要全部完成。

（二）加快2007年和2008年新增费安排使用 省政府根据当前我省“扩内需、保增长”的形势要求，充分发挥新增建设用地土地有偿使用费在“扩内需”中的拉动作用，最大限度地挖掘土地整理在城乡建设用地增减挂钩、产业集聚区建设和新农村建设中的重要作用，召开了今天这次现场会，可见省政府的重视程度。而我们的工作与省政府的要求显然有一定的差距，上次开会已经安排，2007年的新增费项目5月20日前必须开工建设，2008年的新增费5月20日前要落实到项目上。但从目前的情况看，还有相当一部分市、县行动迟缓，工作进度不大。

各市、县要抓紧，按要求实施2007年度新增费项目，5月20日前必须开工建设。2008年的新增费16亿元也已下达到各市，由市级统筹安排使用，不再直接分配到县（市、区），各省辖市国土资源管理部门要积极与当地财政部门协调，尽快安排，按要求落实到项目。各市在安排项目时要把握以下几点：一是要相对集中使用，建设大规模的项目区，避免撒“胡椒面”；二是优先安排省、市基本农田示范县，确保完成示范区年度建设任务；三是优先安排2007年两年期国家投资在建项目，弥补资金缺口；四是优先在五年实施方案涉及的“南水北调”移民安置区和近两年自然灾害严重的县（市、区）安排土地整理和耕地复垦项目；五是优先安排已开始申报国家重大项目的县(市、区)；六是对小浪底工程补充耕地补助资金和土地整理重大工程补助资金要专项安排使用；七是对以前土地整理项目存在严重问题和缺少积极性的县（市、区）要暂缓安排。

（三）加快实施耕地开垦费项目 当前，全省各级财政滞留了大量耕地开垦费，各市、县国土资源管理部门要与财政部门积极沟通协调，把财政节余、滞留的耕地开垦费尽快投放到宜耕土地资源开发上，提前储备耕地。这样既能解决资金长期滞留的问题，又能提前补充耕地，保证建设用地及时报批，同时又能为扩内需作贡献。另外，目前省财政还滞留大量耕地开垦费，各省辖市要对原单独选址重点项目计划补充耕地落实情况再次进行检查，抓紧完成补充耕地任务，尽快向省财政申请返还预留的20%耕地开垦费（约4亿元）。各地要于5月底前完成补充耕地和资金申请任务。

同志们，当前全省上下都在采取积极措施扩内需、保增长、保民生、保稳定，国土资源管理部门责任重大、任务艰巨，我们一定要振奋精神，攻坚克难，加快推进土地综合整治，尽快使有关土地资金落地。各市、县国土资源部门要加大工作力度，坚持一把手负总责，以创造性的工作确保各项任务按时完成，为促进我省经济发展作出应有的贡献。

（注：此文为李志民在河南省土地综合整治现场会上的讲话摘编）

认清形势　振奋精神　扎实做好矿产资源利用现状调查工作

河南省国土资源厅副厅长　杨士海

（2009年10月29日）

我省矿产资源利用现状调查作为全国调查项目的一个省级子项目，是全国项目的重要组成部分。本次利用现状调查是国家安排的公益性项目，是中央财政、省级财政联合出资开展的项目，是一次重要的省情家底调查，是矿产资源领域一项重要的基础性工作。项目自2007年10月启动，至今已有两年时间，省厅落实了项目组织管理机构，成立了项目领导小组，设立了领导小组办公室和省项目办公室。各承担单位也成立了领导小组、项目组，开展了相关技术要求学习、培训和试点矿区核实调查与数据库建设等大量的前期准备工作。目前，国土资源部已明确全国矿产资源利用现状调查基准日调整为2009年12月31日，省财政对河南省矿产资源利用现状调查项目经费已落实，专门为现状调查项目制定的配套文件已下发，全省“项目”整体推进工作的时机和条件已具备，自今天开始，我省矿产资源利用现状调查工作全面进入实施推进阶段。

下面，我讲三个方面的意见。

一、充分认识矿产资源利用现状调查项目的重要意义

为了切实摸清矿产资源家底，提高资源利用水平，从源头上缓解我国目前存在的资源“瓶颈”约束，2007年，国土资源部决定在全国范围内组织启动矿产资源利用现状调查工作。可靠、翔实的资源储量数据，是综合评价矿产资源利用水平、现状和潜力的重要基础。我省是矿产资源大省和矿业大省，随着经济体制、管理体制、市场条件和技术条件的巨大变化以及多年的强力开采，全省已查明矿产资源的数量、结构和开发利用状况发生了重大变化，需要通过全面的矿产资源利用现状调查，摸清家底，获取最新、最全面和最可靠的各类资源储量的数量、结构、质量数据，其意义非常重大。

首先，利用现状调查是规范矿产资源管理的基础。目前，全省大部分矿区及矿山企业存在资源储量数据不准、资料不实、信息不全的情况，这种情况不同程度地影响着对全省资源储量家底的认知和矿产资源利用事项的决策，使国土资源管理部门难以实施有效管理，矿业经济也难以走上健康发展的道路。通过开展矿产资源利用现状调查，切实摸清资源家底，可以为规范矿产资源有效管理提供基础支撑。在摸清资源储量家底的同时，系统查明矿业权与资源的时空配置关系，矿产品产量、产能与资源储量消耗的关系，查清矿山开采“三率”指标等基本情况，是全面推行矿山储量动态监督管理、矿产资源整合、矿业开发秩序整顿，建立与国际接轨、适合我国社会主义市场经济体制的资源管理长效机制和储量动态监督管理系统的重要基础。

其次，利用现状调查是准确掌握矿产资源现状的重要手段。从当前情况看，我省矿产资源储量数据、开发统计数据与实际情况存在一定差异。随着采选冶技术的进步、开发条件的改善以及矿产品价格的上涨，许多矿产的实际开采指标发生了很大变化。一方面，已查明资源储量中原来不可用的已变得可用；另一方面，许多以前不可利用且没有进入储量报表的矿产资源得到了广泛的开发利用，使得可利用资源储量增加。技术进步与技术标准的变化也使得矿产资源储量的可利用性发生改变，许多原来由于市场价格、交通、自然地理和经济条件等原因不能利用的矿产，在当前也已得到了很好的利用。因此，开展矿产资源利用现状调查对于盘活、用好我省查明资源储量也具有重要意义。

第三，利用现状调查是提高矿产资源开发利用水平的重要保障。目前，我省同全国一样，矿产资源保障能力不足，供需矛盾比较突出。全面摸清我省矿产资源储量家底，准确掌握全省资源供应能力和开发利用潜能，盘活、用好已有资源储量，是缓解资源“瓶颈”约束，保障我省矿产资源持续供应最经济、最有效的方法；是全面落实“两保一高”要求，全面实施“两种资源、两个市场”战略，保障我省工业化过程中矿产资源需求的重要前提；是保障国家资源安全和经济安全的基础；是国土资源规划、矿产资源整合、管理，保护和合理利用矿产资源的基础性资料；是制定产业发展规划和区域发展规划的基本依据。

二、充分认识利用现状调查工作任务的紧迫性

全国项目办要求2010年12月底完成各省级子项目。我省有18个矿种，即煤、铁、锰、铜、铝土矿、铅、锌、镍、钨、锑、钼、锂、金、银、硫铁矿、磷、重晶石、萤石。省厅计划在2009年12月底前，完成18个矿种C类矿区的项目工作任务；2010年5月底前，完成18个矿种A类矿区、B类矿区的项目工作任务；2010年4月，启动18个矿种的省级成果汇总，成果数据库建设，开展相关专题研究，建设资源储量动态监督管理支持系统；2010年11～12月，对省级成果进行评审验收，成果上报全国项目办。

各承担单位要在2010年5月底前完成18个矿种、约700个矿区的成果编制与评审验收工作，时间非常紧迫。项目不仅要编制矿区储量核实报告、开发利用情况调查，还要依据数据库建库技术要求建立项目数据库。项目工作内容多、技术要求高，部分工作对项目人员来讲还是第一次，还有掌握和熟练的过程。因此，省厅要求各承担单位对项目任务进行认真梳理，以倒计时的工作要求安排矿区核实调查工作，按矿种排序，制定项目进度计划，认真组织，抓好落实，分矿种扎实推进。省项目办要负起技术业务管理工作责任，加强与承担单位、市（县、区）国土资源局的沟通，做好组织协调联络工作，落实工作计划。各承担单位必须对其承担的项目工作任务高度重视，清醒认识，积极推进，狠抓落实，确保按期、保质完成工作任务，成果按时提交全国项目办。

三、加强领导，确保按时完成任务

矿产资源利用现状调查是一项庞大的系统工程，参加单位多、工作区域广、工作量大。要在较短的时间内达到工作目标，全面翔实地掌握我省矿产资源储量及其开发利用现状，必须按照国土资源部和省厅的统一部署，精心组织、扎实推进；必须加大行政推动力度、严格组织管理、建立科学完善的工作体系和质量监督管理制度；必须充分发挥项目承担单位、国土资源管理部门、矿山企业等各方面的积极性，做到分工明确，各司其责，密切协作，互相支持。项目承担单位，是按期、保质完成工作任务，实现项目目标的关键因素，其项目工作进度、成果质量决定着本次工作的成败。

一要健全机构，为项目工作提供组织保障。省国土资源科学研究院作为项目总承担单位和省项目办日常工作单位，要加强全省项目的组织和领导；省地质博物馆要按要求做好地质资料的复制利用工作；省国土资源厅信息中心要完成资源储量动态监督管理支持系统的建设；各市、县国土资源局要按时完成2009年度矿山企业储量动检报告的验收、公告工作；各县（市、区）国土资源部门要组织好矿山企业参加矿产资源利用现状调查工作。各承担单位主要领导对本单位所承担的任务负总责，总工程师具体负责，各单位要成立项目组，明确各核实矿区项目负责人、项目组成员，项目组要根据任务大小配齐、配全技术人员，确保技术力量和骨干技术人员稳定。要排好次序，抓紧推进，作为单位近阶段重点工作认真完成所承担的项目工作任务。

二要严格经费使用与管理。这次调查工作所需经费庞大，省厅为此做了大量工作，积极争取省财政资金和中央财政资金，确保项目资金按时拨付到位。各承担单位要将项目资金全部用于项目工作中，加强经费使用管理，专款专用，不得提取任何管理费，要认清形势，顾全大局，发扬风格，乐于奉献，对项目经费既要认真对待又不斤斤计较，不要按市场项目类比，去衡量利润。省项目办将协同相关机构对承担单位经费使用情况进行检查。

三要及早部署2009年度矿山储量动检工作，为项目工作创造基础条件。为配合承担单位在2010年5月底前全面完成部里要求的18个矿种A类矿区、B类矿区的核实调查任务，省厅资源储量处要及早部署2009年度矿山储量动态监测工作，各市（县、区）国土资源部门要积极行动起来，2010年1月底前须全面完成储量动态监测报告编制与评审验收工作。各省辖市国土资源局负责将09年度矿山储量动态监测报告（含电子档成果）统一提供给承担其辖区工作项目的地勘单位。

同时，市（县、区）国土资源部门要组织辖区内的矿山企业统一填报资源开发利用相关信息调查表，并与项目组一起对矿山填报内容进行抽查核实。

四要加强定期绩效考核，加强项目进度管理。省项目办要建立项目通报考核和统计上报制度，加强项目定期考核和进度管理。各承担单位每月25日前上报项目月度工作总结，省项目办及时跟踪各承担单位项目工作进度，按照各承担单位阶段目标完成时限要求，按月度考核评估各承担单位工作绩效，每月5日前发布上月度项目进展与考评情况通报，同时上报省项目领导小组。

省项目办对项目组织不力、人员不到位、进度迟缓、资金使用不当、工作存在问题而未解决的地勘单位及国土资源局、矿山企业，适时进行项目约谈，提出批评、警告。对未按阶段目标完成时限要求完成项目任务的承担单位，省厅将停止其承担的其他类别项目的资源储量报告的评审备案工作，以确保本次调查项目如期按要求完成。

五要继续推行执业诚信承诺制度建设，确保成果质量。这次调查工作能否成功的标志，关键在于调查取得的储量数据的真实、可靠。承担单位要切实加强内部质量管理，认真组建项目组，优选项目负责人及项目组成员，提高项目成员职业道德和业务水平。要严格按照相关技术要求，规范开展项目工作，确保基础数据的客观、真实，资源储量合理、可靠。对报告质量差、编制不实报告的，要将项目负责人和编制单位列入“诚信黑名单”，并将受到通报批评、警告，停止从业资格，取消从业资质等处罚；给国家或当事人造成损失的，要承担相应的法律和经济责任。

省项目办、省储量评审中心、成果评审验收专家要以高度的责任感和职业操守，恪守“实事求是、客观公正”的原则，严格按照有关规定开展评审验收工作，把好成果评审验收关，为调查工作提供真实、可靠的成果、数据。

六要认真细致地开展监督检查工作，确保项目健康、有序进行。省项目办要制定对各承担单位的督促、检查计划，严格要求、严格审查、落实责任。要加强技术业务指导，根据项目进展情况组织抽查技术要求执行情况和质量情况。对于资源储量变化较大的核实报告要从严把关，省项目办要会同市、县国土资源管理部门进行现场实测检查，严格把好成果质量关。省项目办要适时对承担单位进行项目调研，加强与各承担单位、国土资源局的信息交流与沟通，确保项目工作协调、有序进行。

同志们，本次调查工作时间紧、任务重，其意义重大、使命光荣、任务艰巨。希望各项目承担单位要认清形势、理清思路、发扬风格、振奋精神，继续发挥地勘单位求真务实、团结协作、勇挑重担、乐于奉献的优良传统，按照国土资源部和省厅的部署与要求，将调查工作作为现阶段的一项重点工作认真做好，为矿产资源管理工作提供合理、可靠的资源储量数据，为实现我省经济又好又快发展作出新的贡献！

坚定信心 攻坚克难
开创矿产资源勘查开发管理工作新局面

河南省国土资源厅党组成员、副厅长 郭公民

（2009年4月20日）

同志们：

这次会议的主要任务是，认真贯彻落实《河南省人民政府关于进一步加强矿产资源勘查开发管理的若干意见》（豫政〔2008〕49号）、国土资源部“地质找矿改革发展大讨论”动员部署电视电话会议和全省国土资源管理工作会议精神，总结2008年矿产资源勘查开发管理工作，分析当前面临的形势和任务，安排部署下一步工作，并就开展“地质找矿改革发展大讨论”进行动员。受启生厅长委托，我先讲三点意见。

一、2008年的工作回顾

2008年，我省矿产资源勘查开发管理工作在省委、省政府和国土资源部的正确领导下，认真贯彻落实科学发展观，按照“两保一高”的总体要求，积极应对国际金融危机带来的挑战，迅速反应，主动作为，采取了一系列有力措施。特别是按照省政府领导的指示和要求，组织起草并报请省政府印发了《关于进一步加强矿产资源勘查开发管理的若干意见》（豫政〔2008〕49号），对当前和今后一个时期的矿产资源勘查开发管理工作进行了全面部署，提出了一系列具体措施。围绕这一系列新的部署和要求，各项工作顺利推进、成效明显。

（一）地质勘查工作扎实推进 围绕我省经济社会发展大局，在继续巩固已有找矿成果的基础上，又取得了一批新的重要成果。

一是地质找矿取得了新进展。据2008年度地质勘查成果统计，全省通过各种投资渠道实施各类地质勘查项目290个，投入资金约6亿元。新发现矿产地24个，其中，煤矿13个、铝土矿1个、铁矿2个、钼矿1个、金矿3个、铜矿3个、银矿1个。新增查明资源储量，煤炭14.92亿吨、铝土矿1.09亿吨、铁2.14亿吨、钼11.29万吨、金50.42吨。

二是“走出去”战略取得了新成效。在省外，以新疆、西藏、内蒙古、甘肃、四川等省（区）为重点，加强了与我省互补性较强的铁、铜、铅锌等矿种的勘查工作，已获取探矿权130个。在国外，以非洲和我国周边国家为战略选区，有组织、有计划地开展矿产资源勘查开发工作，新建立了一批有重要价值的勘查开发基地，获取矿业权超过百个。省地矿局已进军20余个国家，设立境外勘查开发企业8个，获取矿业权86个；省有色地矿局已进军6个国家，获取矿业权11个；省煤田地质局在境外投资矿产资源开发项目2个。同时，国有地勘单位引导省内大型企业进军国外矿产勘查开发市场的作用不断增强，省地矿局与国合公司、永煤集团等单位联合开展的几内亚铝土矿勘探，一期工程提交铝土矿储量4.3亿吨，远景资源量10亿吨，超过了我省铝土矿现有保有资源量的总和。

（二）地质工作服务功能不断提升 为了真正做到“两个更加”，以矿产地质为中心，基础地质、环境地质、水文地质、农业地质、城市地质、旅游地质六位一体的“大地质”格局初步形成，地质工作的社会化服务功能进一步增强。

一是围绕推动实现地质找矿新突破，切实加强基础地质工作。在重要成矿区（带）和区调空白区部署1：5万矿（区）调工作，共部署了18个1：5万标准图幅和3个重要成矿区（带）的矿产地质调查工作，面积约0.98万平方千米。新发现了一批找矿线索，初步圈出31个找矿靶区和预测区，为下一步科学、合理地部署地质找矿工作提供了依据。

二是围绕我省推进新农村建设的战略部署，完成了黄淮海平原经济区8.3万平方千米农业地质调查工作，圈定其中95%为绿色土地，为粮食生产

核心区建设提供了地学支持。

三是围绕我省推进城镇化建设的进程，开展了郑州、开封等11个重点城市的浅层地热资源评价与开发利用研究，完成了平顶山、三门峡等8个城市的环境地质调查评价工作。

四是围绕改善民生，实施饮用水安全工程，开展了水质型缺水地区洁净地下水勘查，完成地下水污染调查面积3.2万平方千米，对华北平原河南部分地下水进行了调查评价，规划了22处应急水源地。

五是围绕改善人居环境和减灾防灾，完成了一批矿山环境和地质灾害调查项目，造福一方群众。进一步加强省内地质公园建设，并完成了援藏项目羊八井地热地质公园核心景区详细规划，使我省旅游地质工作走在了全国前列。

六是地质遗迹保护取得了重大成果。在汝阳新发现了30余处恐龙化石点，其中，洛阳中原龙是目前我国唯一发现的大型结节龙类甲龙，改写了中国无结节龙的说法，并成功举行了恐龙化石群发掘成果发布会。

（三）地质勘查行业管理进一步加强 一是切实加强了地质勘查资质管理。开展了地质勘查资质注册登记清理工作，查清了全省地质勘查单位技术人员、设备资产、管理制度等基本情况；举办了全省地质勘查资质注册登记培训班；组织有关地勘单位向国土资源部上报了部审批范围内的资质材料，其中，36个单位的77项甲级资质获部审查通过；开展了由省厅颁发乙级、丙级地质勘查资质的审查工作，有72个单位的98项乙级、56项丙级资质通过了审查。

二是积极稳、妥地探索推进国有地勘单位改革。组织召开了全省地质勘查行业座谈会，成立了地勘单位改革工作办事机构，多次组织或参与国有地勘单位改革专题调研，广泛征求了各地勘单位主管局和有关单位对我省地勘行业管理、地勘单位改革发展、地质找矿等方面的意见和建议。各地勘单位从自身实际出发，结合发展所需，对内部经营和管理机制改革进行了积极探索与实践。

三是认真负责地为全省国有地勘单位的改革、发展、稳定争取政策支持，取得了明显实效。

（四）矿业权管理进一步规范 坚持依法行政、严格把关、加强监管，妥善处理遗留问题，努力提高工作质量和效率。

一是全面加强和规范矿业权管理。认真贯彻落实豫政〔2008〕49号文件精神，制定出台了《关于探矿权采矿权审批登记管理有关问题的通知》（豫国土资发〔2009〕9号），就矿业权的设立、出让、转让、延续、变更、备案等提出了具体要求，实行了全面规范管理。

二是认真做好探矿权审批登记。对以往探矿权申请进行了清理，对符合条件的集中受理和办理，对不具备条件的予以明确答复。2008年，共办理勘查登记项目649件。结合探矿权年检，分三个层次、四个阶段对全省所有探矿权进行了专项督查。按照豫政办〔2008〕60号文件要求，自2008年9月1日起，停止受理了自然文化保护区范围内的探矿权申请。

三是切实做好采矿权审批登记。2008年，审查各类采矿登记报件600余件，办结548件，办结率为91.3%；办理行政确认事项570件；研究答复变更开采标高、储量核查请示20余件；办理采矿许可证临时延续登记手续217件。完善了矿业权网上会审系统，保证了采矿登记报件的正常运转。制定了新的报件资料清单式样，依法简化了程序和资料要求，提高了办件效率。认真开展采矿权统一配号准备工作，完成了省、市、县三级采矿登记数据库的检查整理和上报配号任务，启用了新的登记系统。

四是进一步强化矿山监督工作。加强了矿产督察员队伍建设，联合中矿联对我省矿产督察员及相关人员进行了业务培训，努力提高矿产督察员业务素质，加大了对矿山企业的监督力度。

（五）矿产资源开发秩序整顿规范工作成效明显 按照国务院整顿规范矿产资源开发秩序部际联席会议办公室的部署，扎实开展了整顿和规范矿产资源开发秩序“回头看”行动，对各地违法、违规行为进行全面清查处理，特别是对6个国家重点矿区和省确定的33个重点县（市）进行了重点整治。在对全省整顿规范矿产资源开发秩序工作进行全面检查验收的基础上，代省政府起草了向国务院提交的《关于整顿和规范矿产资源开发秩序工作情况的报告》。7月中旬，以汪民副部长为组长的国务院九部委联合验收组对我省整顿规范矿产资源开发秩序工作及“回头看”行动进行了检查验收，对我省的工作给予了高度评价。

（六）重要矿产资源整合配置工作继续深化

一是继续深化煤炭资源整合配置。积极支持资源条件好、规模较大的小煤矿就近加入省骨干煤炭企业。完成了永煤集团对禹州市大地煤业等有关小煤矿的整合工作。与省煤炭工业管理局、煤矿安全监察局联合下发了《关于独立块段小煤矿分类处置的批复》，对独立块段小煤矿进行了分类处置。按照《河南省人民政府批转省发展改革委等部门关于河南省煤炭铝土矿资源整合实施方案的通知》要求，严把新设煤炭采矿权审批关，要求新设立矿山企业规模必须同资源储量规模及资源赋存条件相适应，新建煤矿不得小于30万吨/年，有效提高了规模化生产能力。按照“扶优扶强、有偿出让”的原则，经与有关省属煤业集团沟通并报省政府批准，先后向郑煤、平煤、永煤和义煤集团按市场价配置了6个由省出资勘查的煤炭矿业权，配置煤炭资源量10.17亿吨，向省财政缴纳价款21.22亿元。

二是继续深化铝土矿资源整合。积极协调中铝公司对禹州市铝土矿资源的整合，促使有关方面达成了共识。针对铝土矿资源整合后出现的一些新情况、新问题，对全省所有146个铝土矿矿业权中的137个进行了实地检查，并就解决铝土矿整合中出现的问题、促进铝土矿资源优化配置等提出了对策建议，得到了张大卫副省长的好评。

三是努力推进钼矿资源整合。进一步摸清了洛阳、信阳、南阳、三门峡4市钼矿资源的矿业权设置情况、选冶场数量及分布情况，编制了钼矿资源矿业权设置分布图。按照豫政办〔2007〕11号文件要求，积极推进上述4市钼矿资源整合工作，明确了钼矿优势企业、单独保留企业和被整合企业的资源配置原则，加快推进现有选矿企业的整合重组，力争实现采选冶产能的总体平衡，并对各市的方案提出了具体意见。

四是推进其他重要矿产资源整合和“并小成大”。批复了安阳市上报的林州市铁矿资源整合方案；为保障洛玻集团生产超薄玻璃、超白玻璃及PDP玻璃所需的石英岩原料供给，对汝州市和登封市交界处的密腊山、小红寨一带的石英岩资源进行了整合；对栾川县内萤石资源整合方案进行了批复。批准了多处规模较小相邻矿业权的合并等。

总体来看，全省矿产资源勘查开发管理工作成效明显，得到了省委、省政府和国土资源部的充分肯定，为我省经济社会发展作出了重要贡献。但也要清醒地看到，在我们的工作中还存在不少问题和不足。

一是地质找矿难度进一步加大，地质勘查成果不尽理想。从客观上讲，随着我省地质勘查程度的逐渐提高，勘查开发接续基地严重不足，地质找矿的难度和风险也越来越大。从主观上看，地勘项目实施和管理中还存在一些突出问题，个别单位“重立项、轻管理”的现象仍然存在，质量管理不到位，项目管理不规范，部分项目进展缓慢、找矿成果不够理想。

二是国有地勘单位改革发展的任务艰巨。国有地勘单位历史包袱重、遗留问题多，现在还大多处于凭着技术干劳务、捧着“金碗”要饭吃的打工经济状态，改革转型任务十分艰巨。如何利用当前有利时机，深化内部改革，转换经营机制，增强队伍活力，壮大综合实力；如何实现“耕”者有其“田”、“耕”者有其“果”；如何落实好优惠政策，切实解决实际困难，支持和帮助地勘队伍发展等，都有待于进一步研究和落实。

三是矿产资源开发利用粗放浪费，综合利用率较低，矿山布局和结构不尽合理，矿山开发小、散、乱和矿山环境破坏，矿业权设置不够规范，铝土矿矿山建设不到位等问题尚未根本改变。

四是整顿规范勘查开发秩序任重道远。个别市、县还尚未真正建立起有效的政府组织、国土资源部门牵头、有关部门参加，联合执法、齐抓共管的矿产资源勘查开发秩序共同责任机制；一些地方执法监管不到位，查处力度不大，造成违规、违法勘查开发现象反弹，甚至还比较突出。

五是矿产资源勘查开发活动中存在弄虚作假现象，诚信监督制约体系亟待完善。在地质勘查、储量评审、矿业权评估、矿产勘查开发等各类矿业活动中，不同程度地存在着不顾业务规则、不讲职业道德的弄虚作假现象。个别勘查单位提供虚假报告，伪造勘查资料，或不按资质规定的执业范围开展勘查工作；个别评审、评估机构和个别执业人员为了眼前的经济利益，提供不实报告；个别矿业权人自己或委托、指使他人，编造虚假信息或虚假成果报告等等，不一而足。

以上这些问题，都需要我们高度重视，认真加以解决。

二、当前的形势和2009年的重点工作

当前，国际金融危机继续蔓延，对我国经济的冲击越来越明显，特别是对实体经济的影响进一步加深。受其影响，我省一季度的主要经济增长指标创10年来新低，发展面临的不确定因素和困难增多，矿产资源勘查开发管理工作面临更大的困难和考验。

一是矿业经济受到严重影响。据不完全统计，目前全省约有70%以上的矿山企业处于停产或半停产状态，作为全省支柱产业之一的有色金属行业出现大面积亏损。二是由于矿业经济的不景气，导致我省“两权”价款收入减少，地质勘查项目后续投入面临压力。三是矿产品价格下滑，影响了社会资金投入的积极性，商业性勘查市场明显萎缩。四是由于矿产品利润减少，采富弃贫、乱采滥挖等破坏资源的行为有可能上升，矿产资源综合利用的难度进一步加大等。

面对当前的严峻形势，我们更要清醒地看到，全国和全省经济发展长期向好的总体趋势没有改变，经济社会发展对矿产资源的需求持续增长，而矿产资源保障程度总体不足的状况仍难以改变，党中央、国务院和省委、省政府对矿产资源勘查开发工作的重视与支持也没有改变。国际金融危机在给勘查开发工作带来困难的同时，也为矿业企业的并购、重组和升级换代提供了重要机遇，为资源整合提供了重要机遇，为“走出去”参与国际市场竞争提供了重要机遇。我们一定要坚定信心，抓住机遇，顺势而为，转“危”为“机”，进一步提高矿产资源勘查开发管理工作水平。

2009年我省矿产资源勘查开发管理工作的总体要求是：以科学发展观为统领，以实现“两保一高”为目标，以应对国际金融危机为抓手，以贯彻落实豫政〔2008〕49号文件、国土资源部关于开展“地质找矿改革发展大讨论”的部署和全省国土资源管理工作会议精神为重点，积极主动服务，严格规范管理，解放思想，改革创新，依法行政，狠抓落实，努力争取地质找矿新突破，努力推动矿产资源勘查开发“走出去”，努力提高矿产资源勘查开发利用水平，努力实现矿产资源勘查开发规范有序，促进全省经济社会平稳较快发展。按照上述要求，要突出抓好以下重点工作。

（一）突出矿产勘查，努力实现地质找矿新突破

2009年，地质勘查工作要突出“全省一盘棋”的思想，统筹布局、优化结构，从分割立项走向集成部署，从零星找矿走向整装勘查。对于重要的基础地质项目和重要的矿产勘查项目，除了积极争取国家各类资金支持外，厅将予以统一规划、统一部署。

一是加强基础地质调查研究。坚持理论、方法和技术创新，大力采用新的成矿理论、评价方法、勘查技术。加快推进重要成矿区（带）1∶5万区域地质矿产调查、深部找矿示范、省外国外战略性矿产选区、重大基础地质问题研究等，力争多提交新的工作成果。

二是合理安排与部署重要矿产勘查。按照“找新区、上专项、挖老点、走出去、依靠科技和人才”的基本思路，强化地质勘查工作部署的科学性、有效性和整体性。在重点安排有成果的续作矿产勘查项目的同时，开展小秦岭—熊耳山—外方山金银多金属矿、卢氏—栾川—方城钼（钨）银多金属矿、朱阳关—夏馆银金锑多金属矿、桐柏山—大别山银金多金属矿、三门峡—郑州—平顶山铝土矿及我省中东部深部煤、铁矿勘查。

三是加大深部找矿力度。把深部找矿作为全省地质勘查工作的战略重点之一，选择铁矿、铝土矿、金矿、银矿作为主攻矿种，兼顾铅锌矿、钼矿等，开展重要成矿区（带）深部和矿山外围等成矿有利地区的找矿工作，力争取得一批具有影响的成果。鼓励支持大中型矿山企业自筹资金开展深边部接替资源勘查，支持已达中度危机以上的国有矿山企业开展接替资源勘查，有计划地引进战略投资者投入重大矿山基地的整装勘查。

四是规范探矿行为，严格探矿权管理。支持和保护探矿权人依法开展探矿工作，严厉查处违反（国务院第240号令）的探矿行为，探索并妥当处理已设矿业权与整装勘查的关系等。

相信今天参会的国有地勘单位，都能感受到几年来，我省的地质勘查投入在不断增加，也都能感受到单位的实力在不断增强、职工的日子在不断向好。在此，我除了想提醒大家要感谢省委、省政府的正确决策外，更想提醒大家一定要认真回顾反思一下你单位参与省“两权”价款项目的立项情况、中标情况、工作情况、成果情况等。省里将“两权”价款资金用于地质勘查，绝不是为了养队伍，也绝不是为了救贫助困，而是要有成果要求的，只申请

项目不提交成果是不行的。今年，厅将对以往年度的“两权”价款项目成果情况进行评估，并依据评估结果，确定今后“两权”价款项目的承担单位。

（二）突出“走出去”战略，努力拓展矿产资源勘查开发新空间 在全世界都深陷金融危机的今天，矿业成为受打击最重的产业之一，全球大型矿业公司普遍资金短缺，经营陷入困境，国际矿业资产的并购处于低潮期，而抛售则处于高潮期。我国的矿业企业虽然也面临困境，但由于我国金融体系受损面远低于西方国家，而且国家又在以往已出台的一系列鼓励、支持企业到境外勘查开发矿产资源政策的基础上，正在研究出台动用外汇储备支持到境外勘查开发矿产资源的新政策，因此企业仍有较强的融资能力。受国家政策支持的推动，最近，我国大型矿业公司已迅速展开了对国外矿业公司的投资和并购行动。刚跨入2009年，国家有关方面就宣布了4则涉及金额近500亿美元的大型矿业并购和矿产品供货谈判的消息（国家购俄石油250亿美元、中石油购伊朗油田17.6亿美元、中铝购力拓股权195亿美元、中国五矿购OZ股权26亿澳元）。我省的永煤集团等矿业公司和省地矿局、有色地矿局、煤田地质局、国际合作公司、中化河南地质勘查院等，也都不失时机地开展了国际矿业勘查开发的投资活动，并取得了可喜的成果。

实践证明，国有地勘单位与有实力的企业联合“走出去”，到境外申请、收购矿业权并进行勘查与开发，是一条最经济、最有效、最安全可靠的途径。省国土资源厅愿意继续为国有地勘单位和有实力的企业合作“走出去”创造条件、提供方便、牵线搭桥，并提供政策支持。希望各有关方面能够积极配合、主动合作、宽人严己、实现共赢。按照豫政〔2008〕49号文件要求，我厅在继续贯彻落实《河南省人民政府关于鼓励支持企业开发利用境外矿产资源的意见》（豫政〔2007〕59号）的基础上，已经拟订了鼓励支持“走出去”的政策建议，待征求省有关方面意见后即可报请省政府印发。

（三）突出矿政管理的严格规范，努力提高矿产资源开发利用水平 一是严格规范矿业权管理。严格按照矿产资源法律法规、国家产业政策、我省的矿产资源规划、地质勘查规划和矿业权设置方案，科学、合理设置矿业权。凡是不符合规划、不符合国家产业政策和省有关规定的，不予批准设立探矿权和采矿权。各市、县国土资源部门要按照管理权限严格把关。要进一步完善、简化矿业权申请、延续、转让、变更、注销等相关程序和制度。积极推进采矿权管理信息系统四级联网工作，实现采矿许可证统一配号和四级登记信息数据共享。

二是规范推进矿业权市场建设。继续加强矿产资源有偿出让和完善市场建设等方面的政策研究，进一步规范探矿权、采矿权招标、拍卖、挂牌出让的管理工作。要严格依据现行法律法规和国土资源部的规范性文件精神，清理、废止不合规的矿业权设置、授予行为。结合贯彻落实豫政〔2008〕49号文件精神，按照公平、公开、公正的原则，完成好国土资源部下达河南省的矿业权协议出让试点工作。

三是深化矿产资源开发秩序整顿。继续坚持“治乱、治散、治本”一起抓和“标本兼治、重在治本”的原则，保持高压态势，积极采用重点矿区卫片监测等高新技术手段，严防各类违法、违规现象出现反弹。对6个国家重点矿区和省确定的33个重点整顿县（市），要进行以打击无证勘探、圈而不探、无证开采、占而不采、盗采、超层越界开采等违法、违规行为为主要内容的重点整治。要进一步加强矿产执法动态巡查，确保矿产资源开发秩序长治久安。

四是继续推进资源整合、优化配置与产业升级。继续鼓励和支持省优势矿业企业采取收购、兼并、参股、重组等方式整合规模小、布局散、工艺技术落后、效益差的矿山企业。按照“就近、适量、公平、合理”的原则，以协议或招标、拍卖、挂牌的方式，加快推动重要矿产资源向优势矿业企业集中。鼓励、支持优势矿业企业和矿业加工企业拉长产业链条、调整产业结构，发展高附加值的精深加工后续产业和矿业循环经济，推动产业升级。鼓励省属国有地勘单位依法取得矿业权，走勘查开发一体化的发展之路。国有地勘单位承担的省出资勘查项目所取得的成果，经省批准，可以按一定比例以矿业权的形式留给地勘单位。

今年，全省资源整合的重点是煤炭、铝土矿、钼矿。煤炭方面，以配合整顿、关闭小煤矿和清查省骨干煤炭企业所属煤矿周边设置的矿业权为重点。铝土矿方面，以促进重点氧化铝企业的矿山建设，提高矿石自给率和“煤下铝”、“铝上煤”的勘查开发和资源配置为重点，关于“煤下铝”的勘查开发试点工作已分别在郑州和三门峡启动。钼矿方面，全面完成“三企四市”（即洛阳矿业集团、洛阳钼业集团、龙宇矿业公司和洛阳市、南阳市、三门峡市、信阳市）的钼资源整合任务。希望“三企四市”要协同配合，加快推进，确保任务完成。其他矿产资源的整合工作，由各市、县根据本地实际情况制订整合或合并方案，报省厅批准后分头推进。

五是严格矿产资源勘查开发日常监管，努力提高矿产资源的综合利用水平。加强矿产督察员和勘查督察员队伍建设，切实将任务落实到地勘单位、落实到矿山企业，责任落实到人。严格日常管理和年度检查相结合的制度，积极探索建立无证勘查开采发案率和矿业权人违法、违规发案率考核制度。制定矿产资源开发利用方案编制与审查办法，建立健全矿山储量动态监测和监管制度，加强动态巡查、遥感监测和矿产督查，及时掌握矿产开发动态。矿山开采活动要坚持“节约集约、高效综合利用”和“开发与保护并重”的方针，坚持“贫富兼采、综合回收”的原则，确定合理的工业指标和经济开采品位，对当前缺乏开发效益的矿种、矿区、矿段等，要采取切实有效的措施加以保护。要进一步加强对矿山企业资源利用情况的监督，加强开采回采率、采矿贫化率和选矿回收率的考核，总结推广矿山企业发展循环经济的经验和技术，指导、监督采矿权人综合利用矿产资源，鼓励矿山企业充分利用低品位矿石，加强对废石、废渣、尾矿的资源化利用。大力推广二次矿产品回收过程拆解分离、二次资源稀缺贵金属回收、尾矿综合回收、冶炼废渣资源化、矿产资源循环过程中环境治理等先进适用技术，进一步提高选矿和冶炼回收率。

（四）突出资源安全，努力提高矿产资源调控能力 一是继续抓好煤炭资源和非煤资源矿业权全面有偿使用制度改革工作。在完成煤炭资源有偿出让工作的同时，对现有的采矿权有偿取得情况进行调查，对无偿取得的采矿权分类提出处理意见，研究制定相应的配套制度并组织实施。

二是探索建立政府主导的战略资源收购储备制度和储备库。对于利用省“两权”价款形成的煤炭、铝土矿、钼矿、金矿、天然碱及深覆盖和低品位铁矿等重要、稀缺矿产的矿产地，经省批准可以进入储备库或协议出让给储备机构进行储备；对于民间投资形成的重要、稀缺矿产的矿业权、矿产地，也可以探索由政府出资收购或赎回并进入储备库进行储备；支持市、县政府设立投资公司，依法收购、储备矿业权和矿产地，组织开展勘查与开发；积极引导支持矿业优势企业、国有地勘单位在境内外收购和储备矿业权、矿产地，建立勘查开发基地，建立全球矿产资源供应体系，以确保我省资源供应的安全性和可持续性。

三是维护矿产开发地的群众利益。将矿产资源开发与改善当地经济条件相结合，积极探索农村集体经济组织将资源开发项目区内的集体土地使用权、地上附着物等作价入股参与矿产资源开发利益分配的路子，确保当地群众在矿产资源开发利用过程中长期受益。各市、县要从可支配的矿业权价款分成资金中拿出一定比例，用于改善矿区群众的生产、生活条件和解决其长远生计。要进一步增强矿业投资者的社会责任感，矿产资源开发企业应优先安排符合条件的当地劳动力就业。

（五）突出“地质找矿改革发展大讨论”，努力争取地勘行业改革发展取得更大突破 按照国土资源部3月31日电视电话会议的部署和要求，厅党组决定，从4月1日到8月底，在全省国土资源系统、地质勘查单位和相关科研单位、矿山企业、学会协会等深入开展“地质找矿改革发展大讨论”，厅已经制订了具体的实施方案，并在这次会上予以印发。这次大讨论既是我们积极应对当前金融危机、努力提高资源保障能力的一次重大行动，也是我省地质勘查行业深化改革、推进发展，突破体制机制障碍，取得更多制度性成果的一次重要机遇，必将对我省的地质事业和地勘行业改革发展产生重要而又深刻的影响。各单位一定要高度重视，精心部署，扎实推进，务求实效，确保各项任务顺利完成。

一是要明确目标任务。要通过这次大讨论，转变观念，提高认识，突破思想束缚，树立大地质、大服务、大支撑理念，切实消除“安于现状、墨守成规、自我循环”的思想观念，把思想认识统一到省委、省政府对国土资源工作“两保一高”的总体要求上来，统一到提升地质工作服务能力和促进地质找矿重大突破上来。要通过这次大讨论，系统总结我省地质找矿工作的经验、教训，深化对经济社会发展规律、市场经济规律、地质工作规律的认识，认真查找当前工作与服务经济社会发展和促进地质找矿自身改革发展不相适应的深层次矛盾。要通过这次大讨论，着力解决体制不顺、机制不活、创新和服务能力不强、队伍建设不到位等突出问题，进一步建立和完善适应市场经济和当前我省经济社会发展实际的地质勘查新机制。要通过这次大讨论，认真落实省政府“两转两提”的要求，克服习惯于项目管理、技术管理的传统惯性，从重微观管理走向重宏观管理，从重审批走向重监管，改进行业管理，规范矿业权市场，增强公共服务能力，提升业务技术管理水平。

二是要把握基本原则。要以解放思想为先导，以改革创新为动力，勇于冲破传统束缚，勇于突破固有模式，勇于闯出新路子，推动思想大解放，促进观念大转变，带动效能大提升。要把握正确的导向，以学习带动大讨论，比照中央精神、省委和省政府的要求找差距，结合社会需求查问题，在转变思想观念上狠下功夫，在落实改进上务求实效。要把查找问题、破解难题作为大讨论的出发点和落脚点，充分利用已有工作基础和研究成果，注重总结经验，注重探索实践，确保在解决省委和省政府重视、社会关注、基层关心的若干突出问题上取得实质性进展。要区分不同层次、不同领域，重点动员全省国土资源系统，全面发动地勘行业，广泛联系相关部门、矿业企业、科研院所、高等院校等，结合各自实际，抓住关键环节，各有侧重地组织开展学习讨论，分门别类地研究解决问题。

三是要抓好组织实施。这次大讨论从4月1日开始，到8月31日结束，共分准备动员、学习讨论、解决问题和总结完善四个阶段进行。为加强组织领导，厅已经成立了以党组书记、厅长张启生为组长、我为副组长、厅机关各有关处（室）参加的大讨论领导小组及其办公室，负责大讨论的组织协调和相关实施工作，并联系参加活动的各有关单位。各单位、各有关部门要高度重视，把组织开展大讨论作为今年的一项重要任务，列入计划，统筹安排，明确责任，协调推进。要充分利用报纸、广播、电视、网络等媒体和信息简报，形成多层面、多形式、立体化的宣传格局，正确引导，广泛宣传，及时报道活动进展情况，充分反映大讨论中产生的新思路、新举措。要把大讨论活动与推进全年工作紧密结合，努力做到两手抓、两不误、两促进。

三、确保各项保障措施落到实处

（一）积极构建矿产资源勘查开发管理新机制

以增强资源保障能力为目标，切实将矿产资源勘查开发管理工作纳入我省经济社会发展大局中统筹考虑，探索建立保障科学发展的长效机制。

一是按照国土资源部的要求，继续积极构建“中央、地方政府和企业相互联动，公益性地质工作、商业性矿产勘查和地勘基金有机衔接，地质勘查与矿产开发紧密结合，地质找矿与矿业权管理、地勘队伍改革协调配合”的找矿新机制，并按照新机制的要求，研究制定措施、安排部署工作。

二是建立包括省、市、县各级国土资源部门、各国有地勘单位和矿业企业在内的勘查开发共同责任机制。厅根据全省矿产资源规划和地质勘查规划，合理安排省级财政资金项目，加强对全省矿产资源勘查开发的监督管理；市、县国土资源部门要依法履行监管职责，维护勘查开发秩序，营造良好的市场环境，保障矿业权人合法权益不受侵犯。各地勘单位要组织精干力量，认真实施所承担的各类地质项目，按相关规定及时提交地质工作成果。各矿业企业要依法使用公益性地质资料，自主投资地质勘查和矿产开发项目，依法、依规取得矿业权，加快推进矿山建设，认真落实好节约集约和综合开发利用矿产资源的各项措施。

三是建立鼓励地质找矿的激励机制。制定地质找矿成果奖励办法和省“两权”价款项目成果分配办法，将国家出资项目的探矿权按一定比例划归国有地勘单位，鼓励地勘单位开展地质找矿科技攻关，逐步建立知识、技术、管理等要素按贡献参与勘查开采项目收益分配新机制，研究制定鼓励国有地勘单位与社会资本合资、合作、组建矿业公司或地质技术服务公司的优惠政策。

（二）进一步加强和规范地质勘查行业管理

一是加强地质勘查资质管理。要认真贯彻《地质勘查资质管理条例》，建立健全地质勘查市场准入制度，探索建立地勘单位执业诚信档案及评价体系，规范地质勘查资质申请和内部审批程序，认真做好年度地质勘查资质受理审批工作。设置资质管理“高压线”，对全省地质勘查资质利用情况进行监督检查。对地勘单位不按照地质勘查资质证书规定的资质类别或资质等级从事地质勘查活动的，或转包其承担的地质勘查项目的，允许其他单位以本单位名义从事地质勘查活动的，以及在委托方取得矿产资源勘查许可证或采矿许可证前为其进行矿产勘查活动等行为，要进行严肃查处，直至吊销资质。各地勘单位主管局要进一步加强对所属地勘单位的监管，其他具有地质勘查资质的单位更要严格自律，照章行事，以确保全省地质勘查行业管理纳入规范化、科学化的轨道。

二是规范地质勘查项目管理。进一步强化对省级“两权”价款勘查项目的监督与指导。省厅将按照地质工作的不同专业建立首席专家制度，由各首席专家组成厅地质工作专家咨询机构，作为常设机构负责对全省地质工作的统一部署提出意见和建议，对地质工作的立项、续作进行审查把关，对日常地质工作进行督查指导，对地质成果进行检查验收。各地勘单位主管局要切实负起责任，严格把好项目立项关、工作质量关和成果验收关，保证申报项目的质量，确保勘查成果的水平。今后，厅将根据项目成果情况确定“两权”价款项目的承担单位。

（三）稳步推进地质勘查行业改革发展 按照到2020年全国建成比较完善的社会主义市场经济体制的要求，加快推进我省地勘单位改革发展。各地勘单位主管局要按照国土资源部的要求，在坚持“戴事业帽子、走企业路子”的同时，积极探索新形势下地勘单位科学管理的有效模式，加快构建适应市场经济的组织体系，深化内部管理制度改革以增强动力，深化经营制度改革以增强活力，自觉增强在市场经济条件下生存发展的能力、实力以及紧迫感、危机感，变“要我改革发展”为“我要改革发展”。以正在进行的“地质找矿改革发展大讨论”为契机，做到找准位、定好位、不错位，以改革促发展、以发展保稳定，逐步走上可持续发展之路。

（四）努力提高矿产资源管理和服务水平 按照省政府的部署和要求，以推进“两转两提”和开展企业服务年活动为契机，进一步提高矿产资源管理和服务水平。

一是提高工作效率。进一步深化矿业权审批登记制度改革，系统修订矿业权审批登记流程，加快电子政务建设，完善审批登记管理系统，优化程序、减少环节、明确要求、反馈及时，切实提高矿业权审批登记效率。全省各级国土资源部门都要按照《河南省国土资源厅关于印发企业服务年活动实施方案的通知》要求，对“扩内需、保增长”所需的矿产资源需求，按照特事特办的原则，建立快速审批通道，实行“一对一”服务。要结合开展企业服务年活动，继续坚持对重点企业、地质勘查单位、矿业权人实行现场服务，及时解决矿产资源勘查开发过程中存在的突出问题。

二是增强服务功能。构建矿产资源信息交流平台，完善地勘行业信息报告制度、成果汇缴制度等，定期发布及时、有效的地质资料目录及相关地质信息，以满足全社会对地质信息资料的需求。充分发挥行业协（学）会在学术交流、科学普及、管理和联络等方面的桥梁纽带作用，为政府决策服务、为矿业企业服务、为经济社会发展服务。

三是营造良好工作环境。省、市、县国土资源部门要按照“积极主动服务，严格规范管理”的要求，依法履行监管职责，切实维护勘查开发秩序，为地质勘查和矿产开发营造良好的工作环境，保障矿业权人的合法权益不受侵犯。同时，要积极主动地帮助矿业权人解决生产经营中的困难和问题，积极主动地创造条件，帮助因金融危机影响而暂停探矿、采矿活动的矿业权人恢复作业和正常生产。为了便于联系，会后各有关市、县国土资源部门都要向社会公布服务热线电话，并同时报省国土资源厅。

四是加强政策指导。建立政事企沟通、信息交流、服务高效的联动机制，进一步加强对国家、省实施境外勘查开发相关政策研究，组织编写全省矿产资源勘查开发“走出去”战略实施指南，为省内各地勘单位和矿业企业开展省外、境外勘查开发提供宏观指导和服务。

（五）扎实做好矿产资源勘查开发基础性工作 一要加快推进矿产资源潜力评价工作，全面掌握我省矿产资源现状，科学评价未查明矿产资源的潜力。二要全面完成矿业权实地核查，摸清我省矿业权设置现状和存在的问题，科学调整和优化矿业权布局。三要扎实开展好储量利用调查，全面掌握我省矿产资源储量利用情况，掌控矿产资源储量家底，为进一步做好矿产资源规划、管理、保护和合理利用奠定基础。四要进一步强化科技对地质找矿的支撑作用，加强成矿理论的应用研究，继续在更大范围、更高层次上开展省际、国际交流与合作，开展与高等院校、科研院所的技术合作与交流，联合开展课题攻关，加强找矿与矿产综合利用关键技术的研究、引进与开发工作，大力推进省级工程技术中心和重点实验室的建设工作。五要切实加强科技人才队伍建设，探索优秀人才脱颖而出的体制机制，积极创造条件锻炼、造就一批能解决重大问题的高层次、复合型、领军型的专业带头人，为实现找矿新突破提供人才支撑。

（六）努力构建矿产资源勘查开发诚信体系

针对矿产资源勘查开发活动中存在的弄虚作假现象，厅已着手构建教育、制度、监督相结合的惩治和预防工作体系，并草拟了《河南省矿业勘查开发市场信用管理暂行办法》，要求对包括矿业权人、地勘单位、评审评估机构、评审评估专家等在内的矿业活动从业者建立诚信档案，规范从业行为，加强诚信管理。对在矿业活动中不顾职业道德、不讲诚实信用的单位和个人实行惩戒，轻者批评教育、责令暂停相关业务、降低或注销其相关资质或从业资格，对触犯法律的要移送司法机关处理。希望能通过加强道德自律、强化制度约束、实施社会监督等多方面措施，使广大矿业活动从业者“不愿”、“不能”、“不敢”违背职业道德和冒险弄虚作假。但愿通过我们的共同努力，能够争取在较的短时间内，使全省矿产资源勘查开发从业者的职业道德水平、诚实守信水平有明显提高。

同志们，矿产资源勘查开发管理工作艰巨而光荣。让我们在省委、省政府和国土资源部的正确领导下，以科学发展观为统领，认清形势，勇担使命，踏实苦干，奋发进取，努力提升我省矿产资源勘查开发管理水平，为实现中原崛起提供有力的资源保障。

（注：本文为郭公民在河南省矿产资源勘查开发管理工作暨地质找矿改革发展大讨论动员部署会议上的讲话）

认清形势 真抓实干
扎实做好全省国土资源系统信访稳定工作

河南省国土资源执法监察总队总队长　石昆山

（2009年5月27日）

经厅长办公会研究决定，召开这次信访稳定工作座谈会，原计划是开一个信访量大、信访任务比较重的部分市、县局信访稳定工作研讨会，后来经过厅领导决定，还是把18个省辖市局的同志都请过来，大家共同来分析形势，查找问题和原因，制定对策，明确要求。这也是本次开会的主要目的。

刚才书景同志通报了第一季度和4月的信访形势以及督查巡查情况，点名批评了近期进京上访反弹比较突出的市、县局；3个市局和3个县（市、区）局作了剖析发言。我认为，同志们的发言态度都很诚恳，分析原因和查找问题都很认真，下一步措施针对性比较强，说明大家都很重视。因时间关系，这里不再展开讲了。下面，我再强调几点意见。

一、要高度重视，认清严峻形势，进一步增强做好信访稳定工作的历史责任感和紧迫感

在全省国土资源信访稳定工作会议召开之后短短两个多月的时间内，今天又召开专题会议分析信访形势，研讨对策措施，充分说明了厅党组、领导对信访稳定工作的高度重视，尤其是对近期进京来省上访反弹明显的市、县十分关注和忧虑。关于省厅召开这次会议的目的意义主要是基于三个方面的考虑。一是要向大家通报第一季度和4月的信访形势及督查巡查情况。关于这个问题，刚才的通报已经讲得很清楚了，这里我想再用“三个迅速、四个转变、三个突出问题”概括第一季度的基本情况。“三个迅速”，其一是学习贯彻落实全省国土资源信访稳定工作会议精神行动迅速，其二是针对问题制定整改措施行动迅速，其三是调整加强组织领导、落实信访机构、健全信访队伍行动迅速。“四个转变”，其一是国土资源信访稳定工作由原来可有可无的边缘性工作，向国土资源管理工作的重要组成部分转变；其二是对群众信访问题的处理由原来只注重依法依规按程序处理，达到案结事了的结果就了事，向既依法、依规处理，又帮助解决实际困难，最后达到“息访罢诉、群众满意”的结果转变；其三是由单一的行政手段硬性处罚，向综合运用经济、法律、行政和思想教育感化等多种手段解决问题转变；其四是由单靠信访部门一家“单打独斗、孤军作战”，向注重部门协调、联合处理转变。“三个突出问题”，一个是近期进京、赴省上访和集体访数量反弹明显，必须引起我们的高度关注；第二个是基层信访工作人员的综合素亟待提高，有的不注重自身学习，工作方法简单，缺乏创新，有的作风粗暴，激化了信访人的情绪，造成越级上访；第三是个别单位的党委（组）和主要领导对信访稳定工作不够重视，没有把信访稳定工作摆上重要议事日程，有些分管领导不得力，协调处理问题的措施不过硬，抓落实的力度不到位。这三个突出问题是造成一些地方国土资源信访突出问题一直没有很好化解，信访稳定形势一直没有根本好转的主要原因。这是今天开会的第一点考虑，也是省厅主要考虑的一个问题，向大家通报当前信访稳定的情况，使大家明白各自信访稳定工作的实际地位和问题的严峻程度。

第二点考虑，就是认真分析当前国土资源信访工作的严峻形势。尤其是近两个月来，进京上访量有不断攀升的势头。这里我也想用“开局总体不错，形势依然严峻，任务十分艰巨”这三句话概括总的形势。2009年第一季度和4月的工作总体上应该说是开局不错，尤其是来省上访同比、环比都呈下降态势。同时，更应该清醒地看到，当前，我省国土资源信访的形势依然非常严峻、问题依然非常突出、矛盾依然非常尖锐，特别是第一季度和4月进京上访的情况不容乐观，同比呈现大幅攀升的势头。对此，厅领导高度关注，非常忧虑。从国土资源部第一季度的通报来看，虽然我省没有排在前五名，但我们掌握的实际情况并非如此，实际排位不仅在前五名，而且比较靠前，这个结果是经过做工作反映出来的，出现这种情况，你们这些信访任务繁重、信访总量较大的市、县（区）局，应该好好查找原因，认真反思一下。

第三点考虑，就是要进一步加强领导，端正态度，明确任务要求，采取过硬措施，狠抓工作落实，力保国土资源信访稳定工作再上新水平。这是我讲的第一个问题，即为什么要召开这次会议。

二、针对突出问题，认真分析原因，在解决实际问题和化解主要矛盾上狠下功夫

在3月2日的全省国土资源信访稳定工作会议上，为了鼓舞大家的干劲，坚定大家的信心，和儒厅长对2008年的工作成绩讲得多、问题点得少，表扬的话多、批评的话少。今天把大家召集过来，针对你们信访任务重、信访总量大的特点，我想主要讲讲问题，以提醒大家始终要保持清醒的头脑、保持政治敏锐性，从思想上真正引起更加高度的警觉。因为，目前我省国土资源信访稳定问题仍然比较突出，群访、重访，越级进京、来省上访甚至非正常上访时有发生，稍有懈怠，就会出现更大幅度的反弹。特别是乡（镇）、农村基层组织违法违规征占土地、买卖土地、租用土地所产生的矛盾纠纷呈多发态势，有的甚至可能会酿成突发性事件、群体性事件。据执法检查数据分析，目前，乡（镇）、村、组干部为违法主体的土地违法问题占50%左右，这个问题必须引起我们的高度重视。

认真分析目前我省国土资源信访总量高位运行，尤其是进京上访大幅反弹的原因，既有客观因素，也有主观原因。从客观上分析，当前，全球金融危机不断蔓延和加深，为了应对危机，国家和地方政府出台的关于“扩内需、保增长、保民生、保稳定”的政策措施比较多，短时间内投资规模巨大、工程项目众多、建设时段集中、落地要求紧迫、土地供需矛盾十分突出，加之一些地方领导科学发展观念淡薄、民生观念淡薄，为了出形象、出政绩，土地违法违规和损害群众利益的事件时有发生，激化了矛盾，造成集体上访、越级上访，形成了失地群众与政府的严重对立，造成了热点、难点问题的出现和社会不安定、不和谐因素的产生。这种情况也正是徐绍史部长概括的“两碰头、一忧虑”形势判断所预料的问题。

根据第一季度和4月《信访情况通报》数据分析，近期进京上访不断攀升的信访类型特点，一是违法占地类案件仍然高居榜首，占进京上访总量的50%以上，问题多发生在县、乡、村三级；二是因征地产生的矛盾纠纷，涉及群众利益、长远生计方面的信访问题仍然是群众关注的一个焦点，占13%；三是土地权属纠纷、探采纠纷、破坏耕地类案件占16%，问题多发生在乡、村基层组织；四是涉法、涉诉类问题占9%左右；五是举报基层干部作风纪律等其他方面的问题占12%左右。从信访问题发生的地域来看，主要集中在平顶山、南阳、安阳、焦作、郑州5个省辖市，其信访量占第一季度进京上访总量的62.8%。其中，5人以上的集体上访27起，占15.5%；重复上访15起，占8.6%。这两个数字说明，河南省集体上访和重复上访的比例还很大，群众反映的问题没有得到彻底解决。从另一方面说明，我们的作风还不够扎实，我们的工作还没有做到家，我们制定的制度和措施还没有真正落实到位。

从主观上分析，我总结主要有以下五方面。一是少数基层国土资源干部工作作风有问题，综合素质低、思想认识有偏差、官本位思想严重，把自己置于群众之上。有的把上访群众看成是草民、刁民，对待群众提出的问题能推就推、能拖就拖，怕见群众、怕担责任；有的工作方法简单，不耐心宣传政策，该向群众解释的不解释、该公告的不公告、该听证的不听证、该征求群众意见的不征求群众意见，造成群众的误解和猜测；有的工作态度粗暴，甚至故意刁难群众，使本来能够解决的问题得不到解决或解决不到位、不彻底；有的缺乏工作责任心，信奉多一事不如少一事，遇事不做深入细致的思想工作，在基层完全应该解决也能够解决的问题，不予解决，以至于小事酿成大事、大事弄得不可收拾，造成越级上访或集体上访，甚至发展为群体性突发事件。二是少数信访干部工作不主动、服务意识差。对上访群众，该出意见书的不出意见书，该受理的不予受理，该立案的不立案、不查处、不告知，不按规定的时限、程序及时解决和答复群众反映的问题，使群众上访无门，逼着群众往上走。三是有些地方对土地违法违规行为执法不严，处理偏软和处理不到位是群众上访的又一原因。对一些地方以租代征、未批先占、批少占多等违法占地、非法批地、倒卖土地、粘土砖瓦窑反弹，群众对此反映强烈，导致上访上告。国土资源系统即使作出了处罚决定，申请法院强制执行，有些地方法院可能不受理、不立案、不执行，处罚形同一纸空文；有些地方移送公安部门的案件，公安部门不予受理等等原因，导致土地违法、违规者经济上没有付出代价、刑事上没有受到惩处，名声上没有受到影响，不足以服众，群众强烈不满。四是基层政府尤其是乡、村干部国土资源法规意识淡薄，独断专行，作风霸道，不按政策规定程序办事，随意出租、转让、倒卖土地，乱批、乱占宅基地，有的甚至与当地黑恶势力勾结，使群众反映强烈，民愤很大，直接导致不安定因素，成为群众上访的一个重要原因。五是我们还有个别单位的党组、领导思想上没有真正重视，没有把信访稳定工作摆上应有的位置。主要表现为机构不健全、编制不落实、人员不到位、设施不配套，工作条件简陋，不能适应信访稳定工作的需要，影响了正常信访工作的开展。截至目前，全省18个省辖市局已有14个信访机构独立设置，还有4个是合署办公的。有的领导对信访工作说起来行重要，忙起来不要；有的存在畏难情绪、厌倦情绪、松劲情绪；有的只注重表面现象，不善于从诸多纷繁的信访问题事项里面发现规律性、苗头性的东西；还有的重业务工作轻信访工作，把业务工作和信访工作割裂开来，这都是非常重要的原因。造成国土资源信访问题的原因还可以再列出一些，我看主要是以上这些方面。

胡锦涛总书记强调："发展是硬道理，是第一要务；稳定是硬任务，是第一责任。发展是政绩，稳定也是政绩"。我们应该清醒地认识到，信访稳定工作出了问题，必然会牵涉到领导大量精力，影响经济发展，工作效果最终也会大打折扣。这就要求我们各级国土资源部门和领导，务必端正态度，提高思想认识，增强政治敏锐性，增强做好信访稳定工作的紧迫感和责任感；务必关口前移、重心下移，真正沉下去，特别是"一把手"和抓信访工作的分管领导干部，要深入基层，深入现场，深入群众，真抓实干，搞好摸底排查和矛盾纠纷化解工作，加强调查研究工作，找出信访突出问题，分析具体原因，切实逐一解决，真正把做好国土资源信访稳定工作放在心上、抓在手上、落实在行动上。

三、强化工作责任，狠抓制度落实，切实解决突出问题和化解积案，促进全省信访稳定目标的全面实现

关于今年全省国土资源信访稳定的工作任务和要求，和儒厅长在3月2日的信访稳定工作会议上已经讲的很多、很具体了。下面，我就针对近期出现的问题和特点，结合下一步的工作任务，围绕"强化三种责任"、"落实三项制度"、"实现三个目标"讲几点具体措施和要求。

（一）强化三种责任 周永康同志强调指出："没有责任追究，就没有责任制的落实；没有责任制的落实，就没有罢访息诉的可能。"因此，今年我们必须在责任追究落实上动真的、来实的。一是要强化领导责任。各市、县国土资源局都要建立"一把手"亲自挂帅，班子成员一名副职领导直接分管信访稳定工作，都要参照省厅领导和先进市、县局管理信访工作的模式，其他领导按"一岗双责"的要求，对分管范围内的信访稳定工作负领导责任。同时，各级国土资源部门尤其是领导干部，都要把信访稳定工作摆上应有的位置，要与国土资源管理工作一同研究、一同部署、一同检查、一同考核并严格奖惩。要认真落实单位主要领导干部亲自阅批群众重要来信、分片包案、带案下访、定期接访等各项措施，积极化解矛盾，努力解决群众合理诉求。为了进一步强化信访稳定责任追究，省厅最近出台了豫国土资发〔2009〕67号文，规定很明确、很具体。今后，对于对信访责任目标完不成任务、工作绩效差、信访事项合理投诉多的单位，省厅就要按照这个问责办法执行，要视具体情况和情节，该通报的就通报、该批评的就批评、该谈话的就谈话、该停办受理国土资源事项报件的必须停办。最近省厅就对个别县（市、区）实行了土地限批措施，相关责任人也受到了处理。二是要强化初信、初访的责任。初信、初访和电话举报是解决信访问题的第一道关口和闸门，这就要求我们领导干部和信访工作人员，务必要高度重视初信、初访和电话举报工作，加强解决初信、初访和电话举报信访问题的责任和意识。如果这道关口和闸门把好了、把住了，越级上访、重复上访、集体上访的问题就能得到根本的解决。如果把不住、把不好，不能引起我们重视的话，就势必导致群众的怨气和怒气，逼着上访人员往上走，造成大量的越级访和重复访。我相信，我们在座的大多数是从农村出来的，一定不要忘本，多从群众利益的角度出发处理问题，真正带着感情对待信访群众，像处理自己的事情一样解决信访问题。因此，我们信访工作人员对待上访群众，一定要拿出应有的热情和诚意，该受理的案件一定要按规定受理，通过调查核实，该出意见书的必须要出意见书，按照规定的时限、程序及时答复群众反映的问题，把矛盾、纠纷消除在萌芽，解决在当地。三是要强化事要解决的责任。解决信访问题的根本目标是停访息诉，停访息诉的前提和基础是解决好上访人员反映的合理诉求。因此，我们必须要高度重视“解决问题”这个关键环节，要坚持“群众利益无小事”的宗旨，千方百计，多策并举，下大功夫、下真功夫，综合运用多种手段、协调多个部门、利用多种资源，真心解决好上访人员反映的问题。我们都要换位思考，如果我们自己的利益被别人侵害了，生活没有了着落和保障，我们能会心甘情愿、听之任之、平安无事的生活吗？在“解决问题”的过程中，一定要多做“有理推定、有责推定、有解推定”的工作理念，坚持政府让利于群众、强势让利于弱势、上级让利于下级，做到“天理、国法、人情”有机统一，要充分利用“信访积案化解年”和“复查复核年”活动的契机，竭力为群众解决问题，最终实现“案结事了、停访息诉、群众满意”的目标要求。

（二）坚持三项制度 一是要坚持定期分析研判制度。我们一再重申，省辖市局每月、县（市、区）局每半月、乡（镇）所每周，必须分析研判一次本辖区内的信访稳定形势，研究部署工作，协调矛盾，解决问题。对可能引发群众上访的苗头性、倾向性问题进行全面、深入排查，纵到底、横到边，不留死角，做到底数清、情况明。对排查出的矛盾纠纷，要认真制定工作台账，逐案明确工作责任，落实到具体单位包案领导和责任人员，重点案件必须集体会审，集中精力解决，确保把问题解决在当地，解决在基层和萌芽状态。二是要坚持领导包案制度。对重大信访问题，省、部交办案件和上级领导批示的案件，各市、县局都必须认真落实领导包案制度。领导对所包案件要实行“五包”责任制，即“包掌握情况、包解决困难、包教育转化、包稳控管理、包依法处理”。落实“四个亲自”，即“亲自走访当事人、了解具体情况，亲自组织召开协调会、拿出解决意见，亲自回访信访人、做好思想工作，亲自抓督办落实、确保案结事了”，从而实现“零积案”的要求。三是坚持案件回访制度。各市、县国土资源局都要建立重大信访问题，省、部交办案件和上级领导批示的案件回访制度，重点要对依法、依规处理到位，群众仍然不满意的案件，“结而不服”的案件，历史遗留疑难案件等坚持以人为本、以理服人、以情感人，按照省委“两查一访”的工作要求，逐案、逐件进行回访，做到事事有回音、件件有落实，真正解决好关乎民生、关乎稳定、关乎国土资源部门公信力的信访问题。

（三）实现三个目标 一是要高标准兑现省委、省政府关于信访稳定工作责任目标和省厅对各市局下达的信访稳定责任目标。对这个问题，年初，张启生厅长是代表省厅向省委、省政府递交了责任状和承诺书的，省里是要兑现的，省厅也是要严格考核兑现的。二是要下力气实现全年进京上访排在全国第6名以后的目标。三是实现全年省、部交办的案件以及领导批示的案件结案率100%，群众满意率85%以上的目标。这三个目标是一致的，也是互为一体的，全省各级国土资源部门、全体干部职工、特别是领导干部，一定都要站在讲大局、讲稳定、讲政治的高度，为实现这个目标出谋献计，群策群力。实现这三个目标，我认为必须在三个方面下功夫：一是在贴近群众上用真情。“理念决定出路，方法决定效果，细节决定成败”。就是要把群众的冷暖、诉求、利益时刻放在心上、抓在手上，积极主动地解决群众反映的实际问题，让群众的“苦”在推心置腹中得到倾诉，让群众的“怨”在春风化雨中得到消融，让群众的“难”在爱心滋润中得到排除。要学会和善于综合运用法律、行政、经济、教育等多种手段，有效推进“案结事了，息访罢诉，群众满意”目标的实现。二是在化解矛盾上用真心。要体现超前性，本着“抓早、抓小和抓苗头”的原则，坚持预警在先，教育在先、调解在先、稳控在先，有效防止问题的积累和矛盾的激化。要体现灵活性，坚持把原则性和灵活性有机结合起来，通过亲情感化、帮扶救助等多种途径，赢得群众理解。要体现人本性，坚持群众至上的观点，真心为群众解决问题。三是在工作落实上用真劲。主要是做到“四抓”：一要抓机制，做到长效管用，使信访稳定工作走向规范化、科学化、长效化的健康机制；二要抓协调，做到合力攻坚，形成地方党委、政府主导，部门协调，统筹兼顾，各负其责，齐抓共管的信访工作格局；三要抓根本，做到案结事了，群众满意，坚持标本兼治，从注重走完程序向群众满意转变；四要抓源头，做到预防在先，坚持重大问题实行信访评估制度，力争从源头上预防和减少矛盾问题的发生。

最后，我再强调一个问题，以科学发展观为统领，妥善处理好“保增长、保红线”与“保民生、保稳定”的关系，耐心、热情做好上访群众的政策宣传解释工作，以实际行动贯彻落实党中央、国务院关于“拉内需、促发展、保增长、保民生、保稳定”的重大决策部署。“保增长、保红线”是国土资源部学习贯彻科学发展观，在世界金融危机不断加深的特殊时期提出的特殊措施和要求，我们必须认真贯彻落实。“保增长、保红线”与“保民生、保稳定”是互为促进、互相发展的辩证统一体，我们必须要以“三个代表”和科学发展观的战略思想为指导，以求真务实、真抓实干的作风抓好落实。“保增长”是“保民生、保稳定”的基础和前提、是第一位的；“保民生”是“保稳定”的基础，“保增长”的动力；“保稳定”是“保增长”和“保民生”的前提和基本条件，没有“稳定”就不可能有“增长”，只有“稳定”了，“增长”才有可能，人民才能安居乐业，得到实惠。“保增长”是我们国家解决各种问题的基础条件，但决不能打着“保增长”的幌子和借口，任意践踏“红线”、超越“红线”。“保增长”必须符合客观规律，符合科学发展、可持续发展的需求，任何违背规律、破坏“红线”、损害群众利益、造成不稳定因素的“增长”都是不得民心的，更不可能是长久的。只有让群众得到更多实惠，生活安居乐业，享受更多社会经济发展的成果，群众才能强力支持和拥护，社会经济才能又好又快地持久发展、可持续发展。同志们，当前，我们要紧密结合正在深入开展的学习实践科学发展观教育活动，“讲党性修养、树良好作风、促科学发展”教育活动和“双保”行动这三大活动，进一步破解信访稳定和执法监察两大难题，进一步提升我省国土资源信访稳定和执法监管工作水平。信访稳定工作作为国土资源管理工作晴雨表，能不能抓好，实际上是各级国土资源部门领导班子工作能力、执政能力、处理复杂问题应变能力和综合工作水平的一块试金石。我们广大党员干部，一定要从立党为公、执政为民、关注民生、构建和谐的高度，承担起庄严的历史使命和政治责任，切实做好信访工作，努力促进稳定和谐。决不能因为我们国土资源工作没有做好而拖全省的后腿，更不能因信访工作没做好拖全省国土资源工作的后腿，决不能给河南的形象抹黑，决不能让河南的经济社会发展由于我们的工作不力而受影响，要以实际行动向新中国成立60周年献礼。

（此文为石昆山在全省国土资源系统信访稳定工作座谈会上的讲话摘编）

以科学发展观为统领推进测绘事业新发展

河南省国土资源厅党组成员，河南省测绘局党委书记、局长 贾志伟

（2009年1月19日）

今天，我们在这里召开新年度局系统工作会议。会议的主要任务是，传达贯彻李克强副总理对测绘工作的重要批示和全国测绘局长会议精神，回顾总结2008年的工作，表彰先进，分析当前形势，理清发展思路，安排部署2009年的工作任务。下面，我代表局党委讲4个方面的情况和意见。

一、2008年工作回顾

2008年，我国大事多、急事多、难事多。这一年我们在省委、省政府和省国土资源厅党组的正确领导下，全局干部职工上下同心，认真应对，团结拼搏，各项工作取得了明显成效。主要表现在七个方面。

（一）组织开展两大思想教育活动，推进测绘事业科学发展的理念进一步深化 2008年下半年，按照省委要求，我们在全局先后开展了解放思想大讨论、学习实践科学发展观的两大思想教育活动。从整体情况看，活动达到了预期目的，取得了良好效果。主要体现在4个方面：一是全局干部职工的思想得到进一步解放，观念得到切实转变。想发展、谋发展，推动测绘事业科学发展、快速发展的理念进一步确立。二是党员、领导干部改革创新的意识普遍增强。逐步明确了我局破解六大难题、建全六项机制的改革创新重点、难点，初步废除了“五重五轻”观念，强化了“四种意识”和自觉提高了“五种能力”。三是抓紧落实，快速行动。针对牵涉全局的基础测绘单位财政差额供给、测绘管理执法体制不顺等重大问题，形成了专题报告，并积极主动向上级领导和有关部门反映，已征得了领导的初步关注和重视。四是在广泛征求意见、深入调研的基础上，局党委召开了专题民主生活会，并形成了《关于贯彻落实科学发展观情况的分析检查报告》。各部门、各单位也找出了自己工作中的差距，并通过深入分析原因，明确了今年的工作思路和发展方向，推动和促进了当前工作。目前，局机关已确定要办好12个方面的实事，我们有决心、有信心，在群众的支持下，把这些实事办好，尽快得到落实。

（二）突出市场监管和专项治理两个重点，测绘依法行政能力得到加强 国家测绘局在我省首次召开了全国市、县测绘管理工作现场会，我局被授予“全国测绘管理先进单位”，并在大会交流经验。我们以此为契机，及时在豫南、豫北两个区域分别召开了测绘管理工作座谈会，深入贯彻全国会议精神和国务院、省政府关于加强测绘工作的意见，专题研究部署测绘统一监管工作，促进了市、县测绘管理机构建设和工作职责落实，对提高我省测绘依法行政水平产生了重大影响。在全省依法行政体系的建设方面，制定出台了《河南省测绘局关于加强县、市测绘管理工作的意见》，举办了两期县级测绘依法行政培训班，并颁发了执法证书，进一步奠定了全省行政执法的基础。在加强测绘统一监管工作中，我们严把测绘资质年度注册和审批关，对全省556家测绘资质持证单位分别给予了注册、缓期注册和不予注册。对外国人来华、来豫测绘行为，我们高度关注，并及时指导洛阳市测绘主管部门查处了美国人未经许可擅自在嵩县进行非法测绘的案件，起到了很好的震慑作用和教育效果。在贯彻落实国家局关于加强质量管理若干意见的过程中，我们组织开展了对全省甲级测绘单位2005~2007年完成的重点工程项目的质量监督检验。在我省“炎黄二帝祭祖大典”、“2008年中国国内旅游交易会”、“第26届洛阳牡丹花会”等几项重大活动前，联合有关部门组织了全省地图市场执法检查，共查出“三无”地图1000多份，没收“三无”

地球仪63件。建立健全了以省政府副秘书长挂帅的地图市场监管协调指导机构，首次开展了全省互联网地图和地理信息服务违法违、规行为专项治理行动，对全省1000多幅静态地图和26家矢量地图网站逐一排查，62个有问题网页全部清理或整改，对4家违规网站实施了关闭措施。通过强化市场监管，进行重点治理，不仅进一步净化了测绘市场和地图市场，互联网地图和地理信息服务行为也初步得到规范。

（三）抓好基础测绘工作，地理信息资源得到丰富 2008年，我局紧紧围绕中原城市群、新农村建设等战略重点试点项目，积极稳妥推进全省基础测绘。共下达基础测绘项目经费3266万元，比上年增长1061万元。测制了南阳等市1∶1万部分无图区第一轮更新及郑州、开封等6个市的1∶1万第二轮更新图约850幅，完成了1∶1万数据库建设611幅，基本完成了郑州、开封、洛阳、南阳、周口、信阳等市的D级网建设，为土地二次调查提供了基础条件。完成了《河南省地图集》等图册（集）的编制出版，“河南地图网”建设初具规模。在数字城市建设方面，我们指导平顶山、郑州做好“数字城市”的地理信息数据源基础测绘和数据库研发工作，搞好地理空间框架公共服务平台及三维空间大地基准项目建设等试点工作，完成了“数字平顶山”1∶2000、1∶5000建库和矿产资源专题地理信息系统研建工作；完成了“数字郑州”1500平方千米大比例尺航空摄影、D级GPS网与CORS站网建设工作，1∶1000地形图航测项目即将启动。同时，加大了服务新农村建设的力度，逐步探索测绘服务于新农村建设的新路子，选择鹤壁、平顶山、驻马店等八个市的27个城镇列入省级试点，省局投资约340万元，县、乡投资约400万元，共同推进“数字城镇”的试点工作。组织开展了王屋山、石人山、云台山三座名山测高工作，相关数据已上报国家测绘局。完成了中原城市群51个县(市)平面图更新调绘和我省第二轮土地大调查DOM制作609幅，对全省1∶5万勘界资料更新任务的生产，也完成了验收。通过“数字城市”、“数字乡镇”和“一镇一图”等试点项目的带动，开辟了数字区域建设的有效途径，密切了省、市、县、乡测绘部门与政府的联系，丰富了我省地理信息资源。

（四）积极服务经济社会发展大局，测绘保障和应急服务能力明显提高 2008年，我局服务经济社会发展的意识普遍增强，能力明显提高。根据省政府编制粮食生产战略工程河南核心区建设规划、主题功能区规划、产业集聚区规划等要求，我局及时提供位置图、分布图等图件近万幅，积极服务于全省重大的工农业生产战略布局。为配合省政府做好应急指挥测绘保障工作，我局派出政治素质高、业务技术精的同志常驻省政府应急办，及时了解政府需求，主动跟进服务；我局还与中国测绘科学研究院密切合作，为省政府成功研建了“遥感影像三维地理空间信息应急指挥服务系统”，在全国省级政府属于首创。在四川汶川抗震救灾工作中，我局积极主动地为省委、省政府及有关部门提供地震灾情图、灾区交通图等系列图种，为领导科学决策、救援人员赶赴救灾提供了有力测绘保障。在支持灾区恢复重建中，我局派专人到国家测绘局、基础地理信息中心和四川省测绘局，搜集灾区抗震救灾地图、四川地震灾区地图、江油市行政区划图及卫星影像图等1000多幅，把相关基础测绘图件、数据，提供给全省各地区及有关部门支援灾区时使用。兰考、封丘两县由于地界不清发生群众集体上访和械斗事件后，我局采取测绘先进技术准确测定了争议地区的基础地理信息数据，为省政府制定解决方案提供了可靠的测绘依据。与此同时，我局还积极服务经济建设热点，面向全省共提供测绘成果服务284起，纸质地图6703张，大地成果点801个，航片352张，成果数据2.9万兆字节，较好地保障了全省经济社会的快速发展。2008年，我们还狠抓了保密工作，组织开展了全局的计算机保密检查，对536台涉密和非涉密计算机、70个涉密和非涉密介质进行了全面检查。并按照国家加强涉军测绘管理工作的要求，开展了保密专项检查，确保了国家安全。2008年，我局被省保密委评为全省保密先进单位。

（五）认真组织科技攻关，科技创新成效明显 2008年，我局不断完善了推进测绘科技进步的各项制度，采用多种激励措施，进一步提升了科技攻关及创新能力。一是及时指导郑州市构建了覆盖全市域的连续运行卫星定位站网，并先期成功应用于第二次国土资源大调查中。二是通过河南省电子政务空间地理信息系统，以及多种专题GIS的研建，着力打造了信息化、智能化和网络化的新型数字化测绘技术体系。并积极探索涉密测绘成果在社会化服务中的开发应用途径，使我局成为全国第一批地图保密技术处理试点单位。三是不断加强与高校、测绘科研院所及国家重点实验室的科技联合，进一步提高科技攻关能力。四是重点研发的“河南省测绘成果目录网上汇交发布管理系统”软件，为政府部门、社会团体及公众查询测绘成果信息提供了便捷平台。五是实施科技立项制度，加强对科研项目的攻关指导，局属生产单位科技创新能力进一步提高。六是结合生产实际，注意做好科技成果的推广、应用和转化工作。及时解决技术难题，有效促进了1：1万数字化成果的社会化应用。七是认真组织了“两奖”评选工作，共评出河南省测绘科技进步奖11项、省优质测绘成果奖65项。并有一项获国家测绘局和中国测绘学会测绘科技进步奖，《河南省旅游交通系列地图》获全国地图作品裴秀奖银奖。今年是我局历史上获奖项目最多的一年。

（六）加大测绘市场开拓力度，整体经济效益实现新的突破 2008年，尤其下半年以来，国内外经济形势发生剧烈变化，测绘生产经营面临新的不利因素。局属各单位不断解放思想，千方百计开拓市场，较好地完成了各项经济指标，实现了新的突破。工程院以基础测绘为主线，积极承揽省内外测绘项目，全院创人均产值9.6万元，在职人均收入达3.9万元。遥感院坚持以科学发展观为指导，注重搞好开放性经营，搞好项目质量管理，全年完成测绘产值2700万元。地图院积极服务全省大局，发扬测绘人艰苦奋斗精神，及时为省委、省政府、民政厅、省教委等单位编印各类专题地图和答题卡，并积极参与全国第二次土地调查的项目竞标，实现产值1200万元，较去年同比增长50%。信息中心在确保局指令性任务按期完成的同时，积极搞好应急服务和参与全省重大工程建设，全年共完成市场合同1000余万元。质监站充分发挥质量监督检验职能，全年共检定各类测绘仪器 2260台，实现创收110万元。职工中专开拓创新，主动搞好培训服务，先后举办或联办了土地调查、坐标系统转换、测绘工人等级岗位培训考核等多期培训班，并对工程测量等4个工种进行职业技能鉴定，不仅创造了经济效益，也为构建高素质的测绘队伍打下了基础。后勤服务中心积极围绕工作大局，做好后勤保障服务，不仅在家属区更换树种，绿化了生活环境，还狠抓节能减排，搞好各种维修服务，并圆满完成了向灾区运送急需测量仪器的救灾物资任务。

（七）以开展各项活动为载体，党建和精神文明建设取得新进展 按照省委统一部署，积极开展党建活动。今年，我局在组工干部中开展了“讲党性、重品行、作表率”主题教育活动。组织评选表彰了全局“十佳优秀共产党员”，党员的先锋模范作用得到较好体现。新老班子顺利衔接，各项工作健康、有序进行。党风廉政建设进一步加强，各项廉政教育活动扎实开展。组织干部职工开展献爱心活动，为四川汶川地震灾区捐款1.8万多元，党员交纳“特殊党费”15.8万余元。组织甲级测绘单位筹资36万元，为灾区购买急需的测量仪器，派车送往江油市，以实际行动支援灾区。抓好人才队伍建设，评选青年技术带头人10名，审查评定职称资格203人，培训考核技工、技师391人，解决了146名外业一线职工浮动固定薪级工资问题。大力开展学术交流活动。配合中国测绘学会组织了“地球空间信息学和信息化测绘学术研讨会”，举办了“河南省测绘学科青年教师讲课竞赛”活动。先后召开了矿山空间信息技术国家局重点实验室学术委员会会议、晋冀蒙豫四省区测绘质检工作交流会、河南省测绘学会房产测绘专业委员会成立大会和学会七届二次、三次理事会，促进了学术思想的充分交流，推动了测绘技术创新工作。今年，我局还在省以上主流媒体刊播新闻120多篇；在新华网、人民网、国家测绘局网站等登载政务信息200多篇；局记者站获得“全国先进记者站”称号。

2008年，我局各项工作虽然取得新的进展，但还存在一些不容忽视的问题。一是测绘统一监管还较薄弱，市、县机构体制机制不够健全，权责制度不够明确完善，测绘执法体系尚未理顺；二是省级基础测绘单位财政差供的体制性障碍日益突出，包袱沉重，造成省级基础测绘队伍经费投入严重不足，制约测绘事业发展；三是基础测绘任务完成情况与政府规定的更新周期差距过大，地理信息战略性资源短缺，现势性不强；四是人才结构不尽合理，高层次技术人才缺乏，后续发展乏力。

二、认清形势，统一认识，扎实做好2009年

工作

目前，我国经济社会发展面临21世纪以来最为困难的局面。中央和我省审时度势，沉着应对，采取了一系列积极、有效的应对措施，经济运行态势仍然较好。2008年，我省GDP仍然保持了两位数的增速。测绘作为国民经济的基础性行业，目前受到的影响和冲击还比较有限。但是，我们也应当清醒地看到，当前的形势还很严峻，我国经济下行仍在持续，经济危机对测绘工作的传导影响还有待观察。对此，我们既要认识到面临的困难与挑战，又要充分认识到可供利用的有利条件和优势；既要清醒看到经济动荡对测绘带来的负面影响，又要看到“保增长，扩内需，调结构”为我们带来的机遇和动力。应当说，测绘作为经济社会发展的保障性行业，目前面临的五个有利条件仍然没有变。一是各级政府对测绘工作的重视程度没有变。国务院下发了《关于加强测绘工作的意见》，为测绘事业的发展指明了方向。2008年初，省政府也及时下发了《关于贯彻国务院〔2007〕30号文件切实加强测绘工作的意见》，对于提升我省测绘工作的定位提供了政策依据。1月12日，李克强副总理在全国测绘局长会议召开前，对测绘工作作出了重要批示。二是经济建设和社会发展对测绘的强劲需求没有变。为了应对全球金融危机和经济下滑，国家加大了对农村和铁路、公路、机场等重要基础设施的投入，测绘作为经济建设的先行，战略机遇客观存在。同时，近年来，政府在进行宏观调控、开展省级以上重大项目建设时，测绘作为领导成员单位参与其中，有些甚至是副组长单位，测绘工作的重要地位突出显现出来。三是人民群众对测绘的旺盛需求没有变。人们在出行、物流运输、旅游、居家生活等方面对车载电子导航地图、手机定位、互联网地图的需求日益强劲，对各种地图新产品的需求增势不减，进一步推动了地理信息产业的发展，为产业升级、转移提供了机遇。四是测绘事业快速发展的强劲势头没有变。航空航天遥感技术的发展速度越来越快，空间卫星定位、数字摄影测量网格、影像处理等技术的应用越来越广泛，测绘与电子计算机、现代通讯技术的结合，极大地拓展了测绘发展的空间。五是政府对基础测绘的投入没有变。近年来，财政对基础测绘项目的投入力度逐年加大；同时在“保内需、扩增长”和“一个载体、三个体系”建设中，又会为我们提供新的机遇。

综合各方面因素，总体上看，当前测绘工作是机遇与挑战并存、困难与希望同在。我们既要保持清醒头脑，充分估计困难和挑战，又要学会辩证思考，顺势利导，增强工作信心，克服消极情绪。在统一认识中危中寻机，在知难而进时变压力为动力，推进河南测绘事业又好又快发展。

为了确保2009年工作任务的胜利完成，我局今年测绘工作的总体指导思想是：以科学发展观为指导，按照党的十七大、十七届三中全会精神要求，全面贯彻落实国务院、省政府加强测绘工作的意见；坚持服务大局、服务社会、服务民生；坚持抓机遇、求突破、保增长、促发展；坚持着力完善体制机制，强化测绘统一监督，加快基础测绘步伐，丰富地理信息资源；坚持优化人才结构，推动测绘科技创新，提高测绘保障服务能力。为促进我省经济社会平稳较快发展，努力开创我省测绘工作的新局面。

三、2009年主要工作任务

（一）以经济增长为主题，服务我省经济发展

2009年，全党、全国的头等大事是保增长、扩内需、调结构。国家局要求各级测绘部门充分发挥资源优势、技术优势和人才优势，保证拿出优质的地理信息资料数据，提供先进的测绘技术支撑，为各级政府的宏观决策部署、国家和地方的重大工程建设等提供快速、有力的服务保障。要认真按照国家局的要求，加快调整我省测绘生产力布局，把项目更多地调整到现实需求上来，把建设更好地放到公共服务上来，把产品更快地转到有利于民生上来，把资金更有效地用到扩大内需上来，把工作重心切实落实到促进发展上来。为此，我们一是要切实服务好我省提出的以产业集聚区为重要载体，加快构建现代城镇体系、现代产业体系和自主创新体系的建设。这给测绘工作带来了难得的机遇。因为“一个载体，三大体系”，归根结底都必须要落实到空间、土地和项目上，而这些工作的前期都离不开测绘。二是找准结合点，落实项目，搞好调整。在促进城市和农村统筹发展、城镇化与工业化互动融合方面，做好基础性测绘工作。在城市与产业发展有机结合的“产城一体”，城镇和乡村区域整体规划，城乡基础设施配套建设，统筹城乡用地与城镇化发展，重大交通、能源、水利基础设施规划，建

设用地与耕地保护，保障重点区域和重点项目用地等方面，寻求测绘发展空间，寻求测绘与工业化和城镇化的有机结合。三是要“危”中寻“机”，谋求自身快速发展。优化队伍结构，降低测绘生产成本，抓住机遇，加快实施已经启动的重大测绘工程，使其尽早发挥效益。加快论证启、动新的重大测绘项目，促使我们的技术力量、装备水平、队伍能力、服务质量、保障程度得到全面提升。

（二）以贯彻落实《意见》为契机，推进全省测绘工作上台阶 《国务院关于加强测绘工作的意见》是指导新时期测绘工作的纲领性文件，为今后一个时期测绘事业的发展指明了方向，体现了党和国家对测绘工作的高度重视和关怀。为此，今年，我们要提请省政府在适当时候召开全省测绘工作会议，深入贯彻《意见》精神，进一步明确新时期我省测绘工作的方位，推进全省测绘工作再上新台阶。要通过对“九五”以来测绘事业发展状况的认真回顾，总结经验教训，理清工作思路，提出今后一个时期测绘工作的总体指导思想、发展目标和工作任务，全面提升测绘为河南经济社会发展提供保障服务的能力和水平。要通过评选表彰先进单位和先进个人，大力宣传和弘扬“爱祖国、 爱事业、艰苦奋斗、无私奉献”的测绘精神，树立行业先进典型，增强测绘职工荣誉感和工作责任心，提升社会对测绘工作的认知度。

（三）以健全体制机制为突破，提升测绘统一监管能力 建立健全市、县测绘行政管理体制，确保测绘管理职责落实到位，是全面提升我省测绘管理水平的重要保证。2009年，我们要结合河南实际，健全和完善市、县测绘管理体系，落实行政管理机构和执法队伍。要指导各市建立市级基础地理信息中心，承担基础测绘成果资料管理和分发服务职责，为测绘统一监管提供有力技术支撑。要认真落实我省豫南、豫北两个测绘管理工作座谈会精神，深入基层，加强指导，将其列入年度考核目标，督促各市抓好落实。要抓住省、市机构改革的时机，借鉴外省经验，不失时机地与相关部门多交流、多沟通，力争在政策上得到支持。要调动市、县测绘主管部门的积极性，在测绘管理体系建设上争取有实质性进展。要建立我局7项行政许可的评价机制，对行政许可实施过程中的审批事项进行评估，进一步优化行政许可行为，提高行政许可效率。要根据国家测绘局拟定的测绘立法计划，结合我局实际情况，陆续制定和出台测绘成果管理、基础测绘管理等方面的法规或规范性文件。2009年，我们还要积极配合省人大环资委，做好测绘执法情况的监督检查和调研工作。

在搞好测绘统一监管，确保测绘市场健康、有序发展方面，我们要做好以下工作。一是强化资质管理。新一轮的复审换证要按照国家测绘局修订后的标准进行，通过资质复审换证，提升测绘队伍整体实力。进一步完善测绘资质管理措施，适时修订丙、丁级测绘资质标准，加强对从事测绘活动单位和从业人员资质、资格的管理。抓好监督检查，经常组织对在我省从事测绘活动的单位进行巡查，把握事前市场准入、事中过程检查和事后产品验收三个环节，对发现的问题记入其不良信用档案。健全测绘市场长效监管机制，加强测绘市场的社会化管理。健全明察暗访、突击检查、重大事项急事即报制度。建立测绘任务备案发布制度，把测绘任务备案，列入各级测绘主管部门的年度目标，按项目登记造册，分季上报，省局则将备案情况按季在全省公开通报。二是要加强互联网地图和地图市场监管。充分发挥国家版图意识宣传教育和地图市场监管协调指导小组的作用，加强工作协调和配合，形成地图市场监管合力；充分利用国家测绘局监管系统，继续抓好互联网地图监管，巩固和扩大专项治理工作成果；依托局网站并借助省内主流互联网媒体，多形式、多渠道开展国家版图意识宣传教育，进一步普及地图和测绘法规知识，提高公民国家版图意识。三是坚持集中检查和日常巡查并重，在重大节假日和全省重大活动之前，对地图市场进行集中检查，强化地图市场监管。四是加强测绘基准管理。提高对测绘基准和基础设施建设管理重要性的认识，依据有关测绘法规，严格项目的审核程序，加强各项审批管理；要规范建设行为，保障涉密安全。对使用财政资金建设的全球导航卫星连续运行参考站网，在批准立项前严格把关，以避免重复投入造成浪费。指导和督促各省辖市测绘主管部门进一步落实和强化这方面管理职责。五是加强测绘项目招投标管理。这既是搞好廉政建设的需要，也是测绘行政主管部门实行市场监管的重要内容。要健全和完善测绘专家库，为测绘项目招投标提供人才支持。要建立测绘项目招投标资质审验制度，测绘单位在测绘主管部门资质审验批准后，方可进入竞标程序。除涉及国家安全和保密的测绘项目外，使用政府资金数额在30万元以上及其他必须招标的测绘项目，应当按照国家规定，通过招标方式确定承包方。要积极与省招标办沟通情况，力争把测绘项目招投标列入省招标办监管内容。六是理顺并完善测绘成果管理机制，确保测绘成果使用安全。积极开展全省测绘成果保密法律法规培训，增强测绘单位领导和成果管理人员的法规意识，提高测绘成果使用单位维护测绘成果安全的自觉性。重新确认《基础测绘成果使用证明函》出具部门，逐步完善和理顺测绘成果归口管理关系，条件成熟时召开省直及中央驻豫单位测绘成果归口管理工作会议，明确工作职责，加强业务指导，完善测绘成果使用审批和统一监管工作机制。坚持集中检查和日常抽查相结合，确保测绘成果保管和使用安全。

（四）以试点建设为抓手，加快“数字河南”建设　加快“数字城市”、“数字乡镇”项目实施，启动数字县域试点工作，带动和推进市、县基础测绘。全面加快数字城市地理空间框架建设试点和推广工作，优先选择漯河、洛阳、南阳等城市作为国家测绘局数字城市地理空间框架建设推广城市。加快郑州和平顶山数字城市地理空间框架建设步伐，做好“数字平顶山”项目验收前的准备工作。继续组织开展省级“数字城镇”、“数字乡镇”、“一镇一图”试点和推广工作，指导市、县测绘主管部门将“数字城镇”、“数字乡镇”、“一镇一图”试点和推广工作与市、县基础测绘有机结合，通过引导省市县基础测绘和重大测绘项目联动，带动和推进市、县基础测绘。适时召开全省“数字城市”和“新农村建设测绘保障服务经验交流会”，加快市、县数字区域建设步伐。

（五）以项目建设为载体，丰富地理信息资源
积极争取项目资金，为基础测绘提供财力保障。2009年，我们要继续加大各种经费争取力度，力争基础测绘专项经费有所增长；同时，要积极争取2009年度的电子政务专项经费、“两权”专项经费，并联合省应急办争取省政府应急GIS专项经费，为基础测绘、电子政务和应急测绘保障提供财力支持。要做好国家测绘档案与存储服务设施项目前期准备工作，力争配套经费的落实。

要围绕中心、服务大局，扎实做好基础测绘项目实施。认真落实《河南省基础测绘中长期规划纲要》，坚持“按需测绘”原则，合理安排基础测绘项目。2009年，基础测绘的重点是：在完成河南省1：1万数字化更新全面覆盖的基础上，重点安排经济较发达地区和国家、省数字区域试点地区的1：1万数字化更新；启动覆盖全省重点区域的GPS连续运行参考站网；在完成全省1：1万基础地理信息3D数据库的基础上，建成我省基础地理信息公共服务平台；继续编制县城（县级市）平面图，丰富河南地图网数据资源；以新农村建设为主题，开发服务“三农”的地图新产品。

要切实做好应急保障服务，想政府所想、急政府所急，围绕政府工作大局和重大项目，提前介入，积极跟进。主动与省应急办联合，共同搞好应急GIS项目，开展应急系统项目研究和开发建设。主动配合发改委完成电子政务一期项目的验收，争取启动电子政务二期工程项目。关注国家和省农业核心区建设规划、经济普查、文物普查、防灾减灾、基础设施建设等项目的实施，及时提供测绘保障服务。

（六）大力拓展测绘市场，千方百计提高效益
在这方面，一要加强地理信息开发利用，寻找新的经济增长点，坚持做到三个面向。首先面向政府管理决策。将地理信息应用渗透到政府管理决策各方面，并进一步向纵深发展。其次，要面向企业信息化建设。在电信、电力、自来水设施管理、房地产信息管理、营业网点布局与客户管理，利用卫星导航定位技术进行物流配送管理，车辆监控管理等方面加大开发力度。三是面向社会大众生活。不要看此种服务目前规模虽小，但成长速度最快，发展空间巨大，不可忽视。二要解放思想，用活政策，加大市场经营力度，创新经营激励机制，使经营人员的收入和效益、业绩紧密结合，形成利益共同体，充分调动其经营积极性。三要开源节流，增收节支，努力挖掘内部潜力。在开辟新的经济增长途径的同时，保持艰苦奋斗的作风，反对大手大脚、铺张浪费。同时，采取有效措施，制定完善相关制度，千方百计降低生产成本，力争实现全年人均收入4万元的目标。四要注重测绘质量，确保测绘生产安全。质量、安全无小事。我们必须高度重视，不断提高思想认识，全面强化测绘产品质量监管，

加大监督检查力度，健全质量管理机制，逐步完善属地管理为主的分级分类管理体制。同时，各单位一把手要履行好安全生产第一责任人的职责，建立健全安全制度，加大安全生产投入，不断完善安全生产应急预案，防止安全事故发生，确保生产经营安全进行。

（七）以科技创新为动力，推动信息化测绘体系建设 采取新的技术方案和手段，提升基础地理信息快速获取和处理能力。2009年，我局要引进先进的摄影测量网格系统、激光对地观测技术和数字城市真三维处理系统，大力开展新技术引进、试验、消化、吸收与推广工作，早日建成完备的信息化测绘技术体系。要不断增强创新能力，采用新技术、新方法和新工艺，提升基础地理信息获取的速度和效率。实施科技项目立项制度，建立科研基金，加大对科技创新工作的投入力度。今年，要重点研究制定《数字乡镇测绘技术规程》和《影像地图编制技术标准》，解决“数字乡镇”测绘和1：1万二轮更新中的技术难题。全力推进CORS站网建设，完善河南CORS骨干网建设方案，经论证后启动实施。要健全和完善测绘科技创新体系，增强测绘行业自身创新活力，形成测绘单位技术创新的内生动力机制；不断完善“河南省测绘科技进步奖”和“河南省优质测绘工程（成果）奖”的评选管理办法，支持鼓励测绘单位成为技术创新主体。同时，采取有力措施，促进重点试验室建设，逐步形成信息化测绘产学研基地。加快我局矿山空间信息技术部级重点实验室的建设，为我局科技创新、科研开发、新技术的引进消化等提供平台。组建科技创新小组，结合测绘生产实际，及时研究、解决技术难题。加强与高校、院所和国家重点实验室等单位的合作，不断促进科技成果和高新技术向我局转移、渗透，带动生产单位测绘科技进步与创新。

（八）积极创造条件，推进机关和事业单位改革 根据省委、省政府省级机构改革的精神，研究制定我局行政管理机构改革方案，待人事主管部门审核批准后，认真组织“三定”方案实施工作。要以学习实践科学发展观活动为切入点，进一步向省政府和相关部门反映情况，争取早日解决测绘事业单位差供体制问题。要贯彻实施《劳动合同法》，规范测绘生产单位用工行为。要充分利用当前大学毕业生就业难、人才选择空间大的机遇，建立人员聘用机制，优化人才配置结构，实行人事动态管理。各单位也要通过用人制度的调整、用人环境的改善，最大限度地激发人才活力。

（九）搞好测绘文化建设，提升发展软实力 测绘文化建设，是我们落实科学发展观，促进我局全面进步的重要支撑，也是我们提升发展软实力、构建和谐测绘的基础性工作。今年，我们要在抓好测绘主业的同时，重视和推进测绘文化建设。重点做好如下工作：一是注重人文关怀，努力实现共建共享，尽力为职工办好事、办实事。二是搞好测绘发展史、科技史和传统教育，增强职工的归属感、光荣感，大力弘扬传统道德，培育以测绘精神为核心的价值观。三是以开展创建学习型组织为抓手，着力提高干部职工的文化科技素质。通过开展读书活动、评选优秀论文、举办专题讲座、组织业务文化知识竞赛、举办书画摄影展览等，营造测绘文化氛围。四是以加强精神文明建设为平台，开展丰富多彩的文体活动，建设优美的工作、生活环境，努力构建和谐单位。五是深化廉政文化进机关、进家庭的廉政文化建设，提高大家廉洁自律、遵纪守法的自觉性，增强拒腐防变能力。六是进一步加强测绘宣传和科普工作。创新宣传思路，改进宣传方式，加大宣传力度，加强和有关部门的联系沟通，策划和举办相关活动，通过网络和新闻媒体，及时报道测绘动态，推介和反映测绘工作。七是继续办好测绘简报，编发测绘政务信息，举办宣传和信息工作培训班，加强网站建设，规范网站管理。做好测绘史志和年鉴工作。加大各专业委员会的工作力度，举办测绘科普活动，办好《河南测绘》学术期刊，举行七届三次常务理事会，开好河南省测绘科技学术年会。

（十）加强基础工作建设，为持续发展提供保障 在这方面，一是要抓紧征地和基建工作，拓展事业发展空间。征地工作，要力争在今年上半年完成。同时 在全局集思广益，广开言路，积极为规划开发做好准备。二是要按照科学发展观的要求，通过调研和征求意见，修订完善各项规章制度，做到“制度到部门、管理到岗位、职责到个人”。对好的、行之有效的制度继续坚持；不符合、不适应的修订完善；尚未建立且急需建立的，抓紧制定出台实施。同时，强化制度的约束力、提高制度的执行力、增强监督的制衡力，用制度管权、管事、管人，有效防止权力失控、决策失误、行为失范。三是搞好安全稳定教育、做好安全稳定工作、强化重点部位管理、加强消防教育培训，确保生产、生活安全，确保涉密资料和仪器设备安全。

四、深入学习实践科学发展观，确保全年任务圆满完成

（一）加强学习，改革创新　增强改革创新意识，营造改革创新环境。一是加强人才制度创新。敢于打破旧的用人制度，不拘一格选人才、用人才、引进人才，不断改善和优化人才队伍。二是推动科技创新。大力推进“科技兴测”战略，建立健全以需求为导向、以解决生产难题为目的，产学研结合，分工协作的测绘科技创新体系。加强测绘生产关键技术攻关，注重科技成果吸收、转化和推广应用，充分发挥科技进步对测绘事业的引领作用。三是坚持激励机制创新。从解决事业发展最紧迫的事情入手，对工作达标、科技创新、优秀项目、优质产品给予表扬奖励，以激发大家的创新热情，形成改革创新的氛围。四是以改革创新促事业发展。把改革创新贯穿测绘工作的各个环节，以改革创新思维想问题、干事业、谋发展，着力建设开放型测绘、服务型测绘、创新型测绘。

（二）统筹兼顾，务求实效　不断提高统揽全局和统筹协调的能力，妥善处理好测绘工作中发展与监管、事业与产业、保密与应用、部门与部门、点与面、近期与长远的关系。加强对全省测绘工作的统筹协调和上下联动，加大对地方的指导服务和支持力度，切实做到政令畅通、协调一致、全省测绘一盘棋。

（三）突出责任意识，完善考核机制　以管理目标为导向，以责任制为基础，通过定期考核，区分优劣正误，激发工作活力。同时，要扑下身子抓落实，加强督促检查力度，认真做到奖优罚劣，确保项项工作有人抓、件件事情有人管，各项部署能落实。调动干部职工的积极性，全面完成目标任务。

（四）加强队伍建设，凝聚发展合力　一是要加强各级领导班子建设。事业兴衰，关键在人，核心在领导班子。我们要按照新形势、新任务的要求，坚持以思想建设为核心、以组织建设为基础、以廉政建设为要务、以制度建设为保障，推进和带动各级领导班子建设，形成改革思路新、团结协作好、领导水平高、拒腐能力强、工作业绩佳的领导集体。二是要加强干部队伍建设。工作方向确定之后，干部就是决定因素。要加强干部政治理论和业务知识学习，提高干部理论修养、业务知识水平和实际工作能力；要强化干部队伍的作风建设。作风正则人心齐，人心齐则事业兴。全局同志都要树立解放思想、实事求是、与时俱进的思想作风，勇于创新、勇于开拓进取、求真、求新、求实的工作作风，坚持艰苦奋斗、朴素节俭、自重自省的生活作风，反对铺张浪费、贪图享受、个人主义等不良风气，始终保持昂扬向上的精神状态，健康高尚的精神追求。要坚持群众路线，深入基层，掌握实际情况，提高分析问题和解决问题的能力。三是要加强党的建设。认真搞好党员教育，积极开展党的活动，抓紧党员学习培训，坚持党内民主制度，增强党组织的凝聚力和战斗力，发扬党员的先锋模范作用，使全体党员团结一心，为我局发展献计出力，为安全稳定勇于担当，带动全局干部职工，为科学发展无私奉献。

（五）坚持调查研究，促进科学决策　要大兴调查研究之风，善于对重大问题进行战略性、前瞻性、系统性思考和研究。各级领导要力戒浮躁，拿出更多时间和精力，深入实际，潜心调研，使认识在调研中深化、思路在调研中形成、问题在调研中解决、工作在调研中推动。各单位、各处（室）在重大事项、重点项目的决策前，都要进行认真调研，广泛听取群众意见，多方进行科学论证，最后集体研究决定，确保决策的科学性、严谨性。

同志们，银鼠辞旧岁，金牛迎春来。新年新任务已摆在我们面前，让我们在省委、省政府的正确领导下，抢抓机遇，团结奋进，求真务实，扎实工作，在继续解放思想上迈出新步伐，在坚持改革创新上实现新突破，在推动科学发展上取得新进展，为开创河南测绘事业发展的新局面，早日实现中原崛起而共同奋斗！

（注：此文为贾志伟在2009年度局系统测绘工作会议上的讲话摘编）

大 事 记

大事记

一月

我厅和省作家协会举行新春联谊会 8日，我厅和省作家协会新春联谊会在中州宾馆举行，厅长张启生及省作家协会领导等80多人出席。

我厅向省人大汇报立法工作 14日，省厅向省人大副主任李柏拴汇报有关立法工作，副厅长张和儒出席，法规处、办公室负责人参加。

国土资源部副部长汪民听取厅长张启生工作汇报 28日，国土资源部副部长汪民在郑州听取了厅长张启生的工作汇报，国土资源部宏观调控司司长刘随臣、副厅长郭公民参加。

省委、省政府事管局考核我厅2008年节能减排工作 12日，省委、省政府事管局来我厅考核2008年节能减排工作。

地质找矿老专家座谈会在郑州举行 13日，河南省地质找矿老专家座谈会在郑州举行，副厅长郭公民及厅有关处（室）负责人、省地矿行业老专家等30多人参加了座谈。

离退休干部迎春茶话会举行 18日，省厅机关离退休干部迎春茶话会在山河宾馆举行，张启生厅长及厅领导班子全体成员、离退休干部等60多人参加。

举行全省国土资源系统迎新春文艺演出 19日下午，全省国土资源系统迎新春文艺演出在郑州举行，厅领导、各省辖市国土资源局主要领导及厅机关各处室、厅属各单位400余人参加。

二月

全省国土资源管理工作会议在郑州召开 2月10～11日，全省国土资源管理工作会议在郑州召开。副省长张大卫、国家土地督察济南局副局长刘志萍出席会议并作重要讲话。省政府副秘书长张庆义、省国土资源厅厅长张启生、副厅长唐全国、张和儒、纪检组长司喜云、副厅长李志民、郭公民、执法监察总队长石昆山等厅领导出席会议。会上，厅长张启生作了题为《把握形势 主动作为 以奋力拼搏的精神推动国土资源工作再上新台阶》的工作报告。省发展改革委、监察厅、财政厅、住房和城乡建设厅、环保厅负责人，及各省辖市主管副市长，巩义等47个扩权县（市）主管副县（市）长以及各相关部门负责人400多人参加了会议，创历年工作会议参加人数之最。

省政协主席王全书听取厅长张启生工作汇报 3日，省政协主席王全书在郑州听取了厅长张启生关于我省国土资源管理工作的汇报。

济南督察局调研组一行3人来我省调研 12日，济南督察局调研组一行3人来我省调研有关用地工作，执法监察总队长石昆山陪同。

三月

原河南省政协主席林英海参观省地质博物馆 11日，原省政协主席林英海参观省地质博物馆，厅长张启生陪同并简要汇报我省国土资源管理工作情况。

全省国土资源系统信访工作会议在郑州召开 2日，全省国土资源系统信访工作会议在郑州未来大酒店召开。厅长张启生出席会议并作重要讲话，国土资源部办公厅信访处处长李向东、省信访局党组成员、副局长谢海洋等领导出席会议并讲话。

审计署一行15人对我厅开展土地专项资金审计 11日，审计署济南特派员办事处河南省审计组一行15人对我厅开展有关土地专项资金审计工作。

我厅向省人大汇报河南省修改《土地管理法实施办法》意见26日，我厅向省人大汇报河南省修改《土地管理法实施办法》意见，省人大法工委、环资委有关领导出席。

国土资源部科技司司长姜建军等一行2人来我省调研 27日，国土资源部科技司司长姜建军一行2人来我省调研国土资源科技创新机制工作，厅长张启生、副厅长郭公民先后陪同调研。

全省国土资源系统党风廉政建设会议召开

27日，全省国土资源系统党风廉政建设会议在厅机关召开，厅党组全体成员出席。

四月

国家测绘局副局长李维森来我省检查指导“数字城市”示范工程建设工作 14日，国家测绘局副局长李维森来我省检查指导工作，专门听取了省测绘局对“数字郑州”、“数字平顶山”地理空间框架建设工作情况汇报。同时，国家测绘局组织的专家组重点对“数字郑州地理空间框架建设及应用示范”项目进行了评估。

部科技与国际合作司姜建军司长来我厅调研 部科技与国际合作司姜建军司长和杨学军处长一行两人到我厅，就科技与国际合作和地质找矿“走出去”两个方面的情况进行了调研。调研座谈会由副厅长郭公民主持，省地质勘察局、有色地矿局、煤田地质局等行业单位和厅直属单位相关负责人参加了座谈。

全国政协委员、原地矿部副部长陈洲其一行3人来河南省考察调研 11日，全国政协委员、原地矿部副部长陈洲其一行3人来我省考察调研。期间，省委常委、组织部长叶冬松会见陈洲其一行。

全省矿产资源勘查开发管理工作暨地质找矿改革发展大讨论动员部署会议在郑州召开 20日，全省矿产资源勘查开发管理工作暨地质找矿改革发展大讨论动员部署会议在郑州召开。副省长张大卫，省政府副秘书长张庆义，厅党组书记、厅长张启生，副厅长唐全国、郭公民、杨士海参加了会议。副省长张大卫、副厅长郭公民分别作了重要讲话。

中国工程院陈毓川院士专程来我厅举办专题讲座 22日，中国工程院陈毓川院士专程来我厅，就“地质找矿大讨论”活动作了专题讲座。省委常委、组织部长叶冬松前往中州宾馆看望并宴请了陈毓川院士。

国土资源部耕地占补平衡检查组来我省检查 8日，国土资源部耕地占补平衡检查组一行4人来我省检查耕地占补平衡工作。

国家土地税费政策改革调研组一行5人来我省调研 18日，由财政部、国土资源部、国家税务总局组成的国家土地税费政策改革调研组一行5人在国土资源部财务司司长赖文生带领下，来我厅调研土地税费政策改革等有关问题，厅长张启生、副厅长李志民等先后陪同调研。

全省地质环境管理工作会议在郑州召开 21日，全省地质环境管理工作会议在郑州山河宾馆召开，各省辖市主管局长、科长参加，副厅长杨士海出席并作重要讲话。

我厅举办“地球日”系列庆祝活动 22日，我厅举办“地球日”系列庆祝专题活动。省人大代表、省政协委员、省人大环资委主任、省政协提案委员会主任等部分领导应邀出席。

五月

原全国政协副主席，中国企业联合会、企业家协会会长王忠禹到省地质博物馆考察 25日上午，原国务委员、第十届全国政协副主席、中国企业联合会、中国企业家协会会长王忠禹，专程到省地质博物馆考察。厅长张启生，副厅长郭公民、杨士海陪同考察。

省委书记徐光春来我厅调研 17日，省委书记徐光春在省政府副省长张大卫、省委副秘书长白建国、省政府副秘书长张庆义等领导陪同下来我厅考察省地质博物馆及“讲、树、促”活动。厅长张启生就我省国土资源管理工作相关情况作了专题汇报。

国土资源部部长徐绍史来我省调研 21日—23日，国土资源部部长徐绍史来我省调研国土资源管理工作。他先后到郑州、洛阳、漯河、许昌、周口等市，看望国土资源管理、地质勘探系统职工，深入地质找矿、土地整理现场了解情况。调研中，徐绍史对我省国土资源管理工作取得的成绩给予充分肯定，他要求要进一步构建科学发展新机制，做好国土资源管理和地质找矿工作，为应对金融危机，实现经济平稳较快发展和中原崛起做出新的更大贡献。省领导郭庚茂、王文超、连维良、张大卫、省政府副秘书长张庆义、厅长张启生、副厅长张和儒、厅纪检组长司喜云、副厅长李志民、郭公民等先后陪同调研。

国家土地督察济南局赵龙局长一行3人来我省调研 19日，国家土地督察济南局赵龙局长一行3人来我省调研，张启生厅长、石昆山总队长等先后陪同。

厅长张启生会见人民日报驻河南记者站负责人罗盘　27日，厅长张启生、副厅长郭公民在郑州索菲特国际饭店会见了人民日报驻河南记者站负责人罗盘等2人，就我省国土资源宣传有关工作交换了意见。

三部委三项检查工作组来我省检查　30日，由国土资源部执法监察局巡视员张新宝带领的，由国土资源部、农业部、国家统计局组成的三部委三项检查工作组一行14人来我省检查。省政府副秘书长张庆义、厅长张启生、副厅长李志民等领导先后陪同。

六月

我省五家地质公园入选第一批国土资源科普基地　国土资源部发布了第一批国土资源科普基地名单。其中，河南省地质博物馆、嵩山世界地质公园、云台山世界地质公园、南阳伏牛山世界地质公园、济源王屋山世界地质公园入选。

我厅档案管理工作被省档案局授予“机关档案管理省一级先进单位 ”　4日，省档案局组成专家认证小组对我厅档案工作规范化管理省一级先进单位资质进行了严格的检查考证，同意我厅晋升为“档案管理省一级先进单位”。这也是我省第二个获得此项荣誉的单位。

全省国土资源系统省辖市局办公室主任会议在郑州召开　14日，全省国土资源系统省辖市局办公室主任会议在郑州物华大酒店召开，厅办公室主办。

国土资源部地质资料社会化服务研讨会在郑州召开　19日，国土资源部地质资料社会化服务研讨会在郑州新世纪大酒店召开，部储量司领导、中国地质博物馆领导及各省市区储量处长、博物馆馆长等参加会议。

原国务院参事方克定等一行7人来我省调研　24日，由原国务院参事、国土资源部全球资源战略研究学术委员会主任方克定一行7人组成的老专家调研组来我省调研。省委常委、组织部长叶冬松会见方克定先生一行，厅长张启生、副厅长郭公民及省地质勘查局、省有色地矿局、省煤田地质局主要领导参加会见。

国土资源部原副部长寿嘉华来郑州参加省宝玉石协会会议　26日，国土资源部原副部长寿嘉华来郑州参加省宝玉石协会会议。省委常委、组织部长叶冬松会见了寿嘉华一行，厅长张启生、副厅长李志民、原厅长卫斌等陪同会见。

七月

我省土地利用总体规划全国首家获得国务院批准　《河南省土地利用总体规划（2006-2020年）》7月6日经温家宝总理签批，成为全国首家获得国务院批准的省级规划，并得到了国家高度评价。规划的获批标志着我省土地利用总体规划修编工作取得了突破性重大进展，走在了全国前列。

国土资源部人事司司长张陟等一行7人来我省调研　12日，国土资源部人事司司长张陟等一行7人来我省调研干部管理体制改革工作。

国土资源部与河南省合作备忘录签字仪式在京举行　17日下午，国土资源部、河南省人民政府共同推进中原城市群国土规划编制暨开展豫西地区地质找矿工作合作备忘录签字仪式在京举行。国土资源部部长徐绍史，省委副书记、省长郭庚茂出席签字仪式并分别致词。 国土资源部副部长鹿心社、副省长史济春分别代表双方签署合作备忘录。国土资源部副部长汪民出席签字仪式。根据合作备忘录，双方将共同成立国土规划编制工作组，共同推进中原城市群国土规划的编制与组织实施工作，并合作开展豫西地区地质找矿工作，力争实现找矿新突破。

我厅地质灾害应急中心成立　我厅根据全省地质灾害应急工作的需要，依托河南省地质环境监测院成立了“河南省国土资源厅地质灾害应急中心”。 国土资源部部分省区人事处长座谈会召开 18日，国土资源部部分省区市国土资源 厅（局）人事处长座谈会在开封市开元名都大酒店举行，河南省政府省长助理何东成到会祝贺并讲话。厅纪检组长司喜云出席会议。

八月

部科技司与我厅签订共同推进河南省国土资源科技创新与对外合作意向书　4日下午，国土资源部科技与国际合作司、河南省国土资源厅“共同推进河南省国土资源科技创新与对外合作”意向书签字仪式在郑州举行。仪式由副厅长郭公民主持，国土资源部科技与国际合作司司长姜建军，河南省国土资源厅党组书记、厅长张启生出席仪式并代表双方签字。

省委副秘书长、信访局局长周春艳一行6人来我厅检查指导工作 23日，省委副秘书长、信访局局长周春艳一行6人来我厅检查指导工作，专门听取了我厅信访工作汇报。厅长张启生、副厅长张和儒、执法监察总队长石昆山及厅机关有关处室负责人参加汇报会。

国家水利水电工程用地调研组来我省调研 28日，由国土资源部、水利部、国家能源局、国务院南水北调办等组成的水利水电工程用地调研组一行6人，在国土资源部耕地保护司副司长曹国生带领下来我省调研，副厅长李志民陪同。

九月

我厅新任干部谈话会在紫荆山宾馆举行 13日，我厅新任干部谈话会在紫荆山宾馆举行，厅长张启生、厅纪检组长司喜云、副厅长李志民、郭公民出席。

国土资源部原副部长李元来我省调研 15日，由全国政协人口环资委副主任、国土资源部原副部长、党组副书记、原国家土地副总督察李元带领的全国政协调研组一行24人来我省调研。当晚，副省长张大卫、省政协副主席袁祖亮、省长助理何东成等在黄河迎宾馆会见了副部长李元及调研组全体同志一行，省政府副秘书长张庆义、厅长张启生等领导陪同。

副省长张大卫会见国家土地督察济南局局长赵龙一行 18日，省政府副省长张大卫、副秘书长张庆义在郑州会见了国家土地督察济南局局长赵龙带领的“双保”活动调研组一行4人，厅长张启生、总队长石昆山等陪同。

我省土地综合整治工作领导小组成立 21日，我省土地综合整治工作领导小组正式成立。领导小组组长由省政府副省长张大卫担任，省政府副秘书长张庆义、省国土资源厅厅长张启生任副组长，相关厅局负责同志为组员。领导小组下设办公室，在省国土资源厅办公，省国土资源厅副厅长李志民兼任办公室主任。领导小组的成立为全省土地综合整治工作的切实有效开展提供了领导和组织保障。

我省国土资源工作新闻座谈会在郑州召开 21日，省政府在郑州召开全省国土资源工作新闻座谈会，副省长张大卫、省政府副秘书长张庆义、省委宣传部副部长刘少宇等领导出席，中央驻省及省会各大新闻媒体负责人60多人参加了座谈，厅长张启生、副厅长李志民、郭公民等参加会议。

国土资源部第二次土地调查检查验收组来我省考察 23日，国土资源部第二次土地调查检查验收组在部规划院院长郑凌志带领下，来我厅检查第二次土地调查工作，厅长张启生、副厅长李志民先后陪同。

我厅向省人大环资委汇报国土资源管理工作 28日，我厅向省人大环资委汇报国土资源管理工作。省人大副主任储亚平、环资委主任王国平等领导出席，厅长张启生、厅纪检组长司喜云、副厅长郭公民、厅长助理刘洪波等参加汇报。

国土资源部、财政部土地整治重大工程项目调研论证组来我省考察 29日，国土资源部、财政部土地整治重大工程项目调研论证组一行17人来我省考察，部耕地保护司副司长黄鹤图带队。当天下午在黄河迎宾馆召开省政府汇报会，省政府副省长刘满仓、副秘书长张庆义出席会议，省财政厅、省发改委、省水利厅、省农业厅等部门相关负责人参加汇报，厅长张启生、副厅长李志民参加会议。

我省国土资源暨地质工作60周年成就展开幕 29日，我省国土资源暨地质工作60周年成就展开幕。省人大、省政府、省政协、省委宣传部有关领导出席，厅党组书记、厅长张启生致辞，厅党组全体成员，省地质矿产勘查开发局、省有色金属地质矿产局、省煤田地质局、核工业地质局负责人，厅机关各处室、厅属单位相关负责人90余人参加开幕式。河南日报、河南卫视、大河报等多家新闻媒体对开幕式进行了报道。

我省南水北调渠首及黄河小浪底下游土地整治重大工程项目汇报会在黄河迎宾馆举行 31日，我省南水北调渠首及黄河小浪底下游土地整治重大工程项目汇报会在黄河迎宾馆举行，国家调研论证组听取了省国土资源厅及南阳市、新乡市政府相关工作汇报，副省长张大卫出席，厅长张启生、副厅长李志民等参加。

十月

我省征地区片综合地价经省政府常务会议研究通过 13日，我省征地区片综合地价经省政府第53次常务会议研究通过，计划2009年11月1日正式公布实施。

我省组团参加中国国际矿业大会 20日至22日，2009年中国国际矿业大会在天津市滨海国际会展中心举行。在副厅长郭公民的带领下，我省有关地勘单位和矿业企业共计50余人参加了会议，为历届参会人员之最。

中国国土资源报社党组书记王金文来我省考察 27日，中国国土资源报社党组书记王金文、总编室主任吴永成等一行3人来我省考察调研，厅长张启生、副厅长郭公民先后陪同。

十一月

全省土地整理提速工作会议在厅召开 1日，全省土地整理提速工作会议在厅召开，各省辖市国土资源局局长、主管副局长、重点县局长等130多人参加会议，厅长张启生、副厅长李志民出席会议并作重要讲话。

国土资源部原党组成员、驻部纪检组长董道华来豫调研 2日，国土资源部原党组成员、驻部纪检组长董道华一行4人，来我省调研危机矿山接替资源找矿工作。厅长张启生专程向调研组汇报了我省包括危机矿山接替资源勘查项目管理在内的国土资源管理工作情况，得到调研组的高度评价。省委常委、组织部长叶冬松看望了董道华及部调研组领导和专家一行，厅长张启生、副厅长李志民陪同。

国家土地督察济南局两省一市联席会议在平顶山市举行 6日，国家土地督察济南局两省一市联席会议在平顶山市举行。济南督察局局长赵龙等局领导班子全体成员出席会议，河南、山东及青岛市政府主管秘书长及有关市领导、国土资源局长参加。省政府副秘书长张庆义、省国土资源厅厅长张启生出席会议。副省长张大卫专程前往平顶山市看望并宴请了济南督察局赵龙局长及全体局领导班子成员。

国土资源部副部长贠小苏来郑州参加工作会议 8日，国土资源部副部长贠小苏来郑州参加全国冬春农田水利建设工作会议，厅长张启生前往郑州机场迎接。当晚，省委副书记、省长郭庚茂、副省长刘满仓在黄河迎宾馆宴请了副部长贠小苏一行。副部长贠小苏在豫期间，厅长张启生、郑州市市长赵建才陪同贠小苏副部长一行前往郑州市实地调查经济适用房建设有关问题，并举行了座谈会。

全省国土资源系统治理工程建设领域突出问题动员部署大会在厅召开 24日，全省国土资源系统工程建设领域突出问题专项治理工作会议在厅机关二楼会议室召开。会议传达了关于贯彻落实省纪委治理工程建设领域突出问题工作会议的相关精神，并就下阶段在全省国土资源系统开展的工程建设领域突出问题治理工作进行了专题部署。厅长张启生出席会议并作重要讲话。厅纪检组长司喜云，副厅长李志民、郭公民，副巡视员吴国昌出席会议。

厅长张启生出国考察 29日，厅长张启生随“省国外地质勘查工作考察团”前往非洲阿尔及利亚、南非等国家访问考察。

十二月

国土资源部2009年国土资源科普基地建设研讨会在郑召开 3日，国土资源部2009年国土资源科普基地建设研讨会在郑州紫荆山宾馆召开，部科技司司长姜建军、环境司副司长陈小宁、中国地质博物馆馆长贾跃明、副馆长张亚钧等领导出席，全国各省区市代表130多人参加了会议。当晚，省委常委、组织部长叶冬松前往紫荆山宾馆看望了参加会议的国土资源部领导和专家一行。厅领导司喜云、郭公民等陪同。

监察部、国土资源部土地执法监察检查组一行6人来我省检查 9日，监察部、国土资源部土地执法监察检查组一行6人在监察部执法监察司副司长孙怀新、国土资源部执法监察局巡视员张新宝带领下，来我省调查有关土地违法问题，省纪委常委刘卫华、厅纪检组长司喜云、副厅长郭公民先后陪同。

中原城市群国土规划论坛在郑举行 12月

26日，河南省“中原城市群国土规划论坛”在郑州黄河迎宾馆举行。来自省内外的知名专家学者汇聚一堂畅谈“中原城市群”规划编制。省委副书记、省长郭庚茂，副省长张大卫到会并作重要讲话。国土资源部党组成员、总规划师胡存智，国土资源部规划司司长董祚继，厅长张启生，副厅长郭公民，以及18个省辖市主管副市长，厅机关各处室、厅属各单位负责人100余人出席会议。

河南省国土资源公报

河南省国土资源公报(2009)

概 述

2009年，我厅坚决贯彻中央和我省应对国际金融危机的“一揽子”计划，紧紧围绕省委、省政府确立的“三保、两抓、一推动”的工作格局，齐心协力、开拓进取、主动作为，较好地完成了各项任务，为保障全省经济社会健康发展作出了积极贡献。

- 扎实开展“双保”行动，服务保障全省经济社会发展取得新成绩
- 加大耕地和基本农田保护力度，推动粮食生产核心区建设取得新成效
- 大力推进节约集约用地，促进产业集聚和经济增长方式转变跃上新台阶
- 着眼增强矿产资源保障能力，地质找矿和矿产资源开发管理工作取得新进展
- 优化资源利用结构和布局，推进事关长远的重大基础性工作取得新突破
- 着力保障、维护群众利益和社会稳定，和谐国土建设迈出新步伐
- 扎实推进“两转两提”，国土资源部门行政效能和服务水平有了新提高

土地资源

一、扎实开展“双保行动”

扎实开展“双保行动”，先后印发了《关于为扩大内需促进经济平稳较快发展做好用地预审和规划调整工作的通知》、《关于改进建设用地审批服务“扩内需、保增长”用地需求的通知》等文件，有力促进了投资拉动项目的用地保障，为石武客运专线河南段、南水北调中线总干渠郑州二段工程等重点项目及时办理了用地或先行用地手续。2009年，我厅再次被省政府评为“重点项目建设先进管理服务单位”。

加大重点项目建设用地审批协调推进力度，扎实开展“企业服务年”活动，对重点项目、重点企业实行领导包干。厅领导班子成员多次带队组织专题调研，开展“一对一”和“点对点”服务，努力解决重点企业发展用地难题。

积极把产业集聚区建设作为推进节约集约用地的着力点，引导项目进入各类集聚区。坚持推进存量建设用地盘活利用，全年盘活存量建设用地9.85万亩。加快推广应用以多层标准厂房为重点的先进节地技术，全省累计建成标准厂房2658万平方米。

严格执行各类建设项目用地标准，严把用地项目预审、会审审查关，坚决核减不合标准用地。

巩固和深化粘土砖瓦窑治理整顿成果，对非法新建、复建粘土砖瓦窑厂和假借新型墙材名义生产粘土砖的行为进行严厉打击，对黄河滩区粘土砖瓦窑进行了集中整治。2009年，全省共拆除各类违法违规生产

张启生厅长在鹤壁宝山循环经济产业集聚区

鹤壁市在荒山丘陵上建设产业集聚区

许昌市整治拆除砖瓦窑厂

的粘土砖瓦窑厂1147个，整理复垦砖瓦窑厂占地3.74万亩。

二、加大耕地保护力度

进一步强化了耕地保护责任，严格执行建设占用耕地补偿制度。2009年，我省向国土资源部备案补充耕地规模达41.4万亩，其中可用于“占补平衡”的31万亩，连续11年实现了耕地“占补平衡”。

强力推进土地开发整理“提速工程”，全省实施土地整理规模274.93万亩。

全省基本农田面积继续稳定在1.034亿亩以上，且布局更趋合理，质量有新的提高。2009年我省在全国耕地保护责任目标履行情况检查考核中名列第2名，在全国耕地“占补平衡”和基本农田保护检查中居第4位，被评为“全国基本农田保护先进单位”，受到国土资源部、农业部通报表彰。

三、建设用地审批管理

全年共审批建设用地24468.02公顷（涉及农用地转用17746.76公顷，其中，耕地15102.34公顷），比上年增长17.4%。其中，国务院批准建设用地5922.46公顷（涉及农用地转用5115.28公顷，其中，耕地4208.15公顷），比上年减少35.5%；省政府批准建设用地18545.56公顷（涉及农用地转用12631.48公顷，

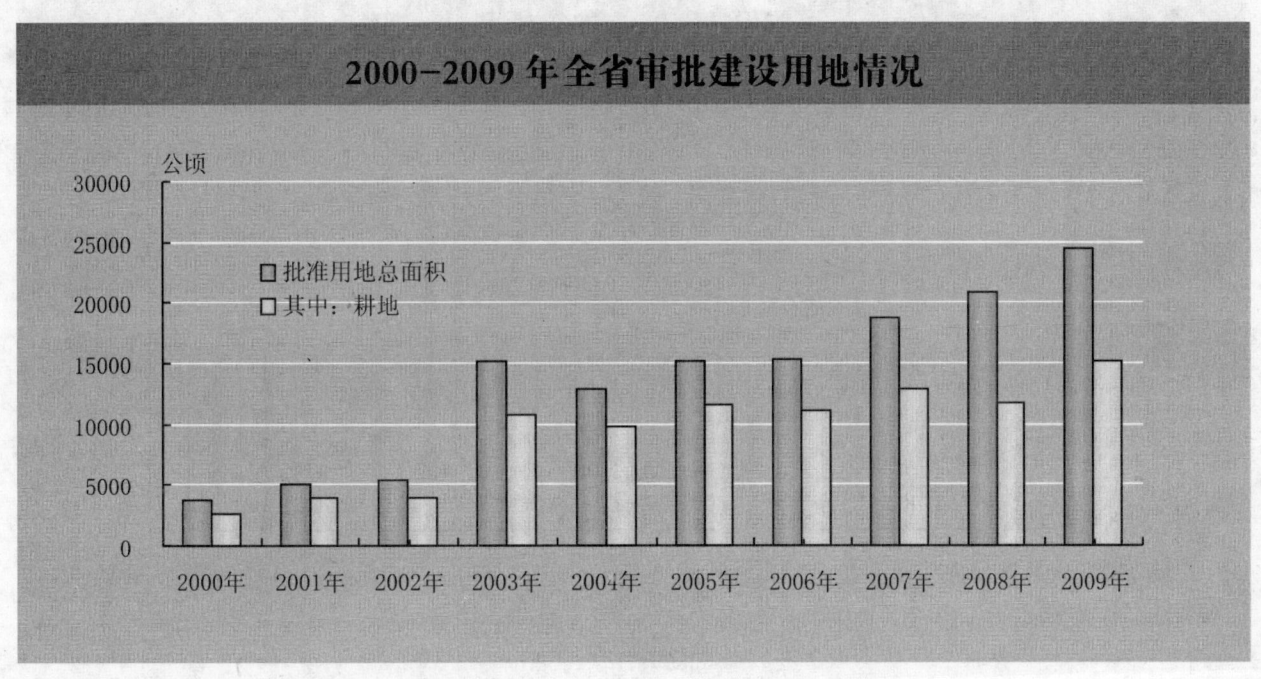

其中，耕地10894.19公顷），比上年增长59.1%。

四、国有建设用地供应

全省国有土地供应4173宗，面积11800.52公顷（不含代征），其中存量建设用地3959.67公顷，占33.6%，成交价款347.68亿元。宗数、价款分别较上年增长13.3%和3.5%，面积较上年减少1.0%。

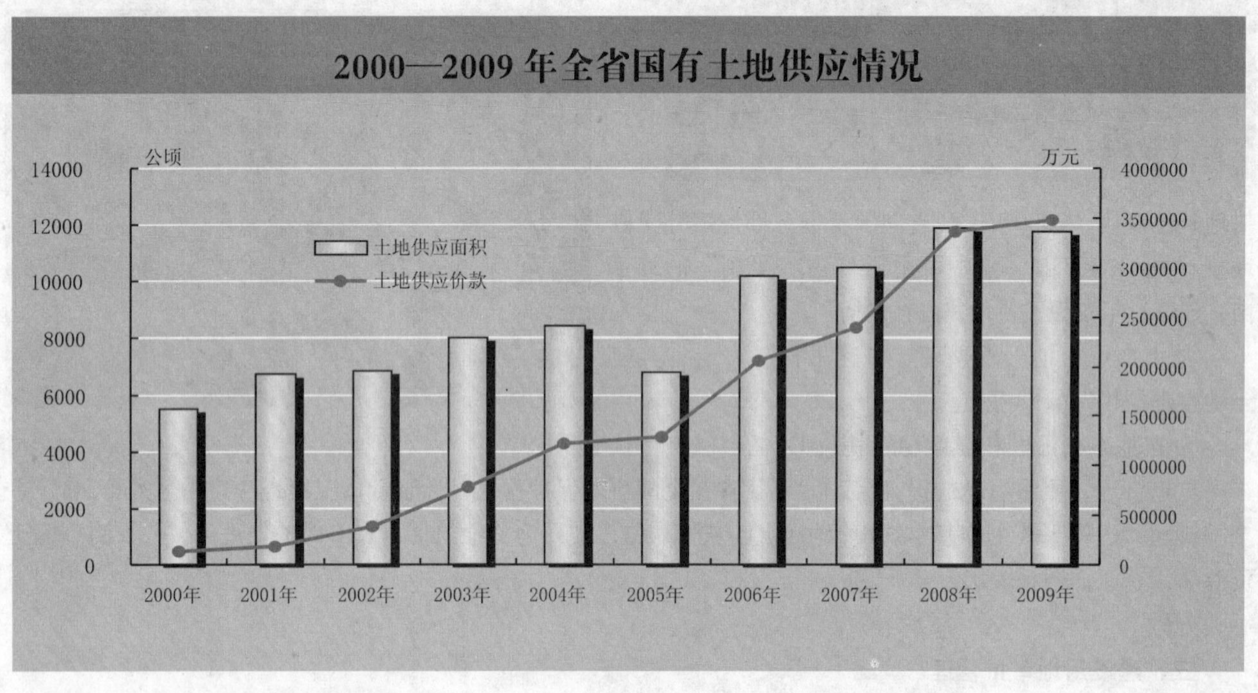

从地区分布来看，郑州、南阳、驻马店位居各省辖市国有土地供应总量的前三位，三市土地供应总面积4437.54公顷，占全省供应总面积的37.6%。

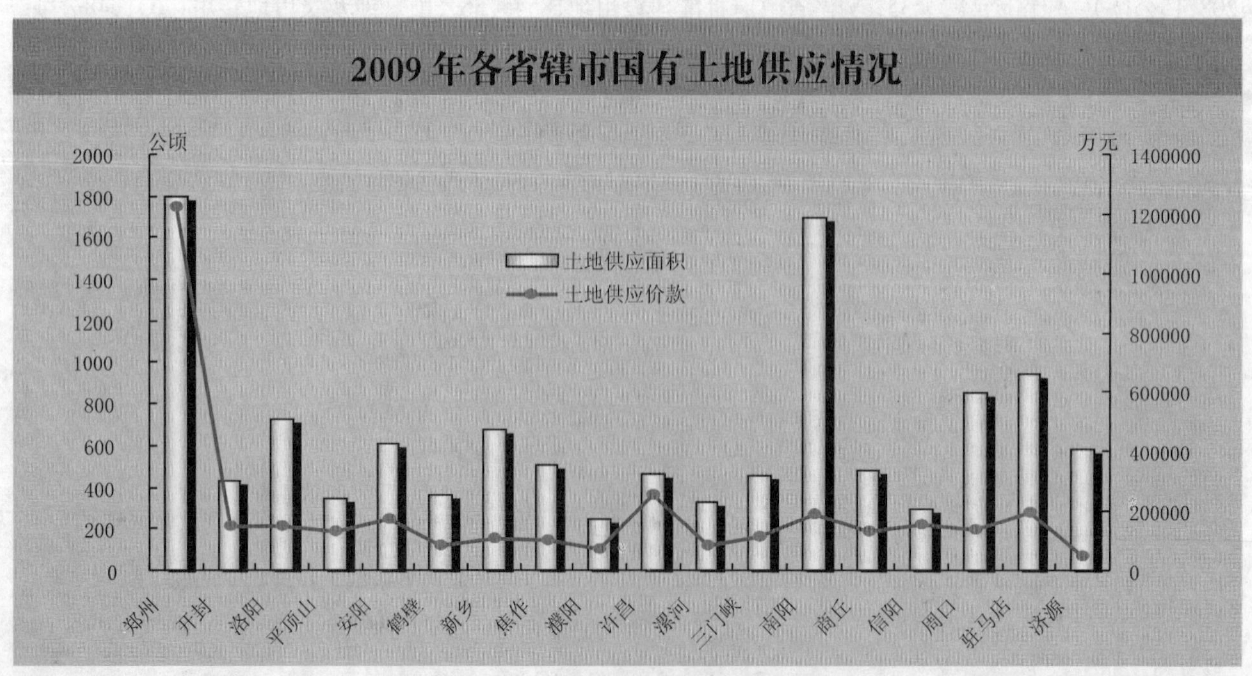

从国有土地供应的用地类型看，工矿仓储用地、住宅用地和其他用地的供应面积较大，分别为4044.43公顷、3304.24公顷和3762.95公顷，分别占供应总面积的34.3%、28.0%和31.9%。住宅用地中，普通商品房供应面积为2883.37公顷，占87.3%（其中，中低价位、中小套型住房供应面积为591.14公顷，占20.5%）；保障性住房（经济适用住房和廉租住房）供应面积为412.30公顷，占12.5%。三类住房（中低价位、中小套型住房、经济适用住房和廉租住房）供应面积为1003.44公顷，占住宅用地供应面积的30.4%。

从国有土地供应方式看，出让土地3717宗，面积7720.23公顷，成交价款347.68亿元；划拨土地456宗，面积4080.29公顷。

2009年国有土地各用地类型供应情况　　单位：公顷，万元

用地类型	合计		出让		划拨
	面 积	价款	面 积	成交价款	面 积
全省	11800.52	3476750.64	7720.23	3476750.64	4080.29
商服用地	688.9	485556.16	688.9	485556.16	0.00
工矿仓储用地	4044.43	616339.51	3930.75	616339.51	113.68
住宅用地	3304.24	2312340.64	2894.88	2312340.64	409.36
普通商品房	2883.37	2286658.5	2883.37	2286658.5	0.00
中低价位、中小套型普通商品住房	591.14	385433.68	591.14	385433.68	0.00
经济适用房	339.17	1023.83	2.4	1023.83	336.77
廉租住房	73.13	167.19	0.54	167.19	72.59
高档住宅	8.57	24491.12	8.57	24491.12	0.00
其他用地	3762.95	62514.33	205.7	62514.33	3557.25

国有土地供应中，国有土地出让的宗数、面积和价款分别比上年增长36.6%、6.4%和3.6%。在出让的7720.23公顷国有土地中，其中存量建设用地3538.92公顷，占45.8%，出让均价为450.34元/平方米（其中，普通商品房出让均价为791.52元/平方米）。

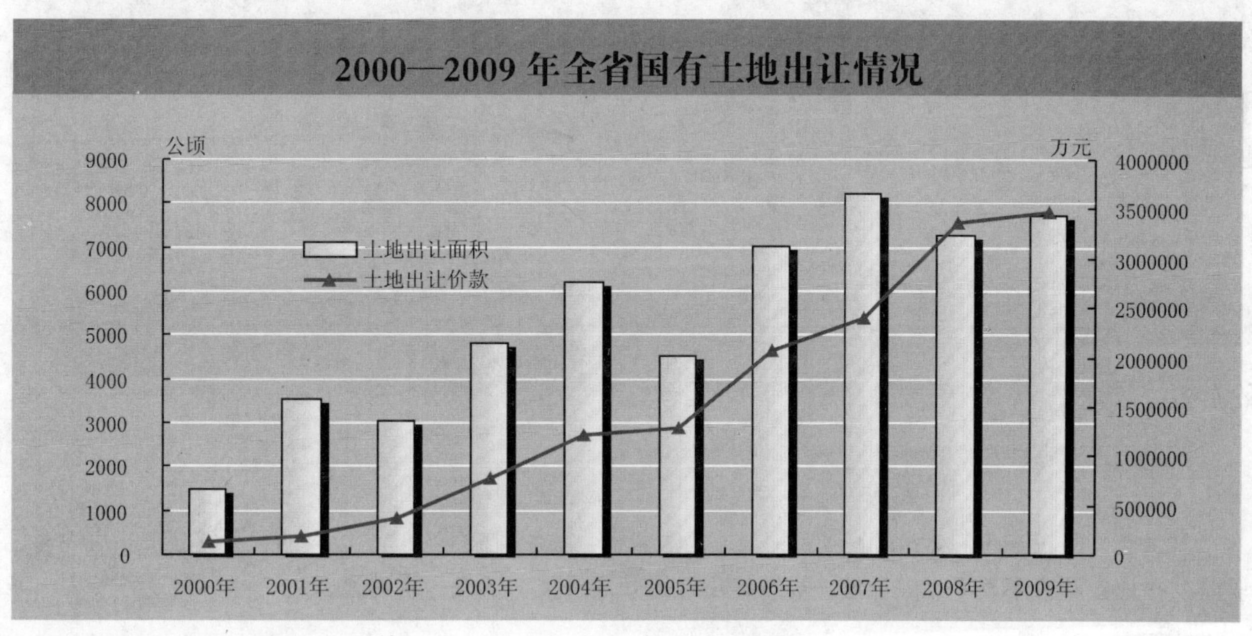

从地区分布来看，郑州、南阳、洛阳三市国有土地出让较为活跃，三市出让土地总面积2346.75公顷，占全省出让总面积的30.4%。

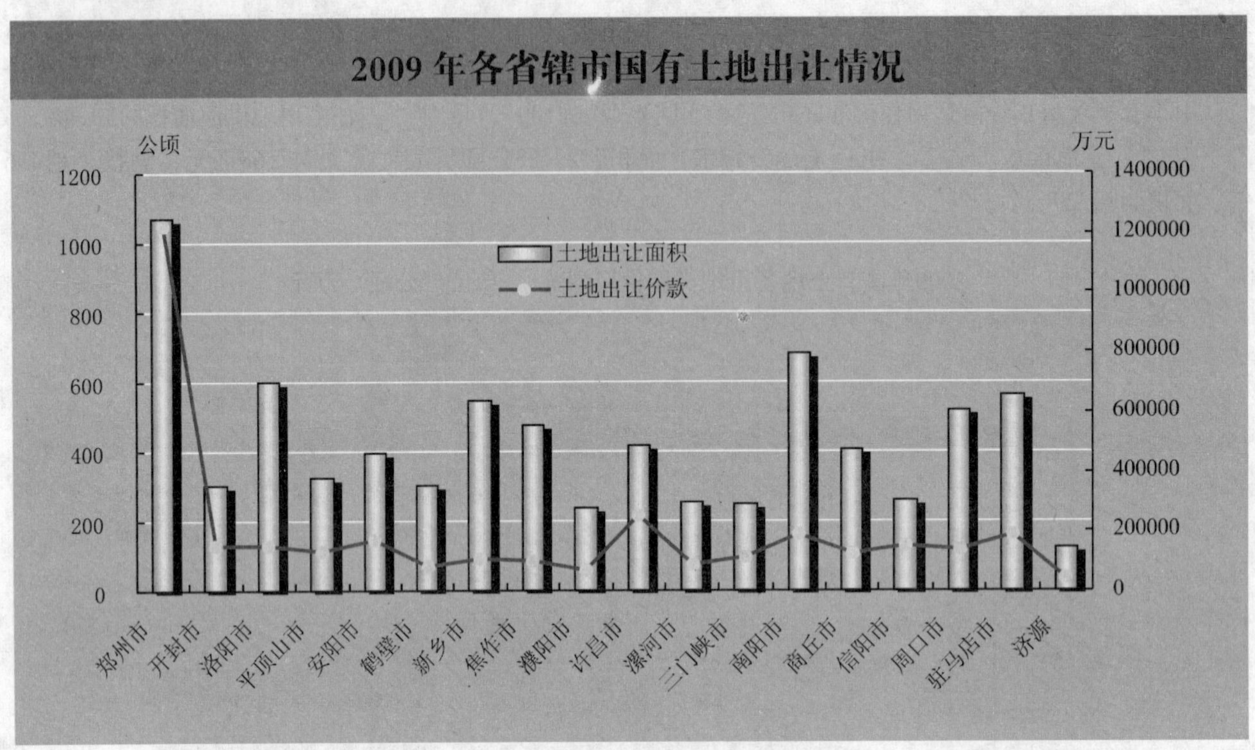

国有土地出让中，协议出让1161.90公顷，成交价款28.14亿元；招、拍、挂出让6558.33公顷，成交价款319.54亿元。采取协议、招、拍、挂出让的宗数分别占出让总宗数的36.6%和63.4%。

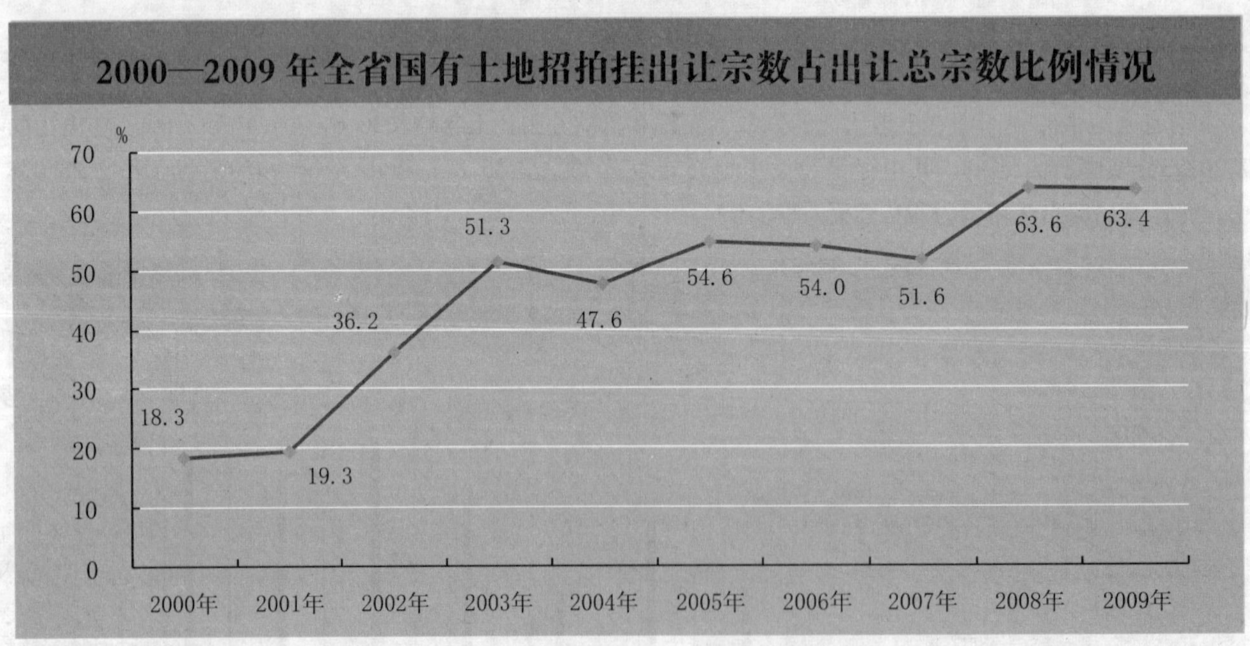

五、土地资源执法监察

2009年，组织开展了第九次卫星遥感土地执法监察，参加国家卫片执法检查的13个省辖市一次性通过验收。报请省政府下发了《关于进一步严格土地监管促进依法依规用地的通知》，严厉查处各类土地违法、违规行为，公开曝光了灵宝市5起典型案件的查处结果。

2009年，全年共发现土地违法、违规行为3056件，较上年同期下降17.5%。其中，县级机关22件，乡级机关21件，村（组）集体107件，企事业单位475件，个人2431件。共涉及土地面积1139.20公顷，其中，耕地799.47公顷，分别较上年减少39.5%和41.2%。

郑州市集中整治违法用地拆除现场

全年共对土地违法行为立案2420件，涉及土地面积1001.31公顷（其中，耕地668.34公顷），分别较上年减少24.8%和44.6%。连同上年末未结案，共办结违法、违规案件2743件，涉及土地面积1126.02公顷（其中，耕地681.63公顷）。

在土地违法、违规案件查处中，对13名违法责任人给予了行政处分；对15名违法责任人给予了党纪处分；给予刑事处罚12人。

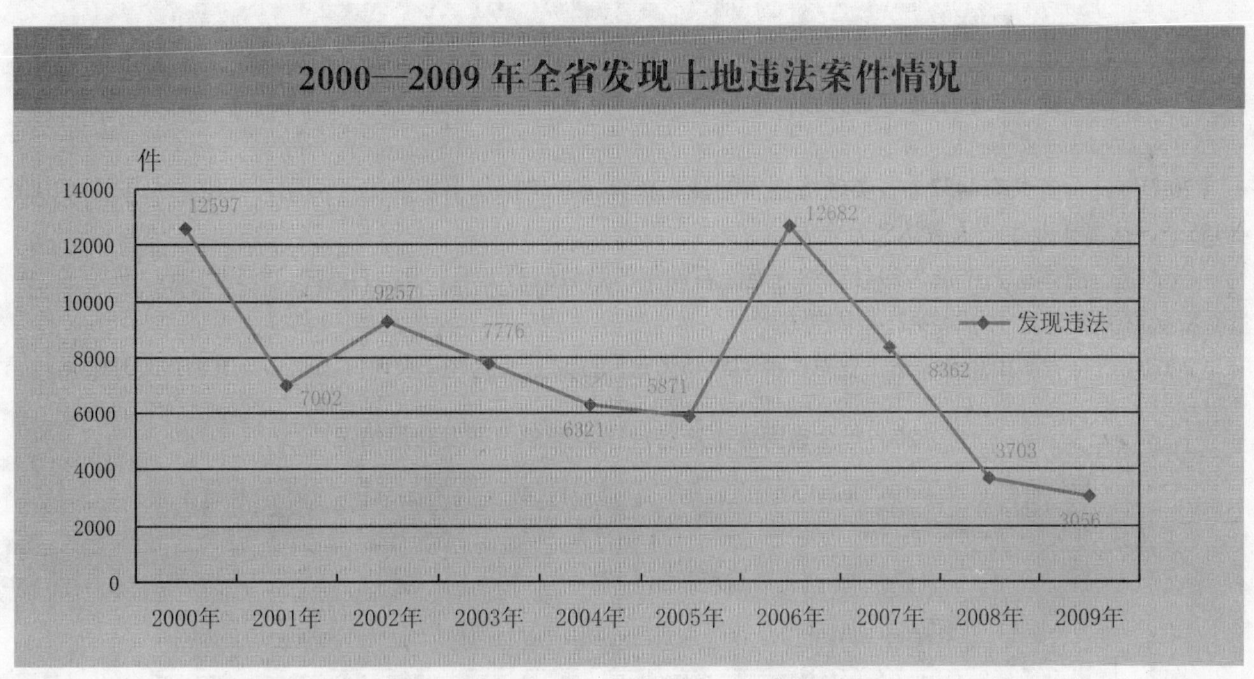

矿产资源

一、矿产资源概况

截至2009年底，全省已发现的矿种为127种，查明资源储量的矿种共计90种；已开发利用的为90种(其中,能源矿产7种，金属矿产20种，非金属矿产61种，水气矿产2种)。矿区数为2059个（其中,甲类矿区1422个，乙类矿区 637 个）；大型的有232个（含特大型），中型的有376个，小型的有1446个；已利用矿区矿产数为1594个，未利用矿区矿产数为485个。

截至2009年底全省主要矿种储量情况

矿种	2009 年底保有储量		
		年初保有储量	储量增减
煤炭（亿吨）	280.91	270.86	10.05
铁矿石 （亿吨）	14.18	13.12	1.06
铜矿（金属量 万吨）	36.80	28.57	8.23
铅矿（金属量 万吨）	183.13	115.31	67.82
锌矿（金属量 万吨）	204.25	163.60	40.65
铝土矿（亿吨）	7.61	6.96	0.65
金矿（金属量 吨）	369.25	300.41	68.84
钼矿（金属量 万吨）	367.13	363.11	4.02
水泥用灰岩（亿吨）	69.09	59.36	9.73

二、矿产资源开发利用基本情况

2009年，全省共有4432个各类经济性质的独立核算采矿单位从事矿业生产活动，其中，大中型矿山企业455个；从事矿业生产人数达55万余人。

全省固、液体矿石产量为29413.88万吨。石油年产量516.31万吨，比上年增长35.50万吨；天然气年产量8.82亿立方米，比上年减少2.40亿立方米。

2009年，全省矿山企业采选工业总产值845.46亿元，石油、天然气开采现价工业总产值为193.31亿元。

2009年全省固体矿产各规模类型矿山开发利用情况

矿山规模类型	矿山数（个）		从业人员（人）		工业总产值（亿元）		利润总额（亿元）	
大中型	数量	455	数量	300039	数量	642.64	数量	111.15
	所占比例	10.3%	所占比例	53.9%	所占比例	76.0%	所占比例	86.8%
小型及以下	数量	3977	数量	256623	数量	202.82	数量	16.94
	所占比例	89.7%	所占比例	46.1%	所占比例	24.0%	所占比例	13.2%
合计	4432		556662		845.46		128.09	

2009年全省石油天然气开发利用情况

	油气田总数（个）	从业人数（人）	工业总产值（亿元）	矿产品销售收入（亿元）	利润总额（亿元）
全省	37	40748	193.31	190.96	15.73

三、地质勘查

截至2009年底，我省共有资质单位78家，地勘单位行业主管局3家。其中，中央驻豫地勘单位4家，省属地勘单位74家(包括中国石化集团河南石油勘探局)。

截至2009年底，具有最高甲级业务资质的地勘单位有38个，最高乙级业务资质地勘单位有24个，最高丙级业务资质单位有16个。年末在职职工3.37万人，其中，地质勘查从业人员1.55万人，较上年增长21.8%。

2009年，投入地质勘查经费14.34亿元，其中，中央财政拨款0.58亿元，地方财政拨款5.72亿元，企事业资金8.04亿元。全年完成1：50万基础地质调查面积16.15万平方千米，1：20万基础地质调查面积2.6万平方千米，机械岩心钻探工作量113.95万米，坑探工作量4.73万米，槽探17.22万立方米，浅井2.07万米。本年新发现矿产地45处。

四、地质资料管理

截至2009年底，河南省地质博物馆保管的全省地质资料共10923种、15438套、18210盒，涉及已查明资源储量的全部矿种及区域地质调查、矿产地质、地质科研等8个资料类别。

2009年馆藏地质资料分类情况表

资料	区调	矿产	油气	海洋	水文	环境	物化遥	地质	其他	合计
成果资源	406	5956	80	1	870	342	897	2242	129	10923

2009年，共接收汇交的地质资料626种，共计700余盒。新汇交的地质资料中定密278种，全年馆藏地质资料从年初的10297种增加到10923种。

2009年汇交资料分类情况表

资料类别	区调地质	矿产地质	水文地质	环境地质	物化遥地质	地质科研	其他	合计
成果资料（种）	3	506	14	78	3	16	6	626

五、矿业权管理

2009年，共有勘查许可证有效证1612个，登记面积17605.14平方千米，探矿权使用费208.70万元。其中，新立证127个，登记面积792.74平方千米。探矿权出让134宗，出让价款0.38亿元，其中，招、拍、挂出让7宗，价款0.38亿元。探矿权转让66宗，价款2.12亿元。

2009年，共有采矿许可有效证4436个，登记面积4617.74平方千米，采矿权使用费553.30万元。其中，新立证232个，登记面积673.99平方千米。采矿权出让232宗，出让价款1.25亿元，其中，招、拍、挂出让9宗，价款1.04亿元。采矿权转让10宗，价款16.60万元。

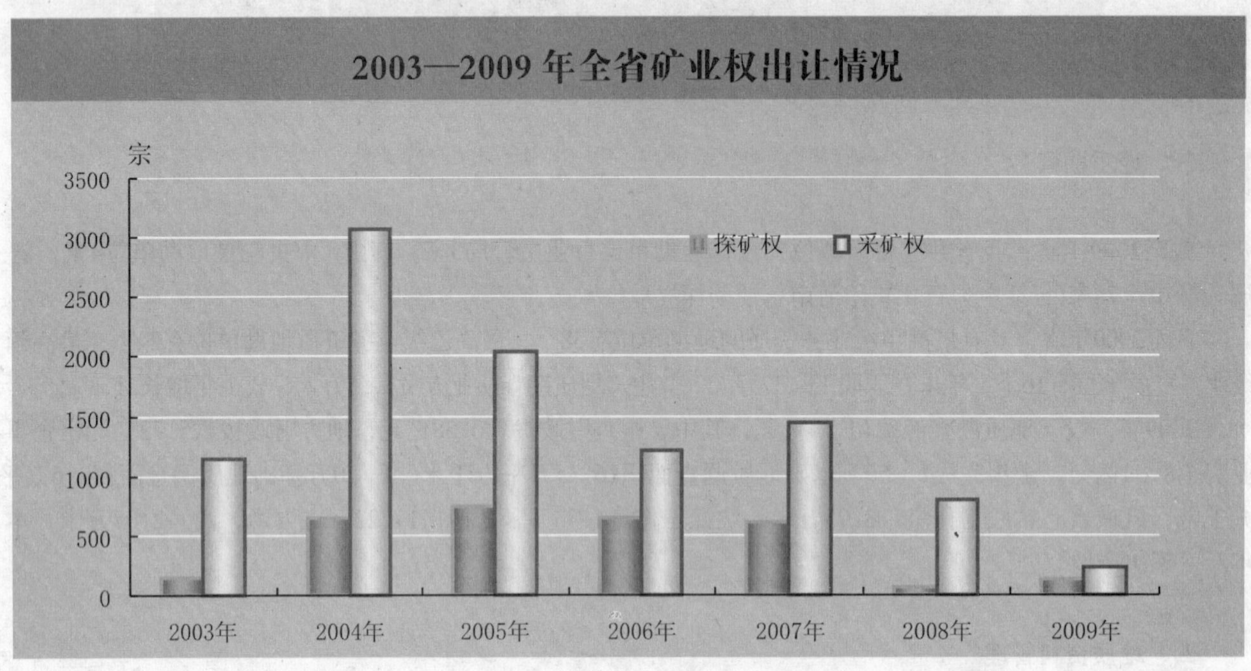

六、矿产资源保障能力增强

在全国率先开展了探矿权整合和区域整装勘查，洛阳嵩县金钼矿整合勘查经验被国土资源部总结推广。发现了煤炭、铝土矿、金、钼等一批重要矿产地新增资源储量，其中，“河南省新安县郁山铝土矿详查项目”探明的大型铝土矿被评为全国2009年度十大找矿成果之一。并成功举办了“河南省地质找矿60年成就展”。

煤炭资源整合持续推进，铝土矿资源整合继续深化，钼矿资源整合全面启动，矿产开发利用总体水平不断提高。

“推进整装勘查、加强深部找矿、实现地质找矿重大突破”专题研讨会

对涉及采矿权、探矿权管理的流程以及会审、报件要求进一步修订，对各级采矿登记管理电子数据进行核实整理，实现了全省采矿权统一配号，矿业权审批管理进一步规范。

2009年度全省矿产资源补偿费征收入库总额达到7.61亿元，较上年增长23.5%。矿山储量动态监测工作实现全面覆盖，矿产资源储量评审监督管理更加规范。

七、矿产资源执法监察

2009年，全省各级国土资源部门共立案查处各类矿产违法案件250件，连同上年末未结案件，共办结251件。

2009年，全省矿产违法案件查处中刑事处罚采矿人2人，采矿罚款441.79万元。

地矿违法类型主要是个人无证开采，集体和个人越界开采。

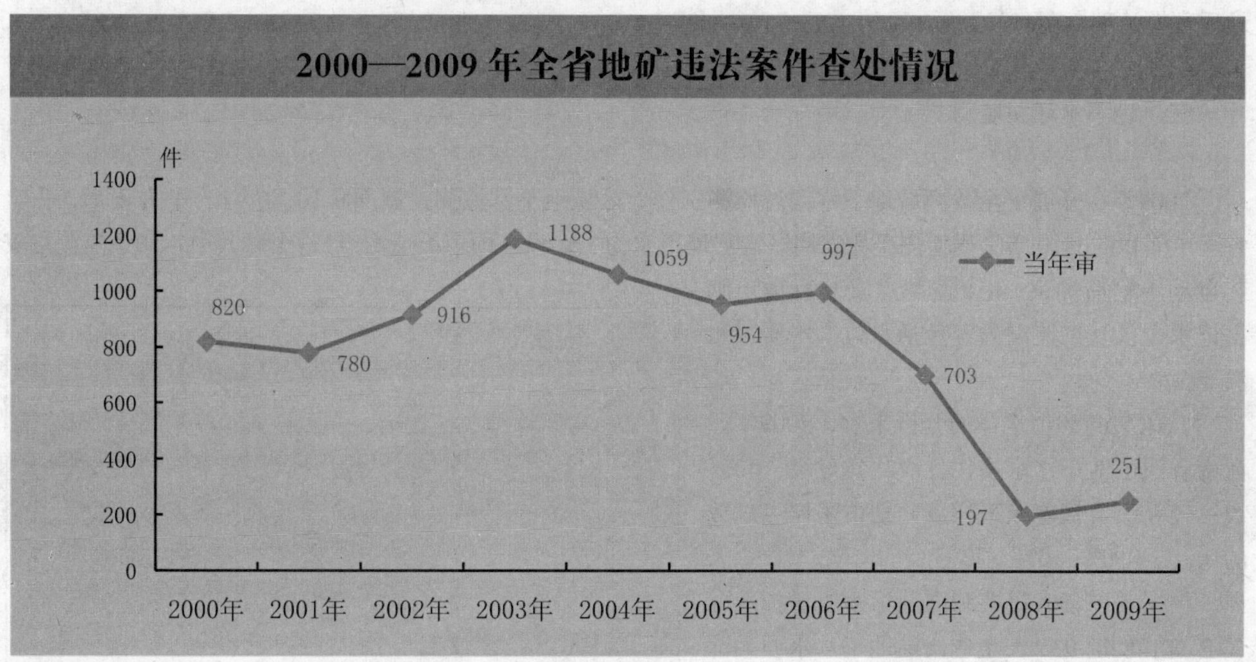

地质环境

一、地质灾害

2009年,全省共发生地质灾害19起，其中,地面塌陷16起、滑坡3起，造成直接经济损失186.62万元，无人员伤亡。与2008年相比，全省地质灾害发生数量上升21.0%，直接经济损失增加106.27万元。

6月1日～9月30日，开展了全省汛期地质灾害气象预警预报工作，在省电视台发布预警信息31次，并通过电话、传真、手机短信通知到基层国土资源管理部门和地质灾害监测防治责任人。地质灾害易发区的12个省辖市、48个县（市、区）在当地电视台发布3级以上地质灾害气象预警预报信息共计165次。全省各级国土资源部门实行汛期24小时值班，组织4000多人(次)进行灾情巡查、排查，及时转移132人，避免人员伤亡96人。

2009年，将全省2144处重要地质灾害隐患点纳入了群测群防网络，安排日常监测员和防治责任人2990人，向受地质灾害威胁的单位和群众发放“地质灾害防灾工作明白卡”和“地质灾害防灾避险明白卡”53546份，在地质灾害危险区边界设立警示标牌1107块。

按照国土资源部要求，成立了河南省国土资源厅地质灾害应急中心，组建了由22人组成的河南省地质灾害应急调查队和由16人组成的应急专家组。完成了对无人驾驶飞行器和远程视频会商系统建设的齐全调研、实地演习等工作。

二、矿山环境保护与治理

2009年,全省矿山环境问题主要有因矿产资源勘查开采等活动造成的矿区地面塌陷、地裂缝、崩塌、滑坡等矿山地质灾害。9月，省厅印发了《河南省国土资源厅关于〈矿山地质环境保护规定〉的实施意见》，标志着河南省矿山地质环境保护与治理恢复方案的编制工作全面启动。

2009年,中央财政安排项目6个，投入矿山地质环境治理资金9880万元；省财政安排项目2个，投入矿山地质环境治理资金6195万元。

三、地下水环境监测

2009年，开展了全省区域地下水动态监测工作。区域地下水监测控制面积10.86×10^4平方千米，占全省国土面积的65.0 %。以监测平原、岗区浅层地下水为主，设有国家级监测点127个（其中，20个监测点安装自动传输监测仪，1个监测点安装有微电脑自记水位仪）；监测内容包括水位、水质、水温等。

图 5

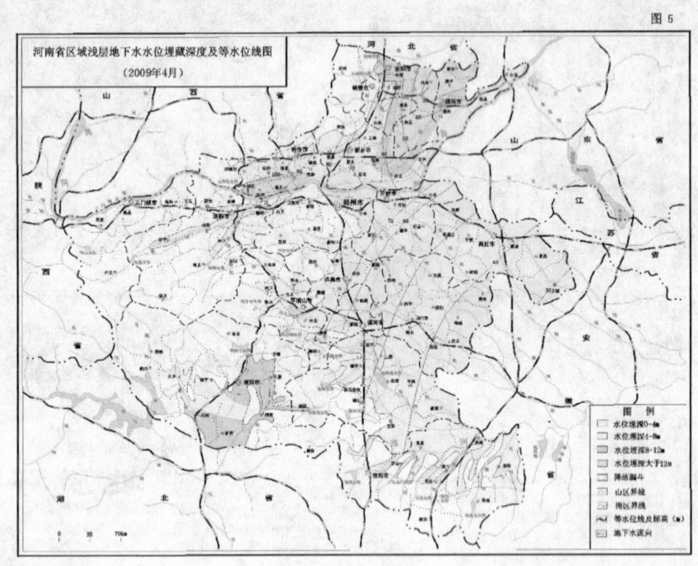

从采集的30个水样的分析来看，2009年，河南省浅层地下水水质优良级、良好级、较好级、较差级及极差级采样点分别占采样点总数的0%、20.0%、0%、73.3%和6.7%。总的来说，根据《中华人民共和国地下水质量标准》(GB/T14848-93)，全省浅层地下水水质大部分为较差级（Ⅳ类）水，个别地方水质为极差级，达到了Ⅴ类水。

2009年，全省区域浅层地下水单项超过《国家生活饮用水水质标准》(GB5749-85)的有总硬度、硫酸盐、矿化度、铁、锰、锌、砷、氟、硝酸盐、亚硝酸盐共10项，其中总硬度超标率最高，达63.3%；其他10个项目均符合国家饮用水标准，其中污染最严重的为驻马店市翟村井，锰、硝酸盐、亚硝酸盐均超标。

四、地质遗迹和地质公园

截至2009年底，我省建立地质遗迹自然保护区1处，即“南阳恐龙蛋化石群国家级自然保护区”，面积为78015公顷。批准建立的省级以上地质公园19个，其中，世界地质公园4个、国家地质公园7个、省级地质公园8个。地质公园总面积610158公顷。

2009年，中央财政安排地质遗迹保护项目5个，补充资金2600万元；省财政安排地质遗迹保护项目5个，补充资金1210万元。

河南地质公园一览表

级别	名称	备注	级别	名称	备注
世界	焦作云台山	※	省级	卢氏玉皇山	※
	登封嵩山	※		邓州杏山	
	王屋山—黛眉山	※		汝州大红寨	※
	伏牛山	※		桐柏山	
国家	遂平嵖岈山	※		栾川	
	郑州黄河	※		嵩县白云山	※
	河南关山	※		河南跑马岭	
	洛宁神灵寨	※		汝阳恐龙化石群	※
	信阳金刚台	※			
	红旗渠·林虑山				
	小秦岭				

注：标※者表示已揭碑开园

国土资源科技

建厅以来，省内国土资源领域获省、部级奖励24项，为河南经济和社会发展作出了重要贡献。2009年，获得部级奖励2项，省级奖励2项。

河南省2009年国土资源科技获奖项目一览表

项目名称	完成单位	获奖等级
西藏当雄—嘉黎一带铜铅锌银矿产资源调查评价	河南省地质调查院	国土资源部科技奖励一等奖
河南省地质博物馆陈列布展内容科学研究	河南省地质博物馆	国土资源部科技奖励一等奖
河南卢氏—栾川地区铅锌银矿评价	河南省地质调查院	河南省科技进步二等奖
河南省重点城市垃 圾堆放场对土壤及地下水污染机理与防治对策研究	河南省地质矿产勘查开发局第二水文地质工程地质队	河南省科技进步三等奖

2009年，厅级科技奖励共评出获奖项目44项，其中一等奖12项、二等奖18项、三等奖14项。2009年，实施的厅级科技计划项目98项，省级重点科技攻关项目2项。

河南省2009年省级重点科技攻关项目一览表

项目名称	项目类别	承担单位
河南省可持续发展试验区建设中资源环境与经济互动模拟研究	科研	省国土资源调查规划院
岩盐地下废弃容腔群工业气体可储性若干关键技术研究	科研	省煤田地质局资源环境调查中心

批准建立了厅级工程技术研究中心7个，厅级重点实验室5个。在此基础上，建立了省级工程技术研究中心1个，即河南省有色金属矿产探测工程技术研究中心；建立了省级重点实验室1个，即金属矿产成矿地质过程与资源利用重点实验室。

组织推荐了国土资源部第一批科普基地。我省成功申报并获批准的5个基地分别为河南省地质博物馆、中国嵩山世界地质公园、中国云台山世界地质公园、中国王屋山黛眉山世界地质公园、中国南阳伏牛山世界地质公园。组织申报了《全民科学素质行动计划纲要》优秀案例的征集评选，征集的4个案例全部入选优秀案例。

国土资源部科技与国际合作司、河南省国土资源厅签署“共同推进河南省国土资源科技创新与对外合作意向书”

国土资源基础性工作

我省省级土地利用总体规划第一个获得国务院正式批准。需上报国务院审批的8个市级规划已全部上报国务院待批；其他10个市级规划和所有县级规划已由省政府批复，乡级规划审查工作已经完成。省级矿产资源规划编制工作圆满完成并上报省政府审查。

扎实做好第二次土地调查工作，完成了158个县（市、区）外业调查和数据库建设，基本农田“上图入库”工作名列全国首位。全省农村集体土地所有权登记发证工作顺利结束。

矿产资源潜力评价、利用现状调查和矿业权核查工作进入收尾阶段。

积极推进中原城市群国土规划编制工作。认真落实省部合作备忘录，报请省政府印发了《中原城市群国土规划编制工作实施方案》，成功举办了“中原城市群国土规划论坛”。

国土资源信访

深入开展“复查复核年”和“信访积案化解年”活动，集中解决了一批疑难信访事项。全年共接待来访群众1035批2235人次，收到群众来信1058封，均按有关规定予以妥善处理，上级交办信访案件办结率达98.7%。我厅被省委、省政府授予“全省平安建设先进单位”。

国土资源信息化

厅政务管理信息系统运行稳定。自2006年10月份上线运行以来，先后不断对系统功能模块进行修改完善，对邮件系统等功能模块进行优化，系统整体运行较为稳定，为厅政务管理网上办公和行政审批公开、透明提供了技术支持。2009年全年网上共办理发文1627件，比上年提高68%；收文3159件，其中：机要收文1596件、文秘收文1563件；采矿权业务受理566件、探矿权业务受理514件、建设用地预审受理255件、建设项目压覆矿产资源受理239件。

省建设用地动态监督管理系统基本完成。主要包括省市、县建设用地申报审批，土地供应利用报备与动态监督管理三个部分。建设用地申报审批子系统已部署到各省辖市局及大部分县局，土地供应利用子系统信息、执法监察子系统也已完成开发并部署上线，具备了全面运行的条件。

省国土资源遥感及空间数据快速浏览系统实现共享。2009年初，启动了以覆盖全省的高分辨率卫星影像为底图，集成土地利用规划、矿产资源规划、卫片执法检查等成果数据的河南省国土资源遥感及空间数据快速浏览系统建设工作。2009年8月初，完成系统开发、部署工作，为厅机关各相关处（室）提供高效、快捷的国土资源遥感及空间数据快速浏览服务。同时，还可通过省政府办公资源网实现省直相关厅局和各省辖市国土资源局远程浏览和查询服务。

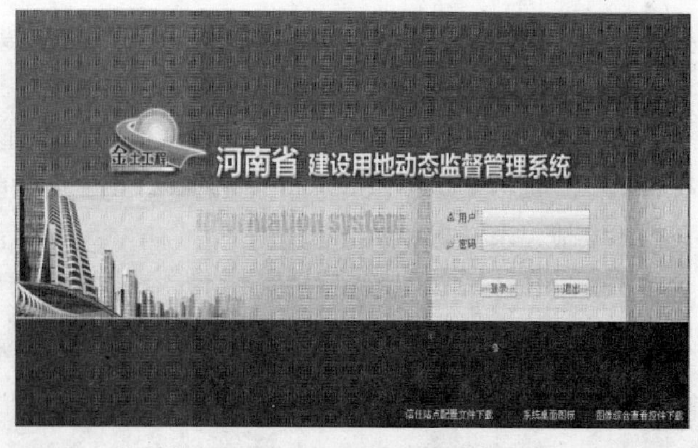

省级第二次土地利用卫片执法检查工作成效显著。监测范围是在国家监测城市之外的鹤壁、三门峡、驻马店、周口、济源等5市市辖区以及全省各省辖市所辖部分县（共21个县）的遥感影像处理工作。截至5月底，共处理P5、SPOT5、SPOT2、ALOS、资源二号及O2B等各类卫星影像数据256景，监测面积3.85万平方千米，共提取变化图斑1857个，为我厅迅速、有效地进行土地执法检查提供了翔实的基础数据。同时，通过卫片执法检查工作，积累了最新时相的，覆盖河南全省的高分辨率卫星影像数据，为河南省国土资源管理“一张图”工程奠定了基础。

网上政务信息公开再次获得优异成绩。根据《国土资源部办公厅关于开展2008年国土资源政务信息网上公开执行情况检查工作的通知》文件精神，组织对全省国土资源系统政务信息网上公开执行情况进行了全面督促和检查；同时，对厅政府网站进行了十多个栏目的改版工作，提高了网站关注度，全年点击量比上年增长21%，在2009年部信息办组织的全国国土资源政府网站检查评比中，厅网站获得全国第七名，连续三年荣获国土资源部“省级国土资源政务信息网上公开示范单位”荣誉称号。

厅机关网络安全应对能力再度提高。重点进行了机房扩容、网络安全改造和国土资源数据存储与交换系统开发建设，通过政府招标采购的网络安全管理软硬件、数据存储与备份软硬件等全部部署完毕，并已通过安全测试。项目实施后，机房危机处理能力显著提高，网络故障恢复时间缩短在半小时以内，数据交换功能初步实现。

煤田地质与测绘工作

2009年，省煤田地质局在国际金融危机尚未消退、地勘市场逐步缩减、竞争日益激烈的不利形势下，紧紧围绕局工作会议制定的总体要求及预定目标，不等不靠，抢抓机遇，克服重重困难，在资源保障、技术支撑、服务社会等方面均取得了不错的成绩，各项经济发展指标全面超额完成，发展势头好于预期。全年完成经济总量达到120893.27万元，同比增加18176.27万元，增长17.7%；实现利润总额13168.08万元，同比增长40.3%；上缴各种税收4424.33万元，同比增长31%。全年没有发生重大责任事故，安全生产形势良好。2009年,主要经济指标同上年相比，又上了一个大台阶，经济和效益连续6年保持高位增长，为我省地方经济建设作出了应有的贡献，实现了河南煤田地质事业平稳较快发展。

省测绘局积极服务“三保”，测绘服务保障能力大大提高。2009年,实际完成测绘服务总值8287万元，较上年度同比增长17.7%。河南省测绘单位实际完成测绘服务总值为106039.49万元，较上年度同比增长16.2%。重点扶持了被国家测绘局列入新农村建设试点的驻马店市三区两县一体化新农村建设测绘保障示范项目，及时服务好全省重大项目、重点工程。联合中国测绘科学研究院为省政府成功研建了“遥感影像三维地理空间信息应急指挥服务系统”，在全国处于领先地位。统筹规划，强力推进数字河南建设。重点安排南阳、商丘、新乡、焦作、郑州、开封、三门峡等经济发达地区1：1万地形图第一、二轮更新测绘和1：1万数据库建库工作，全年共计完成1：1万比例尺地形图更新1332幅。启动了覆盖全省重点区域的GNSS连续运行参考站网（CORS）建设。

统筹联动，加快“数字河南”建设步伐。配合国家测绘局对郑州市、平顶山市两个试点建设城市进行检查评估。“数字郑州”地理空间框架建设取得良好的阶段性成果；“数字平顶山”地理空间框架建设的项目已基本完成。漯河市被国家测绘局列入今年“数字城市”推广城市。济源数字城市申报已上报国家测绘局。省级“数字县域”、“数字城镇”、“数字乡镇”、“一镇一图”试点工作进展顺利，驻马店市等一批新农村建设测绘保障服务项目通过评审。

2010年工作要点

2010年是战危机、保增长的巩固期，是实现“十一五”规划目标的决胜期，也是加快中原城市群建设和产业集聚区建设的关键期。2010年要全面贯彻中央、省委经济工作会议和全国国土资源工作会议精神，紧紧围绕省委、省政府关于“四个重在”和加快构建“一个载体、三个体系”工作部署，以构建、保障和促进科学发展新机制为主线，以扎实推进国土资源管理制度改革为重点，以全面强化国土资源管理基础为支撑，以切实加强国土资源系统执行力建设为保证，抓重点、办急事、破难题，全面服务全省经济和社会发展“五项工程”、“七项行动计划”，进一步提升国土资源管理和服务水平，为全省经济社会发展和保持跨越式发展态势做出更大努力。

- 深入开展“双保行动”，服务经济社会发展大局
- 坚守耕地保护红线，科学划定永久基本农田
- 严格土地市场监管，提高节约集约利用水平
- 深化矿产资源整合，维护矿业开发良好秩序
- 加大地质找矿力度，提高资源接续保障能力
- 着力保障改善民生，维护社会和谐稳定
- 全面夯实工作基础，为国土资源管理提供有力支撑

立足当前、着眼长远，下功夫解决好事关国土资源工作全局的若干重大问题。

- 以“中原崛起、河南真情、科学发展”为目标，坚持把构建保障和促进科学发展新机制作为国土资源工作的主线
- 以土地综合整治和城乡建设用地增减挂钩为平台，做好统筹城乡发展与新农村建设土地利用和管理这篇大文章
- 以实现重点领域和关键环节工作新突破为切入点，在积极、稳妥地推进“三项改革”上下功夫
- 以开展第十次卫片执法检查、全面贯彻15号令为契机，进一步提高依法、依规和节约集约用地水平

河南省地质环境公报（2009）

地 质 灾 害

一、地质灾害发生情况

2009年，全省共发生地质灾害19起，其中，地面塌陷16起、滑坡3起，造成直接经济损失186.62万元，无人员伤亡。2009年和2008年相比，全省地质灾害发生数量上升21%，直接经济损失增加106.27万元。

地面塌陷区积水（永城煤矿区）

9月8日林州市五龙镇浚南线公路山体滑坡

二、地质灾害防治

（一）全省汛期地质灾害防治工作部署

2009年6月18日，河南省人民政府召开了由省国土资源厅、财政厅、发改委、交通运输厅、住房与城乡建设厅、水利厅、教育厅、公安厅、武警总队等18个部门和单位负责人参加的全省突发地质灾害应急防治指挥部成员单位全体会议。会议通报了2008年全省地质灾害防治工作开展情况，部署落实了全省及各部门汛期地质灾害防治工作任务。张大卫副省长、省政府张天义副秘书长，省国土资源厅张启生厅长出席了会议。

经省人民政府批准，省国土资源厅、建设厅、水利厅、交通厅联合印发了《河南省2009年度地质灾害防治方案》。

2009年4月29日，省国土资源厅组织全省国土资源系统职工收听收看了国土资源部召开的全国汛期地质灾害防治工作视频会议，并部署我省汛期地质灾害防治工作。

2009年6月18日全省突发性地质灾害应急防治指挥部会议

5月中下旬，由省国土资源厅领导带队，分3个检查组，对12个省辖市的地质灾害防治工作进行了全面检查。7月下旬～8月上旬，省国土资源厅又组织12个督查组，由各省辖市国土资源局主管副局长带队，采用交叉检查、量化评分等方式，对12个省辖市、43个县（市、区）的汛期地质灾害防治工作部署及落实情况进行了全面的督导检查。

（二）汛期地质灾害气象预警预报

6月1日～9月30日，开展了全省汛期地质灾害气象预警预报工作，在省电视台发布预警信息31次，并通过电话、传真、手机短信通知到基层国土资源管理部门和地质灾害监测防治责任人。地质灾害易发区的12个省辖市、48个县（市、区）在当地电视台发布3级以上地质灾害气象预警预报信息共计165次。全省各级国土资源部门实行汛期24小时值班，组织4000多人(次)进行灾情巡查、排查，及时转移132人，避免人员伤亡96人。

厅领导带队督查地质灾害防治工作

（三）地质灾害防治项目管理

组织专家对拟立项的37个地质灾害治理项目进行了现场核查，并对全省24个重要地质灾害隐患点进行了核查，编制完成了应急治理工程（或搬迁避让）可行性研究报告和预算。

（四） 地质灾害防治

2009年，将全省2144处重要地质灾害隐患点纳入了群测群防网络，安排日常监测员和防治责任人2990人，向受地质灾害威胁的单位和群众发放“地质灾害防灾工作明白卡”和“地质灾害防灾避险明白卡”53546份，在地质灾害危险区边界设立警示标牌1107块。

按照国土资源部要求，成立了河南省国土资源厅地质灾害应急中心，组建了由22人组成的河南省地质灾害应急调查队和由16人组成的应急专家组。完成了对无人驾驶飞行器和远程视频会商系统建设的齐全调研、实地演习等工作。

现场核查地质灾害治理项目

三、地质灾害资质管理

依据《地质灾害危险性评估单位资质管理办法》（国土资源部第29号令）、《地质灾害治理工程勘查设计施工单位资质管理办法》（国土资源部第30号令）的规定，省国土资源厅认定44家地质灾害危险性评估和地质灾害治理工程勘查、设计、施工、监理乙级、丙级资质单位，共70个资质。对2009年度各地勘单位地质灾害危险性评估和地质灾害治理工程勘查、设计、施工、监理资质的使用和管理情况进行了检查，并对甲级资质的换证申请材料进行了初审。

四、地质灾害危险性评估

2009年，全省各级国土资源管理部门对182个工程建设项目和新建矿山地质灾害危险性评估报告（说明书）进行了备案，其中，在省国土资源厅备案的一级评估项目23个。派出11个地质灾害防治工程甲级资质队伍到四川江油开展地质灾害应急勘查及防治工程设计工作。

矿山环境

一、矿山环境概况

2009年，全省矿山环境问题主要有因矿产资源勘查开采等活动造成的矿区地面塌陷、地裂缝、崩塌、滑坡等矿山地质灾害，以及含水层破坏、地形地貌景观破坏、土地损毁等。

露天采坑破坏地形地貌景观（舞钢铁矿区）

采砂矿造成土地破坏（襄城县）

二、矿山环境保护与治理

2009年9月，河南省国土资源厅印发了《河南省国土资源厅关于〈矿山地质环境保护规定〉的实施意见》，标志着河南省矿山地质环境保护与治理恢复方案的编制工作全面启动。

2009年，中央财政安排项目6个，投入矿山地质环境治理资金9880万元；省财政安排项目2个，投入矿山地质环境治理资金6195万元。按照省国土资源厅要求，各项目承担单位对2009年度安排的8个矿山地质环境恢复治理项目进行了社会公开招标，以此确定项目实施单位。

地质遗迹保护

截止2009年底，我省建立地质遗迹自然保护区1处，即“南阳恐龙蛋化石群国家级自然保护区”，面积78015公顷。批准建立的省级以上地质公园19个，其中，世界地质公园4个、国家地质公园7个、省级地质公园8个。地质公园总面积610158公顷。

2009年，中央财政安排地质遗迹保护项目5个，补充资金2600万元；省财政安排地质遗迹保护项目5个，补充资金1210万元。按省国土资源厅要求，各项目承担单位对2009年度安排的10个地质遗迹保护项目进行了社会公开招标，以此确定项目实施单位。

表1　河南省地质公园统计表

级 别	名 称	级 别	名 称
世界	焦作云台山	省级	卢氏玉皇山
	登封嵩山		邓州杏山
	王屋山–黛眉山		汝州大红寨
	伏牛山		桐柏山
国家	遂平嵖岈山		栾川
	郑州黄河		嵩县白云山
	河南关山		河南跑马岭
	洛宁神灵寨		汝阳恐龙化石群
	信阳金刚台		
	红旗渠林虑山		
	灵宝小秦岭		

地下水环境

一、监测工作概况

2009年，开展了全省区域和18个省辖市的地下水动态监测工作。区域地下水监测控制面积10.86×104平方千米，占全省国土总面积的65.0 %；18个省辖市地下水监测控制面积6685平方千米。

区域地下水动态监测网以监测平原、岗区浅层地下水为主，设有国家级监测点127个，各水文地质单元监测点分布情况见表2。在127个监测点中，20个监测点安装自动传输监测仪，1个监测点安装有微电脑自记水位仪。各类监测点的监测频率和监测数据见表3。城市监测网以监测18个省辖市城市建成区的浅层、中深层地下水的水位、水质为主，共布设国家级监测点102个、省级点203个、地市级点86个。其中,水温点3个（商丘市），水质点139个。

二、区域地下水动态

表2　各水文地质单元监测点统计表

水文地质单元 / 监测层位	黄淮海平原	伊洛河盆地	灵三盆地	南阳盆地	合计
浅　层	107	3	2	12	124
中深层	2			1	3
合　计	109	3	2	13	127

表3　地下水环境监测工作量统计表

<table>
<tr><td colspan="2">监测内容</td><td colspan="2">监测点数（个）</td><td>监测频率</td><td>监测数据（个）</td></tr>
<tr><td rowspan="5">水　位</td><td rowspan="3">浅层</td><td rowspan="3">124</td><td>3</td><td>逐日</td><td>1095</td></tr>
<tr><td>18</td><td>2次/天</td><td>13140</td></tr>
<tr><td>106</td><td>6次/月</td><td>6910</td></tr>
<tr><td rowspan="2">中深层</td><td colspan="2">2</td><td>6次/月</td><td>144</td></tr>
<tr><td colspan="2">1</td><td>2次/天</td><td>730</td></tr>
<tr><td colspan="2">水　温</td><td colspan="2">6</td><td>6次/月</td><td>432</td></tr>
</table>

（一）水位

影响浅层地下水水位动态变化的主要因素有降水、蒸发、人工开采等。2009年，全省平原、岗区地下水动态类型主要有气象型、气象开采型、开采型、水文型四种。

（1）气象型：主要分布在地下水水位埋深较小的沿黄地带、信阳及豫东地区，地下水水位动态和降水关系密切。在降水量较少的旱季，水位变化不大；随着雨季降水量增大，水位开始回升，峰值出现在降水较大的月份或稍滞后（图1）。

（2）气象开采型：主要的地下水动态类型，占监测点总数的60%以上。主要分布在黄淮冲积平原的中部、东南部及南阳盆地等地。水位动态受降水和开采双重因素影响，最低水位一般出现在开采量较大的月份，此后随着雨季的来临，水位逐渐回升，一般讯期后达到高峰值（图2）。（3）开采型：主要分布在豫北孟州温县、滑县南乐地下水降落漏斗区及部分开采强度较大的城镇区，水位埋深较大。水位动态变化与

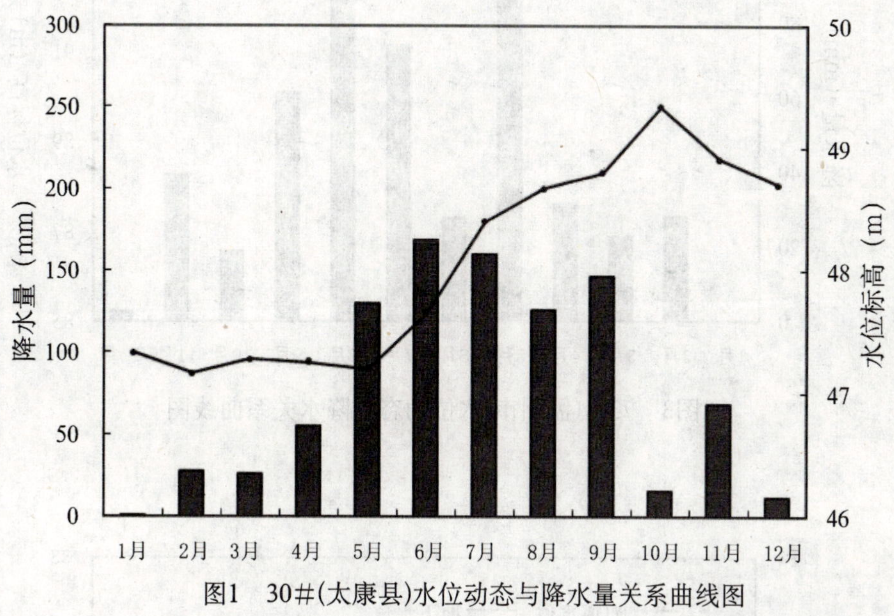

图1　30#(太康县)水位动态与降水量关系曲线图

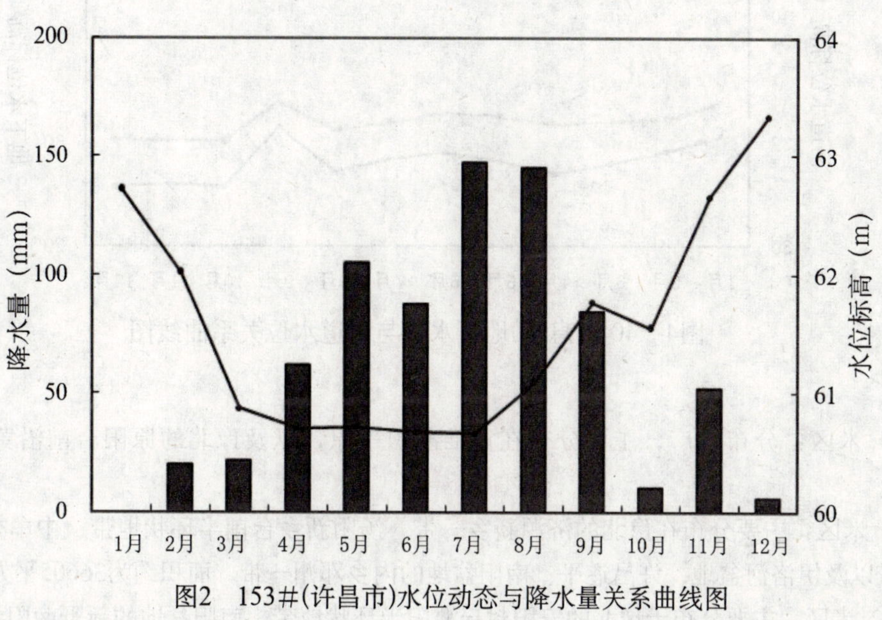

图2　153#(许昌市)水位动态与降水量关系曲线图

开采量大小密切相关，基本呈持续下降趋势（图3）。

（4）水文型：主要分布于黄河及淮河沿岸等近地表水体附近，地下水水位主要受地表水体控制（图4）。

2009年，河南省区域浅层地下水枯水期（4月份，图5）水位埋深分为四个区（见表4）。

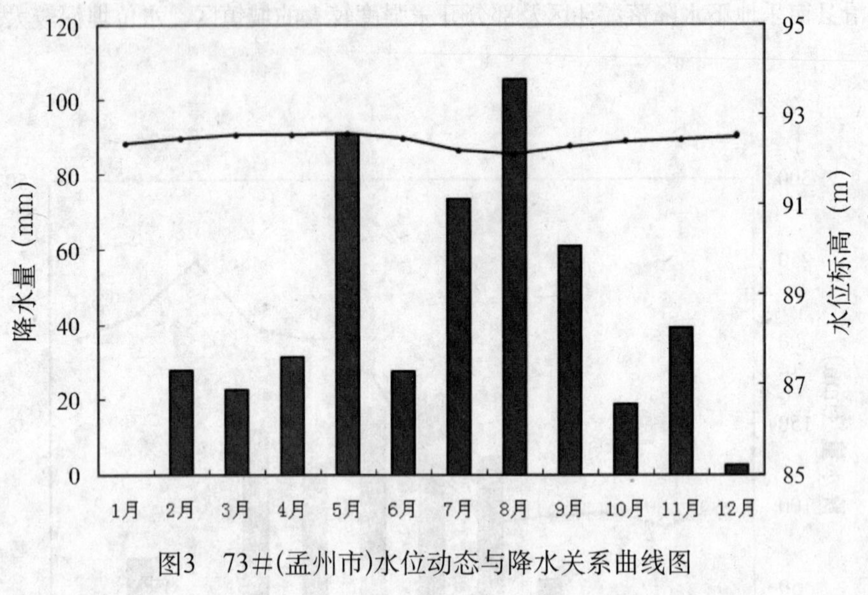

图3　73#(孟州市)水位动态与降水关系曲线图

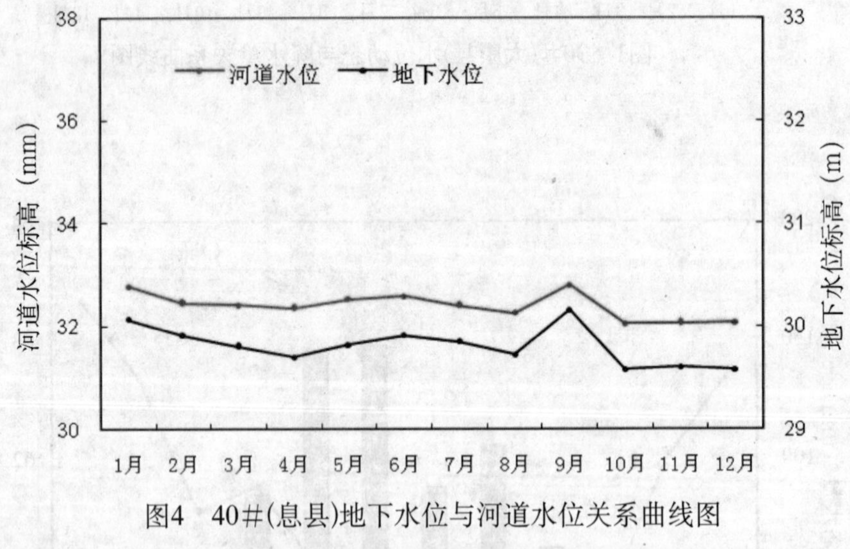

图4　40#(息县)地下水位与河道水位关系曲线图

（1）0～4 米区：分布较广，主要分布在黄淮冲积平原，以及豫北的原阳台前沿黄地带，面积约29581平方千米。

（2）4～8 米区：主要分布在豫北的济源新乡一带、汤阴新乡台前半环状地带、中牟柘城、正阳淮滨以南的山前地带以及伊洛河盆地、许昌遂平、南阳盆地的内乡邓州一带，面积约为36605平方千米。

（3）8～12 米区：主要分布于豫北的安阳封丘濮阳半环状地带、南阳盆地的新野南阳半环状地带，以及孟州温县漏斗的周围，面积约为7074平方千米。

（4）大于12米区：该埋深区范围较小，仅分布于豫北的滑县南乐一带、孟州温县之间及个别地下水严重超采的城市，面积约6540平方千米。

2009年，河南省枯水期（4月份）区域浅层地下水水位与去年同期相比以下降趋势为主（图6）。

表4　　2009年河南省枯水期区域浅层地下水埋深分区统计表

埋深分区（m）	0～4	4～8	8～12	＞12
分区面积（km^2）	29581	36605	7074	6540
占监测区总面积的比例（%）	37.1	45.8	8.9	8.2
较去年同期变化情况（km^2）	增加 1577	减少 4935	增加 1868	增加 1490

（1）水位上升区：范围较小，仅分布在豫北的淇县辉县以及孟州等地，面积约为1673平方千米。

（2）水位下降区：主要分布于长葛郸城、遂平息县、南阳盆地的镇平新野、豫北的延津封丘、内黄清丰以及灵三盆地，面积约为28788平方千米。

（3）水位稳定区：分布较广，除上述地区外，均为浅层地下水水位稳定区，面积约为78139平方千米（见表5）。

图 5

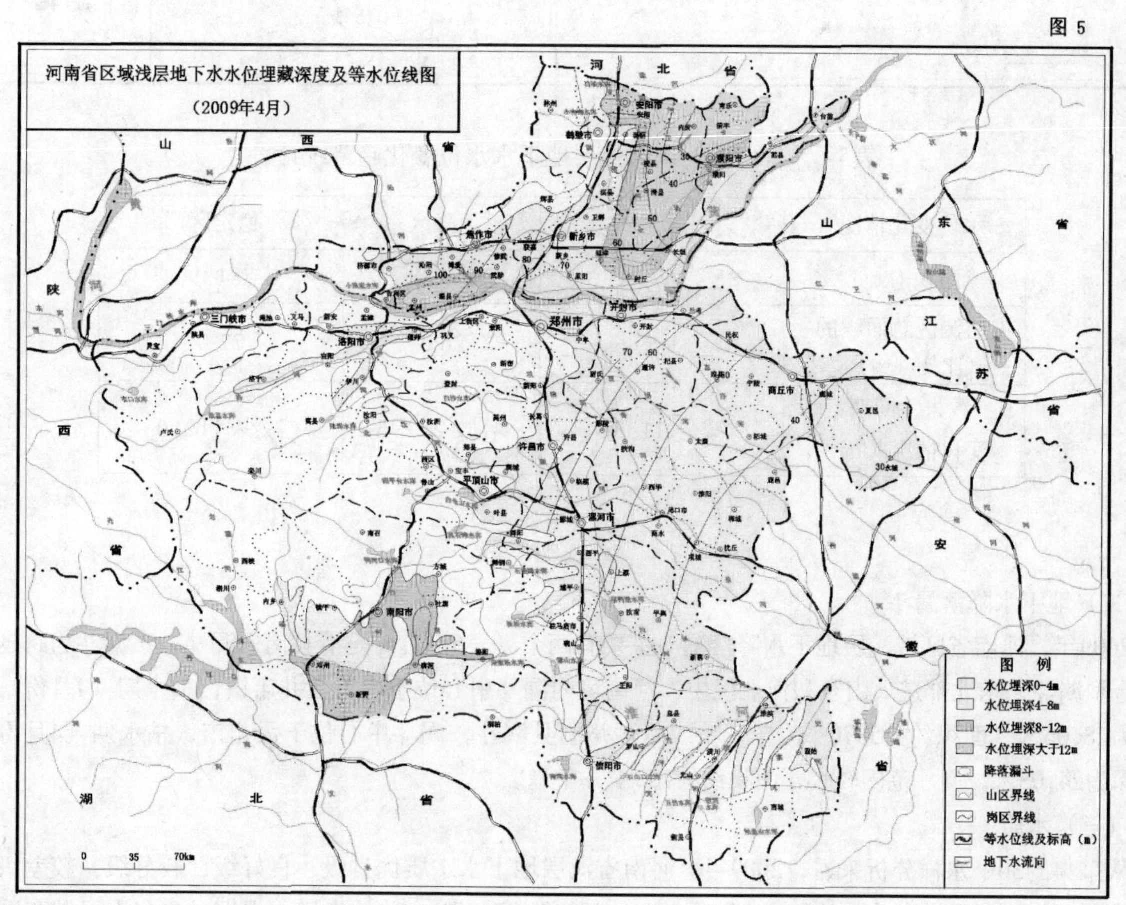

图6

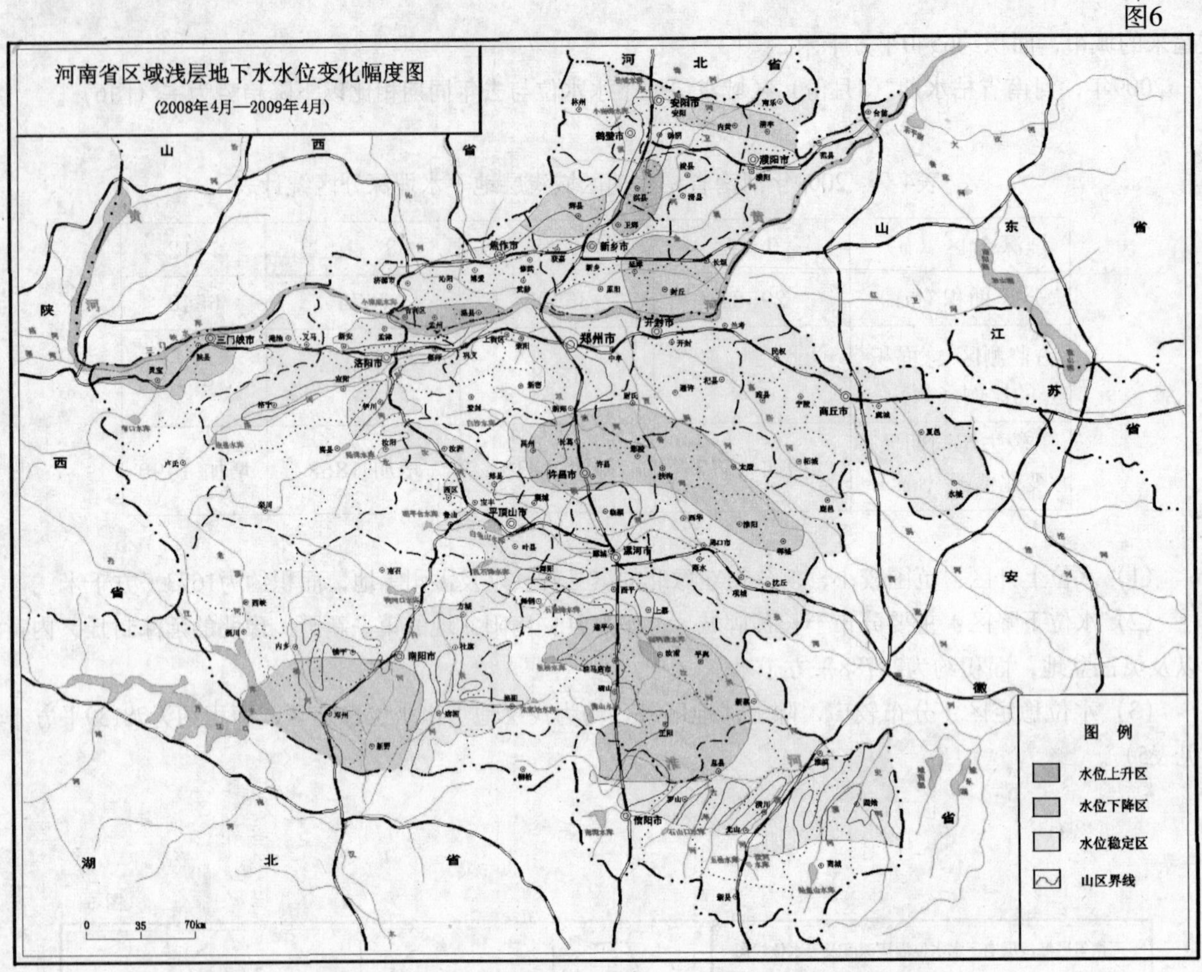

表5　2009年河南省浅层地下水水位变化趋势统计表

水位变化情况	上升区	下降区	稳定区
面积（km^2）	1673	28788	78139
占监测区总面积的比例（%）	1.5	26.5	72.0
较去年同期变化情况（km^2）	减少 11536	增加 22796	减少 11260

（二）地下水降落漏斗

2009年，河南省区域浅层地下水降落漏斗主要有两个（表6）。一是滑县南乐漏斗，该漏斗为跨越省界的复合型漏斗，东北部进入山东和河北境内，河南境内漏斗中心位于内黄县井店镇，枯水期（4月份）水位埋深为28.06米，面积约为5370平方千米。二是孟州温县漏斗，漏斗中心位于孟州市，枯水期（4月份）水位埋深为24.03米，漏斗范围较小，面积约为280平方千米。

（三）水质

从采集的30个水样分析来看，2009年，河南省浅层地下水水质优良级、良好级、较好级、较差级及极差级采样点分别占采样点总数的0%、20.0%、0%、73.3%和6.7%。总的来说，根据《中华人民共和国地下

表6　2009年区域浅层地下水降落漏斗基本情况表

漏斗名称	枯　水　期（4月份）		
	中心水位埋深（m）	中心水位标高（m）	降落漏斗面积（km^2）
滑县—南乐	28.06	28.34	5370
孟州—温县	24.03	92.57	280

水质量标准》（GB/T1484893），全省浅层地下水水质大部分为较差级（Ⅳ类水），个别地方水质为极差级，达到了（Ⅴ类水）。

2009年，全省区域浅层地下水单项超过《国家生活饮用水水质标准》（GB574985）的有总硬度、硫酸盐、矿化度、铁、锰、锌、砷、氟、硝酸盐、亚硝酸盐共10项，其中，总硬度超标率最高，达63.3%；其他10个项目均符合国家饮用水标准，其中污染最严重的为驻马店市翟村井，锰、硝酸盐、亚硝酸盐均超标。

三、郑州市地下水动态

(一) 水位

郑州市现有地下水监测点86个，其中，浅层水37个（国家级6个，省级31个），中深层水33个（国家6个，省级27个），深层水7个（国家级2个，省级5个），超深层水9个（国家级2个，省级7个）。监测项目为水位、水质等，监测控制面积1013.3平方千米。

① 浅层地下水

枯水期（4月份）平均水位埋深为18.21米，较上年同期下降3,61米；最大埋深值49.13米，与上年同期基本一致；最小埋深1.50米，与上年同期基本一致。

枯水期，郑州市浅层地下水形成东、西两个降落漏斗（图7）：

西部漏斗：分布于沟赵乡大谢村石佛沉砂池南阳路、北环路交叉口南阳路、金水路交叉口陇海路、京广路交叉口航海路、嵩山路交叉口西环路、陇海路须水镇，面积126.35平方千米，比去年同期缩小27.3平方千米。漏斗中心位于石佛镇黄庄，水位标高72.38米（埋深44.77 米）,与去年同期相比水位下降1.99米。

东部漏斗：分布于郑东新区龙子湖办事处黄庄花园口申庄大河遗址博物馆祭城乳牛场中州大道、郑汴交叉口永平路商鼎路，漏斗中心位于龙子湖办事处柳园口，水位标高77.75米（埋深5.45米），与去年同期相比水位下降0.65米，面积158.71平方千米，与去年同期基本一致；两个降水漏斗面积总合是285.05平方千米，比上年同期相比缩小了27.3平方千米。

② 中深层地下水

枯水期中深层地下水平均水位埋深44.94米，比上年同期下降2.59米；最大埋深94.81米，较上年同期下降1.20米；最小埋深12.26米，与上年同期相比下降了2.38米。

中深层地下水枯水期形成东、西两个降落漏斗（图8）。

西部降落漏斗：分布于须水镇侯寨乡王垌嵩山南路交通学校中州大道、十八里河京广铁路西中原路南须水镇朱庄。漏斗中心位于京广路713所，水位标高24.33米（埋深82.30米），与去年相比水位回升了1.6米。漏斗面积58.74平方千米，与去年同期相比缩小了37.66平方千米。

东部降落漏斗：北起北环、长兴路中州大道、新柳路连线，南止十八里河小姚庄东三环、航海路交叉口连线，西起京广铁路东、东至中州大道以西的地区。漏斗中心位于布厂街国棉二厂，水位标高26.32米（埋深73.48米），与去年同期相比水位下降1.0米。漏斗面积112.83平方千米，与去年同期相比略有缩小。

两个降水漏斗面积总和171.57平方千米，比上年同期缩小了53.67平方千米。

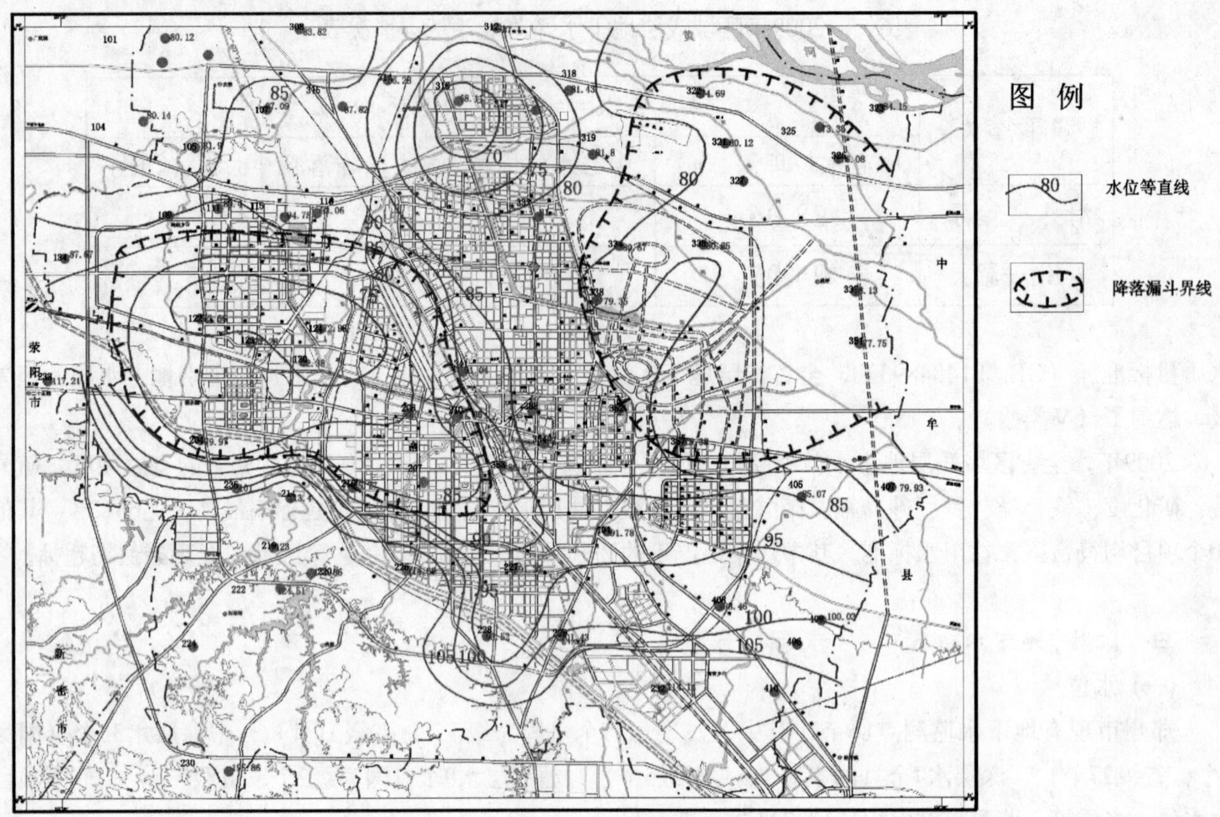

图7　郑州市浅层地下水位等值线示意图(2009年4月)

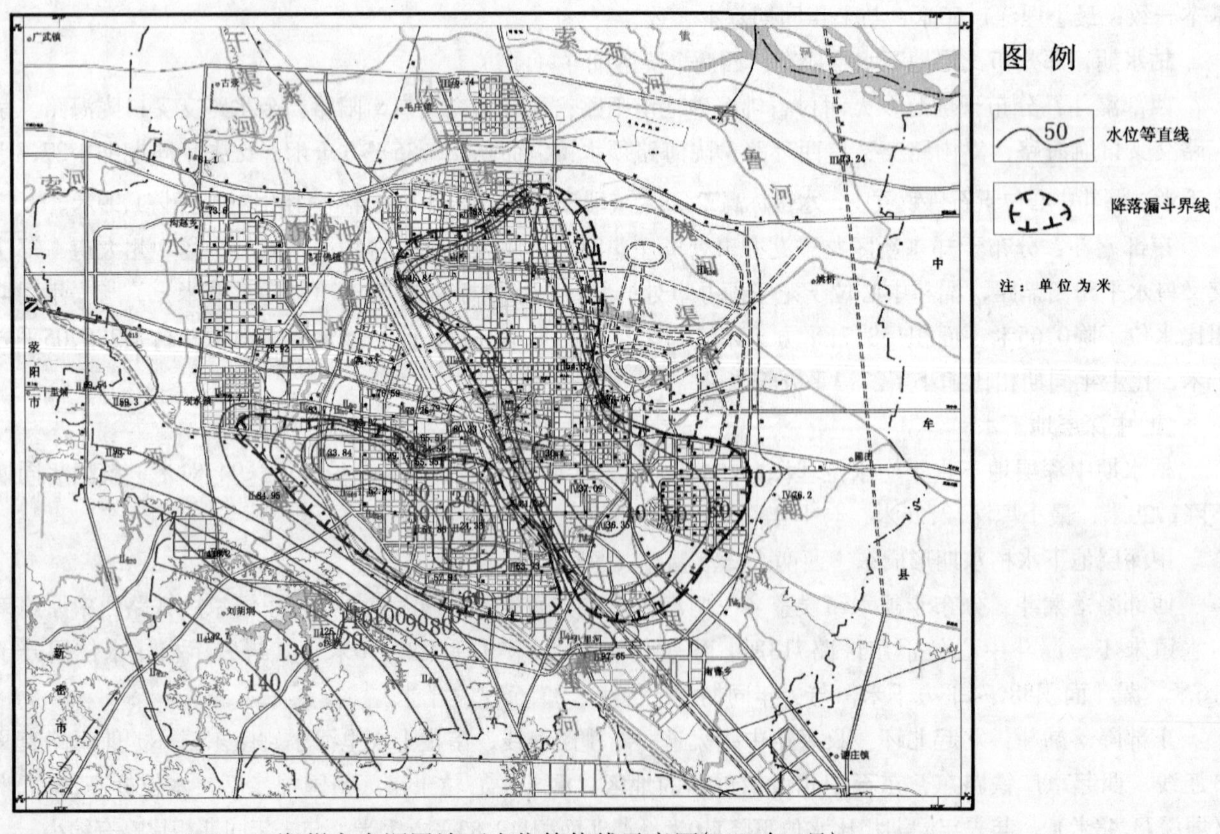

图8　郑州市中深层地下水位等值线示意图(2009年4月)

③ 深层地下水

深层地下水开采井主要分布于市区，枯水期平均水位埋深为74.75米，与去年同期相比平均下降4.66米；最大水位埋深108.23米（管城区商城路储运公司），较上年同期下降4.66米；最小水位埋深32.73米（金水区南阳路茶叶公司），较上年同期上升0.99米。

④ 超深层地下水

超深层地下水开采井主要分布于市区东北部，即陇海铁路以北、京广铁路以东地区。据枯水期水位埋深平均为73.34米，较上年同期平均下降了1.99米；最大水位埋深104.95米（金水区政四街省直干休所），较上年同期下降4.52米；最小水位埋深43.80米（农业路东中国银行培训中心），与上年同期相比上升1.56米。

（二）水质

① 浅层地下水

按照国家《生活饮用水水质标准》评价，单项超过国家饮用水标准的因子有：总硬度超标率40%，最大超标0.41倍；溶解性总固体超标率40%，最大超标0.36倍；锰超标率80%，最大超标6倍；硝酸盐（以N计）超标率20%，最大超标0.65倍。除了以上4项因子超标外，其余各项因子均符合国家饮用水标准。

依国家《地下水质量标准》评价，5组水样中单项组分达到Ⅳ级以上即超过饮用水标准的因子有：总硬度、溶解性总固体、硝酸盐、亚硝酸盐、硫酸盐、三价铁离子、锰等。综合评价结果1组优良级、2组较好级、2组较差级。就所取水样而言，与去年同期相比，浅层地下水水质略有好转。

② 中深层地下水

按照国家《生活饮用水水质标准》评价，6组水样中所有参评单项因子均符合国家饮用水标准。

依国家《地下水质量标准》评价，6组水样综合评价结果均为良好级。与去年同期相比水质好转。

地热、矿泉水

一、 河南省地热资源丰富

河南省地热可开采资源量、可利用热能量分别为55100.63×10^{4}立方米/年、109478.81×10^{12}焦/年，热能折合标准煤为374.16×10^{4}吨/年。按照温度分级，全省低温、中温可开采热水量分别占总可采热水量的87.85%和12.15%。

二、 地热水开发利用程度不均

2008年，河南省开发的地热井、泉总数量为680眼（处），其中，地热井667眼、温泉13个。郑州、商丘、开封三市地热井数量位居全省前列。全省地热水开采总量为3679.21×10^{4}立方米，均为低温资源，且以温水为主。地热水开采量中井采量3534.15×10^{4}立方米，热泉水利用量145.06×10^{4}立方米。各省辖市水温大于40℃的地热水开采量位居全省前三名的分别是开封、平顶山、郑州。

三、 地热资源管理

由于未制定河南省地热资源管理办法，河南省地热资源管理体制不顺，开采审批混乱，无序开采现象严重。地热利用仍为粗放单一的直接利用，资源浪费相当严重。全省区域性地热水动态监测尚未开展、地热回灌及其研究工作也未开展。为加强地热资源保护，目前已完成《河南省地热资源开发利用与保护规划》编制工作。

四、 加强地热开发利用，提高地热产业化进程

完成了“河南省地热、矿泉水调查评价”项目，为地热资源科学开发利用提供了依据。

五、 矿泉水开发利用

2009年，河南省已开采登记的矿泉水企业13家，可开采资源量147.8×10^4立方米/年。本年度矿泉水实际开采量12.3×10^4立方米。

河南省地热资源开采量统计表

温度分级		开采资源量（10^4m^3）孔隙水 新近系	古近系	小计	基岩裂隙水 岩溶裂隙	其它	小计	合计
低温	温水	2723.34	5.50	2728.84	234.00	10.17	244.17	2973.26
	温热水	396.82	29.70	426.52	122.00	29.43	151.43	577.95
	热水	8.10		8.10	69.68	58.47	128.15	136.25
合计		3128.26	35.20	3163.46	425.68	90.07	515.75	3679.21

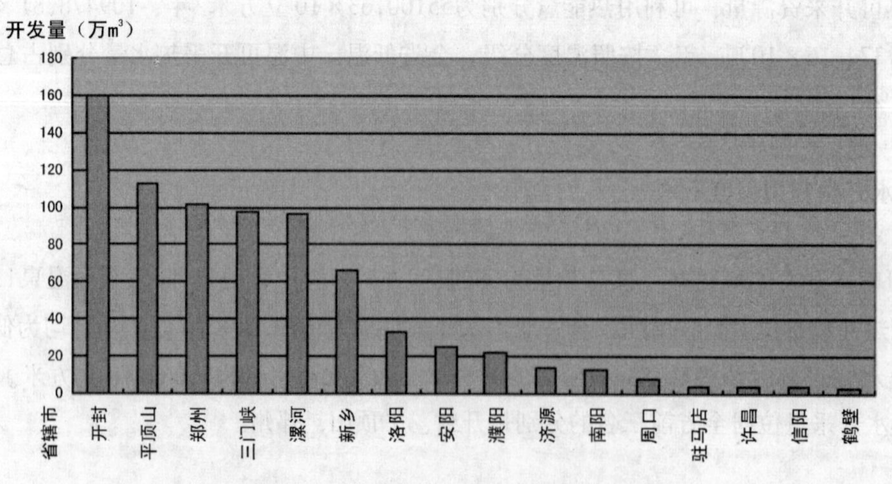

省辖市温热水及热水开采量统计图

农业地质与城市地质

一、农业地质

本年度主要开展了河南省黄淮平原经济区、周口地区和淮河上游平原区125万多目标区域地球化学调查，完成土壤测量面积6632平方千米，采集表层土壤样6188件、深层土壤样1706件。淮河上游平原区土地环境质量总体较好，99%的土壤为绿色土壤；但洪汝河流域由于地表水污染已经影响到河流两侧地下水及土壤质量，造成部分地区土壤及地下水污染，进而影响到居民健康。基本查明了周口地区54项元素指标的土壤地球化学背景，对区内土壤重金属元素、有益、有害元素的分布状况有了具体了解，为区内环境污染状况研究、土壤资源合理利用提供翔实的地球化学依据。编制完成了《黄淮平原经济区多目标区域地球化学调查报告》、《区域评价报告》、《局部评价报告》等系列成果报告和深、表层土壤《地球化学分布图》、《地球化学异常分布图》、《土地质量评价图》、《多目标区域地球化学评价方法图》等相关图集、图册，为社会提供了大量的基础地球化学资料。

二、城市地质

2009年，开展了安阳、鹤壁、新乡、许昌、漯河、平顶山、三门峡、济源等8市的环境地质调查评价工作，完成调查面积4180平方千米，遥感解译4366平方千米，水质分析570组，地面物探185点，抽水试验38组，钻探进尺1383.1米，岩土分析475组，地下水位统调994点（次），浅井124米，槽探121.5立方米。寻找和发现了一批后备水源地，预计地下水可开采量119×104立方米/天。

2009年度地质环境管理工作大事记

一月

1月9日，河南省突发地质灾害应急防治指挥部办公室印发了《关于做好巩义市夹津口镇山体滑坡重大隐患防治工作的通知》（豫地灾防指办[2009]1号）。

二月

2月16日，河南省国土资源厅杨士海副厅长到省地质环境监测院调研了解巩义市铁生沟滑坡等列入省重要地质灾害隐患的防治工作情况，要求在汛期前对全省重大地质灾害隐患点落实防治措施，明确责任，确保人民生命财产安全。

2月23日，河南省国土资源厅印发了关于进一步加强地质环境类项目监管的通知，要求对历年来的项目进行彻底清理，确保按时完成并取得明显效果。

三月

3月11～13日，由河南省地质学会地质灾害防治专业委员会、水文地质环境地质专业委员会共同主办了

“全省地质灾害防治技术规范培训班”。省地质学会杨昌生副理事长、张天义秘书长，省国土厅张荣军处长，省地质学会地质灾害防治专业委员会梁世云主任，省地质学会水文地质与环境地质专业委员会甄习春主任等出席开班仪式。来自全省各省辖市、县国土局负责地质环境管理工作的领导、地勘单位从事地质灾害防治工程、矿山地质环境保护与治理工作的管理和技术人员共240余人参加了培训。

四月

4月17日，为加强对地质灾害防治、矿山地质环境保护与治理、地质遗迹保护等地质类项目的监督和管理，省国土资源厅依托河南省地质环境监测院成立了河南省国土资源厅地质环境项目管理办公室。

4月21日，河南省国土资源厅在郑州组织召开了全省地质环境管理工作会议。会议传达了全国地质环境管理工作会议精神，学习贯彻了《矿山地质环境保护规定》（国土资源部第44号令），部署了2009年全省地质环境管理主要工作。杨士海副厅长出席会议并作了重要讲话。各省辖市国土资源局主管副局长、各地勘行业分管领导、厅属有关单位主要负责人、机关有关处（室）领导等共70余人参加会议。

4月28日，省国土资源厅组织我省地质队伍赴四川省支援地震灾区重大地质灾害防治工作。来自我省地矿、有色等部门的11个地质勘查队伍将承担完成绵阳市、江油市的20处滑坡防治工程的勘查、设计任务。

4月29日，省国土资源厅组织全省国土资源系统职工收听收看了国土资源部召开的全国汛期地质灾害防治工作视频会议,并部署我省汛期地质灾害防治工作。

五月

5月13日，为督促、检查各地汛期地质灾害防治工作各项措施落实情况，省国土资源厅组成3个地质灾害督查组分赴豫北、豫西和豫南的12个省辖市检查地质灾害防治工作。

5月15日，由河南省财政厅、河南省国土资源厅、河南省环境保护厅联合印发了《河南省矿山环境治理恢复保证金管理暂行办法实施细则》。该细则从2009年5月1日起实施。

5月19日，云台山世界地质公园被国土资源部命名为全国首批国土资源科普基地。

六月

6月18日，河南省人民政府召开了由省国土资源厅、财政厅、发改委、交通运输厅、住房与城乡建设厅、水利厅、教育厅、公安厅、武警总队等18个部门和单位负责人参加的全省突发地质灾害应急防治指挥部成员单位全体会议。会议通报了2008年全省地质灾害防治工作开展情况，部署落实了2009年全省及各部门汛期地质灾害防治工作任务。张大卫副省长、省政府张天义副秘书长，省国土资源厅张启生厅长出席了会议。

6月18日，省国土资源厅在荥阳市组织举行了地质灾害应急无人驾驶机监测与远程通讯演示。通过无人机监测系统、单兵信息采集系统、“动中通”指挥通信系统、地面卫星中心站系统、地面信息指挥系统的演示，实现了卫星、无线、有线、图像传送互联互通。

6月25日，省国土资源厅根据全省地质灾害应急工作的需要，依托河南省地质环境监测院成立了河南省国土资源厅地质灾害应急中心。

七月

7月3日，中国地质科学院地质研究所正式批准“在河南省洛阳市汝阳县建立中国地质科学院地质研究所恐龙研究科普教育基地”。

7月16日，省国土资源厅召开全省汛期地质灾害防治工作紧急会议，贯彻落实国土资源部、省委、省政府批示精神，总结前一阶段地质灾害防治工作经验，分析当前面临的形势，对下一阶段的地质灾害防治工作进行再动员、再部署。省国土资源厅张启生厅长、杨士海副厅长出席会议并分别作了重要讲话。厅机关各处室、省地质环境监测院、全省65个地质灾害易发的县（市、区）国土资源局等有关部门参加了会议。

7月27日，自7月27日开始至8月上旬，省国土资源厅分两批各安排6个督查组，到洛阳、信阳等12个省辖市对汛期地质灾害防治工作进行督查。27日上午，第一批督查组在出发前召开了会议，杨士海副厅长在会上对督查工作进行部署，并提出了具体要求。

八月

8月4日，河南省国土资源厅对认定的44家地质灾害危险性评估和地质灾害治理工程勘查、设计、施工、监理乙级、丙级资质单位70个资质进行了公告。

8月6日，为进一步推进全省地质环境监测工作的开展，加强省辖市地质环境监测工作，省地质环境监测院组成三个调研组分赴各省辖市国土资源局进行专题调研，重点了解省辖市级地质环境监测机构设置、职责任务、工作经费、运行机制等方面的问题，并与各省辖市国土资源局就加强地质环境监测工作进行深入探讨和交流。

8月10日，“王屋山-黛眉山世界地质公园”总体规划论证会在省地调院举行。省国土资源厅、省发改委、财政厅、建设厅、林业厅、环保厅、旅游局、洛阳市人民政府、济源市人民政府、洛阳市国土局、济源市国土局、新安县国土局等单位的领导出席了论证会。

8月10日，我省小秦岭地质公园和红旗渠·林虑山地质公园被国土资源部授予国家地质公园资格。

九月

9月8日，由河南省地质矿产勘查开发局提出、河南省国土资源厅立项、河南省地质矿产勘查开发局第二水文地质工程地质队承担的河南省地方标准《PVC-U塑料供水管井技术规范》公开征求意见。

9月9日，由国土资源部主办、河南省地质环境监测院协办的第二期全国矿山地质环境保护与治理恢复方案编制培训班在郑州举行，来自全国30个省（市、区）的180多个单位共460余名相关专业技术人员参加了培训。

9月27日，河南省国土资源厅在郑州举办了全省矿山地质环境保护与治理恢复方案编制培训班，来自全省55个单位共300余名有关专业技术人员参加了培训。

十月

10月30日，省国土资源厅在郑州组织召开全省矿山地质环境保护与治理恢复保证金制度建设培训会议。杨士海副厅长出席会议并作了重要讲话，对全省建立矿山地质环境治理恢复保证金制度进行动员和部署。地质环境处张荣军处长主持会议，并对2009年地质灾害防治、矿山地质环境治理恢复、地质遗迹保护和地质公园建设等工作进行了全面总结，提出了下一步工作思路和要点。

十二月

12月9日，河南省卢氏、西峡、巩义、灵宝、辉县、登封、镇平、新县、汝阳、罗山、泌阳、禹州12个县（市）被国土资源部评为地质灾害群测群防“十有县”。

12月29日，河南省地质环境监测院在郑州举办了全省地质环境监测工作座谈会。省国土资源厅地质环境处、省地质环境监测院有关领导和技术人员，各省辖市国土资源局地质环境科科长、地质环境监测站站长、技术负责人等50多人参加了会议。

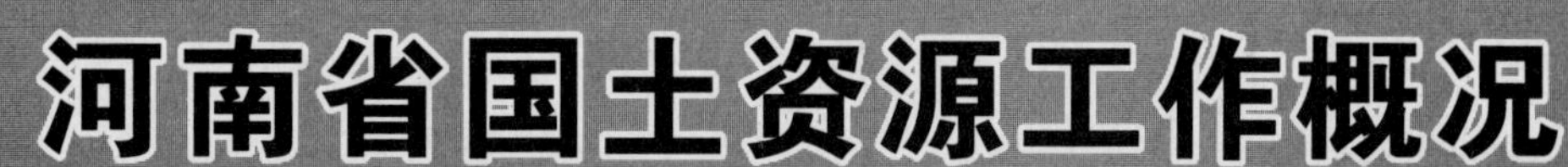
河南省国土资源工作概况

办　公　室

张昌全　　主　　任
彭显文　　调 研 员（2009年9月前）
李保贤　　副 主 任（正处）
谷书景　　副 主 任（正处）
何　晨　　副 主 任
王彦平　　副调研员
李　艳　　副调研员

【2009年工作概览】2009年，办公室的工作突出表现为“任务重、亮点多、成绩优”。一是文字工作量大。据统计，全年起草会议讲话、工作总结、情况汇报等各类综合文字材料300余篇、80多万字，处理正式来文3060件、审核发文3100多件，件数和字数均为近年之最。二是重大活动多。全年各类活动达450次，其中，副省（部）级以上领导及院士等高层人士参加的重大活动达50次、93人，人数和规格创历年新高；三是社会公众信息服务广。通过门户网站、专栏等服务窗口平台公开各种信息73223条，同比增加了3倍，被河南省委、省政府采用的信息达186条，先后被河南省委、省政府等领导部门评为2009年度平安建设工作先进单位、政务信息工作先进单位、节能减排优秀单位、机关档案工作规范化管理先进单位、省一级档案管理单位和省档案规范化管理重点示范单位；办公室党支部被省直工委评为先进党组织；1人被河南省委、省政府嘉奖，2人被河南省委宣传部等四部局评为先进个人，1人被省直工委评为优秀共产党员，1人被河南省国土资源厅评为理论学习先进个人，1人被河南省国土资源厅评为“十佳”优秀共产党员。

【强化责任意识，做好参谋助手】2009年，全省国土资源管理任务异常艰巨繁重。办公室从全厅、全省系统出发，思考问题、谋划工作、出好主意、推进执行，为厅党组科学决策并确保厅党组决策的贯彻落实作出了积极努力。

刻苦磨砺文字基本功，精益求精组织重要材料。围绕重点工作、围绕领导思路，快速反应、及时跟进，在求实、求精、求深上狠下功夫。组织策划重大文字材料做到了“三个结合”，即与上级精神结合、与领导思路结合、与工作实际结合，把握思想内涵准确深刻、文风清新简捷。全年组织起草的主要讲话文稿、汇报材料、政策文件、经验介绍、情况反映、署名文章及专题报告等普遍受到省委、省政府及有关领导的认可和肯定。

狠抓督查督办，确保工作决策部署落实到位。河南省委、省政府和国土资源部等上级部门领导对河南省国土资源厅的重要批示和上级部门的重要工作安排部署，通常带有明确的针对性和时间性要求，办理落实情况是执行力的主要体现。办公室坚持督办跟踪制度，专人跟踪责任落实单位，主动协调多家分责的重要督办件，定期提醒、督办和通报落实进度，确保事事有回音、件件有落实。全年共接到省委、省政府、国土资源部等上级机关领导批示400余次，有具体办理要求的105件。经过跟踪督查、大力协调和主办单位（处室）的努力，至2009年底，100件已办理完毕，5件正在办理。此外，还就省委、省政府领导全年主要批示落实情况写出专题总结报告上报。我厅承办省人大代表建议21件、省政协委员提案27件，通过经办、督办处室的不懈努力，已全部按要求办理完毕，答复质量高、针对性强，代表委员们普遍感到满意。其中，省人大还将河南省国土资源厅对人大代表建议的部分答复文函作为人大代表建议答复样本印发全省，供参照办理。

认真搞好调查研究，主动提供决策参考。按照年初全省工作会议的要求和有关重要任务的推进需要，牵头组织了“大调研、大接访”活动。针对“保增长、保红线”行动、“找差距、提建议、补短板、上水平”活动及体制机制和干部队伍建设等重点工作，开展了专题调研，办公室直接参与的调研就有10余次，收集整理了一批政策措施、工作程序、干部思想等方面急需解决的突出问题，为厅领导掌握实情、研判形势、制定政策、改进工作提供了参考依据。

【强化大局意识，做好中心枢纽】着眼大局、通盘考虑，既努力做好上下之间的链接，又注意方方面面的沟通协调，对有些职能不很明确、相关处（室）承办有难度的重要临时性工作，办公室主动承担，不让其落地，确保各项工作有人担、推得动、见成效。周密做好综合协调，日常工作高效运转。文件协调方面，制定了《河南省国土资源厅机关公文处理办法》，对各省辖市局、厅属各单位、厅机关各处（室）的公文办理情况进行了检查和通报，公文质量和处理效率不断提高，受到省委办公厅、省政府办公厅的充分肯定。会议协调方面，牵头组织或承办了全省国土资源管理工作会议，全省矿产资源勘查开发管理工作会议，省部共同推进中原城市群国土规划编制暨开展豫西地区地质找矿工作合作备忘录签字仪式，国家土地督察济南局与河南、山东、青岛“两省一市”土地督察工作联席会议等各种会议70多次，做到会前材料精心准备、会议议程衔接紧凑、座次安排明确到位、会场纪律井然有序，不少次会议的现场布置被会场所在单位摄像保存为模板，保证了各项议程圆满完成，会后又及时协调安排会议精神的贯彻落实。同时，认真做好厅领导事务活动、各种拟办意见等工作的协调，搞好领导之间、各处（室）之间、上下级之间以及其他各方面的联系和沟通，促进机关和谐运转、工作有效落实。加强宣传文化建设，工作氛围不断优化。按照年初工作会议的要求积极推进文化建设，认真组织筹办了全省国土资源系统首届羽毛球大赛、省会新闻单位“国土杯”羽毛球友谊赛、“金土地杯”书法大赛和书法名人书法展览等活动。

【围绕主题，挖掘亮点，深度宣传中心工作】 坚持联合媒体强力宣传、围绕主题重点宣传、挖掘亮点深度宣传，做到宣传工作引导在先、跟踪服务、贯彻始终，服务于中心工作。全年在《经济日报》、《光明日报》、《中国国土资源报》、《河南日报》等省级以上媒体刊登稿件340余篇，其中，在《中国国土资源报》头版头条发表的《河南：有限指标保重点一般项目靠挖潜》一文，荣获2009年度“河南省委、省政府好新闻特别奖”三等奖。筹办人民网河南频道“高端访谈”专题节目，厅长张启生和各省辖市国土资源局局长先后做客人民网、河南人民广播电台“政府在线”等栏目；筹划了国土资源工作新闻座谈会，省政府、省委宣传部有关领导和中央驻豫新闻单位、省内主要新闻媒体负责人参会，引起了广泛关注。推进大事难事，重点工作有序开展。牵头推进“保增长、保红线”行动和企业服务年活动，研究并提请出台了一系列服务“扩内需、保增长”和严格土地执法、保护耕地红线的措施；协助厅领导组织本系统11名同志进驻宜阳县，开展“百厅包百县”抗旱浇麦夺丰收工作，取得显著成绩，宜阳县夏粮总产较上年增长2.8%，县四大班子领导专程到国土资源厅送锦旗，省委常委、洛阳市委书记连维良亲自给国土资源厅党组写信表示感谢。

【强化服务意识，做好后勤保障】 行政接待突出一个“细”字。在接待任务繁重的情况下，我们更加关注细节、注重实效，对每个接待步骤进行全程模拟思考，确保接待工作“零失误”。无论是来宾迎送还是食宿安排，都细致考虑客人的年龄、性别、爱好、行程计划等因素，优选最合适、最便利、最符合客人习惯的接待方案，对重要来宾实行一对一接待；在布置会议时，从会标到座签，从会场设计到桌椅摆放再到桌布选择等都从细微入手、详尽谋划；在重大活动期间，白天做好服务、晚上及时总结。徐绍史部长来河南调研取得圆满成功后，徐部长和省接待办对我厅的接待工作给予了高度赞扬。经费使用突出一个“俭”字。勤俭持家、低碳生活已经成为办公室的追求和习惯，事事精打细算、处处勤俭节约。在完成任务、保证工作质量的前提下，通过周密策划、创新服务，经费开支能省即省。例如，买会议用的鲜花比租还便宜，我们就买，会议结束后搬回厅机关继续使用。安排来宾食宿时，多选用有当地特色的菜肴和酒水，通过软服务保证宾至如家。我厅已连续三年没有专门印制纸质贺卡，去年年底，办公室从节俭出发，为提倡低碳的绿色生活方式，向全省国土资源系统发出“送绿色祝福　树节能新风”的倡议书，号召全系统不寄或少寄纸质贺卡，创建节约型机关、走节约型社会之路。

服务职工突出一个“优”字。文博花园职工住宅已是多年的老大难问题，东区的如意家园也由于各种原因一直没有交付使用。在国土资源厅领导的关心支持下，办公室敢于啃硬骨头，牵头会商基建、开发商、物业等部门，详细了解合同合作全过程，本着早日交房、维护职工利益的原则，创新思路，解决了遗留的难题，两处住宅将于近期交付使用。进一步改善办公大院的绿化，加强治安保卫，健全门卫管理制度，为干部职工营造了一个舒心、安全的工作环境。

【强化危机意识，做好自身建设】严格保密和档案管理，基础工作进一步规范。加强保密教育，邀请省国家保密局专家作专题讲座，组织厅领导、厅机关各处（室）和厅属各单位183人签订了保密承诺书，进一步强化涉密人员的保密责任，全年无失、泄密现象发生。制定印发《关于进一步加强厅机关文件资料归档和档案管理工作的通知》《河南省国土资源系统重大活动档案管理办法（试行）》等文件，整理厅机关文书档案、机要文件材料4901件，各类专业档案2194卷，档案管理规范、有序，查阅使用简单、便捷。

加快信息化建设，工作抓手更加有力。把信息化建设和应用作为提高机关管理运行水平的重要抓手，在经费严重不足的情况下，通过抓机关审批监管流程设置、系统改造、公文运转和省辖市局信息化的建设应用监管等，全省信息化建设和应用不断加快，政务管理信息系统受理矿业权申报、建设用地预审、建设项目压覆矿产资源审批4912件。省、市级国土资源网站全面开通运行，县级网站开通率91.19%，在全国国土资源系统政务信息网上公开检查评比中，我厅名列第7位。

加强干部队伍建设，自身素质进一步提高。办公室工作责任重大、任务艰巨，把自身建设摆在突出位置，努力建设一支政治坚定、业务精湛、作风过硬的干部队伍。加强学习是首要途径，认真参加“讲党性修养、树良好作风、促科学发展”教育活动，撰写读书笔记和心得体会，选派有关同志参加保密、公文处理等培训，同时，将政治理论和业务知识学习融入日常工作。把文秘运行程序改善作为重要手段，让文秘、机要人员更多地参与文件运转、办理意见的草拟等，既有效提高了工作效率，又提高了经办人员业务能力。坚持周办公例会制度，加强思想交流、工作沟通，更多地了解、融入工作大集体，责任共担、成绩共享、时艰共克，充分激发了每个人的主人翁意识和工作潜力。和谐共事、其乐融融的工作环境促进了集体工作能力的提升，使大家心情舒畅、奋发向上，极大地增强了向心力。

【执行党风廉政建设责任制情况】

（一）认真落实党风廉政建设责任目标。根据《河南省国土资源厅2009年度党风廉政建设责任目标》要求，组织制定了办公室责任分解目标，将党风廉政建设责任落实到办公室每个岗位，严格落实“一岗双责”。

（二）严格执行规定，加强廉洁自律。严格执行党的政治纪律、组织纪律、经济纪律和群众纪律，严格遵守中纪委提出的“四大纪律、八项要求”和省委提出的“党员领导干部廉洁从政十二条规定”，认真执行处级干部个人有关事项报告制度，带头探索从源头上预防和治理腐败的有效措施，带头遵守个人重大事项报告、收入登记等制度，坚持每半年报告一次个人收入，个人及家庭重大事项及时向组织报告。坚持民主集中制原则，坚持述职述廉、民主生活会制度，处级干部彼此之间、与其他同事之间保持良好、正常的沟通交流，听取意见建议。2009年，未发现办公室同志违反规定收受现金、有价证券、支付凭证等现象，未发现有插手项目招、投标和土地、矿权招、拍、挂出让等违法、违纪事件。

政策法规处

饶维智　处　长
蔡　豪　副调研员
沈　辉　副调研员

【职能与机构设置】 政策法规处是国土资源厅主管组织立法和制定综合性政策的职能部门。主要任务是组织起草有关土地、矿产资源的法律法规草案；组织并协调厅内有关立法工作；组织土地、矿产资源的法制宣传教育工作；依法承办有关行政复议事宜；组织开展土地、矿产资源管理中的重大方针政策和发展战略的调查研究，起草综合性土地、矿产资源政策。

【法制体系建设】 完成了《关于修改〈河南省实施土地管理法办法〉决定〈草案〉》的修订工作。围绕全省国土资源管理工作大局，突出“严格规范管理，促进节约集约利用，坚持改革创新立法”的工作原则，在国家上位法修改尚未出台的前提下，在省委、省人大、省政府领导下，在省直有关部门的积极配合支持下，结合河南改革发展的实际情况，按照《中共中央关于推进农村改革发展若干重大问题的决定》所确定的土地管理制度的改革发展方向，参照国家修订《土地管理法》所确定的修订原则和重点内容，将河南省近年土地管理改革实践的成果和制度吸收，上升为地方法规规定，重点突出解决河南省经济社会发展的耕地保护和用地需求问题，完成了《关于修改〈河南省实施土地管理办法〉决定（草案）》的修订工作。12月8日，省人大常委会批复了《关于修改〈河南省实施土地管理办法〉的决定》。

进一步完善了国土资源行政处罚管理制度建设，制定了《行政处罚裁量标准和内部制约制度》等6个规范性文件，严格规范了行政处罚行为，促进全省国土资源行政处罚合法、公平、公正。

组织开展了对现行国土资源法规、规定、规范性文件的清理工作，并在提出具体的保留、修改、废止的清理意见的基础上，组织编印了《国土资源法律法规汇编》和《国土资源规范性文件汇编（四）》（上、下册）。认真做好立法征求意见反馈工作。全年共办理省人大、省政府转来的法律、法规、规章草案等规范性文件征求意见稿80余件。在办理过程中，对凡与国土资源管理法律、法规规定不一致以及相抵触的，有理有据地提出我们的修改意见和建议，协调有关争议，切实维护国土资源管理部门的职能、职责和法制的统一。

【推进依法行政】 组织对厅机关各处（室）、省国土资源执法总队、厅行政服务中心等负责办理的行政执法案卷、规范性文件进行了行政执法责任制考评。一是认真开展了抽象行政行为考核，对2009年省国土资源厅制定以及与其他部门联合制定的涉及国土资源管理的规范性文件，在颁布实施前全部进行了合法性审核，合法率达100%，备案率达100%。二是认真开展具体行政行为考核。2009年，省国土资源厅共办理探矿权许可583宗、采矿权许可608宗、矿产资源储量核查备案266宗、建设项目压覆矿产资源审批148宗、建设用地预审192宗，经随机抽查的各类行政执法案卷，绝大多数行政执法行为符合法定权限，适用执法依据准确，行政执法程序合法，行政执法决定的内容合法、适当。通过开展行政执法责任目标考评工作，推进实行了权责一致的行政责任制度考核制度，增强了行政执法人员依法规范办事的责任心，促进、提高了行政执法工作整体水平。

【法制宣传教育】 以领导干部和社会公众为法制宣传教育的重点，积极开展国土资源法律知识宣传教育。一是认真组织开展 “6·25全国土地日，12·4全国法制宣传日”等重大法制宣传教育活动；二是组织基层单位人员参加全国性的法律法规知识培训学习；三是组织开展了国土资源系统学法用法征文活动；四是通过新闻媒体宣传国土资源新政策；五是组织开展对厅机关公务员法律法规知识进行培训和考核；六是大力推进依法行政，指导基层单位开展广泛宣传普及国土资源法律知识。通过开展法规宣传教育培训工作，提高了广大干部群众的国土资源法规政策知识水平，形成了良好的国土资源法制环境，省国土资源厅被省依法治省领导小组评为“全省‘五五’中期普法依法治理先进集体”。

【行政复议、行政诉讼和征地补偿裁决】认真审理行政复议和行政诉讼案件，妥善调查处理权益争议案件，促进国土资源和谐社会建设。全年省国土资源厅共收到行政复议申请15件，经审查，受理5件，已依法全部办结。对起诉省政府及省国土资源厅的8起土地、矿产诉讼案件，依法进行答辩、庭审和有关协调工作。通过行政复议和行政应诉等工作，维护了当事人的合法权益，促进了国土资源管理依法行政。

认真做好征地补偿安置标准争议申请地受理、调查、协调和裁决的有关工作。2009年，共办理征地补偿安置标准争议案件3起。通过推进裁决这一救助机制，宣传贯彻了国土资源法律法规，维护了国土资源管理相对人的合法权益，解决了一大批行政纠纷，特别是有效化解了群访事件的发生，促进了全省社会的和谐稳定。

调控和监测处

王　锋　处　长

【调控和监测处的组建】调控和监测处是2009年5月根据河南省人民政府办公厅印发《关于印发河南省国土资源厅主要职责内设机构和人员编制规定的通知》（豫政办〔2009〕93号）新增设的省国土资源厅内设机构，于2009年10月正式组建运行。厅长张启生对调控处组建及工作起步运行作了明确要求。一是要认清意义、增强信心。本次省级政府部门机构改革中，国土资源厅新的“三定方案”唯一增加的内设机构是“调控和监测处”，充分说明了省委、省政府对国土资源参与宏观调控的高度重视。开展形势分析、研究制定调控政策、推进重大问题研究和综合改革，事关国土资源工作全局。二是要准确定位、理顺关系。如何发挥调控和监测的作用，国土资源部及各省（市、区）都在探索，我们先试运行，将来根据实际工作需要再逐步完善和规范。总体上讲，调控和监测处应当发挥好“领导智囊”、“改革推手”、“调控监测”三大职能作用，按照新的“三定方案”，尽快理顺与其他处（室）的工作关系，完善工作运行机制。三是要加强领导、配强人员。做好调控和监测工作，关键在人。调控和监测处人要把好关，要“一个顶一个”，目前，先借调若干名素质全面、熟悉业务的骨干，以挂职锻炼的形式帮助工作。一定要把调控和监测处的人员配强，边组建、边学习、边工作，力保领导不缺位、工作有落实。四是要理清思路、抓紧工作。原则赞成调控和监测处处长王锋提出的构建“一个网络”、打造“两个平台”、突出“三项重点”、做好“四个方面的具体工作”的总体思路。通过深入研究、进一步细化，在推进工作中进一步完善，在实践中抓好落实。

【职能与机构设置】根据河南省人民政府办公厅印发《关于印发河南省国土资源厅主要职责内设机构和人员编制规定的通知》，调控和监测处是国土资源厅负责参与宏观调控、形势分析、综合统计、重大问题调研等工作的职能部门。主要职能是开展国土资源经济形势监测与分析，研究提出国土资源供需总量平衡的政策建议，参与全省宏观经济运行及相关改革研究；组织开展全省国土资源重大课题调研，承担综合统计和机关专业统计归口管理工作；承担有关重要文稿的起草工作；协调和组织机关有关综合研究工作。

【调控和监测处运行的总体思路】筹建及初步运行过程中，处长王锋提出了调控和监测处运行的总体思路，即构建“一个网络”，打造“两个平台”、突出“三项重点”，做好“四个方面的具体工作”。

（一）一个网络。主要是构建省、市、县土地及矿产资源利用和管理情况的政策监测网络。通过沟通联络、动态反馈监测指标，密切跟踪、精心研判国土资源工作形势，适时对国家和省调控政策的实施效果进行评估，及时提出国土资源供需总量平衡的建议。

（二）两个平台。“信息统计分析平台”和“重大课题研究引智平台”。信息统计分析平台是指按照新的统计指标体系和统计办法，规范统计工作，加强人员培训，建立信息快速直报系统，搞好与省发改委、统计局等相关部门统计指标口径的衔接；建议实施国土资源统计数据和重要资讯权威发布，切实满足政府决策和社会公众对国土资源综合统计信息的需求。重大课题研究引智平台主要是组织协调系统上下并联合厅属相关事业单位等各方面力量，加强与省农办、社科院、省政府发展研究中心等相关综合研究部门的沟通联系，对全省国土资源管理重大问题进行长期跟踪和系统研究；建立与有关学（协）会、高等院校、科研院所等的合作交流机制，集思广益，博采众长，汇智成章，推进工作。

（三）三项重点。当前和今后一个时期我厅调控和监测工作三项重点任务：探索建立具有我省特色的国土资源参与宏观调控新机制；深入开展重大课题调查研究，努力破解我省国土资源工作难题；不断总结实践和发现典型，积极参与推进国土资源管理综合改革和各项调控政策的贯彻落实。

（四）四个方面的具体工作。一是推进国土

资源统计工作的组织落实和制度落实，编发统计月报、季报和国土资源公报；二是认真做好季度、年度综合统计形势分析，及时向省委、省政府和国土资源部报送《全省国土资源领域经济形势分析报告》；三是做好有关人大代表建议和政协委员提案的答复办理工作；四是下功夫办好《国土资源研究与参考》、《国土资源工作专报》，为领导决策提供重要资讯和政策质询。

【努力夯实调控监测基础】开展综合统计分析是做好调控和监测工作的基础。为进一步加强和规范河南省国土资源统计工作，确保统计资料的准确性和及时性，更好地发挥统计在国土资源管理中的重要作用，在征求各方面意见的基础上，制定下发了《河南省国土资源统计工作管理暂行办法》和《关于报送汇交统计资料有关问题的通知》，举办了"全省国土资源统计工作培训班"，按照新的统计规范部署了任务。在全国率先编发了《河南省国土资源统计监测月报》，实现了数据共享，得到国土资源部调控司的肯定和推广。

【积极开展重大课题研究】搞好重大课题研究是国土资源政策参与宏观调控的保证。调控和监测处组建不久，主动登门拜访省委政研室、省农办、省政府发展研究中心、省社科院等相关综合研究部门，并与有关学（协）会、高等院校初步建立了联系。及时下发了《关于印发2010年度国土资源工作重点研究课题的通知》，制定了年度调研计划；认真编发《国土资源研究与参考》、《国土资源工作专报》，重点选登各地推进工作的有益探索与思考、实践与经验、意见和建议，进一步浓厚了研究氛围。

【围绕中心主动搞好服务】围绕中心、搞好服务，当好党组、领导的参谋和助手，这是调控和监测处的重要工作职责。运行两个多月的时间，具体承办了10多份重要文稿的起草，如年度工作总结、全省国土资源工作会议报告、党组述职述廉报告、部省合作备忘录履行情况报告以及其他有关汇报材料和领导讲话撰写。总结上报的《建实中原大粮仓河南省加强基本农田保护的做法》，先后被国土资源部《国土资源通讯》、《调研与参考》刊发。先后两次配合中央农办以及国土资源部调研组，对新乡市统筹城乡发展情况进行调研，提交了加强产业集聚区和新农村建设土地利用和管理的调研报告，受到国土资源厅领导的充分肯定。

规划处

雷子平　处　长
梁成斌　副处长
陶　波　副调研员
冯有德　副调研员（淅川县挂职）

【职能与机构设置】规划处的主要职能是土地规划和土地利用计划管理、矿产资源规划管理、国土规划、用地预审和综合统计。现在在编人员8名，其中，处级人员1名，副处级人员3名，科级人员4名。

【新一轮土地利用总体规划修编】省级土地利用总体规划获国务院审批。2009年7月6日，国务院正式批复河南省土地利用总体规划（国函〔2009〕80号），成为全国第一个获批的省级规划。新一轮规划期间，河南省建设用地总规模净增量指标25.51万公顷（382.65万亩）和建设用地占用农用地指标23.33万公顷（349.95万亩）均居全国第二位，占用耕地指标18万公顷（270万亩），居全国第一位。基本农田核减量14.14万公顷（212.10万亩），核减后的基本农田保护率从上轮规划全国第13位降至第21位，为河南省今后的发展在用地布局上留下了一定的空间。市级土地利用总体规划修编基本完成。2009年3月初到7月底，组织有关专家完成了对全省18个省辖市规划的巡回初审、部门联审、复审和批前审查。截至2009年底，属国务院审批的8个省辖市规划已全部上报国务院审批，其余10个省辖市规划已得到省政府批准。县级土地利用总体规划修编全面完成。在各省辖市对辖区内县级规划进行初审和部门联审的基础上，2009年6月，国土资源厅采取了集中审查、集中审批的办法，对需报省政府审批的108个县和3个独立市辖区的土地利用总体规划进行了初审、复审和批前审查。全省111个县级规划全部得到省政府批准。乡级规划修编全面推进。2009年年底，全省乡级土地利用总体规划全部审查完毕，具备批准条件。

【土地利用计划执行情况】 2009年，国土资源部共下达河南省新增建设用地计划20.83万亩（其中,未利用地计划3.46万亩，农用地17.37万亩，农用地中耕地12.49万亩）。按照“有限指标保重点、一般项目靠挖潜”的原则，省国土资源厅采取有保有压的办法，合理分配土地利用计划，确保重点项目、重点区域用地需求，全省土地利用计划得到了较好执行。2009年，全省共利用国家下达新增建设用地计划17.93万亩，农用地17.37万亩，耕地12.49万亩，农用地和耕地计划全部用完，未利用地结余2.9万亩。

【土地利用总体规划执行情况】2009年，结合新一轮土地利用总体规划修编工作，为保障经济社会发展，对于急于用地且与新一轮土地利用总体规划进行衔接的重点建设项目、产业集聚区用地及其他民生项目不符合现行规划的，及时对涉及的乡(镇)规划进行调整。2009年共调整规划29件，涉及土地面积3.12万亩。

【重点建设项目预审情况】2009年，为方便重点项目服务，提高项目审批效率，省政府成立了河南省重点项目建设办公室，制定了联审联批工作机制。省国土资源厅按照联审联批工作要求和跟踪服务、上门服务的原则，争取在最短的时间内完成项目预审。2009年，国家和省重点项目数量比2008年翻了一番，共预审（初审）各类建设项目预审239项，保障了国家和省重点工程用地前期工作的顺利开展。如宁西铁路西安至合肥段增建第二线工程、华能沁北电厂三期扩能工程、郑州至机场、郑州开封、郑州至焦作3条城际铁路等国家和省重点项目。

【中原城市群国土规划】2008年底，国土资源部复函同意将中原城市群国土规划纳入全国国土规划试点，河南省启动了国土规划编制的准备工作。2009年7月17日，国土资源部和河南省人民政府在北京签署了共同推进中原城市群国土规划编制工作合作备忘录，双方决定发挥各自优势，共同推进中原城市群国土规划编制工作。

为扎实做好中原城市群国土规划的编制工作，按照合作备忘录要求，结合河南实际，省国土资源厅拟定了《中原城市群国土规划编制工作实施方案》（以下简称《实施方案》），明确了规划编制的指导思想和原则、目标和要求、范围和期限、主要内容、方法和程序、工作时序安排等。2009年10月22日，国土资源部原则同意《实施方案》并对方案提出了具体修改意见。12月16日，河南省人民政府印发了《实施方案》（豫政〔2009〕97号）。经征求国土资源部意见，河南省成立了中原城市群国土规划编制工作领导小组，由副省长张大卫和国土资源部总规划师胡存智担任组长，部规划司司长董祚继、省政府副秘书长张庆义、省国土资源厅厅长张启生担任副组长，省国土资源厅、省发展和改革委员会等22个省直单位和18个省辖市政府负责人为成员，领导小组主要负责对规划编制工作中的重大事项进行协调和决策。领导小组下设办公室、技术指导和专家顾问联络办公室、规划编制课题组和专家顾问组等组织机构，具体负责规划编制过程中的日常组织协调、规划编制、技术指导和专家顾问联络等工作。

2009年12月26日，省政府举办了“中原城市群国土规划论坛”。论坛的召开扩大了中原城市群国土规划的影响力，为做好规划的顶层设计和以后的编制工作打下了较好的基础。

【第二轮矿产资源总体规划编制情况】河南省第二轮矿产资源总体规划编制工作于2006年12月启动，经过规划编制方案的确定、调研、专题研究、起草初稿与征求意见等阶段，于2007年12月完成初稿。2008年3月，河南省矿产资源总体规划（2008～2015年）通过国土资源部预审。2009年11月，国土资源厅厅长办公会议再次听取了规划编制组的规划修改情况及规划成果汇报。2009年12月，规划上报省政府，张大卫副省长审阅河南省矿产资源规划后进行了批示。要求对全省煤炭消费量进行核实，并充实反映省部合作开展地质找矿以及新一轮矿产资源开发整合等方面的内容。

【综合统计工作】全省国土资源的信息获取能力、分析能力不断增强，完成了全年国土资源宏观调控月报表的审核、汇总工作，按月撰写了《河南省土地利用宏观形势分析》，及时反映国土资源管理的现状和问题，为全省经济社会发展提供及时、有效的信息服务，为领导决策提供了翔实的数据资料。开展了2008年度国土资源统计年报的数据汇总和省级集中会审工作，完成了2008年度国土资源综合统计快报的上报，并编写了2008年度河南省国土资源综合统计年报分析报告。编制印发了《2008年度河南省国土资源公报》(中英文版)和《2008年度河南省国土资源综合统计年报》，科学、全面地反映了年度内国土资源管理工作的政绩和业绩。

财务处

刘　辉　　处　长
张建军　　调 研 员
靳全斌　　副调研员
林继明　　副调研员

【严格国土资源规费征管】2009年，省本级征收各项规费共计67.85亿元，其中，省级探矿权、采矿权使用费及价款收入31.25亿元；采矿权、探矿权登记费15万元；耕地开垦费收入2.13亿元；矿产资源补偿费3,669万元；新增建设用地土地有偿费34.11亿元。全省征收土地出让金386.58亿元。

【提高资金配置效益】编制2010年部门预算资金59.53亿元，其中，一般预算资金2.74亿元，专项预算56.79亿元。2010年预算的编制认真按照有关规定，围绕中心工作，本着“统筹兼顾、量入为出、确保重点、压缩一般”的原则，坚持预算早谋划、早安排，做好充分的基础性工作，以提高预算编制工作的质量和效率。坚持服务和保障意识，坚持发展创新理念，确保全局性重点工作的资金安排，保证国土资源事业发展主要工作目标的完成。部门预算的编制，尤其是专项预算的编制逐步科学性、明细化、程序化，以提高预算编制工作的质量和效率。预算由国土资源厅厅长办公会审议，集体决策，保证预算的严肃性、透明性、公正性。

【规范支出行为】完成了全年信息化建设、地质勘查、地勘设备招标任务。一是完成3个信息化建设项目及监理招标工作，预算1200万元，中标金额956.39万元，节约243.61万元，节约率25%。二是61个地质勘查及地调项目的招标，招标预算金额20,330万元，中标金额18,823.262万元，节约770.738万元，节约率3.9%。其中,地质勘查项目中标金额15,147.612万元，与预算相比，节约622.388万元，节约率3.94%；矿调项目中标金额3,675.65万元，与预算相比，节约148.35万元，节约率3.87%。三是2008年地勘设备招标设备中标金额1亿元，已付设备款8500万元。四是完成物业招标工作，预算99万元，中标金额98.8万元。

【规范专项资金管理】一是完善制度，与财政厅反复讨论、协商，省政府办公厅转发了《河南省土地专项资金管理试行办法》，对土地专项资金的征收、管理、使用进行了规范。二是与财政厅反复讨论、协商，经河南省政府同意后，下达了2009年新增建设用地土地有偿使用费预算指标16.13亿元。这次安排的新增建设用地，土地有偿使用费集中用于土地整改和开发项目支出，促进耕地保护和土地高效利用，为支撑产业聚集区用地创造条件。三是与河南省财政厅、河南省环境保护厅联合出台了《河南省矿山环境恢复保证金管理暂行办法实施细则》，进一步规范具体操作办法。出台了《河南省探矿权采矿权招标拍卖挂牌出让前期费用定额标准的通知(暂行)》，明确对矿产资源出让前期工作费用的核算标准，既规范了矿产交易服务行为，又促进了有形交易市场的建设和发展。

【强化财务监督制约机制】首先加强内部稽查制度，从原始凭证的审核把关，杜绝不合规票据，保证资金的安全性；建立内部审计制度，对厅属单位负责人的离任进行审计；重点对2004年以来省级“两权”价款项目和矿补费项目进行了自查和抽查；委托中介机构对已结题的勘查项目和土地开发整理项目进行财务决算审计。完成了96个国家级土地整理项目的验收工作。

积极配合审计署、审计厅、财政部驻豫专员办、监察厅等部门的专项审计和检查，对审计检查的问题进行了认真整改。一是协调配合审计署做好了土地专项资金检查工作；二是协调配合审计厅做好了对张启生厅长任期经济责任审计；三是协调配合财政部驻豫专员办做好了对2006年～2008年矿产资源补偿费、“两权”价款、新增费等专项资金的审计；四是根据《中共中央办公厅 国务院办公厅印发〈关于深入开展“小金库”治理工作的意见〉的通知》（中办发〔2009〕18号）的部署，按照河南省纪委、监察厅、财政厅、审计厅《关于印发〈河南省关于在党政机关和事业单位开展“小金库”专项治理工作的实施办法〉通知》（豫纪发

〔2009〕17号）安排，结合省国土资源厅实际，制定开展“小金库”专项治理工作实施方案，并已完成各项工作；同时，顺利通过了省治理“小金库”检查组为期50天的检查工作。

【认真做好调研工作】一是会同省财政厅完成财政部、国土资源部对矿产资源有偿使用制度改革实施情况的书面调查报告；二是起草了《河南省国土资源开发投资有限责任公司组建方案（草案）》及有关说明材料。

耕地保护处

陈治胜　处　长
琚福林　调 研 员
雷子平　副 处 长
赵明珍　副 处 长
段东宏　副调研员
许建超　副调研员

【基本农田保护专项检查工作位居全国前列】按照国家和河南省2008年度耕地保护责任目标履行情况检查工作的要求，一是组织各省辖市政府开展了2008年度耕地保护责任目标履行情况自查工作。二是根据国务院三部局和省政府的部署和要求，制定了2008年度耕地保护责任目标检查方案和评分细则，会同河南省农业厅、统计局对各省辖市责任目标履行情况进行了检查。三是圆满完成了国家三部局对河南省耕地保护责任目标履行情况的检查，检查结果河南省位居全国第二。四是迎接了国土资源部占补平衡和基本农田保护检查工作，检查结果位居全国第四。严格执行国家耕地保护特别是基本农田保护的相关法律规定，始终坚守18亩“红线”，对依法占用基本农田的建设用地项目，要求建设单位要编制补划基本农田方案，经省辖市国土资源局论证，并由省辖市国土资源管理部门和农业部门进行验收。对涉及线性、大型水库、煤电建设项目的补划基本农田方案，由河南省国土资源厅组织有关专家进行实地踏勘论证。五是根据国务院批复的河南省土地利用总体规划纲要，提请河南省政府与各省辖市政府、河南省国土资源厅与各省辖市局重新签订了耕地保护目标责任书，进一步强化了省辖市政府领导在耕地保护方面的责任，明确了耕地保有量和基本农田保护面积。

【大力推行补充耕地储备制度】按照国家“扩内需、保增长”、“保红线、保增长”的新要求，结合耕地占补平衡面临的新形势，积极探索市场化运作新思路，加大补充耕地储备，为积极保障社会经济发展，更好地为建设用地项目报批服务奠定了基础。一是要求各省辖市加强耕地开垦费的资金使用和项目质量监管，严格依照国家土地开发整理标准，对补充耕地项目进行管理；积极探索市场化运作，广泛筹措资金，不断加大补充耕地的储备力度。二是按照国土资源部对土地整理复垦开发项目信息报备工作的有关要求，及时组织了全系统人员培训，指导和督促各地开展了补充耕地信息报备工作。截至目前，各省辖市通过国土资源部土地整理开发电子报备系统确认备案的补充耕地储备规模达到23103公顷，可用于占补平衡的15555公顷。国土资源部在网上对今年以来全国土地整理复垦开发项目信息报备情况进行了通报，河南省两次受到通报表扬。三是围绕河南省委、省政府决战第二季度的工作部署，正确处理保护耕地和支持发展的关系，积极研究政策，制定有效措施，对各省辖市电子报备的补充耕地项目，及时安排人员进行核查确认；对建设用地会（预）审件，做到随到即办，特别是“扩内需、保增长”项目，做到了不误办、不漏办，支持建设用地的正常报批。

【全力推进和规范土地整理工作】国家对新增建设用地土地有偿使用费分配体制进行改革后，为使河南省新增费顺利下拨，尽快将资金落实到项目上，采取了编制县级土地开发整理五年规划、规范资金使用、项目入库、督查等措施，确保了项目尽早开工、按时竣工。一是新增费的分配与耕保任务和业绩挂钩。按照国家和河南省对新增费分配的有关规定，会同河南省财政厅制定了新增费使用管理办法，并将年度中央返还和河南省留成部分的新增费，按照各县（市、区）基本农田面积、灌溉水田面积、净增耕地量和省政府安排的专项任务等因素，经测算后直接下拨到市、县财政。其中，基本农田权重40%，加上示范区20%，在新增费的分配上，充分体现了与耕地保护任务挂钩的思路。另外，河南省把净增耕地作为一个因素，占10%，也体现了奖励的思想。二是按照集中连片的要求，落实2007和2008两个年度的新增费项目。为了规范和使用好新增费，省厅下发了两个文件，从项目的确定、管理、组织实施等方面提出了具体要求。尤其是要求2007和2008两个年度的新增费项目要严格按照五年土地整理实施方案确定的范围选址建设，确保3～5年建成一批成规模、出亮点的土地整理项目区。三是按照土地整理要统一规划、集中布局、规模整治、分步实施的新思路，安排部署各县（市、区）编制土地整理5年实施方案，分步实施土地整理复垦开发项目。现在各县（市、区）制订的五年实施方案均通过省国土资源厅审查备案，2007和2008年度新增费项目基本上都在此选址。四是适应形势，强力推进土地开发整理提速工程。为贯彻落实省委八届十次会议中对土地开发整理提速工程的要求，省厅下发了《土地开发整理提速工程实施方案》，明确了提速工程的目标、任务、要求和推进措施，并专题召开了系统内主管局长、科长参加的工作部署会；还组织6个督导组，分片包干进行督导。根据工作推进情况，省厅又组织开展了由各省辖市国土资源局局长、主管副局长、耕保科长、整理中心主任和31个基本农田示范县国土资源局局长参加的土地开发整理提速促进会，明确要求各地要把提速工程作为一项政治任务来完成，各省辖市国土资源局要实行局长负责制和领导分片包干制，指定专人负责，集中专业技术力量，倒排建设工期，不断加快资金的投放速度和项目建设进度，决战第四季度，确保提速工程项目按时、保质竣工验收。据最新统计，2006年以前189个国投项目，除已申请撤销的3个项目外（郑州市二七区侯寨乡项目、巩义市南河渡镇项目、新密大槐项目），已完工项目172个，未完工项目14个。2007年，下达的83个国投项目已全部开工建设，已完工项目4个，未完工项目79个。 2007年，下达的新增费中用于土地整理项目资金12.19亿元，共落实新建项目96个，已开工项目63个，未开工项目33个。2008年，下达的新增费中用于土地整理项目资金数为14.82亿元，共落实项目100个，已开工14个，未开工86个。五是借助外力，规范和改进项目管理工作。

【土地整理专项资金审计】2008年，河南省审计厅对2005～2007年度河南省11个省辖市国土资源局的土地整理专项资金审计提出了很多问题。2009年，审计署组织对河南省大半年的审计又提出了很多问题，积极逐条逐项抓落实，督促各省辖市完成了整改工作。为及时了解和掌握各地项目建设进度情况，督促各地按照省国土资源厅确定的项目管理工作目标，按时完成项目建设任务，省厅两次组织人员集中对2007年以前国投项目建设进度以及2007和2008年度新增费落实情况进行了专项督查；通过审计，要求各县（市、区）思想上要真正重视起来，行动上要严格执行各项法律制度，做到质量上过硬、程序上合法、资金上安全。

【建立土地整理项目管理新机制】根据国家新增费管理使用分配方式发生变化的新情况，省厅与财政厅协商建立了省级负责指导监管，省辖市负责项目立项审批、验收，县级国土资源管理部门负责实施的新机制。包括开垦费项目，项目审批、验收权限全部放在各省辖市国土资源管理部门。为使项目资金能够及时落实到项目上，省厅下发了《加强土地综合整治项目库建设的通知》，规范了项目库建设标准，加大了项目库建设力度。

【努力推进土地综合整治试点工作】根据河南省政府的新要求和国土资源部“万村整治”示范工程部署，促进土地整理尽可能地与社会经济统筹发展，引导土地整理向规模化、多目标、高标准发展，确保土地等有关资金的使用效果。今年以来，积极探索开展土地综合整治试点工作。一是按照国家对土地整治的有关要求，认真谋划土地综合整治工作，成立了由省政府牵头，发展和改革委员会、财政等8家单位为成员的省土地综合整治领导小组，并以领导小组名义下发《关于统筹土地综合整治农村住房建设推进城乡协调发展的意见》，以领导小组办公室名义下发了《河南省土地综合整治实施方案》，确定了土地综合整治的目标任务和政策措施，开展“千村整治”示范工程，拟定了“千村整治”试点项目管理暂行办法。二是为进一步开展好土地综合整治工作，省里确定了24个试点县及

150个试点村，分别下发县、村级土地综合整治规划编制指导意见，并由省政府召集各省辖市政府领导，在周口市召开了全省土地综合整治现场会，全面动员部署河南省土地综合整治工作。三是督导、调研试点县工作开展的基本情况。9月份省厅组织人员专题对部分土地综合整治试点县进行了调研，并利用对各省辖市土地开发整理提速工程督查时机，集中对全省试点开展情况进行了一次全面的督导。四是为指导试点县科学编制县级土地综合整治规划和试点村整治规划，省厅分别两次组织市、县业务骨干和规划编制协作单位人员，召开了土地综合整治规划编制培训班和研讨会，进一步明确了土地综合整治规划编制和项目管理的有关要求。五是为进一步规范和指导全省土地综合整治工作，省厅研究起草了土地综合整治项目编制报批办法以及县级、村级土地综合整治规划编制指导意见，并正在研究起草对耕地占补平衡指标和节余建设用地指标有偿转让办法、鼓励社会资金投入管理办法等配套文件，有效地推进了全省土地综合整治工作。

【南水北调及小浪底下游土地整治重大项目的申报工作】为建设土地整理重大工程，在全省起到带动和示范作用，按照国土资源部对土地开发整理重大项目申报的有关规定，河南省国土资源厅年初确定建设南水北调渠首和小浪底下游了土地开发整理重大项目。该项目已经河南省政府批准，也已经过国土资源部组织的第一次评审论证，目前已按国土资源部论证意见修改完成，报国土资源部正式审定。

地籍管理处

苗玉林　处　长
王成文　调研员
高　岚　副处长
张玉敏　副调研员

【第二次全省土地调查】第二次土地调查是2009年地籍管理的核心工作。全省第二次土地调查工作以科学发展观为统领，坚持政府主导、部门指导，强化共同责任，健全保障机制，精心组织部署，科学安排运筹，严格质量标准，各项工作取得了突破性进展。河南省是全国率先完成第二次土地调查工作的省份之一，工作得到了国土资源部的充分肯定。

2009年5月初，全省159个县级调查单位（济源市作为县级统计）全部完成了农村土地调查，县级土地调查数据库全部提交全国土地调查办公室进行核查。初步汇总了全省各类土地数据，这标志着历时2年多的全省第二次土地调查工作初步完成。10月底，全省159个县级调查单位完成了国家核查后成果的地方复核工作。配合全国土地调查办公室完成了25个县（市、区）国家级实地核查工作。12月底，全省159个县级调查单位基本农田调查上图成果全面完成。

（二）召开专题会议进行工作部署。2009年是第二次全国土地调查攻坚决战的关键年。为按时完成调查任务，1月，国土资源厅组织召开了部分县（市、区）工作座谈会，对督查之后调查进度慢、工作滞后和经费不到位的8个省辖市国土资源局分管领导以及11个县（市、区）分管副县（市、区）长、国土资源局长进行了集体约谈，并明确了第二次土地调查目标责任。3月，再次召开了全省第二次土地调查工作会议，推广了3个省辖市的工作经验。5月，组织召开了全省第二次土地调查“决战年”动员会，要求各地按照《河南省第二次土地调查“决战年”实施方案》，采取措施，加快进度，按时完成调查工作。11月，省政府组织收听收看了第二次全国土地调查工作电视电话会议，进一步增强了做好调查工作的责任感、紧迫感。12月，组织召开了全省第二次土地调查座谈会，听取各地贯彻落实第二次全国土地调查工作电视电话会议精神和工作进展等情况，并对下步做好基本农田调查上图、标准时点统一更新等工作进行部署。

（二）继续做好二次调查的宣传工作。2009年5月，结合河南省国土资源厅“讲、树、促”教育活动，制作了第二次土地调查宣传板面，进行大力宣传。印制了105期工作简报，及时通报各地工作进展情况和好经验。

（三）加大二次调查督促检查工作。坚持全面督查与重点督查、集中督查与随机督查相结合，实行了“分片包干、任务到县、责任到人”的目标负责制，大大促进了调查工作进度。

（四）完成省级成果汇总项目的招标工作。为将第二次土地调查省级成果汇总工作打造成优质工程、廉洁工程，委托河南省招标办采购服务有限公司，通过公开、公平、公正的招投标制度，完成了省级成果汇总项目的招标工作。制定了《河南省第二次土地调查成果市级汇总技术规程》、《河南省第二次土地调查成果省级汇总实施方案》等规定，对土地调查成果省、市级汇总进行了安排部署和统一要求。

（五）做好基本农田调查上图工作。为贯彻落实2009年全国“哈尔滨会议”与“厦门会议”精神，下发了相关文件，明确基本农田上图工作的职责分工、上报程序和时间等要求。同时，邀请有关专家对基本农田调查上图工作进行业务培训。

（六）规范国家核查后成果地方复核工作。做好二次调查成果国家核查后地方复核工作是第二次全国土地调查规定的动作与程序，是二次调查工作的重要环节。为确保二次调查数据、图件、实地三者一致，制定下发了相关文件。各地按照有关要求和全国土地调查办核查出的问题，认真进行修改与完善。

（七）开展标准时点统一更新工作。标准时点统一更新是二次调查工作不可缺少的组成部分。此工作不仅是将全国二次调查数据统一到标准时点，也是对县级政府上报国家初步成果的完善和更新。为保证成果的统一性，9月，部署开展了第二次全国土地调查标准时点统一更新工作，要求将土地调查成果统一更新到2009年12月31日标准时点，并开展2009年度土地变更调查。印发了《关于做好第二次全国土地调查标准时点统一更新工作的意见》，制定了《河南省第二次土地调查标准时点统一更新实施方案》。同时，邀请专家对全省标准时点统一更新的有关要求进行全面培训。

（八）抓好专项用地调查工作。组织有关专家编制了《河南省第二次土地调查开发园区调查实施方案》，进一步明确了调查范围、工作任务及完成时间。同时，为确保调查工作顺利实施，召开了由技术承担单位及27个国家级、省级单位参加的专题会，了解目前进展情况，又对工作进行了部署。

（九）做好二次调查基础资料的保密工作。为加强第二次土地调查有关基础资料的保密管理工作，防范失泄密事件的发生，按照国家要求，与从事省级第二次土地调查工作的技术队伍签订了保密协议书，印发了《关于加强全省第二次土地调查基础资料保密工作的通知》，明确了职责。

（十）完成了省、市、县三级控制界线及控制面积确定和量算、耕地田坎系数测算、耕地坡度分级图制作等工作，其成果上报全国土地调查办公室审查备案。

（十一）继续做好城镇土地调查工作。截至12月底，全省18个省辖市市区、101个县（市）已完成了城镇权属调查和地籍测量工作并进入数据库建设阶段，其中，三门峡市、济源市、漯河市3个市已完成数据库建设。同时，按照国土资源部的要求，9月，部署开展了城镇地籍调查数据汇总工作，制定了《河南省城镇地籍调查数据汇总工作方案》，对工作目的、任务以及主要内容、时间要求进行明确。

【耕地变化情况】2009年，全省建设占用耕地15.45万亩，通过土地开发复垦整理增加耕地27.83万亩，占补相抵净增耕地12.38万亩，全省实现了耕地占补平衡目标。

【土地登记】2009年，农村集体土地登记发证工作列入国土资源部门责任目标。印发了《关于做好农村集体土地登记工作的通知》，对农村集体土地登记发证的工作程序、时间要求等内容作了明确要求。为贯彻落实《土地登记办法》，5月，对土地登记技术人员进行了业务培训，完成了全省土地登记持证上岗培训、考核发证工作。共培训考核土地登记在岗人员1200余人，全省土地登记工作做到了全员有上岗证，为全省土地登记规范操作打下了良好基础。

2009年底，全省累计颁发国有土地使用证336.72万本，集体土地所有权证6.99万本，集体土地使用权证1900万本。

【土地权属纠纷调处】2009年，全省累计处理土地权属纠纷957起，其中，国有土地与集体土地之间131起、集体土地所有权之间157起、国有土地使用权之间223起、集体土地使用权之间446起。配合河南省民政厅调处了开封龙亭区与新乡市封丘县土地权属纠纷工作。

【土地遥感监测】按照全国土地调查办公室的统一部署，12月，开展了“一张图”工程建设年度新增建设用地遥感监测外业调查工作，以及其与标准时点统一更新和年度土地变更调查的衔接工作。认真做好遥感监测资料的分发工作。

【地籍管理进度汇总统计】按照国土资源部的要求，2009年10月，部署开展了地籍管理工作进度汇总工作，印发了《关于做好2009年度地籍管理进度汇总工作的通知》（豫国土资办函〔2009〕35号），并按时将成果上报国土资源部，为全面掌握地籍管理计划的执行情况提供了重要依据。

【土地调查试点】城镇土地利用现状与潜力调查试点。根据国土资源部的要求，在河南省选择了3个建制镇、30个村庄开展了2009年度城镇土地利用现状与潜力调查试点工作。通过试点，摸清了建制镇、村庄的土地利用现状，分析了试点土地开发利用潜力，提出了建制镇、村庄土地开发、保护方向，为土地利用规划、城市规划、土地计划的编制以及政府制定有关用地政策提供了科学依据。土地调查数据库更新试点。配合全国土地调查办开展了土地调查数据库更新试点工作。选择濮阳市、濮阳县作为2009年度土地调查数据库更新试点单位，制订了实施方案，为国家实现数据库年度更新提供经验。

土地利用管理处

张晓豫　处　长
李晓燕　副处长
李跃进　副处长
李树英　副调研员

【清查处置“批而未征、征而未供”土地的专项工作】为配合全省“决战二季度”和国土资源部要求开展“批而未用”土地清理工作，制定下发了豫国土资发〔2009〕92号文件，从政策等方面深化了“批而未征、征而未供土地”的专项清理处置工作。经过3个季度的清查和集中处置，摸清了全省29万亩的底数，并重新利用了已批土地2677公顷（合4.0155万亩）。截至2009年底，全省各市共盘活存量建设用地6565.4公顷（98481亩），超额完成年度目标的39%。2009年，全省国有建设用地供应总量4173宗，面积11800.52公顷（17.7万亩），同比增长14.03%。其中，新增建设用地占供应量的40.3%，同比下降29.21%；存量建设用地占总量的59.7%，同比增长94.02%。第一次实现了以存量用地为主的节约集约供地新模式。

【土地市场动态监测与监管系统全面运行】河南省三级国土资源管理部门全面运行了土地市场动态监测与监管系统，上传各类土地供应信息9060条，培训并审核建立了共计390人的兼职网络管理人员队伍；补录了2007和2008年建设用地数据，初步实现了对土地供应统计、信息、结果的动态监测以及直接从系统提取数据用于土地利用管理分析的目标。

【扎实推进节约集约用地】坚持节约集约用地的主线、坚持创新工作和管理是2009年土地利用管理的两项基本工作。要达到目的必须有可行的方法和路径。一是要坚持做到先调研，再解决问题。节约集约用地是一个系统工程，是一项需要全系统、全社会共同努力才会有效的工作。通过调查研究，我们发现，无论是在观念意识、工作机制、考核办法，还是在具体标准等方面存在的问题很多。为落实国土资源厅主要负责同志的要求，防止在保障发展用地的同时造成土地粗放利用，有必要分步骤做工作，在事物的关联点上先行突破。贯彻河南省政府豫政〔2008〕44号文件，严格执行各类建设项目用地指标。

【完善节约集约用地管理指标体系】全年通过参与预审和用地会审核减不合标准用地123.65公顷。制定优先发展产业目录和农林牧渔产品初加工项目目录，利用价格杠杆扶持优势产业和项目，在“有保有压”的同时推进节约集约用地。起草出台了《关于进一步规范多层标准厂房建设用地管理的意见》（豫国土资发〔2009〕28号）、《贯彻〈国土资源部关于调整工业用地出让最低价标准实施政策通知〉的意见》（豫国土资发〔2009〕100号）。全省累计建成标准厂房2658万平方米，通过集约用地缓解了河南省工业用地供需紧张的状态。

【稳步推进节约用地机制建设】组织协调全省4个国家级、23个省级开发区（园区）的土地集约利用评价工作，规划院正在总结经验，从中选取主要考核标准，为下步推行对产业集聚区土地集约利用考核评价提供技术支撑。协调省发改委、统计局联合印发了豫国土资发〔2009〕75号文，共同组织了对18个省辖市单位GDP各固定资产投资规模增长的新增建设用地消耗考核，已拿出2008年初步考核成果。这些工作为今后河南省全面实施节约集约用地政策奠定了基础。

【土地供应结构和供地方式的调整】2009年，对如何运用土地调控手段间接调控房地产市场进行了探索。在明晰保障性住房的范围的前提下，采取调整土地供应量和供地顺序的方法，优先供应廉租房、经济适用房和工矿棚户区改造用地；在普通商品房用地供应中，优先保障中低价位中小套型普通商品房的用地供应，促使商品房供应结构的调整，四季度90平方米及以下普通商品房投资同比增长40%以上。全省廉租房和经济适用房用地环比增长103.93%和130.46%。利用保障性住宅用地与普通商品房用地的划拨与出让方式形成价格差别，通过土地取得成本影响住宅投资建设，初步形成法人自我激励约束机制。

【创新管理】创新是对原有管理的改革，其成功与否主要在于创新者是否对工作现状、问题的原因进行过调查分析以及能否熟练地掌握创新对象的客观内在规律。集体建设用地流转是党的十七届三中全会《决定》提出的农村发展的重大战略决策，用什么方式推动这一改革要结合省情。通过调研，发现必须先进行试点，在《关于进一步加强和规范农村集体建设用地使用管理的暂行意见》印发后，我们本着"勇于实践，稳妥推进"的原则先后审核确定信阳市、新野县和邓州市等作为试点，按期在年内启动集体建设用地流转管理和基准地价评测试点工作，新野县、邓州市的流转工作已做到初步效果，安阳市的地价评测也开始启动。

【严格控制粘土砖瓦窑反弹】2009年，按照河南省政府要严格控制粘土砖瓦窑反弹，协调相关部门和沿黄五市对黄河滩区粘土砖瓦窑厂进行了整治。共拆除粘土砖瓦窑厂1005座，复垦土地6830亩。

用地审批管理处

郝云昌　处　长
陈泽环　调研员
王红军　副处长
高　锋　副处长
梁大庆　副调研员

【机构设置】用地审批管理处现有人员编制8名。其中，处长1名，正处级调研员1名，副处长3名，主任科员1名，副主任科员2名。

【保障重点项目建设用地】重点项目建设在经济社会发展中具有关键性、主导性、推动性作用。保障重点项目建设用地是用地审批管理处的中心工作。一年来，坚持"区别对待、有保有压"的原则，不断建立完善重点项目用地保障长效机制，努力拓宽重点项目用地"绿色通道"，对重点项目用地受理、预审、会审、审查、报批实行一条龙服务。逐步推广了统一协调、统一标准、统一时间、统一上报、统征统迁的征地服务模式。严格执行即时受理、即时审查、即时报批的规定，对重点项目用地报件随到随办、限时办结；适当扩大了先行用地范围，"扩内需、保增长"项目及国家和省级重点项目的桥梁、隧道、特殊地基处理等控制工期的单体工程，以及有工期要求或受季节影响急需开工工程的用地，在完成项目批准（核准）与初步设计后，允许依规申请先行用地。2009年，批准了石武客运专线河南段等210个重点项目用地，南水北调中线总干渠郑州二段工程等12个重点项目先行用地,符合条件的重点项目建设按期实施。重点项目用地保障工作多次受到上级机关和项目业主的高度肯定，继2008年被河南省政府授予重点项目建设先进集体荣誉称号后，2009年又被授予重点项目建设先进管理服务单位荣誉称号（豫政〔2009〕18号）。

【切实维护被征地农民的合法权益】征地补偿安置是被征地农民最关心、最直接、最现实的利益问题，实现好、维护好、发展好被征地农民的根本利益是征地工作的出发点和落脚点。一是组织完成了河南省征地区片综合地价制定工作。按照国土资源部2008年6月反馈的验收意见，组织开展了为期半年的修订工作，经过技术单位测算、专家评审和平衡、社会听证和当地政府研究决定后，各省辖市政府于2008年12月将最终成果函报国土资源厅。之后，国土资源厅会同河南省发改委、财政厅、人力资源和社会保障厅、农业厅、统计局将该成果上报了河南省政府。2009年10月13日，省政府第53次常务会议一次性通过区片地价工作成果。2009年10月16日，河南省政府以豫政〔2009〕87号文件公布实施，国土资源厅以豫国土资发〔2009〕123号文件将区片地价印发各地。区片综合地价比以前执行的年产值乘以补偿倍数确定的补偿标准提高了30%左右；落实了被征地农民的部分社保费用，基本做到了同地同价。二是在全国率先通过互联网公布征地审批结果和征收方案，增加征地工作透明度，维护被征地集体经济组织和成员的知情权。三是积极配合裁决征地补偿争议案件，引导群众依法、按程序维护自身权益。四是加大了征地批后核查力度，2009年8月，组织开展了全省当年上半年已批用地批后核查活动，涉及土地13.65万亩，85.54%的已批土地在8月份完成或正在实施法定批后程序。2009年12月，组织开展了核实第二次土地调查中“批而未用”土地专项活动，共核实疑问图斑7925个、面积49.99万亩，复核确认“批而未用”图斑1974个、面积11.84万亩。两次专项活动得到了国家土地督查济南局的充分肯定。五是拓宽了被征地农民的安置途径，强力推行了社会保险安置，使被征地农民真正做到生活水平不因失地而降低，长远生计有保障。

【建立适合河南省省情的用地审批制度】适合河南省省情的用地审批制度是保障河南省经济社会发展用地的前提。先后牵头制定了《河南省国土资源厅关于改进建设用地审批服务扩内需保增长用地需求的通知》（豫国土资发〔2009〕59号）、《河南省国土资源厅关于城乡建设用地增减挂钩试点项目征收土地有关问题的试行意见》（豫国土资发〔2009〕120号）、《河南省国土资源厅关于做好职业教育项目建设用地工作的通知》（豫国土资发〔2009〕122号）。一是进一步完善了建设项目用地申报制度，允许国家和省重点项目、多层标准厂房项目、单一保障性住宅项目、职业教育项目可以单独组卷，不占用申报数量指标。二是建立了分段用地申请制度，对跨多个市、县的线型工程，根据完成用地组件进度，允许分段分批报批用地。三是简化了用地申报材料，国务院批准的单独选址项目用地申请材料减少了24件，省政府批准的减少了13件，省政府批准的城市和乡镇分批次建设用地申报材料均减少了9件，郑州市等7个省辖市实施城市批次用地申报材料减少了5件。四是改进了用地审查制度，全面限时审查建设用地报件，办结期限为15个工作日，国家和省重点项目实行加“急”优先审查办理，缩短至7个工作日。五是实行了用地报批督办制度，对省政府确定开工的项目，逐项建立台账，及时跟踪服务，月度汇总推进进程，季度通报整体情况，并将通报情况与年终目标考核相挂钩。六是创新了用地保障新模式，新设了城乡增减挂钩征收土地和批而未征土地调整区位两种审批类型。挂钩试点项目建新区征收土地，单独组卷上报，不受批次数量和年终结报限制，不占用年度新增建设用地计划指标，不征收新增建设用地土地有偿使用费，拆旧区的新增耕地可以用于建新区的补充耕地。调整批而未征土地区位可以使用原建设用地指标，不占新的年度建设用地指标，盘活了已批未征土地，大大缓解了河南省建设用地指标较少的矛盾。七是强化建设项目用地审查责任。健全了省辖市政府对申报省政府批准和转报建设用地的必要性、合法性和真实性负责，各相关部门各尽其职、协调配合的用地报批共同责任机制；建立了省辖市分管领导牵头、相关部门参加的用地报批共同审核制度。适合河南省省情的用地审批制度框架逐步形成。2009年，全省共批准转用和征收土地36.70万亩，比2008年同比增加18.85%。

矿产开发管理处

孔大刚　　处　　长
林应满　　调　研　员
李　浩　　副　处　长
张　军　　副　处　长
李召明　　副调研员

【贯彻落实《河南省人民政府关于进一步加强矿产资源勘查开发管理的若干意见》】一是认真研究世界金融危机给河南省地质找矿和矿业开发活动带来的影响，针对探矿权采矿权审批登记管理工作面临的新形势和新问题，切实将省政府49号文件中的相关措施规定落实到位，研究起草并印发了《河南省国土资源厅关于探矿权采矿权审批登记管理有关问题的通知》（豫国土资发〔2009〕9号）。进一步调整和规范探矿权采矿权审批登记中涉及探矿权采矿权准入、有效期限以及延续、转让、变更等事项；同时对审批权限再次予以明确，对探矿权审批采取了适度宽松的方式，稳定了河南省矿业权市场，促进了矿业经济的发展，取得了较好效果。二是为做大、做强骨干煤炭企业，开展省骨干煤炭企业煤矿周边设置的矿业权清查工作并对清查结果进行分类处理。起草并印发了《河南省国土资源厅关于清查省骨干煤炭企业煤矿周边矿业权设置情况的通知》（豫国土资发〔2009〕76号）。要求河南省骨干煤炭企业要对本企业骨干煤矿分布情况（包括国土资源部发证的煤矿）及其周边设置的矿业权情况进行清查，并对周边设置的矿业权是否影响骨干煤矿的安全生产、如何处理等提出建议。要求有关省辖市国土资源局配合提供有关资料，对辖区内骨干煤矿周边设置的矿业权是否符合矿业权设置条件和煤炭开发规划等，进行分析并提出处理建议，为下一步做好矿产资源开发整合工作，提供了有效支撑。三是结合《国土资源部办公厅关于做好部登记的采矿权有偿处置工作的通知》（国土资厅发〔2008〕72号）的要求，起草并印发了《河南省国土资源厅关于做好非煤矿产采矿权有偿处置工作的通知》（豫国土资发〔2009〕24号），部署了2009年河南省非煤矿产采矿权有偿处置工作。目前，已基本完成调查统计工作，为完成明年采矿权价款的征收任务，奠定了良好的基础。四是为重点企业配置资源，做好相关服务。围绕“两保一高”的总体要求，不断推动矿产资源和现有矿山向生产规模大、技术水平高、资源利用率高、经济效益好的优势企业集中，鼓励优势企业对其他矿业主体进行兼并、重组和升级改造，支持优势矿业企业取得后备资源，着力提高产业集中度，逐步形成规模化开采、集约化经营的矿产资源开发模式。积极做好为中铝公司、天瑞集团、北京三吉利能源公司、卡博陶粒公司、豫光金铅、天瑞水泥、中美铝业等重点企业、重点项目协议配置矿产资源工作，落实具体矿区范围或提出配置原则意见。同时，为中铝、平煤、永煤等重点企业开展资源整合和企业重组提供了及时的服务。五是为落实省政府49号文精神，全面实行矿业权招、拍、挂出让，印发了《河南省国土资源厅关于2009年矿业权招标拍卖挂牌出让有关问题的通知》（豫国土资发〔2009〕30号），对全省2009年矿业权招拍挂出让计划编制工作进行了安排，明确了除基层国土资源部门外，企业也可以向省国土资源厅提出矿业权招、拍、挂出让计划建议。规定市、县级发证的采矿权招、拍、挂出让年度计划应向省国土资源厅备案。

【积极推进矿产资源整合工作】一是认真做好煤炭资源整合及相关问题的处理工作。积极支持伊川电力集团宝雨山煤矿、何庄煤矿等地方国有煤矿整合加入省骨干煤炭企业。为妥善解决全省国有煤矿历史遗留问题“一个采矿许可证多套生产系统”问题，根据豫资源整合办〔2009〕84号文件要求，印发了《河南省国土资源厅关于做好全省一证多系统煤矿采矿许可证分证工作的通知》，对分证的有关材料、步骤、程序等作了相关要求，进一步规范办理国有煤矿采矿权分立工作。针对全省独立块段和单独保留小煤矿因延续有效期问题不断上访的情况，本着实事求是的态度合理解决整合中存在的问题，积极提出相关意见行文向河南省政府及省矿产资源整合领导小组进行反映并得到河南省政府的同意。这一问题的有效解决，保证了小煤矿技改工作的有序进行，促进了社会秩序的稳定。对相关网站不断反映的五七煤矿问题，进行调查核实，并及时向国土资源部有关司（局）致函汇报。针对荥阳兴华煤矿、广顺金元煤矿提出的恢复采矿权问题，提出有关解决意见并行文向省整合办进行反映。二是积极推进钼矿资源整合工作。对洛阳市钼矿资源整合工作进行了多次了解和督促，向省发改委提出了有关建议。对南阳市人民政府报送的南阳市钼矿资源整合方案，根据豫资源整合办〔2008〕5号文件的要求，认真进行审查，商同省发改委进行批复。目前，镇平县楸树湾钼矿区的整合工作正积极向前推进。三是对河南省铝土矿资源综合开发等问题进行研究。为加快河南省铝土矿资源综合勘查开发，提高重点氧化铝企业的矿石自给率，对全省煤层下伏铝土矿和铝上煤问题进行了调查研究，初步提出煤下铝和铝上煤综合勘查开发的基本思路，草拟了《河南省国土资源厅关于合作勘查综合开发煤矿铝土矿资源有关问题的通知》初稿。批复并指导郑州市及巩义市开展煤下铝勘查开发试点工作。根据省长批示精神，对新密市耐火粘土资源配置及铝土矿企业提出保留问题，认真调查落实有关情况，提出相关意见和建议及时报送省政府。批复了新密市和登封市耐火粘土矿业权设置方案，解决两市非铝企业资源配置的问题，促进当地非铝工业的健康发展。四是继续推动其他矿种的资源整合工作。结合实际，对安阳县铁矿资源整合调整方案、嵩县萤石矿资源整合进行批复，促进区域性资源整合工作的积极开展。督促郑州市国土资源局对汝州市和登封市交界处的密腊山、小红寨一带的石英岩资源进行整合，尽快向洛玻配置。

【积极办理探矿权、采矿权登记发证工作】两权审批登记工作是矿产资源管理工作的核心，我们围绕严格依法行政、规范管理的要求，及时出台了《河南省国土资源厅关于探矿权采矿权审批登记管理有关问题的通知》，在认真办理各类探矿采矿登记报件的同时，妥善处理了一批各类报件的遗留问题。

一是为规范探矿权审批征求基层国土资源管理部门意见，减轻申请人的负担，印发了《河南省国土资源厅关于加强探矿权审批反馈意见工作的通知》（豫国土资发〔2009〕11号），将探矿权新立、变更、延续等申请，由申请人取得基层国土资源管理部门意见的方式，改为由省厅直接向基层国土资源管理部门征求意见。在保证2009年新受理探矿权申请按时办结的同时，采取多种方式，加大工作力度，对往年已受理的探矿权进行了清理和处理，探矿权审批积压情况得到进一步改善。全年共受理探矿权申请682件，办结811件（含2009年以前受理项目）。办结件中，新立150件，延续346件，变更101件，保留189件，注销24件，转让59件，备案42件。

二是会同厅行政服务中心对涉及河南省采矿权管理流程及会审要求、报件要求进行了修订，进一步规范了管理、提高了效率；按照国土资源部统一部署，对河南省各级采矿登记管理电子数据进行了核实整理，对河南省本级采矿登记管理系统进行了初步完善，顺利实现了全省采矿权统一配号。全年共受理采矿权登记申请675件，办结662件（含2009年以前受理项目）。办结件中，划定矿区范围73件，新立65件，延续182件，变更153件，转让94件。

三是按照国土资源部、监察部要求，部署了河南省探矿权、采矿权招标、拍卖、挂牌专项清查工作。积极转发了有关文件，制定了河南省专项清查工作方案；各省辖市按照要求制定了清理工作方案，上报了清查工作报告。在对厅发证资料进行全面清查的基础上对全省探矿权、采矿权招标、拍卖、挂牌专项清查工作进行了总结，起草上报了我省探矿权、采矿权招标、拍卖、挂牌专项清查工作工作报告。

四是按照国土资源部要求，做好部基层联系点工作。督促洛阳市建立和完善《洛阳市矿业权转让公示办法》（试行）等相关制度，并指导其做好转让公示实施工作。目前，已经公示探矿权转让4件、采矿权转让3件。

全年共征收采矿权价款13.2亿元，采矿权使用800.6万元，采矿登记费5.1万元；征收探矿权价款1.9亿元，探矿权使用费208万元。全面完成了年初计划任务。

【全面展开矿业权实地核查工作】根据国土资源部《关于开展全国矿产资源储量利用调查工作的通知》（国土资发〔2007〕192号）和《关于开展全国矿业权实地核查工作的通知》（国土资发

〔2008〕59号）等文件精神，积极、全面部署矿业权实地核查工作。一是调整成立了厅领导小组及其办公室，领导和部署核查工作，成立了项目办公室，具体承担各项技术工作；二是核查方案经多次修改审查，正式上报部备案；三是召开全省矿业权实地核查工作暨技术培训会议，省市、县三级国土资源管理部门的矿业权管理人员和承担核查任务的地质勘查单位技术人员等350多人参加会议，邀请国土资源有关司（局）领导和技术专家到会指导和讲课；四是落实了任务，经自愿申报、严格审查，确定30家具有乙级测绘资质的地勘单位作为技术承担单位，第一批30个县的任务已经落实到地勘单位。同时，考虑到大部分县、市乙类矿产多、任务重，同意具有测绘资质的矿山测量单位和土地测量单位参与乙类矿产的实地核查工作。截至2009年底，全省采矿权和探矿权的野外核查工作全面完成，共实地核查探矿权、采矿权5697个。

【矿产资源勘查开发监督工作】一是按照国土资源部要求，督促市局开展矿山2008年度年检工作。采取措施，保持和稳定矿产督察员队伍。为便于矿产督察员开展工作，及时下拨了地方级矿产督察员工作经费。会同国土资源厅财务管理处，发放了近两年来的国家级矿产督察员补助经费。二是组织专家对全省探矿权进行了年检工作，全省应参加年检项目为950个，实际参加年检的950个，合格的为913个，占96%，不合格的为37个，占4%。勘查项目年检率和合格率较往年有进一步提高。三是会同有关处（室），对举报反映的非法矿产资源勘查开采行为进行调查处理，进一步促进矿产资源开发秩序的稳定。四是严格审查备案矿产资源开发利用方案和生产勘探方案，促进矿产资源的合理开发利用水平。完成矿产资源开发利用方案审查备案131件，生产勘探方案审查备案60件。针对在开发利用方案审查中存在的问题，对编制单位资格、备案的格式、审查的内容等相关内容进行了调整和强化。五是向国土资源部提出了钨矿指标申请。河南省白钨矿为钼钨伴共生矿，没有独立的白钨矿床。为综合利用伴共生矿产资源，河南省洛阳市栾川钼业集团股份有限公司严格按照国土资源部下达的生产配额指标组织生产。2009年，河南省申请白钨矿精矿生产折合65%品位的配额指标5000吨，部批准指标为3500吨。六是为进一步巩固河南省整顿和规范矿产资源开发秩序取得的成果，贯彻落实河南省政府关于加强安全生产工作的通知精神，下发了《河南省国土资源厅关于严厉打击矿产资源勘查开发领域违法违规行为促进安全生产工作的紧急通知》，就相关工作进行部署。按照河南省委、省政府安全生产领导小组的要求，对安阳市的安全生产工作进行督导检查，保障了国庆节期间安全生产形势的稳定。此外，按时、保质保量完成了矿产资源开发利用统计年报工作任务。

【矿产资源勘查开发管理的相关工作】一是积极协调处理鲁山一撮毛铁矿长达12年之久的上访案，向其颁发了河南大利实业公司大利铁矿采矿许可证，使这一历史遗留积案得到妥善解决。参与了登封马岭山煤矿集资群众上访事件的调查及处理意见的研究工作。配合协助国土资源部高咨中心圆满完成了对河南省小矿山管理及矿产资源法的修改调研工作。二是积极办理人大、政协代表、委员议案4件。例如，对灵宝市政府市长乔长青代表在河南省十一届人大二次会议上提出的“关于加大对资源枯竭型城市政策资金扶持的建议”（第99号建议），通过与代表的多次联系沟通，提出了《对省十一届人大二次会议第99号建议的答复》（豫国土资函〔2009〕329号），得到乔代表的满意认可。三是对南阳鑫源黄金有限公司诉国土资源厅行政违法等7个行政诉讼案件积极进行应诉、上诉或申诉。对思诚投资有限公司诉国土资源厅行政违法行政诉讼案件，进行了厅外调解，思诚公司撤销了诉讼。四是按照河南省政府要求对叶—舞高速公路建设与采矿权纠纷问题进行了实地调查，对产生纠纷地段组织了实地测量，提出了处理的原则意见，提请河南省政府决定。五是配合河南省人大，对全省贯彻《矿产资源法》及矿产资源开发利用的情况进行调研。六是积极配合国务院事故调查组，对平顶山新华四矿瓦斯爆炸事故提供有关材料，接受调查。七是按照河南省政府纠风办重点处（室）评议方案，开展了一系列活动，通过召开矿业企业座谈会、发放行风评议卡等形式广泛征求和听取矿业权人对矿产开发管理处的意见和建议，及时纠正群众反映的问题，取得了良好的效果。

矿产资源储量处

常宏坤　处　长
陈学军　调研员
杨　非　副处长（2009年9月前）
吴敬杰　副调研员

【全省矿产资源利用现状调查工作】一是加强项目资金管理，努力压缩资金规模。对全省矿区储量报告备案情况进行系统梳理，避免重复工作，浪费资金。加强与矿产资源部储量司、全国项目办的联络，积极争取中央资金，掌握全国最新动态，确保河南省工作与全国保持一致并适度超前。在积极争取中央和地方财政资金支持的基础上，实现项目经费的开源和节流，科学、合理划分工作单元，努力压缩资金，争取用最小的投入完成全省矿产资源利用现状调查工作任务。经多次争取，省财政批准了该项目4967万元的总预算，其中省级4467万元，中央500万元。2008年度，省财政落实项目资金1000万元；2009年度，省财政落实项目资金2000万元，2010年，落实剩余1467万元。

二是根据目前项目进展情况，特别是在国内外矿业经济形势发生巨大变化的情势下，若调查数据截止日期（项目工作基准日）仍为2007年12月31日（全国项目办确定），所获取的相关成果数据及相关研究报告必然与我国矿产资源现状及发展趋势存在极大偏差。就此问题国土资源厅正式向国土资源部提出请示，请求国土资源部矿产资源储量司将矿产资源利用现状数据截止日期由2007年12月31日调整为2009年12月31日。部储量司对国土资源厅的请示进行研究后，正式回复并同意国土资源厅的意见，下发全国执行。

三是全面启动现状调查工作。2009年10月29日下午，河南省矿产资源利用现状调查项目全面启动动员会在郑州市召开，参加会议的有省项目办、26个项目负责地勘单位等单位的86人。全省矿产资源利用现状调查项目各方面条件已具备，从2009年10月开始全面进入启动阶段，2010年5月完成报告评审任务，2010年12月底完成河南省调查成果的上报工作。

四是制定了配套文件。针对项目前期工作中存在的问题，省国土资源厅先后制定了4个与调查项目配套的文件。①2009年1月省国土资源厅下发了《关于我省矿产资源利用现状调查项目有关事项的说明》；②《关于为河南省矿产资源利用现状调查项目承担单位提供成果地质资料的通知》（豫国土资办函〔2009〕34号）；③《关于河南省矿产资源利用现状调查项目总体时间安排的通知》（豫国土资办发〔2009〕85号）；④《关于印发河南省矿产资源利用现状调查有关要求》（豫国土资发〔2009〕119号）。对矿产资源利用现状调查项目成果地质资料的提供、使用，矿区现状调查核实报告评审、备案，矿区成果数据库审查验收、评审验收专家组成等方面作出了有针对性的、具体的要求。进一步明确了国土资源管理部门、矿山企业的项目任务和职责，要求各级国土资源管理部门、矿山企业充分认识项目的重要性、紧迫性，积极配合地勘单位开展核实调查工作。

【继续推进全省矿山储量动态检测工作】2009年，全省矿山储量动态监督管理工作已列入各省辖市工作考核目标，作为年底工作考核依据，矿山储量动态监督管理工作总体情况的好坏、工作质量的优劣，直接决定考核分值的高低。为了继续深入推进全省矿山储量动态监督管理工作，根据豫国土资发〔2008〕128号文件要求，矿产资源储量管理处组织检查组对各市矿山储量动态监督管理工作进行检查。检查采取省厅带队、各市互检方式，既能交流经验，又能取长补短。

根据检查结果，起草了《河南省国土资源厅关于2008年度全省矿山储量动态检测工作检查情况的通报》（豫国土资通〔2009〕18号），对2008年度全省矿山储量动态检测工作完成情况进行了通报。总体来看，多数省辖市国土资源局能够认真执行国土资源部和省厅有关储量动态检测工作的要求，切实履行监督管理职能，认真部署和规范管理矿山储量动态检测工作，基本完成了省厅年初下达的矿山储量动态监督管理工作目标。平顶山、郑州、鹤壁、许昌、商丘、洛阳6个省辖市工作认真、监管到位、质量较好，得到了通报表扬。

根据检查结果，起草了《河南省国土资源厅关于规范矿山储量动态检测工作和安排2009年动态检测工作的通知》（豫国土资发〔2009〕118号），就规范管理矿山储量动态检测工作和安排2009年储量动态检测工作提出了明确要求。一是要求各基层国土资源行政主管部门要严格执行动态检测工作的审查验收程序；二是要求储量动态检测矿种必须与采矿证批准开采的矿种一致；三是储量动态检测范围必须在采矿证批准开采范围内；四是在矿政管理工作中不得使用动态检测报告代替储量核实报告；五是严肃处理矿山企业与储量动态检测单位弄虚作假行为；六是认真做好储量动态检测与登记统计工作衔接；七是建立储量动态检测数据库。根据矿产资源利用现状调查工作进展要求，2009年的储量动态检测工作要提前部署和提前完成。

2009年10月30日，在郑州市举办矿山储量动态检测管理系统培训会议，各基层国土资源管理部门、矿山储量动态检测单位、大型骨干矿山企业等单位380人参加了培训。会议重点培训了“矿山储量动态检测信息管理系统软件”。该软件是以矿山企业矿产资源储量核实报告为基础平台，在规范矿山储量动态检测、建立标准动态储量台账的基础上，采集储量动态检测数据信息，进行自动化处理，实现矿山企业、基层矿政监管的矿山储量动态检测数据信息处理系统。

使用软件的目的主要是为矿山企业服务。矿山企业应用软件，通过动态检测台账数据的输入，根据操作人员指令，系统能随时根据需要汇总动用储量的相关统计数据，生成矿山生产的各类指标（例如采出量、损失量、保有储量等），输出矿山储量计算台帐和有关矿山生产示意图形以备查询或存档，辅助矿山技术人员做好矿山日常动态储量的记录工作。

各级国土资源管理部门应用软件，可以有效监控矿山企业日常动态资源储量的消耗情况，查询、汇总、打印采空区、采动区、采出量、回采率等相关管理信息。为储量管理工作的其他职能提供技术支撑（例如储量核实、资源补偿费征收等）。同时，根据工作需要，随时汇总本辖区各矿种的储量动态变化信息，从宏观上准确掌握本地区矿山的日常生产活动，提高储量动态监督管理的工作效率及监控能力。

【矿产资源储量评审监督管理】为了进一步提高矿产资源储量报告的编制、评审质量，确保储量报告的真实可靠，针对工作中存在的问题，与评估师进行座谈交流，进一步理顺了程序，开拓了思路。制定了《河南省国土资源厅办公室关于明确矿产资源储量报告编制及评审工作有关问题的通知》，对降低矿床工业指标、勘查单位执业范围、降低储量报告勘查阶段、压矿储量核实、生产勘查主矿种、补充勘查主矿种、扩大开采范围核实报告、储量估算范围、矿产地查询、省辖市国土资源局评审备案权限等11个问题进行了规范。2009年，共受理备案储量报告申请110份，已办结110份，办结率100%。

【建设项目压矿审批工作】 2009年上半年，建设项目压矿审批工作主要围绕“两保一高”的总目标，积极为河南省的各类建设项目征地做好前期的有关论证和服务。一是对在豫国土资发〔2008〕96号文中提到的没有查明矿产资源储量的 县（市、区），进行建设项目压矿审批工作，储量管理处直接会签，以加快审批速度。二是按照国土资源部和国土资源的要求，建设项目压矿审批应由项目所在地的省辖市国土资源局进行初审，但有的省辖市国土资源局由于行政许可手续等原因无法进行初审。我处经研究并向上级请示后，允许这类省辖市国土资源局出具压矿审查证明。三是积极努力，在严格执行有关规定的同时，尽量简化审批手续、缩短审批时间、提高审批效率，保证河南省的重点建设项目有关手续不在该处耽搁，确定专人24小时办件。2009年，共受理建设项目压覆矿产资源审查申请110件，已办理完毕110件，办结率100%。妥善处理平顶山叶舞高速公路压覆叶县远航物资贸易责任有限公司叶县老金山东石包至舞钢市铁矿的问题。2009年6月11日，我处主持召开了高速公路建设方、采矿权人、矿业权评估机构、平顶山市国土资源局、河南省国土资源科学研究院等单位参加的协调会议，专题协调压矿补偿评估工作。评估遵循“公开、公平、公正”的原则。每一步骤都邀请专家论证、双方派代表参加，双方代表有异议的，由专家组决定，并委托河南省国土资源科学研究院提交压矿储量核实报告，尔后，再根据压矿储量核实报告，摇号选择价款评估机构，进行补偿评估，目前评估报告已编制完毕，正在征求双方意见。

【严把矿业权评估备案质量关】出台了《关于转发国土资源部〈矿业权评估管理办法（试行）〉等3个文件的通知》，对在河南省评估的机构实行备案制，要求在河南省评估的机构必须具备3名常驻评估师以及相应的办公地点和设备。对灵宝市秦岭金矿进行了现场复查；对于洛宁干树金矿申报材料中的问题，约谈了矿山企业和储量核实报告编制单位的有关人员，目前，该矿的评估申请已正式退回，评估资料存在的问题和处理建议也已形成正式的文字材料，准备上报国土资源厅的领导。2009年，储量处对70个矿业权评估项目进行了公开摇号，受理中介机构申请备案评估报告102个，其中，已备案95个，3个项目正在进行网上公示，按时办结率100%。在矿业权评估备案中，严格按照国土资源部和省国土资源厅有关文件的要求，严把质量审查关，切实维护好国家利益。

【加强地质资料的二次开发利用】

（一）加强地质资料信息服务集群化产业化专项研究。根据《国土资源部开展“地质找矿改革发展大讨论”工作方案》（国土资发〔2009〕40号）的要求，国土资源部储量司于2009年6月20日～23日在郑州市召开了“地质资料信息社会化服务专题研讨会”。国土资源部储量司副司长许大纯、储量司资料处处长刘斌、中国地质调查局、中国国土资源经济研究院、国土资源部油气资源战略研究中心、全国地质资料馆、国土资源实物地质资料中心的主要领导以及黑龙江、江苏、上海等12个省的国土资源行政主管部门储量处处长和地质资料馆馆长，共计54人参加了会议。会议着重探讨了地质资料信息服务集群化产业化专项研究的工作思路。地质资料信息集群化是对已形成的地质资料、地质信息更高层次的开发利用，通过相关联地质资料信息的提炼、整合、集成，形成新型、综合的地质资料、地理信息系统的过程，以便向各界用户提供针对性更强、信息更丰富、利用更方便、使用更简捷、支撑更强大的服务。

地质资料信息集群化产业化是地质资料领域一大亮点。地质资料信息产业化必须建立在现代信息技术的基础上，从用户需求出发，加工形成社会需要的产品；要有一个好的技术团队，了解社会需求；地质资料信息集群化需要明确集成的目的，要有专项支持；做好地质资料信息集群化产业化工作最主要的前提是公益性地质资料能充分利用。

（二）国土资源部检查组对河南省地质资料管理工作给予高度评价。为加强地质资料管理，进一步提高地质资料信息社会化服务水平，国土资源部于2009年8月25日～2009年9月25日，分两批在全国各省开展“地质资料管理专项检查”。2009年8月26日～31日，河南省接受了国土资源部检查组的检查，按照《国土资源部办公厅关于印发〈全国地质资料管理专项检查工作方案〉的通知》（国土资厅发〔2009〕62号）的检查要求，检查组对河南省地质资料管理工作及省级地质资料馆藏机构、地质博物馆、河南省地调院、河南省地勘局地调一队三个汇交单位进行了实地检查。检查组对我省的地质资料管理工作给予了高度的评价，同时也针对存在的不足，提出很好的建议。

【建立健全河南省矿产资源储量数据库】2009年，评审备案地质储量报告110个；建国土资源厅组建以来，审批的建设项目压覆矿产资源禁采区数据216个；新立、变更、延续采矿权的储量登记都得到了及时入库。完成了2008年度3651个固体矿山开发利用和储量统计数据的审查，汇总入库并按时上报；完成矿产资源储量登记322个，其中，查明矿产资源储量登记110个，占用矿产资源储量登记170个，压覆矿产资源储量登记42个；完成了河南省矿产资源年报（2008）的编录；完成了2007年度全省矿产储量表的编制。2008年，全省共发现矿产地12处，其中，大型6处，中型6处；新增加煤资源储量5.98亿吨，金矿18吨，银矿402.22吨，铝土矿6503万吨，钼金属14313吨，铜矿11.75万吨，镍矿32.84万吨，水泥灰岩8331.49万吨。

地质勘查处

豆效广　处　长
唐伟刚　调研员
徐东明　调研员

【职责与机构设置】地质勘查处是国土资源厅负责地质勘查管理的职能部门，其主要的任务是组织全省矿产资源调查评价；编制全省地质勘查规划并监督检查实施情况；管理省出资的地质勘查项目；组织实施国家地质勘查工作标准、规程和规范；管理全省地质勘查行业，负责全省地质勘查资质管理和信息管理；受委托承担中央、部级地质勘查项目以及石油、天然气、煤层气矿产资源管理有关工作。地质勘查处人员编制5人，其中，处长1名，副处长1名，其他工作人员3名。

【开展“地质找矿改革发展大讨论”】按照国土资源部的统一部署与要求，在省国土资源厅党组的直接领导下，牵头组建大讨论办公室并承担日常工作。制订《河南省地质找矿改革发展大讨论工作方案》，编印学习材料3000多册；会同有关处（室）组织召开全省矿产资源勘查开发工作暨“地质找矿改革发展大讨论”动员部署会议以及40余场专题研讨会；编发简报40多期，征集署名文章339篇，征集意见建议335条，在省级以上媒体或简报发表大讨论文章231篇，展出大讨论成果展板50多块；先后邀请中国科学院院士、中国工程院院士等一批专家、学者来河南作现场报告，就一些关键问题解疑释惑。认真梳理当前地质找矿改革发展中存在的突出问题，并提出解决问题的思路和办法，组织起草促进地质找矿、支持地勘单位改革发展和诚信队伍建设等方面的14项制度性文件初稿。

【省级“两权”价款勘查项目管理】开展2005年以来257个项目的全面检查。完成2005和2006年度30个结题项目的成果审查以及矿调等重大项目的野外验收。组织2008年度41个项目的设计审查，抽查11个煤炭勘查项目的施工质量。组织2009年度省级“两权”价款项目的专家论证，编制《2009年度项目安排意见》，安排2009年度114个项目。提出54个2010年度整装勘查项目选区，编制《2010年度项目立项意见》。省“两权”价款项目取得一批新的成果，2009年，新增资源储量煤13.5亿吨，铝土矿775万吨，铁矿4300万吨，金3吨，钼13万吨，铀212吨。其中，“河南省新安县郁山铝土矿详查”项目探明的大型铝土矿被评为全国2009年度十大找矿成果之一。出台《河南省建设项目压覆省“两权”价款地质勘查项目审批管理暂行办法》，加强对建设（规划）项目压覆省“两权”价款地质勘查项目的管理。

【加大地质找矿力度】一是积极推进省部合作的豫西地区地质找矿工作。经多方面的沟通和协调，会同有关方面组织起草省部合作备忘录，并促成于7月17日成功签署。提出河南省2010年省部合作开展的重要矿产整装勘查项目，向部报送了立项材料。省部合作组织机构建议方案已经省政府同意报国土资源部征求意见，完成了整装勘查项目区矿业权审查，组织起草工作部署方案，组织有关人员进行讨论修改和省部专家会审，待进一步征求有关方面意见后分别报省部审定。二是精心实施危机矿山地质找矿专项，组织召开河南省危机矿山接替资源勘查项目工作会，落实项目资金、明确工作进度，组织完成了项目的野外验收、成果报告初审和全程监管工作。危机矿山接替资源勘查项目取得明显的找矿成果，预计提交新增资源量金金属量71.57吨，钼资源量1.12万吨，煤炭资源量1.34亿吨。在全国危机矿山办绩效考评中，河南省的危机矿山项目管理和找矿成果居全国前列。

【推进矿产资源潜力评价工作】下发《关于进一步加强河南省矿产资源潜力评价管理工作的通知》，制定《矿产资源潜力评价2009年工作安排时间表》，与项目单位签订目标任务责任书。提前完成煤、铝、铁单矿种潜力评价工作。其中，煤炭资源潜力评价已于2009年11月完成，成为全国首个完成煤炭资源潜力评价工作的省份，在全国考评中名列第一；铝土矿资源潜力评价已于2009年12月完成；铁矿资源潜力评价也已于2010年1月完成。

【开展重要矿产资源配置工作】一是对全省

22家优势矿山企业矿产资源情况进行了调查摸底，组织专家对拟出让的国家出资地质勘查项目进行了论证，确定了向重点矿山企业配置的省级“两权”价款勘查项目，完成了年度配置工作，向省财政缴纳探矿权价款19.9亿元，其中，本年度入库17.9亿元。二是多次与地质部勘查司沟通，协助部地质勘查司在焦作市召开了油气督察联系点座谈会，配合完成了河南省2009年度油气督察工作。协助河南省煤层气公司以登记方式取得河南省焦作市恩村煤层气勘查许可证，使河南省在煤层气探矿权上取得了突破性进展。

【加强全省地质勘查行业管理】完成全省地质勘查行业统计，编制《河南省2008年度地质勘查成果通报》，及时向社会发布公益性和商业性地质工作成果信息。进一步规范地质勘查资质申请和内部审批程序，完成了《地质勘查资质管理条例》实施以来河南省第一批地质勘查资质的审批和发证工作。全省共有72家地质勘查单位获得乙级和丙级地质勘查资质，其中，乙级资质98项、丙级资质56项。与全省所有地质勘查资质单位签订诚信执业承诺书，促进诚信队伍建设。

地质环境处

张荣军　　处　长
梁世云　　副处长
李　明　　副处长

【创新性完成年度工作任务】为了使评议活动真正起作用、见实效，“以活动促工作，以工作丰富活动内容”，创新性地开展工作。一是指导各市、县（市）积极创建地质灾害群测群防“十有县”；二是动员部署在全省范围内建立矿山地质环境治理恢复保证金制度；三是指导地方政府积极申报国家和省级地质公园，做好地质公园总体规划修编；四是组建地质灾害应急中心等，力争通过这些活动，使地质环境管理工作更加科学化、规范化。

【地质灾害防治工作】2009年，全省认真贯彻《地质灾害防治条例》，严格落实汛期地质灾害防治措施，有效减轻了汛期地质灾害造成的损失。1至9月，河南省共发生各类地质灾害18起，其中，崩塌3起、滑坡2起、地面塌陷13起，均为小型；地质灾害共造成经济损失88.54万元，无人员伤亡。全省各地共临时避让转移人员901人，避免人员伤亡183人，避免直接经济损失159.64万元。

【强化地质灾害防治责任】2009年，各级政府把地质灾害防治工作列入议事日程，南阳市等市政府专门发文，把地质灾害防治责任和任务逐项落实到市直各部门和县（市、区）政府，进一步强化了相关部门和地方政府的防灾责任。绝大部分县、乡、村委会以及市、县、乡所三级国土资源（地矿）管理部门，层层签订了地质灾害防治责任书，实行了领导包片、工作人员包点的办法，做到了地质灾害防治责任到人、管理到位。

【扎实落实各项防灾措施】一是省、市、县会同住房和城乡建设、水利、交通运输等有关部门编制《2009度地质灾害防治方案》，经同级政府批准后印发实施。二是共组织4000多人（次）对重要地质灾害隐患点进行拉网式排查和巡查，编制了包括监测预警、人员疏散、应急抢险措施等内容的防灾预案。三是对隐患点的监测、防治责任人进行了认真核实，对人员发生变动和排查新发现的重要隐患点，及时落实了监测、防治责任人。全省2454个重要隐患点纳入了群测群防网络，安排日常监测员2990人。四是发放“地质灾害防灾工作明白卡”和“地质灾害防灾避险明白卡”53546份，在地质灾害危险区边界设立警示牌1107块。五是自6月1日开始，河南省电视台发布3级以上地质灾害气象预警信息14次，地质灾害易发区的12个省辖市、48个县（市、区）在当地电视台发布3级以上地质灾害气象预警预报信息共计165次。六是各级建立了汛期值班制度，向社会公布了值班电话，安排专人值守，工作人员手机24小时开机。根据天气情况，将汛期工作提前到4月开始并推后到10月份，国庆节等重大节日期间，领导亲自带班，确保地质灾害信息畅通。

【建立省级应急保障机制】按照国土资源部的要求，省厅于2009年6月25日成立了河南省地质灾害应急中心，成立了由22人组成的河南省地质灾害应急队伍，组建了16人的应急专家组。完成了对无人驾驶小飞机和远程视频会商系统建设的前期调研等工作。市、县突发地质灾害应急队伍建设也得到较好落实，发生地质灾害后，厅地质灾害应急中心及时到现场进行调查，有关市、县国土资源管理部门第一时间赶赴现场，开展应急抢险工作。全省组织开展突发地质灾害应急预案演练28次。

【地质灾害防治知识宣传教育】在2009年的“4·22”世界地球日和“5·12”防灾减灾日，各地组织了大规模的地质灾害防灾减灾知识宣传活动，全省发放《河南省地质灾害防治手册》和地质灾害宣传画、折页等宣传材料82660份。省、市、县三级国土资源管理部门对地质灾害防治管理干部和乡（镇）、村干部开展了65次地质灾害防治法规、规范和防灾减灾知识培训，参加培训人员3307人。群测群防人员通过培训学习，基本掌握了“四应知”（即应知隐患点情况和威胁范围，应知群众避险场所和转移路线，应知险情灾情报告程序和方法，应知地质灾害监测时间和次数）和“四应会”（即应会识别地灾发生前兆，应会使用简易监测方法，应会对监测数据记录分析和初步判断，应会指导防治和应急处置）方面的知识。

【加大地质灾害防治资金投入】2009年，中央财政安排资金1128万元，省财政预计安排5000多万元，用于全省地质灾害的应急调查、省级地质灾害气象预警预报、重点工程治理或搬迁避让等防治工作。年内市级财政已投入资金431万元，县级财政和企业投入资金10203万元，用于地质灾害防治管理工作和地质灾害治理与搬迁避让（主要是采煤塌陷区群众的搬迁避让）。

【开展群测群防“十有县”创建活动】部分县（市、区）能够借助国土资源部要求创建“十有县”的东风，思路清晰，抢抓机遇，争取地方政府的重视和支持，完善组织机构，将工作经费列入地方财政预算，批准实施地质灾害防治规划等，通过查漏补缺，既健全完善了管理体系，又解决了工作经费的长期固定投入问题，有力地促进了地质灾害防治工作的规范化。通过10月份省厅组织的检查验收，有12个县（市）达到“十有县”标准，已上报国土资源部审定，如果审查合格，将被命名和授牌。这12个县（市）是卢氏县、西峡县、巩义市、灵宝市、辉县市、登封市、镇平县、新县、汝阳县、罗山县、沁阳市、禹州市。

【建立矿山地质环境治理恢复保证金制度】2007年，经省政府常务会议通过，省财政、国土、环保部门联合下发了《河南省矿山环境治理恢复保证金管理（暂行）办法》，今年5月份又印发了《河南省矿山环境治理恢复保证金管理（暂行）办法实施细则》。省厅依据《矿山地质环境保护规定》的要求，与省财政厅、环保厅充分协商，起草并印发了《关于〈矿山地质环境保护规定〉实施意见》，对河南省矿山地质环境调查与规划、矿山地质环境治理恢复方案编制、矿山地质环境治理恢复工程、矿山地质环境治理恢复保证金存储、矿山地质环境监督管理等提出了具体意见，为建立矿山生态环境补偿机制提供了政策依据。开展业务培训，提供技术支撑。矿山地质环境治理恢复保证金制度的建立是一项新的工作，特别是成千上万个矿山企业均要编制治理方案，需要大量的技术队伍支持。为此，我们积极配合国土资源部在郑州市组织两期、800余人参加的甲、乙、丙级培训班，为工作顺利开展提供了技术保障。加强项目管理，扩大治理恢复成效。截至目前，省财政共投入资金48407万元，安排矿山地质环境治理恢复项目230个，大部分已经完成。但由于种种原因，有些项目启动慢、完成周期长。针对这种情况，2009年，省厅采取分地勘行业局召开座谈会、印发文件进行规范化要求、以省辖市为单位进行总结等方式，加强督促指导，力求项目保质、保量早日完成，力争使矿山环境得以优化，实现生态修复。

【地质遗迹保护和地质公园建设持续推进】

（一）*组织申报地质公园*。认真组织国家地质公园候选地和省级地质公园申报工作，河南省小秦岭、红旗渠·林虑山两个省级地质公园晋升为国家地质公园候选地；有6个地方申报省级地质公园。

（二）*配合保增长投资项目建设*。对黄河桃花峪公路大桥、宁西铁路复线、内乡至邓州高速公路、郑州至焦作铁路、晋东南至南阳1000千伏输电线路等线性工程建设项目穿越地质公园、自然保护区的地质遗迹保护方案进行初审、上报等。

（三）*地质公园规划修编工作*。这项工作严重滞后，目前，除王屋山—黛眉山世界地质公园规划修编稿通过省级初审、汝州大红寨省级地质公园通过市级审查外，其他地质公园还未完成规划修编，按去年发文要求今年3月份完成，6月份报国家的要求已拖延半年。这项工作必须引起高度重视，正确认识修编的重要意义，认真协调好经济发展、矿业开发与地质遗迹保护之间的关系，早日完成规划修编任务，否则将会影响到今后当地地质遗迹保护项目的安排和资金支持。

执法监察处

王秋生　处　长

王东亚　副处长

陈国营　副调研员

【全省卫星遥感监测土地执法检查】2009年，根据国土资源部和省国土资源厅的统一部署、安排，在全省18个省辖市（其中，部开展13个）和17个试点县（市）组织开展了卫片土地执法检查工作。为确保工作取得实效，执法监察处起草下发了《关于应用卫星遥感技术开展2008年度（第九次）土地执法检查工作的通知》（豫国土资办发〔2009〕9号），制定了《河南省卫片执法检查工作方案》，并在全省召开的国土资源执法监察工作会议上进行具体部署。国土资源厅成立了以张启生厅长为组长，主管副厅长为副组长，相关业务处（室）处长为成员的领导小组。按照卫片执法检查工作方案要求，各省辖市人民政府均成立了以市长或主管副市长为组长，国土资源、公安、检察院、法院、建设和监察等部门为成员单位的卫片执法检查工作领导小组；各县（市、区）人民政府也成立了相应的领导小组。为了准确掌握各地工作进展情况，厅组织了由6位包片厅领导带队的督导组，对开展卫片土地执法检查省辖市进行督查，确保了全省卫片执法检查工作的顺利开展。2009年4月下旬和6月底，省厅又抽调人员，组织4个检查组，对全省卫片执法检查的核查工作和查处整改工作进行检查和验收。重点检查土地违法问题的查处以及“五到位”的落实情况，确保了查处整改工作落实到位。

这次卫片执法检查，全省共监测土地3932宗，涉及土地面积12.9815万亩（耕地8.7432万亩）。在3932宗监测土地中，新增建设用地2374宗，面积为9.7361万亩（耕地6.609万亩）；其中合法用地1326宗，面积为8.3876万亩（耕地5.8927万亩），违法用地1048宗，面积为1.3332万亩（耕地0.6721万亩）。在1048宗违法用地中，未批先用966宗，占违法用地总数的92.2%。

1048宗违法占地，全部进行立案查处，立案查处率达100%；没收构建物66件，面积27.45万平方米，拆除构建物150件，面积59.16万平方米，实施罚没款7058.38万元，拆除复耕土地面积229亩。提出党政纪处分人数175人，落实党政纪处分95人（科级干部95人）；移送司法机关案件369宗，涉案人员221人，已落实追究刑事责任26人。2009年10月，国土资源部执法监察局和国家土地督察济南局组织的全国卫片执法检查工作验收中，河南省13个省辖市一次性予以通过，并得到高度评价。郭庚茂省长在国家土地督察济南局给省政府的《关于2008年度卫片执法检查整改查处工作通过验收的函》上批示：“很好，继续做好工作，严格土地管理，努力建立依法、规范、有序、高效的土地利用、保护和监督制度及运行机制，为科学发展提供保障和支持”。

【全面贯彻落实动态巡查责任制】努力推进执法关口前移。一是在全省国土资源系统全面贯彻落实预防为主，事前防范、事中监督和事后查处相结合的执法监察工作思路，建立执法关口前移的工作机制；二是积极推进省、市、县、乡四级动态巡查网络和动态巡查制度，在市、县、乡三级分别建立了动态巡查责任制考核指标体系，明确了巡查方法、程序、内容，确定了巡查级别和巡查时间，把违法行为的发现、报告、制止、查处以及避免和挽回经济损失列为重要考核指标。省国土资源厅在2009年4月和12月分别对全省动态巡查责任制落实情况进行了督查和检查，重点检查了各省辖市动态巡查工作是否严格按照《河南省国土资源执法检查动态巡查办法》的要求进行落实，三级巡查的区域划分、人员责任目标建立情况以及巡查登记和台账，对发现的国土资源违法线索的制止、报告和案件查处到位情况。

【严肃查处了国土资源违法违规案件】 2009年，进一步加大国土资源违法违规案件查处力度。一是在新闻媒体上公开曝光典型案件的查处结果。2009年7月23日，省政府以豫政〔2009〕55号文向全省通报了灵宝等5起土地违法违规案件的查处结果，处理处级干部8人、科级及科以下人员17人；各新闻媒体也分别进行了曝光，在社会上引起极大反响，对土地违法违规行为起到了极大的震慑作用。二是直接或配合相关部门查处一批国家和省政府领导交办以及新闻媒体曝光的案件。2009年，省厅共接到吴邦国、温家宝和回良玉等国家领导人批办案件4个，分别为信阳羊山新区占地补偿不到位案、原阳县黄河滩区砖瓦窑场违法占地案、封丘县以新农村建设为名搞房地产开发案和新郑市数千亩基本农田非法租赁案；省政府主要领导批示案件38个；新闻媒体曝光案件6个。分别对1名厅级干部、21名处级干部、87名科级（或科以下）人员进行了严肃处理。三是直接查处国土资源部、国家土地督察济南局和厅领导批办的案件。接国土资源部执法监察局交办案件17个、国家土地督察济南局交办案件67个、厅领导批办案件11个。对交办的案件，我们都逐一进行调查处理，根据调查处理情况，及时上报了调查报告或处理结果。四是省厅发函交办查处。2009年，执法监察处共发函交办各省辖市国土资源管理部门查处的案件246起。截至止目前，已有190起查结并上报查处结果。在查处中，我们为提高交办案件的整体效果，对交办案件的办理情况在全省一季度通报一次，对案件查处不力的进行公开批评，有力地推动了市级国土资源管理部门查处工作的开展。

2009年，综合统计显示，全省各级国土资源管理部门共立案查处土地违法案件2420件，查结1874件，查结率77.4%；立案查处矿产违法案件250件，查结249件，查结率近100%。通过依法查处，给予违法责任人党政纪处分51人，移送公安机关追究刑事责任135人（已追究刑事责任14人）。

【配合济南督察局对三门峡市、周口市的例行督察】 2009年初，根据国家土地总督察办公室制订的例行督察方案，济南督察局选定河南省的三门峡市、周口市为例行督察城市，通过卫星遥感监测手段对这两个人市进行卫片全覆盖检查。为了认真做好例行督察的准备工作，由执法监察处组织，对两市相关工作人员进行了培训和业务指导，组织两市有关人员到山东有关地市进行学习，了解和掌握有关情况，主动到济南督察局进行汇报，争取工作上的支持和理解。多次派人到三门峡市和周口市对工作开展情况进行检查指导，确保了工作的顺利开展，圆满完成济南督察局对我省两市的例行督察工作。同时，根据济南督察局的要求，组织了省厅10人工作组于2009年9月底赴山东省的潍坊和烟台市进行检查。河南省抽调人员认真工作、高度负责的态度受到济南督察局领导的好评。为了迎接济南督察局和山东省厅于2009年11月底对河南省的例行督察工作，根据厅党组指示，在带队厅领导的统一指导下，执法监察处抽调主要骨干人员配合检查，全程参与协调工作。从济南督察局向省政府反馈的两市例行督察的通报中，对河南省国土资源厅的工作给予了充分的肯定。

【完善国土资源违法行为协调配合查处机制】 2009年，河南省在制定《河南省高级人民法院河南省人民检察院河南省公安厅河南省监察厅河南省国土资源厅关于建立查处国土资源违法犯罪案件协调机制的意见》和《河南省国土资源执法监察动态巡查办法等十项工作制度》等有关制度的基础上，又出台了《关于建立村级国土资源协管员队伍的通知》、《河南省人民政府关于违反土地管理规定行为警示约谈办法》重新修订了《河南省国土资源执法监察巡查工作实施办法（试行）和考核办法（试行）的通知》、《河南省国土资源厅关于建立健全国土资源执法监管长效机制的通知》，进一步完善了国土资源执法监察工作新机制，为今后的巡查工作和查处国土资源违法、违规行为打下坚实基础。为建立联合执法机制，在国土资源厅领导积极协调和部分省辖市党委、政府的大力支持下，洛阳市、郑州市、漯河市先后成立了国土资源警察支队，国土资源警察支队在国土资源执法监察工作中发挥了积极作用，受到国土资源部徐绍史部长的高度赞扬。2009年9月24日，国土资源部根据徐绍史部长的指示，在洛阳市召开了“全国创新国土资源联合执法机制研讨会”，与会代表和各省、自治区、直辖市国土资源厅领导对河南省洛阳市、郑州市、漯河市的做法给予了高度评价和赞许。

【完成的其他工作】 一是积极参与信访稳定和砖瓦窑治理整顿检查工作。2009年，根据厅党组的统一部署和安排，积极参与了信访稳定和砖瓦窑治理整顿检查工作，尽管执法监察处人员少、工作量大，都能积极参与，认真负责，受到分管领导的好评。二是参与土地和矿产资源审批报件的会审工作。2009年，参与会审全省各地各批次用地报件470余件，因违法用地没有查处到位退件16个，基本上把住了依法、依规查处、用地、报地关；会审采矿权登记报件540余件、探矿权登记报件154件，退回不符合采矿权登记条件的9件；受理非法采矿司法鉴定案卷28件，均已出具了鉴定证明，违法当事人均依法得到处理。

【全省建立“12336”国土资源违法案件举报电话网络】 截至2009年底，全省国土资源系统“12336”举报热线已全部开通，已接部转办案件360个，省厅接转群众举报件815个。受理的1175个举报件已全部交转各省辖市国土资源局进行调查处理，其中，交办省辖市国土资源局查处733宗，发函转办442件。目前，各省辖市国土资源局已回函办结428件，办结率58.4%。

科技处

张平和　处　长
魏丹斌　调研员
王厚民　调研员

【全年工作概况】 2009年，认真贯彻国土资源部、省政府有关科技政策和工作部署，紧紧围绕国土资源管理的中心工作，深入贯彻落实科学发展观，把"科技兴地"贯穿于全局工作，积极努力、不断创新，在科技工作管理体系、加强科技计划与科技项目管理、科技创新人才培养、科技成果奖励和科普等方面取得了显著成绩和进步。

【地质矿产科技创新平台建设】 根据河南省国土资源行业现状，2009年初，组织了厅级重点实验室及工程技术研究中心的申报，批准建立厅级工程技术研究中心7个，重点实验室5个。4月份和6月份分别组织了河南省省级工程技术研究中心和省级重点实验室的申报，其中"河南省有色金属矿产探测工程技术研究中心"已批准建立，"河南省金属矿产成矿地质过程与资源利用重点实验室"被直接认定为省级重点实验室。省地质矿产科技创新平台建设迈出了坚实的一步。

【省部科技与国际合作】 为提高河南省国土资源科技创新能力、"保增长、保红线"，为地质找矿改革发展提供科技支撑，2009年8月省国土资源厅与国土资源部科技与国际合作司达成了共同推进国土资源科技创新与对外合作意向，正式签订合作意向书。

【科技规划与科技计划】 ①依据国土资源部科技与国际合作司2009年工作思路，印发了河南省国土资源厅2009年国土资源科技外事工作要点。②按照国土资源部与国际合作科技司的要求，启动了《河南省国土资源"十二五"科技规划》的编制工作并已制定了规划编制方案。③完成了2009年度河南省国土资源厅的科技立项工作。共列入省、厅科技计划项目100项。④组织完成了河南省2010年度科技计划项目的申报工作，共申报各类项目6项。

【科研项目管理】 ①依据《河南省国土资源中长期科学和技术发展规划纲要（2006－2020年）》中明确的重点领域和优先主题以及"十一五"期间重大科技专项计划，开展了2009年度"两权"价款地质科研项目的招标工作。经专家论证，落实了2009年度"两权"价款地质科研项目立项建议并建立了2010年度"两权"价款地质科研项目招投标项目库。②组织完成了省厅社会发展领域重大（重点）科技攻关计划项目的中期评估工作。③完成了征集2009年度省重大公益招标科研项目建议的工作。④对2006年度"两权"价款地质科研项目未结题的项目进行了督办，截至2009年底共有25个项目提交了成果并通过验收。⑤组织开展了省厅承担的2005–2009年度河南省科技计划项目执行情况检查。⑥组织开展了2007年度"两权"价款地质科研项目进展情况中期检查工作。

【科技成果鉴定】 2009年，共完成科技成果鉴定59项，其中包括12项已结题的2006年度"两权"价款科研项目。

【科技成果奖励】 ①组织完成了2008年度河南省国土资源科技奖励评审工作，评出一等奖12项、二等奖18项、三等奖14项。②完成了2009年度国土资源部科技奖励的推荐申报工作，共推荐成果3项，其中，由河南省地质调查院完成的"西藏当雄—嘉黎一带铜铅锌银矿产资源调查评价"和由河南省地质博物馆完成的"河南省地质博物馆陈列布展内容科学研究"2个项目均获得国土资源部科技一等奖。③组织完成了2009年度河南省科技进步奖的申报、汇总和推荐工作，共推荐8个项目，其中，获二等奖1项、三等奖1项。④完成了2008年度省社科优秀成果奖的初评和汇总申报工作。

【科学技术普及】 ①完成了河南省国土资源厅2008年度科普统计工作以及18个省辖市2008年度科普统计的汇总工作。②组织推荐了国土资源部第一批科普基地。河南省成功申报了5个，分别为河南省地质博物馆、中国嵩山世界地质公园、中国云台山世界地质公园、中国王屋山–黛眉山世界地质公园、中国南阳伏牛山世界地质公园。③完成了第40个世界地球日活动的总结上报工作。按照国土资源部科技与国际合作司的要求，我处收集了我省“4 · 22”地球日活动的相关文字和图片材料，整理汇总后以厅办公室文件的形式上报国土资源部。④组织了“科技活动周”活动，5月19日邀请省科技厅机关同志参观了省地质博物馆；5月22日向省科技厅领导及有关处室赠送了《河南省地质博物馆图集》。⑤转发了河南省全民科学素质工作领导小组办公室《关于开展实施〈全民科学素质行动计划纲要〉优秀案例征集评选活动的通知》，并组织征集了4个优秀案例。⑥组织制作了《河南省国土资源科普工作进展》电视资料片，主要宣传和反映河南省国土资源科普基地的建设情况。⑦成功承办了2009年全国国土资源科普基地工作研讨会。研讨会于12月3日～5日在郑州市举行，参会的正式代表共计129人。会议的主要议题是科普基地工作研讨，并对河南省地质博物馆、云台山国家地质公园两个科普基地进行了观摩。河南省科普基地工作纪实片在会上放映后，受到领导和与会代表的好评。

【科技人才队伍建设】①为加强河南省国土资源行业科技创新人才的培养，按照厅人才培养计划的要求，组织进行了厅第四批科技创新人才的申报工作，重点培养基层单位的学术带头人和科技骨干。②完成了国土资源部“优秀青年科技人才”和“青年科技骨干”人选人员的科研情况调查。③组织开展了省国土资源科技人才队伍情况调研，分别召开国土资源厅属科研单位、省辖市、地勘单位科技人员座谈会，对省国土资源科技人才队伍现状及存在问题，认真分析研究，提出对策及建议。

【出国（境）培训和国际合作】①为积极推进境外地质矿产勘查开发工作，组织行业单位参加了国土资源部科技与国际合作司委托举办的“走出国门勘查开发矿产资源培训研讨班”。②组织办理了国土资源部赴加拿大、比利时培训团，省地勘局赴阿尔及利亚、南非团，省煤田地质局赴巴基斯坦团的外事手续。③组织派人参加了国土资源部举办的“中美可持续发展培训成果交流暨合作十周年研讨会”。④做好了2009年中国国际矿业大会的参会组织工作。河南代表团由国土资源厅副厅长郭公民带队，厅勘查处、开发处、科技处以及行业有关单位参加了此次大会。

人事处

刘济宝　　处　长
田玉荣　　调研员
梁小菊　　副调研员

【组织学习十七届四中全会精神教育活动】 为全面检验全省党员干部贯彻党的十七届四中全会精神的学习成果，省委组织部联合省委党校、河南日报报业集团、省社会科学院等单位共同举办了学习贯彻党的十七届四中全会精神竞赛活动。12月28日，我厅作为全省学习贯彻党的十七届四中全会精神知识竞赛活动优秀组织单位，受到省组织部的通报表彰。党的十七届四中全会召开后，厅党组及时充实和调整年度理论学习计划，通过开展广泛而深入的学习教育活动，使我厅的广大党员干部较为系统地掌握了党的十七届四中全会精神以及《决定》等的基本理论和要点，为这次竞赛取得优异成绩打下了坚实基础。

【组织"讲党性、重品行、作表率"深化拓展活动】 以开展"讲、树、促"教育活动和深入学习党的十七届四中全会精神为契机，河南省国土资源厅党组在干部政治理论、理想信念、宗旨观念以及组织人事部门优良传统教育方面不断深化拓展。组织全厅党员干部缅怀焦裕禄、瞻仰郑州革命烈士陵园活动，开展了对四十七中白血病儿童以及驻马店市南大吴村、项城先天性心脏病患儿免费筛查等一系列献爱心活动；组织人事部门工作水平和群众满意度进一步提高。

【大规模开展基层干部教育培训活动】 按照《国土资源部办公厅关于印发〈全面培训县（市）、乡（镇）国土资源管理干部的工作方案〉的通知》（国土资厅发〔2009〕48号）要求，2009年6月～11月，我厅对全省县（市、区）国土资源局（分局）主要负责人，乡（镇）国土资源所全体干部进行了培训。成立了领导小组，制定下发了《河南省国土资源厅关于印发河南省全面培训县（市）、乡（镇）国土资源管理干部工作方案的通知》。整个活动分为组织动员、教育培训、总结验收3个阶段进行。活动初期，经过认真选拔，对所长实验班、师资培训班的学员进行了培训，充实了师资骨干力量。活动中，对各局培训教育活动开展情况经常进行检查、指导、督促，建立了培训月报制度，及时了解培训进展情况，总结推广先进经验。各省辖市国土资源局高度重视，行动迅速、措施得力、工作扎实，培训内容新颖全面，培训效果明显突出。共举办各类培训班123期，培训人员14146人。

【干部选拔任用工作】 以落实《2010－2020年深化干部人事制度改革规划纲要》和《中共中央办公厅关于进一步从严管理干部的意见》为重点，组织制定了《干部任职公示暂行规定》、《干部任职试用期暂行规定》、《关于印发处级领导干部考察对象报告个人有关事项试行办法的通知》、《关于加强干部挂职锻炼管理工作的意见》、《关于进一步从严管理干部的意见》、《在干部选拔任用工作中实行用人失察失误责任追究制度的暂行规定》等文件。结合全省国土资源工作实际，将国土资源厅各机关处（室）、所属单位、省辖市国土资源局领导班子和领导干部的年考核与各单位、各部门工作责任目标考核、惩治和预防腐败体系建设以及党风廉政建设责任目标考核结合起来统一进行。根据国土资源管理工作需要，按照"德才兼备、注重实绩、群众公认"的原则，进一步加强了对厅机关、厅属单位和省辖市国土资源局处级干部的管理，全年共提拔处级干部50人、转任16人、轮岗3人、转正31人、调整11人、免职2人。同时，为了适应国土资源事业长远发展的需要，对全省国土资源系统处级后备干部进行了调整，使一批德才兼备、视野开阔、思想活跃的年轻干部进入了后备干部队伍，为河南省国土资源事业储备了优秀人才。

【干部管理工作】 按照厅党组的要求，在全厅开展"找差距、提建议、补短板、上水平"活动，着力解决能力上不适应的问题，对查摆出来的问题，认真加以整改，制定了《关于处级领导干部考察对象报告个人有关事项试行办法》、《关于印发新任处级干部档案接收标准的通知》等文件，对新任处级干部的档案报送、干部的考察任免程序、达标国土资源所标准等作出明确的规定和要求。使河南省国土资源系统干部管理的制度建设更加丰富完善、科学合理，干部的任用提拔更加公正透明、规范有序。

【深化干部人事制度改革】积极适应新形势，完善干部选拔任用的标准和条件。在坚持全面考察干部德、能、勤、绩、廉方面表现的基础上，坚持了“德才兼备、以德为先”的用人标准。注重考察干部的实际能力和发展潜力，把落实科学发展观、树立正确政绩观、解决突出问题、处理复杂矛盾、服务基层群众、维护社会稳定等方面的能力和表现作为考察的重要内容，大胆起用那些政治上靠得住、业务上有本事，能够坚持依法行政、改革创新、廉洁自律的优秀干部，及时安排到重要岗位上任职，形成正确的用人导向。同时，严格执行干部选拔任用工作程序。加强对干部多形式的锻炼和培养，适时推进干部交流轮岗。积极稳妥地推进干部的培养、锻炼以及交流、轮岗，先后以各种形式交流3人、轮岗21人，既有利于干部的工作和成长，又优化了班子结构和工作环境。同时，对部分拟提拔使用的优秀年轻干部，下派到有关省辖市国土资源局进行挂职锻炼，进一步提高了其综合业务素质和处理复杂问题的能力。

【落实“三定”方案工作】省政府机构改革会议召开后，厅党组按照会议要求，结合国土资源管理实际，积极开展了“三定”方案的草拟工作。经过各处（室）拟定意见、制定草案、征求意见等步骤，历经多次修改，“三定”方案终于完成，并报省编办审批。河南省人民政府于2009年5月批准了国土资源厅的“三定”方案。根据新“三定”方案规定，国土资源厅设16个内设机构，行政编制145名，处级领导职数49名。厅属单位9个，领导河南省煤田地质局、河南省测绘局，指导河南省地质矿产勘查开发局、河南省有色金属地质矿产局的业务工作。

【认真抓好人事档案管理工作】加大硬件建设，提高硬件水平；制定并完善人事档案管理制度。先后制定《人事档案整理标准》、《人事档案借阅制度》、《人事档案转移交接制度》等，严格规范档案管理行为，加强了档案整理。抽调专人，按照档案整理的标准，对干部考核考察档案、收文发文档案、干部人事档案进行整理、汇总、补充和检查。通过努力，国土资源厅人事档案管理工作面貌焕然一新，规范化、信息化程度极大提高，人事档案室基本达到了达标档案室的验收标准。

【组织公开招录公务员工作】根据《河南省2009年统一考试录用公务员面试工作方案》的统一安排，国土资源厅制订了面试实施方案，并组织面试考官参加了河南省人力资源和社会保障厅组织的专门培训。经过严密组织、严格筛选，最终确定吕世浩、郭焕等10名公务员进入国土资源厅机关工作。

【大力开展调查研究活动】为适应国土资源管理新的形势和任务，根据国土资源部的有关要求，2009年度重点开展了两项调研活动。一是开展了干部管理体制调研工作。下发《关于开展国土资源干部管理体制调研的通知》，就调研方法、内容作出具体安排，各级国土资源管理部门高度重视，迅速行动，积极开展调研，经过梳理与汇总，形成了高质量的调研报告。二是开展了全省基层国土资源所建设情况调研。按照国土资源部的要求，从4月份开始，国土资源厅深入到南阳、驻马店、漯河、焦作等地，通过听取基层情况汇报、现场查看、与相关人员进行座谈等形式，主要就基层国土资源管理体制、基层所规范化建设等情况开展调研。通过调研，全面了解和掌握了真实情况，对存在的问题进行了科学分析，提出了切实可行的建议，为国土资源厅党组领导决策提供依据。

【基层国土资源所规范化标准出台】为扎实有效地推进全省基层国土资源所规范化建设，依据《河南省国土资源厅关于加强基层国土资源所建设的意见》，于8月25日下发了《全省基层国土资源所规范化建设验收标准》，从6个方面规范了评分标准，总分达到85分以上的为基层国土资源所建设合格单位。

【承办全国国土资源厅（局）人事处长座谈会】7月18日～19日，国土资源部在河南省召开部分省市国土资源厅(局)人事处长座谈会。省长助理何东成，开封市市委书记刘长春，省国土资源厅党组成员、纪检组长司喜云，国土资源部人事司有关领导以及10余个省、市（区）的国土资源厅（局）人事处长30余人参加了会议。国土资源部人事教育司司长张陟出席会议并作重要讲话。河南、吉林、浙江、安徽、湖北、广东、海南、四川、云南、陕西10个省（区）以及深圳市和宁波市的国土资源厅（局）人事处长，利用一天半的时间，分别结合本地实际情况，进行了广泛而深入的交流讨论。

离退休干部工作处

曹长彦　　处长

【全面落实老同志的政治生活待遇】①1月18日，组织召开了厅级干部、抗战干部、省部级劳模、离退休支部书记参加的老干部迎春茶话会，厅长张启生向老同志通报了2008年的工作情况及2009年的工作思路。②1月21～24日厅领导带领有关同志对老同志进行了集中慰问。“五一”、“十一”期间又组织探望了住院的老同志。③为保持老同志的政治坚定、思想常新、理想永存，认真抓好老同志的政治理论学习和阅读文件等工作。一是先4次召开支部书记会议，通报2008年工作情况和2009年工作思路，传达全省老干部工作会议精神，研究新一年老同志的政治学习、思想政治工作等。二是纪检书记司喜云2次（3月30日、8月27日）召开支部书记会，通报工作征求意见。三是5月11～14日,组织离休干部、厅级干部20余人到三门峡市参观考察。四是3月7日,召开了离退休妇女座谈会；6月29日,组织离退休干部5个支部成员到兰考县参观焦裕禄事迹展览，纪念建党88周年；7月30日,召开了庆“八一”离退休复转军人座谈会。五是6月30日，组织召开了一次学习十七大精神大会，播放了陈武明同志的报告④协调厅领导落实了对厅级干部的联系制度，春节和国庆节期间，以张启生厅长为代表的厅党组成员，到老同志家中或医院探望老同志。⑤国庆节期间厅领导和有关同志带着慰问品对离休干部和建国前参加工作的老工人、老党员进行了慰问，组织召开了离休干部座谈会，书记司喜云邀请全体离休老干部共进午餐。

【加强了离退休干部的思想政治工作】经常与各支部书记保持较为紧密的联系，发现问题，及时沟通，共同研究，各支部积极配合与有关处（室）一道积极做好老同志思想政治工作，继续保持离退休干部队伍的思想稳定，继续保持和谐安定的局面。

【组织开展形式多样的文体活动】春节和“五一”期间，组织全体离退休干部进行了象棋、扑克、钓鱼等10余个项目的文体活动。组织举办了离退休职工春节联欢会。2009年4月17日和9月18日分别组织300余名老同志到舞钢市、鹤壁市浚县大伾山参观。组织70多人的歌咏队参加了庆贺新中国成立60周年革命歌曲比赛，河南省国土资源厅获得银奖和组织奖。

【其他服务管理工作有序开展】①为离退休老同志集中办理了2009年老年乘车证260份。②为李增荣等20名80周岁以上的离休干部组织了祝寿活动。③做好了慢性病的申报、检查工作，今年又为4名老同志申请了慢性病。到目前已为90名老同志办理了慢性病申请 ，其中,有69名退休职工办理了30种慢性病申请。④4月召开了直属单位离退休干部工作会，传达了全省老干部工作会议精神。⑤完成了向河南省老干部局报送2008年统计报表等材料。⑥5月和11月初分别组织厅机关的全体离退休及二级单位离休干部、正高职称的老同志职工进行身体健康检查。⑦组织老同志参加了国土资源部离退休干部书法展，9月向部选送了冯光等5位老同志的摄影书画作品。⑧完成了日常的服务管理工作。

信访工作处

谷书景　　处长（调研员）

【2009年信访工作概览】2009年，全省各级国土资源管理部门认真贯彻落实国土资源部和省委、省政府关于做好平安建设暨信访稳定工作的一系列决策部署，围绕“科学发展，构建和谐”这个中心，以“保增长、保民生、保稳定、保红线”为总体目标，以确保新中国成立60周年庆祝活动安全顺利举行为重点，坚定信心、迎难而上，通过采取一系列举措，积极畅通信访渠道，深化矛盾纠纷排查化解，着力健全长效机制，认真解决群众诉求，努力维护群众权益，全年没有发生一起10人以上因国土资源管理部门工作责任，围堵省委省政府的恶性信访事件，实现了新中国成立60周年庆典期间零京访，全年零非访，信访量在2008年占全省大信访16%的基础上，又有下降，群众满意度明显提升，国土资源厅平安建设暨信访稳定工作受到省委、省政府的表彰，为促进全省经济发展和社会大局稳定做出了新的贡献。

【加强组织领导，确保责任落实到位】全省各级国土资源管理部门党组高度重视平安建设暨信访稳定工作，加强组织领导，保证了平安建设暨信访稳定工作的顺利开展。厅党组坚持把平安建设暨信访稳定工作列入党组重要议事日程，坚持每月听取1次工作汇报，定期召开平安建设暨信访稳定工作会议，并根据特殊时期、重大活动需要及时召开座谈会，专题研究部署信访稳定工作；厅班子成员实行分片包干制度，对信访稳定工作负督促指导责任；坚持每年开展一次“大接访、大调研”活动，研究分析信访形势，破解工作难题；坚持把创建平安建设和信访稳定工作任务纳入到各省辖市国土资源局、厅机关各处(室)、厅属各单位目标管理，省、市、县、乡层层签订了平安建设暨信访稳定目标管理责任书；建立健全了信访稳定工作受理、办理、交办、督办、督查、工作通报、考评奖励制度、信访稳定工作首问负责制和责任追究制度，在全系统形成了 “一把手”负总责、分管领导直接抓、其他领导“一岗双责”、工作人员具体抓的信访稳定工作格局和运行机制。

【加强基础建设，确保素质教育到位】全省各级国土资源管理部门高度重视平安建设暨信访稳定工作的基础设施和信访工作队伍建设。目前，18个省辖市局、158个县（市、区）国土资源局绝大多数都专设或内设了信访机构，部分乡（镇）国土资源所成立了信访室，配备了专职或兼职工作人员，加强了基层一线队伍建设。各地市国土资源局积极改善信访工作办公条件。郑州、许昌、平顶山等市国土资源局配备了专用车辆，有独立的办公场所和接访大厅，有专项工作经费。这些都为平安建设暨信访稳定工作的有效开展提供了有力保障。各市、县结合当地实际，认真组织信访干部的学习培训，不断提高思想业务素质和实际工作能力，取得了明显效果。

【集中整治，化解疑难积案】2009年，省厅根据上级的工作部署和要求，结合河南省实际，在全省国土资源系统深入开展了“信访积案化解年”和“复查复核年”活动，加大了对信访突出问题和重信重访问题专项整治的力度，下大力解决了一大批“骨头案”、“钉子案”。开展专项活动期间，省厅共化解积案16起，复核信访案件102起，群众满意率达到97.6%。

【督查督办，促进问题解决】省国土资源厅和各省辖市国土资源局定期或不定期地组织开展国土资源信访稳定工作督查督办活动，取得了明显效果。2009年，派出督查督办工作组18个，共67人(次)，通过听取汇报、座谈走访、实地踏勘、重点督办等形式，协调推动了一批疑难复杂信访问题的解决，指导纠正了一些地方工作中存在的问题和不足；同时在督查督办中注重发现工作典型，及时总结推广经验，有力推动了信访稳定工作的深入开展。2009年，省厅3次接受省委省政府督导组检查、1次接受中央督导组检查，均受到充分肯定和高度评价。

【加强源头治理】严格落实《河南省国土资源信访评估办法》，对土地征收、矿产资源开发等涉及群众利益的重大国土资源事项坚持组织信访评估，广泛征求群众意见，群众满意率达不到75%以上的不通过、不审批。2009年，经国土资源厅上报省政府和国务院批准的近800宗建设用地，都逐宗进行了评估，没有因评估不到位引发的国土资源信访事项。健全信访信息网络，充分发挥省辖市国土资源局的龙头作用、县（市、区）局的纽带作用、乡（镇）国土资源所的桥梁作用、村级协管员的前哨作用，及时发现不稳定因素和苗头，灵活运用调处、监管、报告等方法解决信访问题。2009年，全省各级国土资源管理部门认真贯彻落实中办〔2009〕3号文件精神，坚持搞好矛盾纠纷排查化解工作，加强督促检查，完善长效机制，强化工作实效。全省共排查不稳定因素675起，成功化解620起，化解率91.8%。

【畅通信访渠道】全省各级国土资源管理部门积极畅通和拓宽民意诉求表达渠道，认真受理群众来信来访，切实解决群众反映的实际问题，努力把矛盾和纠纷化解在基层、解决在当地。坚持实行领导接访、带案下访、预约来访，有的地方还开通了网上信访信箱等，为群众反映和解决问题提供了多种渠道和方便。2009年，全省各级国土资源管理部门共接待群众来访12152批、31435人(次)，接受处理群众来信2546封。其中，省厅共接待来访群众1035批、2235人(次)，处理群众来信1058封，信访结案率达到98.7%，群众满意率87.6%。

【严格目标管理】2009年以来，省厅和各省辖市国土资源局坚持把平安建设暨信访稳定工作纳入到国土资源工作全局中谋划，实行统一管理、统一部署、统一检查、统一考评，建立了严格的绩效管理机制。对工作绩效差、信访任务重的省辖市、县（市、区）实行重点管理，领导约谈，通报批评；对工作作风差、不称职的信访干部及时进行调整。去年因信访问题通报批评了15个县级国土资源局，暂停了3个县（区）除国家和省重点项目以外的建设用地审批事项。

【加大协调力度】各地积极主动协调，将国土资源平安建设暨信访稳定工作纳入当地政府的“大平安”、“大信访”管理体系之中，与政府有关部门加强协调、建立联动机制，有力推动了国土资源信访问题的解决。

纪检组监察室

张振关　纪检组副组长、监察室主任
孙顶杰　监察室副主任
李　冰　监察室副主任
石湘田　副处级纪检监察员

【职能与机构设置】驻国土资源厅纪检组监察室是河南省纪委监察厅的派驻单位，主要职能是协助厅党组做好反腐败和党风廉政建设工作，监督检查党和国家方针、政策、法律、法规等在我厅的贯彻执行情况，负责对党员、干部的廉政教育、监督管理，负责行业纠风工作。现有在编人员8名，其中,纪检组长1名，纪检组副组长、监察室主任1名，副主任2名，副处级纪检监察员1名，副主任科员1名，科员2名。

【2009年主要成绩】2009年，国土资源管理部门在省直参评的49个政府部门中居第8位，河南省国土资源厅被省政府办公厅表彰为“2009年度政风行风建设先进单位”。35个国土资源基层单位被省政府纠风办评为“群众满意基层站所”。驻厅纪检组监察室被河南省纪委办公厅表彰为 “全省纪检监察信息工作先进单位”。

【纪检监察室组织的重大活动】2009年3月27日，全省国土资源系统党风廉政建设暨政风行风建设工作会议在郑州召开，省监察厅副厅长张战伟，厅领导、厅机关全体人员、厅各单位领导班子成员，获奖的省辖市国土资源局纪检组长在郑州主会场参会。厅党组书记、厅长张启生同志和省监察厅副厅长张战伟作了重要讲话，厅党组成员、纪检组长司喜云作了题为《强化责任，再接再厉，确保国土资源系统党风廉政建设和政风行风建设工作取得新成效》的工作报告，厅党组成员、副厅长张和儒宣读了省辖市国土资源局政风行风建设表彰决定，郑州、周口、南阳、三门峡等市国土资源局作了典型交流发言。

2009年4月10日，全省国土资源系统“讲党性修养树良好作风促科学发展”教育活动动员部署大会在郑州召开，厅领导、厅机关全体人员、厅各单位领导班子成员，各省辖市国土资源局设分会场，厅党组书记、厅长张启生作了重要讲话，厅党组成员、纪检组长司喜云宣读了《河南省国土资源厅“讲党性修养树良好作风促科学发展”教育活动的实施方案》。

邀请中央纪委监察部杭州培训中心教育长兼培训处处长、反腐败研究所所长陈武明作专题辅导报告。2009年4月30日，河南省国土资源厅邀请中共中央纪委监察部杭州培训中心教育长兼培训处处长、反腐败研究所所长陈武明作了题为《加强党性修养、弘扬良好作风、深入推进反腐倡廉建设》的专题辅导报告，报告会采取视频会议的方式，分为主会场和分会场，厅机关全体人员、厅直属单位领导班子成员、各省辖市局班子成员、各县（市、区）国土资源局主要负责人共2000余人参加了专题报告会。报告会由厅党组成员、纪检组长司喜云主持。

组织党员干部瞻仰郑州市烈士陵园接受革命传统教育。2009年5月7日，省国土资源厅组织厅机关和厅属各单位150余名党员干部前往郑州市烈士陵园，瞻仰革命先烈。副厅长郭公民主持悼念仪式，纪检组长司喜云作致词，全体党员向革命烈士纪念碑敬献了花篮并瞻仰了革命烈士纪念馆。

2009年5月14日，全省国土资源系统政风行风建设工作会议在周口市召开，各省辖市局纪检组长、监察室主任参加了会议，厅党组书记、厅长张启生给大会发了贺信，厅党组成员、纪检组长司喜云作了题为《齐心聚力抓基层，重点工作上水平，努力推动全省国土资源系统政风行风建设再上新台阶》的重要讲话，会上表彰了2008年度全省国土资源系统政风行风建设优秀单位的决定，印发了《关于进一步加强政风行风建设工作的通知》，各辖市国土资源局纪检组长作了交流发言。

2009年5月17日下午，在副省长张大卫的陪同下，河南省委书记、省人大常委会主任徐光春，深入到国土资源厅检查指导“讲、树、促”教育活动。他高度评价了省厅教育活动工作取得的成效。他指出，国土资源厅学习教育活动站位高远、主题鲜明、载体丰富、特色突出。主要体现在①领导高度重视。工作抓与不抓不一样，一般抓与认真抓不一样②学习形式新颖。展出的学习宣传展板文字不多、内容丰富、形式很好、各有特色③相互之间有展示。能够相互比较、相互学习、相互促进。针对下一步教育活动，徐光春书记强调，教育活动要与“决战二季度、齐心破危局、全力谋发展”相结合，抓住当前存在的突出问题，积极应对、攻坚克难、科学谋划、全力以赴做好“保增长、保民生、保稳定”工作。参观结束后，徐光春书记与国土资源厅领导班子成员进行了合影留念。

2009年6月5日上午，举办了“弘扬焦裕禄精神、讲党性修养、树良好作风、促科学发展”主题演讲比赛。省委“讲、树、促”教育活动有关领导同志，厅机关全体人员，厅属各单位班子成员和部分群众代表现场观看了演讲比赛，并对获奖者进行了表彰。

2009年6月9日上午，在郑州召开了全省国土资源系统领导干部如何应对新闻媒体专题报告视频会议，厅领导、厅机关全体人员、厅各单位领导班子成员参加了会议，会议请中央电视台高级编辑、新闻专题部制片人孙杰同志作了题为《领导干部如何应对新闻媒体》专题报告会。

2009年6月17日～19日，全省国土资源系统“做党的忠诚卫士、当群众的贴心人”主题实践活动暨廉政文化建设工作会议在洛阳市召开。厅党组成员、省纪委驻厅纪检组组长司喜云出席会议并讲话；洛阳市国土资源局长赵建国，宜阳县委副书记、县长黄晓玲分别对大会致辞，省纪委驻国土资源厅监察室全体同志，洛阳市纪委宣教室主任张学柱出席了会议；全省18个地市国土资源局纪委书记（纪检组长）、监察室主任，洛阳市县级纪检组长共计70余人参加了会议。会议部署了“做党的忠诚卫士、当群众的贴心人”主题实践活动，交流了廉政文化建设工作经验，厅党组成员、纪检组长司喜云作了题为《加强自身建设，弘扬清风正气，为开创国土资源系统党风廉政建设和反腐败工作新局面提供有力保证》的重要讲话。洛阳市局和宜阳县局分别作了经验介绍，与会人员参观了宜阳县局预防职务犯罪和党风廉政建设教育基地。

2009年7月1日上午，省厅在机关多功能厅举行大会，隆重庆祝中国共产党成立88周年。厅党组书记、厅长张启生发表重要讲话，会议由副厅长张和儒主持。厅机关全体党员、厅属单位班子成员参加了会议。厅党组成员、省纪委驻国土资源厅纪检组长司喜云宣读对厅先进党组织和优秀共产党员的决定。会上，新党员向党旗宣誓，老党员重温入党誓词。

2009年10月13日，分别在信阳、焦作、济源三市召开了政风行风整改工作座谈会，安排部署了全省系统政风行风整改工作，对各地政风行风整改工作、基层站所建设、重点科室、岗位评议工作情况进行了座谈。驻厅纪检组监察室全体同志、各省辖市国土资源局、监察室主任参加了会议。

2009年11月24日，全省国土资源系统工程建设领域突出问题专项治理工作会议在郑州召开，厅领导、厅机关各处（室）负责人，厅属各单位党、政主要负责人，各省辖市国土资源局局长、纪检组长，参加了会议。会议上传达贯彻了河南省治理工程建设领域突出问题工作会议精神，安排了全省国土资源系统工程建设领域突出问题专项工作。厅党组书记、厅长张启生作了重要讲话，厅党组成员、纪检组长司喜云宣读了《河南省国土资源厅工程建设领域突出问题专项治理工作实施方案》，会议由厅党组成员、副厅长李志民主持。

2009年12月22日上午，按照省委统一部署，我厅召开2009年度党风廉政建设工作考核大会，省委反腐倡廉建设工作考核组组长、省纪委副书记齐新安一行5人，对我厅2009年度领导班子落实党风廉政建设责任制以及省管干部个人廉洁从政、推进惩治和预防腐败体系建设情况进行检查考核。省委反腐倡廉建设工作考核组组长、省纪委副书记齐新安在大会上作了重要讲话；厅党组书记、厅长张启生同志代表厅党组向河南省委考核组作述职述廉报告；会议由厅党组成员、纪检组组长司喜云同志主持。厅机关副处级以上领导干部，厅属单位党、政正职共100余人参加会议。

【党风廉政建设责任制工作】2009年，驻国土资源厅纪检组、监察室坚持标本兼治、综合治理、惩防并举、注重预防的方针，深入推进党风廉政建设和反腐败各项工作，认真抓好政风行风建设。全省国土资源系统各级各单位十分重视党风廉政建设工作，把推进惩治和预防腐败体系建设作为一项重要政治任务，注重把党风廉政建设与国土资源管理工作相结合，细化分工、落实责任，深入开展教育、制度、监督各项工作，努力从源头上预防和解决腐败问题，惩治和预防腐败体系的框架基本形成，反腐倡廉工作格局进一步巩固和发展。

【反腐倡廉宣传教育工作】深入开展廉政文化创建活动，制定下发了《河南省国土资源厅关于开展廉政文化进机关进家庭活动的通知》，在宜阳县召开了廉政文化建设工作会议，把漯河市作为廉政文化建设示范点，强力推进廉政文化进机关、进家庭工作。组织机关全体党员、国土资源厅属各单位中层以上党员领导干部观看《忏悔录》、《当关》、《官商勾结的下场》等警示教育片。邀请中共中央纪委培训中心教育长陈武明等同志为干部职工作反腐倡廉形势报告，编发《纪检监察工作简报》203期，被省纪委、国土资源部转发33篇。全系统编印、购买《领导干部讲廉政党课》等学习资料72500本，制作学习光盘4万多张，下发到国土资源系统每个干部职工及其家庭。组织全省系统干部与家属、子女一起接受廉政教育，培养“廉内助”。焦作市局开展了“廉政文化宣传月”活动。许昌市局通过“察廉、促廉、评廉”积极构建“干部保廉体系”。安阳、濮阳市局采取多种形式，深入开展廉政教育。漯河市局开展的廉政文化“进机关、进家庭”活动受到河南省纪委召开的全省“三进”活动会议与会代表的高度评价。各级国土资源部门紧紧把握党风廉政建设工作的特点和规律，在实践中不断丰富具有部门特色的反腐倡廉思想方法和工作方法。采取发放倡议书，廉政教育警示资料，制作廉政宣传字画，评选“廉内助”，家属与干部共同参加廉政谈话，征集廉政格言等多种形式深入开展廉政文化进机关、进家庭活动，已收到明显效果。我厅机关的廉政文化建设工作受到了省纪委和省直纪工委的充分肯定，在去年的省直机关廉政文化进机关评比中，在28个省直单位中名列前茅。

【“讲、树、促”教育活动】一是扎实开展“讲、树、促”教育活动。厅党组召开专题会议，研究部署此项工作，厅长张启生先后13次对“讲、树、促”教育活动作出重要批示，厅党组其他成员按职责主动谋划，全力支持，为活动开展提供了强有力的组织保证。二是强化舆论宣传。开通了“讲、树、促”教育活动专题网站，河南电视台、《大河报》、大河网和《国土资源导刊》等新闻媒体多次对我厅活动开展情况进行了专题报道。张启生厅长作为政府口唯一代表在全省“讲、树、促”活动经验交流大会作了典型发言。7月26日，《河南日报》刊登了省国土资源厅典型材料。三是创新活动载体。组织厅机关全体党员干部、厅属各单位领导班子成员到兰考县缅怀焦裕禄同志，参观郑州市烈士陵园，瞻仰革命先烈。举办了厅领导讲党课、重温入党誓词、“双十佳”评比和演讲比赛等活动。开展了宣传展板暨读书笔记、心得体会集中展评活动，共展出宣传展板30块、党员干部学习笔记1500本、心得体会500篇。四是认真整改问题。对照省国土资源厅加强“四型”机关建设的要求，检查在落实保护资源、保障发展、行政审批等方面存在的各种问题，认真查找问题存在的根源，集中开展教育，扎实进行整改，有力地促进了国土资源管理工作的健康发展。省国土资源厅开展的“讲、树、促”教育活动，河南电视台先后6次报道，《河南日报》、大河网也多次报道，编发简报50期，被省委活动办转发采用17期，在全省省直单位和18个省辖市中排名第一。由于活动开展成效显著，省委原书记徐光春同志来省国土资源厅检查指导工作，对我厅的“讲、树、促”教育活动给予了充分肯定。

【惩防体系建设工作】认真贯彻《建立健全惩治和预防腐败体系2008-2012年工作规划》。注重制度建设。下发了《中共河南省国土资源厅党组关于加强党风廉政建设和行风建设的意见》，《河南省国土资源厅警示诫勉工作实施办法》，出台了河南省国土资源厅《规范性文件制定程序规定》、《工作规定》、《责任追究暂行办法》等工作制度。强化制度落实。认真执行警示诫勉谈话制度。对群众反映的有苗头性、倾向性问题的处级领导干部，报请厅长张启生亲自进行警示诫勉谈话；厅机关副处级干部由分管副厅长及时进行警示诫勉谈话。据不完全统计，对处级领导干部谈话49人（次），对5名处级干部进行了函询，领导干部任前廉政谈话101人（次），诫勉谈话20人（次），加强了对厅管干部的监督。南阳市局建立预审制度，实现了民主决策，阳光作业。驻马店市局完善各项管理制度，全力打造节约型机关。新乡市局坚持执法六级巡查制度，全面加强监督工作。

【纠正部门和行业不正之风】切实抓好政风行风建设。强化基层所建设。按照省国土资源厅下发的《关于加强基层乡所建设的意见》的要求，各单位结合工作实际，对乡所全体人员进行了依法行政轮训，进一步提高了基层所干部职工的思想素质、业务水平、行政能力、服务质量和办事效率。加强工作指导。制定了政风行风工作一览表，对每个阶段开展的具体工作进行了详细安排，推进工作开展。拓宽了监督渠道。发放调查问卷3万张，召开行风监督员座谈会，征求各界意见，接受社会舆论监督。抓好整改落实。针对省政府纠风办向省厅反馈的604条群众意见建议和案件线索，省厅专门下发文件，限期进行全面整改。组织参加河南广播电台《政府在线》节目，对群众反映的21个问题均做到了事事有结果、件件有回音。坚持互查暗访。组织18个市局纪检组长认真组织了互查暗访，及时反馈情况，促进了全系统政风行风建设工作的开展。积极沟通情况。驻国土资源厅纪检组先后到18个省辖市登门征求主管市长、市纪委、市纠风办领导意见与建议，均收到良好效果。注重表彰先进。省厅对2009年政风行风工作在当地排名前十位的鹤壁等8个市局和35个基层所进行表彰。不断创新载体。郑州市局积极构筑损害群众利益的警示训诫防线，不断提高社会公信度。济源市局严格土地监管，促进依法依规用地。周口市局认真落实“三项举措”，提高机关效能。信阳、开封市局狠抓政风行风建设取得良好效果。三门峡市局政风行风建设连续3年受到市政府表彰。商丘市局强化政务公开，网上办文收到良好效果。各级各单位坚持把群众利益放在第一位，采取强化基层所建设、加强工作指导、拓宽监督渠道、做好整改落实、坚持互查暗访、积极沟通情况、注重表彰先进、不断创新载体等措施，坚持不懈地加强政风行风建设。在2009年的行风评议中，35个国土资源基层单位被河南省政府纠风办评为“群众满意基层站所”，国土资源管理部门在省直参评的49个政府部门中居第8位，省国土资源厅作为先进单位受到了省政府的表彰。

【案件查办工作】驻厅纪检组、监察室十分重视信访举报和案件查处工作，把做好群众信访举报工作作为一项政治任务来抓，妥善处理群众的来信来访，维护了社会稳定。一是查办信访案件。2009年，驻厅纪检组、监察室共收到群众举报来信162件，接到上级交办信访案件74件，办结151件。二是查办违纪案件。对接到的举报和上级转办的9起案件进行了初核。全系统共处分人员70名，其中，处级干部8名，科级以下干部62名。党纪处分26人，政纪处分30人，移送司法机关24人。三是积极配合有关部门办案。配合省、市、县三级纪委、检察院查处7名处级干部违法违纪案件。洛阳市局与洛阳市监察局构建了反腐倡廉联合督查新机制，加大了违法违纪案件查处力度。

【反腐倡廉牵头目标任务】认真做好牵头和配合工作。认真完成2009年党风廉政建设责任制牵头工作目标任务，从严控制新增建设用地，着力纠正违反耕地保护制度的行为。完善土地和矿产资源开发利用监督机制。加强对土地利用总体规划执行、土地使用权和出让情况的监督检查。全省国有土地使用权招、拍、挂出让1538宗，总面积4396万平方米，成交价款179.5321亿元。继续加强和改进征地补偿安置工作监督，确保被征地农民实际生活水平不因征地而降低，长远生计有保障。

【纪检监察队伍建设】加强纪检监察部门自身建设。一是认真开展“做党的忠诚卫士、当群众的贴心人”主题实践活动。组织召开家庭助廉座谈会，省厅纪检组全体人员、各省辖市局纪检组长及其家属共计50余人参加了座谈会。与会干部及家属畅所欲言，并表示一定要把好家庭助廉关，建立和谐、廉洁、美满安全的家庭、工作关系。二是抓好纪检监察干部培训。积极组织全省系统纪检监察干部参加中纪委培训和国土资源部业务培训，有6篇论文被国土资源部采用。三是规范工作制度。对纪检监察室进行合理分工，监察室主任协助纪检组长抓全面工作，3位副主任分工协作，分别联系10个厅属单位，分片督查18个省辖市局有关工作。每半年召开一次全省系统纪检监察工作交流会，厅纪检组每月召开一次会议，研究重要工作，厅纪检监察室每周召开一次工作例会，总结安排有关工作，加强组织协调，确保了各项工作任务的完成。

行政服务中心

薄志新　　主　任

【机构设置】行政服务中心（以下简称中心）是河南省国土资源厅负责厅机关窗口办文等行政事务性服务工作的内设机构。现有人员8人，其中，主任（正处级）1名，主任科员2人，副主任科员2人，科员1人，借调2人。主要负责厅土地、矿产行政许可、审批、审核等对外业务申请的受理、登记、运转、督办等事项；负责有关业务办理的接待、咨询、查询；对有关业务处（室）许可、审批、审核业务办理情况进行统计、汇总和通报；受理厅信息公开的申请以及协助做好土地、矿产等相关规费的征收等工作。

【高效履职】2009年，中心继续坚持“以创新谋发展”的工作思路，紧紧围绕2008年提出的保持一个称号（省级优质服务窗口）、建立两个发展模式（内强素质、外树形象）、抓好三个重点（依法行政、电子政务、廉政建设）、开展四“心”服务（耐心、细心、热心、真心）、发挥五项作用（业务运转的“导流渠”、推动会审的“加速器”、抵御侵蚀的“防火墙”、锻炼干部的“磨刀石”、宣传政策的“宣传站”）的工作主线，高标准做工作、创造性抓落实。还结合年度工作特点和中心职能提出了“让领导放心、让处室省时、让群众满意”的工作标准，较好地完成了年度各项工作任务。在工作实践中努力践行“便民、高效、廉洁、规范”的服务理念，不断锤炼和提升“不浮躁、不懈怠、不畏难；重大局、重精细、重形象”的窗口精神。2009年，中心共接待办事群众4800余人（次），答复电话等方式的咨询8500个以上；受理行政许可、审批、审核等事项2800多件；协助征收探矿权价款、采矿权价款、耕地开垦费等规费33.47亿元。在做好日常工作的同时，分别接受了省“两转两提”办、省优化办、省纠风办等组织的明察暗访，配合完成了窗口收费的审计工作，总体情况较好，继续保持了“省级优质服务窗口”荣誉称号。在“讲、树、促”活动中，王军胜被评为厅“十佳优秀共产党员”，中心党支部被省国土资源厅党组表彰为“十佳先进党支部”。

【围绕大局，积极服务经济发展】2009年，为应对突如其来全球金融危机，国家出台了一系列扩内需、保增长的宏观调控政策，一大批国家和省、市重点项目先后立项，用地保障的时间紧、任务重、矛盾多、难度大。窗口受理作为省厅整个用地审查流程的首要环节，地位特殊、责任重大。中心支部及时召开会议，统一思想，牢固树立大局意识，把服务经济建设大局作为首要的政治任务来抓。积极参与省厅组织的“两转两提”、“企业服务年”、“保增长、保红线”、“地质找矿改革发展大讨论”以及“讲、树、促”等活动。结合自身职能特点，围绕保障经济增长的要求，制定行政服务中心“保增长、保红线”活动服务措施。4月上旬，中心印制数百份征求意见表，在服务大厅内向办事群众和办事单位发放，广泛征求意见和建议。严格按照《河南省国土资源厅关于改进建设用地审批服务扩内需保增长用地需求的通知》（豫国土资发〔2009〕59号）要求，简化报件材料，压缩审查时间，延伸服务范围。4月中旬，重新修订和印制了涉地、涉矿的许可、审批、审核类报件材料目录和办事须知，并在河南省国土资源厅网站和办事大厅进行公布。中心专门开设“绿色通道”，公开窗口工作人员及电话，做到扩内需项目随到随审、即时受理，与各处（室）协调设立了报件分级制度，对重特大项目和在时限上有特殊要求的项目加签加急章，实行加急办理、优先办结。2009年，中心共受理用地报件1102件，加急处理115件，在中心受理和运转环节没有发生耽误和出错的现象。

【服务至上，树立窗口良好形象】2009年，中心提出了“以换位思考为切入点，提升服务理念；以答疑解惑为切入点，提升服务内涵；以便捷高效为切入点，提升服务质量”的新理念，坚持服务先行、效率优先，通过周到、细致的服务，树立窗口的良好形象。中心直接面向社会，服务群众，办事人员素质各异，事情繁琐，情况复杂，但全体人员不厌其烦，热情服务，做到耐心、细心、热心、真心；始终坚持以人为本，落实首问负责制，为办事群众提供更加便捷和周到的服务。对群众咨询的各种问题都耐心、细致地回答、解释，不管是否下班，都想方设法进行处理和解决。特别是在年底土地报件集中期，探矿权新设恢复、采矿权办理事项解冻等业务高峰期，经常加班加点，不让群众无辜多跑路，让群众怀着希望而来，带着满意而去。先后有郑煤集团、王屋山矿业公司等多家单位送来锦旗。全年，中心没有发生一起违纪事件，没有收到一起群众投诉。12月，接受并通过省优化办考评组的暗访，保持了“省级优质服务窗口”的称号。

【优化环境，提升办件综合效率】2009年，中心继续抓好干部队伍素质和办件环境建设，推动办件效率的提高。有计划地组织干部进行业务培训，提高业务素质和综合能力；积极协调办公室对中心的3台电脑、1台打印机进行了更新，维修了1台打印机和1台复印机，提高了办公效率，方便了办事群众。进一步加强了与机关各业务处（室）之间的有效沟通，与他们一起优化工作流程，解决存在问题，使报件运转更加顺畅。上半年，根据省厅部署，由办公室牵头，中心负责具体起草，对《河南省国土资源厅行政服务规则》进行了修订。修订后的规则对受理事项、受理程序、办理要求、监督管理、责任追究5个方面进一步明确和规范，并在附件中对行政服务的范围和会审业务及会审部门进行了规定。经厅长办公会议研究通过，5月7日，《河南省国土资源厅关于印发行政服务规则的通知》（豫国土资发〔2009〕71号）印发。由此，行政服务有章可循，更加规范。下半年，中心配合厅办公室、信息中心，依据修订后的规则制订了行政审批管理信息系统的修改方案，做好系统升级改造的相关准备工作。10月，建设用地审批管理信息系统试运行。

【阳光行政，促进信息公开建设】根据《中华人民共和国政府信息公开条例》的有关规定，与国土资源厅办公室以及信息中心等单位及时在国土资源厅网站和行政服务大厅公开省厅应主动公开的有关信息，还专门调配人员、购置设备、制定程序，在中心大厅设立“政府信息公开申请”窗口。9月22日，接受了国务院领政府信息公开督导组的检查，并受到了好评。

执法监察总队

石昆山　总 队 长
宋振邦　副总队长
陈彦召　副总队长

【加大对国土资源违法案件的查办力度】2009年，共接收案件线索389件，根据案件线索性质不同等情况进行分类办理。其中，总队直接调查处理和调查核实20件，配合省政法委、国土资源部等调查处理19件，转各地市核查督办的案件16件，转送相关处（室）和地市办理334件。先后对群众反映强烈的郏县招商引资非法圈占基本农田案、灵宝五帝产业园区违法用地案、洛阳市信诚粮油市场违法用地案、林州陵阳镇修路毁麦案、登封嵩阳电厂违法占地案等典型案件进行依法查处，并在全省曝光。

【参加全国第九次卫片及河南省第二次卫片执法检查工作】及时发现和依法查处了一大批土地违法行为，遏制了一些地方违法违规占用土地的势头。各地的土地违法案件数量大幅度下降，违法占用耕地总面积占新增建设用地占用耕地的面积的比例降到了10%以下。

【参加省联席办开展的粘土砖瓦窑反弹督察和查处活动】在厅领导的带领下，先后分赴反弹严重的周口、商丘、驻马店、南阳4个市进行了督导检查，并现场核查了睢阳区、西华县、驿城区、确山县、淅川县等地粘土砖瓦窑厂反弹情况，向当地政府提出整改意见和建议，督促当地政府限期查处辖区内死灰复燃的粘土砖瓦窑厂案件。8月份，赴濮阳市督导黄河滩区粘土砖瓦窑厂拆除复垦工作。先后和联席办一起对群众举报的多起粘土砖瓦窑反弹问题进行调查处理。

**【开展土地执法巡查和信访稳定督导等专项

活动】对各市辖区内的土地征用信访等国土资源问题进行全面排查，及时掌握信访动态，指导和帮助基层进行矛盾纠纷排查化解工作，促进了一大批信访稳定突出问题的解决，确保了2009年重大活动期间国土资源信访稳定大局。通过土地执法巡查督查活动促进了巡查制度的贯彻落实。

【积极参与“双保”行动和“企业服务年”大调研活动】总队抽调专门人员办理“双保”行动办公室日常工作，认真完成各阶段工作。在大调研中，实地考察了部分重点建设项目或产业集聚区建设情况，帮助市、县和企业办实事、解难题。

【参加省委信访稳定督察、平安建设检查考核工作和行政执法大检查活动】按省委部署，3～5月，石昆山总队长和宋振榜副总队长分别以省委信访督查组副组长和重大事项组长的名义，驻开封市2个多月，开展下访督察活动，圆满完成了10多起信访难案。还先后带队对许昌市、漯河市等地的平安建设工作进行了检查考核，完成了省委交办的督察任务。

【配合国家土地督察济南局今年来各种调研、督察和检查活动】先后完成了郑州、洛阳、焦作等7个市的土地批、征、供用情况专项调研活动以及洛阳市政府关于土地执法监管共建活动的调研工作。并于10月26～11月10日配合济南局圆满完成对周口、三门峡2个市,16个县（市、区）的土地例行督察审计工作。

【参加矿产资源勘查开发安全隐患大排查督察活动】为进一步贯彻全省维护稳定暨信访工作会议和省安全生产紧急电视电话会议精神，9月份以来，先后对濮阳、安阳、鹤壁、许昌和漯河等地开展了矿产资源勘查开发中安全隐患大排查暨信访稳定督察活动，维护了全省矿产资源勘查开发秩序，促进隐患和问题及时整改到位，确保 “双节”期间的安全生产稳定大局。

【开展国土资源法律法规培训宣传工作】根据省厅安排，总队多次派员到郑州、平顶山、南阳等地市宣讲国土资源法律知识。2009年前10个月共宣讲4场，接受群众、省直机关、司法机关和市、县国土资源管理部门政策咨询100余次，协助解决疑难案件30多起。

河南省国土资源调查规划院

刘维德　院　长
高树青　书　记
魏宪民　副院长
田群杰　副院长
吴荣涛　总工程师

刘维德简介：河北沧州海兴县人，1957年8月出生，1982年6月毕业于河北师范大学地理系（本科），1988年5月加入中国共产党，1975年7月参加工作。1982年6月～1989年3月，任省计划委员会国土办秘书（1985年6月任副科）；1989年3月～1990年9月，任省土地管理局地籍处副处长（正科）；1990年9月～1995年8月，任省土地管理局规划科技处处长（副处）；1995年8月～1996年1月，卢氏县挂职任副县长；1996年1月～1997年8月，任省土地管理局地籍处正处级调研员。1997年8月至今，任省国土资源调查规划院院长。先后主持并完成了《河南省土地利用总体规划》和《河南省第三次土地利用总体规划修编》工作；主持了科技部“十一五”科技支撑计划村镇空间规划以及土地利用关键技术研究，主持了“南水北调工程建设用地占补平衡和土地资源保护研究”项目；参加了《全国土地勘测定界技术规程》的研究制定，多项成果获得国家和省部级科技奖励，一项成果获得了国家专利。部分成果已作为职能部门决策的依据并转化为具有可操作性的政策文件和措施。

【职能与机构设置】河南省国土资源调查规划院是河南省国土资源厅直属的公益性、基础性事业单位，成立于1988年12月，原名河南省土地勘测规划队，1995年更名为河南省土地勘测规划院，2006年更名为河南省国土资源调查规划院。下设总工室、办公室、国土资源信息工程所、国土资源调查所、土地勘测工程所、土地利用所、党务办公室和妇委会8个科室。现有在编人员44人，外聘人员8人。业务职能是承担国家和省制定的有关土地管理的方针、政策、法规、制度的调研任务，参与土地科学技术成果的研究、鉴定和评奖工作，并提供相关成果；承担土地管理和土地经济等方面的理论和应用研究；承担全省土地信息系统建设，开展信息开发应用的推广工作，指导各级土地信息方面的业务工作；承担全省土地资源调查方面的技术性、事业性工作；承担全省土地规划方面的技术性、事业性工作；承担省批建设用地的前期勘测定界工作；参与承担土地开发整理复垦工程设计和制图工作；承办省厅交办的其他工作。

自1998年起，在市、县国土资源管理部门的支持与配合下，先后成立了17个下属分院，经过10年的历练，规划院与下属分院已有数百名高级、中级工程技术人员并拥有价值近千万元的专业技术设备，成为一支能为全省国土资源管理工作提供强有力技术支持的专业化技术队伍。

【重点建设项目规划修改暨对规划实施影响评估】全年完成了连霍高速公路兰考至刘江段改扩建项目，连霍高速公路商丘至兰考段改扩建，连霍高速公路豫皖省界至商丘段改扩建项目，洛阳至栾川高速公路（洛阳至嵩县段）建设项目，商丘至周口高速公路商丘段二期工程项目，武陟至西峡高速公路桃花峪黄河大桥工程项目，西气东输二线郑州东，开封-商丘地方支线工程项目，西气东输二线平舞漯地方支线工程项目，国家广播电影电视总局293台项目，洛阳市小浪底南岸节水型生态农业灌区工程项目等能源、电力及其他基础设施建设项目的规划修改暨对规划实施影响评估工作。

【重点建设项目土地复垦方案】全年完成了白云煤业有限公司新河煤矿、新郑煤电集团赵家寨矿井、河南华安煤业有限公司原鹤煤十一矿、登封电厂第一煤矿接替矿井、郑州丰祥贸易有限公司丰祥煤矿土地复垦方案的编制。完成了新密大磨岭煤矿、白云煤业有限公司新河煤矿生态环境综合治理方案的编制。

【土地利用总体规划修编】圆满完成省、市、县、乡各级土地利用总体规划的修编与报批。根据国家各部委审查意见修改完善了《河南省土地利用总体规划纲要（2006-2020年）》及《河南省土地利用总体规划纲要（2006-2020年）说明》。

国土资源部对河南省土地利用总体规划给予了高度评价，认为规划编写规范，内容丰富，层次清晰，研究分析有一定深度和广度，总体质量较高；完成安阳、洛阳、三门峡、漯河、信阳、济源6个省辖市土地利用总体规划；完成巩义市、新郑市、灵宝市、临颍县、舞阳县、罗山县、潢川县、商城县8个县（市）的县级土地利用总体规划修编工作；完成临颍县、舞阳县、罗山县、潢川县、商城县和漯河市3区等共150多个乡(镇)的土地利用总体规划编制工作。

【国家科技支撑计划项目研究】在国土资源部科技与国际合作司的统一部署下，河南省“十一五”国家科技支撑计划项目各项工作按照计划有条不紊地进行着，并通过了由教育部、科技部、国土资源部科技与国际合作司主持召开的“村镇空间规划与土地利用关键技术研究”项目中期检查会，14个子课题全部通过中期评审，但进度普遍滞后。针对这种状况，本院制定了8项措施加快国家科技支撑计划项目研究进度，多次组织召开课题示范应用工作会议和研究交流会议，与各子课题承担单位及10个示范区国土资源管理部门进一步交流、沟通，深入示范区展开调研。

【开发区集约节约用地评价】积极协助厅利用处完成我省开发区集约利用评价各项工作。在厅利用处的大力支持下，本院具体负责全省开发区集约利用评价技术工作：包括组织召开了工作部署启动会和技术培训会，制定工作方案、技术方案和成果验收办法等，对各技术协作单位进行日常技术指导和答疑，编发了5期工作简报；完成全省27个开发区土地集约利用评价的预检与验收工作；承担完成郑州高新技术产业开发区、新乡高新技术产业开发区、河南开封经济开发区土地集约利用评价工作；负责编写河南省开发区土地集约利用综合分析报告。

【第二次全省土地调查】协助河南省第二次土地调查领导小组办公室完成了全省159个县（市、区）第二次土地调查成果内业核查、成果上报工作；完成河南省第二次土地调查田坎系数测算工作；完成河南省159个县（市、区）第二次土地调查成果内业复核上报工作；完成全省新增建设用地汇总、抵押登记汇总、二次调查进度汇总工作；完成第二次土地调查成果省级汇总方案、市级汇总技术规程制定工作；完成驻马店市第二次土地调查成果市级汇总工作；完成第二次土地调查统一时点变更技术准备工作；协助省第二次土地调查领导小组办公室完成第二次土地调查技术人员培训工作；完成全省第二次土地调查信息、简报编写工作，编写信息10篇，简报94期；完成郑州市、洛阳市、信阳市、商丘市、平顶山、开封市、焦作市土地利用遥感监测外业核查工作。

【重大建设项目勘测定界】2009年，圆满完成了连霍高速公路豫皖省界至商丘段改扩建工程、连霍高速公路商丘至郑州段改扩建工程、京珠高速公路漯河至驻马店段改扩建工程、南水北调中线一期控制性工程、商丘至周口高速公路商丘段二期工程、林州至长治（省界）高速公路、鹤壁至辉县高速公路、郑州至民权高速公路开封段、新密至邢口铁路改扩建工程、南水北调中线一期总干渠工程（黄羑段）、南水北调中线一期工程（穿漳段）、南水北调中线一期总干渠（郑州2段）、化庄（省界）至新蔡高速公路用地服务、京港澳高速公路驻马店至信阳段改扩建、连霍高速公路洛阳至灵宝（豫陕界）段改扩建、国电驻马店热点两台30万千瓦供热机组异地扩建等总长度为1328.2公里的线型工程土地勘测定界任务。完成平顶山发电厂项目用地、化庄（省界）至新蔡高速公路沁北电厂二期工程、洛阳市气象局、长葛孟排110千伏输变电工程建设用地、许昌550千伏输变电工程建设用地、长葛第二污水处理厂建设项目建设用地、长葛东220千伏输变电工程建设用地、中国民航洛阳雷达站建设用地、小浪底库区建设用地、国电荥阳电厂2台60万千瓦工程项目建设用地电子报件的编制工作。

【人事工作】 遵循国家及我省有关人事政策及相关规定完成了2009年专业技术人员结构比例的上报、审批，两名副高、7名中级职称的申报以及1名教授级高工、5名中级专业技术职务的聘任，并及时办理了工资的审批。办理了3名学生招聘录用的入编及工资审批手续。上报省厅“讲党性、重品行、做表率”深入学习实施方案。

【财务工作】按照政府采购的有关要求，及时办理了100多万政府采购项目的报批手续。编报了规划院综合财务收支预算，本院2010年人员经费、公用经费得以顺利落实。编报了规划院2008年度年终决算报表、国土资源部专项资金决算报表及省直工会2008年度经费收支决算表。申报核销了42万元的固定资产，强化了资产管理。

2009年4月省审计厅一行10人对张启生厅长进行任期经济责任审计，规划院作为被审单位之一，审计对我院2006年1月～2009年3月的会计凭证、账本、报表及其他相关的会计资料进行了全面的检查。

2009年8月，小金库专项治理办公室，对规划院财务工作又进行了一次全面、彻底的检查。在此次检查中，通过制作展板等形式使大家进一步了解了小金库的内涵，认清了小金库的危害性及清理小金库的必要性，增强了清理小金库的决心和信心。在以上两次历时两个月的审计中，未出现重大违规、违纪行为，得到了省国土厅有关领导的一致好评，并对规划院财务管理工作给予了充分肯定。

【后勤保障与文件管理】及时办理了公务车辆证、照审验和各种费用的缴交工作，使车辆始终处于良好的运行状态，全年安全行驶近20万公里，做到了安全、正点、高效，保证了院领导和业务用车。全年采购耗材近10万元；承办各类会议、培训班9次。

【表彰情况】2009年，由中共河南省委、省直工委授予1名“五一劳动奖章”；由中共河南省委组织部、省直工委授予1名同志省直机关优秀共产党员称号；由中共河南省直工委授予2009年度先进党支部称号；由中共河南省直工委授予7名同志2009年度优秀共产党员称号；由中共河南省国土资源厅党组授予2009年度党风廉政建设先进单位。

（张珍奇）

河南省征地储备中心

刘长胜　　主　任
余纪云　　书　记
吕　歌　　副主任
乔小雨　　副主任、总工程师

刘长胜简介：刘长胜，男，1951年4月出生，1968年3月参加工作。1990年12月，任中国人民解放军测绘学院院务部政治处主任；1996年1月，任河南省土地勘测规划院副院长；2003年7月，任河南省征地储备中心支部书记；2008年9月，任河南省征地储备中心主任、支部副书记。

【职能与机构设置】河南省征地储备中心（以下简称中心）前身为河南省地产中心，于1996年11月成立。2002年，经河南省编委批准，更名为河南省征地储备中心，为河南省国土资源厅直属事业单位。主要工作职责：一是受政府和用地单位委托，承担国家和河南省跨省辖市的重点工程征地包干的具体工作；二是受土地行政主管部门委托，做好国有土地使用权出让和划拨的具体工作。中心内设办公室、总工室、财务科、征地一科、征地二科、市场科、开发科、储备科。

【石武铁路客运专线项目】根据省政府安排，该项目征地拆迁工作由省国土资源厅负责统征统迁，由中心具体实施。在2008年的工作基础上，2009年度我们主要为石武铁路客运专线项目做了以下几方面工作。一是继续坚持以《重点项目征地协调服务工作简报》及《石家庄至武汉铁路客运专线征地拆迁工作快报》为平台交流和沟通情况，并每半月向省政府大项目办公室专题书面报告一次，每月向省政府和张大卫副省长报告一次。二是做好了评估工作的安排、协调以及评估报告的收发、检查工作，并多次召开京广铁路客运专线河南公司、评估机构及产权单位座谈会进行沟通协调，推动征迁工作进程。中心工作人员多次到地方督察工作，发现问题及时解决。目前，征地拆迁率达100%，征迁资金已绝大部分兑付到被征地单位和被征地群众手中，切实保护被征迁单位和群众的合法权益。同时,也为中心创造了良好的经济效益。

【西气东输二线工程河南段征地拆迁】西气东输二线工程是国家、省重点项目，对河南省积极应对国际金融危机，保持经济社会平稳较快发展具有重要作用。管线由陕西省潼关市进入河南省灵宝市，在河南境内经过三门峡、洛阳、平顶山、南阳4个省辖市，涉及灵宝、陕县、洛宁、宜阳、伊川、汝阳、汝州、宝丰、鲁山、叶县、方城、社旗、唐河13个县（市），总长约472公里。沿途共设置三门峡、洛阳、平顶山、南阳分输站4座，洛宁压气站1座，鲁山分输压气站1座，截断阀室17座。

根据张大卫副省长的批示要求，该项目河南省境内征地拆迁工作由省厅代表省政府统征统迁，具体工作由中心负责,在时间紧、任务重的情况下，主要做好了以下几方面的工作。一是经过与石油天然气公司的10余轮谈判协商，最终确定了征地补偿标准，起草了“西气东输二线工程（河南段）征地拆迁工作实施协议”和《关于切实做好西气东输二线河南段建设用地保障工作的通知》（豫国土资发〔2009〕40号），规范征地工作行为，指导地方征迁工作。二是召开沿线省辖市、县（区）征地拆迁协调会，了解征迁工作进程、存在问题及原因，并到沿线市、县现场办公，及时解决问题，使征地拆迁工作任务顺利开展。

【连霍高速公路郑洛段加宽工程征地拆迁】连霍高速公路郑州至洛阳段加宽工程是河南省2007年度和2008年度重点建设项目。建设用地涉及郑州市荥阳市、巩义市以及洛阳市老城区、偃师市、孟津县2个省辖市5个县（市、区）。根据省政府安排，拆迁工作由省国土资源厅负责统征统迁，由河南省征地储备中心具体实施。自签订征地拆迁工作实施协议后，由于种种原因该项目工作推进困难，但通过中心和相关处（室）的协调，目前进展顺利，拆迁补偿工作基本完成。

【郑西铁路客专线项目】郑州至西安铁路客运专线为国家重点建设项目。根据铁道部及省政府确定的郑西客专于2009年底通车的要求，我们积极行动，先后以省厅、重点办名义下发《关于做好郑西铁路客运专线征地拆迁后续工作的通知》等文件及会议纪要，进一步规范征地工作行为，强力推进征迁进程，较好地完成了郑西铁路客运专线征地拆迁的后续工作。除此以外，在中心的统一安排下，验工计价工作也取得了阶段性重大成果，审计工作也得以顺利进行，为保障后续征迁资金及时到位奠定了基础。

【郑州黄河公铁两用大桥征地拆迁】郑州黄河公铁两用桥是铁道部、河南省共同投资兴建的重点基础建设项目，是京广铁路客运专线的控制性工程。自征地拆迁工作以来，中心多次参加和召开协调会议，就河南省饲草站及富景生态园等的征地补偿问题形成会议纪要，解决了大量棘手问题、阻工问题，保障了工程顺利建设。目前，该项目郑州段验工计价工作已接近尾声，新乡段验工计价工作正在紧张进行中。

【兰州—郑州—长沙成品油管道工程】该项目在河南境内管线路全长929.7公里，征收土地范围涉及8个省辖市、21个县(市、区)，用地类型包括30个阀室、8个分输站及部分场道。由于该工程任务繁重，时间紧迫，涉及市、县较多，为保证建设的工作顺利进行，具体的统征事务由中心来承担，多次协调、指导，征拆资金通过中心及时全额拨付到各市、县。该项目所需用地报批材料已报送河南省国土资源厅。

【征地区片综合地价公布实施】做好征地区片综合地价制定及公布实施工作是继续推进农村征收土地制度改革，完善征收土地补偿安置机制，规范征收土地补偿安置行为，维护被征收土地农民的合法权益，实行征收土地补偿同地同价的重要举措，省厅领导高度重视。中心认真贯彻省委、省政府和省厅的工作部署，在厅党组和用地处领导的关心支持下，经过300多个昼夜的艰苦努力，终于完成了河南省18个省辖市、158个县（市、区）、1884个乡(镇)征地区片综合地价标准的修订、成果核对及汇总等相关工作。该标准已于2009年10月13日经省政府第53次常务会议通过，并于11月1日正式公布实施。

【农科院国有土地使用权出让】按照省长办公会会议纪要的要求，我中心受省厅委托，组织使施了国有土地使用权出让的技术及事务性工作，截至目前，以公开、公平、公证挂牌出让了面积为87776.18平方米的原省农科院二期土地。2010年，待出让的原省农科院的土地面积为90729.03平方米。原郑州经济管理干部学院校办工厂的土地面积为4997.5平方米。

（李春香）

河南省国土资源科学研究院

冯进城　院　长
陈学军　书　记（2009年9月前）
林应满　书　记（2009年9月后）
张天义　副院长
祝桂兰　副院长
宋　锋　副院长、总工

冯进城简介：河南获嘉人，1963年10月出生，汉族，中共党员。教授级高级工程师，矿产资源储量评估师，矿业权评估师，国土资源部首批国家地质公园督察员和部聘专家，河南理工大学兼职硕士生导师，中国地质大学在读博士。1981年9月～1985年7月，在长春地质学院地质系地质学专业学习；1985年8月～2004年7月，在河南省地质科学研究所工作，先后任助理工程师、工程师、高级工程师、主任、工会主席、副所长。2004年8月～今，任河南省国土资源科学研究院院长。

【机构设置】河南省国土资源科学研究院（河南省矿产资源储量评审中心）原名河南省地质科学研究所，始创于1959年，是河南省国土资源厅负责全省国土资源基础性、公益性、战略性调查和评价工作的直属事业单位。主要职责是承担本省重大国土资源调查、评价与勘查；编制各级国土资源总体规划与专项规划；组织实施与国土资源技术经济有关的科技攻关与理论研究；开展国土资源动态监测和“数字国土”工程；承接地质公园建设、地质遗迹保护、地质灾害评估等项目；负责由省国土资源厅认定、备案的矿产资源储量评审工作。在国土资源规划编制、地质勘查、地质遗迹保护和土地利用服务等领域取得了可喜成绩，先后荣获“全省地质工作先进集体”、“国土资源部地质灾害防治工作先进集体”、“全国地质勘查行业先进集体”等荣誉称号。该院通过中国质量认证中心的ISO9001-2000质量管理体系认证，拥有固体矿产勘查甲级、地质灾害危险性评估甲级、地质灾害治理工程设计甲级、甲级工程咨询、乙级测绘、矿产资源储量评审等多项资格、资质。

全院现有职工232人，包括离退休职工89人，在职职工143人。其中，享受国务院政府特殊津贴1人，省管优秀专家2人，省优秀青年科技专家1人，国土资源部青年科技骨干4人，省国土资源学术带头人3人，省国土资源青年科技专家3人，省国土资源科技创新青年科技骨干20人，省国土资源科技创新人才1人。在专业技术人员中，地质矿产和地质环境等专业博士研究生导师1人、硕士研究生导师6人，博士后1人，博士5人，在读博士3人，硕士研究生18人。具有高级职称资格的32人，其中，教授级高级工程师8人，高级工程师24人，工程师42人。专业技术人员分布在地质矿产、土地、水工环、遥感、计算机和经济等专业领域，形成了专业配置齐全、年龄结构合理、实践能力突出的人才体系。

内设办公室、政治办公室、财务科、项目管理办公室4个职能管理部门以及国土资源发展研究所（高咨中心）、国土资源规划及政策研究所、矿产资源研究所、地质环境研究所、土地资源研究所、遥感及信息技术研究所（省国土资源动态监测实验室）、矿产资源储量评审及矿业权交易中心、矿产资源评估中心、国土资源技术咨询中心9个业务部门。

【50周年院庆】2009年9月9日，举行了建院50周年庆典仪式。河南省地质矿产勘查开发局局长唐全国，国土资源厅执法监察总队总队长石昆山，河南省测绘局局长贾志伟等厅领导；原河南省地质矿产厅厅长张鹏远，省土地估价师协会、省地质学会、省矿业协会、省宝玉石协会等领导以及曾在科研院工作过的同志；中国地质科学院矿产资源研究所、中国地质科学院郑州矿产综合利用研究所、中国地质大学（武汉）、省煤田地质局、省有色金属地质矿产局、核工业地质局、中化河南地质勘察院等单位，厅机关各处（室）及厅属单位，外地科研院（所）和各省辖市国土资源局等80余个单位的领导及代表；科研院离退休同志和全院干部职工，共计300余人参加了庆典仪式。

【国土资源规划工作】进一步修改完善《河南省矿产资源总体规划（2008-2015）》，完成了上报审批的文本准备。编制完成郑州、商丘、漯河、济源4个市以及登封、新郑等县（市）矿产资源规划。参与完成了《河南省土地利用总体规划修编（2006−2020）》的编制工作，作为全国第一个通过国务院审批的省级规划，受到部省领导和省厅的肯定。编制完成了平顶山、南阳、商丘等市的土地规划，并通过评审和报批。协助省厅完成了全省18个省辖市土地利用总体规划修编的评审验收和111个县（区）土地利用总体规划修编的初步评审验收工作。

【地质矿产工作】

（一）全省矿产资源利用现状调查项目。作为该项目的总承担单位，进行了项目前期的各项准备工作。编写了实施方案和技术标准，对全省项目总体时间安排、保障措施以及成果地质资料的提供、使用，矿区现状调查核实报告评审、备案，矿区成果数据库审查验收、评审验收专家组成等方面进行了详细部署。组织了动员会和技术培训会。编制完成“工作方案及经费预算”，顺利落实了项目资金。

（二）全省矿业权实地核查项目。作为全省矿业权核查工作牵头单位，承担了全省项目的组织、培训、协调、检查督查、矿业权数据整理以及大量的对外联络工作。组织召开了动员会、技术培训会、工作交流会等会议，解决不同工作阶段遇到的技术问题。对承担单位进行资质、业绩审查，指导实施方案的编制和经费预算工作。对实施过程中存在的问题进行指导解决。2009年，已按照要求全面完成矿业权实地核查野外实测工作。

【危机矿山接替资源找矿项目专项质量跟踪与监审工作】作为全省项目的管理和监审单位，组织监审专家组对项目进行技术管理。组织项目协调会，协助国土资源部专家组调研，完成3个项目的野外验收和报告初审。

【河南省矿产资源潜力评价工作】负责全省项目的组织实施、提供技术支撑和最终报告的汇总工作。组织完成项目实施方案编制、项目总体设计编制、项目总体预算申请、年度经费申请与经费分配、全省项目单位人员培训、组织参加单位编制专题设计等工作。

【地质找矿及科研工作】共承担和实施“两权价款”地质找矿勘查项目8个。编制完成宝丰县凤凰山勘查区煤炭地质详查项目报告，提交详查阶段资源储量17354万吨；其他煤炭勘查项目进展顺利，预获资源量共约40亿吨。承担和实施两权科研和调查项目6个。外方山－熊耳山－崤山钼金多金属矿床成矿规律与找矿预测项目通过省厅评审和科技成果鉴定，获得了“国内同类项目先进水平”的评价；河南省煤炭资源总量预测及找矿靶区研究项目已基本完成；东秦岭－大别山花岗岩类成矿作用与找矿靶区优选研究项目进展顺利，论文在《地质论评》发表；河南省新生界盐、天然碱资源调查项目正在按照计划实施。

【地质环境工作】一是河南省重点花岗岩地貌景观形成机理、开发利用与保护研究项目通过省厅的评审和科技成果鉴定，获得“成果总体达到国内同类研究的领先水平”的鉴定结果；河南省煤矿瓦斯地质环境及其灾害的预测和防治研究、河南省新建矿山环境预警体系研究、河南省主要城市周边及交通干线可视范围内地质环境破坏程度调查评价3个项目顺利通过成果验收。河南省中原城市群地质环境调查、郑州市城区浅层地热能资源勘查与区划、鲁山县百里温泉地热资源勘查开发规划等项目进展顺利。二是辉县市凤凰山石灰岩矿、平顶山天安煤业四矿矸石山治理、鹤壁煤业集团七矿环境治理等矿山地质环境项目通过评审。中央财政栾川县三合金矿排渣场矿山地质环境治理项目正在实施。三是中央财政关山、岈山国家地质公园地质遗迹保护工作通过省厅验收；新立中央财政小秦岭、宝天曼地质遗迹保护项目顺利获批；承担完成伏牛山世界地质公园规划修编工作方案、小秦岭国家地质公园、鲁山县尧山省级地质公园和唐河县凤山石油省级地质公园的各项申报材料，顺利通过部、厅评审。四是承担完成许昌至禹州地方铁路改建工程和改建铁路许亳线太康至亳州段（河南境内）等工程地质灾害评估项目27项，工程压覆矿产资源评估17项。

【土地资源与遥感技术工作】一是作为全省第二次土地资源调查项目的具体承担单位，完成全省遥感影像处理分发，参与项目的检查验收，开展航测成果预检；编制河南省第二次土地调查开发区调查实施方案；负责全省开发区调查数据统计汇总，建立河南省第二次土地调查开发区调查数据库，负责成果报告和土地利用图集编制工作。承担郑州、驻马店、信阳、商丘4个市辖区内开发区土地利用具体调查工作。二是研究制定《河南省单位GDP和固定资产投资规模增长的新增建设用地消耗考核办法实施细则》，编制《河南省单位GDP和固定资产投资规模增长的新增建设用地消耗考核工作方案》，为河南省开展此项工作提供了科学、可靠的技术支撑。三是完成《河南黄河滩区经济生态协调发展研究》和《河南省农村集体建设用地流转研究》报告初稿。四是完成河南省矿业开发与矿山地质环境遥感动态监测信息系统项目影像资料收集、图像处理、监测草图编制、信息系统开发和野外调查工作。设计开发的信息系统已将郑州等实验区的数据导入数据库，进行网络发布的试运行；完成小秦岭、郑州、永城3个研究区的遥感监测以及栾川矿产管理及地灾预警信息系统。五是完成郸城县等城镇基准地价更新工作14项；承担完成许亳地方铁路建设项目等土地利用总体规划影响评价工作11项；承担完成第二次土地调查和监理工作6项。

【矿产资源储量评审和矿山储量动态检测工作】受理各类储量报告（包含市、县局发证的乙类矿产）171个，召开储量报告评审会议11次，会议评审报告129份，完成评审备案133份。协助地市国土资源管理部门开展了矿山储量动态检测工作，受理审查洛阳、平顶山、鹤壁、商丘等地区的矿山动态检测报告300余份。

【矿业权交易工作】受省厅委托，完成探矿权转让签证48个；出具河南省矿业权交易鉴证书46份；收集拟转让矿权信息9个；受理资源开发利用方案或设计67份，煤矿开发利用方案或初步设计16份，铝土矿开发利用方案7份。

【国土资源破坏价值鉴定工作】制定和完善了河南省非法采矿、破坏性采矿造成矿产资源破坏价值鉴定工作程序、技术要求。作为省厅指定的鉴定机构，2009年，共进行非法采矿、破坏性采矿造成矿产资源破坏价值鉴定28项，违法占地鉴定16项，提交了符合规定、没有争议的鉴定报告。

【科技成果】2009年，共计出版专著6部，发表论文44篇，“河南省土地资源可持续利用的生态安全研究”获河南省国土资源科技一等奖；“矿山地下开采及采空区地球物理探测技术方法研究”获河南省国土资源科技二等奖。

【人才培养】2009年，共选派80余名同志参加各类学术会议、岗位培训、党政干部培训等各类学习活动。继续做好专业技术人员在职攻读学位的工作，3人申请在职攻读硕士学位，8名中青年专业技术人员获得学历提升（6人获得硕士学位）。另外，9名同志分别获得中、高级职称的晋升。

（付标）

河南省地质环境监测院

杨昌生　院　长
刘其明　党总支书记
郑　拓　副院长
甄习春　副院长、总工程师
孔小刚　副院长

杨昌生简介：男，汉族，河南林州人，出生于1958年5月，本科文化，中共党员，1981年8月参加工作。1986年～1993年10月，在河南省地质矿产厅人事处工作，任主任科员；1993年11月～1997年6月，在河南省地质矿产厅环境水文地质总站工作，任副站长；1997年7月～2005年8月，任河南省地质环境监测总站站长；2005年9月至今，任河南省地质环境监测院院长。

【机构设置】河南省地质环境监测院始建于1980年，是河南省国土资源厅直属公益性事业单位。主要职责：承担全省地质环境监测网的建设、运行和管理，开展水文地质工程地质环境地质信息化建设与服务；承担地质灾害的调查评价、监测和综合研究，开展全省地质灾害预警预报；承担地质灾害应急处置和技术服务，拟定相关技术规程、规范，开展防灾减灾科普宣传和技术培训；协助省厅对全省地质灾害防治、矿山地质环境保护与治理、地质遗迹保护等地质环境类项目的运行进行监督和管理；开展全省地下水监测，承担地下水资源与环境、矿山环境、地热等调查评价和综合研究；开展水文地质工程地质环境地质信息化建设与服务，承担全省地质环境监测数据的接收、汇总、分析、处理和综合研究；开展相关地质科学技术研究和国际交流与合作；开展地质环境调查评价与监测的新技术、新方法的推广应用；开展科技开发、技术服务工作；对市级地质环境监测工作进行业务指导。河南省地质环境监测院内设办公室、财务科、科技外事与项目管理办公室、人事教育科、党群办公室、后勤服务科6个管理服务科（室），综合研究室、地质灾害调查监测室、地质灾害预警预报室、地下水调查监测室、矿山地质环境与国土整治室、环境地质调查评价室、信息室、科技情报资料室、地质环境实验测试中心9个技术业务科（室）。2009年，省国土资源厅依托省地质环境监测院成立了“河南省国土资源厅地质环境项目管理办公室”、“河南省国土资源厅地质灾害应急中心”，进一步强化了业务技术支撑作用。该院拥有水工环地质勘查，地质灾害危险性评估，地质灾害防治工程勘查、设计、监理等多项甲级资质。该院成立以来，在地质灾害防治、矿山地质环境恢复治理、地下水环境监测、水工环地质研究等地质环境保护领域取得了可喜成绩，先后被授予“全国国土资源系统先进集体”、“全国地质灾害防治工作先进集体”、“全国地质资资料管理工作先进集体”称号。

【汛期地质灾害预警预报】为保证2009年度预警预报工作的完成，河南省地质环境监测院从人员、设备、交通工具、技术支持等各个环节作了周密部署和安排，对预警系统进行了维护和数据更新，提高了系统的稳定性和识别精度，保证了预警系统的正常运行。6月1日～9月30日，全省地质灾害预警预报历时122天，共发布地质灾害预警预报信息31次，其中，预报发布等级达到3级的19天，收到信息反馈3起，成功预报2起。同时，开展了郑州、焦作等省辖市地质灾害预报预警工作。通过汛期地质灾害预警预报，带动全省地质灾害群测群防工作体系的正常运转，使全省各级国土资源部门及时掌握地质灾害气象预警预报信息，发现险情及时组织群众疏散、撤离，最大限度地减少地质灾害造成的人员伤亡和财产损失。

【汛期地质灾害应急调查】2009年，完善了汛期值班制度，落实了值班责任，先后开展了卢氏、西峡、林州、南召、荥阳等县（市）的地质灾害应急调查工作。编制完成了地质灾害防治预案，为地方政府提供了可靠的避灾减灾科学依据。同时，积极配合省国土资源厅开展了汛期地质灾害巡查，进行地质灾害防治宣传，在巡查过程中对地方地质灾害防治工作和群测群防制度提出指导性意见，增强全社会防灾意识，避免和减少灾害损失。

【地质环境项目管理】　2009年初，省国土资源厅依托省地质环境监测院院成立了“河南省国土资源厅地质环境项目管理办公室”，加强全省地质灾害防治、矿山地质环境保护与治理、地质遗迹保护等地质环境类项目运行中的监督和管理。一是组织完成了中央财政安排的矿山地质环境治理项目的设计评审和工程验收。完成了“平煤集团天安四矿”等7个国家级矿山地质环境治理项目的省厅终验，“河南省南阳大河铜矿”、“栾川县三合金矿排土场”等8个2008年度国家级矿山环境治理项目设计书的审查工作，以及“河南省煤矿瓦斯地质环境及其灾害的预测和防治研究”等3个调查研究项目成果的评审验收工作。二是做好2009年全省重大地质灾害防治项目的立项前期工作。按照省厅要求，对37个地质灾害治理项目立项前期进行现场核查，并对其中24个重要地质灾害隐患点进行了调查，编制完成了治理工程（或搬迁避让）可行性研究报告和预算；协助省厅对准备立项的128个省“两权价款”矿山地质环境治理项目进行了核查。三是协助省厅完成了2009年度省财政“两权价款”地质环境类项目的立项工作；完成了2010年度省财政“两权价款”项目的初步申报材料。

【地质灾害应急中心正式启动】按照省政府、国土资源部及省厅的要求，省地质环境监测院不断加强应急能力建设，圆满完成了地质灾害应急中心的筹建及突发地质灾害应急工作任务。一是建立应急机构。2009年7月，省厅依托该院成立了“河南省国土资源厅地质灾害应急中心”，并明确了应急中心的职责，由该院具体承担地质灾害应急保障工作。二是组织地质灾害应急演练。2009年7月份，在郑州荥阳市组织举行了地质灾害应急无人驾驶机监测与远程通讯演示。省厅的相关领导通过视频系统观摩了演示的全过程。并就下一步省级地质灾害应急技术平台建设、无人机等应急装备购置等提出了意见。三是组建省突发地质灾害应急专家组和地质灾害应急调查工作队。以该院为依托，下设豫西、豫北、豫南3个应急调查分队。同时，对郑州、三门峡、安阳等地突发地质灾害进行了应急调查，及时提出了处置建议和对策。四是组织编制了《河南省地质灾害应急技术保障系统建设方案》。应急调查装备购置列入计划，建设集灾情监测、卫星通讯、远程会商和指挥于一体的技术平台系统进入实施阶段。

【全省重大地质灾害治理工程】一是“鲁山县二郎庙泥石流多发区”、“栾川县庙子乡街北坡山体滑坡”等多项地质灾害应急治理项目以及“新安县石井乡峪里滑坡群应急勘查”项目，均按设计完成应急勘查和治理工程施工任务。二是“商城县双椿铺镇三教洞村玉庄组山体滑坡”、“卢氏县东沙河泥石流”和“西峡县军马河乡白果村郭墁组滑坡”等新开地质灾害应急治理项目按要求完成阶段工作。

【全省环境地质基础调查评价】“河南平原地下水潜力与可更新能力评价”、“鹤壁市岩溶地下水后备水源地普查”和“河南省氟病地质影响调查与防治”3个勘查类项目，按设计书的进度要求，完成了阶段性工作；“开封市城区浅层地热能调查评价”、“周口凹陷(周口段)地热资源勘查”、“豫北平原农村安全饮用地下水勘查”和“兰考县原生劣质水区饮用地下水勘查”4个项目设计顺利通过省厅评审。

【矿山环境保护与治理】完成了“鲁山县尧山镇相家沟”、“洛阳市宜阳县锦屏山矿区(二期)”、“鹤壁市鹤山区崔村”、“宝丰县平煤天安香山煤矿东片区”、“平顶山新华区焦店镇采煤塌陷区”、“鹤壁煤业集团二矿”等矿山地质环境治理工程的施工，并通过了主管部门的审查验收。“平煤集团二矿”、“巩义嵩山北坡硅石矿区”、“镇平县秋树湾铜钼矿”、“郑州市水泥厂灰岩矿区”等矿山环境治理项目以及“濮阳市重点矿区土壤石油污染修复示范区建设”项目，均按要求完成年度阶段性工作。

【全省地下水环境监测】一是扎实推进地质环境监测网络建设，组织召开了全省地质环境监测工作座谈会，深入调研，多方探讨，逐步完善全省地质环境监测网络和监测体系建设，拓宽监测服务领域。二是开展了全省区域和18个省辖市的地下水动态监测工作。区域地下水动态监测网以监测平原、岗区浅层地下水为主，控制面积占全省国土面积的65.0 %。城市监测网以监测18个省辖市城市建成区的浅层、中深层地下水的水位、水质为主，控制面积6685 平方公里。共完成水位监测点542个，水质监测点137个，水温监测点7个，取得监测数据131436个，全省56个自动监测点正常运行。三是国家级一孔多层示范监测井监测和郑州均衡场观测正常进行。四是编制完成了《河南省区域地下水动态监测报告（2008年）》、《河南省地下水水情通报（2008年）》以及2008年监测资料的整理和汇交工作。

【地质灾害综合研究】完成了河南省地质灾害综合研究项目，在全省66个县（市、区）1：10万地质灾害调查的基础上，对全省地质灾害灾情和险情进行了分类统计；对全省地质灾害分布、发育规律进行了系统研究，划定了地质灾害易发区，完善了地质灾害群测群防体系，确定5处地质灾害重点防治区；对288处特大型、大型地质灾害隐患点提出了防治措施或搬迁避让建议，建立了河南省地质灾害信息管理系统。

【技术支撑服务】一是协助省国土资源厅完成了地质灾害危险性评估和地质灾害防治工程勘查、设计、施工、监理等79个资质申报材料的技术审查工作。二是参与了河南省12个“十有县”建设工程的验收工作。三是为全省地质灾害防治指挥部会议编辑制作了地质灾害影视光盘，代省厅起草了向省政府的汇报材料《河南省国土资源厅关于全省矿山地质环境保护与治理恢复工作情况的报告》和《河南省国土资源厅关于贯彻〈矿山地质环境保护规定〉的实施意见》、《河南省省级两权价款地质环境项目管理办法》征求意见稿等。四是编制出版了《河南省地质环境公报（2008年度）》；编制完成了“河南省浅层地热能调查评价、监测与开发利用规划工作方案”、《河南省废弃矿井治理规划》等。

【科研成果】2009年，省地质环境监测院有4个项目获得“河南省国土资源科学技术奖”。其中，“典型煤矿山环境保护与综合治理技术方法研究”项目获省国土资源厅2008年度科技成果一等奖；“中原城市群地质灾害风险区划研究”、“河南平原第四纪地质演化与地下水系统研究”和“三门峡市地质灾害防治规划研究”3个项目获省国土资源厅2008年度科技成果二等奖。

【业务培训】2009年，协助相关部门举办了多期业务培训班，为全省培育多批业务技术骨干。3月11～13日，协助省地质学会承办了“全省地质灾害技术规范培训班”、全省各省辖市、县国土局负责地质环境管理工作的领导以及地勘单位从事地质灾害防治工程、矿山地质环境保护与治理工作的管理和技术人员，共240余人参加了培训；9月9日，由国土资源部主办、河南省地质环境监测院协办的第二期全国矿山地质环境保护与治理恢复方案编制培训班在郑州举行，全国30个省（市、区）的180多个单位，共460余名相关专业技术人员参加了培训；9月27日，协助省国土资源厅在郑州举办了全省矿山地质环境保护与治理恢复方案编制培训班，来自全省55个单位，共300余名有关专业技术人员参加了培训；10月30日，协助省国土资源厅在郑州组织召开全省矿山地质环境保护与治理恢复保证金制度建设培训会议，对与会人员进行了培训。

【科技队伍建设】一是大力开展业务交流。全力支持科技人员参与业务学习交流活动，开阔视野，强化锻炼。全年共发表学术论文41篇，其中，中文核心期刊10篇。二是加强业务技术培训，2009年，在单位内部分批、分期举办了地质基础、水文地质、工程地质、CAD制图等各类业务培训班，收效显著，反映良好。三是始终把人才培养作为紧迫的战略任务摆在突出位置。积极营造环境，加大培养，提高层次，促进了人才工程蓬勃发展，人才总量不断壮大，队伍结构不断优化，整体素质逐步提高，有力地支撑了事业发展。

【河南省地质环境信息网】做好“河南省地质环境信息网”的运行和管理，构筑地质环境信息服务平台，为社会和公众提供信息服务。全年共发布地质环境相关信息300余条，起到了全省地质环境保护工作的信息传播和沟通作用。

【全省地质环境监测工作调研】2009年8月，为进一步推进全省地质环境监测工作的开展，加强省辖市地质环境监测工作，省地质环境监测院组成3个调研组分赴各省辖市国土资源局进行专题调研，重点了解省辖市级地质环境监测机构设置、职责任务、工作经费、运行机制等方面存在的问题，并与各省辖市国土资源局就加强地质环境监测工作进行深入探讨和交流。

（孙义）

河南省地质博物馆

蒲含勇　馆长（2009年9月前任博物馆书记）
张兴辽　馆长（2009年9月后任省国土厅总工）
徐　莉　副馆长

蒲含勇简介：四川省南充市人，1960年9月生，研究员。现任河南省地质博物馆书记、研究员，中国注册矿业权评估师、河南省矿产储量评估员、河南省政府采购评审专家。1982年7月，毕业于武汉钢铁学院选矿工程专业；1982年6月～2002年11月，先后从事选矿实验、矿产开发管理、资源补偿费征收管理、地矿技术经济研究、矿业权评估工作；2002年12月至今，从事地质博物、资料档案管理，矿业权评估、矿产储量评审及地矿技术经济咨询等工作。累计发表论文30余篇，提交专题及研究报告20余份，负责起草相关管理办法及制度10余项，获科技成果奖5项，翻译印发《加拿大矿业政策法规选编》译著1部；主持完成矿业权评估报告200余份，审查矿产勘查方案、开发设计（方案）、储量报告、矿业权评估报告等各类方案报告300余份。

张兴辽简介：河南内乡人，1962年12月出生。教授级高工，中国注册矿产储量评估师、国家注册咨询（投资）工程师。现任河南省地质博物馆馆长。先后任河南省区调队队长、河南省国土资源科学研究院院长等职。主持、参与完成生产科研项目90余项，获省（部）级科技奖励10余项。主要作品有《河南省矿产资源规划研究》、《河南省地质矿产勘查现状与对策研究》等。河南省地质博物馆新馆建设工作的主要领导者和组织者之一，主编《河南省博物馆概念设计暨馆藏标本采集征集购买方案》、《河南省博物馆布展内容设计》等重要技术报告。主编《河南省地层古生物研究》，组织、参与的古生物化石资源调查和恐龙化石发掘研究工作，引起了世界古生物界重视。

【职能与机构设置】河南省地质博物馆和河南省地质事业的开端与发展同步。1931年，河南省地质调查所在河南开封设有地质标本陈列室，当时藏有化石、岩石和矿物标本250余种。随着地质工作的进展，各类标本不断增加，到1948年，陈列室标本增加到436种。1952年，中南地质局将原河南地质调查所的标本运往武汉陈列。1956年，河南省地质局筹建处成立时，开始筹建河南地质博物馆。1960年，在郑州市金水路80号（原20号）建成一栋地质博物馆楼，建筑面积1400平方米。1960年5月，全国博物馆会议文件将河南地质博物馆列为全国七大省级地质博物馆之一。1966年，河南地质博物馆已设有9个陈列室，馆藏各类标本34000余件。“文革”时期，河南地质博物馆被迫关闭并遭受严重破坏，标本全部遗弃或丢失。

1983年10月，开始重新筹建地质陈列馆，隶属省地质矿产局经济技术研究室管理，设在郑州市互助路省地质矿产局资料楼三楼一层，占用面积540平方米。1984年重新开馆，有金属矿产室、宝玉石室、能源矿产室、非金属室、岩矿室、生物室、地质成果标本室和录像放映室共8个展室，展出各类标本1000余种，图片100余幅。

2001年，河南省编制委员会（豫编〔2001〕19号）文件批准组建河南省地质博物馆，作为河南省国土资源厅的直属正处级事业单位。主要承担全省地质博物展览管理和标本（展品）的收藏、研究，负责土地、矿产资源资料，土地及国土资源档案，地学国土资源图书文献等的接收、保管、维护以及社会公益性服务工作，作为全省国土资源的对外窗口和科普教育基地，土地、矿产资源资料、档案管理的重要场所和科研机构。2004年7月，博物馆部分人员的人事关系正式由省地质矿产勘查开发局划归省国土资源厅管理。2005年1月，新馆建设筹备工作正式启动，经过3年努力， 2007年12月基本完成了新馆的标本展品采集征集和陈列布展工程。2008年4月，正式对外开放。现内设有博物展览部、地质资料部、国土资源档案部、图书编辑部和科研部、古生物研究室、信息中心、综合办公室等。

【展馆观众接待工作】2009年，共接待观众58万人（次）。其中，团体观众749个，为观众讲解532场（次）。还先后接待了全国政协副主席王忠禹、河南省委书记徐光春、省长郭庚茂、国土资源部部长徐绍史等多位国家及省部级领导。观众结构和范围呈现出新特点。一是青少年学生观众增加。2009年，青少年学生观众比例占观众总数的49%，比2008年上升了7个百分点，团体观众中青少年学生比例高达80%。郑州市及其周边市、县中小学有计划、有步骤地组织学生到馆参观，是青少年学生观众比例提高的因素之一。二是团体观众显著增加。团体人数少则数十人，多则千余人，团体观众到馆参观已形成规模并呈扩大趋势。三是观众范围不断扩大。省外、海外观众比例不断上升。2009年，接待港澳台及美、英、德、日、韩、爱尔兰、马来西亚、澳大利亚、拉脱维亚、希腊、新加坡、柬埔寨等国家地区的观众2000余人。四是专题活动观众到馆参观成亮点。社会各界举办的专题活动或以定点参观，或作为开幕式地点，或以颁奖等各种形式将我馆纳入其活动范围。

【科普基地创建工作】2009年，博物馆先后被授予国土资源部全国第一批“国土资源科普基地”、郑州市科协“郑州市青少年科普基地”、郑州市教育局“郑州市中小学校外教学基地”、共青团省直工委“青年文明号”等称号。同时，还完成了“全国科普基地”、“河南省百所青少年科普教育基地”的申报工作。

【对外科普宣传工作】与多家地质公园合作开展“4·22”世界地球日活动、6·25“全国土地日”活动，开展普及地学知识、爱护地球、保护环境、热爱河南山山水水的宣传，并通过展板、发放宣传资料等形式宣传我国、河南省的土地现状，提高广大群众爱护土地、珍惜资源的意识。

2009年暑期，面向全体观众开展有奖知识答题活动，极大地激发了观众的兴趣和参与热情。其间，参与观众的年龄自中小学生到耄耋老人不等，文化层次自小学到博士专家学者，发放答卷数千份。开展专题科普知识讲座活动，采取“走出去”和“请进来”的方式进行科普知识专题讲座，讲座内容包括“博物馆建设”，“世界、国家及河南省地质公园介绍”，“地质灾害与防震减灾”，“河南省优势地质矿产”，“地质环境与人类”以及“地球的演化”、“生物灭绝事件”、“恐龙之谜”、“地球生命历史”等。

【讲解员队伍建设】2009年，为适应观众量的增加和接待工作的高要求，进一步加强讲解员队伍建设。一是对讲解员进行系统培训。与河南博物院合作，对讲解员再一次进行礼仪、讲解技巧、组织参观能力、基本素养等方面的学习交流和业务培训，并派讲解员到河南博物院进行短期学习；专门邀请全国著名礼仪专家卢妍冰老师到馆讲学，对讲解员进行系统培训和提升。二是面向社会公开招聘讲解员。通过笔试、演讲、面试多种方式，在全省范围内公开选拔招、聘了3名讲解员，充实了讲解员队伍。

【制度建设和安全保卫工作】制定和完善了《展馆工作人员行为规范》、《考勤制度》、《岗位职责》、《违犯展馆制度的处罚规定》等10余项展馆管理制度，做到用制度管理展馆事务。在保证展馆正常对外开放的情况下，对各展厅、展品、设备、设施进行了较大规模的清洁工作，对设备、设施出现的问题及时予以维修、维护和必要更新，对视频、多媒体软件进行了新一轮的升级更新，加强安全消防设施的检查和维护，并分别于上半年和下半年进行了两次系统的消防安全知识培训，从而保证了展馆在清洁的环境下安全运行。

【地质资料汇交验收和利用服务】2009年，共接收、验收、整理新汇交的地质资料626种，馆藏成果地质资料增加到10923种。为贯彻落实党中央、国务院关于扩大内需、促进经济平稳较快发展的重大决策部署，按照国土资源部和省厅关于“做好国家和省重大项目的地质服务保障工作，进一步提高地质资料信息社会化服务水平，主动提供基础地质资料服务和技术支撑”的要求，为各地勘单位免费提供“河南省地质资料利用索引”及相关咨询服务，为“南水北调河南段”、“西气东输河南段”、河南省矿业权实地核查项目、河南省矿产资源利用现状调查项目、河南省矿产资源潜力评价项目、省地质勘查基金项目、铁路设计院在全国重点铁路建设项目的投标以及地震局、黄委会、有关院校等单位提供了大量的地质资料信息服务。全年借阅地质资料1200余人(次)、3440份(次)、74150件(次)。2009年，本馆被国土资源部评为“双保”行动成效显著单位。

【档案接收整理和利用服务】2009年，整理厅机关各处(室)的文书档案、机要文件材料4901

件，整理各种专业档案2194卷，编制了归档文件目录、案卷目录和卷内文件目录。全年共借阅档案405人(次)、3018卷（件）。同时，编制了《河南省国土资源厅组织机构沿革（2000–2008年）》和《河南省国土资源档案全宗介绍》，配合厅机关起草印发了《厅机关档案管理工作规范化认证自查报告》（豫国土资办发〔2009〕20号）、《关于进一步加强厅机关文件资料归档和档案管理工作的通知》（豫国土资办发〔2009〕79号）、《河南省国土资源系统重大活动档案管理办法（试行）》（豫国土资办发〔2009〕80号）等文件，档案工作进一步规范化、制度化。

【图书文献馆藏及借阅服务】2009年，系统整理了上一年度的专业报纸杂志，将期刊进行分类、登记、造册，将以往年度期刊进行整理装订，订阅报刊80余种，订阅专业书籍资料1398册，并配合省厅廉政文化建设，设置了廉政文化书籍专柜，起到了良好的示范作用。全年借阅图书文献1360人(次)。

【实物标本清理及馆藏管理】2009年，添置密集标本架50余组，将原存放于地下的600余件矿物标本按类别整理上架；将标本库房18个密集架上的2000余件标本进行清理整理、标注编号和登记；对展厅标本进行了全面核对；完成972件标本的统计、标注编号，做到固定资产表、财务账目和标本实物账、表、物一一对照，从而进一步规范了馆藏标本管理。

【成果地质资料数字化建设】2009年，完成地质资料扫描数字化200档；开展了“河南省馆藏成果地质资料数据库建设”项目，设计任务成果地质资料修复400档、成果地质资料目录数据库9426套，扫描录入成果资料400档，建立成果地质资料数据库860份；制作电子文档20余份；配合项目制图80余张，出图200余张，制作公益性地质资料光盘146种，公益性扫描出图100余份等。配合成果地质资料利用服务,为各类项目提供了大量数字化资料。

【地质资料管理专项检查】2009年，按照国土资源部的工作部署和省厅安排，我们配合厅资源储量处对全省范围内具有丙级以上地质勘查资质的78个地勘单位和3个地勘行业主管局进行了一次地质资料管理集中检查。重点检查了各单位成果地质资料的汇交和保管情况、涉密地质资料的清理完成情况、原始地质资料立卷归档情况和实物地质资料保管现状、地质资料社会化网络化服务情况等，进一步促进了全省地质资料管理工作水平的提高。9月份，国土资源部检查组对我省地质资料管理工作进行了全面检查，部检查组对我馆地质资料管理工作充分肯定。

【档案管理规范化认证】在2008年底，该馆被国家档案局评为“科技事业单位档案管理国家二级单位”的基础上，我们继续做好档案规范化管理工作.。2009年6月，又被省档案局评为“机关档案工作规范化管理先进，省一级管理单位”。省档案局把该馆作为省档案规范化管理重点示范单位进行推介。省国税局、中医学院、体委、地矿局、地震局、有色局、煤田局及厅信息中心、科研院、环境监测院、土地整理中心等单位，先后到馆学习档案管理经验。

【国土资源史志、年鉴编撰工作】编撰国土资源史志、年鉴是省地质博物馆的一项基本职责。2009年，完成了《河南省志》国土资源部分以及省、部年鉴的供稿任务。《河南国土资源年鉴（2009）》，完成撰稿任务数百万字，几易其稿，最终成稿120万字。2009年底，《河南国土资源年鉴（2009年）》由中国大地出版社出版，这是国土资源厅成立以来正式出版的第一本综合性工具书。

【资料档案管理业务培训】2009年，先后派出17人（次）参加省、部有关资料档案业务培训。为深入贯彻落实国土资源部《原始地质资料立卷归档规则》、《实物地质资料管理办法》及《成果地质资料电子文件汇交格式要求》等文件精神，进一步推进地质资料公共服务工作，提高各单位成果地质资料、实物地质资料和原始地质资料保管利用工作水平，本馆于11月在巩义市举办了地质资料汇交管理工作培训班。全省各有关主管部门、各地勘单位地质资料管理人员120余人参加了培训，进一步推进了原始地质资料、实物地质资料管理工作和成果地质资料管理的进一步规范化。

【古生物化石调查发掘】2009年，针对河南恐龙蛋化石的埋藏情况，对西峡、内乡一带的恐龙蛋及恐龙骨骼化石进行调查，基本摸清了化石的分布和盗挖情况。在汝阳新发现恐龙化石点3处，抢救性发掘2处；在栾川发现并发掘恐龙化石点12

处；在义马地区新发现恐龙足印化石4处，并采集3件新属种恐龙足迹化石标本。组织开展了古生物化石修复研究工作。

【国际科技合作与交流】2009年，先后有美国匹兹堡卡内基自然历史博物馆副馆长、古脊椎动物馆馆长罗哲西博士，加拿大国家自然博物馆终身教授、地球科学部主任吴肖春博士，日本福井博物馆东馆长洋一博士，加拿大Dinoking Tech corp.鲍道平总裁、卞志莹教授、美国辛辛那提博物馆副馆长Storrs博士以及国内著名古生物专家到本馆进行学术访问交流和开展合作研究工作。

【发表和取得了一批科研成果】2009年10月8日，世界权威科学杂志《科学》刊登了该馆一件古哺乳类动物化石标本研究成果；新西兰《动物学分类》、《地质学报（英文版）》、《地质通报》等国内外著名学术期刊上发表了我馆合作研究的多篇论文；新发现“河南宝天曼龙”、“巨型汝阳龙”、“罗氏戈壁兽”、“张氏始鹝虻”等新属种古生物等。2009年，完成的《河南省地质博物馆陈展科学内容研究》成果，被国土资源部科技成果评审委员会评定为2009年度国土资源部科技成果一等奖；承担的省“两权价款”地质环境类项目“河南省古生物化石地质遗迹资源调查评价”，于2009年完成结题报告编制，取得了丰硕成果和重大进展。

【地勘项目和技术服务工作】2009年，博物馆承担的“河南省观赏石资源调查评价及赏石文化研究”项目通过评审验收及科技成果鉴定；承担的河南省彩石调查评价项目已基本完成，承担的牡丹石资源普查项目已进入工作后期，承担的勘查成果数据库建设、矿产资源利用现状调查、矿业权核查、矿产资源潜力评价等项目进展顺利；对外业务技术服务成效显著。发挥了对省厅矿政管理的重要业务技术支撑作用。

【焦裕禄纪念馆协助改造工作】组织专家和设计单位圆满完成了省委书记徐光春交办的为焦裕禄纪念馆捐建 “三害治理”模型多媒体互动和“焦裕禄访贫问苦”巨型幻象改造工程。改造完成的这两项展示工程已成为焦裕禄纪念馆的主要亮点工程，兰考焦裕禄纪念馆3位主要领导到郑州，给省厅和省地质博物馆送来了感谢信，表达了感激之情。感谢信指出：“在省国土资源厅的支持和省地质博物馆的鼎力帮助下，中央和省领导对焦裕禄纪念馆的改造效果给予了充分肯定和高度评价。”“兰考焦裕禄纪念馆的全体同志对省国土资源厅和地质博物馆的同志认真负责、精益求精、无私奉献的实干精神表示由衷的佩服和衷心的感谢！”

【新中国成立60周年成就展工作】协助厅办公室和勘查处，圆满完成了“河南省新中国成立60周年成就展”和“河南省地质工作60周年辉煌成就展”两项大型展览。和厅主管处(室)一起，组织专家、相关处(室)、省直地勘单位和厅属机构，完成了对内容设计、形式设计和布展施工各个环节的审查以及布展实施工作。“河南省新中国成立60周年成就展”在省国际会展中心展出后，获得了省情展最佳设计奖；“河南省地质工作60周年辉煌成就展”在地质博物馆场外设立临时展区展出后，在“国庆”黄金周又掀起了一轮参观热潮，极大地宣传了国土资源工作对国民经济建设作出的突出贡献。

（韩亚峰）

河南省土地整理中心

陈新中　主　任
蔡　辉　书　记
杨新民　副主任
吴进敏　副主任
郑明生　副主任

陈新中简介：河南省荥阳市人，1965年12月出生，1987年7月毕业于西安地质学院物标系，本科学历，高级经济师，1987年7月～1993年11月，任河南省地矿厅水文二队助工、科长；1993年12月～2000年7月，在河南省地矿厅人教劳动处主任科员、副处长；2000年8月～2003年7月，任河南省国土资源厅人事教育处副处长；2003年7月至今，任河南省土地整理中心主任。

【职能与机构设置】2001年8月，河南省土地整理中心经河南省编委批准成立，为河南省国土资源厅直属事业单位，经费实行全额预算管理，规格相当于处级。主要职责是负责土地开发整理的技术研究、技术培训、经验推广工作；负责土地开发整理项目的鉴定、验收和复核以及专项资金的使用管理工作；承办土地开发整理及农用地转用项目的咨询、信息服务工作等。内设5个科（室），分别为办公室、财务科、项目计划科、项目实施科、信息档案室。现有人员29人，全部具有专业技术职称，其中高级职称2人，中级职称15人，初级职称12人。

【加强项目监管、促进资金落地】

（一）做好2007和2008年度新增费项目的备案工作。2007和2008年新增费由市级统一安排用于土地开发整理。为了加快资金落地，科学、高效地对市级安排项目进行了审查备案，简化审查程序，来件即审，保证了项目及时开工建设。2007年，新增费下达资金163300万元；截至2009年底，共落实新建项目95个，其中，完成可研的项目95个，完成规划设计与预算的项目93个，通过审查的项目81个，已招标项目60个，已开工项目39个。2008年新增费下达资金161344.9万元，截至2009年底，共落实项目89个，其中，完成可研的项目79个，完成规划设计与预算的项目79个，通过审查的项目49个，已招标项目8个，已开工项目2个。（二）对全省18省辖市的土地开发整理提速工程推进落实情况进行了督查。通过督查，全面掌握了河南省2007～2008年度新增费项目实施、2009年补充耕地资金落实和占补平衡项目建设以及2007年前国家投资项目建设情况，找出了各市提速工程工作中存在的突出问题，并有针对性地提出了加强和改进工作的措施。

（三）加强对在建项目的监管。对2006年前国家投资项目，通过实地检查、电话了解、月报等手段，及时采集项目信息，了解存在的问题，并予以指导。截至2009年底，2001～2006年的189个项目中，3个项目申请撤销，181个项目已验收，5个项目未完工。对2007年的83个项目，主要是分片包干，管理责任到人，督促工期，及时了解、梳理、汇总项目实施情况。建立了专报制度，定期向省厅、各市、有关县通报项目进展，今年共发专报8期。截至2009年底，76个项目已通过验收。

（四）做好竣工项目的验收工作。在需验收项目较多的情况下，中心领导要求一定要高效率、高标准、严要求、不积压，验收中，对主体工程的抽查不少于30%，辅助工程不少于10%。验收后，及时下达整改意见，督促市、县积极整改。2009年，共完成了76个2007年以前的国投项目的工程验收，其中62个项目已由省厅下发验收合格文件。

（五）审查土地整理五年实施方案。《2008—2012年土地开发整理实施方案》的编制关系到今后5年项目的布局和我省项目能否实现集中连片，发挥规模效益的目标，也是项目申报的依据。在审查过程中，注重对项目总体布局和政府重视程度等大方向的把握，以简化审查内容和程序，加快审查进度。截至2009年12月，已完成对18个省辖市实施方案的审查，其中，郑州、开封等7个市已按审查意见修改完毕。

【重大工程】根据省政府尽快组织实施我省土地整治重大项目的精神要求，积极申报南水北调渠首及沿线土地整治重大项目(第一期)。该项目是河南省首次实施的重大工程项目。5月底，新乡、南阳两市完成可行性研究报告和实施方案的编制，中心组织专家进行了初步论证。省政府批复后，及时将重大项目材料上报国土部。10月下旬，部组织专家对该项目进行调研论证。11月，中心聘请省内知名专家指导，中心技术骨干全力以赴，针对部调研组提出的论证不充分、标准不统一、图件不规范等意见逐条认真修改并上报。 11月下旬，项目方案通过了财政部和国土部组织的专家论证。12月4日上报国土资源部备案。

河南省南水北调渠首及沿线土地整治重大项目（第一期）涉及南阳市、新乡市2个市的邓州市、淅川县、延津县、封丘县、原阳县5个县（市），建设规模348万亩，预计新增耕地21.15万亩，估算投资53.29亿，规划新增粮食生产能力10亿斤。该项目的实施，将显著改善项目区农业基础设施和区域生态环境，促进县域经济的科学发展，提升国家粮食战略工程河南核心区粮食生产能力，为耕地保护和国家粮食安全保障发挥作用。

【开展基础课题研究、推进成果应用】一是试行《河南省土地开发整理工程建设标准》和《河南省土地开发整理项目制图标准》。根据省厅安排，2月份，中心完成了两个标准（试行）的上报备案、印刷和下发工作，使两个标准进入正式试行阶段。两个标准试行稿的颁布填补了我省土地开发整理地方标准的空白，对于加强我省土地开发整理工程建设项目全过程管理，提高项目决策的科学化水平，合理确定建设规模，严格控制建设投资，提高投资效益，具有重要意义。二是开展了“土地整理与新农村建设统筹研究”、“河南省土地开发整理预算定额标准研究”，已取得初步成果。申报“河南省各类涉农资金在新农村建设中统筹使用研究”课题，获省厅批准立项。三是完成《土地整理项目田间道路单元工程质量评定标准》初步成果试点工作。根据部中心的要求，选择了驻马店遂平县和兴等两个乡、濮阳市南乐县张果屯乡和南阳市内乡县余关乡开展试点工作。组织工程技术专家到施工现场调研，对照部下发的标准，对已完成的单体工程逐项检测质量，认真核对内业资料和试验记录，发动各参建单位现场讨论，做到定性、定量、准确，质量评定程序及内容切合实际，试点研究成果科学实用。5月份，又组织相关专家进行论证，形成试点工作总结，提出修改意见上报部中心。四是完成土地开发整理权属调整专项调查。土地开发整理权属调整专项调查是为了摸清各地在土地开发整理权属管理工作遇到的问题和取得的经验，为制定相关政策提供依据。2008年12月开始，全省开展了此项工作；2009年2月份，将全部成果上报部中心。

【从业队伍培训】先后对项目编制单位的技术人员、施工单位的项目经理和市、县土地整理中心主任及业务骨干进行了培训，共培训290家单位，433人。协助信阳等省辖市整理中心，对所属各县（市、区）相关人员进行了全面培训。培训中，注重增强针对性、实用性和科学性，注重解疑释惑，收到了良好的效果。

【队伍建设】进一步加强班子和队伍建设，加强党风廉政建设。定期召开民主生活会，正确开展批评和自我批评，认真查找和解决制约科学发展的突出问题以及党员干部在党性、党风、党纪方面存在的问题。领导带头，全体人员积极学习党的理论、业务、法律和行政知识，营造了一个“比、学、赶、帮”的良好氛围。2009年，中心有2名同志硕士研究生毕业，7名同志通过省中级专业技术考试和厅中级职称评审，先后有6位同志在正式刊物发表了《河南省土地整治实施监管初探》、《河王水库大坝坝坡稳定性分析》、《河南省土地整理项目管理体制存在问题及对策》、《河南省土地整治实施监管初探》、《聚丙烯纤维混凝土在土地开发整理工程中的应用》、《土地开发整理项目工程施工图编制应关注的几个方面》、《郑州市城市边缘区土地利用及影响因素分析》7篇论文。

河南省直第三人民医院

曹晓强　院长、党委副书记

姚红枝　党总支书记（女）

娄元祥　行政副院长兼工会主席

岳钦堂　业务副院长

袁启东　业务副院长

曹晓强简介：河南省泌阳县人，男，1967年1月19日出生，大学本科，中共党员，外科副主任医师。1989年，河南医科大学毕业后先后担任河南省直第三人民医院医师、外科主任、副院长、院长及党委副书记。曾在南京鼓楼医院、省委党校进修学习，2008年被评为省直工会五一劳动奖章获得者。

【机构设置】河南省直第三人民医院系河南省国土资源厅直属事业单位。始建于1978年，其前身是河南省地质医院，2006年更名为河南省直第三人民医院。位于郑州市伏牛路与陇海路交叉口。这是一所集医疗、预防保健、教学、科研、社区卫生服务为一体的综合性医院，为省、市、区城镇职工基本医疗保险定点单位，省、市医保慢性病指定医院，省市离休干部医疗定点单位，新型农村合作医疗定点、直报医院，郑州市急救网络单位，省、市文明医院及花园式单位，担负着郑州大学医学院等大中专院校临床教学工作。固定资产由2001年的2283万元增加到现在的11514.5万元。现有床位560张，现有职工612人。设有心血管内科、呼吸内科、消化内科、神经内科、内分泌糖尿病科、神经康复科、老干部病区、普外科、血管外科、心胸外科、骨外科、疼痛科、泌尿外科、脑外科、医学整形美容科、妇产科、儿科、眼科、口腔科、耳鼻喉科、皮肤科、肛肠科、中医科、针灸理疗科、急救、ICU、血液净化中心、预防保健科、体检中心等。医院拥有从日本、德国、美国进口的大型C臂、16排螺旋CT、数字X光胃肠机、全数字X光机（DR）、全身双能量骨密度测定仪、四维彩超、电子支气管镜、电子胃肠镜、电子耳镜、电子喉镜、胸腔镜、腹腔镜、宫腔镜、肾盂输尿管镜、麻醉机、呼吸机、肺功能仪、血气分析仪、动态心电及血压监测系统、全自动生化分析仪、动态血糖仪、胰岛素泵、超声乳化仪等先进设备。

【工作概况】医院2009年度被评为郑州市先进急救站，郑州市免疫规划工作先进集体，县以上医疗机构药房规范化建设先进集体，传染病防治及疫情管理工作先进单位，医疗合法经营A级单位。2009年各项指标情况：门诊工作量198084人(次)，同比增加1.9%；急诊就诊15533人(次)，同比增加36.6%;住院手术例数3968 例，同比增加68例;住院总人数1.36万人(次)，同比增加19%。

【深化医院管理】医院的主要工作为医政工作，是管理的重点。首先，在全院范围内开展自查自纠活动，全面查找薄弱环节和突出问题，着力解决医疗安全工作中存在的问题和困难。例如：医院存在的过分重视医疗服务的形式,疏于医疗风险防范的问题；只重视病人数量管理,不重视病人质量管理的问题；被动应对医疗纠纷,被动满足病人需求等问题。要对照这些问题认真讨论及分析存在的原因。其次，坚持以科学发展观为指导，加强医疗质量安全管理，提高医疗服务质量和效率，为群众提供安全、有效、方便的医疗服务。

一是通过加强医院规章制度建设，强化领导及职能部门依法管理、执业的责任，保障医疗工作的合法性及合规性。

二是加强了职能部门，特别是医务科、护理部以及感染科的建设，通过将医师及护理津贴交由职能部门考核等手段，强化了职能部门的管理力度。

三是根据医院实际情况成立了医疗服务部和医院内部后勤服务部，完善了院长周查房制度。

四是加强绩效考核对管理的引导功能，实行医师、治疗小组及组长、科主任工作量月度考核，组长、科主任工作量年度考核。护理实行分级管理，完善了定岗、定级、定资管理。

五是对中层干部全员培训《河南省二、三级医院病历质量考评细则》,进行全员医疗安全教育以及开展医疗隐患督察等工作。

通过以上工作，进一步提高了医疗质量,减少了医疗隐患。

【加强对管理层的培训及教育，提高医院执行力】针对医院发展与管理的不适应问题，一年来医院多次利用院周会、科主任会、护士长会等进行思想交流及沟通，对管理角色定位、医疗团队建设、医疗形势、医院文化及医院发展等进行分析及教育，进一步统一医院中层干部的思想理念，把行动统一到医院的决策及政策上来，加强了医院的凝聚力，保障了医院规章制度的落实，保障了医疗活动的顺利开展。

【强化医疗队伍建设，促进学习型医院建设】科技的发展，使医疗设备、医疗技术日新月异。而医疗活动的特殊性，例如团队作业、风险控制、流程设计（医疗核心制度）等，要求对医疗服务活动进行规范性建设。学习、培训成为各医院持续发展的原动力和手段。

2009年，医院建立了电子阅览室，制定了医院加强人才引进的有关措施，启动了师徒制工程，在院内聘请41人为带教老师并举行了拜师仪式。先后派出了15名医护人员到北京等地知名医院外出参观、进修学习。医务科开展各种院内学术讲座39场（次），全年新引进人员11人，接收医学毕业生24名。护理部在院内开展穿刺能手、基础护理、专业知识等多种比赛，并通过加薪、办理人事代理等措施引导护理人员积极向上。经过以上努力，加强了我院医学人才梯队的建设，培养和造就了一部分优秀的医疗服务人才，进一步提高了医院医疗技术水平，减少了医疗隐患和风险，加之医院在绩效考核上、住房及生活上对学科带头人的倾斜，使医院学习之风进一步好转，为医院可持续发展奠定了良好的基础。

【鼓励开展新业务、新技术】医院的核心竞争力为医疗技术，发展就是新业务的开展、新技术的应用。2009年，医院通过设备更新及新购，通过技术引入，以及鼓励院内业务人员技术创新等措施，使新业务、新技术的开展在数量及质量上都有了长足的发展。全年共开展如三腔起搏器、三维标测房速射频消融、支气管胸膜瘘带膜支架封堵术、放射粒子食管支架置入术、脑血管造影、布–加综合征体外循环辅助下根治手术、动脉硬化闭塞症动脉狭窄支架置入术等共计25项新技术，其中部分技术达省内及国内水平，使医院综合实力进一步提高，在核心期刊等杂志发表学术论文56篇。

【开拓创新新型农村合作医疗】医院在认真分析新农合政策的基础上，针对省会务工人员和本地不能救治的大病参合农民到省会转诊看病难、筹资难、报销流程长等问题，结合医院实际情况，大胆提出了省会转诊直报的设想。2009年医院通过各种渠道与14家县、市、区建立了直报关系，充分利用省会医疗平台，发挥服务、价廉的优势，吸引了较多的外地农民来我院求医，为医院带来了1000余万元的经济收入。受到卫生厅领导的高度评价，称“河南省直第三人民医院开展的新农合直补工作极大地方便了农民异地就医，为基层新农合管理部门减轻了工作负担，医院也从中受益，真正地实现了三赢，值得在全省推广”。为此，医院在30多家省级新农合定点医疗单位验收中名列前茅，成为2010年省级新农合医疗定点医院之一。

【积极参与公共卫生工作及开展社会公益性活动】2009年，医院作为手足口病防治定点医院，出色地完成了防治及宣传任务。面对H1N1甲型流感，医院成立了“医院H1N1甲流感领导小组”，组织医护人员参加救治H1N1甲型流感的专业培训，提高医护人员的业务能力，进行了防控H1N1甲型流感的演练，加强了救治物资的储备，配备了专人开展疫情的网络直报工作，承担了H1N1甲型流感病人的市内转运工作。

继续免费为周边居民进行义诊及健康宣传。特别是心脏病患者医疗救助活动取得预期效果。2009年5月～6月，与河南省慈善总会联合开展的心脏病患者慈善救助活动在周口项城市、鹿邑县顺利启动，医院专家组携带彩超、心电图机等设备到当地市、县，筛查会诊2615人(次)，确诊先心患者393人、风心患者46人、冠心患者950人、心律失常患者28人，到医院救治的心脏病患者达188人，受到患者与政府的高度认可，取得了良好的社会效益。

【认真按照2009年医院工作规划，有条不紊地开展科室建设工作】2009年，医院规范了设备、基建的招投标工作，参加了全省药品集中采购及严格执行药品招标价格工作，完成了门诊楼的外装修，重新布局了体检中心、检验科，建成了血液净化室，成立了心内科CCU。一年来，先后购置了救护车、呼吸机、监护仪、全自动生化分析仪等设备，使医院规模及硬件建设更上一层楼。

【提高职工福利待遇】2009年，医院在发展的同时，更是兼顾职工的工薪及生活待遇。医院通过对周边医院的调查，通过强化绩效考核，为60多人办理了人事代理，三次提高职工工资水平；医院筹资为离退休人员补全了住房及提高津贴费的不足部分，提高了住房公积金的上交额度；为全院参加医疗保险的职工办理了公务员补贴，大大减轻了职工就医的经济负担，让职工充分享受到发展的成果。稳定了大多数聘用人员，提高了职工工作的积极性，增加了医院的凝聚力，同时增加了医院在社会上的赞誉度。

【树立医院新形象】2009年4月份开始，按照河南省国土资源厅的统一部署，积极开展“讲、树、促”活动。结合河南省直第三人民医院工作实际，科学制定了“讲、树、促”活动实施方案。医院领导班子成员随从国土资源厅到兰考县重温焦裕禄同志的先进事迹；组织了20余名党员、团员参观郑州市烈士陵园，缅怀革命先烈，从中汲取教育。对照医院工作，认真整改思想作风、工作作风、领导作风和生活作风方面存在的问题。为开创医院工作新局面，促进医院各项工作再上新台阶，奠定了好的政治基础。

根据《河南省2009年民主评议医院行风工作实施方案》的通知精神，为切实加强行风建设，推动行风评议活动健康深入发展，创建一支医疗质量一流、遵纪守法的医疗队伍，按照省政府、省卫生厅的要求，在全院继续开展以“提高服务质量,改善就医环境,构建和谐医院”为主题的民主评议行风活动。为了保证这项工作扎实有效地进行，医院在显著位置设立“意见箱”，在住院患者中发放“征求意见表”，　完善药品网上集中采购工作，加强对医疗药品购销合同的签订履行，按时回款工作，在医疗设备、耗材上实行阳光采购。经常对容易滋生商业贿赂问题的重点科室和重要岗位的工作人员加强反腐倡廉教育。倡导拒收受患者及家属“红包”并给其经济奖励。2009年，全院倡导拒收红包22700元、收到感谢信、锦旗、玻璃匾额156件；为医院营造了诚信、廉医的医院社会形象；在2009年行风验收检查中，成绩较2008年有显著提高。

（张浩）

河南省国土资源厅信息中心

王文卿　主　　任

庞震雷　党支部书记

王万群　副 主 任

裴进堂　副 主 任

王文卿简介：1979年9月～1983年7月，在河北地质学院物探系学习；1983年7月～1992年10月，在河南省地矿局（厅）物探队工作，历任技术员、助理工程师、工程师；1992年10月～1997年2月，在河南省地矿厅工作，历任监察室主任科员、工程师；1997年3～2002年11月，在河南省地质科学研究所工作，任党总支副书记（主持工作）、书记、工程师。2002年12月至今，任河南省国土资源厅信息中心主任、高级工程师。

【机构职能】2002年11月，经省编委批准，河南省遥感中心更名为河南省国土资源厅信息中心（以下简称厅信息中心），为省国土资源厅直属事业单位。实有编制32名， 处级领导4名，中层干部13名。2008年4月，根据工作需要，经批准，对内设机构进行调整，现设6个科（室）（电子政务科、遥感技术科、数据管理科、网络管理科、信息资源研究室和综合办公室）。现有各类专业技术人员26名，其中，教授级高级工程师1名、高级工程师5名、工程师8名、助理工程师10名、技术员2名。主要负责承担全省国土资源信息化发展规划、计划的编制；参与拟定有关的管理政策、工作规范、技术标准；承担省级国土资源信息系统建设的运行和维护，承担厅机关信息网络系统的技术服务；承担全省土地、地矿资源基础数据库和管理数据库的建设，汇总全省国土资源的资源数据与管理数据；受委托承担国土资源管理部门信息系统及网络建设方案的审查与技术指导；为社会提供公益性信息服务；承担全省土地、地矿资源利用动态监测信息的汇总、分析；逐步建立全省国土资源利用动态监测信息网络，为决策部门提供国土资源实时信息；系统跟踪国土资源管理和科技发展动态，进行省内外国土资源形势和重点、热点问题的动态分析，开展国土资源信息化管理与科技进步的发展战略和对策研究，为政府决策提供科学依据和建议，为科技发展提供国土资源信息支持；开展国土资源信息系统和相关应用软件的开发工作，参与国土资源信息系统、应用软件的测评工作，开展全省国土资源信息化技术培训和省内外技术交流与合作。

【省建设用地动态监督管理系统建设项目基本完成】为及时、准确地获取全省建设用地审批、供应、利用信息，及时掌握全省建设用地动态变化情况，跟踪了解存量土地使用情况，摸清重点城市存量建设用地分布、数量及城市扩展速度等，重点组织开展了“河南省建设用地动态监督管理系统”的开发、部署工作和技术培训等。2009年7月1日，系统上线试运行。

【网络安全改造和数据存储与备份项目通过初验】为确保厅机关信息网络安全和保证厅政务管理信息系统数据安全，2009年，重点开展了厅机关网络安全改造和省国土资源数据存储与备份系统项目建设工作，在项目承担单位与监理单位的密切配合下，所采购网络安全管理软硬件、数据存储与备份软硬件等全部部署完毕，并通过安全测试，现已通过初步验收并投入使用。

【政务管理信息系统运行稳定】自2006年10月份政务管理信息系统上线运行以来，根据各业务处(室)意见、建议，不断对系统部分功能模块进行修改完善，对补充开发的邮件系统等功能模块进行了优化，系统整体运行较为稳定，为厅政务管理网上办公和行政审批公开、透明提供了技术支持。2009年，全年网上共办理收发文4786件、采矿权业务受理566件、探矿权业务受理514件、建设用地预审受理255件、建设项目压覆矿产资源受理239件。

【网上政务公开再获佳绩】根据《国土资源部办公厅关于开展2008年国土资源政务信息网上公开执行情况检查工作的通知》（国土资厅发〔2008〕158号）文件精神，组织对全省各级国土资源系统政务信息网上公开执行情况进行了全面督促和检查，同时，进一步充实了厅网站信息，增加和完善了网上互动、网上查询、网上申报等多项功能，充实和丰富了网站内容，在2009年部信息办组织的全国国土资源政府网站检查评比中，厅网站获得全国第七名，连续3年荣获国土资源部“省级国土资源政务信息网上公开示范单位”荣誉称号。

【第二次全国土地调查底图生产】第二次全国土地调查底图生产项目（河南部分）通过验收。受国务院第二次土地调查领导小组办公室委托，厅信息中心承担了河南省部分市、县4480幅1：1万标准图幅调查底图生产任务（占全省国土面积的67%）。在2008年主体工作完成的基础上，2009年1～3月，按照要求，对南阳、信阳、开封、周口等地区零星分布的、无法接收到新的替换数据的部分图幅进行了追加生产，并重点对全部数据及文档成果等进行了整理、补充和完善。由于项目实施过程中管理到位、措施得力，后期准备工作规范，在2009年4月份的全国项目成果验收会议上，顺利通过验收。

【第二次全国土地调查统一时点底图（河南片区）生产任务基本完成】2009年，第二土地调查统一时点底图生产项目时间紧、任务重、技术含量高，该任务直接关系到第二次全国土地调查任务的落实。经过多方努力，厅信息中心承担了省内106个县（市、区）统一时点底图的生产任务。项目组技术人员牺牲休息时间，连续作战，攻克了影像数据大范围整体几何纠正、成果数据整理批量处理等技术难题，提高了影像处理整体精度，节省了数据处理和成果整理时间，为统一时点底图（河南片区）生产成果按时提交赢得了时间。截至12月31日，项目成果已全部通过监理单位的质量检查，并将制作的外业调查底图、变化图斑记录等资料下发各相关市、县局进行外业核查。

【省国土资源遥感及空间数据快速浏览系统实现共享】为充分挖掘、利用已有高分辨率卫星影像数据的多目标应用价值，使已有数据在厅机关行政管理工作中发挥最大效能，2009年，启动了以覆盖全省的高分辨率卫星影像为底图，集成土地利用规划、矿产资源规划、遥感监测成果数据等内容的河南省国土资源遥感及空间数据快速浏览系统建设工作。2009年8月初，完成系统开发、部署工作，为厅机关各相关处（室）提供高效、快捷的国土资源遥感及空间数据快速浏览服务，同时，还可通过省政府办公资源网实现省直相关厅（局）的远程浏览和查询服务。

【第二次土地利用遥感监测执法检查】省第二次土地利用遥感监测执法检查工作成效显著。省级第二次土地利用遥感监测执法检查工作于2009年年初正式启动，监测范围是在国家监测城市之外的鹤壁、三门峡、驻马店、周口、济源5市市辖区以及全省各省辖市所辖部分县（共21个县）的遥感影像处理工作。截至5月底，共处理P5、SPOT5、SPOT2、ALOS、资源二号及O2B等各类卫星影像数据256景，监测面积3.85万平方公里，共提取变化图斑1857个，为我厅迅速、有效地进行土地执法检查提供了翔实的基础数据。同时，通过卫片执法检查工作，积累了最新时相的、覆盖河南全省的高分辨率卫星影像数据，为河南省国土资源管理“一张图”工程奠定了基础。

【国土资源综合统计】按照国土资源部和省厅工作部署，开展了2008年度国土资源统计年报的数据汇总和省级集中会审工作，组织编制、印发了《2008年河南省国土资源综合统计快速年报》、《2008年度河南省国土资源公报（中英文版）》和《2008年度河南省国土资源综合统计年报》；按时完成了国土资源宏观调控月报表的催报、整理、汇总工作，并撰写了各个月份的土地利用宏观形势分析报告，为部、省和相关厅（局）提供了大量及时、有效的数据信息。

【矿产资源储量统计】完成了2008年度新发现矿产地的汇总、整理和上报工作；对市、县上报至省厅的数据进行了认真审核，并和2007年度统计数据进行了对比、系统检查等，对储量的异常变动进行了修正和说明；完成了河南省储量统计数据汇总，编写了分析报告和《河南省矿产资源储量简表》。

【矿产资源开发统计】完成了河南省2008年度矿产资源开发数据的填报、审查、录入、汇总、分析和上报；编写了《河南省矿产开发统计分析报告》；分析、编写了国土资源系统煤矿年产量和国家统计局煤炭年产量的差别产生原因的报告；按时提交了河南省矿产资源开发统计数据库并通过部验收。

（潘振祥）

资源导刊杂志社

袁可林　　社长、主编

张永强　　副主编、编辑部主任

袁可林简介：河南伊川县人，汉族，大学文化程度，中共党员，1966年参加工作。历任解放军战士、河南地质四队宣传干事、河南省地矿厅政治部宣传干事、中国国土资源报河南记者站站长、资源导刊杂志社社长兼主编。自从事新闻宣传工作至今，已在各种新闻媒体发表作品2500余篇，其中，获省、部奖励约70篇。自2002年任资源导刊杂志社社长以来，每年主编各类文章约100万字。其中，2009年，主编各类文章809篇，约148万字。

【单位简介】《资源导刊》原名《河南国土资源》，是在原《河南地质》的基础上，于2002年4月，经国家新闻出版部门批准创办的。2007年3月，经国家新闻出版署批准，更名为《资源导刊》，是由河南省国土资源厅主管的一份综合类科技期刊。2009年4月，经厅党组同意，国家新闻出版署批准，试刊出版了地质旅游版。到2009年年底，杂志社共有19人，其中，社长、主编1人。行政综合版下设编辑部、广告发行部、综合办公室。编辑4人，广告发行工作人员2人，其他3人。地质旅游版编辑部2009年1月10日成立，到2009年年底，共有9人，其中，编辑7人、其他2人。

《资源导刊》以党中央、国务院关于国土资源工作的方针、政策为指针，面向全国国土资源系统、科研院所、矿山企业、房地产开发企业和关心国土资源事业的广大社会公众，是广大读者了解国土资源有关法律法规、信息动态、工作经验、科研成果、学术理论、市场走势、难点热点及国际动态的传媒载体。

行政综合版常设栏目主要有卷首寄语、特别报道、资源论坛、工作研究、经验交流、中州各地、乡村一线、人物传真、矿业大观、地质勘查、科技之窗、地产市场、国内瞭望、国际博览、报刊文摘、信息荟萃、文化沙龙。

地质旅游版常设栏目主要有特别策划、山水览胜、探根求源、谁不说俺家乡美、行游天下、摄影之窗、奇珍异宝、地学旅游参谋、信息博览、专家论坛。

【办刊宗旨】以邓小平理论和“三个代表”重要思想为指导，宣传国家有关国土资源的法律、法规和宏观指导方针、政策；以正面宣传为主，交流经验，探讨理论，促进国土资源事业的发展。

【工作概况】《资源导刊》全年共编辑出版24期，其中，行政综合版编辑出版14期，包括正刊12期、增刊1期、专刊1期；地质旅游版共出版10期，包括正刊9期、专刊1期。全年共发表各类文章809篇，约148万字，图片1944幅。其中，行政综合版发表各类文章698篇，约117万字，图片567幅；地质旅游版全年共发表文章111篇，文字31万字，图片1377幅。

（一）紧跟中心，服务大局。2009年，杂志社紧紧围绕省厅中心工作，服务大局、服务中心工作。全年围绕“双保”行动、土地综合整治、村级国土资源协管员队伍建设、地质整装勘查、地质找矿大讨论、第二次土地调查、矿业权核查、黏土砖瓦窑整治、矿业秩序整顿等省厅重点工作，精心组织报道和重点文章给予宣传。

（二）不断创新宣传方式。2009年，杂志社在宣传方式上不断创新。一是加强与省厅有关处（室）的联系，对重点工作进行集中报道。编辑部与厅执法处联合，挖掘全省各地国土资源协管员队伍建设先进典型，进行集中报道，先后编发各地协管员队伍建设经验性稿件10余篇；与厅人事处联合开展了全省先进基层国土资源所集中报道活动，选取了一批基层国土资源所建设的先进典型，在杂志上连续报道，仅下半年就编发稿件10余篇。二是抽调部分优秀特约记者，异地进行采访，对一个地区的国土资源管理工作进行集中采访报道。2009年，先后于4月、7月组织了两次许昌、济源的集体采访活动，邀请市、县部分优秀特约记者、通讯员参与采访，既促进了基层通讯员队伍素质的提高，又加强了对重点市、县基层国土资源管理工作的宣传。

（三）进一步加强质量管理。一是严格对照国家有关规定，认真执行“三校一通”制度及差错奖惩制度；同时，引入了校对软件，使刊物的差错率进一步降低，质量进一步提高。二是采取自查毛病和请人“挑刺”相结合，在编辑校对的基础上，先后聘请新华社河南分社、党的生活杂志社的退休老编辑担任顾问，请他们为每期杂志把最后一关，有效地提高了编校质量，促进了编辑队伍素质的提高。三是与省摄影家协会建立了密切的合作关系，由摄影家协会为杂志提供高质量的图片，使杂志的图片质量有了较大提高。

（四）发行、广告经营稳步上升。2009年，杂志的发行量和广告收入均稳步上升。截至2009年12月底，2010年杂志的发行量由2009年的2.1万份上升到2.3万份，增幅为15%。

（五）编辑队伍素质不断提高。一是加强政治、业务学习，不断提高编采人员的政治敏感性和业务素质。二是鼓励编采人员参加新闻出版专业职称考试，提高业务能力。2009年，又有2人通过了新闻出版专业中级考试。三是走出去开阔眼界。7月份，我们组织编辑人员参加了省期刊协会组织的赴知音杂志社考察活动，通过考察，开阔了眼界，加强了期刊之间的交流。

（六）宣传渠道不断拓宽。2009年，经国家新闻出版署批准，杂志社于2009年1月成立了地质旅游版编辑部， 4月试刊出版了地质旅游版，重点宣传我省地质遗迹保护工作，对外展示我省优美的地质遗迹和地质景观。在编辑人员、办公用房、发行渠道、广告收入渠道各方面困难重重的情况下，杂志社按照省厅领导坚持“高点起步，借风行船，稳步前进，争创一流”的指示精神，白手起家，艰苦创业，招聘编采设计人员，在外租房办公，寻求合作单位，保证了试刊期间的正常出刊，基本实现了收支平衡，提前一年实现了原定“两年实现收支平衡”的目标。据2009年12月底统计，2010年固定订户近2000户，实现了预期目标。

杂志社在办好杂志的同时，开通了资源瞭望网，使其成为国土资源管理工作新的宣传阵地。

【社会影响不断扩大】随着杂志质量的不断提高，其在社会上的影响也越来越大。目前，《资源导刊》已被评为“河南省第一届自然科学期刊综合质量检测一级期刊”；2009年，杂志社又被河南省期刊协会推举为副会长单位。被“中国知网”、“万方数据——数字化期刊群”、“书生网”、《中国学术期刊网络出版总库》收入。

据“中国知网”统计，2009年，《资源导刊》机构用户总计3218个，分布在17个国家和地区；个人读者分布在21个国家和地区。

（张永强）

河南省铁路土地管理局

李学章　　局　长

【机构设置】河南省铁路土地管理局（编制10人）作为河南省国土资源厅的派出机构，接受河南省国土资源厅和郑州铁路局的双重领导。土地业务上受河南省国土资源厅领导，行使河南省政府土地部门授予的部分职能和权力。同时，设立郑州铁路土地管理分局（编制8人）、洛阳铁路土地管理分局（编制6人），两分局除受河南省铁路土地管理局的垂直领导外，在业务上是接受当地人民政府土地管理部门的指导。

河南省铁路土地管理局下设河南省铁路土地监察大队(编制6人)，大队下设郑州、洛阳中队，分别设在郑州、洛阳铁路土地管理分局。郑州中队（编制10人）、洛阳中队（编制9人），各中队监察业务受大队指挥，其他归各分局管理。全大队实行土地监察工作垂直领导体制。铁路土地监察机构实行双重领导和双重负责制，既受铁路土地管理局领导，又受河南省国土资源厅的领导；土地监察业务受河南省国土资源厅领导，服从河南省国土资源厅的统一安排。

【工作概况】截至2009年底，河南省铁路土地管理局管辖用地面积18256．07公顷，是河南省国有企业中用地较多的单位,也是跨地区多的用地大户。铁路用地具有线长、点多、涉及面广、多邻多界的特点。河南省铁路土地管理局担负着对铁路用地利用状况的检查指导、监督和管理；组织、宣传贯彻执行土地管理法律、法规和政策，制定铁路用地管理的规章制度；负责铁路用地的调查、申报、登记、统计和基建工程用地的验收和接管工作；按省国土资源厅赋予铁路土地监察的任务，做好铁路用地的监察工作，调查土地违法行为；依据国家和地方有关法规，配合县级以上人民政府土地管理部门处理土地纠纷。2009年,河南省铁路土地管理工作，在河南省国土资源厅和郑州铁路局的双重领导下，紧密围绕铁路运输、铁路安全、和谐铁路建设，以夯实基础工作、提高利用效能、强化用地监察和深入开展铁路线路安全保护区清理为重点，坚持集中统一、分层负责、严格制度、规范行为的指导方针，严格落实铁路用地管理的各项法律法规，进一步更新思想观念，理顺管理关系，完善管理机制，加强土地宣传，优化用地配置，规范开发处置，搞好权益保护，实现铁路用地的保值增值，不断提高管理意识和管理水平，圆满完成了年度各项工作任务。

【土地宣传】为了更好地贯彻执行国家土地管理法律、法规、政策和铁道部铁路用地管理规定。制订宣传方案，有计划、有组织地开展了各类土地宣传活动。“6·25”全国土地日期间，紧扣“保障科学发展，保护耕地红线”这一宣传主题，利用各种形式广泛开展第19个全国“土地日”宣传活动。以郑房函〔2009〕21号文件转发国土资源部办公厅关于开展第19个全国土地日宣传活动的通知，要求局管各单位积极开展“6·25”土地日宣传活动，各单位利用板报、网络、各种会议等多种形式进行广泛宣传。主要站段在各个大的场所、站区悬挂土地宣传的标语横幅，扩大宣传面，增强影响力，提高宣传效果。全局共发放宣传资料11760份，制宣传板报405块，悬挂宣传条幅448条，张贴宣传标语2991条，制作各种图文并茂宣传展板280块，组织学习土地法律、法规及铁路运输安全保护条例113场、3167人（次），发放考试试卷420份，与沿线群众谈心交流达10200人（次）。利用《中原铁道报》、局有线电视台、局域网进行宣传，发放专刊2万余份，宣传活动取得一定成效。

【土地确权领证】按照铁道部下达的领证率指标，制定了2009年领证计划。积极和地方各级政府有关部门联系，采取有效措施，先易后难，有序推进，在保证铁路权益的前提下，做好土地领证工作。截至2009年底，郑州局用地总面积18256.07公顷，确权领证面积 17263.05公顷，确权领证率94.56 %。

【土地监察队伍建设】为了更好地保护铁路用地的合法权益，提高土地管理人员基本素质，采取多种方式，组织有关人员学习法律、法规和业务知识，强化干部职工教育培训。11月，派3人参加铁道部举办的建设用地竣工验收培训班。12月，派3人参加了铁道部铁路用地平面图绘制培训班。通过学习培训，不断提升土地管理人员的整体素质。加强土地监察队伍建设，公开招聘土地监察人员，通过考试、面试录用了7名土地监察人员，充实了土地监察队伍。

【铁路线路安全保护区建设和管理】为落实《铁道部关于进一步加强铁路线路安全保护区建设和管理的通知》（铁办〔2008〕230号）文件要求，由土地房产管理处牵头组织，于2009年6月30日前完成了全局铁路线路安全保护区平面图的绘制工作。按照《郑州铁路局落实〈铁路运输安全保护条例〉责任制考核办法》（郑铁劳卫〔2009〕2号）等文件，由房建部门牵头组织，负责铁路线路安全保护区内已有建筑物、构筑物的清理和清除工作，并对新生的非法建筑物、构筑物进行制止。根据安保区铁路用地的基本状况、特点，有针对性地开展铁路用地监察活动，管内没有出现新生建筑物、构筑物。基本摸清了安保区内各种建筑物、构筑物、种植物和各种场所的种类、数量、范围、危及安全程度，对清查内容进行梳理、甄别、分类，建立了清查基础资料档案。对调查中发现的336处被路内外单位和个人非法侵占的33154.54平方米铁路用地，进行了初步清理。按照铁路局安全监察室《关于加强铁路两侧危树安全专项整治工作管理的通知》要求，积极配合郑州、洛阳供电段完成危树所属地界的确认工作。

【铁路建设工程用地管理】根据铁道部土地局对郑西客运专线检查提出的要求，为确保档案的准确、齐全、完整，切实做好档案文件资料的收集与归档，按照铁道部《关于重新印发〈铁路建设项目竣工验收交接办法〉的通知》铁建设〔2008〕23号文件的相关规定，为加强资产管理，确保铁路权益，铁路用地管理部门积极发挥专业优势，主动介入郑西客运专线建设工程的可行性研究、设计审查等工作，成立专门组织、明确了目标、制订计划、落实责任人、配备得力人员，与每个建设标段的工程建设单位一一对接；对郑西客运专线各工程建设单位集中进行培训两次，切实做好建设项目竣工土地验收交接工作，做到“成熟一批交接一批”，并及时整理、归档。

【保障民生工程建设用地】认真贯彻执行《关于规范推进铁路职工住房建设的若干意见》（铁政法［2009］26号）文件，依据铁道部《铁路用地资产处置规定》（铁运〔2006〕49号）、《铁路用地开发利用管理办法》（铁运〔2006〕198号）等文件，下发了《关于进一步规范集资建房用地手续的通知》，要求铁路局各级土地管理部门积极发挥作用，指导、配合集资建房单位做好铁路用地处置工作。对郑州北车辆段、郑州北车站、郑州房屋修建中心、郑州电务段、郑州东车站、局集体经济管理处、郑州铁路公安处、郑州供电段8个基层单位提供的铁路用地集资建房手续，经铁路局核准，报部土地局备案；对南阳工务段、南阳车务段2个集资建房用地项目，经铁路局同意，已按照规定上报铁道部审批。从而规范土地资产管理，优化土地配置、合理开发利用，实现资产效益最大化，提供了有效的参考依据，为搞好民生工程建设，创造了有利条件。

【强化土地执法监察】着力加强铁路用地执法监察制度建设和队伍建设。以土地管理法律法规为准绳，以确保铁路用地不被随意侵占为重点，以扎实有效的工作作风，积极运用法律手段开展铁路用地执法监察工作，不断加大铁路用地执法监察力度，积极处理土地纠纷，严格查处违法占用铁路用地行为。2009年，直接查处违法占地3宗，共计490平方米，切实维护了铁路用地的合法权益。

【加强基层铁路用地管理】为全面加强铁路用地管理制度化建设，逐步从制度上规范路局各单位使用铁路用地行为和参与管理职责。按照路局2008年度经营业绩考核的工作部署，由土地房产处牵头，总工室、企管处、多元办联合成立铁路用地管理综合考核领导小组，于2009年3月17日～27日对局管48个基层单位铁路用地管理工作进行了考核检查，规范铁路用地监护管理。本着“谁使用、谁看护、谁负责”的原则，明确了基层单位铁路用地监护职责。进一步加强基层单位铁路用地管理工作。

【铁路建设项目用地计划的审查上报】认真做好石武客专河南段、新乡至月山第二双线、改建铁路宁西线增建第二线（郑局管段）、改建铁路洛张电化洛阳枢纽配套工程2010年土地利用建议计划，及时上报计划处，为铁路建设提供用地保障。同时、对开发利用、民生建设等项目的方案进行审查，努力提高铁路用地利用效率，以详实的用地资料、有力的法律依据、科学的理论数据，提出节约集约用地意见。

【夯实铁路用地管理基础】依据铁道部土地局的要求，完成了铁路用地档案重新整理、编码、归档工作，完成了铁路用地管理台账的建立工作。积极配合地方国土部门做好全国土地二次土地调查工作。截至目前，2009年，配合河南省境内18个市、13个区、22个县的国土资源管理部门开展了全国土地二次土地调查工作。

（田竹玲）

河南省地质矿产勘查开发局

唐全国　局长、党委副书记

张锦同　副局长、党委书记

杨新敏　巡视员、党委委员（2009年7月任）

蒋家振　副局长、党委委员

郭　轲　副局长、党委委员（2009年4月离任）

王天顺　副局长、党委委员

王建平　副局长、党委委员

何莉局　纪委书记 、党委委员（2009年6月任）

周旦如　副巡视员（2009年6月离任）

黄志忠　副巡视员

赵文礼　副巡视员（2009年7月任）

唐全国简历：1952年5月出生，河南平顶山人，汉族，大专学历。1970年12月入伍，1972年12月加入中国共产党。1975年3月转业到平顶山市工作后，先后任平顶山市委办公室办事员、副科长、科长、副主任，市委副秘书长，政研室主任，湛河区委书记，市人民政府秘书长、党组成员；1998年5月起，先后任平顶山市委常委、宣传部部长，市委常委、秘书长；2003年8月，调任河南省国土资源厅副厅长、党组成员；2008年3月，任河南省地质矿产勘查开发局局长、党委副书记，河南省国土资源厅副厅长、党组成员。

张锦同简历：1956年11月出生，河南省项城人，汉族，研究生学历，1977年7月加入中国共产党。1982年7月，河南师范大学中文系本科毕业。历任河南省太康县老冢乡办事员、副乡长，太康县马厂乡党委书记，太康县委常委、县纪委副书记，西华县委常委、组织部部长，淮阳县委副书记，周口地委宣传部副部长，周口市（县级市）委副书记（主持全面工作）、市（县级市）委书记。1999年3月～2008年3月，历任河南省周口地委委员、政法委书记，周口市委常委、政法委书记，河南省南阳市委常委、政法委书记，南阳市委副书记、纪委书记，南阳市委副书记，河南省鹤壁市委副书记、市委党校校长（兼）。2008年3月，任河南省地质矿产勘查开发局党委书记、副局长。

【**机构设置**】局机关内设办公室、政治部、财务资产处、发展合作处、人事劳动处、地质勘查和科技管理处、地质环境和地质工程处、纪律检查委员会（监察室）以及河南省地质工会。辖河南省地质调查院、河南省地质矿产勘查开发局第一地质调查队、河南省地质矿产勘查开发局第三地质调查队、河南省地质矿产勘查开发局第一地质勘查院、河南省地质矿产勘查开发局第二地质勘查院、河南省地质矿产勘查开发局第一地质工程院、河南省地质矿产勘查开发局第二地质队、河南省地质矿产勘查开发局第十一地质队、河南省地质矿产勘查开发局第三地质探矿队、河南省地质矿产勘查开发局第四地质探矿队、河南省地质矿产勘查开发局第一水文地质工程地质队、河南省地质矿产勘查开发局第二水文地质工程地质队、河南省地质矿产勘查开发局区域地质调查队、河南省地质矿产勘查开发局地球物理勘查队、河南省探矿机械院、河南省地质矿产勘查开发局测绘队、河南省岩石矿物测试中心、河南省经贸工程技术学校、河南省地质职工学校、河南省地质矿产勘查开发局机关服务中心、河南省地质矿产勘查技术中心、河南省地矿信息中心、河南省地质矿产勘查开发局发展研究中心、河南豫矿资源开发有限公司、河南省地矿建设工程（集团）有限公司、河南省磊鑫地质矿产有限责任公司、河南省亚非地质工程技术国际合作有限责任公司、河南山水房地产有限公司、河南中联矿业有限公司、河南中州地矿岩土水务有限公司、河南省地矿物资供应中心、河南省地质工程公司、河南省地质矿产勘查开发技术公司33个二级单位。

【**狠抓项目建设，全局发展迈上新台阶**】认真贯彻落实省委、省政府的重大战略部署，紧紧围绕“三保两抓一推动”的工作大局，以开展“地质找矿改革发展大讨论”为契机，切实加强地质找矿保障服务能力建设和市场主体建设。精心谋划和实施地质工作重大项目，全年共承担各类地质项目458项，组织实施局级重大项目20个，队级重大项目50个，投资总额达15亿元，确保了中央和省政府下达的地质任务高标准、高质量的完成和地矿经济平稳快速增长。在地质找矿上取得一批新成果，发现和探明特大型矿产地3处、大型矿产地3处，在省内新增资源储量黄金20吨、煤炭10亿吨、钼60万吨、铝土矿2100万吨；在地质服务上提交了一批高质量的公益性地质和科研成果；在地矿经济上保持了跨越式发展的良好态势，全局经济总量达到27.89亿元，同比增长25%，超额完成年度目标。

【创新勘查机制，实施整合勘查，地质找矿取得新突破】针对矿业权设置小而散、难以取得大成果的问题，把局属单位在同一成矿带、矿集区的矿业权，按照统一勘查规划、统一项目设计、统一技术标准、统一组织实施、统一提交成果的办法实施了整合勘查，在地质找矿中取得了显著成效。省内嵩县矿集区金多金属整合勘查，仅用半年多时间就投入勘查资金4000多万元，初步控制金资源量达到大型规模。这种做法被媒体称之为“嵩县模式”，得到了国土资源部、省领导的充分肯定，受到了同行业的广泛关注。国土资源部徐绍史部长和省领导亲临嵩县矿区视察指导，部专门派出调研组进行调研。《中国国土资源报》等媒体多次进行采访报道，并被列入2009年全国十大地矿新闻。还开展了卢氏矿集区钼多金属矿整合勘查，预期提交新发现大中型矿产地3～5处；开展了信阳地区大别山北麓钼多金属矿整合勘查，发现并探明了千鹅冲特大型钼矿床，资源储量达60万吨。探明的“河南省新安县郁山大型铝土矿床”被列入2009年度全国十大地质找矿成果。

【推进科技创新，拓宽工作领域，提升保障服务能力】大力推进地质科技创新，不断拓宽地质服务领域，各项服务目标顺利完成。在地质科研方面，完成了“华北平原地下水污染调查与评价研究”，被列入2009年度全国十大地质科技成果。完成了小秦岭深部金矿成矿规律与成矿预测，预测金资源量467吨以上，项目成果达国内领先、国际先进水平。加强了重点实验室和工程技术中心建设，经省科技厅组织评审，建成了省级“金属矿产成矿地质过程与资源利用重点实验室”；经省国土资源厅组织评审，建成了厅级“矿产高效利用工程技术研究中心”。组织编写的《PVC-U管成井技术规范》，经省质量技术监督局批准施行，成为我国首个地方标准，被列入2009年度全国探矿工程十大新闻。在地质服务方面，完成河南省11个重点城市浅层地热能调查评价与开发利用研究，成果达到国际先进水平，受到省领导高度重视；完成黄淮海平原（河南部分）水质型缺水区洁净地下水勘查，为当地饮水安全工程提供了科学依据；在安阳东区钻出深度为2200米的地热井，创造了安阳地区地热井深度、温度和自流量3项纪录；中原城市群城市地质调查，完成调查面积1300平方公里；编制的《驻马店市地质灾害防治规划（2009—2020年）》被该市批准实施；遂平县781铀矿山地质环境恢复治理，各项指标均优于国家标准；成功规划、申报了红旗渠·林虑山、西藏羊八井国家地质公园等多个国家地质公园项目。积极参与四川灾后重建、高铁客运专线、南水北调、西气东输、郑东新区、郑州地铁等国家和省重点项目勘察施工。

【围绕全省大局，开展战略合作】贯彻温家宝总理关于地质工作“两个更加”的要求，不断强化大地质、大资源、大环境、大服务的观念，坚持以我省经济社会发展的现实需要和长远需求为工作导向，努力推动地质工作与河南扩内需、保增长相结合，与资源型城市科学发展相结合，与省内大企业可持续发展相结合，进一步促进地质工作的根本转变，也改变了自我封闭的状况。分别与洛阳、三门峡等资源型城市建立了战略合作关系，合作开展优势矿产资源勘查、矿山环境恢复治理、土地质量评估和污染土地生态修复等方面的工作，优选合作项目、加快组织实施，部分合作项目已取得阶段性成果，对资源型城市提高地质工作保障水平、实现科学发展起到了重要促进作用，受到了地方政府的欢迎。还与河南煤化集团、洛阳矿业集团等大型矿业企业建立了战略合作关系，联合开展省内优势矿种的勘查开发，着力解决影响省内大型矿业企业可持续发展的资源制约问题，为河南省经济实现跨越式发展提供强有力的资源保障。

【扩大对外开放，拓展发展空间，境外资源勘查迈出新步伐】继续大力实施地质勘查“走出去”战略，加强对我国、我省实施境外资源勘查开发政策的研究和有关国家法律法规、资源情况的研究，坚持“立足开发搞勘查”，调整境外资源勘查开发战略选区和主攻矿种，在巩固非洲市场的同时，选择资源潜力大、政局稳定、法制健全、基础设施完善的发达国家为目标区，取得明显成效。2009年，在境外新增矿业权60个，累计独立拥有或参与合作的境外矿业权达106个，工作区域遍布非洲、美洲、大洋洲、亚洲周边等20多个国家，组建勘查开发企业11个，常年在境外工作人员300余人，最多达500余人。实施的阿尔及利亚阿尔贝特铅锌矿开采项目、承担的几内亚博凯558平方公里铝土矿勘探项目，被列为我省对外开放重点工作推进计划，均取得很好的找矿成果，在阿尔及利亚新增铅锌资源量70万吨，在几内亚发现了特大型铝土矿；还与河南省豫商联合会就澳大利亚西澳洲100平方公里的镍矿资源勘查开发签订了合作协议。境外矿产资源勘查开发工作走在了全国地矿行业的前列，为我省有实力的大企业“走出去”开发利用国外资源充当了先锋。

【推进企事分开，建设市场主体，地勘单位改革取得新进展】积极探索“两精干一过渡”改革模式的实现形式，围绕地勘单位发展，稳妥推进地勘单位改革，努力促进地质勘查体制机制的创新。一是积极推进事企分开。在完善公益性地质工作服务体系的同时，坚持“事企分开”原则，积极探索推行地勘单位与地勘企业的财务、人事、统计、考核等分体运行，不断完善以聘用制度和岗位管理为核心的事业单位人事管理制度，逐步建立灵活的企业用人制度和收入分配制度，努力推进经营机制和管理制度创新，增强了地勘单位的发展动力和内部活力。二是加快建设市场主体。按照省政府〔2008〕49号文件的要求，经省财政厅批准，由局属15个单位共同出资组建了豫矿资源公司。以豫矿资源公司为合作平台，促进勘查技术与勘查资本的有机结合，分别与河南煤化集团、洛阳矿业集团合资组建了商业性矿产勘查市场主体，论证实施了一批合作项目，显示出较好的发展前景。还通过开展专题调研、召开专题研讨会，对地勘单位市场主体建设进行了积极探索。按照现代企业制度的要求，开始对全局现有公司运作进行规范。三是努力构建综合评价机制。根据省委、省政府《关于创新经济社会发展综合评价机制的意见》，在广泛调研、多方论证的基础上，制定了科学发展综合评价办法，对地勘单位提高保障服务能力、增强发展综合实力、实现科学发展将发挥导向作用。

河南省地质调查院

张　良　　院长
孙模志　　党委书记
燕长海　　副院长、总工程师
刘成社　　副院长
赵云章　　副院长（兼）
张　毅　　副院长
边彦明　　副院长
柴文杰　　纪委书记

张良简介：河南淮阳人，1963年7月19日出生，汉族，工程硕士，教授级高级工程师、矿业权评估师，1983年毕业于河北地质学院。先后任河南省地矿厅区调队分队长、分队技术负责、副总工程师、副队长，河南省地矿局地勘处副处长，河南省地质调查院副院长，河南省地矿局副总工程师，现任河南省地质调查院院长。兼任河南省地质学会理事、河南省土地协会理事、河南省古生物学会常务理事、河南省地质学会青年工作委员会主任。该同志长期从事野外一线地质调查、地质找矿和科学研究工作，主持完成和提交地质调查与科研项目成果20余份，出版专著4部，公开发表交流学术论文20余篇，获省部级科技成果奖6项。

【职责与机构设置】主要承担国家和省政府确定的基础性、公益性地质调查和战略性矿产勘查任务；承担并组织实施全省地下水资源、地质灾害、地质遗迹、地质环境等的调查与评价工作；为国土资源管理、规划、保护和综合利用等提供业务基础支撑，为国民经济和社会发展提供公益性服务。下设7个职能管理部门、10个专业中心（所）、3个驻外办事处、14个分院。职能管理部门为综合办公室、党群工作部、财务部、重大项目管理办公室、矿产调查部、地质调查部、质量/环境/职业健康安全管理办公室；专业中心（所）为发展研究中心、信息中心、矿产地质调查中心、基础地质调查中心、城市与农业地质调查中心、水文与环境地质调查中心、旅游地质调查中心、国外地质矿产调查中心、西藏地质矿产调查中心、遥感所；驻外办事处为西藏办事处、新疆办事处、北京办事处；分院为焦作矿产分院、洛阳矿产分院、许昌矿产分院、南阳矿产分院、信阳矿产分院、三门峡矿产分院、商丘资源评价分院、物探分院、信息工程分院、洛阳探矿分院、方法技术分院、水工环调查分院、郑州水环分院、驻马店水环分院。

【全年工作概况】共承担国家和地方各类公益性地质工作项目103项，其中，国家地质大调查及中央财政专项项目47项，省财政“两权价款”项目36项，内蒙、新疆等地招标项目10项，地方财政项目10项。项目涉及领域包括矿产地质、区域地质、区域物化遥感、农业地质、城市地质、水文地质、环境地质、旅游地质、地学数据库建设、方法技术研究等。项目分布地域包括河南、西藏、新疆、内蒙、非洲津巴布韦、刚果（金）及大洋洲澳大利亚等地。全年完成主要实物工作量：1∶5万地质填图2280平方千米，1∶5万矿产地质填图2844平方千米；1∶5万水系沉积物测量2770平方千米，1∶5万城市环境地质调查980平方千米，1∶5万重点矿区矿产资源开发及环境多目标遥感调查10200平方千米；1∶20万区域化探7650平方千米；1∶25万区域性矿产资源开发及环境多目标遥感调查45000平方千米，1∶25万区域重力调查6000平方千米，1∶25万土壤地球化学调查10260平方千米，1∶25万地下水污染调查32332平方千米；槽探29466立方米，岩心钻探33358米，水文地质钻探2447米。

【地质找矿】将地质找矿作为公益性地质工作的中心任务，努力为国家和我省资源安全提供资源保障。坚持实施“立足中原、开拓西部、走出国门”的战略方针，围绕重点矿种和重要成矿区（带），开展了省内、西藏、新疆、内蒙，以及非洲津巴布韦、刚果（金）、大洋洲澳大利亚等地的矿产资源勘查与调查评价工作。提交新发现矿产地5处，圈定找矿靶区33处，另有多处已发现矿产地新增了矿产资源量。累计新增矿产资源量铁为9854万吨，铝土矿为3540万吨，钼为2.08万吨，铅锌为43.34万吨，金为3.8吨，银为425吨。

【省内地质找矿】豫西铝土矿评价，在荥阳崔庙地区新发现1处矿产地，渑池礼庄寨新增铝土矿资源量2000万吨，郁山铝土矿详查新增铝土矿资源量910万吨。豫北濮阳—滑县煤预查，新增资源量7.85亿吨，估算煤资源总量可达13.56亿吨。豫西南钼铅锌银多金属矿调查评价，在方城县七顶山地区发现厚度大于40米的钼银矿体；在赤土店地区发现厚度大于250米的钼钨多金属矿化体，估算钼钨资源总量达50万吨以上；在杜关—云阳地区新发现长度大于1000米的铅锌矿带；在卢氏大阳沟地区新发现钼矿点1处。

全省矿产资源潜力评价工作。完成铁、铝资源潜力评价，铝土矿、铁矿资源潜力评价报告已通过部审查验收。通过遥感、重磁、化探、重砂等大量数据分析以及成矿地质背景、区域成矿规律研究，圈定出49个铝土矿找矿靶区，75个铁矿找矿靶区。预测1000米以浅铝土矿资源量56亿吨，铁矿石资源量37亿吨。

【省外地质找矿】西藏念青唐古拉山地区铜铅锌多金属矿产资源调查评价工作，通过金达地区和仁多岗地区1：5万矿产远景调查，圈定单元素异常162处、综合异常37处，找矿靶区19处，新发现矿（化）点8处；通过实施西藏亚贵拉铅锌银钼矿普查、班–怒带中西段镍多金属矿调查等项目，新发现铅锌矿化体3条、铅锌铜矿化带3条、铁矿化带5条，新增铅锌资源量35.44万吨、银425吨。新疆西昆仑矿产资源调查评价工作，新发现铁矿体4条、铅锌矿化体2条，新增铁矿石资源量1亿吨以上。内蒙古北部地区矿产资源调查评价工作，开展了8幅1：5万矿调和3处矿产地预查、普查工作，新发现多金属矿（化）点27处，圈定了6处找矿靶区。

【国外地质找矿】刚果（金）铜、钴矿勘查，圈定2个铜钴矿化体和2个铜矿化体，估算钴资源量1.4万吨，预测铜资源量20万吨。津巴布韦东北部金多金属矿调查，已控制1处长550米的金矿体，初步计算金资源量6.3吨；津巴布韦东部1：25万地球化学调查，通过中国地调局组织的野外验收，通过化探异常查证，查明了Tarka一带砂金来源，发现了岩金矿化。西澳洲凯斯地区镍金矿预查，完成填图106平方公里、高磁测量37平方公里。

【基础地质调查】省内栾川地区潭头镇、古城、陶湾、栾川县4幅1：5万区调成果通过评审，2幅获得优秀、2幅良好。新疆西昆仑8个图幅1：5万区调，完成填图面积1267 平方公里，新发现铜、铅锌、铁等矿（化）点13处，其中，布伦口等4个图幅已通过野外验收，获优秀级。内蒙古东北部8个图幅1：5万区调，完成填图面积850平方公里，新发现铁铅锌矿化点4处。

【农业地质调查】完成安阳—濮阳地区1：25万多目标区域地球化学调查1万平方公里，全省已累计完成8.6万平方公里；完成温县1：5万土地质量调查560 平方公里；完成了淮河上游、周口地区地球化学异常查证，编制各类地球化学图件300余张；全面完成了部省合作项目“河南省黄淮平原经济区农业地质调查”项目成果报告和各类地球化学图件的编制及成果验收准备工作。

【水文与环境地质调查】完成黄淮流域地下水污染调查面积2000平方公里，沿黄地带水文地质调查500平方公里，水质型缺水区洁净地下水调查2800平方公里。积极支持地方抗旱打井工作，在宜阳县缺水地区打井15眼，解决了15个村镇居民饮水与部分农田灌溉问题。洛阳市重点矿区生态恢复治理规划通过评审验收，完成了登封大冶、巩义小关、新乡西张门等矿山地质环境治理项目。

【城市地质调查】中原城市群新乡、许昌、漯河城市地质调查，完成调查面积980平方公里，全面完成郑州、洛阳、开封城市地质调查报告编写；提交的河南省主要城市环境地质调查评价报告通过评审，获得优秀级；通过我省11个重点城市的浅层地热能资源评价与开发利用研究，在城市规划区，年可利用的浅层地热资源折合标准煤5512万吨，为绿色可再生能源的利用提供了重要依据。

【旅游地质工作】成功申报西藏羊八井、林州红旗渠2个国家地质公园以及宜阳花果山、新县大别山2个省级地质公园，完成省政府援藏项目西藏羊八井地热地质公园总体规划和核心景区建设工程设计与环境评价；完成了云台山、嵩山、王屋山—黛眉山3个世界地质公园和信阳金刚台国家地质公园规划修编；开展了河南省地质遗迹调查与区划及示范研究，完成调查面积964平方公里；开展地质遗迹保护项目23个，其中已完成项目11个。旅游地质工作继续走在全国前列。

【遥感地质工作】开展了河南省中西部重点

成矿带矿山开发遥感调查与监测、高光谱遥感找矿方法技术研究以及西藏昌都、山南等地区遥感地质综合调查，完成遥感地质调查1：25万45000平方公里、1：5万10260平方公里、1：1万7300平方公里。圈定羟基、铁染混合遥感异常40处，圈定绿泥石化、高岭土化、明矾石化等单矿物遥感异常50处。

【地学数据库与信息系统建设】地学数据库建库工作共完成1：5万区域地质图18幅，其中8幅通过中国地调局组织的验收；基本完成了矿产勘查原始编录数据采集及整理技术课题设计，河南基础地质数据库得到了及时更新与维护。

年度提交成果报告13份。其中，地质大调查报告3份即河南省栾川地区1：5万区调、西藏念青唐古拉山地区铜铅锌银矿产资源调查评价、内蒙古包尔敖包地区矿产资源远景调查；国家资源补偿费项目报告5份即河南省卢氏—栾川铅锌银调查评价、豫西陕县—新安—济源铝土矿远景调查、河南舞阳—新蔡铁矿勘查、河南省卢氏地区矿产远景调查、西藏都郎拉地区战略性矿产远景调查；省“两权价款”项目报告5份即豫西南地区铅锌银钼矿集区成矿规律及找矿方向研究、河南省覆盖区隐伏铝（粘）土矿资源潜力评价和找矿技术研究、内生金属矿产大比例尺成矿预测选区及综合勘查技术方法研究、河南省华北板块中元古代—古生代主要成矿期岩相古地理和构造古地理研究、河南省重点城市浅层地热能评价与开发利用研究。

【地质科研】全年共发表专业学术论文40余篇；开展科研课题9项，有5项科研成果通过评审验收，均获得优秀。“豫西南地区铅锌银钼矿集区成矿规律及找矿方向研究”成果达“国际先进”；“河南省华北板块中元古代—古生代主要成矿期岩相古地理和构造古地理研究”成果达“国内领先”，部分达“国际先进”；“河南省覆盖区隐伏铝（粘）土矿资源潜力评价和找矿技术研究”和“内生金属矿产大比例尺成矿预测选区及综合勘查技术方法研究”成果达“国内领先”；“河南省重点城市地能资源评价与开发利用研究”成果达“国际先进”，部分达“国际领先”水平。有多项成果获奖。其中西藏当雄—嘉黎一带铜铅锌银矿产资源调查评价成果获国土资源部科技成果一等奖；参与完成的华北平原地下水可持续利用调查评价成果获国土资源部科技成果一等奖；河南卢氏—栾川地区铅锌银评价成果获省科技进步二等奖；河南新安县郁山探明大型铝土矿床成果被中国地质学会评选为2009年度“十大找矿成果”之一；参与完成的华北平原地下水污染调查评价研究成果被中国地质学会评选为2009年度“十大地质科技成果”之一。

承担了省国土资源厅2010年矿产资源勘查部署研究、河南省地质勘查成果汇总、国土资源部重大科技成果（河南省分集）的编制出版等工作。

【队伍建设】持续完善人才队伍结构，提高技术装备水平，加强专业体系建设，不断提高了公益性地质工作任务的承担能力，全面增强了公益性地质工作资源保障能力和服务功能，加强制度建设，持续推进规范化管理和队伍和谐。

继续实施“以硕博计划为龙头，以学科建设为主体”的人才培养与引进战略，通过人才自主培养、引进和培训等措施，不断加强科技人才队伍建设。继续与中国地质大学（北京）联合举办工程硕士班培训，参加培养学员34人；录取矿产勘查、地质与化探、遥感技术应用、环境工程、信息技术等专业研究生7名；选拔40人参加省地矿局组织的“地质项目负责人培训班”，有24人取得项目负责人任职证书；在职年轻技术骨干参加学历提高教育80余人；2人获得“省级学术带头人”称号；在省地质工会组织的技能竞赛中，个人、团体均夺得第一名。

为不断满足深部找矿、试验测试、基础地质研究与创新等工作的需要，购置了工程地震仪、X荧光光谱仪、多功能测井仪、野外数据采集设备等高新设备114台套。继续按照专业领域和项目地域，划分和推进计划项目管理，以地质找矿为中心，基础地质、农业地质、城市地质、水文地质、环境地质、旅游地质全面发展的“1+6”专业服务体系不断得到完善。

按照地质工作更加紧密地与国民经济和社会发展相结合，更加主动地为经济与社会发展服务的总体要求，围绕提高资源保障能力和增强服务功能，采取一系列措施，不断加强专业服务体系和科技创新能力建设。经教育部批准，与中国地质大学（北京）联合建立了地学研究生培养示范基地，在栾川县联合建立了产学研基地；经省国土资源厅批准，成立了河南省生态地球化学应用工程技术研究中心；

与河南省地质矿产勘查开发局岩矿测试中心联合建立了省级重点实验室。

进一步推进规范管理，编制印发了包括行政办公管理、人事管理、财务资产管理、安全生产与后勤保障管理制度在内的《河南省地质调查院管理制度汇编》；印发了所从事全部专业领域的地质调查常用规范汇编共12册；修订了专业技术人员岗位设置管理办法；全面推行质量/环境/职业健康安全一体化管理体系贯标工作，通过了深圳环通认证中心的第三方认证。成立了院党委，加强党的建设，开展了内部审计活动，不断加强“三光荣”、“四特别”精神教育，开展劳动模范、野外一线、困难职工节日慰问活动，组织开展迎国庆红色歌曲大合唱活动，不断增强广大职工干事创业的热情和责任感，实现了全年无安全事故责任目标和队伍和谐。

（刘新号）

河南省测绘局

【全省测绘工作概览】2009年，河南省测绘局结合河南实际，就健全完善市、县测绘管理体系，落实行政管理机构和执法队伍，加强测绘科技管理、测绘基准管理、测绘质量管理，开展对全省测绘单位使用新技术标准、规范的培训学习和国家2000大地坐标系的转换培训工作，加快矿山空间信息技术部级重点实验室的建设，指导各市建立市级基础地理信息中心，承担基础测绘成果资料管理和分发服务职责等工作作了安排和部署。配合河南省发改委完成电子政务一期项目的验收，争取启动电子政务二期项目；与河南省政府办公厅应急办共同争取应急GIS项目，做好国家测绘档案与存储服务设施项目配套经费的落实及建设，开展省级“数字县域”、“数字城镇”、“数字乡镇”、“一镇一图”试点和推广工作，做好全省新农村测绘保障服务试点等工作。按照《河南省基础测绘中长期规划纲要》，2009年基础测绘的重点是组织实施2009年度第二轮1∶1万基础地理信息数据更新测绘和建库工作；努力做好全省1∶1万基础测绘项目的生产、技术和质量管理，确保基础测绘项目按计划顺利实施；在完成全省1∶1万数字化更新全面覆盖的基础上，重点安排南阳、商丘、新乡、焦作、郑州、开封、三门峡等经济发达地区的1∶1万地形图第一、第二轮更新测绘以及1∶1万数据库建设；计划安排第一、第二轮1∶1万更新1430幅，县、市平面图制作及城市信息采集124幅，3D数据库建库1486幅，全省CORS骨干网和D级GPS网建设，“数字县域”试点等主要项目，共计下达基础测绘项目计划经费3400万元。做好国家测绘局鹤壁站的建设和验收工作；做好“数字城市”推广工作，拟推荐洛阳、南阳作为全国“数字城市”推广城市，加快郑州和平顶山“数字城市”的实施，做好验收工作；继续编制县城（县级市）平面图，丰富河南地图网数据资源；以新农村建设为主题，开发服务“三农”的地图新产品。年度基础测绘经费预算4860万元落实到位，探矿和采矿“两权价款”落实经费1400万元，全年落实经费预算超过6000万元，较去年有大幅度增长。

【测绘统一监管】2009年，为强化全省测绘统一监管，进一步推进国务院、河南省人民政府关于加强测绘工作意见的落实，河南省测绘局对各省辖市测绘工作进行全面考核。3月4日，印发《关于对省辖市测绘主管部门2008年度工作目标考核结果的通知》。3月11日，河南省测绘局召开全省测绘工作安排会议，各省辖市国土资源局与省测绘局签定订2009年度测绘工作责任目标。4月8日，河南省测绘局印发《河南省测绘航空摄影和遥感审核管理暂行规定》。7月8日，河南省人民代表大会常务委员会副主任储亚平到河南省测绘局就《测绘法》和《河南省测绘管理条例》贯彻执行情况进行调研，该次调研是新一届人大环资工委列入年度计划的调研项目。8月21日，河南省测绘局印发《河南省测绘任务备案规定》。9月19日，河南省测绘局在郑州组织有关专家对驻马店市国土资源局、河南省测绘工程院联合编制的《驻马店市三区两县一体化新农村建设测绘保障服务示范项目实施方案》召开了专家评审会。10月27～29日，河南省测绘局举办第四期全省测绘资质暨成果保密管理培训班，各省辖市国土资源局（测绘局），共59家有关测绘单位参加培训。11月2日～4日，河南省测绘局在郑州举办全省测绘统计网络直报系统应用培训班，各省辖市，河南省测绘局机关各处（室）及局属单位，省直有关测绘资质单位负责统计工作人员130余人参加了培训。12月8～9日，河南省地理信息市场整顿工作现场会暨测绘管理工作座谈会在洛阳市召开。河南省测绘局出台《河南省测绘产品质量管理办法》征求意见稿。12月23日，河南省测绘局印发《河南省测绘行政处罚裁量标准试行和内部制约制度》。

【测绘资质管理】2009年2月10日，河南省测绘局印发通知开展测绘资质年度注册工作。6月1日，河南省测绘局执行新《测绘资质管理规定》和《测绘资质分级标准》。7月1日，河南省测绘局和各省辖市国土资源局（测绘局）开始受理测绘资质复审换证申请工作，对全省602家测绘资质持证单位进行年检审核，年内测绘资质单位注册577家，缓期注册18家，未参加注册7家，注销1家，新批测绘资质单位24家，全省测绘持证单位达到626家。办理测绘作业证148个，办理测绘任务备案83件。

【地理信息市场管理】2009年3月27日，河南省测绘局召开河南地图网发展与创业研讨会，会议就河南地图网建设的社会背景、设计思想、服务宣传、运作方式和发展前景进行研讨，有关技术人员向与会人员讲解该网站市场推广和创业服务等问题，并进行网站演示。4月，河南省人民政府办公厅下发《整顿和规范地理信息市场秩序工作方案的通知》（豫政[2009]68号）。5月5日，河南省测绘局印发《河南省整顿和规范地理信息市场秩序工作领导小组关于印发河南省整顿和规范地理信息市场秩序工作领导小组办公室职责及成员名单的通知》。5月18日，根据河南省人民政府要求，河南省测绘局、河南省工业和信息化厅、河南省国家安全厅、河南省工商行政管理局、河南省新闻出版局、河南省国家保密局、河南省通信管理局、河南省军区8个部门在郑州联合召开全省整顿和规范地理信息市场秩序工作会议，全面部署地理信息市场专项整治工作，并成立河南省专项整治工作机构和领导小组办公室，拟定《河南省地理信息市场专项整治工作方案》、河南省地理信息市场专项整治工作领导小组办公室工作计划，建立河南省专项整治联动责任制。5月12日，洛阳市召开关于整顿和规范地理信息市场秩序的联席工作会议。5月18日～19日，河南省地理信息市场专项整治工作领导小组在郑州召开全省整顿和规范地理信息市场秩序工作会议并举办全省地理信息市场有关法律法规培训班，河南省人民政府副秘书长张庆义与会并讲话，全省有关单位120人参加培训。5月27日，河南省整顿和规范地理信息市场秩序工作领导小组办公室印章、河南省整顿和规范地理信息市场秩序工作文头、简报正式启用。8月，河南省测绘局组成3个督查工作小组，由省测绘局领导班子分别带队奔赴各省辖市国土资源局督促、指导地理信息市场专项整治工作，开展全省涉密测绘成果专项督查。9月，河南省整顿和规范地理信息市场秩序工作领导小组办公室印发《关于开展全省涉密测绘成果专项督查的通知》，成员单位组成督查组，重点对各省辖市涉密测绘成果和无测绘资质从事地理信息活动进行专项督查。对19家涉嫌无测绘资质证书从事地理信息活动的单位进行查处，责令停止测绘活动，公示注销业务范围的有2家；责令写出书面检查，并要求到工商部门注销业务范围的有7家。10月10日，河南省测绘局印发《河南省测绘局推进地理信息公共服务平台建设的工作方案》。10月20～22日，河南省整顿和规范地理信息市场秩序领导小组办公室会同省国家保密局、省国家安全厅、省工商行政管理局等成员单位，组成3个督察组，对南阳、许昌、焦作、新乡、洛阳、三门峡等市地理信息市场专项整治工作进行为期3天督察。12月3～4日，河南省测绘局在郑州举办全省测绘行业测绘统计网络直报系统使用培训班。12月8～9日，河南省地理信息市场整顿工作现场会暨测绘管理工作座谈会在洛阳市召开。河南省整顿和规范地理信息市场秩序工作领导小组办公室审核全省网站备案信息32600个，河南省有关通信部门关闭违法违规网站128个，关闭未备案网站4524个。

【地理信息公共服务平台】2009年，河南省测绘局加快地理信息公共服务平台建设。地理信息公共服务平台分政务内、外网版和公众版，政务内网版属涉密网，平台软件研制已完成，并与河南省省委、河南省人民政府网络连通试用；政务外网版部分地理信息数据经保密技术处理后已开展点对点无偿服务，河南省测绘局与省地震局、省文物局签订定向服务协议；公众版主要服务于社会大众，研制工作正在进行，其中，数字河南地图网已经公开服务于大众。6月，河南省测绘局启动“河南省连续运行卫星定位系统GNSS基准站网建设”项目。7月，河南省测绘局成立CORS管理服务中心。18个省辖市的骨干站网土建工作已经完成。河南省测绘局协助完成HNCORS骨干网偃师、三门峡、宝丰、驻马店、商丘5个新建站的设备安装调试工作以及安阳、濮阳、新乡、信阳、南阳、漯河6个移交站点的设备安装调试工作。河南省测绘局为提升基础地理信息加工、处理能力，引进数字摄影测量网格技术及设备，DPGRID一次安装、调试、运行成功并投入生产。

【地图管理】2009年，河南省测绘局在省委、省政府组织的黄帝故里拜祖大典、新中国成立

60周年国庆辉煌成就展等重大节日、重大活动前夕，对郑州市火车站、小商品城等地区进行地图市场专项执法检查，确保全省地图市场无重大政治问题出现。2009年度，查处河南省庆祝新中国成立60周年成就展有关单位擅自编制的《中国示意图》、《河南省农民工分布图》；《郑州晚报》旅游版未经审核，擅自登载《中原旅游出行图》；河南省整形美容医院在《美遍中国》广告图中，擅自编制《中国示意图》，并漏绘南海诸岛等政治性错误的一系列案件。三门峡市依法查处三门峡市旅游局违法编制的《三门峡经贸旅游交通图》。河南省测绘局年度审核公开地图，查处地图漏绘南海诸岛、未经审核擅自登载等违法案件4起。全省收缴、销毁宣传品200余件，“问题地图”63件，盗版地图400张，工艺品地球仪85个。4月，为迎接在洛阳举办的世界邮展和年度牡丹盛会，规范洛阳市地图市场秩序，洛阳市国土资源局组织市国土资源监察支队、国土资源警察支队和各国土资源分局进行违规、违法地图集中查处整治工作，共收缴销毁违规、违法地图700余份。上半年，郑州市、平顶山市、济源市、三门峡市、信阳市、鹤壁市、开封市、洛阳市联合工商等部门开展地图市场检查，没收带有问题地图的笔记本100本，违法地球仪22个以及一批违法地图。

【成果审批】2009年，河南省基础测绘成果提供业务受理409起，其中，面向省内用户提供334起。审核公开地图28幅（册），其中，河南省地图院2幅，河南七彩数字制图有限公司7幅，河南四维测绘有限公司6幅，河南省基础地理信息中心6幅，河南理工大学2幅，北京师范大学出版社1幅，河南省科学院地理研究所2幅，《郑州晚报》2幅。10月，为河南省人民政府各级领导决策服务启动《河南省领导工作用图》工程， 11月30日，由中国工程院院士王家耀、中国地图出版社徐根才总编辑等组成的专家组在郑州对《河南省领导工作用图》地图集和挂图项目进行评审，并一致同意通过评审。

【成果汇交】2009年，河南省测绘资料档案馆按照国家测绘局《关于请做好2009年现势资料收集工作的函》文件精神，收集到《河南省地图集》、《河南省行政区划》、《河南省18地市挂图》、《河南省18地市旅游图》等现势资料。整理3家测绘单位提交的测绘成果汇交目录，约40余条，编制《2008年度河南省测绘成果目录》（第十六册）。河南省全年测绘任务备案307件。

【测绘保密工作】2009年4月30日，河南省测绘局印发《关于加强涉密成果管理工作的通知》。全省年度查处3起涉军、涉外违法测绘案件即平顶山市一公务人员张某租用某公司飞机2次在嵩县车村上空（系军事管理区）飞行摄影被举报后及时进行查处，依法没收工具并对其进行行政处罚；焦作市对中铁咨询公司人员误入军事禁区进行测量给予批评教育；三门峡市对4名荷兰人在卢氏县进行违法测绘行为给予没收测绘成果、测绘工具和行政罚款2万元人民币的处理。7月15日～22日，河南省测绘局在郑州举办3期测绘资质暨成果保密管理培训班，600余家有关单位测绘行政主管部门负责人及测绘资质信息管理人员900余人参加了培训。10月，开封市开展全市涉密测绘成果专项督查工作。10月27～29日，河南省测绘局举办第4期全省测绘资质暨成果保密管理培训班，各省辖市国土资源局（测绘局）59家有关测绘单位参加了培训。12月24日，南阳市国土资源局举办涉密测绘成果管理及测绘专业知识培训班。河南省测绘局根据各省辖市工商行政管理局数据库，对全省600多家持证单位和个人使用涉密地理信息成果情况进行清查，全面掌握全省从事地理信息产业活动单位的数量及其分布情况，并掌握35790余幅各类地形图和9000多个各等级三角点保密使用情况，对存在问题的单位开展法律法规宣传教育。新乡市制定《新乡市测绘成果管理办法》。

【基础测绘项目】2009年，根据年度基础测绘计划，河南省测绘局完成平面控制测量约540点；高程控制测量约6900千米；南阳第一轮1：1万基础地理信息数据更新197幅；焦作、新乡、濮阳、开封、许昌、周口、安阳、鹤壁、商丘等第二轮1：1万基础地理信息数据更新822幅；基础地理信息数据库建设1486幅；驻马店、平顶山、许昌等省辖市产业聚集区规划、新农村建设测绘保障项目1：5000地形图测制157幅、981平方千米， 1：1000地形图测制800幅，200平方千米。全年完成1：1万数字化更新内外业1100幅和建库893余幅。启动覆盖全省重点区域的GPS连续运行参考站网的骨干站网，土建、安装、调试工作已经完成，国家A级、B级GPS点的平面联测工作正在进行。1：1万DLG、DEM、DOM数据转换与编辑入库312幅，使用DPGRID摄影测量网格系统制作DOM 500幅，基于ArcGIS的1：1万3D数据建库平台研究基本完成，历史档案地图扫描1276幅。

【“中国大陆构造环境监测网络基准站”项目】5月10日，在河南省鹤壁市设立的“中国大陆构造环境监测网络基准站”项目工程通过国家验收。该工程项目是“十一五”期间，列入国家高新技术产业发展项目计划的12个重大科技基础设施建设项目之一，由中国地震局、总参测绘局、国家测绘局、中国气象局和教育部共同建设，其主要建设内容包括基准网、区域网、数据系统等部分。河南省测绘局受国家测绘局委托承建，其施工图设计、施工、监理、建设等阶段的归档资料在国家测绘局承建的24个基准站归档资料验收中以总分98.9的成绩与江苏省连云港并列第一，受到国家测绘局的好评。

【郑州航空港区项目】2009年，黄河水文勘察测绘局承担的郑州航空港区40余平方千米 1：1000数字化地形图测量项目，通过河南省测绘产品质量监督站验收。郑州航空港区是郑州市重点项目之一，总体规划面积约130多平方千米。目前，在郑州航空港区已经建成D级GPS控制网，完成1：1000数字化地形图140余幅，并正在建立港区数据库建设、施工放样等工作。

【郑州市连续运行卫星定位综合服务系统】1月16日，河南首家连续运行卫星定位综合服务系统——郑州市连续运行卫星定位综合服务系统（ZZCORS）通过有关专家组的评审并正式运行。该系统建设始于2007年9月，建成1个控制中心和7个参考站，在巩义、登封、新密、新郑四市、中牟县以及上街区和郑州市区分别布设参考站，平均站间距约为33千米，系统控制中心建在郑州市。该系统投资200余万元，可以24小时连续工作，系统完全覆盖郑州市及周边8000余平方千米的地域，将为城市规划、土地利用、交通管理、地震预测、气象预报、水土保持、矿产开发、林业、农业、环保监测等诸多领域提供实时、动态的空间服务，为政府科学决策提供可靠依据，解决低水平重复建设的局面，降低建设和管理成本，加快郑州市信息化建设的进程，提高城市管理水平和决策水平。

【河南省地质信息连续采集运行系统项目】4月，由河南省地质矿产勘查开发局申办、河南省地质测绘总院承办的“河南省地质信息连续采集运行系统”完成联测工作。6月，投入试运行，发展用户100多家，用户登陆次数达万次。该系统在全省矿业权核查试点工作中尝试使用，经国土资源部检查核准，成果精度满足设计要求。该系统集卫星定位技术、计算机网络技术、数字通讯技术于一体，是能够提供高精度、连续、实时时空基准信息的高新综合科技体系，通过定位网和现代化通信网快速提供实时三维空间位置信息以及通讯、语音信息，为生态环境、农林资源、城建、交通管理、气象、地震、灾害预报等部门无偿提供各种实时数据，提高社会管理水平和应变能力，为政府应急体系建设提供保障服务。

【省级新农村“数字乡镇”建设试点工作】2009年，河南省测绘局积极服务县域经济发展，积极服务社会主义新农村建设。3月17日，河南省测绘局印发通知，在全省开展“数字县域”和社会主义新农村建设“数字乡镇”试点工作。省级“数字县域”、“数字城镇”、“数字乡镇”、“一镇一图”试点工作进展顺利，驻马店市新农村建设测绘保障服务示范项目通过评审，国家测绘局正式将该项目列入2009年全国示范试点。襄城县丁营乡、山头店乡、王洛镇和泌阳县“一乡一图”等试点项目正在实施，“叶平鲁一体化数字乡镇”试点项目正在运筹中。河南省测绘局完成财政部、国家测绘局2009年度边远地区、少数民族地区基础测绘补助项目“驻马店市（确山、新蔡、平舆、上蔡）D级GPS三维空间大地控制网”和“豫西社旗、卢氏、鲁山、伊川四县城区大比例尺基础测绘项目”可行性研究报告的审核并上报。

【“数字城市”项目】2009年，河南省测绘局稳步推进“数字城市”地理空间框架建设试点项目实施，配合国家测绘局对郑州、平顶山两个试点建设情况进行检查评估。“数字郑州”地理空间框架建设取得良好的阶段性成果，完成郑州市基础地理信息服务平台总体设计方案，建立“数字郑州”地理空间框架推广网站，编印科普读物《漫谈数字郑州基础地理空间框架》，完成数据采集、处理、建库等项工作，2010年上半年接受国家测绘局验收。“数字平顶山”地理空间框架建设的项目已基本完成，2010年接受国家测绘局验收。平顶山市完成平顶山市矿产资源综合信息管理系统和城区三维电子地图系统建设。漯河市被国家测绘局列入2009年“数字城市”推广城市，该项目启动工作正在进行中。济源“数字城市”申报通过河南省测绘局初审并上报国家测绘局。洛阳市开展“数字县城”、“数字乡镇”工作，有4个县（吉利区、伊川县、宜阳县、新安县）的工作试点通过河南省测绘质量监督站的验收。南阳市8个县市区建立GPS连续运行基站（CORS）。许昌市为驻军和数字化城市管理系统建设项目提供市区建成区和推进区的影像图件，并提供市区D级、一级GPS控制点坐标和点之记。

12月16日，洛阳市投入230万元资金启动“数字洛阳”（洛阳市基础地理空间框架）项目建设。

【地图编制】4月，信阳市出版《信阳市城区遥感影像图》。9月，信阳市出版《信阳市交通旅游图》。11月28日，河南省测绘局完成为河南省委领导编制的工作用图，工作用图分《世界地图》、《中国地图》、《河南省地图》、《郑州地图》4个品种，由河南省地图院具体实施编制工作。河南省测绘局完成《河南省县、市城区图》50幅。

【测绘科技成果】2009年，河南省测绘局完成128幅实验图，全部应用于生产。依托矿山空间信息技术国家测绘局重点实验室，完成《建立“数字河南地理空间框架”的可行性报告》，申报建立院士专家工作站已获批准。向河南省科技厅、国家测绘局和中国测绘学会推荐、申报测绘科技进步奖项目3个，推荐测绘优质工程奖项目6个，评出河南省测绘科技进步奖10项，3个科研课题列入矿山空间信息技术国家测绘局重点实验室。组织开展2009年度河南省优质测绘工程（成果）奖评审工作，河南省优质测绘工程（成果）奖正式受理参评项目100多项，评选出“2009年度优质测绘工程（成果）奖”一等奖26项，二、三等奖74项。

【人才队伍建设】2009年，按照《河南省测绘局选拔培养跨世纪技术带头人实施方案》，河南省测绘局组织开展2008～2009年度局青年技术带头人的年度考核工作，严格审查10名局青年技术带头人工作实绩，对解决一线生产技术难题、技术创新意识强的人员进行重点调查了解，确保这项工作取的实效。河南省测绘局加大技术工人技能培训，开展2009年全省机关事业单位测绘工人技术等级岗位考核工作，组织培训考核技术工人420人，工人技师23人。完成工程测量、地籍测量、房产测量、地图制图4个工种的职业技能鉴定工作，鉴定人员436人，403人获得职业资格证书。根据国家测绘局关于注册测绘师评审的要求，开展测绘职业资格注册工作，17人获得注册测绘师资格证书。河南省测绘局开展2009年度全省测绘行业职称评审工作，河南省测绘行业评审通过高级职称（副高级工程师）9人、中级职称（工程师）34人、初级职称（助理工程师、技术员）238人。河南省测绘局专业技术人员现有340人，其中，高级工程师2人、副高级工程师44人、中级职称（工程师）123人、初级职称（助理工程师、技术员）171人、技师10人，高级技工136人、中级技工24人、初级技工9人。

（魏晓玉）

河南省煤田地质局

蒯保平　局长、党委副书记
李新增　党委书记、副局长
朱永飞　党委副书记、纪委书记
管忠民　党委副书记、副局长
赵宗敏　副局长
曹代功　副局长
余广庆　副局长
耿建国　总工程师
常基尧　工会主席

蒯保平简介：河南长葛人，1957年3月出生，维吾尔族，硕士学历，高级会计师，中共党员。曾任郑煤集团财务处处长、郑煤集团副总经理，中国煤田地质总局总会计师，河南省煤田地质局副局长、局党委书记、局长等职务。

【机构设置】河南省煤田地质局建立于1954年8月，是一个拥有辉煌历史的国家级地质勘查功勋队伍，隶属于省国土资源厅领导。局机关内设办公室、政治部、纪委、财务处、审计处、监察处、规划发展处、人事劳动处、地质处、勘察技术处、离退休职工管理工作处、工会。全局现有职工6000余人，其中，在职职工3856人，离退休人员2146人；各类专业技术人员1100余人，其中高级职称161人，教授级高级工程师11人，中级职称338人。全局下属12个二级单位，分别为河南省煤田地质局一队、河南省煤田地质局二队、河南省煤田地质局三队、河南省煤田地质局四队、河南省煤炭地质勘察研究院、河南省煤田地质局物探测量队、河南省煤田地质局资源环境调查中心、河南豫中地质勘察工程公司、河南卓越建设工程有限公司、河南嵩阳饭店有限公司、河南省煤田地质局机关服务中心、郑州煤田地质物资公司，分驻郑州、洛阳、新乡、平顶山等市。

【资源勘查工作成果】2009年，全局共承担省级财政“两权价款”项目17个，社会商业性资源项目50多个，资源类勘查项目总计235个，提交各类地质报告227件；共提交煤炭资源量达57.77亿吨，其中，省内提交各类煤炭资源量20.18亿吨，勘探储量3.55亿吨，详查储量3.15亿吨，普查储量6.23亿吨，预查资源量1.56亿吨，核实煤炭资源储量5.69亿吨。新成立的西北办事处在新疆进行煤炭资源勘查中取得了可喜的成绩，共获得勘查资源量37.59亿吨。完成了我省最大的煤炭整装勘查“两权”项目“睢县西煤普查”的设计工作，并成为该项目下一步勘查的技术牵头单位，编制的《河南省煤炭资源潜力评价、资源远景圈定和优选成果报告》顺利通过国土资源厅评审，确定了4个赋煤带，划分了18个煤田、2个找煤区，为河南省煤田地质工作指出了方向。全局各单位在省内外开展资源勘查，最多时开动钻机267台，创全局历史之最，共完成钻探工作总量73.3万米，各类钻孔961口，完成地震物理点174416个，电法物理点64736个，测井工作量302798实测米，完成煤炭质量检测化验样4000余个，完成测绘工作量控制点8142个，测图2942.5平方千米。在抓好煤勘主业的同时，进一步加强非煤矿产资源的勘查工作，在渑池、新蔡、汝州、灵宝以及卢氏等地进行了铝土矿、铁矿、石灰岩矿、金矿以及钼铜矿的多金属矿勘查工作，使得资源勘查领域和发展空间得到了进一步拓展。

【服务地方经济发展】围绕为国土资源管理服务，全局各单位先后完成了“河南省安鹤煤田矿产资源利用现状调查”、“河南省焦作煤田煤炭、煤层气资源潜力评价”、“郑州、平顶山、焦作、鹤壁四城市地质研究”、“河南省辉县市矿业权核查”等项目。围绕为地方经济和农业建设服务，完成了《禹州矿区水文地质条件分析》、《城市化进程中土地利用变化对农业地质环境影响研究》、《煤矿塌陷区土壤养分与微生物分布及相关性研究》等科研报告。围绕为地方企业服务，全年施工煤层气抽采井、瓦斯排放井、矿井生产服务井等，共计340余口。其中，开展的洛阳多晶硅矿环评，新乡陈召煤矿环评及水土保持等项目，为改善矿产地人居环境作出了积极的贡献；渑池韶山省级地质公园的申报工作，为河南省旅游资源潜力的进一步挖掘，给予了积极的支持，促进了地方经济的发展。

【“走出去”工作开展概况】全局坚持“走出去”的发展战略，在不断巩固省内市场的同时，积极到省外、国外进行资源勘查。在与中石油、中石化、中联、蓝焰等煤层气公司的合作中，以诚感人、以质服人，确保了在该行业施工领域全国第一的领先地位；并通过成功竞标成为我国最大煤炭企业——神华集团公司的固定施工队伍。在国外市场拓展方面，不仅多次深入土耳其、巴基斯坦等国进行煤矿勘探项目的合作洽谈，还连续两次接待了印度最大煤炭开发公司的代表团，并同对方签署了在印度共同勘查开发煤炭资源的合作意向书。为全局实现“走出去”的发展战略提供了有利探索，为工作区域及发展空间的不断拓展提供了有力的保证。

【地质科研概况】为实现快速钻进目标，集中力量狠抓了车载钻机“空气潜孔锤钻进”技术在生产中的应用，在山西晋城煤层气工地施工中，钻进效率提高3～5倍，创下了78米/小时的钻效纪录。在黑龙江鹤岗煤层气井施工中，成功进行了国际先进的煤层气空气反循环动力造穴完井试验，填补了国内该项技术的空白。在陕西韩城的煤层气井施工中，豫中公司首次成功应用寄生管欠平衡水平井钻井工艺，取得成功，实现了国内首创。科技进步搭建新平台，又获新硕果。新成立的“一室两中心”、即“河南省煤炭、煤层气重点实验室”、“河南省地球物理工程技术研究中心”、“河南省煤层气钻井工程技术研究中心”开展的研究工作受到了省里有关部门的好评。《深部煤炭资源快速钻探成套技术研究报告》荣获河南省国土资源厅科技进步一等奖，《安鹤矿区主要可采煤层煤层气资源综合开发利用研究》荣获科技进步二等奖，《复杂地区和深部煤炭地震勘探技术研究与应用》、《新密煤田李良店区勘探报告》分获全国第十四届煤炭工业科技进步一、二等奖。有8名地质工作者获得了河南省地质学会颁发的“地质工作突出贡献奖”。

【煤田地质经济发展概况】经济发展继续保持良好态势，全年经济总量同比增长17.7%，上缴各种税收同比增长31%，全局在册职工人均收入同比增长21.2%，离退休人员人均收入同比增长24%。

河南省核工业地质局

胡龙廷　局长
马新海　正处级干部
张光伟　副局长（2009年7月调出）
张　力　副局长
王锐杰　工会主席
杨　力　副局长
王志立　副局长

胡龙廷简介：1964年7月生，中共党员，河南省潢川县人，1986年7月毕业于成都地质学院，被分配到核工业中南地质局三〇八大队工作。先后在三〇八大队任技术员，副分队长，分队长兼党支部书记，大队长助理兼办公室主任等，1995年5月任副大队长，1997年5月任大队长。2000年4月，三〇八大队属地移交至河南省人民政府管理，更名为河南省核工业地质局，胡龙廷从2000年9月转任局长至今。

【主要职能】为河南省铀矿资源提供管理服务。主要负责铀矿资源管理、铀矿地质勘查、铀矿地质资料管理、矿产矿床放射性检测、放射性核素与放射性强度分析检测、建筑物内外放射性贯穿辐射测量、氡与氡子体测量、基础桩基工程与路桥工程勘察、建筑安装服务、矿产品与超硬材料制品生产与研发。

【机构设置】河南省核工业地质局成立于1958年10月，其前身是核工业中南地质局三〇八大队；2000年4月，实行属地化移交河南省政府管理，现隶属于河南省国防科技工业局。全局有干部职工1331人；内设11个科室，分别是办公室、政工群工处、人力资源处、计划财务处、纪检审计处、科技质量处、安全保卫处、医保计生办、离退管理办、总工办、矿产开发办；下属二级机构4个，分别是核工业地质调查院、恒达实业公司、信阳工程建设有限公司、放射性核素检测中心。

【经济建设】2009年，核工业地质局坚持以矿产勘查和开发为重点，着力推进三大产业全面、协调、可持续发展的指导思想，狠抓经济工作，使全局的实体经济都呈现出了良好发展态势。全局实现多种经营产值4500万元，收入4310万元，生产增加值800万元，利润42万元，其中，经营收入和利润指标分别完成省国防科工局下达的计划指标的103%和120%。与2008年经营工作相比，经营收入增加了15.30%，生产增加值增长了13.31%，利润增长了40.00%。从以上数据可以看出，2009年我局经济运行质量和发展速度都保持着良好发展势头。

2009年，突出重点，地质勘查主业优势明显。一是完成了嵩县大石门沟金矿外围钼矿普查项目的勘查工作，向省国土资源厅提交了普查报告，实现资源储量23.72万吨，该矿床已达到大型钼矿床规模。二是完成豫南地区“信阳柳林铀矿普查项目”和“罗山县任山钼矿普查项目”的野外勘查工作，两个地质项目都发现了较好的铀矿（化）体和钼矿化，有着很好的找矿前景。三是在地质技术人员培养、地质科研、“地质找矿改革发展大讨论”等方面做了大量工作。核工业地质局在抓好地质主业的同时，地质局的产品加工业在规模和质量上都取得了重大进展，呈现良好的发展势头。按照地质局的要求，建设工程有限公司年初完成了公司整体改制工作，进一步理清了发展思路。公司把主营业务定位在工程勘察、地质灾害治理和地基与基础施工上来，充分发挥自身优势，取得明显成效。2009年，核素检测中心全力做好应对核辐射恐怖袭击事件的训练、演练工作，完善应急演练方案，维护好仪器设备，不断提升应对突发事件的处置能力，圆满完成了河南省下达的“国庆”反恐等方面的工作任务，提高了核工业地质局的社会地位和形象。

【迁郑工作】2009年，按照省政府常务会议精神要求，河南省核工业地质局积极推进迁郑工作。经过努力，职工住宅经济适用房指标得到省发改委的批复；办公区选址规划和控规方案得到批准，并与8月8日举行了奠基仪式。

【深化改革】2009年，核工业地质局各项改革工作不断深化，重点推动了以下三个方面的改革工作。一是深化人事制度改革。按照国家和省政府的有关规定，局首次实行事业编制人员“逢进必考”制度，为引进人才搭建了公开竞争的平台。为加强人才队伍建设，地质局制定和完善了《地质局“123”人才工程入选人才的考核实施办法》，此举有力地调动了各类骨干人才的工作积极性，促进了全局人才队伍建设。二是深化分配制度改革。地质局针对局属不同性质的单位都给予了分配制度改革的指导性意见，有的单位在分配制度改革上做得比较好，激发了职工的工作热情。三是规范产权制度改革。全局所有生产经营单位（地质找矿产业除外）都进行了模拟股份制改革。对公司是否按照《公司法》的要求规范化运作，地质局明确由局审计部门牵头，相关部门配合对改制企业进行检查指导，重点对企业是否按企业章程运作，企业经营目标管理和奖惩情况，以及财务决算和利润分红情况进行检查，以促进局属各实体单位健康、快速发展。

【人才队伍建设】2009年，核工业地质局人才队伍建设进一步加强。核工业地质局和各产业进一步调整和优化人才队伍。一是加大对外出务工技术人员的收回力度，健全人才管理和激励机制，充实了矿产勘查技术力量，地质找矿技术力量进一步增强。二是抓好人才培养工程，送培了16名年轻职工到成都理工大学进行学历教育，暑假期间合理安排送培人员到承担重点项目的三分队实习锻炼，做到理论与实践相结合，促使其早日成才。三是注重加强两级领导后备干部的培养，通过压担子、定目标，一批年轻干部得到了锻炼提高。四是根据地质局事业发展的需要，本年度通过公开招聘引进了14名大、中专毕业生，一批新人经过实习锻炼后已充实到有关技术岗位。五是鼓励技术人员开展科研工作，本年度地质局自筹科研资金77万元，下达局控科研项目6个，为技术人员施展才华和推动我局科技进步创造了条件，并顺利召开了局第四次科技大会。六是在全局范围内已基本形成尊重知识、重视人才、促进发展的良好氛围。通过全局上下的共同努力，核工业地质局的人才队伍建设已初见成效。

根据河南省国土资源厅的统一部署，从2009年4月份开始，利用半年的时间开展“地质找矿改革发展大讨论”活动，深入研究、解决影响地质找矿当中存在的困难和问题。该局认真组织开展大讨论活动，成立大讨论活动领导小组，局下属单位、部门的主要负责人为本单位、部门大讨论活动的第一责任人，形成了一级抓一级、层层抓落实的局面。按照大讨论活动工作方案要求，进一步明确了大讨论活动的指导思想、目标任务、基本原则，并针对地质找矿改革发展中存在的突出问题拟订了讨论的重点内容。该局主要领导深入基层分队参加学习讨论，指导找矿工作。通过学习讨论，基本查清了影响我局地质找矿改革发展中存在的问题，进一步理清了发展思路，增强了地质找矿工作的信心和决心，并向省国土资源厅提出了有关问题的意见和建议，收到了很好的成效。

（陈明山）

河南省辖市、县(市、区)国土资源工作

郑　州　市

郑州市国土资源局

郑州市是河南省省会，是全省政治、经济、文化中心。悠久的历史、优越的区位和丰富的资源，使郑州市成为全国重要的区域性中心城市、重要的交通通信枢纽、中国历史文化名城、优秀旅游城市、全国科技进步先进城市、全国双拥模范城市、创建全国文明城市工作先进城市、国家园林城市、全国卫生城市、全国绿化模范城市，在全国经济发展格局中具有承东启西，贯通南北的重要作用。该市总面积7446.2平方公里，现辖6区、5市、1县以及2个国家级开发区、1个国家级出口加工区。总面积7446.2平方公里，总人口743.6万，市区面积1010.3平方公里，其中，建成区面积302平方公里，人口370万人。

吴洪杰（女）党组书记、局长
刘玉凤（女）党组副书记、副局长
王东方　党组副书记、副局长
李俊宇　党组成员、副局长
徐铭杰　党组成员、副局长
吕安民　党组成员、副局长
宋占国　党组成员、副局长
邱应厚　党组成员、副局长
崔留森　党组成员、副局长
陈思格　党组成员、副局长
王　军　党组成员、调研员
王左军　党组成员、调研员
杨庆华　党组成员、调研员
陈永灿　党组成员、总工程师
李五云　党组成员、纪检组长
王　敏（女）党组成员、局长助理
胡仰迅　副调研员
张治安　副调研员
李跃升　副调研员
李建欣　副调研员
张遂亮　副调研员

吴洪杰简介：女，河南泌阳人，汉族，本科学历，中国共产党党员。1973年9月参加工作，历任新乡市建设委员会计划财务科副科长、科长，原河南省土地管理局计划财务处副处长，河南省国土资源厅规划处、用地审批处处长等职；2007年3月，任郑州市国土资源局党组书记、局长；2009年7月，任河南省国土资源厅副巡视员，兼任郑州市国土资源局党组书记、局长。

【机构设置】郑州市国土资源局成立于2001年9月。现内设办公室、政策法规处、规划处、财务处、耕地保护处、用地管理处、地籍测绘管理处、土地利用管理处、矿产开发管理处、地质勘察储量处、地质环境处、纪检监察室、机关党委、矿业监察处、信访处、人事教育处16个职能处（室）；直属国土资源执法监察支队、土地交易中心、土地利用规划院、国土资源调查测绘院、土地储备中心（地产集团）5个事业单位。

【土地资源】2009年底，全市共有农用地687.52万亩，其中，耕地492.79万亩（基本农田424.35万亩，保护率86%）；建设用地256.11万亩；未利用地186.25万亩。

【耕地保护】严格落实基本农田补划制度，确保本市基本农田数量不减少、质量不降低，耕地保护面积稳定在32.78万公顷、基本农田面积稳定在28.29公顷，顺利通过了国家对本市耕地保护责任目标履行情况的检查。全市依法上报的非农建设用地项目66个，共占用耕地1910.11公顷，占用基本农田634.39公顷，通过自行补充和易地补充等多种途径，连续11年实现耕地占补平衡。全市共有26个土地整理项目通过验收，新增耕地1132.90公顷。其中，3个国投项目和1个省投土地开发整理项目，新增耕地面积204.04公顷；市级土地开发整理项目8个，新增耕地面积71.99公顷；县级土地开发整理项目14个，新增耕地面积856.87公顷。积极开展土地综合整治工作，统筹安排土地整理、城乡建设用地增减挂钩项目区、中低产田改造、农田水利基本建设、村庄改造及农村住房建设等各类涉农工程项目，按照“统一规划、统一立项、统一实施、统一验收”的原则组织实施，通过地方政府自筹资金实施的土地综合整治项目，新增耕地统一纳入耕地占补平衡储备库，由国土资源管理部门调剂使用。

【土地规划编修】经过两年努力，本市新一轮土地利用总体规划修编工作基本结束。市级土地利用总体规划于2010年3月10日经国土资源部会审会原则通过，已上报国务院审批；县（市）和上街区的土地利用规划已经省政府批准；乡级土地利用规划已报市政府审批。通过本轮土地利用总体规划的修编，为今后一个时期本市经济社会的快速发展奠定了良好的基础。

【保障重点项目用地】确立了“依法依规、突出重点、节约集约、优质高效，创造性地完成重点项目用地保障任务”的工作思路，保障了重点项目建设用地需求。一是主动摸清项目底子，进行分类排队，尽量把国投、省投等重点项目纳入国家、省重点建设项目的大盘中去，争取专项用地指标，为郑州市经济社会发展留足空间。二是按照“有限指标保重点，一般项目靠挖潜”和“区别对待、有保有压”的原则，统筹安排新增建设用地计划，优先保障国家、省级重点项目用地，兼顾市、县级投资项目。三是对重点项目开辟绿色通道，提前介入，从预审、报批、耕地补充、土地征收供应到登记发证，实施“一条龙”跟踪服务，精简报件，简化程序，限时办结。四是加强供地引导，对于新上项目，严格按照国家产业政策、环保政策和土地供应政策，从供地总量、结构、布局和时序上把好土地供应关，防止高能耗、高消耗、高污染、高投入、多占地的项目搭车用地。全市经国务院、省政府批准建设用地83个批次，批准总面积3039.96公顷，较好地满足了石武铁路、连霍高速扩宽、郑汴物流通道、西南绕城公路等一大批重点项目的用地需求。局部调整规划19个批次，总面积1460公顷，保障了轨道交通一号线、四港联动大道、巩登高速、保障性住房等重点项目用地的顺利进行。

【土地利用】严格预审制度，构建节约集约用地管理机制。通过对拟建项目的全面审核，有效核减了土地面积，大幅提高项目投资总额和投资密度。2009年，共受理预审卷宗160宗，通过预审137宗，补正2宗，不符合规定退卷21宗。做好城乡建设用地增减挂钩协调。确定了二七区齐礼闫乡和侯寨乡2个城乡建设增减挂钩项目作为试点，涉及总规模1071.91公顷。积极挖潜，盘活存量建设用地。重点盘活批而未征、征而未供、供而未用、用而未尽土地，共盘活存量建设用地1081.81公顷，超额完成省厅下达的550公顷的任务。经过清查，认定23宗闲置土地，面积100.92公顷，已经报郑州市政府批准，给予无偿收回、征收闲置费和限期开工建设等处理。

【土地收购储备】2009年，完成储备土地2550亩，出让土地2833亩，实施了一批影响大、前景好的重点工程项目。完成民主路地区综合整治、火车站西广场拆迁工程和京广路拓宽改造工程、郑汴产业带区域16.7公里道路等重大项目建设。市本级共办理建设用地出让489.24公顷；挂牌出让国有土地使用权65宗，面积455.27万平方米。全市共完成国土资源各项收入138亿元。

【地籍管理】继续深化地籍科技成果的应用，提高地籍管理信息化水平，加强和完善土地产权登记管理。共核发国有土地使用证923本、土地他项权利证书520本，受理业务办结率95%。全市集体土地所有权登记发证4520本，发证率达到96.08%；集体建设用地使用权登记发证1058255本，发证率达到86.4%。

【第二次全国土地调查】经过近两年来的艰苦努力，全市第二次土地调查工作取得了阶段性成果，市内12个县（市、区）的农村外业调查和数据建库工作已全部完成，基本农田调查与城镇土地调查工作已全面完成并上报河南省国土资源厅预检。

【依法行政】积极推进依法行政工作。在全系统开展了“强化责任意识，规范行政执法”学习教育活动。邀请省法制办、市法制局的领导为全系统人员就依法行政、规范性文件审核备案、行政执法卷宗规范标准等内容进行了3期专题讲座，对全系统的行政执法卷宗进行了统一规范。通过学习教育、自查自纠、建章立制、检查验收，有效提高了工作人员依法办事、文明执法的水平，强化了责任意识，依法行政的能力明显提高。

【土地执法监察】全年共接到土地违法举报123件，“12336”电话举报140件，全部按时调查核实并上报。发现违法用地161宗，面积4250.5亩（其中，耕地911.3亩），全部立案查处。收缴罚没款金额2545.84万元，拆除违法建筑物26.48万平方米，没收违法建筑物16.78万平方米。全市违法占用耕地占新增建设用地占用耕地总面积的比例大幅度下降，违法用地的宗数和面积较上年分别下降了89%和90%。第九次卫片执法检查受到国土资源部和济南督察局的充分肯定。按照省、市政府和省国土资源厅有关指示精神，2009年，拆除黄河滩区黏土砖瓦窑厂120座，停产整顿180座，完成了省下达的目标；同时，清理晾坯厂36个，平整复垦窑厂1754亩。2009年在土地执法监察中查处涉案人数17人，移送司法机关13人。

【矿产资源】矿产资源在郑州市国民经济中占有重要地位。全市已发现各类矿产40种，查明资源储量的矿种27种，查明资源储量的矿产地为200处。其中，煤炭矿区数72处，资源储量74.45亿吨；铝土矿矿区数25处，资源储量2.56亿吨。全市现有矿山686家，其中，煤矿261家，铝（粘）土矿33家，其他类矿山392家。煤炭、铝土矿、水泥、建材灰岩、耐火粘土、玻璃用石英岩等是本市优势矿产。

【矿产资源管理】认真开展“地质找矿改革发展大讨论”活动，编写了开采煤矿下伏铝土矿可行性研究报告，并在巩义市大峪沟煤矿下伏铝土矿组织开采试点。完成了全市采矿权人年检和采矿权（探矿权）招、拍、挂出让制度执行情况专项清理工作。对650家矿山企业进行了年检，合格率为98%。积极开展矿产督察工作，组织督察矿山企业138家，发现问题168个，已纠正解决132个，限期整改34个。完成了矿业权核查阶段性工作，对689处矿山、44个探矿权的野外现场进行核查。全市有27个基层国土资源所被命名为“规范化矿政管理国土资源所”。

【矿产资源勘查】完成了2009年储量动态检测年度报告的专家评审工作，其中，甲类矿产矿山企业完成率100%，乙类矿山企业完成率93%。做好矿产资源补偿费征收管理工作，全市实际征收补偿费入库总额7998.86万元，入库率100%。组织开展对矿产资源利用的现状调查工作，7个矿种矿区的划分、实施方案获得批准。配合国家、省、市重点建设项目，积极做好建设用地压覆审批的服务与指导工作。

【矿产执法监察】严厉打击矿业违法活动。进一步巩固整顿规范矿产资源开发秩序工作成果，推进执法关口前移和重心下移，重点打击和消灭井采、机械方式坑采等无证采矿违法行为，始终保持露头就打、严管重罚的高压态势，维护了全市矿业秩序基本稳定和有序发展的良好局面。全年查处各类矿业违法违规行为45起，立案处理27起，经济处罚45余万元。对卫星遥感监测的矿业违法活动，逐宗进行了核查和查处。

【地质环境保护】在《郑州市地质灾害防治规划》和《郑州市矿山地质环境保护规划》的基础上，编制了《郑州市突发地质灾害应急体系建设方案》可行性研究报告。及时发布地质灾害预警预报，共发布3级以上地质灾害预警预报9次，各类强降雨提醒38次。全年没有因地质灾害致人伤亡事件。2009年，争取中央、河南省矿山环境恢复治理资金6600余万元，建立了矿山环境恢复治理保证金制度。新密密玉矿山公园建设获得河南省国土资源厅批准。

【维护群众权益】被征地农民的合法权益得到维护。完成了郑州市征地区片综合地价实施办法以及青苗费和地上附着物补偿新标准的修订工作，补偿新标准已正式公布实施。为提高工作效率，方便群众办事，在对各项业务程序重新梳理和规范的基础上，对设置不合理或已明显不符合发展实际的业务程序予以废止或重新修订，将办事程序、需要提交的资料、办结时限、惩戒措施等公布上墙。建立了土地登记服务中心，内部封闭运行，从递卷、申请，到最后登记发证，实行一个窗口进出，大大提高了工作效率。

【信访工作】全年共接待上访群众47起，124人次，较2008年下降23%；收到群众来信126封，上级交办信访案件70起，网上办理信访件85件，处理省、市转办交办督办信访件70件，复查复核案件56件，全部处理到位。对上级交办的信访案件，按期办结率达100%，信访事项办结件的群众满意率达到91%，确保了“两会”和新中国成立60周年庆典活动期间的信访稳定。

【国土资源所建设】加强基层国土资源所全面建设，“硬件”建设进一步充实，“软件”建设进一步完善，全市104个国土所，基本上实现了“机构设置规范、名称标识统一、办公设施完善、人员编制落实、经费保障到位、管理制度配套、工作纪律严明、综合素质优良、基层群众满意”的总体目标。

【徐绍史部长到郑州市国土资源局调研】2009年5月21日，国土资源部部长、国家土地总督察徐绍史在河南省省长郭庚茂、副省长张大卫，郑州市委书记王文超，郑州市市长赵建才，省国土资源厅厅长张启生，郑州市国土资源局局长吴洪杰的陪同下，先后查看了中原区桐树王村土地复垦、巩义市豫联集团填沟造地现场并到城区国土资源所进行调研。徐绍史部长对我市集中整治违法用地、节约集约用地和基层国土资源所的建设给予高度评价。

【干部队伍建设】把政治学习、思想教育与日常管理结合起来，用科学理论武装头脑，增强全体工作人员的政策理论水平和业务技能。严肃工作纪律，搞好内部管理，规范工作程序，做到依法行政、秉公办事。抓好大规模的干部培训教育，举办了4期县（市、区）、乡（镇）国土资源管理干部培训班，2000多名国土资源工作人员接受了集中培训。

【党风廉政建设】贯彻落实党中央、国务院加强廉政建设“五个严禁”、“四个严格控制”、“四个坚决制止”的要求，认真遵守国土资源系统“五条禁令”，严格执行领导干部廉洁自律各项规定，积极构建惩防并举的拒腐防变体系，促进了党风廉政建设责任制的落实。对重大事项、重要干部任免、重大项目安排和大额度资金的使用，坚持由领导班子集体研究决定，有效防止权力失控，决策失误，行为失范。全年共受理群众关于廉政建设方面的来信、来访案件20宗，上级交办案件21宗，全部进行了立案调查。准确办理人大代表、政协委员关于国土资源方面的12项建议与提案，满意率100%。

【取得的荣誉】2009年，郑州市局被评为省级文明单位、跨越式发展综合服务先进单位、重点项目建设先进集体、产业聚集区建设工作先进单位、矿产资源秩序整顿先进单位、信访工作红旗单位、招商引资先进单位、政风行风建设优秀单位、平安建设先进单位、省级文明单位等20多项荣誉与称号。

（姜海涛 王澜）

巩义市国土资源局

巩义市地处中原腹地，南依嵩岳，北濒黄河，东瞻河南省省会郑州市，西望九朝古都洛阳市，面积1041 平方公里。秦时置县，因“山河四塞，巩固不拔”得名巩县。1991年撤县建市，现辖15个镇、5个街道办事处、2个园区管委会，292个行政村，人口80.5万人，耕地50多万亩；是全国综合改革试点县（市）、全国信息化试点城市、全国科技进步示范区、国家卫生城市、国家园林城市、中国优秀旅游城市和河南省文明城市，是被赋予省辖市经济管理权限和社会管理权限的扩权县（市）。1992年以来，综合经济实力连续位居河南省首位，连续9届跻身全国百强县（市），2005年位居第52位。2009年全市生产总值完成380亿元，同比增长10.8%；地方财政一般预算收入完成15.9亿元，增长13.2%；城镇居民人均可支配收入和农民人均纯收入分别达到14409元和8481元，分别增长8.9%和6.5%。

马振杰　党组书记、局长
许耀利　党组副书记
李亚洲　党组副书记、副局长
马社会　党组成员、副局长
李海燕　党组成员、副局长(女)
郝朝红　副局长
李红权　党组成员、副局长
李朝辉　党组成员、副局长
康化凯　党组成员、纪检组长

马振杰简介：汉族，1968年11月出生，巩义市回郭镇人，本科学历，1998年6月入党。1988年～1992年7月，就读于河南大学地理系国土专业。1992年9月参加工作，历任巩义市国土资源局办公室主任、巩义市国土资源局总工程师、巩义市国土资源局副局长；2007年11月至今，任巩义市国土资源局党组书记、局长。

【机构设置】巩义市国土资源局现设办公室、监察科、地籍科、监察队、测绘队、财务科、政工科、稽征科、矿管科、地环科、用地科、规划科、耕保科、利用科、后勤科、信访室、整理中心、行政审批中心国土窗口18个科室。辖米河、竹林、涉村、夹津口、鲁庄、回郭、芝田、站街、西村、康店、市区11个国土资源所。

【土地资源】截至2009年底，全市土地总面积为104255.55公顷。其中，农用地面积77880.33公顷，占土地总面积的74.7%；耕地面积40667.35公顷，占土地总面积的39%；水浇地面积13216.97公顷，占耕地总面积的32.5%，旱地27450.58公顷，占耕地总面积的67.5%。

【耕地保护】 建立完善了基本农田保护责任

制，实行市、镇、村三级基本农田保护制度；建立完善了目标考核与责任追究体系、联测联防监管体系，41763公顷耕地和36205公顷基本农田得到有效保护；通过自行补充和易地补充的方式，继续保持了耕地占补平衡；加大项目建设力度，完成了两个国家级投资项目，新增耕地132.65公顷；大力开展土地开发整理，巩义市政府拿出471.02万元专项资金，对黄河滩涂地进行保护性开发整理。

【建设用地管理】2009年，共上报审批6个批次建设用地，其中，城市1批、乡（镇）4批、集体1批。申报总面积163.3763公顷，涉及转用农用地132.5478公顷(其中，耕地125.1096公顷)。郑西铁路、连霍高速公路改建工程后期用地、焦桐高速公路工程等重点项目用地得到了较好保障。

【第二次全国土地调查】第二次土地调查工作已基本完成。摸清了全市土地资源家底，获取了土地资源利用现状信息和各类土地权属信息，形成了一系列土地调查成果。实现了土地调查成果的信息化、网络化，为土地管理数字化提供了有力支撑。

【土地登记发证】2009年，共办理农村宅基地发证116宗、宅基地变更发证110宗、集体土地企业发证4宗、国有土地初始登记发证32宗、国有土地变更登记发证33宗、土地抵押注销登记21宗，并及时为各企业办理土地抵押登记发证47宗，涉及贷款金额9.414亿元，为企业发展提供了有力的经济支撑。

【总体规划修编】新一轮土地利用总体规划（县级）已于10月27日通过省政府批复。乡级土地利用总体规划修编于2009年11月18日顺利通过郑州市国土资源局初审，乡级土地利用总体规划修编工作正在与各镇办积极对接，做进一步的修改完善。矿产资源规划修编的文本和图件已完成。

【土地市场建设】加大土地收储和公开出让力度，全年公开出让国有建设用地使用权18宗，面积35.88公顷。其中，挂牌出让国有建设用地使用权14宗，面积31.9公顷，成交价49135万元；协议出让国有建设用地使用权4宗，面积3.9801公顷。划拨国有建设用地使用权2宗，面积9.8794公顷；积极盘活集体建设用地使用权2宗，面积0.7121公顷；转让土地6宗，面积24.2311公顷；收购国有建设用地3宗，面积0.75公顷。加快推进土地的节约集约利用，完成了全市存量土地排查摸底工作，并起草了《巩义市集体建设用地流转管理暂行办法》与《巩义市鼓励盘活闲置厂房土地优惠政策》的初步意见；完成了基准地价的更新工作。

【国土执法监察】出台了《中共巩义市委 巩义市人民政府关于加强土地管理的意见》（巩发〔2009〕10号），明确了各镇、街道、管委会及相关部门在土地管理中的职责，建立了土地管理共同责任机制，规范了建设用地使用权办理程序，为进一步加强土地管理工作奠定了坚实基础。坚持落实执法巡查制度，全年共发现各类国土资源违法行为43件，现场纠正12件，督促查处取缔29件，联合执法26次，没收采矿工具107件，查封大型机械设备及零部件11台(件)，封堵取缔无证非法矿点32个，查获炸药5公斤，雷管20枚，协助公安治安拘留1人。认真组织开展卫片执法检查工作，对11宗违法用地图斑全部依法立案查处到位，移交没收建筑物33864.6平方米，申请人民法院强制执行5起，移送纪检部门1人，涉嫌犯罪移送2人。拆除建筑物及其他设施28533平方米，恢复耕地面积214.2亩，使违法占用耕地面积占新增建设用地占用耕地的比例下降到了7.9%。卫片执法检查工作顺利通过了省厅和郑州市局的验收。

【信访工作】全面推行信访评估，成立局信访评估领导小组，对重大决策事项进行信访评估；严格实行信访问责制和“三级包案”制度。全年共受理群众来信97件、来电347个，接待群众来访471起、1235余人（次），政策、法律咨询286余人（次），自立案件28件，上级转办案件63件，领导批阅率达100%，按期结案率达到100%。

【矿产资源】巩义市矿产资源丰富，矿业开发历史悠久。全市现已发现的矿产21种，有18种矿产曾经进行过开发利用，其中9种已探明工业储量。主要矿产有煤、铝矾土、耐火粘土、硫铁矿、高岭土、石灰岩等。矿产资源主要分布在大峪沟至米河、涉村至鲁庄两条成矿带上。全市共有各类矿山企业117家，其中，煤矿29家、铝土矿12家、硫铁矿2家、铁矿1家，其他非煤乙类矿山73家；另有勘查项目2个，勘查矿种有煤、铁矿。

全市矿产资源有以下特点：①矿种虽然不多，但优势矿种较多，例如，铝土矿、耐火粘土的储量均居郑州市第1位，分别占全市总储量的47.03%和82.65%。而水泥配料用粘土、冶金用白云岩等矿产也远高于全省单位国土面积的资源蕴藏量。②就矿种而言，除铝土矿、铁矿以外，其他均为非金属矿产。③矿产分布具有区域性，煤矿、铝土矿、耐火粘土集中分布于大峪沟至米河和涉村至鲁庄一带。矿产资源的组合特征为煤、铝、熔剂灰岩、耐火粘土、水泥灰岩、硫铁矿和水泥配料用粘土等的组合，有利于煤炭、有色（铝型）、化工（煤化工和硫化工）及建材基地的建设。④各类矿产以沉积矿产为主，沉积变质（铁矿）、区域变质（大理岩）次之。⑤主要矿产集中于石炭系—二叠系，空间产出位置十分接近，在垂向上具有叠生关系，便于综合探矿和综合开发。

【矿产资源管理】强化动态监管。全年测量检查煤矿企业、非煤矿山各2次，涉及煤矿29家、非煤矿山企业69矿次，监督抽查率均为100%。对103家矿山企业进行了年度报告审查，年检率100%。追缴漏缴矿产资源补偿费117万元，收缴乙类矿山采矿权使用费0.6万元。加强采矿权管理。2009年，共办理乙类矿山延续、变更登记16宗，累计收缴采矿权价款74.775万元。收缴矿产资源补偿费1624万元。另外，对采矿权到期未申请延续的22家乙类矿山采矿权依法进行了注销、关闭；积极开展煤业煤铝综采试点申报工作，大峪沟矿务局煤铝综采试点已通过省国土资源厅批复。

【国土所建设】从加强硬件建设入手，为每个国土所配齐了电脑、打印机、车辆等办公用品，进一步提高了办公自动化水平；针对部分国土资源所还没有办公用房的实际情况，积极向巩义市财政争取资金，有两个国土所新所已选址到位，建所费用也基本落实；在提高人员素质上做文章，坚持每半月举办一次业务培训，全面提高基层所干部队伍素质。加强村级国土协管员建设，使国土协管员在执法巡查、纠纷调处、服务重点工程、土地调查、突发事件防治等工作中发挥了重要的作用。加强基层国土所的制度建设，对国土所的各项制度进行了清理完善，并加大督查力度，保证了各项制度的落实。2009年2月，城区所、竹林所被授予“规范化矿政管理国土资源所”称号。

【地质灾害与地质环境综合治理】2009年，共制定防灾应急预案21份，重点地质灾害隐患、危险区（点）专项应急预案7份；发放防灾工作明白卡795份、防灾避险明白卡1110份；险情巡查1200余人（次），修复及新设危险警示标牌151块，利用手机短信平台先后发布地质灾害气象预报预警信息19次，在职工居住楼和办公楼内安装应急警示电铃32个、警示标志牌8块；封堵危险路段通道2处，楼道入口6处，搬迁撤离人员589人；积极开展项目申报和治理工作，多方争取上级财政地质环境专项治理资金。对巩义市嵩山北坡五指岭硅石矿区和巩义市小关矿区竹林—龙门沟矿区存在的滑坡、泥石流地段进行地质环境治理；积极开展地质灾害群测群防“十有县”创建活动。2009年12月，被国土资源部评为全国首批地质灾害群测群防“十有县”建设县（市）。

（张利娜）

登封市国土资源局

登封市地理坐标为东经112° 42′ ～113° 19′，北纬34° ～35° 之间，位于郑州市西南部，中岳嵩山南麓，颍河上游，东西长56公里，南北宽36公里，总面积1220平方公里。1994年5月，国务院撤销登封县，设立登封市（县级），以原登封县的行政区域为登封市的行政区域。现辖3个街道办事处、8个镇、5个乡、1个工业区和1个矿区，总人口64万人，行政村298个。

高玉杰　局长
耿三有　党委书记
陈玉璋　副局长
李松岙　副局长
韩志刚　副局长、总工
张延楼　副局长、副书记
王顺来　副局长
王国梁　副书记
刘松义　副局长
范东郊　副局长
程胜利　副局长
刘瑞峰　副局长
李江斌　纪委书记
范英杰　工会主席
梁学源　土地储备中心主任
宋怀忠　局长助理、执法大队大队长
欧阳新献　局长助理、办公室主任
李德占　局长助理

高玉杰简介：汉族，1962年12月出生，1981年7月参加工作，大学文化程度。历任登封县劳动人事局副科长、科长、办公室主任，登封市土地管理局纪检组长，登封市国土资源局副局长，登封市委办公室副主任、接待办主任，登封市审计局局长等职。2007年9月至今，任登封市国土资源局局长、党委副书记。

【机构设置】登封市国土资源局是在登封市矿管局和登封市土地管理局的基础上于2002年3月合并成立。现任局领导18个。内设办公室、财务科、人事科、行政科、宣传教育课、党办、法规监察科、土地利用科、矿产开发管理科、稽查征管科、纪委办、规划科、耕地保护科、地质勘查储量科、信访科、督查科、地籍测绘管理科、用地管理科、地质环境科、法制科、安监科、工会22个业务科（室）；嵩山世界地质公园、土地评估所、信息中心、国土资源监察大队、稽查大队、登封市技术矿山研究服务中心、国土资源派出所、土地勘测规划分院、地质环境监测中心、地租事务科、行政服务科、土地储备中心、土地整理中心等14个二级机构；设中岳、阳城、大冶、宣化、徐庄、告成、白坪、唐庄、东金店、大金店、石道、君召、颖阳、少林、送表、卢店、嵩阳17个国土资源管理所。

【土地资源】登封市总面积1220平方公里。其中，耕地面积46727.82公顷，基本农田面积34320公顷，林地面积23602.22公顷，园地面积791.51公顷，草地面积16796.63公顷，水域及水利设施用地面积4345.78公顷，居民区及独立工矿用地18362.55公顷，交通运输用地3160.44公顷，其他土地7896.24公顷。

【土地利用】2009年，共收购土地29宗，面积2404.0945亩；招、拍、挂出让国有建设用地使用权22宗，出让面积1950亩，土地出让金共计3.7亿元；盘活存量土地76.3623公顷，超额完成郑州市局下达20公顷的目标任务。评估土地20宗，面积1123755.22平方米，地价总额23050.65万元；国有土地使用权划拨供地4宗，面积288.4826公顷；集体土地使用权供地10宗，面积11.5827公顷；企业改制处置国有划拨土地使用权18宗，面积21.55公顷，征缴土地出让金1673.78万元。补办协议出让土地7宗，面积5.44公顷，征缴土地出让金3077.25万元。全年办理土地登记手续861宗，面积6847235.3平方米。其中，办理国有宅基地150宗，面积28296.82平方米；国有企业用地56宗，面积6420319.76平方米；集体企业用地7宗，面积213301.85平方米；集体宅基地632宗，面积123780.5平方米；临时用地16宗，面积61536.37平方米。

【耕地保护】2009年，贯彻落实基本农田和耕地保护责任制，进一步落实基本农田“五不准”，规范了基本农田占用、使用和补划行为。在全市17个乡（镇）街道办事处，298个行政村，建立了基本农田保护档案，签订基本农田保护责任书，并按照《土地利用总体规划》将基本农田落实到地块，设置地块保护牌800多个，保护图上墙500多幅，做到基本农田的图、表、地块和责任人相对应。2009年，全市完成占补平衡项目7个批次，占用土地233.2394公顷，其中，耕地123.5477公顷；补充耕地123.5477公顷。土地开发整理项目有9个，总投资851.2978万元，总规模167.8016公顷，新增耕地119.7462公顷，其中包括空心村6个，总投资435.2009万元，总规模71.0416公顷，新增耕地58.8562公顷。

【建设用地管理】2009年，建设用地管理先安排办理国家重点建设项目，再安排国家产业政策鼓励发展的项目，后安排经济社会发展中薄弱环节建设项目的用地。2009年，全年共组织报批建设用地5个批次。其中，单独选址项目1个，为省重点工程巩义至登封高度公路建设用地，该项目共占用土地62.23公顷；教育用地项目1个，为2009年度第一批乡镇建设用地；工业项目1个，为2009年度第三批乡镇建设用地，占地47.44公顷，用于登封市汽车零部件产业园区建设用地；住宅项目，政府储备用地有2个批次，占地62.57公顷，为登封市2009年度第四批乡镇建设用地，登封市2009年度第一批城市建设用地，用于商业住宅项目、白坪安置小区建设及政府储备等项目用地。

【执法监察和信访工作】为破解国土资源领域执法难、难执法的难题，配合登封市政府着力建立土地责任共同体系。一是建立乡（镇、街道办事处）、村二级为主的防止违法、违章建设土地领导体制和责任机制；二是坚持动态巡查属地管理原则，突出巡查重点，加大巡查力度，落实巡查责任制；三是进一步明确各部门职责，强化各自监管范围，形成部门联动机制。通过加强国土执法动态巡查，严肃查处违法用地案件，坚持把违法问题解决在基层，确保了全年立案率100%，查处率100%，并按要求全部归档；全年共接“12336”电话举报转办案件29起，处理上报结果29起，处理回复率达100%，立案查处6宗，按照法律程序已全部查处到位。全年接待来访113起、380多人（次），本级接待率达100%，处理疑难案件3起，立案46起，按期结案率100%，群众满意率92%以上，全市国土信访量与去年同期相比下降45%左右。

【嵩山地质公园】 2009年5月17日，嵩山被国土资源部批准为我国第一批“国土资源科普基地”； 6月20日，与四川兴文世界地质公园结为姊妹公园。加强科普基地的发展建设规划工作，与《中国国土资源报》、《小学生报》和郑州师范高等专科学校等建立科普宣传平台，扩大科普教育的接受面；与中国科学院广州地球化学研究所合作完成“嵩山前寒武纪”研究项目。

【矿产资源】 登封市矿产资源以煤、铝土矿为主，其次为石灰岩、白云岩、黏土矿、硅石矿、铁矿、磷矿、玉石、建筑石料等，内生矿床少，有铜、铅、水晶、花岗岩等。已探明的矿产品达36种，其中，煤炭探明储量15亿吨，远景储量30亿立方米；铝矾土储量7000多万吨，是河南省两个铝矾土基地之一；石灰石储量30亿吨，现代装饰材料花岗石储量30亿吨；硅石矿储量8亿吨，被明代大药物学家李时珍誉为神奇的“嵩山药石”麦饭石储量2亿吨，现已初步形成了矿产品开采、加工、销售的综合生产经营格局。

【矿产资源管理】 辖区内现共有持证矿山210家，其中，煤矿88家、铝土矿10家、省级办证非煤矿山企业11家、县级办证非煤矿山企业101家。采矿权的新设、延续、变更均严格按照上级需求，无越权审批行为。2009年，采用挂牌方式出让15个块段的乙类矿产采矿权，与中介机构合作，进行采矿评估确认15家，有力地支持了矿山企业发展；在整顿和规范工作中，登封市人民政府建立整顿和规范矿业秩序的长效机制。一是建立目标责任制和责任追究制，每位领导和每为工作人员都有相应的责任区片；二是建立快速反应机制，把问题消灭在萌芽之中；三是建立矿业巡查网络，发现问题，立即查处；四是公开举报电话，实行举报有奖制；五是实行矿产资源开发监督机制，各级政府安排监督员对当地矿产开发实行监督；六是对非法采矿者进行重点打击，并对其违法行为追究其法律责任。

【地质矿产工作特色】 登封市高度重视地质灾害防治工作，成立防治领导组织机构，编制规划、完善预案、更新制度、广泛宣传、及时预报、加强监测、设立警示牌，如期完成地质灾害群测群防“十有县（市）”建设目标，最大限度保障人民群众生命财产安全。2009年，登封市开展铝土矿山采空区和煤矿开采塌陷区地质环境治理工程2个，投入资金580万元，治理面积达470多亩。

（欧阳新献）

新密市国土资源局

新密市位于河南省中部的嵩山东麓，隶属河南省郑州市，距郑州市40公里，辖4个街道办事处、11个镇、2个乡，1个风景区管委会，349个行政村人口75万余人，。新密区位优越，环境优良，地处以郑州为中心的中原城市群隆起带和“郑州半小时经济圈”内，已纳入“大郑州”建设规划；交通网络四通八达，紧临京珠高速公路和郑州国际机场，郑少高速横贯东西；基础设施完备，电力、水资源充足，综合通信能力已跨入全国百强。金银花、桑杈、大蒜、密香杏等农特产品质优良，享誉海内外。

郑振举　党委书记、局长
陈新奇　党委委员、常务副局长
钱垠知　党委委员、副局长
霍大圈　党委委员、副局长
陈陶宇　党委委员、副局长
尚青山　党委委员、副局长
蒋文甫　党委委员、副局长
李映洁　党委副书记
常松伟　党委委员、副局长
赵春生　党委委员、纪委书记
郑瑛炜　总工程师
乔晓伟　工会主席
冯志刚　副主任科员
赵春峰　副主任科员
吴建州　土地收购储备中心主任
邢宏伟　土地收购储备中心党支部书记
张书奇　国土资源执法监察大队队长
常西珍　国土资源执法监察大队党支部书记

邓振举简介：汉族，1962年3月出生，新密市刘寨镇人，1983年7月参加工作，1989年5月加入中国共产党，研究生学历。先后任密县城关高中教师，新密区委宣传部干事，新密矿区管委会办公室副主任，密县地质矿产管理局副书记兼纪检书记、副局长，新密市国土资源局副局长等职。2007年11月至今，任新密市国土资源局党委书记、局长。

【机构设置】局机关内设办公室、窗口办事办公室、法制监察科、规划科、用地管理科、测绘地籍管理科、矿产开发管理科、地质勘查储量科、纪委监察室；设土地收购储备中心、国土资源执法监察大队、机关服务中心、土地整理中心、征费管理稽核中心、信息中心6个事业单位；辖城关、平陌、超化、白寨、来集、刘寨、米村、牛店、岳村、袁庄、曲梁、苟堂、大隗、新华路、西大街、青屏16个国土资源所。

【土地资源】新密土地总面积为996.35平方公里，其中，耕地46993.49公顷，占总土地面积的47.167%；园地235.89公顷，占总土地面积的0.237%；林地11827.69公顷，占总土地面积的11.871%；草地5732.46公顷，占总土地面积的5.753%；城镇工矿用地24050.25公顷，占总土地面积的24.138%；交通运输用地3012.17公顷，占总土地面积的3.023%；水域及水利设施用地1631.53公顷，占总土地面积的1.638%；其他用地6151.58公顷，占总土地面积的6.174%。全市土壤有97.3%为褐土，广泛分布于南部、中部和东北部的低山丘陵区；另有1.64%的棕壤和1.06%的潮土，分布于西北部、南部山地和东部平原。

【土地利用】严格建设用地项目预审制度，按照不同行业的用地标准，准确确定建设项目的用地规模，从源头上防止浪费土地现象的发生，积极盘活存量建设用地。2009年，盘活存量土地5宗，面积392亩，其中，收回土地使用权3宗，面积125亩；盘活批而未供土地2宗，面积267亩。积极主动协调，加快上报的土地征收批次推进力度，从省政府批回2008年上报征收土地批次4个，面积854亩。从国务院或省政府批回单独选址征收土地项目3个，面积136亩。2009年度，上报城市建设用地批次4个，面积1881亩；上报乡镇建设用地批次1个，面积236亩；上报单选项目1个，面积15亩。

【耕地保护】加大耕地特别是基本农田保护力度，保证全市耕地保有量在71.3万亩上动态稳定，基本农田在60.5万亩以上，建立耕地保护责任机制，提请新密市政府与各乡（镇）、街道办事处签定了2009年《耕地保护目标责任书》，并严格考核。2009年，上报郑州市级批准土地整理项目10个，总规模7006亩，整理后可新增耕地1132亩，其中，“三废”复垦整理土地726亩。提请新密市政府下发《关于建立查处土地违法行为部门联合行动机制的通知》（新密政文〔2009〕7号），通过多部门联合行动，形成土地管理齐抓共管的局面。

【建设用地管理】加强土地征收上报审批力度，为全市经济可持续发展提供强有力的用地保障。2009年度，供应集体建设用地项目48宗，面积612亩；完成建设项目用地预审9宗，面积119亩；办理临时用地手续1宗，面积20亩；组织报批农民宅基地3个批次，计135宗，面积34亩；完成国有建设用地项目供应23宗，面积1196亩，其中，出让17宗，面积875亩，出让价款16287.8142万元；划拨用地6宗，面积536亩。

【执法监察和信访工作】对各类国土资源违法、违规行为继续采取高压态势。2009年，发现无证采矿3起，立案查处3起，结案3起；发现超层越界3起，立案查处3起；发现擅自改变开发利用方案1起，立案查处1起。2009年，在违法用地违法建设集中整治“回头看”工作中，全市共拆除违法用地复耕土地536亩。认真落实信访工作责任制，实行“一岗双责”，全面贯彻落实领导包案责任制。在“分级负责”和“谁主管、谁负责”的基础上，做好领导班子集体研究信访案件工作。在办理信访件时，工作人员做到热情接待、耐心解释、细心办理。2009年，共受理群众来信来访及各级批件90起，已全部办结。

【矿产资源概况】新密市矿产资源丰富，已发现矿种22种，上储量表的矿种13种，分别是煤、铝土矿、耐火粘土、水泥用灰岩、锂矿、镓矿、熔剂用灰岩、冶金用石英岩、硫铁矿、水泥配料用砂岩、天然油石、石灰石、水泥配料用粘土，尤以煤、铝土矿、水泥灰岩为最。已探明煤炭的地质储量约211487.05万吨，主要分布在米村、牛店、平陌、城关、七里岗、超化、来集、岳村、曲梁、苟堂等乡（镇）；铝土矿探明资源储量5232.87万吨（包括上储量表和未上储量表）、探明耐火粘土矿资源储量1080.8万吨，主要分布在城关、米村、超经、平陌、七里岗等乡（镇）；水泥灰硅储量10亿吨，主要分布于平陌、尖山、牛店等乡（镇）；水泥灰岩累计查明储量44281.28万吨，主要分布于七里岗、岳村、米村、袁庄等乡（镇）；玉石储量在60万吨以上，主要分布在牛店镇。

【矿产资源管理】为了充分利用好有限的矿产资源，本着节约集约利用的原则，全面加强了矿产资源管理工作。积极开展采矿权人矿产资源开发利用情况年度检查工作。全市各类矿山企业总数为249家，应检查的各类矿山企业数为232家，实际检查各类矿山企业为232家，年检率100%。全面加强矿山企业井下实测检查工作。对全市所有的煤炭、铝石矿山全部进行井下实测。及时安排部署2009年储量动用计划上报和储量动态检测合同签订工作。全市2009年度应签订储量动态检测合同125家，已全部签订，并全部完成储量动态检测工作，及时进行了审核评审汇总上报。加大对勘查项目的监督检查，及时对全市8家勘探项目进行了全面检查，未发现无证勘探、圈而不探、以采代探、非法转让探矿权行为，探矿权秩序保护良好。

【地质矿产工作大事】

（一）*举办“密玉杯”河南省首届玉石雕刻技能大赛*。2009年10月12日～10月18日，由河南省珠宝玉石首饰行业协会、省轻工烟草工会主办，新密市总工会、新密市国土资源局承办的“密玉杯”河南省首届玉石雕刻技能大赛在新密举行。此次玉石雕刻技能大赛吸引了全国各地的玉雕选手，来自北京、广州、深圳等地的河南籍选手在内的56名选手进入决赛。通过理论考试、绘图比赛、现场实操，经过7天的激烈角逐，制作出了56件“密玉”雕刻精品。其中，镇平县选手郭洪范创作的“清白传家”，以其传统的“密玉”白菜造型、娴熟的手法技巧、流畅的雕刻线条，给人一种自然之美和独特的视觉享受，获本次大赛的冠军殊荣。

（二）*建立矿山公园*。为有效治理因长期开采密玉破坏的地质环境，对密玉矿业遗迹进行开发保护，新密市拟建新密市密玉省级矿山公园。拟建的密玉省级矿山公园位于市区西北部牛店镇助泉寺村，总面积6.25平方公里，主要包括“玉石之路”矿业遗迹保护区、伏羲大峡谷风景区、助泉寺、助泉寺生态村等功能分区。目前，密玉省级矿山公园已通过省级专家评审。

（三）*郑少洛高速（新密段）沿线矿山地质环境恢复治理*。总投资13779万元的郑少洛高速（新密段）沿线矿山地质环境恢复治理工程项目即将实施。项目的实施将有效恢复高速沿线生态环境，美化高速沿线景观，形成树木参天、草灌盖地的观光景区，从而带动郑少洛高速沿线景区及周边旅游景点的开发，提升新密市对外形象，推动新密市旅游经济的发展。

（司永雷）

新郑市国土资源局

新郑市位于河南省中部，地理坐标为北纬34°16′～34°39′，东经113°30′～113°54′。北靠河南省郑州市，东邻中牟县、尉氏县，南连长葛市、禹州市，西与新密市接壤，隶属河南省，由郑州市代管。全市辖9个镇、3个乡、3个街道办事处，总面积873平方公里，总人口63万人，行政村325个。

李天才　党委书记、局长
马林生　党委副书记、副局长
张　勇　党委委员、副局长
王水军　党委委员、副局长
蔡　刚　党委委员、副局长
白晓红　党委委员、纪委书记
闫爱民　党委委员、副局长
毛智勇　党委委员

李天才简介：新郑市和庄镇人，男，汉族，1962年9月出生，1983年7月参加工作，1987年7月入党，研究生学历。1980年8月～1983年7月，在开封师专中文系学习；1983年8月至1989年2月，在县职业中专任教；1989年2月～1990年1月，在县委宣传部工作；1990年2月～1994年10月，在县（市）委组织部工作；1994年11月～1998年2月，任市土地矿产管理局纪检组长、副局长；1998年3月～1999年10月，任新郑市文化局党组书记；1999年11月～2005年12月，任新郑市国土资源局党委副书记、副局长；2006年1月至今，任新郑市国土资源局党委书记、局长。

【机构设置】新郑市国土资源局设办公室、人事财务科、纪检监察室、耕地保护科、规划用地科、地政地籍科、法制监察科、土地利用科、窗口办、土地储备中心、矿管科、河南省国土资源调查规划院新郑分院、土地整理中心、国土资源执法大队14个职能和业务科室。辖直属分局、和庄、新村、薛店、辛店、龙湖6个分局。

【土地资源】2009年，经全国第二次土地调查，新郑市土地总面积88459.15公顷。其中，农用地63603.98公顷，建设用地23043.23公顷，其他土地1811.94公顷。在农用地中，耕地54833.66公顷，园地1759.98公顷，林地6405.72公顷，草地604.62公顷；在建设用地中，城镇村及独立工矿用地17739.33公顷，交通运输用地3683.81公顷，水利设施用地1620.09公顷；在其他土地中，设施农用地726.53公顷，田坎984.66公顷，沙地31.88公顷，裸土地68.87公顷。

【土地利用】严格控制新增建设用地总量，严格项目用地预审，严格控制建设用地标准，加大土地批后监管力度，确保土地节约集约利用。积极推进标准化厂房建设，全市已建成标准化厂区占地247.65亩，入住企业20个；及时、有效清查并依法处置闲置土地，全年督促开工4宗、229.63亩，盘活(转让)8宗、253.31亩，协议收购1宗、110亩；积极盘活存量土地，全年共盘活存量土地528亩。

【耕地保护】切实加大基本农田保护力度。在新村镇王毕庄村、107国道东侧树立了一个18米高的3面宣传标志牌；制作市级基本农田保护标志牌4个，乡镇基本农田保护标志牌36个，全部安装于国道、省道、高速公路出入口和乡镇政府所在地；村级基本农田保护标志319个，基本农田保护牌100块，更新完善1000余块；刷写固定性宣传标语口号200余条，确保全市耕地保有量保持在54325公顷；依法落实占补平衡任务。2009年，新郑市经依法批准的非农建设用地项目5个，共占用耕地101.0763公顷，实际补充耕地101.2317公顷。着力做好3批补充耕地储备项目和2个市投土地开发整理项目监督和验收工作，储备新增耕地92.0342公顷，在一定程度上缓解了全市补充耕地指标短缺压力；全面启动基本农田示范区建设工作。新郑市2008和2009年度基本农田示范区八千乡土地整理项目已于2009年10月16日全面启动，项目总规模998.7369公顷，预计2010年5月底竣工，可新增耕地68.7522公顷。

【建设用地管理】加快推动新一轮土地利用总体规划修编工作。全市新一轮土地利用总体规划（2006-2020年）修编工作已经完成，县级规划成果已于2009年10月份由省人民政府批复，乡级规划复审已通过验收；扎实做好建设项目的用地报批工作，满足“扩内需、保增长”用地需求。全年共上报建设用地8个批次，面积217公顷，基本保障了郑州新郑国际机场站坪联络道扩建工程、郑州次降仪表着陆系统改造、石武铁路、郭店危险废物处置中心、中储粮、新密—邢口铁路等重点项目用地需求。

【执法监察和信访工作】进一步加大了土地矿产违法案件查处力度，不断完善监测监控网络，切实加强与纪检监察和司法部门之间的横向联系与配合，搞好国土资源动态巡查，严厉打击各类违法行为，全年共查处土地违法案件并下发处罚决定53宗。加大执法人员依法行政力度。对全局执法监察人员进行了执法培训，使全体执法人员依法行政意识进一步增强。搞好依法行政和信访稳定工作。重视群众来信来访，积极化解矛盾，将许多问题解决在基层，消灭在萌芽状态，全年没有出现一起越级集体上访事件。

【矿产资源】新郑市矿产资源较为丰富，已发现矿种12种，矿产地37处。区内固定矿产以沉积矿产为主，包括煤、粘土矿、石灰岩、红硅石、硅石等及部分沉积、变质矿产（铁矿、磷矿、白云岩矿、建筑石料等），还赋存着丰富的地热、矿泉水资源。新郑市资源格局以煤为主，煤区占全市总面积约41%，已探明储量134610.3万吨，占郑州市煤炭总量的20.5%。辖区内目前有勘查项目1个，即河南省新郑市李粮店—长葛市煤详查。新郑市现有煤矿5家，其中，龙湖镇张沟地区3家，辛店地区2家。其中，龙湖镇张沟地区分布2家乡镇煤矿和1家地方国有矿（隶属于郑煤集团），年设计生产能力均为15万吨/年。辛店镇地区的王行庄煤矿年设计生产能力为120万吨/年，赵家寨煤矿年设计生产能力为300万吨/年，目前均已投入正常生产。

【矿产资源管理】2009年，完成了全市矿产资源规划修编、规范化矿政管理国土资源所及矿业权实地核查工作。全市4家甲类矿山、13家乙类矿山全部参加年检，年检率达到100%。继续巩固粘土砖瓦窑整治成果，全年无反弹及死灰复燃现象，砖厂用地已全部复垦到位，新郑市人民政府被评为河南省粘土砖瓦窑厂整治工作先进集体。认真做好全市的储量管理工作。全市共有1家勘查项目，年检率达到100%；全市共有甲类矿山4家，储量动态检测率达到100%。

（安伟霞）

荥阳市国土资源局

荥阳市位于河南省中部黄河南岸，东距郑州市约15公里，地势南、西、北部以高山地丘陵为主，中东部以低平原为主，古有“两京襟带、三秦咽喉”之誉。全市共有12个乡（镇）、2个街道办事处、1个管委会、283个行政村，人口62万人，全市总面积902平方公里，耕地面积46864.6 公顷，人均耕地 1.1亩。各类矿产已探明的有17种；共有矿山企业123家，其中，煤矿16家，非煤矿山107家。

李　伟　党组书记、局长
耿光跃　副局长
聂永红　党组副书记
高月春　党组成员、副局长
高　电　党组成员、副局长
马志军　党组成员、副局长
张华育　党组成员、纪检组长
范超杰　党组成员、储备中心主任

李伟简介：男，汉族，1964年9月出生，1984年加入中国共产党。1980年参加工作，曾先后任荥阳市粮食局党委副书记，刘河镇党委副书记、人大主席团主席，汜水镇党委副书记、人大主席团主席，高村乡党委副书记、乡长等职务；2007年5月～2009年6月，任荥阳市国土资源局局长、党组副书记；2009年6月至今，任荥阳市国土资源局党组书记、局长。

【机构设置】现内设办公室、财务科、人事宣教科、督查室、纪检监察室、征地科、地籍科、规划科、耕保科、信访办、法规监察科、开发科、利用科、地质储量科、行政服务中心、窗口办16个科（室）；设土地储备中心、执法监察大队、拆迁办、测绘队、土地整理中心、信息中心6个二级机构；辖京城、索河、城关、贾峪、刘河、高村、汜水、豫龙、乔楼、金寨、崔庙、广武、王村、高山14个国土资源所。

【土地资源】截至2009年底，荥阳市土地总面积94318.6公顷，其中，耕地面积46961.7公顷，园地面积1467.7公顷，林地面积8318.8公顷，草地面积8059.2公顷，城镇村及工矿用地面积15498公顷，交通运输用地面积2895.3公顷，水域及水利设施用地面积8557.7公顷，其他土地面积2560公顷。

【土地利用】2009年，认真落实禁止供地和限制供地项目政策，完成天瑞水泥、荥南两个变电站以及荥阳市国锋新墙体材料厂、中铝第五赤泥堆场工程、桃花峪黄河公路大桥的初审，老年公寓、道北变电站的预审。完成建设项目规划审核182宗。加大闲置土地清理处置力度，在全市范围内开展了闲置及低效利用土地清查活动，全年盘活存量建设用地11宗共387亩。积极推进工业聚集区和标准化厂房建设，建成标准化厂房6万平方米。

【耕地保护】严格落实国土资源管理的共同责任，建立健全了市、乡、村、组、农户基本农田保护责任体系，从全市283个村支部书记、村委主任中选聘村级土地协管员，将耕地保护网络延伸到村组，将保护任务落实到村组、落实到地块，形成政府牵头、部门联动、齐抓共管、共同保护的格局。2009年底，耕地面积为46864.6公顷、基本农田面积为41569公顷，基本农田保护率为88.7%，做到了基本农田面积不减、质量不降。补充耕地工作有新成绩，2个单独选址项目和8个批次报地补充耕地300.7公顷，补划基本农田110.1公顷。加大土地开发整理力度，国投豫龙镇土地整理项目、城关乡土地整理项目、省投贾峪土地整理项目和郑州市投贾峪镇梁沟村、乔楼镇东郭村土地整理项目顺利通过验收，新增耕地达2178.6亩。荥阳市2009年1～6批土地开发整理项目完成95%。乔楼镇基本农田整治项目完成可行性研究、论证、规划设计、报批工作，已开工建设，确保耕地总量动态占补平衡。

【建设用地管理】加快推进新一轮土地规划修编工作。市本级的规划成果资料已按要求完成，顺利通过了省、市审核，并获省政府批准；乡级规划全部完成，通过市局的审核，并原则通过。严格规范履行征地告知、调查和确认、听证和实施“二公告一登记”制度。全年上报8个批次城市、乡镇建设用地，共计3744亩；批回建设用地1819.5亩，保障了希格玛、阳光油脂、城中村改造、新田置业等省、市重点项目用地。单独选址项目连霍高速（柳江至广武段）工程建设用地122.3亩已经国务院批复。全年收购储备土地52宗，面积3295亩。以招、拍、挂方式出让土地79宗，面积3234.5亩。

【地籍管理】加强地籍信息系统建设，开发了荥阳市地籍管理信息系统。2009年，全市发放宅基证633宗，宅基证总数达159449宗，发证率达99.4%。颁发国有土地使用证114本，集体土地使用证27本。第二次土地调查进展顺利。农村土地调查部分内业、外业已全部通过核查。城镇调查完成建城区约50平方公里2000余宗的控制测量、权属调查、图根导线测量、像控点测量、外业测绘工作。

【矿产资源】荥阳市矿产资源丰富，主要矿种有煤炭、铝土矿、耐火黏土、铁矿、石灰岩矿产、水泥粘土、建筑石材以及稀有金属镓、锂等。优质矿产为煤炭及石灰岩类矿产，本年度对深部煤炭资源进行了强力勘查，预计新增煤炭资源5000万吨。所辖矿山企业，省级发证企业19家，本级发证企业104家。

【矿产资源管理】严格开展矿山企业年检，全市应检查企业123家，实地年检企业123家，年检率100%。完成全市16家煤矿的储量动态的年度检测工作，检测率100%；完成16家省级发证煤矿和3家非煤矿山的实地核查；完成104家县级非煤矿山的野外实地核查和内业工作；完成全市矿产资源利用现状调查和规划修编工作。

【执法监察和信访工作】在全市范围内开展了集中整治违法用地违法建设“回头看”活动。全年共发现各类土地违法案件37起，消灭在萌芽状态的11起；立案查处26起，结案26起，占地面积197.6亩，没收建筑物15334平方米，拆除建筑物49170.6平方米，移交公安机关3起。进一步强化联动执法机制，联合公安、执法、住房和城市建设等部门共同执法15余次。积极做好国家土地卫片执法检查，对涉及地块逐宗进行摸底清查，并对违法用地逐一进行查处。创新国土资源信访管理机制，认真组织开展了矛盾纠纷排查，妥善解决了一批重点信访案件。全年共受理群众来信来访353起，其中，政策咨询243起，符合条件立案110起，信访案件到期结案率达100%。

（焦志强）

中牟县国土资源局

中牟县东邻古都开封市，西接河南省会郑州市，南与新郑市、尉氏县接壤，北濒黄河与原阳县相望。地理坐标为北纬34°26′～34°56′、东经113°46′～114°12′。中牟县古称圃田，西汉初始置县。汉高帝十二年（公元前195年）称中牟侯国，武帝元上鼎五年（公元前112年）复为县；隋开皇元年（581年）改称内牟，十八年改内牟为圃田；唐武德三年（620年）置牟州，武德四年废牟州仍为县。其后行政区隶属虽多有变化，县名至今未变，治所多在今县城一带。建国后，中牟曾历属陈留专区、郑州专区、开封专区，1983年7月划归郑州市。境域南北最大长度（坐标顶点距离）55公里，东西最大宽度39公里，全县总面积1405.59平方公里，总人口68万人，辖14镇、3乡，431个行政村。

陈贵生　国土资源局局长、党组副书记
熊晔亮　党组书记
孙铁保　副局长
刘永胜　副局长
吴文鑫　副局长
周　刚　副局长
谢鸽敏　副局长（女）
吴郑杰　纪检组长
张秋艳　副局长（女）
刘国胜　副局长
田瑞杰　副局长
金　梧　储备中心主任
孙　健　工会主席

陈贵生简介：中牟县黄店镇人，男，汉族，1958年7月出生，大专学历，1977年7月参加工作。1980年5月加入中国共产党。1977年7月～1983年11月，在黄店公社任通信员；1983年11月～1987年9月，任黄店乡副乡长；1987年9月～1988年4月，任黄店乡代乡长；1988年4月～1989年3月，任黄店乡副书记、乡长；1989年3月～1995年3月，八岗乡乡长、党委书记；1995年3月～1998年3月，任县交通局局长、党委书记；1998年3月～2002年2 月，任中牟县纪委副书记、监察局长；2002年2月至今，任中牟县国土资源局局长、党组副书记。

【机构设置】中牟县国土资源局于2002年初，由中牟县土地管理局更名成立。现有职工262人，其中，高级职称12人。现职班子成员13人，其中，局长1人，党组书记1人，副局长8人，纪检组长1人，土地收购储备中心主任1人，工会主席1人。局机关内设办公室、人事科、财务科、规划科、用地科、土地利用科、地政地籍科、耕保科、矿管科、政策法规科、信访办、纪检监察室、土地开发复垦整理中心、信息中心、行政服务科15个职能科（室）；测绘队、国土资源执法监察大队、土地收购储备中心3个事业单位；下辖城关镇、韩寺镇、官渡镇、狼城岗镇、雁鸣湖乡、大孟镇、万滩镇、刘集镇、白沙镇、郑庵、九龙镇、张庄镇、八岗乡、刁家乡、黄店镇、三官庙乡、姚家17个国土资源所以及土地评估公司和鑫源土地开发公司2个公司。

【土地资源】2009年底，中牟县土地总面积1405.59平方公里。其中，耕地76753公顷、园地2581公顷、林地18189公顷、草地1702公顷、居民点及工矿用地17054公顷、交通运输用地5292公顷、水利设施用地17756公顷、其他未利用土地1232公顷。

【土地利用规划管理】严把土地预审关，将预审工作分为“接受报件、初步审核、征求意见、会审准备、会审审查、办理批件”6个环节，依法、依程序办理。同时，按照“布局集中、用地集约、产业聚集”的用地原则，用足、用活新增建设用地年度计划指标，把指标一一分解，选址尽力避开耕地和基本农田，以保证耕地和基本农田不减少。全年共预审宅基地372宗，路边店187宗。完成了1个城市批次建设用地报批工作，总面积31.5460公顷；3个乡镇批次建设用地报批工作，总面积90.1415公顷；单独选址项目1个，面积3.1602公顷。上报总面积124.8477公顷，充分保障了国家、省、市重点项目对建设用地的需求。

【土地利用规划修编】县级土地利用总体规划于2009年6月完成初稿；2009年6月10日，通过郑州市国土资源局联合郑州市各局委领导和专家进行的联审，并按照评审会议纪要，进行了修改和完善；又于2009年6月15日和7月22日通过由河南省国土资源厅组织专家进行的评审和复审；最终于2009年10月22日通过河南省政府批准，批准文号为豫政文〔2009〕218号。乡镇级土地利用总体规划也于2009年11月通过了由郑州市国土资源局组织的评审。

【建设用地管理】按照“扩内需、保增长”的总体要求，在完成中牟县土地利用总体规划修编工作的同时，根据重点项目用地的需求，合理确定建设用地规模和区域，为中牟产业园区、九龙和雁鸣湖区管委会等重点发展区域预留用地指标，积极落实征地拆迁方案，完成了全年重点项目用地报批任务。2009年，共上报3个重点项目，共471.9018公顷。其中，郑州至民权高速公路（郑州境段）建设项目占地226.0290公顷，郑汴物流通道新建工程（京港澳高速—中牟开封交界）建设项目占地186.6710公顷，连霍高速公路兰考至刘江改扩建工程（中牟县段）建设项目占地59.2018公顷。

【耕地保护】一是健全了目标责任制，协助政府落实了耕地保护目标责任。明确了乡镇政府对本行政区域内基本农田保护面积、示范区建设、基本农田土地整理月标任务负总责，“一把手”为第一责任人。确保我县“十一五”期末基本农田保护面积不低于60664公顷。二是建立健全了建设占用基本农田听证和公告制度，接受社会的监督。三是建立并实行了基本农田保护动态巡查制度，加强了全县耕地的动态监测。四是落实好耕地占一补一制度，严把建设占用耕地的审批关，切实做到农田保护“五不准”。按郑州市政府要求，全县共划定基本农田保护区面积60664公顷，保护率达87.3%。完成全县基本农田保护牌的维护工作，重新粉刷基本农田地块保护牌426个，制作横幅标语12个，粉刷墙体宣传标语12条。严格执行耕地占补平衡制度，实现了全县耕地总量动态平衡，耕地保有量保持在69224公顷之上；共完成5个批次建设用地的占补平衡，补充耕地1262公顷。分9个批次对黄河滩涂进行保护性开发整理，总规模达1274公顷，预计新增耕地1252公顷。

【土地开发整理】2009年，大力开发耕地后备资源，确保耕地占补平衡。一是完成了中牟县刁家乡、官渡镇、大孟镇3个乡（镇）10个土地开发整理项目施工任务，并顺利通过省、市验收。项目总规模191.53公顷，总投资591.13万元，新增耕地185.56公顷，对有效缓解郑汴产业带建设用地占用耕地矛盾起到了积极作用。二是完成了雁鸣湖乡和郑庵镇两个乡（镇）3个占补平衡项目的施工工作，该批项目总规模86.83公顷，总投资489.62万元，项目实施后新增耕地69.97公顷。三是完成了中牟县投资5151.24万元总面积为1274.53公顷的中牟县黄河滩区2009年第1—9批土地开发整理项目的招标工作，工程完工后可新增耕地1252.22公顷。

【地籍管理】全年办理国有土地登记发证50宗，面积107.74公顷；国有土地使用权转让133宗，面积235.16公顷；办理集体使用权证355宗，面积24.15公顷；农民宅基地715宗，面积11.94公顷；办理抵押登记169宗，面积594.50公顷。

【第二次全国土地调查】农村方面，完成了农村外业权属调查、地类调查和权属测量工作，中牟县涉及17个乡（镇）、435个行政村，签订权属界线协议书1502份，争议原由书13份，权属界线确认书48份，为以后的集体所有权登记发证提供了法律依据。完成了郑州市局的预检、数据库上报和地方成果复核工作。

城镇调查方面，城镇土地调查分为县城调查和建制镇调查，面积为44.4平方公里。县城区域于2008年12月，由作业单位自行组织航飞获得调查底图，目前已完成了25平方公里的地籍调查工作；完成了外业调查的资料整理和数据汇总工作，建制镇区域以九龙为试点，于7月份相继完成了5个镇的权属调查和外业测量工作，8月份完成了资料整理汇总和数据汇总工作。

【土地利用工作】2009年，严格执行出让最低价标准，全年出让工业用地7宗，出让总面积538.134亩，单位出让金额每亩最高达13万元，成交总金额6091.346万元；商业、住宅用地11宗，出让面积754.568亩，单位出让金额每亩最高达64万元，成交总金额2.9966亿元。全年所有出让土地信息全部在中国土地市场网公开发布，进入土地市场动态监控。全年无违法、违规供地行为，没有受到用地单位实质性投诉，共盘活存量土地5.5公顷。

【信访工作】以构建和谐中牟为目标，积极深入开展“排查矛盾、化解纠纷”等活动。做好了新中国成立60周年期间、全国“两会”及省市“两会”期间我局的信访稳定工作。全年接待来信来访223起，累计接待来访群众1500多人（次）。受理上级转办交办案件60宗，其中，国家级转办案件2宗，省级转办5宗，市级批转17宗，县信访局交办36宗。另外，自行受理案件22宗，基本做到了件件有落实、事事有回音。

【执法监察】按照“预防为主、事前防范与事后查处相结合”的原则，加强土地动态巡查，从严查处土地违法案件。对当场发现的问题，就地依法制止；对已形成的违法事实，严格按照国土资源部制定的《查处土地违法案件行为立案标准》及相关法律规定严肃查处。全年依法查处各类违法案件67起，其中，依法制止27起，上级转办案件15起，申请法院强制执行3起，全部结案。打击制止盗采沙资源6宗，扣压盗采工具6台（辆）。受理群众来信来访114起，结案率100%。拆除砖瓦窑厂120座。

【信息化建设】积极完善国土资源市场信息化建设，加强土地市场动态监测机制，定期向国家和河南省土地市场网发布土地市场招、拍、挂交易信息。实现中牟国土资源局网站正常运行300天，在网站公开了中牟县土地市场招、拍、挂公告等交易信息，公开中牟县土地相关政策，公开办事程序，建立了政务信息采集、审核、发布等相关制度。完成了与政府专网对接工作，实现与河南省、郑州市国土资源主干网互通互联。

【测绘工作】利用“8·29测绘法宣传日”，在世纪广场大屏幕播放宣传标语，设立咨询台积极宣传测绘法；全年地籍测绘281宗；完成了中牟县第1～第8批乡镇建设和两个单选址新增建设用地测量工作，制作各种测绘报告和技术报告书共391个。

（段军领）

中原区国土资源局

中原区是郑州市5个中心城区之一，位于郑州市市区西部，是郑州市市委、市政府所在地，辖区总面积97.1平方公里，下辖1个镇、10个街道办事处，46个行政村、132个自然村和100个社区，总人口57万人。

魏瑞民　党组书记、局　长
蒋全奇　党组成员、副局长
马文成　党组成员、副局长
李宇静　党组成员、副局长
胡新保　党组成员、副局长
胡立红　党组成员、副局长
韩卫强　党组成员、纪检组长

魏瑞民简介：男，1964年4月出生，1981年7月参加工作，中共党员，大专学历。1981年7月～1984年7月，空军飞行学院学员；1984年7月～1986年8月，空军98团副连职飞行员；1986年8月～1987年10月，空军130团正连职飞行员；1987年10月～1989年6月，空军97团副营职飞行员；

1989年6月～1995年6月，空军97团中队长；1995年6月～1998年3月，空军97团副团职副大队长；1998年3月～2002年1月，空军97团副参谋长；2002年1月～2003年10月，空军33师副参谋长；2003年10月～2007年11月，任中原区国土资源局副局长；2007年11月～2009年9月，任中原区国土资源局党组书记；2009年9月至今，任中原区国土资源局党组书记、局长。

【机构设置】中原区国土资源局是主管全区国土资源规划、管理、保护与合理利用的区政府职能部门和行政执法部门。1987年7月，成立中原区土地管理办公室，属区政府管理土地的职能部门，编制10人；乡内设土地管理所，村设兼职土地管理员，实行区、乡、村三级土地管理体制。1989年4月，中原区土地办公室更名为中原区土地管理局，局内设1室、3科，即办公室、地政地籍科、建设征地科、监察科。2002年1月，中原区土地管理局更名为中原区国土资源局。现内设办公室、人劳计财科、建设用地科、地政地籍科、政策法规科、监察科、规划测绘科、地矿耕保科、信访科9个科（室）；所属中原区国土资源执法监察大队；辖须水国土资源所。

【土地资源】截至2009年底，全区土地总面积146859.5亩，其中，农用地42038亩（其中，耕地30236.0亩），建设用地99063.6亩，未利用地5757.9亩。

【基本农田保护】 全面落实最严格的耕地保护制度，严守基本农田“红线”，中原区政府主要领导认真履行第一责任人责任，分别与须水镇和航海西路办事处签订了基本农田保护目标责任书，进一步明确了各级的保护责任。建立健全了区、乡、村、组四级保护网络，加大定期分级巡查力度，完善基本农田保护台账。目前，中原区现有区级基本农田公示栏1座，乡级基本农田公示栏2座，村级公示栏10座，地块级保护牌196块，区、镇、村、组、农户分别逐级签订了目标责任书8000余份。

【执法监察】一是坚持执法监察三级动态巡查制度，畅通了违法举报渠道，完善了执法人员责任目标和制度，加大了执法人员责任追究力度，加强了执法监察队伍，从而提高了违法用地的发现率、制止率、立案率、查处率、结案率；二是继续开展了“执法监察年”活动，结合日常执法、卫片执法、专项行动执法和各级督查，加大了土地违法行为立案查处和责任追究力度；三是完善函告、报告制度。对发现的土地违法行为及时向上级政府报告，同时函告乡级政府和相关职能部门，将违法占地制止在萌芽状态。2009年，本区发现国土资源违法、违规案件10宗，立案查处10宗，结案10宗，结案率100%。2009年，违法占用耕地面积占新增建设用地占用耕地总面积的比例为3.4%。

【卫片执法检查】2008年度（第九次）国家卫星遥感监测系统在中原区共拍摄到22宗变化图斑，涉及土地面积1059.5亩，其中，耕地面积1022.7亩。在这22宗图斑中，符合土地利用规划图斑7宗，涉及土地面积810.5亩；合法用地图斑5宗，面积781.7亩；农业结构调整图斑1宗，涉及土地面积8亩；违法用地图斑2宗，涉及土地面积28.8亩，符合土地利用规划；实地未变化14宗，涉及土地面积241亩，其中耕地面积241亩。对这2宗土地违法案件已顺利下达了行政处罚决定书，并将所涉及的违法建筑物移交财政部门处置，已结案。

【粘土砖瓦窑整治】按照《郑州市人民政府2006年粘土砖瓦窑厂治理整顿责任目标》，本区2006年应关闭拆除5座，2007年应关闭拆除1座。本区已按要求完成目标，关闭、拆除了6座窑厂，并复耕了6座，复耕总面积708.3亩，已达到耕种条件。同时，区联席会议办公室结合工作实际，制订了相关工作方案，加大对窑厂拆除土地的巡查力度，确保已拆除窑厂不出现死灰复燃。

【第二次全国土地调查】全区第二次全国土地调查工作扎实有序推进，已按时完成本区第二次全国土地调查农村部分数据库成果，并完成二次调查数据库建设工作。按时完成了第二次土地调查基本农田上图、第二次土地调查城镇调查、第二次土地调查专项调查工作、第二次土地调查同一时点更新调查工作、2009年度土地变更调查工作，成果汇总且已上报郑州市局。积极稳妥开展集体土地使用权和集体土地建设用地使用权发证工作。截至2009年底，全区集体土地所有权登记应发证面积4949公顷，已登记发证63宗，登记发证面积4740.76公顷，发证率达到95.8%，集体土地建设用地使用权登记发证率已达到85%以上。

【土地利用总体规划修编】根据省、市具体安排部署和指标分配方案，收集规划修编所需要的相关基础资料数据，依据相关规划及资料数据，对规划修编基础数据进行了严格核实，分区域统计现有基本农田和耕地情况。结合本区经济发展及相关规划，对规划建设用地区需求量进行统计，结合相关统计数据，初步划定基本农田区域；依据市局确定的建设用地指标，结合本区相关园区发展，与相关规划相协调，合理安排建设用地布局，落实到相关图件。2009年11月26日，本区须水镇和航西办事处2006—2020年土地利用总体规划（送审稿）已通过省厅土地利用总体规划修编专家组初审。目前，本局正进一步抓好初审意见的落实和整改，精心准备，全力以赴做好最后评审工作。

【建设用地管理】紧紧围绕重点工程建设特别是跨越式重点项目建设，充分发挥职能优势，抽调专人，集中精力做好石武铁路和郑西铁路客运专线建设征地拆迁工作。积极配合市局完成了郑州市儿童福利院、郑州市陇海石化产品有限公司、郑州凯田置业有限公司经济适用房、郑州市土地储备中心用地项目、西绕城公路改扩建等项目共计522.1545亩集体土地的土地征收工作。

【信访工作】以开展"矛盾纠纷排查化解年活动"为抓手，积极开展矛盾纠纷排查，对重大不稳定因素，实行领导包案。提高信访工作接待质量，严把结案质量关，明确到人，直至问题解决。2009年，共接待人民群众来信来访120起、220余人（次），共立案37起，已结案37起，结案率达100%。全年没有发生进京赴省重复集体上访事件，没有发生到省重访的案件，重信率控制在10%以内。全年没有来自中央、省、市交办的信访案件，其他立案的案件都能按期结案，年度办结率达到100%。对上级批转、交办及本局受理并立案的信访事项共37起，已全部办结，群众满意率达到85%以上。

【地质灾害防治】根据汛期特点，结合本区地质灾害防治工作重点，组织专人对本区地质灾害隐患进行了详细排查，确定地质灾害隐患点。制定了地质灾害防治和救灾应急预案，并发放了防灾明白卡和防灾避险卡60余份，维护和加固了4处防灾警示牌，落实防灾责任制及检测责任人，并建立完善了四级救灾工作机制和网络，充分做好了各项防范工作，全年未发生一起地质灾害事故。

【政务公开】积极推行"窗口办文"，制定出台了农村宅基地审批流程图、办理建设用地流程图，坚持办事程序、收费标准、收费依据、办结时间"四公开"的政务公开制度，方便群众办事，接受群众监督，打造"阳光工程"，完善出台了服务承诺制、首问负责制、错案追究制、限时办结制和行风评议责任追究制等规章制度。同时，实现了通过郑州市政府专网联网办理城镇住房登记发证工作；注重推动政务信息网上公开，努力打造多形式、多途径的政务信息公开渠道。

【登记发证】继续深化土地使用制度改革，推进城镇住房登记发证工作，城镇住房登记发证记发证5333户，其中，新发证4457户、办理过户876户，并针对老弱病残人员实行送证上门5次；做好了农村新划（调整）宅基地登记发证工作，农村宅基地登记发证79户，其中，新发证64户、办理过户15户。

【政风行风建设】采取公布举报电话、设置意见箱、召开座谈会和发放征求意见表等形式，广泛接受社会各界民主监督；印发了2009年度政风行风建设工作意见，对政风行风建设进行了全面部署，并制定出台了"工作人员八条禁令"；进一步加大了督查力度，全面落实了目标责任制、岗位责任制、一岗双责制、末位淘汰制和责任追究制等制度，进一步加大了全系统政风行风建设工作力度。

【国土资源所建设】根据省厅和市局关于开展标准所建设年活动的要求，从明确工作职责、完善硬件设施、强化软件建设、建立培训机制和加强全面监督等方面入手，稳妥推进基层所建设。基本实现了"机构设置规范、名称标识统一、办公设施完善、人员编制落实、经费保障到位、管理制度配套、工作纪律严明、综合素质优良、基层群众满意"的标准。积极抓好基层国土资源协管员队伍建设，对全区31名原土地专管员进行整合和专项培训，特别是进一步明确了其在加强土地执法巡查、协助做好基层国土资源信访稳定和宅基地审批等方面职责。

【依法行政】根据市局部署，扎实、有序开展了"强化责任意识、规范行政执法"学习教育活动，分别围绕落实行政执法责任制、清理行政执法依据、规范行政执法程序、清理规范行政执法文书和改进行政执法作风等方面，进一步推进依法行政。通过学习教育、自查自纠、建章立制，有效提高了全系统干部职工特别是一线执法队伍的依法办事、文明执法水平。2009年，本局行政复议案件

1件，经复议予以维持。

【党风廉政建设】进一步落实党风廉政建设和政风行风建设各项要求，全力做好2009年政风行风建设工作进行具体部署落实，结合优化经济发展环境、政风行风建设和党风廉政建设工作要求，印制了以工作汇报和征求意见为主要内容的致社会公开信6000份，分别采取在《大河报》中随机夹送、向人大代表和政协委员呈送、针对部分企事业单位投送等方式，全方位、多渠道地征求各方面意见和建议，为进一步推动优化经济发展环境、政风行风建设和干部队伍建设等工作的扎实开展提供参考依据。

【干部队伍建设】一是严格按照加强干部队伍作风建设的要求，扎实组织开展了学习实践科学发展观、"讲、树、促"主题教育活动、学习焦裕禄精神活动和"强化责任意识，规范行政执法"学习教育活动，不断加强全系统干部职工的教育管理。二是狠抓政风行风建设。完善健全政风行风制度，制定了具体的督查办法，实行分级督查制度，多形式广泛征求社会各界意见和建议。三是狠抓廉洁教育，促进廉政建设。初步探索了一条融廉政建设、政风行风建设、预防职务犯罪、主题教育活动等为一体的综合教育和建设的有效途径。四是狠抓制度建设，规范管理行为。建立健全各种管理制度26项，形成了用制度管理人、约束人、规范人、激励人的良好氛围。

（刘永刚）

二七区国土资源局

二七区位于郑州市中心偏西南部，东与管城回族区接壤，西与中原区、荥阳市毗邻，南接新密市、新郑市，北连金水区。东西宽15.5公里，南北长18公里。平均海拔193米。全区总面积达156.2平方公里，建成城区面积32.7平方公里。全区总居住户231299户，总人口670566人。区辖大学路、五里堡、德化街、解放路、铭功路、一马路、蜜蜂张、福华街、建中街、淮河路、京广路、嵩山路、长江路13个街道办事处以及125个社区，1个乡（侯寨乡），1个镇（马寨镇），15个村委会。2009年，全年地区生产总值304.5亿元。

王　波　　党委书记、局长（女）
张　瑞　　副局长
朱永才　　副局长
李先红　　副局长
崔绍光　　副局长
彭万化　　纪委书记
宋　英　　党委委员(女)

王波简介：女，河南郑州人，汉族，本科学历，中共党员，1983年8月参加工作。1983年8月～1991年3月，在郑州电缆厂工作；1991年3月～1999年3月，在二七区大学路办事处工作，任办公室主任兼团委书记；1999年3月～2003年3月，任二七区一马路办事处党委委员、副主任；2003年3月～2006年10月，任二七区国土资源局党支部副书记、纪检组长；2006年10月～2007年11月，任二七区国土资源局党委副书记、纪委书记；2007年11月至今，任二七区国土资源局党委书记、局长。

【机构设置】二七区国土资源局成立于2002年，办公地点位于航海中路151号，是负责全区土地、矿产资源管理的政府职能部门。1987年6月18日，二七区土地管理办公室成立；1989年，二七区土地管理办公室更名为二七区土地管理局，批复事业编制16名，内设3科、1室，即办公室、建设用地科、监督检查科、地政地籍管理科，属股级建制；1989年4月，二七区编委（89）4号文件批复,下设街道办事处、乡土地管理所，编制33名。2002年，二七区土地管理局更名为二七区国土资源局。现机关设置七科二室：办公室、纪检监察室、人劳计财科、执法监察科、规划利用科、耕保用地科、地籍测绘管理科、矿产资源管理科、信访科；下设二级机构3个：国土资源监察执法大队、土地开发整理中心、测绘队，派出机构5个，即第一国土资源管理所、第二国土资源管理所、第三国土资源管理所、侯寨国土资源管理所、马寨国土资源管理所。现有在职干部职工85人，其中,党员62名，大专以上学历70人，具有各类专业技术职称人员9名。

【党组织建设】中共二七区国土资源局委员会下设两个党支部，分别为中共二七区国土资源局机关党支部、中共二七区国土资源局基层国土资源所联合党支部，包括6个党小组。全局共有党员62人，其中，机关党支部党员46人，基层国土资源所联合党支部党员16人。

【土地资源】二七区土地总面积为15620公顷。农用地7065.55公顷，其中，耕地2284.83公顷，园地2046.54公顷，林地2322.67公顷，其他农用地411.51公顷；建设用地8074.33公顷；未利用地480.12公顷。

【矿产资源】二七区矿产资源丰富，集中分布于区西南部，以煤炭、石灰岩、粘土为主。现保有煤炭储量16116.1千吨，石灰岩储量46540.1千吨，砖瓦用粘土储量734.55千吨。

【耕地保护】根据土地利用现状，详细分析近两年耕地、基本农田的使用和变化情况，明确耕地保护责任，强化了乡（镇）政府、街道办事处对本辖区内耕地保有量和基本农田保护面积负总责的要求；完善耕地保护档案及保护台账，建立基本农田保护图数据库；在辖区醒目位置更新基本农田保护牌，在环城路树立高18米、面积54平方米的大型耕地保护广告牌数块，辖区基本农田保护区内共栽立基本农田保护牌百余块。

【土地利用总体规划修编】按照“一体两翼”的发展战略及“有保有压、保障重点”的思路要求，对区域内重大项目、教育用地、公益事业及新农村发展意向深入调研；运用第二次土地调查成果，积极争取8平方公里新增建设用地规模指标；按照“四规合一”原则，将小城镇规划、产业规划、路网规划与土地利用总体规划相衔接，对8平方公里新增建设用地指标按照节约、集约原则合理布局，确保了修编成果的科学性、合理性与实用性的有机统一，为未来10年区域发展提供合理用地保障。

【服务重点项目】2009年，共为40家各级重点项目完成现场踏勘定界、分析选址等协调工作。上报大方桥梁、日钢天宇、南郊热源厂、郑州市殡仪馆、经济适用房建设等国有用地征收项目17个，涉及土地面积共计2100亩，获省、市批准16个，共计1810亩。其中，金牛置业、公共住宅、联合置业3个经济适用房民生工程项目，共计330亩。完成一站一桥一路500亩、青铜器公园一期220亩等项目的用地报批前期准备工作。

【矿产资源开发管理】2009年，完成了《二七区矿山地质环境保护与治理规划》编制。积极做好采矿权人、矿产资源开发利用年检工作，采矿权人年检率达100%，甲类矿山储量检测率100%。对矿业违法、违规行为及时查处、坚决打击，对煤矿超层越界行为进行井下检查60余次，取缔违法采矿企业1家，辖区6家煤矿均不存在超层越界开采行为。全力推进规范化矿政资源所建设，马寨国土资源所成功创建为规范化矿政管理所。

【地籍测绘管理】本区第二次全国土地调查，形成了全区土地利用现状图及土地利用现状数据库，取得阶段性成果。完成城镇住房分割登记受理大宗单位23宗，发放国有土地使用证4224本。对纳入城中村改造的9个村、4个组完成了土地确权，发放了国有建设用地使用权证；办理集体建设用地使用权登记2宗；农村宅基地登记发证100宗。全年完成了孙八寨、高寨等8个城中村改造项目的测量工作，测量面积7356.76亩；积极配合规划调整、集体土地办证、违法用地面积测算、矿山储量动态监测以及市、区重点项目报件等各项业务工作的测量，完成测绘任务75宗，涉及面积3000余亩。

【地质灾害防治】编制完成了《二七区地质灾害防治规划》，组织村组干部开展地质灾害防灾培训，在辖区地质灾害隐患区设立警示标志牌15块，建立了地质灾害防治预警预报手机信息平台，全年预警30余次。在地质灾害隐患区发放地质灾害明白卡90份、地质灾害宣传手册158本。对辖区内监控的4个地质灾害易发区进行详细排查，确保无重大地质灾害情况发生。

【执法监察】强化土地监管，严格落实区、乡（镇、街道办事处）、村三级分工协作的动态巡查责任制，协助区政府成立了侯寨乡等3个土地监察执法中队，前移土地执法关口。进一步加强同乡（镇）、街道办事处以及公检法、纪检监察、执法、城建等部门的横向联系，使部门联合执法机制有效运转。集中整治违法用地违法建设共拆除违法占地313宗，面积1711.99亩，建筑面积56万平方米,顺利通过市集中整治检查组的检查验收。巡查发现72起新增土地违法行为，其中57起遏制在萌芽状态，对15宗已经初步形成的违法建筑实施了强制拆除。全年立案44宗，立案查处率100%；结案率95%；行政复议案件胜诉1宗，维持率100%。有效遏制了土地违法行为。

【信访工作】畅通诉求渠道，规范信访工作办理程序，坚持领导干部一岗双责、领导信访接待日等信访工作制度，对可能发生的不稳定因素及时掌握情况，特别是对容易引发群体性事件的农村土地征用、拆迁补偿、矿山安全、地质灾害等突出问题，逐件落实责任，努力把不稳定因素化解在萌芽状态。全年共接待群众来信来电来访162件次，受理81件，办结81件，办结率100%，未发生进京赴省集体上访及重大恶性信访事件，群众满意率达96%，较好地维护了社会稳定。

【宣传教育】以“6·25”全国土地日宣传活动为主线，全方位、多层面开展国土资源宣传，提升国土部门形象。多方与新闻媒体协调，全年共被各级媒级采用稿件20余篇。组织乡、村干部国土资源法律知识培训班4期，培训干部2000余人。全年开展集中宣传活动3次，发放宣传资料3万余册。

【政务公开和依法行政】公开办事程序，减化办事手续，缩短办事时限，提高工作效率。开通“12336”举报电话，加强对具体行政行为的监督检查。在国土资源网站专门开设政务公开专栏，公开电子举报信箱，广泛征求意见，促进行政权力的“阳光运行”。强化制度建设，全年规范行政处罚35项、行政许可7项、行政确认8项等具体行政行为的执法程序。对60项具体行政执法事项进行了全面清理，规范各项规章制度11项、112条，确保了行政执法行为依法依规。

【获得荣誉】2009年，区国土资源局获得的荣誉有：河南省先进基层党校、河南省国土资源系统信访先进集体、郑州市农村精神文明建设结对帮扶先进单位、郑州市国土资源系统责任目标完成优秀单位、郑州市国土资源系统信访工作优秀单位、郑州市国土资源系统矿业秩序管理工作先进集体、郑州市国土资源系统“强化责任意识，规范行政执法”学习教育活动先进单位。另外，马寨国土所被省政府纠风办评为国土资源系统群众满意基层站所、郑州市国土资源系统信访工作先进基层国土所和规范化矿政管理国土资源所建设工作先进单位，侯寨国土所被市国土资源局评为郑州市国土资源系统信访工作先进基层国土所。

（孔春磊　许　群）

金水区国土资源局

金水区是河南省省会郑州市的中心城区，辖区总面积24301.59公顷，其中，城区面积69平方公里，辖2个镇、15个街道办事处，常住人口113.3万人，是全省面积最大、人口最多、经济最发达的城区。辖区经济繁荣，金融、证券、商品交易所、保险机构齐全，是国内各大银行驻豫总部所在地。辖区汇集了中央部委和河南省、郑州市所属大中专院校、科研机构100多家，是国家科技进步先进区和国家基础教育课程改革实验区。

刘凌云　党组书记、局长（女）
刘专成　常务副局长
周志伟　副局长
张志峰　副局长
陈伯磊　副局长
陈晓霞　纪检组长

刘凌云简介：女，汉族，河南襄城人，硕士研究生，1959年12月出生，1977年2月参加工作，1996年12月入党。历任郑州市国棉二厂知青农工商联合公司团总支书记，二七区铭功路办事处干部，金水区国土资源局副科级干部、副局长；2003年2月至今，任金水区国土资源局局长、党组书记。

【组织机构】金水区国土资源局成立于1987年，原名金水区土地管理局，2001年12月，更名为金水区国土资源局。2007年初，金水区国土资源局由天明路20号搬迁至东风路知名企业区2号楼。现有业务科（室）12个，基层国土资源所4个，在职职工128人，其中，领导班子成员6名。

【土地资源】根据第二次全国土地调查的结果，全区总面积24301.59公顷。其中，耕地4804.78公顷，园地360.66公顷，林地906.03公顷，草地491.89公顷，城市9471.38公顷，居民点及独立工矿用地2228.93公顷，风景名胜及特殊用地321.14公顷，交通运输用地1739.80公顷，水域及水利设施用地3945.75公顷，其他用地31.23公顷。

【耕地保护】加强基本农田管护力度。区政府与4个镇（办）签订基本农田保护责任书；在去年巡查情况的基础上，结合卫片，建立基本农田保护台账，每季度进行一次全区范围内的基本农田巡查，重点检查保护标志、标牌的存在状况；将基本农田保护标志、标牌的管护落实到4个国土所，一旦发现问题及时反馈，进行巡查情况汇总、上图；加大对基本农田保护工作的宣传力度。

做好耕地补充，确保占补平衡。上报了2009年金水区第一批、第二批集体建设用地（杨金产业园区项目），两个批次共占地65.8152公顷，其中，占用耕地56.8419公顷。鉴于本区耕地后备资源匮乏，本区积极争取所占用耕地已在中牟县大孟镇洪岗村全部补充到位。

【土地规划】2009年，共发生规划调整听证事项4项。郑州市城市快速轨道2号线建设项目规划调整；金水区土地利用总体规划局部调整，此次规划调整涉及金水区祭城镇、姚桥乡2个乡（镇），建设用地指标由郑州市土地利用总体规划（2005年－2020年）的规划中心城区建设用地规模内调整解决；郑州市区至航空港快速通道工程项目规划调整听证会，涉及金水区柳林镇、祭城镇、姚桥乡3个乡镇共70.3381公顷土地，其中，农用地56.033公顷（耕地39.769公顷，基本农田37.048公顷），建设用地8.2792公顷，未利用地6.0259公顷；对郑汴物流通道新建工程（京港澳高速—中牟开封交界）进行现场踏勘，共占用本区姚桥乡徐庄村土地7.8096公顷。做好新一轮的规划修编预方案，积极推进规划修编工作进程，与市局规划处进行对接。结合建议对规划修编预方案的布局进行调整，对乡级规划文本的进行编制。目前，4个乡（镇）的规划布局已上图完毕。

【土地利用管理】2009年，共办理14宗建设项目的相关业务，其中，新增项目5宗，用地面积737.3亩（农用地242.2亩）。积极协调争取农转用指标，今年组织上报的两批农转用，已得到市政府批准。批准转用面积904.6亩，其中，耕地852.6亩。建立完善区临时用地制度。《金水区临时用地管理办法》于今年3月份经区政府颁布实施。截至目前，已受理临时用地申请10宗，下达临时用地批复3宗。《临时用地管理办法》的实施，对统筹本区区域经济发展、缓解本区用地矛盾起到了积极的作用。做好重点工程建设项目服务和保障工作，黄河公铁两用桥、石武铁路客运专线和郑汴物流通道是涉及本区的重点工程。3项工程涉及本区永久征地总面积达1284.8亩，征地补偿款总额达11200余万元。验工计价实现了“零”误差。

【地政地籍】2009年，受理城镇居民住房用地单位卷宗24份，共计5486余户；已办理单位卷宗18 份，共计4800余户，其中，作抵押登记993余户。受理城镇居民住房用地个人散户业务，截至12月底，已办理2800余户，其中，过户业务1600余户，正常补证465余户，抵押业务350余户。城镇居民独立院落用地登记申请5宗，已调查测量4宗，出公告2宗，并将资料移交市国土资源局进行登记。受理各镇、街道办事处国土所上报宅基地业务182件，已办宅基地业务共计57宗（其中，龙子湖发证15宗，祭城发证15宗，柳林发证19宗，庙李发证8宗）。开展第二次全国土地调查工作，农村土地调查外业已经全部完成。9月份，本区第二次土地调查进行了2次大规模的核查、2次批而未用土地的清查，现核查工作基本结束，基本农田外业调查和上图工作也结束，二次土地调查农村部分已经结束，数据库及相关资料已上报国家第二次土地调查办公室。本区第二次土地调查城市部分完成了6个街道办事处的外业调查工作，现正进行内业资料整理和数据库建库工作。

【执法监察】2009年上半年对第九次卫片进行调查处理，深入各镇（街道办事处），调查了解每一块图斑的变化情况，迅速完成了第九次卫片的摸底工作，全力以赴对第九次卫片进行调查处理。此次调查工作共涉及监测图斑53宗，面积为2034.7亩（耕地1405.7亩）。其中，合法用地9宗，面积为533.5亩（耕地498.5亩）；违法用地3宗，面积为161.1亩（耕地44.8亩）；实地未变化39宗，面积为1309.7亩（耕地950.6亩）；农业结构调整涉及图斑2宗，面积为30.4亩（耕地23.5亩）。第九次卫片违法用地占用耕地占新增建设用地占用耕地比例为2.4%。积极协调督促各镇（街道办事处）对违法图斑进行复耕，共复耕图斑16个，面积647.5亩，顺利通过了省市及国土资源部的检查验收。

查处柳林镇办事处、祭城路办事处等辖区内违法挖沙等破坏耕地行为案件。联合柳林镇政府、金水区公安分局等相关单位对辖区内的挖沙行为给予严厉打击，对5宗案件进行立案，并移交金水区公安分局查处。共立案查处违法案件27宗，已移送公安机关6宗；查处信访件40宗，立案查处13宗，已结案7宗，查处回复的有37宗，其余3宗正在调查中。对第九次卫片监测图斑确保查处到位，对2006年以来的卷宗认真整理、重新装订，共装订卷宗400多卷。

【信访工作】2009年，继续实行领导包案、接待日制度，公布领导姓名及接访地点，安排每周三、每月的10日、20日为领导接访日。各科室、队、国土资源所每月进行一次矛盾排查工作，每月局领导班子定期研究信访工作，每月党组成员定期研究信访工作。成立了专门信访机构，设立4名专职信访干部。收到群众来信来访案件44起，其中，省级转件3起、市级转件6起、区级转件8起，电话咨询法律法规政策的32起，接待上访群众27起、80人（次），结案率达98%以上。交办、转办、催办案件资料完整规范。对部、省转件结案率达100%，对市级转件结案率为98%，对区级转件结案率为95%。

【测绘工作】对黄河公铁两用桥公路第二次征地所占本区的3.9387亩土地进行测量出图。对石武铁路征用的祭城办事处北录庄村小学与13处宅基地共计26.517亩土地进行了分户测量。同时，对石武铁路所占用北录庄的10余亩临时用地进行了测量定界，为其后期拆迁补偿工作的顺利进行提供了准确数据。对石武铁路征用宅基地的村民重新进行了宅基地划分测量定界。对杨金工业园区进行测量、放样，共计6次、200余个点，面积800多亩。对北区进行测量放样，共计5次、20余个点，面积118.5亩（7.9公顷）。对新批宅基地进行测量，其中，柳林镇28户、龙子湖办事处50户、祭城办事处11户。到违法用地现场进行测量定界出图20余次，为违法土地定性和案件转交提供了准确的数据。对32个国有土地单位的32宗分割土地200余栋楼进行分割测量，共绘制560余份图。对马渡村、贾陈村、大贺庄等13宗集体用地进行测量定界出图。对金水河从未来路到东风渠，全长8.034公里的河道以及熊耳河从二七路到东风东路，全长6.917公里的河道权属进行测量定界出图。对思念食品厂、世纪欢乐园、郑州市轨道有限公司等13家单位进行测量放样出图，为其土地确权、权属纠纷提供依据。对贾陈、柳园口的4宗临时用地进行测量定界出图。为地税局能够准确的掌握辖区内各企业用地面积，从12月初开始，对地税局提供的企业进行测量。截至12月31日，已对庙李镇19宗企业用地、柳林镇60宗企业用地进行了测量出图。

（王文超　郭咏春）

管城回族区国土资源局

管城回族区位于郑州市的东南部，是商城遗址所在地，属老城区。东邻中牟县，西邻二七区，南连新郑市，北与金水区接壤。管城回族区下辖3个乡（镇）、9个街道办事处、70个社区居委会、35个行政村。

张有锋　党组书记、局长
李　强　党组成员
孙　莉　党组成员、副局长
范　鸿　党组成员、副局长
石明锐　党组成员、副局长
昌卫东　党组成员、副局长
孙敏范　副局长
张玉霞　党组成员、纪检组长
李延利　执法监察大队队长

张有锋简介：男，汉族，1959年3月出生，本科学历，中共党员。1978年12月～1988年9月，先后任福州军区测绘大队技术员、南京军区测绘大队中队长；1988年10月～2007年10月，历任管城回族区土地管理局测绘队队长、区国土资源局副局长（高级工程师）；2007年11月至今，任管城回族区国土资源局党组书记、局长。

【机构设置】郑州市管城回族区国土资源局是郑州市国土资源局的派出机构。1987年成立，原名管城回族区土地管理办公室；1988年12月，更名为管城回族区土地管理局；2001年，更名为郑州市管城回族区国土资源局。局现设1室、1队、1中心、4科、4所，即党政办公室、执法监察中队、土地储备中心、法制科、信访科、地籍科、耕保用地科，城区国土资源所、南曹国土资源所、十八里河国土资源所、圃田国土资源所。

【土地资源】管城回族区土地总面积为134.84平方公里，其中，城区土地面积37.29平方公里，农村土地面积97.55平方公里；全区共有农用地6789.22公顷，建设用地2747.36公顷，未利用地218.42公顷。在农用地中，耕地3751.5公顷，基本农田1800公顷。

【耕地保护】严格执行基本农田保护“五个不准”的规定，确保区基本农田数量不减少、质量不降低。全面落实耕地保护行政首长负责制和占补平衡制度，积极推行耕地保护共同责任机制。

【建设用地管理】2009年，该局承担的重点项目征迁工作主要有两个，一是省重点建设项目石武铁路；二是市重点项目郑汴物流通道。在具体征迁工作中，完成了石武铁路（管城段）14公里、600余亩土地，郑汴物流通道管城段1168米、83余亩土地的征迁工作；同时，完成了2008年第七批城镇、2009年第一批城镇等6个批次、21宗，近108.7公顷土地的组卷报批工作。

【地政地籍管理】按照“积极实施，平稳推进，先易后难，急用先办”的原则，开展国有土地登记发证工作。一是全区共颁发城镇住宅分割登记证书3357本、变更过户1419户（其中，退卷6户），共制证4770本、他项权利登记证书 5宗、注销他项权利证书8宗、独立式院落9宗。二是起草了关于1994年～1997年独立式院落登记未发证遗留问题的领证程序，解决了群众多年来未领证问题。三是解决马明庆（老庆食府）与万邦公司土地权属纠纷1宗和政协提案4宗（已办结）。四是办理河南中博股份有限公司（原杨庄村）都市村庄改造中漏登土地3宗。

【执法监察】2009年执法监察工作以集中整治违法用地违法建设后期复耕工作为重点。一是区政府积极部署卫片复耕工作。二是继续坚持巡查制度，及时制止土地违法行为，防止“前拆后建”。三是继续加大宣传力度，协调区政府及时兑现相关经费，调动各乡（镇）工作积极性。此次集中整治，本区第九次卫片共涉及应拆除违法占地图斑80个，拆除总宗数324宗，占地面积2933.4亩，拆除建筑物面积973773.34平方米。复耕面积1605.3亩，复耕比例为96.23%。

【信访工作】2009年，全国“两会”和郑州“两会”的召开以及2008年底开展的集中整治违法占地违法建设活动造成了2009年以来信访量的剧增。面对现状，一是加大信访基础设施和队伍建设，建立了信访科办公室、固定专职人员。二是不断完善信访办案机制，强化信访职能，先后出台了《信访紧急预案》、《局信访工作七项制度》等规章制度。三是建立详细信访案件分析台账及矛盾排查网，定期排查不稳定因素，及时化解矛盾纠纷。认真接待群众来电、来信、来访，为群众答疑解惑，积极解决土地信访矛盾，维持了辖区内正常信访秩序。全年共受理群众来信来访96人（次），立案40件，结案40件。其中，反映违法占地 28件，占70%；征地纠纷1件，占2.5%；宅基地9件，占22.5%，其他2件，占5%。

【第二次全国土地调查和规划修编】2009年，本区第二次全国土地调查工作取得了阶段性成果，农村外业调查和数据建库工作已全部完成，基本农田调查与城镇土地调查工作也已全面完成并上报省厅预检。在综合平衡和充分协调的基础上，拟定了管城回族区土地利用总体规划方案，在保障重点建设项目和基础设施建设用地的前提下，建设用地总量得到有效控制。新增建设用地不超过400公顷，基本农田保有量面积为1700公顷。目前，该方案已通过省厅规划编办的初审，正在进行复审工作。

【乡（镇）国土资源所建设】2009年，基层国土所建设重心是加强对乡（镇）土地协管员的业务培训。对全区200多名村两委干部进行了两次国土资源法律法规知识培训。完成了村级换届选举后土地协管员队伍的顺利交接，并对新任协管员进行业务培训。坚持土地协管员例会制度。每月28日召开土地协管员例会，由所长向协管员通报土地管理工作情况，及时互通信息，掌握工作进度，保证了各项土地业务的顺利开展。

（虎小英　梁燕）

惠济区国土资源局

郑州市惠济区位于郑州市城区北部，历经郊区、金海区、邙山区等建置沿革，是省会12个县（市、区）之一。东西长27公里，南北宽17公里，总面积222.2平方公里，城区面积48.75平方公里，总人口20.1万人，共计2个乡（镇）、6个街道办事处、2个开发区、54个行政村、6个社区，素有郑州市“后花园”之美称。

唐　岩　党组副书记、局长
毛法政　党组书记
闫景拴　党组成员、副局长
张海良　党组成员、副局长
王忠安　党组成员、副局长
张明英　党组成员、副局长
王向晖　党组成员、副局长
陈金花　党组成员、纪检组长

唐岩简介：1989年8月参加工作，1995年11月加入中国共产党。历任邙山区城建局办公室主任，邙山区国土资源局党组成员、副局长；2004年起，任惠济区国土资源局党组成员、副局长（正科级）；2006年1月至今，任惠济区国土资源局局长、党组副书记。

【机构设置】1987年5月，邙山区设立邙山区土地管理办公室。1989年3月，成立邙山区土地管理局，为区政府管理土地的职能部门，与邙山区城乡建设环境保护局合署办公。2001年12月，区土地管理局更名为邙山区国土资源局，继续合署办公。2002年10月，邙山区国土资源管理局由邙山区城乡建设环境保护局析出单设。2004年5月，更名为惠济区国土资源局。全局共有8名班子成员，共计65名干部职工，内设办公室、监察科、地籍科、征地科、财务科、规划耕保科、法规科7个机关科（室）；下辖长兴路街道、迎宾路街道、新城街道、老鸦陈街道、大河路街道、花园口镇、古荥镇7个国土资源站（所）。

【土地资源】截至2009年底，该区土地总面积22220.27公顷。农用地面积12619.51公顷，占土地总面积56.8%（其中，耕地面积7154.99公顷,约占56.7%；园地425.81公顷，占33.7%；林地2082.43公顷，草地563.44公顷，其他农用地2392.84公顷，共占9.6%）；建设用地6155.89公顷，占土地总面积27.7%（其中，城镇及工矿用地5396.34公顷,约占87.7%；交通运输用地607.49公顷，占9.9%；水域及水利设施用地152.06公顷，占2.4%）；未利用地3444.87公顷，占土地总面积15.5%。2009年，充分利用黄河滩区的耕地后备资源，土地开发整理黄河东滩新增耕地499.9公顷，有效缓解耕地占补平衡的压力。

【耕地保护】2009年，把落实最严格的耕地保护制度，切实保护、增加有效耕地面积，作为惠济区国土资源局全年工作的重中之重，取得了一定的成效。一是加大耕地保护力度，区、镇（办）、村三级层层签订了目标责任书，实行工作责任制；通过加大宣传，增强辖区群众保护耕地、举报违法意识。二是认真做好基本农田保护工作，结合二次调查工作，对全区原有基本农田保护档案进行了全面的核查，积极配合市局制作耕地保护广告塔并进行选址。三是成立多部门联席会议办公室，排查原有粘土砖瓦窑厂12座，已全部予以拆除，并实施了复垦。

【土地监察】2009年，惠济区国土资源局以开展土地专项治理为契机，加大查处力度，有效遏制各类土地违法行为的蔓延势头，营造了良好的用地环境。建立健全动态巡查制度和加大巡查密度，成立了建设、公安、法院、纪检监察等多部门参与的国土资源违法行为联合执法组，实行联席会议制度，进一步规范土地市场秩序。2009年，共拆除违法建设项目72宗，面积1029亩，建筑面积19.03万平方米；没收各类违法用地项目13宗，面积473.7亩，建筑面积5.42万平方米；发现违法用地30宗，立案查处30宗，均已结案；上级交办（含信访反映）国土资源违法、违规案件19件，立案查处率、结案率均达到100%。

【地政地籍】2009年，惠济区国土资源局按时上报并完成本区二次调查数据、数据库建设、年度内发生变化图斑和二调初始成果中错调、漏调等图斑情况的更正和补充，完成农村部分调查面积202.34平方公里，基本农田上图工作通过审查审核；全年共代理市国土资源局发放城镇住房分割登记发证413个，发放国有土地使用证3个，集体土地所有权登记发证39个，集体土地建设用地使用权发证35834户，进一步发挥地籍管理在社会管理、公共服务中的基础作用。

【土地征用】2009年，积极配合郑州市土地储备中心、市国土资源局做好用地手续的办理工作，协助完成挂牌出让。全年共出让土地4宗，面积1182.3亩，成交额25938万元，全力保障各类项目的顺利报批。

【重点项目建设】2009年，涉及惠济区的省、市重点工程项目均已基本办理相关土地手续，郑州三全食品已开工建设，郑州思念食品、郑州动漫产业基地等工业项目以及郑州实验中学、郑州经贸学院、区人民医院迁建等民生项目相继奠基开工建设，西绕城公路、中州大道拓宽、花园口互通式立交、黄河公铁两用桥等工程有望在2010年实现通车，其他新引进重点项目正在积极协调中。

【土地利用总体规划修编】2009年，积极开展土地利用总体规划修编工作，搜集了全区各镇（办）2005年以来社会经济统计情况、城乡专题补充调查、统筹专题调查、新增建设用地总量核查表、土地利用现状分类面积核查表等相关资料，结合土地二次详查结果，在保证到2020年我区耕地保有量不低于9890公顷，基本农田保护面积为4750公顷的前提下，根据区委、区政府发展思路，科学安排，统筹布局，综合考虑了市、区及各镇重点项目，完成了规划设计文本、图集的编制，并实现基本农田规划图与二调图的套合，全部工作已通过省厅、市局的初审和复审，并上报市政府批准、备案。

【信访工作】2009年，继续抓住信访领导接待日这条主线，成立了以局长为组长的土地信访工作领导小组，严格落实班子成员包镇（街道办事处）责任制，通过每月召开一次信访会等工作措施，对重要来访事项局领导审阅并作出批示，限期处理。全年共接待群众来信来访29起，复查案件1起，全部办结。全年没有发生进京、赴省重复集体上访，没有重大恶性信访事件，到省的重访率不超过10%，重信率不超过30%，群众满意率达到85%以上。

【窗口办公】2009年，继续采取“窗口引导+双定办公”模式，搞好土地证过户等相关手续办理。由区行政审批服务中心国土窗口给予群众手续办理前引导式服务，定时（工作日周三全天）、定点（机关二楼）进行集中办理，避免群众来回跑等繁琐程序。全年共接待群众前来咨询100余次。

【协管员队伍建设】2009年，全面落实村级土地协管员制度，组织召开成立誓师大会，实现全区54个行政村“全覆盖”，研究制定了《惠济区村级国土资源协管员管理暂行办法》，实行“局聘、所管”进行指导和日常管理。2009年年底，对成绩突出的13名协管员进行了系统表彰。

【基层国土资源所建设】2009年，已完成对下辖的7个基层国土资源所的规范化建设指导，基本达到省厅规定验收标准。年内举办2期国土资源政策法规知识封闭式培训，参与1期郑州市大规模培训县（市、区）、乡（镇）国土资源管理干部活动，辖区镇（办）主管土地副职、国土所工作人员、行政村书记（主任）、国土资源协管员先后400余人参加了培训，取得良好效果。

上街区国土资源局

上街区位于郑州市西38公里处，属郑州市远郊型工业卫星城。全区总面积61.1587平方公里。区辖5个街道办事处、1镇，30个行政村，22个居委会，人口约13万人。

禹秉臻　党组副书记，局长
王琳宝　党组书记
王清波　副局长
贾广奇　副局长
杨向东　副局长
王建设　纪检组长

禹秉臻简介：历任郑州市上街区土地管理局办事员、科员、建设用地科科长，上街区土地房产管理局地政科副科长，上街区委组织部，区直机关工委干事、组织员，区直机关纪工委书记，政协郑州市上街区委员会办公室主任，政协常委，政协机关支部书记，上街区土地房产管理局党组副书记，局长等职。2006年11月至今，任上街区国土资源局党组副书记、局长。

【基本农田保护】2009年，进一步完善了基本农田保护基础资料，规划了基本农田保护区，设置了基本农田保护标志牌，标注了保护区的四至、面积及责任人，自上而下层层签订了耕地和基本农田保护责任书。2009年，通过土地开发整理，新增耕地50公顷，作为内部补充实现了占补平衡，全面完成了耕地和基本农田保护市定目标任务。

【地籍管理】2009年，共办理城镇住房土地分割登记发证2300余本。完成国有土地使用权确权发证84宗，面积105.061公顷；集体土地建设用地使用权确权发证9宗，面积11.6441公顷；土地使用权抵押登记52宗，面积70.5824公顷，抵押价款18181.69万元，担保金额38957.44万元。

【第二次全国土地调查】在顺利完成外业调查、内业计算和系统准备的基础上，2009年，相继完成了调查数据库建设、成果汇总、调查成果核查，六月份该项工作全面完成。第二次土地调查，全面查清了全区土地面积，掌握了建成区内每宗土地界址、数量和用途，落实了基本农田保护地块（区块），并成功建立了土地利用数据库和地籍信息系统。

【土地市场建设】2009年，本区土地市场活跃，全年供应土地43宗，面积64.6195公顷。其中，挂牌出让34宗，面积54.3432公顷；协议出让4宗，面积8.1824公顷；划拨供地5宗，面积8.1824公顷。同时，征收土地收益租金125余万元。

【重点项目用地】在建设用地指标紧张的情况下，顺利完成了2008年度第二批28.1499公顷乡镇建设用地的省政府审批。同时，又完成了2009年度个批次，共计53.3667公顷城市建设用地省政府上报工作。

【盘活存量建设用地】2009年，本区开展了大规模的闲置和低效利用土地清查工作，共清查出闲置及低效用地58宗，面积160.44公顷，其中，盘活存量建设用地39宗，面积57.3639公顷。

【土地储备】为拓展源头，做大、做强土地收购储备工作，真正把“毛地、生地”变为“净地、熟地”，使闲置土地得到有效利用，本区结合2009年经济社会发展目标，制定了年度土地储备计划，按照计划本区通过征收、收购等方式全年共储备土地6宗，面积16.1218公顷。

【土地整理】2009年，区政府投入资金300余万元，对南部山区14个行政村、37个地块、54.228公顷荒沟、滩涂、山坡土地进行了开发整理。该项目的顺利完成，为本区新增耕地50公顷，有效地缓解了本区耕地后备资源紧缺局面。

【土地利用总体规划修编】本着符合本区实际，具有较强的可操作性和前瞻性等有规则，6月份，完成了土地利用总体规划（2006—2020年）说明规划大纲、图件等相关专题，经过征求区级相关部门意见和省、市专家论证会审查以及省厅复审等环节，终获省政府批准。新一轮土地规划修编进一步优化了本区土地利用结构和布局。

【地质灾害防治】2009年，投入资金10万元，委托河南省地质环境监测院为本区制定了2010—2020年地质灾害防治规划；投入资金5500元，委托广告公司制做地质灾害防治宣传牌20块，涂写宣传标语700平方米，设置地质灾害标志38处。并多次组织人员对南部山区地灾易发区、窑洞住户、长铝灰渣坝等重点地段部位逐一排查宣传。全年全区未发生一起因地质灾害引发的人员伤亡和财产损失事故。

【执法监察】一是全面贯彻“预防为主，查防并举”的方针，落实国土资源动态巡查制度，扎实开展土地执法动态巡查。二是深入农村开展国土资源政策法规培训，营造良好的法制氛围，提高群众的国土资源保护意识。三是充分发挥村级土地协管员及多部门联动机制，将违法用地现象消除在萌芽状态。四是依法行政，建立完善了“提前介入，关口前移，查防结合，依法行政”执法监察模式。各项措施的落实有效地净化了土地市场秩序，降低了信访案件和矛盾发生，实现了第九次卫片检查违法用地为零。

（刘元生）

郑东新区土地规划局

郑东新区（郑东新区管委会管理范围）西起中州大道、东至京珠高速公路、北起连霍高速公路、南至陇海铁路。总体规划面积115平方公里，主要由中央商务区、商住物流区、龙湖区、龙子湖高校园区和科技物流园区组成。其中，起步区是郑东新区先期建设的重点，包括中央商务区、龙湖南区和商住物流区，占地33平方公里。截至2009年底，郑东新区建成区面积超过60平方公里。

刘大全　常务副局长（主持土地管理工作）

王保中　常务副局长

方岸巍　土地储备中心主任

刘大全简介：男，汉族，1974年2月出生，本科学历，中共党员，现任郑东新区土地规划局副局长（副处级）。1996年7月，毕业于中国人民大学土地管理系；1996年7月～2002年4月，在郑州市规划局下属环境艺术设计事务所工作，先后任助理工程师、工程师、副所长；2002年4月～2009年3月，在郑东新区管委会土地规划局工作，先后任副主任科员、副局长；2009年3月至今，任现职并主持郑东新区土地规划局土地管理全面工作。

【机构设置】郑东新区土地规划局为郑州市郑东新区管理委员会（以下简称东区管委会）内设机构和市国土资源局的派出机构，受东区管委会和市局的双重领导。下设土地储备中心（编制8人）、国土资源执法监察队（编制15人）两个直属事业单位。

【土地报批】2009年，郑东新区积极向上级国土资源管理部门汇报沟通，最大限度地争取用地指标，全年争取保障用地取得新突破。全年共上报规模指标1115.146公顷（16727.19亩），其中包括郑州市2009年追加的870公顷指标（作为2010年批次审批）。此外，全年共完成515.2737公顷（7729.1055亩）土地的报批工作，同比增长287%。保障了河南财经政法大学、社会主义学院、河南公安高等专科学校、国家干线物流港二期、火车郑东新客站西广场、郑大一附院、河南农业大学新校区等一批省、市重点建设项目的用地需求。

【土地利用】2009年，严格执行预审制度，对进驻东区协议出让及划拨的项目进行用地预审，对一些不符合现行用地政策的项目，在引进初期就进行论证淘汰，避免了后续工作的浪费；对符合相关产业政策和供地政策的项目，认真审核建设项目的用地标准和投资强度，根据实际情况调整了多宗用地，全年共审核办理华北水利水电学院、郑州航空工业管理学院等项目16宗土地预审。2009年，共办理划拨用地8宗，建设用地总面积5047.05亩，土地补偿金总额48540万元，重点解决了龙子湖第一批高校和农民安置区土地手续完善工作。

【土地征收】2009年，共组织土地定界50余次，完成4宗国有土地收购，共拨付国有土地收购资金22721万元；完成起步区内涉及经济技术开发区、东四环项目等1600亩集体土地的征收工作，拨付征地资金约4000万元；先后完善2008年、2009年5个批次、638公顷（9570亩）土地的报批手续，为基础设施和项目单位顺利开工奠定了基础。石武客专项目征地、补偿工作圆满完成。石武客专郑东新区段全长6公里，涉及金水、管城两区1个街道办事处、1个乡、6个行政村。在管委会主管领导的带领下，精心组织，圆满完成了石武客专郑东新区段面积约1763亩土地的征地拆迁、国有土地的补偿等工作，确保了石武客专建设的顺利进行。

【土地供应】2009年，进一步创新土地市场化运作、规范土地市场管理，土地供应面积和土地收入总额双创新高，全年供应土地44宗，共计6262.8009亩，土地收入总额292497.8118万元。其中，招、拍、挂出让土地30宗，面积976亩，总成交价23亿元；协议方式出让土地6宗，面积239.68亩，协议总金额13228.6万元；划拨用地8宗，建设用地总面积5047.05亩，土地补偿金总额48540万元。

【地籍发证】2009年，郑东新区地籍发证工作再上新台阶，全年共审核办理土地登记手续118宗，其中，办理国有土地使用证48宗，涉及面积3258.52亩；办理土地抵押及土地抵押注销共55宗，涉及金额26.37亿元；注销土地证15宗，涉及面积621.91亩。

【土地市场】2009年第4季度，土地供应区片地价经郑东新区管委会常务会议研究通过，并予以公布，此次供地区片价覆盖CBD区、商住物流区和龙子湖区，分住宅、商务金融公共管理与公共服务3种用途进行评估。该制度以季度为单位，委托至少两家有资质评估公司对拟出让区域不同级别的国有土地，根据区位、用途、容积率的不同评估供地区片价格，并根据社会经济发展状况和产业政策等因素，适时进行调整并予以公布。该价格经管委会常务会议研究同意后，以管委会文件进行公布，作为一个季度内供地的价格依据，原则上具体项目供地价格不得低于供地区片价，并作为国有土地使用权作价出资、转让、出租、抵押、收购时的依据。

【执法监察】按照郑东新区管委会统一安排和部署，郑东新区土地规划局自2009年4月开始开展建设用地清查活动暨土地出让金清缴专项活动，对郑东新区范围内未按合同约定缴清地款及开发建设的用地单位进行了重点清理。通过清查，全年共督促15家单位开工建设；收缴4家单位土地闲置费3286.9万元；收回闲置土地2宗；累计催缴土地出让金欠款达12亿元。

【信访工作】2009年，按照郑东新区管委会和市国土资源局的要求，郑东新区土地规划局认真做好土地信访工作，全年没有发生一起因土地问题越级上访和进京集体上访事件，维护了郑东新区社会稳定与和谐，并被郑州市国土资源局评为“2009年度信访工作先进单位”。

（李鹏飞）

高新技术开发区国土资源分局

郑州高新技术产业开发区位于郑州市西北部，成立于1988年10月。1991年3月6日，经国务院批准为53家国家级高新技术产业开发区之一。国务院审核的规划面积为11.32平方公里，托管沟赵、石佛两个办事处，托管区域为110平方公里。

崔　键　局长

夏四才　副局长

崔键简介：男，1959年2月出生，河南郑州人，中共党员，本科学历。1976年12月入伍，1985年10月入党。历任郑州军分区政治部干事。1987年10月，转业到郑州市国土资源局，1997年7月，任处长；2008年1月至今，任郑州高新技术产业开发区国土资源分局局长。

【机构设置】下辖沟赵办事处国土资源所，石佛办事处国土资源所。

【土地资源】辖区现有耕地3847公顷、园地33公顷、林地51公顷、城镇村及工矿用地2543公顷、交通运输用地152公顷、水域及水利设施用地113公顷、其他土地214公顷。截至2009年底，基本完成了市政府对高新区下达的3328.523公顷基本农田的保护指标，顺利通过了上级对高新区耕地保护目标的检查、考核工作，并做好与规划修编的衔接，分层次做好耕地核减工作。

【土地利用】节约集约利用土地，部分闲置土地得到有效盘活。积极督促明泰、银湖铝业、正星科技、思维自动化、豫玉种业、中棉种业科技股份有限公司等项目用地开工建设，盘活闲置或未开工土地1015.995亩。有效地提高了土地节约集约用地水平，在开发区2009年土地节约集约利用评价工作中，高新区综合分值为94.83，在河南省4家国家级开发区集约节约用地评价中排名第一。

【耕地保护】本区域内耕地保有量为3826.7公顷，基本农田保护面积为3328.523公顷。严格落实了政府耕地保护目标责任制，按郑州市下达的基本农田保护指标，认真做好规划修编，重新划定基本农田950公顷，确保了耕地和基本农田保护面积不低于上级下达的保护指标，严格按照要求报征土地，实现了耕地占补平衡。

【建设用地管理】按照管委会的安排，紧紧围绕项目用地，本局始终把用地保障作为土地工作的生命线，在管委、市局领导的支持和两个办事处的配合下，圆满实现重点项目用地保障。全年土地供应共计1576.995亩，分别为固态照明、大学科技园东（西）区、小樱桃动漫、紫薇村、汉威电子、广安生物、上海世邦、森地电动车、863孵化器、中国农业科学院棉花研究所、轻工业学院、泰祥热电、航天电子、印铁厂、黄河医专、河南新天科技有限公司、河南畅泰服装有限公司等18宗。配合管委会有关部门完成西四环改扩建、化工路、科学大道立交桥、蓝天路立交桥等市交通枢纽重点工程的用地协调及拆迁工作。

【执法监察和信访工作】 加大土地巡查力度，及时将违法用地上报市局处置，私搭乱建、违法用地得到明显改观。2009年，按照要求将本区新增建设用地中违法占用耕地面积控制在13%以内。全年未发生进京、赴省重复集体上访，确保了未发生重大恶性信访事件；对中央、省、市交办的信件案件，其中，国土部1起、省级1起、市级2起均已办结，按期结案率达到100%，年度办结率达到100%。

（蒋黎明）

经济技术开发区国土资源分局

郑州经济技术开发区成立于1993年4月，规划范围为东至107辅道、南至郑尉路、西至中州大道以东七里河桥、北至陇海铁路线以南经北六路，规划面积为12.49平方公里。2000年2月，经国办函〔2000〕17号文批准为国家级经济技术开发区。经郑州市人民政府2003年第4次常务会议确定，郑州经济技术开发区总体规划调整范围为“陇海铁路以南、京珠高速公路以西、机场高速公路以东约50平方公里的三角地带”，并于同年9月，经开区第一次对周边17个行政村实行托管，形成东至京珠高速、南至西南绕城、西至机场高速、北至陇海铁路线55.63平方公里的管辖范围；2006年9月，第二次对位于京珠高速公路东部的9个行政村实行了托管，形成了82.1平方公里的管辖范围。

吴振华　局长（女）
王　旭　副局长
白　东　副局长
樊　杰　副局长
刘玉德　副局长
郭永强　副主任 土地储备中心副主任

吴振华简介：女，汉族，河南省荥阳县人，1968年8月出生，中共党员，研究生文化程度，1986年7月参加工作。2008年1月至今，任郑州市国土资源局经济技术开发区国土资源分局局长。

【机构设置】局机关设立1室、4组、1队，分别为办公室，地籍、利用、交易组，用地、规划、耕保组，土地征收清点测量组，土地征收核算、信访组，执法监察大队。

【土地资源】截至2009年底，本区耕地2725.73公顷、园地371.87公顷、林地1019.31公顷、草地163.31公顷、城镇村及工矿用地2855.33公顷、交通运输用地605.12公顷、水域及水利设施用地201.75公顷、其他土地15.68公顷。

【耕地保护】严格按照国家占补平衡原则，实现了占一补一。因开发区未有耕地后备资源，2009年度，开发区项目占用耕地98.9193公顷，全部易地补充耕地，缴纳了耕地开垦费，完成了耕地易地补划，实现了耕地占补平衡。

【土地利用规划修编】2009年，全国进行第二次土地利用总体规划修编，国土分局利用这次大好时机，积极协调省厅、市局，争取政策、争取支持，扩展我区未来发展用地空间。目前，京珠高速以西区域用地全部纳入郑州市450范围。共保留基本农田1.5平方公里，并调整到东南部和京珠高速公路两侧，以满足未来大项目建设用地需要。京珠高速以东区域8000余亩土地进行调整规划，进一步拓展了东部发展区。

【建设用地管理】截至2009年12月底，新增建设用地报批7个批次，报批面积289.0263公顷（4335.3945亩）。完成征收3个批次，102公顷。已完成土地报批准备工作107.654公顷（1614.81亩），大量土地报批保障了金博士、郑煤机、日产第二工厂、四方超硬、煤层气、双汇食品等一大批重点项目的开工建设。加大对遗留用地报批力度，共分两个批次、122.4838公顷土地，对电缆厂、全日通物流（丹尼斯）、新华书店、留学生创业园、森源电气、八十五中等一大批建成项目进行转征收工作。

【土地利用管理】积极推进全面实施土地招、拍、挂工作，力争项目落地建设。完成挂牌出让土地4宗，面积为726.055亩，项目涉及利星行机械（郑州）有限公司项目、郑州信昌汽车部品有限公司项目、四方达超硬材料股份有限公司项目和郑州煤矿机械集团股份有限公司，总成交价为18587.008万元；7宗土地进入招、拍、挂程序，面积为1816.165亩；为区内企业办理土地使用权抵押33宗，面积2206.58亩，抵押贷款额77801.494万元；完成土地二次交易3宗，金额2821.8908万元；办理集体建设用地24宗，面积1214.539亩；和管城区实现地籍档案资料移交5477宗。

【第二次全国土地调查】第二次全国土地调查是重要的国情国力调查，第二次土地调查成果将作为今后土地利用总体规划修编，核定各乡、（镇）、村实际耕地保有量、新增建设用地数量以及建设用地审批、土地开发复垦整理等各项土地管理工作的基础，扎实开展第二次全国土地调查工作有利于本区今后的经济发展和合理利用土地。第二次全国土地调查成果将直接影响本区未来的的经济发展大局。经过一年半的工作，目前，调查成果基本汇总，共对40885.91亩耕地、7500亩基本农田、19668.78亩城镇建设用地、19083.11亩农村居民点用地实施了调查工作。

【执法监察】2008年11月24日～2009年5月，按照全市统一部署，共对全区第八次卫片295.2亩、第九次卫片595.3亩以及2006年以来发生的1995亩各类违法用地、违法建设进行了集中整治，移送公安机关2起，复耕836余亩。加强闲置土地和建设用地的批后监管，加大已批回国有土地监管力度，对4宗闲置达2年以上的土地上报市国土局处理，目前，1宗已下达了处罚通知，其他3宗正在调查取证。严格执行定期巡查制度。前三季度共巡查发现19宗违法占地，已下达责令停止违法行为通知书并上报市局立案查处。

根据郑编〔2008〕46号文件通知，建立郑州经济技术开发区国土资源执法监察大队。

【信访工作】今年共接收处理的信访案件有明湖办事处宋爱琴等4人网上反映非法征地破坏农作物问题，潮河办事处焦刘庆等2人、曹古寺村民反映拆除违章建筑，京航办事处杨狗旺等35人到市信访局反映拆迁不合理问题等10余起。针对群众反映的问题，分局及时组织人员了解情况，向上级信访部门及时反馈调查情况，并依据相关法律法规和政策，对上访人进行讲解政策，分析上访内容，妥善处理，正确引导和教育群众，化解矛盾、稳定情绪，得到了上访人的理解支持，变不稳定为积极因素，支持项目进地和村庄拆迁工作。

（张淑芳）

郑州航空港区国土资源局

郑州航空港区位于郑州市东南，距离郑州市中心约30公里，总面积138平方公里。规划范围为南水北调中线工程与京广铁路围合的区域，由新郑市所属的孟庄镇、薛店镇、龙王乡以及中牟县所属的三官庙乡、张庄镇、九龙镇的部分土地组成，共有57个行政村，现有居住人口8.7万人左右，村镇及其他建设用地1945公顷，耕地10564公顷，林地1291公顷。预计2035年总人口40万人左右，其中，为航空港区服务的就业人口约10万人。

孙建革　局长

郭中建　副局长

张克朝　副局长

孙建革简介：1989年7月毕业于焦作矿业学院机械工程系；1989年7月～1993年5月，在新郑市喷灌机厂工作；1993年5月～1997年9月，在新郑市广播电视局工作；1997年9月～2002年2月，在新郑市委组织部工作；1998年9月，任新郑市委电教中心主任、新郑市委组织部组织科科长；1999年9月，任新郑市委组织部副科级组织员；2002年2月～2008年4月，任新郑市国土资源局党委委员、副局长；2001年6月～2003年5月，在中国人民大学研究生区域经济研究院学习，获研究生毕业证书；2006年8月，任新郑市国土资源局党委委员、副局长；2008年4月至今，任郑州航空港区国土资源局局长。

【机构设置】航空港区国土资源局内设办公室、地政地籍利用科、规划用地耕保科、信访科、政策法规科，编制15人。2009年底，经批准成立了港区土地储备中心，编制6人。

【土地资源】全区有耕地10564公顷，林地1291公顷。区域内建成区面积12.6平方公里，占规划区总面积的9.1%；林地、水域、历史文化遗迹以及高速公路、铁路、南水北调中线工程两侧控制区域及其他非建设用地规模约48平方公里；规划建设用地规模约77.4平方公里。

【耕地保护】建立健全耕地保护责任体系，建立区、街道办事处、村、农户四级耕地保护共同责任机制，确保辖区内的耕地保有量和基本农田保护面积不低于郑州市下达的考核指标，确保不发生违反土地利用总体规划和违反国家产业政策批地、非法占用耕地特别是基本农田，严重损害农民利益等重大违法违规案件。全年，管委会严格落实“占一补一”原则，各类建设用地占用耕地2.933公顷，均进行了易地补充，实现了耕地占补平衡。

【建设用地管理】以服务经济发展作为各项工作的重中之重，完成了郑州航空港区土地利用总体（2006—2020年）的修编工作。保障重点工程项目和重点工程建设用地，全年完成乡镇建设用地报批批次一个，面积为10.8638公顷。完成1656.457亩土地附着物清点补偿工作。在省、市重点工程107国道郑州段改建工程中，圆满完成征地拆迁工作，目前，该工程顺利施工，因成绩突出被郑州市人民政府评为“郑州市重点交通工程建设工作先进集体”。

【土地利用】全年办理土地登记11宗，抵押登记19宗，土地转让2宗，分割登记18宗，企业改制1宗，补办出让手续1宗，挂牌1宗。坚持节约集约用地，盘活闲置土地212.54亩。大力发展标准化厂房建设，完成南区标准化厂房土地挂牌出让工作，总面积132297.59平方米，成交价款3572万元。

【地政地籍】为确保本区耕地和基本农田数量的真实性，结合二次调查，积极与相关单位进行对接，对有问题图斑进行逐一核查、修改，保证区耕地和基本农田的数据准确，本区土地现状数据库和基本农田数据已随新郑市和中牟县报至国务院备案。全年共办理土地登记发证24宗，总面积为427187.17平方米。

【执法监察】建立村级国土资源协管员队伍，建立执法监察动态巡回检查责任制，建立查处土地违法行为部门联合行动机制。切实落实国土资源执法监察“预防为主，事前防范与事后查处相结合”的工作方针，及时发现、有效制止国土资源违法行为。加大“6·25”土地日的宣传力度，加深了社会各界对国土资源管理工作的了解，提高了公众的知晓率，并增强了群众对国土资源现状特别是耕地资源紧缺状况的认识。

【信访工作】设立独立的信访科（室），办公设施配套齐全，信访制度完善，办事处、村信访网络工作机制健全，信访案件按期结案率不低于96%，年度结案率达到100%，全年到上三级信访零记录。

（黄来贺）

嵩山风景名胜区管委会国土分局

嵩山风景名胜区位于河南省郑州市登封市北部，西临洛阳市、偃师市，北与巩义市交界。全区总面积为149.4平方公里，其中区内农业用地8.21万亩，林业用地19.57万亩，耕地2.61万亩，河荒、村庄、道路占地1.07万亩。

弋群立　局长

郑红媛　副局长

景宏昌　副局长

弋群立简介：男，汉族，1962年10月出生，中共党员，经济师，研究生学历。历任登封市电业局大金店、宣化、卢店电管所所长，电业局营业室主任，登封市白坪乡副乡长，登封市颍阳镇党委副书记、镇长、镇党委书记、人大主席团主席，登封市国土资源局局长、党委副书记等职。2007年9月至今，任河南省嵩山风景名胜区管理委员会副主任、嵩山世界地质公园管理委员会主任兼嵩管委国土分局局长。

【机构设置】依据《嵩山风景名胜区管理委员会机构编制方案》（郑编〔2007〕48号）文件精神，嵩山风景名胜区国土分局于2007年4月正式成立，是主管嵩山风景名胜区国土资源工作的职能部门，隶属郑州市国土资源局统一管理。内设机构有办公室、纪检室、用地管理科、土地利用科、信访科、执法监察队。

【土地资源】嵩山风景名胜区总面积为149.4平方公里。目前，嵩山风景名胜区土地利用总体规划还没有从登封市土地利用总体规划中分离出来。经嵩管委国土分局实测并与登封市土地利用总体规划和土地利用现状对接，嵩山风景名胜区土地总面积为14396.2629公顷，其中，农用地8230.8264公顷（全部为耕地），建设用地883.3711公顷，未利用地5282.0654公顷。该实测范围涉及嵩阳、少林、中岳3个办事处以及唐庄、大金店、君召、石道、告成5个乡（镇）的67个行政村。

【矿产资源】嵩山是我国版图上少有的几块古陆之一，也是矿产资源比较丰富的地区之一。区内沉淀地层分布广泛，与其相关的沉积矿产资源丰富，所有的矿产几乎全是沉积或变质矿产，其中以煤、铝土矿为主，其次为石灰岩、白云岩、黏土矿、硅石矿、铁矿、磷矿、玉石、建筑石料等，内生矿床少，有铜、铅、水晶、花岗岩和医用麦饭石等。

【用地项目预审】2009年，与规划建设分局密切协作，共完成14个国债资金旅游项目用地预审报批工作。项目内容包括少林景区三皇寨西环登山步道、卢崖瀑布环境整治工程、嵩阳书院基础设施工程、中岳庙—太室阙一体化地下通道、少林寺南环线旅游公路、卢崖寺—八龙潭—九龙潭旅游公路、启母阙—万岁峰—旗杆窝登山步道、安阳宫—莲花寺登山步道、嵩山峻极峰综合整治、少林景区少溪河景观整治、中岳庙景区环境整治、峻极阁用地、峻极寺用地、嵩阳索道用地等项目。

【土地现状分类和土地权属调查】2009年，在嵩山风景名胜区土地利用总体规划无法单列的情况下，组织人员对景区土地利用现状进行了实地调查测量。进一步完善了土地现状的分类，并对土地权属调查进行明细划分，将土地类别量化到三级地类，将土地权属明细到村一级。同时，配合登封市国土资源局完成了《登封市土地利用总体规划》中有关嵩山风景名胜区的修编工作。

【嵩山世界地质公园建设】完成嵩山旅游基础设施建设项目科研报告和环境影响评价报告初稿的编制工作；完成嵩山世界地质公园规划，并按照规划重新设计制作地质遗迹保护区、线、点的界桩和说明牌；采集并新增收藏标本共37块（件），投入资金85万元；完成少室山、太室山集群展示前期设计；完成唐庄地质遗迹保护站的设计、选址和招标工作；投资500余万元，开展嵩山世界地质公园地质博物馆二期改造工程；完成太室山、少室山地质旅游线路沿线和少林景区停车场公厕建设；完成植树造林2.5万亩。

【地质灾害防治】协助嵩管委拟定《关于进一步做好嵩山风景区地质灾害防治管理工作的通知》、《嵩山风景区突发地质灾害应急预案》等文件，全面安排和部署景区2009年地质灾害防治工作；嵩山世界地质公园和各景区管理局都成立了景区地质灾害防治工作领导组，进一步完善了景区地质灾害防控体系；景区内重要地质灾害隐患点都制作了警示标示牌，并邀请省地质环境监测院有关专家对嵩阳景区地质灾害防治管理工作进行指导；全面排查嵩山风景名胜区内的地质灾害隐患点并登记造册；各地质灾害隐患点管理工作明确责任，落实到单位及个人；对重点灾害隐患点（世界遗产申报点）开展实时监控工作；初步建立了景区地质灾害防治管理工作档案。

【大事记】2009年5月17日，嵩山世界地质公园被中华人民共和国国土资源部命名为“全国首批国土资源科普基地”；2009年6月20日，与四川·兴文世界地质公园缔结为国内姊妹公园；2009年6月26日，嵩山地质博物馆被郑州市命名为“教育科普基地”；2009年7月11日，与小学生学习报社建立科普教育实习基地和小记者实习基地。

（梁净　贾璐璐）

中牟产业园区国土分局

郑州市中牟产业园区前身是郑州市郑汴产业带，成立于2007年8月，2009年10月更名为郑州市中牟产业园区（郑编〔2009〕33号），规划区西起京珠高速，东至中牟县界，北至连霍高速，南至陇海铁路，总面积300多平方公里,规划建设用地规模68平方公里。郑州市中牟产业园区管委会隶属于郑州市市委、市政府，是郑州市人民政府的派出机构。

吴文鑫　局长

周　刚　储备中心主任

范书强　副局长

蔡小燕　储备中心副主任

吴文鑫简历：男，1965年1月出生，汉族，中牟县人，本科学历，助理工程师，1989年7月参加工作，1989年1月加入中国共产党。1989年7月～1991年9月，在河南省纺织技术学校任教；1991年9月～1995年8月，在中牟县土地管理局工作，曾任征用地股副股长，业务科长；1995年8月～2000年8月，在狼称岗人民政府任副镇长。2000年8月～2006年7月，在中牟县国土资源局任副局长；2006年7月～2009年2月，任中牟县国土资源局任副局长（正科级）；2009年2月至今，任郑州市中牟产业园区管委会国土资源局局长。

【机构设置】中牟产业园区管委会国土资源局成立于2009年2月，同时，成立了土地储备中心。为加强与上级主管机关沟通协调，本局于2009年12月30日，成立了土地征收利用综合办公室、规划耕保地籍科、测绘队3个业务科室，规格为正股级。全局现有班子4人，干部职工19人。

【土地资源】截至2009年底，中牟产业园区总面积约300多平方公里，含白沙组团、刘集组团、官渡组团，规划建设用地指标覆盖面积合计68平方公里，其中，白沙组团42平方公里，刘集组团24平方公里，官渡组团2平方公里。目前，中牟产业园区土地利用总体规划还是以规划区内所含白沙镇、刘集镇、大孟镇、官渡镇土地利用总体规划为基础，没有从中牟县土地利用总体规划中单列出来。

【占补平衡】2009年，中牟产业园区报批土地“占补平衡”工作有了新的突破。2009月6月，中牟县2009年度黄河滩区第1～第9批土地开发整理项目顺利开工，项目总规模1274.54公顷，项目已全部验收合格，新增耕地1252公顷，为土地报批奠定了坚定的基础。

【土地利用总体规划修编】2009年6月10日，郑州市国土资源局组织有关专家、部门，对《中牟县土地利用总体规划（2006—2020）》进行联审，原则通过。6月15日，省国土资源厅组织有关专家、部门，对《中牟县土地利用总体规划（2006—2020）》进行了联审，原则通过。但是按照省政府建设“郑州新区”的战略部署，省厅要求《中牟县土地利用总体规划（2006—2020）》与《郑汴新区建设总体规划》相衔接，进一步完善修改，以备报下一次复审。8月底，《中牟县土地利用总体规划（2006—2020）》修改完善后的修编成果报省国土资源厅，并于10月22日经省政府批复。

【建设用地管理】本局按省、市政府的要求，冻结中牟产业园区范围内的一切宅基地、路边店审批，严格控制中牟产业园区范围内各个村庄的用地审批。2010年，积极开展征地补偿工作，完成园区内15条道路（2336.734亩）、园区内白沙一号安置小区、华强项目、郑汴快速物流通道、郑州至开封城际铁路等项目的征地补偿安置工作，为园区的开发建设发展做好供地工作。2007年，本局完成3个批次的乡镇建设用地的报批工作，面积合计107.4643公顷；2008年,完成8个批次的乡镇建设用地的报批工作，面积合计331.0905公顷；2009年,完成了一个批次的乡镇建设用地的报批工作，面积5.8018公顷。中牟产业园区自成立以来共完成12个批次的乡镇建设用地的报批工作，面积共计444.3566公顷。

【土地利用】严格按照招拍挂程序对商业、住宅、工业等经营性用地实施挂牌出让，全年出让国有建设用地使用权12宗，出让面积1002亩。所有出让土地信息全部在省、市有关报纸及中国土地市场网公开发布，供地结果录入中国土地市场网动态监控系统。全年无违法违规供地行为，没有受到用地单位实质性投诉。

【执法监察和信访工作】本局尚未被授予土地执法相关权力，2009年，本局配合中牟县国土资源局执法队对中牟产业园区范围内的私搭乱建、违规违法占地等土地违法事件进行了查处。按照“构建和谐社会”精神，结合近年来各地征地拆迁过程中的严峻形势，本局积极接待群众信访，接待群众来访46次，尽心尽力解决园区快速发展建设过程中出现的征地补偿、权属争议等矛盾，耐心解答群众疑问，基本上做到有问就有答、事事有落实。

（张正浩）

开　封　市

开封市国土资源局

开封古称汴梁，位于河南省中东部，在中国版图上处于豫东大平原的中心位置，是国务院首批公布的历史文化名城、中国优秀旅游城市、我国八大古都之一，也是河南省中原城市群的中心城市，全省文化产业发展的文化体制改革试点城市、旅游景区管理体制改革试点城市、文化改革发展试验区。开封市距今已有2750年的建城史、2300余年的建都史，素有“七朝古都”之称，现有各类文物遗址遗存1万余处，重要古迹263处，国家级文物保护单位13处，国家“4A”级景区8个，具有“文物遗存丰富、城市格局悠久、古城风貌浓郁、北方水城独特”的显著特色。全市总面积6240平方公里，人口518万人；耕地保护面积42.78万公顷，人均耕地1.24亩；市区面积359平方公里，人口80万人。市辖兰考县、开封县、杞县、通许县、尉氏县、金明区、鼓楼区、龙亭区、顺河回族区、禹王台区10个县(区)，以及1个省级经济技术开发区开封新区

李学耕　党委书记、局长
薛　冬　党委副书记、副局长(女)
李炳让　党委成员、副局长
宋宝刚　党委成员、副局长
薛蔚奇　党委成员、调研员
胡　伟　党委成员、副局长
冯海彬　党委成员、副局长
戚培军　党委成员、纪检书记
何　涛　党委成员、局长助理

李学耕简介：男，汉族，1956年10月出生，河南南阳镇平县人，中共党员，硕士学历，高级政工师。1974年2月，到南阳镇平县马庄公社下乡；1976年9月，内乡示范学校学员；1991年5月～1999年1月，在河南省建筑四公司，历任办公室副主任，党委副书记、副经理，党委书记、总经理等职；1999年1月～2003年3月，任开封市人民政府副秘书长；2003年3月～2009年，任开封市国土资源局（房产管理局）党委书记、局长。

【机构设置】开封市国土资源局位于开封市包公湖南路11号，2009年底有职工3000余人，内设办公室、计划财务科、规划科、耕地保护科、用地审批科、土地利用管理科、产权产籍管理科、房产管理科、住宅建设科、法规监察科、人事教育科、机关党委、监察室13个科（室）；局属房产管理经营总公司、住宅建设公司、房地产开发总公司、土地整理储备中心、房地产产权产籍监理处、工商行政事业用房管理处、房屋安全鉴定站、土地房屋信息中心、房地产交易管理处、房屋拆迁管理处、房屋拆迁安置处、土地管理事务所、土地房屋监察大队、国土资源局经济技术开发区分局、城区国土资源分局15个二级单位；下辖兰考县、开封县、杞县、通许县、尉氏县5个县的国土资源局。

【土地资源】据2009年土地变更调查统计，全市土地总面积62.4万公顷，其中，农用地50.54万公顷（耕地41.76万公顷，林地4.32万公顷，园地0.44万公顷，草地0.07万公顷，水域及水利设施用地3.95万公顷），建设用地11.33万公顷，未利用地0.53万公顷。

【耕地保护】2009年，开封市进一步健全耕地保护共同责任机制，严格耕地保护责任制的落实。2月27日，市政府组织召开全市土地管理会议，将耕地保有量、节约集约用地控制指标、土地违法案件查处、第二次全国土地调查等指标量化列入各县（区）责任目标书。随后，县、乡、村层层签订责任目标书，基本农田保护责任逐级量化到了村组、农户、地块。同时，严格占补平衡制度，积极实施项目用地与补充耕地挂钩管理，落实补充耕地指标，确保占补平衡，年内建设占用耕地23个批次、1.17万亩，补充同等质量耕地1.17万亩。加强耕地储备，积极筹措资金，加大项目建设力度，及时进行电子报备，完成省级储备耕地指标1.04万亩。加快土地开发整理项目建设步伐，大力开展项目提速工程建设，健全政府主导、部门联动工作机制，落实目标责任制，提高工程质量，2007年以前13个国家投资土地开发整理项目全部完成并验收合

格，整理土地17.41万亩，新增耕地4.58万亩。健全宣传保护标志，在道路沿线和交通醒目位置设立大型标牌17块、基本农田三级保护标志389块，刷写标语1800多条，制作版面400多块，基本农田达到了全覆盖。认真开展耕地保护责任目标履行情况自查和迎检工作，成立组织，制定考核办法、实施方案、评分标准，于6月2日顺利通过国务院三部委督导组的检查。耕地保护连续11年实现占补平衡，耕地和基本农田保护面积继续保持在42.78万公顷和37.43万公顷以上。

【土地利用】2009年，开封市进一步完善节约用地措施，狠抓工作落实，深入推进土地节约集约利用。一是严制度、促节约。贯彻落实国家、省关于促进节约集约用地的有关规定，结合实际制定了《开封市人民政府关于进一步做好土地节约集约利用的若干意见》。严格执行建设用地禁供、限供政策和出让制度，年内储备土地4139.3亩，经营性用地招、拍、挂出让28宗，共计2202.94亩，工业用地出让14宗、714亩，成交金额16.4亿元，创土地纯收益10.4亿元。二是定目标、促节约。将节约集约用地控制指标、工业集聚区标准化厂房建设、盘活存量土地指标等量化列入市政府向各区下达的年度责任目标书，建立了以政府为主导、国土部门牵头、相关部门配合的节约集约共同责任机制。三是深挖潜、促节约。认真开展"批而未征、征而未供、供而未用、用而未尽"检查和低效、闲置土地排查行动，建立工作台账，积极盘活关闭、重组、破产和改制企业土地资产，年内盘活存量土地4006亩，完成省下达目标的127%。四是以集中、促节约。在工业集聚区加大标准化厂房建设力度，保证园区用地，以用地引导项目集中，建设二层以上标准化厂房20.4万平方米。五是抓"三改"、促节约。大力开展旧城改造、城中村改造和迁村并居工程，共完成"三项整治"2.1万多亩，旧城改造腾地225亩，城中村改造、迁村并居腾地1435.3亩。

【执法监察】2009年，开封市国土资源局以土地执法监察为抓手，以严格规范土地管理为目标，不断健全完善早发现、早查处工作机制。深入开展土地违法违规案件和卫片执法检查集中整治行动，设立开通了12336土地违法电话举报系统；健全四级执法监察网络，全市2366个行政村全部设立了土地协管员，土地违法案件早发现、早制止、早报告、早查处工作机制基本形成，卫片监测到的21宗违法用地全部查处整改到位。年内收缴罚没款188.4万元，没收土地5宗、89亩，违法用地占新增建设用地占用耕地总面积的比例降至13%以下，卫片执法检查顺利通过国土资源部和济南国家土地督察局的评估验收。同时，深入开展实心黏土砖瓦窑厂治理整顿，加强督导，强力推进黄河滩区砖瓦窑厂关闭拆除，严防死灰复燃和反弹。在有关县（区）、部门的共同努力下，拆除黄河滩区砖瓦窑厂183座，超额完成省下达的拆除窑厂总量40%的目标任务。

【信访工作】2009年，开封市国土资源局针对涉地信访案件高居不下的情况，进一步加大了信访稳定工作力度。成立信访办公室，充实信访工作人员，加强信访工作领导。实行信访稳定工作目标责任制管理和信访稳定周督导制度，分析研究信访案件，解决实际问题，督导工作进度。确保了新中国成立60周年和全年大局稳定。年内接待来访210批、1063人（次），其中，集体访39起、789人（次），个访171起、274人（次），全部办结；办结省、市交办案件86件，到期办结率100%。

【基础工作】2009年，开封市国土资源局狠抓了国土资源基础工作建设，努力提高国土资源管理工作的支撑作用。一是新一轮土地利用总体规划修编基本完成。科学规划空间布局，合理调整基本农田区域分布，努力协调用地规模，积极争取用地指标，统筹安排各业各类用地，为全市长远发展留足空间、打好基础。市级规划已原则通过国土资源部验收，报国务院待批，县级规划全部通过省政府批复，乡级规划基本完成。二是努力推进第二次全国土地调查。积极开展"决战年"行动，强化政府责任，落实项目资金，加强督导检查，强力快速推进。农村土地调查成果已全部通过国家内外业审核，城镇土地调查工作按要求积极推进。三是集体土地确权发证工作大部分完成。农村集体土地所有权发证13330宗，发证率95.2%；集体建设用地使用权登记发证79.2万宗，发证率87.3%。四是电子信息化系统进一步完善。加大投入，添置设备，建成了建设用地动态监督管理信息系统，实现了与各县（区）局的链接；按规范要求修改完善了市局门户网站，适时更新政务信息，推进了政务公开。五是完成了城镇基准地价更新调整。认真组织外业调查、内业分析、成果验收、听证论证，确保数据的真实性和公信力。7月17日，开封市政府批准执行。

【和谐国土建设】2009年，开封市国土资源局深入学习贯彻党的十七届四中全会精神，扎实开展学习实践科学发展观活动、“讲党性修养、树良好作风、促科学发展”主题教育活动和弘扬焦裕禄精神活动，着力破解发展难题，着重解决群众关心的热点、难点问题，领导干部党性进一步强化、信念进一步坚定、作风进一步改进、素质进一步提高。认真开展反腐体系建设和党风廉政建设，配齐各县（区）局纪检监察干部，落实廉政建设目标责任制，将廉政建设贯穿业务工作全过程。扎实推进政风行风建设，深入开展“企业服务年”活动，着力为企业办实事，认真开展万人评议机关和内部行风评议活动，政风行风进一步好转，全局呈现出和谐稳定的良好发展态势。年内，省政府授予本局“全省砖瓦窑整治工作先进单位”，省国土资源厅和市委、市政府分别授予本局“完成责任目标管理优秀单位”，市政府为本局领导班子记“集体二等功”。在年度各项考核中，市委、市政府分别授予本局“服务重点项目先进单位”、“安全生产先进单位”、“全市办公系统先进单位”、“全市信访稳定先进单位”和“平安建设先进单位”，荣获招商引资工作银奖、工业强市优质服务奖等。

（杜广峰）

兰考县国土资源局

兰考县属开封市管辖,位于河南省东北部,北邻黄河，东北与山东省曹县、东明县接壤，辖5个镇、11个乡、4个国营农林园艺场。面积1103平方公里，人口79万人，西距开封45公里，距郑州115公里。1954年，由兰封、考城两县合并设置。兰考县历为黄河泛滥改道区，多沙丘、盐碱地，地势由西北向东南倾斜。属半湿润暖温带季风气候，日照充足。境内排灌河渠纵横交错，交通十分便利。

张德府　局长
王瑞西　党委书记、副局长
樊志方　副局长
吕家明　副局长
肖富军　副局长
毛华国　副局长
戴保江　正科协理员
韩华振　副主任科员

张德府简历：汉族，1958年出生，兰考县南彰镇人，毕业于商丘师范学校，1975年8月参加工作，1983年5月入党。历任城关镇党委委员，县志办副主任、主任，县政府办公室副主任、县财政局党组书记，县审计局党组书记、局长；2003年3月至今，任兰考县国土资源局局长；2004年12月至今，兼任副县级调研员。

【机构设置】兰考县国土资源局主要负责全县土地、矿产资源的规划、管理、保护与合理利用以及房产管理，是县政府的组成部门。根据职责，内设办公室、人事股、规划股、征地股、地政地籍股、法规股6个职能股（室），下设房管所、监察大队、18个国土资源所。

【土地资源】全县第二次全国土地调查，全面查清了兰考县各地类的分布情况，兰考县行政区总面积110324.6公顷，耕地68187.09公顷，园地1896.85公顷，林地13230.99公顷，草地5.84公顷，城镇村及工矿用地16149.02公顷，交通运输用地2392.49公顷，水域及水利设施用地8010.68公顷，其他土地451.64公顷。

【建设用地管理】一是年内共计供应国有建设用地12宗，面积16.5044公顷。其中，以招、拍、挂方式供地9宗，面积13.4682公顷，成交价款2922.2万元；以划拨方式供地3宗，面积3.0362公顷。二是严格土地利用管理,加强土地用途管制,对农用地转用和建设项目用地实行预审工作制度,推进土地利用管理的规范化、制度化和法制化，严格执行《划拨用地目录》、《禁止供地目录》、《限制供地目录》等有关规定，对所供土地严格把关，逐宗审核报批，确保建设用地供应工作规范有序。三是认真贯彻国土资源部令第39号，对工业、商业、旅游、娱乐、商品住宅等经营性用地，一律实行了招、拍、挂，2009年度，本县共以招、拍、挂方式出让国有建设用地9宗，面积13.4682公顷，成交价款2922.2万元，特别是在河南省经济十强县（市）援建项目落地工作中提供了优质服务，全力保障了县域经济跨越式发展。

【土地整理】2009年度，实施完成了第一、第二、第三批补充耕地项目，整理总规模345.84公顷，总投资1486.25万元，新增耕地341.68公顷，已顺利通过验收。兰考县闫楼等2个乡（镇）土地整理项目动工实施，该项目为2007年新增建设用地有偿使用费项目，总规模536.76公顷，预算总投资841.18万元，实施后将新增耕地23.84公顷，已完成总工程量的70%。此外，兰考县东部土地整理项目、谷营乡土地复垦项目、南彰镇低洼地土地整理项目3个国投土地整理项目顺利通过验收。

【耕地保护】一是《兰考县土地利用总体规划（2006-2020年）》已获省政府批准。二是加大土地整理复垦力度，落实新增耕地建设资金，做好耕地后备资源的挖潜调查。三是大力推进农村土地整理。本县土地综合整治为谷营乡霍寨、金庙等5个试点村，共计拆迁1566户，拆旧156.93公顷，建新区拟占用40公顷耕地，新增耕地预计达到116.93公顷。该项目已做好规划设计报告，预计总投资1433.3万元，规划实施基期为2009年，规划实施时间为2010～2011年。四是建立严格、完整的保障机制，保持基本农田66782.31公顷数量不减少、质量不降低。

【执法监察】今年来，我们加强与县政府的协调，进一步完善和加强与公安、工商、建设、规划等相关部门的土地执法共同责任机制。共处理各类土地违法案件6宗，案件查处率100%，结案98%。黏土砖瓦窑厂综合整治工作，年内拆除砖瓦窑厂27座，土地协管员积极发挥作用，有效加强了土地管理的力度。

【信访工作】把信访工作纳入法制轨道。2009年，累计接待信访群众300余人次，立案50件，结案50件，全年到本局缠访、闹访人数明显减少，信访秩序实现了根本性好转；健全完善了信访工作网络，实行局领导职能股（室）负责人、国土所所长分包负责制，在全县16个乡（镇）和产业集聚区、各行政村聘用土地协管员457名，形成了县、乡、村三级有人抓、事事有人管的局面。坚持日常接访与集中查办相结合。变上访为下访，开展土地信访案件排查活动。对排查出的案件，实行领导包案，限期办结，有效维护了社会稳定。创新信访工作机制。对疑难、复杂信访案件，用信访评议化解方式对固阳镇城内八组要求镇政府退还工办楼、三义寨贾堂村杜邦与张东风土地纠纷2起信访案件成功实行信访评议，代表满意率达99%以上，有效地化解了信访积案。配合人民法院首次在本局设立巡回法庭，采取“马锡五审判方式”审理行政案件，参与案件调解，当庭审结了三义寨孟角村李某不服县政府行政登记一案，取得了较好的社会效果。

（张桂真）

开封县国土资源局

开封县位于豫东平原，七朝古都开封市的近畿，北依黄河，三面环抱古城开封，县境纵40.8公里，横55公里，总面积1251.46平方公里。全县辖9个乡，6个镇，总人口约70万人。开封县距省会郑州70公里，交通条件得天独厚，欧亚大陆桥陇海铁路横穿东西，竖（岗）开（封）铁路贯穿南北，日南、阿深、连霍、郑民四条高速在境内交汇，开封黄河公路大桥1桥、2桥横跨南北，国道“G310”、“G220”，省道“S213”、“S218”、“S219”、“S327”等公路在境内交织，四通八达，全县326个行政村实现村村通。优越的地理位置、便利的交通条件和丰富的自然资源助力开封县经济腾飞。

宋玉良　党组书记、局长
李玉杰　党组成员、副局长
于照民　党组成员、副局长
韩颖杰　党组成员、副局长
朱荣民　党组成员、副局长
杨玉林　党组成员、副局长

宋玉良简介：开封县兴隆乡人，1963年11月出生，汉族，1981年7月参加工作，1983年11月加入中国共产党，在职研究生学历，政工师。历任杏花营农场团委书记，仙人庄乡党委秘书、党委副书记、乡长、党委书记，西姜寨乡党委副书记、乡长，范村乡党委书记。2003年2月至今，任开封县国土资源局党组书记、局长。

【机构设置】开封县国土资源局机关内设办公室、人事教育股、财务股、土地利用股、用地审批股、规划股、耕地保护股、产权产籍股、法规监察股、规划勘测队10个职能股（室）；12个局属二级单位；辖城关、袁坊、刘店、曲兴、杜良、罗王、八里湾、兴隆、仇楼、半坡店、陈留、范村、万隆、西姜寨、朱仙镇15个国土资源所。

【土地资源】根据第二次全国土地调查工作最新统计数据显示，全县土地总面积125145.67公顷，其中，耕地83760.00公顷，园地387.73公顷，林地4101.59公顷，草地587.48公顷，城镇村及工矿用地16675.22公顷，交通运输用地5915.25公顷，水域及水利设施用地11750.40公顷，其他用地1968.00公顷。划定基本农田保护面积73496.00公顷。

【耕地保护】2009年，开封县严格落实占补平衡制度，全年各类建设用地占用耕地3923.26亩，补充耕地3923.26亩，实现了占一补一、先补后占；进一步加强了对耕地尤其是基本农田的保护力度，通过加大资金投入，设置各级固定性、永久性保护标志1000余块，在乡政府所在地及每个行政村设置瓷片宣传栏400块，刷写永久性标语500条；广泛开展宣传教育，实行县、乡、村三级目标管理责任制，落实了耕地保护共同责任机制；大力实施耕地储备，全年储备耕地5428.05亩；加大了土地违法动态巡察，年内基本农田面积继续保持在73496.00公顷，实现了全县耕地总量动态平衡。

【土地整理】加大了土地开发整理力度，实施了开封县南部土地整理项目，成功申报了开封县兴隆乡基本农田整治项目，总投资2220万元，整理规模970.55公顷，新增耕地66.49公顷。实施中严格落实土地开发整理项目“五项制度”，狠抓项目质量监管，保障了项目资金安全。开封县南部土地整理项目已通过省厅验收，并发放了合格证；开封县兴隆乡基本整治项目正在顺利实施。

【建设用地管理】2009年，开封县着力完善了重点项目用地报批和保障服务机制，坚持“有限指标保重点，一般项目靠挖潜”的原则，重点做好重点项目的用地保障工作，做到提前介入、超前谋划、跟踪服务。年内共上报征收土地7批次和1个单独选址项目，面积3654.89亩；有效保障了开封黄龙产业集聚区、晋开化工、朱仙镇开发建设等重点项目的用地需求；有效供应廉租住房建设用地35.92亩、经济适用住房用地9.23亩，加快了开封县廉租住房和经济适用住房建设步伐。同时，积极协调足额缴纳了土地有偿使用费和耕地开垦费，实施了社保安置，保护了被征地农民的合法权益。

【土地利用】2009年，严格落实了国家、省、市政府关于促进节约集约用地的实施意见，广泛宣传节约集约用地新政策，提高全民依法、节约、合理用地意识。工作中严格坚持建设项目用地预审制度；搞好闲置土地清查，盘活挖潜闲置、低效利用土地23宗，面积1719.23亩；以黄龙工业园区为重点，加大标准化厂房建设力度，建设标准化厂房2.05万平方米，积极引导企业入驻，以集中促集约，提高节约集约用地水平；在土地供应中，严格落实经营性用地和工业用地招拍挂出让制度，以招、拍、挂方式出让土地20宗，面积2643.59亩，成交金额2.9亿元，同比2008年增长227.85%，实现了土地收益重大创收。

【测绘测量】2009年，测绘大队认真落实《测绘法》，精兵强干，今年实现测绘城市建设用地2批次、13个项目，面积755.62亩；乡镇建设用地5批次，面积2889.14亩；单独选址项目1个，面积10.13亩，为开封县项目用地报批提供科学依据。同时，积极配合县政府工作，测量了范村乡谢湾旅游项目，面积1500亩；晋开化工供水系统用地项目，面积500亩；为县领导集体科学决策提供帮助。全年参加省级培训班2次，队伍人员素质得以有效提升。

【产权产籍及第二次全国土地调查】认真开展全县第二次全国土地调查工作，严格落实第二次全国土地调查实施方案，先后完成全县15个乡（镇）326个行政村的实地调查，调查面积1266.01平方公里，获得翔实的基础资料；矢量化处理图幅72幅，建成农村土地利用数据库；实现基本农田调查上图；第二次全国土地调查成果实现成功上报。认真开展土地登记发证工作，实现农村集体所有权登记320宗；农村宅基地登记发证315宗，全县累计登记162951宗；国有土地所有者和使用权登记发证99宗；有效维护了土地使用者的合法权益。

【执法监察】严格落实执法监察动态巡查机制，建立了县、乡、村三级监察网络，强化了日常土地利用动态监管，坚持实行案件会审和错案责任追究等制度，结合黄河滩区砖瓦窑厂集中整治工作，强化了由政府牵头，国土、公安、监察、法院等有关部门配合的土地执法共同责任机制，确保了重大典型案件得到及时处理，年内共拆除影响黄河行洪安全的砖瓦窑厂106座，有效杜绝了窑厂死灰复燃和重建；查处各类土地违法案件11宗，结案11宗；严格落实了土地协管员制度，按照“县聘所管”的方式为各行政村配备一名土地协管员。对土地协管员开展有针对性的法律培训两次，增强了人员素质和队伍建设。

【信访工作】信访稳定工作形势进一步好

转，进一步健全完善了信访工作机制，层层签订目标责任书，认真落实了“一岗三责”、领导接访、领导包案、责任追究等制度，建立了信息报告制度，制定了信访问题处置方案，定期排查矛盾，积极调处土地权属纠纷，力争把不稳定因素化解在基层。全年共接待来信来访312人（次），调处土地权属纠纷案件28宗，确保新中国成立60周年国庆期间无重大集体越级上访和非正常上访事件发生，有力地保障了全县社会大局稳定。

（张中　李兴超）

杞县国土资源局

杞县隶属于开封市，位于河南省东部平原，古黄河冲积扇东南翼，南北长55公里，东西宽32公里。东邻民权、睢县，南接太康，西连开封、通许，北与兰考接壤。豫04省道公路横贯县境南部，106国道公路纵穿县境南北。杞县境内辖13乡、8镇，592个行政村，总面积1258.16平方公里，人口105万人，耕地面积144.22万亩，基本农田面积85770公顷，人均土地1.86亩,人均耕地1.4亩。

许远超　党组书记、局长
汪　昌　党组成员、副局长
韦传民　党组成员、副局长
胡锡鹏　党组成员、纪检组长
郭志安　党组成员
张世杰　党组成员

许远超简介：兰考县许河乡许河村人，1957年4月出生，汉族，中共党员，大学学历。1980年12月～1986年12月，在通许县农业局任副主任；1986年12月～1992年5月，在通许县农林农机局任副局长、党委委员；1992年5月～1995年3月，在通许县外贸局任副局长、总支委员；1995年3月～1998年5月，在通许县桑蚕办任主任；1998年5月～2001年1月，在通许县林业局任党委书记、副局长；2001年1月～2001年8月，在通许县经济委员会任副主任；2001年8月～2008年1月，在通许县国土资源局任党委书记；2008年2月至今，在杞县国土资源局任党组书记、局长。

【机构设置】杞县国土资源局主要负责全县土地资源的规划、管理、保护与合理利用，是县政府的一个工作部门。内设办公室、地政地籍股、规划股、耕保股、人事监察股、征地股、监察大队、信访股、法制股9个股（室）。辖城关、城郊、五里河、邢口、付集、宗店、板木、竹林、于镇、官庄、湖岗、沙沃、苏木、高阳、葛岗、平城、泥沟、阳堌、柿园、西寨、裴村店21个国土资源所。

【土地资源】据2009年土地变更调查统计，全县土地总面积125805.38公顷。其中，农用地103586.67公顷，建设用地17963.56公顷，未利用土地4255.15公顷。

【耕地保护】2009年，我们认真落实了耕地保护各项制度，切实加强了耕地保护特别是基本农田保护，与各乡（镇）政府签订了耕地保护责任目标，落实了耕地保护责任，明确了乡（镇）长为第一责任人，将耕地保护落实到了县、乡、村、农户、地块。同时，严格落实了基本农田各项管护措施，筹措资金70万元，修复和增设了大型跨路基本农田示范县标志2个，县级基本农田保护标志1个，乡级基本农田保护标志21个，村级基本农田保护标志120个，基本农田保护块300余块，并将基本农田保护“五不准”及基本农田保护责任人分别印制在县、乡、村基本农田保护标志牌上，营造了全县共同保护耕地的良好氛围，确保了全县基本农田保护面积稳定在85770公顷。

【土地利用】2009年，按照省、市开展新一轮土地规划修编有关要求，本局抽调专业技术人员专职负责规划修编工作，认真编制了新一轮规划修编县乡规划大纲文本、说明及有关图件，县级土地利用总体规划修编已顺利通过省政府批准实施，乡级土地利用总体规划修编已顺利通过省、市专家组评审，待市政府批准实施。同时，认真开展了以“砖瓦窑整治”为重点内容的“三项整治”工作，全年完成“三项整治”面积276.15公顷，新增耕地274.86公顷。

【建设用地管理】2009年，我们紧紧围绕全县经济建设大局，以“企业服务年”活动的开展为契机，急企业所急，想企业所想，提高了服务质量和工作效率，优先保证了重点建设项目和符合国家产业政策的项目用地。全年共报批建设用地8批，面积140.591公顷。其中，城市建设用地3批，面积65.1748公顷；乡镇建设用地5批，面积75.4162公顷。同时，我们认真开展了城乡挂钩试点项目报批工作，全年共申报城乡挂钩试点项目13个，面积

54.96公顷。积极盘活了存量国有土地，对中山路南段西侧等12宗国有建设用地和经营性用地使用权进行了招、拍、挂出让，面积340.78亩，成交价款2694.5164万元。

【第二次全国土地调查】2009年，我们认真开展了第二次土地调查工作。农村土地调查工作已全面完成，调查面积1257.02平方公里，建成内业矢量化处理图幅71幅，建库面积1257.02平方公里，农村土地数据库建设已完成，成果资料已报国土资源部，并顺利通过验收，基本农田专项调查及上图工作已完成。城镇地籍调查外业工作已结束，完成了于镇镇、高阳镇地籍调查6平方公里，权属调查4000多宗，县城区地籍调查完成调查面积32平方公里，完成权属调查44470宗。

【土地整理】杞县于镇、湖岗省级基本农田示范区项目建设有序进行，项目总规模1286.85公顷，总投资1954.18万元，项目实施后可新增耕地42.87公顷，新增耕地率为3.33%，确保按期完成。

【执法监察】2009年，我们认真开展了2006～2008年违法、违规用地集中整治工作。报请县政府出台了《杞县违法违规用地集中整治工作方案》，成立了以县长为组长、分管副县长为副组长、各相关单位为成员的杞县违法、违规用地集中整治工作领导组。共查处违法违规用地39宗，其中，申请法院强制执行26宗，移送公安机关3人。同时，进一步加大了土地执法监察力度，在全县辖域内划分了22个动态巡查责任区，各国土资源所所长为第一责任人，局监察中队长为第二责任人。制定了严格的奖惩措施，重点对拉土毁田和非法用地行为进行了严厉打击。全年共发现各类土地违法案件59起，查处违法用地29起，制止违法用地行为30起，移送公安机关3起，申请法院强制执行8宗。

【信访工作】2009年，我们始终把信访稳定工作放在工作首位，切实加强领导，认真落实了一岗三责，强化措施，完善制度，及时解决了群众反映的热点难点问题。全年共接待来信来访62起、360人（次），受理行政诉讼案件35起，省、市转办件28起，县交办件16起，自办件3起，结案率为100%，为全县社会大局稳定作出了积极贡献，被省国土资源厅评为土地信访工作先进单位。

（杨海瑞）

通许县国土资源局

通许县隶属于开封市，位于河南省的东部，系豫东大平原的一部分。东邻杞县，北靠开封县，西接尉氏县，南连周口市的扶沟县、太康县。南北长34.8公里，东西宽27.7公里。全县现辖6个镇、6个乡即城关镇、四所楼镇、玉皇庙镇、朱砂镇、长智镇、竖岗镇、邸阁乡、练城乡、冯庄乡、厉庄乡、大岗李乡、孙营乡；共304个行政村。距开封市区45公里。

安　健　党委书记、局长
王玉山　党委委员、副局长（正科级）
于兆东　党委委员、副局长
郭　霞　党委委员、副局长（女）
程晓程　党委委员、副局长（女）
罗海燕　党委委员、副科级领导干部

【土地资源】通许县土地总面积76790.07公顷，其中，农用地63421.99公顷，占总面积的82.59%；建设用地11291.51公顷，占总面积的14.70%；未利用地2076.57公顷，占总面积的2.7%。全县土壤可分为3个土类、5个亚类、7个土属、35个土种。

【建设用地报批】2009年，通许县组织上报了2个批次城市用地。第一批城市建设用地面积34.7270公顷，为公益事业用地；第二批城市建设用地面积32.2742公顷，全部为工业用地。

【耕地保护】2009年，落实耕地保护目标责任制。县政府将各乡（镇）基本农田保护面积和耕地保护面积列入政府目标考核体系，与各个乡（镇）政府、村组、农户层层签订了耕地保护目标责任书，将基本农田保护责任落实到村组、农户和地块。设置和更新190块基本农田三级保护标志。制作大型基本农田保护宣传牌和国土资源法律法规宣传栏。在高速路口、高速路及其他交通主干道附近设置跨路大型宣传牌、大型单柱广告牌、中型宣传版面等。制作了320块、2平方米的永久性搪瓷耕地保护宣传栏，粘贴到全县304个行政村村委会，加强耕地保护的宣传力度。稳定耕地保护面积和基本农田保护面积。县政府与各乡（镇）签订的耕地保护目标责任书，将市政府下达的耕地保护和基本农田保护面积全部分解，确保耕地保护面积稳定在

56387.37公顷，基本农田保护面积稳定在51150公顷。全年储备耕地421.55公顷，超额完成储备耕地任务，再次实现耕地占补平衡。

【建设用地管理】对经营性用地全部实行招、拍、挂制度。2009年，共完成14宗宗地的挂牌出让工作，出让面积15.0404公顷；划拨土地2宗，划拨面积11.2698公顷。同时，加快标准化厂房建设步伐，2009年完成标准化厂房建设2万平方米。进一步加强农村宅基地管理。通许县国土资源局制定了《通许县国土资源局关于印发农村宅基地报批程序暂行规定》（通国土〔2009〕93号），规范农村宅基地报批程序，做到有法必依。

【土地利用总体规划修编】开展土地利用总体规划修编工作。完成《通许县土地利用总体规划（1997～2010）》实施评价、通许县用地供需预测研究报告、通许县土地节约与集约利用研究、通许县耕地保护和基本农田优化布局研究4个专题，并与县建设、农业、林业、交通、水利、环保、发改等部门专项规划和新农村规划相衔接。完成县级土地利用总体规划修编工作并通过省政府批准，乡级土地利用总体规划通过省国土资源厅的初审。

【地籍管理】2009年，共办理土地登记260宗，面积79143.6平方米。

【第二次全国土地调查】完成第二次全国土地调查工作的农村土地调查和基本农田调查并将成果上报，完成了城镇地籍调查外业工作。该项工作在全省处于领先地位，通许县被国土资源部评为"第二次土地调查先进集体"。

【土地整理】2009年，通许县再次实现了耕地占补平衡和耕地总量动态平衡，既确保了重大基础设施项目和工业项目的建设用地，又保障了社会经济可持续发展。①2005年练城、冯庄两个乡的土地整理项目通过省厅验收。该项目共分两个片区，涉及练城乡、冯庄乡15个行政村。项目区总规模1964.47公顷，总投资金额2706万元，新增耕地75.12公顷，2009年10月份通过省厅验收。②阿深高速公路补充耕地项目通过省厅验收。该项目涉及冯庄乡、玉皇庙镇、孙营乡等五个乡（镇），共新增耕地232.59公顷，2009年6月通过省厅验收。③南水北调异地补充耕地项目通过省厅验收。该项目涉及长智镇、孙营乡2个乡（镇），共新增耕地40.7公顷，2009年7月通过省厅验收。④2009年第一批、第二批补充耕地项目通过省厅验收，共补充耕地421.55公顷。⑤邸阁乡等4个乡（镇）的土地整理项目稳步推进，完成80%的工程量。完成"三项整治"指标3800亩。

【执法监察】加大执法力度，严厉打击各类土地违法案件。在查处的土地违法案件中，经批评教育自行纠正34起；强行拆除10起，拆除面积5600平方米；移送纪检部门8件，移送公安局13件。

【信访工作】全年共接待和处理群众信访95起、268人（次）。上级交办信访案件34件，其中，省厅、市局交办5件，县委、县政府交办29件，以上案件按要求全部结案。全年无重大集体越级上访事件发生，被河南省国土资源厅评为"信访稳定工作先进单位"。

（张继邺）

尉氏县国土资源局

葛国平　党组书记、局长
罗连政　党组副书记、纪检组长
刘建立　副局长
马留生　副局长
孙亚西　副局长
卢文良　副书记、副局长
戎仁和　副局长
张　新　副主任科员

【机构设置】1987年7月，尉氏县成立土地管理办公室；1989年成立土地管理局，正科级规格。建立初期，设有地政股、征地股、监察股、办公室、监察队；后增设信访股、地价评估事务所。人员由1987年的9人增加到1996年的120人。下辖17个乡（镇）均成立了国土管理所，人员由初期的51人增加到1996年的178人。县国土局现内设8个职能股(室)即办公室、规划股、信访室、法制监察股、地政地籍股、建设用地股、地矿股、人事教育股（纪检监察室）；下设5个二级机构即土地开发整理中心、土地执法监察大队、天秤地价评估咨询责任有限公司、土地收购储备交易中心、测量队；下辖城关、大桥、邢庄、门楼任、大营、大马、洧川、岗李、朱曲、蔡庄、小陈、南曹、十八里、张市、永兴、水坡、庄头、工业纺织基地（新增所）18个国土资源所。2009年，尉氏县国土资源局有干部、职工294人。其中，行政人员18人，事业全供93人，事业（差供、自收支）158人，临时工25人；局长1名，副局长5名，纪检组长1名、副主任科员1名。

【土地资源】2009年底，尉氏县土地总面积129700公顷。其中，耕地88332.1公顷，（包括基本农田面积78090公顷），林地11693.77公顷，园地620.85公顷，草地6.85公顷，居民点及独立工矿用地17465.12公顷，交通运输用地3631.38公顷，水域及水利设施用地5558.43公顷，未利用地2391.56公顷。

【耕地保护】年初纳入了政府的责任目标，通过签订目标责任书，将保护责任落实到了村组、农户和地块。同时，尉氏县国土资源局始终严格落实耕地保护的各项政策和措施。加大耕地保护法律法规的宣传力度，对非法占用耕地、破坏农田和基本农田保护标志等行为做到了及时发现和处理。近年来，通过积极开展土地开发整理工作，严格按照“占多少、补多少”、“先补后占”的原则，落实了占补平衡，确保了尉氏县的耕地保有量一直稳定在87928公顷以上，基本农田保护面积稳定在76890公顷。同时，完成了2009年第一、第二批乡镇用地占补平衡方案及台账整理工作。全年完成耕地储备2800亩。

【土地开发整理】开展“三项整治”工作。前期工作已进行完毕，目前，3800亩的“三项整治”工程正在实施中。2007年以前国家下达的投资土地开发整理项目已全部竣工并验收合格。国家级项目“尉氏县大桥乡土地开发整理项目”全部工程基本完工，申请市局初验。

【砖瓦窑场治理】在2008年已关闭全部砖瓦窑厂的基础上，局配合县政府继续严格落实了目标责任制。和有关乡镇加大巡察监管执法力度，并积极同公安、司法部门配合，对擅自修建、新建、扩建窑厂者，按无照经营和破坏耕地罪进行立案查处，保持高压态势，防止死灰复燃。巡查中发现有2起死灰复燃现象，及时进行了查处并拆除到位。

【经营性和工业用地招拍挂】在经营性和工业用地招、拍、挂工作中，严格贯彻执行国土资源部令第39号，不断规范土地出让行为，依照招、拍、挂程序，坚持出让方案经政府批准、出让价格集体确认、出让公告及出让结果及时上传土地监测网，加强内外监督，做到了“公开、公平、公正”出让。全年共收购储备国有经营性土地330.6亩，已挂牌出让8宗、369.6亩，成交价1.12亿元。

【节约集约用地】杜绝为城区内庭院式住宅供地、办证。同相关部门加强配合，利用规划等手段，强制推行建造多层单元式住宅，积极推进建成多层标准化厂房3万平方米，向空中要地。严格新增建设用地控制标准。达不到投资强度的坚决不予申报、不予供地，从项目中“抠”地。盘活存量，挖掘用地潜力。采取收回、置换等多种灵活形式，积极盘活存量土地，共盘活存量国有土地5宗452.74亩。在土地供应上，严格经营性用地和工业用地招、拍、挂制度，提高土地效益，从高效利用中“节”地。

【服务经济建设】积极做好“保发展、促增长”的用地保障工作，深入开展“企业服务年”活动，按要求完成用地报批工作，全面完成重点项目和重点区域建设用地的保障任务。“双保”行动和“企业服务年”活动扎实开展，对尉氏县的企业用地进行了广泛深入的调研，为下步企业发展提出了切实可行的整改意见和措施。以科学的发展眼光，进行规划调整，积极主动做好“保发展、促增长”的用地保障工作，完善用地报批工作程序，积极做好建设用地批后监管及跟踪服务，保障了重点项目依法、及时供地。完成了2009年2批乡镇建设用地预审工作，涉及耕地8.79公顷，林地46.83公顷；完成了新尉区城镇建设用地增加，农村集体建设用地减少388亩的挂钩工作，已经省厅批准实施；尉氏县第一批乡镇建设用地33.94公顷和第二批乡镇建设用23.07公顷均上报省厅。

【土地利用总体规划修编】规划修编工作，完成了4个专题研究，并在此基础上编制了尉氏县土地利用总体规划修编规划大纲。保护指标已分解到各乡（镇），保护面积已经落实到地块。同时，初步完成了尉氏县中心城市用地规模区域的划定，初步规划尉氏县县城到2020年扩展12平方公里，已上报省政府审批。

【第二次全国土地调查】农村调查工作。外业核查、内业建库、基本农田上图工作已全部结束，现已上报国家进行核查，待核查结束后即可申请验收。城镇地籍更新调查工作，已完成洧川、蔡庄、永兴3个建制镇的外业调查和建库工作。县城区已完成权属调查工作，界址点测量已接近尾声，正着手准备建库工作，预计12月底可完成全部城镇地籍更新调查工作。

【土地登记发证】2009年，共完成国有土地使用权登记20宗，颁发国有土地使用证20份；完成集体土地使用权登记2202宗，颁发集体土地使用证700份（其中，新办140份，换证560份）。集体土地使用权登记发证率达90%；全县各集体土地所有权已全部登记，登记率达100%，集体土地所有权证发证率完成95%。

【执法监察】尉氏县局按照“预防为主、事前防范、事后查处”的工作思路，严格土地违法案件立案标准，加大案件的查处力度，及时发现和制止土地违法案件，降低违法案件的发案率，并加强同纪检、监察及司法部门的协同合作，加大对违法当事人各项法律责任的落实。2009年，共新发生各类土地违法案件46宗，占地面124.35亩，立案46宗，结案42宗，立案率100%，结案率91%；共下达处罚决定书46份，申请人民法院强制执行42起，法院已执行42起，其余17宗申请法院期限未到，移送公安机关追究刑事责任2宗。

【信访工作】2009年，被省国土资源厅授予全省“信访稳定先进单位”。强化信访责任制，落实“一岗三责”和领导信访接待日制度，及时掌握信访信息，做到了早发现、早控制、早处理，最大限度提高信访工作一次性办结率，上级交办、转办的案件共10件，全部按时进行了办理报结，办结率100%。

2009年，共接待群众来访23起29人（次），其中13起在基层得到了化解处理，其余10起已转基层所或相关业务股（室）限期办理，日常受理信访事项办结率100%，转办率达100%。

积极开展“信访积案化解年”活动，对排查出的3起信访积案进行了集中时间、集中力量化解处理。其中，1起已进行了调解处理，上访人已息访罢访；另外2起，局信访工作人员引导其通过诉讼渠道解决。同时，积极配合当地党委、政府做好上访人的思想稳定工作。

【基层国土资源所建设】2009年，本局投入建设资金120万元，乡镇财政为支持国土资源所建设，都拿出一定资金帮助国土所建设。全县18个国土资源所已达到“六有”标准的基层所共16个，另2个所办公用地问题没有解决，暂租房办公。各所配备了土地监察车1辆，电脑1台，办公室、档案室、信访室、会议室、阅览室、健身室等办公设施齐全，基层所的队伍建设、基础建设等方面得到进一步加强。

【土地协管员】村级协管员制度建设年初纳入了责任目标，在全县523个行政村全部建立了土地协管员队伍，并帮助协管员及时掌握新业务、了解新政策，增强了基层国土工作者依法用地、珍惜土地的意识，夯实了基层国土管理工作的基础。始终坚持抓好乡、村干部的国土资源法律知识宣传教育工作，为村级土地协管员订阅了《资源导刊》和法规知识书籍。每年组织培训一次，不断提高村级协管员依法管理意识，在全县逐步形成了土地监察管理网络体系。

（杨平新）

城区国土资源分局

冯海彬　党组书记、局长
李祥然　副局长
李　琦　副局长（女）
张文忠　副局长
张　鑫　副局长
张　萍　纪检组长（女）
张国增　副主任科员

冯海彬简介：汉族，1965年10月出生，研究生学历，1982年7月参加工作，1992年7月入党。1982年10月～1993年1月，在郊区政府行政科工作（区直团支部书记）；1993年1月～1994年7月，在开封市郊区土地管理局工作；1994年7月～2000年8月，任郊区土地房屋管理局副局长；2004年2月～2005年9月，任郊区国土资源局党组书记、局长、区长助理；2005年9月～2006年3月，任城区国土资源分局党组书记、局长；2007年4月，任开封市国土资源局党委委员、副调研员，城区国土资源分局党组书记、局长；2009年8月，任开封市国土资源局党委委员、副局长，城区国土资源分局党组书记、局长。

【机构设置】开封市城区国土资源分局(以下简称城区分局)，位于东郊汴京大道东段，占地约0.33公顷，是行使行政管理职能的事业单位，机构规格为正科级，隶属开封市国土资源局领导，现有在编人员172人。城区分局的前身为1987年成立的郊区土地管理办公室；1991年，更名为郊区土地管理局；1996年，更名为郊区土地房屋管理局；2002年，更名为郊区国土资源局；2005年9月，因区划调整，更名为城区国土资源分局。局下设19个科室，即办公室、规划科、耕地保护科、用地科、地籍科、法制科、财务科、人事教育科、发证室、综治办、土地房屋监察大队、房管所、信息中心、土地开发整理中心、测绘队、矿产资源科、租赁办、重点办、监察室。

【土地资源】据2009年土地变更调查统计，城区土地总面积84.69万亩。其中，耕地42.10万亩，园地1.30万亩，林地4.21万亩，草地0.07万亩，城镇村及工矿用地22.20万亩，交通运输用地3.11万亩，水域及水利设施用地11.37万亩，其他土地0.33万亩。

【耕地保护】始终把保护耕地作为土地管理工作的核心，作为履行管理职能的第一要务，坚定不移地把耕地保护制度落到实处。一是严格执行土地利用总体规划，切实保护好基本农田，确保城区基本农田面积稳定在25950公顷；完善基本农田保护档案，对涉及调整补划的进行了及时更新并做到逐级备案，进一步健全了基本农田占用补划台账和基本农田储备库，并对基本农田三级保护标志进行了更新维修。二是严格落实耕地保护目标责任制，基本农田保护责任落实到村组、农户和地块；各区政府与各乡（镇）签订了基本农田保护目标责任书，对考核方式，奖惩办法作了严格规定；分局与各基层国土所签订了工作目标责任书，层层落实了责任。三是建立健全各项工作制度，促进基本农田规范化管理。我们结合“保增长，保红线”行动，对已建立的基本农田保护责任制度、占补平衡制度，进行了补充完善，使耕地和基本农田保护工作有章可循。同时，聘请村干部等作为土地协管员，长期开展土地动态巡查，定期将耕地保护情况向国土资源管理部门上报，做到了早发现、早制止，有效地避免了乱占滥用基本农田的违法行为。四是继续积极开展土地开发整理项目建设。占补平衡土地整理项目涉及开封市金明区、龙亭区，4个项目总规模587.79公顷，整理后新增耕地574.01公顷，其中2个项目已经省、市验收，另外2个项目等待验收；新增土地整理项目开封市金明区杏花营镇土地整理项目，总投资1669.76万元，总规模1148.18公顷，整理后可新增耕地57.28公顷，目前，已进场施工。

【建设用地管理】一是优先保障重点建设项目用地。对重点建设项目，重点予以保障，积极提供优质高效服务，全力支持本市经济建设。先后完成了夷山大街南延、黄河大街南延、电气化铁路延线涵洞、杏花营农场工业园区、马市街城中村改造、西赵屯城中村改造、梁苑路、复兴大道、大梁门北城墙透绿、集英街北延、河南大学、二十军、繁塔景点改建拆迁安置工程等项目的土地勘测、定界、地上附着物清点和房屋拆迁及赔付工作。全年上报建设项目用地6宗，总面积39.3214公顷；组织报件未上报建设项目用地8宗，总面积100.7742公顷。二是全力推进重点项目建设的前期工作。配合省高速公路管理局及市有关业务单位完成了对连霍高速公路开封段拓宽工程和郑民高速公路开封段工程建设项目的地上附着物清点和权属调查。三是按照市局要求和部署，完成了“8511”建设工程项目用地报件的组织上报工作，并配合市局重点办对中央投资、省投资的重点项目进行摸底统计。为做好企业服务年工作，对“土地执法百日行动”报件已批回的企业做好供地前期准备工作。四是按照省厅要求对《河南省征地区片综合地价标准》和《河南省征地区片综合地价标准图集》中涉及的开封市城区范围内的区片地价进行了核对。

【执法监察】坚持“预防为主，防查结合”的土地监察方针，健全和完善土地执法长效机制，将土地执法关口前移，不断强化执法手段，严厉打击各类土地违法行为。全年共查处各类土地违法案件24起，其中，制止6宗、拆除4宗，其余全部立案查处。一是强化责任，确保土地动态巡查到位。我们制定完善了《城区国土资源动态巡查责任制》，明确了责任，确保巡查工作不走过场。为了保障日常执法监察工作顺利开展，年初，本局领导在资金十分紧张的情况下，为监察大队配备了执法车辆、电脑、摄像机、打印机、复印机等办公用品。同时，为了确保巡查质量，我们加大了执法监察力度，对巡查中发现的问题，发现一起、制止一起、查处一起，做到快制止、快查处、快拆除。二是扎实做好土地利用遥感监测工作。把卫星监测工作作为卫片执法监察工作的重中之重，每个图斑都严格按照上级要求执行，在第九次卫片执法检查中共监测到城区范围内86个图斑，其中，合法用地24宗，地类未变化45宗，农业结构调整3宗，违法用地14宗。对其中14宗违法用地已全部立案调查，并顺利通过国土资源部和济南督察局的验收。

【信访工作】2009年，把处理信访突出问题和群体性事件作为工作的重点，成立了信访接待办公室，制定了领导信访接待制度，建立了信访案件“分级”处理责任制，各司其职，层层把关，一级抓一级，层层抓落实，把各类矛盾解决在基层和萌芽状态。共接待个人来访54起、105人（次）；集体访11批、62人（次）；来信1起；省、市转2起；网上信访3起，受理纠纷和信访案件3起，均已办结。解决了顺河区郭屯村五组和汪屯乡吴志文两起重大赴京到省案件、杏花营农场秣米店与西网间争议案件。受理和组织土地行政处罚听证3起，办理行政复议和行政诉讼案件各1起，并协助司法机关查档、查封48起。

（杨　康）

经济技术开发区分局

开封经济技术开发区是1994年经省政府批准成立的省级开发区，按照开封市城市中心西移的发展战略，开发区的城市功能定位为开放、高效、繁荣、整洁、布局合理、功能齐全的新城区，具体范围是：东至夷山大街，南至陇海铁路，北至解放路，西至护城堤。为推动郑汴一体化进程，加快开封新区建设，市委、市政府又作出了开发建设汴西新区的战略决策，并成立了开封新区党工委和管理工作委员会，统揽开封新区的开发建设工作。开封新区启动区的范围是东京大道向西延长线以南，12号路（含）以东，陇海铁路以北，西护城堤以西。新区启动区下辖金明区西郊乡的野场、斗门、阎寨、瞿家寨4个村委会以及杏花营乡的横堤铺村委会（共含16个自然村），区域面积33平方公里，人口0.85万人。国土资源局开发区分局按照原来的职责和职能承担起开封新区（开发区）的国土资源及房产管理等各项工作。

张蕴杰　党支部书记、局长

马占元　副书记

范慧敏　副局长（女）

张蕴杰简介：汉族，中共党员，1968年出生，工程师，本科学历。2003年10月至今，任开封市国土资源局经济技术开发区分局党支部书记、局长。

【机构设置】开发区分局于1992年成立时名为开封市土地管理局城西经济技术开发区分局，人员编制5人，人员经费从征收的土地管理费中支付；1995年3月，更名为开封市土地房屋管理局经济技术开发区分局，人员编制增为7人，机构规格为正科级；2002年7月，更名为开封市国土资源局经济技术开发区分局。分局内设办公室、财务科、产权产籍科、征地科、监察科、测绘科及房地产交易中心。现有工作人员34人，其中，在编人员12人，具有大专以上文化程度的人员29人，具有中级职称的专业技术人员8人。

【土地利用】全年供应国有建设用地共8宗，面积20.890公顷，合同收取出让金15231.9913万元。

【耕地保护】2009年，开封新区（开发区）共上报包括单独选址，开封市2007年第四、第五批城市建设用地实施农用地转用和土地征收，开封市2008年第三、第四批城市建设用地实施农用地转用和土地征收，开封市2009年第二、第八、第九、第十、第十一、第十二批乡镇建设用地，共计11个批次、679.8968公顷的土地，其中，耕地534.0891公顷，全部做到了占补平衡。

【建设用地管理】强力推进工业用地招标、拍卖、挂牌出让，组织实施区内土地使用权收购、储备前期工作。2009年，共有14宗土地进入招、拍、挂程序。健全和完善土地供应调控机制，进一步严格执行各类建设项目控制指标，积极做好已批准批次用地的供地手续报批工作，确保了郑州一建置业有限公司、开封空分集团有限公司、开封畅丰车桥有限公司开封新区基础设施15条道路等重点项目建设的顺利进行。

【执法监察】为遏制混乱无序的拉沙取、严重破坏地貌、影响城市利用总体规划实施的违法现象，由开发区分局牵头，会同开发区综治办、城管局、公安局、规划局等相关部门联合组成土地执法巡逻大队，制定动态巡查制度，定期对区内土地违法行为进行综合整治，不分昼夜巡查，严厉打击辖区内的违章建房、破坏耕地等违法行为，有效保障了开封新区（开发区）内社会经济秩序的正常运行。根据国土资源部执法检查工作的要求和安排,开发区分局精心组织、周密安排，做到人员落实、任务落实、责任落实、经费和设备保障落实，有计划、按步骤地推进，确保执法检查工作顺利进行。2009年，共查处违法用地9宗，涉及土地面积20.12公顷（其中，耕地6.79公顷），收缴罚没款179.3801万元，没收地上建筑物19818平方米，给予2名责任人行政警告处分，已全部结案。

【信访工作】2009年，开发区分局共办理市局转办信访案件1件，开发区管委会转办信访案件2件，均已办结，信访群众对答复意见均表示满意。办理市长专线案件2件，接待信访群众10多人（次），受理信访电话10多起，目前均已处理完毕，群众均表示满意。2009年，在本辖区、本单位职责范围内无赴京、到省上访信访案件，信访案件积案结案率为100%，经排查无不稳定因素。

（于炜娜）

洛　阳　市

洛阳市国土资源局

洛阳市位于河南省西部，介于东经111° 8′ ~ 112° 59′，北纬33° 35′ ~35° 05′之间，东西长约179公里，南北宽约168公里，横跨黄河中游两岸，是国务院首批公布的历史文化名城和著名古都之一，也是资源丰富、文化发达、交通便利、工业基础好、科技实力强的重要工业城市。洛阳是历史文化名城，有4000多年的城市史，以洛阳为中心的河洛地区是华夏文明的重要发祥地，从我国第一个王朝夏朝起，先后有夏、商、西周、东周，东汉等13个王朝在此建都，汉魏以后。洛阳逐渐成为国际大都市，隋唐时人口百万，四方纳贡，百国来朝，盛极一时。现辖涧西区、西工区、老城区、瀍河回族区、洛龙区、吉利区、洛阳新区 7个市辖区，偃师市1个县级市，孟津、新安、洛宁、宜阳、伊川、嵩县、栾川、汝阳8个县，以及1个国家级高新技术开发区(洛阳国家高新产业开发区)、1个省级新区(洛阳新区)、2个省级开发区(洛阳经贸开发区、河南省洛阳工业园区)。总面积1.52万平方公里，市区面积544平方公里，建成区面积107.69平方公里，总人口654.4万人，其中，城镇人口273.3万人，城镇化率42.6%。

赵建国　党组书记、局长
赵力争　党组副书记、副局长
张耀虎　党组副书记、调研员
高士义　党组成员、副局长
陈卫平　副局长
李登峰　党组成员、副局长
王跃欣　党组成员、副局长
陶　洲　党组成员、纪检组长

赵建国简历:汉族，山西省左权县人，本科学历，中国共产党党员。1972年入伍，在部队历任排长、连长、军区作战参谋、师作训科长，两次荣立个人三等功；1987年，任焦作市山阳区委常委、武装部长；1992年，任焦作市中站区委常委、副书记；1997年，任焦作市山阳区委常委、区长；2001年，任焦作市国土资源局局长；2007年3月至今，任洛阳市国土资源局党组书记、局长。

【机构设置】2004年，洛阳市人民政府撤销洛阳市国土资源与城市规划局、地质矿产局，成立洛阳市国土资源局，主管全市土地、矿产、测绘管理工作。全局现有在职人员268人，退休人员39人；市局机关编制55人，实有62人。机关内设办公室、人事宣教科、财务科、总师室、法规科、信访科、耕地保护科、土地利用科、地籍管理科、规划科、矿产开发科、地质勘察科、资源环境科、测绘科14个科（室）。下辖13个二级机构，其中，参照公务员管理单位7个，参照管理单位编制共72人，实有114人，分别为国土资源监察支队，涧西区、西工区、老城区、瀍河区、龙门分局、伊洛园区分局；自收自支事业单位6个，自收自支单位编制84人，实有92人，分别为土地储备整理中心、地产交易中心、土地登记评估中心、矿业发展中心、矿产品市场管理所、机关后勤服务中心。

【土地资源】截至2009年底，洛阳市土地总面积1523584.6公顷，农用地面积1151613.2公顷（其中，耕地432289.59公顷，园地13665.42公顷，林地638741.51公顷，其他农用地66916.68公顷），建设用地163303.42公顷（其中，居民点及独立工矿用地138324.16公顷，交通运输用地9606.66公顷，水利设施用地15372.6公顷），未利用地208668.01公顷（其中，未利用土地167491.91公顷，其他土地41176.1公顷）。

【土地利用总体规划修编】2009年，《洛阳市土地利用总体规划（2006–2020年）》先后通过省国土资源厅组织的评审、联审、复审，也通过了国土资源部的审查，已经省政府审查同意，正式上报国务院。洛阳市10个县（市、区）的土地利用总体规划于2009年11月在全省率先获省政府批准。全市143个乡（镇）土地利用总体规划已通过初审和复审。

【建设用地报批】2009年 ，全市共上报国务院、省政府、洛阳市政府审批建设用地65个批次，用地总面积186471.5295亩。其中，上报国务院审批单独选址项目7个，土地面积169603.977亩（含小浪底库区补办用地手续）；上报省政府审批建设用地45个批次，土地面积13915.851亩；上报市政府审批农转用用地13个批次，土地面积2951.7015亩。报件一次通过率达98%。

【耕地保护】2009年，“双保”活动成效显著，严格执行基本农田“五不准”制度，把基本农田落实到了地块和农户。对基本农田规划调整、占用和补划，洛阳市始终坚持“总量不减少，质量有提高，布局更优化”的原则 。2009年，非农建设占用基本农田3229.512亩，共补划基本农田3229.512亩，补划的基本农田均是原有的高质量耕地。全市基本农田保护面积继续稳定在583.5万亩以上。省下达洛阳市的基本农田保护面积为562.8万亩，完成省下达任务的103.7%。2009年，共完成补充耕地36434亩，其中，使用新增建设用地有偿使用费补充耕地8322亩，使用耕地开垦费及社会资金补充耕地28112亩。省厅下达洛阳市的补充耕地任务是33015亩，完成省下达任务的110.4%。按照国家和省厅要求，全面完成了土地整理复垦开发项目的验收和信息录入工作。2009年，已建立了耕地后备资源库、年度占补平衡项目库和耕地储备库，建立了耕地占补平衡台账。绘制了各县（市、区）补充耕地位置图。2009年，全市经批准共占用耕地13879亩，补充耕地14222.7亩，连续10年实现占补平衡有余，受到国土资源部、农业部、国家统计局三部委耕地保护检查组的肯定。全年盘活存量土地610公顷，超额完成了省厅规定的年度任务。

【国有土地资产管理】2009年3月，洛阳市市区基准地价更新成果通过省厅验收，4月1日，洛阳市政府以洛政〔2009〕43号文件公布实施。依据新的基准地价标准，5月20日，洛阳市国土资源局会同洛阳市财政局对原《洛阳市已购公有住房、经济适用房上市出售土地出让金缴纳标准》进行了调整并重新公布。9月8日，洛阳市政府对城市市区土地收益金征收标准进行了调整并重新公布。

【国有土地使用权出让】2009年，全市共出让土地237宗，总面积为818.4383公顷，实现土地出让合同收入20.1亿元。其中，普通商品住宅用地116宗，面积220.8521公顷；经济适用房、廉租住房用地14宗，面积58.3917公顷；工矿仓储用地56宗，面积404.735公顷；其他用途用地51宗，面积134.4595公顷；市区出让土地63宗，总面积为278.0353公顷，实现土地出让合同收入11.35亿元。其中，普通商品住宅用地 31宗，面积135.2777公顷；经济适用房、廉租住房用地9宗，面积49.4606公顷；工矿仓储用地3宗，面积3.4605公顷；其他用途用地20宗，面积89.8365公顷。

【节约集约利用】通过企业改制、旧城改造、用途变更等途径，全年共盘活利用存量土地610公顷，超额完成了省定550公顷的目标任务。积极推进产业聚集区标准化厂房建设工作，新建标准化厂房122.56万平方米，超额完成了洛阳市政府下达的40万平方米年度目标。

【土地开发整理】2009年末，全市共有47个国家、省、市投资土地开发整理项目，建设总规模12942.84公顷，总投资28190.5918万元，新增耕地面积1829.86公顷。其中，32个项目已通过了竣工验收；5个项目已完成了竣工验收工作，正在办理竣工验收有关手续；10个项目已完工或基本完工，准备接受竣工验收。此外，利用河南省财政下达洛阳市的2007年和2008年新增建设用地土地有偿使用费安排了20个土地整理项目，建设总规模8832.17公顷，新增耕地面积301.55公顷，预算总投资18743.18万元，目前，该批项目正陆续开工建设。

【土地收购储备】2009年，全年收购收回洛阳玻璃股份有限公司、洛阳汽配集团等国有土地使用权5宗，面积653142.72平方米（984.781亩），收购资金总额2.85亿元，拨付土地补偿款2.485亿元，有效缓解了改制企业资金紧张的矛盾，有力支持了改制后企业的健康发展。2009年，利用储备土地为洛阳市城市基础设施建设和国有土地收购储备融资贷款9亿元，担保贷款8.9亿元。累计贷款达65.1786亿元，累计担保贷款42.4亿元。全年储备土地出让9宗，面积425879.3平方米（538.819亩），储备土地划拨7宗，面积31万平方米（465亩），出让划拨总价81634.2万元，扣除收购成本10208.21万元，储备土地纯收益75658.449万元。全市储备土地总面积3188.388亩，其中，洛河以北储备土地1208.488亩，新区储备土地1979.9亩（关林路以北1221.8亩，关林路以南758.1亩）。

【第二次全国土地调查】2009年 ，洛阳市第二次全国土地调查工作共投入调查经费627.8万元。4月22日，全市15个县级农村土地调查成果上报国家核查。孟津县是全省第一个通过国家内业核查的县；2009年5月15日，全省第二次土地调查“决战年”动员部署暨现场会在洛阳召开，洛阳市土地调查办和孟津县土地调查办分别在现场会上介绍了经验，洛阳市第二次全国土地调查工作的做法和成效得到了省厅的充分肯定。2009年7月17日，洛阳市15个县（市、区）全部完成了城区及乡（镇）所在地地籍权属的调查、界址点的测量和地籍图的编绘工作，中心城区和10个县城所在地外业成果全部通过省阶段性成果检查组的预检；9月15日，按照国家对各县（市、区）内业核查意见，按时将复核后的成果上报国家；12月28日，将基本农田调查上图成果上报省土地调查办核查验收；完成全市第二次土地调查统一时点更新和年度变更调查工作。

【地籍管理】2009年，按照国土资源部《关于开展全国地籍管理规范化建设的通知》要求，对照《地籍管理规范化建设内容及标准》逐条进行认真落实。截至2009年底，市本级以及各县（市、区）均已经达到了省级地籍管理规范化建设标准。在土地登记发证方面，全市国有土地使用权累计发证数422351本，发证率为87.17%；集体土地所用权累计已发证数为2823本，发证率为98.91%；集体建设用地使用权累计已发证数为17125本，发证率为89.32%；宅基地累计已发证数为1356511本，发证率为90.99%；变更登记累计发证383244本。市本级年度共办理单位土地登记325宗，总面积6451712.1平方米。办理土地抵押登记209宗，抵押面积6843958.7平方米，抵押金额331652.77万元。本年度市本级共受理土地纠纷5起，已调查报政府处理决定4起，正在调查处理1起。地籍科代理市政府诉讼案件3起，均在开庭审理中。

【地产交易】2009年末，全市进行了41宗土地的公开挂牌交易，成交31宗，总成交面积145.59万平方米，成交金额14.56亿元。洛阳新区土地接连出现207万元/亩、241万元/亩、381万元/亩的新高，河区土地也卖出159万元/亩的高价。

【龙门站建设】通过面向国际招标，高起点、高标准编制完成了洛阳龙门站周边地区的详细规划编制工作。积极主动地开展龙门站周边地区土地报批工作。2009年，将1600余亩集体土地依规划分批次报省政府批准，筹措拨付龙门站周边地区征地拆迁资金2.8亿元。积极协调，配合铁路部门完成了龙门站北站房工程建设，筹集拨付建设资金5500万元。完成了洛宜铁路支线改线工程批复、环评、地质灾害危险性评估、压覆矿床、被征地农民社会保障和使用林地等前期批复工作。

【矿产资源】洛阳市已探明矿产4大类76种，其中，金属矿产22种，非金属矿产45种，能源矿产7种，水汽矿产2种。共发现矿床（点）1067个，其中大型矿床41个，中型矿床69个，小型矿床415个。矿产资源潜在经济总价值（不包括水汽矿产）20250亿元。在已探明矿产资源中，钼、钨、金、铝、煤、耐火粘土和白云岩在河南省占重要地位。矿产资源的分布有以下特征：①门类齐全、远景较大。北部伊洛盆地，以沉积矿产为主，是煤炭、铝土矿、耐火粘土等外生矿产的重要成矿区和矿产地；南部熊耳山—外方山地区，是金、银和有色金属成矿集中区和资源基地。在已发现的76种矿产中，包含了能源、黑色金属、有色金属、贵金属、稀有金属、冶金辅助材料、化工、建材等特种非金属、地下水资源等矿产。②蕴藏丰富、储量集中。洛阳市的主要优势矿产资源储量在河南省均占重要地位，其中，钼矿占全省探明储量的91%，钨矿占99%，金矿占26%，银矿占24%，锌矿占18%，萤石矿占38%，耐火粘土占25%，冶金用石英岩占84%。主要矿产分布集中，形成了一批著名的大型、特大型矿田和矿床，主要包括1大银矿（洛宁铁炉坪）、2大铝矿带（新安、偃师）、3大煤田（新安、偃龙和宜阳）、5大钼矿（栾川上房沟、三道庄、南泥湖、嵩县雷门沟和汝阳东沟）、7大金矿（洛宁上宫、青岗坪、嵩县祁雨沟、庙岭－牛头沟、前河、栾川潭头、康山）。③组分复杂、一矿多用。许多矿床都含有多种有益组分，多数已达工业要求，可用为共生或伴生矿床综合利用。如金矿中伴生的银、铅、碲，铅锌矿中伴生的银、铟，钼矿中伴生的钨、铼、伴生的硫和硅灰石，铝土矿中伴生的镓、锂等。此外还有一区多矿，即复式矿床现象，如铝土矿层顶底板共生的煤炭、熔剂灰岩、高岭土、耐火粘土、铁矾土、硫铁矿和山西式铁矿等。④交通便利、易于开发。洛阳地处陇海、焦枝两大铁路干线交汇处，境内公路四通八达，同时伊、洛两大河流水量充沛，煤电资源充足，为矿山建设提供了相当优越的外部条件。

【采矿权管理】2009年末，全市共有各类采矿权665个。全面开展矿业权实地核查工作，共完成980个矿业权野外实测任务。实行采矿权全国统一配号。完成665个采矿权人年度报告审查工作；矿产资源补偿费征收额连续两年超过亿元，2009年，全市征收矿产资源补偿费13607.963万元，上缴国库12216.253万元。

【地质勘查管理】2009年末，洛阳市范围内共有地质勘查项目477个，全部为河南省国土资源厅发证。其中，中央资金与省地勘周转金计划项目30个，投入计划勘查基金5.2亿元。市场项目447个，全年完成勘查投入1.6亿元。全市共有各类探矿权人263个。在洛阳市工作的地勘单位共有56家，分别来自地矿、化工、核工业、煤田、武警黄金部队等行业部门和地矿中介机构。全年具体投入勘查工作量：机械岩芯钻探10.2万米；槽探13.3万立方米；坑道施工2.1万米。当年矿产勘察开发秩序明显好转，管理有规、矿产有序、开发有责、调控有效、监督有力的矿产资源管理工作格局已基本形成。矿产权交易试点工作全面启动。在全国率先开展探矿权整合和区域整装勘查，嵩县的金钼矿整合勘查经验，被国土资源部总结为 “嵩县模式”在全国予以推广。另外，还完成了部分地质填图、剖面测量、地球物理、地球化学测量及样品分析等工作。2009年，全市共完成98个延续项目、15个转让项目的审查，完成2个转让勘查项目的信息公示。共完成447个勘查项目年度检查工作，其中，实地检查120个项目。

【矿业权转让试点】2009年，作为国土资源部矿产开发司基层联系点，按照“显化转让市场、细化转让条件、遏制非理性炒作”的要求，制定并下发《洛阳市矿业权转让公示办法（试行）》，成为全国唯一一个试行矿业权转让公示的地市级国土资源管理部门，为全国规范矿业权二级交易市场管理进行探索，提供有益借鉴。

【地质公园建设】2009年，洛阳市有省级地质公园1处，国家级地质公园2处，世界级地质公园2处，洛阳市辖区内现有5处地质公园。

【地质灾害防治】2009年，洛阳辖区的地质灾害调查与区划已全部完成，市级地质灾害防治规划、矿山环境治理规划已编制完成，部分县（市、区）的规划编制正在进行，地质灾害隐患点群测群防体系已基本建立完善，各项防治地质灾害制度落实到位。《洛阳市2009年地质灾害防治方案》中，确定地质灾害易发区（点）有45处，并对这些隐患点进行了详细说明，并对每处灾害制定了具体的防治措施。另外，各县（市）根据本地情况，各县（市）地质灾害防治方案中也明确了各自辖区的防治重点区域和具体的防治办法。2009年，本市未发生造成较大经济损失及人员伤亡的地质灾害。

【地质环境治理】2009年，在省国土资源厅《关于下达的2009探矿权采矿权使用费及价款项目支出预算的通知》中，洛阳市地质灾害防治项目类1个，省财政下拨资金350万元；地质遗迹保护（地质公园）项目类2个，省财政下拨资金500万元；同时争取到一个国家级矿山环境治理类项目，中央财政下拨补助资金3700万元。

【测绘管理】2009年末，全市具有测绘资质的单位共有66家，其中，甲级1家、乙级16家、丙级17家、丁级32家，完成测绘服务总值7000余万元，完成了洛阳市整顿和规范地理信息市场秩序工作;筹集230万元资金启动了“数字洛阳”（洛阳市基础地理空间柜架）项目建设。

【乡所建设】2009年，全市乡（镇）国土资源所建设向深层次发展，做到了关口前移，重心下移。一是分三期对基层所的所有工作人员进行了培训，共培训人员570人；二是各个基层所都建立了工作制度，各县（市、区）局为基层所补充了工作人员；三是坚持“硬件”和“软件”建设一起抓，争取县（市、区）财政资金2000余万元，新建或购买乡所办公楼37处，142个乡所中119个乡所配备了公务用车，配备率达到83.8%，85%的乡所配备了微机、打印机、传真机、照相机、测量仪器、档案柜等办公设施；四是省国土资源厅规范化国土资源所达标验收标准下达后，及时制定了达标细则，对基层所进行了全面的达标验收工作，142个所中的110个达到了省定标准，达标率为77.4%，全面完成了60%达标的责任目标任务；五是全面建立了国土资源协管员队伍，全市共聘请国土资源协管员2980余人，成为乡所工作力量的有效补充。2009年，乡（镇）国土资源所为保护资源、保障发展作出了突出贡献，2个乡所被省纠风办评为群众满意乡所，14个乡所被市纠风办评为群众满意乡所。

【执法监察】2009年，洛阳市不断强化国土资源执法监察力度，充分发挥联合执法机制对资源的保护作用。一是全力做好第九次卫片执法检查工作。共清理卫片变化图斑173个，实地核查土地140宗，面积2791.6亩（耕地1699.6亩），其中，实地未变化用地24宗，面积262.7亩（耕地202.2亩）；农业结构调整用地16宗，面积106.9亩（耕地90.9亩）；新增建设用地100宗，面积2422亩（耕地1406.5亩）；新增建设用地中，合法用地84宗，面积2339.9亩（耕地1328.6亩），违法用地16宗，面积77.5亩（耕地73.3亩）。在卫片执法检查中共拆除违法建筑物8700平方米，复耕土地14.6余亩，上缴罚没款65.36万元。2009年10月，此项工作顺利通过国家验收。二是完善联合执法动态巡查制度。完善国土资源监察队伍和警察队伍合署办公、共同巡查、联合办案等各项工作制度，进一步明确工作目标，细化工作流程，建立奖惩措施，加大巡查力度和密度，构建快速反映机制，切实将违法用地消除在萌芽状态和初始阶段。共依法查处各类国土资源违法案件48宗，占地面积364亩，下达罚没款400万元。拆除地面构建筑物4处，面积546.28平方米。实际收缴罚款300余万元。巡查364次，总行程26万公里，制止各类违法行为32起，追回土地面积300余亩，挽回经济损失过亿元，严厉打击各类国土资源违法行为，维护了国土资源开发秩序。2009年9月，国土资源部在洛阳组织召开了“创新国土资源联合执法机制研讨会”，推广了洛阳市国土和公安联合执法工作经验 。三是建立违法用地逐级报告制度。2009年，在全市建立了各级政府对新发生违法用地逐级报告制度，实现了违法用地从发现、制止和查处的全程监控。四是开通了“12336”国土资源违法举报电话。全市于2009年8月1日开通了全国统一的“12336”国土资源违法举报电话。充分发挥了群众对国土资源违法行为的监督举报作用，与卫星遥感监测、动态巡查等共同构成发现和查处国土资源违法行为的快速反映平台。四是国土资源联合执法机制不断创新。9月下旬，国土资源部、省国土资源厅和洛阳市政府联合在洛阳市召开全国创新国土资源联合执法机制研讨会，来自全国31个省（区、市）近200余人参加了研讨。国家公安部等相关部门对“洛阳经验”给予充分肯定，“洛阳经验”叫响全国。

【来信来访】2009年，全市共受理上级批转、交办国土资源信访事项14起，结案率100%；接待来访群众349批次、1264人（次），处理群众来信186封，办结件群众满意率87%；受理国土资源信访复查件4起。确保了没有发生涉及国土资源问题的京、省规模集访；确保了洛阳世界邮展、河南省第27届牡丹花会和新中国成立60周年庆典等重大活动成功进行 。2009年3月，市国土资源局被省国土资源厅表彰为“2008年度河南省国土资源信访稳定工作先进单位”。

【国土资源警察队伍建设】2009年，洛阳市高度重视国土资源警察队伍建设。吉利区、新安县、洛宁县国土资源警察大队相继成立，除栾川县外，各县（市）全部成立国土资源警察大队。市国土资源警察支队全年受理刑事案件4起，立案3起，移送起诉刑事案件1起，取保候审3人，追回非法所得100余万元；查处行政案件4起，罚款及没收非法所得10余万元。警察支队与国土资源监察支队联合执法巡查147起，出警258人（次），及时发现和制止各类违法行为23起，查处非法采矿案件5起，非法占地1起，扣押大型机械6台，查封扣押矿石1000余吨，拆除违法占地上的建筑物8700平方米，上缴国库3万元，28人被接受审查，为企业追回损失约2200万元。

（宋全忠）

偃师市国土资源局

偃师市位于河南省中西部地区，南屏嵩岳，北临黄河，介于东经112°26′15″～113°00′00″和北纬34°27′30″～34°50′00″之间。因公元前1046年周武王东征伐纣在此“息偃戎师”而得名。历史上先后有夏、商、周、东汉、曹魏、西晋、北魏7个朝代在此建都，是国内已知建都朝代最多的县级市。全市东西长44公里，南北宽约34公里，总面积960平方公里，辖16个乡（镇）（其中，诸葛镇、李村镇划归洛阳市）、1个工业区、332个行政村，总人口85万人。偃师市交通发达，陇海铁路、郑西客运专线、连霍高速、二广高速、207国道、310国道在境内交汇成网。该市是全省首批

10个小康达标县（市），全省26个城镇化发展重点县（市）、46个扩权县（市）和第二批对外开放重点县（市）之一。

赵献忠　党组书记
李俊虎　党组副书记、局长
陈菊红　党组副书记、副局长（女）
李　磊　党组成员、副局长
关新生　党组成员、副局长
徐长青　党组成员、副局长
王建华　党组成员、副局长
李宏普　党组成员、纪检组长
李新社　党组成员
任灿章　党组成员
白　涛　党组成员

赵献忠简介：汉族，大专学历，河南省偃师市人，中共党员。1980年12月～1982年3月，在豫西师范任教师；1982年3月～1983年10月，在偃师高中任教师；1983年10～1984年7月，担任偃师县物资局副局长；1984年7月～1986年12月，担任偃师县物资总站副站长；1986年12月～1988年7月，担任偃师县物资总站党组成员、副站长；1988年7月～1990年8月，担任偃师县物资总站党组成员、副站长兼煤炭公司经理；1990年8月～1990年11月，担任偃师县物资总站党组成员、副站长；1990年11月～1992年9月，任陆浑灌渠偃师县管理局副局长、党组副书记；1992年9月～1999年9月，任中共偃师市庞村镇党委书记；1999年9月～2002年9月，任偃师市土地规划管理局局长；2002年9月～2005年9月，任偃师市国土资源和城市规划局局长；2005年9月～2008年6月，任偃师市国土资源局局长、党组书记；2008年6月～2008年9月，任偃师市国土资源局局长、党组书记（副处级）；2008年9月至今，任偃师市国土资源局党组书记（副处级）。

李俊虎简介：汉族，大专学历，河南省偃师市人，中共党员。1980年9月～1983年12月，在偃师县南蔡庄乡一中任教师；1983年12月～1987年7月，在偃师县南蔡庄乡政府任副乡长；1987年7月～1990年12月，担任偃师县城建局办公室主任；1990年12月～1992年4月，担任偃师市土地规划管理局机关支部书记；1992年4月～1999年12月，担任偃师市土地规划管理局党组成员；1999年12月～2001年11月，担任偃师市土地规划管理局纪检组长；2001年11月～2002年8月，担任偃师市国土资源和城市规划局副局长；2002年8月～2004年4月，担任偃师市国土资源和城市规划局副局长、城市开发中心主任（正科级）；2004年4月～2005年9月，担任偃师市国土资源局党组成员、副局长（正科级）；2005年9月～2008年9月，任偃师市国土资源局党组副书记、副局长（正科级）；2008年9月至今，任偃师市国土资源局党组副书记、局长。

【机构设置】2009年底，有职工326人。偃师市国土资源局机关设办公室、人事科、行政科、财务科、宣教科、总师室、纪检监察室、制证室、地籍科、信访科、耕保科、重点办、规划科、乡镇用地科、土地利用科15个科（室）；设土地监察大队、矿管处、测绘队、地产交易中心、地价评估所、土地整理中心、土地整理开发公司、土地储备中心、偃师饭店等10个直属事业单位；全市设山化、邙岭、首阳山、岳滩、顾县、缑氏、府店、高龙、庞村、寇店、城关、大口、翟镇、佃庄、工业区、李村、诸葛17个国土资源所。

【土地资源】截至2009年底，偃师市土地总面积94561.96公顷。其中，耕地面积53318.74公顷，园林面积761.30公顷，林地面积5913.08公顷，草地面积7638.73公顷，城镇村及工矿用地面积14915.54公顷，交通运输用地面积2417.68公顷，水域及水利设施用地面积5223.59公顷，其他土地面积4373.30公顷。

【耕地保护】2009年，偃师市基本农田保护面积持续稳定在48852公顷以上；耕地保护面积稳定在53640.72公顷以上；做好2009年城市建设用地及乡镇建设用地补充耕地工作。依法保障重点项目建设，偃师—洛阳—洛宁快速通道（偃师段）建设项目，本地补充耕地341.6307公顷，补划基本农田103.3688公顷，实现了耕地占补平衡，保障了全市耕地和基本农田保护面积不减少、质量不降低。

【建设用地管理】2009年，共上报省政府、市政府建设审批建设用地7个批次，用地面积1744.6395亩。其中，上报省政府征收报件3个批次，面积437.9085亩；上报洛阳市政府农转报件4批次，面积1306.731亩。

【土地利用总体规划修编】成立了规划修编领导小组，组织专业队伍，开展基础资料调查，收集相关规划资料，有针对性地组织专题研究。偃师市土地利用总体规划已通过省政府批准，乡级土地利用总体规划正在上报洛阳市审批。本次规划修编上级下达的指标为：到2020年，全市保有耕地50937.46公顷（其中，基本农田45625.12公顷），建设用地总规模19296.54公顷（新增建设用地4008.32公顷）。本轮规划修编坚持严格保护土地资源，保障科学发展用地，高效集约利用土地的“两保一高”要求，使全市建设用地、耕地、未利用地规模和布局更加合理，基本农田保护面积不减少，质量有提高。规划后城区将形成三大组团，其中老城组团规模为17.11平方公里，岳滩组团规模为5.03平方公里，顾县组团规模为2.05平方公里，通过统筹兼顾、节约挖潜等措施，基本保障了偃师市科学发展的用地需求。

【国有土地使用权出让】2009年，挂牌出让国有建设用地使用权10宗（工业用地7宗、住宅用地2宗，商业用地1宗），面积624.495亩，收取出让金5097.1522万元。对涉及企业改制的普天黄河摩托车厂的73.04亩国有划拨土地使用权，以拍卖方式进行处置，拍卖成交价8034.4万元，进一步显示了土地区域价值，防止了国有资产的流失。按照《划拨用地目录》及《廉租住房保障办法》的有关规定，划拨供地2宗，面积108.332亩，其中，8681部队营房扩建79.132亩、廉租房用地29.2亩。

【土地节约集约利用】2009年，坚持节约集约用地，深入开展清理存量建设用地工作，摸清存量建设用地家底，积极盘活存量土地。2009年，收回破产企业1宗，面积48692.52平方米。为合理利用土地，充分提高土地资产价值，偃师市对该宗国有土地使用权依法进行收回，并以拍卖方式出让，出让价款8034.4万元，有效地防止了国有资产的流失，实现了国有土地资产收益最大化。

【土地开发整理】2009年，竣工验收1个国投土地整理项目，开工1个国投土地整理项目。国投诸葛镇土地整理项目区总规模517.32公顷，预算总投资1349万元，2009年2月，通过验收。项目区新增耕地69.58公顷，耕地面积增加率13.45%，形成高稳产田510.51公顷。国投高龙镇等两个乡镇土地整理项目总规模1285.39公顷，项目总投资为3192.74万元。项目于2009年9月1日开工建设，计划于2010年5月全部完工。项目完成后，可增加有效耕地面积39.27公顷，新增耕地率3.06%，形成高产稳产田1209.37公顷。

【土地收购储备】2009年4月，偃师市土地储备中心成立，核定人员5名，经费形式为自收自支，隶属偃师市国土资源局领导。主要职责是贯彻落实有关法律和规定，做好全市建设用地前期储备和基础开发工作。中心成立后，积极开展土地储备工作，2009年，共征收储备土地2宗，面积673亩，有效的保障了偃师市经济发展的用地需求。

【地籍管理】2009年，认真贯彻实施《土地登记办法》，建立土地登记人员责任追究制度，严格依法依规进行土地登记。按照《河南省城镇地籍更新调查技术规程》，完成了城镇16平方公里范围内各用地单位的土地使用权属、界址线、面积、用途和位置等工作，目前正进行数据库建设。规范和加强农村宅基地管理，制定了《关于进一步加强农村宅基地管理的通知》，严格控制农民建住宅占用耕地，正确引导农村居民集约节约用地、依法合理利用土地，遏制违法占用宅基地行为。为促进农民进城定居，制定了《2009年推进城乡一体化工作方案》。按照《偃师市农村宅基地流转管理办法》，积极为农村宅基地流转提供便利条件，加快推进城乡一体化的进程。

【第二次全国土地调查】2009年，认真贯彻落实国土资源部关于开展第二次全国土地调查的工作部署。一是全面完成农村土地调查，建立了国家统一标准的农村土地利用现状数据库。二是完成基本农田调查上图工作。共划定基本农田45631.1公顷，保证基本农田布局集中稳定，数量不减少、耕地比例和质量有提高。三是完成2009年度统一时点更新调查工作。四是开展了农村土地确权登记工作。充分利用第二次调查成果，加快推进集体土地所有权、集体建设用地使用权的登记发证工作。

【矿产资源】2009年，偃师矿产资源丰富，已发现有煤、铝土矿、耐火粘土、花岗岩、硅石等矿产23种，产地64处。可分为5类：①燃料矿产。煤是偃师最为优势的矿产资源之一。境内有4个井田，累计探明储量45438.1万吨，煤层位稳定、厚度大、煤质好。②金属矿产。铁矿，矿点4处，不具工业意义，仅可供民采。铝土矿及伴生镓矿、钛矿，铝土矿是偃师的优势矿产之一，研究程度较高，并探明有丰富的高级储量，可供矿山设计利用。铝土矿与耐火粘土矿、铁矿共生，并伴生有镓矿和钛矿，具有十分重要的工业意义，累计探明储量5429.8万吨。③冶金辅助原料矿。耐火粘土矿，常与铝土矿、山西式铁矿共生，累计探明储量144.06万吨。熔剂灰岩和铝氧灰岩，探明铝氧灰岩储量169.93万吨，熔剂灰岩储量145.89万吨。白云岩，是偃师的一大潜在优势矿产，远景储量较为丰富。④建筑材料及其他非金属矿产，其中，水泥灰岩是偃师的一大潜在优势矿产，远景储量丰富。⑤地下水、热水泉和矿泉水。

【采矿权管理】2009年，加强持证矿山资源储量库信息的建设，完善网上采矿许可证配号工作，做好矿产资源招、拍、挂采矿权的有偿出让；和上级矿业协会及时沟通，与资源评审委员会共同搞好矿山企业开发利用方案和储量报告评审工作。

【地质勘查管理】2009年，按照省国土资源厅和洛阳市国土资源局工作要求，认真做好地质勘查单位的登记、备案，积极协助勘查单位进行实地勘查，全面收集有关资料，及时向洛阳市国土资源局及省国土资源厅进行汇报。

【地质环境治理】2009年，偃师市国土资源局积极向省国土资源厅争取新地质环境治理项目，不断加强对已实施项目的管理。2009年11月3日，洛阳市国土资源局、洛阳市财政局组成联合验收组对《偃师市夹沟——焦村矿区矿山地质环境治理》项目进行检查验收，验收组认为该项目完成了设计工程量，质量合格，通过初步验收，同意上报洛阳市国土资源局统一组织地质环境类项目最终验收。该工程的实施，改善了矿区地质环境和土地耕种条件，水利工程的修复土地平整，使村庄浇灌农田更加便利。

【地质灾害防治】2009年，全面加强地质灾害防治工作，不断提升灾害突发性事件的应急处置能力。成立地质灾害防治工作领导小组，出台了《全市地质灾害防治管理办法》及其实施方案，建立了汛期值班和灾害信息动态速报制度，组成了100人的突发应急分队，购置防灾物资和工具。与气象部门、新闻媒体建立协作机制，利用广播电台，电视媒体及时向公众发布预警信息。定期对全市的重大隐患点进行巡查，对煤矿和大型矿山重点区域加强观测，记录变化动态。积极宣传防灾避险的科学知识，全年共宣传20余次。落实各项工作措施，在重点区域埋设警示牌45个；向群众发放明白卡、避险明白卡；深入实地检查督促整改，落实乡镇政府和国土所的防灾值班制度，查看通讯状况、报警器材、避险路线、避险场地的使用情况，保护好人民群众的生命财产安全不受损失。

【矿业秩序整顿】2009年，全面开展矿业秩序整顿，充分发挥县、乡、村三级联动面向，确保信息畅通。建立长效机制，切实做好矿山巡查工作，节假日期间坚持对铝土矿区进行巡查，对重点地段加强检查，设专人严看死守，坚决遏制私挖乱采现象的发生。2009年共计巡查82次，确保了全市矿业秩序的稳定。

【测绘管理】2009年，偃师市全年测绘土地面积976.91公顷，上报土地面积592.13公顷，编制勘测定界报告312份；其中，乡镇用地16批、192宗、共354.79公顷；建设用地18批、60宗、237.34公顷；伊洛工业园区2批、14宗、42.34公顷。加大我国《测绘法》宣传力度，《测绘法》宣传日悬挂横幅5条，设立宣传咨询台4个，制作宣传展板8块，散发宣传材料1000余份，接受咨询人数超过千人，普法宣传效果明显。

【执法监察】2009年，建立执法监察长效机制，坚持动态巡查和定期检查相结合，积极推进土地协管员队伍建设，开通了12336土地违法举报电话，严格依法查处各类土地违法行为。积极做好省第二次卫星遥感执法监察工作，对涉及辖区范围内41个图斑，1867.06亩土地进行了调查，按照要求对每一宗地的基本情况进行实地核查、拍照、测量，新增建设用地33宗，面积1317.1亩(耕地63.1亩)。2009年查处违法用地13宗，面积116.4亩(耕地63.1亩)，通过严厉查处，有力地打击了土地违法行为。

【信访工作】2009年，按照“分级负责、归口办理”和“谁主管、谁负责”的原则，实行包乡包案责任制，严格落实信访工作责任制、奖惩制和错案追究制，建立和完善县、乡、村三级信访联动网络体系和会审制度，确保信访渠道畅通。全年共处理上级批转案件和受理各类土地权属纠纷196起，其中京访4起，省国土厅洛阳市批转20起，市人大纠风办批转34起，调解土地权属纠纷21起，法院应诉4起，均按期上报查处结果；协助乡镇处理53起，接待群众来访659人（次）。

【国土资源警察队伍建设】2009年，在国土执法监察工作中，国土资源警察大队严格贯彻执行国家法律法规，不断创新工作思路和工作方法，加强队伍建设，完善工作机制，积极开展国土资源执法工作，有效地解决了国土执法监察取证难、执法难、执行难的问题。全力配合矿山治理和土地监察工作，参与取缔砖瓦窑和封填非法铝石井的执法活动，共出动警力380余人（次），查扣矿石数百吨和大量非法采矿设施，先后制止或拆除违法占地10多起，起到了威慑作用，有效地遏制了违法占地、非法采矿势头的蔓延。

【乡所建设】2009年，加大对乡镇国土资源所的责任目标考核和业务指导，大力加强乡所建设，认真制定乡所建设规划。为乡所配备了车辆、办公桌、文件柜等，积极改善办公条件。并从机关抽调10余名业务骨干到基层乡所工作，充实队伍力量。组织乡所人员培训6次，提高了队伍综合素质。进一步建立完善了村级协管员队伍，搞好学习培训，发挥积极作用。偃师市高龙镇国土资源所被省纠风办评为群众最满意的基层站所。

【信息化工作】2009年，加大资金技术投入，积极推进县级国土资源网络中心、数据中心、电子政务中心建设工程。建成一个中心机房，按有关要求做好了内、外网的物理隔离。实现与国土资源主干网全面对接，完善信息化基础设施建设，架设网络办公系统，完成门户网站改版更新，网络信息化建设成效卓著。

【政务公开及窗口办文】2009年，建立和完善政务公开制度，公开工作职责，内设机构，办事流程，工作时限等内容，公布网上服务，查询，举报，信访等联系方式，确保信息公开，使信访举报、反映问题和咨询的快速方便。入驻我市行政中心设立服务窗口办理业务，设立行政事业性收费标准公示栏，制定《行政审批项目办理规程》，对办件的受理、承办科室的办理、会审审批、收费、办证件的发放等各个程序进行严格的监督管理，落实责任追究。2009年，窗口共办理承诺件488件，打造了“责任、阳光、高效、廉政”的国土资源形象。

（李晓峰　郭亚鹏）

孟津县国土资源局

孟津县位于河南省西部偏北，居黄河中下游交界处，属洛阳市辖县。介于东经112°12′～112°49′和北纬34°43′～34°57′之间。东西长55.5公里，南北宽26.9公里，面积758.7平方公里。县城距省会郑州134公里，距洛阳市区10公里。县域东连偃师市、巩义市；南依洛阳市市区；西临新安县；北与济源市、吉利区、孟县相接。原名“盟津”，是古代洛阳东北黄河上的重要渡口，是以周武王伐纣在此与诸侯歃血为盟命名的。孟为盟的谐音，金代在孟津渡南口置孟津县。全县辖9镇、1乡，228个行政村，总人口46万人，基本地形地貌概括为“三山六陵一分川”。黄河东西横穿县域，经小浪底、白鹤、会盟3个乡（镇），流程59公里。孟津县国土资源局位于孟津县城会盟路东段，成立于2004年，是“省级文明单位”之一。2009年，该局先后被国土资源部授予乡镇村干部国土资源法律知识培训先进单位，被省国土资源厅授予信访工作先进单位，被市政府授予国土资源管理工作先进单位、被市国土资源局评为执法监察工作先进单位，被县委、县政府评为绩效考核、支持经济发展、招商引资等项工作先进单位。

郭　川　党组书记、局长
杨守文　党组成员、副局长（2009年9月前）
李玉良　党组成员、副局长（2009年9月前）
郭　恒　党组成员、副局长
王公平　党组成员、副局长
董　强　党组成员、副局长（2009年9月前纪检组长）
刘小鹏　党组成员、副局长（2009年9月起）
吴新强　党组成员、纪检组长(2009年9月起)

郭川简介：孟津县城关镇人，汉族，中共党员。1975年9月～1976年12月，在孟津县会盟镇马庄村插队；1976年12月～1980年1月，在部队服役；1980年3月～1988年7月，在孟津县人民检察院工作；1988年7月～1991年5月，在孟津县白鹤镇担任党委委员、副镇长；1992年11月～1999年9月，在孟津县经济贸易委员会担任副主任；1999年9月～2001年12月，在孟津县朝阳镇担任镇长；2001年12月～2004年3月，在孟津县小浪底镇担任党委书记；2004年3月至今，任孟津县国土资源局党组书记、局长。

【机构设置】孟津县国土资源局是主管全县国土资源、矿产资源和测绘管理的县政府工作部门。全局现有干部职工201人，其中，退休人员11人。县局机关编制12人，实有29人。机关内设办公室、目标督查室、机关服务中心、用地股、耕保规划股、土地利用股、地政地籍股、测绘农宅股、政策法规监察股、矿产资源管理股10个股（室）；下辖7个二级机构，分别为监察大队、土地开发整理中心、土地储备中心、地产交易中心、矿业发展中心、地价评估所、桂花公园，编制82人，实有131人。派出城关、平乐、会盟、朝阳、白鹤、小浪底、常袋、横水、麻屯、送庄10个国土资源所，全部为财政全供事业单位，编制30人，实有30人。

【土地资源】孟津县行政辖区总面积733.33平方公里。其中，耕地面积56.28万亩，占51.72%，基本农田51.78万亩，人均耕地1.24亩；林地4.41万亩，占4.01%；园地1.84万亩，占1.67%；其他农用地13.11万亩，占11.93%。居民点及独立工矿用地15.33万亩，占13.95%；交通运输用地1.31万亩，占1.20%；水利设施用地1.48万亩，占1.34%；未利用地7.42万亩，占6.74%；其他土地8.18万亩，占7.44%。

【耕地保护】为切实保护好51.78万亩基本农田，以签订责任状的形式全面落实到乡、村、乡、户与地块，明确责任人、保护范围、保护措施和保护责任，共签订基本农田保护责任状8.6万份，设立600余块永久性基本农田保护标志牌，并在洛三高速公路下道口和孟津县城入口处设立大型宣传广告牌2块，在全县10个乡镇主干道、人口聚集区等显要位置刷写保护标语200余条，同时利用“4·22”地球日和“6·25”土地日采取发放宣传资料、悬挂宣传横幅、播出专题片、开展“国土杯”杯知识竞赛等形式加大基本农田保护力度。2009年，上报补充案耕储备项目一个，面积4284.369亩，有力保障了项目建设对外补充耕地的需求。全年实施补充耕地3782.987亩，实现了县域内耕地总量动态平衡。

【建设用地管理】2009年，上报建设用地11个批次，面积2100余亩；依法供应国有、集体土地157宗，面积3960亩，收缴土地出让金1.5亿元，争取上级无偿资金3866万元，占目标任务的386%。

【土地利用总体规划修编】按照“龙头带动，产业聚集，集中连片，集约节约，功能完善，资源共享”的工作思路，在确保全县耕地和基本农田数量不减少、质量不降低的前提下，重点保障了城市和工业发展用地，规划了华阳、空港两个工业聚集区。统筹兼顾了小城镇、交通、教育、卫生、住宅、新农村建设、旅游等各类建设用地。县土地利用总体规划修编大纲一次性通过河南省、洛阳市评审，顺利通过省政府批准。乡（镇）级土地利用总体规划率先在全市完成。

【国有土地使用权出让】共办理国有建设用地使用权挂牌出让32宗，成交面积2257.7亩，成交额1.5亿元。

【土地节约集约利用】盘活存量建设用地656亩，其中，批而未供土地491亩，先后对20余家闲置企业下发闲置土地认证通知书、听证通知书，依法进行收回，从源头上控制粗放用地。

【土地开发整理】申报实施土地整理项目4个，其中，国家级朝阳镇土地整理项目、孟津县西南部土地整理项目主体工程已基本完工，整理改良耕地1.8万余亩，新增耕地1480亩；麻屯镇土地整理项目开工建设，平乐等2个镇土地整理项目已通过市局评审，为农村经济发展和农民致富增收奠定了坚实基础。

【土地储备】全县共储备土地15块，面积900余亩。对已批未供未用土地、闲置土地、破产倒闭的国有、集体企业进行全面调查摸底，引导招商引资项目充分予以利用，切实保障了县城建设发展的用地需求。

【地籍管理】办理国有土地使用权登记发证92宗，集体建设用地使用权登记发证43宗，集体宅基地使用权登记发证1160宗。向全县10个乡镇228个行政村下发了《关于进一步加强农村宅基地管理的通知》、《孟津县农村宅基地审批程序》，进一步规范了农村宅基地审批、管理工作。全面完成了2009年度土地变更记录表的填写、上图、复核及上报工作，变更土地27宗，变更图斑27个。

【第二次全国土地调查】积极开展第二次全国土地调查，共确定全县土地调查面积为734平方公里，共完成布设测量控制点120个，其中，D级GPS点44个，E级GPS点76个，测量界址点5000余个，签订权属界线协议书和权属界线核实证明书920份，县界接边行程168公里，第二次全国土地调查工作成果数据一次通过国家核查，在全省率先完成第二次全国土地调查数据库建设，完成全县10个乡镇的疑问图斑复核工作。2009年3月，本县第二次调查成果数据在全省率先通过国家技术核查，并受到省政府二次调查领导小组通报表彰。2009年5月，全省二次土地调查现场会在孟津召开，孟津作了典型发言及幻灯演示，省二次调查办将“孟津经验”在全省进行了推广，2009年9月,完成二调资料复核上报。

【地产交易】共办理国有土地使用权抵押贷款18宗，抵押金额1.4亿元；办理集体建设用地使用权流转3宗，流转面积16.72亩；国有土地使用权转让2宗，转让面积8.49亩；征收土地收益金3.36万元。

【国土资源警察队伍】孟津县公安局国土资源警察大队，编制配备干警3名，警车1辆。2009年，共出警77次，配合查处土地违法行为61次，刑事拘留2人，有效地保障了国土资源执法监察工作的顺利开展。

【矿产资源】地质找矿取得新突破，发现新义井田普查区内基础储量约5亿吨的大型矿体一处，孟津县城西南部煤预查项目、王良煤预查项目已立项并已开始实施。

【采矿权管理】矿产资源规划编制基本完成。全县矿山企业采矿秩序规范有序，采矿权全部公开挂牌出让，矿产资源补偿费及时足额收缴。

【地质灾害防治】深入开展了群测群防“十有县”建设，编制完成了《地质灾害防治规划》、《矿山地质环境治理规划》，建立了群防群治体系，加强对地质灾害隐患的排查，先后对6处地质灾害隐患点采取防治措施，确保了全年地质灾害事故零发生。

【测绘管理】建立测绘测量标志保护制度，签订测量标志保护责任书，制作测量保护标志界桩25个，全县17个D级GPS测量标志点、8个二等水准点得到有效保护。

【乡所建设】10个基层国土资源所已有8个独立办公。每个乡所均配备公务用车一辆，电脑两台，打印复印一体机一台，照像机一部，GPRS仪器一部，为基层国土资源工作创造了良好的工作、生活环境。

【执法监察】有效制止国土资源违法违规行为50余起，面积100余亩，其中，强制拆除违法用地40余起，拆除建筑面积600余平方米，切实保护了耕地和矿产资源，全县耕地和基本农田连年实现了动态平衡。县耕地保护工作代表洛阳市顺利通过国家国土资源部、财政部、农业部三部委检查验收。全县矿产资源开发利用规范有序，特别是巩固深化粘土砖瓦窑厂治理整顿工作成效显著。全县所有新型墙体企业手续齐全，未发生一起以新型墙材为名生产粘土砖行为，被洛阳市国土资源局评为执法监察工作先进单位。

【来信来访】实行领导接待日等制度，畅通信访渠道，实行不稳定因素周报告制度、领导包案制度，切实将不稳定因素化解在基层，全年共接待来人来访99批226人（次），来信来电165件，立案133起，结案129起，按期结案率为100%，被省国土资源厅授予信访工作先进单位。

（周　游）

伊川县国土资源局

伊川县位于河南省西部，距省会郑州市152公里，北连洛阳市，南接嵩县境，东与登封比邻，西与宜阳县搭界，东北与偃师市相交，东南与汝阳县相接。全县跨越北纬34°13′～34°33′，东经112°12′～112°46′，东西长50.7公里，南北宽34.5公里，总面积1059.45平方公里。伊川县隶属洛阳市管辖，辖城关、彭婆、鸣皋、水寨、白沙、江左、高山7个镇以及平等、白元、葛寨、鸦岭、半坡、酒后、吕店7个乡，369个行政村，总人口72万余人，人均耕地1.3亩。

党书卿　党委书记、局长
张积学　党委委员、副局长（正科）
杜群渊　党委委员、副局长（正科）
赵贵星　党委委员、副局长（正科）
李生秦　党委委员、副局长（正科）(女)
周红钦　党委委员、副局长（正科）
郭松喜　党委委员、副局长
侯金木　党委委员、纪检组长

党书卿简历：伊川县吕店乡人，1960年3月出生，中共党员，汉族，本科学历。1978年12月参加工作，先后任伊川县高山乡乡长、农机局局长、林业局局长、建设局局长。2008年8月至今，任伊川县国土资源局党委书记、局长。

【机构设置】伊川县国土资源局设办公室、党委办公室、人事教育科、财务科、纪检监察室、法规监察科、信访科、建设用地科、耕地保护科、地政地籍科、土地利用科、规划科、测绘科、矿产开发科、资源与环境科、档案科、窗口办、女工办18个科（室）；2009年3月，成立安全监督科、绩效考核办公室、工会办公室3个科（室）。二级机构有土地监察大队、矿产稽查大队、土地储备中心、地产交易中心、土地整理中心（2009年3月独立）、冶金管理所（2009年9月29日重新履行职能）6个单位。辖城关、鸦岭、高山、平等、鸣皋、酒后、白沙、半坡、江左、白元、水寨、吕店、葛寨、彭婆14个国土资源所以及城关、彭婆、白沙、高山、半坡5个矿管站。截至2009年12月31日，伊川县国土资源局有干部职工381人。

【土地资源】伊川县周围环山，伊河纵穿南北。总的地势是东西高、中间低，坡岭逐渐向伊河倾斜。海拔为154～937.3米，相对高度783.3米。海拔250米以下的河川区，占全县总面积的13.44%；海拔在500米以上的浅山区占全县总面积的22.2%；海拔为250～500米的丘陵区，占全县总面积的64.36%，即“一川二山七分岭”。浅山区主要分布在县境南部、东部和北部。绝对高度一般为350～937米，相对高度587.3米。最高的祖师山海拔937.3米，九皋山海拔930.6米。全县山地面积27600公顷。浅山区由于侵蚀作用强烈，山高坡陡，山上土层浅薄，有的地方岩石裸露，只有山坳或缓坡地带土层较厚。全县丘陵面积80000公顷，分布在伊河东西两边的东岭区和西岭区。绝大部分为“农业土壤”，由于侵蚀作用强烈，形成了沟壑纵横的地貌特征。切割较深，沟谷一般狭窄，多呈“V”型谷，沟深谷陡。西岭侵蚀强度比东岭更重。河川区主要分布在伊河及其支流顺阳河、银河和白泽河沿岸。包括城关、平等、鸣皋、酒后、葛寨、白元、白沙、水寨、彭婆5镇4乡的部分地区，共16700公顷。该区地势平坦，土地肥沃，地下水位较浅，渠道纵横，排灌方便，土层深厚肥沃，是伊川县的主要产粮区。2009年12月31日，根据伊川县第二次土地调查数据，伊川县耕地面积60600.61公顷，园地面积898.47公顷，林地面积3426.08公顷，草地2646.04公顷，城镇村及独立工矿用地14184.11公顷，交通运输用地2949.35公顷，水域及水利设施用地3547.96公顷，其他土地17692.13公顷。

【耕地保护】全县基本农田保护面积始终保持在57115.37公顷以上。在全县范围内划定基本农田保护区369个，基本农田保护块2247个，设置保护标志478个；完善基本农田档案资料，制作基本农田保护块统计表和汇总表300余份，同时还制作乡村基本农田保护牌300余个，编制乡村基本农田保护图400余张，做到责任人、面积、四至明确；县与乡（镇），乡（镇）与村民委员会、村民委员会与小组、小组与个人分别签订目标管理责任书，落实基本农田保护面积，明确各级对基本农田保护的责任；以伊川县政府名义下发了《耕地保护责任目标考核办法》，明确各乡（镇）长为耕地保护第一责任人；2009年，开发补充耕地储备455.5207公顷，为洛栾高速路、西气东输、鼎胜集团等建设项目做耕地占补平衡314.8627公顷，异地补充耕地24.896公顷，做到占补耕地略有盈余。

【建设用地管理】2009年，按照国家、河南省、洛阳市有关“扩内需，保增长，带动投资”的政策，积极做好用地服务。全年组织报件6个，面积5154.68亩。其中，乡镇批次4个，面积1267.28亩，已获批准(河南省人民政府批准3个批次，面积1176.05亩；洛阳市人民政府农转批准1个，面积91.23亩)；城乡挂钩试点项目1个，面积233.88亩(已获河南省人民政府批准)；洛栾高速公路(伊川段)项目，面积3653.52亩。2008年，报件2009年批复3个，面积978.79亩。保障了世纪新源集团多晶硅、伊电集团高精度连铸连轧板带箔、伊龙集团铝型材、鼎胜集团高精度铝板材、洛栾高速公路、西气东输（伊川段）等多项重点建设项目的用地需求。

【规划管理】2009年，严格执行伊川县土地利用总体规划和土地利用年度计划，依法预审了伊川县廉租房、洛栾高速路（伊川段）等建设项目、并调整了局部土地利用总体规划；以新一轮土地利用总体规划修编为契机，划定以伊河为界，东西对应发展的伊川县“一区两园”的发展框架。按照“三集中”原则，积极引导大型工业项目向工业园区集中，个体企业向小城镇规划集中，农民住宅向小城镇集中和中心村集中，确保各类用地符合国家土地管理政策。2009年，引导杭州鼎胜、世纪新源等11个招商引资项目入驻产业聚集区或工业园区。

【土地利用总体规划修编】 2009年3月29日,伊川县人民政府召开伊川县土地利用总体规划修编动员会,制定下发《关于印发伊川县土地利用总体规划修编工作方案的通知》(伊政〔2009〕3号)。《通知》明确成立由县长任组长,常务副县长、分管副县长任副组长,国土、发改、财政、建设等部门及各乡镇负责人为成员的土地利用总体规划修编工作领导小组。按照河南省国土资源厅、洛阳市国土资源局的要求,伊川县国土资源局会同有关部门详细调查、充分论证、科学布局、合理分配建设用地、农用地、未利用地的空间,科学谋划伊川县“一区两园”的发展框架(即伊川县产业集聚区分东西两园,总面积8.719平方公里。其中西园,南北长约2.8公里,东西平均宽约0.9公里,规划建设面积2.472平方公里,包括城关镇董村、罗村、张庄、李疙瘩等行政村的部分土地;东园,东西长约5.1公里,南北平均宽约1.2公里,规划建设面积6.247平方公里,包括水寨镇乐志沟、上天院、白沙镇下天院、朱岭和常岭等行政村部分土地),使规划修编工作更具有前瞻性和严肃性,为伊川县未来社会经济的发展留足空间。2009年12月,伊川县土地利用总体规划(2006—2020年)顺利通过河南省人民政府的审批,成为河南省人民政府首批通过审批的2县之一;伊川县乡级土地利用总体规划(2006—2020年)审批资料已上报洛阳市国土资源局;按照国家、河南省、洛阳市有关矿产资源规划修编的要求,以科学发展观为指导,认真编制伊川县新一轮矿产资源规划,截至12月31日,伊川县矿产资源规划修编文本(初稿)已上报洛阳市国土资源局。

【地籍管理】 2009年,完成日常土地登记发226宗,其中,集体土地登记200宗,国有土地登记26宗(城镇住房分割证登记160宗,抵押登记28宗)。

【第二次全国土地调查】 2009年4月16日,伊川县第二次土地调查完成农村外业调查工作,矢量图幅62幅,图斑22478个,面积1058.41平方公里;2009年5月26日~6月2日,国家第二次土地调查办公室委托北京地星伟业数码科技有限公司对伊川县第二次土地调查外业调查工作进行复查,复查外业图斑340个,经过图纸与实地对照,全面通过复查;2009年10月18日,国家第二次土地调查办公室委托江苏省测绘院对伊川县第二次土地调查工作进行核查,核查图斑120个,准确率100%,顺利通过国家第二次土地调查办公室核查;12月6日,伊川县第二次土地调查完成基本农田上图工作,使基本农田分布情况与伊川县第二次土地调查成果相融合;12月31日,根据伊川县第二次土地调查数据 伊川县耕地面积60307.62公顷,园地面积898.47公顷,林地面积3426.07公顷,草地2647.17公顷,城镇村及独立工矿用地14090.49公顷,交通运输用地2949.34公顷,水域及水利设施用地3547.69公顷,其他土地18077.90公顷。

【国有土地资产管理】 严格控制建设用地供应总量,努力实现土地资产价值,提高土地资源利用效率,加强闲置土地处置力度,坚持土地集中统一管理;严格执行国有土地有偿使用制度,除廉租房、经济适用房,公共设施等符合划拨的,其它建设使用土地一律采取招投标方式公开出让;加强国有土地使用权转让管理,国有土地使用权要依法公开交易,杜绝隐形交易,国有土地使用权转让要在有形土地市场公开进行,依法办理土地登记;加强地价管理,按照河南省国土资源厅、洛阳市国土资源局有关城镇基准地价更新工作的安排部署,对全县14个乡(镇)的建成区土地利用情况进行的调查,并按照有关法律法规更新了城镇基准地价,2009年11月,伊川县城镇基准地价更新工作顺利通过河南省国土资源厅和洛阳市国土资源局的联合验收。

【国有建设用地供应】 2009年,按照“公开、公平、公正”的交易原则,依法依规进行国有建设用地供应7宗(包括3宗属划拨用地),面积416.17亩,出让土地价款3467万元。特别是2009年1月,在原伊川县阳春酒厂公开出让中,该宗地面积16.4亩,土地用途为居住用地,出让年限70年,以1900万元成交,每亩土地价格达116万元,创下伊川县公开出让国有土地使用权价格的新高。

【土地节约集约利用】 积极推广标准化厂房建设,按照“政府推动,业主开发,市场运作”的方式,划定并明确在伊川县产业集聚区范围内的所有建设项目,一律实行标准化厂房建设,从源头上节约集约利用土地。2009年,自筹自建标准化厂房18.35万平方米;深化内部挖潜,盘活存量土地。

2009年，盘活低效利用土地13宗，面积649.74亩；加大城中村改造步伐，向空中要土地资源。2009年，实施了城关镇北府店村旧村改造、原伊川县阳春酒厂的可可居高层住宅、原杜康大酒店的大张胜德美超市、西场烧烤城的高层住宅等建设项目，不但节约集约了土地资源，而且也改善了居住条件、完善了城市功能、提升了城市品位。

【土地收购储备】2009年，根据《国土资源部、财政部、中国人民银行关于印发〈土地储备管理办法〉的通知》（国土资发〔2007〕277号）及《关于进一步加强和规范县城规划区土地管理的通知》（伊政〔2008〕23号）的精神，严格履行职能。2008年报件2009年批复3宗，分别是彭婆镇朱村工业集聚区523.77亩、水寨镇左寨村多晶硅产业152.43亩、伊川县“五统一”项目302亩。2009年，组织上报伊川县廉租房、小庄铝板材项目用地报件。

【土地开发整理】2009年3月10日，国家投资1429万元、规划总面积681.40公顷的伊川县酒后乡土地整理项目开工建设。11月13日工程完工，12月21日，通过洛阳市国土资源局初审；9月29日，伊川县白沙乡土地整理项目（2007年，新增建设用地有偿使用费项目，规划总面积106.41公顷，总投资为421.46万元）和吕店乡土地整理项目（2007年度新增建设用地有偿使用费项目，规划总面积171.9公顷，总投资442.58万元）开工建设。截至12月31日，两项目完成土地平整、水利设施、道路等工程，占工程总量的60%；新申报彭婆吕店土地整理项目1个，该项目拟投资962万元，规划面积466.67公顷，建设区域为彭婆镇槐庄村、吕店乡马河湾村，初步规划设计及预算已通过洛阳市国土资源局审批；2009年12月16日，国家投资伊川鸣皋镇、葛寨乡土地整理项目通过河南省国土资源厅终验。

【执法监察】2009年1月，根据国土资源部15号令要求，报请伊川县委、县政府建立以政府牵头，各乡（镇）政府、县国土资源、发改、建设、规划等17个部门参加的执法共同责任机制；按照洛阳市人民政府的要求，从2009年1月1日起，伊川县国土资源执法监察情况实行乡级政府周报告制度和县级政府月报告制度；3月，伊川县国土资源局制定出台《国土资源依法行政若干规定的通知》，实行违法案件查处统一管理、属地管辖、分级负责制度；明确国土资源所、矿管站、土地监察大队、矿产稽查大队、国土资源警察大队、国土资源巡回法庭在处理国土资源违法案件中职责分工、量化国土资源违法案件的认定标准，规范国土资源执法监察工作程序；4月，经与伊川县检察院沟通协调，检察院在国土资源局设立伊川县工程建设领域预防职务犯罪指导委员会办公室，其主要职责是监督、督促国土资源法律法规执行。至此初步形成公安、检察院、法院、国土资源监察大队联合执法，打击国土资源违法行为保护国土资源的新机制。2009年，查处土地违法案件43宗，收缴罚款100万元，依法申请人民法院强制执行32宗，强制拆除违法土地26宗；立案查处矿产资源违法案件19宗，罚款86万元、发现率、查处率，移交移送率达100%，国土资源违法违规案件按期办结率达92%，全年无重大违法违规占用耕地案件发生。

【来信来访】2009年，严格执行《信访条例》等法律法规，以“以人为本、构建和谐社会”为原则，积极稳妥地做好土地信访工作，缓解了社会矛盾，维护了社会大局稳定。2009年，共接待来信、来访人员320人（次），立案63起，结案60起，办结率达95%，群众满意率达100%；办理京、省、市批转案件5起，办结5起，办结率达100%，群众满意率达100%。

【测绘管理】2009年，伊川县境内实施测绘的伊川县永佳地勘测绘有限公司、伊川县伊苑房地产测绘队、伊川县规划局测绘队三家单位均按要求备案；依法查出、处理3起违法测绘行为；6月，争取革命老区基础测绘扶持项目资金60万元；10月，“数字水寨”测绘项目内外业资料整理完毕，成果提交伊川县国土资源局；“数字城关”10月开始实施；在土地清查和建设用地报批中，先后为电力集团、第二批乡镇建设项目、2009年，第一批补充耕地项目等10项重点项目勘测定界，测量面积718.9公顷，其中，补充耕地测绘面积42.79公顷，土地整理项目526.11公顷，其他150公顷，有效服务了伊川县域经济的发展。

【矿产资源】伊川县矿产资源丰富，已探明的有煤、铝矾土、磷矿石、花岗石、铁矿石、石油、矿泉水等37种矿产资源。其中，煤储量1.8亿吨，铝矾土储量2亿吨，煤炭资源主要分布于半坡、白沙、高山、常川、吕店等乡（镇）境内，总储量18653万吨左右，采出3083万吨，现保有15570万吨。铝矾土资源主要分布于伊川、登封、汝州3个县（市）交界处的白窑至鲁沟一带，地质储量约750万吨。磷矿资源主要位于葛寨乡石梯至酒后乡翟沟一线，估计储量在1000万吨以上。铁矿石地质储量约90万吨。

【采矿权管理】2009年，伊川县国土资源局加强对采矿权（探矿权）的设立、变更、出让、登记、储量、年检的管理。2008年，申请设立采矿权，2009年，批准15个（截至12月31日，其中，6个新设采矿权出让资料已编制完成，现准备按程序出让）；2009年9月，向洛阳市国土资源局申请设立9个采矿权，变更矿区范围2个，2009年12月，全部批准；2009年1月，根据国土资源部、河南省国土资源厅有关矿业权实地核查的工作要求，积极开展矿业权实地核查工作。伊川县有矿业权45个（其中，采矿权41个,探矿权4个）,实测矿业权45个，实测率100%，2009年9月，矿业权实地核查外业工作通过省国土资源厅矿业权实地核查办公室验收通过。截至2009年12月31日，转入室内数据库整理阶段；积极开展储量动态管理工作，全县有29家煤矿和7家非煤矿山参加储量动态管理，占应检90%，合格率95%；积极开展采矿权年检工作，伊川县共有41家采矿权人，应检39家，实检37家，合格35家，合格率为95%。

【地质灾害防治】2009年,划定半坡乡白窑日斗泉自然村地面塌陷区、半坡乡马岭山石门三岔口滑坡区、半坡乡鲁沟村地面塌陷区等15个重点防治区域,切实做好地质灾害防治工作。制定《伊川县突发性地质灾害防治应急预案》及《地质灾害防治方案》，报县政府批准实施。抓好汛期地质灾害巡查，组织矿管站对全县重要隐患地点进行全面排查，建立地质灾害巡查记录，发放防灾避险明白卡5000份、工作明白卡2000份，全县无地质灾害情况发生。4月10日，伊川县宝雨山煤矿矿山地质环境治理项目开工建设，截至12月31日，完成工程量95%；5月22日，国家投资500万元的伊川高山.康坪矿区矿山地质环境治理项目通过河南省国土资源厅专家组验收；2009年,申报地质环境治理项目2个，争取资金550万元，分别是半坡白窑村矿山环境治理项目和葛寨瑶头滑坡区治理项目。

【土地协管员管理】2009年4月，根据河南省国土资源厅、洛阳市国土资源局有关建立村级土地协管员的要求，伊川县国土资源局通过公开招聘的方式，在全县369个行政村每村招聘一名德高望重或有法律意识的村民担任村级土地协管员，签订2年合同，每月补助50元。9月，制定出台《村级国土资源协管员培训制度》、《村级国土资源协管员管理考评制度》、《村级国土资源协管员廉政建设制度》等10项规章制度。11月6～8日，对全县369名村级土地协管员进行了为期3天的国土资源法律法规知识培训，培训内容主要以基层干部群众密切相关的知识为主，通过国情教育、典型案例分析等方法，增强全县村级土地协管员的国土资源法律法规知识水平，提高协助管理水平。12月，顺利通过洛阳市国土资源局的检查验收。

【冶金管理】2003年，伊川县曾在地质矿产煤炭局设立冶金矿山管理办公室，2006年3月，划归伊川县国土资源局，但由于多方面的原因，冶金矿山管理工作没有开展。鉴于当前伊川县冶金矿山管理形势的需要和河南省主管部门的要求，恢复履行冶金矿山管理职能 。根据《河南省铝粘土生产经营行业管理办法》（省政府第48号令）、《河南省铝粘土生产经营行业管理办法实施细则》等文件精神，伊川县国土资源局积极与有关部门沟通协调，报请伊川县委、县政府恢复履行冶金矿山管理职能。7月7日，河南省地税局下发《关于加强铝土矿资源税征收管理的通知》（豫地税缴〔2009〕229号），决定铝土、耐火粘土矿开采单位的资源税自2009年9月1日～2011年12月31日全部委托河南铝土、耐火粘土矿产品批发市场伊川市场管理办公室征收。9月29日，伊川县冶金矿山管理办公室重新挂牌成立，该办公室属于独立法人的事业单位。其主要职责是对全县境内矿产品（除煤炭外）的开采生产和经销运输实行统一管理；做好铝土、粘土矿产品税费征收工作。截至12月31日，伊川县冶金管理办公室召集全县范围内的铝土、耐火粘土矿企业开会2次，突击打击违法行为活动4次，依法征纳矿产品资源税16万元。

【乡所建设】2009年2月，伊川县国土资源局制定出台《关于选派人员驻乡帮助工作的通知》（伊国土〔2009〕16号），从局机关抽调29名工作人员到国土资源所工作，使全县14个乡（镇）国土资源所工作人员增至5名，基本上满足了工作需要；3月，制定出台《关于搞好标准化国土资源所建设的通知》（伊国土〔2009〕26号），按照“统一设计、统一格调、统一建设”的原则，投资200余万元对全县国土资源站所进行改、扩、建工程。12月，全县19个站所全部达到标准化国土资源所的建设标准；4月，制定出台《关于实行局属单位对口帮助乡所工作的通知》（伊国土〔2009〕33号），实行“捆绑式”工作方法，局属24个分包科（室）与14个乡（镇）国土所建立了紧密型工作关系，进一步加强基层国土资源管理力量。2009年2月，伊川县高山国土资源所被洛阳市纠风领导小组授予“2008年度群众满意的基层站所”荣誉称号。

【新农村建设】2009年3月，伊川县天气干旱，伊川县国土资源局筹集资金5000元，购买2台抽水机，抽调10名年富力强的干部职工组成抗旱工作队，分赴所包的鸣皋镇竹园、鸣皋镇董王坡等5个行政村组织抗旱活动；5月，积极响应国家、河南省、洛阳市有关支持村卫生室建设的政策，在职责权限范围内，积极为村卫生室调整使用土地。同时，筹集资金1万元，分别给鸣皋镇董王坡、马良寨村卫生室现金5000元购买医疗仪器；8月，筹资3万元为所包村鸣皋镇韩洼村修通入村路一条；10月，筹集5万元资金支持吕店一中对校区进行改扩建工程。

（侯晓辉）

宜阳县国土资源局

宜阳县位于河南省洛阳市西部，属洛阳市辖县，地理坐标为东经111° 45′ ~112° 26′ ，北纬34° 16′ ~34° 42′ 。东连洛阳，西接洛宁县，南与嵩县、伊川县交界，北与新安县、渑池县为邻。辖6镇、11乡，1个工矿办事处，371个行政村，总人口70万人。有汉、蒙古、回、满、藏、维吾尔、苗、彝、壮、布依、朝鲜、傣、土、侗、白、土家等17个民族，其中，汉族人口占99.8%。宜阳县地处豫西浅山丘陵区，西高东低，南山北岭，洛河自西向东流经全县。宜阳县平均海拔360米，县城海拔195米。全县地貌特征为“三山六陵一分川，南山北岭中为滩，洛河东西全境穿”。地理区划大致可分为洛河川区、宜北丘陵区、宜南丘陵区、白杨和赵保盆地、宜西南山区五大区域。宜北属秦岭余脉，宜南属熊耳山系，境内有花果山、灵山、锦屏山等22座知名山峰。花果山主峰海拔1831.8米，为全县最高峰。宜阳矿藏及林木等自然资源十分丰富，其中，煤炭、石英石、钾长石、重晶石等储量大、质量好，具有极大的开采潜力。各种用材树90多种，至今尚存的灵山银杏、韩城龙柏、西庄国槐、马河秋榆、祁庄白松等被文物部门列为珍优树木保护，血参、柴胡、茱苓等药材出口东南亚地区。宜阳历史源远流长，距今已有2400多年历史。境内文物古迹及山水名胜众多，国家级森林公园花果山是吴承恩所著《西游记》中花果山的创作原型，中州名刹灵山寺是洛阳白马寺的姊妹寺。宜阳交通区位优越，紧邻洛阳高新技术开发区和洛阳新区，省道八官线、安虎线横穿东西，省道南车线、县道宜新路和宜白路贯穿南北，洛阳市西南环绕城高速和正在建设的郑西铁路客运专线穿境而过，焦枝铁路洛宜支线直抵县城，境内已形成“两纵两横加一环”的公路网络，全县公路里程2232.2公里，居全市第2位。宜阳县是全国卫生县城、全国烟叶生产先进县、全国粮食生产先进县、河南省对外开放重点县、河南省双拥模范县、河南省造林绿化模范县、河南省园林县城、河南省2006～2008年县域经济社会发展先进县。近年来，宜阳县认真贯彻落实科学发展观，强力实施“工业兴县、产业富民”和项目引资双带动战略，促进了县域经济的跨越发展。

张洪银　党组书记、局长
鲍　丰　党组成员、副局长
陈保军　党组成员、副局长
刘智敏　党组成员、副局长
张新有　党组成员、副局长
张跃俊　党组成员、副局长
马希祥　党组成员、副局长
程宣伟　党组成员、副局长（女）
朱会宗　党组成员、副局长
李智勇　党组成员、副局长
周石墩　党组成员、副局长
杨明钦　党组成员、纪检组长

张洪银简历：河南省正阳县人，汉族，研究生学历，中共党员。1981年10月～1982年10月，担任宜阳县农牧局技术员；1982年10月～1984年6月，在宜阳县张午乡兽医站工作；1984年6月～1988年4月，任宜阳县农委办事员、秘书；1988年

4月～1992年7月，在宜阳县董王庄乡担任政府副乡长、党委副书记；1992年7月～1995年1月，担任宜阳县莲庄乡党委副书记；1995年1月～1995年4月，担任宜阳县丰李镇党委副书记；1995年4月～2002年1月，先后任宜阳县盐镇乡乡长、党委书记；2002年1月～2005年5月，任宜阳县检察院副检察长；2005年5月～2006年3月，担任宜阳县国土资源局党组副书记、副局长（正科）；2006年3月至今，任宜阳县国土资源局党组书记、局长。

【机构设置】宜阳县国土资源局内设办公室、人事教育科、财务科、总师室、法规监察科、信访综治科、耕保用地科、土地利用科、地籍科、规划科、矿产整顿办、矿产开发科、地质勘查科、资源与环境科、纪检监察室、土地整理中心、土地交易登记中心、目标办18个科（室）；下设土地监察队、土地储备中心、测绘队、矿产监察队、土地评估所、国土资源警察大队6个二级机构；下辖城关镇国土资源所、城关国土资源所、丰李国土资源所、樊村国土资源所、白杨国土资源所、赵保国土资源所、董王庄国土资源所、莲庄国土资源所、张午国土资源所、上观国土资源所、穆册国土资源所、高村国土资源所、盐镇国土资源所、三乡国土资源所、韩城国土资源所、柳泉国土资源所、寻村国土资源所17个国土资源所；根据实际，撤并了2个矿管站，重新组建了白杨矿管站、城关矿管站、莲庄矿管站3个矿管站。现全系统在职干部、职工312人。

【2009年工作成就】2009年，宜阳县国土资源局紧紧围绕“保护资源、保障发展”的总体思路，开拓创新，积极服务县域经济发展，先后被省厅授予“全省矿产资源补偿费征管工作先进单位”，被省国土资源法律知识宣传教育培训活动办公室授予“全省县（市）、乡（镇）、村级干部国土资源法律知识宣传教育培训活动先进单位”，被省档案局授予“河南省机关档案工作规范化管理先进单位（省二级）”，承办的数字宜阳地理空间工程成果被被省测绘局授予“河南省优质测绘工程（成果）二等奖”；被洛阳市政府授予“国土资源管理工作先进单位”，被洛阳市依法治市领导小组授予“依法行（执）政示范单位”，被洛阳市国土资源局授予“国土资源执法监察工作先进单位”、“国土资源标准厂房建设工作先进单位”，被洛阳市人事局、档案局授予“洛阳市档案工作先进集体”，被市行政服务中心授予“洛阳市行政服务中心先进集体等多项荣誉称号。

【土地资源】截至2009年底，宜阳县土地总面积165042.09公顷（其中，农用地面积133198.95公顷，其中，耕地73935.41公顷，园地1419.62公顷，林地27867.18公顷，草地29976.74公顷），建设用地24114.25公顷。（其中，居民点及独立工矿用地13817.56公顷，交通运输用地3063.98公顷，水利设施用地7232.71公顷，其他土地7728.89公顷）。

【耕地保护】2009年，严格落实耕地保护目标责任制，完善了县、乡、村三级耕地责任目标考核体系，明确县、乡（镇）政府“一把手”为国土资源管理第一责任人，将全县耕地保护责任分解到17个乡（镇）政府，层层签订耕地保护目标书，把耕地保护列入对乡（镇）政府目标考核范围，并严格责任追究;对全县12个乡（镇）的乡级基本农田保护标志牌进行了更新，并对丰李、寻村、韩城、柳泉、莲庄、三乡、张午等乡（镇）的村级50余块基本农田保护标志牌进行补设。全县耕地稳定在66397.36公顷面积以上，基本农田保护面积持续稳定在63045.35公顷以上，辖区实现了耕地占补平衡，基本农田保护面积不下降的目标。12月21日，宜阳县县委、县政府联合下发了《关于加强耕地保护严格土地管理的决定》，要求各乡镇政府进一步提高对土地管理工作的认识，严格依法依规利用土地，切实维护被征地农民的合法权益。

【建设项目用地保障】2009年，宜阳县国土局实施建设用地增减挂钩项目，确定寻村镇、城关乡、白杨镇、三乡乡为宜阳县4个建设用地增减挂钩项目，项目区总占地92.0585公顷；挂钩项目共落实建新区项目面积1381亩；积极开展用地报批，上报2个乡镇批次用地、3个城市批次用地、1个单选项目用地，涉及占用土地159.23公顷，争取建设用地指标158.6963公顷，为宜阳增加建设用地指标113.696公顷，基本满足涉及宜阳县的重点建设项目的用地需求；以“保护资源，保障发展”、“保红线、保增长”为重点，积极采取十项措施，对列入市县重点建设的项目以及各类扩内需项目做好用地选址、用地初审服务工作。先后为黄河同力二期、洛阳烟草物流中心等16个新上、在建重点项目依法办理了用地手续，有效保障了重点建设项目用地；为郑西铁路建设征地110亩，提供临时用地36亩，临时复垦用地面积285亩，拨付拆迁补偿费用244万元，协调因施工影响寻村镇北留村等3个乡镇16个村庄生活用水用电通路问题32起，解决资金23万元，保证了重点工程的顺利施工；涉及宜阳县三乡乡等5个乡（镇）、1796亩的临时用地和地面附属物进行了调查、复查、核算、计价、清算等，项目用地资金482万元已全额拨付到位，至此，西气东输二线工程宜阳段用地全部交付使用，管线工程正在施工。

【土地收购储备】2009年，宜阳县国土资源局建立健全了土地收购储备中心，对全县各类土地进行梳理并依法处置，采取有效措施，大力收购土地并纳入储备库，共收购储备用地1058.96亩，其中，阳光水岸共征地734.53亩（洛河北岸经六路以东至经三路447.74亩；洛河南岸建井四处东至矿口路286.79亩），确保了宜阳县阳光水岸等重点建设项目用地需求。

【地籍与测绘服务】2009年，办理土地登记579宗，面积1317211.83平方米。其中，国有土地登记118宗，面积1237521.93平方米；集体土地登记461宗，面积79689.9平方米。乡镇企业登记13宗，补证20宗，抵押登记16宗；对涉及老城区改造及市、县重点工程项目等重点工作进行评估，评估120余宗，评估面积200余公顷，评估地价4.5亿元；积极完成旧城改造项目、阳光水岸土地开发项目等测绘测量工作，共测绘土地220宗，测绘面积达1345.5861公顷。

【数字宜阳地理工程】由宜阳县国土资源局申报，河南省遥感测绘院实施建设，2008年9月正式启动，2009年6月30日结束。“数字宜阳地理空间框架建设”项目属于河南省测绘局确定的全省性示范项目，是“数字宜阳”建设的核心内容，为国土资源管理、城镇发展规划、基础设施建设等提供准确的地理空间框架数据。主要成果有：宜阳县城区数字化地形图175幅、标准分幅的1：1000DLG电子建库数据、基础控制成果电子数据及GPS空间大地控制网建设等，项目覆盖面积43.7平方公里。8月3～5日，由省测绘产品质量监督站部门组成的“数字宜阳”地理空间框架建设示范工程验收组对“数字宜阳”地理空间框架建设示范工程项目进行了检查验收。该项目被省测绘局授予“河南省测绘优质工程（成果）二等奖”。

【国土资源警察大队建设】2009年，宜阳县国土资源警察大队同宜阳县国土资源局完善联合办案机制，加强执法监察力度，加大对煤矿、非煤矿的排查、清查力度，严厉打击超层越界、无证开采和私采乱挖等非法开采行为。全年共查处矿产违法行为62起，没收空压机、风镐钻等工具80余件，遣散民工80余人，扣押运输、挖掘车辆25辆（台），拆除电瓶及电脑板3个，工棚12个，逮捕2人，刑事拘留4人，行政拘留25人，办理非法采矿涉案人员网上追逃5人，扣押、没收非法开采铝土矿石4500余吨等，协同其他单位取缔高污染的石灰窑78家。经整顿，全县铝土矿、铁矿、重晶石、石英石等非法盗挖行为基本遏止，矿山开发秩序稳定。

【矿业权管理】严把矿业权设置准入条件，对矿业权进行合理规划和布局，将优势资源向优势企业集中，严把矿产资源勘查、开采登记及矿业权转让申办程序，禁止个体开采重要矿产资源。全年，上报洛阳市关于宜阳县采矿权挂牌出让计划3期17家，在宜阳县电视台发布采矿权出让公告12个，受理采矿登记7个，新立采矿权6个，变更1个，对全县矿山企业进行了年检，年检率达100%，并全部进行矿业权外业实地核查；矿山年度报告审查率达100%，储量报告拥有率100%，辖区内应发证矿山企业采矿持证率达100%，依法征收矿产资源补偿费279万元，收缴采矿权价款80余万元。

【国有土地使用权处置】全年拟定国有土地使用权划拨方案3个，国有土地使用权出让方案18宗，挂牌出让土地41宗，面积120.47公顷，总价款2.07亿元。完善土地供应调控机制，编制并执行土地供应计划，严格执行各类建设用地控制指标，优先保证经济适用房、廉租房、产业集聚区和重点项目的土地供应，全年共供应经济适用房、廉租住房用地5.88公顷，产业集聚区及重点项目用地81.33公顷。

【土地利用总体规划修编】宜阳县土地利用总体规划修编从2008年11月启动，2009年，先后通过市级大纲初审、规划初审、联审、复审、省级初审、复审、成果终审等，同时，全面通过国家验收，并在全省的规划修编工作中名列全洛阳市榜首。2009年10月29日，《宜阳县土地利用总体规划

（2006–2020）》被省政府批准实施。批准后的《规划》确保宜阳县到2020年，新增建设占用耕地规模控制在593公顷以内，土地整理复垦开发补充耕地面积不低于1378公顷；全县耕地保有量保持在65861公顷以上，基本农田保护面积稳定在57979公顷以上，到2020年，全县城乡建设用地规模控制在11886公顷以内。此次修编，不仅使长久以来制约宜阳经济发展的用地问题得到有效解决，也为宜阳今后十年社会经济发展留足了用地空间。继县级土地利用总体规划编制完成后，宜阳县国土资源局会同相关部门加快全县16个乡级土地利用总体规划修编步伐，截至12月31日，16个乡级土地利用总体规划已顺利通过省、市级专家初审。

【土地综合整治】2009年，宜阳县被确定为全省22个土地综合整治项目管理试点县之一，按照土地综合整治要求，共上报土地综合整治项目94个，根据实地踏勘确定了70个整治项目，涉及全县12个乡镇，并将三乡乡流渠村、东柏坡村、西柏坡村、下马沟村、任村、可乐湾村6个村作为宜阳县土地综合整治试点村，该试点规划面积1765.3公顷，预算投资8814.55万元，整治后，可新增耕地218.69公顷。同时，宜阳县国土资源局还结合县现代烟叶农业规划，将宜阳县张午乡土地整理项目作为该县2009年新增费项目开展了规划设计工作。规划项目建设规模213.23公顷，预算总投资669.67万元，新增耕地率4.17%，土地利用率100%。2009年12月25日，张午乡、三乡乡土地综合整治项目中的土地平整工程全面开标。

【土地开发整理项目】2004年，国家投资的宜阳县韩城镇土地整理项目竣工，该项目总规模416公顷，总投资664万元，项目实施后新增耕地67.12公顷；2005年，国家投资的宜阳县韩城镇土地整理项目全面完成，该项目总规模806.27公顷，总投资1379万元，项目实施后实现新增耕地97.45公顷；完成了2007年市级投资宜阳县莲庄乡土地整理重点项目，该项目总规模125.61公顷，总投资138.31万元，项目实施后实现新增耕地13.65公顷。2009年，2004年国家投资宜阳县韩城镇土地整理项目、2005年国家投资宜阳县韩城镇土地整理项目、2007年洛阳市投资宜阳县莲庄乡土地整理等3个重点项目全部顺利通过上级验收。6月12日～22日，济南特派办副处级调研员成守祚带领国家审计署审计组成员来宜阳开展土地整理项目审计工作。审计组对县白杨省投、莲庄市投、韩城国投一期、韩城国投二期4个土地整理项目进行审计，涉审资金达2640.31万元，面积达1500.88公顷。对宜阳县土地整理工作给予了充分肯定。

【基本农田示范区建设】基本农田保护示范区建设规划实施时间为2008～2012年，该项目规划总面积6960公顷，共规划土地整理项目7个，涉及全县9个乡（镇）60个行政村，规划面积6945.81公顷，预算总投资22973.97万元。柳泉镇土地整理项目是宜阳县2009年争取的省级投资土地整理项目，由宜阳县国土资源局具体承办。该项目项目区位于宜阳县柳泉镇境内，涉及柳泉镇的丁湾村、苗湾、鱼泉等10个行政村，面积1054.8公顷，总投资2120万元，项目实施后可新增耕地44.96公顷，该项目分11个标段，2009年10月16日全面开工，2009年底整体工程进度已超过60%；省级基本农田示范区莲庄乡土地整理项目涉及莲庄乡石村、沙坡头等8个行政村，总面积891.15公顷，预算总投资1743.67万元，项目实施后，可新增耕地面积38.18公顷，该项目涉及的地形测绘、现场勘探、规划等工作已结束，并通过洛阳市国土资源局评审省国土资源厅备案。

【耕地后备资源专项规划和土地整理复垦开发规划编制】2009年5月17日，宜阳县国土资源局先后完成《宜阳县耕地后备资源专项规划（2006～2015年）》、《宜阳县土地整理复垦开发规划（2006～2020年）》两项专题规划。《宜阳县耕地后备资源专项规划（2006～2015年）》共安排宜阳县土地开发耕地后备资源项目516个，分布在柳泉镇、盐镇乡、高村乡、韩城镇等15个乡（镇），土地开发总面积4750.04公顷，计划总投资28500.24万元。《宜阳县土地整理复垦开发规划（2006～2020年）》共安排土地整理项目43个，建设总规模9853.25公顷，计划新增耕地面积1069.41公顷；土地复垦项目369个，整治总规模2080.823公顷，新增耕地1178.801公顷；土地开发项目535个，整治总规模5642.02公顷，新增耕地面积5377.53公顷。其中，近期整理复垦开发土地7347.52公顷，远期整理复垦开发土地10228.57公顷。两项专题规划，为实现宜阳土地资源的可持续利用提供科学依据。

【产业集聚区用地规划】按照“合理布局，突出重点，集约经营，科学发展”的原则，2009年5月19日，宜阳县国土资源局完成了《宜阳县产业集聚区用地规划》文本及图件，为宜阳产业集聚区建设合理利用土地提供了依据。

《宜阳县产业集聚区用地规划》分为项目职能及发展战略、用地现状、规划布局、建设规划和土地利用规划、项目实施策略及建议等6个部分，涉及寻村、城关乡2个乡（镇），规划面积11.95平方公里，重点提出了产业集聚道路、产业规划布局、功能规划以及项目用地控制要求、近远期建设规模等，与宜阳县土地利用总体规划和城市规划紧密衔接，为全县土地利用总体规划修编中的产业集聚区用地布局奠定基础。

【工业标准化厂房建设】在充分调研论证的基础上，结合国家政策法规，坚持集约节约发展理念，突出向上发展，集约利用土地，着力建设3层以上标准化厂房，充分利用有限的土地资源，加大标准化厂房建设力度，2009年，共完成标准化厂房101500平方米建设任务。截至2009年12月31日，宜阳县产业集聚区已累计建成标准化厂房48万平方米，并对进区项目首先要求入驻标准化厂房，形成了“应入尽入”良好态势，此举不但有效地节约了土地，而且大大缩短了企业入区周期，节省了企业建设前期投资，加快了集聚区项目引进步伐。

【土地三项整治】根据宜阳县耕地后备资源特点，确定2009年土地“三项整治”工作的重点是以洛河川区两岸土地整治为重点，兼顾南北两山可开发为较高质量耕地的荒山、闲散地、空心村、工矿废弃地、砖瓦窑厂等，已完成土地整治面积6500亩。

【第二次全国土地调查】以全县第二次全国土地调查数据为依据，2009年4月，初步摸清了全县土地资源家底，全县土地总面积165042.09公顷，此数据仍在不断更新中。6月22日～7月3日，根据国家二调办传真图斑核查函，复核疑问图斑1223个，核查面积5996.8公顷，现场拍照1568张，纠错107处，提前完成了上级下达的外业疑问图斑核查任务。10月，二调成果已通过国家级核查，外业、内业核查等工作全部结束，基本农田上图工作被市局作为范本在全市推广，数据库建设已全面完成，并报国家审批。

【矿产资源】宜阳地处熊耳山北中部，跨两个三级地质构造单元，区内矿产资源比较丰富。以陈宅—漫流断层为界，东部是形成以外生（沉积）矿产为主的地区，西部是形成内生矿产的有利地区。境内目前共发现各类矿产42种，矿产地100余处。其中，大型矿床7处，中型矿床2处，小型矿床9处，矿（化）点92处。分为能源、金属、非金属和水资源4大类。矿产比较集中地分布在我县南部山区，其中,优势矿产为煤、石灰岩、硅石（石英砂和脉石英）、铝土矿、铁矿、蛭石、长石、白云岩、重晶石等。目前，全县共有各类煤矿企业15家、非煤矿山企业38家。主要矿产资源分布及储量情况如下：煤炭资源储量达4亿吨，为宜洛煤田，主要分布在城关镇、城关乡、樊村乡和白杨镇。原有煤炭企业59家，经资源整合为15家，其中,国有煤矿5家，小煤矿10家。2008年底，保有储量达5100.26万吨。经过近几年的勘查，该县煤炭资源储量预计在4亿吨左右。石灰岩主要分布在城关乡八里堂、庙沟、黄沟、周村、苗村、白杨镇上石板沟，樊村乡鹿角岭、老庄，城关镇的三道岔，丰李镇的石门。探明储量达17123.7万吨，估算远景储量在28.4亿吨以上。硅石（石英砂岩和脉石英）主要分布在张午乡的花庄村，上观乡下观村，樊村乡杓柳、虎庙、香椿沟，城关乡的张李沟、八里堂、周村，白杨镇的半坡山、漫流村，赵堡乡的张山村等区域，估算远景资源量5亿吨。铝土矿主要分布在城关乡李沟、焦家凹、黄沟，城关镇三道岔、樊村乡马道、赵堡长岭。探明储量780.513万吨，估算远景资源量2000万吨。铁矿主要分布在张午乡七峪沟、前坡头、青山崖、斜坡，上观乡料凹、架寺、红涧、扬沟、沙岭，木柴乡上洞，城关乡周村，樊村乡金家疙瘩村。远景储量3031．42万吨。白云岩主要分布在城关乡庙沟、乔岩、兰家门、何年，城关镇三道岔和樊村乡杓柳村等区域，估算资源量1.5亿吨。白垩土主要分布于董王庄乡洞子沟村，初步估算资源量3000万吨。重晶石主要分布在赵保乡、张午乡、董王庄乡、白杨镇4个区域，保有储量为76.75万吨，品位、规模均具工业开采要求。钾长石主要分布在莲庄、上观等地，初步探明储量为58.2万吨。花岗岩主要分布在张午乡和木柴乡，地质工作程度较低，估算资源量5155万立方米以上，初步探明储量为2079.34立方米。花岗岩板材主要产于太华群中，并产有大小不等的几十条基性、超基性岩体，有豆沙绿、万年青等10余种品种。蛭石主要分布于上观、张午乡等地，地质工作程度低，初步估算地质储量为860万吨，有零星开采。金矿主要分布在上观乡、木柴乡等地，已发现黄金矿点5处。初步获金金属量841公斤，矿石量114552吨，品位为7.34克/吨。辉绿岩位于上观乡马家庄东部，地质储量7886万吨。铅锌矿分布在宜阳县上观乡庙西附近，矿体走向近南东，倾向南西，长约150米，厚度1～2米，矿石量约4.5万吨，具有一定的开发价值潜力。其他还有铁锰矿、陶瓷粘土、水泥粘土、方解石矿、铸石原料、石墨矿、熔炼石英、铜矿、铅矿、蛇纹岩，伊利石、天然油石、沸石、萤石、膨润土等。

【地质灾害防治】制定了《宜阳县2009年地质灾害防治方案》，排查宜阳县地质灾害隐患点共84处，按规模大小分大型7处、中型40处、小型37处，按灾害类型分崩塌31处、不稳定斜坡27处、滑坡9处、地面塌陷14处、泥石流3处。提出了6条防治措施，建立县、乡、村群测群防防治体系，成立了200余人的防灾应急小分队，对已知的灾害隐患点实行24小时的巡回检查、灾害检测，对城关乡马庄、焦家凹地面塌陷区、樊村乡刘沟村地面塌陷区等10处重点灾害隐患区及9处重点防治区域树立了警示标志牌，并利用广播，发放“防灾明白卡”、“避险明白卡”等形式向群众宣传地质灾害防灾科普知识，确保人民群众生命财产安全。

【地质环境治理】总投资400万元的锦屏山矿区矿山环境治理二期工程和城关乡高桥庙沟矿山环境治理项目已完成。其中，锦屏山矿区矿山环境治理二期工程位于锦屏山锦玉寺旁，总投资200万元，采用厚层基质喷射植被法，对高达139米的裸露基岩边坡进行绿化，喷射绿化总面积达7500平方米。两个项目已全部完工，顺利通过了省市专家的评审验收。

【依法行政与窗口办件】2009年，总办件254件，其中，即办件169件，承诺件32件，上报件53件，各项工作办结率100%。同时，认真执行国土资源案件听证、复议法律规定，规范程序、依法行政，组织听证10起，听证率达100%，办结政协提案1起，办结满意率达100%。

【信访工作】2009年，建立健全“县、乡、村、组”四级信访网络体系，按照区域分布，实行包乡包案责任制，严格落实信访工作责任制、奖惩制和错案追究制，将信访工作纳入责任目标考核体系；变“上访”为“下访”，变“信访”为“诉讼复议”，降低重信重访机率，减少无理缠访发生。充分发挥土地协管员的前沿阵地作用。全年共接待群众来访560余起、600余人（次）；立案32起，办结32起，上级交办案件24起，办结24起，均按期上报查处结果，查处率、反馈率达100%，解决土地权属争议案件7起。

【执法监察】2009年，全面加强土地执法动态巡查，案件实行会审新机制，采取有效措施，以县城规划区和公路沿线为重点，每周巡查1次，每月不少于4次，对发现的问题，及时处理到位。2009年度，辖区违法占用耕地面积没有超过新增建设用地占用耕地总面积的10%，无重大违法违规占用耕地案件；全年查处一般土地违法案件33宗，较大土地违法案件7起，涉案面积70余亩，制止轻微违法案件50余起，均消灭在萌芽状态，办结省批案件1起，市批案件2起，查处、反馈率达100%。8月4日，开通国土资源违法举报电话12336，畅通土地违法案件受理渠道，受理并办结举报15起，按照“属地管理、分级负责”的原则，均做到按时转办报结，做到了件件有落实、事事有回音。9月21～25日，洛阳市国土资源违法违规督查组利用5天时间，就宜阳县开展的国土资源违法违规行为专项行动进行了实地对调互查，顺利通过验收。

【土地违法违规集中处置】2009年12月23日，宜阳县组织召开违法、违规用地处置动员大会，利用3个月时间对全县违法违规用地进行集中处置，并明确8项措施。一是加强组织领导。成立以县长为组长、纪委书记、常务副县长等四大班子领导为副组长，相关单位一把手为成员的违法违规用地处置专项行动领导小组。二是加强舆论宣传，形成良好的依法用地、依法管地氛围。三是从2009年12月21日起，在全县范围内开展为期3个月的违法违规用地处置专项行动，对土地违法违规行为进行处置，将违法违规用地行为“清零”和“归零”。四是对土地违法违规行为进行全面清查，进一步落实整改举措，严格按要求、按标准、按时限做好清理整改工作。五是部门联动，形成合力，对违法用地整治工作划片包干，责任到人，实现“零问责”目标。六是建立长效机制，进一步完善巡查责任制和“市、县、乡、村”四级巡查网络，构建“横向倒扁、纵向到底”的执法监察网络，对土地违法、违规行为做到早发现、早制止、早处理。七是加强责任追究，对责任单位参与专项行动工作不力，造成违法、违规事实存在的，严肃追究失职渎职等责任。八是对在专项行动中，不依法办理用地手续的单位和个人，按照土地法律法规从严处理，同时将违法用地单位列入宜阳县建设项目黑名单，在宜阳电视台、洛阳电视、《洛阳日报》等新闻媒体进行公开曝光，今后不得进入宜阳县的所有土地市场、城市建设等招投标活动。

【国土协管员建设】2009年，采取有效措施，出台切实可行的国土协管员管理制度，以基层国土所管理为主，采取以会代训等方式，对全县373个行政村的373名国土协管员加强国土资源管理相关法律法规培训。制定严格的考核管理体系，明确了协管员的工作职责，根据实际情况，变更聘用部分土地协管员，落实基层协管员的工资待遇等，进一步激发协管员的工作热情，使协管员充分发挥“千里眼”和“顺风耳”的作用，为规划修编、二次调查、地质灾害防治、执法监察、信访调处等国土资源管理工作作出了应有的贡献。河南省电视台对宜阳县国土协管员建设进行了专题采访和报道。2009年，宜阳县国土资源局被河南省国土资源法律知识宣传教育培训活动办公室授予全省国土资源法律知识宣传教育培训活动先进单位。

【干部队伍建设】2009年，通过“业务大练兵”、“学法看行动”等方式激发广大干部职工的学习热情，鼓励职工再教育学习，9月21日，国土局51名干部职工获得国土资源系统再教育大专、本科毕业证书；开展为期3个月的学法考试活动，定期举行学法考试，312名干部职工顺利过关；举办“珍惜国土”征文活动1期，举办业务培训班3次，参训人员312人，组织45名执法人员参加执法培训，在全系统开展了以“管行业必须管政风，抓建设必须抓效能”为主题的整风整纪活动，把开展廉政教育活动与“两转两提”、“企业服务年”相结合，积极为重点企业和重点项目提供高效、优质服务；与国土资源系统开展的“保增长、保红线”行动相结合，组织机关全体党员干部，深入落实国土资源系统行政为民十项措施和工作人员五条禁令，培养一支执法严格、服务优质、廉政勤政的国土资源管理队伍。

【对外宣传】2009年，编辑《国土资源简报》93期，采编信息800余条，编报《工作周报》52期，上报调研报告5篇，先后向《中国国土资源报》、《洛阳日报》等报纸杂志投稿100余篇；同时加大普法宣传力度，全面开展国土资源法律法规下乡宣传活动，以“世界地球日”、“土地日”、“测绘法宣传日”、“法制宣传日”为契机，广泛开展“保障科学发展，保护耕地红线”主题宣传活动，全年发放宣传材料2万余份，悬挂横幅180余条，设立咨询台30个，展出宣传版面200余块，出动宣传车140余台（次），着力向人民群众宣传国土资源法律法规及宜阳县国土资源重点工作进展情况，增强了人民群众珍惜保护国土资源的意识。

【基层站所建设】2009年3月19日，在系统启动开展创建“群众满意基层站所”活动，出台了动态巡查制度、档案管理制度、财务管理制度、绩效考评制度等一系列制度并狠抓落实，使工作人员严格按照制度办事，树立起了优质服务、务实创新、廉政勤政的基层国土资源队伍形象；认真制定了2009年的基层站所建设规划，妥善解决2个国土所、3个矿管站的用房问题。对17个国土所、3个矿管站构建并开通宣传教育网、信息沟通网、预警防范网、协调查处网“四大网络”体系，使基层站所及时掌握国家关于国土资源方面的最新动向，更好地学习国土资源法律法规知识。各基层站所还根据实际，出台多项便民服务措施，完善办事指南、内设机构、服务职能等，开设群众接待室、服务处，开通预约电话，开展延时服务、上门服务和节假日有约服务等多种服务形式，及时调整聘用一批新的行风监督员，不断加强基层所的政风、行风建设。同时，按照国土所“四室一窗口”建设标准，全部实现实行“统一化、专业化、规范化、人性化”四化管理的目标。4月，宜阳县国土资源局城关国土所被河南省纠风办、省国土资源厅评为全省“群众满意基层站所先进单位”，这是洛阳市国土资源系统唯一获此殊荣的基层国土所。

【责任目标体制管理】宜阳县国土资源局的责任目标体制管理工作起步于2006年。2009年，宜阳国土资源局对系统责任目标体制进行了全面完善，围绕市国土局和县委、县政府确定的总体工作目标，按照划分层次，突出重点、细化量化、便于考核的原则，分门别类，设定机关科（室）、基层国土所、基层矿管站3个类别的责任目标，先后出台《宜阳县国土资源局责任目标考核奖惩办法》、《宜阳县国土资源局机关各科室工作目标考核细则》和《宜阳县基层站所工作目标考核细则》，将“人员分工明确、责任目标量化细化，分解到人”列入责任目标考核体系。其中，将责任工作目标分为业务目标、共性目标和否定目标3方面内容，实行百分制，对各项重点、业务、中心工作指标，进行细化、量化，合理设定分值，做到突出重点、统筹兼顾。上至局党组成员，下至每个干部职工，形成人人有目标、个个有压力，在考核中，从“德、能、勤、绩、廉”各个方面进行考核。考核评价结果同绩效、干部奖惩相结合，分别设立责任目标管理先进科室、争先创优先进科室、重大业绩突出贡献奖、信访稳定先进国土资源所等奖项，同时给予物质和精神奖励。建立了“能者上、平者让、庸者下”的责任目标管理激励机制，实现了“要我干活”到“我要干活”的转变，形成了具有国土资源管理特色的目标管理体系和考核机制。

（李　明）

汝阳县国土资源局

汝阳县位于河南省西部、北汝河上游，隶属洛阳市，中国酒祖杜康之故里，因县城居汝河北岸凤凰山脚下而得名。地理坐标为东经112°8′～112°38′，北纬33°49′～34°21′。辖4个镇，10个乡，215个行政村，总人口43万人，其中农业人口37万人，非农业人口6万人，东连汝州市，西邻嵩县，南与鲁山县毗邻，北和伊川县接壤。地处秦岭山脉东部，伏牛山北麓，丘陵起伏，河川狭窄，相对高差大，南高北低。县域南北长61公里，东西宽30公里，土地总面积1328.078平方公里。

吕智慧　局长
杜国胜　党组成员、副局长
麋其斌　党组成员、副局长
方建召　党组成员、副局长
王长水　党组成员、副局长
刘万胜　党组成员、副局长（兼纪检组长）
周兵团　党组成员、副局长

吕智慧简历：男，汉族，本科学历，1960年4月出生，1978年12月参加工作，1991年12月入党。1978年12月～1982年10月，在北京87333部队服役；1982年10月～1985年2月，在新安县计划建设委员会工作；1985年2月～1998年3月，在新安县建委工作；1998年3月～2001年7月，在新安县市政管理所任副所长；2001年7月～2002年2月，在新安县土地局任纪检组长；2002年2月～2004年6月，在新安县国土资源局任副局长；2004年6月～2008年11月，在新安县国土资源局任党组书记，局长；2008年12月至今，在汝阳县国土资源局任局长。

【机构设置】汝阳县国土资源局局机关现有干部职工186人，离退休人员13人。下设办公室、财务股、人事宣教股、纪检监察室、法规股、信访股、耕保股、地籍股、土地储备中心、总师室、矿产开发股、地勘资环股、土地利用股、规划股、测管股、稽征股、公安国土资源保卫警察大队、执法监察大队、机关服务中心、评估所20个股（室）；辖靳村、付店、王坪3个矿管站以及汝阳华瑞土地整理、汝阳卓鑫矿业商贸、汝阳利汝评估咨询3个有限公司；设城关、上店、十八盘、付店、靳村、王坪、三屯、刘店、小店、柏树、陶营、内埠、蔡店、大安14个国土资源所。

【土地资源】截至2009年底，汝阳县土地总面积132807.8公顷。其中，农用地面积102849.92公顷（其中，耕地33131.85公顷，园地183.09公顷，林地64527.68公顷，其他农用地5007.3公顷），建设用地9352.26公顷。（其中，居民点及独立工矿用地8168.39公顷，交通运输用地824.09公顷，水利建设用地359.78公顷），未利用地17045.23公顷，其他土地3560.39公顷。

【耕地保护】进一步完善基本农田保护目标责任制，重新签订了耕地保护和基本农田保护责任书，健全基本农田保护网络，完善基础资料台帐。在全县范围内设立基本农田永久性保护牌38块，充分发挥村级国土资源协管员作用，加大对基本农田巡查力度，积极探索加强基本农田保护长效管理机制，确保本县基农田保护面积稳定在30242.45公顷。2009年，为实施汝阳县土地利用总体规划，贯彻落实“占补平衡”制度，申请洛阳市国土资源局批准立项补充耕地储备项目3个，分别是“洛阳市2009年第一批补充耕地储备项目”、“汝阳县

2009年第一批补充耕地储备项目”、“汝阳县2009年第二批补充耕地储备项目”，新增耕地面积分别为46公顷、46.7公顷、93.7公顷，以上3个项目均已经市局验收并通过省厅确认，共新增耕地面积186.4公顷。

【建设用地管理】2009年，汝阳县共组织上报重点项目用地5个批次，面积共80.478公顷。一是完成单选址汝阳县城市生活垃圾处理场建设用地项目，批准面积6.0734公顷；二是汝阳县2008年第一批城市建设用地上报审批工作，批准面积20.2344公顷；三是汝阳县2009年第一批乡（镇）建设用地上报审批工作，批准面积13.4528公顷；四是完成汝阳县2009年度第一、第二批次城市建设用地上报审批工作，批准面积分别为34.1971、6.5203公顷，为项目尽早落地、尽快投入建设，创造了有利条件。

【土地开发整理】为严格占补平衡制度，确保耕地总量不减少，质量不降低，一是2009年汝阳局申请补充耕地储备项目3个，截至2009年12月底，均通过洛阳市局验收和省厅确认，新增耕地面积为186.4公顷。二是完成国家级投资汝阳县上店镇土地整理项目验收；完成国家级投资小店土地整理项目的规划设计、招投标，并通过召开项目例会等，国家级投资汝阳县小店镇土地整理项目工程量已完成90%，预计2010年5月竣工。以上项目共整理土地面积662公顷，新增耕地82.26公顷。

【第二次全国土地调查】汝阳县第二次土地调查工作于2008年7月份公开招标，8月19日开标。第二次土地调查外业工作从9月10日正式开始，2008年12月20日全部结束。第二次土地调查数据库建库工作从2008年下旬开始，2009年5月10日，完成并通过省级审查；2009年5月20日，汝阳县第二次土地调查内外业核查工作全面完成，2009年10月31日，完成汝阳县第二次土地调查统一时点更新工作，2010年3月2日，汝阳县第二次土地调查数据库建库工作全部完成并上报国家审批。

【地籍管理】2009年，汝阳县地籍管理规范化建设继续向前推进。全年共办理各类土地登记1461宗，登记面积941752.9平方米。其中，国有土地使用权登记93宗，登记面积435521.9平方米，集体土地使用权登记1293宗，登记面积215931平方米；办理土地使用权抵押登记75宗，抵押登记面积290300平方米，贷款金额3903.5万元。

【国土资源规划修编】汝阳县土地利用总体规划（2006－2020年）（以下简称规划）修编工作于2008年8月开始启动，本轮规划以2005年为基期年，2010年为规划近期年，2020年为规划目标年。规划范围为汝阳县行政辖区内全部土地，面积132807.8公顷。在对上一轮土地利用总体规划实施成效进行总结的前提下，与洛阳市金图规划设计勘测有限公司通力合作，按照政府组织，专家领衔，部门合作，公众参与，科学决策的工作方针，汝阳县土地利用总体规划修编工作于2009年6月12日通过洛阳市局初审，6月22日省厅初审，7月13日通过市局复审，7月26日省厅复审，8月26日上报省政府待批准，于11月4日经省人民政府获准实施。乡级土地利用总体规划于2009年8月开始，11月初完成初稿，在充分征求县发改委、农业、林业、水利、规划、城建、环保等相关委局和各乡（镇）政府意见的基础上，形成送省、市初审稿。于11月16日接受省市专家、领导初审，2010年3月26日报洛阳市国土资源局，待洛阳市国土资源局统一报洛阳市政府批准实施。

汝阳县从2008年11月起全面开展第二轮县级矿产资源总体规划编制工作。汝阳县矿产资源总体规划以2005年为基期年，近期规划至2015年，远期规划至2020年。本轮规划编制将始终坚持“在保护中开发，在开发中保护”的方针，突出体现规划的政策落实和实践的可操作性，把本轮规划作为今后矿产资源管理工作的指南。目前，矿产资源规划修编工作已完成规划大纲、大纲说明、相关专题和汝阳县矿产资源开发利用现状图、汝阳县矿产资源保护规划图、汝阳县矿产资源分布现状图、汝阳县矿产资源勘查规划图等图件。

【国有土地使用权出让】2009年，盘活存量建设用地挂牌项目8宗，挂牌出让划拨用地9宗，面积10.35公顷，成交价达7691万元。交通局原运管所挂牌成交价每亩达446万元，创汝阳县土地每亩单价挂牌新高。办理14宗土地供应报批工作，面积20.5公顷。办理建设用地1宗，面积2.8公顷，确保了一批重点项目、基础设施及新农村建设用地的需求，有力地促进了我县经济建设的发展。完成城镇居民国有土地使用权发证140宗，审批农村集体土地使用权发证1800宗。

【节约集约用地】2009年，组织有关部门对全县闲置、低效利用土地进行了一次全面清理、排查，共盘活存量建设用地9宗，面积6.4014公顷。建设标准化厂房4个，面积达43600平方米。从而使全县有限的土地资源得到充分利用。

【土地收购储备】2009年，共收购储备土地58467.94平方米，经开发整理后分别供出49314.47平方米，截至2009年12月3日，储备结余9153.47平方米。

【执法监察】一是建立健全执法监察执法队伍。为加强国土资源执法监察工作，对执法监察大队的工作人员进行了重新调整，把懂业务敢管理的同志调整到执法监察大队，同时又新成立了3个矿管站，对重点矿区实行24小时监管。加大对国土资源违法案件的联合查处力度，彻底扭转国土资源管理“一家管，大家用”的被动局面。二是畅通土地违法案件受理渠道，及时开通“12336”举报电话。截至2009年12月底，已接到土地违法案件举报26起，按照“属地管理、分级负责”的原则，均做到按时转办报结，做到了件件有落实、事事有回音。三是根据各乡（镇）协管员的工作情况，与所在地乡政府协商，按照程序更换了部分不符合要求的国土资源协管员，并重新与216名国土资源协管员签订了聘用书和责任书，使全县国土资源管理逐渐走上依法行政的轨道。全年共巡查2450人（次），其中城区986人（次），乡镇1464人（次）。全年共立案查处各类违法占用土地案件63起，结案62起，立案率达100%，结案率98.4%。加大对新型墙材砖厂违法占地的查处力度，对死灰复燃的4家粘土砖瓦窑厂依法进行强行拆除并恢复耕地。

【国土资源警察队伍建设】2009年，国土资源警察大队与国土资源监察大队紧密配合共拆除粘土砖厂4处，拆除非法建筑25处，治理沙场20余家，取缔、关闭非法采矿点11处，出动警力200余人次，刑事拘留3人，逮捕2人，取保候审3人，移送案件2案、2人，抓获上网逃犯1人，行政处罚19人，其中，行政拘留5人，其他行政处罚14人。没收违法所得34万余元，为国家挽回经济损失达200余万元。打击和震慑了当地的国土资源违法行为，辖区内国土资源违法案件明显减少。

【来信来访】2009年，汝阳局成立了由单位负责人为组长，分管局长为副组长，各股（室）长为成员的汝阳县国土资源局处理信访突出问题及群体性事件领导小组，对涉及国土资源信访问题进行了明确分工。全年共接待群众来访163起、466人（次），处理群众来信42件，信访案件立案89起，办结89起，办结率100%。全年京访为0；省访3起，与2008年的4起相比下降25%；市访2起，与2008年的3起相比下降33.3%，得到市局的通报表扬。尤其是在新中国成立60周年庆典期间，采取果断措施，较好地完成信访工作责任目标，荣获河南省国土资源厅信访工作先进单位和汝阳县委、县政府信访工作先进单位等荣誉。

【矿产资源】截至2009年底，境内发现矿产共有4大类、48种，已探明资源储量的矿产有13种；矿产地221处，其中，主要矿产超大型2处，大型矿床3处，中型4处，小型矿床及矿点213处。其主要矿产为：①钼矿，主要分布于付店东沟（探明钼金属资源储量706561.44吨）、石柱村竹园沟（探明钼金属资源储量102696.10吨）、松门沟、双寺等地。探明钼金属总资源储量809450.24吨，钼平均品位0.12%，最高达2.6%。资源储量居河南省第二位。②铅锌矿，计有矿区8个，探明金属储量122.5万吨，平均品位12%，最高品位达71%以上。是河南省最大铅锌矿区。③煤矿，已探明煤保有资源储量5724.7万吨（其中，寺湾煤田5349万吨，古城煤矿375.7万吨）。据预查表明，蔡店乡——葛寨一带煤潜在资源储量近亿吨左右。另外，在刘店的红里、昌村，内埠的小辛店一带地表均有煤线出现。④铁矿，探明C级矿石储量238万吨，铁平均品位45%。远景储量6000万吨。⑤梅花玉，汝阳特色矿产，历史上享有“国宝”之称。探明储量926.7万立方米。⑥杜康矿泉水，属含锶偏硅酸—重碳酸钙型优质饮用矿泉水，日涌水量3700吨，水温常年在16℃～17℃之间，水质无色透明，味质纯正。泉水矿化度0.37～0.38克/吨，PH值7.1～7.2；硬度3.8～4.1德国度；含微量元素如Sr、Zn等40多种。此外，还有铜、锰、铝、黄铁（硫磺）、石英砂岩、玄武岩、水泥灰岩、含钾页岩、大理石、花岗岩、磷、沸石、浮石、萤石、重晶石、方解石、蛭石、河砂等多种资源。

【采矿权管理】汝阳县有1个部发证、40个省发证、20个县发证矿山企业均按照要求参加年检、辖区内矿产资源勘查证持证率100%，采矿许可证持证率100%，矿山企业年度报告实地审查率达到60%，部、省发证矿山储量报告拥有率100%，企业年度报表填报率100%，探矿权审批征求意见按时返回率100%，探采矿权人年检率均达96%以上。

【矿业秩序整顿】整顿和规范矿产资源开发秩序工作，共出动大型机械及车辆216台（次），执法人员460余人（次），分别对重点乡（镇）、重点矿区采取集中行动7次，共查封关闭取缔非法盗采矿点12处，炸毁非法盗采硐口7处，拆除扣押矿山机器设备8台，拘留8人。从而有效打击了违法开采“回潮”势头。全年共立案查处违法矿业案件30起，结案30起，结案率达100%。整顿和规范矿产资源开发秩序工作取得阶段性成果。

【地质勘查管理】2009年，对全县56个探矿权进行认真核年检，除保留两个勘查项目外应参检54个，实际参检52个，通过督察大部分探矿权人能按时完成实物工作量及经费投入。2009年，全县矿产资源勘查项目已划定矿区范围4个，保留1个，延续、变更18个，新办理探矿权5个。圆满矿业权实地核查及坐标转换工作。

【地质环境治理】2009年，完成了矿山环境保护规划的修编工作。该规划于2009年10月18日通过了专家评审；完成了凤凰山矿山环境治理项目一期工程，共清除危岩5810立方米，垒砌挡土道215米，采坑整理5800平方米，栽植桧柏1500余棵；完成了凤凰山地质环境治理工程的二期由省级财政支持向国家级财政支持的项目申报；完成了中国恐龙化石遗迹国家级公园的材料申报等基础性工作；完成了地质公园规划修编的基础性工作；被中国地质调查局地层与古生物中心授予“中国恐龙之乡”的称号；被中国地质科学院地质研究所确定为“中国地质科学院地质研究所汝阳恐龙科研、科普教育基地”。

【地质灾害防治】一是对汝阳县地质灾害隐患点进行拉网式排查，逐个进行登记，共计排查隐患点42处，全部进行登记造册；二是编制并下发了《汝阳县2009年地质灾害防治方案》和《汝阳县实发地质灾害应急预案》，并且针对两个省级重大监测点分别编制了防灾预案；三是完善了《2009年汛期地质灾害防治预报制度》、《汛期险情巡查制度》、《汛期灾情速报制度》、《汛期值班制度》，对乡村干部进行了地质灾害知识培训；四是利用“5·12”防灾减灾日，印发《地质灾害防治条例》、《地质灾害防治歌谣》等5000余份，刷新地质灾害警示牌30块，发放防灾工作明白卡200份、防灾避险卡220份；五是购置铜锣、喇叭、裂缝报警器等地质灾害报警器材；六是委托河南省环境监测院对汝阳县地质灾害防治规划进行了编制，并于2009年10月18日通过了专家评审；七是申报地质灾害群测群防“十有县”已经国土资源部审批通过，汝阳县三屯乡李来发被国土资源部授予“优秀群测群防员”称号。

【测绘管理】为了强化测绘管理职能，与全县216名协管员签订了目标责任书，确保测绘职能全面落到实处。全年共查处不合法地图250幅，对全县56个测量标志和23个D级GPS点进行了修复并加以保护。2009年，先后为企业和个人测地约8500余亩，出图380余幅，组织土地报件勘测定界18宗，制作技术报告书100余套。

【新闻宣传】2009年，在国土资源法律法规的宣传上注重内外结合，对内充分利用县委、县政府组织的大型活动及“4·22”地球日、“6·25”土地日等在全县范围内，掀起宣传国土资源法律、法规的高潮。对外以国土资源法律、法规宣传为重点，弘扬正气，狠刹歪风，营造了浓厚的国土资源宣传舆论，为各项工作的开展奠定了坚实的思想基础。2009年在《中国国土资源报》刊登文章14篇、《中国矿业报》刊登5篇、《中国产经新闻报》刊登2篇、《河南经济报》刊登4篇、《资源导刊》刊登26篇，超额完成洛阳市国土资源局下达的信息上报任务。

（陈　海）

嵩县国土资源局

嵩县位于河南西部，地处伏牛山北麓及秦岭支脉熊耳山、外方山之间，地理坐标为东经111°24′～112°22′，北纬33°35′～34°21′。全县总面积3008.9平方公里，16个乡镇，318个行政村，共有人口56万人，深山区占95%，浅山、丘陵区占4.5%，平川区占0.5%，故有“九山、半岭、半分川”之称。

【班子成员】嵩县国土资源局行政级别为正

科级，局党组有6名班子成员组成。

王全喜　党组书记、局长（2009年3月前）

李树业　党组书记、局长（2009年3月后）

张相军　党组成员、副局长

郭小玉　党组成员、副局长(女)

武忠民　党组成员、副局长

马文军　党组成员、副局长

仝小川　党组成员、纪检组长

2009年3月，洛国土资党〔2009〕36号文件下发，任命李树业同志为嵩县国土资源局党组书记、局长；免去王全喜同志嵩县国土资源局党组书记、局长职务。

王全喜简介：嵩县闫庄乡人，汉族，中共党员，1961年出生，本科文化。嵩县政协六届委员会委员。1990年3月～2008年11月，历任嵩县国土资源局副局长、党支部副书记，书记、党总支书记、党组副书记、党组书记、局长等职务（1998年8月～2007年7月，在中央党校本科经济管理专业学习，取得本科文凭）。2000年9月，任国土资源局党支部书记、副局长（正科级）；2005年11月，任国土资源局党组副书记、副局长；2008年11月，任党组书记、局长；2009年3月，调县纪检委工作。

李树业简介：嵩县库区乡人，汉族，中共党员，1963年4月出生，本科文化，现任嵩县国土资源局局长。1981年9月～1984年9月，在嵩县库区乡中任教；1984年9月～1995年1月，先后任嵩县城关镇水利站站长、县水利局物资站站长；1995年1月～2002年4月，先后任嵩县大章乡副乡长、木植街乡副乡长、党委副书记；2002年4月～2005年2月，任嵩县木植街乡党委副书记、乡长；2005年2月～2006年8月，任木植街乡党委书记、乡人大主席；2006年8月～2009年3月，任嵩县白河乡党委书记、乡人大主席；2009年3月至今，任嵩县国土资源局党组书记、局长。

【机构设置】嵩县国土资源局位于嵩县县城白云大道，1989年成立；2003年机构改革，更名为嵩县国土资源局；2005年9月，县地矿局与国土资源局合并；2006年5月，乡（镇）土地管理所归国土资源局管理。截至2009年底，嵩县国土资源局有干部职工244人，内设办公室、人事纪检股、财务股、总师室、信访股、耕保股、利用股、执法监察股、矿产开发股、地质勘查股、地政地籍股、测绘评估股、规划股、电子政务14个股（室）；下设国土资源执法监察大队、嵩县地产交易中心、嵩县土地储备整理中心、嵩县土地勘测队、嵩县土地地价评估咨询事务所、嵩县地产开发公司6个股级事业二级机构。辖城关、车村、闫庄、大坪、田湖、饭坡、木植街、库区、纸房、德亭、九店、大章、黄庄、白河、旧县、何村16个乡（镇）国土资源所以及城关、大章、车村3个矿管站。

【土地资源】嵩县土地总面积4510827.2亩。其中，耕地691059.3亩(46070.62公顷)，园地32315.6亩（2154.37公顷），林地2988542.6亩(199236.17公顷)，草地295976.3亩(19731.75公顷)，城镇村及工矿用地169148.3亩(11276.55)，交通运输用地33194.1亩(2212.94公顷)，水域及水利设施用地151785.3亩(10119.02公顷)，其他土地148805.9亩(9920.39公顷)。其中，耕地中包含基本农田600418.4亩(40027.89公顷)，基本农田保护率为86.88%。全县人均耕地1.21亩，低于全国平均水平，高于本市平均水平(全国人均1.4亩，全市人均1.02亩)。耕地中，中低产田所占比例超过80%，人多地少，耕地质量差，可供开发的后备资源匮乏。

【耕地保护】全县基本农田保护面积严格控制在40027.89公顷，且区位、面积符合土地利用总体规划和省、市要求，已实行省、市备案并完善保护档案365卷，建立了县、乡、村、组、户保护责任体系。根据《基本农田保护条例》和省、市有关文件要求，确定基本农田保护块3329块，建立保护标志2343块，乡镇级大型保护标志17个，设立巨型立柱标志2个。完善各项规章制度，在健全基本农田“五不准”以及基本农田责任、质量、用途、环境、监督、审批6项制度的基础上，建立耕地保护动态巡查、督查员、协管员等制度，确保全县耕地保护有章可循，向良性循环方向发展。耕地保护占补平衡工作建立完善了“三库一台账”，实行规范化管理，2009年，经批准占用耕地103.7456公顷，完成补充耕地209.9780公顷，实现占补平衡有余。

【建设用地管理】积极服务县重点工程项目建设，全年共上报用地批次1个，转用并征收土地290.72亩。完成了白云山铜河换乘中心和帝豪公司木札岭旅游开发等项目的前期征地工作。保证了重点项目洛阳矿业集团、中金集团黄金冶炼厂等项目及时落地。

【土地利用总体规划修编】按照国土资源部办公厅下发《市、县、乡级土地利用总体规划规划基数转换与各类用地布局指导意见（试行）通知》，县国土资源局会同县发展和改革委员会、城建局、交通局、公路局、水利局、农业局、林业局等有关单位以及各乡（镇）对成果进行了论证，根据各部门意见，进一步对成果进行了完善。2009年8月，嵩县土地利用总体规划获得河南省人民政府批准，由嵩县人民政府公布并组织实施，作为对全县土地利用宏观调控、微观管理的重要依据。

【执法监察】严厉打击国土资源违法犯罪行为。一是坚持“预防为主，防查结合”的土地监察方针，实行违法用地乡周报、县月报制度及矿产资源违法行为月报告制度；二是加大执法巡查处力度，严厉打击违法用地行为，巩固粘土砖瓦窑治理整顿成果及页岩砖厂监管工作；三是强化责任，确保动态巡查到位，在各个乡（镇）、村、组聘任土地、矿山协管员317人，制定工作制度和管理考核办法，并开通“12336”国土资源违法举报电话，掌握国土资源的各类违法行为，将问题消灭在萌芽状态。全年共动态巡查672次、1990人，开展治理整顿40次，处理涉土涉矿信访案件104起，发现违法宗数42宗，占地总面积88.39亩，均立案查处。

【地籍管理】2009年，共发证1103宗，日常登记发证769宗。其中，集体土地登记729宗，国有土地登记40宗，城关镇王庄村村庄地籍调查发证334宗。

【第二次全国土地调查】第二次调查启动后，全县完成调查面积3007.22平方公里，内业图纸入库152张，对165个行政村，513个疑问图斑进行了核查，完成了外业接边及基本农田上图工作，有关数据已经上报国家。

【地产交易】全年共有国有土地出让公告23宗地，成交14宗地（其中，伊东新区7宗地、白云路3宗地、田湖2宗地、车村1宗地、天池山1宗地）。成交面积259684.44平方米，其中，住宅用地120743.94平方米、工业用地136477.4平方米、商业娱乐用地2463.1平方米。转让国有土地1宗地，座落于县城三期开发区，转让面积2723.57平方米。

【国有土地使用权出让】严格按照“两个规范”规定执行，对住宅、工业、商服业等用地一律实行招拍挂方式公开出让，全年办理国有土地出让8宗，用地面积19.64公顷，上缴出让金3056.97万元。其中，住宅用地4宗，面积9.4775公顷；商业用地2宗，面积0.6765公顷；盘活存量工业用地1宗，面积9.0515公顷；农行上市补办出让1宗，面积0.4069公顷。

【土地节约集约利用】积极盘活存量，促进土地节约、集约利用。全年盘活存量土地1宗，位于嵩县田湖镇大安头村，面积9.0515公顷。完成了位于县城四期开发区的批而未征土地10公顷的征收任务。加大 “城中村”改造步伐，推进城乡一体化进程，提高群众生活水平，集约、节约利用土地，提高土地利用效率的一项民心工程，完成县城规划区内的北店街村 “城中村”改造工作任务，涉及拆迁户158户，拆迁面积68亩，并被县委、县政府评为“城中村”改造工作先进单位。

【土地开发整理】国家投资“河南省嵩县伊河川区田湖段土地整理项目”通过省级终验，项目共完成土地平整403公顷，实现新增耕地76.99公顷，新增耕地率达19.11%，修筑田间道路22公里，修建桥涵90座，引水闸18座，种植防护林43427棵。完成河南省嵩县大坪乡土地整理项目，项目总投资1958.5万元，建设规模1549.47公顷，新增耕地46.57公顷，新增耕地率3.01%。

【测绘管理】根据《河南省人民政府办公厅关于转发省测绘局等部门整顿和规范地理信息市场秩序工作方案的通知》和《洛阳市人民政府办公室转发市国土资源局等部门整顿和规范地理信息市场秩序工作方案的通知》，制定了《嵩县整顿和规范地理信息市场秩序工作方案》，对全县有测绘成果资料的单位进行登记和核查，对不规范的地图印刷进行了规范整治，对涉及保密的挂图进行了规范管理。全县共设立32个二等水准点，新埋设36个D级GPS控制点测量标志。

【城区违法用地清查】在城区违法用地清查中，县委、县政府专门召开 “关于开展县城规划区域内违法用地清查活动”动员大会，成立领导小组，抽出专人组成清查工作办公室，拉开了嵩县违法用地清查工作的序幕。共清查出城区违法用地及欠缴出让金的单位和个人28起，违法用地面积457亩，追缴出让金200余万元，有效规范了嵩县土地市场秩序。

【执法监察】2009年，国土资源警察大队配合监察大队全年共出警124次，出动警力448人，行政拘留31人，对2个单位进行处罚，收缴导火索450余米，炸药292公斤，导爆管182余枚，剧毒物品氰化纳100余公斤，刑事拘留3人，逮捕2人，起诉2人，抓获网上逃犯4人。完成了矿山秩序整顿、粘土砖治理、国庆安保等专项行动。

【来信来访】2009年，信访共受理群众来访385起、465人（次）（其中，个访314起、423人（次）；集访6起、42人（次）），信件20件，举报电话45起、省、市、县批转件148起，市长、县长热线批转件31起，到期结案率100%。全年共立案11起，行文处理5起，出具信访意见书3起，正在办理3起。其中，复议5起，均已维持。

【矿产资源】嵩县地处华北地台南缘，南跨秦岭褶皱系，岩浆活动频繁，断裂极其发育，受马超营断裂、黑沟断裂、瓦穴子断裂3条以北西走向大断裂的控制，矿产主要出露分布在其周边附近。境内已发现的矿产有32种多，金属矿产有金、钼、铅、锌、铁、银、铜等10多种，非金属矿产有萤石、石英、长石、重晶石、花岗岩、凝灰岩、白云岩、大理石等20余种，观赏石有竹叶石、梅花石、龟纹石。已发现矿床、矿点、矿化点160余处，初步探明储量的矿产有金、钼、萤石、重晶石、花岗岩、瓷石、白云岩、钾长石等。共有探矿证172个、采矿证118个。储量规划较大的优势矿产是金、钼、萤石，其中，金探矿证54个、采矿证28个；钼探矿证10个、采矿证2个；萤石探矿证4个、采矿证36个。黄金、钼、萤石已成为支柱产业，矿业经济已成为支柱经济。

【矿产资源规划修编】矿产资源规划修编，征集了各行业相关资料共1500余件，探矿权、采矿权档案资料300余卷，各类表册100余套，各类数据2000余个，形成了新一轮嵩县矿产资源规划文本、说明、资源储量专题研究、矿产资源基础研究报告及各种图件等资料。共划定三大分区，在勘查规划分区中划定各类勘查区共15个，其中，重点和允许勘查区8个，其他限制和禁止勘查区7个。开发利用规划分区划定各类开发区共15个，其中，重点和允许开发区8个，其他限制和禁止开发区7个。矿山环境保护与恢复治理规划分区划定19个，其中，重点保护区8个、重点预防区2个、重点治理区5个、一般治理区4个。已完成规划初稿并已上报。

【采矿权管理】嵩县共有采矿许可证118个，采矿区面积304平方公里，办证矿种有金、钼、铁、铅、萤石、长石等30多个矿种。全年新设立采矿权5个，延续12个，处理矿区边界纠纷2起，核查探矿证设置情况15个。为规范采矿许可证管理，制定了采矿权新立内部会审制度，采矿权新立、延续、变更、注销管理制度，新设采矿权招、拍、挂程序，采矿权划定矿区范围须知，采矿权登记须知，采矿权延续登记须知，采矿权变更登记须知，采矿权注销登记须知。深入到矿山进行实地检查，检查率在36%以上。

【资源整合】嵩县矿产资源在资源整合工作中，坚持可持续发展战略，坚持市场运作与政府调控相结合，全面实现企业与企业之间的联合重组，促进资源的节约保护和合理利用，使现有企业规模经营，确保矿业经济健康、可持续发展。整合后的金矿主要集中在中金、山金和地调一队3家经济实力的技术力量比较大的公司，保有储量达1500万吨矿石量。在钼资源整合中，县政府已下发了钼资源整合文件，洛阳矿业集团为钼资源整合的优势企业，丰源雷门沟钼矿、龙羽鱼池岭钼矿为单独保留企业。莹石资源将有洛阳矿业集团对嵩县36家企业进行整合，整合后将达到日处理原矿900吨的选矿能力，现5家矿山企业已整合成功。

【地质勘查管理】2009年度，共会审探矿权延续项目30个，转让项目3个，变更项目2个；核查省厅拟定探矿权挂牌项目3个；核查采矿权登记中探矿权设置情况10个。完成146个探矿权项目年度检查。

【整合勘查】嵩县整合勘查项目位于嵩县大章乡，是河南省国土资源厅、河南省地矿局为贯彻国土资源部“地质找矿改革发展大讨论”活动精神，实施矿产资源整合勘查战略而部署的重点工程，是河南省地矿局首次与地方政府合作实施的项目。项目总经费预算为1.86亿元，由中国五矿集团和河南省豫矿资源开发有限公司共同出资。2009年5月22日，国土资源部部长徐绍史到嵩县检查指导整合勘查工作，之后“嵩县模式”在全国推广，通过整合现有探矿权，形成2处比较集中的勘查区域：①嵩县七亩地沟—槐树坪—东湾—磨沟一带金矿勘查区（北部四区）总面积78平方公里，包括七亩地沟、槐树坪、东湾、磨沟4个勘查区，其中，工作区面积29平方公里。②嵩县上道回沟—两河口一带钼、铅、锌多金属勘查区（南部四区）总面积237平方公里，包括上道回沟、瓦房、两河口、斩龙岗4个勘查区，其中，工作区面积38平方公里。2009年，项目共完成钻探21293.48米，坑探450米，槽探8175.45立方米。采集基本分析样品7722件；采集原生晕测量样品1622件（含钻孔）；1：5000矿脉调查21.70平方公里；编录老硐11条，编录长1094米；南部四个勘查区1：10000地质填图38平方公里，采集土壤化探样9291件，近场源三级物探扫面16.90平方公里；激电测深点94个。初步估算金资源量20吨，完成货币工作量2360万元。

【矿业秩序治理整顿】对嵩县所有重点矿区、重点乡（镇）辖区内的涉矿违法行为，采取与国土资源警察大队联合执法等方式进行专项整治。全年完成执法巡查218次，出动执法车辆150台（次），执法人员300余人，开展治理整顿40余次，扣押违法采矿设备44台件，拆除工棚215间，驱散民工700余人，行政拘留涉矿违法人员31人，收缴导火索450余米，炸药292余公斤，导爆管182枚，剧毒物品氰化纳100余公斤，有力地打击了矿业违法行为的发生。

【地质灾害治理】全年投入资金400万元，对全县地质灾害进行专项治理。一是对河南省嵩县萤石矿塌陷区进行治理，回填塌陷坑4个，工程量10119立方米，土地复垦2770平方米，排水工程200米。该项目还未竣工。二是对河南省嵩县金牛有限责任公司小南沟堆浸场进行治理。挡土墙147.7米，喷植混凝土护坡工程4627.53平方米，人形格构排水沟护坡工程3731.26平方米，排水沟591.6米，挖方639.8立方米。项目已竣工并通过验收。

【地质灾害防治】坚持预防为主的方针，周密布置，对全县60多个地质灾害隐患点和中小学校区内存在的地质灾害情况进行摸底调查，制定了防灾预案，及时发放防灾明白卡和避险明白卡353余份，在地质灾害点设立了警示标志，实现了地质灾害“零伤亡”的目标。

【设立矿区警示标志】为加快嵩县矿业经济快速发展，使探矿权人、采矿权人依法规范开展工作，并教育提高广大群众对依法设立的探矿权、采矿权的保护意识，增加依法监管的透明度，嵩县国土资源局历时3个多月，对全县172个探矿证、118个采矿证设立公示牌228个，并得到省国土资源厅、市国土资源局的肯定，为依法监管，建立长效机制，提供了一个新的管理模式。

【地质公园建设】投资60万元聘请河南省地质科学研究院编制了《嵩县地质公园总体规划》。全年建设白云山地质园区和伏牛山地质公园东线科考线路150公里，建成地质遗迹保护单位65个，中英文地质遗迹解说牌117个，指示标志78个，重要地理标志碑2个，地质广场1处，地质陈列馆1座。并在12月成立了地质公园管理办公室。

【窗口办文】嵩县行政服务中心国土资源局窗口2009年共受理报件894件，其中，承诺件47件、即办件847件，项目按期办结率达100%。依法收取各种费用64.9万元，编写嵩县国土资源局窗口服务指南20本，受理项目咨询630人（次）。2009年4月，被河南省优化经济发展环境工作领导小组授于“河南省优质服务窗口”荣誉称号。

【驻村扶贫】认真开展包村扶贫工作，抽调2名党员参与黄庄乡柳林村的帮扶帮建工作，先后投资9万余元，建成一座卫生室。同时，投入4.5万元积极参与完成城关朱村、叶岭、青山屯，库区乡牛寨村，闫庄镇的抗旱扶持工作。

【乡所建设】按照省厅、市局统一布署，进一步加大基层站、所建设力度，局成立乡（镇）站、所建设工作领导小组。第一批田湖、车村、大章、大坪4个乡所从2009年8月相继开工建设，2009年12月，4个乡所主体已完工，总投资资金3778641.86元，建筑面积平均每个乡所976.05平方米，其他12个乡所也将于2010年开工建设，力争通过1～2年的时间使基层站所达到“机构设置规范、办公设施完善、管理制度配套、工作纪律严明、人员素质优良、基层群众满意”的总体目标。

【人事教育】加强人事教育管理，一是认真组织申报工人技术等级教育培训工作，按照政策规定共有15名人员参加技术等级考试培训并获得技术等级证书（初级5人、中级2人、高级8人）。二是认真组织参加县委党校举办的公务员培训班，17名公务员参加教育培训并取得优异成绩。三是积极组织基层站所工作人员参加市局举办的乡镇站所工作人员培训班，提高基层工作人员业务素质。

（郭柄飞）

新安县国土资源局

新安县位于河南省西北部，洛阳市西部，北临黄河，与河南省济源市及山西省垣曲县隔河相望；南与宜阳县接壤；西与渑池县及义马市为邻；东与孟津县及洛阳市毗连。地理坐标为北纬34°36′～35°05′，东经111°53′～112°19′。陇海铁路310国道及连霍高速公路横贯东西。新安县辖6镇、5乡、297个行政村，截至2008年底，新安县土地总面积109897.5公顷，总人口49万人，农业人口41万余人，人均耕地1.07亩。

朱国要　党组副书记、局长

李振国　党组成员、副局长

陈万兵　党组成员、副局长

李　凡　党组成员、副局长

郭向阳　党组成员、副局长

王湘潭　党组成员、副局长、纪检组长

朱国要简历：男，汉族，1967年12月生，河南郏县人，中央党校法律专业毕业，大学学历，工程师，1994年7月入党。1985年9月～1988年7月，在沈阳黄金学院采矿专业学习；1988年7月～1998年6月，在洛宁上宫金矿历任副科长、科长、副矿长；1998年6月～1999年7月，任洛阳市地矿局干部；1999年7月～2002年4月，任洛阳市地矿局矿产监督检查科副科长（期间，1999年8月～2001年12月，在中央党校函授学院法律专业学习）；2002年4月～2005年4月，任洛阳市地矿局政策法规和执法监察科科长；2005年4月～2008年7月，任洛阳市国土资源局法规监察科科长；2008年7月～2008年12月，任洛阳市国土资源局地质勘查科科长；2008年底至今任现职。

【机构设置】局机关设办公室、人事宣教股、纪检监察室、财务股、总工办、机关党办、行政审批股、法规检查股、信访股、耕地保护股科、土地利用股、地籍管理股、规划股、稽征股、矿产开发股、地质勘察股、资源环境股、冶金矿山办、测绘管理股、城关矿管站、李村矿管站、铁门矿管站、正村矿管站、石寺矿管站、北冶矿管站、石井矿管站、开发区土地所、国土资源监察队28个股（室）；下设土地储备中心（副科级单位）、土地评估公司、地产交易中心、土地勘测规划队、地金矿业中心、大地开发中心机关服务中心等7个直属事业单位；共计127人。

【土地资源】新安地处豫西浅山丘陵区，地势自西北向东南、自西向东逐渐降低。黄河横于北，秦岭障于南，中间四山（荆紫山、青要山、邙山、郁山）夹三川（青河川、畛河川、涧河川）。总的特征是“山高，岭多、河谷碎，七岭、二山、一分川”。丘陵为全县主要地形，分布于涧河南北二岭及畛河北岸等广大地区，多为黄土覆盖。一般海拔300～400米。面积833.6平方公里，占全县总面积的71.8%。川地沿岸均有河谷川地分布，面积104.1平方公里，占全县总面积的9%。黄河、畛河川平地现大都被小浪底库区蓄水所淹没。截至2009年底，耕地38500.52公顷，园地1380.09公顷，林地27726.63公顷，草地7905.96公顷，城镇村及工矿用地14213.71公顷，交通运输用地2026.27公顷，水域及水利设施用地9669.99公顷；其他土地15000.77公顷。

【耕地保护】严格落实基本农田保护有关规定，完善了基本农田核查统计制度，定期检查报告制度和基本农田档案管理制度，严格规划调整和建设占用基本农田补划验收和备案管理。按照洛阳市国土资源局的要求，采取7项措施严格落实耕地占补平衡制度。一是年初县政府与各乡（镇）签订了耕地保护责任书，进一步明确了乡（镇）政府一把手为耕地保护第一责任人。完善了耕地保护考核机制，将耕地保护指标并列为乡（镇）年终目标考核的重点内容。二是把基本农田置于土地执法监察动态巡查的重点区域，实行“三天一巡查，一周一复查，半月一通报，一季度一总结”。三是加强土地执法监察，严厉打击非农建设违法占用基本农田行为。四是严格执行建设用地项目与补充耕地项目挂钩制度，严格加强耕地占补平衡项目管理。五是完善了耕地后备资源库、年度占补平衡项目库和耕地储备库。六是按规划设计标准验收，确保补充耕地质量。七是严格执行占补平衡考核制度，将考核中发现的问题在全县范围内进行通报，并督促相关单位进行整改，真正达到考核验收标准。完善了基本农田保护标志，耕地面积连续实现了占补平衡，基本农田面积持续稳定在35682公顷以上。

【土地利用总体规划修编】组织召开了规划修编会议，成立了修编领导小组，制订了修编工作方案，选定了协作单位，编制了经费预算，全面收集整理了各方面的意见和建议，并结合新安实际对省、市下达的新增建设用地规模进行了合理分配，划定重点城镇、产业集聚区、独立工矿用地、交通和旅游用地，确定了各类用地的规模和范围，规划修编的各项工作已完成，成果已通过省、市专家评审，正待省政府批复。乡（镇）土地利用总体规划修编工作按要求进行。积极开展矿产资源总体规划修编工作，图纸、文本初稿已形成，待与省、市矿产规划对接。另外，农村集体土地登记工作正在以乡镇为单位按照分类指导的原则，稳步推进。

【建设用地管理】上报河南省政府建设用地批次7个、面积8985.2464公顷，其中，乡镇批次5个、面积171.7202公顷，城市批次1个、面积28.7742公顷，单独选址批次1个、面积8784.796公顷。已经河南省国土资源省厅批复的乡镇批次2个、面积68.3066公顷。同时，向省、市争取建设用地指标90.2087公顷，确保了新电集团40万吨铝板带、2×30千瓦机组建设等重点项目建设用地需求。积极开展项目建设用地规划预审。完成建设项目规划预审8个，累计面积52.0247公顷。其中，新安县第二污水处理厂建设项目已上报并通过省国土资源厅预审，新安县生活垃圾收运系统工程建设项目已通过市国土资源局预审。严格落实查处违法用地、违法采矿乡周报、县月报制度，按照连书记“两个不允许”的要求，新安县政府下发了《建立违法用地逐级报告制度的通知》（新政〔2008〕95号），强化巡查，加强督查，使各类违法违规用地行为早发现、早制止、早立案、早查处。对批而未供的土地进行了全面清查，全县共查出批而未供土地6宗，面积277.248亩，并根据不同情况对其进行了分类处置。完成标准化厂房建设16.901万平方米。严格贯彻《国务院关于加强土地调控有关问题的通知》、《国务院关于促进节约集约用地的通知》和《国务院办公厅关于严格执行有关农村集体建设用地的法律和政策的通知》，认真落实《河南省人民政府关于严格保护耕地保障科学发展实现土地高效利用的若干意见》等文件精神。强化了土地使用合同管理，启用了新版《国有建设用地使用权出让合同》和《国有建设用地划拨决定书》，将土地用途、建筑容积率、建筑系数、投资强度、绿化率、服务性用地占整个工业厂区面积比例以及开发、竣工日期等指标，明确写入土地出让合同，同时，明确违约处罚措施，初步实现了土地使用全程监管。落实征地补偿安置工作，维护被征地农民合法权益，为被征地农民提供了最基本的生活保障。

【土地开发复垦】一是依据全县现有土地资源情况、新农村建设情况及群众意愿，科学规划，统一标准，充分吸纳社会资金，最大程度地调动广大群众的积极性和创造性，强力开展“空心村”整治等土地复垦开发整理工作。已上报通过市局立项并批复的土地复垦面积共计254.24公顷，其中，已完成开发整理补充耕地180.42公顷，通过市局验收并报备的89.2032公顷，剩余部分项目正在建设之中。二是加大土地整理项目的施工和验收力度。2004年，国家投资新安县提黄灌区土地整理项目于2009年2月，一次性通过国家验收。2003年，省投的城关土地整理项目和2007年市投的石井、磁涧土地整理项目已全部竣工，项目验收的各项准备工作已结束。2007年，国家投资的南李村土地整理项目现已完成平整工程107.2余万立方米，田间路和生产路修筑17千米，地埋管道埋设16千米，高压线架设6.2千米，低压线埋设5.6千米，变压器采购招标工作已结束，农用井已打成试验井1眼。

【第二次全国土地调查】成立领导组织，组建办公机构，与各乡（镇）签订了目标责任，招标选定了项目协作单位和监理单位，同时，积极开展业务培训，周密协调相关部门开展外业调查和数据库建设，调查成果也已顺利通过国土资源部实地核查，并被作为规划修编的基础数据予以采用，内业数据库建设及基本农田补划和上图工作正常进行。

【地籍管理】继续贯彻《国土资源部关于开发全国地籍管理规范化建设的通知》要求，在符合各乡（镇）土地利用总体规划和村镇建设规划的基础上，按照合理布局、集约用地、保护耕地的原则，合理确定农村居民点的数量、布局、范围和用地规模。严格执行服务承诺制、首问负责制、一次性告知等制度，已办理农村集体土地登记408件，办理土地抵押登记25宗，国有土地登记62件，集体土地登记408件，年终获得了“新安县行政服务工作红旗窗口”等称号。

【土地收购储备】出让土地7宗，面积52.1205公顷。其中，工业用地3宗、面积49.0908公顷，住宅用地4宗、面积30.297公顷。

【砖瓦窑场管理】对全县已关闭的粘土砖瓦窑厂进行认真巡查，全年县内未发现新建、改建的粘土砖瓦窑场，不存在粘土砖瓦窑场死灰复燃现象。

【第九次卫片执法检查】第九次卫片执法检查中，共涉及监测图斑20个，实地核查土地20宗，图斑显示面积1073.4亩。根据省、市的有关要求，按照政府统一领导、部门密切配合的原则，集中力量逐斑逐宗对其进行了调查摸底，造册登记，加大查处力度，对违法用地行为逐一进行了立案查处。通过利用高科技手段进行卫片执法检查，县、乡政府依法管地的观念明显增强，全社会依法用地的意识显著提高，土地执法形势明显好转。

【来信来访】以“保稳定、促发展、重服务”为目标，按照“谁主管、谁负责，谁决策、谁负责，谁评估、谁负责，谁引发、谁负责”的原则，坚持局领导接访制度和信访工作责任制度，充分发挥乡、村国土资源信访员的主力军作用，排查化解矛盾纠纷，最大程度地将矛盾化解在基层，将问题解决在萌芽状态。依法接待群众来信来访和法律咨询250批、337人（次），召开信访协调会20次，完成了省、市、县交办的各类信访案件。两次派专人赴京、进市进行值勤，及时掌握信访信息，对信访人员进行及时劝返，确保了国家及河南省“两会”期间和重大活动期间没有来自新安县国土资源系统的干扰。

【国土资源警察队伍建设】成立了新安县国土资源警察大队，与国土资源监察大队严密配合，与其他职能部门联合执法，共同打击违法行为。针对石井乡峪里铁矿区非法盗采反弹现象，在新安县政府的统一领导和组织下，3次联合公安、民营、石井乡政府等部门（其中，第三次还联合渑池县政府及相关部门）对石井乡辖区铁矿山进行集中整治，累计出动200余人、车辆30余辆，共拆除工棚18间，设备13台（套），遣散民工80余人，取缔违法采矿点8处，封堵矿硐6处，收缴炸药8公斤、导火索近300米、电线400余米，摧毁矿车3辆。

【矿产资源】新安境内矿藏资源丰富，已探明的矿种达20余种，煤炭、硫铁、铝矾土、石英石储量大、品质高、易开采。煤炭总储量18亿吨，是全国100个重点产煤县之一；硫铁矿储量2.2亿吨；硫磺产量、质量均居全省第一位；铝矿石及耐火粘土总储量3.8亿吨，为河南铝土工业主要原料基地之一。

【采矿权管理】挂牌出让采矿权3宗，办理采矿许可证延续登记12宗；全县矿产资源勘查10家，年检合格10家，合格率100%。采矿权人96个，实际参加年检89个，参检率93%。实地检查矿山50个，实地检查率52%。

【矿业秩序整顿】印发了《新安县国土资源局关于进一步完善矿产资源勘查开发秩序监督管理责任制的通知》（新国土资〔2009〕20号），实行分片包干责任制，采用矿管站日夜常巡查，监察大队重点督查和冶金矿山管理办公室在交通要道设卡检查相结合的方式，严厉打击各种非法采矿行为。矿管站人员对重点矿区、重点矿山坚持分班昼夜值守、日夜巡查，确保各种违法采矿行为做到早发现，早制止。监察大队实行分片巡逻，加强督促检查，确保发生的各类违法案件得到及时查处。冶金矿山管理办公室人员实行24小时值班制度，在矿产品运输的主要路段，分班设卡，对所有运输矿产品的车辆进行检查，堵死无证矿产品的运输通道。全局日常巡查460余次，夜间突击巡查138余次，查处各类违法案件32起，查扣大型机械30余台（套），拆除挖掘机电脑板20余块，扣押非法运输车辆15台。

【地质勘查管理】印发了《关于建立煤矿井下实测检查制度的通知》（新政〔2009〕4号），委托有测量资质的测绘单位对煤矿井下工程每月测量1次，对井下工程进行严密监控，严防超层越界行为发生。对全县所有小煤矿井下工程测量2遍，对大型煤矿图纸审查3遍，未发现有超层越界行为发生。

【采矿临时用地改革试点】部分重点矿山企业虽然持有采矿许可证，但由于矿山用地涉及占用耕地和基本农田，却长期不能正常用开工生产。新安局在借鉴广西平果铝采矿用地改革试点经验，将洛阳香江万基铝业有限公司、中国铝业股份有限公司等企业作为试点企业，帮助企业完善采矿用地方案、临时用地补偿方案、采矿用地复垦方案，按照“积极主动服务，严格规范管理”的总体要求，制定了《补充耕地及补划基本农田方案》，全面审查了该企业《2009年度采矿用地方案》、《临时用地补偿方案》、《采矿用地复垦方案》，制定了《补充耕地及补划基本农田方案》，并在确保农民补偿款切实到位的前提下，积极探索矿山开发临时用地的新路子、新模式，两个企业的临时用地方案已经市局和政府批复，相关手续正在办理之中。

【**地质环境治理**】黛眉山铁矿、石井硫铁矿矿山环境治理项目已全部竣工，各种验收资料已整理完毕，待省、市验收。自3月份开始，集中人力、物力，利用1个多月的时间，对南李村乡盗采矿坑实施了回填，基本达了矿山地质环境治理的要求。

【**地质灾害防治**】制定了《2009年度地质灾害防治方案》，以新安县政府文件形式发至各乡（镇）及相关委（局），对重点地质灾害防治区进行了实地勘察，制订应急预案，提出了具体的防治措施和要求，增强了人民群众防灾减灾意识，确保了人民群众的生命财产安全。

【**测绘管理**】2009年，完成勘测定界测量197宗、面积2800亩;地形测量1.8平方公里;地籍测量26宗、面积369亩。

【**矿管站建设**】2009年，投资300余万元，在石井、北冶、正村、李村4个乡（镇）建设了矿管站办公大楼，并对石寺、铁门2个矿管站进行了装修改造。除李村、北冶2个矿管站办公楼正在内外粉刷、装修外，其余已入住办公。按照统一标准统一制定了基层矿管站工作管理制度，统一配备了车辆及测绘仪器，并分流机关工作人员，充实了到基层，增加行政执法力量，提高了执法水平。

【**政务信息和网络建设**】2009年，投资建立了国土资源业务网，实现了与洛阳市局内网的点对点对接和联通。制作了党务政务公开栏，购置了电子触摸屏，按照党务政务信息公开有关规定，在网站上公开工作职能、公开审批事项、公开审批程序和工作流程、公开收费依据和标准，为单位、个人及群众了解和查询国土资源有关情况提供了平台。上报各级政务信息285条，被洛阳市政府采用12条、洛阳市国土资源局采用45条、新安县委采用54条、新安县政府采用52条，受到洛阳市国土资源局和新安县委、县政府的通报表扬。

（王振峰　李学波）

洛宁县国土资源局

洛宁古称崤地，原名永宁。位于河南省西部，地理坐标为北纬34°36′～34°38′，东经111°8′～111°50′，东邻宜阳县，西连卢氏县，南与栾川县、嵩县相连，北与陕县、渑池县相接。县城距省会郑州市215公里，距洛阳市93公里，总面积2305.5平方公里。2009年底，辖6镇、12乡，389个行政村，3048个村民组。有汉、回、蒙、满等10个民族，人口46万人。境内地形复杂，山川原岭皆备，山区占69%，丘陵原区占22.3%，川涧区占8.7%，基本上是“七山二原一分川”。

刘宝成　党组书记、局长

李智武　党组副书记、副局长

孙少波　党组成员、副局长

郑元文　党组成员、副局长

王红海　党组成员、副局长

吴红岩　党组成员、副局长

辛云坤　党组成员、纪检组长(女)

刘宝成简历：男，汉族，1963年3月出生，中共党员，大学学历，栾川县三川镇人。1985年8月～1990年3月，栾川县三川乡政府招聘干部；1990年3月～1993年3月，栾川县三川乡任党委委员（期间，1992年7月，录为国家干部；1992年7月～1994年7月，河南大学中文专业函授学习）；1993年3月～1996年1月，栾川县三川乡政府任副乡长；1996年1月～1997年2月，栾川县合峪镇任党委副书记；1997年2月～1999年5月，栾川县石庙镇任党委副书记；1999年5月～2000年5月，栾川县秋扒乡任党委副书记；2000年5月～2002年1月，栾川县农委任副主任（期间，2000年7月～2002年12月，省委党校法律专业函授学习）；2002年1月～2004年8月，栾川县农机管理总站任副站长；2004年8月～2008年4月，栾川县外贸局任局长；2008年4月～2008年12月，栾川县人大常委会城建环保委任主任；2008年12月～2009年9月，洛宁县国土资源局任党组书记；2009年9月至今，在洛宁县国土资源局任党组书记、局长。

【**机构设置**】局机关内设办公室、财务股、政工股、建设用地股、政策法规股、地政地籍股、土地规划股、矿产开发股、地质勘查股、资源与环境股、土地监察大队一队、土地监察大队二队、土地权属信访股、土地利用股、矿山稽查大队一队、矿山稽查大队二队、政工股（纪检监察人事宣教）、土地开发中心、土地评估所、测绘管理股20个股（室）；辖城郊乡、城关镇、回族镇、马店乡、长水乡、罗岭乡、上戈镇、故县乡、下峪镇、兴华镇、底张乡、山底乡、赵村乡、陈吴乡、涧口乡、东宋乡、河底镇、小界乡18个乡（镇）国土资源管理所，设下峪、兴华、山底、陈吴、长水、崇阳、大原7个矿管站。

【土地资源】2009年，洛宁县土地总面积230568.93公顷，其中，耕地面积54864.63公顷（基本农田51942.1公顷），占23.8%；林地面积90899.10公顷，占39.42%；园地面积3333.05公顷，占1.45%；草地面积4.61公顷，占0.001%；其他农用地10494.36公顷，占4.55 %；居民点及独立工矿用地10819.27公顷，占4.69%；交通运输、水利用地1450.39公顷,占0.63%，其中，交通用地417.72公顷，水利用地1032.66公顷；未利用地58426.66公顷，占25.34%。

【耕地保护】2009年，严格落实基本农田保护有关规定，初步建立了基本农田核查统计制度，定期检查报告制度和基本农田档案管理制度，严格规划调整和建设占用基本补划验收和备案管理。加大对违法占用基本农田的查处力度，有力地打击了滥占耕地和基本农田等违法行为。基本农田保护实行了县、乡、村三级责任目标制度，在主要公路、重要地段、显著位置设立了大型保护耕地和基本农田保护牌，乡以下在基本农田保护区均设立了基本农田保护标志。全县基本农田面积继续稳定在51942.1公顷。严格落实耕地占补平衡制度，一是严格执行建设用地项目与补充耕地项目挂钩制度，严格加强耕地占补平衡项目管理；二是建立了耕地后备资源库、年度占补平衡项目库和耕地储备库；三是严格按规划设计标准验收，确保补充耕地质量。2009年，补充耕地40公顷，确保洛宁县耕地保有量控制在54896.17公顷，基本农田保护面积稳定在52012.43公顷以上，连续数年实现占补平衡有余。

【建设用地管理】2009年，组织上报2009年度第一批乡镇建设用地（4.9070公顷，回族镇中学建设项目用地）、2009年度第一城市建设用地（7.0353公顷）。

【土地利用总体规划修编】2009年，洛宁县以科学发展观为指导认真编写新一轮土地利用总体规划。一是以建设豫西生态中心城市为目标，以洛河为轴线，规划城市基础设施建设用地。二是以“工业兴县”战略为龙头，规划占地总面积共计11250亩的产业集聚区，其中，建成区2010亩、发展区4500亩、控制区4740亩。三是以实施重点项目为突破口，规划东宋工业园区、西山底工业区、小界工业区、矿山建设等建设用地。四是以改善民计民生为主规划交通道路、水利设施、新农村建设等建设用地。新增建设占用耕地规模控制在480公顷以内，土地整理复垦开发补充耕地面积不低于1266公顷，耕地保有量保持在55651公顷，基本农田保护面积稳定在52565公顷以上。《洛宁县土地利用总体规划纲要（2006-2020）》（讨论稿）已通过省市评审。各乡（镇）土地利用规划修编目前已完成基础资料收集工作，具体规划正在按照省市要求，依据各乡（镇）经济和社会发展规划进行了编制。

【土地整理】2009年，洛宁县国土资源局争取引进国家级投资项目底张乡土地整理项目，总投资1526.03万元，占地面积557公顷。在洛宁县委、县政府的重视以及有关部门、所在乡政府的大力支持下，经过各施工单位和洛宁县国土资源局全体同志的共同努力，圆满完成项目区土地平整、田间道路、铺设地埋管、营造防护林等各项工程,并顺利通过省市验收。12月份，完成了投资660万元的赵村、河底土地整理项目的招标工作。

【地政地籍管理】2009年，积极开展地籍更新调查工作，完成基本农田、建设用地、城镇建设用地等各项专项调查，建立地政地籍数据库，实现地籍管理信息化。

【第二次全国土地调查】2009年，洛宁县国土资源局在全县18个乡（镇）、345.853395万亩土地范围内开展了第二次全国土地调查工作。通过调查，全面查清全县本县土地利用状况，掌握了全县农村各类土地的利用状况；掌握了城市建成区、建制镇建成区的城镇土地状况；查清了全县基本农田状况，建立了土地调查数据库，实现了调查数据的互联共享和信息化管理，为新一轮土地利用规划修编提供准确、详实的土地利用有关数据，为合理利用土地资源，促进洛宁县经济社会发展奠定了基础。

【国有土地使用权出让】2009年，供应标准厂房建设用地5公顷，完成标准厂房面积45000平方米；挂牌出让土地4宗,即15万吨银铅冶炼厂工业用地、移动公司公共服务用地、紫竹购物中心和竹海水韵小区商业住宅用地，面积436亩；协议出让1宗，即豫港幼儿园，面积12.7148亩；供应经济适用房、廉租房项目用地宗数1宗，面积48.9亩。为西气东输工程二线洛宁段工程提供949.6亩临时和永久性土地。年度征收土地有偿使用费3708万元。

【矿产资源】截至2009年，洛宁县已发现各类矿产25种。金属矿产有金、银、铅、锌、铁、钼等12种。其中，金矿石量746.32万吨，金属量46.35吨；银铅矿产量597.32万吨，金属量银1094.45吨，铅316400.15吨；锌矿石量37778.84吨。金、银矿产储量在河南全省储量中均占重要地位，已探明大型金矿床1处，中型金矿床3处；大型银矿床1处，中型银矿床1处。全县共有矿山企业20家（有采矿证），矿区总面积114.7537 平方公里；共有勘查区45个，总面积408.78平方公里。

【矿山资源整合】2009年，严格按照“有偿有序、供需平衡、结构优化、集约高效”的原则，优化矿业布局，合理调整矿业结构，将金、银、铅优势矿种集中整合给金龙公司等技术先进、实力雄厚的大型企业，将部分矿山空白区整合给洛阳中迈集团公司，使矿山企业规模化、集约化水平明显提高，同时，也有效遏制和预防了违法采矿形象的发生。

【矿业秩序整顿】2009年，针对洛宁县县矿产资源开发中在部分区域存在的违规违法行为，认真开展整顿和规范矿产资源开发秩序专项整治行动，对44个勘查区、21个采矿区及非法采矿点进行全面整治，停产整顿矿山企业9个，取缔无证采矿点15个，拆除设备20余台，拆除工棚51个，遣散民工200余人，查封矿石700余吨。通过整治，洛宁县矿山开发秩序基本走上了良性发展的轨道。

【采矿权管理】2009年，为确保洛宁县矿山资源依法有序、科学开采，彻底根除无证违法开采现象，根据洛阳市国土资源局文件精神，结合洛宁县现有矿权人的实际情况，2009年，对全县19个采矿证实施了年检工作。同时，对矿山实行储量动态管理，有效预防了企业越界开采等违法现象的发生。

【地质勘查管理】2009年，根据《河南省矿产资源开发监督管理制度》和《洛阳市人民政府关于全面整顿和规范矿产资源开发秩序的通知》等有关文件精神，为规范探矿权人的勘查行为，加强探矿权的监督管理，消除安全隐患，严防安全事故和地质灾害的发生，结合洛宁县实际情况，对45个勘查区从4个方面进行监管。①探矿权人是否按照勘查实施方案施工；②勘查区内是否存在以采代探、圈而不探、非法转让探矿权和越界探矿等违法行为；③勘查工作中是否存在安全隐患；④勘查区内是否存在地质灾害隐患。

【地质灾害防治】2009年，洛宁县全方位开展地质灾害防治工作。一是组织人员深入乡、村、矿山对全县地质灾害隐患进行认真调查，确定主要地质灾害防治重点197处，其中崩塌73处，滑坡35处，地面塌陷9处，泥石流8处，不稳定斜坡46处，重点防治对象26处（尾矿坝、矿渣、边坡、黄土湿地等）。二是建立健全地质灾害防治监控网络。三是认真编制《2009年洛宁县突发性地质灾害防治应急预案》，建立和完善各项制度，健全领导机构，成立县应急处置指挥部。

【地质环境治理】2009年，积极开展地质环境治理，完成投资200万元的吉家洼金矿矿山环境治理工程。

【地质公园建设】2009年，组织实施投资300万元洛宁县神灵寨地质公园地质遗迹保护工程，优化了灵寨地质公园地质环境，促进了旅游事业的发展。

【执法监察】2009年，洛宁县继续加大执法监察力度，对非法转让、买卖土地，违法开采矿产资源行为进行了重点查处。首先，建立和完善国土资源监察网络，县国土资源局、乡（镇）国土资源所、村组建立层层责任制，设立信息员，建立举报受理机制，土地监察一队、二队对全县18个乡（镇）分区监管，自上而下构筑监控网络，在制度措施上防范各类土地违法行为的发生。其次，对回族镇、城关镇、城郊乡及公路沿线实行重点监控，不定期巡回检查，实行严格的动态管理。三是严厉查出非法转让、买卖土地，无证开采，越界开采等违法行为。全年共立案查处各类违法案件17起。

【国土资源警察队伍建设】2009年，洛宁县国土资源局和洛宁县公安局于12月17日成立“洛宁县国土资源警察大队”，人员、办公场所、经费全部到位并开展工作。

【来信来访】2009年，建立信访工作应急机制，对重点案件及时处理，对重点上访人员进行稳控，有效预防了赴京、赴省上访的发生。建了立县、乡、村三级例会制度。积极配合县委书记大接访活动，集中时间、集中力量、明确责任、分工协作，调处信访案件，排查不稳定隐患。全年接待群众来访275批次、369人，排查化解矛盾纠纷32起，处理信访案件12起。

【信息化建设】2009年6月，洛宁县国土资源局接通内网光纤，并投入20万元左右购买台式电脑34台，笔记本电脑2台，数码摄像机2台，数码照像机2台，大型绘图仪1台，40G移动硬盘2个，U盘20个，CD刻录机1个，程控电话交换机1台，硬件防火墙1台，路由器2台，激光打印机4台，电视监控摄像头7个等内网所需设备，对机房进行改造，完成内网建设，建立洛宁县国土资源局门户网站，与河南省国土资源厅、洛阳市国土资源局联网，实现报件电子化。

（韦天虎）

栾川县国土资源局

栾川县位于八百里伏牛山南麓豫西山区，古时西部蔓渠山（今闷顿岭）鸾鸟群栖，故名鸾山，所出伊水名鸾水，地名鸾川。“鸾”与“栾”两字通用，宋朝以前通写鸾川。元代，修《宋史》时写栾川，沿袭至今。栾川县城距洛阳市200公里，距省会郑州市349公里。东与嵩县交插毗邻，西与卢氏钩错衔接，南与西峡依伏牛而抵足，北与洛宁傍熊耳而摩肩。现辖区总面积2477平方公里，辖7镇、7乡、213个行政村（含4个居委会），人口32万人。栾川位于豫西伏牛山区，地理坐标为，东经111°11′～112°01′、北纬33°39′～34°11′。栾川资源丰富，有4大资源。一是矿产资源，主要有钼、钨、铅、锌、金、铁等50余种，其中，钼、钨储量大、品位高，已探明钼金属储量222 万吨，居亚洲第一，世界第三，2006年3月1日，栾川被命名为“中国钼都”。二是旅游资源，景观群集，门类齐全，特色各异，融奇山、幽林、翠竹、溶洞、滑雪为一体。境内已有鸡冠洞、龙峪湾、重渡沟、老君山、养子沟、伏牛山滑雪场6个国家4A级景区，是中原地区重要的生态旅游热线，被国家旅游总局命名为河南省唯一一个“中国旅游强县”。三是森林资源，全县有林地面积330万亩，森林覆盖率83.3%，居河南省第一，有“中原肺叶”之称。四是中药材、土特产资源，已普查出各类中药材1402种，年收购量500万公斤以上，是河南省重要的中药材生产基地；土特产品主要有木耳、香菇、猴头、板栗、核桃等。

高战民　党组副书记、局长

耿向阳　党组书记

张文晓　党组成员、副局长(2009年7月退二线正科)

郭景岳　党组成员、副局长（正科）

李苏毅　党组成员、副局长（正科）

刘淑青　党组成员、纪检组长(女)

高战民简历：男，1963年7月出生，汉族，原籍河南省伊川县高山乡，中共党员，大专文化。1979年9月～1982年7月，在豫西农业专科学校（现河南科技大学）学习；1982年7月～1984年8月，在栾川县食品公司工作；1984年8月～1986年10月，在栾川县档案局工作；1986年10～1992年10月，在中共栾川县委政策研究室工作，1987年12月起，任副科级协理员；1992年10月～1994年12月，在中共栾川县委办公室工作，任秘书、信息科科长（副科级）；1994年12月～1997年1月，任栾川县城建环保土地局党组成员、副局长；1997年1月～2002年6月，任栾川县土地房产管理局党组成员、副局长；2002年6月～2007年2月，任栾川县国土资源局党组成员、副局长；2007年2月～2008年9月，任栾川县国土资源局党组副书记、副局长（正科级）；2008年9月至今，任栾川县国土资源局党组副书记、局长。

耿向阳简历：男，1964年1月出生，汉族，籍贯河南省洛宁县城郊乡，中共党员，大专学历。1981年12月，洛宁县物资局木材公司全民固定工；1984年9月，洛宁县木材公司会计；1987年11月，任洛宁县木材公司副经理；1986年7月，河南广播电视大学经济管理专业毕业；1989年7月，评为助理经济师；1989年3月，洛宁县纪委干部；1993年2月～1997年3月，任洛宁县涧口乡纪委书记；1997年3月～2002年3月，任洛宁县回族镇纪委书记；2002年3月～2003年8月，任洛宁县国土资源局纪检组长；2003年8月～2007年8月，任洛宁县国土资源副局长；2007年3月～2008年11月，任洛宁县国土资源局副局长（正科级）；2008年11月至今，任栾川县国土资源局党组书记。

【机构设置】2009年，栾川县国土资源局有干部职工200人，其中，在编人员163人（财政全供52人，自收自支111人），不在编人员25人（有企业手续12人，临时工13人），退休人员12人（2009年退休1人）。设行政办公室、人事教育科、审计科、后勤服务中心、财务科、通讯报道组、国家建设用地科、窗口办、集体建设用地科、房产管理科、地政地籍科、房产交易科、耕地保护规划科、法制信访室、住房维修基金管理中心、危房鉴定办公室、测管科、租赁办公室、物业管理办公室、测绘队、土地房产交易中心、土地监察大队、土地储备整理中心、重点项目办公室24个科（室），辖城关、栾川、赤土店、庙子、合峪、潭头、秋扒、狮子庙、三川、白土、冷水、叫河、陶湾、石庙14个国土资源所。

【土地资源】栾川县地处豫西洛阳市的西南部，南有伏牛山，北有熊耳山，均出自秦岭山系。根据特征，分为4个类型区：一是深切割中山，分布在境内伏牛山北侧，熊耳山分水岭主卖南侧的纵深地，海拔1000～2200米，坡度在45°以上，面积占全县总面积的37.2%；二是中切割山，分布在遏遇岭主脉中段与西段的三川、冷水、赤土店、白土、狮子庙的南部地区，海拔1000～1800米，坡度在40°左右，面积占全县总面积的12.2%；三是浅切割低山，分布在伊河、小河两侧的浅山地带和合峪的大部分地区，海拔500～1000米，坡度30°～40°，面积占全县总面积的34.1%；四是断陷盆地及侵剥蚀山丘，主要分布在潭头、栾川、陶湾、合峪，海拔500米～1000米，面积占全县总面积的16.5%，是栾川的主粮区。2009年12月31日，根据栾川县第二次土地调查数据，栾川县耕地面积17158.12公顷，园林面积1634.62公顷，林地面积202581.57公顷，草地面积8421.13公顷，城镇村及工矿用地10196.66公顷，交通运输用地1628.48公顷，水域及水利设施用地2515.29公顷，其他土地3562.55公顷。

【建设用地管理】2009年，按照国家、河南省、洛阳市有关“扩内需，保增长，带动投资”的政策，积极做好用地服务。全年组织报件4个，面积708.1755亩。其中，乡镇批次1个，面积79.9755亩。已获批次（河南省人民政府批次4个批次，面积708.1755亩；洛阳市人民政府农转批准3个，面积226.854亩）。7个集体用地，第一批次供地4宗，面积170.352亩；第三批次供地3宗，面积36.537亩。

【耕地保护】全县基本农田保护面积始终保持在15510公顷以上。在全县范围内划定基本农田保护区209个，基本农田保护块2806个，设置保护标志429个；完善基本农田档案资料225个，编制乡村基本农田保护图900余张，做到责任人、面积、四至明确；县与乡（镇），乡（镇）与村民委员会、村民委员会与小组、小组与个人分别签订目标管理责任书，落实基本农田保护面积，明确各级对基本农田保护的责任；以栾川县政府名义下发了《耕地保护责任目标考核办法》，明确各乡（镇）长为耕地保护第一责任人；完成全县2009年度城市建设用地4个批次和乡镇建设用地3个批次的耕地占补平衡任务，共补充耕地60余公顷。

【土地利用总体规划修编】全面完成了规划基数核查确认、资料收集、规划专题研究和上轮规划实施情况评价等工作，编制了本轮规划修编大纲，确定了各类用地的规模及布局，栾川县规划大纲于4月底通过洛阳市国土资源局初审，10月已通过了河南省评审。洛阳市预下达给栾川县的2010～2020年建设用地指标737.73公顷（合11066亩），栾川县又经过努力争取用地指标230公顷（合3450亩），总计达到967.73公顷（合14515.95亩）。其中，分配到中心城区420公顷（合6300亩），产业集聚区300公顷（合4500亩），建设用地指标从全市指标最少上升到全市上游水平，县级、乡级规划修编已全面完成。

【地籍管理】全年共提供土地登记资料开查询145宗地，为300余人提供了查询服务。全年发放国有土地使用证144本，面积33万平方米；集体土地使用证64本，面积3.6万平方米；他项权利证书11本，面积2.4万平方米；贷款金额360余万元。

【国有土地使用权出让】全年逐步完成了2007度批而未供建设用地批后实施工作。认真落实工业用地招拍挂制度，严格执行出让最低价标准，出让工业用地3宗，土地面积4.55公顷（68.25亩），收取土地出让金426万元。完成对栾川县三合金矿、栾川县农业银行、栾川县面粉厂等改制企业用地和经营性用地挂牌出让工作。全年共计出让土地10宗，面积118亩，收取土地出让金4310万元。完成经济适用房等5宗划拨土地供应工作，供地面积86.7亩。有力地支持了重点工程项目建设。全年所有出让土地信息全部在河南省土地市场网公开发布，进入土地市场动态监控。严把土地供应闸门，对限制用地、禁止用地项目坚决不予供应。

【土地节约集约利用】加快“城中村”改造步伐，进行“城中村”改造6处，占地面积177333.8平方米。为高效节约用地，新建房屋一律为高层或多层建筑，建成后可安排650余户群众入住。继续加大推进多层标准化厂房建设，研究制定出台企业进驻多层标准化厂房优惠政策。本年度，在栾川县潭头镇、庙子乡、合峪镇设立3个工业聚集区，开工新建成标准化厂房36500平方米，引导35家企业入驻。

【土地收购储备】认真落实国土资源部、财政部、中国人民银行2007年11月19日联合下发的《土地储备管理办法》，加强和改进全县土地储备工作。栾川县土地储备整理中心起步晚、经验少、无资金积累，人员少、技术力量薄弱，在人员及办公室非常紧张的情况下，成立了专门办公室，安排专职人员对闲置土地进行模底调查，重点对县城城东新区的闲置土地进行摸底排查并宗地建档。收储24宗，面积共69.7738公顷。

【执法监察】全年对全县范围进行了14次巡查,参加巡查125人（次）,发现县城规划区以外违法用地12宗，其中，制止5宗，立案查处7宗,结案7宗，涉案面积62.51亩。在“两违”集中整治活动中，共排查出各类“两违”案件72宗，面积152.6256亩，拆除建筑8处，面积5.32亩，强制拆除7户，配合电业局对11户建筑工地进行断电处理。整个规划区“两违”建筑已基本停工，违法现象得到了有效遏制。

【国土资源警察队伍建设】2009年2月3日，栾川县国土资源警察大队挂牌成立。栾川县国土资源局还在城关、栾川等乡（镇）成立了执法监察中队，形成了“区域负责、职责明确、上下联动”的执法工作新格局。栾川县国土资源局积极做好警察大队、监察大队工作职能的融合和相互之间的配合。不断加强与警察大队的沟通、联系，从各个方面竭力支持警察大队的工作，及早联合查处一批土地违法案件，震慑违法的人和事，净化全县土地市场。

【信访工作】2009年，全县共接待土地来信来访案件120起，乡（镇）受理99起，结案95起，结案率达96%；县国土资源局受理21起，结案20起，结案率达95%（其中，受理县以上批转交办案件11起，办结率100 %）；参与4起信访案件的诉讼，胜诉3起，另外一起正在审理中。全年信访案件的稳控率均控制在责任目标之内，为栾川县的经济发展，社会稳定作出了积极贡献。被省国土资源厅授予“信访稳定先进单位”。

【测绘管理】一是建立测量标志台账，重新把现有的测理标志台账进行整理，分发到各乡（镇）；二是配合洛阳市国土资源局对全县3家测绘队和地图市场进行检查，检查中发现不合格和三无地图，当场予以没收，并对店主批评教育；三是配合河南省遥感院做好全县D级GPS网埋标工作，完成全县26个埋标工作任务。

【窗口办文】栾川县国土资源局行政服务窗口办工作人员严格遵守行政服务中心各项规章制度，牢固树立“高效、廉法、公开、公正”的服务意识，内练素质、外树树形象，竭力为群众服务，为企业排忧解难。全年国土资源局窗口办受理审批事项833件，因不符合规定等原因退回12件，办结1214件（其中，办理2007年遗留承诺件381件），收取各种费用4826.56万元。服务窗口的工作人员多次受到栾川县行政服务中心通报表扬，栾川县国土资源局窗口先后被县、省授予“红旗窗口”（县级）、“优秀窗口”（省级）。

【廉租房和经济适用房】廉租住房建设项目方面，申报了“栾川县南苑新村、利民小区和伊源小区”3个廉租住房建设项目，廉租住房项目建设工作共争取上级资金1792.5万元。南苑新村1.2万平方米廉租住房项目，可安排廉租住房保障家庭200余户，使困难家庭住房难的问题得到解决；伊源小区、利民小区总建筑面积 3.5平方米，建设房屋700套。经济适用房建设项目方面，于2008年4月动工，2009年度已完成建筑规模4.6平方米，投入资金6300万元，已经建成 10幢、437套，还有2幢正在进行室内外粉刷、门、窗、水、电安装。

【乡所建设】进一步加强了对乡（镇）国土资源所工作人员的培训、责任目标管理、业务指导等工作。一是严格执行耕地保护制度，加强基本农田管护，通过加大巡察力度，与村、组签订目标责任书，确定土地监督员等措施，确保了本乡（镇）耕地总量不减少，基本农田保护率达到100%。二是做好宣传和政务信息工作。潭头、石庙等乡所利用“6·25”土地日等机会周密安排部署，创新工作方法，大力宣传土地法律法规，收到良好的社会效果。陶湾、赤土店等乡所注意收集工作的好做法、好经验，做好宣传报道、政务信息报送工作，部分稿件被新闻媒体、上级政务信息采用，有效增加了工作透时度。另外，各乡所在服务乡镇经济建设、新农村建设等工作中都发挥了重要作用。

（王少杰　赵福海）

栾川县地质矿产局

栾川位于豫西伏牛山区，地理坐标为，东经111°11′～112°01′，北纬33°39′～34°11′。东与嵩县毗邻，西与卢氏接壤，南与西峡抵足，北与洛宁摩肩，总面积2477平方公里，东西长78.4公里，南北宽57.2公里。辖14个乡(镇)、213个行政村（含4个居委会），总人口32万人，全县山多地少，有名的山头达1.2万多个，人均耕地0.59亩，是典型的深山区县，境内有伊河、小河、明白河、淯河4条较大河流，分属黄河流域和长江流域，伏牛山、熊耳山、遏遇岭自西向东将全县分为南北两大沟川，素有“四河三山两道川，九山半水半分田”之称。

魏敏强　党组书记、局　长
王宏伟　党组成员、副局长
马有华　党组成员、副局长
宇　洁　党组成员、副局长
刘淑青　党组成员、副局长(女)
冯保才　党组成员、副局长
张文伟　党组成员、纪检组长

魏敏强（曾用名魏民强）简历：男，汉族，生于1962年6月，中共党员，在职研究生学历，栾川县合峪镇人。1979年参加工作，担任中学教师10年；1988年开始，先后在秋扒乡担任团委书记、教育助理、党委秘书、党委副书记兼人大常务主席、纪委书记等职；1995年，任县委办副主任，同年9月任狮子庙乡乡长；1997年1月，任狮子庙乡党委书记、人大主任；1999年9月，任栾川乡党委书记、人大主任；2003年5月，任县纪委副书记；2005年8月，任县纪委常务副书记、兼监察局局长，同时还担任县委委员、人大常委会委员，县政府党组成员；2008年12月，调栾川县地质矿产局任党组副书记、局长；2009年11月，任党组书记、局长。

【机构设置】栾川县地质矿产局成立于1984年，是洛阳市国土资源系统唯一单设的以矿业管理为主的行政主管部门，全局共有干部职工123人，内设13个机关科（室），下设7个基层矿产管理站和2个经营性实体，并成立了河南省科学研究院（栾川分院）和河南省第一地质工程院（栾川分院）。

【矿产资源】栾川县位于洛阳市西南部，是豫西多金属成矿带的中心区域，区内矿产资源丰富，是我国著名的多金属矿集区，全国16个重要多金属成矿带的核心区域，“中国钼都”闻名国内外，矿业经济占全县国民经济成分的80%以上，对县财政收入贡献率达85%以上，境内金属矿产、非金属矿产、能源矿产和水汽矿产4大类、50余种，已探明储量的矿产19种，各类矿产地251处，其中，大型矿床7处，中型矿产地13处，小型矿产地35处，优势资源可归纳为钼、钨、铅、锌、金、银、铁、萤石等。其中，钼金属储量222万吨，居亚洲第一，世界第三。

【采矿权管理情况】栾川县共有各类采矿许可证175个，其中，国土资源部颁发3个、省国土资源厅颁发122个、市国土资源局颁发4个、县地质矿产局颁发46个。按矿种划分，铅锌94个、钼6个、金10个、铁10个、硫铁4个、萤石23个、脉石英6个、大理石10个、白云岩4个，石墨2个、石灰岩、地热、花岗岩、安山岩、长石各1个；各站中，赤土店站30个、冷水站30个、陶湾站43个、白土站17个、城关站46个、潭头站9个。采矿许可证总面积313.4357平方公里。全年共处理采矿权报件71件，其中，新设2件、转让6件、划定矿区范围11件、延续4件、临时延续48件。出据资料返还单20份，其中，延续10份、划定矿区范围6份、转让、变更4份。并认真搞好采矿许可证年检工作，审查有关资料，年检率99%，实地检查率100%。

【地质勘查管理】栾川县辖区共有勘查许可证101个，其中，铅49个，金17个，铁12个，多金属3个，铜7个，铅锌4个，钼3个，地热2个，银1个，滑石1个，锌1个，萤石1个。总勘查面积924.46平方公里。全年办理勘查许可证报件44件，其中，延续、变更转让35个，审查新申请及招、拍挂、项目9个，办理火工产品报批审批件4个，对所报延续、变更、转让的35个勘查项目均逐一实地进行验收和室内会审会签；认真搞好勘查证年检工作，应报年检资料79份，实际收到年检资料77份，年检率92.2%；积极开展地质探矿工作，全年完成探矿资金投入7000万元，实施钻探工程68470米，坑探工程38379米，槽探工程38772立方米，新增钼储量达20万吨以上，黄金储量达9吨以上，铁矿石量600余万吨，这些矿产资源的探明为栾川矿业可持续发展提供了强有力的后备资源保障。

【执法监察与信访工作】2009年，栾川县地质矿产局以“转变观念，提升执法能力，确保矿业管理秩序长治久安”为目标，以巩固整顿和规范矿产资源开发秩序工作和为矿业权人服务为己任，主动作为，开拓创新，认真开展打击无证开采，越层越界等违法活动。全年矿山动态巡查227次，出动人员400余人（次），下发制止违反矿产资源法规行为通知书49份，立案查处矿业违法案件19起，罚款17.88万元，拆除工棚33间，封停洞口27处，扣押设备4件，批评教育57人，警告14人，做到对各类违法行为重预防、严查处、早发现、早制止。开通了“12336”国土资源违法举报电话，认真办理县人大代表、政协委员对矿产资源开发与管理工作中的提案工作，信访稳定工作始终坚持矿产违法违规查处的月报制度，全年办理矿业方面信访案件4起，全部和当事人见面，满意率达100%。

【矿业秩序整顿】2009年，栾川县地质矿产局在国土资源部和省、市、县政府的正确领导下，以“治乱、治散、治本”为重点，全面开展了整顿和规范矿产资源开发秩序工作，连续在全县开展了3次较大规模的矿产资源开发秩序整顿活动，使乱采滥挖、浪费资源、污染环境的现象得到有效遏制，违法案件得到及时查处，破坏生态现象基本杜绝，“十五小”企业全部关闭取缔，有力维护了社会大局的稳定，为县域经济的持续健康发展奠定了坚实的基础，全县矿业开发秩序井然，呈现出规范、科学、有序的良好局面。

【矿产资源整合】为了合理开发、有效保护珍贵的矿产资源，2009年，栾川县地质矿产局严格按照“以整顿促整合、以整合促规范、以规范促发展”的工作思路，使栾川以钼为主的工矿产业得以持续发展，在集中开展整顿和规范的基础上，有目的的引导企业走资源整合之路。一方面，注重在宏观上提高采选企业准入门槛，出台了《关于栾川县钼、铁、铅锌企业规模发展意见》，在总量和规模上加以限制和引导；另一方面，坚持市场运作和政府调控相结合，严格按照《矿产资源法》等有关法律法规，综合运用经济、法律和必要的行政手段，扶优扶强，依法办矿，优化资源配置，对矿山企业和选矿企业进行整合，对于钼行业，以三道庄矿区为重点，通过股份制合作的形式，促成洛钼集团对栾川三强矿业公司、九扬矿业公司、大东坡矿业公司的控股经营，实现了统一开采、统一供矿、统一管理的格局，使原有的7家地采企业全部撤出，结束了三道庄矿区多年来存在的“上露采、下地采”的历史。对于萤石行业，依托栾川丰瑞氟业公司对全县32个萤石矿权进行整合，整合后萤石矿权17个，萤石矿权总数减少了47%，针对铅锌、铁行业结合开发现状，制定了《栾川县铅、锌、铁资源初步意见》，为以后资源整合工作奠定基础。通过整合，使各种资源开发中存在的开采利用水平低、经济效益不高，安全生产条件差等问题，充分得到了有效改善，矿产资源开发秩序得到明显好转。仅一年来，钼资源的开采规模就由原来的不足20000吨/日发展到59000吨/日，矿产资源利用效率和集约化程度得到不断提高。

【地质灾害防治及地质环境治理】2009年，栾川县地质矿产局排查出地质灾害隐患点29处，其中，滑坡25处，泥石流隐患点2处，崩塌1处，地面塌陷1处。进行详细登记、建卡造册，发放防灾明白卡和避险明白卡500余份。为切实做好汛前地质灾害气象预警预报工作，联合气象局利用天气预报和短信平台发布汛期手机短信，特殊天气发布预警短信3000余字。2009年，新申报伏牛山地质公园（鸡冠洞景区）地质遗迹保护项目，申请资金420.42万元；三合金矿排渣场治理项目申请资金350万元，目前正在施工之中。同时，委托河南省地矿建设工程（集团）有限公司编制《栾川县地质灾害防治规划》和《栾川县矿山地质环境保护与治理规划》，全面动员和启动了栾川矿山地质环境恢复治理保证金制度实施工作。

【地质公园建设】2009年，栾川县地矿局认真按照地质公园创建工作要求，对照创建标准，及时组织专家到栾川考察，并完善相关软件资料。一是迅速邀请国家、省、市地质专家到栾川实地考察，先后9次组织各级专家深入老君山、龙峪湾、鸡冠洞、重渡沟、滑雪场、鼎室山、秋扒、三道庄矿区等实地进行考察，确定地质成因，科考线路，旅游线路。二是认真完善相关资料。设置了各种科考牌及标识牌位置，拍摄了各种图片，编制了景区长远发展规划，编写了科普导游词，并委托省地科院编写了申报世界地质公园的各种书面材料，印制画册，电视解说光盘、视频片等相关创建资料。截至2009年底，共印制整套资料50套，画册500份，光碟20盘，申报书50份，栾川园区综合考察报告50本，评估表及其说明50本，考察指南1000份，伏牛山世界地质公园剖面图500份。通过努力，2009年8月，在山东泰安召开的世界地质公园研讨会上，栾川作为扩展园区顺利加入伏牛山世界地质公园网络。

【政务信息工作】2009年，栾川县地质矿产局紧跟全省国土资源信息化建设步伐，打开了新的工作局面，一是加强基础设施建设，着力推动信息化建设进程。外网、内网、视频会议3条专线全部铺设到位，完成了机关业务网60个信息点综合布线和有关科室45台计算机硬盘及物理隔离卡的加装工作，率先在全市完成视频会议基础建设工作。二是充分发挥信息化作用，加大政务公开力度。及时、准确、全面地做好对外宣传工作，充分发挥社会舆论宣传导向作用，全年向各类媒体报送信息、文件、图片450多次，被市级以上报刊采用80余篇。

【窗口办文】2009年，栾川县行政服务中心地矿局窗口紧紧围绕中心工作，按照“树立形象，健全制度，规范程序，提高效率”的总体工作要求，扎实认真开展各项工作。全年共办理各类业务报件132件，其中，采矿证延续16件、转让7件、划定矿区范围11件、临时延续采矿证55件，探矿权延续33件、转让4件、新设探矿权6件，都在承诺的时限内给予办结，办结率始终保持在中心前5名。2009年，被河南省优化经济发展环境工作领导小组授予“优质服务窗口”。

【基层矿管站建设】一是强化基层站所建设。加大投入，对6个矿管站进行房屋装修改造和环境绿化，配备和完善了工作、生活和娱乐设施。新建合峪矿管站和改建白土矿管站的立项、征地、资金网络建设。二是强化信息网、监控系统等，扩展布线和网络联机，使机关各科（室）、站（所）联网办公，率先实现了信息办公自动化。

【2009年主要荣誉】2009年，栾川县地矿局荣获“省级文明单位”和“河南省优质服务窗口”荣誉、“河南省矿产资源补偿费征收工作先进单位”、“洛阳市社会治安综合治理工作先进单位”、“洛阳市国土资源系统依法行政先进单位”、“洛阳市整顿和规范先进单位”荣誉、栾川县委、县政府“目标考核嘉奖单位”和“全县依法行政和行政执法工作先进单位”等多项荣誉。

（谷西甫　符彦文）

洛龙区国土资源局

洛龙区背靠邙山，面对伊阙，东望嵩岳，西倚周山，层峦叠嶂，群山环绕，如天然城郭。地理坐标为东经112°16′～112°37′、北纬34°33′～34°46′，南北宽21.5公里，东西长33.5公里。地貌特征属伊洛河冲积平原，地势是西北高、东南低的簸箕形开口盆地，境内海拔最高为394米，最低为126米。洛龙区是2000年6月按照国务院批准的洛阳市辖区行政区划调整方案，以原郊区南半部为基础成立的城市新区，辖区面积244平方公里，总人口244万人。现辖4镇、2乡、1个街道办事处，135个行政村，15个社区，948个村民小组。

李建森　党组书记、局长
于志涛　党组成员、副局长
李　刚　党组成员、副局长
马树平　党组成员、纪检组长
宋伟胜　党组成员、矿管办主任

李建森简介：洛阳市龙门镇人，1962年10月出生，汉族，本科学历，中共党员，1983年8月参加工作。1981年9月～1983年7月，在河南省政法干部学校司法中专班学习；1983年8月～1985年5月，在洛阳市第二法律顾问处工作；1985年5月～1987年12月，在洛阳市劳教所工作；1987年12月～1991年6月，任洛阳市郊区律师事务所律师；1991年12月～1995年6月，任洛阳市郊区法制局科员；1995年6月～1997年6月，任洛阳市郊区文化馆馆长；1997年6月～2002年1月，任洛阳市郊区、洛龙区法制局局长；2002年1月～2005年1月，任洛阳市洛龙区政府办公室副主任、法制局局长；2005年1月～2006年3月，任洛阳市洛龙区人大办公室主任；2006年3月至今，任洛龙区国土资源局党组书记、局长。

【机构设置】2009年，洛龙区国土资源局现有干部职工85人。内设办公室、法规信访股、地籍管理、耕保规划股（土地利用股）、矿产资源管理办公室5个股（室），辖安乐镇、龙门镇、关林镇、白马寺镇、古城乡、李楼乡6个国土资源所。

【土地资源】2009年底，洛龙区（包括部分高新区）土地总面积为27616.71公顷。其中，耕地面积为10438.19公顷，园地面积为512.12公顷，林地面积为1585.61公顷，草地面积为452.66公顷，城镇村及工矿用地为9546.43公顷，交通运输用地为1157.10公顷，水域及水利设施用地为3140.31公顷，其他土地为784.29公顷。

【耕地保护】2009年，洛龙区基本农田保护面积7057.33公顷。2009年3月，洛龙区政府与各乡（镇）人民政府签订了耕地保护目标责任书。做好基本农田保护宣传，洛龙区先后在开元大道东出口投资20万元，建立了耕地保护大型标志，在李楼、白马寺镇设立2块乡镇大型基本农田保护标牌。严格落实基本农田“五不准”制度，加强基本农田保护巡查，使全区基本农田数量一直保持稳定。

【土地利用总体规划修编】2009年，规划修编调整，2006～2020年共分配洛龙区新增建设用地指标616.58公顷，分解到各乡（镇）、村，用以解决发展乡镇企业及新农村建设。洛龙区原划定基本农田总量为7057.33公顷，经过区划调整和国家、省、市重点项目占用，本次规划修编上级下达给洛龙区的基本农田面积为2110.37公顷（含原龙门镇龙门村80.95公顷、魏湾村3.14公顷、寺沟村54.75公顷、部庄村134.28公顷、郭寨村76.58公顷、东草店村86.93公顷，合计436.63公顷），向洛阳市国土资源局请示后可将该6个村的436.63公顷基本农田从辖区核减，现全区基本农田总量为1731.01公顷。

【建设用地管理】2009年，严格贯彻《国务院关于加强土地调控有关问题的通知》、《国务院关于促进节约集约用地的通知》和《国务院办公厅关于严格执行有关农村集体建设用地的法律和政策的通知》，认真落实河南省政府《关于严格保护耕地保障科学发展实现土地高效利用的若干意见》等文件精神，较好地完成了2009年的建设用地管理工作。全年共转批利用农转用1批，面积8.4594公顷；办理乡镇企业及公益事业占用非耕地12宗，面积8.4594公顷。

【地籍管理】2009年，依照法定程序将土地的权属关系、用途、面积、等级、价值等情况登记于专门的册薄，以加强洛龙区政府对本区土地的有效管理，保护权利人对土地的合法权益。2009年，为乡镇企业登记发证10宗，变更登记了民宅并颁发了集体土地使用证8宗，城镇房改房变更16宗，抵押登记6宗。

【第二次全国土地调查】2009年，洛龙区第二次土地调查于2008年9月开始外业调查，2009年12月进行更新调查，2010年4月通过国家质检，历时1年8个月。召开工作动员及部署会议3次，协调会20余次，先后投入人力190余人，专用车辆1部。

【土地节约集约利用】2009年，组织有关部门对闲置、低效利用土地进行清理、调查，共清理闲置用地13宗，面积17.2公顷，使其得到重新利用。同时，加大标准化厂房建设力度，近年来共建设多层及单层标准化厂房8万余平方米。并对已批准用地项目进行跟踪监督，对浪费土地资源的行为加以制止，从而使全区有限的土地资源得到充分利用。

【执法监察】2009年，坚持以“预防为主，事前防范和事后查处相结合”为原则，全面实行“人员包片、包点”的分级负责制度，落实巡查责任，加大巡查力度，及时发现、制止和查处各类土地违法行为。根据全区违法占地的新动向，突出重点区域，集中进行整治。重点加强对城乡结合部及基本农田范围内农村宅基地的巡查监督，对每个乡（镇）每周不少于2次动态巡查。截至2009年12月8日，共制止违法占地95宗，立案查处29宗，拆除围墙1290米，拆除违法建筑3100平方米，恢复耕种面积2.67公顷，转司法机关立案5起，转洛龙区纪委、监察局案件3起，收缴罚款90万元，有力地打击了违法占地行为。

【卫片检查】2009年，全国第九次卫片执法监察工作中，对监测到的图斑逐一调查。经确认，共清查出变化图斑50个，39宗地。其中，合法用地29宗，面积65.59公顷；实地未变化7宗，面积7.29公顷；违法用地2宗，面积0.76公顷。

【来信来访】2009年，全年办理答复市长便民电话23件（次），当面解释和解答群众问题9人（次）。一年来排查出纠纷26件，其中，6件当场解决。接待上访群众21次，转交其他股（室）3件，转交乡（镇）5件，接洛阳市国土资源局交办案件5件，接洛龙区信访办交办案件18件，已全部得到处理。

【矿业秩序整顿】2009年，按照洛阳市国土资局矿业治理整顿的要求，对证照齐全、手续完备、照章纳税、合理开采、依法经营的，引导企业改进开采工艺，抓好安全管理，实现集中开采、规模开采、机械开采，不断提高效益，在规范中发展壮大；对证照不健全的，及时补办。对无证开采、私开滥挖行为，在公安、法院、电力等部门的配合下，毫不留情，坚决打击。经过矿业治理整顿，各砂石厂都已纳入规范管理之中，办理了采矿许可证，缴纳相关国家规费，矿业秩序明显好转。

【信息化工作】投入大量财力，充分运用信息技术延伸管理手段，努力加快电子政务建设整体前进的步伐。一是专门建立了机房，配备了数字交换机等相应的网络设备，建成了拥有数十个节点的外网和内部局域网，实现了设备资源和信息资源的网络共享。二是建立了洛龙区国土资源局网站，实行政务公开。将土地利用规划、矿产资源规划、土地登记、建设用地审批等内容网上公布。三是为每股（室）配备计算机1台、打印机1台，保证了各股（室）工作的正常开展。

【窗口办文】2009年，行政服务窗口共办理业务报件93件，其中，城镇住房国有土地使用变更登记18件，集体土地使用权设定登记10件，国有土地出租和抵押等他项权利设定登记6件，集体土地使用权与乡村企业集体土地使用权抵押登记2件，集体土地建设用地使用权变更登记11件，罚没收入16件，征地管理15件，土地开垦15件。国土资源局行政服务窗口被河南省优化经济发展环境工作领导小组办公室授予2009年度“河南省优质服务窗口”荣誉称号。

【测绘管理】2009年，认真做好测绘管理工作，积极参加业务理论学习，共完成110宗用地测量和土地勘测定界测绘工作。为企业边界定位放线722点，全年完成现状土地勘测定界测量750.63公顷。

【乡所建设】洛龙区国土资源局下属6个乡（镇）国土所，每所编制3人，机构设置规范，基础设施完善，管理制度配套。2009年度，洛龙区国土资源局对乡所人员每月进行2次集中培训，提高了基层人员的综合素质，工作成效得到显著提高。

（朱红丽　麻志周）

吉利区国土资源局

吉利区位于洛阳市东北部黄河北岸，距市中心35公里，地理坐标为，东经112°29′22″～112°38′50″、北纬34°51′～34°57′。西和西北与济源市接壤，北和东与孟州市相邻，南濒黄河与洛阳市孟津县隔河相望，全区总面积80平方公里，城区面积11平方公里。吉利区古称河阳，因汉朝在此设立河阳县而得名，由原新乡地区孟县的吉利公社和济源县坡头公社的7个大队组成。1978年，因建设洛阳炼油厂划归洛阳市管理，当时为政企合一，称吉利工区。1982年，经国务院批准，正式设立吉利区，作为洛阳市的一个城市区。现辖1个乡和1个城市街道办事处，乡辖29个行政村、57个自然村，街道办事处辖8个社区居委会。全区总人口近7万人，农业人口和非农业人口各占一半。吉利区因洛阳石化建设而建区，随洛阳石化发展而发展。经过20多年的发展，吉利区已成为一个以化工、化纤、纺织等产业为主导，地方工业体系完备，三产协调的石化工业区。

吴国庆　党组书记、局长

张应战　党组成员、副局长

罗玉森　党组成员、副局长

张备战　党组成员、纪检组长

吴国庆简历：洛阳市人，1960年8月出生，汉族，大专学历，1987年7月入党。1977年6月参加工作，历任吉利区吉利乡工业办干部、玻璃厂厂长；1988年11月～1999年3月，在吉利区吉利乡政府工作（1994年12月任财政所所长）；1999年3月～2003年4月，任吉利区吉利乡政府副乡长；2003年4月～2008年10月，任吉利区国土资源局副局长；2008年10月至今，任吉利区国土资源局党组书记、局长。

【机构设置】吉利区国土资源局成立于1997年4月，现有正式职工72人，领导班子成员4人，内设办公室、监察室、财务室、建设用地股、土地利用股、耕保规划股、地政地籍股、矿产管理办公室、土地储备中心、监察中队、法规信访股、工会、测管股、测绘队14个股（室），辖吉利乡1个国土资源所。

【土地资源】2009年底，吉利区土地总面积7716.86公顷，其中，耕地2628公顷，园地83.10公顷，林地498.37公顷，草地234.49公顷，城镇村及工矿用地面积1945.12公顷，交通运输用地295.09公顷，水域及水利用地1739.32公顷，其他土地293.37公顷。

【矿产资源】吉利区矿产资源主要是天然石英砂，大多分布在黄河滩一带，本矿种含泥量低，砂质纯净，级配良好，为优质的建筑用砂，吉利区有砂石厂5家，矿区沿黄河北岸由东到西分布。

【耕地保护】一是认真落实耕地保护目标责任制。2009年3月，吉利区政府与乡政府、29个行政村层层签订了2009年度耕地保护目标责任书、基本农田保护责任书。在实地垒设了耕地保护标志，更新了主要交通路段的基本农田保护标牌，全区耕地保护工作得到市、区的充分肯定。二是积极开展土地开发整理工作。2009年3～6月，实施并完成了吉利乡补充耕地项目。同时，积极开展农村集体建设用地的整理复垦工作，全年通过土地开发整理，共完成整治土地116公顷，补充耕地储备105.16公顷，并在全年各项城市、乡镇及西霞院南陈村移民等项目用地中补充耕地52.7157公顷。2009年5月，积极向上申报争取了吉利区吉利乡下柳土地整理项目，11月份通过了洛阳市国土资源局组织的专家评审。吉利乡下柳土地整理项目共涉及下柳、马庄两个行政村，整治土地面积62.75公顷，投资170万元。

【土地利用总体规划修编】2009年7月份，吉利区土地利用总体规划修编工作顺利完成；8月，上报河南省人民政府审查，10月28日，《吉利区土地利用总体规划（2006～2020年）》正式得到河南省人民政府的批准。全区基本农田保护面积保留800公顷，比原来的2007.5公顷核减了1207.5公顷。本轮规划修编，主要依托吉利区城市总体规划、石化产业集聚区规划及西霞院旅游规划，在加强耕地保护的同时，科学、合理地规划安排了工业发展、城市建设、西霞院旅游、交通水利及村镇建设等各项用地。

【建设用地管理】2009年，共组织编制省政府批准的建设用地报件5个批次，用地面积110.0872公顷，为历年来上报征收用地批次最多、面积最大的一年。2009年，签订征地协议11份，征收集体土地589.359亩，确保了各项重点建设项目的顺利开工。为了保障被征地群众的利益，维护全区社会稳定发展大局，吉利区国土资源局积极向吉利区政府协调，多渠道筹措资金，及时将征地补偿款足额拨付到村，坚决杜绝拖欠征地补偿款现象的发生，保证做到补偿不到位的项目绝对不开工，全年按协议约定向各被征地村拨付征地补偿款共计2052.417万元。

【第二次全国土地调查】2009年，完成了第二次土地调查的全部工作。一是外业控制测量工作。共设80坐标E级控制点16个。二是权属调查工作。包括内部各村之间的权属调查及其与外围各县（市）接边地区的权属调查，通过外业调查及测量，内业完成权属界线协议书的制作并签订权属界线协议书，期间测量点位达11000多个，现场解决权属纠纷10多起。三是地类调查工作。调查全区76平方公里范围内的所有地类，共设一级地类12个，实现了与其他相关部门地类的衔接。设置地类图斑4000多个，另有线状地物（例如公路、河流、沟渠等）调查和零星地物调查。为了保证地类的现势性，此次调查中补测地物达181公顷。调查后与2008年变更数据相比耕地数量较原有耕地增加92亩，建设用地地类增加1128.7亩。四是数据库建设工作。2009年2月，开始第二次土地调查土地利用现状数据库的入库工作，建库控制面积采用上级下发的民政部门界线确定的控制面积，建库的土地面积为77.1686平方公里。建立数据字典中乡级单位两个，一个吉利乡，一个为建成区；建立村级单位32个，除29个行政村外，另增加有乡林场、小浪底西霞院库区、孟县林场3个村级单位。3月20日，向省厅上报了吉利区第二次土地调查数据成果；3月25日，将数据成果上报国家进行核查。五是数据库核查工作。2009年4月1日～6月15日，国务院第二次全国土地调查领导小组办公室组织对吉利区第二次土地调查成果进行了全面核查。2009年6月25日，返回核查意见，经数据库质量检查和地类一致性核查，认为成果质量基本符合要求，通过内业核查，并提出有142个图斑需要进一步复核。2009年7月中旬完成外业复核及内业填表工作，在河南省第二次土地调查办公室验收后，9月，上报国务院第二次全国土地调查领导小组办公室。六是基本农田上图工作。第二次土地调查基本农田上图工作与新一轮规划密切衔接，确定并保证上图的面积为800公顷。七是完成统一标准时点更新工作，更新标准时间为2009年12月31日。

【国有土地使用权出让】全年共供地8宗，总面积25.6593公顷，土地出让总价款6020.8901万元。其中，工业用地2宗，面积为18.7312公顷；商住用地3宗，面积为4.6849公顷；划拨用地2宗，面积为1.9711公顷；改变用途补办协议出让手续1宗，面积为0.3871公顷。

【土地节约集约利用】2009年，严格按照国家和省产业政策进行供地。坚决落实招、拍、挂制度，严格执行全国工业用地出让最低价标准和各项建设用地控制指标。加大标准厂房建设力度。2009年，完成标准化厂房建筑面积10400平方米，超额完成年初计划目标。开展闲置土地清理处置工作，积极挖潜存量建设用地，全年共盘活存量建设用地4宗，盘活总面积173.778亩，其中，3宗成功挂牌出让。

【土地收购储备】2009年，共储备土地5宗，面积351.24亩。其中，商住用地3宗，面积70.272亩；工业用地2宗，面积280.968亩。

【执法监察】2009年，实行人员包片、包村，主动出击，对全区土地实行拉网式巡查。通过增加巡查力量，加大巡查层次和密度，加强对重点区域、重点地段的巡查，及时发现并制止违法行为的发生。对原有的土地巡查办法进行完善，向29个行政村协管员发放聘书，明确每个人的巡查职责、巡查区域、巡查次数，使巡查任务落实到人、落实到具体村组、落实到地块，使土地巡查工作动态化。2009年，动态巡查200余次，共查处各类土地违法案件16起，阻止违法占地案3起，收回土地7.14亩。制止非法取土3起，违法案件查结率95%，收缴罚款1万余元。调解各类权属纠纷案2起，调查处理3起，调处率100%。制止违法行为4起，转警察大队1起。

【测绘管理】2009年，吉利区国土资源局以开展社会主义新农村建设“一乡一图”工程和“数字乡镇”试点申报工作为契机，与河南省遥感测绘院合作，完成了全区D级网建设。全区共设D级点5个（后又新增加8个）、四等GPS控制点10个、一级GPS控制点56个。完成了全区范围1：5000地形图和城区1：1000地形图的测制，共测制1：1000地形图73幅、1：5000地形图25幅，并通过河南省测绘产品质量监督站的验收。

【来信来访】2009年，共接待群众来访57批、85人（次），矛盾纠纷排查及调处不稳定信访事项36起，立案28起，结案28起，结案率达100%。完成吉利区信访局交办案件12起，洛阳市国土资源局交办案件6起，吉利区委、区政府交办案件6起，吉利区纠风办转交案件9起，涉法涉诉案件1起，网民反映案件6起，结案率100%。接待记者来访5批、10人（次）。组织召开听证会6起，涉及17个单位和村庄。2009年，吉利区国土资源局被吉利区政府评为吉利区信访稳定先进单位。

【支持新农村建设】2009年，为有序推进村庄建设和治理，吉利区国土资源局与吉利乡韩庄村双委一道对该村村容村貌进行整治。新垒砌花池12个，垃圾池3个，健身场地3个，修建厕所2个，小广场2个，安装健身器材6套，栽植花草树木220株，明显改善了韩庄村的人居环境。

（李艳玲）

洛阳市国土资源局西工分局

西工区是洛阳市中心城区，底蕴丰厚、历史悠久。自公元前1015年西周成王在此建立王城起，先后有东周、隋、唐、五代梁、五代唐、五代晋6个朝代、30个帝王在此建都，有382年的历史。是洛阳市政治、文化、金融、商贸中心。东至定鼎路；北接邙岭，与老城区毗连；西临涧河，与涧西区相邻；西北与新安县、孟津县接壤；南至洛河，与洛龙区隔河相望。全区面积55.79平方公里，总人口45万人，现辖车站地区管理处，洛北、红山2个乡，8个街道办事处，26个行政村。

赵建设　局长

王宗涛　党支部书记

王福增　副局长

王建仓　副局长

赵建设简介：1958年3月出生，大专学历。1985年6月，在洛阳土地办公室工作；2000年1月，任洛阳市土地规划管理局老城分局副局长；2005年12月至今，任洛阳市国土资源局西工分局局长。

【机构设置】洛阳市国土资源局西工分局前身为洛阳市土地规划管理局西工分局，成立于1997年9月1日。2004年6月9日，进行机构改革，依据洛市编〔2005〕32号文件更名为洛阳市国土资源局西工分局。编制7人，现有17人；内设办公室、地籍办、规费办、西工乡镇国土资源所。主要负责本辖区土地管理、规费收取、信访、土地违法查处等工作。

【土地资源】西工区位于洛阳市市区中心，总面积55.79平方公里，市区25.75平方公里，占土地总面积的46%。辖2个乡，洛北乡在中心城区已无耕地；红山乡总面积30.67平方公里，建设用地面积1271.74公顷，其他用地面积115.46公顷，农用地面积1679.9公顷（其中，耕地面积1147公顷，园地359.59公顷，林地115.42公顷，其他农用57.89公顷，基本农田1137.4181公顷）。

【土地利用总体规划修编】2009年，依据国家有关法律、法规和《洛阳市土地利用总体规划（2006-2020）》的有关要求，结合全区第二次全国土地调查成果，编制了《红山乡土地利用总体规划（2006-2020）》。重点安排好耕地和基本农田、村镇建设用地、生态建设和环境保护用地以及其他基础产业、基础设施用地，划定土地用途区，合理安排农村土地整治和城乡建设用地增减挂钩，为今后15年红山乡土地的合理开发和利用提供了保障。

【土地收益金征收】土地收益金征收一直是西工分局的重要责任目标，分局历来把它视为一项核心工作来抓。制度上坚持周一例会制，以每周一各小组详细汇报收益金工作进度情况作为内部督促，针对不同单位情况，分阶段、分重点催缴。2009年，完成土地收益金207万元，超额完成责任目标任务。

【地籍管理】2009年，完成了辖区第二次全国土地调查工作。总计对红山乡的18个行政村、3290公顷土地进行了调查，全部做到了权属清楚、地类清晰、面积准确，顺利通过河南省第二次全国土地调查验收；完成地籍更新调查收尾工作。圆满完成了城镇地籍更新调查的成果整理归档工作，整理归档2963宗，核查1190宗，完善手续273宗，通过省厅检查验收，为辖区土地管理工作提供了扎实的基础数据；全年完成土地登记初审6宗（集体土地3宗、国有土地3宗），面积51490.8平方米。

【国土资源执法检察】2009年，加大国土资源执法检察力度，严肃查处各类国土资源违法案件，做到早发现、早制止、早处理，结案率达到98%以上。为严格保护耕地，西工分局强化对各村的动态巡查，实行案件承包和村级协防员联防巡查制度，全年共查处违法案件16宗，下达罚款金额270138.98元，依法申请法院强制执行3宗。按时完成第九次卫片执法监察工作。2009年卫片涉及图斑18个、17宗、面积418.9亩，违法用地占新增建设用地比例为3.7%，较往年有很大的好转，并且通过了济南督察局卫片检查验收工作，有效地遏制了各类违法用地案件行为，维护了良好的土地管理秩序。

【来信来访】2009年，共接待群众来访13人（次），处理涉土信访案件8起，回复涉土市长热线2起，办结率98%，反馈信息均为满意。其中，“诉求处理”6起，市局交办信访案件1起，答复西工区政协关于宅基地有关问题的议案1起；辖区全年进京、赴省上访为零，到市局上访量下降5%。

（郝万军）

洛阳市国土资源局老城分局

洛阳市老城区位于河南省洛阳市区中东部，“前直伊阙（龙门）、后据邙山、左瀍右涧、洛水贯其中”。全区辖1镇、7个街道办事处、23个行政村，总人口13.5万人。洛阳老城在历史上曾数度成为中国政治、经济、文化和交通中心，以其悠悠的帝都历史承载了博大精深的河洛文化。历史文化名人灿若星汉，蔡伦造纸、张衡制仪、司马氏治典、许慎作《说文解字》，李白、曹植等都在洛阳留下了千古诗篇；文物古迹星罗棋布，隋朝的周公庙，唐朝的明堂，宋代的文峰塔，元代的府文庙，明清时期的鼓楼、山陕会馆。近年来，老城区依托洛阳市雄厚的工业和科研基础，工业经济和非公有制经济得到了突飞猛进的发展。邙山镇更是被国家首批命名为“中国牡丹之乡”，其独特的气候、地理条件使发展牡丹产业具有得天独厚的优势，牡丹经济已成为老城区的经济增长点。

张建国　局长

姚保中　书记

侯光剑　副局长

付帮才　副局长

张建国简历：汉族，安徽省芜湖市人，大学学历，现任洛阳市国土资源局老城分局局长，1981年9月参加工作，1985年1月加入中国共产党。1981年9月～1996年10月，在部队历任中队长、正营职参谋；1996年10月～2004年7月，在洛阳市国土资源与城市规划局历任科员、瀍河分局副局长；2004年7月～2005年12月，任洛阳市国土资源局瀍河分局副局长；2005年12月至今，任现职。

【机构设置】洛阳市国土资源局老城分局，前身是洛阳市土地规划管理局老城分局，1998年3月成立。2004年7月，按照洛阳市机构编制体制改革文件精神，成立洛阳市国土资源局老城分局。2005年9月，依据洛市编〔2005〕32号文件精神，正式更名为洛阳市国土资源局老城分局。2009年，有干部职工20人，编制6人。

【土地资源】截至2009年底，老城区土地总面积5757.51公顷，农用地面积2314.77公顷（其中，耕地1871.30公顷，园地134.49公顷，林地264.55公顷，牧草地44.43公顷），建设用地3229.51公顷（其中，居民点及独立工矿用地2820.21公顷，交通运输用地274.38公顷，水利设施用地134.92公顷），其他土地213.23公顷。

【土地收益金征收】加强对国有土地收益金的征收管理，对拖欠土地收益金的用户加大收缴力度，有效地解决了土地收益金的欠缴现象，防止了国有资产的流失。2009年，共征收土地收益金70.2780万元，占年度责任目标100.4%。

【城镇地籍调查】老城区历史悠久，辖区居住密度大，且私房多，城镇地籍调查任务重。通过细化目标、明确责任、协调配合和有效沟通，使城镇地籍更新调查和第二次全国土地调查工作得到了落实。城镇地籍更新调查工作共计调查宗地数11033宗，其中，单位233宗，私房10800宗，外业工作已完成。第二次全国土地调查工作的外业调查及复核工作已结束，基本农田上图工作已完成。

【节约集约用地】充分发挥国土资源管理部门在经济发展中的服务作用。一是严格执行国家产业政策、土地利用规划及土地利用年度计划和省政府集约用地标准，完成老城区2009年度54.8顷用地预审。二是认真开展新一轮土地利用总体规划修编工作，规划修编文本已通过省厅复审。三是解放思想，搞好用地服务，帮助企业与建设、规划等部门沟通联系，完善用地申请所需相关材料。四是做好了洛阳北郊机场改扩建工程等用地单位的前期地面附属物调查及征收的组织上报工作。五是认真开展空闲荒芜低效使用土地调查工作，盘活存量土地。

【土地开发复垦】2005年，国家投资的邙山镇土地整理项目通过了省厅专家组验收。项目涉及老城区邙山镇水口等5个行政村，共完成土地平整373.97公顷，实现新增耕地42.25公顷，新增耕地率达到10.3%。通过项目的实施，使项目区内土地平整、灌溉便利，垦殖率由原来的80%提高到91%。以夏种小麦、秋种玉米为例，每亩产量可增加80公斤～150公斤。为实现经济社会科学发展、和谐发展，起到了极大的促进和推动作用。

【执法监察】严格落实了乡镇周报、县（区）月报制度，聘请邙山镇、洛浦办事处23个村主管土地的村干部为土地协管员，年度共编制《土地巡查简报》13期。通过巡查，发现违法用地22宗，下达了停止违法行为通知书22份。认真开展了第九次卫片核查工作，共核查图斑27个，核查面积总计248.8亩。从而有力地打击了各类国土资源违法行为，维护了良好的管理秩序，确保全区基本农田面积稳定在1341.3公顷。

【信访工作】建立土地信访长效沟通机制，确保信息交流渠道畅通。确定专人负责信访工作，建立来访登记处理台账制度，认真推行首问负责制、限时办结制，针对群众反映的有关土地信访问题进行认真地调查处理，并及时给予书面答复，从源头上制止了群访、重复访事件的发生。2009年，共接待来访群众30余人（次），受理各类信访案件40余宗，反馈率达100%。

（宋亚峰）

洛阳市国土资源局涧西分局

涧西区位于洛阳市的西部，与西工区相邻，东西长13.2公里，南北长约10公里，面积88.8平方公里。洛阳是四条河流汇聚的地方：洛河、伊河、涧河、廛河，因居涧河以西而得名。2009年，涧西区辖11个办事处、2个乡，即湖北路办事处、天津路办事处、长春路办事处、南昌路办事处、长安路办事处、重庆路办事处、郑州路办事处、武汉路办事处、徐家营办事处、珠江路办事处、周山路办事处、工农乡、孙旗屯乡（该乡由高新区代管，面积45平方公里）。常住人口45万人，流动人口20万人，78个社区。

何永欣　局长

王宗涛　书记

李彦霖　副局长

赵晓鹏　副局长

何永欣简历：汉族，河南伊川县人，大专学历，1976年12月参加工作，1979年3月加入中国共产党。1976年12月～1998年12月，在部队历任战士、班长、排长、连长、营长、副团长；1999年12月～2001年3月，在洛阳市国土资源局监察大队工作；2001年3月～2005年10月，在洛阳市国土资源局涧西分局任副局长；2005年10月至今，任洛阳市国土资源局涧西分局局长。

【机构设置】洛阳市国土资源局涧西分局成立于2004年6月29日。现有人员17人，内设办公室、地籍管理科、规费办、工农乡国土资源所。

【土地资源】2009年，涧西区土地总面积8880公顷，农用地面积362.24公顷，其中，耕地254.16公顷，园地34.52公顷，林地72.20公顷；建设用地2020.43公顷，其中，居民点及独立工矿用地1862.67公顷，交通运输用地72.90公顷，水利设施用地70.28公顷，其他土地14.58公顷。

【法律法规宣传】2009年，以“6·25”土地日为契机，采取多样的宣传形式，广泛宣传土地、矿产管理法律法规知识，突出“保障科学发展，保护耕地红线”这一宣传主题，实行面对面的交流与沟通。组织10余人的宣传队伍，组织宣传车进行宣传，制作宣传版面20余块，喷涂宣传标语100余条。共发放宣传材料2000余份，咨询100余人（次），重点涉及农村宅基地的管理与审批、依法征地、耕地保护等问题，增强了大家依法依规用地的意识。

【土地收益金征收】2009年，全年土地收益金完成征收223万元，超额完成年度责任目标23万元。

【耕地保护】2009年，积极严格落实耕地保护政策和措施，严格建设审批，认真落实基本农田“五不准”和建设用地“六不报批”规定。加大执法监察力度，严厉打击乱圈乱占耕地的违法行为，有效地保护了耕地特别是基本农田，基本农田面积稳定在142.3公顷。

【执法监察】2009年，不断加大国土资源执法监察力度，进一步建立完善国土资源动态巡查责任制，加强村级协管员队伍建设，认真执行土地违法巡查逐级报告制度，保证了土地违法案件的及时发现和查处。全年共制止土地违法案件6宗。

【乡所建设】2009年，积极与涧西区、乡两级政府沟通协调，理顺了乡所工作机制，配备了必要的办公用品，健全了各项规章制度，完善了电脑网络建设。对乡所人员集中进行了业务培训，提高了基层人员的综合素质，实现了机构设置规范、工作纪律严明、人员素质优良。

【卫片检查】2009年，圆满完成第九次卫片执法检查工作。本次卫片检查涉及本区12个图斑、7宗地，面积124.7亩。洛阳市国土资源局涧西分局领导高度重视，按照省厅及洛阳市国土资源局要求认真开展卫片执法检查工作。通过对照图件（卫片、土地利用现状图、土地利用总体规划图、基本农田保护图）与实地走访核查相结合的办法，做到对每个图斑定性准确，并依法对违法用地进行了查处。

【土地二次调查】2009年，完成了土地二次调查外业调查、内业核查及成果上报工作。成果上报后，省、市土地二次调查办公室的要求，认真开展了二次调查内外业实地复核工作、标准时点更新工作、批而未用土地调查及复核等各项工作。

【土地利用总体规划修编工作】2009年，完成了《涧西区工农乡土地利用总体规划（2006–2020年）》的修编工作。已通过洛阳市国土资源局组织的初审及复审，按照评审专家提出的意见进行修改。

【来人来访】2009年，强化信访处理时效，提高信访处理质量，积极贯彻执行《信访条例》，规范信访工作，做到起起有落实、件件有回音。全年共接待土地来访8件（次）、18人（次）；上级交转办1封信件均按时报结，上级交转办案件办结率达100%。

（杨　阳）

洛阳市国土资源局瀍河分局

洛阳市瀍河回族区位于洛阳市东部，东与洛龙区接壤，西与老城区毗邻，北和孟津县相连，南濒洛河。总面积34.8平方公里；辖1个瀍河回族乡，29个社区居委会和11个行政村，7个街道办事处；有回、汉、满、蒙古、白、苗、壮、彝、侗、水、朝鲜、布依、土家、锡伯、纳西维吾尔族、俄罗斯等17个民族，全区总人口17万人。其中，农业人口3.05万人。耕地总面积589.62公顷，占土地总面积的17%，人均耕地0.02公顷。

史新伟　党支部书记、局长

由守明　党支部副书记

郭少杰　党支部成员、副局长

王彦峰　党支部成员、副局长

史新伟简介：河南省宜阳县人，汉族，1967年4月出生，本科学历，1990年8月参加工作，1999年12月加入中国共产党。1997年10月～2002年9月，在洛阳市地产交易中心任副主任；2002年10月～2005年4月，在洛阳市国土资源局耕保科任副科长；2005年5月～2005年11月，在洛阳市国土资源局规划科任副科长；2005年12月至今，任洛阳市国土资源局瀍河分局党支部书记、局长。

【机构设置】瀍河分局的前身为洛阳市土地规划局瀍河分局，成立于1997年9月1日。2004年6月29日机构改革，依据洛市编〔2005〕32号文件，更名为洛阳市国土资源局廛河分局。现有人员15人，编制10人；下辖瀍河回族乡国土资源所。

【土地资源】截至2009年末，瀍河区土地总面积为34.8平方公里。其中，耕地面积为589.62公顷，园地面积为17.53公顷，林地面积为50.42公顷，草地面积为13.84公顷；城镇村及工矿用地为1644.57公顷，交通运输用地为92.88公顷，水域及水利设施用地为80.48公顷，其他土地为38.75公顷。

【土地利用总体规划修编】按照新一轮乡级土地利用总体规划编制工作要求，瀍河区政府成立了修编领导小组，健全了组织机构，加大了督导落实。积极协助作业单位完成了规划文本的编制和图件制作，实现了土地规划与各专业规划无缝对接、精准重叠，顺利通过了省、市验收组的验收。

【土地二次调查】2009年，成立了瀍河区第二次土地调查领导小组，制订详细实施方案，组织培训技术人员，明确调查措施，统一调查标准。通过外业复核，县、区接边，统一时点更新调查，年度变更调查，内业建库等工作，全面完成第二次土地调查工作任务，按时上报了二次调查数据库。

【建设用地管理】2009年，完成了2008年第四批乡镇建设用地征收37.5571公顷；配合市局组织上报了2009年第一批乡镇建设用地3.7754公顷；上报瀍河区2009年用地计划11.92公顷；组织实施了2008年用地计划85亩；组织办理瀍河区人民政府土地使用权登记初审5宗，企事业单位用地登记初审9宗，合计面积85712.68平方米；实施了批而未征和征而未供土地专项清理，重点对2006年～2008年度批复的15宗土地（面积247.9363公顷）进行了全面清查上报（其中，已征已供6宗，面积111.7421公顷；批而未征8宗，面积113.083公顷；征而未供1宗，面积23.1112公顷）；积极做好机车厂轻轨项目、正骨医院倍增计划项目、中窑村廉租房项目、宏达化纤厂地块改造项目及区政府确定的三大社区建设项目等的用地服务工作，全年累计组织上报和批复各类建设用地7个批次，面积62.3364公顷（935亩）。2009年，实现了基本农田面积保持在430公顷的目标。

【执法监察】2009年，认真落实土地执法巡查区、乡月、周报制度，全年巡查次数达59次、118人（次）。巡查发现上报违法违规用地14宗，面积69.9亩，其中，强拆1宗、制止4宗、农业结构调整完善手续4宗、立案处理5宗。组织开展了第九次卫片执法检查的调查、核实、处理等工作。瀍河区涉及总变化图斑14个，共计10宗地，面积合计为106.9亩，其中耕地76亩。新增建设用地11个图斑，宗地数8宗，面积90亩，其中，耕地68.2亩。违法占用耕地占新增建设用地占用耕地比例为10%。对其中2宗违法用地进行了立案、调查处理和结案归档，立案查处率和查结率均为100%。

【来信来访】2009年，积极落实上级交办的涉土信访案件，开展了“信访积案化解年”活动，实施“开门接访、带案下访，领导约访、集中会诊，思想教育引导”，全年共接访32人（次），受理市长热线2起，分局全部按照有关规定予以妥善处理，信访量列洛阳市18个县（市、区）最低。瀍河乡国土资源所所长王予东被河南省国土资源厅表彰为“2009年度全省国土资源系统信访稳定工作先进工作者”。

【乡所建设】瀍河回族乡是瀍河回族区唯一的一个乡镇，位于洛阳市区东部，全乡面积23平方公里。耕地589.62公顷，基本农田稳定在430公顷。下辖11个行政村，3.8万余人，其中，8个村在城市区内。2006年3月，乡所实现人、财、物垂直管理，现有干部职工4人。2009年，乡所积极贯彻宣传国土资源法律法规和政策，主动开展土地、矿产、测绘等国土资源保护工作；落实耕地保护、农村宅基地管理、调处土地纠纷；完善制度建设，制定出台了量化管理、规范运作、提升素质的一系列规章制度，乡所全面建设有了新的提高，多次受到上级表彰并被评为“群众满意基层站所”。

（马利冬　陈军）

洛阳市国土资源局龙门分局

洛阳龙门文化旅游园区位于中国“八大古都”之一、十三朝古都洛阳市南郊，距市区13公里。区域总面积31.09平方公里。龙门石窟同敦煌莫高窟、大同云冈石窟并称为中国三大佛教艺术宝库，为龙门文化旅游园区核心景区，是国务院公布的首批国家重点风景名胜区。龙门石窟2000年11月被联合国教科文组织列入《世界文化遗产名录》，2007年5月，被国家旅游局评为全国首批5A级景区。园区东邻偃师市，北接洛龙区，南面和西面与伊川县衔接。辖龙门石窟1个办事处，河东、河西2个社区，龙门村、张沟村、郜庄村、寺沟村、郭寨村、魏湾村、东草店村和西草店村8个行政村，人口约3.52万人。园区是集文化产业、旅游产业为一体的综合性文化旅游经济园区。园区对外交通发达，北接龙门大道，东邻二广高速和焦枝铁路，西接王城大道，南邻郑少洛高速。

王跃平　　党支部书记、局长

王建民　　党支部委员、副局长

王晓宇　　党支部委员、副局长

王跃平简介：河南洛阳市人，汉族，1964年3月出生，本科学历，1981年11月参加工作，1984年3月加入中国共产党。1981年11月～1998年10月，在部队服役，历任战士、班长、司务长、指导员、生活服务中心主任、军需股长；1998年10月～2005年12月，在洛阳市土地规划管理局监察大队工作；2005年12月～2010年1月，在洛阳市国土资源局西工分局任副局长；2010年1月至今，任洛阳市国土资源局龙门分局党支部书记、局长。

【机构设置】洛阳市国土资源局龙门分局主要负责龙门园区内土地、矿产、测绘管理法律法规的宣传以及土地、矿产规划编制的实施工作，经授权负责园区内国土资源的管理，完成市国土资源局和龙门管委会交办的其他工作。该局于2009年3月8日成立，依据洛市编〔2008〕147号文件精神，龙门分局隶属于市国土资源局，由龙门文化旅游园区管委会协助管理。机构规格为正科级，现有1个局长、2个副局长、4位工作人员。

【土地资源】龙门文化旅游园区土地总面积3109.93公顷。其中，耕地608.36公顷，园地83.71公顷，林地731.66公顷，城乡建设用地622.25公顷，交通水利用地77.08公顷，其他建设用地126.89公顷。

【基础资料移交】2009年，已接收洛龙区5个行政村宅基地2038户，城镇住房30套，集体企业11宗等；接收伊川县3个行政村、单位和个人卷宗2438套，1987年和1953年历史卷宗3套，基本农田保护区图2张。

【土地利用总体规划编修】2009年，结合龙门园区总体规划，认真编制2006～2020年度土地利用总体规划，该规划已报市政府待批准。

【第二次全国土地调查】2009年，协调洛龙区、伊川县完成了园区的第二次城镇地籍更新调查工作；征求园区意见，争取市局大力支持，减少基本农田面积112.79公顷，新增加建设用地面积100公顷。

【地籍管理】2009年，完成了洛阳煤电集团公司龙门煤矿2宗土地转让，为洛阳龙门啤酒厂破产清算组补办了3宗国有土地使用证。

【矿产管理】2009年，完成了对园区内已经上级部门批准的4家矿泉水企业的全面检查，初步掌握了基本情况，为以后的正常管理奠定了基础；协助市矿业秩序领导小组划定龙门东山禁止采石区，并定期对所设置的界桩进行日常维护和管理；协助管委会定期对已停产的洛阳鹏程煤矿进行监督检查，维护了矿业秩序稳定；协助市局地勘科对“洛阳龙门周边地区地质灾害治理”项目进行调研，该项目已上报并进入国土资源部项目库，待国家拨付专项资金后，专项用于景区周边地质环境保护。

（田家强）

高新区土地规划和建设服务局

高新区位于洛阳市区主城区西南部，东起南昌路，西至宜阳县，南临洛河，北连涧西区。洛阳高新区是1992年11月9日经国务院批准设立的，是全国57家国家级高新技术产业开发区之一，是科技部确定的“国际科技合作基地”。高新区由以下部分组成：国务院授权科技部批准的区域、孙旗屯乡和辛店镇、吉利科技园和洛龙科技园。现实际管辖面积104.012平方公里，其中，城市建成区8.7平方公里。总人口12万人，其中，农业人口6.4万人。

卢士福　局长

梁　敏　副局长

程俊超　副局长

柳军明　副局长

李　琛　副局长

卢士福简介：河南省信阳人，1965年11月24日出生，汉族，工程管理硕士，中共党员。1989年7月参加工作，在洛阳市土地规划管理局担任助理规划师；1991年3月，在洛阳市建筑规划设计院担任主任规划师；1997年6月～2001年6月，在洛阳高新区土地规划管理局任副局长（主持全局工作）；2001年7月～2008年5月，任高新区土地规划局局长；2008年6月至今，任高新区土地规划和建设服务局局长。

【机构设置】该局成立于1992年，现为副县级机构，正式职工33人，领导班子5人。内设综合服务处、土地管理处、规划管理处、房屋管理处、环境体系管理处、监察信访处6个处，辖辛店镇、孙旗屯乡2个乡（镇）国土资源所。

【土地资源】本区现有土地104.012平方公里，其中，城镇土地16平方公里，农村集体土地88.012平方公里。辖区内现有耕地4026公顷、园地642公顷、林地403公顷、草地563.2公顷、城镇村及工矿用地3323公顷、交通用地284公顷、水域及水利设施用地690公顷、其他土地470公顷。

【第二次全国土地调查及城镇地籍更新调查】2009年，按照市第二次土地调查办公室安排，按时开展了39个行政村、104.012平方公里范围的外业调查及权属、地类调查工作，如实调查，分类上图，完成了市下达给本区的目标任务。城镇地籍更新调查方面，完成了三山村、吕沟村、三元村、辛店村、徐家营村农村宅基地、企业用地共4000余宗土地的测绘、档案填写、整理以及260宗国有土地的核查工作，对国土资源部审核的200余宗可疑图斑进行了复核修改。完成了基本农田上图工作，通过了省厅对城镇地籍调查工作的外业验收；完成了高新区城镇地籍外业调查和建库工作。

【建设用地管理】为扩大本区发展空间，增加本区经济总量，解决民生和项目用地，积极实施土地征收。2009年，新征收土地735.426亩，用于东马沟经济适用房等项目建设。为使项目用地尽早落实到位，我们认真执行国家政策，积极与相关部门做好沟通，及时组织征地报批、土地补偿、宗地图审核、环评、规划条件等相关挂牌资料，及时协助用地单位办理土地挂牌出让手续。2009年度，本局为河南省重点建设项目中航锂电及洛阳巨尔乳业有限公司办理了土地挂牌出让，出让面积625.84亩；及时为入驻项目办理了土地登记手续，办理土地登记12件，土地登记面积共计232159.693平方米，保证了本区项目合法用地、依法进行建设，维护了企业合法权益。

【土地节约集约利用】贯彻和树立“产业集聚、要素集中、企业集群、土地集约”的原则，大力兴建标准化厂房，促进以房招商，以招商促进产业集聚。2009年，建设标准厂房87895.5平方米，其中，多层标准化厂房41513.21平方米。加快“城中村”改造步伐，提高土地利用。2009年，启动了3个村旧城改造项目（徐家营社区、濉沱社区、孙旗屯社区），完成拆迁面积37万平方米，共拆迁民宅1146户、企业19家；3个村社区开工安置房面积达21.49万平方米；完成投资3.66亿元。

【土地利用总体规划修编】土地利用总体规划修编是实行土地用途管制和审批建设项目用地的基本依据。该项工作的顺利实施，将对进一步拉大高新区发展空间，对确保高新区“十一五”期间乃至更长远的发展有着重大战略意义。目前，本区所辖孙旗屯乡和辛店镇的乡级规划已修编完毕，并通过了省、市两次审核。规划对2006～2020年本区土地利用进行了重新调整和布局，确定了新的土地用途功能分区，划定了基本农田保护区，绘制了新的乡镇土地利用总体规划图，保证了基本农田总量不减少、质量不降低。

【郑西铁路征地拆迁】郑西铁路是国家重点铁路建设项目，途经本区辛店镇白营、后营、于营、柳行、董窑、寺沟6个行政村，长约5.7公里。为实现2010年2月通车的总体目标，按期完成了主线工程建设协调以及关键项目电力通讯基站

5.9865亩用地的征地、拆迁及计价补偿工作。2009年11月12～15日，国家铁道部、审计署、郑西铁路客运专线有限公司联合委派审计部门，对本区郑西铁路征地拆迁补偿费用的财务账册、凭证、报表以及项目建设审批文件等原始调查表册进行审计，通过几天的严格审查，审核组认为本区各项资料准备充足、条理清楚，完全符合审计工作要求。

【执法监察】2009年，培训基层国土资源协管员4次，巡查1343人（次），下发乡镇督察通知17份，复核历史涉土、涉规案件179余宗，督促乡（镇）整改涉嫌违法用地15宗，立案查处7宗（其中，土地违法2宗、规划违法5宗），申请法院执行4宗，执行罚款到位149449.54元，拆除违法建筑物1万余平方米。编辑出版了17期《土地监察专报》和2期“土地规划工作提示”。

【来信来访】2009年，涉土接访151人（次），电话咨询解答130余人（次），化解5起越级上访案件，回复网民投诉、市长热线、上级督察等30余宗。实现了正确办案率100%、卷宗合格率100%的目标。建立健全了县、乡（镇）、村三级涉土信访队伍，建立了涉土信访工作源头预防及“四位一体”（区法制信访局、监察信访处、乡（镇）国土所、村委）联席信访办理制度，定期召开涉土信访例会，化解矛盾于萌芽，解决问题于基层，一年来编辑了4期《涉土信访通报》。

（卢士福　黄静）

洛阳市国土资源局伊洛分局

伊洛工业园区于2007年经洛阳市委、市政府批准成立，2009年整体代管诸葛、李村两镇。2009年5月，按照省委、省政府扩大洛阳新区空间范围的决定，伊洛工业园区代管乡镇增加庞村、寇店、佃庄3个镇。辖区范围北至洛河，南至万安山麓，西至二广高速，东至偃师高龙西边界，下辖5镇、106个行政村，总面积280平方公里，人口23.5万人。境内有酒流沟、掘山、九贤等新石器文化遗址、全国重点文物保护单位汉魏故城遗址、中国最早的国立大学东汉太学遗址、中国最早的天文观测台灵台遗址、东汉帝陵南兆域等历史文化遗存。

陈菊红　　局　长(女)
马　辉　　副书记
孙连华　　副局长
李志伟　　副局长

陈菊红简介：女，汉族，河南新安人，1970年10月出生，中共党员。1990年11月，参加工作。1996年1月～2000年9月，任偃师市地价评估事务所所长；2000年10月～2001年11月，任偃师市土地局副主任科员；2001年11月～2004年4月，偃师市国土资源和城市规划局党组成员；2004年4月～2005年9月，偃师市国土资源局党组成员、副主任科员；2005年9月～2006年12月，任偃师市国土资源局党组成员、副局长；2009年8月至今，主持伊洛工业园区国土资源管理机构的筹建工作。

【机构设置】洛阳市国土资源局伊洛分局成立于2009年12月。根据洛市编〔2009〕36号文件精神，伊洛分局规格为正科级，核定行政编制7名。内设综合办公室、土地管理办公室、法规信访办公室、矿产资源管理办公室、执法监察办公室、重点项目办公室6个机构，下辖诸葛、李村、庞村、寇店、佃庄5个国土资源管理所。

【土地资源】截至2009年底，伊洛工业园区耕地面积16872公顷，其中，水浇地11148公顷，旱地5724公顷。城镇村及工矿用地面积4375.88公顷，其中，建制镇面积838.11公顷，村庄面积3178.31公顷，采矿用地面积335.59公顷，风景名胜及特殊用地面积23.87公顷。园地面积为83.38公顷，林地面积为1025.09公顷。交通用地面积720.74公顷，其中，铁路用地面积35.84公顷、公路面积149.81公顷、农村道路面积535.09公顷。水利设施用地面积1746.01公顷，其他土地面积1489.8公顷。

【矿产资源】矿产资源主要有煤、石灰石、石英石、沸石、大理石等。其中，煤炭探明储量8917.83万吨，石灰石储量13000余万吨，钾长石矿储量1000万吨，石中珍品“牡丹石”储量0.5亿立方米。全区水资源总量1.31亿立方米，其中，地表水资源0.43亿立方米，地下水资源0.88亿立方米。

（陈豪华）

漯 河 市

漯河市国土资源局

漯河市位于河南省中部偏南，伏牛山东麓平原和淮北平原交错地带。1948年设立县级市，1986年升格为省辖市，2003年被列入中原城市群，辖临颍、舞阳两县和源汇、郾城、召陵三区及一个省级经济开发区，全境东西长76公里，南北宽64公里，总面积2617平方公里，总人口257万人。

周其芳　党组书记、局长（2007年4月～2009年9月）
李新桢　党组书记、局长(2009年9月至今)
吕鸣艺　党组副书记、副局长（女）(2009年3月任专职副书记)
林文艺　党组成员、副局长
梅迅奇　党组成员、副局长
郭幸生　党组成员、副局长（2009年4月任副局长）
张秋锁　党组成员、纪检组长，兼土地储备中心主任（2009年8月任局党组成员、纪检组长）
高彦伟　执法监察支队支队长

周其芳简介：汉族，1954年11月出生，河南省临颍县人，中共党员，大专学历。1975年8月～1978年5月，在临颍县窝城公社当民办教师；1978年5月～1980年5月，在许昌师专学习获中专学历；1980年5月～1983年12月，在临颍县窝城初中任教（期间1983年1月任教导主任）；1983年12月～1984年4月，任临颍县窝城乡党委宣传干事；1984年4月～1992年10月，在临颍县委组织部工作；1992年10月～1995年2月，任临颍县巨陵乡党委书记；1995年2月～1996年6月，任临颍县城关镇党委书记；1996年6月～1997年12月，任临颍县人民政府副县长；1997年12月～2001年5月，任中共郾城县县委常委、组织部长；2001年5月～2002年12月，任郾城县县委常委、副县长；2002年12月～2004年6月，任漯河市政府副秘书长；2004年6月～2004年12月，任漯河市政府副秘书长、市国土资源局党组书记（期间2003年2月～2004年11月，在清华大学人文社会科学院行政管理专业学习研究生课程）；2004年12月～2007年3月，任市国土资源局党组书记。2007年3月～2009年9月，任漯河市国土资源局党组书记、局长。

李新桢简介：河南省叶县人，1962年8月出生，汉族，中共党员，大学学历。1978年3月参加工作，1989年3月入党。1978年3月～1979年8月，在叶县廉村乡当知青；1979年8月～1982年9月，在武汉冶金医专医疗系学习；1982年9月～1988年1月，任冶金部河南地质勘探公司二队职工医院医生、副院长；1988年1月～1989年3月，任平顶山市新华区经贸委科员；1989年3月～1992年1月，任平顶山市新华区监察局科员；1992年1月～1994年6月，任平顶山市新华区中兴路办事处党委委员、武装部长兼党委秘书；1994年6月～1995年5月，任平顶山市新华区监察局副局长；1995年5月～1997年12月，任平顶山市新华区监察局副局长、正科级监察员；1997年12月～1998年7月，任平顶山市新华区青石山办事处党委书记；1998年7月～2000年6月，任平顶山市新华区纪委副书记、监察局局长；2000年6月～2001年8月，任平顶山市地质矿产局副局长；2001年8月～2002年4月，任平顶山市地质矿产局党组成员；2002年4月～2007年3月，任平顶山市国土资源局党组成员、副局长；2007年3月～2009年9月，任商丘市国土资源局党组书记、局长；2009年9月至今，任漯河市国土资源局党组书记、局长。

【机构设置】漯河市国土资源局机关设办公室、人事宣教科、财务统计科、纪检监察室、政策法规监察科、矿产资源与规划管理科、用地审批与土地利用管理科、地籍与测绘管理科（挂行政审批服务科牌子）9个科（室），设国土资源监察支队、土地储备中心、地产交易所、国有土地管理所、土地勘察测绘队、土地评估所6个直属事业单位。市区设郾城、源汇、召陵、经济开发区4个分局。

【土地资源】2009年底，全市土地总面积26.94万公顷,其中，农用地21.68万公顷，建设用地4.56万公顷,未利用地0.70万公顷。全市耕地总面积18.86万公顷，其中基本农田16.20万公顷，保护率达86%，人均耕地1.1亩。

【矿产资源】漯河市已探明的矿产资源为岩盐，主要分布在舞阳县境内，面积80平方公里，总储量为400亿吨，居全国第二位。

【耕地保护】2009年初，省政府与市政府签订的耕地保护目标责任书中，耕地保有量指标不低于18.90万公顷，基本农田保护面积不低于15.91万公顷。根据第二次土地调查初步成果，全市耕地面积为19.07万公顷，高于省政府下达的耕地保有量指标。根据省政府批复的新一轮土地利用总体规划，全市共划定基本农田保护面积15.91万公顷，完成了省政府下达的基本农田保护指标。2009年《河南省土地利用计划》中，下达漯河市补充耕地计划388公顷，全市实际完成补充耕地任务631公顷，连续10年实现耕地占补平衡。2009年，全市非农业建设占用耕地470.24公顷，全部落实了占补平衡，其中，在本市落实补充耕地254.62公顷，由省国土资源厅协调异地补充耕地215.68公顷。根据《河南省人民政府办公厅关于印发省辖市政府耕地保护责任目标考核办法的通知》（豫政办〔2006〕53号）要求，市政府与各县（区）政府、各县（区）政府与各乡（镇）政府以及国土资源管理部门之间分别签订了耕地保护目标责任书，层层分解保护指标、落实保护任务，并进行了定期检查考核。市、县国土资源部门在主要道路沿线设立了大型耕地保护宣传牌，并设立了乡级基本农田保护标志。全市2006年以前的6个国家投资项目，5个通过省厅验收，1个正待省厅验收。2007年的2个国家投资项目，均已完成工程量的80%以上。2007年的4个新增费项目，2个已全部完工，正在组织初验，另外2个已分别完成85%和60%。

【节约集约用地】全年盘活利用闲置存量土地3164亩，建成标准厂房9.54万平方米，在建面积14.67万平方米。砖瓦窑厂治理坚持日常巡查制度，严厉打击窑厂死灰复燃，拆除反弹黏土砖瓦窑厂9座。全市累计复垦砖瓦窑厂用地1.54万亩，复垦率达到99%。

【土地利用总体规划修编】土地利用总体规划修编工作于2009年3月底完成。4月15日，市级规划经过省国土资源厅初步审查，这是全省除上报国务院审批的7个市外，初审的第一个市级规划大纲。2009年底，全市市、县两级规划均已获省政府批准。乡级土地利用总体规划修编工作通过省厅评审，复审后报省政府待批。省政府批准每个县（区）1个工业集聚区。会同市统筹城乡一体化发展指挥部办公室，确定了10个农村新型社区试点，并编制了土地综合整治规划。

【服务重点项目建设】以开展的“保增长保红线行动”和“企业服务年”活动为抓手，围绕中心，服务大局，全年报批建设用地8601亩，供应保障性住房用地814亩，保障了双汇、银鸽、金大地、医专、西客站、华电、钛白粉等重点项目用地。基本完成石武铁路、漯阜铁路征地拆迁工作。石武铁路征地全市拆迁总户数284户，拆迁总面积31.36万平方米（不含临颍县10家企业应拆迁面积），已全部拆迁完毕，全市补偿金总金额1.5698亿元。土地储备中心投资近亿元，基本完成黄河路东段2.5公里的开发建设任务。黄河路新大桥至中山路已完工通车，中山路以东主路面已经形成，预计2010年5月1日通车。

【土地市场建设】全年挂牌出让土地53宗，面积129.4万平方米，出让收入5.9亿元。配合市纪委开展了国有土地出让金追缴工作，共清理出2008年以前欠缴土地出让金3.18亿元，追缴2.96亿元。征收年租金157万元。

【执法监察】以“发现得早、制止得住、查处得了”为目标，建立了以乡（镇）国土资源所为考评单位的土地执法监察责任制，成立了市公安局国土资源公安室，建立了土地执法联席会议制度，会同市纪委、监察局联合出台《漯河市乡、村两级违反土地管理规定行为责任追究办法》，该《办法》得到国土资源部肯定，并在全国推广。全年通过动态巡查发现新发生违法用地238宗，占地421.3亩，发现率100%，报告率100%；全年立案查处违法用地案件173宗，占地291.7亩，立案率100%，办结161宗，结案率93%，提出党纪政纪处分建议9人，移送公安机关追究刑事责任11件。与上年同期相比，违法占地宗数、面积分别下降43.2%、89.6%。2009年度新发生违法用地控制在

13%以内，无重大违法违规占用耕地案件发生。开展了2008年度卫片执法检查，在市区掀起了一场治理违法占地的“五月风暴”，公安部门传讯涉嫌土地违法犯罪人员27人（次），刑拘5人，供电部门拉闸断电86户，市区拆除复耕违法用地72宗，面积781亩，违法用地占用耕地比例由37.7%降至13%以内，卫片执法检查工作顺利通过国家土地督察济南局验收。

【服务型机关建设和信访工作】在全市第一个提出“建设服务型机关”，主动转变职能。国土资源局窗口共接待群众咨询、查询6150余人（次），受理各项业务2193件，按期办结率100%，被省优化经济发展环境工作领导小组授予“河南省优质服务窗口”荣誉称号。信访稳定工作建立了责任追究等制度，全年共接待群众来访85起423人（次），立案处理19起，比上年同期相比下降44%，上级转交办信访件全部按时结案。

【基础工作】第二次土地调查工作完成了农村和城镇土地调查、数据库建设、基本农田上图、成果汇总及2009年度土地变更调查等项工作。开展基础测绘和勘测定界工作，测绘工作受到省测绘局表彰。基层国土资源所软硬件建设得到加强。全年投资135.4万元用于基层国土资源所硬件建设，新建乡所4个，修缮9个，配备了办公电脑、桌椅和照相机等设施，对全市51个基层所长进行了全员培训。信息化建设完成了建设用地网上审批系统的招标、安装、调试等工作，完成了局门户网站的日常更新及局长信箱等网上互动交流的及时回复，回复率100%。信息宣传工作力度加大，全年共在《中国国土资源报》、《资源导刊》等省以上新闻媒体发表稿件71篇；全年共编发内部信息118期，上报市委、市政府及省厅信息500余条，被省厅采用97条，市委、市政府采用29条。

【矿产资源管理】勘察和采矿许可证持证率100%，辖区内甲类矿山储量动态监测率100%。《漯河市矿产资源规划》已全面完成编制工作，正待省厅审查。按时、准确出具建设项目压覆矿产资源的初审意见。足额按时征收矿产资源补偿费。

（刘云召）

临颍县国土资源局

临颍县位于河南省中部，地处北纬33°43′～33°59′，东经113°43′～114°09′之间，南北长30公里，东西宽38公里，总面积为80267.02公顷。全县辖15个乡（镇），362个行政村，792个自然村，人口约73万人。

白惠甫　党组书记、局长
郭新民　党组成员、副书记
郑治业　党组成员、副局长
安延峰　党组成员、副局长
杨俊峰　党组成员、副局长
徐晓伟　党组成员、纪委书记

白惠甫简介：临颍县王岗镇人，汉族，1962年12月出生，中共党员，1971年参加工作。1976年12月～1981年4月，在部队服役；1981年4月～1982年1月，在林业部鄢陵林机厂工作；1982年1月～1988年4月，在鄢陵县交通局任纪检人事干事；1988年4月～1992年10月，在临颍县监察局工作，任科长；1992年10月～1997年4月，在临颍县皇帝庙乡政府工作任副乡长、副书记（期间在省委党校上函授班）；1997年4月～199年1月，任临颍县王孟乡政府乡长；1999年1月～2007年6月，任临颍县国土资源局副局长；2007年7月至今，任临颍县国土资源局党委书记、局长。

【机构设置】局机关内设办公室、用地股、规划股、地籍股、监察股、财务股、监察一队、监察二队、监察三队、信访股、纪检监察室、法规室、储备中心、复垦公司、国土所、测绘队共16个股（室）。派出城关镇、杜曲镇、台陈镇、瓦店镇、三家店镇、繁城镇、王岗镇、巨陵镇、窝城镇、大郭乡、石桥乡、王孟乡、陈庄乡、皇帝庙乡、固厢乡共15个乡（镇）国土资源所。全系统共有干部职工186人。

【土地资源】截至2009年底，(以第二次土地调查成果为准)临颍县行政区土地总面积80267.02公顷，其中，耕地58739.58公顷、园地55.17公顷、林地3765.2公顷；城镇村及工矿用地11894.8公顷，其中，建制镇2346.91公顷、村庄9218.78公顷；交通运输用地2631.47公顷、水域及水利设施用地2962.7公顷、其他用地218.16公顷。基本农田50156公顷，基本农田保护率为86.26%。人均耕地1.17亩。

【耕地保护】2009年初全县耕地保护面积57080公顷，年末耕地面积为58739.58公顷。通过第二次土地调查查明，全县耕地面积净增加1659.58公顷。2009年，全县依法批准占地52.5公顷。先后在巨陵镇、大郭乡、石桥乡、台陈镇实施了10个补充耕地项目，新增耕地50.10公顷，实现了占补平衡。《临颍县土地利用总体规划（2006—2020年）》于2009年11月13日获得省政府批复（参见豫政文〔2009〕301号）。2009年初，成立了临颍县耕地占补平衡考核领导小组，县政府与15个乡（镇）政府签订了耕地保护目标责任书，责任书明确了分解保护指标，制定了年度考核标准和方法以及奖惩措施。利用“4·22”地球日和“6·25”土地日，深入乡（镇）一线，广泛宣传保护耕地的重要意义，不断提高全县广大人民群众保护耕地的意识。对基本农田进行核查和统计，做到基本农田保护地块、面积、分布、质量等基本情况心中有数。基本农田由年初的49589公顷增加到年末的50156公顷，净增567公顷。2009年，实施完成了繁城镇国投土地整理项目，王岗镇、巨陵镇国投土地整理项目完成了施工任务的60%。

【建设用地管理】2009年，报批城市建设用地批次3个，面积38.2702公顷；乡镇建设用地批次3个，面积14.2513公顷；收储土地72.4666公顷，其中廉租房用地7.3333公顷；以招标、拍卖、挂牌出让方式供地29宗，面积79.45公顷，收取土地出让金17936.61万元；以协议方式出让土地3宗，面积1.17公顷，收取出让金102.52万元；审批宅基地239宗，面积3.9173公顷；土地交易流转51宗，面积10.058公顷，收取交易费21.84万元；收回闲置土地8.466公顷；盘活土地80.62公顷。

【地籍管理】第二次土地调查从2008年初开始，截至2009年末，完成了802.6平方公里乡村外业调查及数据库建设工作、建制镇地籍调查近30平方公里的外业调查工作，以及相邻县界接边的调查工作。全年办理国有土地使用权登记149宗，集体土地使用权登记456宗，他项权利证书5份。完成集体土地所有权登记发证8300本，发证率达到85%以上。测绘工作方面，先后完成了建设用地报批、重点项目供地、拆旧建新项目和零星用地的勘测定界工作，共测量并制作宗地图300多幅，收缴测绘费40多万元。

【执法监察】2009年，落实动态巡查责任制，执法人员按照分包路段、区域、村庄及时巡查，做到早发现、早报告、早制止。全年共立案查处各类土地违法案件89宗，面积13.43公顷；申请法院执行118宗（含2008年部分案件）；移送公安机关1宗；向监察机关建议处分5人；向县政府发送违法占地情况报告5份、向各乡镇政府发送制止违法占地建议函10份；收缴罚没款39.2万元。6月份还集中开展了第二次卫星遥感执法检查活动。这次卫星检查监测到全县变化图斑点67个，涉及新增建设用地107宗，面积62.46公顷，其中，违法占地54宗，面积6.96公顷，含耕地面积5.78公顷，违法占地比例38.32%。先后拆除违法用地9宗，面积3.43公顷，确保了全县违法占用耕地面积未超过新增建设用地占用耕地面积的13%。2009年底，违法占地比例为12.87%。

【信访稳定】2009年，共接待来信、来访76起、136人（次），调查处理省、市交办的案件5起，县信访局交办的案件7起。立案12起，已全部结案。

【乡所建设】2009年，投资4万多元给15个乡（镇）国土所配备了1辆电动车、安装了1块豪华电子表；指导国土所统一了工作日志、财务账簿、询问笔录等软件格式；制定了《国土资源所工作目标考核方案》，落实了基层国土所每月例会制度和年终考核制度；聘请了361名国土资源协管员。

（段建国）

舞阳县国土资源局

舞阳，夏禹时定名，以邑在舞水之阳，故名。秦置舞阳县，汉为舞阳侯封地，三国时属魏。新中国成立后归属许昌地区辖制，1986年改属漯河市辖制。全县辖14个乡（镇），397个行政村，13个居委会，全县总人口为59.4万人，其中，非农业人口5.5万人。总面积777平方公里。

李海洲　党组书记、局长
马俊杰　党组副书记（正科级）
郑林山　党组成员、副局长
谷建平　党组成员、副局长
潘振华　党组成员、副局长
孙耀克　党组成员、副局长
王广超　党组成员、纪检组长

李海洲简历：男，中共党员，汉族，禹州人，1963年出生。1981年5月～1985年7月，在禹州市方山高中任教；1985年8月～1987年7月，在许昌教育学院进修；1987年8月～1997年3月，先后在襄城县颍桥回族镇、范湖乡、双庙乡任党委秘书、副乡长、副书记；1997年3月～2000年9月，任舞阳县政府办公室副主任（1998年1月任主任科员）；2000年9月～2001年8月，任舞阳县辛安镇党委副书记、镇长；2001年8月～2007年7月，任舞阳县国土资源局副书记、副局长；2007年7月至今，任舞阳县国土资源局党组书记、局长。

【机构设置】现内部设有办公室、行政审批股、地籍管理股、建设用地与规划利用股、政策法规监察股5个职能股（室）。辖土地储备中心、国土资源执法监察大队、矿产管理所、地产交易中心、土地整理中心、金土地评估公司、测绘队、年租金征收股；共14个派出机构：辛安国土所、文峰国土所、舞泉国土所、保和国土所、吴城国土所、孟寨国土所、姜店国土所、九街国土所、莲花国土所、马村国土所、北舞渡国土所、太尉国土所、侯集国土所、章化国土所。

【土地资源】截至2009年底，舞阳县辖区总面积为77398.16公顷，其中，耕地面积53846.02公顷，占全县总面积的69.57%；园地面积145.21公顷，占全县总面积的0.19%；林地面积4552.28公顷，占全县总面积的5.88%；草地面积0.53公顷，占全县总面积的0.0006%，城镇及工矿用地面积10895.05公顷，占全县总面积的14.07%；交通运输用地面积2777.18公顷，占全县总面积的3.59%；水域及水利设施用地4948.78公顷，占全县总面积的6.39%；其他土地面积233.11公顷，占全县总面积的0.30%。

【耕地保护】2008年，认真落实最严格的耕地保护制度，确保了全县耕地保有量稳定在80万亩。耕地保护各种资料规范齐全、整理归档。在全县主要公路沿线树立大型耕地保护标示牌14块，与各乡镇签订了耕地保护目标责任书，实行了耕地保护的动态监测和预警制度，耕地和基本农田保护各项制度完善，在全县刷写耕地保护宣传标语1300余条。

【建设用地管理】2008年，报批土地六批共1136亩，满足了永银盐化工、中原制盐、金大地二期及六里桥、小王庄拆迁安置小区等县重点项目的用地需求；收购处置城镇存量闲置土地11宗370亩；挂牌出让经营性用地4宗、工业用地1宗，共647.6亩，收缴土地出让金3787万元，对百日行动查处的11宗358亩符合补办用地手续的违法用地进行了用地手续报批。

【地籍管理】2008年共办理国有土地登记发证130份，集体土地登记发证127份。完善了土地登记公开查询系统等地籍管理信息系统，应用了电脑发证软件、测绘软件，实现了电脑发证、电脑测图绘图，提高了办公效率。同时，建立了1∶1万土地利用数据库、基本农田保护数据库等地籍信息数据库，使信息化建设有了新突破。土地初始登记和变更登记工作扎实推进，规范整理了地籍档案。

【土地利用总体规划修编】一是开展了存量和闲置土地、后备资源、未利用地、违法用地、1999年以来已批建设用地情况调查、汇总、上图工作，为规划修编工作提供了翔实的资料。二是把县城从原来的16.7平方公里扩大为33.5平方公里，既拉大了城市框架，又对城区功能进行了合理性分区，为县域经济的合理快速发展详画发展蓝图。三是挖潜出全县可作为基本农田后备资源的一般耕地11700多亩，基本满足了调整规划的需要。对全县进行了初步规划：东北部为温州工业园，东南部为盐化工业园，西南部为奥兴汽配工业园，西北部为城建规划区。

【土地开发整理】完成了2007年第四批补充耕地储备项目的工程施工并通过省级检查验收（共涉及补充耕地800亩）；中南部土地整理项目顺利通过省级验收；完成了吴城、保和国家级土地整理项目的规划设计变更修改、上报工作；完成了2008年第一批补充耕地储备项目的材料上报（共涉及补充耕地1000亩）。

【二次土地调查】成立了舞阳县第二次土地调查工作领导小组，抽调了35名业务骨干组建了技术指导组和调查督导组，科学编制并报省、市批准了《舞阳县第二次土地调查实施方案》，确定了外业调查、内业建库合作单位，基准地价更新调整成果顺利通过了省级预审，有力地推动了全县二级土地市场的活跃发展。

【执法监察】加大全县黏土砖瓦窑厂监管力度，有效杜绝了新建和已拆除的黏土砖瓦窑厂的反弹，所有拆除的黏土砖瓦窑厂已复垦1767亩，占全部窑厂面积1780亩的99.3%。构建了县、乡、村三级国土资源动态监察体系，对各乡所实行了违法用地周报制，努力将各类违法案件消灭在萌芽状态。开展舞阳县土地违法、违规用地集中整治工作，全面查处了全县2008年以来发生的各类违法违规用地行为，强制拆除11起，共8000平方米，有效打击新的违法违规用地行为。

【国土资源信访】按照“分级负责、归口办理”和“谁主管、谁负责”的原则，实行包乡包案责任制，严格落实信访工作责任制、奖惩制和错案追究制，建立和完善市、乡、村三级信访网络体系，确保信访渠道畅通。全年共接待群众来访92起、167人（次），办理信访案件20余起，均按期上报查处结果，上级交办案件查处反馈率达100%；参加行政复议案件3件。

【乡所建设】坚持“高起点规划、节约型建设、规范化管理”的工作理念，因地制宜，统筹安排，采取有力措施，不断提高基层国土资源所的基础设施条件，筹措建设资金350多万元，新建、改建标准化国土资源所8所，在建2个，使国土资源所建设真正达到了“四化”，即机构设置科学化、设施配置标准化、内部管理制度化、行政行为规范化。

（李冠森）

郾城分局

郾城区地处漯河市西北部，处于东经113°27′～114°16′，北纬33°24′～33°59′之间，东接西华县、召陵区，西邻襄城县、舞阳县，北邻临颍县，南邻源汇区。京广铁路、石武铁路客运专线、107国道、京珠高速公路纵贯全区南北，交通便利。辖区总面积413.1平方公里，总人口47.4万人，辖8个乡镇（城关镇、孟庙镇、商桥镇、龙城镇、裴城镇、新店镇、黑龙潭乡、李集乡），1个街道办事处（沙北街道办事处）。

陈世权　党组书记、局长(2009年3月任职)

李世举　副局长

魏军胜　副局长

陈世权简介：河南省漯河市人，男，1961年7月出生，汉族，中共党员，本科学历。1980年11月～2001年9月，在海军南海舰队服役，先后任仓库主任，南沙巡防区守备三连副指导员，南沙巡防区管理员、后勤处副处长、处长，南沙巡防区副主任，南海舰队工程设计处副处长等职；2001年10月～2007年7月，在漯河市国土资源局工作，任办公室副主任；2007年7月～2009年2月，在漯河市国土资源局经济开发区分局工作，任分局党组书记、局长。2009年3月至今，在漯河市国土资源局郾城分局工作，任分局党组书记、局长。

【机构设置】分局内设办公室、规划股、建设用地股、地籍测绘股、土地整理中心、监察大队、信访办、财务室8个股（室），辖9个基层国土资源管理所。

【土地资源】截至2009年底，郾城区辖区总面积45186.83公顷，其中，耕地31446.82公顷（其中基本农田面积25019.4公顷），园地125.12公顷，林地445.57公顷，城镇村及工矿用地9002.50公顷，交通运输用地1680.43公顷，水域及水利设施用地2309.17公顷，其他土地177.22公顷。

【耕地保护】建立和完善耕地保护责任体系和考核机制，与各乡镇政府签订耕地保护目标责任书，层层抓落实。基本农田保护实行区、乡、村三级责任目标制度，确保基本农田面积25281公顷不减少、质量不降低，全区共设立基本农田保护牌36个。

【建设用地管理】2009年，先后完成了金山变电站7.67亩，孟平铁路、漯河市区域性动物疫病预防控制中心建设项目预审工作；完成了市污水处理厂建设项目报批工作；完成了2个批次村镇（集体）和2个批次城市建设用地的申报工作；完成了第九次卫片执法检查中27宗合法用地手续的资料收集及档案整理；配合市局储备中心完成了某部队营房迁建工程362.9亩、经济适用房152亩用地的资料收集上报工作；配合区政府完成了江山天安门业、漯河荣鑫林果科技等项目用地的附属物清点及补偿工作；配合区各相关部门、乡（镇）政府，完成了石武铁路客运专线郾城段的拆迁补偿安置工作；完成了雪健面粉有限公司二期85亩、河南叮当牛食品有限公司50亩、前周“城中村”改造260亩的征地组卷报批工作。

【地籍管理】第二次全国土地调查，完成了农村土地调查及数据库建设工作，于7月份上报国土资源部。完成了城镇地籍权属调查及地籍图编绘、标准时点更新及2009年度变更调查工作。稳步推进农村集体土地使用权证登记发证试点工作，按照《河南省国土资源厅关于做好农村集体土地登记工作的通知》（豫国土资发〔2009〕33号）文件要求及市局的安排，制订了工作方案。抽调一批业务能力强的同志，深入农户现场办公，立足“利民、便民、护民、高效”原则，严格执行《土地登记办法》的发证程序。完成了黑龙潭乡黄赵村536户的逐宗实地调查测量，经审核确权，集体土地使用证已全部发放完毕。

【土地整理】组织实施了总投资1348万元、总规模807.4公顷的李集乡、裴城镇中部土地整理项目，通过整理，新增耕地86.99公顷，既给农民带来了实惠，又确保了全区耕地占补平衡。该项目9月11日通过市局初验。郾城区李集乡土地整理项目总投资400万元，总规模266.67公顷，项目实施后净增耕地面积8.37公顷，新增耕地比例为3.15%，已经市局终验。郾城区李集乡潘付刘等11个村的土地整理项目总投资2000万元，总规模1220.05公顷，项目实施后，可新增耕地38.16公顷。该项目已通过可行性研究、规划及评审工作，于2010年2月组织实施。

【土地执法监察】按照“关口前移，防范在先；重心下移，预防到位”的要求，加强监察大队及乡所人员的配备。实行“分片包干，谁受理谁结案”的工作机制，将责任落实到人，强化执法力度。落实动态巡查责任制，在巡查过程中坚持“三结合”，即专门巡查与信访排查相结合、执法巡查与案件查处相结合、巡查结果与预防教育相结合。全年共发现违法占地60宗，面积45.4亩，现场制止并复耕38宗，立案查处22宗。12336、12345热线电话受理15宗，均进行了妥善处理。第九次卫片执法检查，据核查统计，全区被列入的变化图斑共94个，面积1102.4亩，共106宗。其中，合法用地28宗，面积627.6亩，违法占地17宗，面积54.4亩。通过集中整治拆除，复耕违法用地20宗，面积144.5亩，将违法用地占用耕地面积占新增建设用地占用耕地总面积的比例由45.3%下降到了12.6%。

【信访稳定】开展了“信访积案化解年”活动，建立起了区、乡、村“三级”信访管理网络。变接访为主动下乡巡访，实行信访动态巡查制度。严格落实“属地管理 、分级负责”和“谁主管、谁负责”的责任制，坚持“遇到矛盾不上推，排查化解在当地”的原则，及时把排查出的问题化解掉，为全区“保增长、保民生”创造了稳定和谐的社会环境。全年共接待群众来信来访38起，配合处理赴京信访案4起，赴省上访案件2起，市局转办、交办案件6起，区信访局转办、交办案件2起，全部办结，结案率达100%。

（田耀兴）

源汇分局

源汇区位于河南省中部偏南，沙河、澧河穿流而过，京广铁路、石武高铁、107国道纵贯南北，为漯河市商业、文化、经济中心，历史上源汇区牛行街誉满中外，如今源汇区基本汇集了漯河市区80%的商业资源。全区总面积201.6平方公里，其中耕地面积1.54万公顷，基本农田面积1.26万公顷，人口32万人，辖5个乡（镇），3个街道办事处，109个行政村。

高顺英　局长（女）

王保庆　副局长

冯书全　副局长

高顺英简介：女，河南省周口市人，1961年6月出生，中共党员，大专学历。1976年～1981年，在沈阳军区空军电话连复役；1981年～1987年，在周口市邮电局工作；1987年～1992年，在漯河市档案局工作；1995年至今，在漯河市国土资源局工作，历任漯河市国土资源局土地交易中心主任、源汇分局局长。

【机构设置】源汇分局内设办公室、耕保股、用地股、地籍股、土地整理中心、监察大队6个股（室）；辖干河陈乡、阴阳赵乡、空冢郭乡、大刘镇、问十乡5个基层国土资源所。

【土地资源】截至2009年底，源汇区土地总面积23030.25公顷，其中，耕地15578.21公顷，园地69.04公顷，林地352.72公顷，城镇村及工矿用地4905.22公顷，交通运输用地881.13公顷，水域及水利设施用地1110.29公顷，其他土地133.64公顷。

【耕地保护】建立了区、乡、村共同保护耕地的责任机制，区与乡、乡与村层层签订目标责任书，明确了各自的责任和义务，把基本农田的保护责任落实到具体人。确保了源汇区耕地保护面积稳定在15413公顷，基本农田面积稳定在12619公顷。

【土地规划】2009年，完成了区级土地利用总体规划修编工作，乡级土地利用总体规划修编通过省厅初审。

【土地开发复垦】完成了问十乡、空冢郭乡国家投资土地整理项目，新增耕地127.43公顷。源汇区2009年第一批占补平衡项目已通过省、市验收，新增耕地35.58公顷。

【土地利用】2009年，漯河市国土资源局源汇分局严格落实土地用途管制制度，强化土地利用总体规划、城乡建设规划的约束力，按照土地利用总体规划、城乡建设规划确定的土地用途和土地利用计划的安排，全年报批土地1121亩，保障了源汇区的各类项目用地。

【地籍管理】2009年，率先在全市开展了农村集体土地集中发证工作，全年登记发证841宗。完成了第二次土地调查的各项任务。

【土地执法监察】完善了动态巡查制度和重大案件报告制，要求各乡镇国土资源所每周动态巡查不少于两次。发现重大土地违法案件后，24小时之内要报告分局，同时，报告乡（镇）人民政府，分局当日报告市国土资源局、源汇区人民政府，为土地违法行为早发现、早制止、早处理提供有力的保障。完成了第九次卫片执法大检查，拆除违法用地23宗，面积达231.6亩，保证了源汇区2009年度内，违法占用耕地面积占新增建设用地占耕地总面积的比例低于13%。

（陶文利）

召陵分局

漯河市召陵区位于河南省中部偏南，东邻周口市商水县，西靠京广铁路，南接驻马店市上蔡县，北连周口市西华县。全区总面积405.3平方公里，辖4个镇（召陵镇、老窝镇、邓襄镇、万金镇），2个乡（青年村乡、姬石乡），2个街道办事处（天桥街道办事处、翟庄街道办事处），总人口49.7万人，其中，农业人口39.6万人，非农业人口10.1万人。召陵区历史悠久、人杰地灵。中学教科书中曾两次提到召陵，一是春秋五霸之首齐桓公在此会盟诸侯，讨伐楚国，史称“召陵会盟”；二是东汉时期著名的文字学家、经学家、训诂学家许慎的故里，他编纂的《说文解字》是中国第一部字典。召陵区位交通优势明显，京广、漯阜、漯舞铁路在此交会，京珠、南（京）洛（阳）高速贯穿全境。

曹合颖　局长

朱书元　副局长

刘松涛　副局长

曹合颖简介：河南省漯河市人，男，汉族，1958年6月出生。先后在驻马店师专、省委党校经济管理专业学习。1981～1991年，在市十一中、市农中、第二职业中专任教师、教导主任、副校长、副书记；1991～1992年，在省乡镇职业中专任副校长（正科级）；1992～1995年，任漯河市土地开发总公司开发部部长；1995～2001年，任漯河市土地监察大队队长；2001～2007年，任漯河市国土资源监察大队长；2007年4月至今，任漯河市国土资源局副调研员、召陵分局局长。

【机构设置】现内部设有办公室、规划股、地籍测绘股、监察股、建设用地股、信访室等8个职能部门。辖监察大队、土地整理中心、翟庄土地管理所、姬石土地管理所、召陵土地管理所、邓襄土地管理所、万金土地管理所、老窝土地管理所、青年土地管理所9个二级机构。

【土地资源】截至2009年底，召陵区土地总面积43359.05公顷，其中，耕地31125.26公顷，园地342.94公顷，林地455.23公顷，城镇村及工矿用地8773.66公顷，交通运输用地1509.84公顷，水域及水利设施用地978.83公顷，其他土地173.29公顷。

【耕地保护】一是严格保护基本农田。对全区703块、25405公顷基本农田实行特殊保护。建立健全基本农田动态监测体系，确保基本农田保护责任、措施、投入三到位。认真执行基本农田保护“五不准”的规定，加强基本农田保护的动态监测，实行重点巡查、重点监管、重点查处。二是扎实开展占补平衡工作。全年实施占补平衡5个批次，总投资860多万元，补充耕地2060亩，为新区提供了充足的建设用地指标，保障了新区建设用地报批的顺利进行。

【建设用地管理】2009年，共组织上报建设用地7个批次，土地面积2324.74亩，有力地保障了钛白粉厂、污水处理厂、天瑞水泥、双汇肉鸡分割等市定重点项目用地需求。全年办理用地手续5宗，面积180亩。并结合卫片执法检查工作，完善用地手续11宗，面积253.8亩。其中未供即用5宗，面积100.8亩；临时用地3宗，面积104.2亩；新申报建设用地2宗，面积48.8亩。

【土地利用总体规划修编】全区共调整新增建设用地面积37500亩，其中，城区建设用地34835亩，乡镇建设用地2665亩，核减基本农田保护面积1124.7公顷。通过规划调整全区2020年耕地保有量目标为28863.9公顷，基本农田保护面积24381公顷。

【土地开发整理】全年实施的各类土地整理项目4个，总规模3393公顷，项目竣工预计可新增耕地243.11公顷。其中，总规模1996公顷、总投资2756万元的河南省漯河市召陵区万金镇等2个乡镇土地整理项目和总投资896万元、总规模549公顷的河南省郾城县召陵镇土地整理项目，已按省市规定期限竣工，并顺利通过省市验收；总规模290.05公顷、总投资464.19万元的李集等乡土地整理项目（老窝片）于8月份完工，并通过市级验收。总规模558.89公顷、总投资495.356万元的召陵区邓襄镇土地开发整理项目已完成工程量的90%，年底提交验收。

【地籍管理】一是继续深入开展第二次全国土地调查工作。在去年开展农村外业调查的基础上，组织对调查成果进行自查，对在自查中发现的问题，逐个进行整改，并顺利通过国家验收。二是大力气做好农村集体土地管理工作。在全面推进第二次土地调查工作的同时，严格按照省、市有关要求，下大力气抓好集体土地登记发证工作。以翟庄街道冯庄村为试点，在全面总结经验的基础上，对新《土地登记办法》进行尝试和探讨，为全面开展集体土地登记发证工作打下坚实基础。全年共发放集体土地使用证400宗。集体土地所有权登记发证资料已准备就绪，待国家对第二次土地调查成果确认和相关软件配备后，即可在全区范围内全面展开。

【土地执法监察】认真落实国土资源执法监察制度，建立执法共同责任机制，严厉打击土地违法行为。一是加大巡查力度，严厉查处土地违法、违规案件。分局严格按照土地动态巡查制度要求，每周对分包乡（镇）巡查不少于3天，认真做到土地违法案件及时发现、及时制止、及时上报、及时查处。全年共查处土地违法案件28宗，土地违法行为得到有效遏制。二是严格按照上级卫片执法检查工作的总体部署，积极开展卫片执法检查工作。经调查，涉及全区卫星监测变化图斑57块，地块56宗，面积986.1亩，耕地835.6亩。经区政府组织集中行动对违法用地进行拆除后，违法用地耕地面积占新增建设用地耕地面积的12.5%，并顺利通过市局、省厅及国土资源部的检查验收。三是深入开展打击私建粘土砖瓦窑厂和非法取土制坯工作。分局抽调人员组成4个行动小组，对重点区域进行24小时不间断巡查。共打击取缔非法取土点20余个，扣押取土机械6台、运输车辆40台，销毁土坯200多万块，有力地打击了非法取土和私建窑厂行为。

【信访稳定】严格做到“早发现、早介入、早控制、早解决”。重点、难点问题或影响较大的信访件按照主要领导督办、分管领导包办、系统上下合办的要求进行重点办理。全年共受理各类信访案件30余起，其中立案11起，市局交办3起，区信访局交办8起，结案率达100%。并通过法制宣传和政策疏导，对来信来访的问题全部进行了妥善处理，现场解答土地法律法规25起，全年全区没有出现涉土群体上访、越级上访等现象，有效地促进了全区社会稳定。

（赵志民）

开发区分局

漯河开发区成立于1992年5月，是省政府批准的省级开发区，2006年更名为河南漯河经济开发区，控制区面积41平方公里，建成区面积10平方公里，开发区下辖1个后谢乡、28个行政村和2个居委会，总人口10万人。开发区自成立来一直实行封闭式管理，对入区项目根据投资者需求实行全过程、保姆式、个性化、一条龙式全程无费服务。所辖国家级创业服务中心现拥有三个孵化园区，3万平方米孵化场地和450万元种子基金，是培育孵化中小企业的摇篮，在区内形成了大企业长大、小企业快生的良好发展局面。目前已进驻企业320多家，先后吸引了美国和我国港、澳、台地区的近20家企业入驻，其中世界五百强企业4家，双汇集团、银鸽集团分别与开发区联合创办了双汇工业园和银鸽工业园。荷兰索维恩集团、中粮集团、旺旺集团、康师傅集团、花花牛集团等一批知名食品企业集团相继入驻开发区，形成了以生物食品为主导，造纸、纺织、新材料、机械加工竞相发展的产业格局，成为了拉动漯河工业增长的一个重要基地。

杨爱全　局长

杨爱全简介：河南省虞城县人，1958年8月出生，汉族，中共党员。1976年12月入伍，1982年7月～1997年12月，先后在电缆工程大队任技术员、分队长、连长、军械运输办公室主任、工程师（技术9级）等职；1998年1月～2000年7月，任漯河军分区参谋、郾城县武装部副部长；2000年8月～2003年4月，任漯河市国土资源局源汇区分局副局长；2003年5月～2005年6月，任漯河市国土资源局纪检监察室主任、纪检组副组长；2005年7月～2007年7月，任开发区分局局长；2007年8月～2009年3月，任郾城分局局长；2009年4月至今，任漯河市开发区分局局长。

【机构设置】开发区分局设办公室、综合业务股、监察大队、信访办4个股（室），下辖后谢乡国土资源所。

【土地资源】漯河市经济开发区土地总面积3700.94公顷，其中，耕地面积1739.63公顷，基本农田310公顷，林地72.31公顷　，园地210.45公顷。城镇村、工矿用地1357.25公顷。

【耕地保护】严格落实基本农田保护有关规定，初步建立了基本农田核查统计制度、定期检查报告制度和基本农田档案管理制度，严格规划调整和建设占用基本农田补划验收和备案管理。加大对违法占用基本农田的查处力度，有力地打击了乱圈滥占耕地和基本农田等违法行为。基本农田保护实行了市对区、区对乡、乡对村三级目标责任制度，重要地段、显著位置设立了大型保护耕地和基本农田保护牌，乡以下在基本农田保护区均设立了基本农田保护标识。全区基本农田面积继续稳定在310公顷。严格落实耕地占补平衡制度，开发区连续5年保持耕地占补平衡。

【规划及建设用地管理】按照“产业集聚、布局集中、用地节约”和服务经济发展的原则，圆满完成了规划修编工作。为开发区预留了12平方公里规划建设用地；核减耕地面积475公顷，调出基本农田面积723公顷。先后完成了漯河市2009年第5批城市建设用地66亩和第5批城市建设用地430亩的组织报批工作；通过整合、置换和储备，2009年，全区共盘活建设用地363亩，保障了区域经济又好、又快发展。

【地籍管理】按照《土地管理法》、《土地登记规则》、《城镇地籍调查规程》等有关规定，严格土地登记程序，依法进行土地确权登记。全年共受理土地登记申请1600多宗，通过审查不符合登记条件退回70宗，土地使用权发证率达到50%。

【执法监察】按照市局部署，开发区分局先后开展了土地违法违规专项清查、闲置土地清查、“卫片执法”等多项工作。先后出动宣传车30多次、制作墙体广告800平方米、制作宣传横幅28条、制作宣传版面9个、派出咨询台2次、印制宣传单3000份、在省级报刊发表宣传文章2篇。举办了村级干部国土知识培训班，培训乡村干部120人（次）。在执法工作中以规范用地秩序为目的，对违法用地案件的查处做到既处理人、又处理事，加强本系统内部科室之间，乡、村之间的协作配合，与纪检、监察、公安等部门协调作战，对违反规划、破坏耕地、占用基本农田等违法行为进行有效打击。在第九次卫片执法专项整治中，共拆除违法用地4宗30亩，并全部复耕。把违法用地比例降到了8%。

【信访工作】深入基层，进村入户，在辖区内广泛开展矛盾纠纷排查化解工作。进一步规范办信、接访、督察、复查工作，建立健全重大信访事项听证等制度。全年共受理接访案件22宗，立案5宗，处理到位5宗，结案率100%。全年没有出现影响较大案件发生。确保了信访工作各项目标的较好完成。

【政风行风】面向社会聘请6位义务行风监督员，对分局进行全方位监督，并面向社会各界发放征求意见书，广泛接受社会监督。在2009年全市开展的涉企科室测评中，开发区分局在全市135个单位中位列第15名，较去年名次前提8位，在全系统中排名第一。

（张　辉）

新　乡　市

新乡市国土资源局

新乡市北依太行，南临黄河，紧邻省会郑州，是中原城市群及“十字”核心区重要城市之一。现辖卫辉、辉县两市，新乡、获嘉、原阳、延津、封丘、长垣六县，卫滨、红旗、牧野、凤泉四区以及市高新技术产业开发区、新乡工业园区和西工区。总面积8249.45平方公里，总人口563万人；市区建成区面积100平方公里，人口100万人。

于树森　局长、党组副书记
赵世军　党组书记、副局长、土地储备中心主任
李世成　副局长
裴部之　副局长
李宇方　副局长
范玉岭　副局长
张保成　纪检组长
刘传伟　调研员
马国庆　助理调研员

于树森简介：汉族，河南省新密市人，1953年10月出生，1970年1月参加工作，1976年10月加入中国共产党。1970年1月～1973年1月，在新密市冶炼厂工作；1973年1月～1977年1月，在解放军某部当驾驶员、教员；1977年1月～1987年12月，在郑州市委、市总工会工作；1988年1月～1999年11月，在郑州工人日报社任常务副总编、主任编辑；1999年11月～2004年4月，任新华社河南分社《河南内参》主任记者；2004年4月～2008年3月，任河南省国土资源厅办公室副主任、研究室主任；2008年3月至今，任新乡市国土资源局党组副书记、局长。

赵世军简介：汉族，河南省新乡市人，1954年10月出生，1972年12月参加工作，1976年7月加入中国共产党。1972年12月～1985年12月，应征入伍，历任技术员、参谋、助理员等职；1986年1月～1988年11月，在新乡市房产管理局工作；1988年12月～2002年9月，任新乡市土地局办公室主任、纪检组长、党组成员；2002年9月～2005年6月，任新乡市国土资源局副局长、党组成员；2005年6月～2008年3月，任新乡市国土资源局副局长、党组成员、土地储备中心主任。2008年12月至今，任新乡市国土资源局党组书记、副局长、土地储备中心主任。

【土地资源】新乡市地处黄河中下游，境内黄河170公里，流域面积4558平方公里。新乡市地形分为山区、丘陵、平原三类，以平原为主，占总面积的78%，平原地形为黄河冲积平原和山前倾斜平原的过渡区，土层深厚肥沃，平坦辽阔，是全国重要的商品粮基地和优质小麦生产基地。截至2008年，全市辖区总面积8249.45平方公里，其中，农用地569008.5公顷，占土地总面积的68.98%；建设用地128537.62公顷，占土地总面积的15.58%；未利用地127399公顷，占土地总面积的15.44%。

【机构设置】新乡市国土资源局是主管全市国土资源、矿产资源和测绘的市政府工作部门，于2002年5月批准成立，现地址新乡市人民东路甲2号，现有干部职工182人。机关内设13个职能科（室），分别是办公室、纪检监察室、人事教育科、财务科、规划科、土地利用科、用地科、耕地保护科、地籍科、矿产开发科、地质环境科、法规监察科、行政事项服务科；下设4个派出机构：凤泉分局、牧野分局、高新区分局、新乡工业园区分局；9个直属事业单位：土地储备中心、土地监察队、征地事务所、土地开发整理中心、国土资源信息勘测中心、地产中心、国土资源局一分局、二分局、三分局。

【耕地保护】　在全市上下层层签订了耕地保护目标责任书，全市耕地保有量和基本农田面积稳定在681万亩和593万亩，连续11年实现耕地“占补平衡”，土地开发整理的数量和质量在全省名列前茅，省政府检查组对全市2008年度耕地保护工作给予了充分肯定。同时，大力推进土地开发整理，2008年度1.2亿元新增建设用地有偿使用费分配到位，相应组织申报了5个土地开发整理复垦项目，

全部开工建设。今年共分配新乡市新增建设用地使用费1.4亿元，占全省下拨资金总量的10%，在全省18个地市中名列前茅。目前已经申报项目8个。被市委、市政府评为2009年度争取资金工作成绩突出单位。

【土地利用】2009年，全市存量建设用地挖潜盘活取得新成效，共盘活存量建设用地3520.66亩，同比增长423.44%；标准厂房建设年度目标任务圆满完成，全市新建成标准厂房62.68万平方米；开展了批而未征、征而未供土地专项清理调查工作；完成了省级开发区集约用地评价工作，顺利通过了省专家组对评价成果的验收。在全省23个省级开发区中，高新区位列第4名；全年办理改制企业土地评估报告备案手续21宗、507.5亩，土地资产评估价值9921.49万元；为30家改制后新企业办理用地手续32宗、592.75亩，土地出让价款合同金额8097.72万元；协调或参与解决企业改制中涉及的各类土地问题28件。全年共办理87宗国有土地使用权抵押登记，抵押总面积493.5公顷，抵押贷款总金额4.82亿元。

【建设用地管理】在重点项目用地上，全力保障了新增1000亿元和1300亿元中央预算内投资项目、8511项目、1074项目及省重点项目，重点保障了南水北调、石武客专、鹤辉高速、新晋高速以及贾屯污水处理厂、中粮（小麦）、河南省农科院等项目用地。共组织上报、审批用地25291亩，是省分配全市指标的4倍。建立重点项目建设用地审查报批“绿色通道”，将报批时限由原来的20个工作日压减到7天。在“企业服务年”活动中，局领导10余次深入分包企业，解决企业实际问题30多个，分别被省国土资源厅和新乡市委、市政府评为服务企业先进单位。保障了南水北调渠首及沿线土地整治重大项目建设。在全国率先提出了200万亩重大土地综合整治项目，河南省南水北调渠首及沿线土地整治重大工程新乡片区项目现已通过国家审批。整个项目可争取资金28亿元，目前已到位资金2.79亿元。项目实施后，预计新增耕地13.9万亩，新增粮食生产能力约6.7亿斤，这些新增耕地将为新乡市耕地总量平衡和经济建设发挥重要作用。2009年，被市政府评为南水北调中线工程新乡段干线征迁工作先进单位。

【市区土地等别调整】2009年，国土资源部批准了新乡市市区土地等别由7等调整为9等，调整后，新增建设用地有偿使用费上缴标准由原来的48元/平方米（约3.2万元/亩）降至34元/平方米（约2.27万元/亩），每平方米降低14元（约折合0.93万元/亩），降幅为30%；工业用地出让最低价由原来的19.2万元/亩降为13.6万元/亩，每亩降低5.6万元，降幅为30%；工业项目投资强度最低控制指标由原来的60万元/亩降为41.7万元/亩，每亩降低18.3万元，降幅为30.5%，最高控制指标由原来的172万元/亩降为117.3万元/亩，每亩降低54.7万元，降幅为31.8%。仅2009年上报、审批用地就节约资金9354万元。

【土地利用总体规划修编】在充分调研论证的基础上，结合第二次土地调查成果，以土地利用总体规划、城乡规划、产业集聚区规划、新农村建设规划“四规合一”为统领，实现建设用地和基本农田两个布局优化，国土资源部在合肥召开的全国市长专题研究班中得到了国土资源部的充分肯定。目前，新乡市市级规划正式成果已报国务院审批，8个县级规划已全部通过省级批复，128个乡（镇）规划通过初审。通过多方协调努力，至2020年，全市基本农田由原来核减9.9万亩调整为最终核减11.7万亩，基本农田保护率从87.1%下降为85.37%，城镇建设用地增量由原来的22.5万亩增加到25.35万亩，统筹耕地总量和人口规模等因素，基本农田核减量和建设用地增量位于全省前列。市区用地规模由原来的80平方公里扩大到140平方公里，为新乡未来的发展提供了充足的空间。同时，将小店工业园区22.8平方公里调出市区规划范围，工业用地出让费用由每亩19.2万元减少到6.4万元，每亩减少费用12.8万元，为招商引资创造了有利环境。

【第二次土地调查】积极推进第二次土地调查工作。目前，全市农村土地调查外业、内业工作已全部结束，按要求完成农村土地调查成果复核工作并已上报县级复核成果。农村土地调查数据库成果已提前上报，数据库建设正在进行。基本农田上图工作已全部完成，并已上报成果。城镇调查工作也已完成，外业成果预检申请已经上报，城镇土地调查数据库建设正在进行。积极开展第二次土地调查专项调查工作，协助省规划院完成了长垣起重园区、新乡市经济开发区、新乡市高新技术产业园区、新乡工业园区专项调查工作。

【土地招拍挂】2009年，共举行招、拍、挂活动14次，出让土地54宗，成交47宗，面积3171.5亩，成交价款10.328亿元。其中，市本级37宗，面积2635.099亩，成交价款9.842亿元。

【土地收购储备】全年共收储土地2443.16亩，清点丈量各类构建筑物194090平方米。完成了辉县1000亩、原阳县232亩异地有偿转让规划建设用地指标工作，节约资金600余万元。完成了封丘县240亩、延津县152亩异地补充耕地任务，确保1622亩土地用地手续按时上报。全年融资2.35亿元，为土地储备、开发整理和拆迁安置工作的推进提供了保障。

【地籍管理】对全市土地变更调查工作进行了统一部署，查清实际新增建设用地情况和实际耕地变化情况，完成全市数据复审、汇总和上报。依法进行土地确权登记，全年共办理市区国有土地使用权登记2091宗，集体土地使用权登记12宗。同时做好土地权属纠纷调处工作，本着合法、公正、合理的原则，严格办案程序，注重调查研究，切实保障了土地权益人的合法权益，维护了土地管理法律法规的尊严。

【测绘管理】完成了全市28家测绘单位测绘资质年度注册，组织开展了地理信息市场规范整顿工作，代市政府草拟了《关于切实加强测绘工作的意见》，组织了“8·29”测绘法宣传活动。通过手机短信和新闻媒体向广大群众普及测绘知识，促进测绘法律法规的贯彻实施，提高全社会测绘法制意识。

【信息化建设】完成了东区新办公大楼网络中心机房和网络布线工程建设。同时，为保障河南省建设用地动态监管系统按时开通运行，完成了新乡市党政办公业务主干网接入工作，各县（市）局统一接入市国土资源电子政务专网。重新开发建立了新的门户网站，健全了网站管理、信息发布和统计考核等工作制度，有效促进了网站信息及时更新与网站管理规范化。

【队伍建设】认真开展学习实践科学发展观活动，按照“三对照、三查找”的要求，通过召开不同类型的座谈会，印发1500多份《征求意见表》，广泛征求社会各界意见和建议，集中查找问题，深刻剖析原因，制定了努力方向和整改措施。积极宣传当前土地法律法规政策，市国土局根据市委市政府安排，在全市重点项目推进会和全市新农村规范化管理培训会等会议上讲课，提高了各级党委、政府依法管地、依法用地的意识。强化基层国土资源管理队伍培训，共举办培训班15期，培训基层乡所人员1100余人,并全部进行考试考核。组织参加了“全国县市国土资源局局长培训班”8期，“全国乡镇国土资源所所长培训实验班”等培训班4期，举办了纪检、执法监察等业务培训班3期。分三批对各县（市）区国土资源局局长、市局机关科长、基层国土资源所所长和市局机关一般人员进行了户外拓展培训，提高了团队意识和凝聚力。全面推进基层国土资源所建设，下发了《基层国土资源所规范化建设量化打分标准》，从完善基础设施、健全工作制度、制定工作规范、规范行为准则、提高队伍素质、高效优质服务六个方面进行检查督导，乡所达标率达到85%，超额完成省厅下达的60%的目标。

【矿产资源】新乡市的矿产资源可分为4大类28种：能源矿产有煤、石油、天然气、煤层气、地热，金属矿产有铁、铜、铅、锌、金矿，非金属矿产有水泥用灰岩、水泥配料用粘土、化工灰岩、白云岩、重晶石、泥炭、磷、耐火粘土、石英岩、饰面花岗岩、饰面大理岩、建筑石料、建筑用砂、砖瓦用粘土、水晶、冰洲石，水汽矿产有地下水、矿泉水。全市矿产地总数为104处，其中地质工作程度达到普查的15处，勘探22处。矿产规模达到大型矿床的10处，中型矿床13处，小型矿床30处，矿点及矿化点51处。探明的矿产资源储量中，煤炭12.6亿吨、泥炭102.28万吨、水泥用灰岩7.5亿吨，花岗岩5万立方米、大理岩100万立方米、重晶石30.7万吨、水泥用粘土5366万吨。截至目前，全市共有矿山企业145家（含5家地热、矿泉水）。按发证权限划分，部、省发证18家，市级发证4家，县级发证123家；按矿类划分，甲类矿山18家，乙类矿山127家。2009年度年产矿石量385.34万吨，工业总产值4158万元，矿产品销售收入4089万元，利润总额970.66万元。

【地质灾害防治】认真开展地质灾害防治工作。已完成市本级及辉县、卫辉两个地质灾害易发区的地质灾害防治规划编制工作，并经本级政府发布实施。已完成市本级及地质灾害易发区县（市）的矿山环境保护与治理规划编制工作。坚持群测群防网络建设，做到周周有巡查、天天有汇报，24小时全天候值班，发放“防灾工作明白卡”和“防灾避险明白卡”576份，开展地质灾害群测群防“十有县”建设，辉县市作为创建地质灾害防治“十有县”受到国土资源部通报表彰。

【矿产资源管理】大力开展矿山储量动态监督管理工作，对145个矿山企业全部进行了监测。积极开展2008年度采矿权人矿产资源开发利用情况检查，年检企业144家，合格率99.3%，进一步规范了矿山企业的采矿行为，追缴企业欠缴矿产资源补偿费5万元。同时，完成了全市矿业权出让情况专项清理和矿业权核查工作，矿产秩序进一步规范，促进了矿业经济健康发展。

【城乡统筹】为有效推动统筹城乡一体化发展，新乡市出台了《关于加强新型农村住宅社区建设用地管理的通知》和《关于新型农村社区建设用地节余指标有偿置换的指导意见》等文件，引导和规范全市新型农村社区建设。积极申请城乡增减挂钩指标，并加快指标周转，促进指标的有效利用。已批复全市8个县（市）的挂钩项目区26个，建新区6272亩，拆旧区10494亩，占全省指标的1/3，仅有偿使用费、耕地开垦费和耕地占用税就节约支出近亿元。2009年12月25日，国土资源部总规划师胡存智带领6个司局领导莅新调研，对新乡市的做法给予了充分肯定。市国土资源局被市委、市政府评为支持新农村建设先进单位。

【执法监察】继续深化六级巡查机制，下发了强化六级巡查制度的通知，规定凡动态巡查发现违法占用基本农田5亩以上、耕地10亩以上，必须将违法用地单位、用地面积、制止情况等当日上报，从制度上保证了违法用地早知道、早处理。2008年6月25日，开通了“12336”国土资源违法举报热线，广泛接受社会监督。市政府在市国土资源局派驻公安室，在全系统初步形成了纵到底、横到边的巡查监管网络。开展了土地违法集中整治活动，全市共出动执法人员2000余人（次），执法车辆270余台，强制拆除200余家违法用地单位建筑物6万余平方米。圆满完成第九次卫片执法检查各项任务，20宗违法用地已全部立案查处，提出党政纪处分12人次，向公安机关移送案件12起，全市卫片执法检查工作获得了良好等级。拆除黄河滩区黏土砖瓦窑162座，平原区20座，拆除数量及进度名列全省第一位。全年发现违法案件和立案查处率分别下降39.15%和54.11%。

【信访工作】在全市国土资源系统开展了信访案件排查化解专项处理活动，“全国两会”和新中国成立60周年大庆期间，无赴省访和进京访，得到了省国土资源厅的好评。全年共接待上访群众117批、246人（次），信访总量比去年同期140起下降20%。共受理复查案件24起，息访21起，息访率比去年同期增长16%，结案率达到100%，群众满意率达到90%。

【地质工作特色】辉县市荣获国土资源部命名的全国地质灾害群测群防“十有”县光荣称号。

（姜鹏　赵进峰）

辉县市国土资源局

辉县市地处豫晋两省之交，西与山西省陵川县交界，北同林州市及山西省壶关县相接，东靠卫辉市，南邻获嘉县，东南与新乡市毗连，西南与修武县相邻。市域总面积2007平方公里，其中，山地面积1007平方公里，丘陵216平方公里，平原784平方公里。辖孟庄、百泉、薄壁、峪河、南村、吴村、上八里、占城、北云门、南寨、常村11个镇，沙窑、西平罗、张村、高庄、拍石头、黄水、洪洲、冀屯、赵固9个乡，城关和胡桥2个办事处，村民委员会533个，居民委员会22个。

韩喜国　党委书记、局长
张玉君　副局长
郎向阳　副局长
张　健　副局长
陈长军　副局长
周　勇　纪检书记
王振兴　副主任科员
李明领　副主任科员
李顺福　副主任科员

韩喜国简介：男，汉族，1965年10月20日出生，中共党员。1980年9月～1983年6月，在新乡市师专数学系学习；1983年7月～1985年4月，在辉县市胡桥高中任教；1985年7月～2002年3月，在辉县市人大先后任办公室副主任、主任、党组成员、秘书长；1999年8月～2001年12月，在中央党校经济管理本科班学习；2002年4月至今，任辉县市国土资源局党委书记、局长。

【机构设置】辉县市国土资源局内设13个科（室）（办公室、地籍科、用地科、规划科、耕保科、法规科、信访科、储备中心、征地所、利用科、监察大队、测管科、纪检室），辖北云门中心所、洪洲中心所、高庄中心所、百泉中心所、南寨中心所、冀屯国土所、吴村国土所、占城国土所、薄壁国土所、孟庄国土所、常村国土所、峪河国土所、赵固国土所、城关国土所、胡桥国土所15个国土所，职工230人。

【土地资源】辉县市行政辖区总面积168142.02公顷，其中，耕地面积64843.26公顷，基本农田54185.02公顷，人均耕地1.191亩；林地55635.69公顷；园地1873.20公顷；草地1524.88公顷；城镇村及工矿用地16862.34公顷；交通运输用地3461.20公顷；水域及水利设施用地7047.11公顷；其他土地16894.34公顷。

辉县市土地资源类型复杂多样，根据1984年全国第二次土壤普查，境内分布7个土类，续分13个亚类、29个土属、62个土种。其中，褐土208.29万亩，占全市土地面积（301万亩）的69.2%，主要分布在北中部山地和山前倾斜平原；潮土54.18万亩，占全市土地面积的18%，主要分布在境内南部；棕壤土20.05万亩，占全市土地面积的6.7%，主要分布在境内海拔1200米以上的垂直带谱中；沙礓黑土11.50万亩，占全市土地面积的3.8%，分布在市境南部、西南部和西部一带；水稻土6.50万亩，占全市土地面积的2.2%，主要分布在薄壁镇东部、百泉镇南部、北云门镇与胡桥乡周围及孟庄镇部分地块；风砂土0.21万亩，占全市土地面积的0.1%，主要分布在赵固乡北部和洪洲乡境内；沼泽土0.06万亩，分布在北云门镇韩小庄、卓水以西地带。

【耕地保护】首先是认真落实土地利用总体规划和土地用途管制制度，加大对耕地特别是基本农田的保护力度，全市耕地面积稳定在90万亩以上，基本农田保护面积控制在80.8万亩，保护率85%以上。同时，加大了土地开发整理力度，确保耕地占补平衡。2008年，共争取土地有偿使用费2013万元，用于冀屯、赵固、常村3乡镇土地整理项目工程建设，总规模1690公顷（合25350亩，完工后可新增耕地988亩），2009年，项目进入施工阶段，年末已完成工程量的30%。2009年，共争取土地有偿使用费1700万元，用于占城镇土地整理项目建设，规模694公顷（10410亩），项目实施后可净增耕地702.6亩。

【建设用地管理】围绕“扩内需、保增长”的发展大局，强化服务意识，提高办事效率，认真落实“绿色通道”的各项措施，以保障落地为目标，用足政策，争取支持，使全市重点工业项目、城市重点工程项目和新农村社区建设项目用地得到保障。全年共上报乡镇建设用地6个批次，面积2242.52亩；城市建设用地3个批次，608.37亩；单选址项目用地3宗（垃圾处理厂、中原天燃气、新桥变电站）171亩。完成了气象局、西客站等城市重点项目用地报批手续6宗、278亩，完成了辉纺、米多奇等工业项目用地手续报批28宗、2201亩；完成了冀屯、吴村等5个新农村社区的规划选址和用地报件（1900亩）准备工作。

【土地市场】强化对土地市场的管理，城区单位、村和个人私自转让问题基本杜绝。一方面，把市委的旧城改造作为工作重点，加大了土地收购储备力度，充分引进市场管理机制，组织人员积极参与了佳联、电业小区、检察院小区的土地收购工作，取了明显成效；另一方面，按照“成熟一片，开发一片”的原则，积极为市领导当好参谋，全年共召开土地资产会3次，对规划区内16宗国有土地提出处置意见。三是加大了盘活力度，全年共收购、收回国有土地4宗，面积93.16亩（其中，收购渔场67.9655亩、东关村委会9.344亩；收回市剧院6.15亩、南关村委会9.53亩）。一年来共挂牌出让华艺小区、佳联大厦等国有土地使用权23宗，面积1468.155亩，成交额1.097亿元。实现了土地的优化配置，确保了土地效益的保值增值。四是加强了对土地出租、抵押的管理。共办理土地抵押31宗，面积1999亩，抵押价款3.5亿元，其中，实现融资2.03亿元。

【土地征收】为保障重点工业项目、城市重点建设项目、新农村社区建设项目用地，加大了土地征收工作力度，多策并举，多管齐下，认真落实共同责任机制，密切协作，相互促进，强力推进重点项目用地征收任务的落实。同时，在工作中还严格落实了补偿政策，切实加大了补偿力度，最大限度地维护了被征地农民的合法权益。一年来共征收各类用地42宗，面积10367亩，落实征地补偿费3500万元。其中，完成新晋高速、南水北调安置（协议已签订，正在组织报批）等国家重点项目用地征收两宗、2060亩；完成江苏雨润、西关配件厂等重点工业项目用地征收13宗、1193.6亩；完成文化苑、公路大厦等城市重点建设项目用地4宗、328.1亩；完成冀屯小区、吴村小区等新农村建设项目用地3宗、3335亩。

【第二次土地调查】第二次土地调查已全部完成，投资1000余万元，共调查面积1681.4平方公里，其成果已通过国家审核；城镇地籍更新调查外业测绘和权属调查任务已经完成，城区和10个建制镇的外业测绘和权属调查已接近尾声，测绘面积分别为31.4平方公里（城区）和22.77平方公里（10个建制镇），权属调查46232宗。目前，正在进行内业核查及入库工作，内业数据库建设将在年底完成。基本农田上图工作已初步完成，第二次土地调查"标准时点"统一更新工作正在有序开展。

【土地利用总体规划修编】围绕新农村建设、产业聚集区建设、城市建设三个方面，着力解决了规划中指标分配和基本农田保护面积的调整和分配这一难题，为今后经济发展提供科学发展的空间。为了解决这些问题，确保规划的科学性，采取了四项措施：一是根据土地利用总体规划修编的规定，新一轮规划的基数需采用2005年的数据。辉县市2005年耕地面积为90万亩，而新乡市下达辉县市的基本农田保护面积为81万亩，为了更好地服务全市建设，为辉县市经济发展留足空间，我们积极与上级协调，争取采用第二次土地调查的耕地成果96万亩，预留出更多的一般农田；同时，在二次土地调查中尽可能增大耕地面积，达到基本农田保护率在新一轮规划中不升反降的目的。三是适当加大被拆迁村的居民点规模，涉及9个乡（镇）、26个村、5178.5亩土地，通过土地整治增加耕地面积，可以及时置换更多的城乡增减挂钩指标，满足城乡增减挂钩指标的需求，为城市发展留足了空间。四是处理了14210.69亩的劣质耕地，变为未利用地，涉及赵固、冀屯等10个乡34个村，下一步及时通过土地开发满足建设用地占补平衡的需要。通过以上措施，到2020年，城区规模将达30.28平方公里；洪州产业集聚区面积11805亩；新农村新区涉及21个乡（镇），新建46个社区，新规划总占地面积32763亩，拆旧区面积96626亩，实施后可节约土地63863亩，近期（到2013年）实施共22个新区。产业聚集区规划业已列入新一轮总体规划。辉县市级土地利用总体规划11月23日通过省政府批复（豫政文〔2009〕340号）；21个乡（镇）规划已完成，并于11月11日通过新乡市组织的专家组初步审查。

【卫片执法】全省第二次卫星遥感监察到辉县市变化图斑45个（57宗），涉及乡（镇）11个，涉地面积1673.52亩。其中，合法用地图斑15个（13宗），面积1576.4亩（耕地1364.2亩）；违法占地面积399.6亩（其中，耕地127.6亩）。省厅关于开展卫片执法检查文件下发后，市委、政府领导高度重视，及时成立了以市长王学胜为组长，副市长高家轩为副组长，相关乡镇和有关单位负责人为成员的领导小组。为指导工作开展，市政府同时下发了《关于2009年度卫片执法检查（省第二次）整改工作的通知》（辉政文〔2009〕59号）。该项活动从7月开始，为期5个月。工作中，按照上级要求，对于核查出的23个违法图斑，严格按照土地法律法规的规定，在调查核实的基础上，依法下达了处罚决定，并申请法院强制执行，对相关的责任人移送公安、纪检监察机关处理，做到了对违法违规用地处理的"五到位"，即依法作出处罚、依法申请法院强制执行、依法移送公安司法机关、移送纪检监察机关、移交财政没收。目前，全市卫片执法检查依法申请法院执行37宗涉地案件，涉地面积399.3亩；执行拆除4宗，面积12.68亩；依法征收罚款240570元；移送公安机关4起案件，4人；移送纪检机关4人，均为副科级以上干部，现已处理到位。该项工作于11月25日顺利通过上级检查验收，受到省政府检查组的好评。

【砖瓦窑治理整顿】2006年以来，按照省、市要求，全市关闭拆除粘土砖瓦窑厂68座，复耕土地3329亩，2009年1月，辉县市被省政府评为先进单位，局长韩喜国被评为先进个人。为巩固整治成果，防止粘土砖生产死灰复燃，杜绝取土毁田现象反弹，根据省、市安排部署，6～9月在全市范围内认真开展了砖瓦窑集中整治活动，专门下发了《关于对全市砖瓦窑厂迅速开展集中治理整顿活动的紧急通知》，研究制订了实施方案，强化了对全市22家新型墙材企业的监管。在活动中，辉县市结合实际，制定了综合整治"四有一无"标准（即有页岩原料和页岩采挖点，有烘干设施，有粉碎设备，有企业围墙，无晾坯场地）。砖瓦窑专项整治中，结合全市实际制定了“四有一无”标准，作为“辉县模式”被新乡市完善推广。在集中整治工作中，国土、公安、电业等部门联动，通力配合。对于不符合生产条件标准的砖厂，进行停产整顿或限期拆除；对手续不完善的，责令墙材企业限期办理发改、土地等8种相关证件。特别是还建立了长效的管理工作机制，实行治理整顿小组负总责、辖区国土资源所具体负责、监察大队协调配合的“1+2”监管模式，收到了明显效果。目前，19家新型墙材企业正常生产，3家仍停产整改。通过集中整治活动，既规范了新型墙体材料的生产经营秩序，基本满足了全市建筑市场的需求，又彻底杜绝了烧砖取土毁地现象和使用粘土生产新型墙体材料现象。

【执法监察】以“管死”为目标，狠抓了违法占地案件的源头管理，认真落实了六级动态巡查制度，严格执行了挂牌督办制度和领导班子每月集体下乡督查制度，建立并实行了“土地执法110”制度和村级土地协管员制度，做到了早发现、早制止、早查处。同时，为加大土地执法力度，我们还落实了共同责任目标，建立部门联动机制。国土局和规划局建立了联合执法新机制，整合力量，成立了联合执法大队，执法监察人员合署办公，重拳出击，严格执法，对违法违规用地进行了集中整治，城市规划限建范围内一批违章建筑被依法强制拆除，城区违法占地、违章建设现象明显减少。截至目前，全市共发现违法占地152宗，涉地面积530.4亩，其中，立案6起，面积6.9亩，全部移交法院执行；强制拆除62宗，面积64亩；看管84宗，459.5亩。3月，新乡市国土资源局在辉县市召开执法监察现场会，辉县市作为典型发言，工作经验在全市推广。6月1日，国土资源部执法监察局原局长张新宝莅辉就土地执法监察进行调研，对全市的土地执法监察工作给予了高度评价。

【信访工作】按照“稳定是基础”的要求，进一步加大信访工作力度，积极探索创新解决信访问题的有效途径。一是加大了对违法占地的查处力度，从源头上遏制信访苗头的发生。二是实行了领导包案和重大案件集体审议制度。三是建立了和乡镇及部门共同办案机制，通过多渠道的努力，攻坚克难，成功化解了一批信访问题。四是认真实行了国土所“四三三”工作机制，要求国土所用40%的精力抓信访工作，用30%的精力抓好六级巡查，通过实施已取得了显著成效。五是严格实行了责任追究制度。一年来共受理群众来信来访及举报85起，190人（次），立案查处45起，结案42起，到期结案率100%。

（王振兴　李振华）

辉县市矿产资源管理局

惠庆立　党组书记、局长
程双喜　党组副书记、副局长
李永刚　副局长
李爱云　副局长（女）
韩海龙　纪检组长

惠庆立简介：封丘县赵岗乡人。1960年11月出生，汉族，1978年12月～1995年10月，在部队服役；1982年5月加入中国共产党；1983年毕业于西安空军通讯学校；1987年4月，毕业于西安空军通讯学院；1999年12月，任新乡市国土资源监察大队副队长；2005年9月～2006年7月，任辉县市矿产资源管理局党支部书记；2006年7月至今，任辉县市矿产资源管理局党组书记、局长。

【机构设置】辉县市矿产资源管理局的前身是辉县市矿产资源管理委员会办公室，成立于1985年7月，为辉县市工业局二级机构。1990年4月，辉县市矿产资源管理委员会办公室调整为市辖一级机构，机关性质为自收自支事业单位，对外称地质矿产管理局。1997年1月，辉县市市直机构改革，更名为“辉县市矿产资源管理局”，为市政府直属事业单位。1997年9月，辉县市矿产资源管理局迁至东外环路北段路西。2002年5月，辉县市矿产资源管理局由自收自支事业单位改为行政单位。2006年7月，辉县市矿产资源管理局迁至稻香路南段路西。局内设办公室、矿产开发管理科、矿山管理科、地质勘查与环境科、煤炭科、监察科、法规信访科、财务科、纪检监察室。辖张村矿管所、百泉矿管所、常村矿管所、煤炭经营管理办公室。现有干部职工104人，其中，退休人员5人。

【矿产资源】全市发现矿种19种，查明储量5种，其中，非金属矿产3种，水气矿产2种。已查明大型煤井田2处、小型煤井田3处，远景资源量14.7亿吨。石灰岩分布面积广、厚度大、质优量大，估算资源量可达百亿吨以上。花岗石矿分布广、规模大、花色品种多、质量好、易于开采，资源量1.5亿立方米。矿泉水有南坪、白甘泉、杨庄3处，均为天然优质矿泉水。泥炭矿3处，其中，中型矿床1处，储量102万吨，为省内目前探明的最大泥炭矿。黑色金属矿有山西式铁矿点1处、沉积变质铁矿2处。有色金属有铅锌矿点4处、铜矿点3处。冶金辅助原料矿有小型耐火粘土矿1处，储量为136万吨，还有白云岩矿2处、石英岩矿1处。化工原料矿有磷矿点1处和钾长石矿点2处。特种非金属矿有水晶矿点1处、冰洲石矿点1处。此外，建筑用沙、砖瓦粘土、耐火粘土广泛开采。

【矿产资源管理】 深入学习实践科学发展观，全面落实《矿产资源法》、《煤炭法》及其配套法规，严格履行职责，加大资源保护力度，推进合理开发利用，努力提高基础管理细节工作水平。强化信息建设，完善互联网门户网站，完成国土资源主干网接入，投资10万元建成视频会议系统。加强自身建设，组织深入学习矿业法规及依法行政业务知识，局行政执法人员在辉县市政府部门执法证年审考试中，再次取得第1名。开展法制宣传活动，出动宣传车15辆（次），深入全市各矿区发放矿产管理宣传单1500份，张贴标语、通告600份。矿产管理基础工作不断完善，完成新一轮矿产资源规划修编和职权范围内采矿登记数据库核实和录入工作，开通采矿权全国统一配号系统；通过市行政服务中心窗口，办理采矿延续手续47宗、变更手续11宗、新立采矿权手续3宗，全市采矿持证率100%（指具有固定采矿设施的）；完成管辖范围内采矿权2008年度年检工作，年检率100%。督促检查勘查项目，制止西安某煤炭研究所在冀屯乡、峪河镇境内非法勘探行为。强化依法行政，全年共下达《责令停止违法行为通知书》80余份，依法先行登记保存挖掘机1辆、铲车10辆、卡车7辆、风钻30台、钻杆80根，立案查处各类违法采矿案件21起，结案21起，罚没款共计执结47.5191万元。

【矿产资源有偿开采】 挂牌出让石灰岩采矿权2宗，职权范围内采矿权有偿出让率100%。依法征收矿产资源补偿费1282.2758万元、采矿权价款582.7226万元。完成全市11家煤矿季度实测和67家采石企业半年实测，完善储量台账，落实煤矿图纸月交换制度。严格监督考核矿山企业资源利用情况，完备储量动态技术资料。

【地质灾害防治】 建立市地质灾害防治应急中心，市政府下发《关于落实地质灾害防治工作经费的通知》、《关于实施地质灾害防治规划的通知》，完善地灾防治应急预案和防治方案，健全市、乡、村地灾监测网络，市政府与22个局委和16个乡（镇）签订地灾防治责任书。利用“地球日”和“防灾减灾日”向人民群众发放地灾防治宣传画页500份、宣传单3000份，提高防范意识。发放地灾工作明白卡57份、防灾避险明白卡300份，下达隐患告知书（通知书）346份，督促有关单位在地灾隐患点设立警示牌。会同气象局在电视台天气预报节目中发布地质灾害预报10次，在突发性天气变化前利用短信平台向各级地灾监测防治人员发送地灾预警信息28次，使地质灾害预报在重点防治期发挥积极作用。加大对地灾隐患点的巡查力度，会同市教育局全面排查全市234所中、小学地灾隐患，督促协助18所学校制订地灾隐患防治方案。每天收集基层监测信息，2009年，全市未发生地质灾害伤亡事故。

【环境治理项目建设】 2009年底，常村镇贡山一期、常村镇凤凰山、百泉镇杨庄—常村镇周卜村矿山环境治理和齐王寨环境治理4个项目，全部竣工并通过上级验收；贡山二期矿山环境治理项目接近尾声。全年共申报地质环境治理、地质遗迹保护、地质灾害治理项目10个，申请项目资金共计6937.73万元（其中，关山国家地质公园地质遗迹保护项目1069万元，南寨镇东关村泥石流治理项目1030万元，地质环境治理类项目8个4836.73万元）。截至年底，关山国家地质公园地质遗迹保护项目资金到位750万元。

【编制地质环境类规划】 全市地质灾害防治规划于6月底通过上级评审，关山国家地质公园和全市矿山环境治理及保护规划编制于12月初完成，待评审，废弃矿井治理规划编制工作正在进行中。

【煤矿安全监管】 重视贯彻落实煤矿安全法规和方针政策，召开煤矿工作会议22次（其中，提请市政府召开5次），提请市政府印发文件20余份，印发市煤矿整顿领导小组文件3份，印发局文件10份、煤矿安全17期，向煤矿转发上级主管部门文件130余次。6月份，开展安全生产月大型宣传教育活动，在市区主要道路设置宣传版面、悬挂宣传标语，出动宣传车深入矿区大力宣传《煤炭法》、《安全生产法》、《煤矿安全规程》等法律法规和安全生产专业知识。组织煤矿企业学习新版《煤矿安全规程》和《煤矿防治水规定》等，煤矿干部职工安全工作自觉性不断提高。建立煤矿安全工作调研、报告及建议制度，煤炭行业管理得到市领导高度重视和支持。市政府与产煤乡镇签订安全生产目标责任书，煤矿企业向市政府递交安全生产目标承诺书。矿管局督促各煤矿企业健全和落实安全生产岗位责任制，针对全市煤矿不同特点，分类施治。对生产矿井严防“三超”（超能力、超强度、超定员）组织生产，对技改矿井严防不技改偷生产、边技改边生产等违法违规行为。重点督察两会期间煤矿安全工作。督促煤矿健全并落实隐患排查长效机制，建立煤矿隐患排查治理档案，以日、周、月、季度为周期进行隐患自查自纠。坚持市有关单位季度检查、矿管局月检查和张村矿管所日常巡查、乡镇驻矿监督相结合，实行煤矿安全情况日报等制度。全年，共巡查全市煤矿200余矿（次），专项安全检查150余矿（次），下达责令改正指令书140余份，查出各类问题和隐患900余条，督促煤矿按照隐患整改“五定”原则进行整改。黑龙江龙煤集团鹤岗分公司新兴煤矿“11·21”瓦斯爆炸事故发生后，矿管局以“一通三防”为重点及时开展全市煤矿安全检查。此外，按照上级要求督查煤矿“六证”、煤矿安全费用提取和使用情况，开展煤矿瓦斯等级鉴定、机电设备专项安全检查和水文地质资料调查工作，各煤矿聘请省有资质的物探单位编制《矿井水文地质报告》。

【矿业管理】 一是煤矿停产、停工、整顿。国庆节期间组织全市生产矿井和技改矿井进行停产、停工、整顿，商同产煤乡（镇）一并向各矿派出驻矿监督员。矿管局每天进行巡回检查，保证节日安全祥和。国庆节后，围绕矿井复工复产工作检查验收程村矿井，配合新乡市政府检查验收宏升煤矿、山前富达煤矿和兴华煤矿。经批准，程村矿井于10月中旬复产；宏升等3家小煤矿分别于11月下旬复工复产；富强等2家小煤矿于12月下旬复工，步入正常化生产施工轨道。二是建立市煤矿安全监管调度中心。投入资金60万元，建立市煤矿安全监管调度中心，完成全市煤矿安全监控系统联网工作，明确并专业培训专职安全监管员6名，24小时严密监控煤矿井下安全动态。三是创新安全服务机制。提请市政府与新乡市凤翔科技有限公司签订技术服务委托书。由该公司定期为全市煤矿企业提供“一通三防”技术服务，形成“煤矿开展日常排查治理、技术机构定期提供服务、监管部门不定期检查”的安全监管格局。四是推进矿工安全保障工作。各煤矿及时为井下工人办理意外伤害保险，与鹤煤集团救护大队签订救护协议，制订应急救援预案，并进行应急救援演练。五是查处煤矿违法、违规行为。始终坚持发现一起、查处一起。全年共立案查处7起，收缴罚没款34.2万元。

【煤炭经营管理】 出动宣传车30辆（次），展出宣传版面5块，张贴市政府《进一步整顿煤炭经营秩序的通告》1500份，发放宣传单6000份，向全市煤炭经营企业免费发放煤炭经营监管法律、法规汇编200本，通过新闻媒体等多种形式大力宣传煤炭经营管理工作和“放心型煤”工程建设。成立煤炭行业协会，一方面为煤炭经营企业服务，另一方面配合管理部门工作，通过协会的桥梁纽带作用，融洽管理机构与管理相对人的关系。强化吴村、三郊口煤炭管理站等基层网点管理工作，集中精力攻克三郊口煤炭经营市场混乱难题。现场勘验、登记、管理全市煤矿和煤炭经营企业煤矸石，专项治理无证经营、掺杂使假、占道经营、污染环境、损害消费者利益、干扰煤炭市场经营秩序等违法违规行为。实行煤炭经营资格证和销售信誉卡制度，与公安交警联合执法，在有关乡镇主要煤炭集散地严厉查处非法经营煤球、煤末、煤泥等煤炭产品行为。全年共向违法经营企业下发停止经营通知书50份、处罚决定通知书30份，收缴罚没款39万元。

【执法监察】 2009年2月，重点打击上八里、黄水等乡镇辖区内违法开采花岗岩行为，关闭矿口10余处。5月份，与市工业经济发展局、公安局联合执法，对采矿许可证自行废止企业予以停电、停供火工用品。6～7月份，集中整顿张村乡沙锅窑东山和常村镇沿西村、冯窑村个别群众偷挖白矸土、铁矿石行为，关闭白矸土井、铁矿石井12处，消除安全隐患。

【信访稳定】 认真落实领导干部一岗双责、每周一信访领导小组例会和不稳定因素月排查等制度，加大信访接待力度，畅通信访渠道，认真对待人民群众合理诉求，依法做好政策疏导工作。年内，成功结办上级交办“张村乡张村群众反映煤矿越界开采造成民房裂缝”信访案件，配合张村乡政府处理贾庄村民房裂缝和张村乡大发耐火厂房屋裂缝涉矿信访问题。年度受理信访事项办结件群众满意率达到90%。没有发生新上访和赴省访、进京访、集体访、群体访等恶性信访案件。

（宋保清　任德红）

卫辉市国土资源局

卫辉市地处河南省北部，太行山东麓，古黄河北岸。总面积862平方公里，山区、丘陵、平原面积分别为258平方公里、158平方公里、452平方公里，其中，耕地面积37600公顷，城市建成区面积18.9平方公里，规划区面积45平方公里。总人口48.59万人，其中，农村人口32万人。辖汲水、后河、孙杏村、李源屯、太公、唐庄、上乐村7镇，狮豹头、顿坊店、安都、庞寨、柳庄、城郊6乡。

程献民　党委书记、局长
马年生　党委副书记、副局长
李艳芳　党委副书记、副局长
侯永春　副局长
孟庆虎　副局长
范顺勤　副局长
郑　泉　副局长
马云杰　纪检书记
李宪顺　党委委员
郭成让　党委委员

程献民简介：河南省清丰县人，1958年6月出生，中共党员，硕士研究生，河南大学环境与规划学院兼职教授，高级经济师。1972年6月参加工作，1984年8月～1989年7月，任卫辉市交通局二运公司保卫科负责人；1989年8月～1996年2月，在卫辉市土地管理局工作，1993年4月，任副局长；1996年2月～2002年4月，任卫辉市房产管理局副局长；2000年10月，兼任卫辉市经济适用住房开发中心总经理；2002年4月～2003年9月，任卫辉市国土资源局党组书记；2003年9月至今，任卫辉市国土资源局党委书记、局长。

【机构设置】局内设办公室、行政股、人事股、综合股、档案股、财务股、宣传股、纪检监察室、法制法规股、监督检察股、信访办、规划管理股、耕地保护股、土地整理中心、用地审批管理股、土地利用管理股、地政地籍股、电子政务信息中心、土地收购储备中心、监察大队、地产交易中心、征地事务所、土地开发公司23个股（室）；辖汲水、城郊、孙杏村、后河、柳庄、李源屯、上乐村、顿坊店、安都、庞寨、太公镇、唐庄、狮豹头13个国土所。全局有职工共232名。

【土地资源】卫辉市土地总面积为85886.01公顷。其中，耕地面积41953.45公顷，园地1248.78公顷，林地18676.47公顷，草地2289.36公顷，城镇村及工矿用地10897.94公顷，交通运输用地2390公顷，水域及水利设施用地3366.12公顷，其他土地5063.89公顷。稳定基本农田保护面积36370公顷，保护率达86.5%。在有限的耕地中，中低产田所占比例超过80%，人多地少，可供开发的后备资源匮乏。

【耕地保护】严格落实耕地保护职责，加大基本农田监管力度，新增基本农田保护标志牌48个、图纸80张。层层细化分解责任，与乡、村、承包户签订目标责任书，定期检查考核，所有占用基本农田已全部补划，并通过新乡市局验收。确保了卫辉耕地保有量4.129万公顷，基本农田保护面积3.5987万公顷，实现了卫辉市耕地连续9年占补平衡。

【建设用地管理】采取强有力措施，确保各类建设用地报件的规范性、真实性、合法性。上报了2009年第一批乡镇建设用地4宗，面积9公顷，已经省政府审批、新乡市政府转发，并进行了批后公告；上报了2009年第二批乡镇建设用地6宗，面积14公顷；上报了2009年第一批城市建设用地7宗，面积27公顷；上报了2009年第三批乡镇建设用地1宗，面积2公顷，已经新乡市人民政府审查，并将上报省人民政府。

【土地规划】抓好规划修编，发挥规划龙头作用。完成了《卫辉市第三轮土地利用总体规划》的市本级编制工作，已通过省专家组审核，于2009年11月23日，经省政府审批通过；基本完成卫辉市13个乡（镇）土地利用总体规划的编制，并于11月16日通过初审。

【土地整理】对11个土地开发复垦项目进行实地踏勘，并制作规划设计和预算；上报唐庄镇拆旧村土地复垦项目215亩，实施后净增耕地184亩，现已进行踏勘，并制作规划设计和招投标方案；国投李元屯镇土地整理项目整改工作，已通过省厅验收；2009年，补充耕地储备项目及京珠扩建项目等17个土地开发整理项目竣工，并通过新乡市局验收。

【顺城关拆迁改造】2009年，顺城关拆迁剩二十几户，都是钉子户、难缠户。通过做大量的说服解释工作，其中，十几户经协商拆迁，有两户执行强制拆迁，使历时三年多的顺城关拆迁工作基本结束，仅剩一户，建筑面积599平方米，占地1.8亩。顺城关游园基础设施建设已初具规模。牧野小区按照原规划设计方案，目前已建成安置用房和商品房共17栋，已基本竣工，新的居民和安置户已陆续搬入。

【土地资源整合】2009年，完成土地评估24宗，面积95公顷。其中，为土地使用权抵押评估9宗、企业改制评估4宗、补交出让金评估3宗、挂牌出让评估8宗；承办挂牌出让国有土地使用权8宗，成交6宗。特别是位于比干大道和建设路交叉口一宗国有土地，面积仅3.05亩，成功挂牌出让610万元，是卫辉市挂牌有史以来竞价最高的一宗土地；办理土地使用权抵押登记10宗，面积405亩，为企业融资4800万元。

服务国家建设工程，创建良好用地环境。石武客专（卫辉段27公里）征地拆迁工作，截至2009年5月31日，正线永久性用地、临时施工便道已全线贯通，100%交付使用，全面完成征地拆迁工作；卫辉市人民医院新址、新城小区项目已签订征收土地补偿协议，已全面进地；郑州—汤阴成品油管道工程，因施工作业带超宽，多占用3个乡（镇）青苗面积，现已与该3个乡（镇）签订补偿协议书。

【第二次土地调查】已完成农村权属调查、地类调查，完成权属界线协议书签订、统一时点更新工作；与周边县市接边工作正在进行；基本农田上图工作已按时上报；调查共涉及图斑10万余块，面积近129万亩。城镇地籍更新调查已完成地籍测绘、权属调查，共涉及2万余户，该数据成果正在申请省厅预检，待预检结束后完成入库工作。地籍登记发证完成全市各村集体所有权证的发放工作，发证率达到95%，发放集体土地使用证34300份，完成发证率达49%。

【土地执法“六级巡查”】以“六级巡查”为契机，认真落实国土资源违法发现、报告机制，强化土地执法监察。全年土地违法案件发现宗数11宗，立案11宗，依法依规查处到位11宗，结案率100%。无违法占用耕地5～10亩不报告的情况，无发现国土资源违法未及时制止的情况。年度违法占用耕地面积不超过新增建设用地占用耕地总面积的13%（实际为0%，违法案件不涉及占用耕地情况）。

为强化“六级巡查”，制定了《卫辉市国土资源执法监察信访责任追究和奖励暂行办法》，细化区域，明确责任，强化措施，奖惩分明，并集中精力，在全市范围内开展违法违规用地集中整治活动，特别是5月11日以来，责令新乡市多粒粮贸有限公司自行拆除，对庞寨乡黄河故道13个非法沙场强制拆除，对未批先占建造粮库的5宗违法占地进行集体会审、依法处理，以及对粘土砖瓦窑厂的强制拆除等重大执法活动。

2009年，接待来访群众13起、21人（次），接受政策咨询200余人（次），其中，立案8起，结案率100%。办理上级转办信访案件9起，全部结案息访，没有发生赴京上访、影响恶劣的案件。今年8月份，成立“12336”违法案件举报中心以来，共受理举报案件16起（省厅、市局转交案件11起，本局受理5起），目前均已调查落实，立案处理。

（范顺勤　胡祥）

卫辉市地质矿产局

卫辉市地处豫北平原、太行山东南麓，境内西北部4个乡（镇）属山区和低山丘陵区，山区面积约400余平方公里，其西邻辉县，北接林州市，东邻淇县。矿产资源绝大部分分布于狮豹头乡、唐庄镇、太公镇和安都乡4个乡（镇）。

王秀河　局党组书记、局长
宋相田　局党组成员、副局长
刘明洲　局党组成员、副局长、纪检组长（正科级）
苏美德　局党组成员、副局长
温世瑞　副科级协理员、办公室主任

王秀河简介：新乡卫辉人，1959年3月出生，中共党员，汉族。1979年9月～1996年2月，在卫辉市医药局工作，历任主任、科长、经理、副局长、书记，期间，1992年9月～1995年7月，河南省委党校学习；1996年2月～1999年1月，在卫辉市委办公室，任副主任；1999年1月～2002年4月，任卫辉市医药公司党委书记；2002年4月～2003年8月，任卫辉市卫生局党委书记、副局长；2003年9月至今，任卫辉市地质矿产局党组书记、局长。

【机构设置】卫辉市地质矿产局是卫辉市主管矿产资源规划、管理、开发、保护的政府工作部门，规格为正科级。内设科（室）：办公室、法制科、总务科、纪检监察室(该科室2008年底由办公室划出)、登记管理科、储量管理科、煤炭管理科、矿山管理一、二、三科、地质环境科、执法监察大队，规格为正股级。

【资源概况】卫辉市赋存矿产资源有非金属矿产共计20余种。其中，石灰岩、白云岩、煤炭、水泥配料粘土是该市的优势矿种。目前，已开发的主要有石灰岩、煤炭、铁矿等，其余矿种有的少量开发，有的尚未开发。

【采矿权管理】出台制定《卫辉市采矿权有偿出让实施方案》，并完善一系列制度措施，对卫辉市采矿权实行有偿出让制度，规范出让工作，严格审批条件，规范审批程序，进一步完善采矿权申请延续、变更、注销等相关管理制度。目前，该市各个区域所有矿种全部实行了采矿权有偿出让，并对符合条件的矿山进行了挂牌出让。2009年以来，共办理采矿权登记7件，征缴采矿权价款（采矿权出让金）350万元。

【执法监察】2009年，该局继续以保护资源、保障发展为目标，认真履行职责，坚持依法行政，持续深入开展矿业秩序治理整顿，进一步巩固和加强矿产资源开发秩序治理整顿工作成果。进一步完善和加强国土资源执法监察工作，领导班子成员分工协作，每个成员分包一个责任区，分别对各自分包的责任区负责，执法科室将各自辖区内的矿点、矿区分片包干，责任到人，对区域内矿山企业依法进行不间断、全方位监督管理，做到了对非法采矿行为及时发现、及时制止，有效遏制了非法采矿案件的发生，收到了良好的效果。并在继续实行巡查制度、采矿权人例会制度、矿产督察制度、监督责任包干制度、过错追究制度、违法案件举报制度的基础上，严格落实巡查台账登记制度，明确巡查重点，做到巡查有记录，案件现状、制止情况及处理过程、处理结果有登记，确保对辖区内矿产资源实施全方位的有效监管。

【矿业秩序治理整顿】2009年以来，该局进一步加大执法力度，加强地矿执法动态六级巡查制度的落实，建立完善了从领导班子成员到业务科室负责人直至科员（巡查人员）组成的执法动态巡查网络，制定了地矿执法动态巡查包干制度。进一步加大动态巡查工作的频率与密度，对区域内矿产资源违法、违规行为做到了及时发现、有效制止和依法查处。特别是加大了对黄河故道无证采砂违法行为的查处力度，2009年7月，卫辉市庞寨乡13家非法采砂企业已经省厅认定核准，按照有关规定，该局于2009年7月21日，将以上13起违法案件移送司法机关追究其刑事责任。其他矿区矿业秩序井然，未发现违法矿业行为。

【地质灾害防治】为切实做好地质灾害防治工作，该局在汛期到来前，对辖区内地质灾害隐患点进行了隐患排查，制作了地质灾害突发事件应急流程图，调整了地质灾害突发事件应急抢险队组成人员，配备了地质灾害突发事件应急车辆。同时向灾害点周边的居民、单位发放了防灾工作明白卡。在此基础上，继续与市气象、广电部门联合，对卫辉市灾害易发区进行全天监测，并及时向社会发布天气变化趋势等预警信息，确保了地质灾害安全度汛。2009年汛期，没有发生一起因地质灾害造成人身伤亡和财产损失。

【地质公园建设】原定河南省跑马岭地质公园于2009年底揭碑开园，因资金问题推迟到2010年，已于2009年向省国土资源厅提出延期报告。同时加强对地质公园内地质遗迹保护和矿山环境治理（“两权”价款专项资金项目）两个项目的监督管理，以上两个项目已于2009年经专家验收组验收。

【规划编制】2009年，该局把《矿产资源规划编制》工作放在更加突出的位置，在资金十分困难的情况下，未给地方财政增加经济压力，自筹资金数十万元，完成了《卫辉市矿产资源规划》编制工作，待通过省国土资源厅专家评审后予以实施。《卫辉市地质灾害防治规划》已通过省国土资源厅专家组评审，卫辉市人民政府于2009年9月11日下发了卫政办〔2009〕46号文件予以实施。为卫辉市制订地质灾害调查、监测及防治方案提供了可靠的科学依据。

【储量动态管理】2009年，将矿山储量动态监管工作作为矿产资源监督管理工作的一项基础性重要工作，积极开展矿山储量动态检测工作，下达了《关于开展矿山资源储量动态监督管理的通知》和转发了国土资源部《关于印发矿山储量动态管理要求的通知》，同时要求各矿山企业必须切实加强地质测量工作，建立健全矿山技术档案和资源储量管理台账，对资源不清、储量不实的矿山企业要求补做相关工作，认真核实资源储量，完善储量评审备案手续。目前，全市所有矿山企业都100%按期完成储量动态测量工作。

【矿产资源补偿费征收】2009年，该局进一步加大对矿产资源补偿费的征收力度。工作中一方面加强宣传，增强矿山企业对有偿使用国家所有的矿产资源的法律意识；另一方面规范补偿费的征缴行为，切实维护了国家对矿产资源的所有权益。卫辉市征收矿产资源补偿费矿种主要有煤和石灰岩两种。目前，有采煤企业2个——新乡市陈召煤矿一矿和新乡市陈召煤矿二矿，均属地方国营煤矿，有生产销售报表，该局均按实际报表做到足额征缴。采石企业38个，其中，生产企业24个，停产（基建）企业14个。按照《矿产资源补偿费征收管理规定》和上级有关文件精神，对卫辉市矿产资源补偿费的征收工作做到应收尽收、足额征收，征收面达到了100%，征收率达到100%。圆满完成了新乡市局下达的2009年度矿产资源补偿费征收入库的任务指标。

【与地勘单位联姻】为进一步提高地质工作服务功能，2009年，该局与河南省地矿局地球物理勘查队进一步合作，签订了合作开展地质工作战略协议。此项协议的签订，为建立高效有序的合作推进机制，加强卫辉市能源资源节约和生态环境保护，增强可持续发展能力奠定了良好的基础。

【矿业权核查】根据国土资源部及河南省、新乡市国土资源部门的统一安排和部署，该剧组织了12名专业技术人员，配备了RTK、全站仪、罗盘等仪器设备，经过近两个月的努力工作，完成了对卫辉市90家应参加矿业权核查矿山企业进行核查，其中，卫辉市测区86个，新乡市辖区测区4个。此项工作的完成为加强卫辉市矿业权科学管理，促进矿产资源的合理开发利用提供了全面、准确的基础数据。

【白云岩开发利用】白云岩是卫辉市的优势矿种之一，储量大、品位高、易开采。为了搞好新矿种的开发利用，该局积极联系客商，入驻卫辉。开发白云岩资源，通过该局多方努力，积极创造白云岩采矿权出让条件，使卫辉市首个白云岩资源开发项目采矿权成功摘牌成交，引入河南伯马集团矿业科技有限公司入驻卫辉，对卫辉市白云岩资源进行开发，项目完成后，引资金额达3亿多元，目前，其采矿许可手续正在办理之中。

【信访稳定】2009年，该局继续坚持以维护社会稳定、促进经济发展为目标，推进信访工作责任制的落实，建立完善多项信访工作制度，认真受理群众来信、来访、举报，及时有效化解矛盾，把问题解决在基层，清除在萌芽状态。同时，积极做好矛盾排查和包案工作，公布24小时信访热线电话，安排全天候信访值班人员，确保在重大节假日期间无信访案件发生。2009年以来，共办理群众来访2起，已办结2起，办结率为100%，满意率100%。没有越级上访现象发生。连续8年保持越级上访案件“零记录”。

【网络建设】2009年，该局继续把加强硬件建设、优化办公环境作为提升矿产资源管理水平的重要平台。为进一步推进信息化建设，全面提升矿产资源监管和服务能力，根据上级主管部门要求，该局积极筹措资金，购置了互联网设备，开通网通专用互联网光纤，建立了门户网站和局域网，完成了互联网的安装和门户网站的建设以及视频会议系统的安装，为今后卫辉市矿产资源管理工作，实现办公现代化迈出了坚实的一步。

（温世瑞　崔杰）

新乡县国土资源局

新乡县地处豫北平原，位于中原城市群中心地带，毗邻新乡市区，县域面积375平方公里，辖1个省级经济开发区和6镇1乡、179个行政村，总人口33.3万人，其中，农业人口30.5万人，耕地面积40万亩，是一个经济基础较好、发展速度较快、发展活力和后劲较强的城郊型重点县。

李　坤　党组书记、局长
梁常勇　党组成员、副局长
程　广　党组成员、副局长
梁美芹　党组成员、副局长
王晓磊　党组成员、副局长
赵世民　党组成员、纪检组长

田　征　副主任科员

杜　辉　副主任科员

李坤简介：新乡市卫滨区人，1963年12月出生，中共党员，本科学历。1981年11月～1988年8月，在部队服役；1988年8月～1992年9月，在新乡市土地管理局任规划科科员；1992年9月～2000年4月，任新乡市土地管理局三所副所长；2000年4月，任新乡市土地管理局一分局局长；2003年9月，任新乡县国土资源局党组副书记、副局长，主持全面工作；2005年7月至今，任新乡县国土资源局党组书记、局长。

【机构设置】新乡县国土资源局成立于1987年7月1日，正科级规格。机关驻新乡市金穗大道57号县政府西楼。其主要职责是：贯彻执行国家、省、市有关国土资源管理的方针、政策和法律、法规，拟订全县国土资源管理的规范性文件和各项规章制度，统一管理全县土地和城乡地政、地籍，调处土地权属纠纷；主管全县土地征收、划拨、出让、土地市场等工作。机关内设办公室、财务室、纪检室、规划股、审批股、地籍股、监察大队、信访法规股、土地开发整理中心、土地储备中心、地产中心、耕地保护股、矿产股、测绘股、行政服务中心15个股（室），全局现有干部职工95人。

【土地资源】新乡县地处黄河中下游故道冲积扇和太行山前渭河冲积扇的南缘洼地，是黄河与渭河冲积平原，地势平坦，土层深厚。截至2009年底，耕地26711.81公顷，园地233.21公顷，林地626.56公顷，城镇村及工矿用地7964.63公顷，交通运输用地1773.15公顷，水域及水利设施用地935.57公顷，其他土地297.06公顷（第二次土地调查数据）。

【耕地保护】今年继续把保护耕地工作放在首位，进一步规范和完善基本农田保护的基础工作，确保全县21181公顷基本农田面积不减少。一是完成了土地后备资源库的建库报备工作；二是制作耕地保护宣传标语15条，大型户外广告1条；三是继续做好土地清查补办工作。

【开发整理】一是翟坡镇国家投资土地整理项目已竣工，2008年11月通过市局组织的验收，2009年5月，通过省厅验收，现已按照省厅要求整改到位，省国土资源厅已下达验收合格批复；二是古固寨国家投资土地整理项目依据上报项目实施方案、招投标实施方案，2008年12月开工，现正进行项目中期建设，已完成项目总工程量的90%；三是新乡县2007年砖瓦窑复垦项目（14个）中李唐马砖瓦窑等10个复垦项目已经市局验收合格，剩余4个砖瓦窑正在施工中；四是2008年12月开工建设的翟坡镇西大阳砖瓦窑复垦、杨任旺土地开发项目已经基本竣工。

【土地利用总体规划修编】一是按照省国土资源厅、市国土资源局对新一轮土地利用总体规划修编工作的安排部署，5月底完成了县级规划修编初稿，6月7日经过新乡市土地利用总体规划修编评审会的评审，在修改完善后，7月30日经过河南省土地利用总体规划修编评审会的评审，并于8月14日将《新乡县土地利用总体规划修编（2006-2020年）》报批稿上报省政府待批。二是乡级规划修编在收集基础资料、分析研究论证等工作的基础上，已基本编制完成，正等待市政府的评审。三是根据市局对挂钩规划的要求部署，组织上报了新乡县第一批挂钩规划。通过“朗公庙镇、小冀镇、大召营镇和棉种厂等废弃地拆旧与新乡县一中、新乡县二院建新”挂钩建设，对缓解建设用地指标紧张局面、有效保障耕地面积稳定和促进经济社会协调可持续发展起到了积极的作用。该规划建新区总规模14.6645公顷，占用耕地13.7061公顷。四是制订了朗公庙镇和七里营镇土地利用总体规划局部调整方案，目前七里营镇（用于农科院万亩试验基地项目）14.9333公顷已经过省政府批复，朗公庙镇（用于河南心连心化肥有限公司项目）31.7343公顷待批复。

【用地审批】一是对石武客运专线地上附着物进行认真核算、拨款，拨付各项补偿费3906.96万元，并动员拆迁了全线8522.59平方米的建筑物。二是做好了新乡渠东热电厂铁路专用线征地工作，已完成项目用地附着物清点、召开征地听证会及撰写文件材料，报件正在完善中。三是全年报征土地1472.81亩，目前已全部批复。

【节约集约用地】在土地供应中，对国家产业供地目录中禁止类项目，不予供地；对重点项目和高科技项目优先供地。同时，对项目的容积率、建筑系数和投资强度等各项指标认真审核，严格把关，确保土地的集约利用。全年出让国有土地使用权4宗，出让总面积363.312亩，办理出让工业用地一宗，面积

216.922亩，全年实现土地收益2510万元。

【土地收购储备】一是完成市商业银行续期贷款9200万元；二是将全县驻市单位18宗办公用地进行了清查摸底并登记造册，为下一步处置打下了基础；三是收购储备土地212亩，拟收购储备土地108.1亩。

【土地信访】全年共接待群众来访132人（次），接听信访热线60余人（次），受理信访案件36起，已结案35起，办结率达到97%。其中，受理省厅交办案件8起，全部办结；受理市局交办案件7起，全部办结；受理县委、县政府、县人大交办案件17起，全部办结；来访立案3起，息访2起，1起正在办理中。办理行政诉讼案件16起，举行听证会7次。

【执法监察】认真落实全市国土资源系统信访稳定暨执法监察工作会议精神，建立和完善了全县土地违法六级巡查制度，对所管辖的区域划分等级，明确巡查范围和职责，责任到人。从去年12月以来，在全县范围内开展了集中整治违法、违规用地行动，3月和7月两次对典型违法、违规占地集中进行了拆除，并积极为符合补办用地手续的单位和个人完善用地手续，目前，已接到补办用地手续申请49宗，办结18宗，完成非税收入1291.58万元。

【第二次土地调查】根据《新乡市人民政府关于开展第二次全市土地调查的意见》（新政〔2007〕39号）的要求，2009年3月完成了全县385.4平方公里农村土地调查，涉及地类调查、权属调查、数据库建设等项工作。4月中旬，对农村土地调查成果进行内业核查后，已报全国土地调查办公室进行成果核查确认。目前，农村土地调查成果已经国土资源部核查，基本农田上图工作已完成并上报省厅核查。全县94.3平方公里的城镇地籍调查（包括全县村庄和工矿）已完成E级网控制测量，布设E级点161个，导线测量和图根测量全部完成，建制镇外业调查全部完成，内业数据正在进行数据入库。统一时点，变更外业全部完成，现正进行数据整理。城镇地籍调查数据汇总工作已完成，并上报市局。

【土地登记】全年共办理土地登记232宗，其中，国有土地使用权登记12宗，集体土地使用权登记204宗，土地他项权利登记16宗。

（缪琳　田云波）

原阳县国土资源局

原阳县属新乡市管辖，被称为“郑州市的后花园”、“新乡市的南大门”。东邻封丘县，西依武陟县、获嘉县，北接新乡县、延津县，南临黄河，与开封市、郑州市隔河相望。国道107、京港澳高速、石武客运专线、省道310穿境而过，交通十分便利。全县辖城关镇、原武镇、师寨镇、太平镇、齐街镇、福宁集镇、葛埠口乡、福宁集乡、祝楼乡、桥北乡、蒋庄乡、官厂乡、大宾乡、陡门乡、阳阿乡、路寨乡、韩董庄乡、靳堂乡6个镇11个乡。

马国庆　市局副处级调研员、原阳县国土资源局负责人
张国新　党组书记
吴焕敏　党组副书记、副局长
李长安　党组成员、纪检组长、副局长
李建峰　党组成员、副局长
李永辉　党组成员、副局长
张玉庄　副主任科员
张传文　副主任科员
买福利　副主任科员

马国庆简介：1961年10月出生，汉族，1980年8月参加工作，1982年9月加入中国共产党。1989年3月～2004年9月，在新乡市国土资源局先后任科员、副科长、监察科科长、办公室主任等职务；2004年9月，任副处级调研员；2009年8月，到原阳县国土资源局主持工作。

张国新简介：河南省浚县新镇人，1960年4月出生，汉族，1978年3月参加工作，中共党员，大专文化。2002年3月～2006年6月，任国土资源局局长；2006年7月，任国土资源局党组书记、局长；2008年8月，任党组书记。

【土地资源】原阳县总人口72.7万人，行政区总面积131171.07公顷，其中，耕地80675.43公顷，林地3390.99公顷，园地499.52公顷，草地264.99公顷，城镇村及工矿用地17498.35公顷，交通运输用地4296.20公顷，水利及水利设施用地23076.89公顷，其他用地1468.70公顷。

【机构设置】原阳县国土资源局的前身是原阳县土地管理局，成立于1988年4月，2002年5月改组为原阳县国土资源局。内设10个科（室），辖

17个乡（镇）国土资源所。10个科（室）分别是办公室、财务科、人事教育科、用地审批管理科、地籍与测绘管理科、土地利用科、规划与耕地保护科、法规监察科、信访科、国有土地管理所。17个乡（镇）国土资源所分别是城关、靳堂、原武、蒋庄、福宁集、祝楼、韩董庄、师寨、葛埠口、齐街、大宾、陡门、太平、桥北、路寨、阳阿、官厂国土资源所。原阳县国土资源局共有干部职工288人，其中，干部（含聘用制干部）103人，工人185人，本科学历37人，大专学历52人，中专（含高中）学历199人。

【土地利用】一是严格执行经营性用地实行招标、拍卖、挂牌出让制度，完善土地交易手续，严把土地一级市场关。截至2009年底，先后对7宗国有土地进行了招标、拍卖、挂牌出让，出让土地232亩，实现土地收益826万元。二是加强地价管理，完成了全县城镇基准地价调整和更新工作。三是积极研究探索机关团体、基础设施、公益事业用地有偿使用新办法、新规定，同时，正确引导企业向工业聚集区和产业园区集中，倡导标准化厂房建设，努力使各项用地更趋节约集约化。

【耕地保护】2009年，是耕地保护目标考核中期检查年，进一步强化耕地保护责任，坚守底线，严把红线，制作有关耕地保护宣传册，刷写宣传标语，并对交通干道大型标志牌、乡村及补划地块标志牌进行了更新，严格落实基本农田各项管护措施，保证了全县基本农田保护面积稳定在66973公顷不减少、质量不降低，确保全县粮食生产安全。抓好土地整理复垦开发项目的实施管理，大力推进节约集约用地，实现耕地占补平衡。一是积极组织项目申报。其中，原阳县太平镇等4个乡（镇）土地整理项目总规模2287.21公顷，净增耕地161.82公顷，总投资3002.6万元，该项目已经动工建设；齐街镇等3个乡（镇）土地整理项目总规模2797.07公顷，净增耕地197.01公顷，总投资3996.09万元；路寨乡王村等15个村土地整理项目总规模1579.58公顷，净增耕地110.06公顷，总投资2498.32万元。二是认真组织项目实施。通过监理单位、施工单位的共同努力，阳阿乡马庄村土地整理项目、阳阿乡南裴寨村土地整理项目、葛埠口乡李盘石村土地整理项目3个市级投资项目已进入收尾阶段。路寨乡土地整理项目、陡门乡赵张庄村土地开发项目、陡门乡大三李村土地开发项目及官厂乡滩涂开发项目正在积极组织施工。通过以上项目的申报和实施，将为落实占补平衡政策、促进全县经济的快速发展提供有力的资源保障。

【建设用地管理】2009年，进一步加强和完善建设用地管理，积极主动为重点项目搞好服务，保证了全县重点项目依法、及时用地。上报原阳县2009年乡镇一批、二批、三批3个批次的报件，共计土地面积1231.0575亩。其中，乡镇一批报件已报省国土资源厅进行会审。河南农业科学院及电业局110千伏城北输变电工程报件已基本完成。石家庄至武汉铁路客运专线拨付师寨镇、原武镇土地补偿费、安置补助费、青苗补偿费、地上附着物补偿费共计1268.3638万元，拆迁费534.2455万元。完成石家庄至武汉客运专线永久征地459.6亩，临时用地452亩，拆迁面积22349平方米，圆满完成了征地拆迁工作。胡韦线互通立交占用师寨镇东高村集体土地262.00亩，勘测定界及附着物清点已完成。完成郑州黄河公铁两用桥进地协调及扩宽部分附着物清算拨付工作。华一富兰克林全球农产品交易中心项目建设占用祝楼乡新庄村集体土地179.05亩，已完成勘测定界、附着物清点及补偿款兑付工作。

【地籍管理】按照省、市第二次土地调查办公室的要求，全县农村土地调查已全部结束，调查面积1318.8平方公里，涉及571个行政村。成果已报国土资源部验收。全县城镇地籍更新调查面积为29平方公里，外业调查与内业处理基本完成，已报市局预检。同时，加强了日常地籍管理力度，规范地籍档案公开查询业务，做好变更工作，尤其在国有土地和集体土地登记方面，严格按照“五不登记”原则办事，特别在《原阳县人民政府关于加强农村规划建设管理的通知》下发后，进一步加大了对农村宅基地的管理力度，严格按照相关规定执行。及时将上级下发的文件转发到各测绘单位，积极做好辖区内各测绘单位的资质审核与报批工作，做好测绘工作的日常管理。

【信息化建设】为做好国土资源政务信息网上公开工作，进一步加大全县国土资源系统政务公开力度，根据省厅、市局的要求，完成了国土资源门户网站和视频会议系统建设，并起草了关于门户网站建设及管理的有关规定。另外，开通了新乡市网上协同申批平台，建立了电子政务系统，实行建设用地报批网络化办公及有关资源共享。同时，加强了基层国土资源所建设，全面提升国土资源监管和服务能力。

【执法监察】在国土资源执法监察工作中，认真落实《国土资源执法监察责任追究和奖励暂行办法》，强化六级巡查，建立动态巡查台账，巡查人员巡查时都有详细的巡查记录，做到及时发现、及时上报、及时处理。全年共查处土地违法案件85起，结案82起，有效打击了国土资源违法行为，规范了国土资源管理秩序，维护了法律的尊严。另外，在2009年工作中，为了规范黄河滩区粘土砖瓦窑厂，根据省、市治理整顿砖瓦窑厂的安排部署，我们重拳出击，加强部门联动，共拆除砖瓦窑56座。同时，对全县砖瓦窑逐个摸底排查，实行一窑一档，为下一步砖瓦窑治理整顿工作提供翔实、准确的数据。

【信访工作】在土地信访工作中，严格按照国务院《信访条例》、《国土资源信访规定》要求，实现了“两会”期间及新中国成立60周年庆典无来自原阳国土方面干扰的目标，下发了《关于进一步加强国土资源信访稳定工作的意见》（原国土资发〔2009〕27号），制定和完善了信访案件查办制度、群众来访接待制度、矛盾纠纷排查制度等各项制度，规范了国土资源信访工作秩序，及时准确地处理好国土资源信访案件，全面完成市局和县政府下达的目标任务。截至目前，共接待群众来信来访480余人（次），受理信访案件80余起，其中，赴省16起、赴市12起，结案率达98%，为全县大局稳定作出了积极贡献。

（张传祥　马庆智）

长垣县国土资源局

长垣县地处豫北，是一个矿产资源贫乏的平原农业大县，属全省35个扩权县之一，也是新乡市副中心城市。全县国土面积1051平方公里，辖10镇、4乡、4个办事处，总人口83万人。全县耕地面积104.07万亩，人均耕地1.25亩。

杨国法　党组书记、局长
唐春英　党组副书记、副局长
田贵州　党组成员、副局长
高建会　党组成员、副局长
张志刚　党组成员、副局长
郭　强　党组成员、纪检组长
佘永军　党组成员、储备中心主任
翟　斌　党组成员、办公室主任
李　俊　副主任科员
杨瑞良　副主任科员

杨国法简介：长垣县芦岗乡人，1963年11月出生，汉族，硕士学历，中共党员。1981年8月参加工作，1984年～1996年1月，历任县水利局工程股副股长、施工队长、副局长；1996年1月～2003年11月，任县水利局党组书记、局长；2003年11月～2005年5月，任县国土资源局局长；2005年5月至今，任国土资源局党组书记、局长。

【机构设置】长垣县国土资源局内设办公室、督察科、地籍科、规划科、矿产办、利用科、储备中心、整理中心、国有一所、国有二所、征地一所、征地二所、审批科、法规科、耕保科、测绘科、信访科、监察大队、窗口办、纪检监察室、股价所、地产中心、起重园区所共23个科（室），辖蒲东、蒲西、南蒲、蒲北、满村、樊相、魏庄、恼里、孟岗、芦岗、常村、苗寨、方里、丁栾、佘家、赵堤、武邱、张三寨18个国土资源所。

【土地资源】截至2009年底，长垣县国土总面积1557363.60亩，其中，耕1047712.35亩，园地8163.00亩，林地48485.85亩，草地20943.5亩，城镇村及工矿用地261254.9亩，交通运输用地41889.45亩，水域及水利设施用地118332.45亩，其他土地9245.10亩。

【土地利用】进一步落实了最严格的节约集约用地制度，积极引导企业节约集约利用土地，加强对违法违规用地的查处力度，大力开展闲置和低效利用土地清理工作。共补交出让金7宗1412.09万元，交纳闲置费3宗19.16万元，签订限期建设责任书14宗；盘活国有存量建设用地并挂牌出让8宗144.587亩，成交金额3717.57万元；征收土地24宗2685.38亩，发放征地补偿款4992.4万元；挂牌出让土地17宗920.87亩，成交金额1.675亿元；发放国有土地使用证783份、集体土地使用证138份、他项权利证明书148份。划定封村界线，严禁村外建设，集体建设用地盘活工作取得初步成效；完成了省级起重工业园区集约用地评价工作，并获得了省国土资源厅的批复。

【耕地保护】落实政府耕地保护目标责任制和最严格的耕地保护制度，全县102.78万亩耕地和89.95万亩基本农田面积保持稳定；实施并完成了赵堤国家级土地整理项目，并通过了市级终验，项目总规模16070.1亩，总投资1660万元，净增耕地面积2603.7亩，全县耕地总量保持动态平衡；完成了2008年入库7个项目和1个基本农田整治项目的设计工作，项目总规模16144.4亩，实施后可净增耕地面积2100.2亩；2008年实施的苗寨乡土地整理项目，于2009年5月通过省级终验和6月份市级复验，各项工作质量均已达到规划设计要求，项目验收合格；赵堤镇聚村土地整理项目于2009年11月4日委托代理公司进行了招标，现已开工建设。

【建设用地管理】一是立足部门职能，牢固树立“双保”意识，在建设用地管理方面坚持提前介入、超前服务、全程跟踪，全力服务项目经济建设，为县域经济的快速发展提供保障和支撑。县级规划修编已获省政府批复，乡级规划修编通过了省级复审。本次规划修编，上级国土部门共核减长垣县基本农田7平方公里，并追加建设用地指标3平方公里。这在全省各县（市、区）是绝无仅有的。二是用地报批再创新高。2009年，共组织正常报件12个批次4363.71亩，用地报批量再创历史新高，在全市各县（市、区）居第一位。充足的用地报批量，保障了县域经济发展必要的用地需求。三是土地征收及时到位。推进了重点项目用地的征收工作，全年共征收土地24宗、2685.38亩，发放征地补偿款4992.4万元，在县政府要求的时限内，完成了指定地块的征收工作。四是土地出让依法规范。全县经营性用地和工业用地全部实现了以招、拍、挂方式出让，全年先后挂牌出让17宗、920.87亩，成交金额1.675亿元，全部签订了土地出让合同并纳入了土地市场动态监测与监管系统。五是土地测绘优质服务。先后完成土地征收、挂牌出让及道路公共设施用地66宗、7327亩，报批用地10个批次、4342亩，整理项目1个、1.6万亩，太行堤、临黄堤复堤42公里的测量任务。

【粘土砖瓦窑集中整治】粘土砖瓦窑集中整治工作经验在全市推广。按照市委、市政府的要求和部署，长垣县迅速行动，层层发动，扎实做好各项工作，赢得了各窑场主的充分理解、支持和配合，使得整治工作取得显著成效。至2009年8月12日，全县12家（15座）窑场，9座需就地升级改造的已全部停工停产，另外6座已全部按规定标准自行拆除到位，提前、超额完成了市定8月15日前拆除4座的目标任务。长垣县的具体工作经验和做法，在2009年8月10日新乡市整顿砖瓦窑联席办第七期简报和8月13日市政府第271期政务快报中，分别以专期的形式进行了刊发和介绍。长垣县被确定为河南省21个土地综合整治试点县之一。

【违法违规用地集中整治】违法、违规用地集中整治力度空前。2009年2月4日至3月4日，长垣县利用一个月的时间，在全县深入开展并强势推进了违法、违规用地集中整治风暴。通过一个月的强力整治，共拆除51家企业违规用地，拆除建筑物3.01万平方米，拆除围墙2.25万米，复耕面积398.83亩；申请报批企业用地138宗、2004亩，全部报批费用已缴清，真正做到了应查尽查、应拆尽拆、应报尽报、应收尽收。对此，新乡市国土资源局刊发了专期信息予以介绍。通过本次清理，一举摘下了长垣县违法用地大县的帽子。

【闲置土地清理】在2008年闲置地清理的基础上，对县城区内的闲置和低效利用土地进行了全面、彻底的清理，共补交出让金7宗、1412.09万元，交纳闲置费3宗、19.16万元，签订限期建设责任书14宗。

【矿产资源】长垣县属地上无资源、地下无矿藏的资源贫乏县，目前开发利用的矿产资源主要有粘土、沙、地热、矿泉水等，石油、天然气等矿产资源尚在勘查开发中。近年来，随着经济社会的不断发展，地下水、地热、矿泉水等矿产资源得到了进一步的开发利用。目前，全县开采利用地热资源的共有11处，如亿苑宾馆、明秀苑大酒店、远东大酒店等。

【矿产资源管理】为了更好地开发利用并保护好区域内有限的地热、矿泉水等矿产资源，进一步加大了对地热、矿泉水等资源的开发管理工作，目前，全县11家地热井利用单位都办理了探矿许可证和取水许可证。在开发利用地热资源的基础上，对地热、矿泉水资源开采行业进行全面清查整顿，不断加大排查力度，严厉打击这类违法违规行为。

【执法监察】长垣县国土资源局始终保持打击违法违规用地的高压态势，建立并实行了严格的土地动态巡查制度，建立健全执法监察信息网络和快速反应系统，由各乡国土资源所对基本农田保护区、城乡结合部、县级以上公路两侧每周巡查不少于3次，一般耕地、人口较为密集的村庄和乡级公路两侧每周不少于2次，其他巡查区每周不少于1次，在春秋季节建房高峰期相应增加巡查次数。在巡查的基础上，长垣县国土资源局又进一步创新举措，在全县587个行政村各设立了一名土地协管员，由国土资源局和乡（镇）政府联合颁发聘书，并在全县各行政村公布了巡查人员名单及联系电话，从而全面强化了土地动态巡查力度，使全县土地违法案件的发案率得到有效遏制，全县没有发生大的违法用地问题。

【信访工作】县国土资源局将信访工作列为“一把手工程”，努力完善“主要领导亲自抓、分管领导重点抓、信访机构具体抓、相关部门协同抓”的工作机制。对上级转办的信访件，办理情况均交局长审核，从而层层建立健全了信访工作领导责任制。同时，坚持局领导信访接访日制度，强化乡国土资源所在信访工作中的基础地位，实行严格的责任追究制，并规范了内部处理程序，建立统一答复、统一报结工作机制。对每一起信访案件都坚持做到“三定”，即定分管领导、定责任人、定办理期限，从而确保了信访工作的有序进行。全年共接待来访60起128人（次）。上级交办、转办案件19起，自行立案查处10起，均已按时结案。年内没有因土地问题处理不当引起集体上访事件。

（李俊　王志昌）

获嘉县国土资源局

获嘉县地处中原，北依太行，南临黄河，位于中原城市群“豫北工业走廊”中部，是郑州、新乡、焦作三地接点。辖8镇3乡、215个行政村。总面积473平方公里，总人口40.61万人，城区规划面积19.1平方公里，建成面积13.3平方公里，城区人口14.42万人。

王巨源　党组书记、局长
张社教　副局长
秦治国　副局长
徐道诗　副局长
宋连军　副局长
郭　亮　副局长

王巨源简介：河南辉县市峪河镇人，1964年9月出生，汉族，中共党员，研究生学历，经济师职称，土地拍卖师。1978年9月～1980年7月，在新乡地区师范学校学习；1980年8月～1986年12月，在辉县市冀屯乡中学任教；1987年1月～1989年4月，任获嘉县中和镇政府党委秘书；1989年5月～1990年5月，任获嘉县史庄乡政府企业办主任，并兼任史庄乡岳庄村党支部书记、村长；1990年6月～1992年12月，任获嘉县史庄乡政府企业办主任；1993年1月～1994年10月，任获嘉县史庄乡党委副书记；1994年10月～1998年12月，任获嘉县史庄乡党委副书记、乡长；1999年1月～2003年2月，任获嘉县史庄镇党委书记；2003年2月至今，任获嘉县国土资源局党组书记、局长。

【机构设置】获嘉县国土资源局（前身是获嘉县土地管理局）成立于1987年8月，2002年更名为获嘉县国土资源局，是县政府下属的主要行政执法职能部门，下设1个党总支、5个支部、1个团支部。现有干部职工280余名，下设办公室、纪检室、地政地籍股、监察股、法规股、信息中心、测绘管理股、规划股、国土所、土地利用股、建设用地股、征地事务所、矿产办、耕保股、土地储备中心、窗口办、信访股、土地整理中心、财务室、机关事务股、综合档案室21个股（室）。辖亢村、徐营、冯庄、大辛庄、中和、太山、史庄、城关、位庄、照镜、黄堤、西工区12个国土资源所。

【土地资源】获嘉县土地总面积46988.14公顷，其中，农用地38088.98公顷（其中，耕地34288.25公顷，园地168.95公顷，林地704.53公顷），建设用地8296.64公顷，未利用地602.52公顷。

【土地整理】共组织实施5个土地整理项目，其中，已实施完工的整理项目1宗，面积418.03公顷，新增耕地面积39.5434公顷；已基本完工、拟申请验收的项目2宗，面积181.57公顷，净增耕地10.9公顷；正在建设的整理项目2宗，面积165.92公顷，预计新增耕地面积9.628公顷。另外，完成了2009年第一批补充耕地储备项目验收工作，验收净增耕地面积82.1704公顷；完成了2009年度第二批补充耕地储备项目入库、招标工作，并于2009年11月中旬开始施工。该项目涉及4宗土地整理复垦项目，项目区总面积368.55公顷，预计新增耕地70.65公顷。

【土地利用】共公开挂牌交易土地19宗，挂牌土地面积205741.55平方米，成交价款6228.9万元。

【建设用地服务】始终贯彻落实土地利用总体规划和土地利用年度计划，严把用地审批关，对不符合发展规划的坚决不予供地。对全县招商引资和重大项目建设涉及的用地事项，主动提前介入，帮助用地企业选址，搞好全程跟踪服务。全年共办理各类用地报件15宗，组织上报4个批次57.4552公顷。

【闲置土地清查】在县城规划范围内全面开展了闲置土地清理专项治理工作，对征而未用、闲置废弃土地进行专项整治，发现一处、处理一处。共征收闲置费2162347.67元。

【地政地籍管理】严把土地登记关，共发放土地使用证688本，其中，国有土地使用证250本，集体土地使用证402本，土地他项权利证36本，对于不符合要求的土地登记申请坚决给予退件。

【基础测绘】完成现状测绘52宗，1800余亩，用地放线37宗；待整理现状测绘300亩；"空心村"治理现状测绘100余亩；高速公路现状勘测定界50.37256公里，366.6894公顷。另外，承接外县土地待整理勘测定界1宗，503亩；建设用地勘测定界1宗，80亩。

【乡所规范化建设】全县12个基层国土资源所，其中，6个已完成标准化建设，其他正在建设中。所有乡所均配备了固定电话、办公桌、档案柜、电脑等办公用具及巡查车辆一辆。

【执法监察】健全执法监察机制，从全县每个行政村聘请一名责任心强、群众威信高、善于协调的群众任土地协管员，协助国土部门管理本村的土地事务，并签订聘用协议，建立土地执法监管长效机制。共聘请土地协管员218名。严查违法、违规行为，执法监察工作取得明显成效。全年共立案查处违法占地19宗，全部结案。

【信访稳定】全年共接待来访群众191批、326人（次）。其中，群众政策咨询161批、271人（次），反映违法占地12起、22人（次），权属争议15批、30人（次），征地纠纷3批、3人（次），都得到了及时解决，没有重大事件发生。

【打造机关特色文化】清明前夕，组织党员及入党积极分子前往烈士陵园进行清明扫墓活动；4月22日，组织开展"世界地球日"宣传教育活动，宣传国土资源国情国策，增强全社会节约资源、保护环境的意识；5月12日，积极开展防灾减灾宣传活动，深入宣传防灾减灾知识，增强公众对地质灾害的防范意识；6月，编创《国土之歌》，并参加全市国土系统庆祝"6·25"文艺演出；7月，面向职工举办图书捐赠活动，组建图书阅览室，收录捐赠图书3000余册，营造良好的学习氛围；9月，积极准备新中国成立60周年"庆国庆，唱红歌"大合唱比赛，并获得了金奖。11月6日～8日，组织乡（镇）国土资源所干部培训，提高基层乡所国土资源管理水平。

（李文峰　何磊）

延津县国土资源局

延津县隶属新乡市，辖12个乡（镇）、341个行政村，区域总面积886平方公里，耕地面积91.46万亩，全县总人口47.1万人。

李明厚　党组书记、局长
刘长勤　党组副书记、副局长
王义进　副局长
申宝魁　副局长
刘元璋　副局长
李凤荣　副局长
刘永生　纪检组长
杨慧光　副主任科员

李明厚简介：延津县人，汉族，中共党员。1971年8月～1973年12月，任延津县僧固乡干部；1973年12月～1981年11月，任延津县委干部；1981年11月～1986年8月，任延津县人大常委办公室干部；1986年9月～1987年3月，任延津县人大常委办公室副主任；1987年3月～1990年7月，任延津县县委办公室副主任；1990年8月～1995年10月，任延津县县委、县政府信访办公室主任；1995年11月～2003年9月，任延津县国土资源局党支部书记、副局长；2003年10月～2005年5月，在延津县国土资源局主持全面工作；2005年5月至今，任延津县国土资源局党组书记、局长。

【机构设置】延津县土地管理局于1988年10月成立，2001年12月组建为延津县国土资源局，属县政府工作部门，新乡市国土资源局垂直管理单位。现内设办公室、建设用地股、地政地籍股、监察一股、二股、规划与耕保股、法规股、群众工作室8个业务股（室）。下属土地开发整理中心、矿产资源管理办公室、土地储备中心、土地评估所、征地事务所、土地执法监察大队6个事业单位。根据省、市国土资源管理要求，延津县于2007年5月对全县12个乡（镇）国土资源所人员实行垂直管理，每所3名工作人员履行辖区内国土资源管理职责。目前，延津县国土资源管理系统共有工作人员205人。其中，干部89人，职工116人，拥有办公用房926平方米，车辆10部。

【土地资源】根据土地利用现状调查结果，2009年，全县土地总面积88796.29公顷。其中，耕地面积60975.17公顷，园地159.78公顷，林地4119.37公顷，草地18.48公顷，城镇及工矿用地10701.43公顷，交通运输用地2860.36公顷，水域及水利设施用地2495.07公顷，其他用地7466.63公顷。年度地类利用变化情况为：建设用地面积增加占用耕地面积1023亩，农业结构调整占用耕地面积56亩，共计减少耕地面积1079亩；全县实际补充耕地数2001亩，确保了全县耕地占补平衡有余。

【耕地保护】为切实加强对耕地保护工作的组织领导，成立了耕地保护工作领导小组，统一负责全县耕地保护责任目标履行情况，各乡（镇）也按照要求相应成立了保护机构，确保了耕地保护责任目标履行有组织、有领导、有计划地开展。在耕地保护工作上，县政府与各乡（镇）签订了耕地保护责任目标书，纳入了年度考核目标体系。严格执行耕地保护制度和耕地占补平衡制度，加强基本农田的日常化和规范化管理。通过查找耕地保护中的问题，分析原因，积极整改，补充更新保护标牌164块，其中，县级2块，乡级12块，村级150块。重新明确了保护范围、保护面积、保护措施、保护责任人，广泛接受社会监督，使全民耕地保护意识得到进一步增强，使全县耕地保有量一直不低于55080公顷，基本农田保护面积不低于47526公顷。

【土地利用】2009年，通过协议出让土地9宗，面积0.2069公顷，合同金额12.9315万元（划拨转出让）；挂牌出让2宗，面积0.7447公顷，合同金额126.7841万元。此外，年度竣工标准厂房21800平方米，盘活存量国有建设用地35.2106公顷，有效提高了土地利用效率。

【土地整理】按照“适度开发、综合整治、提高地力、增加有效耕地面积”的原则，积极申请立项，以建设标准农田、改善农村生产生活条件为切入点，提高粮食产量，大力支持新农村建设，全力做好土地开发整理项目实施工作。2009年共实施土地开发整理项目5个，土地总规模2992.95公顷，总投资6569.03万元，项目实施后新增耕地1101.70公顷，确保了全县耕地总量动态平衡。

【建设用地管理】努力提高用地报件质量和工作效率，为用地单位和个人提供优质服务。对项目用地材料严格把关，认真审查，依法报批。对上级批准的建设用地依法及时供地。2009年，取得了省政府对延津县2008年度上报3个批次的批复，批复总面积42.3646公顷；完成了2009年1个批次城市建设用地和3个批次乡镇建设用地的报批工作，上报总面积33.6849公顷。

【执法监察】认真执行市国土资源局规定的土地六级动态巡查制度，完善了乡镇、村国土执法监察体系，建立了村级土地协管员队伍，明确了协管员职责，健全了全县国土资源监察网络。开通了“12336”土地违法举报热线，方便群众举报违法行为，提高执法效率。2009年，共发现违法用地20起，涉及土地面积10.56公顷（耕地5.38公顷）。其中，发现并立即制止8起，涉及土地面积3.87公顷（耕地0.79公顷），拆除建筑物及构筑物600平方米，复耕0.79公顷；立案查处12起，涉及土地面积6.69公顷（耕地4.59公顷），收缴罚没款8.28万元，移送公安机关2起，使全县本年度违法占用耕地面积未超过新增建设用地占用耕地总面积的13%。

【信访工作】严格落实重要信息报告、定期排查不稳定因素、班子成员信访接待日等制度，坚持畅通信访渠道与维护信访秩序并重，积极化解矛盾。一年来，对群众来信、来访、来电，做到了件件有答复、事事有回音。截至目前，共接待来信来访38起，（违法占地类5起，权属争议类6起，咨询政策类21起，其他6起）同比下降27%。其中，自立案6起，结案6起，群众满意率达90%。另外上级交办案件12起，结案12起，结案率100%。

【矿产管理】进一步加强对砂土、地热等资源的开发管理工作。结合全县砂土分布情况，加大了动态巡查力度，对乱取乱拉砂土行为进行了严厉打击。在地热资源管理上，通过摸底清查，查实了全县开采使用地热资源基本情况。

（张娟　刘庆贺）

封丘县国土资源局

封丘县地处河南省东北部，隶属新乡市，南邻黄河，与古都开封隔河相望。区域面积1225.5平方公里，有可耕地130万亩，辖6个镇、13个乡（其中，荆乡回族乡是豫北地区唯一的少数民族乡）、605个行政村，总人口75万人。除汉族外，有回族、满族、朝鲜族、蒙古族、苗族等少数民族，其中，回族人口占总人口的2%。封丘县是国家级扶贫开发重点县。封丘县农业优势明显，是全国商品粮基地县之一，全国粮食生产先进县、省定农业综合开发重点县，著名的优质小麦、优质水稻生产基地和国家级绿色肉牛、肉羊养殖科技示范区。作为金银花原产地，全县金银花种植面积稳定在20万亩，在全国享有大田种植面积最大、单位产量最高、管理技术最先进、品质最好和出口数量最多五个第一。

马绍文　党组书记、局长
刘进萍　党组副书记、副局长
刘成海　副局长
王素梅　副局长
郭忠仁　副局长
孙秀菊　工会主席（副主任科员）
李庆良　副主任科员
范士宝　副主任科员
王　龙　副主任科员

马绍文简介：河南省封丘县人，1959年8月出生，中共党员，汉族，大专文化。1974年12月～1983年，在部队服役；1983年转业分配到封丘县城关乡政府任党委秘书、副乡长；1993年调到陈固乡任党委副书记兼纪检书记；1996年～1999年，任陈固乡乡长；1999年～2002年，任孙庄乡党委书记、人大主任；2002年至今，任封丘县国土资源局党组书记、局长。

【机构设置】封丘县土地局成立于1989年6月，正科级规格，内设4个职能科（室），主要负责全县土地管理工作。封丘县国土资源局于2002年6月批准成立，内设6个职能科（室）。2004年实行省以下垂直管理时，副科级以上干部由新乡市国土资源局任免，封丘县土地管理局更名为封丘县国土资源局。辖城关镇、城关乡、陈桥镇、赵岗镇、留光乡、冯村乡、王村乡、荆乡回族乡、荆隆宫乡、居厢乡、黄德镇、黄陵镇、曹岗乡、李庄乡、陈固乡、应举镇、鲁岗乡、尹岗乡、潘店乡19个基层国土资源所，1个矿产资源所（荆隆宫乡矿产资源所）。

【土地资源】截至2009年底，封丘县有耕地面积76354.45公顷，园地1653.85公顷，林地5642.57公顷，草地382.82公顷，城镇村及工矿用地15458.32公顷，交通运输用地6967.6公顷，水域及水利设施用地15689.1公顷，其他土地401.9公顷。

【土地利用】强化了土地利用规划的龙头作用。结合城市规划、产业聚集区规划、交通水利等各项专项规划，科学制定并严格实施土地利用总体规划。开创了企业进聚集区、居民进小区、村民进社区的良好局面。针对新型农村住宅社区建设、引资上项目企业用地需求量大、占用耕地较多，引起社会广泛关注，媒体记者反复报道的难题，局党组召开会议，研究对策，11月中旬利用两周时间，分6个组，由党组成员带队，对全县各乡（镇）重点企业进行走访调研，宣传国家土地管理政策，了解群众呼声，制定了破解难题的措施，向县委提出建议，优化国土保障和服务质量，实现了产业布局合理、城市形象改观、土地节约集约利用、耕地有效保护的目标。

【耕地保护】2009年，充分发挥土地利用总体规划和基本农田保护规划的调控作用，妥善处理保护与发展的关系，认真落实各级耕地保护目标责任制，坚决遏制和严厉打击各类破坏耕地尤其是基本农田的违法行为。全县耕地面积稳定在73440公顷，基本农田稳定在66507公顷。认真抓好基本农田保护工作，组织各基层所对所辖区域定期开展巡查，把问题消灭在萌芽状态。建立健全土地协管员网络，聘请各村委会主任或民调主任为土地协管员，明确其职责。利用乡村干部国土资源知识培训的有利时机，不断增强土地协管员的责任感和使命感。

【建设用地管理】对城市建设供地，大力推行旧城改造和住宅小区建设，变分散的单家独院为高层住宅楼，有效地提高了土地资源的利用效率。一方面，用足用活国家土地管理的政策，带项目积极争取用地指标，保障招商引资的好项目、大企业落地发展。另一方面，积极搞“三项整治”，大力盘活存量建设用地，逐步完善土地市场运行机制，实现了封丘土地收入的飞跃，2009年，共出让国有建设用地6宗，面积640亩，成交土地出让金近亿元。划拨廉租房建设用地1宗，面积75亩，有力地支持了城市建设和社会事业的发展。

【执法监察】严格落实土地动态六级巡查制度，坚持打防并举的原则，分片包干，责任到人，做到早发现、早制止，将各类土地违法行为消灭在最初时期。对不听劝阻、强行违法的案件，依法从严查处。严密监控县城规划区、全县主要干线公路两侧等重点区域，2009年，共巡查发现土地违法案件54宗，制止51宗，拆除违法建筑2680平方米、围墙3180米，恢复耕种69亩。立案查处3宗，移送公安机关2人，查处违法占地面积51.6亩，占2009年新增建设用地的3.74%。

【信访工作】坚持局领导信访接待制度，坚持分组负责、归口办理制度，坚持重大信访案件集体会审制度。在处理每件信访案件中，做到定人员、定责任、定时限、定质量。强化工作人员的责任心和责任感，增强群众观念和公仆意识。利用节假日等一切可以利用的时间，深入乡、村，接触信访群众，了解和掌握信访形成的各种因素，当场调解。由群众被动上访变为干部主动下访。每月25日为信访工作汇报分析日，召开各基层所长、各股（室）负责人以上人员参加的信访专题会议，分析排查上月信访案件的处理情况，研究制订重点案件的处理方案，明确包案的责任人员，布置下月任务。2009年，共排查出30起信访案件，解决26起，4起进入依法诉讼程序，没有赴京赴省上访案件。

【矿产资源管理】2009年，封丘县政府成立了国土、公安等8部门参加的“治理整顿矿业秩序领导小组”，各乡镇也成立了相应的组织；层层签订了窑厂治理目标责任书,依据省整联〔2009〕1号文件要求，县黄河滩区应关闭拆除砖瓦窑厂75座，实际拆除违规窑厂100座，拟升级改造89座，超额完成任务额的33%。根据封丘县实际，已布局规划黄河滩区升级改造及新增砖瓦窑厂121座，同时规划、布局图及请示等报件已于2009年9月上报市砖办审批。已拆窑厂复耕工作进展顺利，截至2009年底，复耕凉坯场地72个，复耕面积4000亩。

（王胜　陈治国）

牧野分局

新乡市牧野区位于新乡市市区中北部，东西横穿整个新乡市区。现辖王村镇、牧野乡2个乡（镇）和新辉路、卫北、北干道、花园、荣校路、东干道、和平路7个办事处，共57个行政村和34个社区居委会。牧野区原名郊区，建区于1955年，于2004年2月区划调整后更名。牧野区历史悠久，文化积淀丰厚，古属冀州，商汤时期为京畿之地。史籍记载大禹治水、武王伐纣都曾于此，现存有春秋时期卫国贤人蘧伯玉故居和仰韶、龙山时期文化遗址，以及太公庙、兴国寺等市级文物重点保护单位。牧野区经济经过近几年来的快速发展，已形成自己的特色产业、行业优势，逐步形成了电池电源、车辆及汽车零部件两大特色产业和轻钢结构及新型建材、食品加工、包装印刷、白色家电四大支柱产业。 全区省高新技术企业达到12家，省高新技术产品达到18个，省级企业研发中心达到9家，均居全市前列，成为豫北地区全方位开放的经济强区。

贾学波　党组书记、局长

王　秋　党组成员、副局长

冯江辉　党组成员、副局长

贾学波简介：1955年7月15日出生，大专学历，中共党员。1976年9月～1978年7月，在百泉农业专科学校园林系学习；1979年11月～1980年3月，在郊区农林局工作；1980年3月～1984年11月，在郊区平原乡任技术员、助理农艺师；1984年11月～1989年8月，在平原乡任副乡长；1989年9月～2005年5月，任牧野区土地局局长，2005年5月至今，任新乡市国土资源局牧野分局局长。

【机构设置】新乡市国土资源局牧野分局位于新乡市牧野区中原路602号，现有干部职工48人，党员23人，大专以上学历39人。局机关设办公室、信访法规纪检室、地籍利用股、规划耕保股、土地监察队5个股（室），辖牧野乡国土资源所和王村镇国土资源所。

【土地资源】截至2009年底，牧野区土地总面积为9863.43公顷，其中，耕地面积为4552.0公顷，园地面积为66.12公顷，草地面积为5.08公顷，林地面积为82.99公顷，城镇村及工矿用地面积为3921.73公顷，交通用地面积为498.85公顷，水域及水利设施用地面积为605.68公顷，其他土地面积为130.98公顷。

【耕地保护】严格落实耕地保护制度，确保基本农田保护面积不减少。根据国务院办公厅《关于耕地保护责任目标考核办法的通知》（国办发〔2005〕52号）和国土资源部、农业部、国家统计局《关于印发2008年度耕地保护责任目标履行情况检查工作方案的通知》（国土资发〔2009〕33号）的要求，牧野区结合实际情况成立了以区长为组长、主管区长为副组长和区直有关部门人员组成的领导小组，定期或不定期对全区下属各乡、镇、办事处的耕地保有量和基本农田保护面积进行检查和考核。按照土地利用总体规划和《基本农田保护区调整划定工作验收方法》要求，认真落实基本农田保护基础性工作。逐级签订了基本农田保护责任书50份，落实了基本农田保护责任，并投资2万余元制作了10块乡、村两级耕地保护标志牌。为了严格稳定基本农田保护面积，建立了储备补划基本农田保护库210亩。

【建设用地管理】通过全局上下的连续奋战，石武客运专线牧野区段于2009年3月18日顺利完成拆迁任务，比省政府要求的时限提前了73天，为此市政府对牧野分局提出了通报表扬。按照上级部署，新乡市土地收购储备中心征用牧野区6个村1350.8865亩集体土地工作任务，6个村的征地拆迁协议已全部签订，同时完成了各类地面附着物的清点工作；完成了万达集团征用西牧村162亩土地建设项目的征地工作，确保了该项目于10月16日顺利奠基；完成了石武客运专线板材厂120亩临时用地工作任务；完成了29亩国有土地的回收任务；提前完成了牧野区2009年第一批城市建设用地和3个乡（镇）批次材料报批工作（城市批次用地总面积为5.3738公顷，其中，耕地面积为5.3738公顷；乡（镇）批次用地总面积为14.3426公顷，其中，耕地面积为0.6272公顷、其他农用地面积为0.5442公顷、居民点及工业用地面积为13.1712公顷）。

【第二次全国土地调查】在第二次全国土地调查工作中牧野分局十分注重宣传工作，广泛深入地开展宣传动员，努力营造良好的舆论氛围，提高广大干部群众对第二次全国土地调查工作的认识程度，使其理解、支持、配合这项工作。经过一个阶段的努力，全区外业地类调查已基本结束，第二次土地调查已进展到最后基本农田上图阶段。

【执法监察】严格执行六级巡查制度，有效打击土地违法。将全区划分为王村镇、牧野乡、和平路办事处、园区四个责任区，把全区的土地都纳入了有效监控范围，并定期或不定期地对辖区开展动态巡回检查，对发生的案件及时有效查处并依法处理到位。2009年以来，共开展国土资源动态巡查96次，发现土地违法行为24起，制止土地违法行为4起，立案18起，挽回经济损失3.48万元。

【信访工作】牧野分局转变信访工作观念，变接访为出访，深入基层乡村，及时了解本地区的信访动态，提前做好上访群众的思想稳定工作，积极有效化解矛盾，争取把问题解决在萌芽状态。为畅通信访渠道，维护上访人的建议权和申诉权，局里设有专门的举报电话和举报信箱，并制定实施了局长接待日制度，规定每周二由一名班子成员接待来访群众。2009年以来，共接待信访案件10起，结案9起，结案率达到了90%。2009年3月，牧野分局被市委、市政府授予“新乡市信访工作先进单位”称号。

【基层所建设】牧野分局始终把国土资源所标准化建设当成一项中心工作来抓，紧紧围绕“固本强基，争创一流”的工作思路，全面强化基层国土所建设。全局对加强基层所建设的内容、标准、主要任务等作出了统一、明确的规定，同时，对机构名称、办事程序等基础性工作内容进行了规范和统一。2009年以来，向所辖1乡，1镇两个国土资源所各拨付办公经费1万元，专项用于改善办公环境和购置办公器材，使国土资源所的硬件水平上了一个新的台阶。我局还从提高国土所人员素质入手，进一步加强了对国土所工作人员的培训和业务指导，并不定期对国土所进行考核，所辖两个国土所的工作效率和群众满意度较过去有了显著提高。

【信息化建设】为全面推进分局国土资源信息化建设，多次派人前往信息化建设先进单位实地取经，学习先进单位的成功经验，并结合分局工作实际制订了切实可行的实施方案。2009年以来，在原有设备的基础上，又筹集资金增添了扫描仪、打印机等电子办公设备，以满足现行工作的需要。分局现已完成了外网和局域网的建设，全部计算机都实现了上网，并按照市国土资源局的要求定期对分局的网站进行更新和完善，国土资源信息化建设水平较过去有了显著提高。

（李娜　岳学衡）

开发区分局

傅小彬　局长
高卫红　副局长

傅小彬简介：男，山东临清市人，1971年5月出生，本科学历，中共党员。1992年12月～1999年6月，在新乡市城市土地管理二所工作；1999年6月～2002年8月，在新乡市国土资源局建设用地科工作，期间2001年6月兼任开发区土地局副局长；2002年8月～2009年，任新乡市国土资源局开发区分局局长，兼任新乡市国土资源局办公室主任。

【机构设置】1993年，新乡市人民政府设立新乡市经济技术开发区土地管理局，作为开发区管委会的内设机构。2003年，成立新乡市国土资源局开发区分局，作为市国土局的派出机构，负责开发区规划范围内的国土资源行政管理工作。2005年，将新乡市经济技术开发区土地管理局更名为新乡市国土资源局开发区分局，作为新乡市国土资源局的派出机构，其领导干部（含同级非领导干部）由市国土资源局党组管理。局机关内设三个科室：用地科、规划科、地籍科，现有工作人员15人，辖高新区关堤乡国土资源所。

【建设用地管理】面对国际金融危机，全局上下积极主动，抢抓机遇，认真落实国家出台的“保增长、扩内需”各项政策，为开发区经济社会发展提供有力的用地保障。一是做好土地报批工作。全年报批两个批次：2008年第二批城市建设用地1.4277公顷，其中，耕地1.3456公顷，保障了西台头村“城中村”改造项目用地；2009年第二批乡镇建设用地10.6967公顷，其中，耕地3.1507公顷。全年共征收土地239.98亩，其中，西台头村18.05亩；张八寨村219.12亩，东台头村2.81亩。二是服务拉动内需，保障重点项目用地。按照“两保一高”工作要求，保障重点项目用地需求，分局成立了服务重点企业、重点项目领导小组，制订了《服务重点项目工作实施方案》，建立和完善了领导包干、指标倾斜、提前介入、全程服务等重点项目用地保障机制。2009年主要对以下重点项目做好了用地服务：完成了绿都置业、新星丰华制膜、正阳化工、三生药业、恒升起重、牧野大道（午阳路—德源路）、德源路（新原路—新飞大道）等项目地上附着物补偿及协调进场事宜；根据新乡市起重机厂有限公司的扩建需要，积极协调市政府，通过市长现场调研，为起重厂扩建发展提供了用地支持；根据开发区东杨区“城中村”改造工作部署，我局及时办理了东杨村“城中村”改造用地的划拨文件，同时，完善了马庄“城中村”改造项目用地挂牌出让的有关手续，有力推动了“城中村”改造工作的实施；完成了国家重点建设项目石武客专的拆迁任务，拆迁面积1266平方米，保障了石武客运专线顺利施工；完成国道107拓宽改造工程沿线6个村的7300余棵树木的补偿工作；完成了南二环改建城市道路拓宽改造工程（新飞大道—国道107）沿线5个村253.7亩青苗及1100棵树木的补偿工作；完成了马庄游园绿化项目用地的青苗补偿和地面附着物的补偿工作，并协调进场事宜。

【节约集约用地】继续贯彻《国务院关于促进节约集约用地的通知》国发〔2008〕3号，坚持内涵挖潜，发挥存量土地的增值效应。开展存量土地现状及利用情况调查，分清类别，摸清底数，以便有针对性地组织盘活利用。上半年盘活建设用地20公顷，分别通过挂牌出让给三家用地单位，获取土地纯收益1300余万元。

严格执行土地招标、拍卖、挂牌制度，全年挂牌出让土地10宗，面积35.85公顷。其中，房地产项目6宗，面积22.72公顷；工业项目4宗，面积13.13公顷，出让金合计4879.74344万元。划拨土地2宗，面积14.1713公顷。为隆基、盛润、许昌宜家房地产项目办理了变更手续，补交土地出让金474万余元。

开展了开发区土地集约利用评价工作，该项工作是开发区今后扩区及升级国家级开发区的重要依据。按照市国土资源局的安排，与河南省中州土地勘测规划技术服务中心签订了合作协议，经过实地调查，及与有关单位的沟通，该项目已顺利通过省国土资源厅有关领导和专家组的验收，正等待国土资源部公布评价结果。

【土地利用总体规划修编】土地利总体规划修编是保障经济发展、城市建设的大事，也是分局的重点工作之一。分局收集了开发区产业集聚区、新型社区建设、关堤乡乡镇规划等规划资料，与技术协作单位配合，初步完成了关堤乡土地利用总体规划的编制工作。目前，京珠高速以西、新荷铁路以北部分已列入新乡市155平方公里中心城区控制范围内，中心城区的规划建设用地指标达792公顷，规划大纲已经国务院批准；剩余的在新一轮土地利用规划修编时纳入关堤乡的乡级土地利用规划修编范围内，规划建设用地指标达260公顷，对290公顷基本农田进行了布局。整合开发区现有的规划建设用地指标，完成了关堤乡的土地利用规划局部调整工作，调整面积17.3957公顷。

【第二次土地调查】有条不紊地开展开发区农村土地第二次调查工作：一是对开发区(农村土地)关堤乡16个村进行权属调查，签订边界权属协议57份，并与红旗区洪门镇、卫滨区平原乡、新乡县古固寨镇等进行了土地边界接边。二是对开发区关堤乡3393.1公顷的土地进行了地类调查，摸清了关堤乡各类土地的面积和布局（其中，耕地2225公顷）。三是对第二次调查的外业结果进行内业核查和汇总统计，已形成数据库上报，为开发区土地规划修编、农村集体土地所有权登记提供基础数据。四是配合国土资源部核查组对开发区的二次调查图斑进行了抽检核查，顺利通过外业核查。五是配合市国土局进行了开发区专项调查、基本农田调查上图、统一时点变更调查等工作。

【地籍管理】做好国有土地使用权的地籍调查和初审工作，全年对新乡市新贝尔信息材料有限公司等79家企业，登记面积1145余亩，并对时代都市花园的126户进行了住宅分割登记，登记面积11192平方米。规范地籍档案管理，继续执行土地登记资料公开查询制度。地籍归档资料齐全、规范，2009年，归档率达100%。在对档案进行整理、分类，方便查阅的同时，要求档案管理人员严格把关，按照有关规定，做好档案保密工作。在规范地籍管理的同时，实行土地登记资料的公开查询制度，并且按照《土地登记资料公开查询办法》规定，上半年提供公开查询25次。对第九次卫片执法检查涉及开发区的变化图斑进行调查，调查图斑3个，面积90.4亩，分别为河南省新永基置业有限公司、新乡金谷房地产开发有限公司所用，用地手续合法。

【执法监察】进一步加大六级巡查制度的落实，更好地维护土地秩序，及时发现和制止土地违法行为。分局根据部、省厅及市国土局的统一要求，严格执行土地资源动态巡查制度，进行了无缝隙拉网式的巡查，将关乡堤19个行政村划分为2个责任区，将巡查人员分成3个小组，要求每周每组对各自负责的区域巡查不少于3次，并认真填写巡查记录，及时记入巡查台账。做到违法行早制止、违法用地早处理，有效遏制了各类违法违规用地行为。全年违法案件查处2起，并下达了行政处罚决定书。

【信访工作】多次召开信访稳定工作会议，完善了领导分片包干信访接待制度，部署开展了“大信访”工作。妥善处理了群众关心的热点、难点问题，全年排查化解矛盾26起，接待来访群众42起，90余人（次），结案率达到100%。

（冯 征）

凤泉分局

凤泉区位于新乡市北部，土地总面积116.23平方公里。京广铁路、京珠高速、济东高速、新晋高速、107 国道穿境而过，举世瞩目的南水北调工程过境7.5 公里。180平方公里的凤凰山省级森林公园是集良好生态环境和优雅山水风貌于一体的最适宜人居的现代化山水园林城区。鲁堡龙山文化、何屯仰韶文化、牧野大战等古文化遗址蜚声中外。现存全国最大的藩王陵墓—潞王陵，已被列入世界文化遗产预备名录。

赵希彦　党组书记、局长

苗晋常　副局长

文天新　副局长

路传温　副局长

赵希彦简介：新乡市凤泉区人，1963年12月出生，汉族，中共党员，研究生学历。1980年9月～1982年7月，就读于新乡师范；1982年8月～1985年7月，在新乡市二十三中学工作，先后任团总支组织委员、书记；1985年9月～1988年7月，就读于河南教育学院本科；1988年8月～1993年3月，在原北站区教育局工作；1993年4月～1995年8月，任原北站区政协办公室副主任；1995年8月～1998年4月，任原北站区土地管理局副局长；1998年5月～2005年2月，任凤泉区国土资源局局长、书记；2005年2月至今，任新乡市国土资源局凤泉分局党组书记、局长。

【机构设置】新乡市国土资源局凤泉分局是新乡市国土资源局负责凤泉区国土资源管理等行政工作的派出机构。现有人员53人,其中，离退休人员7人。内设办公室、土地利用审批股、规划与耕地保护股、监察股、地政地籍股、纪检监察室、地质环境矿产管理股、地产事务所、国土资源执法监察大队。下设耿黄、潞王坟、大块3个乡（镇）国土资源所。

【土地资源】凤泉区地处新乡市北部10公里，辖耿黄乡、潞王坟乡、大块镇3个乡（镇）、38个行政村，总人口14万人。截至2009年底，土地总面积11667.31公顷，人均耕地0.04公顷。耕地面积5774.28公顷，园地88.65公顷，林地905.21公顷，草地38.73公顷，城镇村及工矿用地3409.07公顷，交通运输用地661.77公顷，水域及水利设施用地425公顷，其他土地151.1公顷。该区矿产资源主要为非金属建筑材料石灰岩、泥灰岩、白垩土，主要分布在凤泉区北部低山丘陵区；其次，还有白云岩、红粘土和钙质粘土。

【建设用地】2009年，完成上报各类建设用地5个批次和两个单独选址项目，涉及土地面积2037.548亩。有效保障了南水北调潞王坟试验段、新晋高速等国家、省、市、区重点项目征用地工作。协助市国土资源局完成了177亩国有存量建设用地使用权的收回、出让工作。

【耕地保护】2009年，全区耕地保有量5760公顷，基本农田面积稳定在5330公顷。大力开展以土地整理、工矿废弃地复垦为重点的土地“三项整治”工作,组织实施了2万亩国家级大块镇土地整理项目，同年12月通过了省、市验收。

【土地利用总体规划修编】依据土地利用总体规划修编的要求，按照市政府下达的各项经济技术指标，结合凤泉区在规划期内各业用地需求，经反复调研、论证，完成了凤泉区城区12.56平方公里土地利用总体规划和乡级土地利用总体规划修编，城区规划已报国土资源部审核。乡（镇）的土地利用总体规划修编已通过专家组评审。

【第二次土地调查】按照新乡市第二次土地调查领导小组的统一安排，完成了农村部分土地利用现状及权属调查工作，调查总面积106.23平方公里，共涉及38个村、1个县级农场和2个乡级农场，调查图斑4119块，行政界线132条，共计24.58万米，线状地物约69万米。数据处理和数据库建设顺利通过省、市预检，并上报国家进行核查确认。专项用地统计调查和城镇地籍更新调查有序进行。

【矿山地质环境治理】致力于区域矿山地质环境综合整治工作，组织实施了新乡市凤凰山矿山环境治理项目、潞王坟矿山环境治理项目、西张门矿山环境治理项目，2009年6月，通过省国土资源厅专家组竣工验收。同时，积极组织申报凤凰山矿山地质环境集中连片治理项目并取得了明显成效，为改善区域生态环境作出了应有的贡献。

【基层国土资源所建设】通过多方沟通协调，实现基层国土资源所人、财、物上收，理顺了管理体制，投入19.5万元完善了办公场所和办公设备，配置了执法监察专用车辆，基层国土管理工作得到有效加强，基层站所规范化建设通过了市局的检查验收。

【矿山公园建设】2008年4月，凤凰山省级矿山公园经省国土资源厅批准。按照《中国国家矿山公园建设工作指南》要求和专家组评审意见，完成了《新乡市凤凰山省级矿山公园总体规划》。目前，森林体验区、潞王陵景区、愚公泉景区、农业生态观光区建设任务已基本完成，矿山遗迹旅游区正在积极建设中。2009年4月21日，新乡市人民政府副市长贾全明带领市人大、政协、建委、国土等部门负责同志实地参观了凤凰山省级矿山公园建设，视察了凤凰山矿山地质环境治理项目、地质遗迹保护项目、土地复垦项目建设情况，对国土部门矿山地质环境治理工作给予了高度评价。

【执法监察】全面落实六级巡查制度，加强与纪检、监察、公安、司法部门之间的沟通配合，运用法律武器打击、震慑土地违法行为。2009年共下乡巡查398次，立案查处土地违法案件38起，拆除违法用地324平方米，拆除违法建筑397平方米，违法、违规用地行为得到有效遏制。认真开展第九次卫片执法检查工作，涉及凤泉区31个图斑、26宗地，面积2449.6亩。依据省、市卫片执法检查方案的要求，逐宗进行核查，其中，合法用地1312.4亩，实地未变化622.7亩，农业结构调整（养殖）42.2亩，对违法用地472.3亩进行立案查处，通过了国土资源部卫片执法检查领导小组验收。

【信访工作】2009年，从抓基层、抓基础入手，充分发挥区、乡、村三级信访网络的作用，规范各项信访工作制度，前移信访关口，变上访为下访，切实将上访苗头处理在基层，消灭在萌芽状态。全年共接待群众来访38起、40余人（次），立案1起，结案1起，结案率100%。成为全市国土系统唯一连续12年无赴市以上土地集体信访案件发生的区局。

（姬忠茂）

工业园区分局

新乡市工业园区成立于2003年1月，2006年4月，经省政府批准和国家发改委、国土资源部、建设部三部委审核，正式被确定为省级开发区。园区现辖11个行政村，总面积33平方公里，是集工、商、贸、住为一体的多元化综合性开发区。工业园区位于新乡东城郊结合部黄河故道区，区内80%以上的土地属待开发的国有未利用地和低产沙荒地，西邻京港澳高速和107国道，东连226省道，南接新荷铁路，北依济东高速，308省道横贯东西，交通区位优势明显，经国家批准的首期开发建设面积14.6平方公里。经过7年多的开发建设，园区建成区面积已达10.2平方公里，基础设施覆盖面积达15平方公里，累计投入建设资金近50亿元，引进内、外资企业157家，计划总投资230多亿元。其中，投资亿元以上企业28家，千万元以上企业69家。2009年，园区先后引进千万元以上项目21个，其中，亿元以上项目16个，计划总投资93亿元。初步形成了以化纤纺织、精细化工、汽车及零部件、生物医药四大特色产业为主体的经济新区。截至2009年底，工业园区累计实现工业总产值55.8亿元，实现利税3.62亿元。

孙纪涛　局长

许　珺　副局长

孙纪涛简介：新乡市新乡县七里营镇人，汉族，1968年4月出生。历任新乡市万农集团公司办公室主任、延津县僧固乡副乡长、延津县土地管理局副局长、获嘉县国土资源局副局长、主任科员、新乡市高新区国土资源分局副局长（正科级）。2007年2月至今，任新乡市国土资源局工业园区分局局长。

【机构设置】分局于2007年2月成立，现有一正一副两名局长，工作人员5人。

【耕地保护】继续坚持最严格的耕地保护制度，严格执行基本农田“五不准”制度；层层签订耕地保护责任书，制作和刷新基本农田保护标识牌2个，刷写宣传标语30条；坚决遏制和严厉打击各类破坏耕地尤其是基本农田的违法行为。确保园区新一轮规划修编后，耕地保有量为500公顷，基本农田为100公顷，且质量不降低、面积不减少。

【用地保障】按照“产业集聚、布局集中、用地节约”和服务经济发展的原则，拟定了工业园区土地利用调查表及具体实施方案，并在全区范围内开展土地利用情况的摸底调查，建立工业园区土地利用情况登记台账。将今后两年新增中央投资计划项目和省市重点项目纳入规划予以统筹安排，申请建设用地指标420公顷，为园区的持续发展奠定了基础。

【新一轮土地利用规划修编】2009年，按照省、市统一部署，园区启动了规划修编工作。规划修编工作紧紧围绕园区经济社会发展的目标和战略构想，进行多次供需预测，结合第二次土地调查，查清了全区可供划入基本农田的数量，合理确定了园区未来20年发展所需的用地空间，绘制了基本农田保护图和园区用地规模与布局控制图，并积极开展协调论证，从根本上改变以往用地动辄就碰“红线”的局面，消除了影响和制约园区进一步发展的“瓶颈”，为将来发展留下了足够的空间。

【第二次土地调查】按照新乡市第二次土地调查“决战年”实施方案，分局在时间紧、人员少、任务重、要求高的情况下，抽调专人配合作业队伍，加班加点，按时、保质保量完成了第二次土地调查农村部分的内外业调查、上图、汇总上报工作，与11个行政村签订权属界限协议书63份，并对国土资源部核查出的疑问图斑进行了及时反馈，顺利通过国家核查组的实地检查验收；完成了开发区调查、基本农田上图工作；完成1：500地形图的测绘工作，并按要求开展了城镇地籍更新调查，土地二次调查决战年任务现已全面完成。

【开发区效益评价】按照市国土局《新乡市开发区土地利用集约利用评价工作方案》（新国土资〔2009〕20号）的通知，分局迅速成立了土地集约利用评价工作小组，安排专人负责开发区集约用地评价工作，并积极与协作单位沟通联系，经大半年的努力，圆满完成了开发区效益评价工作。

【标准厂房的建设和推广】 严格按照“管住总量、严控增量、盘活存量、集约高效”的原则，继续大力推广标准厂房建设，以土地利用方式的转变，促进经济增长方式的转变，把建设使用标准厂房作为硬措施，把供地和标准厂房建设紧密挂钩，对适合进标准厂房的电子电器、生物等10余种项目类型，无论投资多大都不再单独供地。截至2009年底，园区共建成标准厂房37万平方米，为41家中小企业解决了生产发展用地问题。

【地籍管理】 坚持以证管地，构建统一的监管平台，将初始登记的宗地资料实行信息化管理，把使用权证的办理作为政务公开的主要内容，公开办理程序，承诺办理时限，严把审批关，严格收费标准，2009年为高金食品、豫北光洋等15家企业进行了地籍调查和登记发证，为30家企业放线并绘宗地图；积极开展年度土地变更调查，重点查清了2009年度实际新增建设用地情况和实际耕地变化情况，真实、准确地将土地变更情况反映在图表上。全区年度变更土地面积812亩，新增建设用地面积337亩。

【节约集约用地】 继续加大对闲置土地的清查处置工作，共清理出闲置土地4宗，全部为工业用地，面积36.5公顷。分局分别对这4家企业下达了《闲置土地告知书》和《土地闲置费缴纳通知书》，并分别与闲置单位负责人见面，拟定闲置土地处置方案。目前，已协议收回2宗并重新转让，另2宗已签订限期开工协议。同时，严把土地供应“闸门”，认真执行国家政策，对不符合指标要求的项目用地坚决予以核减用地面积，将有限的建设用地优先用于重点项目和民生项目，向高附加值、高技术含量的项目倾斜，力争土地效益最大化。

【执法监察与信访工作】 加大土地动态巡查和不安定因素排查，对排查出来的违法案件和不安定因素实行领导包案制，组织力量定期解决。2009年，共动态巡查70余次，发现土地违法案件8宗，制止5宗、拆除3宗，制止率、查处率、结案率均达到100%，有力地打击了土地违法行为。共接待群众来访50余人（次），办理信访案件2宗，调处宅基地纠纷2宗，变群众上访为干部下访5次，受理群众来电30余次，排查不安定因素5起，协调解决5起，信访案件受理率、结案率均达到100%，不安定因素发生率降低80%，越级上访率为零。特别是在全国“两会”、新中国成立60周年大庆及重要活动期间，开通了24小时值班热线和全天信访值班接待制。实行每日“零报告”、“日报告”制度。由于分工明确、责任具体、措施得当，没有发生来自国土资源信访稳定问题。

【队伍建设】 为进一步充实园区农村基层国土资源管理力量，确保土地巡查监管责任落实到位，根据新乡市人民政府办公室《关于建立村级国土资源协管员队伍的通知》（新政办〔2009〕184号）精神，采取“村推荐、区批准、局聘用”的办法，在全区建立了村级国土资源协管员队伍，共聘用村级协管员11人，聘期3年，由园区管委会从土地收益中统一发放工作补贴，并为他们进行了上岗培训和配发了国土资源报纸杂志，取得了良好效果。

（陈爱保）

鹤　壁　市

鹤壁市国土资源局

鹤壁市位于河南省北部，太行山东麓与华北平原交界处。介于北纬35°26′～36°53′，东经113°59′～114°46′之间，南北宽约67公里，东西长约69公里，总面积2136.84平方公里。全市辖两县（浚县、淇县）三区（淇滨区、山城区、鹤山区），总人口143.85万人。鹤壁市地表形态复杂，地势西北高、东南低，呈阶梯式变化，层次分明。基本地形有西北部山区、中部丘陵岗地区、东部平原区和东南部泊洼地区组成，分别占全市总面积的15.2%、29.6%、52.8%和2.4%。

朱豫锋　党组书记、局长

李尚修　党组副书记、调研员

朱鹤勇　党组成员、调研员

王全德　党组成员、副局长

崔　江　党组成员、副局长

张社明　党组成员、副局长

张芬艳　党组成员、副局长（女）

唐有才　党组成员、纪检组长

李同春　副调研员

王保星　副调研员

朱豫锋简介：河南省偃师县人，1960年1月出生，汉族，中共党员。1982年7月参加工作，1979年10月～1982年7月，在郑州牧专学习；1982年7月～1983年10月，在罗宁县畜牧工作站工作；1983年10月～1985年3月，在洛宁县人事局工作；1985年3月～1992年6月，在洛阳地区劳动局、人事局工作，先后任干部科副科长、奖惩科科长、干部科科长；1997年1月～2001年12月，任三门峡市土地管理局纪检组长；2001年12月～2007年4月，任三门峡市国土资源局党组成员、副局长。2007年4月至今，任鹤壁市国土资源局党组书记、局长。

【机构设置】鹤壁市国土资源局共有在职职工220人，机关行政编制30人，实有33人；事业编制148人，实有187人；处级干部11人，市局直接管理部门15个。局机关内设办公室（人事教育科）、政策法规与执法监察科、规划与科技科、财务科、用地审批与耕地保护科、地籍管理科、土地利用管理科、矿产开发管理科、矿产资源储量与地质环境科、测绘管理科、纪检监察室11个科室。所属二级机构有鹤山分局、山城分局、淇滨分局、经济开发区分局、鹤山国土所、山城国土所、淇滨国土所、钜桥国土所、矿产资源补偿费征收管理办公室、监察大队、土地事务管理所、地质队、土地规划勘测设计所、土地开发整理中心、土地收购储备中心。

【土地资源】截至2009年底，全市土地总面积为480.55万公顷，其中，农用地面积329.74万公顷，占土地总面积的69%；建设用地面积65.50万公顷，占土地总面积的13%；其他用地面积85.31万公顷，占土地总面积的18%。

【耕地保护】全面落实耕地保护政府首长负责制，2009年，全市耕地面积保持在10.53万公顷、基本农田面积9.21万公顷，超额完成省下达的责任目标。

【土地整理】建设重点土地整理项目3个，分别为淇县庙口乡土地整理项目，总规模998.05公顷，总投资2556万元，新增耕地135.1公顷；淇滨经济开发区北部土地整理项目，总规模409.6公顷，总投资745万元，新增耕地49公顷；浚县王庄乡等（2）个乡（镇）土地整理项目，总规模1908.23公顷，新增耕地202.42公顷，总投资2654.02万元。严格执行耕地占用补偿制度，开发整理新增耕地1.48万亩，连续12年实现了耕地占补平衡有余。

【国土资源规划】《鹤壁市土地利用总体规划（2006-2020年）》在全省率先通过审查，并于2009年9月29日被省政府批复实施；淇县、浚县两个县级规划第一批通过省厅审核，并于2009年11月9日同时获省政府批复实施；乡级土地利用总体规划于2009年11月23日通过省厅专家初审。《地质灾害防治规划》、《矿山地质环境保护与治理规划》编制完成并通过专家评审，待市政府发布实施；《鹤壁市矿产资源规划》编制工作全面完成，规划成果上报省国土资源厅待批。

【土地集约利用】2009年，鹤壁市大力实施向存量要土地、向山丘要土地、向空间要土地，既确保了重点建设用地需求，又有效化解了工农争地矛盾。一是向盘活存量要土地，全面开展了批而未用和闲置低效土地专项清理工作，共清理出2008年以前批而未供土地37宗、2728亩，闲置低效利用土地114宗、3368.55亩。对批而未供土地，责令县区按照一宗一策的要求，限期供地利用，年内安排使用2642亩，占全部批而未供土地的96.87%。对闲置低效土地，分不同类型采取征收土地闲置费、收回土地使用权、限期开发、协议收购、地块置换、退地还耕等不同方式依法处置，年内已消化吸收2270亩，全年盘活存量土地共计4912亩。二是向山丘沟壑要土地，充分利用西部山丘地，规划建设了17平方公里的工业集聚区，采取“集中平整山丘、统一对外招商”的模式开展工作，变荒地为建设用地。2009年，5.4平方公里核心发展区框架初步拉开，有市煤化工重点项目进驻建设，一期占地548.6亩，二期占地280.5亩。三是向空中发展要土地。规划了中小企业标准厂房创业园区12个，占地1963.65亩，凡机电、轻纺、建材、食品、医药、仓储等行业，没有闲置土地可以利用的，一律进入标准厂房区建设。2009年，全市4个工业集聚区和2个产业园区，共建成标准厂房7.3万平方米，在建标准厂房7.8万平方米。全市标准厂房累计达80余栋、80万平方米，有数十家中小企业入驻生产。

【土地市场建设】2009年，拍卖、挂牌出让土地38宗、面积3250亩，成交价款8.75亿元；协议出让土地1宗、183亩，价款1830万元，补办土地出让及改变用途手续24宗，补交土地收益3420.87万元；有偿租赁国有土地19宗，收取土地租金41.76万元；收取采矿权价款198.34万元；征收矿产资源补偿费2260万元，合计收入9.52亿元，为市政府下达目标任务的282%，较2008年增长44.6%。2009年12月3日，鹤壁市成功拍卖2宗居住用地，总成交价款2.875亿元，宗地最高单价160万元／亩，创鹤壁市单日成交和亩均地价两个历史新高。

【土地收购储备】完善了土地储备、交易机制，建立了土地储备数据库信息系统，开展了国有土地使用权网上交易。全年融资1.7亿元，储备土地4200余亩，拍卖、挂牌出让土地38宗、面积3250亩，成交价款8.75亿元。

【项目用地保障】大力推进联审联批，对扩内需重点项目实行领导包件、责任到人、跟踪服务，严格做到第一时间备足补充耕地项目库，第一时间指导项目单位准备用地报件，第一时间与相关审批部门联系沟通，倾全局之力服务和推动项目建设。全年上报各类土地征收及农用地转用32个批次，单独选址项目用地3个，共计16971亩，其中新增建设用地14933亩，有力地保障了国家和省市重点建设项目用地需求。市石武客专征地拆迁工作在全省率先完成，受到省政府表扬。

【服务企业发展】深入开展 “企业服务年”活动，积极帮助企业战胜困难，走出危机，稳步发展。建立了土地使用权抵押融资“绿色通道”，对重点项目用地抵押实行工作人员全程跟踪、上门服务，先后为鹤壁新华陶瓷有限公司、鹤壁富迈特镁业科技有限公司等60余家企业办理土地抵押登记，融汇资金5.55亿元，缓解了企业资金紧张状况，推动了经济持续发展。全力推动企业改制重组，先后为为河南天海电器有限公司、鹤壁博大电子科技有限公司等93家改制企业解决了土地遗留问题，明晰了土地产权，帮助企业在危机中实现了顺利重组。

【地政地籍管理】第二次土地调查工作顺利完成。2008年12月，第二次土地调查工作全面启动，2009年9月，内外业全部完成，最终成果上报国土资源部。10～11月份，全力推进基本农田上图工作，至12月底结束。加强日常地籍管理，全年完成国有土地使用权登记发证1196宗，集体土地使用权登记发证1450宗，农村集体土地所有权发证831宗；累计录入土地登记电子档案12461宗，对外自动化查询191次，地籍管理进一步规范完善。

【矿业开发管理】全市矿业权年检工作全面完成，年检各类矿山企业163家，其中，煤矿23家，非煤矿山140家，年检率92%。全市矿业权实地核查外业工作在全省率先完成，共完成176个矿业权的矿区控制点实测工作。继续深化煤炭资源整合。对符合《鹤壁市小煤矿资源整合规划方案》要求条件的18家地方煤矿，开展了独立块段煤矿采矿权变更工作。18家独立块段小煤矿全部实现了6万吨到9万吨的技改升级，并全部办理了采矿许可证变更手续。集中开展安全生产隐患大排查活动。会同安检、公安等部门，集中开展了矿山安全生产隐患排查活动，对6个无证非煤采矿点及时依法取缔，促进了全市安全生产形势稳定。

【资源储量管理】深入搞好地质找矿工作，年内全面完成了鹤山区施家沟、淇县田沟两个白云岩矿区探矿权野外地质勘查工作，并较好地完成了矿产资源储量动态监测工作，全市探明煤炭储量13.5亿吨，水泥灰岩储量3.05亿吨，白云岩储量1.6亿吨，为火电、水泥、金属镁、盐化工等产业发展提供了资源支撑。

【地质环境管理】矿山环境治理工作成效明显，年内浚县大伾山风景区、鹤煤二矿区、鹤山区崔村沟煤矿区、淇县庙口石灰石4个矿山环境治理项目相继竣工，共投资1149万元，恢复林地和耕地369.77亩，近10平方公里矿区地灾隐患得以整治。地质灾害防治实现群众生命财产损失“零”报告。在地灾防治工作中，坚持市县联动、责任到人，建立群测群防监测点44个，设立警示牌50余块，刷写警示标语80余条，发放防灾明白卡5000余份。对地灾易发区实行全天候动态监管，对38毫米以上降雨会同气象部门及时发布地灾预警，避免了人民群众生命财产损失。

【测绘管理】《鹤壁市基础测绘发展中长期规划》第一个通过省级评审验收，实现了1∶5000数字化地图全市覆盖；对新老城区和4个省级产业聚集区进行了1∶1000基本比例尺地形图测绘，“数字鹤壁”建设取得新进展。

【执法监察】2009年，全面建立村级土地协管员制度，构建了市、县、乡、村四级联防联控网络，各级监察机构责任到人，认真履行动态巡查责任制，切实做到了违法用地早发现、早制止、早查处。日常巡查中，查处各类土地违法案件60起，结案57起，结案率98%，向公安机关移交案件5起，申请法院执行29起，109.6亩违法占地被限期复耕，耕地资源得到有效保护。第九次全国卫片检查，市拆除建筑物8400平方米，罚没款602.58万元，给予党纪政纪处分11人。

【信访工作】严格落实“分级负责、归口办理”和“领导包案、责任到人”工作要求，实现了国庆60周年庆典时期涉土信访“三个零”目标。全年共接待群众来信来访75起、233人（次），其中，集体访12批、127人（次）。信访总量与2008年相比，批次、人次分别下降了16.7%、4.8%；集体访与2008年相比，批次、人次分别下降了20%、24%。对所有来信来访，全部做到件件有回音、问题有处理、意见有答复。年内省国土资源厅交办信访重点案件4起，结案4起，结案率100%，群众满意率100%。

【信息化建设】完善了门户网站建设，增加了政府信息公开栏目，大力推行网上政务公开；内网电子政务平台基本建成，全面运行了网上收发文和建设用地预审、矿业权会审等审批业务；国有土地使用权网上交易系统已开发完成并成功运行。

【2009年荣誉称号】2009年度，鹤壁市国土资源局被省政府命名为“省级文明单位”，被国土资源部授予“全国双保行动先进单位”，被省国土资源厅授予“全省国土资源工作优秀单位”、“廉政建设先进单位”、“行风建设优秀单位”、“第二次土地调查工作先进单位”、“矿产资源管理工作先进单位”，被市委市政府授予“突出贡献先进单位”、“平安建设先进单位”，市局行政窗口被授予“河南省优质服务窗口”，全市国土资源管理工作跨上了新的台阶。

（马学周）

淇县国土资源局

淇县位于河南省北部，西依太行山与林州市连山，东邻淇河与浚县共水，北与鹤壁市开发区毗邻，南与卫辉市接壤。京广铁路、京珠高速公路及107国道纵贯南北。“肘山腋水，地形爽垲”是淇县地形的特点。西部为山丘地区，占全县面积的2/3，东部为平原洼区。淇县下辖三镇四乡一区，即朝歌、高村、北阳、西岗四镇，桥盟、庙口、黄洞三乡及铁西工业区，辖区176个行政村，362个自然村。

郭广东　党组书记、局长
牛彦斌　党组副书记、副局长
王海珍　党组成员、副局长（女）
李豫进　党组成员、副局长
马学周　党组成员、副局长
王俊清　党组成员、纪检组长
程广营　党组成员、总工程师

郭广东简历：淇县桥盟乡古烟村人，1964年10月出生，汉族，本科学历，中共党员。1984年

7月参加工作，1984年7月～1991年9月，在县物价局工作，任办公室主任；1991年9月～2001年12月，在县政府办公室工作，任副主任；2001年12月至今，在淇县国土资源局工作，任党组书记、局长。

【机构设置】淇县国土资源局2001年12月由原土地管理局与地质矿产局合并组成，共有干部职工105人。内设机构有办公室、行政服务股、法规监察股、规划科技股、地籍管理股、矿产管理股、土地利用股、法制信访股8个行政股（室），监察大队、测绘队、估价事务所、地产交易中心、土地储备中心、土地整理中心6个事业队（所）以及朝歌、桥盟、北阳、西岗、高村、庙口、黄洞、铁西8个国土资源所。

【土地资源】截至2009年底，全县土地总面积851142.5亩，其中，农用地481287.5亩，建设用地94302.4亩，未利用地275552.6亩。

【耕地保护】淇县建立了政府土地管理和耕地保护责任制，把耕地保护目标纳入了政府责任目标考核体系。年初县政府向乡、镇政府下达耕地保有量和基本农田保护面积责任目标，签订目标责任书，明确各乡镇长是本辖区执行土地管理工作的第一责任人，对本行政区域内的耕地保有量和基本农田保护面积负总责。年中由县委、县政府督查室和县国土资源局定期对目标落实情况进行检查，年底严格考核奖惩。对于不履行或不正确履行管理职责，造成耕地保护目标没有完成的乡镇，取消评先资格，并在全县通报批评。对土地违法、违规行为不制止、不组织查处或隐瞒不报、压案不报的，坚决依法依纪追究有关责任人的责任。2009年淇县耕地保有量稳定在23332.42公顷，基本农田面积稳定在19369.93公顷，保护率达到了83.01%。为确保建设项目占用耕地的同时实现耕地占补平衡，该县还完成了高村镇杨晋庄村等15个村的土地开发项目，新增耕地面积224.123公顷（折合3361.845亩），实现了全县耕地总量动态平衡。

【土地利用总体规划修编】根据省市有关文件精神，开展了土地利用总体规划修编工作，在完成资料收集、现状地类调查、规划实施评价、各项专题研究及征求市县各相关部门意见和建议的基础上，形成了《淇县土地利用总体规划（2006～2020年）》文本和说明报告及相关图件，2009年5月，通过了省市国土部门的评审；11月9日，被河南省人民政府以豫政文〔2009〕299号文予以批复，《淇县土地利用总体规划（2006－2020年）》开始正式实施。根据《淇县土地利用总体规划（2006－2020年）》确定的各项规划指标，开展了乡镇土地利用总体规划修编工作，并顺利通过了省厅和市国土资源局专家的审核。严格执行年度土地利用计划，在坚持建设用地总量控制的前提下，科学合理安排用地计划。2009年，淇县实际新增建设用地14.666公顷，仅为鹤壁市局下达该县新增建设用地指标20公顷的73.3%；通过土地开发整理完成新增耕地119.43公顷，是鹤壁市局下达该县整理、复垦、开发计划指标44公顷的2.7倍。

【土地利用】稳步推进国土资源市场建设，共挂牌出让国有土地使用权5宗，面积123.23亩，收取出让金1445.4万元；协议出让土地2宗，面积38.26亩；办理集体建设用地流转2宗，面积4.85亩。共办理土地交易113宗，总面积为49.25亩。为企业融资办理土地抵押评估、登记手续23宗，总面积785.12亩，总评估金额为12434.05万元。加大盘活存量土地力度，2009年共盘活存量土地12宗、36公顷，超额完成了市局下达的盘活存量土地34公顷的目标任务。积极推进标准厂房建设，2009年，淇县标准厂房新完工建筑面积20000平方米，比上年增长了16%。铁西工业集聚地标准厂房区共入驻企业8家，总占地面积31.261万平方米，完成总建设计划的53.94%。

【建设用地管理】2009年，淇县共上报9个批次用地，面积173.0362公顷。包括四个城市批次、两个乡镇批次和三个乡镇建设征收土地。其中，四个批次用地已经省市政府批复，另外五个批次用地也已上报省厅。对石武高速铁路客运专线、鹤淇快速通道、朝歌日光新能源、方舟瓷业、标准厂房、年产5万辆改装车项目、无人驾驶飞机制造等一批重点项目用地，淇县国土资源局都安排专门人员加班加点，克服重重困难，确保了项目及时用地。

【第二次土地调查】扎实推进第二次土地调查工作，完成了面积达576平方公里的农村地籍调查数据库的建设，并上报国土资源部。基本农田作为二次土地调查的重要组成部分，全部调整完毕，并上报国土资源部。城镇地籍调查共34平方公里，数据成果顺利通过作业单位的自查、监理单位的检查和市局的预检，验收请示上报省国土资源厅。

【执法监察与信访工作】2009年，淇县建立完善了土地协管员制度，在全县176个行政村聘请土地协管员。在日常监察工作中，全年共依法查处各类国土资源违法案件13宗，其中，申请法院强制执行3宗，移送公安机关3宗，依法强制拆除7宗，结案率达100%。按照国家土地例行督察“回头看”核查工作方案要求，对2008年卫片监测变化92个图斑中涉及违法用地的39宗进行了认真整改，并顺利通过核查验收。按照豫整办明电〔2009〕2号文件要求，对再恢复粘土砖瓦窑厂进行了集中查处，对手续不全未经省发改委批复的庙口金马墙体材料有限公司作停产整顿处理。认真开展了土地违法、违规集中整治工作，确保顺利通过第十次卫片执法检查，成立集中整治工作领导小组，明确各乡镇对辖区范围内集中整治工作负有的职责。淇县被省政府授予“粘土砖窑整治工作先进县”荣誉称号。2009年，落实省、市、县信访稳定工作会议精神，局长与各国土所、局内各股（室）签订了信访目标责任书，切实把信访稳定工作落到实处。共接待群众来信来访20起、35人（次），办结率达100%。办理市国土资源局交办信访案件10起，全部结案上报。年度受理信访事项办结件的群众满意率达到了97%以上。

【土地开发整理】淇县实施的国家投资2556万元的淇县庙口乡土地整理项目于2009年11月初完工，并一次性通过市局和省厅验收。该项目涉及王洞村、形盆村、土门村、大李庄等7个行政村，总规模998.05公顷，项目完成后共新增耕地135.14公顷，新增耕地率4.59%。利用市财政返还2008年度部分新增费实施了淇县桥盟乡大洼村土地整理项目。2009年10月全部完工，并顺利通过市局验收，共整理土地45公顷。

【矿产资源】淇县地处豫北太行山东麓，总面积567.43平方公里，蕴藏有优质无烟煤以及金属、非金属矿产等十余种矿产资源，但除石灰岩、白云岩、石英砂岩、片麻岩，其他矿种储量较小，有些甚至没有开采价值。无烟煤属优质无烟煤，资源储量有2000余万吨，目前未开采。其他非金属矿种主要分布于西部山区，矿种有石灰岩、白云岩、石英砂岩、脉石英、钾长石、花岗岩、木鱼石、石膏、玄武岩、重晶石、耐火粘土、方解石、建筑沙等。金属矿产主要有铁、镁、铜、铅、锰等，但储量很小或品位较低，工业利用价值较小，开采意义不大。

【矿产资源管理】强力开展整顿和规范矿产资源开发秩序工作，加大对各类矿产违法案件的查处力度，共查处各类矿产违法案件5件，已全部处理到位。其中，对部门联合巡查中发现的北阳镇大水头村违法采矿点一辆钩机予以查扣，并行政拘留2人。完成了全县55家矿业企业的矿业权实地核查工作，完成了各类矿产资源开发利用统计上报任务和矿产资源储量统计工作。实行矿山储量动态监测管理，全县矿山储量动态监测率达到100%，工作标准和质量被市局列为样板工程。实行矿业权有偿出让制度，对新设置的矿业权一律采取招、拍、挂的方式出让，对无偿取得的采矿权到期后也一律采取协议出让的方式办理采矿权延续登记手续，2009年共延续、变更采矿权20宗，为合理开发矿产资源、招商引资和地方经济发展提供了有力支撑。

【地质环境治理与地灾防治】编制完成了《淇县地质灾害防治规划》和《矿山地质环境保护与治理规划》。加大地质环境治理力度，争取的省级庙口乡石灰岩矿区地质环境治理项目于2009年10月完成施工，并顺利通过验收。进一步完善了地质灾害群测群防体系建设，对各乡（镇）、村地质灾害隐患点都明确专人负责，汛期实行24小时值班制度，严密监视地质灾害现状，发现异常可以确保及时采取措施，保证群众生命财产安全。

（董树堂）

浚县国土资源局

浚县地处太行山东麓与华北平原的过渡地带，介于东经114°14′52″～114°45′12″，北纬35°26′00″～35°50′42″之间。县域面积966平方公里，辖2乡、7镇、454个行政村、8个居委会，总人口63.2万人。地势自西南向东北和缓倾斜，地貌以平原为主，中西部有少量孤山和丘陵。境内矿产资源较贫乏，种类较少，主要分布在孤山和丘陵地带，多为非金属矿产，以建筑材料为主。

张庆民　党组书记、局长
刘　福　党组成员、副局长
杜金平　局党组成员、副局长
许丽杰　党组成员、副局长（女）

乔学民　党组成员、总工程师

高华彬　副主任科员

黄书耀　副主任科员

张庆民简介：河南省长垣县人，汉族，1961年1月出生，1983年7月到浚县参加工作，1993年1月加入中国共产党，本科学历。1983年7月～1985年7月，在浚县教育局工作；1985年8月～1989年6月，任浚县教师进修学校教务处主任；1989年7月～1991年4月，在浚县体改委工作；1991年4月～1995年12月，在浚县工商联工作；1996年1月～1999年1月，任钜桥镇党委副书记、经联社主任；1999年1月～2000年8月，任浚县土地管理局党组成员、副局长；2000年8月～2001年11月，任浚县地矿局支部书记、局长；2001年12月～2007年8月，任浚县国土资源局党组副书记、副局长；2007年9月至今，任浚县国土资源局党组书记、局长。

【机构设置】全局现有干部职工248人，其中，干部100人。行政编制11名，事业编制120名，财政供给人员17名，其余是自收自支人员。2009年成立局党组，建有局总支，下设4个党支部。局机关内设办公室（人事教育股）、法规监察股、财务股、规划科技股、用地审批股、土地利用股、地政地籍股、矿管股、测绘股、纪检监察室、信访室、窗口办12个股（室）。设国土资源监察大队、地产开发公司、土地开发整理中心、地产交易中心、土地储备中心、恒信土地评估咨询有限责任公司、土地勘测设计规划事务所、矿产资源管理总站8个二级机构。辖城镇、黎阳、善堂、屯子、白寺、新镇、卫贤、小河8个国土资源所和矿产资源管理第一站、矿产资源管理第二站两个矿产资源管理站。

【土地资源】截至2009年底，全县土地总面积101209.8公顷，其中，农用地面积78669.8公顷，占土地总面积的77.73%；建设用地面积13128.9公顷，占土地总面积的12.97%；其他用地面积9411.1公顷，占土地总面积的9.30%。

【耕地保护】2009年，继续把耕地保护和土地开发整理项目建设作为重点工作和亮点工作。积极协助县政府与9个乡（镇）政府签订了耕地保护目标责任书，对耕地保护实行目标管理并纳入考核工作，切实落实耕地保护共同责任。进一步完善了基本农田保护的各项措施，建立保护档案500余套，层层签订责任书38万多份。在全县交通要道、高速路口、基本农田整理项目区设立保护宣传牌20多块，确保了辖区内耕地面积稳定在60549.94公顷，基本农田保护面积稳定在55168.43公顷以上。加大项目的建设力度，2009年，总投资750余万元的新镇马行、杜行、小河同山、黎阳张宋庄、善堂陈村5个土地开发复垦项目，总规模438.88公顷，新增耕地290.74公顷，全面竣工、并通过验收。国家投资浚县王庄等2个乡（镇）土地整理项目总规模1908.23公顷，总投资2502.00万元，新增耕地202.53公顷，12月中旬竣工并顺利通过验收。还完成“三项整治”项目2个，总面积160.20公顷，新增耕地71.27公顷，为全县建设项目的用地报批提供了补充耕地后备资源，并对新农村建设起到了积极推进作用。2009年12月1日，被国土资源部、农业部联合评为全国基本农田保护先进单位。

【土地利用】2009年，健全和完善了土地收购储备制度，切实做好规划控制和储备土地前期开发，全年储备土地1701.88亩，保障了城区建设、招商引资用地以及城乡一体化和新农村建设用地需求。继续严格按照《招标、拍卖、挂牌出让国有土地使用权规定》精神，对商业、旅游、娱乐和商品住宅等各类经营性用地实行招标、拍卖、挂牌方式公开出让，辖区内经营性用地出让比例达100%，全年出让土地25宗，面积1137.48亩，征收土地出让金1.297亿元，征收出让金首次突破亿元大关，为浚县城市发展积累了大量建设资金。积极开展标准厂房建设，全年建设标准厂房面积109320平方米。全力推进存量建设用地盘活利用工作，全年盘活存量建设用地555亩。

【建设用地管理】2009年，严把土地审批关和节约集约利用关，提高项目用地质量和效益，同时，紧紧围绕大项目、重点项目建设和招商引资这个中心，简化程序，缩短周期，积极与上级沟通、协调，争取用地指标，全年共上报城市批次用地5个，乡镇批次用地2个，面积1780亩。为淇雪淀粉、一中分校、卫西新区、廉租住房等20多个市、县重点项目提供了用地保障。2009年，为应对危机，促进全县农区工业化发展，浚县国土资源局结合部门实际，成立服务经济建设领导小组，制定五项措施战危机、抓落实，六项措施帮扶企业工作。全局干部职工迅速进入战时状态，实行“5加2、白加黑”工作机制，提前介入、主动服务，以超常规的思维和工作精神，为企业项目建设提供服务。对全县2009年度建设项目用地规模、结构、布局等进行调查摸底，提前介入，帮助完善用地申报资料，做到上报审批有关手续交叉运行，上报后跟踪协调，力争上级尽快审批，审批后及时供地。认真做好了闲散地清理，积极实行建设用地指标置换、农用地整理指标折抵等政策。全年无违法批地行为，建设项目占用耕地控制在市下达指标内。

【“三项整治”用地指标置换】积极规范“空心村”、砖瓦窑和废弃地“三项整治”，实行建设用地指标置换、农用地整理指标折抵等政策，共完成“三项整治”项目2个，总面积160.20公顷，新增耕地71.27公顷。

【土地开发整理】2009年，在新镇马行、杜行、小河同山、黎阳张宋庄、善堂陈村实施5个土地开发复垦项目，总投资750余万元，总规模438.88公顷，新增耕地290.74公顷，已全面竣工，并通过验收。实施国家投资浚县王庄等2个乡（镇）土地整理项目，总投资2502万元，总规模1908.23公顷，新增耕地202.53公顷，12月中旬竣工并顺利通过验收。

【土地利用总体规划编修】2009年，全面完成土地利用总体规划修编工作。多次与乡镇以及相关部门协调，使县乡土地利用总体规划与全县各类规划衔接，科学调整耕地和基本农田布局，使全县土地结构更加合理。在严格执行县乡土地利用总体规划的前提下，对黎阳镇、善堂镇和王庄乡的土地利用总体规划进行了局部调整，调整面积62.7461公顷，并在省厅备案，全年申报补充耕地储备项目4个批次，总面积600.5公顷，新增耕地600.50公顷，为用地指标审批提供了更大空间。同时，为新农村建设、农村居民点迁并和村庄整治等建设用地创造条件。

【执法监察】2009年，进一步严格土地执法监察，加大行政执法监察力度。全面开展了新型墙材治理整顿工作，按照上级要求，对全县30家新型墙材企业用地情况进行全面排查，协调乡镇和相关部门，明确职责，形成监管合力，规范新型墙材企业生产。全年拆除晾坯厂24个，清理、拆除面积631.33亩，并全部复耕。继续加大监管力度，督促企业完善相关手续，规范企业依法生产，坚决控制粘土砖瓦窑反弹。2009年，县局出台了《国土资源执法监察动态巡查制度》、《国土资源执法监察动态巡查责任制考核办法》以及《动态巡查责任追究办法》等文件，进一步规范了动态巡查程序，明确了动态巡查责任，建立了动态巡查考核指标。采取班子成员包乡镇的具体措施,加强领导。进一步完善了土地协管员制度，切实实行县、乡镇、村三级网格化管理机制，对违法、违规用地坚决查处。继续加强与法院、公安及各乡镇政府的配合，采取法律、行政、经济等手段相结合的方法打击各类土地违法行为，全年共查处土地违法案件12起，其中立案12起，结案12起，结案率达100%，无重大违法、违规占用耕地发生。2009年5月7日开始，一个月的全县集中拆除违章建筑行动，共处理违法违规建筑物8宗，拆除违法违规建筑物面积3254.5平方米，初步构建了土地联合执法机制，有效防范和遏制了国土资源违法行为，在社会上形成了严厉打击违法占地行为的强大舆论氛围，为优化浚县城镇建设和发展创造了良好的环境和条件。

【信访工作】2009年，严格信访管理措施，先后出台了《信访工作责任追究办法》、《关于做好信访稳定工作的意见》、《关于开展大接访活动的实施意见》等文件，局党组与有关职能部门签订了信访稳定目标责任书，责任明确到人。通过建立健全信访制度、畅通信访渠道、完善信访查办机制，尤其是认真执行信访五项制度和周三陪接访制度，切实做好摸底排查登记，积极做好全国、全省“两会”期间的信访接待工作，将不稳定因素消化在基层，消化在萌芽状态。全年受理上级交办案件16件，接待来访15起27人（次），结案率100%，群众满意率达98%。2009年，信访案件与上年同期相比下降25%，无重大群体性事件发生，全县国土资源信访工作继续保持稳定。

【土地卫片执法检查】采取有力措施，加大工作力度，对2008年度新增建设用地卫星遥感监测影像的22个图斑涉及的24宗用地情况进行实地勘测、绘图、审核、汇总，做到一块一案一卷，材料详实，并依法依规进行完善、处理。全年拆除违法违规用地9200平方米，移送公安机关6起，申请法院强制执行11起，提请纪检监察部门对6名机关工作人员进行了责任追究，坚决惩处各类土地违法、违规行为，年度违法占用耕地面积控制在新增建设用地占用耕地总面积10%的责任目标以下。11月

23日～24日，省厅检查验收组对浚县2008年度土地卫片执法监察工作情况进行了检查验收，对浚县卫片执法和动态巡查工作给予了充分肯定。

【国土资源所建设】2009年，继续加强国土资源所建设。制订了基层国土资源所全年学习计划和学习方案，全年进行了一次集中上岗培训和两次业务知识测试，从而进一步提高了依法行政水平。工作职能从原来的单一土地执法监察向全局各项工作铺开。积极参与了第二次土地调查、城镇地籍调查、土地开发整理、土地征用、信访稳定以及闲置国有土地清查等全面工作。进一步完善了基层国土站所各项工作制度，用制度管人理事。各国土资源站所在工作中十分重视与所在乡（镇）党委、政府的联系，全力配合所在乡（镇）党委、政府的工作，为所在乡镇服好务，为基层群众服好务。

【矿产资源】境内矿产资源较贫乏，种类较少，主要分布在孤山和丘陵地带，多为非金属矿产，以建筑材料为主。目前，境内已发现的矿种有10余种，主要是水泥、建筑用石灰岩矿，储量约6.3亿吨；砖瓦黏土（属禁采资源），厚度1～6米；页岩厚度大，品位高，含砂量小，地质储量约423万吨；大理石岩，总储量约5424万吨；白云岩，储量约680万吨；建材砂，储量约为1.2亿吨；膨润土矿，资源量约622万吨。其他矿产有陶土、铝矾土等。

【矿产资源管理】矿政管理工作稳步推进。继续做好采矿许可证的换发工作，2009年，共换发采矿许可证20份，采矿持证率达100%。全面开展矿业权实地核查工作。按照要求对55家矿山企业进行了野外测量和内业建库工作，并按期上报，此项工作走在全省前列。加强矿山储量动态监管和地质环境保护工作。积极邀请市国土资源局资源科、市地质队对全县所有矿山资源储量进行勘测、编写报告和评审，切实加强矿山储量动态监管。积极争取省财政资金220万元，做好并完成了大伾山废弃矿山环境治理项目。继续加大矿政巡查力度，对无证开采、超层越界开采等违法采矿行为给予坚决查处，全年共取缔违法采矿5家，查处各类违法采矿行为3起，结案3起，结案率100%，维护了全县矿产开发秩序的稳定。

【地质灾害防治】认真做好地质灾害防治工作，完成了浚县地质灾害调查与区划报告，进一步建立健全了群测群防和县、乡、村、企业四级防治网络体系，加强地质灾害的巡查和排查，协助县政府办公室制定下发了《浚县人民政府办公室关于做好2009年浚县地质灾害防治工作的通知》（浚政办〔2009〕26号）文件，对容易发生地质灾害的区域设立警示牌9块，刷写警示标语20余条，发放地质灾害宣传册200余份、防灾明白卡、避灾明白卡200余份，同时，在重点区域安装滑坡裂缝报警器。

鹤山分局

鹤山区位于太行山东麓，鹤壁市北部，南部和东部邻山城区，北靠安阳市，西部和林州市接壤，西部为山区，东部为丘陵地区，区境域东西长17.6公里，南北宽15.8公里，土地总面积139平方公里，辖管姬家山和鹤壁集2个乡、59个行政村、5个办事处即九矿办事处、新华街办事处、鹤山街办事处、中山办事处、中山北办事处，39个居委会，总人口12.7万人。

李庆军　局长

王俊杰　副局长

张建国　副主任科员

李庆军简介：1968年出生，本科学历，中共党员。1988年7月～1990年9月，在郑州工学院化工工艺专业学习；1990年9月～1994年5月，任鹤壁市地质矿产局监察大队办事员、科员；1994年5月～1999年12月，任鹤壁市地质矿产局矿产资源补偿费征收管理办公室科员；1999年12月～2001年3月，任鹤壁市地质矿产局补偿费征收管理办公室副主任；2001年3月～2001年10月，任鹤壁市地质矿产局矿产资源补偿费征收管理办公室主任；2001年10月～2006年8月，任鹤壁市国土资源局矿产资源补偿费征收管理办公室主任；2006年8月至今，任鹤壁市国土资源局鹤山分局局长。

【机构设置】鹤壁市国土资源局鹤山分局是鹤壁市国土资源局的派出机构，属参照公务员管理的事业单位，机构规格为正科级，核定事业编制7名，实有人员6名，经费为财政全供，下设二级单位鹤山分局国土所，人员编制4人，实有4人，为全供事业单位。

【土地资源】截至2009年底，农用地面积6083.36公顷，占土地总面积的46.7%；建设用地面积2554.41公顷，占土地总面积的19.6%；未利用土地面积4381.84公顷，占土地总面积的33.7%。

【耕地保护】全面落实《基本农田保护条例》，完善区、乡、村三级基本农田保护档案，实行基本农田保护责任制，建立基本农田保护巡查制度，将土地执法监察关口前移，初步建立了以预防为主、事前预防与事后查处相结合的动态巡查执法监察模式。严肃查处违法占用基本农田行为，落实基本农田管护"五不准"规定，确保耕地保护面积稳定在2642.92公顷，确保全区基本农田保护面积稳定在2335.48公顷。同时对全区基本农田保护情况进行了全面自查，投入资金对辖区基本农田保护标志重新进行维护，重新设置大型基本农田保护标牌2个，小型牌2个，刷写标语4条，在第19个"全国土地日"、"法制宣传日"出动宣传车2台（次），发放宣传单3000余份，进行多种多样的宣传，增强了辖区群众对基本农田的保护意识。

【第二次土地调查】抓好全区第二次土地调查工作，为全面加强土地管理奠定坚实基础。按照第二次土地调查工作方案，3月底，已完成全区的调查工作，按时提交了调查成果，同时，已完成省厅的核查任务，针对第二次土地调查成果出现的一些问题提交了相关的资料和文件证明，确保了地籍数据的真实性。目前全区第二次土地调查外业工作已全面完成，按工作方案分局将配合调查单位完成下一步数据库的建立等多项工作。

【土地利用总体规划修编】为确保全区土地利用总体规划更具有合理性、科学性和实用性，分局主动与区发改委、建设局、交通局、水利局、林业局等有关部门相协调，结合全区城市规划修编工作和韩林涧、巫山沟、犁林头三个工业产业集聚区发展要求，在规划编制过程中，把握好城市总体规划和各类产业规划的空间布局、时间安排等方面的衔接，科学调整耕地和基本农田布局，确保了产业集聚区和重大基础设施等用地需求。目前规划修编文本已完成，已征求相关部门意见，同时把意见反馈给编制单位，确保规划更具有科学性和实用性，乡级规划已于11月24日通过验收。

【土地整理】为严格执行建设占用耕地"占一补一"先补后占制度，进一步规范耕地占补平衡工作，在全区加大补充耕地储备力度，全区今年共完成3个批次、19个村、1743.9亩土地的开发复垦任务，同时通过市级验收，做好了辖区耕地占补平衡工作，确保为省、市、区重点工程提供用地保障。

【建设用地管理】分局对省、市、区重点项目做到提前介入，加强协调，提供优质服务，做到了超前思考、主动服务。对全市"8511"工程中涉及的鹤义型材厂、国债投资鹤山区生活垃圾处理厂等项目已完成用地预审及鹤壁市第二批次城市批次建设用地、先行用地手续的申报工作；服务新型农村社区建设，在对高家窑花园新村、北站新型农村社区建设工作中，分局积极与市局、省厅联系，取得多方面支持，目前两个社区用地按增减挂钩方式为项目办理用地相关手续；今年已完成石武客运专线鹤山区基本农田补划10.378公顷工作，该项目已申请验收。

【土地节约集约利用】积极推进存量建设用地的盘活利用。针对倒闭、停产、破产改制企业，积极配合区商务局，对全区14家改制企业办理土地出让手续的审查、评估工作，已配合市国土资源局完成辖区8家企业土地评估工作，待补缴清土地出让金等相关费用后，办理土地使用证。同时，对辖区内采煤沉陷区治理、棚户区改造工程腾出的大量闲置土地，建立闲置土地宗地档案，绘制闲置土地分布现状图。按照闲置土地处置办法的相关规定，申请办理鹤山区廉租房建设项目、鹤山区鹤翔客运汽车站公益设施建设。目前，项目用地手续已报请市政府按闲置土地办理行政划拨。加强对闲置土地的监督和管理，抽调专人对闲置土地进行动态巡查监管，定期对闲置土地进行巡查，重点地段设置标识牌及围墙，杜绝了乱占和使用闲置土地现象的发生。

【矿产资源管理】加强监督检查，确保矿山企业安全生产。为有效防范矿山企业超层越界开采行为，确保矿山企业安全生产，在规范矿山企业开采秩序方面，一是对煤矿实行检测检查制度，对符合检测条件的矿山企业对其采掘情况进行实测检查及时掌握各矿山企业开采生产动态，防止超层越界开采现象的发生。二是对矿山企业开采采取日常检查和集中检查、部门检查与联合检查、定期检查与不定期检查相结合的方式进行了多次检查，严格遏制无证开采、乱采滥挖、越界开采，防范已关闭矿山死灰复燃，避免擅自采矿的各类违法行为发生，进一步规范了全区矿产资源开发秩序。全年各类矿山企业未发生安全事故，确保了企业安全生产。

【执法监察和信访工作】严肃查处各类土地违法案件，集中整治土地违法违规行为。开展了卫片执法检查工作，共排查土地27宗，其中，有合法用地手续10宗，涉及土地违法案件17宗，已拆除违法建筑5处。积极整顿和规范矿产资源开发秩序，对全区7家非煤矿山、14家地方煤矿进行全面排查，未发现无证采矿行为。4月15日，关闭1家已到期的独立块段煤矿。积极推进信访工作机制创新，着眼源头预防，最大限度地把问题解决在基层，解决在萌芽状态，积极搞好信访案件的督察督办，不断提高案件的结案率。全年共接待各类信访案件6起，已处理结案6起，结案率达100%。

【矿山环境治理】积极推进矿山环境治理，针对全区采煤沉陷区和工矿废弃地，编制了矿山地质环境质量方案，积极争取治理项目，成功开展了二矿矿山环境治理项目、崔村沟煤矿区等矿山地质环境治理项目。2009年6月7日，二矿矿山环境治理项目已通过初验；6月24日，崔村沟矿区环境治理项目已完成终验。通过项目的实施，有效改善了矿区居住、生产条件和生活环境。申报的鹤山区北街矿区环境治理项目前期科研已上报省、市待批。

（田卫星）

开发区分局

鹤壁经济技术开发区位于鹤壁市新区北部，河南省北部、晋冀鲁豫经济协作区的中心，是1992年12月经河南省政府批准设立的首批3个省级经济开发区之一。2006年，经国家发改委、国土资源部审核予以保留，并对区划加以调整，批准规划面积17.7平方公里，东至京珠高速公路西侧，南至姜庄村南、淇滨大道路南、大赉店村北黄河路南，西至京广铁路东侧，北至刘长屯南。2008年12月，被批准为首批省级重点产业集聚区。2010年11月，成功升级为国家级经济技术开发区，现有常住人口52000人。

建区18年来，开发区坚定不移地走科学发展之路，坚持走新型工业化和可持续发展之路，高起点、高标准、高效率服务，基础设施、招商引资体制建设等各项工作均得了长足的发展，规划建设了金山、城北、东杨三个园区，大力发展以电子信息、金属镁精深加工、汽车及零部件为主的高新技术产业，形成了产业特色明显、综合配套能力强的现代制造业聚集区。目前入驻企业420家，2009年实现地区生产总值86.95亿元，每平方公里工业总产值达到30亿元，实际利用外资和出口总额分别占全市总量的62%和93%。区内科研院所密集，研发实力充足，拥有高等院校6所、中等学校10所、国家级研发中心2家、省级研发中心27家。先后荣获中国镁加工产业示范基地、河南省高新技术特色产业基地、河南省汽车及零部件产业基地、河南省承接电子信息产业转移重点区等称号。

岳　岩　局长

赵春军　副局长

程春明　副主任

岳岩简介：河南林州人，1970年8月出生，汉族，本科学历。1991～1998年，在鹤壁市土地管理局办公室工作；1998～2008年，在山城区国土局工作，任局长；2009年2月，任开发区分局局长。

【机构设置】开发区分局有事业编制10人，实有11人，内设办公室、建设用地审批科、土地利用科、地籍科、监察科。

【耕地保护】整理并完善区、乡保护档案4套，村级保护档案11套，保护版面12块，树立保护牌30块，做到图、表、地相一致。并重新签订了保护责任书，共签订村级责任书14份、小组41份、农户1772份，进一步完善了基本农田保护目标责任制，健全了三级档案和三级管护网络。通过荒草地开发、砖瓦窑厂和工矿废弃地复垦等多种行之有效的方式，开发复垦土地400余亩。

【建设用地管理】凡是符合产业政策的好项目、大项目，提前介入，超前运作，全程服务，不因土地问题使项目落不了地。做到了“三个超前”：一是超前思考，主动服务；二是超前整地，占补平衡；三是超前谋划，提前报批。2009年上报4个批次，共计2627亩土地。

【土地节约集约利用】积极转变土地利用方式，推进节约集约用地工作向纵深发展。一是招商引资，引进外资建设标准厂房；二引导农村集体经济组织投资建设标准厂房；三是根据政策要求，企业自建标准厂房；四是政府投资建设、拓宽融资渠道。目前全区已建成标准厂房88栋，面积35万平方米，其中多层厂房面积29.2万平方米，单层5.8万平方米。

【土地监察】针对土地违法案件发现晚、查处难等问题，从“发现得早、制止得住、查处得了”三个方面入手，积极探索土地执法长效机制，有效遏制了违法用地行为的发生。一是加强事前防范，坚持“预防为主，全程监控”的方针，建立健全土地动态巡查责任制，确定责任区域，实行分片包干、责任到人的动态巡查责任制，把大量工作做在违法行为发生之前，使违法占地消灭在萌芽状态。二是进一步加强监察信息网络建设。充分发挥信访主渠道作用，除专设信访室外，还设立举报电话、举报箱，村村安排土地协管员，举报属实的给予奖励，为土地违法案件的及时发现和处理奠定了基础。三是注重对违法占地责任人的处理。由过去单纯查处违法占地转向查地与查人相结合，由过去单纯的行政处罚转向行政处罚与行政处分相结合，即处罚当事人，又追究责任人。

【土地信访】实行目标责任制管理，层层签订《信访稳定目标责任书》，制定信访稳定工作考核办法。严格“一岗三责”、“分工负责”和“对口办理”制度。将信访稳定列入干部的岗位职责。落实领导接访、包案处理、包片负责制度，集中组织开展了不稳定因素排查整治活动。狠抓积案处理，变“上访为下访”，领导干部带头下基层解决问题，将信访苗头消灭在萌芽状态，解决在基层。实行信访稳定周督导制度。每周至少召开1次会议，分析研究信访案件，解决实际问题，督导工作进度。2009年，共接待来访群众16批次、29人（次），参加信访听证会2起，代开发区出具复查意见书1起，市国土资源局交办信访案件2起，结案2起。

淇滨分局

淇滨区是鹤壁市的政治经济文化中心，鹤壁市市委、市政府所在地。南接淇县，北连汤阴，西部和林州接壤，东部与浚县毗邻，与鹤山、山城两区交错。西部为丘陵山区，东部地势较平坦，京广铁路、石武快客、京珠高速公路及107国道纵贯南北。清澈见底的淇河水环绕而过，地下水资源丰富，具有得天独厚的农业资源优势，是闻名省内外的种子繁育基地。区内矿产资源丰富，已探明的有30多种。主要有煤、瓦斯、水泥灰岩、化工灰岩、白云岩、水泥粘土、玄武岩、大理石、陶瓷原料等。淇滨区辖4个乡（镇）、4个办事处，即钜桥、大赉店、上峪、大河涧4个乡（镇）和黎阳路、九州路、金山路、长江路4个办事处。

牛软成　副局长

牛软成简介：河南省鹤壁市人，1964年3月出生，中共党员。1980年2月参加工作。1979年7月～1989年4月，任鹤壁市大河涧乡政府办公室司机；1989年4月～2001年12月，任鹤壁市土地管理局郊区分局股长；2001年12月～2006年8月，任鹤壁市国土资源局淇滨分局副主任科员；2006年8月任鹤壁市国土资源局淇滨分局副局长；2007年，开始主持淇滨分局工作。

【机构设置】淇滨国土分局是鹤壁市国土资源局派出机构，内设办公室、用地与耕保股、地籍与规划股、矿产资源管理股、执法监察股5个股（室），辖淇滨、钜桥两个国土资源所。现有干部职工15人，其中，机关6人、淇滨国土资源所4人、钜桥国土资源所5人（2009年4月钜桥国土资源所由浚县国土资源局划归淇滨分局管理）。研究生学历1人，本科学历3人，大专学历9人。

【土地资源】截至2009年底，全区土地总面积34906.82公顷，其中，耕地15670.42公顷（全国第二次土地调查数据），基本农田8194.50公顷，耕地占全区总面积的44.892%。全区总人口17.3万人，人均耕地1.3亩，略高于全市平均水平。

【耕地保护】2009年，鹤壁市政府下达淇滨区的耕地保有量目标为不低于12776.8公顷，基本农田面积不低于8194.50公顷。为了将最严格的耕地保护制度落到实处，区政府积极推行行政首长负责制，将耕地保护各项责任落实到单位和个人。出台了《关于切实加强土地管理严格耕地保护的通知》，明确各级主要领导为本辖区内耕地保护的第一责任人，层层签订耕地保护目标责任书，将耕地保护责任层层分解落实到位。建立了基本农田保护工作公示制度、信访举报制度、动态巡查制度等各类制度，严格执行土地用途管制。落实基本农田保护措施，全年新设大型乡级基本农田宣传牌10块，修复基本农田保护标志牌35块。标牌内容包括基本农田保护政策、位置、数量，方便群众了解基本农田保护的重要意义，促使广大干部群众更加珍惜土地。2009年，全区耕地稳定在12776.8公顷，基本农田稳定在8194.5公顷。

【建设用地管理】2009年，淇滨区区委、区政府在加快发展的同时，注重节约集约利用土地。区委、区政府主要领导多次到市国土资源局协调工作，听取指导意见。召开专题办公会议学习有关法律法规和上级文件精神，讨论节约集约利用土地工作，区委书记姚学亮、区长仝大宏多次作出重要批示，在区委、区政府班子中达成了科学发展、节约集约用地的共识。国土资源管理部门更是把节约集约利用土地的理念贯穿项目建设始终，在用地预审、规划选址、用地报批和批后监管等环节层层把关，严格审核，确保节约集约利用土地政策落到实处。全年完成审批农用地转用8批次107公顷，申报征收建设用地3批次80.06公顷，协助市局申报征收建设用地9批次306.667公顷。

积极服务市、区大项目建设。2009年分局为35个建设项目（土地面积3440.34亩）清查了附着物，签订征地补偿协议110多份。京珠高速公路拓宽、石武客运专线等国家重点项目征地及补偿安置工作按要求圆满完成。职教园区、莲鹤大厦、职业技术学院扩建、淇水诗园、护城河、城市道路等项目是市、区的重点建设项目，为确保项目及时开工建设，分局加大服务力度，成立了项目服务小组，提前介入，积极高效地协调各方关系，认真做好地面附着物清查和被占地群众的补偿安置工作，确保了大项目顺利进地。

【土地开发整理】强力推进土地开发复垦整理工作。钜桥镇土地整理项目2009年顺利通过评审确立，建设规模950.97公顷，争取国投资金2008.99万元，整理后新增耕地33.64公顷，新增耕地率33.54%。同时，为确保项目建设用地指标，落实“占一补一”政策，积极推进土地开发工作，全年共实施土地开发项目2个，总面积300余公顷，顺利通过市国土资源局验收，并在省国土资源厅备案。除实现本辖区耕地占补平衡外，超额完成了市国土资源局下达的开发复垦500亩任务。

【执法监察和信访工作】2009年，全区土地执法监察力度进一步加强。依据国家土地管理政策，结合淇滨区土地管理工作实际，建立和完善了区、乡（镇）、村三级巡查网络，加大动态巡查力度，建立动态巡查责任人制度、台账登记制度、责任追究制度。全年共发现土地违法行为23起，其中，经执法人员制止后停止违法行为并自行纠正的7起，立案查处土地违法行为15起，涉及土地面积49.68亩（涉及耕地39.76亩）。已结案15宗，结案率达100%。有力地打击了土地违规、违法行为，维护了土地管理秩序，为淇滨区经济又好、又快发展提供了有力保障。

2009年全区卫星遥感土地执法检查共检查图斑有变化的地块8宗，面积382.8亩。分别发生在淇滨区上峪乡1宗，涉及土地面积7.7亩；淇滨区金山办事处2宗，涉及土地面积190.8亩；淇滨区长江路办事处3宗（图斑号4），涉及土地面积57.9亩。经实地调查，卫片反映的8宗土地中，违法用地2宗，涉及土地面积31.3亩，全部为耕地。全部依法查处到位，卫片检查工作顺利通过了省、市验收。

采取得力措施，加强信访稳定。认真落实信访接待日制度，建立土地信访首问负责制，认真排查不安定因素，及时掌握土地信访动态，认真研究解决群众反映的困难和问题，建立信访事项评估制度，对重大信访事项苗头及时评估报告。及时采取措施，变群众上访为干部下访、回访。认真开展大接访活动，强化信访接待制度，谁接访、谁负责。2009年共受理政策咨询360人（次），受理鹤壁市电台政风行风热线2件，接待来访群众28人（次），受理群众来信3件，重复访4件；受理国土资源部、省厅、市局督办单共12件，在规定时限内全部办结，结案率达到100%。全年无重大群体事件发生，全区国土资源信访工作继续保持稳定。

【矿产资源】境域矿产资源主要有煤、煤层气、水泥灰岩、化工灰岩、白云岩、水泥粘土、玄武岩、大理石、陶瓷原料等。煤、水泥用灰岩、化工灰岩、水泥用石英砂岩、花岗岩、白云岩等勘查程度较高，查明的资源储量较大，在矿产开发利用中占有重要的地位。水泥灰岩主要分布在西部山区。

【矿产资源管理】加大查处、打击力度，确保矿山安全。一是坚持定期检查和不定期清查，对辖区内矿山企业逐一排查，及时查处取缔非法勘查、开采、盗采矿产资源的违法行为，杜绝重大案件的发生。二是严把年审关。对不符合安全条件的企业一律不予年审，责令限期整改，经验收合格后方可办理年审手续。三是搞好动态监测。邀请有资质的单位和专业技术人员每月对煤矿、乙类矿山企业逐单位实测，严防超层开采、越界开采，维护正常的矿山开采秩序。四是依法打击矿山违法行为。

积极向市局和淇滨区政府汇报，组织国土、公安、安监、环保、电业等相关部门集中行动，开展联合执法，加大对违法、违规企业的打击力度。

【地质灾害防治工作】地质灾害防治工作扎实有效。一是制订并印发了全区地质灾害工作方案，确定了煤炭矿区、玄武岩、石灰岩矿区、山区乡村公路岩（土）体崩塌区等区域为全区重点地质灾害防治区，明确了责任单位和责任领导，建立健全群测群防网络，进行重点监测、预防。二是加强地质灾害巡查。组织工作人员对全区重点地质灾害点及隐患点进行了25次地质灾害巡查，巡查地质灾害点及隐患点20余处，下发“防灾工作明白卡”、“防灾避险明白卡”3800多份，设立维护地质灾害警示牌10多个。三是建立了交通、安监、文教体局、城建等部门联动预防地质灾害工作的长效机制，在全区公布值班电话，确定值班领导和人员，值班人员手机24小时开机，做到了上情下达、下情上报，各项信息畅通、高效，落实应急措施和方案，及时处理突发性事件。

【国土资源所建设】分局与钜桥镇人民政府协商，把原城建所改为国土资源所办公场所，面积600余平方米，重新粉刷门窗、墙壁，屋内铺设了地板砖，院内进行了硬化和绿化。设立了便民服务中心、办公室、值班室、信访接待室、档案室等工作场所。建立职工食堂和职工宿舍。配备了两台微机、一台打印机、4组文件资料档案柜等办公设备。购置了监察车辆、照相机等巡查工作必要装备，为巡查、执法等工作提供了物质保障。2009年，钜桥国土资源所被省政府评为群众满意基层站所。

【村级国土资源协管员聘用】为了适应国土资源管理新形势，鹤壁市国土资源局淇滨分局积极推进村级国土资源协管员聘用工作，淇滨区政府专门下发了《关于建立村级国土资源协管员队伍的通知》（淇滨政办〔2009〕27号）。文件明确了村级协管员的选聘条件、选聘程序、管理办法、职责和待遇等。淇滨国土分局经过村两委推荐、乡镇政府审核、分局把关，在全区各行政村聘用村级国土资源协管员112名。并进行了专题培训，聘请国土资源管理方面的专业人员进行授课，系统地讲解法律、法规，编制发放了《淇滨区村级国土资源协管员手册》，由基层工作经验丰富的土地所长传授了工作经验和方法，2009年8月全部上岗。（张成岭）

山城分局

山城区地处太行山东麓，位于原鹤壁市委、市政府所在地，南邻新区，北靠安阳，东接汤阴，大白线、汤鹤线、壶台线将山城区和安阳、汤阴、台前、鹤壁新区连为一体。地势西北高、东南低，海拔高度150米～400米。辖2乡5办个事处，即鹿楼、石林两乡，红旗、汤河、长风、山城、鹿楼5个街道办事处，辖区63个行政村，总面积近197平方公里，现有耕地5998.07公顷。

吴红庆　局长

张乃双　副局长

吴红庆简介：鹤壁市淇县人，1966年10月出生，汉族，本科学历。1987年9月～1989年7月，在河南新乡商业学校会计专业学习；1989年7月～1998年5月，任鹤壁市土地局科员；1998年5月～2000年3月，任鹤壁市土地局计划财务科副主任科员；2000年3月～2001年12月，任鹤壁市土地局计划财务科科长；2001年12月～2008年8月，任鹤壁市国土资源局规划与科技科科长；2008年8月～2009年4月，任鹤壁市国土资源局财务科科长；2009年4月至今，任鹤壁市国土资源局山城分局局长。

【机构设置】分局领导编制为3人，正职1人，副职2人。下设1个山城国土资源所，现有所长1人，职工3人。

【土地资源】截至2009年底，全区土地总面积13799.97公顷，其中，农用地面积9146.55公顷，占土地总面积的66.28%；建设用地面积3124.3公顷，占土地总面积的22.64%；其他用地面积1529.11公顷，占土地总面积的11.08%。

【耕地保护】2009年，分局进一步健全落实耕地保护责任制，切实保护基本农田。积极构建政府主导、部门联动的保护耕地长效机制，严格执行基本农田“五不准”规定，使耕地保有量稳定在5998.07公顷，基本农田保护面积保持在5082.90公顷以上。

【土地开发整理】2009年，区政府安排150万元专项资金用于土地开发复垦整理工作，全年完成开发复垦土地301公顷，已通过验收191.9公顷，全年实现占补平衡有余。

【建设用地管理】2009年，共审批7批次

171.4公顷乡镇建设用地，其中，农用地转用并征收4批次112公顷。为宝山园区、瑞兴堡陶瓷、汇德邦陶瓷、凉水井搬迁等重点项目用地提供了保障。同时主动向领导汇报，与有关部门沟通，了解项目用地需求情况，提前做好规划、用地审批报件组织等工作，为项目用地缩短审批时间。

【执法监察与信访工作】建立健全区、乡、村三级执法监察网络，做到执法人员到岗、职责分工到位。坚持每周巡查一次，重点区域地段派员蹲守，节假日也坚持每天进行重点部位巡查，确保巡查时间到位、区域到位、责任到位，及时发现、制止了土地违法行为。目前，共开展巡查37次，及时发现制止违法行为3起，有效遏制了土地违法案件的发生。

针对群众反映的突出问题，2009年，分局加强了信访件的查询取证及对信访人的思想疏导工作，突出人性化，构筑化解矛盾桥梁。对反映合理的，坚决按照政策法律办理，切实维护信访人权益；对反映不合理的，积极做好信访人的解释和说服工作，从思想上改变他们对问题的不正确认识，以促其放弃信访念头，达到息访目的。全年排查化解矛盾纠纷6批、22人（次），有效地控制越级上访、重复上访和非正常上访问题的发生。

【矿产资源】山城区矿产资源已发现和开采的有煤炭、煤层气、二氧化碳、水泥灰岩、白云岩、麦饭石等30余种。其中煤炭储量16亿吨，水泥灰岩储量5亿吨。

【矿产资源管理】深入整顿和规范矿产资源开发秩序，将打击非法采矿和越界开采放在重要位置，采取日常监管与集中整顿相结合的办法，对辖区内的矿产企业多次进行拉网式排查和不间断的专项整治。对煤矿进行井下实测，确保每条巷道及掘进工作面测量到位，及时了解掌握掘进的进度和方位，重点对各矿井下密闭墙是否异常、开采区是否接近边界等情况进行详细检查。坚持管理例会制度，不定期召开例会，及时通知实测检查中发现的问题，要求企业上报下月开采计划，随时了解掌握企业开采动态，做到心中有数，避免了超层越界现象的发生。2009年，共井下实测和地面巡查20次，交换图纸1套，召开例会11次，下发整改通知2次。

【地质灾害防治】2009年，地质灾害防治工作继续加强，落实地质灾害监测、预报和预警快速反应机制。签订了2009年地质灾害目标管理责任，下发了《关于印发2009年山城区地质灾害防治预案的通知》，明确了辖区2处地质灾害隐患监测点；完善群防群治网络，强化汛期地质灾害24小时人员值班制度，组建全区地质灾害防治应急专业队伍，对地质隐患监测点落实了责任单位和责任人。2009年，对2个乡27个村和5个办事处1300户等险区险段进行了调查，巡查地质灾害隐患点12次，设立警示牌2块。

（陈红艳）

焦　作　市

焦作市国土资源局

焦作市地处河南省西北部，北依太行山，与山西省搭界，南临黄河，与郑州市、洛阳市相望，东与新乡市接壤，西与济源市毗邻；位于东经112°43′31″～113°38′35″、北纬34°49′03″～35°29′45″之间，市境东西长102.05公里，南北宽75.43公里。全市旅游资源丰富，云台山景区被授予首批世界地质公园称号，为国家AAAAA级景区，由云台山、青龙峡、青天河、神龙山、峰林峡五大景区和陈家沟、嘉应观、焦作影视城、龙源湖公园、森林公园、朱载□纪念馆、韩愈陵园、丹河峡谷、顺涧湖（古周城）等十大景点组成的“焦作山水”，自然风光秀丽，山水景观独具特色。

丁新务　　党组书记、局长

张正海　　党组成员、市土地储备中心主任

黄三明　　党组成员、副局长

叶昭和　　党组成员、副局长

李承富　　党组成员、副局长

丁长春　　党组成员、副局长

薛东来　　党组成员、纪检组长（2009年3月）

丁新务简介：河南省宜阳县人，汉族，大专学历。1974年12月参加工作，1976年11月加入中国共产党。1974年12月～1994年12月，在部队历任海军某潜舰基地鱼雷所技师、副所长、所长、军械科副科长、科长（副团职）；1994年12月～2003年1月，历任洛阳市土地规划局办公室副主任（正科级）、建设用地科副科长（正科级）、建设用地科科长、耕地保护科科长；2003年1月～2003年12月，任洛阳市国土资源与城市规划局副局长、党组成员；2003年12月～2004年1月，任洛阳市国土资源与城市规划局副局长、党组成员、洛阳市新区开发建设办公室副主任、党组成员；2004年1月～2007年3月，任洛阳市国土资源局副局长、党组成员；2007年3月～2008年6月，任焦作市国土资源局局长、党组副书记；2008年6月至今，任焦作市国土资源局党组书记、局长。

【机构设置】现设有办公室、土地利用科、地籍管理与测绘科、用地与耕地保护科、矿产开发科、规划与科技科、地质环境管理科、人事教育科、执法监察科、行政事项服务科、监察室、信访室、法制室、信息中心、12336举报中心15个科（室）。辖解放分局、山阳分局、中站分局、马村分局、高新分局5个分局和土地收购储备中心（正县级）、国土资源监察大队、地产交易中心、土地整理中心、土地租金征收中心、土地登记评估中心6个二级机构。

【国土资源】2009年，焦作市耕地面积19.34万公顷，园地3872公顷,林地61627公顷，草地10669公顷，城镇村及工矿用地72432公顷，交通用地12796公顷，水域及水利设施用地36475公顷，其他土地5961.61公顷。煤炭年产矿量493.37万吨，建筑石料用灰岩444.87万吨，水泥用灰岩212.37万吨，制灰用灰岩38万吨，熔剂用灰岩36万吨，耐火粘土2.3万吨，硫铁矿4.6万吨，铁矾土6.7万吨，高岭土3.8万吨，玻璃用白云岩1.15万吨。

【耕地保护】严守耕地红线，将耕地保护责任目标从政府综合目标考核体系中单列，层层签订耕地保护目标责任书，出台了《焦作市耕地保护责任目标考核细则》，健全了基本农田补划登记、补充耕地储备指标划转、耕地占补平衡及项目验收、新增建设用地和新增耕地台账等7项耕地保护制度，全年补充非农业建设占用耕地5897亩，耕地面积继续稳定在288万亩，基本农田保持在246万亩，连续第11年实现了耕地占补平衡和基本农田面积稳定，受到了国家三部局好评。

【地政地籍管理】2009年5月，市国土资源局全面开展农村集体土地登记工作，3972.6平方公里的农村土地调查工作圆满完成。7月，6县4区数据库成果（其中，山阳区数据包含了高新区的数据）全部通过国家内业核查。据统计，第二次土地调查全市共落实经费2050万元，市区落实经费579.03万元。各县（市、区）集体土地所有权发证率达96%，集体土地建设用地使用权发证率87%。

【土地利用管理】2009年，全年共出让国有建设用地13宗，面积51.0875公顷，出让金额4.4亿元。企业改制处置土地4宗，面积4.04419公顷，显化土地资产950.102万元；划拨土地7宗，面积3.0009公顷。收回土地4宗，面积8.6865公顷。盘活闲置、批而未供、低效利用土地45公顷。办理各类地产交易1679宗，面积213.7564公顷，交易额8.925亿元。征收国有土地租金580万元。

【建设用地管理】2009年，全市各级国土资源部门共上报用地报件26个批次，面积约8706亩，确保了职教园区一期、工业集聚区污水处理厂、厦工工业园区等一批中央投资、8511、省市重点项目用地，有力地支持了全市经济建设又好又快发展。

【土地整理】2009年，焦作市争取国家资金1.1837亿元，组织实施了10个国家投资土地整理项目，整理土地面积12.5万亩。

【土地储备】2009年，市土地收购储备中心共收购补偿土地1586.15亩，支付各类补偿费4165.73万元。其中，城区土地46.12亩，集聚区土地428.65亩，南水北调工程用地1111.48亩。新报批征收集聚区土地392.38亩。2009年，共供应储备土地864亩，总成交价3.29亿元，预计可实现土地收益2.4亿元；全年收缴土地价款1.54亿元，其中，土地纯收益1.14亿元；全年共筹措土地收购储备资金2.3亿元，偿还贷款2.2亿元；全年共支付土地储备专项资金5374.5万元。其中工业集聚区支出2717.2万元，城区土地储备支出266.6万元，贷款利息2390.6万元。

【土地执法监察】2009年，完善国土资源执法监察动态巡查责任制度，实行国土资源违法案件动态巡查每日“零报告”制度，与监察、公安、检察院、法院建立了联合执法机制，开通了市、县两级“12336”国土资源违法举报电话，开展了第九次卫片执法检查活动，全年共发现各类违法案件559起，其中土地违法的共有182起，制止土地违法行为60起，立案查处122起，面积为515亩，结案率97.2%，挽回经济损失100万元。全年违法用地占用耕地面积占新增建设用地占用耕地面积的比例控制在 2 %以内。

【第九次卫星执法检查】2009年，全市卫片执法检查共有69个图斑，71宗地，面积为1781.3亩涉及耕地面积1246.6亩。其中新增建设用地26宗，面积456.8亩；农业结构调整14宗，面积1302.7亩；实地未变化31宗，面积406亩。通过卫片执法检查，共收缴罚没款69680元，并顺利通过国土资源部和省国土资源厅的检查和验收。

【矿政执法监察】2009年，全年共制止违法采矿行为354起，立案23起，罚没款5.3元。封填、炸毁矿洞1141处，拉倒井架49处，清理矿产品收购加工点5家。遣散非法务工人员356人，没收采矿及生产工具1049件、电线1万余米，没收矿石419吨。暂扣处理非法采矿、运矿车辆103辆；查获炸药11卷、雷管29枚、导火索16.8米，因非法使用爆炸物品采矿，移交公安部门传唤达12人。

【矿产开发管理】2009年，市国土资源局对全市采矿权进行了核实整理，进一步完善了采矿权登记管理数据库，核定了12家大中型矿山的开采回采率。全市142家持证矿山全部进行了年检，年检率100%。全年征收采矿权出让价款268.87万元，征收矿产资源补偿费2917.6万元。

【地质环境与储量管理】2009年，全市共出动90余人次排查出地质灾害隐患点（区、段）70处，其中大型隐患点2处，中型隐患点8处，列入市级防治方案的重点隐患点（区、段）12处；建立了市、县（市）区群测群防行政体系和群测群防点基本信息台账，明确监测人员58人，监测责任人55人。全市组织发放防灾避险明白卡1200份，整修、设立地灾隐患警示牌34块；安装滑坡预警伸缩仪1套、滑坡裂缝报警仪20套。与气象部门联合发布气象预警预报信息3次。制定了《焦作市矿山环境恢复治理保证金征收管理（暂行）办法》，积极推进矿山环境恢复治理保证金的征收，全年征收矿山环境恢复治理保证金106.5万元，全部实行财政专户储存。2009年度实施“两权价款”资金4个矿山地质环境治理恢复类项目。编制完成《焦作市2009年度地下水环境监测工作报告》，地下水监测工作运行正常。积极推进全市矿山企业储量动态监测工作，完成了全市2008年度的矿山储量动态监测报告的审查验收和互查检查工作，安排部署了2009年度全市矿山储量动态监测监督管理工作，2008年度全市甲类17个矿山企业储量动态监测完成率100%，小型以下146个矿山企业储量动态监测完成率95%。

【云台山地质博物馆】2009年，云台山世界地质公园地质博物馆建设工作全面启动，完成了地质博物馆方案设计和工程地质勘探以及云台山世界地质公园规划修编工作。

【矿产勘查管理】2009年，对辖区内2家探矿权人、勘查单位进行督察和年检，采取现场督察、集中汇报等形式，对探矿权人履行法定义务情况、探矿权使用费和价款缴纳情况、勘查项目资金使用情况等内容进行了详细检查。

【焦作矿山公园】2009年12月29日，河南省国土资源厅举行了省级矿山公园评审，来自省国土资源厅、省发改委、省财政厅、省环保厅、省林业厅、省旅游局等有关领导及专家一致认为河南焦作矿山公园具备省级矿山公园的条件，并以总分第一的成绩通过评审。

【国土资源规划】2009年，焦作市市、县、乡土地利用总体规划均已按照要求编制完成。市级规划首批通过国土资源部审查，县级规划于11月通过省政府审批，乡级规划全部通过河南省国土资源厅复审。

【规划科技管理】2009年，全市有8个项目立项，分别是焦作市马村区第二次土地调查及土地利用研究、焦作市马村区第二次土地调查及土地利用研究、沁阳市城镇土地定级与基准地价更新调整数据库建设研究、引黄补源与南水北调工程对温县土地可持续利用影响研究、修武县土地利用总体规划修编基础研究、修武县第二次土地调查及土地利用研究、武陟县第二次土地调查及土地利用研究、博爱县土地利用总体规划修编基础研究。2009年5月，云台山世界地质公园荣获全国首批国土资源科普基地称号。

【信息化建设】2009年，市国土资源局开发了本级土地登记发证系统；升级完善了业务审批系统图形分类统计、在线监控等6项系统功能；全面运行市县两级用地审批系统、公文传输系统，实现了土地审批、登记发证、档案管理等办公网络化、数字化。全年网上运行各类业务报件1632件，传输各类文件1854件；新增网页专栏9项，主动公开国土资源信息2102条，连续三年被国土资源部评为"全国政务信息网上公开示范单位"，局网站在国土资源部测评中排名全国第二位，在市政府测评中排名全市第一位。

【信访工作】2009年，实行信访工作"日报告、周研判、旬督察、季通报"制度，建立了执法信访联合办案机制。全年受理信访事项761批1253人次，其中，市局受理414件，较去年下降23%；解决疑难信访积案26件，调处矛盾纠纷59起，办理上级转办交办信访事项15件，息诉罢访率达85%以上，群众满意率达90%以上，实现了信访工作"减总量、控增量、化存量"的工作目标。

【法制工作】2009年，制定下发了《关于加强依法行政的意见》和《关于进一步推行行政执法责任制的通知》；组织开展了"3·19矿法宣传日""6·25全国土地日"、"8·29测绘日"、"12·4全国法制日"等法制宣传活动；在《焦作日报》开辟了国土资源法律法规宣传专栏，举办了"多氟多"杯焦作市保增长保红线国土资源法律法规知识电视竞赛活动；6月，参加焦作市"双百千万"工程法律宣讲活动，深入修武、温县开展宣讲，受教育人数达5000余人。全年受理行政复议申请3起，和解3起，组织行政应复2起，维持2起。依法确权19起，调处纠纷76起，协助法院执行土地案件12起，未出现一起行政败诉案。

【测绘市场管理】2009年6月29日，市政府组织市国土资源局、军分区司令部、政府信息化工作办公室、市公安局、市工商行政管理局、市新闻出版局及市国家保密局等单位领导召开全市整顿和规范地理信息市场秩序工作会议，部署全市整顿和规范地理信息市场秩序工作。通过整顿，共查处两个未经批准擅自从事测绘业务的单位。

【12336举报电话】2009年8月28日，按照国土资源部和省国土资源厅的要求，开通了12336国土资源违法举报电话，全年共受理违法线索166件，其中举报土地违法案件152件，矿产资源违法案件14件。

【企业服务年活动】2009年3月，继续开展"企业服务年"活动，对52家企业和项目实行了"1+1"帮扶和项目日报制，全年共上报28个用地批次，报批土地1.04万亩，为焦作煤业合晶科技、南水北调安置小区等126个省市重点项目办理了用地手续，被市人民政府评为项目服务先进单位。

【"保增长、保红线"行动】根据国土资源部和省国土资源厅的统一部署，2009年4月27日，在全市国土资源系统开展"保增长、保红线"工作。全年共上报审批非农业建设占用耕地

147.7816公顷，补充耕地147.7816公顷，连续11年实现耕地占补平衡，省国土资源厅奖励2000亩用地指标。

（朱 兵）

武陟县国土资源局

武陟县位于河南省西北部，北依太行山，南临黄河，与省会郑州市隔河相望，是焦作市的南大门。全县版图面积832平方公里，辖7镇7乡，367个行政村，总人口65万。武陟历史悠久，境内有仰韶、龙山文化遗址，有国家级文物保护单位万里黄河第一观嘉应观、五代古塔妙乐寺塔、明清佛道合一建筑千佛阁。“竹林七贤”中的向秀、山涛，明代礼部尚书何塘，三代帝王之师李堂杰，清代名人毛昶熙等历史名人的故里都在武陟。董永和七仙女的美丽传说也发生在这里，并被列入第一批国家非物质文化遗产。武陟属黄河、沁河冲积平原，地势平坦，土地肥沃，耕地面积60万亩，盛产优质小麦、玉米、水稻、花生、大豆等，是四大怀药（怀山药、怀地黄、怀菊花、怀牛膝）的原产地，种植历史有3000多年，宛西制药、太太药业、汇仁药业、三九集团等国内大型制药企业集团，均在武陟建立了种植、加工示范基地。

吴焕发　党组书记、局长
刘双喜　党组副书记、副局长
杨天平　党组成员、副局长
梁宏波　党组成员、副局长
王新平　党组成员、纪检组长
樊爱民　副主任科员
马建芳　副主任科员

吴焕发简介：河南省武陟县人，出生于1958年10月，汉族，本科学历，中共党员。1978年11月～1981年2月，在黄河水利学校学习；1981年2月～1989年3月，在黄委会勘测规划设计院测绘总队工作；1989年3月～1995年7月，在武陟县土地管理局工作任测绘室主任、地政地籍股股长；1995年7月～1998年4月，在武陟县特区管理委员会规划建设局工作，任副局长（副科级）；1998年4月～2001年12月，在武陟县土地管理局工作，任党组成员；2001年12月～2005年1月，在武陟县国土资源局工作任副局长、党组成员。2008年3月至今，任武陟县国土资源局局长、党组书记。

【机构设置】内设办公室、纪检监察室、工会、人事教育股、基层所管理股、计财股、行政服务办公室、规划科技股、地籍测绘股、土地利用股、用地耕保股、执法监察股、法制信访股13个职能股室。辖土地收购储备中心、土地开发公司、监察大队、矿产资源管理所、土地开发整理中心5个二级机构。派出龙源国土所、三阳国土所、小董国土所 、宁郭国土所 、大封国土所、西陶国土所、大虹桥国土所、北郭国土所、詹店国土所、圪垱店国土所、乔庙国土所、嘉应观国土所、谢旗营国土所、木城国土所共14个国土所。

【土地资源】2009年，武陟县耕地面积46109.67公顷，净增1089.8公顷；园地2187.37公顷，减少0.61公顷；林地1316.53公顷，减少0.93公顷；城镇村及工矿用地12505.23公顷，净增24.17公顷；交通运输用地2363.26公顷，增加11.51公顷；水域及水利设施用地18553.39公顷，减少1128.05公顷；其他土地2737.32公顷，增加4.13公顷。

【耕地保护】2009年，县委、县政府将耕地保护责任目标列入领导干部离任审计的重要内容，健全了国土资源协管员制度，构建了“横向到边、纵向到底”的县、乡、村三级监管网络。全年累计补充耕地38个批次687.39公顷。其中，为县级补充耕地11批次138.10公顷，市级补充耕地16批次320.01公顷，异地补充耕地11批次229.28公顷。

【土地利用总体规划编修】通过竞争性谈判，确定了新一轮土地利用总体规划修编技术协作单位，利用第二次土地调查数据资料，及时完成了耕地与基本农田、土地利用供需预测、节约集约利用土地、建设用地增减挂钩、黄河滩土地开发整理等5个专题研究；根据上级下达的各项土地利用指标，对全县各类用地进行了合理布局，为产业集聚区、詹店工贸区、嘉应观旅游文化园和陶封农产品加工区等重点区域发展预留了发展空间，县级规划修编成果于2009年11月11日获省政府批准，乡级土地利用总体规划做到了与村镇体系规划相衔接，14个乡镇的土地利用总体规划修编成果顺利通过省级评审。

【建设用地管理】全年共组织建设用地报件8个批次，单独选址建设用地报件2个，面积

489.03公顷；为企业下发供地文件45份，面积100.8公顷；颁发国有土地使用证60本、集体土地使用证46本，变更登记40宗；抽调专人与发改委联合办公，办理了35个项目立项中的有关用地手续；编制了第一批城乡建设用地增减挂钩实施规划，为产业集聚区提供建设用地30.77公顷，在土地利用总体规划修编工作中，为产业集聚区规划建设用地450公顷。

【土地整理】继续开展土地“三项整治”工作，完成整治项目179个，面积152公顷；全年实施土地整理项目6个，总投资1.96亿元，总规模9518公顷（折合近15万亩），整理后可新增耕地5355.8公顷。其中，总投资3845万元的武陟县东北部和武陟县嘉应观两乡镇两个国家投资土地整理项目已经完工，总投资1766.37万元的小董乡基本农田示范区建设项目基本竣工，黄河滩一期、二期项目区已基本竣工，三期工程完成了项目的规划设计和论证。

【测绘市场管理】开展整顿和规范地理信息市场秩序工作，对全县地图市场和有关地理信息的使用、传输、保管情况进行检查，配合县公安部门查处违规测绘案件1起，完成了测绘单位资质年检等工作。

【地政地籍管理】完成了全县农村土地调查内外业工作，签订土地权属协议书1491份，建成了全县农村土地调查数据库；完成了基本农田调查和上图工作，共调整、划定基本农田保护块2122块，面积43233.7公顷；完成了城镇土地调查工作，开展了13个乡镇政府所在地和产业聚集区的土地调查工作，调查面积17.8平方公里；开展了土地专项调查和统一时点变更调查工作；累计完成农村集体建设用地登记发证85858本、集体土地所有权登记发证391本，发证率分别达到86%和97%。

【土地利用管理】2009年，对产业集聚区和重工业区土地利用情况进行调查，共调查土地88宗，面积218.13公顷，针对各个项目土地利用情况，分别提出整改建议；对全县闲置存量土地进行清查，建立工作台账，利用会议、走访等形式向社会各界推介，引导18个项目利用闲置土地36公顷。

【土地收购储备】2009年收购储备土地20宗，面积61.83公顷；公开出让11宗，面积53.79公顷，成交额1.14亿元；其中，工业用地5宗，面积35.42公顷，成交额5273万元。

【执法监察】开通了“12336”举报热线，健全了发现机制；以推进《国土资源执法监察巡查工作规范》为契机，规范了土地执法动态巡查活动，春节、国庆等节假日，不间断组织执法巡查，做到巡查不留空档，健全了制止机制；明确了党组成员与所包乡镇违法占地的连带责任，修订完善了执法监察动态巡查责任制度，严肃追究了有关人员的责任，健全了责任机制；加强了与法院、检察院、公安、监察等部门的协作，建立了五部门联动机制，召开联席会议2次，组织联合执法活动2次。全年共立案查处违法占地17起，拆除围墙2300余米，查封施工工具130件，查封施工车辆23部。

【矿产开发管理】组织开展地质找矿改革发展大讨论活动，配合省煤田地质局物探测量队和省有色地质局第四地质大队顺利实施了“武陟县东部煤田地质勘查”项目，共完成二维地震勘探2050个钻点，1300米探井一孔，1290米测井一眼，预查优质煤储量1亿吨。

【信访工作】开展“大接访、大排查、大化解”工作，主要领导每周三陪同县委书记或县长接待信访群众，坚持开展主动约访、带案下访、督察督办，及时消除了嘉应观乡刘村等一批信访积案，强制拆除了嘉应观乡3座死灰复燃的砖瓦窑厂；成立了处置突发事件应急领导小组，健全了信访工作预防机制；启动了信访稳定问责制度，信访问责3人次，增强了信访工作的责任意识。全年共排查不稳定案件78起，办理上级转办案件85起，全部按期结报。

【法制工作】开展了“双百千万”工程，建立了1个法制宣传基地和10个法制宣传园地，抽调2名普法宣传骨干和50名普法宣传员，走乡入户宣传法律法规，共举办乡村干部土地法制培训班85期，培训人员8000余人次；积极开展法制性机关创建活动；开展征地补偿等听证4次，保护了被征地农民的合法权益；开展了执法案件评审活动，规范了行政执法行为，土地执法案卷得到了市法制办检查组的充分肯定；全年行政复议案件2起，处理结果均被依法维持；行政诉讼案件2起，均被法院判决维持；全县调处土地纠纷案件90余起，县本级调处3起。

【人事教育】2009年2月，在全系统推行中层干部竞争上岗，20名中层干部得到提拔，70余名同志工作岗位有了变动，为国土资源管理队伍注入了生机和活力；与河南大学结合，开办国土资源管理专科班和本科班，全系统61人报名参加全国成人高考，47人拿到了成人高考录取通知书。

【信息化建设】投资35万元，增添部分电脑和打印机，购置多媒体、电子显示屏等硬件设施，政府内网土地审批系统安装调试完毕并顺利运行。严格执行保密规定，对需要公开的事项及时通过“武陟县国土资源公众网”向社会公开，利用内部邮件交换系统收发邮件3500余条，提高了办公自动化水平。

（王利娜）

温县国土资源局

温县地处豫北平原西部，南滨黄河，北临沁水，是焦作市的南大门，是全国闻名的“武术之乡”、“怀药之乡”、“调料之乡”和优质小麦种子基地，是全国闻名小麦亩产千斤县、中国太极拳发源地、三国著名军事家司马懿的故乡。全县总面积462平方公里，辖10个乡镇、262个行政村，总人口42万人。温县历史悠久，素有“古国”、“古都”、“帝乡”美誉。境内历史文化遗存丰富，有太极拳发源地陈家沟、国家重点文化保护单位慈圣寺以及古温国遗址、司马故里、子夏故居等众多人文、自然景观。境内公路四通八达，南有焦作黄河公路大桥与连霍高速公路相连，北有焦温高速与长济高 速相交，地方路网完善，百公里公路密度居全省前列，西气东输、南水北调、西霞院调水干渠工程等国家重点工程穿境而过，使温县成为联南贯北、承东启西的物流枢纽。温县是河南省首批对外甲级开放县和首批境外联系县。

张秉峰　党组书记、局长
任光新　党组成员、副局长
靳志祥　党组成员、副局长
晁岱栓　党组成员、副局长
郑红云　党组成员、纪检组长
郑振西　党组成员、储备中心主任
史保卫　党组成员

张秉峰简介：河南省温县人，汉族，1963年2月出生，大专文化，中共党员。1983年9月参加工作；1981年9月～1983年9月，在河南省财税学校学习；1983年9月～1993年3月，在温县工商局、组织部工作；1993年3月～2002年9月，在温县教委任副主任、副书记、北冷乡乡长；2002年9月，任温县国土资源局纪检组长、副局长；2009年3月至今，任党组书记、局长。

【机构设置】现内部设有办公室、行政事项服务股、执法监察股、地籍管理股、耕地保护股、规划股、地矿股7个职能股室。辖7个二级机构：土地储备中心、地产交易中心、土地整理中心、纪检监察室、地价评估所、信访办、测绘队；派出10个乡所：温泉镇国土所、岳村乡国土所、祥云镇国土所 、招贤乡国土所 、黄庄镇国土所、番田镇国土所、北冷乡国土所、武德镇国土所、赵堡镇国土所、南张羌镇国土所。

【土地资源】截至2009年底，温县耕地面积443798.9万公顷。全县耕地较2007年增加0.6亩；园地11201.7亩，减少11.3亩；林地6018.4亩；牧草地2194.7亩；居民点及工矿用地108291.0亩，增加775.1亩；交通用地8333.8亩；水利设施用地3656.4亩；未利用地101693.2亩，减少758.6亩。

【耕地保护】2009年，县政府与乡镇、乡镇与村、村与组、组与户逐级签订了保护责任书，形成了较为完善的基本农田保护体系。确保了全县基本农田面积达到了市定目标27214公顷。2009年，先后投入近10万元，完善了全县、乡（镇）、村三级基本农田保护标志，基本农田保护率达100%。同时，加大对土地协管员的培训工作，强化土地巡查和土地监管，建立健全国土资源土地协管员制度，构建了“横向到边、纵向到底”的县、乡镇、村三级监管网络。

【地政地籍管理】2009年，投入93万元，抽调60名调查人员，调查了262个行政村，涉及地类12种，完成调查面积481.3平方公里，已完成土地利用现状数据库建设。开展农村集体土地使用权登记发证工作，在全县9个乡镇政府所在地村庄开展发证试点工作，初步完成地籍测量和权属调查工作。2009年新颁国有土地使用证198本，办理个人土地交易120宗。第二次土地调查工作已基本完成了土地调查数据汇总，完成农村土地调查面积450余平方公里，集体土地所有权300余宗，城镇调查20平方公里；10个乡镇政府所在地全部完成城镇地籍调查，基本农田上图工作已经完成，上图面积

27115.26公顷，数据库已上报国土资源部核查。

【建设用地管理】对于项目用地，本着精打细算的方针，在节约集约用地上下工夫，严格按照《工业项目用地控制指标》和相关要求，从严审查投资强度、建筑系数、容积率、办公生活服务设施所占比例、绿地率等控制指标。2009年，共对7个项目33.33公顷项目用地进行了预审，淘汰项目1个，核减建设用地5.33公顷；盘活存量土地4宗21.25公顷，为山桥铁路、天泉再生等8家企业办理了用地手续，面积419545.2平方米（合629.3亩），收取出让价款3046.9万元。

【土地整理】2009年，充分挖潜和利用好黄河滩涂后备资源。一是申报实施了温县2009年度第一批、第二批补充耕地储备项目。两个项目区总面积357.86公顷，资金投入1000余万元，可有效增加耕地333.33公顷。该项目于2009年12月9日通过省市验收。二是全面提速黄庄土地整理项目。成立了由局长挂帅,主管局长、业务股室分别负责的领导小组，从施工技术、工程用料、时间投入等方面严把数量和质量关，该整理项目的主体工程已顺利完工。三是加大砖瓦窑复垦力度，已对全县原生产粘土砖的15公顷晾坯场占地全部进行复耕，复耕出土地13.5公顷。

【土地使用权出让】2009年，严格执行对经营性用地实行招标、拍卖和挂牌出让制度，全年共公开出让土地8宗（天香面业、方新谷物、山桥铁路、普瑞菲特、天泉再生等8家，面积达419545.2平方米（合成629.32亩），成交价款3046.9万元；办理土地抵押手续13宗，抵押面积363556.2平方米，为企业争取银行贷款10530万元，有力地保证了地方财政收入，促进了企业快速发展。

【土地执法监察】加大执法力度，有效遏制土地违法行为。一是成立“温县国土资源巡回法庭”，加大对土地违法行为的打击力度。2009年11月20日，“温县国土资源巡回法庭”在县国土资源局正式挂牌成立。法庭的成立，使违法用地的查处由事后参与变为事前介入。在发现违法用地后，仅需提供停工通知书、违法用地影像资料、违法人身份证明三份材料，即可申请法院对其违法建筑实行财产保全。如当事人置之不理继续实施违法行为，法院对违法建筑予以强制拆除或对当事人采取拘留等措施，严厉打击和遏制违法行为，使法院介入的时间由过去的3～4个月缩短为2～4天，同时也相应减少了当事人的损失和抵触情绪，降低了行政成本，有效地把违法行为制止在萌芽状态。目前，已查处和制止违法用地2起；阻止砖瓦窑死灰复燃2起，较好地发挥了执法利剑的作用，确保了全县用地秩序良好。二是开通了12336举报电话，管理和落实群众监督举报。共受理群众来电举报案件4起，来电咨询4起，做到了对违法违规用地行为及时发现、及时制止、及时处理。三是成立了土地执法监察大队，对全县范围内的违法用地行为进行监管。通过划区域、定重点、定最低巡查密度以及县局与乡所上下联动等措施，使全县的违法用地行为得到及时有效的遏制。全年共发现违法用地34起，制止34起，制止率达100%。

【国土资源规划】2009年，开展土地利用总体规划修编工作，保障县域重点项目建设用地，为项目建设用地留足了发展空间。《温县土地利用总体规划（2006-2020年）》已顺利完成，已经省政府批复。本次规划重点对产业集聚区、城市建设、旅游发展、路带经济等进行了调整，调整面积1.4万余亩，为全县今后的发展预留了较大空间。同时，全县10个乡镇的土地利用总体规划已完成初步成果，已通过省厅初审。通过本次编制土地利用总体规划，统筹安排了全县城乡建设用地，促进了节约和集约用地，提高了土地利用率，为全面实施土地宏观调控和土地用途管制提供了科学依据，为规划期内温县的土地开发、利用、整治和保护提供了指导。

【卫片执法检查】2009年，省厅对本县2008年用地情况进行卫星拍片检查，县局按照要求，首先将卫片监测图斑按照1∶10000的比例转化到各辖区土地分幅图上，然后对照土地利用总体规划图和基本农田保护图，逐图斑逐宗地进行认真核查，并实地测量面积，在查清每宗地的基础上，建档立卷，并严格按照要求上表、统计和汇总，切实做到“一斑一档、一宗一卷”。此次卫片检查，共查处违法用地7宗，面积4.95公顷，其中耕地4.03公顷，拆除违法建筑352平方米，还耕面积3.33公顷，申请法院强制执行7宗；对违法用地行为人提出党政纪处分3人；移送司法机关2人。11月26日、27日，省厅卫片执法检查组进行了检查，并顺利通过验收。

【矿产资源】根据省、市关于关闭粘土砖瓦窑厂的有关文件精神，制定了《全县粘土砖瓦窑厂集中整治工作方案》，集中开展了对全县不符合技术要求、违规生产的粘土砖瓦窑厂集中整治，对涉法违规的企业坚决予以依法取缔。2009年8月，在县政府的安排部署下、联合公检法司等部门，对南保封砖厂、大玉兰砖厂和东招贤砖厂三家违规生产粘土砖的企业进行了强制取缔，拆除了生产窑体，清理了晾坯场，并积极督促各砖厂进行土地整理复耕。同时，根据省市要求，对全县滩区的四家利用黄河淤泥为原料生产的制砖企业，责令其进行了停产整顿。目前，温县全境范围内的非法砖瓦窑厂，均已全部取缔。

【信息化建设】2009年，根据“金土工程”一期建设要求，按照“统筹规划、突出重点、不断探索、稳步推进”的工作思路，先后投资50万元购买了服务器、工作站、防火墙、交换机等设备。目前已完成了金土工程硬件平台及机房建设，并按照金土工程一期建设总体框架要求和国土资源部制定的相关技术标准，进行了业务系统、数据库、网络系统、安全系统建设，建立了市、县级应用系统与数据库交换系统接口，为下一步实施金土工程二期建设和与市局金土工程系统对接打下了良好基础。

【信访工作】加大土地权属纠纷调处力度，维护权利人合法权益。在工作中，坚持“尊重历史、面对现实、顾全大局、利益兼顾”和“注重原始凭证、多做思想工作、就地化解”的工作原则，调解处理土地纠纷。2009年，受理土地权属争议8起，不予受理的2起；下达处理决定书6起，行政复议案5起，市政府维持4起；行政诉讼案6起，胜诉3起，3起正在审理中。加大排查化解力度，努力维护社会稳定。今年先后制定和完善了信访制度。出台了《信访工作规定》、《信访工作目标考核办法》、《案件会审制度》、《信访稳定工作问责办法》、《重大决策事项信访评估办法》等制度，采取多种形式抓信访、保稳定。一是召开信访会议，分析当前的信访形势，研究对策。局领导不仅按照一岗双责的要求对管辖业务范围内的案件包调查、包处理、包稳控，还要依次到信访办接待群众来访，接待预约的来访群众，及时处理信访人提出的问题。二是提高案件办理质量。全面实行案件会审制度，自5月份以来，通过集中办案、集体会审，共消化涉土信访案件11起，全部得到有效解决。三是把信访工作作为一把手工程。坚持每周二、四由局领导轮流接访，全面推行信访听证，一次性办结，挂牌督办，疑难案件集体会审等制度，着力打造信访绿色通道。四是集中开展“矛盾纠纷排查”活动。对在全县范围内排查出的43起矛盾纠纷和隐患，全部建立台账，明确直接领导和责任单位责任人，限期化解，真正做到程序结案不算结，息访息诉是目的，圆满化解22起矛盾纠纷，其余正在积极协调处理中。2009年，全县到市、赴省、进京涉土信访量明显下降，在全市国土资源系统中信访排名明显提升，受到了省市领导的肯定。

（闫金伟　史玉标）

博爱县国土资源局

博爱县位于东经112° 57′ ~113° 12′，北纬35° 02′ ~35° 21′之间，总面积492平方公里，其中北部山区约占三分之一，南部平原约占三分之二。全县总耕地33万亩，总人口43万人。辖7镇、3乡、233个行政村。1927年，冯玉祥将军主豫时，吉鸿昌将军呈请取孙中山先生倡导的“自由、民主、平等、博爱”中“博爱”两字，设置博爱县，至今已有80余年历史。博爱县区位交通优势明显，是晋煤外运的咽喉要道。郑太、焦枝、侯月三条铁路在此交会，月山车站是华北地区大型铁路编组站。三条高速公路横贯全境，焦晋高速途经北部，焦济、焦温高速在城南互通，郑常、新济、焦温、焦克四条省道纵横交错。西气东输、南水北调两个世纪工程途经县境，西气东输万里管道第一口设在磨头镇。

李海东　党组书记、局长
皇甫红军　党组成员、副局长
王炳乾　党组成员、副局长
朱勤忠　党组成员、副局长
李小平　党组成员、纪检组长
陈嘉先　党组成员
徐永军　党组成员

李海东简介：河南省济源市人，出生于1966年12月，汉族，研究生学历，中共党员。

1988年12月参加工作，1998年加入共产党，1988年12月～2000年1月，在焦作市山阳区百间房乡、解放区土地管理局工作；2000年1月～2008年7月，历任焦作市地价评估事务所副所长、中站土地分局副局长、局长；2008年7月至今，任博爱县国土资源局党组书记、局长。

【机构设置】现内部设有办公室、基层管理股、执法监察股、法制室、地籍与测绘管理股、耕地保护股、利用股、规划股、地矿股、信息中心10个职能股室。设土地储备中心、地产交易中心、土地整理中心、纪检监察室、地价评估所、信访办、测绘队7个二级机构；辖清化、许良、月山、柏山、磨头、阳庙、孝敬、金城、苏家作、寨豁10个国土资源所。

【国土资源】截至2009年底，全县耕地面积327311.85亩，园地3247.65亩，林地125938.80亩，草地71090.55亩，城镇村及工矿用地117419.70亩，交通用地27521.25亩。水利设施用地39986.7亩，其他土地14067.00亩。矿产资源方面，目前已发现的矿种有煤、耐火粘土、陶瓷土、铁矾土、砖瓦用粘土、铁矿、硫铁矿、石灰岩（含水泥用灰岩、建筑石料用灰岩）、白云岩、石英砂岩、建筑用砂、地下水、矿泉水、锂、镓、钛等十几种矿产。探明储量的矿种有耐火粘土、石灰岩、硫铁矿、铁矿、地下水、陶瓷土等。矿产资源在利用上，石灰岩、耐火粘土、高岭土、陶瓷土、硫铁矿、地下水等利用率较高，而地热、铁矾土、白云岩、锂、钛，镓利用率较低或尚未利用。

【国土资源宣传】2009年，组织开展了“3·19”地矿日、“4·22”地球日、“5·12”防震减灾日、“6·25”全国土地日、“8·29”测绘法宣传日、“12·4”法制宣传日及安全生产月的宣传活动，采取设立咨询台、摆放版面、悬挂横幅、散发宣传提纲、出动宣传车、开展法律知识竞赛、开展书画展活动、发行“新博爱土地日专刊”、召开座谈会、在学校开展国土知识教育等形式，广泛深入地进行宣传，提高了全县人民保护国土资源的意识，取得了良好的宣传效果。“6·25”全国土地日，邀请县直有关部门、人大代表、政协委员、乡镇主管领导、行风评议员、企业代表等70人，召开了主题为“保障科学发展，保护耕地红线”座谈会；举办了博爱县庆祝第19个“土地日”书画展，66幅书画作品参展，以艺术形式展现了国土资源管理工作；发行的6000份“新博爱土地日专刊”内容翔实、图文并茂，产生了强烈反响。

【耕地保护】2009年，严格耕地保护制度。实行“占一补一”制度，确保耕地面积稳定在327311.85亩；县与乡镇、乡镇与村、村与组、组与农户签订四级《耕地保护责任书》、《基本农田保护责任书》，确保了全县基本农田面积稳定在319601.25亩以上，基本农田保护率达88.6%以上；完善了县、乡、村三级基本农田保护标志，组织培训了乡、村基层干部276名，建立健全国土资源协管员制度，聘请234名村级协管员，构建了“横向到边、纵向到底”的县、乡、村三级监管网络。投资298万元开展了孝敬镇土地整理项目，截至2009年底，已完成项目的40%。

【地政地籍管理】继续开展了第二次全国土地调查，完成了数据库建设，将全县基本农田落实到了土地利用现状图上。对10个乡镇233个行政村9万余户的宅基地进行测绘、调查，2009年共完成150个行政村68178宗宅基地的测绘、调查工作，制作了28个行政村1：500地籍图。在清化镇官庄村开展了土地登记发证试点工作。开展了土地变更调查工作，变更122宗地，保证了地籍管理的现实性。

【土地利用总体规划编修】2009年6月14日，《博爱县土地利用总体规划（2006—2020年）》通过了省级评审，规划文本被省厅评为最高等次。县级土地利用总体规划通过后，积极开展了乡级土地利用总体规划修编，选择了月山镇作为试点。在总结试点经验的基础上，在全县推开。2009年11月13日，乡级规划通过了省级评审。

【土地利用管理】2009年，全县完成土地收购储备13宗，面积1551.00亩。盘活存量建设用地7宗，面积1031.55亩。置换土地2宗，面积162.90亩。出让土地13宗，面积1551.00亩，出让金总收入2.2亿元。其中，以拍卖方式出让土地3宗，以挂牌方式出让4宗，以协议方式出让6宗。特别是在12月8日，博爱县国有土地使用权拍卖会上，县国土资源局组织严密，措施得力，实现了清化商厦、马营观小区等三宗土地拍卖金额达1.27亿元，受到了县政府的通令嘉奖。全年办理国有土地使用权转让7宗，面积3.2万平方米；办理国有土地抵押4宗，面积25万平方米，通过土地抵押为企业融通资金2050万元。

【建设用地管理】2009年，全年组织审批建设用地2069.99亩。其中，组织审批了建设用地8批次，面积2002.88亩；组织审批了1个单独选址项目报件，审批面积67.12亩。保障了30个重点项目用地，有力地支持了全县经济建设又好又快发展。

【土地收购储备】认真落实划拨用地范围，推进基础设施用地有偿使用，实现了污水处理厂的国有土地使用权有偿使用。严格执行国有土地招拍挂出让制度，强化政府对土地一级市场的垄断。2009年共完成土地出让13宗，出让金总收入2.2亿元。其中，以拍卖方式出让土地3宗，面积12.27公顷；以挂牌方式出让4宗，面积30.46公顷；以协议方式出让6宗，面积60.67公顷。

【测绘市场管理】开展了整顿和规范地理信息市场秩序专项活动，对青天河旅游区、火车站等地图市场进行了突击检查，确保了涉密地理信息安全。完成了3个测绘资质单位的测绘成果目录汇交工作，建立了测绘资质单位的信息档案。

【矿产开发管理】2009年，开展了第二轮县级矿产资源规划的编制工作。完成了矿业权核查工作，完善了采矿权登记和开发利用管理数据库，对全县15家持证矿山进行了年检，年检率100%。完成了全县15家矿山企业年度储量动态监测工作。规范了采矿权有偿出让程序和制度。按照矿产资源规划“禁采区关闭、限采区收缩、可采区集约化开采”的原则，规划了4个集中采石区域，引导矿山企业逐步向深山区转移。建立规模、环保、效益型的矿业开发格局。

【地质环境与储量管理】2009年，发布了《博爱县2009年度地质灾害防治方案》，建立了博爱县汛期地质灾害值班制度、地质灾害险情巡查制度、地质灾害灾情速报制度、地质灾害应急调查制度等规章制度，成立了博爱县地质灾害防治应急指挥部及应急小分队，县、乡、村层层签订目标责任书，构建了县、乡、村、村民小组四级联动的群测群防网络。落实群测群防点13个，监测人数32人。发放防灾明白卡26份，避险明白卡10份。指导青天河景区及山区乡镇、企业编制突发性地质灾害应急预案，设置警示标志牌和禁行标志牌36面，通过气象部门发布了3次汛期地质灾害气象预警预报。在寨豁村、下岭后村等地质灾害隐患点安装了房屋裂缝报警器4个。不断普及地质灾害防治基本知识，提高防灾抗灾能力，避免和减少了因灾害造成的人员伤亡和财产损失。

2009年8月，寨豁乡黄塘学校后山坡发生塌方，博爱县国土资源局制订排险方案，会同寨豁乡政府和县教育局清理塌方土石，保证了学校校舍安全。

开展了《博爱县地质灾害防治规划》和《博爱县矿山地质环境保护与治理规划》编制工作，完成了河南省柏山硫铁矿矿山地质环境恢复治理（二期）工程项目施工任务。

【青天河地质公园】2009年10月，为青天河园区补充完善了地质标志牌5块。协助地质部门对园区地质地貌进行考察，充实完善地质景点，发掘园区地质地貌科学内涵。

【矿产勘查管理】2009年，完成辖区内2家地勘单位勘查资质的核查工作，并对辖区内2个勘查项目探矿权人、勘查单位进行了督察和年检。

【信息化建设】2009年，根据“金土工程”一期建设要求，按照“统筹规划、突出重点、不断探索、稳步推进”的工作思路，投入资金69万元，完成金土工程建设，形成了网上办公的电子政务体系，实现了主要业务网络化办公。

【土地执法监察】2009年，博爱县开展了集中整治违法违规用地专项行动，2009年4月29日，县政府组织国土、公安、城建、规划、电业、乡镇等部门，对2006年以来的5宗违法占地行为进行了集中处理，拆除违章建筑面积16000多平方米。全年共开展集中整治行动5次，制止违法占地132宗，拆除违法占地8宗，根据12336电话举报线索，办理信访案件38宗，恢复土地原貌40亩，向乡镇政府、县直部门制作发送协办通知11份，立案89宗，结案89宗，结案率100%。申请法院强制执行案件47宗，司法移送8宗，向监察机关发送处分建议书22份。

【矿政执法监察】2009年，博爱县采取“堵”“疏”结合的办法，紧紧围绕“构建新机制，采取硬手段，实施重点打击”的方针，组建了由国土、安监、公安、电业和山区乡镇参加的矿产资源联合执法大队，将管理重心下移，重点突出村委在打击非法采矿行为中的关键作用，形成了县、乡、村三级管护网络，始终保持着对非法采矿的高压态势，开展了春季集中整治和安全生产“三项行动”等一系列整治工作。对非法开采矿井采取

“封、炸、截、堵、疏”手段，对非法矿井进行封堵、炸毁、截断运矿道路，没收非法矿产品，实施全方位打击。

针对司窑、桥沟、柏山和玄坛庙等区域不法矿主采取隐蔽、“游击”等手段，私挖乱采、毁坏耕地、盗取矿产资源的势头，起草了《关于严厉打击非法采矿行为的工作方案》和《博爱县人民政府严厉打击非法采矿行为的通告》，县政府安排部署了严厉打击非法采矿集中行动。2009年11月7日，在寨豁乡司窑村召开了打击非法采矿活动现场会，组织国土、安监、公安、电业及寨豁乡和柏山镇等部门200余人，出动挖掘机3台、推土机3台，对司窑、桥沟和柏山村25个非法矿井进行了毁灭性填埋，同时组织对公路两侧非法矿产品收购、加工点进行取缔，截断非法矿产品流通渠道。2009年12月23日，针对白坡村部分村民利用老房进行非法采矿的行为，与寨豁乡政府联合进行了强制取缔，并设立了永久性标示牌。全年共出动执法人员2000余人，排查出非法盗采的矿口79个，立案查处17个，出动铲车27台次，封堵（填）矿硐（井）86个（眼），砌封矿硐12个，查获炸药11卷、雷管29枚、导火索16.8米；没收矿产品1000吨，没收采矿工具90余件，驱散工人45余人次。

【信访工作】2009年，完善局、所、村三级纵向信访信息预警机制和与乡镇政府、信访局、公安、法院、城建、规划等部门横向沟通合作机制，做到“五个一”（第一时间发现信访苗头、第一时间向政府领导汇报、第一时间到达现场、第一时间作出处理、第一时间稳控当事人）；对信访苗头进行全面排查，摸清底数，分类造册建档。坚持每月召开一次联席会议，及时安排专人负责化解处理，有效防范问题的进一步发展；严格依法、依规办事，在征地补偿、违法案件查处、规划预审、权属管理等方面严格执行国土资源新政，从源头上化解信访案件的发生；在国庆六十周年的特殊时期，针对上访群众反映的特殊问题，抓住各级领导对信访工作重视的机遇，运用特殊政策，采取特殊措施，彻底解决一批国土资源信访问题。

2009年，共接待上访群众89批147人次，其中集体访4批24人次，咨询41批65人次。接到投诉、举报电话33个。赴市访15起，无赴省进京上访。受理市局交办信访案件11件，全部办结；受理县交办信访案件15件，全部办结。信访案件结案率100%，稳定率96%，满意率在85%以上，受到市局的好评。2009年8月，市国土资源信访工作经验交流现场会在博爱县召开。

【人事教育】2009年，对全体干部职工进行了12次法律知识培训；组织120人统一着装，参加了县直机关工委举办的“我爱我的祖国”庆祝新中国成立60周年大型演唱会，整齐的阵容，嘹亮的歌声，获得了全体观众的阵阵掌声，树立了国土资源系统的良好形象；参加了市国土资源局组织的运动会，丰富了干部职工的文体生活，增强了凝聚力，激发了全体干部职工的工作积极性； 2009年9月18日，10个国土资源所同时挂牌，理顺了乡镇国土资源管理体系，完成了10个基层国土资源所收编工作；组织开展了国土资源法律法规知识竞赛，54人参加，在全系统兴起了学习之风，自身素质得到了提高；在全系统范围内实行竞聘上岗，2009年4月，对32个中层正副职位进行公开招聘，41人参加了竞聘演讲，使一批想干事、能干事的同志脱颖而出，成为工作骨干，全系统上下比干劲，比奉献、比业绩蔚然成风。

【县乡村干部国土资源知识培训】在全县10个乡镇对乡村干部和228名大学生村官进行了国土知识培训；认真做好“五五”普法工作，大力开展了“法律七进”活动，将国土资源普法材料发放到机关、单位、企业、学校、社区、农村、家庭，使社会共同参与国土管理，形成良好的社会氛围。安排国土资源系统50名干部职工，每人包5个村，将宣传材料送进250个街道、农村及10562个家庭，使广大群众熟悉国土法律，自觉保护耕地，合理利用土地。

（马光华）

沁阳市国土资源局

沁阳市位于河南省西北部太行山南麓，焦作市西南部。地理坐标为东经112°42′35″～113°02′34″，北纬34°59′16″～35°18′42″。东西宽28.8千米，南北长36.8平方公里，总面积623.5平方公里，其中平原面积410.5平方公里，占总面积的65.8%；山区面积158.2平方公里，占25.4%；丘陵面积54.8平方公里，占8.8%。全市有6镇3乡4个办事处，329个行政村，总人口48.3万人。沁阳地处晋煤外运咽喉要道，是全国重要的煤炭集散地、造纸机械之乡、玻璃钢之乡和豫西北重要的铝工业基地，境内有二广、长济两条高速公路，常付、紫黄、卫柿、温邵、冢沁、郑常6条省道，焦枝、侯月两条铁路穿境而过。沁阳是一座独具魅力的文化旅游城，有天宁寺三圣塔、清真北大寺、朱载堉墓等国家级文物保护单位3处，有唢呐、怀梆等国家首批非物质文化遗产2个。境内神农山景区集龙脊长城、神农古迹、白松雅韵、猕猴憨态等景观为一体，是“北方山水”的经典代表，被评为国家级猕猴自然保护区、国家4A级旅游区、世界地质公园、国家重点风景名胜区。

徐明新　党组书记、局长
张书峰　党组副书记、副局长
胡齐军　党组成员、副局长
赵功水　党组成员、纪检组长
陈和平　副局长

徐明新简介：河南省沁阳市人，汉族，1963年11月出生，本科学历，中共党员，1980年4月参加工作。1980年4月～1981年7月，在沁阳县木材公司工作；1981年7月～1983年7月，在河南省粮食学校学习；1983年7月～1988年9月，在沁阳县粮食局工作；1988年9月～1993年3月，在中共沁阳市市委组织部工作；1993年3月～1999年10月，历任沁阳市柏香镇党委副书记，山王庄镇党委副书记，崇义镇党委副书记、常务副镇长，西向镇党委副书记、镇长；1999年10月～2001年10月，任沁阳市地矿局局长、党组书记。2001年11月至今，任沁阳市国土资源局党组书记、局长。

【机构设置】现设有办公室、土地利用科、地籍管理科、矿产开发科、规划科、人事科、监察科、行政事项服务科和信访室9个职能科室。辖6个二级机构，即勘测设计队、监察大队、交易中心、整理中心、收储中心、矿山公安中队（实行双重领导）。派出13个基层国土资源所，即覃怀所、怀庆所、太行所、沁园所、崇义所、王召所、王曲所、柏香所、紫陵所、西向所、西万所、山王庄所、常平所。

【土地资源】2009年，沁阳市土地总面积59588.81公顷，其中农用地45610公顷（包括耕地面积30162.07公顷，园地571.71公顷，林地11874.17公顷，其他农用地3002.05公顷），建设用地9060.92公顷（包括居民点及独立工矿用地8005.48公顷，交通用地836.02公顷，水利设施用地219.42公顷），未利用地4917.89公顷（包括未利用土地2198.06公顷，其他土地2719.83公顷）。

【国土资源宣传】全年报送各类政务信息300余条，省厅采用38条，焦作市国土资源局采用102条。在《中国国土资源报》、《中国矿业报》、《河南日报》、《资源导刊》等市级以上报刊上发表新闻稿件181篇，其中《中国国土资源报》采用65篇，《河南日报》采用16篇，《资源导刊》采用26篇，《中国矿业报采》用22篇。在资源网、人民网、焦作市人民政府网等各级网站发表稿件4000余篇。

【基本农田保护】建立健全了全市耕地五级责任保护体系、四级内部考核机制，建立外部约谈机制和五部门联动机制，全年下发通报12期，处罚10所21人，召开审委会5次，审理案件19起，下达告知约谈通知书68次，对16个村委、7个乡（镇）领导进行约谈，沁阳市监察局对7名村（街）干部进行依法处理，把774亩违法占地苗头扼杀在萌芽期。

【测绘市场管理】全年对3个测绘单位资质进行年检。4月份由沁阳市国土资源局牵头，组织公安、工商、保密、文化、人武部等部门联合执法，开展整顿和规范地理信息市场秩序工作。8月份开展了“8·29”测绘法宣传日活动，共发放宣传材料500余份。

【地政地籍管理】2009年，扎实推进农村集体土地登记工作，沁阳市政府成立领导小组和办公室，召开乡（镇）长参加的动员会，建立市政府对乡（镇）办事处月考核通报、局对乡所周考核通报机制，全年登记发证68051宗，超额完成了焦作市国土资源局下达的目标任务。高质量地完成“第二次土地调查”工作，按照“走到、看清、问明、记全、绘准”的10字工作方针，定期不定期进行督察，避免漏斑、错斑及权属界线不准确等问题发生，全年编辑1：1万分幅图43幅，1：500地籍分幅图343幅，调查数据库顺利通过国家核查。

【土地利用管理】共发布国有建设用地使用权出让公告11期43宗地，成交37宗国有建设用地使用权，成交总面积2407.52亩，总成交价款27668.5万元，实际收缴土地出让金19173.32万元，全额上缴沁阳市财政。

【建设用地管理】2009年，全年累计签订协议160多份，涉及30多个村（街），支付涉农补偿费用9800余万元，缴纳新增建设用地有偿使用费4400余万元，领取省、市政府用地批文12个，供应土地48宗，面积达4300余亩，确保了总投资达59亿元的中国昊华、广东兴发铝业、浙江超威大容量免维护电池等60多个重点项目顺利开工建设。

【土地整理】2009年，投资891万元的国家级葛村土地整理项目通过验收，同时，争取政策性资金1867万元，设立了王召、崇义、柏香三个土地整理项目区，对3万余亩中低产田实施水、田、路、林、渠综合整治，增加有效耕地面积1300余亩。

【土地执法监察】2009年，建立健全了执法公示制和执法过错责任追究制度，严格公开办案程序，开通12336举报电话，依法查处违法行为。全年集中行动7次，拆除4宗建筑物，恢复种植条件150余亩，立案查处12宗违法案件，收缴罚款32万余元。

【矿产执法监察】组织开展了2次大规模矿业秩序治理整顿活动，收到了预期效果。组织开展了4次“横到边，纵到底”的拉网式排查，将排查情况分类整理、登记造册，落实监控措施，跟踪督办，做到排查不留死角、整治不留后患。全年制止违法采矿行为119起，卸矿250吨。

【矿产开发管理】按照国土资源部关于实行全国采矿权统一配号的通知精神，年初对2008年年底前已设置的采矿权认真进行了审查清理，顺利实现了采矿权管理系统数据库的升级和统一配号。

【地质环境与储量管理】投资3万元对82处重点安全隐患点设置警示标牌和警示标语。省投300万元红土坡地质环境治理项目顺利完工并通过专家组验收，项目区共平整土地7万余平方米，种植经济树木近7000棵。投资280万元的红土坡续建工程顺利完工。

【矿山勘查管理】2009年，对辖区内勘察项目探矿权人进行督察和年检。

【国土资源规划】2009年，新一轮土地利用总体规划(2006–2020年)编制工作全面完成并获省政府批准实施。

【科技规划管理】2009年，共有“城镇土地定级与基准地价更新”、“土地登记资料公开查询系统建设”2个科技项目通过省国土资源厅鉴定。

【土地收购储备】全年共储备土地30宗，总面积2187.85亩，其中，存量国有土地（含破产改制企业）8宗，面积3.3.93亩，工业项目用地22宗，面积1823.92亩。

【信息化建设】2009年，投入30余万元全面完成“金土工程”建设任务，并在市国土资源局指导下顺利实现建设用地、采矿权的网上审批，完善了国土资源政务公开体系，完成了视频会议室建设任务，为全面实现办公现代化奠定扎实的基础。

【信访工作】2009年，本着“重调解、轻立案、促和谐”的原则，强化辖区负责制，及时掌握信访动态，严格实行信访零报告和辖区负责、谁的问题谁解决的包案制度。建立信访工作月通报和责任追究制，确保做到“四个不转化”，即来电来信不转化为来访、初访不转化为重访、本地访不转化为越级访、个体访不转化为集体访。畅通信访渠道，采取重点约访、针对性地邀请谈话的办法，促进问题有效解决。会同群工部对13个基层国土资源所信访专干轮岗锻炼，切实提高基层国土资源所信访业务知识水平和处置能力。全年接来电18起，接访49起96人次，上级交办16起，案件均得到妥善解决，结案率达100%，来访人数和信访量与上年相比大幅度下降。

【2009年获得的荣誉】2009年，沁阳市国土资源局被评为全国地质灾害群测群防“十有县”、全国县（市）乡（镇）村级干部国土资源法律知识宣传教育培训先进单位、省级文明单位、全省矿产资源补偿费征收管理工作先进单位。

（詹建武）

修武县国土资源局

修武县位于河南省西北部，太行山南麓，地理坐标为北纬 35° 07′ 39″ ～35° 28′ 32″，东经113° 08′ 17″ ～113° 32′ 03″，北部为山区和丘陵，南部为冲积平原，县区地势北高南低，最高点海拔1308米，最低点海拔77.4米，全县平均海拔为692.7米。全县土地总面积678平方公里，其中山区面积385平方公里，平原面积293平方公里。辖3镇、5乡、1个办事处和1个工贸区，223个行政村，30万人，是千年古县、中国优秀旅游名县、国家卫生县城、全国绿化模范县、国家生态建设示范区、河南省园林县城，是河南省政府确定的对外开放重点县之一。修武县历史悠久，人文荟萃。2006年11月，被联合国教科文组织国际地名专家组命名为“千年古县”。境内有金代百家岩寺塔、宋代当阳峪绞胎瓷瓷窑遗址、宋代胜果寺塔三处国家级文物保护单位，有龙山文化遗址、汉献帝陵等多处省级文物保护单位。北部的云台山风景名胜区总面积190平方公里，是集世界地质公园和八个国家级品牌于一身的全国知名景区。修武县地处郑州、新乡、焦作中心地带，区位优势突出，交通条件便利，境内有高速公路三条：济（源）东（明）高速、焦（作）郑（州）高速和即将建设的云（台山）郑（州）高速。铁路三条：焦（作）新（乡）铁路和拟建中的郑（州）云（台山）轻轨、新（乡）月（山）铁路复线。

李全旺　党组书记、局长(2009年3月23日前)
王仕国　党组书记、局长(2009年3月23日后)
郭伟社　党组副书记、主任科员
姜振茎　副局长
秦小玉　党组成员、副局长
葛新军　党组成员、副局长
范永江　党组成员、土地收购储备供应中心副主任
郭启东　党组成员、副主任科员

李全旺简介：河南省修武县人，汉族，大专学历，中共党员，1974年参加工作。1983年8月～1990年5月，在修武县教委工作；1990年5月～1994年7月，在李万乡政府工作；1994年7月～1996年3月，在高村乡政府工作；1996年3月～1999年5月，在周庄乡政府工作；1999年5月～2001年7月，在西村乡政府工作；2001年7月～2009年3月，在修武国土资源局工作，任党组书记、局长。

王仕国简介：河南省封丘县人，1959年7月出生，汉族，大专学历，中共党员，1980年参加工作。1991年8月～1996年4月，在交通局工作；1996年4月～1998年4月，在乡镇企业局工作；1998年4月～2001年11月，任修武县国土资源局党组成员，副局长；2006年7月，兼任修武县国土地收购储备中心主任（正科）；2008年3月～2009年3月，任修武县国土资源局党组副书记、副局长，兼任修武县土地收购储备中心主任。2009年3月至今，任修武县国土资源局党组书记、局长。

【机构设置】局机关现内设办公室、执法监察股、地籍管理股、耕地保护股、规划股、开发股等16个职能股室。辖土地储备中心、地产交易中心、土地整理中心、地价评估所、测绘队等8个二级机构；派出8个乡所：城关国土所、高村国土所、郇封镇国土所、周庄国土所、五里源国土所、西村国土所、方庄国土所、岸上镇国土所。

【国土资源】全县耕地面积37万亩，其中，基本农田保护面积32万亩，人均耕地面积1.33亩。全县已探明和开发的矿产资源主要有煤、铁、建筑石料用灰岩、水泥用灰岩等11种，主要分布在方庄、西村、岸上、五里源4个乡镇，全县共有持证矿山企业54家，包括国有煤矿和石料厂、石灰窑、采石厂等。2008年，修武县耕地总面积368275.9亩，净增10.6亩；园地19531.4亩，减少57.8亩；林地308777.9亩，减少15亩；草地4252.5亩，减少19601.6亩；交通运输用地26977.6亩，减少72.8亩；水利及水利设施用地16221.1亩，减少100.4亩；城市及工矿用地102301.1亩，增加247.6亩；其他土地154477.3亩，增加19562.4亩。

【耕地保护】2009年，在强化耕地和基本农田管护工作中，修武县一是通过与各乡镇签订目标责任书，明确各乡镇辖区内耕地和基本农田保护面积，定期对各乡镇耕地保护目标责任制的落实和耕地总量变化情况进行检查和考核。二是落实最严格的耕地保护制度，通过加大执法动态巡查力度、强化协管员管理等措施，建立了完善的县、乡、村三级监管网络，在源头上有效遏制了违法占用耕地现象。三是大力推进“三项整治”工作，整治地块49.55公顷，并顺利通过了市国土资源局的验收，确保了辖区内耕地总量动态平衡和基本农田保护面积的长期稳定。

【建设用地管理】2009年，修武县国土资源局在服务经济建设中，坚持提前介入、全程服务、主动参与，有效保障了项目用地。一是做好了土地执法百日行动补办手续的跟踪报批工作，上报的12个批次报件、61宗项目用地，全部通过省政府批准。二是扎实开展了企业服务年活动。对全县确定的20家重点服务企业，实行班子成员分包责任制和“一对一”帮扶工作制，先后为企业解决困难8

个，受到了企业的欢迎。三是深入开展“双保”活动。全局严格按照要求，及时成立了领导小组，制订了工作方案，召开了动员大会，扎实开展了工作。目前，2个中央投资项目已经省政府批准，2个8511重点项目中，1个已经建成，1个用地已经批准；3个省级重点项目中，1个报省政府批准，另外2个已报市局审批；今年的奠基项目，5家已经依法供地，7家办理了征收土地手续。四是按照城乡建设用地增减挂钩的要求，组织了一个报件，包括3个项目，申请指标300亩，并获省厅批准，不仅解决了建设用地指标不足问题，还节省各项费用600余万元。五是认真搞好土地调整置换工作。根据省厅、市局关于对“批而未供”专项清理工作的精神，报请县政府批准，调整置换已批地块167亩，保障了东方太极、同心电缆厂等3个县重点项目用地。六是稳步推进土地综合整治工作。一方面，编制了《修武县周庄乡东、西长位（试点村）土地综合整治规划》，整治总规模485公顷，可新增耕地20余公顷，现规划已上报省厅待批；另一方面，积极编制土地综合整治项目，项目选址位于周庄乡，涉及8个行政村，总投资近2500万元，整治面积达1200余公顷，前期资料已准备齐全，项目规划正在完善之中。七是认真开展“批而未用”土地核查工作，经过对上级核查的105个图斑逐个复核、比对，共发现“批而未用”地块4个，面积7.15公顷，顺利完成了上级安排的工作任务。

【土地市场治理】配合县法制办，开展了土地执法情况专项检查，督察执法人员，规范执法行为和执法案卷，获得县行政执法案卷评比一等奖；开展了“五五”普法培训和测试，提高了执法队伍素质；积极组织、协调公安、工商、文化等部门对全县的地理信息市场秩序进行了整顿，并积极组织三家测绘单位进行了资质单位年度注册工作，对全县的测量标志进行了普查和保护，违法测绘案件查处率达100%，“一乡一图”达60%以上，测绘市场秩序明显好转。

【国土资源规划】2009年，土地利用总体规划修编对全县基本农田和建设用地布局进行了及时调整，为中心城区、修武产业集聚区、方庄云台旅游服务区进驻项目预留了空间。合理安排了新月铁路复线、南水北调等重点项目的规划指标，为项目的顺利实施奠定了基础。县级规划已经省政府批准，乡级规划已通过省厅评审，并在全市试点乡镇规划展评中名列第一，成为第一家顺利通过省厅评审的试点县。在矿产资源规划编制中，完成了规划文本、矿产资源分布图和专题研究报告等初稿，同时组织相关单位进行了论证，使新一轮矿产资源规划编制更切合实际，更科学合理，更具可操作性。

【土地整理】2009年，修武县国土资源局切实加大土地开发整理力度，先后实施了两个土地整理项目和两个地质环境项目，其中总投资1591万元的郇封土地整理项目已于10月份动工，目前正在稳步实施；总投资1200万元的方庄、王屯土地整理项目已经结束，整治面积860公顷，新增耕地80公顷，每年可为当地群众创收200余万元；总投资400万元的西村乡洼村煤矿塌陷区治理项目也已经实施结束，该项目共新增耕地55亩，每年可实现效益20余万元；百家岩采石场恢复治理项目正在组织招标，招标结束后即可开工建设。

【地政地籍管理】2009年，修武县国土资源局在上年外业调查的基础上，先后完成了内业整理、建设与上报、专项用地调查、统一时点变更及2009年度变更调查工作，其中，第二次土地调查数据库于2009年8月通过了国家核查和地方复核，积极开展了基本农田调查上图及成果上报工作。2009年，全县农村集体土地所有权登记发证率达到98%，农村集体建设用地使用权发证率达到90%，农村宅基地登记发证率达到91%，超额完成了市国土资源局下达的工作任务。

【土地收购储备】2009年，修武县国土资源局努力规范土地市场，为进一步深化土地使用制度改革，在城区积极开展了存量用地调查，将原二轻公司等8宗近400亩国有土地纳入了储备库，公开出让了2009-2、2009-5、2009-6三宗共114.56亩国有土地，出让金额达1583.6万元。

【土地执法监察】2009年，修武县国土资源局通过开展优质案卷评比、办案技能大赛等活动，不断提高人员的执法水平，并与法院、公安、纪检建立了联合执法体系，依法查处了12起土地违法行为，拆除违法建筑达900平方米。8月，按照上级要求，及时成立了12336违法举报中心，进一步完善了违法行为发现机制，受理的13件举报案件，全部依法进行了处置。此外，还加强对黏土砖瓦窑厂的监管，对5家山区砖瓦窑厂进行了集中关停。对发展新型墙材的页岩砖厂，明确专人，分片包干，责任到人，有效杜绝了破坏耕地等现象。2009年，修武县政府被省政府授予“全省粘土砖瓦窑厂整治工作先进集体”，并获得了100万元奖励资金。

【地质灾害防治】2009年，修武县国土资源局制订了地质灾害防治预案和应急预案，完善了地灾预测预报机制，在地质灾害易发区安装了7个地灾检测仪器，确定了30名义务测报员。同时，在易受灾害威胁的乡村，更新警示标志8块，张贴宣传版面12块，发放明白卡1500多份，提高了群众的防灾自救意识。

【地质公园建设】2009年，随着云台山知名度的提高，外来游客包括国外游客不断增多，修武县国土资源局组织博物馆工作人员开展了学外语活动，实现了日常用语听力和表达能力无障碍的目标。2009年，博物馆共接待游客55万人（次），完成接待任务93余批（次）3520人。2009年，云台山地质博物馆新馆举行了隆重的开工奠基仪式，云台山世界地质公园被国土资源部命名为全国首批国土资源科普教育基地，进一步丰富了云台山的旅游资源和文化内涵。

【信访工作】2009年是新中国成立60周年，修武县国土资源局对上级转办、督办的案件，制订了化解方案和稳控措施，严格实行领导包案、限期办结责任制，确保了信访大局稳定。全年共接待群众来访28起，来电97次，处理上级转办案件16起，结案率达100%。

【信息化建设】2009年，加大了软件开发力度，率先在全市系统部署了网上审批业务系统和综合事务办公系统，并已经开始正式运行，实现了无纸化、网络化办公，并被市国土资源局确定为县级系统建设试点单位。

【国土资源宣传】2009年，修武县国土资源局切实加强国土资源宣传工作。一是利用“3·19”矿法宣传日、“6·25”全国土地日、“8·29”测绘法宣传日等重大节日，大力宣传国土资源法律、法规。二是采取为县、乡领导、村干部及协管员订阅《中国国土资源报》、《资源导刊》等国土资源报纸杂志的办法，让各级领导和群众了解、理解、关心、支持国土资源管理工作。三是结合全县开展的“法律八进”活动，抽调业务骨干，在全县进行巡回宣讲，认真解释问题，虚心接受建议，先后发放国土资源新政小册子1000余本，接受群众咨询500余次，使基层干部群众的法制观念和守法意识得到全面加强。

（李小超）

孟州市国土资源局

孟州市位于焦作市的西南隅，系太行山山前丘陵向华北平原过渡地区，地势由西北向东南倾斜，海拔由305.9米降到108.5米，境内由西向东有明显的低山—丘陵—平原的过渡特征。东西最长处33公里，南北最宽处25.75公里，全市总面积541.61平方公里。辖6镇、1乡、4个办事处，274个行政村，人口37万人。孟州市历史悠久，秦为河雍，汉置河阳，唐为孟州，明称孟市，1996年经国务院批准撤市设立孟州市。是“唐宋八大家”之首韩愈的故里。境内有裴李岗文化、仰韶文化和龙山文化遗址。连续四届蝉联“全国最具投资潜力中小城市百强”和“外商眼中的河南省最佳投资城市”，先后荣获“全国文化先进市”、“国家科技进步示范市”、“国家知识产权强县工程（县）市”、“全国科普示范市”、“全国粮食生产先进市”、“全国基本农田保护先进单位”、“河南省双拥模范城”等200多项国家、省市级荣誉。

薛东来　党组书记、局长（2009年4月9日前任党组书记、局长）

闫庆利　党组成员、局长（2009年4月9日前任党组成员、副局长）

高泽伟　党组书记（2009年4月9日前任党组成员、副局长）

杨保山　党组成员、副局长

张水泉　党组成员、副局长

张献忠　党组成员、副局长

冯世金　党组成员、纪检组长

党宪军　党组成员、储备中心主任

薛东来简介：河南省孟州市人，1962年11月出生，在职研究生，中共党员。1984年8月参加工作，1984年8月～1987年6月，在孟县经联社工作；1987年7月～1987年10月，在孟县体改委工作；1987年11月～1993年2月，在孟县县委办公室工作；1993年3月～1996年3月，任孟县石庄乡党委副书记、乡长；1996年4月～1998年3月，任孟州市石庄乡党委书记；1998年4月～2001年7月，任孟州市化工镇党委书记；2001年8月～2009年4月，任孟州市国土资源局党组书记、局长。

闫庆利简介：河南省孟州市人，1964年3月出生，本科文化，中共党员。1985年7月参加工作；1985年7月～1986年8月，在孟县畜牧局工作；1986年8月～1988年8月，在孟县机要局工作；1988年8月～1993年3月，在孟县县直工委工作；1993年3月～1998年4月，任石庄乡党委副书记、副乡长；1998年4月～2002年4月，任市计生委副主任、计生协会会长；2002年5月，任孟州市国土资源局党组成员、副局长（正科）；2009年4月，任孟州市国土资源局党组成员、局长。

高泽伟简介：河南孟州人，1958年2月出生，大学文化，中共党员。1980年12月参加工作，1980年12月～1983年3月，在兵工部云光厂医院工作；1983年4月～1984年4月，在孟县卫校工作；1984年5月～1990年5月，在孟县中医院工作；1990年5月～2001年10月，任孟州市人大常委会办公室副主任、主任；2001年11月～2009年4月，任孟州市国土资源局党组成员、副局长（正科）。2009年4月，任孟州市国土资源局党组书记。

【机构设置】局机关内设办公室、地政地籍科、规划用地科、耕地保护科5个职能股室。辖5个二级机构：土地储备中心、土地整理中心、孟州市国土资源局测绘室、执法监察大队、孟州市地质矿产管理所；派出11个乡所：会昌国土所、大定国土所、河雍国土所 、河阳国土所 、南庄国土所、化工国土所、谷旦国土所、赵和镇国土所、城伯镇国土所、槐树乡国土所、西虢镇国土所。

【土地资源】2009年，孟州市耕地面积27592公顷，较2008年增加115.07公顷。园地1518.95公顷，林地4405.46公顷，草地263.90公顷，城镇村及工矿用地7855.61公顷，交通运输用地1382.99公顷，水域及水利设施用地5562.05公顷，其他土地1294.42公顷。

【耕地保护】2009年，实行“三级标志全覆盖、示范区标志风景线”，先后投入资金70万元，共修复地块保护标志308块，村级保护标志183块，市级保护标志6块，更新乡级保护标志11块，在基本农田示范区主要道路两侧新设80余块反光漆铝合金宣传标志牌，夯实了耕地和基本农田保护的基础。辖区内耕地保有量始终稳定在27592公顷以上，基本农田面积稳定在24836公顷以上。

【测绘市场管理】制订了《孟州市人民政府整顿和规范地理信息市场秩序工作方案》，建立了由公安、国土、工商、文化、保密、武装等单位组成的孟州市人民政府整顿和规范地理信息市场秩序领导小组。组织联合执法3次，对全市地理信息生产、管理、使用等各个环节综合检查，共查出隐患十余处，并通过电视、广播等新闻媒体向社会进行了公开曝光。不断加强测绘产品市场的日常监管，集中开展了3次地图市场和网络地图检查活动，共查处盗版和“三无”地图124张，劣质地球仪43件，维护了地图市场的正常秩序。

【建设用地管理】2009年，共为中水回收等7个总投资3749.2万元的中央项目提供了12.61公顷用地。对全市所有新上项目和重点企业用地，严把项目用地预审和用地审批关，规范办理用地手续，全年分别为嘉陵摩托、奥森地板、三利高科、β糊精项目等总投资220亿元的63个重大项目提供用地140余公顷。深入开展批而未供、供而未用土地清查活动，盘活14宗40余公顷批而未供、闲置低效建设用地。对8宗20.89公顷批而未用的土地依法进行了收回，并重新进行了出让；对6宗6.13公顷的低效使用土地，通过调整规划设计、增加建设内容、提高容积率等措施，提高了单位土地的利用效率。

【地政地籍管理】2009年，完成了南庄、化工、西虢、槐树、赵和5个乡镇的“一乡一图”工作，全市“一乡一图”率达71%；完成商品楼分割登记发证630余户，城镇国有和农村宅基地登记180余户；为15家企业办理了土地登记和他项权利证书；为70余家国有用地单位和10余家集体单位办理了国有土地使用权登记和集体土地使用权登记手续；完成移民村集体土地使用权登记发证1000份，截至年底，全市集体土地所有权发证率达到99%，集体建设用地使有权发证率达到92%；调解、处理各类土地权属纠纷15起；按时完成了2009年全市土地利用变更调查工作；协调作业单位完成了城镇地籍调查更新数据库建设工作，整理单位用地档案资料80余宗，为土地登记规范化检查奠定了良好基础。

【第二次全国土地调查】完成了31幅503.49平方公里的标准分幅图和全市24600余公顷的基本农田上图建库工作。先后通过了部、省级核查。在我市谷旦镇米庄村开展土地利用现状与潜力调查试点工作，共调查面积0.22平方公里，调查宗地515宗，界址点测量1200点，图根导线测量46个点，为下一步即将开展的农村土地综合整治以及村庄规划、土地计划编制及政府有关用地决策提供了科学翔实的样本数据资料。

【土地开发复垦】2009年，孟州市共实施了槐树、谷旦、城伯、西虢4个土地整理项目，总资金达6820.58万元、总规模达4900.59公顷。全年累计完成土方工程量80.08万立方米，修建田间道路151.7千米，整修路面67.35千米，埋设地埋管251.04千米，新修农渠37.1千米，新建蓄水池18座、提灌站19个，新打机井376眼，安装变压器31台，架设高低压线路105.55千米，栽种防护林1.3万株，新增耕地239.55公顷。

【土地利用总体规划】2009年，全市土地利用总体规划修编工作启动后，市政府高度重视，迅速行动，从人员、资金等方面做好保障，为规划修编和顺利实施提供了良好的工作环境。2009年11月6日，省政府下达了准予执行的批复文件。乡级规划已通过省级审查，并呈报焦作市人民政府审批。规划修编中确保了新增中央、省投资计划项目和重大基础设施建设项目的用地需求，做到了长期性与现实性的兼容并蓄。

【农村土地综合整治】按照省委、省政府关于土地开发整理提速工程和大规模推进土地综合整治、统筹城乡协调发展的战略部署，以土地整治为平台，以废弃地、闲散地、“空心村”等为整治对象，按照“整村推进”和全域规划、全域设计、全域整治的要求，逐步实施土地综合整治。通过深入调查摸底，对具备土地综合整治条件的区域实行台账管理并建立综合整治项目库。确定了赵和镇、槐树乡、西虢镇3个乡镇、7个村为土地综合整治试点村。并以土地利用总体规划为依据，充分利用经济社会发展规划和村镇体系规划成果，完成了7个试点村的规划编制。

【土地收购储备】2009年，投入收储资金3000余万元，收购储备了会昌办、河雍办等25宗30.33公顷的低效闲置土地。公开出让土地22宗，面积28.85公顷，出让金总额达8665万元。全年办理土地交易手续138宗，其中转让123宗，面积6.08万平方米，办理土地抵押15宗，面积98万平方米，为企业争取银行贷款2.2亿元。

【土地执法监察】坚持事前防范、事后监管的同时，突出抓好“三重”：重抓巡查质量，确保发现及时；重抓快速打击，确保制止有效；重打顶风违法，确保查处有力。建立重大案件定期向市政府报告、市领导对违法用地责任人约谈、重点乡镇管理等制度，通过政府组织、领导重视、用地管制，有力地打击了违法用地现象。2009年，全市共发现违法占地11起，立案查处4起，自动拆除7起。

【信访工作】积极探索信访工作新思路、新举措，积极开展 基层干部走访、局长带案下访、办结案件回访等活动，信访工作成效明显。2009年，共接待群众信访72起，受理网上反映国土资源信访问题3起。办理上级和有关部门转交办信访案件15起，报结15起，按期结案率达到100%。

【协管员队伍建设】为加强协管员队伍建设，统一为每个协管员制作了一卡、一册、一本、四录。“一卡”即协管员胸卡，标明佩带人照片、姓名、村别、职务等信息，在增强协管员工作责任的同时，也解决了协管员无证巡查的尴尬。“一册”即《村级国土资源协管员工作手册》。“一本”即协管员工作笔记本。“四录”即村级协管员、执法监察员、信访信息员、基本农田保护巡查员通讯录。一年来，全市协管员采取多种形式发放宣传资料2万余份，及时发现、上报违法占地21起，排查不安定因素33起，及时化解纠纷11起，及时稳控4起，协助国土所化解18起。通过全市274个协管员的共同努力，全市的土地信访问题和违法占地案件比去年同期分别下降30%和15%，充分发挥了国土资源管理千里眼、顺风耳的作用。为进一步激发协管员的工作积极性，使其在国土资源管理中发挥更大的作用，对全市11名优秀协管员每人奖励了一辆自行车，较好地调动和提高了协管员的工作积极性。

【国土资源宣传】2009年，积极拓宽信息渠道，在报刊、杂志、网站及时报道工作中的热点、亮点，在《中国国土资源报》、《资源导刊》等刊物、网站发表经验文章、通讯报道新闻、信息稿件达5600余篇，有力地宣传了国土资源局的良好形象。信息化建设重点抓三个方面：一是抓内网。以“金土工程”为依托，大力推行网上审批和公文流转。二是抓基础。投资10万元，新购21台电脑，实现了内外网独立办公。三是抓网站。以局门户网站为依托，大力推行信息公开工作，通过工作动态、工作指南、法律法规、用地审批等多个栏目，面向全社会公开国土资源政务信息，实现了提高办公效率、方便群众办事、接受社会监督三位一体的工作目标。

（贯红波）

马村分局

马村区位于焦作市市区东部，地处太行山南麓的冲积、洪积缓倾斜处，北依太行山麓，北、东、南均与修武县毗邻，西与山阳区接壤，区内交通便利，新焦铁路横贯东西，焦辉公路、解放东路、焦新公路和待九公路形成了四通八达的交通网络。区域东西宽13.4公里，南北长16.0 公里。现辖7个街道办事处（其中，3个涉农办事处），总人口13.7万人（其中农业人口6.8万人，非农业人口6.9万人）。

沈壮德　局长

陈新年　党支部书记

王东平　副局长

姚志民　副局长（2009年11月10日调离）

许卫国　副局长（2009年11月10日）

孙银星　副局长、纪检书记

沈壮德简介：男，河南省焦作市人，汉族，1967年12月出生，中共党员，在读研究生，1987年7月参加工作，1995年5月加入中国共产党。1985年9月～1989年7月，在焦作建筑经济学校学习；1989年7月～1992年2月，在焦作市中站建安公司工作；1992年2月～1998年3月，在焦作市中站土地分局工作（期间：1992年9月～1995年6月在河南大学土地管理专业大专班学习）；1998年3月～2000年4月，任焦作市中站土地分局副局长（期间，1999年11月～2001年7月，在河南大学人文地理专业在职研究生班学习）；2000年4月～2003年8月，任焦作市马村土地分局副局长；2003年8月，任焦作市国土资源局马村分局局长。

【机构设置】现内部设有办公室、政工股、规划与地籍测绘股、用地与耕地保护股、矿产开发管理股、地质环境与储量管理股、法制信访股、执法监察队8个职能股室。派出3个国土资源所：安阳城国土资源所、待王国土资源所、演马国土资源所。

【国土资源】2009年，马村区土地总面积为118.35平方公里，耕地面积6172.43公顷，园地245.47公顷，林地477.69公顷，未利用地598.25公顷。已探明煤炭资源量6.1亿吨，经过几十年的开采，现保有储量3.4亿吨；水泥灰岩探明储量2.2亿吨，现保有储量1.9亿吨；溶剂灰岩现保有储量9725万吨；铁矿现保有储量377万吨。

【基本农田保护】2009年，每月定期或不定期地对全区基本农田保护区进行巡查，及时填写区、乡两级基本农田巡查登记台账。加强了对基本农田的动态监测和管理，及时掌握基本农田变化情况。全区基本农田面积仍稳定在4731公顷，保护率达到了100%。

【测绘市场管理】2009年，按照市国土资源局工作安排，开展了马村区地图市场专项检查工作，对马村区新华书店、街边图书店售卖的地图、区政府网站以及区相关职能部门网站上公布的地图进行检查。

【地政地籍管理】2009年，开展土地登记发证工作中，共受理土地登记、咨询260余人（次），楼房补办土地登记资料9户，城镇自建房3户，接待查阅农村宅基地土地登记资料1户，完成9户楼房补办土地登记、发证工作；完成了豫和矿山机械公司、待王社区卫生服务中心、鑫田置业公司、汇银纺织公司等10家单位土地登记、发证工作。结合第二次土地调查数据情况，全区重新划定了1300公顷基本农田保护面积，全部标准上图。完成了2004～2007年城镇楼房补办土地登记归户卡、登记卡微机录入工作；完成了城镇自建房土地登记资料的规范整理工作；完成60宗城镇楼房分割登记补办资料的整理和装订入档工作。

【土地利用管理】2009年，马村分局按照“有限指标保重点，一般项目靠挖潜”的要求，重点保障中央投资项目、省重点项目、8511工程和1074项目的用地需求，先后为焦煤集团沉陷区治理（丽园小区）等7个建设项目用地办理组件报批和跟踪服务，用地面积达32.7048公顷。2009年已有三个批次9.4698公顷乡镇建设用地办理了农用地转用手续。2009年共清查征而未供用地30宗，面积203.7429公顷。2009年分别盘活焦作市银峰（集团）工贸有限公司等7宗闲置地、空闲地，盘活面积达18.8159公顷，圆满完成市国土资源局下达的盘活存量土地任务。

【土地利用总体规划修编】2009年，及时联系3个涉农办事处、发改委、招商局等12个相关单位和部门收集整理资料30余套，完成了基本农田布局、林地指标、园地指标、建设用地布局的调整等各类数据指标的测算，并按要求落实到了土地利用现状图上。目前，马村区乡级土地利用总体规划修编工作已基本完成。

【建设用地管理】2009年，马村分局共上报用地报件3个批次，用地面积24.7521公顷，对第九次卫片检查中,焦作中煜精细陶瓷材料有限公司、张弓住宅、焦作市犇旺塑胶有限公司等6宗土地进行报批，用地面积17.5478公顷，有力地支持了全区经济社会又好又快发展。

【矿产开发管理】2009年，对上年5家新设采矿权和延续的4家矿山企业各项资料进行了核实补充，完善了档案资料。对全区18家矿山企业开展矿业权核查工作，对各矿山企业坐标拐点进行了实地核实，野外工作已完成。组织专家对辖区3家石料厂2008年度资源储量动态监测报告进行了审查，全部予以通过，并在市国土资源局进行了备案，合格率达100%。认真开展采矿权年检工作,年检率达100%，实地抽查率达100%，其中合格企业11家，不合格2家，年检合格率达85%。2009年共计征收矿产资源补偿费1480万元，超额完成全年目标任务。

【地质环境】2009年，与辖区39个行政村签订了地质灾害防治目标责任书，共排查出地灾隐患点20处，确立辖区重点防范区2处，向地灾隐患区群众和矿山企业发放地质灾害防治宣传画50套，避灾防灾明白卡12份，设立警示标志牌5处。2009年，开始实施河南省焦作市九里山矿山地质环境治理项目，该项目前期各项准备工作已全面展开，所需治理资金已向上级有关部门作出请示，等待批复。该项目8月份已通过市级评审，各项后续工作正在进行中，九里山地区后续治理项目预算资金1.1亿元已报省国土资源厅项目库。

【信访工作】2009年，共接待群众来访10起32人次，化解信访积案6起，行政立案3起，已全部处理结束。

【执法监察】2009年，通过巡查制止各类国土资源违法行为130余起，制止率达100%。矿产资源管理共取缔无证采矿点32个，没收采矿工具500余件。

【第九次卫星执法检查】2009年，马村国土分局开展了第九次卫星遥感执法检查，成立了第九次卫片工作领导小组，制订工作方案。此次整顿共涉及图斑31个35宗地，土地面积965亩。该项工作已完成。

【信息化建设】2009年，对分局内部局域网加以补充完善，构建覆盖全局各科室的网络系统；通过学习、培训，加强对现有办公自动化的应用水平，充分发挥办公自动化作用，全面提高国土资源行政效能。

【国土资源宣传】2009年，马村国土分局以学习实践科学发展观教育活动为抓手，以“3·19”矿法宣传日、“4·22”世界地球日、“6·25”土地宣传日等重大宣传节日为契机,广泛开展“保护资源、保障发展，了解我们的家园深部”和“坚守耕地红线,节约集约用地,构建保障和促进科学发展的新机制”主题宣传活动,发放宣传材料1万多份,悬挂宣传标语300余幅,接受群众咨询5000余人次。全年共在各级新闻媒体和信息部门采用稿件170篇，完成了既定目标任务。

（牛继忠）

解放分局

解放区是焦作市的中心城区之一，南北长15.05公里，东西宽8.08公里，辖区总面积为6172.27公顷。其中，建成区1358.13公顷，上白作乡3132.46公顷，王褚乡1681.67公顷。解放区的前身是市内区，1988年8月30日，根据省政府区划调整，整个区划为由西向东的中站区、解放区、山阳区、马村区共4个行政区。将原辖的焦东、东方红办事处和东焦作、焦东划归山阳区，将丹河、月山划归中站区，将原郊区的上白作乡、王褚乡划归解放区。调整后的解放区辖上白作乡、王褚乡2个乡，民主、民生、新华、七百间、焦西、焦南、焦北办事处7个街道办事，焦作街村、下白作2个直辖村，18个行政村。

李　虹　党支书记、局长

任守全　党支部副书记、副局长

董国强　党支部成员、副局长

陈　芳　副局长、纪检组长

李虹简介：河南省郑州市人，汉族，大专学历。1981年5月参加工作，1994年12月加入中国共产党。1981年5月～1990年4月，在饮食服务公司工作，为摄影师；1990年4月～2008年12月，在焦作市土地管理局解放分局工作，历任地籍科科长、分局副局长、党支部副书记；2008年12月至今，任焦作市国土资源局解放分局党支部书记，局长。

【机构设置】按照《焦作市机构编制委员会关于成立土地管理分局的通知》（焦编〔1996〕4号）精神，1996年四城区土地分局垂直上收到焦作市土地管理局管理，为市土地管理局的派出机构，全称为“焦作市土地管理局解放分局”，科级建制，分局设置办公室、用地科、地籍科、规划科。原分局的王褚乡土地所、上白作乡土地所为分局的派出机构，人员编制为12人。按照2004年焦政〔2004〕43号文件撤销四城区地矿局，全称改为“焦作市国土资源局解放土地分局”，职能和建制不变，人员编制为12人，人员按公务员过渡。按照《关于理顺国土资源管理体制的批复》焦编（〔2005〕2号）文件精神，撤销四城区地质矿产局，全称改为“焦作市国土资源局解放分局”，建制、职能不变，分局设置办公室、党支部办公室、规划科、地籍科、用地科、信访监察科，原分局的乡土地所为分局的派出机构，人员编制为12人。

2008年12月6日，解放土地分局与解放地矿局整合，解放分局内设办公室、政工股、规划与地籍测绘股、法制信访股、用地及耕地保护股、矿产开发管理股、地质环境与储量管理股、执法监察队8个职能股室和王褚、上白作2个派出国土资源所。人员编制为22人，人员按公务员过渡。分局现有在职工作人员36名，退休干部2人。

【土地资源】截至2009年底，解放区土地总面积6172.27公顷。其中，耕地707.68公顷，园地220.47公顷，林地679.22公顷，牧草地42.91公顷，其他农用地226.59公顷，居民点及独立工矿用地2944.97公顷，交通用地172.07公顷，水利设施用地0.673公顷，未利用地（裸土石砾）1092.25公顷，其他土地（河流水面）85.44公顷。可供开发垦殖的荒地等仅为58.3公顷左右，解放辖区商业用地17.9976公顷、军事用地45.014336公顷、教育用地141.805281公顷、企业用地549.241342公顷、公共设施用地23.01734公顷。

【矿产资源】解放区矿产资源丰富，主要有煤、耐火黏土、石灰石、建筑石料、铁矿、铝矾土和砖瓦黏土。煤炭经百余年的开采，先后有多个煤矿闭坑。现储煤主要有焦南井田，探明储量14616万吨，最大埋深1200米，主要可采煤层厚0.7～13米，平均6.2米，属中灰低硫无烟煤。铁矿、耐火黏土和铝矾土，经几十年开采，储量已经不多，到2008年底，只有部分村民采点。石灰石广泛裸露于北部山区，呈巨厚层状产出，分布于山顶、山脊且覆盖极少，矿床开采条件简单，大多可建正规矿山，露天开采。山区前沿地带有白云岩、灰岩及泥质岩，均可做建筑石料。

【地政地籍管理】2009年，共办理土地登记及变更登记发证3033宗（办理单位国有土地登记46宗、农转非住宅办证120宗、楼房分割登记2839宗，个人独院17宗，变更登记11宗），办结率100%。

【第二次土地调查】按照第二次全国土地调查工作的安排，完成了权属调查、地类认定签字盖章、埋设界桩工作。农村调查转入内业建库阶段，完成了分幅图的建库工作，区界协议认定相互盖章全面完成。

【测绘市场管理】2009年，除做好测绘日常管理工作外，完成了测量标志的普查、保护工作，“一乡一图”达60%。

【土地利用管理】2009年，开展批而未征和批而未供专项清理处理工作。经清查，对全区批而未供19宗、面积161.5234公顷土地（其中2007年以前17宗，面积为132.3375公顷。2007年1宗，面积为14.988公顷；2008年1宗，面积为13.927公顷），已逐个提出处置方案，上报区政府。

【建设用地管理】2009年，优先保障重点建设项目用地。上报农用地一批，涉及批准面积为5.0708公顷，其中耕地面积为3.5914公顷。完成了南水北调四个小区31.39公顷供地报件上报工作，完成了南水北调（绿化带）内8宗土地的收购、储备工作。

【土地开发复垦】2009年，完成市局下达的盘活存量土地8公顷的任务。

【土地执法监察】2009年，开展动态巡查50多次、280余人，查处各类土地违法案件20起，面积57亩，制止率达100%。聘用国土资源执法监察员12人，聘请率达到100%。

【矿政执法监察】2009年，与公安部门联和出动执法人员30余人次，对辖区沿山一带、重点矿区等非法采矿活动进行突击整顿，充填井筒、矿洞等10个隐患点，依法没收采矿工具20余件，暂扣非法开采矿产品车2辆。对无证收购矿产品点进行登记造册，及时协助查处各类违法采矿行为，重点对洪河村、红沙岭、双泊池一带附近无证采矿、乱采滥挖、破坏资源环境的行为进行了检查，先后下达制止通知书47份。

【矿产开发管理】2009年，协调组织技术机构对辖区11家矿山（包括关停煤矿）进行野外实测。配合数据库清理工作，对辖区矿业权家底进行彻底摸排，辖区矿业权实地核查工作野外实测已结束，全部上图汇总。

【地质环境与储量管理】2009年，继续加强了矿山开发全过程动态监督管理工作，全区共有矿山10家。开采矿种为建筑石料用灰岩，原有煤矿1家（焦煤集团北方煤业公司）已于2009年4月底关闭到位。矿山持证开采率达到100%。全面完成了矿山企业储量动态监测工作，完成率100%，并已通过市局备案。矿山持证开采率达到100%。规范了采矿权有偿出让程序和制度，全年征收矿产资源补偿费50万元，完成市局下达的既定目标。

【地质灾害防治】2009年，制订并下发了《二OO九年汛期地质灾害防治工作实施方案》，成立地质灾害预防工作领导小组和应急小分队，确定了防灾监测点的责任人，定期与不定期到重点监测点进行巡查，汛期发报强降雨电话通知18次，发放灾害防灾避险明白卡34份，落实监测负责人8人，完善了群测群防体系，9家地灾隐患点已建档、立卡。

【信访工作】2009年，累计接待群众来访12批21人次，接受政策性咨询、解答约20人（次），接到群众来电数量7个、7人（次），信访回复率100%。信访总量与去年同期相比减少40%。信访事项办结率达到100%，群众满意率达到95%以上。市国土资源局转办5件全部办结，处理回复率达100%。

【卫星遥感执法检查】2009年，完成了第八、第九次卫片涉及的8宗面积8.4412公顷村镇集体建设用地资料上报工作。完成了2009年1、2、3季度卫星遥感监测工作。对涉及的7个图斑10宗地，按类进行了汇总整理。完成统计表、卷宗资料、分析报告的汇总整理工作，并通过了省国土资源厅卫片检查组的验收。

【保增长保红线工作】2009年，为保证“保增长保红线”工作落到实处，分局设立项目服务中心，由主管领导和业务股室具体负责，加强与辖区办事处、区招商局、项目办等单位的联系、协调与沟通，并在分局网站上建立了双保工作专栏。分局每月都向区政府分管领导上报项目用地及违法占地情况，各乡所每月向办事处领导汇报辖区内的用地动态，将掌握的情况及时与相关领导汇报沟通，既得到了区政府及办事处领导的大力支持，也在思想上对保经济增长同时，也要保护耕地红线有了共同认识。

（尹秀芝）

山阳分局

山阳区原为焦作市郊区，1988年区划调整成为城区，1990年12月更名为山阳区。山阳区是焦作市中心城区之一，为古山阳城所在地。据史料记载，山阳城始建于战国初期，为战国时期政治、经济、军事重镇，在秦汉、三国及南北朝时期设县制，曾因东汉晚期汉献帝刘协被贬封山阳公而名闻遐迩。现存山阳城遗址为第一批省级文物保护单位。山阳区是全市的政治、经济、金融、文化中心，总面积74.4平方公里，总人口20.8万人，其中城市人口16.8万人。全区辖9个办事处、21个行政村、28个社区居民委员会。辖区内集中了全市主要党政军机关、国有大中型企业、金融机构、新闻单位和文化活动场所。

卢传宝　局长

王玉有　党支部书记

赵安民　副书记、副局长

张文奇　副局长

杨建军　副局长、纪检组长

卢传宝简介：河南省博爱县人，汉族，本科学历。1990年8月参加工作，2000年6月加入中国共产党。1990年8月～2000年9月，历任焦作市山阳区地质矿产局办事员、科员、监理科科长；2000年9月～2008年12月，任山阳区地质矿产局副局长、党组成员；2008年12月至今，任焦作市国土资源局山阳分局局长。

【机构设置】分局内设机构有办公室、政工股、规划与地籍测绘股、法制信访股、用地及耕地保护股、矿产开发管理股、地质环境与储量管理股、执法监察队8个职能股（室）。辖2个派出机构：中星国土所 、新城国土所。

【土地资源】2009年，山阳区土地总面积为66.6平方公里，耕地面积2098.38公顷。

【耕地保护】认真落实耕地保护目标责任制，辖区耕地保有量和基本农田保护面积不低于市下达的指标，实现耕地占补平衡，完成焦作市2009年城市建设用地国务院备案报件材料上报工作，面积18.4332公顷；完成焦作市2009年第一批城市建设用地征收报件资料上报工作，面积18.4332公顷；完成鑫和小区、中央储备粮焦作直属库、焦作大学等5家单位供地报件资料上报工作，面积113.62公顷；完成第九次卫片检查补办用地手续报件资料上报工作，面积12.6241公顷。

【地政地籍管理】2009年，按要求继续开展了“地籍管理规范化建设”活动，共办理中州铝厂、倚新苑小区、矿山小区、红星花园等单位的40栋楼、1129户的个人登记发证；办理焦作市政工程建设有限公司、驻焦作市某部队等30宗单位国有土地登记发证工作。按照第二次土地调查工作安排部署，做好了与马村、高新区、修武县（区）之间的接边工作，对第二次土地调查所有地类重新进行了核查，对权属边界争议的村进行了排查梳理。

【土地利用总体规划编修】依据历次规划修编、规划调整情况，进行现状调查、指标核实，彻底摸清剩余指标，落实指标布局情况，规划修编已通过省厅评审。在保证中心城区用地规划的前提下，重点做好工业集聚区的规划预审工作，2000亩土地规划调整已经省政府批准。完成了经济适用住房、新月铁路、中法医院等6宗土地的初审工作，初审土地总面积1000余亩。

【矿产资源管理】深入开展了矿业秩序整顿和无证采矿安全生产检查工作，加强日常监督和巡查工作，进一步规范矿业秩序，确保采矿许可证持证率100%。2009年对辖区6家矿山企业全部年检，年检率100%；超额完成区政府下达的矿产资源补偿费入库额110万元征收任务；完成年度矿山储量的备案工作，做好了年度地质灾害防治方案编制工作，地质灾害群测群防网络健全，预警预报已实施，落实《地质灾害防治与矿山环境保护治理规划》编制经费5万元，矿山环境恢复保证金工作按要求正在开展。继续开展矿山企业储量动态管理工作，维护了正常的矿业秩序，确保辖区全年无重大安全事故发生。

【执法监察】认真贯彻落实执法监察动态巡查责任制和第九次卫片执法检查工作，成立了执法工作领导小组，建立“双休日”动态巡查和部门联动执法机制。通过调查，将辖区第九次卫星遥感监测变化的17块图斑与土地利用现状图、变更调查记录进行比较和标注，为下一步外业检查提供了准确资料，确保工作高质量地完成。全年共查处违法案件58宗，其中移交监察大队查处44宗，市局转办的12宗中原路两侧违法占地案件现已处理到位；3宗违法占地案件分别向山阳区法院、市财政局进行了移交。恩村三街钢材市场违法占地案件经过认真完善卷宗，多次协调，已移送公安分局。联合公安、城管、办事处等相关单位，对南水北调沿线村庄违法占地行为开展了大规模集中整治，出动车辆30台次，执法人员近500人次，拆除面积5000余平方米，有效打击和遏制了违法占地行为发生。

【信访工作】根据工作需要，重新调整了信访工作领导小组，进一步完善了领导接访日制度、信访责任追究、领导包案及信访案件回访等制度，对上级交办、督办的信访事项按规定及时上报，健全完善了信访工作长效机制，按照上级要求认真开展信访积案化解活动月和新中国成立60周年信访稳定专项治理工作。共受理上级交办、转办信访事项及接待群众来信、来电、来访案件22起60人次。其中，受理市局交办件2起，山阳区政府督办4起，全部按时办结，信访事项办结率100%，满意率90%，信访总量呈逐月下降趋势，比去年同期减少11%。

【国土资源宣传】2009年，认真贯彻落实市局信息宣传工作会议精神，建立健全了奖惩激励机制，全年共完成信息268篇，其中，省厅《资源导刊》信息14篇，市级以上新闻刊物233篇，中国国土资源网21篇，信息稿件采用率与去年相比上升30%。

（陈建波）

高新技术产业开发区分局

焦作高新技术产业开发区是1999年2月经省政府批准成立的省级高新技术产业发区（以下简称高新区），位于焦作市中心城区南部，坐落于焦作市市区南北中轴线上，东接修武县周庄乡，东南与高村乡相连，西南与武陟县宁郭镇毗临，西与博爱县阳庙镇交界，北与焦作市山阳区、解放区接壤。境内交通便利，焦郑、焦晋、焦济、焦新、焦温高速公路在此交会和贯通，另有焦郑、焦新、焦洛公路在境内纵横交织，已经形成了一个以高速公路为骨架的四通八达的交通网络。高新区辖区面积45.38平方公里，规划开发面积26.3平方公里，下辖李万街道办事处和文苑街道办事处，23个村，全区总人口51157人，其中农业人口23503人，非农业人口27654人。全区以农业为主，主要农作物有小麦、玉米、棉花等，鱼、莲、蔬菜业全市闻名。

高新区地处焦作市的南大门，具有得天独厚的区位优势，是焦作市对外开放的窗口，是焦作市高新技术产业的重要基地、创新型经济的示范区、最具活力的经济增长点、现代化的新城区。厦门工程机械（焦作）有限公司、蒙牛乳业（焦作）有限公司、河南理工大学、河南中轴德汇汽车部件股份有限公司、韩资焦作卓林数码材料有限公司、博瑞克液压机械有限公司、森格高新材料有限公司、卓立烫印材料有限公司、平光制药有限公司等300余家企业已经相继落户于此。2009年，高新区全社会固定资产投资完成13.8亿元，同比增长100.9%。财政一般预算收入1.23亿元，同比增长53.82%，税收占一般预算收入的比重为97.57%。工业总产值完成42.9亿元，同比增长27.1%；完成利税总额3.2亿元，同比增长120.9%。规模以上工业企业完成增加值12.2亿元，同比增长26.9%。全年营业收入达到60亿元，同比增长51.5%。全年新建、续建项目26个，总投资68.8亿元，投资总额超过了前8年的总和。全区经济呈现高速增长态势，项目建设卓有成效，招商引资取得突破性进展，社会矛盾得到有效缓解。

王占丽　党支部书记、局长（女）

陈文和　党支部成员、副局长

殷　萍　党支部成员、副局长

赵广磊　副局长

刘海霞　党支部成员、副局长

王占丽简介：河南省滑县人，女，汉族，1970年9月出生，1990年7月参加工作，本科学历，1998年8月加入中国共产党。1991年2月～1998年3月，任马村土地分局办公室主任；1998年3月～2000年3月，任市地产交易中心办公室主任；2000年3月～2002年9月，任中站土地分局办公室主任；2002年9月～2008年7月，任市土地收购储备中心办公室主任、储备科科长；2008年7月起任现职。

陈文和简介：河南省焦作市修武县人，汉族，1970年10月出生，1991年7月参加工作，大专学历，1994年7月加入中国共产党。现任焦作市国土资源局高新技术产业开发区分局副局长。1991～2001年，在焦作李万乡人民政府工作；2001年～2004年，在高新区办公室工作；2004年8月起任现职。

【土地资源】截至2009年底，高新区耕地面积为2231.1533公顷，较2008年减少了36.58公顷；园地47.04公顷，林地20.48公顷；居民点及工矿用地1260.2267公顷，较2008年增加了36.58公顷；交通用地175.78公顷；水利设施用地3.3533公顷。未利用地88.02公顷。

【机构设置】现内部设有办公室、政工股、规划与地籍测绘股、法制信访股、用地及耕地保护股、李万国土所、文苑国土所7个职能股室。

【国土资源规划】2009年，紧密结合区建设、规划、经济发展局、社会事业局等部门，扎实开展乡级土地利用总体规划修编工作，力争为今后一个时期农村集体经济发展预留充足的空间。

【地政地籍管理】2009年，积极开展第二次土地调查工作，完成了土地利用现状调查工作各项任务，调查行政村16个，调查面积27.8平方公里，调处县区权属边界段39段。截至2009年底，数据库更新已完成，土地调查成果经核查现已上报省级审查。依法对厦工一期、大宇醋酸丝、明珠、华宏、森阳、开泰、金山置业等12家用地单位开展了土地确权登记工作，对中华新天地住宅小区开展了土地分割登记工作，共分割登记办理土地证书119宗。与市地籍科、土地登记中心和修武县国土资源局共同审查了22宗土地登记资料，已登记发放土地使用证1宗。

【土地利用管理】积极盘活存量建设用地，

通过对8公顷存量用地的盘活，解决了大宇醋酸丝等重点项目用地问题。清理低效利用土地和闲置用地，对2008年清理出的8宗低效利用土地的整改情况进行跟踪管理，及时督促。对5家土地利用率低的单位，控制其新增建设用地规模，指导项目合理选址、合理用地，仅此一项节约土地200亩。严格审查建设用地各项指标，核减土地近300亩。开展开发区土地集约利用评价工作。

【建设用地管理】2009年，上报国务院农用地转用一个批次，面积为82.4501公顷，该批次用地经国务院批准农用地转用，征收报件已备齐并送省厅待批；组织招、拍、挂出让土地7宗，出让面积52.8006公顷，出让金9960万元；办理国有建设用地3宗，集体建设用地2宗。

【土地执法监察】加强动态巡查，大力查处新增土地违法违规案件，共组织土地执法动态巡查180余人次，及时发现和制止违法占地行为47宗。其中，下达停工通知47宗，立案查处土地违法案件10宗，结案8宗；自行拆除10宗；移交市监察大队查处6宗。提请管委会建立了由区检察院、法院、公安、国土、规划等部门共同执法的联动机制，开展了“共同打击违法违规占地行为”专项行动。针对辖区内存在的以调整产业结构为名违法占用耕地和基本农田的现象，5月开展了“集中查处违法占地月”，共清查300余户，400亩违法用地分批次移交公安机关；12月，与公安、检察、司法、纪检、城管等有关职能部门实施联合执法，开展了“违法占地违法建设”专项整治工作。

【土地信访】2009年，积极探索从源头上预防和减少信访问题，坚持每周利用两个工作日，进村摸排不稳定因素，利用各种形式，多渠道与上访群众沟通交谈40余次。共受理群众来信、来电、网上、来访16件（批次），其中信函、网上2件，受理10件，市局转办3件（南李万、芦堡、住郭庄），已通过市局结案2件，区信访办转办5件，已全部办理完毕，咨询3件。分局信访工作多次受市局、高新区表扬。

【信息化建设】2009年，全面完成内网局域网的建设，“土地登记发证系统”所需要的硬件设施已全部配置到位。门户网站建设上，指派专人定期更新。根据不同时期的工作要求，相继增加了“学习实践科学发展观”、“保增长保红线”、“企业服务年”和“创建群众满意基层站所”专栏。

中站分局

中站区位于河南省焦作市区西部，是依托矿区而发展起来的城区。辖区总面积162平方公里，总人口12万人，下辖李封、王封、朱村、冯封、龙洞、月山、丹河、许衡、府城、龙翔10个街道办事处。中站区历史悠久，南有被列入国家级文物保护单位的府城早商遗址，中有元代政治家、教育家、天文学家许衡陵苑，北有被誉为“云台天池”的群英湖。

郭豪收　局长
韩善贤　支部书记
侯善民　副局长
王新生　副局长、纪检组长
朱建平　副局长

郭豪收简介：焦作市博爱县人，1967年9月出生，汉族，本科学历，工程师，国家一级结构工程师，国家级建造师，中共党员。1988年7月，郑州工学院毕业后分配到焦作市规划建筑设计院工作；1999年12月～2008年7月，在焦作高新区工作（期间2004年8月到高新区国土分局工作，任局长）；2008年7月至今，任中站分局局长。

【机构设置】焦作市国土资源局中站分局内设办公室、政工股、规划与地籍测绘股、法制信访股、用地及耕地保护股、矿产开发管理股、地质环境与储量管理股、执法监察队和许衡、龙翔、府城3个派出国土资源所，事业单位，隶属于焦作市国土资源局，现有职工56名，其中退休人员3名。

【国土资源】全区农用地面积为4769.28公顷，占全区土地总面积的38.31%；建设用地面积为2597.50公顷，占土地总面积的20.86%；未利用地面积为5082.50公顷，占全区土地总面积的40.83%。中站区的矿产资源丰富，主要有煤、耐火黏土、石灰石、建筑石料、铁矿、铝矾土和砖瓦黏土。煤炭经百余年的开采，先后有王封、李封等多个煤矿闭坑。现储煤主要有焦煤集团鑫珠村井田，保有储量1000多万吨，最大埋深200多米，属中灰低硫无烟煤。铁矿、耐火黏土和铝矾土经几十年开采，储量已经不多，到2009年底只有部分村民采挖。主要灰岩矿区总储量近亿万吨，山区地带有白云岩、灰岩及泥质岩均可做建筑石料。

【基本农田保护】2009年，投入资金0.7万元，完善了乡村基本农田地块保护标志142块。

【地政地籍管理】2009年，完成了辖区124.49平方公里（其中，农村调查115.59平方公里，城镇地籍更新调查8.9平方公里）的土地权属及地类调查。按期完成权属边界协议书签章，完成乡（镇）政府所在地、工业集聚外业调查，完成基本农田调查上图工作。第二次土地调查成果资料已通过国土资源部内业核查。地籍登记发证工作全部实现了网上审批、网上公示；城市居民小独院登记发证工作全面启动。根据工作变化，进一步规范分局地籍调查、登记、公示、发证、档案存查等程序，全年共发放土地证书15份，办理楼房土地分割登记9份。

【国土资源规划】2009年，中站分局高度重视新一轮规划修编工作，结合第二次土地调查成果和上一轮规划实施结果，对全区土地利用的相关问题进行了调查研究，对重点项目和专项规划进行了实地踏勘。根据市局下达中站区的规划指标，按照区域经济社会发展状况，结合土地利用实际，合理调整土地利用结构，优化基本农田布局和建设用地布局。中站区土地利用总体规划已经编制完成，在市局组织的五城区土地利用总体规划修编中，中站区土地利用总体规划得到了市局领导的认可，成绩名列第一。

【建设用地管理】2009年，中站分局共上报用地报件5个批次，用地面积46公顷，保证了22个建设项目用地，有力地支持了全区经济社会又好又快发展。

【测绘市场管理】2009年，开展了中站区地图市场专项检查工作，对中站区新华书店、街边图书店售卖的地图、区政府网站以及区相关职能部门网站上公布的地图进行检查。

【土地执法监察】2009年，中站国土分局与监察、财政、公安、法院、检察院建立了国土资源执法联席会议机制，建立执法监察、动态巡查信息网络，及时发现和制止非法占地30起，共立案查处30件，涉及土地面积465.07亩。

【矿政执法监察】2009年，按照中区文〔2009〕42号文件要求，集中整治工作分成三个小组，每个小组由国土、办事处、公安、检察院、法院、安监局、环保、林业、电力等部门人员组成。分局在区领导小组的统一领导下，抽调16人参加集中整治活动，负责第二小组的全面整治工作。整治期间分局共出动车辆3台，刷写标语1000余幅，以领导小组名义出工作简报7期，调查发现盗采矿洞（井）1105个，采取炸药炸毁矿洞200余个，租用挖掘机回填矿洞（井）800多个，投入工作经费7万余元。查处涉矿运输车16辆，查扣各种机器、工具120余台（件），收缴电线10000余米，有效打击了违法采矿者的嚣张气焰，取得矿产秩序治理整顿的初步成果。分局在征求其他部门意见的基础上，建立规范矿产秩序的长效机制。

【第九次卫星遥感执法检查】2009年，开展了第九次卫星遥感执法检查，根据卫星遥感监测情况显示，辖区共有16个变化图斑，经过对每个图斑实地核实，共14宗地，其中有合法用地手续6宗，面积217.1亩，耕地面积139.2亩；实地未变化7宗，面积82.2亩；养殖用地1宗，面积4.7亩。顺利通过国家土地督察济南局检查验收。

【矿产开发管理】2009年，分局对辖区各采矿权进行了核实整理，完善了采矿权登记管理数据库，辖区现有建筑石料厂7户，其中，正在办扩界3户、延续1户，新办证1户，应参加年审为7户，实际年审7家，年检已完成，年审率为100%，合格率98%。

【地质环境】深入山区地质灾害易发区，对周围村民进行地质灾害防治科普知识宣传活动，提高社会群众防治地质灾害意识。认真落实汛情巡视制度、灾情快报制度、汛期值班制度，严格落实责任制，实行责任到人。对辖区地裂缝、煤矿塌陷区、尾矿坝等地质灾害易发区进行调查，确定地质灾害隐患点12个，有针对性地制订了2009年防治方案及应急整治预案。全年投资6000元建造永久性警示牌3块，临时警示标志9处。配合有关单位完成全区中小学校舍地质灾害普查工作。对辖区内7家持证矿山的资源储量进行实地测量检测，其中零报告2家，报告5家，采矿企业储量报告检测率达到100%。完成辖区地质灾害治理项目申报工作；协调区财政和环保部门，召开有关企业会议，在四城区率先安排布置地质环境恢复保证金收缴工作。

【信访工作】2009年，按照信访条例规定，及时办理上级部门交办、转办的信访案件。全年分局共接待来访群众75起、123批、256人（次）信访案件。其中，市局转办8起（政府在线3起）。区信访局转办1起。对市局、区转办的案件，按要求将案件处理情况和办理结果以书面材料装订成册，及时上报。

【档案管理】分局成立了领导小组，制订了具体的实施方案，专门设立了档案室，制订了五项制度、六防措施、档案资料情况统计图等详细的内容。

【中站工业集聚区】中站工业集聚区位于中站区西部，东至焦晋高速公路以西，南至丰收路以北，西至博爱县界，北至太行山以南。焦晋高速公路贯穿南北，交通便利。于2005年7月开始筹建，集聚区规划面积17.9平方公里，分为汽车零部件产业园区、机械装备产业园区、化工园区、轻工园区、高新产业园区、氟化工园区六个产业功能区。

（王 森）

安　阳　市

安阳市国土资源局

安阳市位于河南省最北部，与河北、山西两省毗邻，介于北纬35° 12′ ～36° 12′ 、东经113° 38′ ～114° 59′之间。南北最大纵距128公里，东西最大横距122公里。辖区总面积7413平方千米。截至2009年底，全市总人口544.6万人。中部有京广铁路、京珠高速公路、107国道贯穿南北，南距省会郑州市190公里。交通便利，素有“豫北要冲”、“四省通衢”之称。辖1个县级市（林州市），4个县（安阳县、滑县、汤阴县、内黄县），4个市辖区（文峰区、北关区、殷都区、龙安区）和1个省级高新技术开发区，46个乡，46个镇，43个街道办事处，220个社区、居委会（市区161个社区），3253个行政村。

杨学文　党组书记、局长
邓永生　党组副书记、副局长
田树林　党组成员、副局长
逯建修　党组成员、调研员
钟会学　党组成员、副局长
马存旺　党组成员、纪检组长
陆新生　党组成员、副局长

杨学文简介：河南省林州市人，汉族，1955年12月28日出生，中共党员。1974年12月参加工作，1974年12月～1986年10月，在部队服役；1986年10月～1990年1月，任安阳市纪检委干事；1990年1月～1992年12月，任安阳市纪检委副科级纪检员；1992年12月～1995年5 月，任中共安阳市纪检委案件审理室主任（正科级）；1995年5月～1999年3月，任中共滑县县委常委、纪检委书记；1999年3月～2004年3月，任安阳市林业局党组书记、局长；2004年3月至今，任安阳市国土资源局党组书记、局长。

【机构设置】安阳市国土资源局现内设办公室、计划财务科、规划科、耕地保护科、用地审批科、土地利用科、地籍与测绘科、矿产开发管理科、勘察储量环境科、法规监察科、人事教育科、离退休干部工作科、机关党委办公室、监察室、审办科15个职能科室，辖土地储备中心、土地监察队、矿产资源监察队、开发区分局、国土资源调查规划与测绘院、征（拨）用地事务所、地租征收处、土地整理中心、国土资源信息中心、地产交易中心10个二级机构。全局共有干部职工298人（其中在职人员248人，离退休人员50人）。

【土地资源】安阳市土地总面积7413平方公里，占全省总面积的4.47%。其中，市区面积543.6平方公里，城市建成区面积39平方公里，耕地总资源412.43千公顷。截至2008年12月31日，安阳市2008年度末农用地合计7843409.0亩，其中耕地6126849.0亩，园地172598.1亩，林地1033891.2亩，牧草地70.6亩，其他农用地510000.1亩；建设用地合计1526706.3亩，其中居民点及工矿用地1403371.8亩，交通用地81127.6亩，水利设施用地42206.9亩；未利用地合计1661051.0亩，其中，未利用土地1470477.0亩，其他土地190574.0亩。2008年，安阳市全年耕地减少3436.8亩，耕地增加3441.2亩，占补相抵，净增加耕地4.4亩。2008年，安阳市全年建设用地项目占用耕地3346.5亩，开发复垦整理增加耕地3441.2亩，占补相抵净增加耕地94.7亩。

【矿产资源】安阳市矿产资源丰富，主要存在两种类型：一类是和地层沉积程序有关的沉积矿产；另一类是岩浆侵入后自身产生的，或岩浆与围岩发生变化产生的矿产。安阳西部山区，沉积岩和岩浆岩大范围出露，发现大量有用矿产，如铁矿、煤炭、石英砂岩、白云岩、石膏、含钾（砂）岩、石灰岩、大理石、锰矿、石棉矿、长石矿、蛭石矿等。东部平原区被新生代地层掩盖，矿产赋存情况不得而知。西部山区的已知矿产，由于受开发缓急的影响，勘查程度也大不相同。

地热资源已勘探发现为地下热水。主要分布于青洋口断裂（安封存一线）与汤东断裂（大韩村、高庄一线）之间，沿汤阴地堑呈北东向带状分布于（安阳市境内）长约30公里，宽约15公里范围内。

另外，在林州市城关镇小菜园一带经物探工作发现地热异常，有地下热水存在的可能。地下热水勘探开发程度较低，仅限于石油、金属矿产、地质构造、水文等勘察工作的同时对地热资源有所发现。

安阳市西部山区有较好的成矿条件，除上文提到的，还发现有铜、铌、钽、水晶、冰洲石等多种矿点。由于没有进行系统的基础地质工作，许多有益矿产未被发现；对已经发现的矿产未能做出正确的评价，影响着安阳矿产资源的及时开发利用。

【基本农田保护】2009年，安阳市国土资源局依据新一轮规划确定的基本农田保有量，对基本农田布局进行合理划分调整，各级政府以及国土资源管理部门重新签订耕地保护目标责任书，进一步明确了责任。根据2008年地籍变更调查数据，安阳市耕地面积为40.85万公顷，基本农田保护面积为35.25万公顷，顺利通过河南省政府组织的2008年度耕地保护目标验收。

【基本农田保护示范区建设】继2006年滑县被列为省级基本农田示范区后，截至2009年，安阳市共投资4542.75万元用于示范区建设，按照基本农田标准化、基础工作规范化、保护责任社会化、监督管理信息化的要求，对其中3009.88公顷基本农田进行了建设，力争在5年内完成6832.83公顷的基本农田整治任务。

【土地开发整理】2009年，安阳市国土资源局积极推进2007年国家投资土地整理复垦项目，制订《安阳市国土资源局关于进一步加快土地整理复垦开发项目进度的通知》，并成立6个项目督导小组，定期对项目进度情况督导检查，统筹进度安排；建立项目例会和旬报制度，下发《安阳市国土资源局关于实行土地开发整理项目督办例会和旬报制度的通知》，定期在不同的县（市、区）召开项目督导例会，研究探讨项目实施中遇到的问题，找出解决问题的途径和办法，并形成具体措施及处理意见，确保本行政区域内的项目严格按照河南省国土资源厅要求落实到位、按期完成。2009年，安阳市上报建设用地占用耕地8786.67亩，补充耕地8786.67亩。为确保全市耕地占补平衡，加大土地开发整理复垦工作力度，合理开发利用耕地后备资源，完成2008年度补充耕地项目8批150个项目的验收工作，新增耕地面积9940.95亩。建立和完善了基本农田补划储备制度，对已验收的土地开发整理项目和占补平衡项目，符合基本农田条件的，及时纳入“基本农田补划储备库”管理。目前纳入“基本农田补划储备库”的基本农田面积达到124100亩，全市连续11年实现耕地占补平衡。

【全力推进用地报批】2009年年初，安阳市国土资源局主动与发展改革、规划、建设、市重点办等单位沟通，了解经济社会发展用地需求。同时，向全市重点行业、单位发函，了解用地意向，并通过积极协调、主动服务，确保安阳市用地报件高质、按时上报审批。全市全年共上报各类建设用地19200亩，有效保障了经济社会发展用地需求。根据河南省国土资源厅关于对批而未用地进行专项清理的要求，安阳市国土资源局组织工作组进行集中清查。通过内业上图、逐宗现场勘查，部门联合研究，对批而未用土地摸清底数，研究了应对措施。

【保障重点项目用地】2009年，安阳市国土资源局在科学调配用地计划，将建设用地指标重点保障重点项目的同时，对153个省、市重点项目，362个中央投资项目，28个8511项目，114个8155项目，69个三年城建计划项目以及十个方面实事项目和领导关注的项目进行摸底排查，建立重点项目全程管理档案，实时掌握项目用地需求和存在的突出问题。截至年底，全市重点项目除选址未定及未进入用地环节的项目外，绝大多数重点项目已完成用地报批工作，殷墟国家大遗址公园、平原路南北段、华祥路等重点项目得到有效保障。

【提高服务质量和水平】2009年，安阳市国土资源局在精减用地审批材料、简化报批程序的基础上，进一步完善服务大厅建设，实施一个窗口对外、一站式办公，统一受理业务申请。加强项目用地计划指标申请、用地预审、规划调整、用地报批、土地供应和土地登记等事项的联动机制。同时，积极参与重大项目联审联批工作，属于国土部门办理环节的用地手续办结率为87.5%。完成建设用地网上报批的硬件、软件建设和人员培训工作，具备了实行网上报批建设用地条件。

【土地预征试点】安阳市国土资源局积极探索开展土地预征试点工作，在产业集聚区内试行。试点工作得到河南省国土资源厅的大力支持，同意将安阳高新技术产业集聚区等4个工业集聚区作为征地制度改革试点（仅限于河南省政府批准权限内的用地项目）。

【节约集约用地】2009年，安阳市国土资源局严格按照控制性指标供地，在供地过程中，要求鼓励类项目节约用地，对限制类项目有条件严格审核，对禁止类项目不予供地。加大对标准厂房建设的扶持力度，在新一轮规划修编中安排6347亩标准厂房建设用地，在工业聚集区新建标准厂房的，一律优先审批、优先供地。同时，通过考核机制推进标准厂房建设，对标准厂房建设落后的县（市、区）实施用地限批。规范聚集区用地，按照“布局集中、用地集约、产业聚集”的原则，要求工业项目一律进驻工业聚集区，同时做好开发区及园区（聚集区）土地利用效能评价，以进一步促进土地的节约集约利用。

【土地利用管理】2009年度河南省下达安阳市新增建设用地总量为408公顷，其中农用地转用计划315公顷，耕地225公顷。省下达市计划指标优先用于保障安阳市一批城市、汤阴县一批乡镇、内黄一批城市、内黄一批乡镇、北关一批乡镇、粮库安阳分库、汤阴110千伏变电站等项目用地。在上报建设用地时，会同发展改革和规划部门，严把产业政策关，凡单独选址的工业项目原则上不再供地，引导工业项目向工业聚集区集中，房地产项目一律不得占用新增建设用地。同时，强化土地利用计划的宏观调控职能，通过对国有建设用地供应计划的执行，促进存量土地的再利用。按照国家政策要求，新增用地、政府供应土地、存量建设用地均编入供应计划，凡未列入供应计划的用地项目一律不予供地。为进一步保障全市经济社会发展和城乡建设用地，安阳市国土资源局积极争取省厅追加土地利用计划指标591公顷，其中农用地转用计划570公顷，耕地589公顷，保障了西气东输、岳成水库、永和电厂、柏庄天然气站及部分城乡批次建设用地项目。

【积极盘活存量土地】2009年，安阳市国土资源局为优化土地资源配置，缓解供需矛盾，促进节约集约和高效利用，继续立足内涵挖潜，加大盘活闲置和空闲土地工作力度，在供地环节上尽量安排利用存量土地，对新上建设项目能够使用存量土地的，不批准使用新增建设用地。除安阳新区、经济适用住房、廉租房重点工作允许使用新增建设用地外，其他项目严格控制新增建设用地，利用“城中村”改造、旧城改造和闲置、低效土地的盘活解决用地问题。同时，制定有效的盘活政策和措施，加大盘活力度。2009年全市共盘活存量土地3816亩。

【建设用地预审】2009年以来，完成了安阳粮库、安阳市精神卫生院、安阳第七水厂等11个建设项目的用地预审工作。积极引导和控制建设项目在预审环节，将其纳入宏观调控和产业调整政策轨道上来。协同市发改委、建设、规划等部门，开展建设项目的前期可研审查及规划论证工作，在充分发挥土地利用总体规划对经济、社会与资源环境全面协调发展控制性作用的同时，积极有效地建议并引导建设项目向集约用地、保护耕地和生态环境的方向健康发展。

【供地保障】2009年，安阳市国土资源局简化手续，加快进度，积极主动服务各类建设项目，特别是重点工程用地的供地工作，完成了中国文字博物馆、安阳职业学院、安钢铁路专线等重点项目以及博书苑、北辰家园、碧水名郡、时代华庭等经济适用住房和廉租房项目供地工作。2009年安阳市市本级土地供应总量为81宗，供应总面积3099.2亩，其中出让土地为68宗，供地面积2140亩，出让价款4.93亿元；划拨土地8宗，供地面积 684.3亩；租赁等其他供地5宗，供地面积274.9亩。

【完善公开出让制度】2009年，安阳市国土资源局采取政府主导与市场运作相结合的方式，通过收回、置换等方式，以实物储备和信息储备为手段，将闲置未用、低效利用和改制企业的土地，全部纳入收购储备的范围，统一安排，推向市场，公开供给。同时，按照“公开、公平、公正”的原则，继续推进经营性用地公开出让，经营性用地招、拍、挂出让比率达到100%。全年市本级完成土地挂牌出让27宗，总面积1526.6亩，成交价款5.34亿元；拍卖出让土地1宗，成交价款为1亿元。

【矿业权市场】2009年，安阳市国土资源局通过查处非法转让矿业权专项活动，矿业权二级市场得到进一步激活，矿业权市场建设更加规范。全市全年有偿出让采矿权8起，其中挂牌出让5起，有偿延续采矿权3起，价款总额1201万元，辖区内矿业权全部以竞争有偿方式出让。

【规范土地租赁管理】2009年，安阳市国土资源局积极开展土地有偿使用手续到期查询工作，扩大租赁范围，加强土地现状调查，全面推行国有土地有偿使用制度。通过加强宣传、确定重点、延伸网络、完善程序、切实加大征收力度，全年市本级完成土地租赁收益664万元。

【规范矿产资源勘查开发秩序】2009年，安阳市国土资源局加大矿产资源整顿力度，按照“有序有偿、供需平衡、结构优化、集约高效”的要求，继续加强辖区内勘查开采秩序的监督管理，着力维护重点矿区、重要矿种的开发秩序，始终保持高压态势，严防各类违法现象反弹。严格落实“分片包干，包矿到人”等各项制度，积极采取有效措施，严厉打击各种非法勘查开采行为。全市共组织联合执法行动6次，炸封矿硐5处，查扣违法生产设备5台，销毁设备空压机1台，有效维护了矿业秩序，稳定可持续发展。目前，安阳市共有矿山企业224家，其中煤矿26家，铁矿113家，非金属矿山85家。采矿证持证率达100%，勘查许可证持证率达100%。

【稳步推进资源整合】2009年，安阳市国土资源局在配合做好煤炭资源整合工作、按时申报省厅换发整合煤矿采矿许可证的前提下，依法定职责对关闭的5家独立块段小煤矿提请县级政府实施关闭，并已报请河南省国土资源厅注销其采矿许可证；铁矿、石膏矿资源整合进一步深入开展，全市参与整合的30个单元已有25个整合矿山办理了采矿许可证。

【地质灾害防治】2009年，安阳市国土资源局会同建设、水利、交通等部门共同编制完成了年度防灾方案，全市查明的210处地质灾害隐患点全部明确了防灾责任单位、防灾责任人和监测责任人，群测群防网络进一步健全。全市全年共发放防灾明白卡4800余份，印发地质灾害防治宣传页4万余份，设立地质灾害警示牌253块、警戒线1000余米。通过天气预报、电视飞播、电话和短信等方式，发布气象预警预报23次，最大限度地减轻和避免地质灾害造成的损失。

【矿山储量动态监督管理】2009年，安阳市国土资源局深入矿山企业和动态监测机构进行监督检查和指导，积极主动为矿山企业提供服务和技术咨询，通过组织人员参加培训，进一步规范安阳市储量动态监测的程序，统一相关技术要求，完善台账、图纸等资料，加强人员和设备的保障。同时，把矿山储量动态监督管理工作与矿权登记、年检和矿产资源开发监督管理等工作结合起来，用严格的制度强力推进矿山储量动态监管工作，保证储量动态管理工作有效开展。安阳地区甲类矿山储量动态监测率达98%以上。

【矿山生态环境保护】2009年，安阳市国土资源局编制完成《矿山环境保护与治理规划》，实施矿山地质环境治理恢复保证金制度，认真安排部署全市的废弃矿井调查与治理工作，已查明废弃矿井600多处。根据省两权价款项目的安排，安阳市共投入治理资金约920万元完成对林州市石村铁矿、安阳县路下铁矿和西善应石膏矿的矿山环境治理及调查工作。截至年底，全市共复垦土地面积100多亩，治理面积550亩，塌陷区、地裂缝回填20779立方米，山体裂缝治理4647立方米，采空区注浆12982立方米，挡渣墙9923立方米，削坡平整18114立方米，设立警示牌1200块，植草251697平方米，植树26000余棵，矿山环境得到有效治理。

【第九次卫片执法检查】在第九次卫片执法检查中，通过卫片确定安阳市发生违法用地42宗，涉及耕地面积259.4亩。违法用地占用耕地面积占新增建设用地占用耕地总面积的4.8%。违法用地发案量和面积分别比上年减少8宗和44.1亩，同比分别下降16%和14.5%，在全省处于较好水平。

【第二次全国土地调查工作基本完成】农村土地调查外业工作已于2008年12月底前全部完成，并通过了国家核查；农村土地数据库建设工作于2009年4月25日前全部完成，成果已上报省二次调查办公室预检；城镇地籍更新调查外业工作大部分已完成并通过省二调办预检，基本农田调查上图工作基本完成，圆满按期完成了全国第二次土地调查工作各项任务。

【地政地籍工作】2009年，安阳市国土资源局积极推进集体土地所有权和使用权登记发证工作，集体土地所有权发证9329宗，发证率为96%；集体建设用地使用权发证数为684466宗，发证率为90%。

【加强测绘行政管理】在测绘市场监管中，结合测绘资质年度注册工作，对不规范的测绘行为加大了整治力度，依法进行了统一规范。强化测绘资质年度注册工作，对符合条件的21家测绘单位进行了注册，并对测绘成果资料、测绘项目的招投标文件等内容进行了严格检查，进一步净化了测绘市场。

【土地利用总体规划修编】市级新一轮《土

地利用总体规划》修编成果于2009年4月8日顺利通过国土资源部审查，并于2009年6月23日通过河南省国土资源厅审查。按照国土资源部和河南省国土资源厅审查意见要求修改完善后，新一轮《规划》（送审稿）于2009年6月29日上报河南省政府转呈国务院审批，并已上报至国土资源部审查待批。安阳市县级土地利用总体规划修编成果已全部通过河南省政府审查批准，乡级土地利用总体规划已基本完成规划编制工作。

【基层所建设】安阳市2009年着力加强基层国土资源所规范化建设，要求全市98个乡镇国土资源所全部达到省厅规范化建设标准。已有62个乡（镇）国土资源所达到垂直管理、规范化建设要求。对尚未达到河南省国土资源厅规范要求的国土资源所，对所在县（区）国土资源局发出督办通知，要求对照标准采取措施完善。同时，强化对乡（镇）国土资源管理干部的业务知识培训，分两期对全市338名乡镇国土资源管理干部进行了培训。

【执法监察】2009年，安阳市国土资源局建立村级国土资源协管员队伍，完善国土资源四级管理体制。全市统一组织协调动态巡查力量，进行交叉互查，根据辖区发案情况对执法人员进行考核，实行责任倒查，与任用和评先挂钩，使巡查责任制得到有效落实。将村级国土资源协管员纳入动态巡查范围，呈现出巡查全覆盖、工作无盲区、制止争主动等特点。全市共立案查处各类土地违法案件424件，结案327件，移送公安机关处理8起，向纪检监察部门提出党纪政纪处分建议8份；共立案查处各类地矿违法案件15件，结案15件。

【信访工作】2009年，安阳市共受理信访事项242起，接访率100%。其中，河南省国土资源厅立案件交办案件12起，办结11起，结案率91%；安阳市信访局立案件交办案件12起，办结12起，结案率100%；全年没有信访积案。一是畅通信访渠道。开通了信访热线、建立了信访网站，群众可以在24小时内通过电话或网络反映举报问题，信访渠道更加畅通。二是对重大信访事项开始实行听证制度。三是建立信访责任追究制度。通过在全系统实行信访工作责任追究制度，使信访问题得到快速有效处理，从根本上维护了群众的利益，办理信访案件群众满意率达到85%以上。

（武文峰）

林州市国土资源局

林州市位于河南西北部，晋、冀、豫三省交界的太行山东麓，东邻安阳县、鹤壁市、淇县；南同辉县市、卫辉市相连；西靠太行山脉，与山西省壶关、平顺两县接壤，北与河北省涉县隔漳河相望。地理坐标为东经113°37′～114°04′，北纬35°41′～36°22′。全市有16个乡（镇），4个街道办事处，546个行政村，1861个自然村，人口近100万人，辖区南北最长74公里，东西最宽29.4公里，总面积2046平方公里，人均耕地0.79亩。据调查，全市有大小山头7658个，大型冲沟7845条，山地丘陵面积为1760平方公里，占全市总面积的86%，基本上是一个山区丘陵县市。境内地貌分为中山、低山、丘陵、盆地4种类型。中山分布在市境南北，呈北东—南西向延伸，属太行山山脉，境内最高海拔1632米；低山分布在市境南北，丘陵分布在市境东部；在山地和丘陵之中分布着盆地和谷地。

路云山　党组书记、局长
韩广德　党组成员、副局长
李保吉　党组成员、副局长
张贵周　党组成员、副局长
张海东　党组成员、副局长
王贵生　党组成员、副主任科员

路云山简介：林州市合涧镇人，1959年9月出生，汉族，大专文化。1976年7月参加工作，1982年4月入党。曾历任乡政府司法助理、副乡长、乡党委副书记、镇长、镇党委书记等职。现任林州市国土资源局党组书记、局长。

【机构设置】2009年，林州市国土资源局内设办公室、规划科、地籍科、用地科、信访科、监察科、矿管科、增设耕保科8个科室，下设矿产资源管理处、土地整理储备公司、土地监察大队、地产市场管理处、测绘队5个二级机构，共有振林、龙山、开元、桂园、城郊、合涧、原康、茶店、临淇、五龙、横水、桂林、采桑、东姚、河顺、任村、姚村、陵阳、东岗、石板岩等20个乡镇（街道）国土资源所。2009年底，林州市国土资源局共有干部职工269人，其中在职人员239人，离岗4人，退休26人。

【土地资源】2009年底，林州市农用地合计1778202.3亩，其中，耕地885630亩，园地54851.25亩，林地685157.7 亩，草地46.35亩，交通用地32312.25亩，水域及水利设施用地19675.95亩，其他土地100528.8亩；建设用地合计293074.05亩，其中，城镇村及工矿用地273982.84亩，交通运输用地13333.5亩，水域及水利设施用地5757.75亩；未利用地合计1021662.45亩，其中，水域及水利设施用地51453亩，草地280382.4亩，其他土地689827.05亩。林州市土地总面积3092938.8 亩。

【矿产资源】林州市共发现能源、金属、非金属、稀有矿产、水汽矿产五大系列32个品种。2009年共有矿山企业70家，其中铁矿采矿企业41家，非金属矿山企业29家。铁矿企业41家，主要分布在横水、河顺、东岗、东姚、城郊、陵阳6个乡镇；石灰石企业13家，主要分布在横水、临淇、采桑、河顺、城郊等乡镇；石英砂企业7家，主要分布在合涧、城郊；花岗石企业4家，主要分布在东岗、城郊；白云石企业4家，主要分布在河顺、横水、东姚等到地；矽线石开采企业有1家在横水。

【宣传教育】2009年，林州市国土资源局以开展“3·19”矿法宣传日、“6·25”全国土地日、“8·29”测绘法宣传日等宣传活动为契机，充分利用广播电视、报刊、座谈、培训等形式，大力宣传国土资源管理法律法规和地质灾害防治知识。全年共发放宣传资料36000余份，展出宣传版面20余张，制作宣传标语和横幅60余幅，设立咨询台30多处，普及人数达10万多人次。开展了“深入学习实践科学发展观”等学习教育活动，注重廉政建设和行风政风建设。组织开展了全市国土资源所国土资源法律知识教育培训活动。

【规划修编】2009年，林州市新一轮土地利用总体规划修编工作顺利完成，并通过了省级初评。

【耕地占补平衡】2009年，林州市国土资源局认真落实耕地的“占一补一”政策，全年共组织实施耕地占补平衡项目62个，总面积为185.66公顷，较好地完成了上级下达的170公顷的耕地补充任务，全市连续9年实现了占补平衡。

【土地整理】2009年，林州市全力推进土地开发整理项目的建设。横水、姚村、桂林等乡镇的国家级投资土地整理项目已全部通过省厅检查验收。为进一步加大项目建设力度，积极推进总规模611.77公顷、总投资1300万元的合涧镇国家级投资土地整理项目建设，已完成总工程量的15%左右。项目全部完工后，可新增耕地18.95公顷。

【建设项目预审】2009年，林州市国土资源局预审各类建设项目30次（份），涉及土地面积129.9161公顷。

【土地地类鉴定】2009年，林州市国土资源局出具土地地类鉴定180余份，均未引起行政复议和行政诉讼，确保全市土地用途管制制度的落实。

【建设用地审批】2009年，林州市国土资源局依法审查上报建设用地3个批次，涉及用地13个项目，用地面积为840.28亩。同时，按要求组织上报了4个单独选址项目，用地面积为63.59亩。

【国有土地有偿使用】2009年，林州市国土资源局继续推进国有土地有偿使用制度改革，在工作中不断完善出让制度，规范出让程序，全年共挂牌出让国有土地使用权11宗，出让面积为320亩，收取土地出让金达1.5569亿元。

【盘活存量土地】2009年，为全面加强资源市场建设，进一步提高土地利用效率，不断加大盘活挖潜工作力度，全年共盘活存量土地31宗，土地面积为463.36亩，显化土地资产达9600万元。

【地产市场交易】2009年，林州市国土资源局共依法征收年租金103余万元，收取土地交易费22余万元。

【土地登记发证】2009年，林州市国土资源局共依法办理国有土地使用证272本，集体土地使用证12本；办理农村宅基地土地使用证17000余本，累计发证42000余本，发证率达60%。同时依法调处土地权属争议3起，有效地保护了土地权利人的合法权益。

【第二次土地调查】2009年，林州市第二次农村土地调查工作全面完成。通过第二次土地调查，林州市第一次建立了土地利用现状数据库，并采用“3S”技术，全面获取了各级各类土地利用面积，为全市国民经济和社会发展提供了大量的基础数据。

【土地收购储备】2009年，林州市国土资源局收回了姚村镇政府旧址、水利站、电影院3宗土地的国有土地使用权，面积共13000平方米；收回了六路口东北角80亩土地使用权、烟叶仓库24.7亩的土地使用权、文化馆东侧王家庄居民7亩宅基地土地使用权；对市图书馆、博物馆进行了权属调查，做好了土地使用权收回的前期工作。

【清理闲置土地】2009年，林州市国土资源局对全市范围内的闲置土地进行了清理，共收取闲置费11000元。

【旧城改造】2009年，林州市国土资源局配合城建指挥部对向阳街、食品厂、春晖公司、人民广场进行拆迁改造，对李家庄村委会的旧城改造进行了土地勘查、权属调查和收回土地使用权等。

【林长高速建设前期工作】林（州）长（治）高速南起横水晋家坡，北至山西长治市，全长约40公里，途经林州市横水、河顺、陵阳、姚村、任村5个乡镇。2009年10月，林州市国土资源局开始做沿路勘测定界、清点附属物、移坟及收回土地使用权等工作。

【采矿权市场建设】2009年，林州市国土资源局以公开挂牌出让的方式，依法出让采矿权2宗，收取采矿权价款144万元。

【矿产资源治理整顿】2009年，林州市国土资源局共组织大规模集中整治行动11次，立案查处矿产违法勘查、开采案件18起，罚款32.05万元，没收设备30余台，填埋废弃矿井和井硐123个。全年共征收矿产资源补偿费124.3万元。

【采矿权年检】2009年，林州市应检矿山企业70家，其中铁矿企业41家，非金属矿山企业29家。实际参检矿山企业59家，参检率为81.43%，合格率达100%。

【地质灾害防治】2009年，林州市国土资源局建立健全了地质灾害防治制度。结合全市实际，进一步完善了汛期值班、灾情速报和险情巡查等工作制度，同时建立健全了预防群测体系。全年共发放地灾防治工作明白卡143份、防灾避险工作明白卡3300余份，在重大地灾安全隐患点设立明显警示标志50余块，并先后5次组织实施了地灾预警预报工作。

【矿山地质环境治理】2009年，林州市国土资源局分别对城郊乡南营村、东岗镇东冶村组织实施了地质环境治理，从而有效地改善了矿山环境，并从根本上消除了矿山地质灾害隐患。

【国家级地质公园】2009年，林州市在省级地质公园成功开园的基础上，又成功申报了红旗渠·林虑山国家级地质公园。

【测绘工作】2009年，林州市国土资源局服务全市经济建设，测绘总面积1373.1457公顷。其中，服务农用地转用、征收、土地挂牌出让，测绘面积91.5515公顷；服务土地登记发证及权属纠纷，测绘面积12.1810公顷；测绘占补平衡项目1164.53333公顷；测绘城市拆迁改造面积8.6072公顷；测绘违法占地面积9.0000公顷；测绘企业改制面积39.7469公顷；其他测绘47.5258公顷。

【执法监察】2009年，林州市国土资源局共立案查处土地违法案件80起，涉及土地面积30.2公顷，罚款104余万元；拆除违法建筑61处，拆除面积达12400平方米；依法申请法院强制执行40起，移送司法机关13起，给予党纪政纪处分10人，刑事处罚2人。

【信访工作】2009年，林州市国土资源局共接待群众来访87起116人（次），群众满意率达到了90%以上，信访量较去年下降了近30%。

（常江丽）

安阳县国土资源局

安阳县地处豫北，环绕安阳市区，南与汤阴、鹤壁毗邻，北与河北磁县、临漳、涉县隔河相望，西与林州接壤，东与内黄相连。安阳县素有“豫北冲要”之称，京广铁路、京深（圳）高速公路、安林高速、107国道穿境而过。地理坐标为北纬35°35′～36°21′，东经113°35′～114°45′。县域呈横带状，总面积1201平方公里，耕地面积107万亩。2009年底，全县总人口941532人，其中农业人口822814人，占全县总人口的87.39 %。少数民族有蒙古族、回族、藏族、苗族、彝族、壮族、布依族、满族、侗族、瑶族、土家族、黎族、羌族、拉祜族、水族、达斡尔族、仫佬族、畲族、撒拉族等。安阳县辖14个乡、7个镇、608个行政村和17个居民委员会、711个自然村。县人民政府驻安阳市区解放路东段路北。

魏忠阳　党组书记、局长

宋天印　党组成员、副局长

乔志明　党组成员、副局长

张建军　党组成员、副局长

张建才　党组成员、副局长

李爱英　党组成员、纪检组长（女）

杨立新　党组成员、副科级干部

魏忠阳简介：林州市人，1962年12月出生，汉族，大专学历，中共党员。1982年毕业于安阳师范专科学校，1982年9月参加工作。1982年9月～1991年9月，在安阳县第二高级中学任教；1991年10月～1995年9月，任安阳县计划生育委员会信访办主任兼稽查队队长；1995年10月～1999年3月，任安阳县白璧镇副镇长、副书记；1999年4月～2000年1月，任安阳县韩陵乡副书记；2000年2月～2005年1月，任安阳县蒋村乡党委副书记、乡长；2005年2月～2009年1月，任安阳县永和乡党委书记；2009年3月至今，任安阳县国土资源局党组书记、局长。

【机构设置】安阳县国土资源局内设办公室、计划财务股、地籍股、规划测绘股、监察信访股共5个科室，下设安阳县土地储备中心、安阳县土地整理中心、安阳县土地权属办公室、安阳县农村宅基地管理办公室、安阳县征拨用地事务所、安阳县地价评估所、安阳县国土资源监察大队、安阳县国土资源监察一中队、安阳县国土资源监察二中队、安阳县国土资源监察三中队、安阳县测绘院共11个二级机构，辖辛村乡、蒋村乡、白璧镇、马家乡、许家沟乡、铜冶镇、磊口乡、善应镇所、永和乡、瓦店乡、水冶镇、伦掌镇、北郭乡所、曲沟镇、崔家桥乡、柏庄镇、安丰乡、洪河屯乡、韩陵乡、吕村镇、都里乡21个国土资源所。

【土地资源】安阳县土地总面积为120052.58公顷。其中，农用地面积为82551.8公顷，占全县土地总面积的68.76%；建设用地面积为16377.96公顷，占全县土地总面积的13.64%；未利用地面积为21122.82公顷，占全县土地总面积的17.59%。根据土壤分类命名原则，全县土壤分为3个土类，主要有褐土土类、潮土土类、风砂土土类。其中又包括7个亚类、18个土属、44个土种。大体上，褐土主要分布在京广铁路以西的低山、丘陵区及山前洪积平原区，潮土分布在京广铁路以东广大平原区，县境东部偏北古漳河故道为风砂土，京广铁路一线为褐土和潮土衔接过渡地带。

【建设用地管理】2009年，全县共上报一宗单独选址和17个批次50多个项目的建设用地项目，共计报批建设用地471.6976公顷，其中，耕地133.7869公顷；继续加大耕地特别是基本农田保护力度，全县基本农田总面积继续保持在60836.333公顷不减少。2009年，安阳县成功争取了全市土地综合整治试点县的荣誉，被河南省政府评为河南省黏土砖瓦窑厂整治工作先进单位，被安阳市政府评为全市优化经济发展环境先进单位，获得安阳县委、县政府通令嘉奖等多项荣誉。

【实现耕地占补平衡 】2009年，安阳县共转用农用土地面积272.659公顷，其中，耕地113.7869公顷。按照“占一补一”的原则，通过“三项整治”等在县域范围内补充耕地15.96公顷，实现异地补充耕地110.748公顷，全县耕地总量继续保持动态平衡。

【确定耕地占补平衡项目35个】2009年，安阳县在9个乡（镇）、19个村庄确立了35个占补平衡项目，项目总面积99.813公顷。通过市局验收的有17个项目，面积57.24公顷，其中5个复垦项目，面积18.84公顷；12个开发项目，面积38.4公顷。

【实施三大土地整理项目】2009年，安阳县利用国家资金在北郭乡、辛村乡、瓦店乡实施三大土地整理项目，累计争取国家资金4280.83万元，整理土地50600亩，预计新增耕地130.843公顷。其中，总投资2197万元、项目总面积1822.25公顷的国家级北郭乡土地整理项目已完工并通过安阳市国土资源局验收。

【保护重点项目用地需求】2009年，安阳县国土资源局将建设用地指标重点保障省、市重点项目。全年共上报一宗单独选址17个批次共计50多个项目，累计报批面积417.6976公顷。全面完成了安东新城产业集聚区4000亩用地报件，全年累计供地8000余亩。沙钢永兴、中央粮库、海皇水泥、中联海工、安林生化、宝硕集团、顺成集团等重点项目用地全部得到保障。

【“三项整治”】2009年，安阳县国土资源局加大执法力度，严防黏土砖瓦窑厂死灰复燃，全年共拆除黏土砖瓦窑厂烟囱6个、窑体7个，复垦土地18.84公顷。同时，在全县21个乡镇确定了66个村为“空心村”改造试点村，改造工作已全部启动。

【联合办案机制】2009年，安阳县国土资源局充分发挥“两办”（即县国土局与县检察院共同设立的“行政执法与刑事司法联系办公室”，与县法院、检察院、公安局共同设立的“安阳县土地违法案件联合执法办公室”）作用，逐步建立高效务实的“移送机制”，为解决土地违法案件移送难、执行难的问题打下良好的基础。

【加大土地违法案件查处力度】2009年，安阳县国土资源局通过动态巡查共发现土地违法案件95起，查处各类土地违法案件138起，依法立案120起，涉及土地面积561.9亩，依法收缴罚款274万元，结案率100%。

【认真解决信访问题】2009年，安阳县国土资源局针对信访工作提出了“提高按期结案率，提高群众满意度，降低越级信访量，降低信访总量”的工作目标，共接待群众来访135起、立案72起；共受理土地纠纷案件19起；结案率100%。2008年年初至今，未发现一例赴京赴省上访案件，信访量较去年同比下降19%。

【国有土地使用权出让】2009年，安阳县共依法出让国有建设用地使用权14宗，出让面积12.534902公顷，出让价款2537.4965万元。

【地籍、测绘、评估等基础工作】2009年，安阳县国土资源局大力开展土地登记发证工作，积极服务全县经济建设。国有土地使用权发证679宗，企业集体建设用地发证76宗，宅基地发证628宗。同时，实现地籍档案公开查询，全年共接待群众和单位查询超过100余次。安阳县第二次土地调查工作已完成东北务村庄土地利用现状和潜力分析调查。完成宗地测量40宗，测量面积达195.977公顷。评估土地22宗，评估土地面积24.533公顷，评估土地资产5526万元。重新确定了安阳县新的基准地价，实施期限为2009年～2012年。

【基层所建设】2009年，安阳县国土资源局结合实际，每个乡镇设立1个国土资源所，全县21个乡镇共设立21个基层国土资源所。在此基础上，按照“硬件过硬、软件不软”的建设标准，大力实施基层国土所标准化建设工作。全县21个基层国土所全部拥有固定办公场所，拥有必要的办公用车和必需的办公用品，建立健全了各项规章制度。经验收，全县21个基层国土所全部达到了省厅要求的规范化建设标准。

【基层所垂直管理】2009年，安阳县国土资源局制订了《国土资源所垂直管理方案》，将原乡（镇）土地所共计47人收编至安阳县国土资源局，并按照自愿的原则，从安阳县国土资源局下派了36名人员充实到基层国土所。基层国土所人员编制为股级，属安阳县国土局派出机构，工资待遇为财政全额供给。2009年年底前，21个基层国土所人、财、物全部划归安阳县国土局管理，实现了对基层国土资源所的垂直管理。

（宋 燕）

安阳县矿产资源管理局

安阳县矿产资源管理局位于安阳县水冶镇安林路与人民路交叉口，行政隶属于安阳县人民政府。

刘大军　党组书记、局长

李甫新　党组成员、副局长

石修玉　党组成员、副局长

姬振国　党组成员、副局长

马玉顺　党组成员、纪检组长

刘大军简介：安阳县水冶镇人，1958年4月出生，大专文化程度。1972年3月～1975年4月，在安阳县水冶建筑公司工作；1975年5月～1978年11月，在安阳县蒋村乡四合村下乡；1978年12月～1981年2月，在铁道部队当兵；1981年3月～1991年5月，任安阳县矿山公司办公室副主任（期间：1982年9月～1983年7月，在郑州大学经济管理专业攻读在职大专）；1991年6月～1995年5月，任安阳县矿管处副书记；1995年6月～1997年10月，任安阳县矿产资源管理局副书记、副局长；1997年11月至今，任安阳县矿产资源管理局书记、局长。

【机构设置】安阳县矿产资源管理局为主管全县矿产资源规划、管理、保护与合理开发利用的县政府直属正科级事业单位，1989年成立矿管处，1995年成立矿管局，属于自筹自支事业单位，现有在职干部职工73人，其中全供30名。内设办公室、开发管理股、人事科、执法监察股、储量环境股、财务科、信访办公室、稽查大队；二级机构包括五个矿管站，分别是国有矿山管理站、许家沟矿管站、善应矿管站、铜冶矿管站、磊口矿管站。

【资源概况】安阳县矿产资源条件优越，矿产资源丰富，1986年以来经华北地质队、信阳地质队等单位在原有地质资料的基础上，又开展了新的勘测工作，发现了新的矿种。目前全区境内矿产包括能源矿产、金属矿产、冶金辅助原料矿产、化工原料矿产、建筑材料及其他非金属矿产、地下水、地热和矿泉水9大类，30多种矿物。主要矿种有煤、煤层气、铁、锰、长石、石膏、白云岩、石灰岩、熔剂灰岩、水泥灰岩、霞石正长岩、瓷土、膨润土、耐火黏土、砖瓦黏土等。

【矿业管理】2009年，安阳县矿管局认真开展采矿权管理，整顿和规范矿产资源开采秩序工作，坚决打击无证开采等非法采矿活动，矿产资源监督管理工作取得了显著成效，较好地完成了省市国土资源部门和县委、县政府部署的各项工作和任务。查明地质灾害隐患点46处，年检合格企业138家，受理采矿权证件2起，立案查处各类违法采矿案件13起，123家矿山企业签订动态监测合同，征收资源补偿费485万元。

【非煤矿山资源整合】安阳县整合前共有铁矿、石膏矿104家，其中小铁矿76个，铁矿勘查项目23个，石膏矿5个。2009年规划整合后保留矿业权人39个，其中小铁矿34个，勘查项目2个，石膏矿3个。通过整合减少企业数量65个，减少率达62%。已上报省国土资源厅16个整合单元进行换发采矿许可证。

2009年6月24日，安阳市整顿和规范矿产资源开发秩序领导小组办公室转发《省整规领导小组办公室关于调整我县铁矿石膏矿资源整合方案的批复》，批复同意调整安阳县资源整合后矿山将由原批复的39个变更为41个。安阳县矿业权数减少63个，减少率为60%。

【矿山企业年检】2009年，安阳县应参加年检矿山企业150家（其中，铁矿72家，建材48家，煤矿23家，白云石3家，石膏矿4家），实际参加年检矿山企业148家（其中，铁矿71家，建材48家，煤矿23家，白云石3家，石膏矿3家），参检率为99%。实地检查矿山企业53家。年检合格企业为138家（其中，铁矿71家，建材厂38家，煤矿23家，白云石3家，石膏矿3家），合格率93%。年检不合格企业建材10家。未参加年检企业铁矿1家，石膏矿1家。

【采矿权登记】2009年，安阳县矿管局积极推进和规范全县采矿权市场建设，实行采矿权有偿取得制度，进一步完善了采矿权证件办理程序，即先由便民服务厅受理采矿申请，然后由有关业务科室在规定时间内会审、会签、办理完结。2009年，共发放采矿许可证2家。

【查处非法转让矿业权】2009年，安阳县矿管局认真组织实施查处非法转让矿业权专项活动。全县有煤矿23家，非煤企业49家，共72家企业。通过自查发现，5家企业存在非法转让矿业权行为，下达《责令限期整改通知书》，并积极帮助企业变更转让手续。目前，3家企业已办理了转让手续，2家企业已按程序递交转让申请。现矿山企业持证率达100%。

【矿山企业动态检测】2009年度，安阳县从事储量动态检测的单位有2个，分别是河南省地质测绘总院和安阳市科兴技术服务咨询有限责任公司。全县储量动态管理工作由于铁矿、石膏矿全部处于资源整合阶段，只在铁矿、石膏矿以外的其他矿种开展了动态检测合同签订工作，共签订合同123家，其中石料厂42家，白云岩矿3家，熔剂灰岩矿6家，霞石正长岩矿1家，水泥用灰岩矿2家，大理岩矿1家，石膏矿4家，石英砂1家，煤矿22家，铁矿41家。

【执法监察】2009年，安阳县矿管局坚持依法行政，严厉打击违法开采行为，设立举报箱、举报电话，对违法开采行为发现一起，查处一起。全年共立案查处各类违法采矿案件13起，其中无证开采3起，超层越界开采10起（其中，石料厂越界案件9起，煤矿越界案件1起），罚没款共计24万元，结案率100%。全年组织公安、安监、乡镇配合执法进行大规模取缔活动6次，聘请专业爆破公司炸封矿硐5处，现场查扣非法采矿机械设备5台，销毁设备空压机1台。对一些屡禁不止的非法采矿者，及时移交公安部门处理，构成犯罪的依法追究刑事责任。

【整顿和规范矿业秩序】2009年，安阳县矿管局对安阳县富利川石材分公司、安阳县许家沟乡下庄赵武石料厂、安阳县磊口乡清池村全富石料厂、安阳县善应平安吉利建材有限责任公司、安阳县同工石料厂、安阳县磊口乡清池庆龙石料厂、安阳县许家沟乡五里庙北沟石料厂、安阳县许家沟卫祥石料厂等8家企业越界开采案件依法进行了处理；对安阳县红亮石料厂、安阳县华山石料厂拒不停止越界开采2家企业构成非法采矿罪，依法处以吊销采矿许可证，并提请县政府对其关闭，移交司法机关，追究其刑事责任。

【地质灾害防治】2009年年初，安阳县政府和西部9个乡镇政府签订了包括地质灾害防治内容的矿产资源管理目标责任书，进一步明确了地质灾害防治责任。重新调整了安阳县地质灾害防治工作领导小组，制订了2009年地质灾害防治方案。

2009年全县共排查地质灾害隐患点46处，建立了地质灾害群测群防网络体系，明确了具体防灾责任单位、责任人和监测责任人，采取了设置警示标志、向周边群众发放“两卡”、制订地质灾害应急预案等防灾措施，并与气象局、电信局联合开展三级地质灾害气象预警预报工作。全年采取电话通知的形式2次、短信群发形式4次，共计6次向乡（镇）及相关单位发布了气象预警预报信息，有效避免了地灾带来的损失。《安阳县地质灾害防治规划》和《安阳县矿山地质环境保护与治理规划》已由河南省有色金属地质矿产局第一地质大队编制完成。

【矿产资源补偿费征收】2009年，安阳县矿管局结合储量动态核查，科学核查销售额，共征收矿产资源补偿费485万元，其中上交中央金库46万元，超额完成了上级交给的征费任务。

【矿山环境治理】“安阳县善应镇西善应村石膏矿山体裂缝及地面塌陷环境治理项目”是河南省国土资源厅、河南省财政厅2007年度下达的治理项目，省拨专项治理经费300万元。2008年3月由河南有色岩土工程公司中标，2009年1月12日施工方案通过省级专家组评审，3月份进场施工，3月份经县政府领导批准拨付第一笔资金90万元，9月份拨付了第二笔资金150万元，2009年11月14日，由省地质专家、主管单位代表、监理单位代表组成的专家验收组对该项目进行了野外工程验收，经现场测量、检查、核实，文字资料、钻探班报表、施工日志、影像资料及主要勘查工作数量等满足设计要求，野外工程验收合格。

【信访工作】2009年，安阳县矿管局共召开信访例会6次，不安定因素排消会6次，处理信访案件2起，已按期结案且群众满意。信访形势比较稳定。市、县“两会”期间，未发生上访案件。

（高玉平）

汤阴县国土资源局

汤阴县位于河南省北部，介于东经114°11′～114°41′，北纬35°44′～36°00′之间。隶属安阳市，北距安阳市市区22公里。属华北平原与太行山麓的过渡地带，京广铁路纵贯县境，西有与煤城鹤壁连接的汤鹤铁路支线，东有与油城濮阳通汇的地方铁路。全县土地总面积636.61平方公里，其中，耕地703217.7亩。设5镇5乡，297个行政村，1634个村民小组。2009年底总人口462666人，其中，非农业人口74356人，占总人口的16%；农业人口388310人，占总人口的83.9%。人均耕地0.55亩，人口密度每平方公里726人。

田新民　党组书记、局长

刘佩忠　党组成员、副局长

张晓峰　党组成员、副局长

邢保玉　党组成员、副局长

韩艳红　党组成员、纪检组长（女）

田新民简介：汤阴县宜沟镇人，汉族，中共党员。1982～1985年，在汤阴县粮油加工厂工作；1986～2005年，在汤阴县财政局工作；2005年5月至今，在汤阴县国土资源局工作。现任汤阴县国土资源局党组书记、局长。

【机构设置】汤阴县国土资源局内设办公室、审批股、地政地籍股、综合审办股、规划股。所属二级机构有土地执法队、土地储备中心、地租征收所、土地整理中心。截至2009年12月31日，全局共有干部职工65人，其中行政编制9人，事业编制29人。汤阴县共有10个国土资源所，分别是城关国土所、韩庄国土所、白营国土所、古贤国土所、菜园国土所、任固国土所、五陵国土所、瓦岗国土所、伏道国土所、宜沟国土所。

【土地资源】截至2009年底，汤阴县土地总面积63661.49公顷，其中耕地46881.18公顷，园地173.53公顷，林地592.67公顷，草地370.13公顷，城镇村及工矿用地9280.85公顷，交通运输用地2054.05公顷，水域及水利设施用地2894.94公顷，其他用地1414.14公顷。

【耕地保护】2009年，汤阴县落实最严格的耕地保护制度，完善各项保护措施，增强人民群众依法用地和合理用地意识，在全县形成了珍惜、保护、节约和合理利用土地的良好社会氛围。同时，加大土地开发整理力度，完成了菜园镇西河村、宜沟镇尚家庵村和任固镇村故城村等总投资225万元的19个土地整理项目，新增耕地面积1300余亩。同时，积极完成了面积为950亩的伏道乡司马村、韩庄乡王佐村、宜沟镇西蚕姑咀村等12个土地开发整理复垦项目的前期准备工作，确保了汤阴县耕地总量动态平衡。

【土地市场建设】2009年，汤阴县认真执行国家对经营性和工业用地的招、拍、挂出让规定，凡经营性用地和工业用地一律实行招标拍卖挂牌出让，规范了汤阴县土地市场。同时加大地租征收力度，为城市建设聚集了资金。全年共挂牌出让国有建设用地使用权27宗，面积1251.55亩，收取出让金12040万元。其中，挂牌出让经营性用地7宗，面积68.49亩,收取出让金1741万元；挂牌出让工业用地20宗，面积1183.06亩,收取出让金10299万元。划拨国有建设用地使用权3宗，面积28.5亩；办理集体建设用地使用权流转2宗，流转面积12.9亩。收缴茂昌粮油公司、农业银行和汤阴县信用联社的土地租金12.6万元。全年纳入储备的土地2500余亩，价值数亿元，确保了政府垄断土地一级市场。

【土地登记】2009年，汤阴县为依法确定土地所有权和使用权，保障土地所有者和使用者的合法权益，积极畅通审批渠道，开通“绿色通道”，对符合申请条件的实行“一站式”办公、“一条龙”服务、“一个窗口对外”等便民、利民措施。全年共审批农民宅基地10批次240户，面积42473.5平方米；颁发国有土地使用权证218本、农村集体土地使用权证20本、他项权利证书38本。

【土地信访】2009年，汤阴县在做好群众工作中坚持以人为本，牢固树立群众利益无小事的观念，加大涉土信访工作力度，全力保护群众利益、维护群众权益，积极为群众做好事、办实事、解难事，切实解决群众反映的热点和难点问题，全年共接待群众来访88起156人（次），受理来信9起，接听来电15起，共办理土地信访案件33起，按期结案率达100%。

【执法监察】2009年，汤阴县坚持实行领导包线制度，在全县范围内划分6条线路，每名班子成员分包一条线路，每周巡查一到两次。坚持实行县、乡、所、村四级动态巡查，强化各级责任，切实做到早发现、早制止、早处置，把土地违法案件消灭在萌芽状态，使全县违法占地案件明显下降。全年共查处违法案件25起，按期结案率达100%，申请人民法院强制执行42起，实现了年初提出的“两高一低”（发现率高、制止率高、发案率低）的执法监察目标。

【“卫片”执法检查】汤阴县把做好卫片执法工作作为检验整体工作的重要依据，严格对照汤阴县土地利用总体规划图和基本农田保护图，逐图逐宗进行认真核查，并实地测量面积，如实填写《外业核查记录表》并签字确认，建档立卷，做到“一斑一档，一宗一卷”，形成一套详细、真实、完整的档案资料。卫片显示，全县2007年11月至2008年11月期间新增建设用地共涉及图斑14宗，显示面积972亩，实际面积968亩。其中，城关镇4宗、宜沟镇2宗、菜园镇2宗、韩庄乡2宗、瓦岗乡3宗、古贤乡1宗。其中，合法占地6宗，农业结构调整占地4宗，违法占地4宗。通过开展第九次卫片执法检查，进一步引起了乡（镇）政府及相关部门的高度重视，增强了乡（镇）政府及相关部门建立耕地保护共同责任机制的责任感和紧迫感，对违法违规用地者长期保持高压态势。

【第二次全国土地调查】2009年，汤阴县严格依照汤阴县第二次土地调查实施方案对全县范围内每宗土地的权属、位置、界线、数量、用途等状况进行详细调查统计。通过这次调查，一方面全面查清了汤阴县土地利用状况，掌握了详实的土地基础数据，对调查成果实行信息化、网络化管理，实现土地资源信息的社会化服务，保障经济社会发展的用地需要。另一方面为落实土地用途管制制度、实行最严格的耕地保护制度和最严格的节约集约用地制度奠定了基础。

【“三榜五关”】2009年，汤阴县强力实施农村宅基地“三榜五关”管理办法，严格落实动态巡查日报告零报告制度，进一步规范宅基地审批程序，对违法违规建房等土地案件做到了发现及时、制止有效、处置到位，及时遏制了乱占滥占土地建住宅现象。全县共发现并制止违法建房户169户，制止违法占地面积41147.5平方米，从根本上遏制农村宅基地违法案件的发生。

【服务重点项目】2009年，汤阴县在石武铁路客运专线、南水北调工程和白营乡南陈王驻村工作中，大力宣传土地征收法律法规，赢得群众的理解与支持，为重点项目进地创造了良好环境，保障了国家重点项目在汤阴县境内顺利建设。其中，石武铁路客运专线在汤阴县境内占地面积约43公顷，需拆迁附着物占地面积16700余平方米，是安阳市境内路段最长、面积最多、情况最复杂的县区，征地拆迁安置工作任务十分艰巨。南水北调中线工程在汤阴县境内全长约24公里，穿越3个乡镇、26个村，工程建设用地830余公顷。汤阴县5月底完成土地移交和征地拆迁工作。还保障了科伦制药、蜀中制药、九州制药和北京泰盛源等重点项目落地。

【基层队伍建设】2009年，汤阴县国土资源系统连续开展深入学习实践科学发展观、全员签名承诺、弘扬焦裕禄精神、企业服务年和做好群众工作建言献策等主题活动。同时投资50余万元为全县10个国土所统一配置了电脑、打印机和汽车等办公设备，积极建设、修缮各乡（镇）国土所办公场所。制定了所长工作职责、考勤制度、动态巡查制度、信访工作制度和党风廉政建设制度等制度，统一配备了“四本”（工作日志本、学习笔记本、法律法规汇编、工作手册）和“四簿”（来信来访登记簿、动态巡查登记簿、印章使用登记簿和所务会议登记簿），统一制做了基本农田保护图、工作职责等版面。

滑县国土资源局

滑县位于豫北平原，河南省东北部，地理坐标为北纬35°12′45″～35°40′20″，东经114°23′30″～114°58′30″。东与濮阳毗连，西与延津、浚县接壤，南与长垣、封丘相邻，北与浚县、内黄交界。滑县区域广袤，历史悠久，亘古之地，代有变更。滑县境内始为颛顼建都之地，秦汉之时称白马县，滑县之名始于明洪武七年（1374年），至于“滑”，盖因滑台城而得名。滑县行政隶属于安阳市人民政府，全县境域南北长44公里，东西宽51公里，面积1814平方公里。全县辖10镇12乡和1个新区管理委员会，1019个行政村，总人口126万人，其中农业人口103万。滑县属国家级扶贫开发重点县、省直管县、省农业综合开发重点县。滑县素有“豫北粮仓”之称，连续18年保持河南省产粮大县第一位，蝉联全国粮食生产先进县标兵“七连冠”，为确保国家粮食安全作出了积极贡献。

王树盛　党组副书记、局长

张东迎　党组书记、副局长

祁同民　党组成员、副局长

张秀江　党组成员、副局长

赵忠波　党组成员、副局长

李艳霞　党组成员、纪检组长（女）

胡志刚　党组成员、副主任科员

王树盛简介：河南省滑县人，汉族，本科学历，中共党员。1986年6月～1988年12月，在滑县上官镇政府工作，任兰旗屯站副站长、镇团委书记；1988年12月～1999年10月，先后任滑县土地管理局监察队副队长、用地审批股副股长、办公室主任；1999年10月～2002年10月，任滑县土地管理局党组成员、副局长；2002年10月～2007年3月，任滑县国土资源局副局长、党组成员、党组副书记；2007年3月至今，任滑县国土资源局党组副书记、局长。

【机构设置】滑县国土资源局共有干部职工176人。局机关设办公室、行政科、财务科、信访科、法规科、地籍科、用地审批科、规划科、耕保科、矿产资源科、地产中心11个行政科室，下设土地监察大队、土地储备中心、土地整理中心3个直属事业单位。全县设道口、城关、白道口、四间房、留固、八里营、赵营、大寨、桑村、老庙、万古、高平、上官、老店、慈周寨、瓦岗寨、焦虎、牛屯、半坡店、王庄、小铺22个国土资源所。

【土地资源】滑县全境为古黄河冲积平原，地表平坦，起伏不大，总的地势为西南高东北低，具有“四堤九坡十八洼，大小河渠纵横跨”的地形特征。全县总面积为1814平方公里。截至2009年底，滑县农用地面积为178093.95公顷，其中，耕地133216.73公顷，园地364.93公顷，林地4674.39公顷；建设用地为25896.55公顷，其中，建制镇用地3243.64公顷，农村居民点及独立工矿用地22580.24公顷，交通运输用地5205.45公顷，水域及水利设施用地3979.19公顷，风景名胜及特殊用地72.67公顷；未利用地为4756.71公顷。土壤类型分为潮土和风沙土两大类，潮土面积占全县土壤总面积的97%，风沙土面积占土壤总面积的3%。

【矿产资源】滑县矿产资源比较匮乏，除在地下发现少量油气资源和埋藏在2000米以下目前尚不具备开采价值的煤炭资源外，还有原黄河古道埋藏的少量河沙及供烧制砖瓦的黏土，由于后两种资源主要分布在耕地保护区内，目前已经限制开采。

【耕地保护】2009年，滑县加大对违法占用基本农田的查处力度，有力打击乱圈滥占耕地和基本农田等违法行为。基本农田保护实行了县对乡、乡对村、村对组三级责任目标制度，在高速公路、重要地段、显著位置设立了35个大型耕地和基本农田保护标牌，基本农田保护区均设立了基本农田保护标志，全县基本农田保护面积持续稳定在117550公顷，耕地保护面积稳定在133189公顷以上。先后为滑县2008年第一批城市建设用地、第二批乡镇建设用地、滑县白道口110千伏变电站、城市生活垃圾处理厂等20余个重点建设项目本地补充耕地28.1605公顷，连续11年实现占补平衡有余。

【省级基本农田示范区建设】省级基本农田示范区位于滑县东部，建设总面积6832公顷，总投资达1.2亿元，共涉及赵营、八里营、白道口3个乡镇37个行政村，是安阳市第一个省级基本农田保护示范区建设项目。该项目于2009年10月开工建设，期限为4年，分3个阶段进行，整个项目将完成土地平整150万立方米。项目建成后，将新增耕地3000余亩，每年可新增纯收益4100余万元，近3.8万农民从中受益。

【建设用地管理】2009年，滑县共上报审批建设用地5个批次、面积48.4205公顷，同时采取多种措施，按照有限指标保重点、一般项目靠挖潜的原则，积极盘活存量土地，合理引导用地单位利用闲置厂房和空闲地进行项目建设，有力保障了安阳凤凰光伏、三力机械、县城市生活垃圾处理厂、滑县白道口110千伏变电站等一批省、市重点工程和重点项目，同时还满足县廉租住房建设等多个民生项目的用地需求；依法供应国有土地14宗，面积15.08公顷，收取出让金4100万元；完成地价评估60宗，办理国有土地使用权转让123宗、土地抵押贷款22宗，抵押金额2215.95万元，有力地保障了县域经济的发展。

【土地利用总体规划修编】滑县的县、乡两级土地利用总体规划修编工作自2009年4月初开始，共历时8个月。依据上级具体分配方案，完成建设用地布局和基本农田布局的调整工作。在县级规划修编中，全力保障了滑县产业集聚区的发展用地，将其发展区全部调整为建设预留地，控制区内的基本农田全部调出，完成产业集聚区发展用地规划工作。

【第二次全国土地调查】滑县成立了第二次土地调查领导小组，制订了《滑县第二次土地调查实施方案》，收集整理了调查基础资料；编制调查经费预算，抓好调查人员业务培训，全县土地基本农田调查、城镇调查和农村土地调查三部分工作进展顺利。目前，这三部分的外业工作和内业工作已全部完成，基本农田数据库已建立并完成上图工作，其调查成果已上报国家等待验收。滑县城镇地籍调查成果9月10日已通过省国土资源厅的验收，共完成3个街道、106个街坊、22308宗地的权属调查，完成测量图根点2970个，测图面积40.1平方公里（含外围6.7平方公里的地形图测量），一级GPS点275点，等外水准142.4公里，完成1：500地籍分幅图608幅。

【土地开发整理】2009年，滑县争取新增建设用地有偿使用费5258.27万元，成功申报开工了滑县赵营乡、八里营乡、产业集聚区3个省级土地整理项目，项目建设总规模3587.59公顷，竣工后将新增耕地153.17公顷；自筹资金374.18万元，实施了2008年度滑县砖瓦窑土地复垦项目和滑县城关镇三里庄、苏庄土地整理项目，建设总规模328.15公顷，新增耕地301公顷。上述项目中有3个已经竣工，2个正在建设当中。2009年9月21日，国家投资枣村乡土地整理项目顺利通过省级终验。该项目建设总规模1802.79公顷，总投资2355万元，新增耕地1984.2亩，新增耕地率7.34%。

【土地节约集约利用】滑县国土资源局重点开展了产业集聚区规划建设、标准化厂房建设等工作。滑县产业集聚区现已成为河南省第一批产业集聚区。产业集聚区规划面积24.3平方公里，其中，发展区规划面积15平方公里，控制区规划面积9.3平方公里,形成5个工业园区、4个住宅小区、3个服务中心的建设格局。投资1.5亿元建设了15万平方米标准化厂房。目前，一期标准化厂房29家服装加工企业已全部入驻并已投产，二期42套标准化厂房正在紧张施工，仅此一项便可直接节约土地337.33亩。

【土地收购储备】 2009年，滑县完成旧城改造拆迁面积13775平方米（20.66亩），筹集拨付拆迁资金351.82万元，涉迁居民44户，涉及畜牧局、农业局、种子公司等5家单位。收购收回国有用地4宗，面积200001平方米（300亩），截至年底共储备国有建设用地15宗，面积365.945亩。

【地籍管理】2009年，滑县完成河南省城镇土地利用现状与潜力调查试点工作，试点村为滑县城关镇西小庄村。完成县城区40.1平方公里范围内各用地单位的土地使用权属、地类、道路及公益事业用地调查确认工作，并顺利通过上级验收。2009年共登记发证394宗，其中发放国有土地使用证186宗，集体土地登记发证208宗。完成了年度土地变更调查工作，本年度共受理重大土地权属纠纷案件11件，撤证案件2件。

【黏土砖瓦窑厂和沙坑专项整治】2009年，滑县共制止、拆除黏土砖瓦窑厂复建、复燃行为35起，面积达350.3亩，关停不规范新墙材企业14座，对全县37座新墙材企业进行整顿规范，及时打击了反弹复燃行为。与公安、八里营乡、白道口镇政府等部门采取联合行动10余次，对两个沙坑进行回填平整，对三起非法挖砂、破坏耕地的矿产资源违法案件移送公安机关进行处理。2009年3月，被河南省政府授予“全省黏土砖瓦窑整治工作先进单位”。

【地质灾害防治】2009年，滑县国土资源局编制了《滑县2009年地质灾害防治方案》和《地质灾害应急预案》，对王庄镇、城关镇、八里营乡、留固镇4个乡镇的地质灾害隐患点重新进行排查，填制“防灾明白卡”，并对存在严重隐患的10个地质灾害隐患点全部设立“地质灾害隐患警示牌”。

【古人类化石遗迹发掘保护工作】2009年12月10日，滑县留固镇程新庄西头大沙坑挖出大批动物骨骼化石，这些动物化石种类有原始牛、披毛犀、普氏羚羊、马鹿、野马、河狸和软体动物丽蚌等近20种。这是黄河下游黄河堆积中首次发现的时代较早的动物化石和古人类活动的遗存，对于了解距今10万年左右的人类活动和黄河形成时古环境研究意义深远而重大，为古地质环境的研究提供了宝贵的实物资料。

【测绘管理】2009年底，滑县具有测绘资质的单位共有3家，其中丙级1家，丁级2家。完成地形图测量40.1平方公里，测量图根点2970个，一级GPS点275点，等外水准142.4公里，完成1∶500地籍分幅图608幅。

【乡所规范化建设】2009年，滑县国土资源局多方筹资25万余元，为全县22个乡镇基层国土所统一配置了电脑、档案柜、办公桌椅、名称牌、制度版面等用品。全县22个基层国土资源所已经达到机构健全、人员落实、办公条件显著改善，内部管理科学规范，队伍素质明显提高的标准，90%以上的基层所已达到省厅规定的规范化建设标准。

【执法监察】2009年，滑县国土资源局建立县、乡、村三级国土资源执法监察动态巡查责任制，在全县1020个行政村中选配1006名土地协管员，建立村级土地协管员制度，把22个乡（镇）划分为三个动态巡查等级区域，建立巡查登记台账，使新发生的国土资源违法案件发现率达到90%以上。全年共查处各类土地违法案件68起，立案68起，结案68起（其中，申请人民法院强制执行32起，移送公安机关4起），结案率达100%，涉及土地面积3.03公顷，制止土地违法行为11起，挽回经济损失27万元。

【信访工作】按照“分级负责、归口办理”和“谁主管、谁负责”的原则，严格落实信访工作责任制、奖惩制和错案追究制，建立和完善县、乡、村三级信访网络体系，开通“12336”国土资源违法举报和咨询专线电话，确保信访渠道畅通。全年共接待群众来访69起、111人，办理信访案件44件，按期办结率100%，上级交办案件查处反馈率达100%。2009年被省国土资源厅表彰为“2009年度全省国土资源系统信访工作先进单位”，被安阳市委、市政府授予“2009年度全市信访工作先进单位”。

（张自磊）

内黄县国土资源局

内黄县位于河南省北部，冀、鲁、豫三省交界处，隶属河南省安阳市。东接濮阳、清丰，南接滑县、浚县，西连安阳、汤阴，北邻河北省魏县。地理坐标为东经114°35′～114°59′，北纬35°39′～36°09′。内黄县东西窄，南北长，东西平均宽21.1公里，南北平均长55公里，总面积1161平方公里。全县辖7镇10乡531行政村，532个自然村，3186个村民小组。全县总人口72万人。

马合生　党组书记、局长
何建红　党组副书记、副局长（女）
崔拥军　党组成员、副局长
胡振林　党组成员、副局长
陈保亚　党组成员、副局长
郑新民　党组成员、纪检组长

马合生简介：内黄县田氏乡人，1960年11月出生,汉族,中共党员,大专学历。1979年3月～1985年7月,在内黄县乡镇企业管理局工作；1985年7月～1993年3月,在内黄县城关镇政府工作；1993年3月～1995年8月,任内黄县金利集团总经理；1995年8月～1998年4月,任内黄县农牧局党组成员、副局长；1998年4月～2002年6月,任内黄县土地管理局党组副书记、副局长；2002年6月至今，任内黄县国土资源局党组书记、局长。

【机构设置】内黄县国土资源局于2002年3月由内黄县土地管理局更名成立，科级单位，属县政府职能部门。内黄县国土资源局内设14个股、室，分别是办公室、党政办公室、集体土地审批股、国有土地审批股、规划股、耕保股、审办股、人事档案股、地籍股、法规股、信访股、宣教股、权属股和财务股；下设9个二级机构，分别是土地储备中心、土地开发公司、地租征收所、地产交易中心、金地测绘队、地价评估所、矿产资源管理办公室、土地整理中心和土地监察队;下辖城关镇等17个国土资源所。现有干部职工218人。

【土地资源】内黄县地处黄河冲积平原，属黄河故道。截至2009年底，内黄县行政区土地总面积114457.52公顷，其中耕地74208.32公顷，园地989.76公顷，林地11774.29公顷，草地190.07公顷，城镇村及工矿用地14104.70公顷，交通运输用地3862.48公顷，水域及水利设施用地3961.21公顷，其他用地5366.69公顷。卫河从西南到东北斜穿内黄境内。卫河以南属黄河冲积平原,沙地较多,主要分布在硝河两岸老塔坡周围,占全县土地总面积的75.1%。卫河以北系漳河冲积平原，土壤黏重，占全县土地总面积的24.%。

【矿产资源】内黄县已探明梁庄镇小寨村地下有天然气,储量丰富，有重要开采价值;后河镇南丈保村和井店镇理固村有磁铁矿，含铁量15%。

【土地报批】2009年，内黄县国土资源局报批了公务员住宅二期、中原瓷都和县人民医院等一批重点项目。上报了3个城市批次、4个乡镇批次、1个城乡挂钩批次，面积232.943公顷。供应各类建设用地13宗，面积197.393公顷。审批了经省发改委核准的7个新型建材生产企业，面积16.42公顷。

【“窗口”办文】2009年，内黄县国土资源局便民中心“窗口”受理各类行政审批和服务事项414件，办结414件，办结率100%，无一例投诉案件。被省优化经济发展环境工作领导小组评为“河南省优质服务窗口”。

【基本农田保护】2009年，内黄县认真落实耕地保护各项政策措施,确保到2010年期间,内黄县行政辖区内耕地保有量不低于74207公顷,基本农田保护面积不低于65070公顷。县政府与各乡(镇)签订《内黄县耕地保护目标责任书》17份,在主要公路、重要地段和显著位置刷写耕地保护标语136条,栽设保护标志牌40块。

【土地利用总体规划修编】2009年,历时6个月,内黄县县级土地利用总体规划顺利完成,通过省国土资源厅审批,已报省政府审批。乡级土地利用总体规划已报市国土资源局审批。

【土地开发整理】2009年,内黄县国土资源局组织实施了2个县级投资占补平衡项目—安南高速占补平衡项目、南水北调土地开发项目，3个国家投资项目—高堤乡土地整理项目、梁庄西南部土地整理项目、田氏镇土地整理项目。安南高速占补平衡项目涉及城关镇东长固村、西长固村、杜村和马上乡吉村,总面积385.09公顷,总投资530.49万元,完工后新增耕地334.58公顷。

【执法监察】2009年，内黄县国土资源局继续贯彻“预防为主，预防和查处相结合”的方针，开展土地执法监察工作。全年共查处土地违法案件225起，违法占地面积1.335公顷，其中，移送监察机关28起，移送公安机关3起，申请法院强制执行10起，拆除违法建筑7000平方米。

【土地盘活】2009年，内黄县国土资源局共盘活出让各类存量土地5宗23.42公顷，收取出让金5484万元。

【年租金征收】2009年，内黄县国土资源局征收租金76万元，完善租金征收档案170余套。

【土地信访】2009年，内黄县国土资源局共接上级转办案件21件，办结21件，办结率100%；接待上访群众116批179人次，解答群众电话咨询66次。

【土地学会理事会召开】2009年9月19日～20日,安阳市土地学会二届四次理事会暨县(市、区)国土资源局长联谊会在内黄县枣乡度假村召开，各县(市、区)国土资源局局长及土地学会理事单位150余人参加了会议。

（刘清洲）

北关区国土资源局

北关区位于安阳市区东北部，西靠京广铁路和107国道，东邻京珠高速公路，北部紧邻安阳内衣批发市场。安阳河横贯东西，袁林坐落在洹水河畔。辖区面积59平方公里，现有人口25.5万人，辖7个城区办事处和2个农村办事处，共有30个社区和37个行政村。城区和近郊农村面积比例为1：3，非农业人口和农业人口比例为3：1。

张柏林　党组书记、局长

邢海旺　党组副书记、副局长

杨振刚　党组成员、副局长

张柏林简介：河南省范县人，生于1962年10月，中共党员，大专学历。1994年10月，调入安阳市土地管理局工作；2002年9月，任耕保科科长；2006年1月至今，任北关区国土资源局局长。

【机构设置】北关区国土资源局内设办公室、地籍科、规划耕保科、财务科、信访法规科、征地办公室6个科室，下设地租征收所和土地监察大队2个二级机构；全局共有干部职工42人，正式党员18人；辖区内设2个街道办事处国土资源所，分别为彰北街道办事处国土资源所、彰东街道办事处国土资源所，两所各设所长1人、工作人员3人。

【土地资源】北关区土地总面积为102083.6亩，其中，农用地48945.6亩、建设用地50919.7亩、未利用地2218.3亩。在农用地中，耕地40657.4亩、园地2552.5亩、林地322.1亩、其他用地5413.6亩；在建设用地中，居民点及独立工矿用地46878.2亩、交通用地3992.6亩、水利设施用地48.9亩；在未利用地中，未利用土地2105.3亩、其他土地113.0亩。

【落实耕地保护责任制】2009年初，安阳市国土资源局与北关区国土资源局签订目标责任书，下达了耕地面积稳定在2525.46公顷、基本农田面积稳定在1491.9833公顷的保护目标。全年第一批次乡镇建设用地占用耕地4.5819公顷，分别在内黄县、滑县补充耕地0.7420和3.8399公顷。

【重点项目用地服务】2009年，北关区国土资源局积极服务区经济发展，对安新高速拓宽工程涉及的3487.41平方米房屋拆迁、中华路拓宽工程项目的征地拆迁预算、光明路拓宽工程征地补偿款的兑付工作、钢铁实业公司进地工作、平原路北段两侧土地开发进地、安漳大道拓宽工程项目的征地拆迁补偿兑付工作等重点项目进行用地服务。北关区占地1785亩的产业集聚区共12个建设项目已预报安阳市国土资源局，积极争取用地指标，以满足区建设项目用地需求。

【土地利用总体规划修编】2009年，在土地利用总体规划修编工作中，北关区政府主管领导任土地利用总体规划修编工作领导小组组长，国土、财政、发改委、农委、建环、涉农办等有关部门领导任成员。北关区新一轮土地利用总体规划按照各项用地指标要求，经省、市、区政府批准后的土地利用主要指标将达到耕地保有量1280公顷、基本农田680公顷、建设用地规模3569.45公顷。

【产业集聚区】2009年，北关区经省厅批准，规划了9.2平方公里（其中，外环以北6.8平方公里、外环以南2.4平方公里）的省级产业集聚区并全部转为建设用地；在程方内衣城的基础上扩大到外环以北彰北办事处整个辖区的市级产业集聚区，除基本农田和村落外，共占地4.59平方公里，已获市政府批准，并做到产业积聚区与安阳市规划相衔接，基本满足全区到2020年的发展用地需求。

【土地登记】2009年，北关区国土资源局研究制定了新的土地登记程序和操作规程，向社会公布了咨询电话，在区便民服务中心设立了土地登记窗口，实行一站式服务，从而方便了群众办证。全年办理土地使用证600余份。

【第二次全国土地调查】2009年，北关区国土资源局按照市国土资源局统一部署，完成全区农村土地41平方公里外业调查工作，内业已上交国务院二次调查办核查和城镇19平方公里的地籍调查。集体土地所有权登记发证率达到90%，集体土地建设用地使用权登记发证率达到85%。

【执法监察】2009年，北关区国土资源局成立了以区长李变芬为组长的违法占地查处领导小组，集中整治第九次卫片遥感中15宗、82亩违法用地。全年立案查处违法占地案件25起，结案24起，向法院移送土地违法案件17起，向区监察局移送案件10起，向公安北关分局移送案件5起，调查信访案件20起。

【信访工作】2009年，北关区国土资源局共接待群众来访22批54人（次）；上级交办案件13起；办结网络案2起，按期结案率100%。共受理市长便民电话交办案件18起，均进行了答复。

（李萍）

文峰区国土资源局

文峰区隶属安阳市政府管辖，辖1乡、1镇、12个街道办事处（6个涉农办事处）及北大街、文峰中路商业步行街2个综合管理办公室和1个开发区，共有社区54个、行政村71个，总面积178.81平方公里（原来面积采用权属界线调查方法，本年度按照全国第二次土地调查要求根据新的行政界线调查方法），总人口35.4万人。

郭利民　党组书记、局长

黄国云　党组成员、副局长

李庆顺　党组成员、纪检组长

杨铁钢　党组成员、副局长

郭利民简介：河南省滑县人，1968年1月出生，汉族，中共党员，本科学历，工程师。1987年9月～1990年7月，在成都电子科技大学（原成都电讯工程学院）学习；1990年10月～1997年5月，在安阳市国土资源局工作；1997年6月～2002年6月，任文峰区国土资源局副局长；2002年7月至今，任文峰区国土资源局党组书记、局长。

【机构设置】文峰区国土资源局成立于2002年6月，其前身是文峰区土地管理局（成立于1997年9月）。全局干部职工52人。内设科（室）6个：办公室、地籍规划科、用地审批科、法规监察科、土地年租金征收办公室、信访办公室。下属二级机构3个：土地监察大队、土地整理中心、征(拨)用地服务事务所。国土资源所3个：高庄国土资源所、宝连寺国土资源所、中华路国土资源所。

【土地资源】文峰区土地总面积17880.47公顷，其中，耕地9745.5公顷，耕地中基本农田3334.88公顷，园地8.43公顷，林地37.56公顷，草地6.01公顷，城镇村及工矿用地6420.72公顷，交通运输用地1237.40亩，水利设施用地392.74公顷，其他用地32.11公顷。

【保障重点项目用地】2009年，文峰区国土资源局完善征地程序，规范征地行为，提高征地工作透明度，加强政策法规宣传，全年完成石武高铁、京港澳高速公路南站口等16个项目，征收集体土地1287.4815亩。配合协助市局呈报农用地转用及土地征收项目用地报件共10宗，总面积36.4175公顷。

【耕地保护】2009年，文峰区国土资源局建立耕地保护责任机制，强化三级共同管理责任，逐级签订基本农田保护责任书，把耕地保护和基本农田保护目标列入年度考核范围。组织乡村干部参加国土资源法律知识培训班，积极配合区组织部对新任的500名村两委干部进行国土资源法律知识培训，大力宣传土地管理和耕地保护政策，增强基层干部土地管理责任意识。向村干部发出了题为“做依法依规用地的带头人”的公开信，利用新闻媒体营造宣传氛围，在《资源导刊》、《安阳日报》原文登载了公开信内容，同时，安阳电视台也进行了宣传报道，提高了乡村干部土地管理法律法规知识水平。在各乡镇、涉农办事处树立了乡、村级基本农田保护标志牌和宣传标语。2009年，全区耕地、基本农田保护目标全面完成，其中耕地保护面积稳定在7408公顷以上，基本农田保护面积稳定在3330公顷以上。

【土地利用总体规划修编】2009年，文峰区国土资源局按照《安阳市土地利用总体规划大纲（2006—2020年）》要求，与合作单位密切配合，采取积极措施开展工作，修编出符合全区经济社会发展的新一轮土地利用总体规划，为全区经济发展提供了充足的空间，保障了省、市两级产业集聚区的用地需求。

【第二次全国土地调查】第二次全国土地调查是文峰区在2003年区划调整后的首次土地详查。文峰区国土资源局通过建立机构、组建队伍、制订方案、落实经费，制定严格的质量保障措施和制度，各乡镇密切配合，大力推进，查清了全区土地利用状况，形成了准确的基础数据成果。

【土地收益租金征收】2009年，文峰区国土资源局国有土地收益租金征收工作取得实效，全年完成土地收益金70余万元。

【国有土地登记】2009年，文峰区国土资源局加强国有土地登记“一站式”办公流程服务，严把登记“四关”，即要件关、审查关、程序关、审批关，确保了登记准确率。全年共办理国有土地使用证共2785宗，较去年提高50%。

【国土资源规范化管理】针对辖区农村国土资源管理工作中存在的突出问题，2009年，文峰区国土资源局潜心调研，制定了四个切实可行的规范性文件。一是《关于建立健全查处违法占地违章建筑工作机制的意见》，建立土地执法共同查处机制，由乡（镇）办事处、国土资源、行政执法等多个部门共同参与、通力协作的土地联合执法机制，有效地防范和遏制各类国土资源违法违规行为。二是《关于强化基层国土资源管理责任的实施意见》，实行土地管理问责制，各乡（镇）人民政府及相关街道办事处行政主要领导为第一责任人，要承担对本行政辖区内土地违法行为的制止、耕地保有量和基本农田保护面积及土地利用总体规划执行情况的责任。三是《关于规范农业设施用地管理的指导意见》，建立规范设施农业用地管理机制。四是《关于盘活农村闲置宅基地和村内空闲地的实施意见》，明确农村闲置宅基地和村内空闲地收回的范围和程序、补偿办法和利用方式，鼓励农村宅基地复垦，严格监管、规范农村宅基地的使用方式。

【基层所建设】2009年，文峰区国土资源局加强基层国土资源所规范化建设，按照省国土资源厅建设标准要求，积极投入，加快推进，高庄国土所、宝莲寺国土所和中华路国土所实现了办公设备齐全、管理职能、人员配备到位、人员素质精良的规范化目标。高庄国土所2009年被安阳市纠正行业不正之风领导小组办公室评为“群众满意的基层站所”。

【村级国土资源协管员队伍建设】2009年，文峰区国土资源局建立国土资源协管员队伍，在全区聘任国土资源协管员共60名。

【政务信息】2009年，文峰区国土资源局加大政务信息采编力度，全年省厅采用信息13条，完成市国土资源局下达的年度目标任务130%,采用数量在全市国土资源系统排名第一，并获得“安阳市国土资源系统政务信息先进单位”荣誉奖项。

【执法监察】2009年，文峰区国土资源局按照“发现得早、制止得住、查处得了”的工作思路，加强土地巡查。一是建立了以区政府为主导的巡查责任机制。区政府与各乡（镇）涉农办事处签订了巡查目标责任书，进行年度考核。二是加大巡查力度。建立三个巡查小组，实行日巡查制度，周一至周五对辖区内所有的村庄巡查一遍以上，周六、日抽调其他科室人员配合加班巡查，不留死角。三是节假日联合乡（镇）、中华路街道办事处实施联合巡查。2009年强制拆除违法建筑20处，占地面积5000余平方米，及时制止违法占地行为70起。将查处土地违法违规案件关口前移，提前预防，确保了辖区没有重大土地违法案件发生。全年立案4宗，案件发生率与去年同比下降50%。案件发现率达到95%以上，案件办结率100%。

【信访工作】2009年，文峰区国土资源局坚持矛盾纠纷排查，畅通信访渠道，及时化解信访苗头，有效预防和遏制群体性上访事件的发生。全年召开信访例会11次，召开矛盾纠纷排查专题会议11次，接待上访群众13批20人次，与去年同期相比下降47%；办理上级交办信访案件15起，结案率100%。

（徐山青）

殷都区国土资源局

殷都区国土资源局位于安阳市文峰大道西段。辖区行政总面积69.5平方公里，总人口24.5万人。辖5个涉农乡（办），42个行政村。其中，西郊乡辖19个行政村，北蒙办事处辖16个行政村，相台办事处辖5个行政村，纱厂办事处、铁西路办事处各辖1个行政村。

王　飞　党组书记、局长

王海波　党组副书记、副局长

甄国林　党组成员、副局长

郑卫平　党组成员、纪检组长

王飞简介：河南省濮阳市人，1969年8月生，汉族，中共党员，大专学历。1986年11月～1990年3月，在开封市武警支队服役；1990年3月～1997年7月，在中国农业银行安阳支行工作；1997年7月～2002年12月，在铁西区人民检察院工作（任法警大队教导员）；2002年12月～2005年12月，任殷都区国土资源局党组成员、副局长；2005年12月至今，任殷都区国土资源局党组书记、局长。

【机构设置】殷都区国土资源局前身为铁西区土地管理局，成立于1997年8月，2003年3月更名为殷都区国土资源局。现有干部职工56名，内设8个科室：办公室、审批科、规划耕保科、信访法规科、地籍科、工会、便民中心窗口、后勤服务中心；2个二级机构：监察大队、地租征收办；3个国土资源所：西郊国土所、北蒙国土所、相台国土所。

【土地资源】殷都区土地总面积67.95平方公

里，农用地3026.44公顷，其中耕地2799.22公顷，基本农田675.33公顷，林地125.22公顷，园地102.00公顷；建设用地3293.2公顷；未利用地21.75公顷。

【建设用地管理】2009年，殷都区国土资源局完成4批次建设用地报批工作，报批面积96.2363公顷，其中耕地87.3193公顷。

【土地利用规划】2009年，殷都区国土资源局完成了殷都区西郊乡、北蒙办事处两个乡级土地利用总体规划（2006—2020）的编制工作，规划期内全区的耕地保有量为2085公顷，基本农田675.33公顷，新增建设用地786.7公顷。

【地籍工作】2009年，殷都区国土资源局深入开展地籍管理规范化建设，顺利完成了全国第二次土地调查工作，深入开展土地登记发证工作，共办理1388宗，其中，集体土地登记发证5宗，国有土地登记发证1383宗。

【执法监察与信访工作】2009年，殷都区国土资源局在全区大力开展遗留隐漏案件“清零”行动，共排查用地单位（个人）500余家，立案22起，拆除违法占地建筑14处，移送涉嫌刑事犯罪案件1起。认真做好书记大接访工作，确保新中国成立60周年庆典信访稳定。继续开展“五心”服务信访接待制度，积极主动下访。2009年，共接访11起，共17人（次），下访10次，立案4起，结案4起，结案率100%。

（郝庆华）

龙安区国土资源局

龙安区位于安阳市区西南部，是2003年2月安阳市区划调整时，在原郊区基础上新组建的行政区，辖东风乡、龙泉镇、马投涧乡两乡一镇和太行、文明、文昌、中州、田村、彰武6个街道办事处，131个行政村，14个社区居委会。全区人口22万人，其中农业人口16万人。区域面积236平方公里，占市区（534.6平方公里）的近一半，是安阳市最大的城区，其中建成区面积7平方公里，农村面积229平方公里。

孙燕鸣　党组书记、局长
秦士林　党组成员、副局长
张忠玉　党组成员、副局长(女)
李春安　副局长
明　剑　党组成员、副局长
李向军　党组成员、纪检组长

孙燕鸣简介：河南省安阳市人，汉族，1961年3月出生，中共党员，本科学历。1976年8月参加工作，1990年7月入党。1993年5月～1999年2月，任郊区人民政府办公室副主任；1999年2月～2004年6月，任郊区乡镇企业局党总支书记、局长；2004年6月～2007年8月，任龙安区城管局局长、环卫处主任、党总支书记；2007年8月至今，任龙安区国土资源局党组书记、局长。

【机构设置】截至2009年底，龙安区国土资源局共有干部职工132人，其中干部111人，工人16人，退休5人。局机关设办公室、用地审批科、规划耕保科、地籍发证科、信访科、国有土地管理办公室、法规监察科等科室以及土地整理中心、监察队、综合国土所3个二级机构。

【土地资源】龙安区总面积35万多亩，其中西部土地贫瘠，龙泉镇、马投涧乡、彰武办事处大部分属丘陵高岗地区，经济相对滞后，耕地后备资源不足。截至2009年底，龙安区各地类统计面积如下：全区土地总面积23619.13公顷。农用地15640.04公顷，其中耕地13492.22公顷，园地115.89公顷，林地990.12公顷，其他农用地1041.81公顷。建设用地6771.88公顷。人均耕地少，后备资源贫乏。人均占有耕地0.068公顷（1.02亩），低于全省0.081公顷（1.21亩）的平均水平。

【基本农田保护】2009年，龙安区政府与各乡（镇）、街道办事处签订了耕地保护目标责任书，建立了基本农田保护档案，在主要交通路线设置了基本农田保护标志。严格落实耕地保护目标责任制，确保耕地及基本农田保护面积稳定在目标责任以内，实现了占补平衡。完成基本农田保护牌修护工作，充分加强基本农田保护标志的管理和管护，有效地保护了耕地。

【规划修编】2009年，龙安区国土资源局通过规划修编，耕地保有量从原来的14012.6公顷降低到12829公顷，减少面积为1183.6公顷；基本农田从原保护面积10684.7公顷减少到9330公顷，减少面积为1354.7公顷，本次规划修编全市共减少基本农田5333.3公顷，龙安区减少数量占全市减少量的1/4；争取城乡建设用地发展空间，城镇工矿规模为3928.32公顷，将安阳市工业聚集区高压线走廊（郭潘流村）以东、城市规模控制线以内626.92公顷土地全部列入规划建设用地，将高压线走廊以西的工业聚集区近期中期用地397.05公顷也列入了规划建设用地。

【第二次全国土地调查】2009年，龙安区国土资源局抽调骨干人员，配合市局测绘院、地质勘测七队对全区的市区以内土地，乡、镇、村和各办事处的土地进行实地逐宗调查，完成了城镇土地更新外业调查和农村土地外业调查，为下一步二次调查内业工作和建立数据库奠定了基础。

【土地证发放】2009年，龙安区国土资源局共发放国有土地使用证600余本。集体土地发证方面，所有权登记发证率达到95%以上，建设用地使用权登记发证率达到85%以上。同时，在尊重历史、查清事实的基础上，及时调解处理了5宗权属纠纷。

【国有土地有偿使用】2009年，龙安区国土资源局开展国有土地租赁征收工作，对所管辖的单位下达了国有土地年租金通知书和决定书。同时积极宣传国有土地有偿使用的法律、法规，进一步增强用地单位有偿使用土地的意识。并及时了解单位动态，对拒不履行义务的单位，将其果断地进入法律程序。

【土地整理】2009年，龙安区国土资源局整理了龙泉镇东上庄村砖瓦窑项目共计84亩，使其恢复了耕种。同时，做好龙泉镇龙泉村砖瓦窑项目56亩土地的规划、预算，以及“2008年龙泉镇全林、石岩土地整理项目”、“2009年龙泉镇张串村、于串村土地整理项目”的规划设计和预算，以上两项目现已进入招标工作前期筹备阶段。

【服务重点项目和民生工程】2009年，龙安区国土资源局积极做好安钢冷轧铁路专线建设项目、“时代华庭”廉租房建设项目、安林高速西出口连接线及梅东路、安烟路、安彩大道城市道路建设的拆迁、补偿等工作，保证了项目顺利实施。基本完成省重点工程安姚公路龙安区段放线与地面附着物清点工作，兑现前期征地补偿费1000万元。

【第九次卫片执法检查】2009年，龙安区国土资源局对辖区内的75个变化图斑，逐宗核实，根据每宗占地性质的不同，制定了不同的解决办法。按照市国土资源局规定的年度违法占用耕地面积不得超过新增建设用地占用耕地总面积的13%的要求，龙安区国土局严格按照上级部门的要求进行整改，违法用地比例降到问责范围以下，仅为8%。

【国土信息化建设】2009年，龙安区国土资源局及时更新硬件设施，现有17台电脑并连接入网，保证各科室正常工作的开展，有效提高了与区委、区政府及市国土资源局之间上传下达文件的工作效率。并建立了河南省建设用地网上报批系统以及违法案件录入两法相衔接网络平台流程，建立了两法相衔接传输专线。

【基层国土所建设】2009年，龙安区国土资源局加强基层国土资源所建设，所辖4个国土所已建有完善的办公场所，配备了交通工具，做到了制度上墙、人员配备到位，100%达到了省厅规定的规范化建设标准。

【执法监察】2009年，龙安区国土资源局共立案查处违法案件34宗，对案件发现率达100%，查处率100%，结案率达到98%，上级交办案件结案率100%。同时，聘用区公安分局各派出所的片（村）警，联合各村相关人员成立土地协管员队伍，建立协管工作机制，负责所在片（村）范围内及时发现违法用地、违法取土、破坏耕地等不法行为，协助区国土资源局做好沟通及相应处理工作。继续监管黏土砖瓦窑反弹工作，并于7月30日和10月21日在《安阳日报》上刊登砖瓦窑公示，在日常的土地执法动态巡查工作中，密切关注砖瓦窑有无反弹情况。

【信访工作】2009年，龙安区国土资源局以搞好新中国成立60周年信访工作为抓手，打好信访稳定工作基础，不断提高信访满意率。新中国成立60周年期间无社会不稳定因素出现。全年共接待群众来信来访31起，已处理31起，其中上级转件24起，来访7起，处理率100%，满意率100%，被授予“全市信访先进工作单位”称号，同时被龙安区区委、区政府授予新中国成立60周年庆典“信访先进工作单位”。

（王 盟）

龙安区矿产资源管理局

龙安区地处安阳市区西南部，西部为太行山

东麓浅山丘陵，处于由浅山向平原过渡连接市区地带，地势西南高，辖区内有红河，此河自西向东南流入文峰区。

郑　锋　党组书记、局长
李湘豫　副局长
薛自彦　党组成员、副局长
耿万勋　党组成员、副局长
闫海斌　党组成员、纪检组长

郑锋简介：原籍河南省浚县，1957年11月出生，汉族，大专毕业，中共党员。1965年～1975年，在浚县高中学习；1976年～1990年，在部队服役；1990年转业，到安阳市郊区城建环保局工作；1992年，任环保局办公室主任；1999年，任郊区城管局副局长、环卫处副主任；2003年，任龙安区矿产资源管理办公室党支部书记、办公室主任；2005年至今，任龙安区矿产资源管理局党组书记、局长。

【机构设置】截至2009年底，龙安区矿产资源管理局共有干部职工36人，局机关内设办公室、人财科、征收科、管理科、法制科、信访科6个科（室）及龙安区矿产资源执法监察大队1个二级机构。

【矿产资源】龙安区总体地势西高东低，按成因、形态差异可分浅山丘陵区和洹河冲积平原两大地貌类型。境内矿产资源丰富，煤炭储量近8亿吨，现有龙山煤矿、白连坡煤矿等；石英砂岩500万立方米，现有开采企业1家；霞石正长岩1.5亿吨及矿泉水等储量丰富、质地好、品位高，开发利用前景广阔。

【信访工作】2009年，龙安区矿管局信访工作人员认真执行信访工作十项制度，多次深入到采矿企业和资源重点乡村，向企业负责人、村干部和群众询问了解情况，并对以往的矿产信访案件发生地进行回访，对处理执行情况和目前稳定情况作了详细调查，通过排查，未发现与矿产领域有关的群众上访案件。

【行政执法】2009年，龙安区矿管局全面开展查处非法转让矿业权违法行为专项活动，严厉打击各类非法开采行为，巩固整顿和规范矿产资源开发秩序，并对个别非法采矿企业依法立案查处，遏制了非法采矿的势头，维护了矿业秩序。

【采矿企业监督管理】2009年，龙安区矿管局为强化对矿产资源勘查、开发的监督管理，继续保持对矿产资源整顿规范管理工作的高压态势，加强采矿许可证年检工作，防止无证开采、私挖滥采、越界、越层开采等违法现象的反弹。年初制定了目标，明确了责任人，并结合《龙安区采矿企业管理制度》，多次组织技术人员深入龙山煤矿、贺驼煤矿等企业，就是否存在越层、越界开采、破坏、浪费矿产资源和安全隐患等违法行为进行了全面检查和安全生产督察，杜绝了无证开采、越层、越界开采的现象。同时，全面开展矿山储量动态监督管理和回采率的认定工作，建立健全储量监督管理工作制度，完善规范储量动用台账和图纸等资料，完成了矿产资源储量利用调查年度工作任务。

【依法加大资源补偿费征收力度】2009年，龙安区矿管局认真宣传矿产资源法和有关国家政策，积极帮助企业排忧解难，鼓励企业依法采矿、依法纳费、安全生产。在深入采矿企业掌握生产情况的基础上，依法下达法律文书，按照程序敦促企业依法纳费。对个别违法采矿、拖欠矿补费的企业依法进行查处，促进了矿产资源补偿费的顺利征收。

【地质灾害防治】2009年，龙安区矿管局领导深入3个乡镇、6个办事处，对地质灾害防治工作进行督察指导，对隐患点进行排查。严格坚持汛期24小时值班制度，保证汛期通讯畅通，确保地质灾害防治工作落到实处。

（薛自彦　杨丹）

濮 阳 市

濮阳市国土资源局

濮阳市位于河南省东北部，黄河下游，冀、鲁、豫三省交界处，东西长125公里，南北宽100公里。濮阳古称帝丘，据传五帝之一的颛顼曾在此建都，有帝都之誉。濮阳之名始于战国，因位于濮水之北而得名，是古代文明的重要发祥地之一。1987年，在濮阳西水坡发掘出三组距今6400年左右的蚌砌龙、虎图墓葬，墓葬中的蚌壳龙被考古界公认为“中华第一龙”。濮阳因此被中华炎黄文化研究会命名为“中华龙乡”。现辖5县2区，面积4188平方公里，约占全省总面积的2.5%，市区面积263平方公里。现辖濮阳县、清丰县、南乐县、范县、台前县和华龙区及濮阳高新技术产业开发区（市政府派出机构）。全市总人口363.35万人，常住人口349.87万人，其中城镇人口118.19万人，市区人口34.97万人。

杨　非　党组书记、局长

李志玺　党组副书记、调研员

宋卫民　党组成员、副局长

穆　伟　党组成员、副局长

侯午宪　党组成员、纪检书记

王现波　党组成员、副局长

柴红杰　党组成员、副局长

杨非简介：汉族，河北省武安县人，大专学历。1970年7月参加工作，1978年8月加入中国共产党。1970年～1995年9月，在部队历任连职参谋、正连职、副营职、正营职助理员，济南军区郑州房地产管理处正科级、副处级助理员；1996年12月～2000年8月，在河南省土地管理局工作任办公室主任；2000年8月～2009年9月，在河南省国土资源厅历任办公室副主任、矿产开发管理处副处长、矿产资源储量处副处长；2009年9月至今，任濮阳市国土资源局党组书记、局长。

【机构设置】市国土资源局内设办公室（财务室）、人事科、信访办、政策法规监察科、国土规划科、耕地保护科、用地审批管理科、地籍管理科、土地资产管理科、矿产开发管理科、地质环境科、测绘科12个职能科（室），下设濮阳市土地储备中心、国土资源执法监察队、地产管理处、矿产资源补偿费征收管理处、地质环境监测站、土地征用事务所6个二级单位和濮阳市国土资源局高新技术开发区分局、工业园区土地工作办公室2个派出机构。共有干部职工114人。

【土地资源】濮阳的大地构造属华北地台，其辖区位于东濮凹陷之上。其地貌系中国第三级阶梯的中后部，属于黄河冲积平原的一部分，由于历史上黄河沉积、淤塞、决口、改造等作用，造就了濮阳平地、岗洼、沙丘、沟河相间的地貌特征。濮阳地势较为平坦，自西南向东北略有倾斜。土层深厚，便于开发利用，垦殖率较高，但人均占有量少，后备资源匮乏。濮阳土地开发历史悠久，绝大部分已开发为农田，土地垦殖率77.5%。除生产建设和生活用地外，宜农而尚未开垦的荒地已所剩无几。国家第二次土地调查结果显示，截至2009年底，濮阳市控制土地面积为427116.28公顷，其中，耕地为282489.41公顷，占总面积的66%；园地为1915.53公顷，林地19006.02公顷，草地1337.74公顷，园地、林地、草地共占总面积的5.2%；城镇村及工矿用地71776.06公顷，占总面积的16.8%；交通运输用地10630.76公顷，占总面积的2.5%；水域及水利设施用地33710.99公顷，占总面积的7.9%；其他土地6249.77公顷，占总面积的1.5%。另外，濮阳市控制面积内有周边地区飞人地8322.74公顷。因此，濮阳市土地实际权属面积418793.54公顷，耕地面积为277192公顷，人均0.076公顷（1.14亩），低于全国全省平均水平。

【耕地保护】2009年，濮阳市实行严格的耕地保护责任目标管理制度，强化责任目标考核，形成了市、县、乡三级目标管理网络。完善全市基本农田保护图件与资料，全市78个乡(镇)基本农田档案齐备，基本农田保护责任书签订到村。加大宣传力度，投入资金近200万元，制作永久性大型钢结构耕地保护宣传标志14处，村级与地块保护标志近2000处，编制了以“为了我们的生命线”为标题的耕地保护专题片，在濮阳电视台黄金时间连续播出，形成了良好的基本农田保护的社会氛围，全市耕地面积稳中有升。第二次土地调查初步成果显示，截至2009年底，全市耕地面积为27.7192万公顷（415.788万亩）不含飞地，其中，基本农田保护面积为23.3024万公顷(349.536万亩)，分别较省政府下达的责任目标增加7892公顷(118380亩)和24公顷(360亩)。2009年12月1日，被国土资源部、农业部联合表彰为“全国基本农田保护先进单位”，并赢得新增建设用地计划奖励指标67公顷（1000亩）。

土地整理开发成为耕地保护重要抓手。在项目实施过程中，严格实行项目法人制、公告制、招投标制、监理制、合同制5项制度，强化质量管理，引进专家审核与验收机制，全面实施田、水、路、林、电、村综合整治，形成了“田成方、树成行、路相连、渠相通、井配套、村美观”的现代农业景观，使项目区内耕地质量进一步提高，为实现农业增产、农民增收打下了坚实基础。在2009年全市开展的抗旱浇麦工作中，全市土地整理开发项目建设的12.8万米沟渠、1136眼机井发挥了积极作用，有效灌溉面积达9633公顷(144495亩)，占项目区面积的97%，取得了良好的社会效益与经济效益。2009年，积极采取措施，加强督导，土地整理工作快速推进。投资近2亿元，累计实施项目22个，其中完成并经省级验收2004年、2005年国家投资土地整理项目6个；实施并完工2007年国家投资土地开发整理项目6个；全面实施2007年、2008年使用新增建设用地土地有偿使用费土地整理项目10个。全年实现新增耕地443.74公顷(6656.1亩)，使3100公顷(46500亩)耕地变成高产稳产田，年增收粮食可达900万斤以上。台前县2007年新增费项目在全省首家通过验收，获得省厅2009年中央级新增建设用地有偿使用费奖励500万元。

全市连续11年实现耕地占补平衡。实行建设用地项目与补充耕地项目的挂钩管理，加大补充耕地储备工作力度，确保建设占用耕地先补后占。在项目管理中，严格按照地面平整、土壤质地良好、生产设施配套、标志醒目美观的标准，严把项目审查与验收关，确保补充耕地质量，连续11年实现耕地占补平衡有余。2009年共验收耕地储备项目12个、耕地占补平衡项目1个、新增耕地1441.1637公顷(2.16万亩)，是省国土资源厅下达年度计划指标382公顷的3.77倍，除满足本地耕地占补平衡外，还可以有偿转让一部分指标，为今后土地综合整治与耕地占补平衡项目积累资金，也为濮阳市经济社会发展提供了持续的耕地资源保障。

【建设用地管理】在国家严格土地用途管制和计划总量控制情况下，为实现经济发展与保护耕地双赢，坚持立足挖潜、统筹安排、有保有压、区别对待的原则，以“保增长、保红线”行动为载体，及时调整土地供应策略，采取将新上项目纳入规划修编，结合二次土地调查统筹地类安排，预留发展空间；实行土地指标额度管理并与项目挂钩统一调控，提高利用效率；加大后备资源开发力度，满足先补后占要求；争取上级国土资源部门政策支持，增加土地年度计划、挂钩试点周转指标等4项措施，将有限的用地指标优先保障扩大内需项目和民生项目，并在加强土地规划计划管理、改进建设用地预审和审批、提高监管和服务水平等方面采取了一系列措施，保障了扩内需、保增长项目用地的需求。全年安排建设用地计划由最初的136公顷增加至498.6667公顷（7480亩），确保了2009年中央投资项目、省重点项目、8511投资促进计划项目、1074省重大工业结构调整项目、省双百计划项目等国家和省级扩内需项目54个按期施工建设。被市政府表彰为全市支持服务重点项目建设先进单位、全市产业集聚区建设先进单位，被省国土资源厅表彰为服务企业先进单位。

濮阳市盐化工、新三强纺织、标准化厂房等一批重大工程、重大招商引资项目及污水处理厂、垃圾处理厂等城镇基础设施以及油田教培中心等经济适用房和廉租房建设项目得到顺利实施。2009年，全市共依法审批非农业建设用地40个批（次）（含单选项目），面积505.43公顷(7581.45亩),其中，耕地343.23公顷(5148.45亩)，经国务院和省政府批准建设用地116.92公顷(1753.8亩)，其中，批而未供面积44.07公顷(661亩)，全市土地供应量达到177.3公顷(2659.5亩)，供地率为63%。

严格落实征地补偿政策，切实维护农民合法权益。严格执行国家土地补偿政策，保证征地补偿费及时、足额发放到农民群众手中，严禁拖欠、截留、挪用征地补偿安置费用现象发生。认真落实省政府出台的征地区片地价征地补偿制度，及时制定并实施了征地补偿及安置费用拨款签收制度。要求征地补偿及安置费用7个工作日内下拨到被征地村（组），然后根据经被征地村（组）签字、盖章后的反馈情况，再组织相关工作人员，深入被征地乡（办）、村（组），对款项的拨付发放情况进行核实，确保征地补偿款项足额拨付到农民手中,依法维护被征地农民的合法权益。规范征地程序，依法征地。在实施征地过程中，严格按照《土地管理法》规定程序，认真执行“两公告一登记”制度，实施征地补偿集体决策制度，积极推行土地征用听证制度，认真搞好被征地村民的补偿安置。坚持做到公告张贴、送达签字、五方到场、集体会审、征地补偿登报公示。2009年，市城区共发布征收土地方案公告12个，征地补偿安置方案公告 23个，征地补偿面积1230余亩，补偿金额近2亿元，召开征地协调会17次，未出现因征地而引起的上访事件。着力提高地上附着物和青苗补偿标准，对濮阳市国家建设征地地上附着物补偿标准修订完善工作进行调研。

【土地规划管理】严格执行土地利用年度计划，建设用地计划投放量创近年新高。2009年初，省国土资源厅下达新增建设用地计划指标136公顷（2040亩）。同时基于濮阳市用地需求旺盛、计划指标较为紧张的情况，采取提前介入、广泛征求各县区及发展改革、规划等部门意见的方式，把项目较为成熟、材料准备齐全、急需用地的项目予以汇总，及时向上级部门反映，争取机动指标296公顷（4440亩）。另外，因耕地保护工作突出，获得省厅奖励指标66.6667公顷（1000亩），使全年计划指标总数达到498.6667公顷（7480亩），较2008年同比增加78%。实际发放建设用地计划指标337.3407公顷（5060亩），较2008年增加158.7公顷（2380亩），同比增加89%，未突破省下达计划指标，为近年来建设用地计划投放量最多的一年，有效缓解了濮阳市建设用地指标紧张局面。

【土地利用总体规划修编】新一轮土地利用总体规划修编，按照确保全市经济发展战略落实、确保产业集聚区发展、确保重点项目，与城乡规划、产业集聚区规划紧密衔接的具体工作思路顺利推进。2009年底，新一轮市级土地利用总体规划获得省政府正式批准，成为全省在新一轮规划修编中第一批获批的市级规划；5个市辖县的县级规划也均经省政府批复，75个乡级规划经濮阳市国土资源局初审并原则通过。在规划修编中，创新方式，积极推行“网上把关、全民参与、有奖纳谏”活动，引起社会广泛关注和积极参与。

【土地利用】2009年，面对国际金融危机的严重冲击和国内外经济环境变化，坚持以市场手段配置国土资源，全年出让土地93宗，总面积174.1928公顷,其中协议出让39宗，面积22.5496公顷；挂牌26宗，面积70.9181公顷；拍卖28宗，面积80.7251公顷。土地出让成交价款5.72亿元，实现土地出让纯收益4.05亿元。全市划拨土地12宗，面积3.1118公顷。租赁土地159宗，面积26.9公顷，实现土地租赁收益525万元。办理土地使用权转让208宗,面积4.2573公顷,转让金额 3448.0522万元。抵押土地使用权52宗,面积63.0022公顷,抵押价款28241.5211万元。储备土地面积58.6534公顷。处置企业改制中划拨土地使用权18宗,面积76.8647公顷。2009年，全市国土资源部门完成各级财政收入4.25亿元，同比增长36%。其中，完成市级财政收入1.7亿元（包括矿产资源补偿费2000万元），超额完成市定工作目标。被市政府表彰为2009年度目标管理优秀单位。

【测绘管理】2009年，测绘队伍检查及年度注册工作圆满完成，整顿和规范地理信息市场秩序工作有序开展。多渠道加大基础测绘投入，努力搭建濮阳地理空间公共服务平台。筹措资金近60万元更新万分之一地形图9幅；启动城区千分之一全数字航空摄影测量项目，年内完成航空摄影及32个E级控制点的外业测量。投资56万元完成了濮阳市工业园区39平方公里千分之一地形图测绘工作，其测绘成果首次获得河南省2009年度优质测绘工程二等奖。连续3年被省测绘局表彰为全省测绘工作优秀单位。

【地籍管理】第二次土地调查工作全部完成。农村土地调查方面，五县两区县级农村土地调查外业和数据库建设工作全面完成，为全省第一个全部完成辖区县级第二次土地调查任务的省辖市。目前，经国家内业核查修改完善后，全部上报国家外业核查，建成了市级土地调查数据库。六县（区）基本农田调查上图工作全部完成，成为全省率先全部完成基本农田上图成果上报的五个省辖市之一。濮阳市（市级）、濮阳县（县级）作为全国土地调查数据库更新试点单位，全部完成各项工作任务，试点成果于2009年11月上报省厅。城镇土地调查方面，市城区地籍更新调查工作已于2006年全部完成，县区城镇地籍调查成果已全部于2009年12月10日前申请阶段性成果省级预检。

积极开展集体土地登记发证工作，全市集体土地所有权登记发证数达3036本，发证率达98%；集体土地使用权登记发证率有明显提高，发证率达85.2%，按要求完成省定责任目标。

【节约集约用地】在严格控制建设用地增量的同时，按照以用为先的原则，积极盘活现有存量建设用地。2009年盘活存量建设用地218公顷（3270亩），较省定盘活目标140公顷超额55%。其中，加大批而未用土地的处置，积极协调发展改革、规划等部门，在安排项目时首先考虑批而未征、征而未供土地，盘活利用82公顷，安排项目18个；通过调整土地用途、加大改制企业土地资产处置力度，盘活低效利用土地112公顷。在新一轮规划设计中，将各项指标按照产业集聚区、中心城区、重点项目和各县的优先顺序依次进行分配，着力提高土地综合利用水平。积极推进标准厂房建设，2009年全市新建标准厂房11.53万平方米，其中，多层标准厂房6.53万平方米，企业入驻率达100%。重视砖瓦窑场整治工作，全市符合拆除条件的粘土砖瓦窑厂344个（其中五县两区330个，黄河滩区14个），已按要求全部拆除，窑厂占地总面积21313.75亩（不含黄河滩区），已复垦18226.5亩。健全机制、加强监管，努力避免复燃现象发生。

【矿产资源】濮阳市已知的主要矿藏是石油、天然气、煤炭，还有盐、铁、铝等。石油、天然气储量较为丰富，且质量好，经济价值高。地质资料表明，最大储油厚度为1900米，平均厚度1100米，生油岩体积为3892立方公里。据其生油岩成熟状况、排烃及储盖条件，经多种测算方法估算，石油远景总资源量达十几亿吨，天然气远景资源量2000亿～3000亿立方米。石炭系至二叠系煤系地层分布面积为5018.3平方公里，经河南省有关地质矿产勘探部门勘查，初步探明储量约15.6亿吨，深度为1000米～1600米，主要分布在台前县、范县、濮阳县部分区域。盐矿资源储量初步探明1440亿吨。铁、铝土矿因埋藏较深，其储量尚未探明。

【矿产资源管理】整顿和规范矿产资源开发秩序，全市经清理勘查许可证9个，采矿许可证18个，办证率和年检率均达100%，全市矿产资源勘探开采秩序健康有序。加强油区地质环境整治，投资400万元开展的濮阳市重点矿区土壤石油污染修复示范区建设工程和濮阳市油田区土壤修复项目，已分别完成主体工作的70%和80%，通过实施土壤综合修复技术，实施微生态效应、菌类筛选、石油污染土壤植物—微生物联合修复模拟试验，油污土壤降解率达到80.78%以上，为原位土壤综合修复工作奠定了基础。

【执法监察】进一步健全“日常巡查、社会监督、遥感监测”三位一体的监管体系，将耕地保护日常监测与动态巡查、变更调查相结合，定期开展督察、抽查活动，发现问题及时妥善处理。市、县国土资源部门从社会各界聘请国土资源监察专员，负责对本区域耕地保护情况进行监督。市政府建立了查处土地违法行为部门联合行动机制，加强国土部门与公安、监察、法检两院的合作协调，明确对未取得合法用地手续的建设项目，发展改革部门不得办理项目审批、核准手续，规划部门不得办理建设规划许可，建设部门不得发放施工许可证，电力和市政公用部门不得通电、通水、通气，房产部门不得办理房屋所有权登记手续，增强土地执法的有效性，初步形成土地管理齐抓共管的局面。加大执法监察力度，严厉查处土地违法行为。全市土地违法案件发现率、立案查处率同比分别下降了50%和12%，查处违法案件结案率达到94.7%。全国第九次卫片执法监察，全市共拆除违法用地项目19个，涉及土地面积457.4亩，复耕土地372.7亩，全市违法用地比例有效控制在省国土资源厅提出的13%以下的目标。

【信访工作】2009年，认真落实信访工作领导责任制，坚持“五抓”、“二要”工作方针，即对交办的案件督促抓、对涉及面较大的案件协调抓、对有集体上访苗头的案件重点抓、对易形成信访老户的案件及时抓、对群众举报的案件领导亲自抓；对越级集体上访案件，主要领导要亲自出面；对一些上访老户和重点人员，派专人负责。强化对案件的查处力度。开展信访积案专项治理活动，对来信来访中具有普遍性、倾向性和代表性的问题，综合分析，对涉法案件该移送司法部门的及时移送，该依法严惩的坚决严惩，确保信访积案化解到位。对群众举报的涉土信访案件，严格按照“谁主管、谁负责”的原则，依法及时进行交办、转办、督办，及时选派得力人员深入现场调查，走访知情群众，制订处理方案，限期依法处理。2009年，共接待群众来信来访77起120人次，信访量同比下降22%，上级交办案件结案率达100%，群众满意率达85%以上。

【政风行风建设】开展了以“优化发展环境、构建和谐濮阳”为主题的政风行风建设工作。2009年10月，组织班子成员及主要职能科室组成服务经济建设调研组，就工作中面临的新形势、新问题，如何更好地服务于地方经济发展，及时解决当前经济发展中涉及的土地资源等问题，分别到各县区开展调研，与濮阳市重点企业、重点行业负责人举行座谈，增进了国土资源管理部门与地方政府及有关部门的相互理解，宣传了国土资源管理政策，就执行最严格的耕地保护和节约集约用地制度达成共识，初步形成了市县齐抓共管国土资源的良好局面，受到了社会普遍好评。深入开展民主评议行风活动，开通“国土之声”专题广播，开展由市人大代表、政协委员及企业代表参加的“社会议国土”活动，以及“我为重点项目服好务”、“为群众办实事”等活动，认真解决了实际工作中存在的突出问题、群众反映的热点问题8类40余个，国土资源系统行业作风进一步好转。

【宣传教育】投入宣传资金20余万元，印制宣传折页2万余份、宣传扑克3000余副、发放无纺布袋7000余只，利用电视、广播、报刊、网络等媒体和信息等形式，广泛宣传国土资源管理的法律法规，促进社会各界依法合理用地、节约集约用地意识的广泛树立。加大系统干部培训力度，多层次开展国土资源教育培训3000余人次。加强基层国土资源所建设，开展模范基层所评选活动，规范化建设水平进一步提高。

【政务公开】完善国土资源网站服务功能，发挥国土资源政务公开窗口作用，网站访问量猛增。完善窗口办文制度，全年依法受理并按时办结各类事项1500余件，服务效率进一步提升，被评为全市审批政务便民工作先进单位。推进行政审批改革，共取消行政审批事项1项、简化行政审批程序2项、减免收费项目3项。

（王　丽）

濮阳县国土资源局

濮阳县地处华北平原，黄河下游北岸，位于河南省东北部。地理坐标为东经114°52′～115°25′，北纬35°20′～35°50′，是濮阳市的南大门。南部及东南部以黄河为界，与山东省的东明、菏泽、甄城隔河相望；东和东北部与范县及山东省莘县毗邻；西和西南部与内黄、滑县、长垣三县接壤。全县土地面积1455平方公里，耕地面积136.02万亩。辖22个乡镇（15个乡，7个镇），1026个行政村，总人口108.27万人。

陈良森　党组书记、局长

杨世锋　党组副书记、副局长

吉庆坤　党组副书记、纪检书记

赵秀丁　党组成员、副局长

胡本合　党组成员、副局长

张　奇　党组成员、副局长

闫相义　党组成员、工会主席

陈良森简介：濮阳县柳屯镇人，1958年12月出生，中专学历，中共党员。1977年7月～1985年6月，在部队先后任战士、区队长；1985年8月～1993年5月，在柳屯镇先后任武装部长、副镇长；1993年5月～1994年8月，在子岸乡任党委副书记；1994年8月～1998年4月，在鲁河乡任乡长；1998年4月～2003年4月，在子岸乡任党委书记。2003年4月至今，任濮阳县国土资源局党组书记、局长。

【机构设置】濮阳县国土资源局共有职工137人，内设6个股室；下属8个局属事业单位：执法监察队、土地收购储备中心、地产管理中心、土地勘测队、土地开发整理中心、地价评估所、测绘管理办公室、矿产资源补偿费征收办公室。辖城关、子岸、渠村、八公桥、梁庄、文留、柳屯、户部寨、胡状、徐镇10个乡镇国土资源所。

【国土资源】2009年年末，土地利用现状变更调查显示，全县耕地面积1455791.8亩，园地913.5亩，林地89231.25亩，草地11235.6亩，城镇及工矿用地324539.55亩，交通运输用地40310.4亩，水域及水利设施228279亩，其他土地12077.4亩。从调查变更数据来看，濮阳县人均耕地不足1.3亩，耕地少、后备资源十分匮乏是客观存在的土地县情，136.02万亩耕地是濮阳县必守的一条红线。濮阳县是中原油田开发建设腹地，原油产量占中原油田总产量的70%以上，天然气产量占95%以上。

【耕地保护】严格执行土地用途管制和建设用地预审制度，认真落实耕地保护制度；对20个乡（镇)基本农田保护区进行全面检查，制定了7项保护制度，建立了县、乡、村三级基本农田保护档案，完善了耕地保护责任体系。全县修缮基本农田保护区标志3361块，其中乡级保护标志200余处，村级3100余处。积极推进耕地“占补平衡”工作，2009年全县列入考核范围的建设用地项目共计4批次，占用耕地344.4亩，补充耕地344.4亩，全部实现了占补平衡。濮阳县县政府与各乡（镇）政府签订了耕地保护责任书，进一步强化了行政责任意识。确保了基本农田保护面积稳定在7.72万公顷。

【建设用地管理】2009年，在省厅下达给濮阳县的新增建设用地指标仅有270亩的基础上，积极向省厅争取到了新增建设用地指标850余亩。抓好用地项目报批，为用地单位提供优质服务。一是为黄河大堤、城区至柳屯公路、中原油田等一大批重点工程实施了用地报征工作。二是上报了濮阳市城区至井下（柳屯）工业园区公路工程（濮阳县段）和城市建设用地4个批（次）（产业集聚集区）用地资料，面积890余亩。三是实施了全县批后供地9宗，面积为400余亩，核定补偿金额2100余万元。四是办理中原油田井站路临时用地项目172宗，面积合计2400余亩。

【土地利用总体规划编修】根据有关法律、法规，在充分征求有关部门和行业意见的基础上，依据县域经济和社会发展规划、国土整治和资源保护要求、土地供给能力以及各项建设对土地的需求，县政府加强了对规划修编工作的组织和领导，落实了工作经费，做好了相关部门协调工作，县、乡两级土地利用总体规划修编同步快速开展。截至2009年底，县级规划已报省厅审查核准并经省政府批准；乡（镇）级规划修编工作已进入复评审阶段。同时，以土地利用总体规划修编为契机，在政策允许范围内切实保障经济发展用地，积极向上级政府争取建设用地规模，濮阳县城区规划预留8500余亩的建设空间，为今后10年县城区发展提供了用地保障。

【土地利用】2009年，共出让国有土地使用权28宗，总面积511.53亩，出让金8676.15亿余元。其中，拍卖挂牌国有土地使用权15宗，面积428.28354亩，出让金8014.67万元；协议出让13宗，总面积83.250255亩，出让金额661.4847万元。2009年，盘活存量土地，严格按照规划、环保投资要求，为河南省家家宜米业有限公司、濮阳市市区新棉织厂供地23.49亩用于标准厂房建设，建成标准厂房1万平方米。

【土地整理】严格按照设计要求，高标准施工，全面完成了土地整理任务。全年共完成庆祖、子岸、五星等5个项目，共投资4606万元，整理土地42000亩。真正把项目区变成田成方、路相通、渠相连、树成行，旱能浇、涝能排的高标准生态园区，极大地提高了土地利用率。

【执法监察和信访工作】建立健全土地动态巡查制度，明确了基层所、监察队职责，突出巡查、督察重点，实行分乡包干、责任到人，加大巡查力度，及时制止了各类违法行为。全年共进行动态巡查2000余次，消灭在萌芽状态的违法行为300余起。聘请1024名信息员，组建了土地执法监察信息网络。开通了土地违法案件举报电话12366，实行全天候服务，及时受理全县违法用地案件举报。第九次卫片执法监察活动，对全县3宗5.9亩违法用地进行了整治，共拆除违法建筑面积1850平方米。全县违法用地比例有效控制在省、市提出的12%以下。针对群众反映的有关土地信访问题，及时给予书面答复，从源头上制止了群访、重复访事件的发生，全年共接待来信来访152人（次），被河南省国土资源厅授予2009年度信访稳定工作先进单位。

（马绍锋）

清丰县国土资源局

清丰县位于濮阳市北部，冀鲁豫三省交界处，总面积834平方公里，隶属濮阳市，总人口66万人，辖3镇14乡、502个行政村。

朱志钦　局长
李长生　副局长
高电雷　副局长
杨怀锋　副局长
龙进录　纪检组长

朱志钦简介：朱志钦，清丰县固城乡人，1953年11月出生，大专文化程度，中共党员。1974年12月～1984年4月，在成都军区步校服役；1984年4月～1986年8月，在清丰县直党委工作；1986年8月～1994年8月，在清丰县柳格乡工作；1994年8月～2002年2月，在清丰县审计局工作；2002年2月至今，在清丰县国土资源局工作。

【机构设置】县国土资源局内设办公室、地籍股、监察股、用地股、规划股5个股（室）；下设二级机构7个：土地收购储备中心、土地整理储备中心、地价评估所、矿产资源管理办公室、测绘管理办公室、地产管理中心、土地执法监察大队；辖城关、韩村、古城、马庄桥、柳格、瓦屋头、仙庄、大流8个国土资源管理所，现有职工人数96人。

【土地资源】县土地总面积833.5平方公里（折合1250241.5亩），其中，耕地890206.9亩，园地3520.0亩，林地43086.0亩，城镇村及工矿用地195171.4亩，交通用地44672.8亩，水域37869.7亩，其他土地35714.7亩。

【耕地保护】2009年初，县政府与各乡镇政府签订耕地保护目标责任书，明确目标任务和责任，定期进行考核，考核情况作为各乡镇年底综合考评的重要依据。更换基本农田保护标志牌154块，在大广高速清丰路口设置大型基本农田保护标志牌1块，确保全县耕地面积稳定在5.8479万公顷，基本农田稳定在5.097万公顷以上。

【土地利用】2009年，出让土地9宗，总面积220亩，成交价款约5000万元。其中，公开拍卖出让土地4宗，面积124亩，成交价款为4179万元；公开挂牌出让土地3宗，面积40亩，成交价款为562万元；补办出让2宗，面积56亩，成交价款为245万元。另外，处理马庄桥遗留问题1宗，为财政组织收入4500万元。全年共为财政组织收入9500万元。

【建设用地管理】2009年，清丰县新增建设用地指标只有25公顷（375亩），通过多方协调，到年底共争取到近70公顷的新增建设用地指标。全年共组织报批1批乡镇建设用地和4批城市建设用地，涉及红十字儿童医院、润滑油再生、加气站、恒立佳泰、家具大卖场、博览中心、产业集聚区管委会办公楼等13个建设项目用地，报批面积共计93.7205公顷（1405.8075亩）；为县产业集聚区勘测用地14宗，涉及10个行政村，召开征地听证会17次，涉及用地总面积139公顷（2085亩）；组织完成榆济输气管道工程在六塔乡和纸房乡建设阀室用地、马庄桥镇长安路用地勘测及听证会等程序。为清丰县重点项目及产业集聚区提供了用地保障。

【土地利用总体规划编修】本轮规划以2005年为基期年，2010年为近期目标年，2020年为规划目标年，规划范围为县辖区全部土地，土地总面积833.96平方公里。规划期内确保全县耕地保有量不低于59573.77公顷，确保基本农田面积不低于50799.81公顷。规划期内，清丰县基本农田保护面积在上轮规划的基础上核减174.99公顷，核减基本农田面积主要安排到中心区域、产业集聚区，涉及城关镇、柳格乡、纸房乡和高堡乡。本轮规划中心城区规模936.05公顷,根据清丰县中心城区发展方向和规划新增建设用地规模，确定中心城区用地规模边界；北至北环路，西至西环路西150米，南至人民路南1000米，东至106国道东500米。中心城区规划总面积1660.54公顷。清丰县产业集聚区位于县城东部，106国道两侧，主导产业为食品加工、医药化工和新型建材，总规模面积930公顷，其中，起步区280公顷，发展区300公顷，控制区350公顷。按照新农村建设战略部署，遵照节约和集约用地，有利生产生活，改善农村面貌的基本原则，保障新农村建设必要用地，涉及17个乡镇的54个村新农村建设项目，建新区安置户数19018户。节约集约土地与城乡建设用地相挂钩，满足城乡建设用地需求。

【第二次全国土地调查】农村土地调查工作。外业调查首先在固城乡开展试点工作，在取得试点乡镇经验的基础上，外业调查工作全面展开，历时近3个月。所辖17个乡（镇）农村土地调查已全部完成，内业矢量化处理全部成图共51幅，面积达810平方公里，已提交国家进行核查。2009年7月，根据国家土地调查办二次调查成果内业核查意见，进行了实地核查和修改，并及时上报国家进行验收。城镇调查和数据库建设。2009年12月底，完成了该县24平方公里城镇土地调查数据库及分析报告、专项用地统计分析报告、810平方公里农村土地调查数据库及分析报告。并认真做好了2009年度标准时点统一土地变更调查工作，保证了土地变更调查的现势性和准确性，做到了图、数、实地“三一致”。

【土地整理】国家投资土地整理项目：固城土地整理项目，项目总规模1640.71公顷，项目实施后新增耕地52.43公顷，新增耕地率达3.2%。涉及固城乡朱潘生、和潘生、张庄外、张曹、西郭村、南街村、刘张庄、李郭村、旧城村、豆庄、东郭村、北街村、曹潘生和北固城村14个行政村。韩村等两个乡土地开发整理项目，项目总规模659.9公顷，新增耕地307.8公顷，新增耕地率达46.65%。涉及韩村乡的三合村、杨庄窑、杨韩村、大韩村、西刘庄、苏二庄、库韩村7个行政村和大屯乡的雷家、南召市2个行政村。耕地占补平衡项目：濮范高速耕地占补平衡项目为土地开发复垦项目，项目总规模152.82公顷，新增耕地107.34公顷，综合新增耕地率达70.24%；安南高速耕地占补平衡项目为土地开发复垦项目，项目总规模57.83公顷，新增耕地46.93公顷，综合新增耕地率达81.15%。省厅高度评价了清丰县国土资源局在土地整理项目实施中的做法。称他们的做法“为构建土地开发整理的共同责任机制进行了有益的探索，为今后搞好土地开发项目工作提供了十分宝贵的经验”。

【执法监察】国土资源行政执法监察全面加强，完善机制，严厉打击土地违法者的嚣张气焰。加强国土、公安、法院、检察院等部门联动，对国土资源违法行为予以重拳打击，全面推进国土资源行政执法工作。2009年，共动态巡查78次，当场制止35起，立案61起，涉嫌土地犯罪移送公安机关3起，依法向法院起诉33起，结案率达95%以上，收缴罚没款87.5万元。

【信访工作】2009年，根据形势和工作需要，清丰县国土资源局成立了以局长为组长、纪检组长为副组长的信访工作领导小组，局机关设立信访办公室，专门负责国土资源信访工作。并与8个基层国土所签订了国土信访工作目标管理责任书，分管包案，责任到人。同时，创新方式，提高信访服务功能。文明接访，按时反馈，使信访工作真正成为为人民群众排忧解难的桥梁与纽带。2009年，共接待信访案件60件，其中市国土资源局交办5件，县信访局转办6件，自行接访49件，均逐一进行了处理，有效地维护了全县社会稳定。

【地质灾害防治】清丰县结合地质环境实际情况，编制《2009年地质灾害防治预案》、《清丰县突发性地质灾害应急预案》。并向群众宣传《地质灾害防治条例》及防灾减灾知识，提高广大群众防灾减灾、自救互救意识；在汛期来临之前，组织各乡镇对全县进行了一次地质灾害隐患排查，对全县中小学进行了重点排查，及时了解情况，并写出书面材料及时上报。在汛期，安排专人24小时值班，公布值班电话，发放地质灾害防治明白卡，安排避难场所，发现问题及时处理，避免灾害的发生，确保人民群众的生命财产安全。

【矿产资源】清丰县地处平原地带，六塔、瓦屋头乡地区中原石油勘探局采油三厂、四公司占用该乡部分土地开采石油。双台地区盐矿预测含盐面积13平方公里，预测储量4亿吨。河南新广源盐化投资有限公司已依法取得了探矿权，拟建设15万吨离子膜烧碱，15万吨PVC项目。马庄桥地区于2006年，对地下煤炭资源勘查完毕，初步探明储量为0.9亿吨。清丰县双台地区盐矿层分布，产状推断量为5000～10000万吨，马庄桥、高堡地区煤田正在进一步勘查中，结果尚不明确。

【矿产资源管理】进一步贯彻落实国务院整顿和规范矿产资源开发秩序文件精神，在治理整顿黏土砖瓦窑厂的基础上，加大巡查力度，坚决防止已关闭的黏土砖瓦窑厂死灰复燃，并对已关闭的及时进行复耕，切实巩固全县治理整顿砖黏土瓦窑厂成果。同时，以保护耕地、节约能源、综合利用为重点，抓好了新墙材的推广工作。

（冯彦伟）

南乐县国土资源局

南乐县位于河南省东北部，冀、鲁、豫三省交界处，隶属河南省濮阳市，面积623平方公里，人口48万人，辖3镇、9乡、322个行政村，南与清丰县为邻，东与山东莘县隔河相望，西北分别与河北省魏县、大名县接壤。南乐县历史悠久，人杰地灵；字圣仓颉故里，唐朝高僧、天文学家一行的故乡，一行创世界天文学史上三个第一，首次测量子午线长度、第一次发现恒星运动、最早发明不等间距二次内插法公式；著名表演艺术家河南坠子皇后乔清秀，名冠神州；著名国画家端木梦锡，有丹青梅花王之称。古迹有仓颉庙、仓颉陵、赫胥陵、明文庙、十二牌坊及八大唐槐等，古朴典雅的民俗民风，多种新颖的名优特产，风味多彩的小吃，形成南乐独具特色的经济开发环境。

肖耀敏　党组书记、局 长

崔敬忍　党组副书记、副局长

王 辉　党组成员、副局长

肖耀敏简介：河南省清丰县人，1957年1月出生，汉族，研究生学历，1975年6月参加工作，1984年8月加入中国共产党。历任南乐县人民法院副院长、南乐县政法委书记，西邵乡党委副书记、政府乡长，中共南乐县委委员，谷金楼乡党委书记，南乐县粮食局党委书记、局长，南乐县粮油贸易总公司总经理。现任南乐县国土资源局党组书记、局长。

【机构设置】南乐县土地管理局设立于1990年4月，2002年2月，南乐县土地管理局更名为南乐县国土资源局。根据职能配备，局机关设立办公室、用地审批管理股、国土规划股、矿产资源管理股、土地资产管理股、地籍管理股、政策法规监察股共7个行政股室和执法监察大队、土地整理储备交易中心、测绘管理股、国土资源勘测队、土地评估所5个事业股（室），2005年12月，新设立城关、韩张、福堪、近德固、西邵等6个国土资源管理所。局机关现有干部职工99人，其中，在职85人，离岗6人，退休8人。

【土地资源】根据全县第二次土地调查数据，南乐县行政区域总面积6.2286万公顷，其中，耕地4.1795万公顷，园地0.1475万公顷,林地0.3031万公顷，城镇村及工矿用地0.9544万公顷，交通运输用地0.1464万公顷，水域及水利设施用地0.2625万公顷，农业设施用地、盐碱地、沙地等其他用地0.2355万公顷。

【耕地保护】南乐县国土资源局采取“四步走”措施加强区域内耕地保护工作：一是严格内部管理，先后修订《土地执法人员“六不准”》、《土地执法过错追究制度》、《土地执法监察汇报制度》等，致力于建立一支政治坚定、思想过硬、作风优良、纪律严明、业务精通、执法严格、能打善战的土地执法监察队伍。二是加大对全县范围内土地违法、违规案件的查处力度，继续保持对违法违规占地行为的高压态势，对重点区域如国道、省道、乡道两旁和村镇周围实行日巡查、周检查、月汇总，每季度进行一次执法工作述职。三是建立了协管员队伍，聘请老干部、老党员、人大代表、政协委员和村支两委成员共322名人员为国土资源协管员，制定管理制度，严格奖惩措施，完善国土资源管理机制。四是畅通土地违法举报渠道，设立了“12336”国土资源违法举报电话，安排责任心强、业务熟练的两名同志昼夜值守，对举报的事项及时快速处理，并将处理情况反馈给举报人。2009年度共查处土地违法案件17起，其中，申请法院强制执行10件，有效遏制了违法、违规用地现象的发生。

【土地利用总体规划编修】重视和突出土地规划的龙头作用，做好新一轮规划修编工作。建立规划修编专门机构，多次召集专题会议，统一思想认识，加强宣传，广泛动员，遵循公开、民主原则，提高规划透明度，使土地利用规划成为“大众的规划”，成为全县广大干部群众自觉学习国土资源法律法规、增强“严守18亿亩耕地红线”目标信念和信心的平台。参与修编人员严把关口，“一分一厘”精打细算，科学研判未来经济发展趋势，合理布局，优化用地结构，南乐县修编后的新一轮土地利用总体规划一次性通过省厅验收。

【建设用地管理】2009年，共上报征收土地6个批次：城市批次两个、乡镇批次1个、农转用1个、单独选址两个，面积总计38.1025公顷。

【土地利用】2009年，南乐县国土资源局共挂牌出让国有土地使用权3宗，面积17.5968公顷；协议出让4宗，面积1.9805公顷。政府纯收益1733.4万元。

【土地整理】2009年底，南乐县张果屯土地开发整理项目和南乐县福堪等乡镇土地整理开发项目同时竣工。两项目共投资3352万元，整理规模2482.36公顷，新增耕地158.71公顷，惠及4个乡镇的32个行政村，受惠人口达4万余人。

【第二次土地调查】全县土地外业调查顺利完成，调查面积达620.24平方公里，调查工作得到省、市专家的好评。

【地籍测绘】2009年共登记发证150宗，面积61.6亩。办理国有土地使用权抵押登记9宗，面积25.6亩，抵押价款1200万元。 2009年完成南乐县杨村乡基本农田示范区、梁村乡和寺庄乡土地开发整理项目区的勘测定界工作。有效管理和维护C级GPS卫星定位点4个，D级GPS定位点24个，二级测绘点1个。

【信访工作】2009年，信访工作受到各级政府的广泛重视。南乐县国土资源局在主动为群众释难解疑，妥善处理和解决群众来信来访中反映的问题的基础上，变上访为下访，深入基层，深入群众，与上访人交心，同时积极推行回访制度，聆听干部群众的心声。全年共接待群众来信来访236人（次），受理信访件26件，其中，市局批转1件，直接受理19件，县委县政府领导大接访6件，均做到了件件有交待、事事有回音。

【土地协管员】2009年12月9日，南乐县村级国土资源协管员聘任大会在南乐县人民政府兴乐会堂隆重举行。全县12个乡（镇）322个行政村，此次共聘任322名土地协管员。村级国土资源协管员的聘用由南乐县国土资源局组织实施，实行“县国土局聘用、乡（镇）国土所管理”的办法。首先，由各村委会根据选聘条件，本着公平、公正、公开的原则，推荐出候选人，经乡（镇）审核后，由县国土局聘任，并颁发聘书，聘期一般为3年。协管员工作补贴和学习培训费用从土地收益金等资金中列支，工作补贴每月50元。

（丰亚坤　姜慧琴）

范县国土资源局

范县位于河南省东北部，黄河中下游北岸，西望太行，东瞻岱岳，面积589.74平方公里，人口49万人，辖2镇、10乡，587个行政村。范县历史悠久，为上古颛顼氏故墟，舜帝故里，夏属，昆吾，春秋为晋邑，西汉初（公元前206年）始置县，以南临范水而得名，迄今已有2200余年历史。“扬州八怪”之一的郑板桥曾在此任县令五载。境内现存有丹朱文化遗址、苏佑墓等文化古迹。范县自古为兵家必争之地，古代晋楚“城濮之战”、齐魏“孙庞斗智”、五代“刘桥之战”等著名战事均发生在这里。革命战争时期，曾是冀鲁豫边区根据地，被誉为边区“小延安”。刘伯承、邓小平、万里、曾思玉、段君毅等老一辈革命家均在这里生活和战斗过。

王继省　党组书记、局长(副县级)

刘建伟　党组副书记、副局长

刘光耀　党组副书记、副局长

董洪岭　党组成员、副局长

张立新　党组成员、纪检组长

王继省简介：河南省范县人，1951年10月出生，汉族，大专文化，中共党员。1962年12月参加工作。历任范县颜村铺乡党委副书记，范县高码头乡乡长、党委副书记；范县高码头乡党委书记。现任范县国土资源局党组书记、局长（副县级）。

【机构设置】范县国土资源局内设办公室、政策法规监察股、用地股、利用股、地籍股、规划股、耕地保护股、矿产股、信访办9个股（室）；设12个事业单位，分别是土地整理中心、地产储备交易中心、土地勘测队、土地执法队、地价评估事务所、土地开发公司、城关国土所、濮城国土所、王楼国土所、白衣阁国土所、高码头国土所、龙王庄国土所。全局现有干部职工110人，其中机关行政17人（含1名工勤人员），事业单位86人，退休7人，大专以上文化程度58人，党员41名。全局财供人员58人，自筹自支人员52人。

【土地资源】截至2009年底，范县土地总面积是617平方公里，其中，耕地面积573358.8亩，建设用地面积157784.4亩，其他用地面积5523亩，园地面积282.9亩，林地面积62060.55亩，草地面积8690.1亩，交通运输用地面积2313.4亩，水域及水利设施用地面积94576.05亩。基本农田保护面积456720亩，基本农田保护率达到87%以上。

【土地利用】2009年，共出让国有土地使用权8宗，出让面积303939.48平方米，出让价款6408.67万元。积极做好国有土地登记发证工作，共颁发国有土地使用证33本。收取土地出让金10166万元，全部上缴县财政，增加了全县财政收入，为全县经济建设作出了突出贡献。

【耕地保护】2009年，将全县52.65万亩耕地保有量和45.9万亩基本农田保护指标进行了层层分解，并逐级签订耕地保护目标责任书，形成了县、乡、村三级目标管理网络。全县聘用了560名国土协管员，将耕地保护和日常监管作为首要职责，分片负责，严防死守，对破坏耕地的行为做到早发现、早报告、早制止、早处理，制止在萌芽状态，消除在基层。积极争取上级资金1091万元，加强土地开发整理，共开发整理土地面积4220亩，新增耕地年创产值496万元。全县耕地面积与年初相比，增加2700亩，实现耕地总面积稳中有增，连续12年实现耕地占补平衡。

【土地利用总体规划编修】范县土地利用总

体规划修编顺利通过省、市政府验收审批。在新一轮土地利用总体规划修编中，坚持保护耕地、节约集约用地的原则，统筹安排好城乡建设用地，科学规划了全县各业用地，确保了全县经济发展，对产业聚集区一区两园用地进行了重点规划，利用“空心村”、工矿废弃地、砖瓦窑厂“三项整治”，开发复垦地，增加耕地面积，储备耕地后备资源，确保工业发展有足够的空间。同时，对新建的工业项目，在用地的选址上鼓励和引导向新区、濮王工业聚集区集中，逐步实现工业企业集中联片发展。规划濮王产业园7平方公里，其中，起步区2平方公里，发展区2平方公里，控制区3平方公里；新区产业园区4平方公里，其中起步区1平方公里，发展区1平方公里，控制区2平方公里，并规划确保发展区用地3平方公里。

【建设用地管理】按照“集中指标保重点、一般项目靠挖潜”的原则，积极拓展土地利用空间，优化用地结构，保障了建设用地需求。对重点项目建设严格落实负责制，做到提前介入，实行跟踪服务、上门服务、限时办结。濮范高速、德商高速、科立威化工、诚信石化、光明密度板厂、供电局220千伏输变电工程等市县重点项目建设进展顺利，扩内需、保增长要求落实到位。共报批土地6批，面积720亩，其中城市建设用地两批，面积125.8亩；乡（镇）（农转用）建设用地两批，面积293.5亩；乡（镇）（征收）建设用地两批，面积300.8亩。

【土地整理】国家投资颜村铺土地整理项目通过省市验收，项目总投资946万元，整理耕地面积7800亩，增加耕地面积857亩，年增加总产值502.8万元。

【第二次土地调查】第二次土地调查是国家安排部署的一项重大的国情国力调查。县委、县政府和局党组高度重视，采取多项措施，有效推进了各项工作的有序发展。先后完成地类调查、权属调查、村界测量和地类核查，共完成外业地类核查及补拍照片1200个图斑、592个行政村的权属调查、592个行政村的村界测量、全县农村地类调查、基本农田调查上图等工作，按时完成统一时点变更工作。

【执法监察】建设土地动态巡查网络，加大执行动态巡查力度，将违法用地行为制止在萌芽状态，做到预防为主、事前防范和事后查处相结合，完善了“县为龙头、乡为主体、村为基础”的三级执法动态巡查网络，建立健全村级土地协管员队伍，共聘任村级土地协管员546名。全年发现和制止各类土地违法行为72宗，涉及土地面积72.75亩，制止各类土地违法案件68宗，拆除建筑物面积320平方米，恢复土地原貌33亩。

【信访工作】积极做好信访稳定工作，每季度召开一次专题会议研究土地信访工作，分析土地信访形势，认真排查群众来信来访中反映的新情况、新问题。每月对矛盾纠纷至少排查一次，对排查出的涉土矛盾纠纷做到及时调查处理，把矛盾纠纷消灭在基层，处理在萌芽状态，信访量逐年下降。全年共接待信访案件7件，省、市、县转办案件5件，全部得到及时解决和处理，做到案案有结果、件件有回音，无赴省进京上访案件发生。

【矿产资源】境内矿产资源丰富，已探明石油储量2亿吨，天然气储量88亿立方米，为中原油田油、气主产区。已探明以濮城为中心的卤水分布面积为620平方公里，远景储量达960亿吨，品位高，杂质含量低，具有很高的开发价值。境内煤炭资源面积82平方公里，储量7.46亿吨。

【矿产资源管理】按照省市有关治理整顿粘土砖瓦窑厂的要求，先后关闭拆除砖瓦窑厂7个，超额完成市政府下达的拆除目标，并及时进行了复垦。范县的粘土砖瓦窑厂关闭拆除工作领导重视，措施得力，成效显著，受到省、市表彰。

（范道奇　李忠宇）

台前县国土资源局

台前县位于河南省东北部，行政隶属濮阳市。地理坐标为东经115° 39′～116° 6′，北纬35° 49′～36° 7′，高程41米～43米。面积392.92平方公里，人口35.21万人，辖7乡、2镇和2个独立工矿区。全县共有372个行政村。台前县处在黄河与北金堤河相交的斜长三角顶部，呈犀牛角状伸入山东境内。北依金堤与山东省阳谷县接壤，南与郓城、梁山县相连，东与东平县隔黄河相望，西毗范县。京九铁路纵穿南北，与濮（阳）台（前）铁路在此交会。

张传玉　局长
赵兰正　副局长
刘庆智　副局长
周　民　副局长

张　栋　纪检组长

张传玉简介：1962年2月出生，河南省台前县人。大专学历，1978年参加工作，1984年加入中国共产党。1991年～1997年，在吴坝乡政府、清水河乡政府工作，担任乡党委副书记；1997年～2003年，在吴坝乡政府工作，担任乡长、乡党委书记；2003年至今，在台前县国土资源局工作，担任局长、党组书记。

【机构设置】1988年3月23日，台前县编制委员会发文，明确台前县土地管理办公室为副科级事业单位，隶属于县计划委员会。1988年11月16日，撤销台前县土地管理办公室，成立台前县土地管理局，为科级单位，属县政府职能部门。2002年5月，更名为台前县国土资源局。县国土资源系统共有82人，其中局机关共有干部职工69人。局机关内设办公室、国土规划股、用地审批管理股、地质矿产管理股、地籍管理股、政策法规监察股6个行政股（室）。下属土地评估事务所、土地执法监察队、土地开发整理储备中心、土地勘测规划站4个局属事业单位。下设夹河、孙口、后方、马楼4个乡（镇）国土资源所。

【土地资源】根据2009年末土地利用现状变更调查，台前县控制土地面积为672727.8亩，其中，耕地为416761.65亩，占总面积的62%；园地772.65亩，林地29578.65亩，草地42.9亩，园地、林地、草地共占总面积的4.5%；城镇村及工矿用地107197.95亩，占总面积的15.9%；交通运输用地16774.8亩，占总面积的2.5%；水域及水利设施用地99571.5亩，占总面积的14.8%；其他土地2027.7亩，占总面积的0.3%。另外，全县控制面积内有范县飞入地1220.25亩，耕地为78.09亩；山东省飞入地77066.25亩，耕地4680.81亩；本县飞出地为16150.2亩。全县土地实际权属面积为500636.4亩，耕地面积为345329.25亩。从各项调查变更数据来看，台前县人均耕地不足1亩，耕地少、后备资源十分匮乏是客观存在的土地县情，2.05万公顷耕地是台前县必守的一条红线。

【耕地保护】高度重视耕地保护工作，县政府制定了强有力地保护目标履行责任制，成立了由公安、城建、国土等7个相关部门组成的治理违法用地联合执法大队。各部门通力协作，各司其职，进一步强化了全县的耕地保护工作，营造了我县保护耕地的良好氛围。通过全国第二次土地调查和新一轮土地规划修编工作，台前县重新划定基本农田保护面积20371公顷，现已修订完毕，等待评审报批。联合台前县农业局，调整了台前县基本农田保护检查工作领导小组，进一步完善了县、乡、村、组四级监察网络。同时，结合土地执法卫片工作，及时掌握了基本农田和耕地的利用动态。

【建设用地管理】2009年，台前县国土资源局结合实际，充分发挥部门优势，采取得力措施，支持经济建设，保证扩大内需和拉动经济增长的需要，把服务重点项目建设用地作为一项重要工作来抓，按照“依法、低限、求实”的原则，保证了重点项目及各类用地项目建设顺利进行。一是打渔陈乡35千伏变电站项目建设用地已经省政府批复。曹楼110千伏变电站建设项目和张庄提排站扩建工程已完成预审工作。为临黄堤淤背加固工程勘测定界，并及时搞好了有关资金的拨付。二是为中医院、县人民武装部、县看守所办理了划拨用地手续，面积4.1961公顷。县职业高中迁建项目用地手续已报省政府，面积7.4523公顷。为县老干部活动中心和夹河乡敬老院扩建项目办理了划拨用地手续，面积0.6716公顷，全部使用国有存量土地。三是为河南省民通华瑞纸业有限公司报市政府转用土地1.0946公顷。2008年第一批乡镇用地已经省人民政府批准。2009年度第一批乡镇建设用地、2009年度第二批城市建设用地、2009第三批城市建设用地已报省政府审批，面积18.8289公顷，为全县工业项目和其他项目建设提供了用地保障。四是为台前县产业集聚区发展搞好服务，截至目前，已丈量土地20余宗，面积730余亩，所涉及的地上附着物已清点完毕。

【土地利用】2009年，全年共出让土地14宗，总面积58220.58平方米，净面积51746.43平方米。其中，挂牌2宗，面积23952.2平方米，净面积22235.5平方米；拍卖5宗，面积25107.68平方米，净面积20350.23平方米；补办出让手续6宗，面积5754.7平方米；协议出让1宗，面积3406平方米。共收取土地出让金2064.9352万元，其中，耕地占用税74.4551万元，契税89.0884万元，为县政府创取土地收益1191.3561万元。

【土地规划】台前县土地利用总体规划修编工作已经省政府批复，乡级规划已进入终审阶段。

规划修编的完成，将会给台前县今后一个时期的社会和经济发展创造一个良好的空间。

【地籍地政】2009年，共颁发土地使用证书144宗，其中，国有土地使用证120宗，集体土地使用证24宗。第二次土地调查农村部分的外业工作已经完成，2009年3月20日前完成了内业建库。2009年3月25日，将成果上报全国土地调查办公室进行内业核查。2009年3月29日～4月8日，国家土地调查办组织对台前县的调查成果进行了全面核查，经对数据库质量检查和地类一致性核查，认为成果基本符合要求，通过内业核查。

【土地整理】一是台前县侯庙镇等乡（镇）土地整理项目顺利施工。该项目为2007年国家投资土地整理重点项目，总投资2026万元，建设规模1638.95公顷，完工后可新增耕地面积137.97公顷。二是投资71.6万元的台前县马楼乡土地整理项目已通过竣工验收，成为全省第一家通过竣工验收的2008年度新增费项目，受到了市国土资源局与省厅的通报表扬。同时，省国土资源厅与省财政厅于2009年中央级新增建设用地有偿使用费中奖励台前县500万元，台前县成为全省获此殊荣的两个县之一。三是投资24.67万元完成了台前县2009年度第一期耕地储备项目，新增耕地4.1067公顷，已通过市局竣工验收。四是吸引社会投资362.2万元的台前县2009第二批耕地储备项目，总规模为102公顷，新增耕地面积96.4473公顷，已完工并申请市局验收。

【执法监察】一是预防为主、事前防范和事后查处相结合。2009年，共发现土地违法案件36宗，面积0.79公顷。其中，查处土地违法案件17宗，面积0.5公顷；制止土地违法案件19宗，面积0.29公顷；申请台前县人民法院强制执行17宗。二是为了贯彻落实“十五号令”，及时成立了领导小组，印发了台前县查处土地违法行为联合行动机制办法，组长由分管副县长担任，县政府办公室副主任、国土局局长任副组长，县发改委、县城建局、工商局、电业局一把手，公安局、监察局、国土局副职等单位为成员。三是编发8期国土巡查信息，发送相关单位及各乡镇等查处违法占地联席会议单位，以引起大家的高度重视，共同做好国土资源的保护工作。

【信访工作】2009年，涉土上访案件呈上升趋势，主要是农村宅基纠纷、土地安置补偿和机关企业拆迁改制引发的问题，处理起来难度很大，有时需要几个单位共同参与。县国土资源局从四个方面入手，狠抓土地信访工作。一是认真学习《信访条例》、《国土资源信访规定》、《关于违反信访工作纪律处分暂行规定》等，不断提高做好信访工作的意识和能力。二是加大排查力度，认真开展矛盾纠纷排查化解活动，以“发现得早，化解得了，控制得住，处置得好”为目标，着力解决好涉土矛盾纠纷调处化解工作。三是畅通信访渠道，进一步提高信访工作的快速反应能力。坚持领导信访接待制度，举报电话24小时保证畅通，对接到的来信来访和领导批转的案件积极采取有效措施，争取在最短的时间内办结，得到了社会的认可。四是对有越级上访苗头的，会同兄弟单位，做好稳控工作。2009年，县国土资源局共受理13宗信访案件，全部结案，结案率达到100%，真正做到了信访案件事事有回音、件件有落实。

（张彩云）

华龙区国土资源局

濮阳市华龙区成立于1986年，总面积119平方公里，人口34.4万人，是濮阳市政治、经济、文化中心和中原油田总部所在地。下辖岳村乡、孟轲乡、中原路街道、胜利路街道、建设路街道、人民路街道、大庆路街道、黄河路街道、任丘路街道、长庆路街道，2乡、8个街道办事处、67个行政村。

李光华　局长
唐永亮　副局长
耿景环　副局长（女）
张勤山　副局长
郭　瑛　纪检组长（女）

李光华简介：1963年8月出生，回族，大专学历，台前县人。1983年7月～1987年11月，任台前县委组织部干事、副科级组织员（期间在市委组织部工作8个月）；1987年12月～1989年6月，任濮阳市区委办秘书组长、区委政研室副主任；1989年7月～1990年7月，任濮阳市委组织部党员管理科干事；1990年8月～1994年9月，任濮阳市区组织部副部长；1994年10月～1997年4月，任濮阳市区胡村乡党委书记；1997年5月-2002年1月，任濮阳市区胜利路街道办事处党工委书记；2002年2月至今，任濮阳市华龙区国土资源局局长。

【机构设置】局机关内设办公室、地籍地政股、建设用地股、政策法规监察股、矿产资源管理办公室共5个股（室），下设国土资源执法监察大队1个事业单位。现有人数52人（含离岗3人），实际在岗49人，其中，干部45人、工人4人；49人中有科级干部9人，全部是公务员，另有公务员5人，事业编制35人（自收自支6人，全供29人）。

【国土资源】华龙区土地面积11989.24公顷，其中,耕地面积5873.08公顷，基本农田2288.29公顷，一般农田3584.79公顷，园地2.91公顷，林地207.86公顷，城镇村及独立工矿用地5537.04公顷，交通运输用地239.7公顷，水域及水利设施用地127.39公顷。现有67个行政村，乡村人均耕地1.05亩；矿产资源主要是地热，现有地热井3个。

【耕地保护】严格执行土地用途管制制度,认真落实基本农田保护各项制度,加大基本农田巡查力度，全年共组织人员下乡巡查36次，出动人员100余人次。修缮、新设置基本农田保护标志牌450个。建立三级基本农田保护档案，完善耕地保护责任体系。区政府与各乡办签订耕地保护责任书，进一步强化责任意识，保证了全区基本农田稳定在2288.29公顷。

【建设用地管理】完成了濮范高速华龙区段845亩用地补偿工作；完成了濮柳快速通道华龙区段277亩地面附着物清点、补偿；完成了市污水处理回水管线45亩临时用地的审批及补偿拆迁工作；完成了市供热管线南线、市工业园区供水管线临时用地地面附着物清点、面积丈量和补偿；完成了市政府储备土地（赵村“城中村”改造项目）148亩地面附着物的清点、补偿；完成了油田教培中心经济适用房项目（丁香园）192亩地面附着物的清点和补偿；完成了市公交公司停车场75亩、市污水处理厂26亩、市污水脱氮改造工程15亩的地面附着物的清点工作。

【地籍地政】第二次土地调查工作中，全区农村土地调查面积119平方千米，城镇调查面积为8平方千米；组织开展了土地利用总体规划修编工作认真开展集体土地登记工作。

【开发复垦】2009年，对孟轲乡西孟轲窑厂实施了复垦，面积102亩，打机井2眼，修田间水泥路面1122米。对岳村乡胡夹寨窑厂、昌湖等5个行政村的6座窑厂进行前期的可行性调研，并编制了规划和预算。

【执法监察】坚持土地动态巡查制。全年经动态巡查发现46宗违法占地，面积661亩，共立案查处60宗（含2008年第九次卫片执法案件），面积432亩。移送公安机关21宗，申请法院强制执行32宗，提出党政纪处分建议6人（次），向上级报告8宗160.5亩。

【第九次卫片执法】第九次卫片执法，涉及孟轲乡、岳村乡、胜利办、中原办、人民办、建设办、任丘办7个乡办，共84宗违法占地，最终核定面积为1228.2亩。其中，有批准手续的合法建设用地775亩，违法用地352亩（不包括养殖项目违法用地31.6亩）。配合相关部门先后组织4次大规模的集中拆除活动，有力遏制了违法占地蔓延的势头。

【信访工作】积极配合信访积案化解年活动，及时对本局负责督导的8宗涉土积案进行化解处理。会同土地监察大队下乡巡查29次，发现制止违法行为15起，涉及占地面积32亩。全年共接待来访群众93人（次），办理土地信访案件16起。

（赵焕领）

三 门 峡 市

三门峡市国土资源局

三门峡市位于河南省西部，建于1957年，是伴随万里黄河第一坝的建设而崛起的一座新兴省辖市。东接洛阳市，西邻陕西省，南通南阳市，北连山西省，管辖三县（陕县、渑池县、卢氏县）两市（灵宝市、义马市）一区（湖滨区）和一个经济技术开发区，总面积10496平方公里，总人口223万人。三门峡市是全国双拥模范城市、中国优秀旅游城市、河南省对外开放先进市、省级园林城市、省级卫生城市，被誉为“天鹅之城”和黄河明珠。近年来，三门峡市依托资源优势，积极实施工业强市战略，初步形成了以能源、煤化工、铝工业、有色金属深加工和林果业生产加工5大支柱产业为支撑的区域特色经济体系，带动了综合经济实力的快速提升。

马进仓　党组书记、局长
崔宗勤　党组成员、调研员
游崇欣　党组成员、调研员
阴旭阳　党组成员、副局长
徐建立　党组成员、副局长
卫　骁　党组成员、纪检组长
李光生　党组成员、副局长
王西鹏　党组成员、副局长

马进仓简历：河南省新密市人，1953年4月出生，汉族，中共党员，大专学历。1992年5月～1995年6月，任洛阳高新技术产业开发区办公室主任、工委委员；1995年6月～2002年1月，任洛阳高新技术产业开发区管委会副主任、工委委员；2002年1月～2004年5月，任洛阳市地矿局副局长、党组成员；2004年5月～2007年3月，任洛阳市国土资源管理局副局长、党组成员；2007年3月至今，任三门峡市国土资源局党组书记、局长。

【机构设置】三门峡市国土资源局于2001年，在原三门峡市土地管理局、矿产资源管理局的基础上组建而成，是主管三门峡市土地资源、矿产资源等自然资源的规划、管理、保护与合理利用工作的部门。辖渑池县、义马市、湖滨区、陕县、灵宝市、卢氏县6个国土资源局和开发区建设土地局局机关内设办公室、财务科、信访办、执法监察科、地籍测绘科、规划科技科、耕保审批科、土地利用科、矿产资源开发科、储量勘察科、地质环境科、纪检监察室12个科（室）和市土地开发储备整理中心、市矿业开发中心、市地产交易中心及市国土资源执法监察支队4个二级机构，截至2009年底，共有职工109人，大专以上学历人员达92%。

【土地资源】据2009年度变更调查显示，全市辖区总面积99.3665万公顷，其中，耕地17.76万公顷，园地5.35万公顷，林地53.74万公顷，草地11.24万公顷，城镇村及工矿用地5.29万公顷，交通运输用地1.31万公顷，水域及水利设施用地2.96万公顷，其他土地2.61万公顷。

【耕地保护】2009年，全市经储备并备案112个土地整理复垦开发项目，新增耕地1007.56公顷，同非农建设占用耕地639.0106公顷相抵后，净增耕地368.5494公顷，连续11年实现耕地占补平衡有余，获得省厅奖励用地计划指标500亩。全面完善了基本农田保护档案，共建立市（县、区）级档案7套，建立乡级成果档案66套，村级档案1348套。加大基本农田保护工作宣传力度，2009年，三门峡市66个乡（镇）共投入经费228.5万元,设立大型宣传标志牌23块,设立基本农田保护标志1402块，与村民小组签订责任书10514块,与农户签订责任书304450份。

【土地利用】2009年，三门峡市本级共收购储备土地35宗，总面积910亩，已成功处置28宗（其中划拨2宗），收取土地出让金2.68亿元，实现土地收益1.75亿元。组织开展了巩固砖瓦窑治理整顿、加油站用地检查及房地产开发市场专项检查等工作，全市共清查闲置土地12宗，面积303亩；盘活存量建设用地303.99公顷，占省国土资源厅下达180公顷目标任务的168.89%。逐步建立和完善了国有经营性用地“招、拍、挂”的六项制度，全市共供应土地155宗，面积405.33公顷，其中，出让116宗，面积233.77公顷，收取出让金10.3亿元，（通过“招、拍、挂”方式出让100宗，面积221.13公顷，收取出让金10.2亿元）。市本级共供应土地52宗，面积147.07公顷，其中出让41宗，面积79.58公顷，出让总成交价款达5.45亿元，与去年同期的2.87亿元相比翻了近一番。

【建设用地管理】2009年，全市共报批项目建设用地69个批次，总面积4413.9104公顷，其中，农用地2428.9018公顷（耕地1605.5190公顷），报批总用地面积为全省第五位，上报省政府批准乡（镇）土地利用总体规划调整5个批（次），共调整规划面积354.8842公顷（耕地188.1573公顷），有效保障了全市“8155”投资促进计划确定的138个超亿元项目以及列入省考核重点项目、省“8511”、“1074”等重点建设项目的用地需求。

【土地勘测定界及评估】2009年，市国土资源局共完成土地勘测定界223宗，出具报告206套，资料740份，宗地图99宗297份，完成个人住宅楼发证勘测60余栋。共完成出让、抵押、划拨等各类型土地价格评估报告149个，总评估面积达296.17万平方米，评估价值达16.35亿元。

【测绘管理】2009年，三门峡市本级共受理国有土地登记111宗，审批个人住房用地分割登记1502户，抵押登记31宗，注销登记12宗，接待土地登记公开查询80宗，录入地籍档案400余卷，更新图斑300余个。开展了测绘资质年度注册工作和资质申请审查及变更工作，全市21家丙、丁级测绘单位中，20家通过了年度注册，5家进行了证书变更，对新申请的3家单位进行了资质审查。部署开展了地图市场检查活动，在全市范围内未发现“问题地图”。开展了整顿和规范地理信息市场秩序工作，及时制止了市旅游局未经批准私自编制2009版三门峡经贸旅游交通图的行为，配合查处了4名荷兰人在卢氏县双槐树乡庆家沟村的非法测绘行为。

【第二次土地调查】截至2009年底，全市县级农村土地利用现状调查全部通过国土资源部的内业核查，陕县、灵宝市两地县级调查成果还通过了外业核查。城镇地籍调查的外业工作基本结束，基本农田上图工作进展顺利，与周边邻县的接边工作全面完成，市级数据汇总前期准备工作也已全面结束。

【土地利用总体规划修编】市、县两级土地利用总体规划已全部编制完成，并分别于2009年9月底和10月底通过省政府审查批准实施，成为全省第二个市、县两级土地利用总体规划均开始实施的城市；乡级规划初稿已完成，并分别通过了市国土资源局组织的初审和省国土资源厅组织的复审。

【矿产资源】三门峡市矿藏资源丰富，已发现矿产地318个，其中,大型矿床46处，中型矿床96处。发现矿藏66种，已探明储量的有50种，保有储量居全省前三位的约有31种，已开采利用的27种。黄（黄金）、白（铝土矿）、黑（煤炭）是辖区的三大优势矿产。黄金矿产储量、产量均居全国第二位。有16种矿产居全省之冠（金、锰、铅、锌、锡、锑、钽、铌、锂、铍、铷、硫铁矿、铸型用砂岩、砷、云母、玻璃用砂岩），有9种矿产居第二位（铜、钼、银、钨、磷、压电水晶、熔炼水晶、石膏、石墨），6种矿产居第三位（铝土矿、铁、镓、白云岩、伴生硫、水泥配料及粘土）。截至2009年底，全市在有效期内共有矿产资源勘查登记项目157个（包括部办6个项目），其中，金矿项目37个，铝土矿项目18个，铁矿项目31个，铅锌矿项目34个，重晶石项目1个，煤矿项目2个，银矿项目4个，铜矿项目8个，锑矿项目3个，锰矿项目5个，钼矿项目5个，钒矿项目1个，硫铁项目2个，长石项目1个，白云岩项目2个，石煤项目1个，锂矿项目1个，红柱石项目1个。

【矿产资源管理】2009年，圆满完成138个矿山（其中部、省发证矿山120个）的储量动态检测年度报告、262个矿山企业“三率”指标考核和开采回采率系数核定工作，组织编制了《三门峡市钼矿资源整合实施方案》。矿产资源补偿费征收成效显著，全年共以挂牌方式出让采矿权9宗，总成交价款388万元，其中市本级登记并发放采矿证13个，收取采矿权使用费10.3万元；全市共征收矿产资源补偿费6514.42万元，其中市本级征收1330万元，是去年同期的近两倍，涨幅为历年最高。整顿和规范矿产资源开发秩序活动进一步深入，无证探采、乱采滥挖、浪费资源等现象得到进一步遏制。由于成效显著，2009年市国土资源局荣获全国“整顿和规范矿产资源开发秩序工作先进集体”荣誉称号。

【地质环境管理】全市新发现的61处地质灾害隐患点建立健全了县、乡、村三级监测网络，明确了监测责任人，发放了28000余份《地质灾害防灾工作明白卡》、《地质灾害防灾避险明白卡》。

筛选、上报了灵宝市川口乡碑基村黄土滑坡等8个地质灾害隐患点，并纳入2009年省级财政资金治理项目名单。编制并经市政府批准实施了《三门峡市矿山环境恢复治理规划》。灵宝小秦岭地质公园获得了国家地质公园建设资格，渑池韶山地质公园获得省级地质公园建设资格。由于措施到位，卢氏县、灵宝市分别被国土资源部授予地质灾害群测群防"十有县"荣誉称号。

【执法监察】全年市本级共开展动态巡查103次，其中，一级巡查区域60次，二级巡查区域43次，到基层乡所巡查30余次，各县（市、区）国土局共巡查1030余次，累计出动警力3029余人次，发现非法占地158余起，无证采矿500余起，现场制止违法行为469余起，封填非法井口100余个，拉倒井架100余个，没收设备100余件，拆除工棚20余间，拆除违法建筑3600平方米，向法院移交案件10余起，下达处罚决定书10余份，现均已结案，结案率达100%，罚没收入上交财政110余万元。

【土地例行督察】2009年10月26日～11月6日，国家土地督察济南局土地例行督察工作组对三门峡市近年来的土地利用和管理工作进行了例行督察，未发现重大问题，督察工作进展顺利，获得了较高评价。此次土地例行督察工作涉及全市6个县（市、区）和1个经济技术开发区，共审核2007、2008年度各类卷宗1449卷，实地核查变化图斑300个，发现主要问题5个大项10个小项。经过全市上下近半年的共同努力，违法占用耕地面积占新增建设用地占用耕地面积的比例由8.63%下降为0.05%。督察中发现的87宗违法、违规用地面积共计1174.39亩（耕地493.94亩），已上报省政府和市政府，完善用地手续69宗，面积1033.29亩（耕地453.59亩）；目前，已经批复54宗，面积770.9亩（耕地347.2亩）；省国土资源厅正在会审15宗，面积262.39亩（耕地106.39亩）；已经拆除到位11宗，面积67.73亩（耕地36.97亩）；拆除不彻底7宗，面积73.37亩（耕地3.38亩），其中灵宝市3宗，面积50.14亩（耕地3.38亩）；陕县4宗，面积23.23亩。整改过程中，全市共收缴罚没款1134.98万元（其中重点案件收缴罚没款232.24万元），处理相关责任人30名，移交案件16宗。此外，督察局反馈的新增图斑12宗444.27亩（耕地106.7亩）违法用地全部整改到位。

【信访工作】全面完善局领导分片包干信访接待制度，开展了争创无越级上访基层所（站）活动。通过抓源头、抓疏导、前移执法关口，使大量的信访问题解决在了基层和案发地。2009年，三门峡市共发生涉国土资源来市访案件106起、217人（次），进京赴省上访案件43起、120人（次），接访总数及影响程度较去年都有所下降。

【荣誉称号】2009年，三门峡市国土局被国土资源部评为整顿和规范矿产资源开发秩序工作先进集体，张冠山同志获得先进个人荣誉称号。被省国土资源厅评为全省县（市）、乡（镇）、村级国土资源法律知识宣传教育培训活动先进单位，被省国土资源厅办公室评为矿产资源征管工作先进单位。

（李 静）

义马市国土资源局

义马市位于河南省西部，属浅山丘陵地区，境内起伏不平，沟壑纵横，地形为北高南低、西高东低。1981年，经国务院批准建立义马市，由洛阳行署代管。1986年区划调整，归三门峡市管辖。人口16.3万人，辖7个办事处、20个行政村。2006年末，义马市辖区农用地面积为79857.2亩，其中，耕地55934.4亩，园地1644.4亩，林地14023.7亩，其他农用地8254.7亩；建设用地面积为34940.1亩，其中，居民点及工矿用地30733.5亩，交通运输用地3747.5亩，水利设施用地459.1亩；未利用地面积为35891.3亩，其中未利用土地30664.8亩，其他土地5226.5亩。义马市大地构造位置处于华北陆块南缘，渑池确山陷褶断束西段。地层从北向南、从老到新依次为二叠系、三叠系、侏罗系、第三系和第四系，构造简单，无岩浆岩出露。已探明煤炭储量79亿吨，2005年，原煤产量1600 万吨，经济综合实力位居全省第六位，是一个典型的资源型工业城市。

李全峰　党组书记、局长
张建品　党组副书记、副局长（正科）
吴洪流　副局长（正科）
肖广武　副局长
董耐晓　纪检书记

李全峰简历：女，河南省洛宁县人，汉族，1958年10月出生，大专学历，中共党员。1976年

5月参加工作。1978年11月～1981年9月，在豫西农专学习；1984年9月～1991年4月，在义马市妇联工作，任副主任；1991年5月～1992年7月，在义马市政府宗教、侨办工作，历任宗教局长、侨办主任；1992年8月～1995年11月，在市委统战部工作，任副部长；1995年11月～1997年1月，在千秋乡工作，任党委副书记、乡人大主席；1997年1月～2002年2月，在地矿局工作，任副书记、副局长；2002年2月～2007年10月，在义马市国土资源局工作，任党组副书记、副局长；2007年10月至今，任义马市国土资源局党组书记、局长。

【机构设置】义马市国土资源局成立于2002年2月，现有干部职工56人，下设办公室、规划用地科、地籍管理与土地利用科、农宅科、矿产资源管理科5个科（室）和义马市国土资源监察大队、土地管理储备中心、土地交易中心、土地开发中心。2006年3月，东区城乡土地服务与管理中心和新区城乡土地服务与管理中心成立。

【土地资源】根据第二次土地调查统一时点更新后数据库汇总统计，截至2009年12月31日，义马市共有耕地2889.08公顷，占义马市土地总面积的29.05%；园地面积348.73公顷，占3.51%；林地面积2070.91公顷，占20.82%；草地面积为1179.78公顷，占11.86%；城镇村及工矿用地为2417.18公顷，占24.31%；交通运输用地439.42公顷，占4.42%；水域及水利设施用地238.69公顷，2.40%；其他土地361.23公顷，占3.63%。

【基本农田保护】2009年，义马市行政辖区内基本农田保护面积为1725公顷。义马市国土资源局将1725公顷基本农田划定为55个区块，设立基本农田保护标志10块，并与20个行政村的154个村民小组及7675个农户层层签订了基本农田保护责任书。基本农田保护工作做到了图、表、地块、责任人“四统一”。并对义马市基本农田进行了调整划定，进一步完善了基本农田监督管理长效机制，建立了市、镇、村、组四级动态巡查网络。

【基本农田整理】按照“统筹规划、分工协作、集中投入、连片推进”的要求，全面加大土地整理力度，加快建设高产稳产基本农田，并加快做好项目的可行性研究、立项、规划设计等工作，积极申报省级投资项目。2009年4月，完成了二十里铺社区基本农田整理项目的选址、立项和“招、拍、挂”工作。该项目总投资47.99万元，总面积249.71亩，年底前项目完工，新增耕地16.74亩。

【土地利用总体规划修编】结合义马市实际，义马市国土资源局从加强资源和耕地保护，突出节约集约用地的角度出发，对各类用地进行了登记造册，拟定了义马市土地利用总体规划修编规划大纲，对今后的各类用地进行合理调整和优化布局。上级下达的耕地保有量3652公顷、基本农田保护指标1725公顷，远近期建设用地指标1125公顷、园地200公顷、林地1140公顷等各项指标全部落实分解上图。新一轮土地利用总体规划（2006—2020年）修编方案为义马市今后的科学发展留足了空间，该方案经河南省人民政府（豫政土〔2009〕220号）文件批准实施。

【第二次全国土地调查】义马市第二次土地调查工作从2008年4月份开始，分五个阶段进行。一是权属调查，二是地类调查，三是基本农田调查，四是专项用地统计调查，五是数据库管理系统建设。本次的调查区域面积为72.92平方公里。外业调查工作全部结束，农村土地调查数据库建设完成，各项调查成果汇总整理完毕，已经上报国土资源部进行核查验收。

【三项整治】义马市北露天矿坑复垦项目，从2007年11月开始～2009年4月完毕，涉及土地面积121.04公顷。该复垦项目总投入1075.5万元，由义马市国土资源局自筹资金进行，工期分为前、后两期，前期中心工作为渣石平整，后期则着重于铺垫种植层。通过平整渣石、铺垫种植层，复垦土地102.42公顷。作为义马市2009年第一批补充耕地储备项目，已经通过三门峡市国土资源局验收，并上报省国土资源厅备案。

【荒山治理】2009年，义马市投入381.6万元，对东区的530公顷山坡进行了开发，大力发展生物柴油树—黄连木，预计年产值可达1038万元，成为可以再生、不会枯竭的“绿色油田”。随着经济的快速发展和矿物能源的逐年减少、枯竭，能源问题已成为制约今后经济发展的主要瓶颈之一。充分利用荒山荒坡广泛种植生物能源林，是当前生物能源发展的主导方向。义马市经过多方考量，结合本地实际，组织国土资源、农林、涉农办事处等单位认真抓好规划、整地、育苗、栽植等关键环节的基础工作。根据黄连木的生长结果习性，嫁接苗

3～5年进入盛果期，按每公顷产种子7吨计算，年产量达3710吨，可生产加工生物柴油1484吨。

【土地利用】2009年，充分利用土地市场动态监测系统和土地供应备案系统，对土地供应信息、土地收购储备信息、土地市场交易信息等信息上网备案。发布建设用地供应计划33宗，供应各类建设用地5宗，面积15.6823公顷。其中，挂牌出让成交3宗，出让面积1.83公顷，出让金额1851.7万元；划拨用地2宗，面积13.8523公顷，用途为公用设施用地；协议出让1宗，面积0.66公顷，出让价款344.1万元。全年签订土地出让合同金额2195.7万元，充分发挥了土地的最大效益。盘活存量土地59.63公顷，超额完成了全年盘活存量土地目标。补录2007年、2008年度土地供应信息110宗，补录上传率达到100%。

【土地交易】2009年，组织土地挂牌交易6宗，涉及土地面积55581.62平方米(合83.37亩)，成交3宗，成交面积18270.62平方米(合27.4亩)，挂牌成交总额1851.7084万元。平均成交额每亩67.58万元，比上年平均成交额增加33.99万元，最高地价达到130万元/亩，创下了义马市地价新高。其中，2009－10号宗地面积11.78亩，每亩16.5万元，总价194.4112万元；2009－14号宗地面积4.2亩，每亩41万元，总价172.1809万元；2009－11号宗地面积11.42亩，每亩130万元，总价1485.1063万元。比起价高出1028.3万元，是起价的3.25倍，比底价高959.78万元，是底价的2.83倍。

【服务经济建设】义马市委、市政府把2009年确定为“项目建设年”。义马市国土资源局坚持“有限指标保重点，一般项目靠挖潜”的用地原则。落实最严格的耕地保护制度，在促进经济社会和谐发展上有新突破；严格执行土地用途管制制度，在合理利用土地资源上有新突破；加快城乡一体化进程，在集体土地流转制度改革上有新突破；进一步提高干部职工整体素质，在健全机制、加强队伍建设上有新突破；加强土地执法力度，在严厉查处土地违法违规案件上有新突破；进一步规范矿山开发秩序，在严厉打击非法开采矿产资源上有新突破。一是以项目建设年为契机，把全局干部职工的思想统一到市委、市政府的决策部署上来，真正把该专项活动作为国土资源部门的第一要务，群策群力，为义马市项目建设提供资源保障。二是以优质服务为宗旨，在重点项目建设上，把管理寓于服务之中。凡列入省、市重点建设的项目，实行领导分工负责制，提供政策咨询，协调各方关系，为企业发展提供跟踪服务；凡是上报已核准的项目，在不违反法规的前提下，提前办理相关手续，尽可能缩短办事周期。三是以第二次土地调查为机遇，全面完成义马市的土地利用总体规划工作，千方百计优化土地利用结构，为今后一个时期的经济发展留足空间。四是把好土地供应关，加强依法行政，合理利用土地资源和矿产资源，严防新的违法、违规行为发生，使有限的资源发挥最大的经济效益。五是强化部门联动，加强与相关部门之间的协调与沟通，树立大局观念，弱化部门利益；发挥部门作用，提高服务意识。强化时间观念，尽量缩短报件周期，决不因上报用地报件迟缓而影响项目落地，也决不因部门相互扯皮贻误项目建设进展。六是实行限时承诺服务，加强领导，确保各项措施落到实处。用足用活政策，把能办的事办好、把难办的事办成、可快、可慢的事快办，真正使资源管理服务于经济发展。义马市国土资源局被义马市委、市政府授予“特殊贡献单位”。

【建设用地管理】2009年上报城市建设用地三个批次，总面积72.6470公顷，涵盖1000万标方煤制气、滨河路、河滨路、千符北路、东风北路、廉租房建设等多项重点项目。完成了土地丈量、勘测定界、附着物清点及征地款的发放工作，涉及土地面积810多亩，补偿款项870多万元。12月4日，省重点工程连霍高速洛阳～灵宝（豫陕界）段改扩建项目征迁义马段7.9公里全部清点完毕。此项工作由三门峡高管局、义马市国土资源局、新区国土资源所、交通局、办事处等单位联合完成项目的勘测定界工作。出动附着物清查人员120余人（次），利用20天时间，清点农户900余户。总占地面积31.1468公顷，其中，耕地面积8.8515公顷，土地预审获国土资源部（国土资预审字〔2009〕411号）批准，主线用地报批资料已上报省厅待批。

【招商引资】按照与市政府签订的责任目标，义马市国土资源局的招商引资任务为1000万元。为了圆满完成任务，成立了招商引资领导小组，主要以争取上级拨付资金为重点。根据义马市实际情况，指派专人多次到省国土资源厅争取矿山恢复治理和地质灾害治理项目，通过不懈努力，上报的两个矿山恢复治理项目、两个地质灾害治理项目已得到省厅主管部门批复，项目总金额达800多万元，11月底前项目资金拨付到位。另外，向三门峡市国土资源局申报了一个二十里铺社区基本农田整治项目，项目区面积500多亩，预算资金300多万元，项目论证和可行性研究报告已经通过，年底前治理资金拨付到位。

【地籍管理】加强土地登记发证资料的审核力度，严格执行土地登记“五不准”规定，依法确权登记。全年办理土地登记110宗，其中，初始登记24宗，变更登记96宗，抵押登记10宗。国有土地登记发证率98%，集体土地所有权登记发证率100%，集体土地使用权登记发证率85%。

【测绘管理】“五一”、“十一”期间，在全市组织地图市场和地理信息数据保密工作执法检查和监管工作；金土地测绘资质申报，取得了丙级测绘资质；地籍调查技术服务队伍资料整理，已上报省国土资源厅待批；辖区内测绘资质年度注册转报丁级二家、乙级一家；组织测绘企业从业人员换发新的测绘作业证书48本。

【宣传教育】坚持把经常性普法教育活动与集中宣传教育相结合，开展形式多样、内容丰富的宣传教育活动。6月12日，义马市国土资源局成立领导小组、制订实施方案，确保人员到位、资金到位，明确活动内容和形式，对“6·25”全国土地日宣传活动进行动员部署。6月25日在全市范围内广泛深入开展以宣传贯彻土地管理法律法规，贯彻落实“保增长、保红线”的双保行动，增强全社会依法用地、保护耕地意识的宣传活动。发放500份《中国国土资源报》“6·25”特刊和四种法律法规宣传小册子2000册，编辑出版2000份《今日义马》“6·25”专刊、录制市长讲话、答记者问电视片，设立咨询台3个，接受咨询群众200余人，悬挂宣传横幅10幅、版面展出20块，在鸿庆公园放映广场电影两天；出动15台宣传车，在市区主要街道、人口密集地、农村、集贸市场等地进行巡回宣传，高音喇叭循环播放土地管理法律法规知识；定制发放了500把印有“保护耕地，保障发展”、“但存方寸地，留与子孙耕”字样的雨伞作为纪念品。

【土地例行督察】2009年11月4日，国家土地督察济南局对义马市的土地利用和管理情况进行督察，市四大班子领导及相关部门负责人陪同检查。督察组先后来到义煤棚户区、食品大厦三期、30万吨醋酸等十几个项目建设施工现场，对照图斑就用地情况进行实地核查。每到一处，督察人员都逐一查阅征地卷宗和报批手续，认真核准宗地位置与土地利用总体规划图、分幅现状图所标位置是否一致。通过实地督察，详细了解了义马市土地执法工作的开展情况。核查了解情况后，督察组对义马市土地执法工作给予了充分肯定，认为义马市土地执法工作“措施得力、程序合法、服务到位”。同时，要求义马市牢固树立和落实科学发展观，进一步统一思想，提高认识，把耕地保护工作放在首位，切实抓好督促整改。对土地例行督察组提出的问题和不足，义马市国土资源局抓紧制定行之有效的措施，切实加以整改提高，进一步严格规范土地管理工作。用好用活国家土地政策，依法依规，节约集约用地，确保省、市重点建设项目落地；严格规范管理“保红线”，对未批先用、搭车用地、侵犯农民权益等违法违规行为，做到早发现、早制止、早查处；按照有限土地保重点，一般项目靠挖潜的用地原则，全力推动义马经济社会又好、又快健康发展。

【土地执法监察】义马市始终坚持“重预防、严查处”的原则，建立健全了巡查台账、案件查处台账、信访台账，重新规范了巡查日志的内容及格式，采取定期不定期方式进行动态巡查，规划区内，责任到人，分片包干，特别是对重点区域坚持一天一巡查，及时发现，及时制止，有时一天巡查两次。全年动态巡查各区域300余次，出动1900余人次，出动车辆1000余台次，巡查发现各类违法占地43起，当场制止33起，拆除未建成房屋10余间，立案查处10起，结案10起，依法移交法院强制执行一起，拆除违法建筑物200余平方米。打击无证开采，对无证采矿高发区实行24小时不间断巡查，一经发现坚决严厉进行打击，彻底予以取缔，杜绝了无证开采行为的发生。针对义马村个别村民在老院内进行水井式非法开采煤炭资源行为隐蔽性较强的现象，联合公安、办事处等部门联合执法，发现一处封填一处。对机械封填有困难的，就组织执法人员自己进行封填。全年封填水井式非法开采点4个，拆除房屋6间，动用机械6台，彻底打击了非法开采者的违法行为。

【信访工作】2009年，义马市国土资源局共受理信访案件19起，比去年同期减少4起，下降率17%，其中，省、市局转办案件3起，结案2起，结案率66%；其余16起全部办结，结案率100%。被省、地、市授予“信访稳定先进工作单位”，被义马市人民政府评为“三星级群众满意的基层站所”。

【矿产资源管理】按照省厅《矿产资源开发监督管理制度》文件精神要求，结合实际情况，分别制定了采矿权人例会制度、采矿权人年度检查制度、图纸交换制度、巡查办案制度、监察人员岗位责任制度等一系列规章制度，起到了很好的监督制约效果。目前，义马市辖区内的8个乡（镇）煤矿采矿许可证持证率达100%，均在有效期内。根据省、三门峡市局关于对储量动态监测工作的部署和要求，2009年，义马市辖区内的8个小煤矿全面开展了储量动态监测工作，监测率达100%。矿产资源管理坚持“在保护中开发，在开发中保护”方针，完成煤炭资源整合阶段性任务，达到了“数量减少，规模扩大，布局合理，总量平衡”的整合目标。对无主采矿点，采取主管领导负全责、执法人员承包的办法，对封填的无小煤矿，当场在封填的井口上置放标有封填日期、封填责任人的水泥标识牌，由责任人负责此区域的巡查监管。一旦发现有开采迹象，将依照规章制度严肃追究承包人的责任。

【矿产督察】按照三门峡市国土资源局《关于开展2009年度矿产督察工作的通知》及《河南省矿产督察工作制度》的要求，义马市国土资源局积极配合三门峡市国土资源局矿产督察员组成的督察组，对义马天新公司矿山企业进行全面督察。督察组通过听取情况汇报、查阅图件和报表、实地查看等多种形式对矿山进行全面督察。重点对矿山开采利用方案执行情况、矿产资源补偿费缴纳情况、“三率”指标完成情况、开采工作面布置情况、保护煤柱留设、越界开采、矿山环境等方面进行对照督察。对边界保护煤柱留设不到位的矿山，要求按规定留设，对丢顶、底资源的矿山企业，要求改进采矿方法，进行技术改新，保证“三率”达标。督促矿山企业积极学习资源方面的法律、法规，增强干部职工的资源忧患意识，提高管理水平，制定完善的工作制度，积极采用新技术，新工艺，以最大限度地提高资源的回收率，确保矿产资源的合理回收。

【地质灾害防治】义马市国土资源局完成了《义马市地质灾害防治及矿山环境治理保护规划》的编制工作，2009年2月，市政府同意并以义政文〔2009〕7号文件批准实施。进一步完善群测群防体系，对地质灾害隐患点建立专人监测制度，将监测任务和责任，落实到受灾害威胁或引起灾害的企业、事业单位和村组，明确具体责任人，形成一级抓一级、层层抓落实的防灾监管体系，随时掌握地质灾害的发展趋势，特别强调在汛期期间，严格落实值班制度和地质灾害速报制度，按照“情况准确、上报迅速”的原则，在24小时之内逐级上报，充分发挥群测群防的网络作用。2009年，对市区28处地质隐患点巡查100余次，发放地质灾害防灾避险明白卡390份、防灾工作明白卡9份，与市政府有关局委、各办事处签订地质灾害防治责任书30余份，形成了一级抓一级、层层抓落实的良好工作局面。同时，在地质灾害隐患点重新设置警示牌28个，全年没有地质灾害发生。

【国土资源乡所建设】国土资源所作为直接服务群众、服务社会的纽带，是国土资源管理的前沿阵地，是耕地保护的第一道防线，是国土资源管理的窗口和形象，担负着宣传和贯彻国土资源法律法规的重任，是推进国土资源事业不断发展的基石。义马市国土资源局为建设标准化国土资源所，按照“机构设置规范化，设施配置标准化，管理工作制度化，人员素质优良化，服务环境一流化”的建设标准，全力打造标准化国土资源所。把建立长效机制作为国土资源所工作的切入点，加强硬件建设，完善各项工作制度。特别是首问责任制和错案追究责任制的建立，增强了基层站所工作人员的责任心。加上双重管理体制，形成了党政一把手负总责、分管领导具体抓、有关科（室）相互配合的良好工作格局。在明确各所业务管理、动态巡查、日常监管、信访排查等工作职责的同时，动态巡查实现了“由被动应付向主动出击转变，由重事后查处向重事前防范转变，由单部门作战向多部门会战转变”。2009年，及时发现及时制止土地违法行为50余起，上报监察大队立案查处3起；协调解决群众反映的突出问题60余起，群众满意率达98%，90%的土地纠纷在基层一线得到解决。“三个转变”有效遏制了新的违法行为，最大限度地降低了经济损失和执法成本。新区国土资源所被河南省纠风办授予“群众满意的基层站所”称号，被义马市人民政府评为“四星级群众满意的基层站所”；东区国土资源所被三门峡市国土资源局评为“无越级非正常上访”先进站所，被义马市人民政府评为“三星级群众满意的基层站所”。

【协管员队伍建设】义马市国土资源局根据土地协管员聘用条件，严格把关，在两个涉农办事处挑选出20名优秀的党员干部和觉悟高的群众作为协管员。举办了土地协管员执法培训班，特邀专业人员授课，为受聘的20个协管员颁发了聘用书，为期三年。为最大限度地发挥协管员的作用，又从严格监督、规范管理入手，建立健全了协管员工作制度、矛盾调节制度、例会制度、联络制度、学习培训制度。明确要求协管员在工作中的责任和义务，要求协管员每月对辖区的基本情况，土地排查情况及时上报。2009年，土地违法现象明显减少，土地协管员日常巡查的职能作用日益显现。

（贺　斌）

渑池县国土资源局

渑池县属秦岭余脉，为豫西之丘陵山区，南北地貌差异很大。全县以中部的涧河为界，向北渐高，由海拔500米升至1000米以上，至韶山主峰高达1463.2米。再往北，山脉连绵数十里后陡降为黄河中游谷地，海拔只有200米；涧河以南突兀成岭，呈东西向起伏，南北冲沟发育，由东向西，从海拔400米上升到700米左右。全境由南向北，依次呈梁前斜地、梁地、河谷附地、山前斜地、中低山地、黄河谷地，构成了东西向的两大分水岭、三大流域。全县有名的大山87座，大小山峰2270个，特别是北部中低山地，断层交错，沟谷发育，切割深度达200～500米。

杨润群　党组书记、局长
侯清华　党组成员、副局长
张爱莲　党组成员、副局长
上官丛峰　党组成员、副局长
薛成罡　党组成员、纪检组长

杨润群简介：义马市千秋镇人，1963年5月出生。1978年11月～1985年1月，在渑池县食品厂工作；1985年1月～2001年3月，在渑池县城建局工作（1986年12月，录用为国家干部；1997年3月，任党组成员、纪检组长）；2001年3月～2002年1月，任渑池县土地管理局党组成员、副局长；2002年1月～2005年8月，任渑池县国土资源局党组成员、副局长；2005年9月～2007年11月，任渑池县国土资源局党组成员、纪检组长；2007年11月至今，任渑池县国土资源局党组书记、局长。

【土地资源】渑池县土地总面积1357.995平方公里，占河南省总面积的0.82%，占三门峡市总面积的12.98%。其中，耕地46198.94公顷，占土地总面积的34.02%；园地869.06公顷，占土地总面积的0.64%；林地46410.35公顷，占土地总面积的34.18%；草地19976.30公顷，占土地总面积的14.71%；城镇村及工矿用地10528.64公顷，占土地总面积的7.75%；交通运输用地2459.29公顷，占土地总面积的1.81%；水域及水利设施用地3738.18公顷，占土地总面积的2.75%；其他土地5618.74公顷，占土地总面积的4.13%。

【土地利用】2009年，渑池县国有建设用地供应共计14宗，其中，商服用地2宗、普通商品房用地6宗、工业用地1宗、经济适用房用地1宗、公共设施用地3宗、特殊用地1宗，总面积51.7938公顷。其中，出让10宗，总面积17.7791公顷，出让总金额5010.8091万元。其中，挂牌出让9宗，面积14.377公顷，出让金4837.3万元；协议出让1宗，面积3.4021公顷，出让金173.5091万元；划拨4宗，总面积34.0147公顷。

【建设用地管理】2009年，全年共报批11个批（次）用地，面积为113.8991公顷（耕地总面积49.6047公顷），其中，城市批次2个，面积为21.7995公顷（其中，耕地19.5428公顷）；乡（镇）批次6个，面积76.4741公顷（其中，耕地17.1698公顷）；农用地转用批次3个，面积为15.6255公顷（其中，耕地12.8921公顷）。按照“占多少，垦多少”、“先补后占”的原则，渑池县严格按照补充耕地方案落实占补平衡，对土地开发整理复垦项目进行管理，涉及土地整理项目13个，补充耕地资金已落实到位，所占用耕地均与补充耕地项目相挂钩。

【矿产资源】渑池县位于华北地台南缘，主要露地层为中元古代—新生代沉积地层及部分火山岩地层，境内沉积矿产丰富且具有十分明显的地域分布特点，其北部主要为铁矿、重晶石集中分布区，中南部为煤、铝土矿、水泥用灰岩、玻璃用石英岩等矿产集中分布区。目前已发现矿产30余种，其中，探明储量的有20种，探明资源储量约30亿吨，潜在经济价值2000多亿元。其中，玻璃用石英砂岩、铸型用砂岩的资源储量在河南省居首位；玻璃用石英砂岩、铸型用砂岩、铝土矿、镓矿、含钾砂岩、重晶石等矿产储量居三门峡市第一位；煤炭、水泥用灰岩、溶剂用灰岩、冶金用白云岩等矿产储量居三门峡市第二位；耐火粘土储量居三门峡市第三位。其中，煤炭、铝土矿在渑池县多年来的经济发展中发挥着重要作用，是渑池县的优势矿产。渑池县境内有大小煤矿井田19个，探明资源储量119941.03万吨，截至2009年底，煤炭资源保有储量约为75334.94万吨。渑池煤田西起陕县高庙山，经渑池县张村镇高桥、陈村、仁村、洪阳，东至新安县铁门，长约60公里，北临黄河，南与义马煤田毗邻，宽约20～30公里，本县占据了该煤田的大部分，资源保有储量为21230.26万吨；义马煤田位于渑池县城南部的果园、天池两乡（镇），东西长25公里，南北宽2.5～11公里，地跨渑池县和义马市，在我县境内约80平方公里。义马煤田是河南省唯一可供开采的侏罗纪煤，具有埋藏浅、煤层厚和储量大的优点，煤炭资源保有储量为54104.68万吨；同时，也是河南省“优质铝土矿基地”之一。铝土矿主要分布在坡头、仁村、张村、陈村、洪阳5个乡（镇），此外英豪、仰韶、南村等乡（镇）也有发现，资源较为丰富，具有分布相对集中、埋藏浅、品位高、适合露天开采等特点，近年来，已成为河南省内及国内重要的铝土矿供应基地。境内含矿面积达百余平方公里，探明资源量为14780.34万吨。矿石的质量较好，$A1_2O_3$含量一般为60%～78%，A/S比值一般为5～15，最高可达40。

【矿产开采情况】2009年，渑池县共有采矿企业82家，实际采出矿石量约909.0万吨，其中，铝土矿70.1万吨、煤炭561.0万吨、水泥用灰岩矿约140万吨、重晶石约2.9万吨、玻璃用石英砂岩10.0万吨、其他矿种合约125万吨。

【资源整合】一是煤炭资源整合。渑池县煤炭资源整合换证工作已完成，15家乡镇煤矿年产15万吨矿井技术改造基建工作已接近尾声；另外，义马煤业集团有限责任公司阳光煤矿（仁村西部煤普查项目）已取得年产45万吨采矿许可证，渑池县九六八煤矿45万吨扩建项目开发利用方案已经省国土资源厅备案。二是铝土矿资源整合。共有10个铝土矿采矿权，其中，6家具备生产条件，4家处于基建状态。另外，完成了渑池县兴达矿产品有限公司第二铝矿采矿许可证办理，曹窑煤矿深部铝土矿、槐扒铝土矿、中铝公司芦花岭铝土矿、贺沟铝土矿4家采矿许可证办理的前期准备工作。

【矿业权管理】根据矿业权有偿出让的文件精神，按照河南省、三门峡市矿业权招标、拍卖、挂牌出让有关文件精神，全面开展了乙类矿山有偿出让。对2009年12月底前到期并未进行有偿出让的建筑石料用灰岩矿山，积极配合其开展资源储量核查、采矿权价值评估及采矿许可证发放工作；配合县安监局、乡（镇）人民政府委托省测绘局测绘大队对我县辖区内的10家铝土矿、采矿企业，进行开采系统核实定位工作，完成108个开采点的现场核定工作；配合完成了资源整合后14家煤炭企业基建矿技术改造工作，供电及供应民用爆炸物品的审核工作；配合完成了渑池县金晶耐材有限公司采矿许可证发放工作；组织召开2009年矿业权人工作会议，开展2009年度采矿权人年审工作；多次组织开展洛阳水泥厂一号窑石灰石矿山境内小石料厂评估及赔偿协调工作；参与渑池县矿业秩序治理整顿“回头看”汇报会及资料整理工作；参与渑池县小煤矿停工检查工作。

【执法监察】2009年，共发现土地违法案件17起，立案17起，结案17起，共涉及土地面积22.8218公顷，其中，耕地21.9043公顷。村组集体1起，面积1.3333公顷（耕地）；企事业单位15起，面积21.0885公顷（耕地20.1710公顷），个人1起，土地面积0.4公顷（耕地）。

【信访工作】2009年，共受理来信来访170起、330人（次）。受理来信63起，办结63起（其中，京访6起、13人（次）；市局交办27起，县信访局交办31起，均已办结）；直接受理来访107起、241人（次）。

（上官武祥）

湖滨区国土资源局

湖滨区位于河南省西部的黄土高原东部边缘，为三门峡市经济、金融、物资、技术、信息交流中心。北隔黄河与山西省平陆县相望，东、西、南三面被陕县环抱，西、北、南三面为黄河和青龙涧河环抱，状若半岛，故名湖滨。全区东西长22公里，南北宽15公里，总面积189平方公里。辖崖底街道、会兴街道、交口、磁钟、高庙5个乡（街道），48个行政村，307个村民组，农业人口达10.1748万人。

贺　喜　党组书记、局长

余新艺　党组成员、副局长

王　平　党组成员、副局长

李亚娜　党组成员、纪检组长

王　虹　党组成员、副局长

匡向阳　党组成员、副主任科员

贺喜简介：河南陕县人，1974年6月出生，中共党员，本科学历。1987年9月～1991年7月，在河南省农业学校学习；1991年7月～1993年7月，在三门峡市湖滨区农牧局工作；1993年7月～2001年1月，在三门峡市湖滨区教育体育委员会工作，任计财科科长兼市盲聋哑学校后勤管理工作（期间，1992年7月～1995年7月，在省委党校经济管理专业函授学习）；2001年1月～2004年7月，在三门峡市湖滨区教体局工作，任党委委员、副局长；2004年7月～2006年7月，任河洛中密度板厂总经理兼三门峡市建筑装饰材料市场管理委员会任主任（2005年12月，河南教育学院自考本科毕业）；2006年7月～2008年1月，任三门峡市湖滨区安监局党组书记、局长；2008年1月至今，任三门峡市湖滨区国土资源局党组书记、局长。

【机构设置】湖滨区国土资源局是2002年机构改革时期，由原土地管理局、地质矿产局、建设局合并组建的单位。现内设办公室、审批与耕保股、规划科技股、地籍管理股、法规监察（信访）股、矿产开发管理股、地质环境股、储量勘察股8个股（室）。辖湖滨区土地整理中心、执法监察大队2个二级机构，崖底、交口、会兴、高庙、磁钟5个国土资源所。全局现有职工75人，局设党组，下属支部3个，现共有党员45名。

【土地资源】截至2009年底，全区土地总面积2.0479万公顷（含开发区），其中，耕地5800.1公顷，占土地面积的28.32%；园地1406.1公顷，占6.9%；林地2404.1公顷，占11.74%；居民点及工矿用地3321.2公顷，占16.2%；交通运输用地840公顷，占4.1%；水域2530.96公顷，占12.36%；未利用地4159.95公顷，占20.31%。

【耕地保护】严格落实耕地保护制度，区政府与5个乡（街道办事处）、48个行政村分别签订了耕地保护（特别是基本农田保护）责任书，明确了政府主要负责人的责任。全区基本农田保护地块达205块，设立保护标志30块，与村民小组签订责任书307份，与农户签订责任书7345户，实际保护面积4933.33公顷。严把预审和用地报批关。从严控制非农建设项目占用耕地，对“占一补一”落实不到位的项目不予供地。坚持土地节约集约利用。积极支持“空心村”改造、企业改制，盘活存量土地1329.936亩。实施区级土地开发整理项目，新增耕地490 亩，保障了区域内耕地占补平衡。1个市级土地整理项目于6月中旬全面展开，整理资金1139.53万元，动土方量378万方，新打机井3眼，水窖20眼，铺设管道2000余米，新修排洪渠1000米，工程12月底全面完工，新增耕地2250.12亩。利用“双节”、“4·22”地球日、“6·25”土地日等节日，组织大型宣传活动4次，大型宣传牌2块，彩车1辆，宣传车5辆，版面33块，彩带138人/次，设咨询台15个（次），接待来访730人（次），发放宣传资料2300余份，提高了群众依法用地的意识。

【建设用地管理】2009年，全区经省政府批准农转用和征收报件7批（次）、170.251公顷，用地项目19宗，其中，含上阳仿唐一条街、虢氏文化发源地、涧河四期、家王庄安置房等我区的重点项目；上报并备案2009年第一批次建设用地补充耕地储备项目的图件、规划设计报告、勘界报告等相关资料；完成大唐风电二期工程、连霍高速公路拓宽用地项目、三门峡黄河汽车站务总公司建设汽车客运南站项目、三门峡市质量技术监督局用地项目、宏巨建材项目、三门峡市海峰轴承紧定套制造项目、三门峡市城区路网建设改造项目、三门峡市天鹅湖国家城市湿地公园二期建设项目等8个建设项目用地的初审、预审工作；完成了贺站路、庆典广场、波森特房地产公司、家乐福超市、廉租房二期、王官油库扩建等项目的地面附着物的清点、丈量、核算等工作，拟定了征收及补偿方案。加强农村用地管理，严格农村宅基地审批及监管，合理确定宅基地规模和布局，加大“空心村”整治力度，积极推进新型农村社区建设。

【土地利用总体规划修编】2008年12月，启动第二轮土地利用总体规划修编工作，区成立了修编领导小组和规划修编办公室，制订了《湖滨区土地利用总体规划修编工作计划和技术方案》并进行了部门职责分工。湖滨区国土资源局在与区政府相关部门沟通，充分征求各相关局委及5个乡（街道办事处）主要领导对第二轮土地利用总体规划修编意见并在加以完善的基础上，完成了规划大纲的文字和图件成果。已经三门峡市国土资源局审查后，报请三门峡市政府审批。

【第二次全国土地调查】2009年5月，完成第二次农村土地调查内业清绘及数据建库工作，并将调查成员移交省第二次土地调查办公室；7月，对国家下发农村土地调查疑问图斑130个实地核查，将复核后成果上报省二调办；11月，完成了基本农田上图入库工作，并上报省二调办；12月30日，完成第二次农村土地调查统一时点更新调查外业及入库工作，并将更新后的数据库成果和一张图工程成果上报市二调办。

【矿产资源】湖滨区矿产资源以铝土矿、煤、冶金辅助原料、建筑材料等化工原料矿产为主。共发现煤、铝土矿、硫铁矿、石膏、耐火粘土、化工灰岩、水泥灰岩、建筑石材、建筑用砂、砖瓦粘土等16种矿种。已开发利用的铝土矿、石膏、石灰岩、砂石等矿种，主要分布在高庙乡和磁钟乡，呈点多、面广、规模小特点。

【矿业权管理】全区共设置采矿权15个，分别是石膏2个、铝土矿3个、石灰岩10个，其中，省厅发证3个，市局发证4个，区局发证8个。采矿权设置面积11.3477平方公里，其中，铝土矿区9.9208平方公里，石膏1.0481平方公里，石灰岩0.3788平方公里；探矿证3个，分别是于家岭铁矿详查、侯村铝土矿详查、角古东铝土矿详查。

【矿产资源管理】2009年4月底，局采矿登记管理信息系统与部服务器一次连接成功，并顺利为辖区一灰岩采矿权配号成功，年底全部完成矿业权许可证全国统一配号工作；扎实开展矿业权人年检和实地检查工作，对辖区15家矿山企业全部进行了实地检查，对2家不符合开发利用方案设计要求的矿山企业及时下达了整顿整改通知书，不断完善和规范了辖区矿山企业的合法开采行为；按照职责分工，分别与15家采矿权人签订了维护矿区矿产资源开发秩序责任目标书，将采矿权人的权益、责任细化分解，维护了辖区良好的矿产资源开发秩序，勘查和采矿许可证持证率达100%。全年共征收矿产资源补偿费15.6782万元。

【储量动态检测】2009年，湖滨区国土资源局建立动态监管体系，开展甲类矿产资源动态监测工作，并聘请有资质的单位为辖区的15家矿业权人完成动态监测报告。

【地质灾害】年初，研究制定了《湖滨区地质灾害防治应急预案》和《湖滨区2009年度地质灾害防治方案》，建立健全了县、乡（街道）、村、农户的多级群测群防网络，制作了15块地质灾害警示牌，发放地质灾害防治知识宣传手册500余本，对15个矿山企山以及当年确定重点防治的19个地质灾害隐患点涉及15个村、220户的农户发放了地质灾害防治工作明白卡、地质灾害避险明白卡267份，并对18处地灾隐患点具体责任人签订了目标管理责任书，汛期坚持每周动态巡查3次，在特殊时段，强化气象预警预报，及时通知各乡（街道）做好监测和应急工作，确保区域内无地灾责任事故发生；建立地质灾害防治长效机制，公布实施了《三门峡市湖滨区地质灾害防治及矿山环境保护与治理规划（2009—2015）》（三湖政文〔2009〕87号）；完成省投资金380万元的高庙老鸦沟、三门沟环境治理项目2个；申报地质环境治理项目3个，分别为磁钟小学、高庙乡李家坡小学和高庙乡王泉村地质环境治理项目。加强地质灾害监督检查，认真落实《地质灾害防治条例》，严格执行建设项目地质灾害危险性评估和实施地质灾害防治工程“三同时”制度。全年备案地质灾害危险性评估报告1份。

【执法监察】2009年，湖滨区国土资源局不断强化国土资源执法监察工作，坚持“五、四、三”巡查责任制，强化动态巡查，建立并完善了县、乡、村三级巡查网络，全年共立案查处国土资源违法案件56起，结案54起，立案率达100%，结案率达96.4%；在全区48个行政村聘请39名人员担任国土资源协管员。通过村级国土资源协管员工作开展，全区共化解各类土地纠纷43起，制止违法用地4起，提供违法用地信息13条，化解可能引发的集体访3起，对违法案件查处、基层稳定等起到了积极的促进作用；卫片执法工作，对国家土地督察济南局反馈的2008年卫星遥感图片，涉及66个图斑、76宗地，图斑总面积1458.6亩，实测面积1401.9亩（其中，耕地481.4亩）。其中，合法用地45个图斑、51宗地，面积1113.2亩（其中，耕地396.2亩）；农业结构调整3个图斑、3宗地，面积14.4亩（其中，耕地3.8亩）；实地未变化10个图斑、10宗地，面积117.1亩（其中，耕地35.5亩）；违法用地12个图斑、12宗地，面积161.5亩（其中，耕地45.9亩）。12宗违法用地已全部查处到位，立案率、结案率均达100%，其中拆除复耕3宗，面积21亩（其中，耕地16.1亩）；没收建筑物14153.8平方米，涉及土地面积52.3亩；收缴罚款117.7万元；给予党政纪处分12人（其中，副科级以上干部4人，村级干部8人）；移交法院案件10起；移交司法机关追究责任2起。全年无重大违法、违规占用耕地案件的发生。

【信访工作】坚持领导接待日、首问负责制、领导下访制、分片包案制、中层干部下访排查制、定期召开座谈会等相关制度，借助湖滨区委“流动调解”创新信访机制，将土地特别是农村宅基地信访纳入其中，派专人随团入户，现场解决群众反映的问题。特别是在政治敏感期，开展细抓排查，深入调解，致力防控等措施，确保无来自国土资源系统的干扰。全年共受理群众来信、来访42起，其中，省厅批转件3起；市局转办案件12起；区政府、信访局交办案件14起；自办案件13起，办结42起；办理人大代表、政协代表建议、提案6起，满意率100%。全年未涉及国土资源信访问题赴京、到省集体上访和恶性上访事件的发生。

【协管员队伍建设】2009年1月，全面启动村级国土资源协管员队伍建设工作，在全区48个行政村中层层推举、筛选，确定39名人员为我区首批村级国土资源协管员。协管员的职责是发挥四大员的作用，即：国土资源法律法规知识的宣传员作用；国土资源管理助理员作用；项目建设协调员作用；矛盾纠纷调处员作用。2月27日，首批村级国土资源协管员动员大会召开，39名国土资源协管员从此为国土资源安全站岗放哨。当年共化解各类土地纠纷43起，制止违法用地4起，提供违法用地信息13条，化解可能引发的集体访3起，对违法案件查处、基层稳定等起到了积极的促进作用。

【获得的荣誉】2009年，湖滨区国土资源局继2003年后再次被河南省委、省政府授予“省级文明单位”荣誉称号；被河南省政府授予“河南省粘土砖瓦窑厂整治工作先进单位”荣誉称号；被河南省国土资源厅授予“信访稳定工作先进单位”荣誉称号；被三门峡市政府授予“耕地保护先进单位”荣誉称号，连续9年被湖滨区委、区政府授予“目标管理先进单位”荣誉称号。

陕县国土资源局

陕县，古称陕州。位于河南省西部，东连渑池；西接灵宝；南依巍巍甘山，与洛宁县毗邻；北临滔滔黄河，与山西省平陆县相望；县境东、西、南三面环抱三门峡市湖滨区。处于豫秦晋三省交界的金三角地带，陇海铁路、310国道横贯东西，209国道、三门峡黄河大桥连接南北，交通十分便利。县境东西长65.25公里，南北宽48.8公里，全县辖13个乡（镇）（4镇、9乡），全县262个行政村，9个居委会，1559个村民组，人口34.39万人。农业以粮、果、牧、烟、菜为主导。陕县矿产资源丰富，具有种类多、贮量大、埋层浅、易开采等特点。现已探明的矿产有32种。已开采的有黄金、煤炭、铝钒土、矿泉水、重晶石、优质高岭土等十余种，是国家重要的能源、原材料、重化工基地。

房瑞民　党组书记、局长

张宗俭　党组成员、副局长

李绍轩　副局长

水铁军　党组成员、纪检组长

范英锋　党组成员、副局长

房瑞民简介：1963年6月出生，汉族，江苏省沛县人，1984年 9月加入中国共产党，本科学历。1980年11月～1984年11月，在部队服役；1984年12月～1990年2月，在三门峡市副食品公司工作；1990年2月～1993年9月，在三门峡市监察局工作；1993年9月～2000年8月，在三门峡市土地局、地价评估事务所工作，（其中，1998年3月～1999年6月，任副所长（副科级）、1999年7月～2000年8月，任所长（正科级））；2000年8月～2001年11月，兼任三门峡市土地局地产交易管理中心主任；2001年12月～2005年9月，任三门峡市国土资源局地价评估事务所所长、兼任市地产交易管理中心主任；2005年10月～2008年2月，任三门峡市国土资源局办公室副主任（正科级）；2008年3月～2008年

9月，任三门峡市国土资源局财务科科长；2008年10月至今，任陕县国土资源局党组书记、局长。

【机构设置】陕县国土资源局内设办公室、执法监察室、信访办、财务股、规划科技股、耕保农宅股、用地审批股、土地利用股、地籍测绘股、矿产开发及储量、勘查与地质环境股、信息中心、党办、纪检监察室、审批中心、土地开发中心、地产交易管理中心、执法检查大队、测绘大队、国土资源管理站共20个股（室）。下属大营、原店、张汴、张湾、西张村、菜园、张茅、硖石、王家后、观音堂、西李村、宫前、店子13个国土资源所。2009年，陕县国土资源局干部、职工总人数205人，行政人员11人，事业全供45人，事业差供、自收支134人，退休15人。领导职数：有局长1名，副局长3名，纪检组长1名。

【土地资源】据2009年度土地利用现状变更调查显示，全县辖区总面积161078.94公顷，其中，耕地33102.41公顷，园地10733.10公顷，林地54181.67公顷，草地41823.81公顷，城镇村及工矿用地10624.83公顷，交通运输用地2910.38公顷，水域及水利设施用地2830.54公顷，其他4872.20公顷。

【双保行动】紧紧围绕市、县强力开展“项目建设年”活动和县委、县政府确定的“十项重点工程”项目的建设，统筹考虑用地，建立“绿色通道”。主要完成了：①三门峡监狱搬迁项目、郑西高铁三门峡车站与市区连接线迎宾大道、三门峡高铁客运站站前广场及周边道路工程、三门峡汽车南站等8宗，共占地810亩的省、市重点工程的征地拆迁及地面附着物清点工作。②完成了高阳湖建设、天鹅湾居住社区等11宗共占地1163．68亩的县级重点项目建设用地的征地拆迁及地面附着物清点工作。用地报批方面，先后上报3个单选，10个城市建设用地批次，6个乡（镇）建设用地批次，共计19个批（次）、45宗地，总面积7928.4765亩（其中，陕县面积5780.562亩，市工业园区面积2147.9145亩），上报批次、宗地、面积数量分别是去年同期的271%、375%和591%。

落实最严格的耕地保护制度，在全县258个行政村中推举、筛选，最终确定了在群众中享有较高威望，有一定的农村工作经验和实际工作能力的258名人员为陕县首批村级国土资源协管员，聘请县委党校讲师、局相关股（室）、业务骨干分2批对村级国土资源协管员进行了国土资源法律法规宣传、用地手续办理、耕地保护、宅基地报批、宅基地矛盾纠纷调处等方面的培训，并颁发了村级国土资源协管员聘书，收到了很好的效果，为今后国土资源管理工作的有效开展奠定了坚实的基础，给国土资源管理工作安上了“顺风耳”、“千里眼”。充分利用国家有关政策，积极争取各级投资土地开发复垦整理项目，争取省、市投资土地开发整理复垦项目3个，投资总额为5644.71万元。其中，西张村（镇）土地整理项目，总投资1244.71万元；西张村、菜园两乡（镇）土地整理项目，总投资2400万元；小浪底补充耕地占补平衡项目，总投资2000万元。项目完工后，预计新增耕地385.57公顷（5783.55亩），有29个行政村的群众受益，这些项目的建成，为全县耕地保护、工业经济发展、农业生产拓展了更大的空间，全县实现新增耕地3300亩，确保了全县基本农田不少于37926.28公顷总量不减少、用途不改变、质量不降低。

【土地利用】全县建设项目供地12宗，面积1059.0930亩。其中，招、拍、挂出让国有建设用地5宗，面积581.1847亩，最高地价达到40万元/亩；协议出让1宗，面积4.0745亩；共计收缴土地出让金6496.7476万元。在土地二级市场中，共办理土地使用权转让58宗，比去年同期增长93%；土地使用权抵押15宗，抵押贷款额2个亿，分别比去年同期增长15%、215%。土地抵押贷款有力地支持了企业度过融资关。2009年3月以来，在办理土地使用权转让、抵押中，为支持企业更好发展，减免服务费19万余元，切实减轻了企业负担。

【国家土地例行督察】2009年11月5日，国家土地督察济南局莅临陕县督察土地利用和管理情况。经过实地调查，此次济南局反馈的97个图斑、99宗地（涉及土地总面积3318.13亩，其中，耕地1845.15亩）中，合法图斑67个，土地面积2329.59亩（耕地1367.4亩）；违法图斑7个、(10宗地)，土地面积162.07亩（耕地面积74.93亩）。图斑违法比例为4.88%,违法占用耕地面积占新增建设用地中耕地面积的比例为5.19%。实地未变化图斑19个，土地面积806.08亩(耕地面积387.12亩),农业结构调整图斑3个，土地面积20.39亩(耕地面积15.68亩)。国家土地督察济南局土地例行督察工作所涉及9宗违法用地，其中，4宗用地手续已上报省厅，1宗用地市局已办理农转用手续，其余4宗县政府近期予以拆除，圆满完成了国家土地督察济南局例行督察组对我县土地利用和管理情况的督察工作。

【第二次全国土地调查】共完成调查图斑35270个、89幅图幅的资料收集和邻县接边工作，完成城镇地籍测量34.4平方公里，占应完成面积的100%，权属调查完成1609.81平方公里，占应完成面积的100%，高质量、高标准地完成了全县内业、外业的全部工作，所有数据一次成功录入省厅数据库，全省开展第二次全国土地调工作位于先进行列，通过这次调查，全县新增耕地面积36199亩、新增果园面积12951亩、林地减少118402.6亩，城镇村级工矿用地增加29938.2亩，进一步摸清了陕县土地后备资源。

【地籍管理】受理国有土地发证55宗，集体土地发证265宗，其他项权利发证16宗，住房用地分割登记48宗，发证率均达100%，超额完成集体土地建设用地使用权登记发证率13%；全面完成全县263个行政村（含市工业园区5个行政村）的农村集体土地所有权登记发证工作。

【土地利用总体规划修编】2009年11月2日，河南省人民政府批复了《陕县土地利用总体规划（2006—2020年）》。本轮规划以2005年为基期年，以2010年为近期规划目标年，以2020年远期规划目标年。规划到2020年，新增建设占用耕地规模控制在1787公顷以内，土地整理复垦开发补充耕地面积不低于1877公顷；全县耕地保有量保持在30037公顷以上，基本农田保护面积稳定在35836公顷以上。全县城乡建设用地规模控制在9952公顷以内。

【矿山环境保护与治理规划】组织《陕县矿山环境保护与治理规划》编制工作。县政府高度重视，批复专项资金，成立编制工作领导小组，聘请省有色金属地勘局第二地质队专业技术人员，抽调业务股室、各国土所60余人参与编制《陕县矿山环境保护与治理规划》编制工作，深入13个乡（镇）开展野外调查工作，按照《三门峡市矿山环境保护与治理规划》要求，主动收集建设、水利、交通等部门的规划资料和编制建议纳入规划修编，经过科学细致的工作，陕县的矿山环境保护与治理规划工作得到了专家组的认可和肯定，已批复实施。

【矿产资源管理】一是严格审查各矿山的开发利用方案，与全县57个采矿权人签订采矿权人矿区秩序管理目标责任书，应参检企业57家，实检企业57家，年检合格率达100%；二是严格执行矿业权有偿使用制度，与全县各矿山企业负责人共签订矿业权出让合同7份，收取矿业权出让价款和补偿费用716.1647万元；三是通过采矿权统一配号系统提交登记数据，获取全国统一配发的采矿许可证号的采矿权统一配号系统，加强矿业权管理和监督；

【地质灾害防治】对全县13个乡（镇）开展了地质灾害隐患排查，与乡（镇）人民政府、相关部门、矿山企业签订地质灾害防治目标管理责任书42份，把地质灾害防治工作分解到了相关行政主管部门和矿山企业，完善了地质灾害防治责任制，共排查出重要地质灾害隐患点39处，共落实监测责任人39名，防治责任人39名，发放地质灾害防灾工作明白卡46张，地质灾害防灾避险明白卡532张。

【矿业秩序整顿】全面整顿和规范矿产资源开发秩序，对王家后、观音堂、硖石、西张村等4个乡（镇）乱采滥挖的问题进行了专项整治，共集中行动4次，查封、停产选矿厂32家，取缔非法铝矿点152个（次），非法煤矿点166个（次），拉倒井架70个，炸毁无证井112个（次），摧毁没收生产设备120台（套），拆除厂棚230余间，遣散民工300余人；对没有采矿权设置方案的一律不予新设审批采矿权。全县共新办采矿权7宗，延续10宗、变更2宗，矿产资源开发秩序进一步规范。

【信访稳定】2009年，全县国土资源管理部门共受理群众来信、来电、来访67起、251人（次），其中，来信2起、26人（次）；来电4起、4人（次）；来访39起、116人（次）；上级转办22起、105人（次）。截至目前，直接现场答复21起，立案查处46起（其中，上级交办22起），办结45起，1起案件办理中。

（范恩茂）

灵宝市土地管理局

灵宝市位于豫秦晋三省交界处的河南省西部，南依秦岭，北濒黄河，总面积3011平方公里，辖10镇、5乡、2个管委会，总人口73.8万人。是远近闻名的“黄金之城”、“苹果之乡”、“道家之源”、“旅游胜地”，被誉为黄河金三角地区一颗璀璨的明珠。灵宝历史悠久，源远流长，古称桃林，汉元鼎3年（公元前114年）建弘农县，至今已有2100多年的历史。隋文帝16年（公元569年）建桃林县，唐开元29年（公元741年），唐玄宗因在函谷关掘得“灵符”，遂易年号为“天宝”，赐桃林县为灵宝县，后为历代所沿用。1993年5月，经国务院批准撤县设市。

廖怀生　党组书记、局长

任提民　党组副书记、副局长

陈秀丽　党组副书记、副局长

李建强　党组成员、副局长

陈　华　党组成员、纪检组长

廖怀生简介：1956年6月出生，灵宝市焦村镇人，大专学历，中共党员。1974年12月参加工作。1974年12月～1986年2月，在部队服役；1986年3月～1989年12月，在灵宝市城建设局工作，任办公室副主任；1989年12月～1997年8月，在灵宝市土地管理局任用地股股长、办公室主任；1997年8月～2002年11月，在灵宝市土地管理局任副局长；2002年11月～2007年9月，在灵宝市土地管理局任主任科员；2007年9月～2010年4月7日，任灵宝市土地管理局党组书记、局长。

【机构设置】灵宝市土地管理局，内设办公室、人事财务科、建设用地科、科技规划科、地籍管理科、土地利用科、执法监察科（信访办）。截至2008年底，灵宝市土地局下设阳店、尹庄、城关、朱阳、阳平、豫灵6个土地管理中心（所）以及灵宝土地执法监察大队7个财政全供事业单位；土地收购储备中心、地产交易中心、土地整理中心、地价评估事务所、国有土地租赁管理第一所、国有土地租赁管理第二所6个自收自支单位；宝地勘测中心、信托公司2个企业单位以及北区指挥部土地科、灵宝市行政审批中心土地管理窗口2个派出机构。实有干部职工158人。

【土地资源】据2009年度土地变更调查显示，全市农用地20.34万公顷，占土地总面积的67.92%；建设用地1.71万公顷，占土地总面积的5.71%；未利用地7.90万公顷，占土地总面积的26.38%。在农用地中，耕地5.72万公顷，占28.15%；园地2.50万公顷，占12.31%；林地10.82万公顷，占53.21%；牧草地0.11万公顷，占0.56%；其他农用地1.17万公顷，占5.77%。

【土地利用】全面实行工业及经营性用地招标、拍卖、挂牌出让制度，进一步增强了政府垄断土地市场、调控土地市场的能力。年内，供应国有土地60宗，面积124.8099公顷。其中，挂牌出让土地41宗，面积75.2558公顷，总地价2.626亿元；征收国有土地年租金727万元。开展了闲置土地清查处置工作，收购储备国有土地14宗，面积12.1888公顷；盘活土地35宗，面积46.5383公顷。加大二、三级土地市场监管力度，收缴出让金1800万元。

【耕地保护】2009年，国家投资的西闫等2个乡（镇）土地整理项目比预计工期提前7个月竣工，2009年12月，通过省国土资源厅的检查验收，累计完成投资3086.43万元，新增耕地90.47公顷。坚持“先占后补”、“占一补一”的原则，严格落实建设用地项目补充耕地与开发整理项目相挂钩制度，实施占补平衡补充耕地项目51个，补充耕地面积306.86公顷，经三门峡市国土资源局验收全部合格。年末，全市实有耕地85.8573万亩，比2008年末耕地总面积增加0.0061万亩，连续11年实现了耕地占补平衡有余。全面完善基本农田保护档案，建立市级档案1套、3份，村级档案420套、840份。落实基本农田保护公示制度，年内，巩固和维修基本农田保护标志牌90块，新制作基本农田保护牌17个，村级保护块标志牌19块。

【建设用地管理】是年，经省人民政府批准新增建设用地9个批（次）、153.7203公顷。各类建设用地报件全部在规定时间内审查上报，报件一次通过率达100%；依法对被征地农民实行了补偿安置，征地补偿到位率达100%，年度新增建设用地有偿使用费达100%。

【土地利用总体规划修编】年内，完成了新一轮土地利用总体规划（2006—2020）的修编工作。是年10月20日，河南省人民政府以豫政文〔2009〕21号文件对灵宝市土地利用总体规划修编成果进行了批复。11月21日，灵宝市乡级土地利用总体规划修编成果通过了三门峡市国土资源局组织召开的规划初稿评审会。

【第二次全国土地调查】是年，为保证第二次土地调查工作目标的完成，采取了3项措施。一是成立领导小组，负责全市土地调查工作的组织和领导，领导小组由灵宝市委常委、副市长任组长，市发改委、财政局、民政局、建设局、水利局等单位的有关负责人为成员，负责组织领导、落实经费以及重大问题的决策、协调和监督检查；办公室设在灵宝市土地管理局，具体负责土地调查工作的业务指导、督促检查和日常协调工作。二建立责任体系，层层签订目标责任书，进行细化分解，定期进行立项督促检查。对调查成果实行分级负责，发现问题，追查有关人员的责任，并给予相应处理。三是以点带面，积极推进。城镇地籍调查工作以市区为试点，积累经验，全面推广。农村土地调查率先在具有灵宝地形地貌特征的五亩乡的6个行政村开展试点工作，根据试点工作经验先后对全市农村土地调查工作人员举办了3次培训和学习，并在全市全面推开。

根据灵宝市土地调查工作的基础和现状，经概算，灵宝市第二次全国土地调查工作承担经费约需900多万元。根据国务院38号文件关于土地调查经费由各级财政任务分担的精神，调查所需经费已足额列入相应年度财政预算，确保了土地调查工作的顺利进行。引入竞争机制，依据“公正、公平、公开”的原则，选择信誉好、质量好，具有资质的协作单位及项目监理单位作为合作方，最终与河南省国土资源厅规划院签订了技术服务合同。

年内，完成了全市2999.2平方公里的土地利用现状地类和权属调查，整理土地权属界线聚酯薄膜图和土地权属界线晒蓝图各288幅；签订权属界线协议书1854份，签订权属核查确认书1193份；建成数据库，2009年7月通过国土资源部核查，共核查地类图斑70032个。2009年1月，市区地籍更新调查成果顺利通过了省国土资源厅专家预检。

【地籍地政管理】是年，在城镇地籍调查和农村土地利用现状调查成果的基础上，受理土地登记发证90宗，注销土地登记22户，发证率达100%。集体土地所有权登记发证率达到100%，集体土地建设用地使用权登记发证率达到87.5%。

【基层站所建设】继续加大基层土地管理中心（所）的建设投入力度，是年，投资80余万元，建成了阳平土地管理所办公楼，建筑面积710平方米。年内，开展了“群众满意基层站所”和“无越级上访国土资源站所”创建活动，全面推行首问负责制、一站式服务和限时办结制，公开办事程序、办事时效、投诉电话，接受社会监督，强化效能督查，受到了群众的广泛好评。城关、阳平土地管理所被三门峡市国土资源局评为“无越级上访国土资源先进站所”。

【执法监察与信访工作】全面落实土地动态巡查责任制，依法查处非法批地、占地等违法行为，累计巡查485次，发现违法占地61宗，依法查处土地违法案件2起，面积85.269亩。年内，开展了土地市场秩序集中整治和全国第九次土地卫片执法检查工作，审核、审查土地违法案件69起，立案69起；申请法院强制执行66起，配合法院执行罚没款100余万元，移交公安机关立案侦察8起，移交监察机关建议行政处分14起，结案率达到90%以上；年度违法占用耕地面积未超过新增建设用地占用耕地总面积的13%，全年无重大违法违规占用耕地案件。土地信访方面，开展了“化解信访积案，争创四无县市”活动，进一步畅通土地信访渠道，认真排查不安定因素，并采取切实可行的稳控措施，接待群众来访68起、112人（次），办理三门峡国土资源局批转的信访案件45起；办理市信访局交办案件15起；办理市委、市政府交办案件7起，信访调处、回复和结案率达到100%。

灵宝市地质矿产局

樊革民　党委书记、局长
张灵伍　党委副书记、副局长
强山峰　党委委员、副局长
张赞生　党委委员、纪委书记

樊革民简介：灵宝市大王镇北村人，1968年12月出生，汉族，本科学历，政工师、高级咨询师。1984年10月参加工作，1987年5月加入中国共产党。1984年7月，毕业于灵宝十六中；1984年10月～1988年3月，部队服役；1988年3月～1999年7月，灵宝市地质矿产局工作（期间，1991年8月～1993年7月，参加灵宝党校政治管理专业函授班学习，取得中专学历；1993年7月～1995年7月，参加河南农业大学经济专业函授学习，取得大专学历）；1999年7月～2001年1月，任灵宝市地矿局党委委员；2001年1月～2003年12月，任灵宝市地矿局党委委员、纪检书记（期间，2002年9月～2004年7月，参加河南广播电视大学法律专业函授学习，取得大专学历）；2003年12月～2008年10

月，任灵宝市地矿局副局长（期间，2006年9月～2008年12月，参加河南省委党校法律专业函授学习，取得本科学历）；2008年10月～2010年4月，任灵宝市地矿局党委书记、局长；2010年4月至今，任灵宝市国土资源局局长。

【机构设置】灵宝市地质矿产局是市政府主管矿产资源和地质灾害防治的组织、协调、指导、监督的工作部门。局机关内设党委办公室、局办公室、人事科、财务审计科、行政科、矿产资源储量与地质勘查科、矿产开发管理科、地质安全环保科、法规监察科、规划与科技科、境外开发科、矿产资源费征收办公室12个科（室），派出豫灵、故县、阳平、朱阳、程村、中心、东区、西峪、黑山9个基层矿产资源管理所，下属西区地质灾害防治管理站、矿产品质量检验所、矿山技术服务中心、地质测绘队、地质环境监测所、地质灾害防治管理站6个事业单位，成立了矿产资源监察大队，与灵宝市公安局联合设立了矿山管理大队。现有职工190人。

【矿产资源】截至2009年底，灵宝市境内已发现的矿产有金、银、铜、铅、锌、钼、钨、铁、煤、磷、硫铁矿、含钾岩石、水晶、石墨、蛭石、水泥用石灰岩、花岗岩、大理石、硅石、白云岩、地热、碲等矿产资源34种，探明储量的矿产有30种。其中，能源矿产3种，金属矿产10种，非金属矿产19种，水气矿产2种。现已开发利用的矿产有金矿、硫铁矿、石墨矿、地热、矿泉水、白云岩、铁矿、水泥用石灰岩、铅矿、建筑用砂、建筑用石料、建筑用安山岩、片麻岩矿、建筑用闪长岩等14种，尤以黄金为最，是国家主要黄金生产基地之一。截至2009年底，全市共有采矿权人32个，采矿权54个，其中，大型矿山4个，中型矿山9个，小型矿山34个，小矿7个，矿区面积491.0584平方公里，矿山从业人员总计12804人。年产固体、液体矿石量157.06万吨，比2008年减少了3.34万吨；工业总产值12.33亿元，比2008年增加1.96亿元；综合利用产值1618.18万元；矿产品销售产值达12.06亿元；实现利润1.27亿元，人均产值达9.63万元。

【黄金资源整合】2009年，灵宝市继续发挥政府宏观调控作用和市场基础调节作用，完善市场化配置机制，鼓励和引导矿业企业、资源深加工企业以资源为纽带进行联合、重组和兼并，协助优势骨干企业依法取得重要矿种后备资源矿业权，积极整合周边矿山企业及采矿权，推动优势矿产资源向生产规模大、技术水平高、资源利用率高、经济效益好的优势骨干企业集中。主要工作有：①就深部设立探矿权、矿区之间空白区配置、非国有经济类型黄金矿业权整合等问题，积极争取上级部门政策支持；②协助投资公司完成了小文峪岭地区金矿详查探矿权的整合工作，协助股份公司完成了何家沟金矿详查探矿权的整合工作，协助金源公司完成了阳平镇白草峪金矿详查探矿权的整合工作；③协助股份公司完成了程村乡和尚洼金矿采矿权的整合，协助金渠股份公司完成了金矿分公司采矿权和金渠金矿深部（+780米以下）金矿勘探探矿权的整合合并手续；④协助金源公司完成了银家沟硫铁矿采矿权延续及变更登记手续；⑤协助股份公司完成了故县镇红土岭金矿划定矿区范围的延续工作；⑥协助金源公司进行白草峪金矿详查与姚头金矿详查探矿权合并工作。

【矿产资源管理】

（一）*探矿权、采矿权管理*。坚持定期排查，建立联系档案，对勘查许可证、采矿许可证即将到期的，提前以书面和电话的形式通知相关探矿权、采矿权人做好延续或注销登记准备工作，确保了勘查许可证、采矿许可证合法有效。全年共协助矿业企业办理采矿许可证30个，完成探矿权转让变更登记3个，变更范围登记1个，延续登记7个，保留登记10个，注销登记15个。编制上报探矿权出让计划，完成了探矿权审批征求意见会签审查、意见反馈3份，采矿权初审意见7份，初审意见反馈率达100%。当年全市共设置探矿权21个、采矿权53个，勘查、采矿许可证持证率达100%。

（二）*储量动态检测*。督促列入上年度检测范围的县级以上发证矿山全部开展了储量动态检测，检测矿山29个，占矿山总数的72.5%，甲类矿产矿山储量动态检测率达100%，并全部通过市局组织的评审验收；督促列入2009年度动检范围的11个非国有经济类型采矿权人全部按要求签订了委托检测协议，组织对属县级以上发证的8个矿山提交的“2009年度矿山企业动用储量计划审查备案表”进行了审查备案，使全市检测委托协议签订率、动用储量计划审查备案率均达100%。

（三）*热点矿区监管*。按照国土资源部、省国土资源厅文件精神，结合实际，采取下发监督管理函、严格矿产品监督管理、现场检查等多种方式，加强探矿权保留期间，勘查采矿许可证有效期届满停止勘查开采施工的监管，消除监督管理薄弱环节。

（四）*探矿增储*。不断加大探矿增储力度，督促优势企业自筹资金或申请国家项目资金，制定探矿计划，开展危机矿山接替资源找矿，实施重点探矿工程，取得了显著成效。据统计，全市当年共投入探矿资金1.9亿元，完成坑探工程量10.92万米，钻探工程量2.7万米，已控制或圈定金矿石资源量1076.5万吨，获金金属资源量34.3吨。

【巩固、整顿规范矿产资源开发秩序成果】 2009年，灵宝市以"消除矿区矛盾、消除安全隐患、构建和谐矿业"为宗旨，不断强化巩固、整顿和规范矿产资源开发秩序成果的力度。首先，矿业权人责任制得到健全。及时召开全市矿产资源管理暨地质灾害防治工作会议，对全年工作进行具体部署。灵宝市政府分别与各乡（镇）、有关单位、各矿业权人签订了2009年矿产资源目标管理责任书。促使责任单位结合实际，制定工作方案，分解目标，细化责任，强化措施，确保各项目标任务得到落实。其次，矿区违法隐患得到清理。从3月初开始，以矿区为基本单元，按照"谁检查、谁签字、谁负责"的原则，逐矿区、逐工程进行排查，重点对各矿区（勘查区）劳务承包工程、废弃工程进行排查，同时，对空白矿产地（矿点）和沿河采砂采石情况逐区段排查。9月，在全市范围内组织开展了严厉打击矿产资源勘查开发领域违法、违规行为促进安全生产专项活动，共排查采矿权53个、探矿权23个、矿业权灭失地9处、矿产地（矿点）17个、沿河沿路采砂采石厂（点）60个。针对排查发现的问题，逐一提出整改意见，督促矿业权人及时整改，对勘查开发行为不规范的工程一律责令停产整顿。第三，矿业违法行为得到了查处。进一步健全动态巡查责任制，完善动态巡查档案资料，规范动态巡查和检查记录，加大矿区动态巡查力度，确保违法行为得到及时发现和有效制止。充分发挥矿业权人责任主体作用，加强工程跟踪管理，避免劳务工程纠纷，防止废弃工程擅自启动。违法行为得到及时发现和有效制止，其中，对符合立案条件的岳渡砂石厂非法采矿行为进行了立案查处。10月26日，在全国矿产资源开发秩序整顿规范总结表扬暨进一步推进矿产资源开发整合工作电视电话会议上，灵宝市地质矿产局被授予"全国整顿和规范矿产资源开发秩序工作先进集体"荣誉称号。

【地质环境管理】

（一）*地质灾害防治*。协助落实地质灾害防治工作责任制，灵宝市政府与各乡（镇）政府、各成员单位和矿山企业负责人签订了地质灾害防治工作目标管理责任书；组织全面排查地质灾害隐患2次，共确认新增地质灾害隐患10处，建立了由140人组成的四级群测群防体系，排查、监测面达100%；编制并报灵宝市政府发布实施了2009年度地质灾害防治方案和突发性地质灾害应急预案，汛期督促责任单位举行地质灾害应急抢险演练2次，组织局应急小组和抢险突击队举行演练1次；申请地质灾害应急资金40万元，对基层监测员进行补助和购买应急装备等，增强防灾减灾能力；会同灵宝市政府办公室成立了汛期地质灾害防治督查组，对汛期地质灾害防治进行督促检查，下发督查通报5期，有效促进了地质灾害防治措施的落实；落实汛期巡查、值班、预警预报、速报制度，利用手机群呼发送信息11次，电话传达信息9次，在电视台气象节目中发布三级预报5次。2009年11月20日，国土资源部将灵宝市评为全国地质灾害群测、群防"十有县"。

（二）*地质环境保护*。组织上报了自然地质灾害治理类项目5个、矿山环境类项目5个、地质遗迹保护项目1个，并全部通过省厅专家现场踏勘论证；督促矿山企业筹措资金5000万元进行矿山环境恢复治理；督促项目承担单位完成了6个国家出资的矿山地质环境类项目，4个项目已通过三门峡市国土资源局的验收，2个项目正在等待验收；全力推进地质遗迹保护工程的实施，报灵宝市政府发布实施了小秦岭地质公园管理办法，对确定的10个地质遗迹保护点设立了保护标志牌；在省级地质公园的基础上，通过挖掘整理珍贵的地质遗迹资源，整合小秦岭周边的人文景观、自然景观等资源，编制申报资料，积极开展国家地质公园申报工作。8月19日，经国家地质遗迹保护（地质公园）领导小组研究批准，国土资源部授予灵宝市小秦岭地质公园国家级地质公园资格。

【服务地方发展】 以开展"项目建设年"、"企业服务年"、"地质找矿大讨论"等活动为契机，进一步加强机关效能建设，积极服务矿业发展。

（一）小秦岭整装勘查工作。经过调研，科学提出了“对小秦岭金矿田上部资源继续坚持整合开发，对小秦岭金矿田深部资源实施整装勘查，对勘查成果的利益分配坚持统筹兼顾”的找矿思路，并与省地调一队共同编制、申报了“河南省灵宝市小秦岭金矿田北矿带中深部金（钼）矿普查”和“河南省小秦岭金矿田南中矿带金矿预查”整装勘查项目，通过了省国土资源厅专家组的审查；初步拟定了“河南省灵宝市小秦岭金矿田中深部金矿勘查合作框架协议”，灵宝市人民政府与省地调一队战略合作协议初步形成框架；和省地调一队拟定了《河南省灵宝市小秦岭金矿田中深部金矿勘查工作方案》，完成了《灵宝市人民政府关于加快推进黄金资源整合整装勘查工作的报告》，并由市政府就金矿资源整合整装地质勘查一事向省国土资源厅进行了专题汇报，得到了省厅领导的认同。

（二）协助企业申报项目工作。当年共申报地质勘查类项目10个，其中，2个整装勘查项目已获批准，即将组织实施，1个项目已进入了省项目库；申报矿产资源保护类项目4个，其中，3个项目已获得河南省国土资源厅通过；申报自然地质灾害治理类项目、矿山环境类项目11个，项目均已入库。

（三）申报灵宝市为资源枯竭型城市获得批准。3月5日，经国务院批准，灵宝市成为全国第二批资源枯竭型城市，也是河南省唯一1个县级国家资源型扶持城市。2008年4300万元和2009年6200万元的中央财政转移性支付资金已经到位。

（四）协助金源矿业公司申报省优势企业获得批准。金源公司成为全省获批的唯一1家省黄金优势企业、三门峡市内获批的唯一1家省优势企业，今后可享受参与跨地区资源整合等众多优惠政策。

【规划科技工作】一是规划编制顺利进行，完成了第二轮《灵宝市矿产资源规划》预审稿，并上报市局。二是组织实施了“小秦岭深部成矿规律研究”、“灵宝市铁矿资源潜力调查评价”、“灵宝市大湖金矿接替资源勘查金钼成矿规律与找矿研究”3个科技研究项目。三是积极探索科技服务，配合采矿权年检工作开展企业科技工作年检，促使企业在生产中提升科技水平，实现资源的高效利用。同时，还将有关矿产资源科技服务工作的新思路和内容与企业进行了交流沟通，得到企业的认同和支持。四是加大科技计划项目申报力度，积极组织、搜集、申报了“灵宝地区黄土崩滑成因机理与治理对策研究”和“金精矿焙烧系统污水处理优化及回收利用研究”两计划项目，均列入省国土资源科技项目计划。五是积极申报科技成果，当年共获各类科技成果奖4项，其中，《灵宝市地质环境保护与治理规划》获三门峡市科技进步三等奖1项，《灵宝市矿产资源规划》获灵宝市科技进步二等奖，《小秦岭金矿田深部找矿研究》、《浸前细磨提高金银回收率》分别获灵宝市科技进步三等奖。

【矿产资源补偿费征管】2009年，因受世界金融危机的影响，矿产资源补偿费征收工作难度加大。在这种不利的大环境下，既要保证企业的发展与生存，又要保障资源补偿费的全额征收，难度比较大。首先，积极宣传推广“主动申报，自觉纳费”的征管模式。通过法律法规的教育普及，不断提高矿权人的思想认识和依法纳费的自觉性，再利用褒扬先进、树立典范的方式，带动和激励全市矿权人的缴费积极性，使新的征管模式在各大企业中得到了充分落实，在国有及国有控股企业推行面达100%，其他类型企业推广面达到了目标要求的20%。其次，加强矿产品监管工作。依托黄金矿种作为特定矿种国家实行流通监管这一制约措施，把资源补偿费征收和矿产品监管有效结合起来，为补偿费征收提供了保障。第三，坚持依法征收。严格按照国务院150号令和省政府13号令核征资源补偿费，定期开展补偿费稽查，结合矿产品调运单办理情况，查缺补漏，保障了补偿费的足额征收。当年，灵宝市地质矿产局被河南省国土资源厅评为“全省资源补偿费征收先进单位”。

【矿产资源管理所建设】2009年，在继续巩固资源所规范化建设成果的基础上，将资源所整体工作不断推向深入。严格按照规定的巡查频率和内容开展动态巡查工作，确保动态巡查工作全面到位；先后开展了矿区排查和严厉打击矿产资源勘查开发领域违法、违规行为专项整治活动，深化整顿、规范矿产资源开发秩序，努力打造规范、有序的矿区秩序环境；认真执行矿产品监督管理制度，严格矿产品监督管理；积极开展规范化站（所）建设创新活动，进一步拓展资源所业务范畴，在业务科（室）的指导下，开展了探矿权、采矿权的年检工作，参加了储量动态检测报告的初审工作；认真履行组织、协调、指导、监督职责，协助做好地质灾害的监测和防治工作，组织开展地质灾害巡查等工作，确保了辖区地质灾害防治工作的顺利进行。

（刘泉锋）

卢氏县地质矿产局

卢氏县位于豫西边陲，北邻灵宝，东连洛宁、栾川、西峡，西与陕西省洛南、丹凤、商南相接。县域面积4004平方公里，辖区19个乡（镇）、353个行政村、人口37万人。地处南北气候分界线，地跨长江、黄河两大流域以及崤山、熊耳、伏牛三大山系。为国家级贫困山区县、革命老区县、生态旅游县。素有“河南小西藏”、“豫西后花园”、“天然氧吧”之称。

王宇宏　党组书记、局长
杨万朝　党组副书记、副局长
熊彦召　党组成员、副局长
雷爱玲　党组成员、纪检组长
胡新峰　副局长
蒋兰英　副主任科员

王宇宏简介：男，党员，1966年10月出生，河南省延津县人。1988年毕业于沈阳黄金学院地质勘查专业。1986年11月加入中国共产党。1988年8月～1997年1月，在卢氏县黄金局石门金矿工作；1997年2月，在卢氏县地质矿产局工作；1998年11月，任双河金矿副矿长；1999年，获得地质勘查专业工程师职务；2002年2月，任开发股股长；2005年9月，任卢氏县地质矿产局副局长；2007年11月至今，任卢氏县地质矿产局党组书记、局长。

【机构设置】卢氏县地质矿产局为卢氏县政府工作部门，为履行工作职责，内设办公室、矿产开发规划科、地质勘查环境科、资源补偿费征收科、总工办、行政事务科、财务审计科、法规监察科8个科（室），另设执法监察大队；派出城郊中心矿管站、磨口中心矿管站、木桐中心矿管站、五里川中心矿管站、双槐树中心矿管站、杜关中心矿管站、文峪中心矿管站、汤河矿管站、范里矿管站、矿产品监督管理站10个基层矿管站。下设卢氏县地质勘查研究所、卢氏县黄金公司2个二级机构。

【资源概况】独特的地质构造，成就了卢氏辖区10大类、52种矿产资源，潜在经济价值5234亿元。现已开发利用的有金、银、铜、铅、锌、钼、钨、铁、锰、铌、钽等19种金属矿产资源以及33种非金属矿产资源和其他矿产资源。

【资源管理】通过强化宣传，提高各级领导、矿产企业及人民群众对“矿产资源国家所有”的认识，严格落实矿产资源有偿取得制度。在优化服务的同时，严格准入门槛，营造公平、公正、公开、严肃的采矿权出让环境。全年通过招、拍、挂形式公开出让砂石矿采矿权3宗，成交额15.97万元。延续采矿权13个，其中，县局延续4个，三门峡市国土资源局延续3个，省厅延续6个。转让审批6个，变更审批2个，探矿权划定范围6个，采矿权划定范围3个。57个采矿企业全部参加了年检，合格率100%。对38个采矿权进行了实地审查，对所有金属矿山全部做到实地井下检查，追缴采矿权使用费5.179万元，下发限期整改通知书8份。有效促进了全县矿产资源的合理、节约利用。

【矿产开发】矿产开发是全县经济发展的龙头支柱产业。本年度全县共有采矿企业60家，其中，省级发证30个、市级发证9个，县级发证21个。矿区总面积118.0884平方公里，其中，金矿2个、铜矿4个、铅锌银矿2个、锑矿4个、钼矿2个、铁矿13个、铁锌矿1个、锰矿1个、温泉1个、滑石矿2个、锂矿3个、长石矿4个、石英矿7个、料石矿5个、建筑用砂6个、萤石矿1个、白云岩矿1个。在矿产开发中，局领导经常组织机关科室人员深入企业宣传政策法规，提供技术服务，了解企业困难，解决突出问题，筛选精品项目，服务引资招商。经过努力，在矿业形势低迷的情况下，全县矿产开发及矿业经济发展仍呈现良好的局面。

【规划修编】组织召开了全县矿产资源规划编制成员单位会议，完成了规划编制的初稿。在全市矿产资源规划出台后，组织第二轮县级矿产资源规划编制评审工作。配合中南大学编制的《卢氏县金属矿产科技发展规划》，已完成评审和定稿工作。配合中国地质大学编制的《卢氏县非金属矿业科技规划》，已完成评审稿。《卢氏县石灰石开发利用规划》拟定稿，已呈报三门峡市国土资源局。

【地质勘查】全县共有勘查项目93个，探矿权人47个，勘查单位20家，勘查矿种17种。按要求完成了11个探矿权新立招、拍、挂审查上报和12个探矿权延续、转让、变更的实地检查、抽查工作，出据意见12份。对全县28个勘查项目进行了督查。对3个探矿权人下达整改通知书，积极配合河南省地质测绘总院开展矿业权实地核查工作。完成全县152个矿业权野外实测任务，核查面积800多平方公里。布控控制点163个，并现场绘制点示记，埋设露天界桩22个，实地填写核查记录表118份，对主要探矿、采矿工程进行实测和复核。

【地灾防治】利用“4·22”地球日和巡查时间，以不同形式开展地质灾害防治科普宣传。向全县5个重点隐患区群众发放防灾避险明白卡379份，制作防灾避险警示牌20个。深入重点隐患区学校，以漫画、讲座等形式展开宣传。更新完善了地质灾害群测群防信息网络。制定了《卢氏县2009年地质灾害防灾预案》。卢氏县政府组织召开了各乡（镇）长、主管领导、县直有关部门负责人、各矿管站站长、重点矿山企业、重点地质灾害隐患点村干部参加的地质灾害防治工作会议，县政府与各乡（镇）及县直单位、重点,矿业企业等单位签订了2009年地质灾害防治目标责任书。与县气象局、电视台建立了联合预警机制，全年共发布地质灾害等级预报30次。汛期，机关及各站实行24小时值班制度。成立了地质灾害防治应急抢险突击队，配备了抢险物资，明确了车辆，确保待命即发。全年未发生涉及地质灾害的财产损失和人员伤亡事故。获得全国地质灾害群测群防“十有县”荣誉称号，河南省电视台法制频道《议案追踪》栏目曾专题采访予以报道。

【法规宣传】将地矿法律、法规印成册，呈送县、乡有关领导，给县四大班子领导赠订《资源导刊》、《中国国土资源报》、《中国矿业报》，促进各级领导了解、支持、监督地矿工作。利用“3·19”矿法宣传日、”“4·22”地球日、“12·4”法制宣传日及县大型物资交流会等时间，以举办宣传咨询台、悬挂横幅、张贴标语、刷写固定标语、散发传单、出动宣传车、召开企业座谈会、特邀县主管县长发表电视讲话等形式，向社会各界宣传地矿法律法规。为扩大宣传效果，租用了县城文明路街道广告宣传权，开展矿法宣传一条街活动。组织执法人员参加了县法制办和法院组织的轮训和考试。举办了《河南省国土资源系统行政过错责任追究办法》和《河南省行政效能监察办法》学习培训班。按照省厅、市局关于加强国土资源系统干部职工培训的工作要求，编印《地矿行政管理法律法规汇编》300余册，举办干部职工脱产集中培训班4期，取得良好效果。

【基层站所建设】统一给各基层矿管站完善更新了上墙基层面，印制了15种登记、记录簿册，制作了公开栏、监督台、举报箱、意见箱、桌牌、胸牌，配备了照相机、GPS、罗盘等办公设施。更新了各矿管站的办公电脑，规范了档案材料整理，改善了办公条件和生活环境。按照河南省国土资源厅、三门峡市国土资源局关于基层站所规范化建设的验收标准，对卢氏地质矿产局属10个矿管站进行了自查验收，基本上达到了“机构设置科学、名称标识统一、办公设施完善、管理机制配套、上墙版面齐全、记录簿册规范、工作纪律严明、人员素质良好、领导群众满意、社会广泛认可”的总体目标。已向上级呈报了验收申请。

【案件查处】在巩固矿业秩序整顿和规范工作成果的同时，采取有力措施，组织开展矿业秩序动态巡查工作，从源头防止非法矿业活动死灰复燃。重点对秩序混乱的矿区进行整顿。关闭料石矿1个，制止非法生产的锰矿坑口9个、铁矿坑口2个、金矿点3个、石英矿点2个、河砂矿点4个。收缴炸药112公斤、雷管39枚，拆除工棚200余间、电机2台。暂扣矿石540余吨、钻机5部、汞板2块。下达责令停止违法行为通知书41份。对巡查发现和群众举报的26起违法案件，除现场查处外，立案查处违法矿业案件7起，办结7起。在办案中，做到宣传到位、程序合法、事实准确、依据充分、文书规范、卷宗整齐，没有出现复议案件。被卢氏县政府授予全县“第一批依法行政示范单位”荣誉称号。

【信访稳定】严格实行信访首问责任制、辖区负责制、责任追究制、一票否决制。坚持每月定期排查，实行零报告制度。卢氏县地质矿产局领导排班接访，并经常深入各基层站了解信访工作动态，源头治访。对重大疑难信访事项及时召开专题会议集中研究解决。在日常信访工作中，严格各类台账登记，按时上报信息报表，规范档案资料。在“两会”和新中国成立60周年国庆期间，开展了“信访集中处理”和创建信访工作“四无”单位活动，对不稳定因素和人员实行分包稳控。全年未出现涉矿越级上访事件。荣获全县“信访工作先进单位”荣誉称号。局属城郊中心矿管站、磨口中心矿管站、文峪中心矿管站荣获“信访四无单位”荣誉称号。

【税费征管】建立了“各矿管站申报调拨矿产品，资源补偿费征收科会同县矿产品税费大队现场核品位、定价格，各站源头调拨管理，执法监察大队监督稽查、矿产品监督管理站流通领域出境监督检查”的联合管理机制。健全了矿产资源补偿费征收台账。为了方便企业、增强监督、增加财政收入，卢氏县政府对矿产品税费征收管理实行“一站式”办公，矿产品调拨实行“一票”通全县制度。荣获“2005～2008年全省矿产资源补偿费征收管理工作先进单位”荣誉称号，在2009年召开的全省矿产资源补偿费征收管理工作会议上受到表彰。

【民主监督】推进地矿政务网上公开，机关和各站均设立意见簿、意见箱、举报箱，制作安装了政务公开栏。聘请县政协常委5名同志担任地矿管理和服务民主监督员。聘请各乡（镇）纪委书记、人大代表、政协委员36人担任地矿政风行风建设民主监督员，对全县国土资源干部职工进行监督。局领导通过《政风行风热线》、《经济110》、《政情民声》栏目，向社会公开监督举报电话，倾听群众呼声，发现和解决突出问题，确保国土资源各项工作顺利开展。

【服务发展】紧紧围绕“保护资源、保障发展”工作职能，在强化资源管理的同时，倾力服务地方经济发展。以“企业服务年”、“项目建设年”活动为抓手，对重点建设项目健全和完善了“一个项目、一个领导、一个班子、一抓到底”的工作机制。凡列入省、市、县重点建设项目，实行领导专门负责，提供政策咨询、协调各方面关系，跟踪服务；凡上报项目，实行科（室）集中办理，一次性办结，一条龙服务；凡上报已核准项目，在不违反法律法规的前提下，提前办理相关手续，尽可能缩短办事周期。认真筛选精品项目，拓宽招商引资渠道，全年完成招商引资任务1614万元。积极争取政策性资金1628万元。“卢氏县夜长坪钼矿1050米以上矿山地质环境治理项目”、“卢氏县大河沟锑矿矿山环境治理项目”已竣工验收。“卢氏县玉皇山省级地质公园地质遗迹保护项目”进展顺利。经过努力，争取到了“卢氏县东沙河泥石流灾害治理项目”、“官坡镇罗家沟泥石流灾害治理项目”、“朱阳关镇衙役沟泥石流地质灾害治理项目”。为助推全县经济社会发展发挥了积极作用，受到各级领导和人民群众的广泛好评。荣获“全县重点项目建设先进单位”荣誉称号，获得奖金5万元；荣获“全县争取政策性资金先进单位”荣誉称号，获得奖金8万元；获得“全县经济发展特殊贡献奖”、“全县安全生产工作先进单位”、“全市国土资源系统服务项目建设年先进单位”等荣誉称号。

卢氏县土地管理局

宋海峰　党组副书记、局长
黄生民　党组书记、副局长
李新武　党组成员、副局长
王　铭　党组成员、副局长
李东宇　党组成员、纪检组长

宋海峰简介：1959年5月出生，本科学历，1980年3月参加工作，1990年2月加入中国共产党。2004年3月，任卢氏县土地管理局局长；2005年10月，任卢氏县土地管理局党组副书记；2009年12月，任三门峡市国土资源局副调研员。

【土地资源】全县土地总面积366578公顷，其中，耕地38168.52公顷，占土地总面积10.43%（其中，基本农田面积为35589.75公顷，占耕地面积的93.32%）；园地面积388.7公顷，占总面积的0.11%；林地面积203352.6公顷，占总面积55.47%；交通运输用地1210.4公顷，占总面积0.003%；居民点及独立工矿用地4926.9公顷，占总面积0.013公顷；未利用土地10439.7公顷，占土地总面积29.3%。

【耕地保护】2009年3月20日，三门峡市人民政府与卢氏县人民政府签订耕地保护责任目标。3月28日，县政府与全县19个乡（镇）党委政府“一把手”签订了耕地保护目标责任书。4月2日，县局与10个基层乡所签订了本辖区耕地保护责任目标，通过层层签订责任目标，通过土地开发整理、内部挖潜，严控建设用地规模，严格土地执法等多项措施，实现了耕地占补平衡，使全县基本农田面积稳定在36662.5公顷以内。利用二调成果，结合土地利用总体规划、新划定基本农田35586.5公顷，已顺利上报省国土资源厅。

【第二次全国土地调查】卢氏县土地管理局在2008年底全面完成19个乡（镇）174幅1：1万土地利用现状图的外业调查任务后，于2009年1月5日，全面转入内业数据库建设阶段。经过作业单位紧张有序的工作，于4月24日将数据库初步成果上报省厅。5月22日～27日，按照市局统一安排，集中时间与本省洛宁、栾川、西峡、灵宝四县（市）进行地类接边。6月8日～10日，顺利完成卢氏县与陕西省商南、洛南、丹凤3县的接边工作。6月17日～26日，集中时间对国家下发的145个数据库中疑似图斑进行实地核实确认并及时上报结果。9月22日～29日，局地籍股、规划股共同到郑州二调作业单位进行基本农田划定工作，并于12月8日上报省厅。

【土地登记发证】2009年共办理土地证书1429本，其中，国有土地证59本，集体土地使用证1370本，办理抵押登记3宗、3本。集体土地证所有权登记发证338宗，发证率达96%。截至12月30日，集体土地建设使用权累计登记发证76164宗，发证率达90%。

【农村宅基地管理】农村宅基地严格按照“十批、十不批”原则，按照“一集中、二公示、三到位”管理制度，严把农村宅基地审批关，严禁农宅审批乱收费和搭车收费。全年共审批农宅510份。其中，耕地227份，面积56.89公顷，非耕地283份，面积70.75公顷。

【灾毁耕地复耕】2009年，卢氏县土地管理局承担县政府666.67公顷水毁耕地复耕建设重点工作。年初，我们将666.67公顷水毁耕地复耕任务分解落实到各乡（镇），多次到各乡（镇）督导检查，截至12月30日，全县共复耕688公顷，占卢氏县政府下达水毁耕地复耕的666.67公顷的103%。另外，我们对2007～2008年灾毁耕地复耕进行了检查、验收，共验收灾毁耕地300公顷，已累计投入灾毁耕地复耕资金1257.9万元。

【土地整理】2009年，三门峡市国土资源局分配我县土地开发整理复垦任务200公顷。2009年，我们重点组织官道口镇秋凉河村土地开发项目，面积为15.86公顷，官道口镇大岭村土地开发项目，面积为30.2公顷，横涧乡衙前村土地开发项目，面积为23.87公顷，朱阳关镇涧北沟村土地开发项目，面积为21.73公顷；朱阳关镇河南村土地开发项目，面积为20.93公顷；范里镇何窑村土地开发项目，面积为12.87公顷；官道口镇耿家村土地开发项目，面积为14.8公顷；汤河乡小沟河村土地开发项目，面积为21.33公顷；徐家湾乡徐庄村土地开发项目，面积为12.33公顷；五里川镇温口村土地开发项目，面积为13.73公顷；文峪乡张村土地开发项目，面积为14.8公顷。总计完成土地开发复垦202.45公顷，占三门峡市国土资源局下达200公顷的101.2%。2009年，补充耕地储备项目两批，第一批补充耕地储备项目面积为28.5公顷；第二批补充耕地储备项目面积为39.74公顷，共补充耕地储备项目68.24公顷。

【建设用地管理】2009年，共向省政府审报5个批次用地，总面积为100.4875公顷，其中，耕地71.3543公顷。分别为卢氏县2009年度第一批城市建设用地，面积34.1108公顷，其中，耕地27.8128公顷；卢氏县2009年度第二批城市建设用地，面积22.3718公顷，其中，耕地18.7758公顷；卢氏县2009年度第一批乡镇建设用地，面积23.3207公顷，其中，耕地7.9068公顷；第二批乡镇建设用地，面积1.5458公顷，其中，耕地1.2755公顷；卢氏县2009年度第一批城乡挂钩试点项目用地，面积为19.1384公顷，其中，耕地15.5834公顷。向市政府申报了两批农用地转用手续，总面积为13.1568公顷，其中，2009年度乡（镇）规划区内第二批村（镇）建设农用地转用4.5207公顷；2009年度第四批乡（镇）建设农用地转用面积为8.6361公顷。

【土地利用规划修编】2009年3月12日，卢氏县政府主持召开了全县土地利用总体规划修编动员会。会后有关专业人员搜集整理和校核土地利用总体规划的有关资料，汇总各乡（镇）、各局委用地规划、用地计划资料。按照市国土资源局分配给我县的建设用地指标，进行分解，优化建设用地布局，调整基本农田布局，县城规划区分配建设用地指标220公顷，产品集聚区200公顷，6个建制镇64.45公顷，独立工矿23公顷，交通水利旅游428.17公顷，共计935.62公顷。5月30日，三门峡市国土资源局邀请省土地规划院的专家对本县土地利用总体规划进行评审。6月13日，市国土资源局组织城建、环保、交通、林业、水利等十二个部门对本县土地利用总体规划进行了联审，提出修改意见，6月23日，省厅组织评审专家组对我县土地利用总体规划进行评审，评审后原则通过。6月30日，县政府办组织召开了卢氏县土地利用总体规划修编征询会，县直相关单位和有关乡（镇）提出了很好的建议和意见。省厅在7月22日，对县级土地利用总体规划进行复审，现已经省政府批准。19个乡（镇）土地利用总体规划修编，文本和图件已全部编制完成。

【信访接待】2009年，市国土资源局共批转卢氏县土地管理局土地案件23件。其中，省厅转办5件、来电7件、来信3件、初访4件、重访4件；重案9件，省厅转办5件已在规定时间内结案，另外市局批转的9件案件，也全部结案，结案率100%。今年，局机关共接待群众来访48件，其中，5人以上集体访3件，3人以上访4件，初访34件，重访14件，截至12月底，已调处解决到位，调处率100%。县委、县政府批转案件39件，已结案37件，2件正在协调处理中，结案率95%。全县10个基层乡国土资源所共接待群众来信来访242起，已调处办结239起，调处率98%。

【推行招拍挂制度】2009年，共挂牌出让15宗，出让面积32.0841公顷，出让收入11726.1839万元；办理协议出让3宗，面积1.8307公顷，补缴土地纯收益214.3703万元；城关镇政府商贸市场建设用地增加容积率0.2，补缴了增加容积率0.2的土地出让金32.5654万元。全年共收缴土地出让金11973.1196万元。

【土地执法】全年共发现土地违法行为33起，制止18起，立案查处土地违法案件15起，结案15起，结案率100%。违法用地面积8.68公顷（其中，耕地6.44公顷），占全年新增建设用地面积57.43公顷的11.7%。

【第九次卫片检查顺利验收】在卫片执法工作中，卢氏县政府制定了《卢氏县卫片执法工作实施意见》和《卢氏县卫片执法工作实施方案》，成立了相关工作领导机构，县局对照土地规范化管理要求和卫片执法的相关要求，组织制订了《卢氏县土地局卫片执法工作实施方案》。在全局动员抽调了20余名政治过硬、业务精通的工作人员，组成了两个卫片执法工作小组，深入全县19个乡（镇），对涉及我县的84块图斑985.2亩的土地进行了逐一核查比对。通过检查核实，84块卫星图斑实测面积为906.94亩，合法用地62宗，面积为753.98亩；县政府进行农业结构调整用地9宗，面积为40亩；实地未变化8宗，面积为83.6亩；违法用地5宗，面积为29.36亩。经核查，我们对部分实地已发生变化但图纸未变更的图斑及时进行了图斑变更，对政府农业结构调整实际用途已变化的用地和紧急灾后重建用地由政府出具用地证明，并补办用地手续，对涉及违法用地的5宗用地我们组织人员依法进行了严厉查处，其中，移交公安部门2起，移交法院3起。

【测绘管理】一是完成3个测绘单位资质年度注册工作和1个测绘单位资质申报工作；二是查处1起涉外非法测绘案件；三是联合县保密局配合市国土资源局和保密局对我县涉密单位进行互联网测绘成果保密性检查；四是以“8·29”测绘法宣传日为契机，围绕“加强基础测绘、发展地理信息产业”宣传主题组织县4家测绘单位摆设咨询台，悬挂过街横幅等形式进行测绘宣传。

（陈留勰）

开发区建设土地局

三门峡经济开发区始创建于1992年4月，位于三门峡市市区西部，总面积14.9平方公里。西边和北边濒临黄河，隔河与山西省相望，东接市区，南临连霍高速公路。209国道和310国道从区内穿过。现下辖5个行政村，总人口约3.8万人。

王振江　党支部书记、局长

李国方　副局长、工会主席

王振江简介：河南省柘城县人，1961年5月出生，中共党员。1982年毕业于北京师范大学资源与环境学专业。1982年7月～1988年9月，在水电部第十一工程局工作；1988年9月～1997年4月，任三门峡市土地管理局监察信访科科长；1997年4月～1998年1月，任河南三门峡经济技术开发区土地管理局局长；1998年1月～2010年1月，任河南三门峡经济开发区建设规划土地局局长；2010年1月至今，任河南三门峡经济开发区管委会副主任、党工委委员，同时兼任建设土地局局长。

【机构设置】开发区建设土地局成立于1998年1月，现有干部职工16人。内设办公室、建设用地科、地政地籍科、农宅信访科、土地执法队和地籍测绘队。

【土地利用】2009年以来，开发区建设土地局以服务省、市、区的项目建设为工作重点，采取多种措施、全力推进项目建设，全年共盘活存量土地400余亩，先后为三门峡市外国语高中、三门峡长途汽车客运南站、公交停车场和郑西客运专线等重点项目完善了相关手续。积极组织开展开发区土地集约利用评价工作与评审上报工作，2009年9月，成果已初步完成，10月初，已顺利通过省国土资源厅评审。

【地籍管理】 按照市国土资源局和市政府《关于开发区土地管理有关问题的会议纪要》精神，进一步完善了开发区的土地登记制度，规范了开发区的土地登记程序。严格按照新的《土地登记办法》的规定，切实保证土地登记权属合法、程序到位、主体正确，提高土地登记的公信力，共完成土地登记初审14宗，抵押初审4宗，抵押金额780万元。第二次土地调查工作有序开展。该局根据开发区实际情况，按照调查工作统一进度，积极配合湖滨区和陕县，协调作业队伍和监理队伍，按时完成了农村土地调查外业地类和权属调查。

【信访稳定】 2009年，共接待群众因土地问题来访6起、18人，其中，集体上访1次、5人，个人上访5起、13人，无来信，已按时按要求结案上报，化解了矛盾纠纷，消除不安定因素。全年无越级进京、赴省上访现象发生。

平 顶 山 市

平顶山市国土资源局

平顶山市位于河南省中南部，地理坐标为北纬33° 08′ ～34° 20′， 东经112° 14′ ～113° 41′ 。东与漯河市、驻马店地区交界；西与洛阳市为邻；南与南阳市缘连；北与郑州市、许昌市接壤。地势西高东低，呈梯形展布。全境东西长150公里，南北宽140公里，土地面积7882平方公里。其中，山区面积1025平方公里，占13%；丘陵面积4966平方公里，占63%；平原面积1891平方公里，占24%。地貌类型多，山脉、丘陵、平 原、河谷、盆地齐全。西部巍峨的伏牛山、层峦叠嶂，中部、东部为丘陵、平原。西部鲁山县的石人山主峰海拔2153.1米，东部平原部分地区海拔不足70米。现辖2市、4区、4县，总人口498万人，中心城区人口95万人。是国家重要的能源原材料工业基地、中国优秀旅游城市和中原城市群9个中心城市之一。

李　广　党组书记、局长（2009年9月离任）

周其芳　党组书记、局长（2009年9月调任）

王建民　党组副书记、副局长

李书榜　党组成员、副局长

孟宪友　党组成员、副局长

段松泉　党组成员、副局长

王万京　党组成员

贾鲁生　党组成员、副局长

朱国占　党组成员、副局长

贾中志　党组成员、纪检组长

袁国钦　党组成员、调研员

周其芳简介：河南省临颍县人，1975年8月参加工作。经济师。历任临颍县组织部宣传干事，临颍县委组织部副部长，临颍县巨陵乡党委书记，临颍县城关镇党委书记，临颍县政府副县长，郾城县委常委、 组织部长，郾城县委常委 、副县长，漯河市政府副秘书长，漯河市国土资源局党组书记、局长。2009年9月至今，任平顶山市国土资源局党组书记、局长。

李广简介：河南省宝丰县人，1971年1月参加工作，工程机械学士。1971年1月～1981年5月，在部队服役；退役后先后历任宝丰县工业局任副局长，宝丰县人民政府副县长、县委常委，平顶山市技术监督局副局长、党组成员、党组副书记，平顶山市人民政府经济研究中心主任、副秘书长。2000年12月～2009年9月，任平顶山市国土资源局党组书记、局长。

【机构设置】市局机关内设办公室、法规科、监察室、开发科、耕保科、地环科、利用科等15个科（室），下属土地复垦管理处（副处级单位）、地产中心、土地执法大队、矿产稽查大队、测绘局等14个二级机构，平顶山市区设新华、卫东、湛河、开发、新城5个直属分局。全系统共有干部职工3341人（含县、区），其中，县级干部20人，科级干部302人，一般干部和职工3019人；党员936人（其中，市级党员456人，县级党员480人）。

【土地资源】平顶山市土地总面积8867平方公里（折合1330万亩），占全省总面积16.7万平方公里的5.3%。人均国土面积2.89亩，接近全省人均3.23亩水平，为全国人均13.8亩的1/5。全市耕地的分布情况是：62.6%集中在东部平原区，37.4%分散在浅山丘岗区。耕地的大头在平原，集中连片，便于集约化经营。西部浅山丘岗地区交通不便，地块小分布零散，土地质量差，产量水平低，经济贫困。

【土地利用】一是在严格控制建设用地总量的前提下，优先保障重点基础设施、产业政策鼓励发展和稳定房地产市场急需的建设用地。全年计划供应土地79宗，面积371.87公顷，其中，商业用地32.7公顷，住宅用地92.3公顷，商业住宅用地93.07公顷，工业用地62.45公顷，经济适用房用地51.5公顷。二是积极推进土地资源的市场化配置。2009年供应土地48宗，其中，划拨7宗，面积9.15公顷。出让42宗，出让金额共计68731.46万元，面积76.59公顷。其中，挂牌出让12宗，合同金额共计46377.59万元，面积39.12公顷；市果品食杂公司、土产日杂工贸有限公司、河南金建建设有限公司、平运总公司、鹤林鹏商贸有限责任公司等企业改制土地使用权处置，共处置土地9宗，面积5.2公顷。三是按时完成了基准地价的更新调整工作，2008年11月7日，河南省城镇土地级别与基准地价更新调整工作领导小组组织的专家验收组，对我市城区土地级别与基准地价更新调整成果进行了验收，经市政府批准后，于2009年5月正式公布。

【耕地保护】一是积极做好耕地储备工作，全面实现耕地先补后占。我市后备资源相对薄弱，为了实现补充耕地先补后占工作，我们按照省厅的工作部署，下发了《平顶山市国土资源局关于建立全市耕地后备资源储备库和补充耕地项目库的通知》，要求各县（市、区）局积极组织开展后耕地备资源调查、勘查和入库工作，通过对耕地后备资源外业调查和内业核对，全市共入库耕地后备资源10799.437公顷。2009年度，平顶山市从后备资源储备库中开发耕地804.29公顷（12100亩），总投资8200多万元，实现了本年度的占补平衡工作。二是落实补充耕地项目，确保占补平衡考核工作顺利完成。平顶山市列入2009年考核的非农建设项目共40批次，占用耕地520公顷，对应的补充耕地项目9个，补充耕地520公顷。2009年考评的补充耕地项目一部分已经通过验收，一部分正在整改。三是加大土地整理项目工作力度，着力推进土地开发整理提速工程，根据省厅要求，平顶山市认真清理了国家投资项目的工程进展情况，较好的推动了项目实施进展力度，为全面实现保增长、保稳定、保民生作出了一定成绩。平顶山市2007年度以来国投项目共有4个，分别为：叶县廉村乡土地整理项目；宝丰县肖旗等3个乡（镇）土地整理项项目；舞钢市枣林乡土地整理项目；鲁山张良土地整理项目。上述4个项目中，叶县、鲁山、舞钢计划11月份完成县级自验，宝丰由于县局主要领导发生意外以及主管领导分工调整等原因，项目实施进展缓慢，计划于明年5月份竣工验收。

【建设用地管理】坚持以服务经济建设为中心，依法规范审批行为为宗旨，全力保障省、市重点工程项目的土地供给。一是积极参与重点项目前期论证。凡属在全市的重点项目，争取做到早参与，主动服务。在项目论证阶段，积极提供项目设计单位所需要的有关国土资源资料、图件，使用地单位了解国家、省有关土地法律法规，提高其保护耕地，特别是基本农田重要性的认识，从而在项目选址阶段能尽量避开耕地，避开基本农田。二是对国家和省市重点项目，固定专人服务。提前建立专项宗地档案，并经常与项目单位负责土地的同志建立热线联系，进行跟踪服务。三是向用地单位及时送达《平顶山市国土资源局关于建设项目用地依法办理用地手续的函》和《用地单位明白书》。告知相关用地法律、法规政策及用地需要准备的有关资料、图纸和要求，这样既防止用地单位在项目用地批准前产生未批先占等违法用地现象，又能及时快速上报用地报件。截止目前，平顶山市国土资源局共上报国务院、省政府、平顶山市政府审批各类建设用地37件（其中，批次35件、单选2件），总面积830.9994公顷，其中，耕地492.6533公顷。为全市重点项目及时用地提供了保障。

【土地利用总体规划修编】土地利用总体规划修编工作是保障经济发展、城市建设的大事，各级政府领导也非常关心，也是我局的重要工作。目前，规划修编正按照省厅要求稳步、快速推进。同时，结合实际，适时调整了我市土地利用总体规划，支持经济建设发展。2009年，在确保全市建设占用耕地指标不增加，耕地面积稳定的前提下，对新华区、卫东区、叶县、郏县、鲁山县等乡镇土地利用总体规划进行了局部调整。还根据省厅会议精神，开展了第二轮矿产资源规划编制工作。目前，我市第二轮矿产资源规划编制已基本完成。

【第二次全国土地调查】下发了《平顶山市人民政府关于开展第二次全市土地调查的通知》，并成立了副市长为组长的全市第二次土地调查领导小组。辖区各县（市、区）也都积极行动，分别成立了相应组织机构，并加强宣传，营造了良好的工作氛围。截至目前，全市已有8个县（市、区）的城镇地籍更新调查，通过省厅的预检，全市农村土地调查外业工作已基本完成，即将转入数据库建设阶段。

【矿产资源】平顶山辖区内矿产资源丰富，现已发现各类矿产58种，占全省已发现矿种总数的54%。已探明储量矿种22 种。其中，煤炭保有储量31.59亿吨；岩盐探明储量20.9亿吨，远景资源储量2300亿吨；铁矿储量7.3亿吨；铝土矿探明储量2974万吨,远景储量 3.29亿吨；石膏储量 3.2亿吨；磷矿1亿吨；水泥灰岩15亿吨；熔剂灰岩7712万吨，在全省乃至全国都占有重要地位，潜在经济价值6000多亿元，为平顶山市的经济发展奠定了 坚实的基础。截至2008年底，全市共有各类矿山564家，其中，煤矿226家（国有煤矿32家，乡（镇）煤矿194家）、非煤矿山338家（铁矿8家、盐矿2家、铝土矿6家、石膏矿1家、铜矿1家、铅锌矿2家、其他矿山318家）。

【矿政管理】一是继续推进独立块段小煤矿分类处置工作，做好此类小煤矿采矿证变更手续的审查上报。截至目前，28个被批准技术改造的独立块段小煤矿全部领取了采矿许可证。积极抓好探矿权采矿权招标、拍卖、挂牌出让制度执行情况专项清理工作。按照《河南省国土资源厅河南省监察厅关于印发河南省探矿权采矿权招标拍卖挂牌出让制度执行情况专项清理工作方案的通知》要求，和市监察局密切配合，建立了工作沟通协调机制和联络员制度，下发了工作方案，《探矿权采矿权招标、拍卖、挂牌出让制度执行情况专项清理工作的报告》也已分别上报省厅和省监察厅，等待省检查组的验收。

【矿业秩序整顿】为进一步巩固我市整顿和规范矿产资源开发秩序的成果，平顶山市国土资源局坚持“在开发中保持、在保护中开发”的原则，强化国土资源的监管管理，严厉打击非法勘查开采，积极协调各有关县市整规领导小组成员单位，积极履行职责，开拓进取，努力工作，坚持治乱、治散、治本一起抓，组织各县市区开展了一系列声势浩大的打击违法开采专项活动，圆满完成了我市整顿和规范矿产资源开发秩序工作，确保了全市矿产资源勘查开采秩序的稳定。2009年，共实施矿区巡查110次。承办执法类批件8件，办结8件，催督办案件3件，办结3件，收缴入库罚没款3万余元。实测抽查矿山50矿（次），占全市甲类矿山总数的23%，其中，实测地方煤矿33次，占19%，实测非煤矿山17次，占49%，为我市整顿和规范矿产资源开发秩序的巩固，奠定了坚实的基础。

【矿山储量管理】完成了零星分散和乙类矿产储量的评审工作。目前，平顶山市开展的储量动态检测矿种有煤、铁、铝土矿、水泥灰岩、铅锌矿、萤石矿、铁矾土、建筑石料等。309家矿山企业已开展了储量动态检测工作，矿山储量动态检测报告已审查完毕。根据省厅统计的数字显示，平顶山市的矿山储量动态检测工作完成率100%，储量动态检测工作创出了全省“四个一”，即开展的数量第一，开展的矿种第一，309家矿山储量动态检测报告已审查工作第一，零星分散矿产动态检测第一。同时，还成功地召开了5次平顶山市零星分散和乙类矿产储量的评审工作会议，共评审矿产储量报告50份，已备案45份。其中，挂牌出让22件，采矿权延续23件。在评审备案的报告中未出现一起违规报告，为全面开展矿山储量动态检测工作打开了良好局面。

【矿产资源补偿费征收】2009年，集中对各县（市、区）的征收工作全面检查，发现问题，及时解决，进一步规范了全市的矿产资源补偿费征收工作，截至目前，市本级征收入库矿产资源补偿费6733.62万元，各县（区、市）共征收4244.3万元，全市共征收入库10977.89万元。

【地质灾害防治】针对重特大灾害频发的异常情况，把汛期地质灾害防治作为重中之重，严防死守，确保汛期无人员伤亡地质灾害发生。在“4·22”地球日、“6·25”土地日期间，我们还印发地质环境宣传小册子和宣传材料1万份以上，制作宣传板块55块，对全市进行大规模宣传，还对392个地质灾害点逐个进行调查登记，完善了群测群防体系，并明确了责任人，对重大影响区的7000多个居民发放了明白卡，使其明白撤离的线路、避让的地点等。全市共发现地质灾害隐患点392处，其中，崩塌41处，滑坡158处，泥石流108处，地面塌陷67处，地裂缝18处。其中，重要地质灾害隐患点141处。由于措施得力，全年未发生重特大地质灾害伤亡事故。

【粘土砖瓦窑厂整治】为贯彻落实《河南省人民政府办公厅关于切实巩固粘土砖瓦窑厂治理整顿成果意见》（豫政办〔2009〕35号）和《河南省人民政府关于严厉打击违法违规生产粘土砖行为坚决遏制粘土砖瓦窑厂反弹的通知》，巩固粘土砖瓦窑厂治整顿成果，及时组织联席会议各成员单位和相关县（市、区）人民政府，通过采取集中查处行动等有效措施，死灰复燃和以新型墙材名义生产粘土砖的行为得到全面整治。全市共排查出烧结类新型墙材企业139个，要求停产整顿的79个，拆除23个；下发整改和停电通知书各79份；对只有发改委备案核准文件而没有土地手续的126宗企业，下达催办手续通知；给各县（市、区）主要领导发信函和手机短信息20多个，肯请对集中查处行动予以关注和支持；对今年以来省联席办批转的8个信访案件进行现场核查，予以彻底解决，并逐级报告。及时遏制住了粘土砖瓦窑厂反弹现象，整治成果切实得到巩固。

【基础测绘建设】“数字平顶山地理空间框架建设及应用示范”项目稳步发展。基本完成了城市空间框架数据建设，DLG数据生产及建库，DEM数据生产及建库，DOM数据生产及建库；政策法规与保障体系建设；地理空间信息应用服务平台建设；数据分发与应用服务体系建设；应用示范建设：平顶山市矿产资源综合管理信息系统和另外一个专业典型应用系统。2009年，为保障“平宝、平叶、平鲁一体化”建设顺利进行，按照平顶山市委、市政府统一部署，开展“平宝、平鲁、平叶一体化”区域地理空间框架建设项目。建设目标是建立起平宝、平叶、平鲁连接区域的地理空间框架，采集1：1000比例尺为主体的多尺度、多分辨率、现势性强的基础地理信息数据，并与现有数据进行拼接、处理、建库，形成中心规划区域基本覆盖，为平宝、平叶、平鲁一体化进程和社会信息化提供地理空间基础平台，为政府和全社会准确及时地提供三维空间定位数据、基础地理信息数据及其应用服务。采取省、市共建方式，目前，项目已完成航拍工作，正在埋设标石。

【执法监察和信访工作】为严格国土资源执法监察，完善了动态巡查责任制，并开通了“12336”国土资源违法举报电话，全市各县（市、区）按照省厅要求，与2009年7月底全部开通，出台了相应的工作办法，专人负责，限时办理，使之成为一个法律宣传、联合群众、发现违法的新的重要窗口。2009年，全市因国土资源问题引发群众进京上访118批、304人，省访15批、57人，市访382批、932人。全市共排查出矛盾纠纷183起，排查出的案件全部得到处理，群众满意率达到了94%。

（段 峰）

新华分局

新华区位于平顶山市中心区的西部，地理坐标为北纬33°42′～33°49′，东经113°04′～113°48′。东以开源路为界与卫东区相邻，西与宝丰县、新城区、鲁山县接壤，南与湛河区隔河相望，北连郏县、宝丰县。辖2个镇、9个街道，面积157平方公里，总人口36万余人。列入1996年全国十大考古发现的西周国贵族墓，坐落在滍阳镇，出土的“玉鹰”被列为国家级文物。平顶山市又名“鹰城”渊源于此。

陈清运　局长

樊尚雷　副局长

褚　萌　副局长

陈喜民　副局长

李晓方　副局长

陈清运简介：河南省汝州市人，1958年2月出生，汉族。1978年2月入伍，1979年1月加入中国共产党，本科学历。在部队服役期间历任班长、排长、连长、侦查科长、副团长；1997年3月，从部队转业到原市土地局任机关党委专职副书记；2002年7月，转任市国土资源局规划科科长；2005年2月，调任新华分局总支书记、局长。

【机构设置】平顶山市国土资源局新华分局共有干部职工103人，内设办公室、计划财务、地政地籍、土地规划、土地利用、土地执法监察、法制宣传、建设用地管理审批、耕地保护10个股（室）及中兴、湛北、曙光、矿西、光明、青新6个城区国土资源管理所和焦店、滍阳、香应、西湖4个乡（镇）土地管理所。

【土地资源】2009年末土地总面积13124.38公顷。其中，耕地5817.25公顷、园地262.66公顷、林地212.54公顷，其他农用地1006.96公顷；交通用地291.34公顷，水利设施用地27.7公顷，居民点及工矿用地3671.6公顷，未利用地1851.48公顷。

【耕地保护】2009年，继续加大保护耕地的力度，严格落实基本农田保护“六项”制度，明确了乡（镇）办行政“一把手”为第一责任人，区政府与乡（镇）办主要负责人签订了耕地保护目标责任书。做到内业资料齐全、档案规范，实行三级备案。至2009年底，新华区基本农田面积继续稳定在3822公顷。全区年度农用地转用总面积41.0484公顷，其中，耕地25.3908公顷；年度耕地占补平衡项目有7个，分别是滍阳镇周庄村、毛营村、叶营村、韩寨村、西王营村、闫口村和焦店镇果店村。项目预计共开发土地面积40公顷，新增耕地面积

36.18公顷。各项目工程已完工，其中，周庄村、叶营村、西王营村项目分局已进行自验，剩余项目内业资料正在完善，下一步准备验收。滍阳镇东羊石项目已经平国土资〔2009〕250号文验收。并作为2009年度第一批耕地储备项目上报备案。

【建设用地管理】2009年，新华分局报经省和国务院批准各类项目用地共5个批次、13宗，其中，3个城市批次、2个乡（镇）批次，总面积92.1516公顷。2009年，共对566亩土地进行了规划的局部调整，为该区建设用地提供了充分保障。申请了6个批次的土地利用年度计划指标326.6亩；办理了9个批次农用地转用，面积615.7亩，审核报批各类项目用地4个批次（2个城市批次，2个乡（镇）批次），总面积1230亩。并对2008年以来已批的12个批次（含单选）、31宗报件、近1800亩土地进行了公告补偿登记，落实土地补偿费3956.12万元，为全区经济社会发展提供了有力的用地保障。

【土地利用】2009年，以着力推进土地使用权挂牌出让为核心，加大土地有偿使用土地的力度，土地市场空前活跃。2009年，共挂牌出让国有土地4宗，面积为62637.5平方米、此外，盘活存量土地8宗；面积为238586.9平方米；企业改制土地资产处置6宗，面积为6407.95平方米；办理土地改变用途2宗，总面积为7991.5平方米；办理土地转让1宗，总面积2379.10平方米；挂牌后规划设计条件发生变化，依法补交出让金差价的4宗，共计补缴出让金差价9947689元。2009年，出让合同总金额为257986244.8元，实缴土地出让金211722693.8元，创历史又一高点。

【地籍管理】2009年，全面在辖区开展了第二次土地调查，弄清了辖区各类土地家底，内外业工作全部完成并上报国家二调办核查。同时，完成了5宗土地的确权审核、上报；20宗国有土地使用权登记发证。为平煤集团已登记的17宗土地更名为中国平煤能源化工集团有限责任公司并进行了宗地核查和新证换发。

【执法监察】2009年，制定出台了《新华国土资源分局案件会审制度》、《分局土地违法案件查处内部程序》，以规章制度来规范依法行政、严格执法。一是高度重视卫片执法检查工作。2009年度卫片执法检查活动，在新华区共涉及图斑26个，占地面积合计93亩。已全部立案查处。拆除违法建筑7000余平方米，复耕50余亩。集中清理三堆（灰堆、煤堆、碴堆）23宗。二是继续推行动态巡察责任制。强力推行土地执法动态巡查制度，对土地违法行为多发地段和基本农田保护区等进行重点巡查，对开展巡查的主体、对象、时间以及台帐的建立作了明确要求，健全了全区动态巡查网络，建立了巡查登记、案件移送等制度，把全区土地全部纳入有效监控范围。三是坚持"露头就打"的强力措施。对重点区域进行严密监控，对违法行为做到及时发现、及时制止、及时立案、及时查处。全年共查处土地违法案件66起，申请法院强制执行1起，收缴罚没款70余万元。

【信访工作】严格落实信访工作制度，狠抓信访源头治理和案件办理，省厅交办的5起信访案件全部处理到位，新受理的来信2件，个人来访12起、已妥善解决。同时，变上访为下访，主动调解土地权属纠纷。上级部门批转、交办的信访事项和本局受理的信访事项办结率达100%，维护了稳定。

（徐 文　辛安辉）

卫东分局

卫东区位于平顶山市市区东部，地处外方山东段余脉和黄淮平原的过渡地带。东及东南与叶县接壤，南和湛河区毗邻，西同新华区交界，西北和宝丰县相接，北与郏县为邻，东北和襄城县相连。许（昌）南（阳）公路纵穿东部，漯（河）宝（丰）铁路横亘南部。本区地势北高南低，北部为低山丘陵，南部为缓坡平原。北部自西向东有落凫山、铧角山、平顶山、张寨山、马棚山、焦赞山，落凫山最高，海拔493.7米；南部沿湛河以北，地势平坦低洼，东南部最低处仅海拔75.8米。现辖1个乡和10个街道办事处、35个社区、26个行政村、123个自然村、195个村民组。总人口309476人，其中，非农业人口271647人，农业人口37829人。卫东区是以能源工业为主的新兴工业城区，辖区有4座国有大型统配煤矿以及中国神马、平煤天宏焦化、平高东芝、平东热电和神马尼龙66盐等大中型企业数十家。

贾松杰　党总支书记、局长

张　涛　党总支副书记、副局长

樊禹红　党总支委员、副局长（女）

刘勤学　党总支委员、副局长

肖浩亮　党总支委员、纪检员

闫红霞　党总支委员、副主任科员（女）

曹建伟　党总支委员、副主任科员

贾松杰简介：男，河南省叶县人，汉族，本科学历，中共党员。1978年～1998年，在陆军一四九师炮团服役，历任战士、排长、连长、营长、副团长兼参谋长；1998年～2004年，任平顶山市国土资源局征收办主任；2004年3月至今，任平顶山市国土资源局卫东分局党总支部书记、局长。

【机构设置】平顶山市国土资源局卫东分局（简称卫东国土资源分局）前身是卫东区土地管理局，成立于1991年；1995年3月，市区土地管理机构垂直上划，改为平顶山市土地管理局卫东分局；2001年，机构合并，更名为平顶山市国土资源局卫东分局。现有职工87人。分局机关设办公室、地籍股、财务股、用地股、利用股、耕保股、规划股、执法中队、法制宣传股、交易股、建办所、五优所、双东所、东高皇乡所、东工人镇所、北环所、鸿鹰所。

【土地资源】全区土地总面积约为10592公顷，其中，农用地4862.5公顷（耕地面积2916.7公顷，园地222.9公顷，林地1031.5公顷，其他用地691.4公顷），建设用地3989.5公顷（居民点及独立工矿用地3561.3公顷，交通运输用地295.4公顷，水利设施用地132.8公顷），未利用地1657公顷，其他土地82.8公顷。

【耕地保护】严格执行基本农田保护“五不准”的规定，加强基本农田保护的动态监测，完善基础档案资料，实行重点巡查，重点监管，重点查处。坚持开发与利用并举，加大土地开发整理力度。土地开发复垦是增加有效耕地面积，提高土地质量，实现土地资源可持续利用和耕地总量动态平衡的重要途径，是保障社会经济可持续发展的重要措施。卫东国土资源分局的土地整理开发项目管理工作是平顶山市唯一全部项目合格并通过验收的单位，得到了平顶山市国土资源局的肯定。2009年，分局实施土地整理项目1个，该项目位于蒲城店村，总面积149.30公顷，新增耕地4.57公顷；占补平衡项目1个，属观上村开发复垦项目，总面积13.67公顷，新增耕地12.97公顷。

严格按照“占多少补多少，先补后占”的占用耕地补偿制度要求，制定切实有效的措施，实现耕地占补平衡。2009年，卫东国土资源分局依照规定程序，及时办理卫东区第一、第二批乡（镇）建设用地和平顶山市08年第三批城市建设用地农用地转用工作，占用的17.0117公顷耕地通过协调进行了易地补充，全部补充到汝州、郏县。

【“三项整治”】大力推进和规范“三项整治”工作。2009年，实施“三项整治”项目3个，整治土地约10.84公顷，分别是小店村南部2.20公顷，土寨沟村2.5公顷和土寨沟村北部6.14公顷。

【土地利用总体规划修编】卫东区东高皇乡土地利用总体规划修编工作进展顺利。按照市政府的统一安排，本次修编卫东区基本农田共调出524公顷。通过本轮规划修编工作，该区基本农田面积由原来的1941.1公顷降低到1417公顷（合2.1万余亩），布局得到优化，调整后北环路以南、焦庄以西、程平路以南、下牛村以东区域基本农田全部调出，高速沿线两侧部分基本农田也予以调出，不再保留基本农田。基本农田保留在原规划的观上、小店、竹园、程庄、蒲城、任寨等村。

本轮规划修编根据卫东区实际情况，在充分征求区委、区政府、东高皇乡政府意见的前提下，根据上级分配的建设用地指标，对建设用地布局进行了合理的安排。本次修编共计规划建设用地约500公顷。首先，新城区借用卫东区叶庄附近的84.81公顷建设用地指标得到归还。其次，新规划中该区北环路北100米、北环路南300米两侧区域均调整为建设用地，高速沿线以北蒲城村以东区域也调整为建设用地（蒲城村因遗址保护未列入，但也相应保留了宅基地用地区）。其他的均按照各村申请为各行政村预留了部分宅基地的指标，满足了各村用地的需要。第三，在规划中，程平路以南、焦庄以西、湛河以北、城区以东区域，全部列入城市规模控制线内，该区域内不再保留基本农田，全部规划为建设用地区。第四，在卫东区程平路两侧、许南公路沿线等区域均规划了部分建设用地区。

【服务经济建设】卫东国土资源分局严格执行建设用地控制指标和使用标准厂房等集约用地的规定，贯彻“两个规范”，落实工业用地招标、拍卖、挂牌出让制度。2009年，共挂牌成交2宗土地，面积8.5355公顷，出让金3270.9198万元。划拨方式供地1宗，面积4.42公顷。

推进旧城改造工作。卫东国土资源分局提前

介入上张、大营、脏庄等涉及旧城改造的村庄，准备前期供地材料。同时，积极向卫东区政府提出合理化建议，共同推进卫东区旧城改造步伐。2009年度大营（移动公司后面）土地已挂牌成交；2005年度第四批城市建设用地C宗地（大营社区）挂牌方案已报市政府待批，面积为5.50773公顷；上张村29.5267公顷土地和诸葛庙旧城改造商贸一期一段1.18265公顷土地，该分局均已提前向规划局发函出具规划设计条件。

服务辖区企业改制工作。全年共上报市局企业改制报件9宗。其中，已批复4宗，分别是河南广厦2宗、果品公司1宗和市建安总公司1宗；待批5宗，分别是油脂公司1宗、市建安总公司3宗、光华粮站1宗。参与辖区国有土地流转管理。2009年，共受理改变用地性质办理协议出让报件2宗，总面积3.10698公顷。

【建设用地管理】2009年，共组织上报“城中村”改造等3个批次，面积25.4506公顷；上报工业用地（兴建煤炭物流）1个批次，面积9.566公顷。2009年，市政重点工程之一平顶山市生活垃圾卫生填埋场，拟征收东高皇乡土寨沟村集体土地15.0995公顷，根据《河南省国土资源厅关于改进建设用地审批服务扩内需保增长用地需求的通告》（豫国土资发〔2009〕59号）文件的规定，卫东国土资源分局认真整理该项目先行用地资料。

加强建设用地“批后核查”的监督管理工作。在征收征地报批过程中，分局严格执行《征用土地公告办法》，拟定“征收土地公告”及“补偿安置方案公告”，并在被征地村集体经济组织进行张贴。公告期满后，及时拟定补偿安置方案报市政府审批。对经省政府批准的批次建设用地，卫东国土资源分局按照《河南省征地批后核查办法》及时建立台账，详细记录征地批后核查的有关内容。

【6·25土地日宣传】2009年，卫东国土资源分局围绕 “保障科学发展，保护耕地红线”这一宣传主题举行了声势浩大、内容丰富的第19个土地日宣传活动。活动现场设立了“6·25”土地日宣传咨询台，为群众解答有关土地使用方面的问题，向行人散发土地宣传单1500余份，发放《中国国土资源报》的“6·25”土地日特刊号报纸500余份和国土知识手册600余份，摆放50多块展板，并出动了3辆宣传车进行宣传。

【地籍管理】在土地登记发证工作中，卫东国土资源分局坚持规范土地登记程序，认真执行会审制度，保证工作的严肃性。2009年，完成平顶山市商业大楼有限公司、平煤集团电务厂等用地单位32宗国有土地登记的会审上报，完成东高皇乡土寨沟村集体土地所有权证的登记发证工作。积极服务改制企业，完成平煤集团已登记发证43宗土地的外业调查。

按照诸葛庙旧城改造指挥部的要求，已完成商贸一期一段8宗国有土地、4家用地单位的地籍调查以及商物一期17宗国有土地、15家用地单位的地籍调查工作，并积极完善地籍调查资料，及时解决地籍调查中出现的各种问题，为下一步工作打下基础。

【第二次全国土地调查】按照市第二次土地调查领导小组的部署，分局二次调查的外业调查工作在2008年12月中旬开始到2009年中旬，顺利完成辖区5个街道办事处、12个行政村以及东高皇乡14个行政村的外业调查任务。2009年12月下旬，开始对第二次全国土地调查成果进行自查整改，按要求提交自查整改成果，及时开展土地调查标准时点统一更新工作。

【执法监察】不断健全土地动态巡查制度，实行执法监察动态巡查周报制度，对各类违法用地案件要做到“不漏报、不迟报、不瞒报”，每周五由各国土资源所将本周巡查情况以报表形式报分局执法中队，执法中队负责整理通报每周全区动态巡查情况，统一分析、统一审理、集体研究。2009年，共出动巡查580余人（次），现场制止违法占地23起，立案45起（其中，巡查发现违法立案25起），移送法院23起。

顺利完成第九次卫片执法检查工作。卫东国土资源分局于3月29日成立了卫片专项工作领导小组，抽调人员组成专门机构，对国土资源部监测该区图斑认真进行核实。卫东辖区共涉及6个图斑、7宗地、面积为31.9亩，其中，耕地6.2亩。经该分局现场勘查核对，4宗为违法用地，涉及土地24.1亩，3宗实地未变化，涉及土地7.8亩，其中，耕地6.2亩。除去去年已处理的违法用地外已，对剩余的2宗违法用地立案查处。

【信访工作】2009年，卫东国土资源分局不断完善信访工作制度，严格执行信访案件建档制度和国土资源检查统计制度。成立信访稳定领导小组，制定信访突发事件和群体性时间应急预案，将不稳定因素28起分包到分局领导和责任部门。全年累计上报上级部门信访回复16份，接待上访案件40余起，累计接待群众300余人（次），办结率达90%。2009年2月卫东国土资源分局被市国土资源局评为信访先进单位。

（冯春雨）

湛河分局

湛河区是平顶山市的3个城区之一，位于市区湛河以南，北临湛河，西依白龟山水库与鲁山相连，南与鲁山县、叶县交界，东与叶县接壤。辖1乡、1镇、6个街道办事处，总面积123.5平方公里，总人口24.5万人。湛河区自然资源丰富。已发现的矿产有煤、沙、石、粘土及石灰岩等；白龟山水库坐落于辖区西部，水面10万亩，库容量6.5亿立方米。

倪栓劳　局长

管秋英　副局长

赵贵南　副局长

崔晓武　副局长

张永旭　纪检员

倪栓劳简介：男，1967年3月生，河南省长葛市人，汉族，本科学历，中共党员。1989年7月，毕业于郑州工学院水利及环境工程系；1989年8月～1990年6月，在平顶山市建委土地办工作；1990年6月～1995年5月，在市土地局规划科工作任副科长；1995年5月～1998年3月，在市土地局地产开发中心工作任主任；1998年3月～2002年8月，在市土地局开发区分局工作任局长；2002年8月至今，任市国土资源局湛河分局局长。

【机构设置】湛河分局设办公室、计划财物股、机关支部、地政地籍股、土地纠纷协调股、土地分割登记办公室、地产交易股、土地利用股、规划耕保股、建设用地股、监察室、法制宣传股、土地监察股、生活服务中心、城区第一土地所、城区第二土地所、城区第三土地所、城区第四土地所、曹镇土地所和北渡土地所20个股（室）、所。

【土地资源】截至2009年底，湛河区土地总面积11793.28公顷，其中，农用地7353.11公顷（耕地6079.13公顷，园地240.96公顷，林地299.78公顷，其他农用地733.24公顷），建设用地3838.46公顷（居民点及工矿用地3526.43公顷，交通用地214.58公顷，水利设施用地97.45公顷）；未利用土地601.71公顷。

【耕地保护】一是认真落实政府耕地保护目标责任制，全区耕地保护面积稳定在6136公顷，基本农田面积稳定在3334公顷之上。二是努力实现耕地占补平衡。2009年，湛河辖区申报9宗建设项目，占用耕地共计35.0960公顷，按照先补后占的原则，对应补充耕地面积35.0960公顷，异地补充到叶县常村乡文庄村土地开发项目，全部实现了异地补充耕地的占补平衡。三是加强土地整理力度，完成了汴城村土地整理项目，整理总面积61.85公顷，新增耕地2.75公顷，净增耕地率4.45%（大于国家规定的3%）。四是加大查处力度，坚决制止耕地采砂行为。针对辖区一些砂场无证采沙的情况，2009年3月20日，湛河分局向湛河区政府汇报后，联合北渡镇政府和当地公安部门，组织100余人开展联合执法行动。出动大型吊车一台，大卡车一辆，分别对辖区耕地采砂现场几个沙坑的抽沙设备拆除调离，异地封存并严令违法者限期治理沙坑，恢复耕种。

【土地利用】2009年，湛河分局加大供地力度，合理安排年度出让计划，严格按照相关法律法规办理土地供应报件，总计供地18宗。其中，盘活存量土地10宗，面积122294.7平方米（包括法院协助执行宗地3宗，面积18378.7平方米）；办理改变用途宗地4宗，面积51670.7平方米；办理挂牌宗地2宗，面积6663.5平方米；办理划拨土地2宗，面积17120.97平方米；全年共收取土地出让金16324万元。

【建设用地管理】2009年，湛河分局围绕国家、省、市重点项目的建设，建立“绿色通道”，为重点项目征地做好服务工作。办理了平顶山市实施第五批城市建设用地项目共计14 宗土地，涉及征收6个办事处、8个村集体，共计面积47.7公顷土地，其中，耕地35.1公顷，建设用地2.3公顷、未利用地7.3公顷；办理了第三批城市建设用地项目共4宗土地，涉及3个办事处、3个村，征收集体土地面积1.12公顷；办理了第一批城市建设用地项目共计12宗土地，涉及4个办事处、7个村，征收集体土地面积64.37公顷。有力地保障了国家、省级重点项目的建设用地需求。

【地籍管理】一是认真做好土地登记发证工

作。对45宗国有土地进行了初始或变更土地登记，共发放国有土地使用证45本。为武汉铁路局使用的3宗土地进行了土地确权工作。二是全面开展了第二次土地调查工作。湛河区第二次土地调查面积为178.9平方公里（含白龟山水库），其中，城镇调查面积为17.8平方公里。农村调查工作方面，完成调查面积161.1平方公里。全面完成数据库的建库工作。同时，完成湛河区基本农田上图及建库工作。

【土地规划】2009年，按照国家有关政策，湛河分局对辖区北渡镇、曹镇乡土地利用总体规划进行了重新编制，依据乡镇级土地规划编制大刚及图件编制说明，按照上级下达的3334公顷基本农田保护面积指标，编制了2006～2020年北渡镇和曹镇乡土地利用总体规划。同时，对湛河区土地利用总体规划和北渡镇土地利用总体规划进行了局部调整，共调整规划3宗，总面积51.2678公顷，其中，经济适用房所调整规划面积20公顷，已并入2009年度实施第五批城市建设用地项目。北渡物流园区所调整的规划面积30.8049公顷和郭庄加油站所调整的规划面积0.4629公顷。

【执法监察】2009年，共查处土地违法、违规用地38宗。针对一些重大案件，湛河分局切实加强与公安、法院、城建、纪检等多部门的协作，重拳出击。2009年，拆除违法建筑占地10宗，恢复耕种2.67公顷，拆除违法建筑面积1534平方米。申请法院强制执行12宗。

组织开展卫片执法检查联合执法行动。在第九次卫片执法检查工作中，湛河分局查出违法占地15宗。根据15号令保留3宗；其余12宗中、7宗违法者主动履行了拆除任务，另5宗拒不拆除。湛河区委、区政府报经市政府同意后，2009年7月12日，由湛河区主管副区长带队，区政府组织国土、公安、武警、法院、监察、建设、两个乡（镇）、办事处等多家相关单位，组成200余人的执法队伍，出动铲车两台，对该5宗违法占地进行强制拆除，拆除面积30余亩。此举有力地打击了违法者的嚣张气焰，维护了法律的尊严，受到了人民群众的拍手称赞。

【信访工作】湛河分局在新办公楼专门设置信访室，妥善处理群众来信来访。在实际工作中建立分局领导班子信访案件包办等制度，做到“四快”，即快受理、快办理、快反馈、快回访。全年接待群众来信来访9起，其中，上级交办9起，全部进行了处理并结案。

（丁少星）

新城区分局

平顶山市新城区位于市老城区以西10公里，下辖郑营、东太平、西太平、王营、硃砂洞、李庵6个行政村和湖滨路街道办事处。新城区定位为行政、文教、高新产业及居住旅游区，规划总面积100平方公里，规划范围为北至漯宝铁路，东至姚孟电厂，西至毛营军铁专用线,南至白龟山水库。

王万京　局长

林　飞　副局长

杨志恒　副局长

王书军　纪检组长

王万京简介：男，汉族，1959年4月出生，南阳方城人。1981年11月参加工作，1985年7月加入中国共产党，大专学历。2002年2月，任平顶山市土地局助理调研员；2004年9月至今，任市国土资源局党组成员兼新城区国土分局局长。

【机构设置】平顶山市国土资源局新城区分局（简称新城区国土分局）成立于2005年11月，负责新城区辖区范围内的国土资源管理工作。下设办公室、计财统计科、用地管理科、土地利用科、地籍管理科、法制监察科、征收储备科7个职能股（室）；湖滨国土资源所为派出机构。

2009年底，平顶山市国土资源局新城区分局有人员22人，其中，干部13人、职工9人；中共党员17人，占总人数的77%；大专以上学历人员13人，占人员总数的60%。

【土地利用总体规划调整】做好土地利用规划调整，为新城区建设项目入驻做好基础性工作。随着新城区建设的加快，城市框架的扩大，原来规划中的建设用地总量已不能满足发展需要，为了更好地服务于新城区开发建设，使新城区的经济、社会建设项目能够顺利落地，年初着力对新城区土地利用总体规划进行了调整。此次规划调整土地面积787亩，确保新城区经一路、肖营安置小区等项目建设用地需求。

【土地报批】2009年，该分局严格执行土地利用总体规划和年度计划，实行土地用途管制，优先考虑新城区经济建设中重点建设项目和符合产业政策导向的建设用地需求，对不符合产业政策、耗地量大、污染严重、低水平重复建设项目不予供地。同时，加大了对安置房、经济适用房、和中低价位商品房用地的保障。全年共上报土地2个批次、面积1671亩，包括一个城市批次，一个乡（镇）批次。其中，平顶山市2009年度第一批城市建设用地面积1088亩，主要用于新城区经一路、肖营安置小区等项目建设；平顶山市2009年度第三批乡（镇）建设用地面积583亩，主要用于中材环保项目建设。

【土地征收】新城区国土分局依法依规，立足当前，考虑长远，不断规范征地行为，建立并完善征地补偿安置争议协调裁决机制，征地补偿及时到位，切实有效维护被征地拆迁群众的合法权益，保持社会的稳定。2009年，新城区国土分局共为未来路、香山大道、纬六路等项目征收土地1007亩；为保障项目建设临时用地需求，2009年，新租土地20亩，续租土地495亩，共支付租金51.5万元，保证了新城区各类建设项目的顺利进行。

【土地供应】严格按照国家法律、法规及土地政策供应土地，认真落实国土资源部《招标、拍卖、挂牌出让国有土地使用权规定》等文件精神，全面提高国土资源的市场化配置程度。

2009年，通过招、拍、挂方式出让土地5宗，面积448.42亩，成交价款33280.37万元；收取金海房地产、隆嘉房地产改变容积率补交出让金394.71万元；办理划拨土地2宗，签订划拨协议2份，收取划拨土地价款875.19万元。2009年，共收取出让及划拨土地总价款34550.27万元，有力地支持了新城区开发建设。

【地籍管理】严格按照地籍调查规程开展地籍调查工作，认真做好土地登记发证工作，做到每一宗土地登记界址清楚，权属合法、面积准确，有效地保护了用地者的合法权益。为平顶山市润天房地产有限公司、平顶山市华诚房地产有限公司、平顶山市新城区清源污水净化公司、平顶山市帝荣房地产有限公司、河南天河置业有限公司、平顶山市和盛房地产有限公司、平顶山市审计局、平顶山市环境保护局8家单位各办理土地登记1宗，为平顶山市房地产经营开发公司办理土地登记4宗，全年共办理土地登记报件12宗。

【土地执法】严格落实土地动态巡查责任制，完善土地动态巡查制度，健全动态巡查网络，建立了巡查登记、案件移送等制度。在日常动态巡查过程中，发现了黄河外国语中学、金世纪中学违法占地建设学校、城建综合开发总公司违法占地建设住宅楼3宗违法占地案件，核实违法占地面积209亩，按照《查处土地违法行为立案标准》的有关规定，对上述3宗案件及时进行了调查处理，罚款101.46万元。

认真开展全国第九次土地执法检查工作。按照《河南省国土资源厅关于应用卫星遥感技术开展全国第八次土地执法检查工作的通知》的文件精神，及时召开会议落实文件要求，成立了第九次卫片执法检查工作领导小组，研究制订了行动方案。在第九次卫片执法检查中，发现新城区违法用地1宗，为新城区管委会违法占地修建纬六路，违法占地面积102.4亩。发现违法用地后及时对新城区管委会进行了立案处理，罚款153.68万元。2009年，新城区国土分局局共查处违法案件4宗，罚款264.15万元，已到账206.57万元，违法案件查处率100%。

（高　亮）

开发区分局

开发区位于平顶山市市区东部，一期规划面积4．1平方公里，控制面积14平方公里。是平顶山连接全国各地的咽喉，交通十分便利。北有漯河—宝丰铁路将京广铁路和焦枝铁路两大干线连接起来，位于高新区的平顶山东站是豫西南地区最大的铁路货运编组站。许平南高速公路和洛平漯两条高速公路在高新区南端交汇，将平顶山高新区同全国高速公路网连在一起。周边有新郑、洛阳、南阳,3个航空港，其中，新郑国际机场距高新区仅100公里，并有高速公路直达。

徐冠浩　局长

张爱英　副局长

岳新峰　副局长

徐冠浩简介：男，1965年8月20日出生，河南平顶山市湛河区北渡镇苗侯村人，中共党员。1982年11月～1985年11月，在51050部队服役；1988年8月～1990年6月，在郑州航院学习；1990年6月～2000年，在市国土局湛河分局工作，任副局长；2000年～2002年，在市国土局交易中心工作，任交易中心主任；2002年8月至今，在平顶山市国土资源局开发区分局工作，任局长。

【机构设置】平顶山市国土局开发分局共有干部职工26人，内设办公室、地政地籍股、土地利用股、土地执法监察股、建设用地股5个股（室）。

【土地资源】2009年末，实际土地总面积为415.2公顷。已建成城镇建设用地252.82公顷，其中，工矿仓储用地116.4公顷，商服用地25.5公顷，公共管理与公共服务用地10.85公顷，住宅用地31.29公顷，交通用地55.36公顷；已建成农村建设用地94.84公顷，未建成土地66.26公顷（其中，已经供应尚未建成土地41.12公顷）。江河湖泊泄洪、滞洪区土地1.28公顷。

【建设用地管理】2009年，全部用完平顶山市国土资源局分配给开发区的建设用地计划指标，破解了制约经济发展的用地瓶颈。累计上报国家和省批农用地转用、征收2个批次、5个项目，用地面积140.04亩。完成了2008年度第二批城市建设用地的征地补偿工作。涉及项目2个，用地面积214.72亩。协调财政补偿资金共计1191.7396万元，有力地保障了市经济适用房、廉租房、日本东芝、新平高等重点项目和民生项目的用地需求。

【土地利用】2009年，着力推进土地使用权挂牌出让为核心，加大有偿使用土地的力度。全年共出让土地8宗，面积800多亩，收取土地出让金1.4亿余元，净收益7000万元，为开发区和工业聚集区的基础设施建设聚集了大量资金。

【地籍管理】全年完成初始登记8宗，变更登记2宗，收取登记费3万元。所有的登记资料完整规范，并做到登记一宗，整理一宗，归档一宗。登记发证工作得到了用地者的好评。完成了第二次全国土地调查工作，对辖区内所有宗地的界址、范围、面积、用途、权属等信息进行了全面的外业调查工作和内业整理工作，建立了详查数据库，并通过了市局的审查。同时，完成了年度土地变更调查，统计、汇总上报数据资料做到了及时、准确、齐全，使辖区的地政地籍管理工作得到了进一步的规范。

【执法监察】2009年，突出依法依规行政，落实巡查制度，使土地违法案件做到早发现，早查处，消灭在萌芽状态，以降低查处的难度，减少因违法建设造成的经济损失，化解与被查处人的矛盾，确保国土资源违法违规现象发现一起查处一起。全年共查处土地违法案件5起，涉及面积15亩，上缴财政罚没款11.6万元。其中，申请政府法制办复议1宗，申请法院强制执行1宗。全年违法案件的立案率达到95%以上，查处率达到90%以上。

【信访工作】2009年，认真做好信访工作，建立和完善了信访制度，设立了信访办公室，坚持分局领导信访接待日制度，明确了信访工作责任。全局各业务股室注意深入基层，倾听民声，解决群众普遍关心的热点、难点、焦点问题，全年共接待11起、30人（次）的来信、来访，所有信访件均如期办结且及时上报，杜绝了因工作失、失误造成的集体访、越访和重访事件的发生，维护了社会稳定。

【宣传工作】充分利用“6·25”土地日、“4·22”地球日、“12·4”法制日等节日，采取书写张贴标语、发放宣传资料、义务咨询等形式，开展了国土资源法律法规的宣传，进一步提高了干部群众的法律意识、安全意识和保护资源意识。在2009年“6·25”土地日宣传活动中，征订“6·25”特刊、知识手册、宣传折页各500份，印制宣传页3000份，彩色挂图10套。在高新区管委会门口设立“土地日”咨询点，散发宣传材料2000多份，悬挂过街标语六条，回收群众意见调查表50份。

（徐亚伟）

新华区地质矿产局

张瑞周　党组书记、局长
田晓辉　党组成员、副局长
任增勋　党组成员、副局长
刘根峰　党组成员、副局长
梁国磊　党组成员、纪检组长
张武安　副主任科员
徐琳琳　副主任科员（女）

张瑞周简介：河南省平顶山市湛河区人，汉族，大专文化，1974年3月参加工作，1985年6月加入中国共产党。1974年3月～1975年8月，在平煤集团工作；1975年10月～1977年12月，在新华区焦店乡工作；1992年3月至今，历任新华区地质矿产局副局长，党组书记、局长。

【机构设置】该局隶属平顶山新华区人民政府职能局委。全局现有干部职工79人，内设办公室、财务股、政策法规室、开发储量股、征收股、稽查队、地质环境股、信访股、工会、妇联、计生办。

【矿产资源】新华区地处平顶山市市区中西部，面积157平方公里，辖区总人口36万人。目前，共探明的矿产资源有煤炭、水泥灰岩、伊利石、水泥粘土、建筑石材、锰7种矿产资源。现有煤炭、伊利石、水泥粘土、建筑石材4种矿产资源得到开发利用。其中，煤炭资源是辖区的支柱性矿产资源，其他3种资源得到初步开发。通过近几年的资源整合、开发秩序整顿，辖区现有煤矿企业19座，其中，不属该区负责安全监管的异地办矿5座。

【法律宣传】紧密结合实际，通过多种形式加大我国《矿产资源法》的宣传力度。特别是在“3·19”矿法宣传日、“3·26”煤矿安全宣传日、“4·22”世界地球日、6月份的安全宣传月活动中，积极利用版面、标语媒体，广泛宣传我国《矿产资源法》等法律法规。2009年，组织机关干部职工走向街头宣传法律法规150余人（次），设立宣传咨询点8个，出动宣传车20台（次），发放宣传资料200余份。同时，采取以会代训、集体培训等形式，加强对领导干部、执法人员和矿山企业负责人的教育。2009年，办矿长学习班1期，集中培训50人（次），并积极在矿区内对职工群众进行宣传教育。法制宣传教育活动，进一步提高了广大人民群众对保护和合理开发利用资源的重要性的认识，强化了各级领导和采矿权人的法律意识，矿山企业依法办矿、依法纳费的自觉性不断增强，为稳定全区矿产资源开发秩序，促进矿业经济持续发展起到积极的推动作用。

【矿产资源开发秩序整顿】按照省、市的要求，充实和调整了整顿和规范矿产资源开发秩序领导小组，在全区范围内深入开展了矿产资源开发秩序治理整顿工作。建立健全了区、镇、村、矿四级联合责任管理网络，按照谁办矿、谁管理、谁负责的原则，一级抓一级、层层抓落实。地矿、土地、煤炭、安监、工商、环保、公安等部门各负其责，联合执法。对煤矿和非煤矿山严格依法管理，坚决取缔和打击无证采矿、乱采滥挖非法采矿活动。对不符合办矿条件、隐患较大且整改不力的，地矿部门坚决取缔采矿资格，工商部门吊销营业执照，公安部门停批炸药，形成了治理整顿的合力。通过强力实施煤炭资源整合和矿业秩序整顿，关闭了一批开采工艺落后、安全条件薄弱的煤矿，全区煤矿由以前的38座减少到现有的19座。截至2009年底，没有发生一起已关闭矿井死灰复燃现象。

另外，按照有关要求，通过开展专项治理活动，全部拆除了国家明令禁止的土石灰窑，依法取缔了严重污染环境的石料厂和违法煤堆、煤泥堆。

【地质灾害防治】结合新华区的地形地貌，编制了《平顶山市新华区地质灾害应急预案》和《平顶山设新华区地质灾害防治预案》，对容易山体滑坡、地势较低的矿山企业和矸石山进行重点监控。汛期组织有关部门加强对容易发生地质灾害危险地段进行巡逻和监测，发现隐患及时处理，较好地预防了地质灾害的发生。

【地质环境治理】新华区煤炭资源的持续开发和利用，为繁荣和发展经济作出了积极的贡献，同时也不同程度地破坏了生态环境。因此，在合理开采和利用煤炭资源的同时，积极实施了矿山生态恢复工程，对矿区和矿区周边环境进行了综合治理，实行洒水降尘和绿化、硬化，大大降低了粉尘和渣石对环境的污染，近年来，矿区绿化面积共2000多平方米，硬化1500多平方米，有力保护了辖区生态环境。

（郑爱华）

卫东区地质矿产局

岳　斌　党组书记、局长
张瑞旭　党组副书记、副局长
韩胜利　党组成员、副局长
王晓伟　党组成员、副局长
孙佑林　党组成员、纪检组长

岳斌简介：汉族，黑龙江克山县人，本科学历，1977年8月参加工作，1979年6月加入中国共产党。1977年8月～1978年11月，在叶县任庄镇古路湾青年队下乡；1978年12月～1981年12月，在部队服役；1982年2月～1990年1月，在叶县供电局工作；1990年2月～1993年11月，在叶县坟台镇任党委委员、秘书、副镇长；1993年11月～2001年1月，任卫东区地质矿产局副局长；2001年2月～2002年3月，任卫东区地质矿产局局长；2002年4月～2004年11月，任卫东区煤炭和地质矿产局党组副书记、副局长（正科级）、卫东区矿产资源管理站站长；2004年11月至今，任平顶山市卫东区地质矿产局党组书记、局长。

【机构设置】平顶山市卫东区地质矿产局成立于1993年12月，为平顶山市卫东区政府行政执法管理部门，依据《中华人民共和国矿产资源法》赋予的职责，负责辖区矿产资源监督管理、规划保护、地质灾害防治和矿产资源补偿费征收管理等工作。现设办公室、财务股、监察室、矿产资源稽查队、技术监督股、矿产资源征收股、法制股，有干部职工66人。

【矿产资源】矿产资源主要为工业用煤，煤层遍布全境，煤系地层厚度800米，纯煤总厚度为30米，含煤层7组、88层，其中，庚、已、戊、丁层为可采煤层，甲、乙、丙组煤层薄，灰分含量大，无开采价值。还有矿泉水、砖瓦粘土、建筑石料、煤层气等其他矿产资源。

【矿业秩序整顿和规范】推进矿业秩序治理整顿工作，开展煤矿专项整治，加大对超层越界等违法行为的打击力度。按照“谁检查、谁实测、谁巡查、谁签字、谁负责”的原则，对辖区煤矿实行定期巡查和动态巡查。2009年，相继开展了“春季、夏季、秋季安全生产大检查”、“矿产资源勘查开发领域违法、违规行为专项整治”、“安全生产月”、“安全生产三项行动”等专项治理活动，建立健全了小煤矿巡查台帐。同时，采取有效措施严厉查处超层越界、以采代探等的违法行为，认真落实每月井下实测制度，及时发现和制止超层越界违法行为，对发现的违法行为坚决依法处理，决不姑息。特别是在2009年新华区“9·8”新华四矿发生特大瓦斯事故后，根据区政府有关要求和安排，成立了卫东区安监局、煤炭局、地矿局煤矿停工停产3个督查组，对辖区矿山实行24小时不间断督查，抽调局班子成员在内的11人包矿驻矿，严防死守。通过综合整治，卫东区矿产资源管理和开发秩序保持了良好态势。

【矿产资源监督管理】完善工作程序，严把资源审批。在办理采矿审批、办理各种证照工作中，严格按法律法规的要求，把好每个审批环节、要求各矿山企业必须提交真实的地质报告、合理开发利用与保护方案、安全生产方案和环境影响评估报告等资料。同时，在日常监督管理中，对照开发方案进行检查，要求企业每月必须及时交换当月采矿资料及图纸，不定期对其安全生产条件进行抽查，确保矿产资源得到有效保护和合理利用。以“企业服务年”活动为契机，积极帮助辖区东风煤矿等8家煤矿及时完成了“6改9”煤矿采矿许可证的变更及延续工作，协助区发改委及相关单位完成了卫东区产业聚集区、下牛村(世纪明珠)、上张村(豫基城)旧城改造压覆煤层及沉降情况等咨询和调查工作。协助辖区煤矿企业与储量动态检测机构签订检测服务合同，并在全市地矿系统完成了100%检测目标，完成了对辖区11家煤矿企业2009年度矿产资源开发利用情况“年检”工作，年检率100%。2月，通过多方努力，协调辖区8家参与“6改9”煤矿进行了采矿权价款的评审备案工作，并在全市率先取得了全国统一配号的新采矿许可证。

【地质灾害防治】坚持“预防为主、防治结合”的原则，以汛期地质灾害防治为重点。在5月中旬，及时召开了由辖区东高皇乡、各街道、区地矿局、建设局、交通局、农林水利局、教体局、平煤集团一矿、中石油北山油库和平顶山鸿翔热电有限责任公司相关负责人参加的地质灾害防治工作会议，编制印发了《卫东区2009年度汛期地质灾害防治工作方案》。向有关单位发放了地质灾害防治明白卡和避险明白卡，适时调整充实了局地质灾害防治工作领导小组成员，建立健全了汛期值班、灾情报告、应急处理等工作机制，积极推进村级协管员制度，切实加强对地质灾害隐患点、危险点的监督检查。在地质环境治理工作中，坚持把矿山地质环境保护治理与矿产资源开发利用同步实施。2009年，为辖区魏寨村地质环境治理项目申请到国家地质环境治理项目资金300万元，对区域的塌陷区进行治理，地质环境综合治理工作取得了较好成效。

【矿产资源补偿费征收】认真贯彻落实国务院150号令和省政府13令规定，完善各项管理制度，把矿产资源补偿费征收工作与法律、法规宣传、服务矿山企业换证、年检等工作结合起来，积极加强与矿山企业的沟通和交流，主动深入基层、深入企业，对矿业权人讲明国家开征资源补偿费的重要性和必要性。晓之以理，动之以情，使其明白征收矿产资源补偿费是维护国家对矿产资源的财产权益，促进矿产资源的勘查、开发利用和保护的必要之举。2009年，由于受停工、停产整顿等因素，煤矿处于停产状态，征管形势十分严峻，对此改变工作方法，加强与平煤集团的沟通和联系，争取企业理解和支持，克服种种不利因素影响，在市局征收办的大力支持下，全年矿产资源补偿费征收工作开展顺利，并全额入库。

（董小军）

湛河区地质矿产局

戴新凯　党组书记、局长
郭自春　党组成员、副局长
徐春波　党组成员、副局长
张国朋　党组成员、副局长
王新志　党组成员、纪检组长

戴新凯简介：男，汉族，中共党员，本科学历，1965年7月出生，河南省固始县人。1982年11月～1993年10月，在北京武警总队一支队任指导员（期间,1984年7月～1986年7月，在北京武警指挥学校学习）；1993年10月～1995年6月，任平顶山市湛河区政法委干事；1995年6月～1997年4月，任平顶山市湛河区曹镇乡副乡长；1997年4月～2004年1月，任平顶山市湛河区地矿局副局长；2004年1月至今，任平顶山市湛河区地矿局党组书记、局长。

【机构设置】平顶山市湛河区地质矿产局成立于1992年6月，现有干部职工47人，其中，党员32人，退休2人。局机构内设办公室、财务科、征收科、法制科、信息科、稽查队、开发科、监察室。

【矿产资源】辖区矿产资源主要有砂、石、烧制砖瓦粘土等。砂资源主要分布在南部沙河一带，河道采砂，破坏了沙河滩涂环境，危及防汛安全，湛河区委、区政府牵头，会同公安、法院、检察院、土地、水利、城建等部门联合执法，炸毁了所有采砂船只，拍卖了违法采出的砂资源。辖区石页岩资源分布在姚孟南山一带，随着南二环路的向西延伸，放炮采石危及公路行人行车安全，根据上级指示，姚孟南山几家采石场已经全部关闭。2009年，根据上级保护耕地的政策，辖区仅有的11家砖瓦窑场已全部关闭。

【资源补偿费征收】根据《矿产资源法》、《河南省矿产资源补偿费征收管理办法》，资源补偿费征收主要以代扣代缴工作为主，2009年，征收矿产资源补偿费21万元。

（王旭东）

石龙区国土资源局

平顶山市石龙区位于平顶山市西部，距市区52公里，面积37.9平方公里，东部和北部与宝丰县接壤，西部和南部与鲁山县为邻，辖4个街道办事处、7个居委会、11个行政村、27个自然村，全区人口约10万人（含流动人口）。

杨奇儒　党组书记、局长
李新广　党组书记、副局长
庞清水　党组成员、副局长
路春阳　党组成员、副局长
雷伟周　党组成员、纪检组长
朱少锋　土地储备中心主任
宁建勇　副主任科员

杨奇儒简介：男，1967年3月出生，中共党员，1991年10月参加工作，武汉测绘科技大学毕业，硕士学位，工程师,武汉理工大学在职博士研究生。1991年～1995年，在平顶山市土地管理局用地审批科工作；1995年～1997年，任平顶山市开发区土地分局副局长；1997年～2002年，任平顶山市土地储备中心副主任；2002年～2003年，任平顶山市土地估价所所长、党支部书记；2003年～2007年，任平顶山市土地矿产交易中心主任、党支部书记；2007年至今，任平顶山市石龙区国土资源局党组书记、局长。

【机构设置】石龙区国土资源局机关内设办公室、土地规划耕保股、用地利用审批股、地籍地政管理股、矿产资源管理股、矿产资源管理股、矿产资源稽查大队、土地监察执法大队、测量队、国土资源管理所、地产开发交易中心、土地整理中心、征收办公室13个部门。

【耕地保护】为确保辖区内耕地保有量不低于1096.95公顷，基本农田保护面积391公顷（石龙区土地利用总体规划2006～2020年修编后耕地和基本农田核减后的面积），以签订目标责任书的形式，把耕地保有量和基本农田保护纳入政府目标考核。石龙区政府制定了《耕地保护责任目标考核办法》，并与4个街道办事处签订了目标责任书，明确了各街道办事处本年度的耕地保有量、基本农田面积及保护率等各项考核指标，并将年度考核指标列入各街道办事处目标责任书，有效地遏制了土地违法行为的蔓延。2009年，占补平衡工作完成3个市级复垦整理项目，全部通过市级验收。

【节约集约用地】2009年，石龙区国土资源局把学习和贯彻上级新精神和新规定作为工作的重中之重，并在如何“促进”上狠下功夫，采取多项措施强力推进节约集约用地。一是深入宣传。通过悬挂横幅、送发宣传册等多种宣传形式做好宣传工作，为强力推进节约集约用地营造良好氛围；二是严格建设项目用地准入标准。对不符合国家产业政策，淘汰、限制项目不予供地；三是加大存量土地盘活力度，2009年，共盘活存量建设用地37.4133公顷，全部通过挂牌方式成功出让。

【国有土地使用权出让】在实施供地过程中，严格按照“两个规范”和“39号令”的规定，切实做到了有计划、有方案、有规划、集体决策后才供地的要求，保障了国有土地使用权出让的公平、公开、公正。2009年，共采取挂牌方式成功出让国有建设用地使用权2宗，总面积37.4133公顷，出让价款5024.6148万元。

【土地规划修编】编制《石龙区土地利用总体规划（2006～2020年）》（以下简称《规划》），以2005年为基期年，2010年为近期目标年，2020年为规划目标年。《规划》全面分析了石龙区土地利用面临的形势和任务，阐明了全区土地利用战略构想、总体目标和完成总体目标需着力开展的各项工作，制订了各类用地结构与布局优化调整方案，提出了规划实施的保障措施。规划期内合理调整各项用地和基本农田的布局，全力保障产业聚集区的发展与城市建设的用地，最大限度满足全区建设项目的发展。

【第二次全国土地调查】2009年完成了1：1万农村土地调查、1：500城镇地籍调查、基本农田上图入库和1：1000村庄调查内外业工作，调查总面积35.84平方公里。石龙区第二次全国土地调查在全市做到了“六个第一”，即第一个完成了内外业和监理单位的招投标工作，确定了合作单位；第一个做到了土地调查经费足额拨付到位；第一个完成了石龙区城镇地籍更新调查；第一个完成了农村外业土地调查；第一个完成了1：1万农村数据库建设并通过国家土地调查办核查；第一个完成基本农田上图入库工作。并在全市率先开展和完成了1：1000村庄地籍调查，为集体土地流转和土地登记打下了坚实基础。

【城镇土地利用数据汇总】石龙区城镇土地利用数据汇总结合第二次土地调查数据库统计，调查总面积为424.4公顷，其中，商服用地14.6公顷，工矿仓储用地180.8公顷，住宅用地50.5公顷，公共管理与公共服务用地42. 9公顷，特殊用地1.9公顷，交通用地49.8公顷，水域及水利设施用地0.2公顷，其他土地80.5公顷。

【地籍管理】国有土地使用权发证66宗，集体土地所有权发证11宗，集体土地使用权发证2963宗。国有土地使用权变更登记累计发证18宗，其中，划拨7宗、出让6宗、抵押3宗、转让2宗；集体土地所有权变更登记累计发证9宗，集体土地使用权变更登记累计16宗。

【矿产资源勘查开发管理】全区矿产资源分为4大类、11种，能源矿产为煤；建筑材料矿产有水泥用灰岩、水泥配料用粘土、砖瓦用粘土、饰面用花岗岩、玄武岩、大理石、建筑石料等；有色金属矿产为铝土矿；冶金辅助原料矿产为耐火粘土。其中，煤与水泥灰岩是区内的优势矿产。已开发利用的矿产有煤、水泥灰岩、花岗岩、玄武岩等，占矿产总量的27.3%。

截至2009年底，全区共有采矿权30个，其中，煤矿24个，玄武岩1个，水泥用灰岩2个，水泥配料用砂岩3个。开发利用的矿产资源，基本实现有序开发、合理利用。另外，矿业权实地核查完成了实地外业工作及第二轮矿产资源规划的编制。

【煤矿安全生产】严格按照《河南省矿产资源开发监督管理制度》对煤矿实施监督管理，实施每月2次井下实测，严防超范围开采；对整改矿井定期或不定期进行入井实测检查，发现违规开采行为及时制止；对依法关闭的矿井每月现场勘查2～3次，防止死灰复燃。安排3名副科级干部进驻五七矿进行24小时监管。全年共入井实测150余矿（次），现场发现各类隐患6起及时纠正处理6起；查处越界违法开采案件7起，结案7起，结案率100%。及时处理了元顺和裕达煤业公司的矿业纠纷，有效防止了安全事故的发生。

【地质灾害防治】一是及早着手编制石龙区地质灾害防治“两案”，提交政府发布实施。对全区36个地质灾害点进行分解包片、责任到人。各巡查小组对本包片地质灾害工作做到汛前排查、定期巡查、做好巡查记录。二是成立地质灾害防治领导小组和地质灾害应急分队。三是编制了《石龙区地质灾害防治规划》，2009～2011年为近期规划，2012～2015年为远期规划。四是对青草岭地裂缝进行稳定性评价招、投、标，河南省有色金属局第四地质大队以58万中标。五是积极争创“十有县”。六是加强技防。在严重威胁人民生命、财产安全的隐患区安装地质灾害报警系统。

【储量管理】作为试点单位在全省率先使用了资源储量动态管理软件,全区24座煤矿企业，6座非煤矿山全部参加资源储量动态监测。30座矿山企业的资源储量动用数据全部录入储量动用软件，随时掌握全区资源动用量和资源保有量及资源动用块段，此举有效遏制了滥挖、滥采、超层、越界现象，也彻底解决了矿产资源储量“家底”不清的顽疾。

【执法监察】2009年，通过建立行政执法责任制，实施中队包片、执法人员包案，不断加大巡查力度，做到早发现、早制止，把违法案件消灭在萌芽状态。共对全区巡查200余次，发现违法占地21起，当场制止21起，下达停止违法行为通知书26份，制止后自行停止违法占地7起，立案14起，移送公安部门7人，完成上级交办案件1起。通过这些案件的查办，有力地打击了各类国土资源违法行为，维护了良好的管理秩序。

【信息中心建设】2009年，是石龙区国土资源局信息化建设的关键一年，该局大力推进电子政务建设，认真做好政务信息网、政府信息网、国土资源信息网站、石龙区国土资源局门户网站3个网络、2个网站的运行维护管理工作。2009年初，被评为2008年网站更新和维护全市第二名；2009年底，又被平顶山市国土资源局以优秀网站推荐到省厅参加评比。

【行政服务】石龙区国土资源局行政服务窗口工作始于2004年5月，现有行政审批、申请、许可事项16项，已全部纳入窗口办理；窗口同时接受群众国土资源政策业务咨询。2009年，行政服务窗口共受理各类行政审批、申请、许可事项41件，接受群众咨询200余人（次）。自局窗口入驻石龙区行政服务中心以来，连年被评为区红旗窗口。2009年，局窗口被河南省优化经济发展环境工作领导小组办公室授予 “河南省优质服务窗口”称号。

（余朝辉）

鲁山县国土资源局

鲁山县位于河南省中西部，是一个山区农业县。下辖20个乡（镇）、5个办事处，558个行政村，总人口83.9万人。

谭经民　党组书记、局长
张金三　党组成员、副局长
郭新平　党组成员、副局长
王升祥　党组成员、副局长
高占涛　党组成员、副局长
孟宪明　党组成员、副局长

谭经民简介：中共党员,本科学历。历任河南省地质局地质七队技术员，鲁山联营石墨矿技术员、副矿长，鲁山县矿产资源管理局办公室主任，鲁山县地质矿产煤炭工业局办公室主任、副局长、党组副书记，鲁山县国土资源局党组副书记、副局长，平顶山市国土资源局信息中心主任，鲁山县国土资源局党组书记、局长等职。

【机构建设】鲁山县国土资源局设9个科（室）、7个二级单位和25个国土资源所。2009年底，全系统干部职工413人，其中，行政人员25人，事业编制人员388人；包括干部146人，职工267人；大专以上学历198人，占队伍总人数的48%,有技术职称的49人，占总人数的12 %。

【土地资源】全县土地总面积2409.2平方公里,其中，城镇面积35平方公里。耕地总面积53807.16公顷,基本农田总面积41590.85公顷,园地393.51公顷,林地面积122942.57公顷,草地面积25769.71公顷,城镇村及工矿用地15570.71公顷,交通运输用地3947.08公顷,水域及水利设施用地13312.13公顷,其他土地5178.03公顷。全县人均耕地面积不足1亩，山区人均耕地面积不足3分。

【耕地保护】2009年，共实施土地整理复垦开发项目46个，总规模37933.4亩，新增耕地11716.455亩。全年实现了建设用地征用和新增耕地占补有余,确保鲁山县耕地保有量控制在47900公顷以上、基本农田面积在41589公顷以上。

【土地利用总体规划修编】2009年，完成了县、乡两级土地利用总体规划的修编工作，基本上实现了与城市建设规划、产业集聚区规划、新农村建设规划的对接。

【土地利用】2009年，招、拍、挂出让土地

5宗，面积1900亩，收取出让价款1亿6千万元。

【建设用地管理】2009年，共上报征收土地面积838亩，有力保障了南水北调中线干线沙河渡槽项目、汇源公司征地拆迁安置项目、鲁阳2×100万千瓦电厂年产240万吨水泥环保配套项目、澳瑞得新型墙材加工项目等一批重点项目的用地。

【执法监察】建立和完善了联合执法机制，突出执法检查、案件查处和强化管理3个重点，积极开展集中整治违法、违规用地行动，对全县土地实行拉网式巡查，通过增加巡查力量，加大巡查层次和密度，加强对重点区域、重点地段的巡查，及时发现并制止土地违法行为的发生。2009年，共制止土地违法行为20起，立案查处土地违法案件37宗，涉及占地面积161.2亩，结案33宗，结案率90%；其中，依法申请人民法院执行27宗，移送公安机关4宗，移交同级财政部门依法没收7宗。

【信访工作】按照“谁主管、谁负责”的原则，坚持“五个到位”，即领导认识到位、制度落实到位、办法措施到位、解决问题到位、督查督办到位，进一步完善了案源排查、信访接待、“领导包案”、案件会审、信访责任追究等信访工作长效机制。不断加强国土资源执法队伍法律、法规知识培训和作风、纪律整顿工作，把工作能力强、政治觉悟高的同志充实到重要管理部门，加大国土资源执法力度，有力打击违法、违规行为，规范审批、办证程序，有效保护国家和人民群众的利益，减少信访案件发生。转变工作作风，关口前移，变上访为主动下访，所有包案领导、包案工作人员深入到各乡（镇）和上访者家中，到现场解决问题，化解矛盾。充分发挥乡（镇）国土资源所前哨阵地的防范作用，利用基层信访组织把矛盾处理在初始阶段。2009年共接待来访群众75起、620人（次）；受理权属案件6起，处理3起；上三级交办信访案件39起，办结38起；县信访局交办120起信访案件，办结105起，信访案件总办结率达到87.5%，群众满意率达70%。

【矿产资源】县辖区内已发现的各类矿产42种，矿产地近200处，其中，已探明储量及探明部分储量的矿产有19种。在42个矿产中，煤、铁、铝土、耐火粘土、石膏、水泥灰岩、磷矿、石墨、硅灰石、建筑用沙为该县的优势矿产。其中，石膏（3.1亿吨）、硅灰石（987万吨）、辛集磷矿（2266.17万吨）的储量居全省之首。

【矿产资源管理】一是完成《鲁山县矿产资源总体利用规划》的修编工作，合理设置矿业权布局。二是规范采矿权管理工作。完成辖区内34个省办证、4个市办证、11个县办证的全国矿业权实地核查工作，年检率100%。三是规范采矿权市场。2009年，全县采矿权出让全部采用招拍挂形式，禁止行政审批，全年公开出让各类采矿权10 个。四是加强矿产资源储量动态管理。协同有资质的地质勘查单位与全县59家持证矿山企业签订了储量动态检测合同，并对矿山企业开采情况实行储量动态管理，使资源管理工作上了一个新台阶。五是做好地勘管理工作。2009年，对全县34个勘查项目依法进行管理，加大对以采代探行为的处罚力度，全年查处以采代探5起，有效地遏止了违法探矿行为的发生。六是矿产资源秩序整顿工作成绩显著。坚持治乱、治散、治本一起抓，矿业稽查大队、煤管总站、非煤管理站等单位坚持动态巡查，严格执罚力度，对重点矿区设防布控、严防死守，全年共制止无证采矿80余起，制止越层越界开采苗头2 起，填封井筒60余个，有力地打击了无证采矿、超层越界采矿等违法行为的发生。

【地质灾害防治】2009年，鲁山县国土资源局进一步完善了县、乡、村、点四级防护责任体系，坚持“预防为主，治理与避让相结合”的防治方针，对全县危及国家和人民群众生命财产安全的地质灾害点进行全面排查，针对排查出的161处地质灾害点，制定了《鲁山县2009年度地质灾害防治方案》。2009年，完成了总投资1510万元的相家沟、尧山泥石流治理等4个地质灾害及环境治理项目。市、县投资22.5万元，对7处地灾点受严重威胁的15户群众实施了避让搬迁。

【南水北调中线干线沙河渡槽工程隆重开工】2009年12月30日，南水北调中线干线沙河渡槽工程开工动员大会在鲁山县隆重召开。南水北调中线工程沙河渡槽全长11.9余公里，起于马楼乡薛寨村，止于辛集乡三街西村，跨沙河、将相河、大浪河三条河流，其中，明渠长2.88公里，建筑物长9.05公里，跨渠公路5座，渠段起点设计水位125.37米，终点设计水位123.489米，总设计水位差1.881米，设计流量320立方米／秒，加大流量380立方米／秒。工程计划总投资26亿多元，建设工期为41个月。鲁山县国土资源局全力做好项目用地的征用报批工作，确保项目建设如期进行。

（姬飞龙）

叶县国土资源局

叶县位于河南省中部偏西南，隶属平顶山市管辖。地理坐标为东经113° 02′～113° 37′、北纬33° 21′～33° 46′。叶县矿产资源丰富，以盐为最，展布面积400平方公里，储量3300亿吨，品位居全国井盐之首，被国家矿业联合会命名为“中国岩盐之都”。

陈国甫　党组书记、局长
孙春正　党组成员、副局长
杨爱臣　党组成员、副局长
贾洪毅　党组成员、副局长
张傲冰　党组成员、副局长
赵俊甫　党组成员、纪检组长
赵惠广　副主任科员、工会主席
毛富国　土地收储中心主任
庞　明　土地收储中心副主任

陈国甫简介：汉族，叶县廉村乡桥陈村人，1976年7月参加工作，1984年12月加入中国共产党，本科学历。1979年～1981年，在许昌师范学校学习；1981年8月～1983年4月，在叶县教育局工作；1983年5月～1991年2月，在叶县团县委工作（其中，1984年4月任副书记，1985年12月任书记）；1991年3月～1993年2月，任叶县县委宣传部副部长兼团县委书记；1993年3月～1996年2月，任叶县常村乡乡长；1996年2月～1998年8月，任叶县马庄回族乡党委书记；1998年8月～2002年1月，任叶县龚店乡党委书记；2002年1月至今，任叶县国土资源局党组书记、局长。

【机构设置】局机关内设办公室、人事股、财务股、纪检监察室、政策法规监察股、规划股、用地审批管理股、土地利用股、耕地保护股、地籍管理股、矿产资源管理股、地质环境管理股、信访办公室13个职能股（室）；按乡（镇）设有18个基层国土资源所；下设叶县土地收购储备发展中心、叶县国土资源局执法监察大队、叶县土地整理中心、叶县地产交易中心、叶县矿产资源补偿费征收办公室、叶县测绘所、叶县土地勘测规划队、叶县昆城地价评估所8个直属事业单位；在县行政审批中心设立有国土资源服务窗口。

【土地资源】叶县土地总面积为1388.69平方公里，人口密度605人/平方公里。根据叶县土地利用现状变更调查数据，2008年，全县土地总面积138869.19公顷，其中，耕地面积80939.67公顷，占全县土地总面积的58.28%。耕地中，没有灌溉水田和望天田，水浇地11307.41公顷，旱地69290.63公顷，菜地341.62公顷。园地面积384.43公顷，占0.28%；林地面积4783.62公顷，3.44%；牧草地17.66公顷，占0.01%；居民点及工矿用地面积18541.01公顷，占13.35%，交通用地面积4531.08公顷，占3.26%；水域面积12058.25公顷，占8.68%；未利用地面17613.47公顷，占12.68%。

【耕地保护】认真贯彻落实耕地保护基本国策。2009年初，叶县县政府与各乡（镇）政府签订了耕地保护责任书，把耕地保护纳入政府综合目标考核体系，2009年底，对辖区内耕地保有量、基本农田保护面积等指标进行考核，奖惩兑现。完成了叶县耕地保有量不低于80812.4公顷，基本农田保护面积不低70090公顷的市定目标任务。着力推进土地开发整理，叶县廉村乡国家级土地整理项目已经过平顶山市国土资源局初验，项目处于整改完善阶段；完成了叶县常村乡毛洞村耕地储备项目，在省国土资源厅进行电子报备。争取了叶县任店镇高营等4个村土地整理项目，上报了辛店乡、保安镇、常村乡等8个耕地储备项目入库立项。截至2009年底，叶县连续9年实现了耕地占补平衡。

【建设用地管理】申请了叶县2009年第一批乡镇、第二批乡镇、第一批城市建设用地农用地转用计划指标22.7408公顷，积极组织市污水处理一期技改工程预审用地预审工作，积极配合省国土资源厅组织西气东输二线平舞漯地方支线工程用地预审资料，完成河南省城市天然气管网工程平顶山子项目叶县调压计量站用地预审工作。申请和报批叶县2009年各类建设用地4个批次、3个单选用地，面积31.8304公顷，其中，城市一批建设用地8.8009公顷，乡镇一批建设用地3.1829公顷，乡镇二批建设用地5.6159公顷，平顶山市第六批城市建设用地6.1825公顷。叶县天然气调压计量站0.729公顷，西气东输二线平舞漯地方支线1.5344公顷，平顶山污水处理一期工程技改项目5.7848公顷。

【土地供应】2009年，出让国有土地19宗，面积25.7136公顷（385.70亩），出让金总额为6384.7万元。其中，拍卖、挂牌、出让土地10宗，面积22.8286公顷，出让金5698万元；协议出让（原划拨土地补办出让手续）土地9宗，面积2.8850公顷，出让金686.7万元。办理划拨土地1宗。

【地籍管理】2009年度，共办理土地登记发证116宗。其中，初始登记74宗，集体土地初始登记1宗，国有土地变更登记22宗，办理国有土地使用权抵押登记8宗。在登记发证过程中，严把审核关，严格按照《土地管理法》和《土地登记办法》的规定，对未全部支付土地出让金、经营性用地不按招、拍、挂方式出让、协议出让底价低于出让底价、擅自改变土地用途以及未办理土地登记而设定抵押的各类违法、违规行为，坚决不予进行土地登记。

【第二次全国土地调查】全面完成了农村内外业调查工作，调查面积1389.1平方公里，调查成果质量得到省、市专家组的充分肯定，经全国土地调查办全面核查，叶县二次调查成果质量符合要求，基本农田上图工作已完成。城镇调查工作在县城区和六个建制镇有序展开。

【规划修编】进行了县、乡两级土地利用总体规划修编工作，本轮规划期限为2006～2020年。在扎实做好前期工作的基础上，经过联审、初审、公示和复审，县级土地总体规划获省政府批复。乡级土地利用总体规划修编的文本、图件各项成果编制完毕并报市政府审批。新一轮规划修编按照“两保一高”的指导思想，对全县各业各类用地进行了统筹安排和科学合理配置，并与城乡、交通等相关规划进行了充分衔接，对产业集聚区和县中心城区建设规模进行了指导性规划和布局，指导思想明确，定位准确，各项规划指标分解符合该县实际。

【节约集约用地】坚决贯彻落实国家出台的供地政策，严格执行国家产业政策、限制用地目录、禁止供地目录、划拨用地目录，严把用地审核关，按照规定方式依法供地；切实落实最严格的节约用地制度。各类建设用地必须符合土地利用总体规划、城市规划和村镇建设规划；经营性项目用地和工业用地全面实行招、拍、挂出让，严格执行国家规定的工业用地出让最低价标准。 加大了批后监管力度。与用地单位签订出让合同后，定期、不定期对供应的土地进行巡查，对合同约定的开工、竣工时间及合同履行情况，跟踪督查。根据市政府关于平顶山市治理工程建设领域突出问题的精神，配合建设部门，加大因容积率调整补交土地出让金的追缴力度，对擅自改变容积率的，限期补缴土地出让价款；对批而未征和征而未供土地进行了专项清理。按照省厅、市局有关要求，对照有关批次用地和单选用地批准文件、实施方案的批准文件逐宗进行跟踪。

【矿产资源】叶县已发现的矿产资源以非金属为主。其中，已经开发利用的资源是岩盐、白云岩、陶土、铁矿、高岭土、河沙、建筑石料；未开发利用的资源为滑石、石墨、大理石、花岗岩、硅石（石英石）、含钾岩石、型砂、霏细岩、灰色黏土页岩、重晶石、矽线石等；其他矿产资源有锰矿、白石粉、杂色陶瓷土、胶磷矿、金、铜等。

【矿产资源管理】进行了矿山年审工作。年审率100%，通过年审共追缴矿产资源补偿费52.8万元。全面推进采矿权审批管理工作，对采矿权的转让、转租等行为加强监管和规范。有偿出让采矿权两宗，收取采矿权出让价款11.8万元。认真搞好矿业权实地核查工作。根据平顶山市国土资源局关于做好矿业权实地核查工作的要求，认真做好核查准备、野外实测、问题处理及成果报送等各项工作，确保了全县矿业权实地核查工作按时完成，为叶县矿业权信息化管理打好基础。加强了矿山储量动态检测工作。为矿产资源储量登记统计和矿产资源补偿费的征收提供了可靠的依据。切实做好矿产资源补偿费征收工作。全年共征收矿产资源补偿费386万元，比去年增长了25%。

【地质灾害防治】会同建设、交通、水利部门，制定了《叶县2009年度地质灾害防治方案》，同时制定了《突发性地质灾害应急预案》，成立领导小组，组建地质灾害应急救援队和汛期救援预备队。重点掌握因洪水引发的新地质灾害隐患点的动态变化情况，明确防范措施。主要完成了保安镇柳树沟村的滑坡与泥石流、辛店乡汴沟水库尾矿坝和遵化店镇G311徐西线沙河地段3处地质灾害隐患点的日常监测，落实了预防措施，设置了警示标志，发放了防灾工作明白卡和防灾避险明白卡，使当地群众知道发生地灾时的避险、撤离方向以及发生地灾时应注意的事项，确保汛期人民生命与财产安全。

【执法监察】建立了国土资源违法案件报告制度。除定期将违法案件向政府做出书面报告外，对较大违法行为，特别是占用基本农田的重大违法案件和违法采矿案件，实行紧急报告制度，在完善处罚程序的同时，向政府报告并提出处理建议；设立了叶县“12336”国土资源违法举报电话，畅通了举报渠道，进一步提高国土资源执法监察效能；立案查处了一批国土资源违法案件。2009年，共立案查处土地、矿产违法案件153宗，全部下达处罚决定书，申请人民法院执行的68宗，移送公安机关的14宗，移交财政没收的22宗，案件查处率100%；组织拆除死灰复燃的粘土砖瓦窑厂12座，巩固了整治成果，遏制了反弹现象。

【信访工作】深入开展国土资源信访积案化解年活动，集中解决了一批遗留、疑难信访事项。全年共接待来访人175人，共计81批（次），立案查处的37件，全部结案；受理市长、县长热线11件，回复率100%。2009年度，该局被评为“全省国土资源信访工作先进单位”。

【基层所建设】不断强化基层国土资源所建设管理责任，加大基础设施建设投入，积极引导基层国土资源所开展“优秀基层所”创建活动。落实工作经费。人员工资全部列入县财政预算，同时，由叶县国土资源局每月拨付660元固定办公经费。今年，在资金紧张的情况下，对部分基层所的房屋重新进行了整修，并给每个基层国土资源所配备了电脑、电话、打印机等办公设备。各基层所的办公条件逐步改善，工作职能进一步强化，人员素质和管理水平明显提高。

（王中辉）

郏县国土资源局

郏县位于河南省中部偏西、伏牛山北部余脉向豫东平原过渡地带。东邻襄城县，西毗汝州市，北接禹州市，南与平顶山市区和宝丰县相连。隶属平顶山市管辖。地理坐标为北纬33°48′～34°10′50″，东经113°40″～113°24′50″。地势呈马鞍形，东南、西北部高，中部低，以平原和岗地为主。总面积737平方公里（其中，山地面积135平方公里，占总面积的18.3%；丘陵面积259平方公里，占35.1%；平原面积271平方公里，占36.8%；洼地面积72平方公里，占9.8%）；辖8镇、6乡，376个行政村；总人口57万人，其中，农业人口52万；全县耕地面积67万亩，人均耕地1.18亩。

叶　营　党组书记、局长(2009年8月离任)
胡京伟　党组书记、局长（2009年8月调任）
李军锋　党组成员、副局长（2009年8月任副书记、副局长）
陈方娃　党组成员、副局长
林庆跃　党组成员、副局长
史武兴　党组成员、主任科员
王运旗　党组成员、副局长
吕延民　党组成员、副局长
刘庆辽　党组成员、副局长
黄建勋　党组成员、纪检书记

叶营简介：男，汉族，郏县白庙乡人，1957年11月出生，中共党员，大专学历。1979年9月，毕业于漯河师范；1979年8月～1987年10月，在白庙学校任教（其间，于1987年8月～1988年7月，在河南大学学习法律专业）；1987年10月，在县初中任教；1990年6月，在郏县县政府办公室工作，历任法制科科长、政府办副主任、县志办主任等职务；2003年4月，任郏县国土资源局党组书记、局长职务；2009年8月离任。

胡京伟简介：男，汉族，1972年12月出生，中共党员，本科学历，郏县安良人。1992年8月参加工作；1997年5月，在郏县县政府办公室工作，任法制科科长；2002年8月，任郏县县政府法制办主任；2003年5月，任郏县县政府办公室副主任、法制办主任；2007年5月，任李口乡副书记、乡长；2009年8月，任郏县国土资源局党组书记、局长。

【机构设置】郏县国土资源局内设办公室、财务股、规划股、用地审批股、地籍股、矿产开发股、地质环境勘查股、土地利用股、法制信访股、纪检监察室10个股（室），下设土地收购储备中心、测绘局、土地整理中心、土地执法队、土地估价所、地质环境监测办公室、矿产资源补偿费稽征办公室、冢头国土资源中心所、堂街国土资源中心所、薛店国土资源中心所、城关国土资源中心所、黄道国土资源中心所、安良国土资源中心所13个事业单位，其中，土地收购储备中心、测绘局为副科级单位。

【规划管理】加强和规范规划管理，切实强化规划的严肃性，维护规划的法律地位，要求非农业建设项目选取址必须符合土地利用总体规划，否则报件不予受理，并按违法占地予以查处。圆满完成土地利用总体规划修编工作，该县新一轮《全县土地利用总体规划》已经省政府批准实施，14个乡（镇）土地利用总体规划通过省、市联审，待批准。

【耕地保护】严格保护基本农田，严禁在基本农田中进行非农建设和其他改变用途的行为，确保全县基本农田面积稳定在4.0215万公顷以上。严格控制农用地转为建设用，全年整治土地36公顷，补充耕地105.7公顷，确保占补平衡。

【建设用地报批与管理】严格按照《土地管理法》规定程序报批建设用地，全年上报4批城市建设用地、2批乡（镇）建设用地，共129.2595公顷；3个单独选址项目用地，共105.3465公顷土地。为平煤机高新产业园、利鑫焦化厂、北洋兰格、崮山镁业、圣光二期、中奥磨料磨具、姚庄水厂、铝箔厂、茨芭110千伏变电站、地方铁路等招商引资及重点项目积极提供用地保障。

【土地利用】积极开展城镇存量建设用地挖潜工作，全年挖潜土地13.48公顷。不断完善经营性土地使用权招、拍、挂制度，推动工业用地招、拍、挂出让，全年以挂牌形式出让8宗国有土地使用权，上缴财政土地收益金2704多万元。

【地籍管理】该县第二次全国土地调查各项工作基本完成，其中，复核成果已上报国家验收；基本农田调查上图成果已经完成并上报省级验收；统一时点变更调查工作已经完成，进入修改数据库阶段。城镇地籍调查完成7个建制镇外业测量工作，进行内业整理数。同时，严格农村宅基地审批管理，完善宅基地批准程序，有效遏制了农村宅基地管理混乱的局面。全年共发放国有土地使用证42份，集体证9份。

【矿业权管理】积极开展矿产资源规划的修编工作，切实做好“两权”设置等方面的规划审查，全年采取挂牌方式出让6宗采矿权。

【地质勘查】安良煤炭勘查区、王集煤炭勘查区正在进行详查的野外勘探工作。白庙煤炭勘查区、堂街煤炭勘查区、姚庄勘查区进展顺利，已进行普查的野外勘探工作。截至2009年底，已探明郏县煤炭资源量18.19亿吨，为下一步大规模开采、走工业兴县道路奠定了良好的基础。

【矿产资源补偿费征收】积极推进矿产资源有偿开采制度，加大矿产资源补偿费征收力度，全年共上缴入库 279.2万元，做到了足额征收、全额入库。

【土地估价】提请郏县县政府公布了新一轮城镇基准地价。根据行业、企业类型和改革的需要，采取不同的土地资产处置方式和管理政策，加强土地资产管理，发挥土地资产效益。全年来共评估土地32宗，资产量3881万元。

【地质灾害防治】制定了《郏县2009年度地质灾害防治方案》、《郏县突发性地质灾害应急预案》，建立了汛期值班和灾害速报制度，以黄道、安良采矿区和沿北汝河为重点防范区域，切实加强汛期地质灾害的监测和防治工作。

【测绘管理】测绘市场日常监督管理不断加强，基础设施不断完善。测绘资质管理、测绘成果管理水平不断提高。

【执法监察】不断加大执法力度，继续实行动态巡查制度，严查未批即用、以租代征、非法转让、无证开采、乱采滥挖、越层越界等违法行为。严厉打击等非法采矿行为，共发现违法开采9起(其中，煤矿越界开采1起，非煤越界开采1起，非煤无证开采7起)，拆收设备20余件，均已依法严肃处理。

【信访工作】不断加强信访工作，定期召开信访工作专题会，分析信访案件发生的原因，研究部署阶段性信访工作。同时，多方协调，努力做好信访苗头稳控工作，将案件消灭在萌芽状态。全年共接受理来信来访案件32起，处理息访30起，有效地维护了全县社会稳定。

【法律法规宣传】借助“6·25”土地日、“4·22”地球日等活动，采取知识竞赛和法律法规考试、悬挂横幅、摆放咨询台、发放宣传单、出动宣传车等形式，大力宣传《中华人民共和国土地管理法》、《中华人民共和国矿产资源法》、《中华人民共和国测绘法》等法律、法规，不断提高全县人民依法使用国土资源的意识。

（牛洪桥）

舞钢市国土资源局

舞钢市是一座年轻的现代化工业生态旅游城市。位于河南中部，地处伏牛山东部余脉与黄淮平原交接地带。地理坐标为北纬33°08′00″～33°25′25″、东径113°21′27″～113°40′51″，市域南北长32.19公里，东西宽30.10公里，面积645.67平方公里，人口32万人。辖朱兰、垭口、寺坡、院岭、矿建5个街道办事处和枣林、武功、庙街、铁山、杨庄5乡及尚店、八台、尹集3镇。区域地貌类型有山地、丘陵、岗地、平原。地势呈西北、东南高，东北、西南低。

郑建华　党组书记、局长（女）

范运潮　党组副书记、副局长

刘家岭　党组成员、纪检组长（兼土地收购储备开发中心主任）

袁超美　党组成员、副局长

武海潮　党组成员、副局长

海中武　党组成员、副局长

李贺喜　舞钢市测绘局局长

郑建华简介：女，汉族，中共党员，大专学历。1977年9月在六冶安装公司参加工作；1988年5月，在市乡镇企业委工作；1993年7月，在舞钢市土地管理局工作；2002年8月，任舞钢市土地收购储备开发中心主任；2005年6月，任舞钢市国土局党组成员、副局长，兼任市土地收购储备开发中心主任；2008年5月，任舞钢市国土资源局党组书记、局长。

【机构设置】舞钢市国土资源局内设办公室、耕地保护科、用地审批管理科、地籍管理科、矿产开发与地质环境科、法制科、信访科、地质勘查与储量管理科、规划科、人事劳动科、土地租赁和矿产资源补偿费征缴办公室、纪检监察室12个科（室），设土地收购储备开发中心、测绘局、执法监察大队、土地开发整理中心4个直属事业单位，设城区、尚店、杨庄、八台、武功、铁山、庙街、枣林、尹集9个国土资源所。2009年底，全系统干部职工200人，其中，干部122人，职工78人；党员90人，占总人数的45%；大专以上学历146人，占队伍总人数的73%；职工达中级以上职称的42人，占总人数的21 %。

【土地资源】舞钢市土地总面积62931.88公顷。2009年，其中，耕地23641.65公顷，园地147.62公顷，林地18179.7公顷，其他5360.19公顷，城镇及工矿用地7483.87公顷，交通运输用地1464.51公顷，水域及水利设施用地5251.8公顷，其他土地1402.67公顷。

【耕地保护】一是全面落实基本农田保护制度，大力开展土地整理和高效农田建设，全市基本农田面积继续稳定在1.8736万公顷。加强基本农田建设，全市设立乡级基本农田保护牌16个，村级基本农田保护牌108个，整治基本农田1755.77公顷。完成4个批次农用地转用工作。其中，城市批次2个（舞钢市2009年城市一、二批，转用耕地面积15.8739公顷）；舞钢市2009年单独选址项目建设用地，转用耕地面积5.6473公顷；乡（镇）批次1个（舞钢市2009年第一批乡镇建设用地，转用耕地面积0.8853公顷）。完成武功乡土地管理项目的复验工作，2009年第一批耕地储备项目竣工和验收工作，2008年以前占补平衡项目字眼工作。完成2008年度省批新增有偿使用费尚店镇马庄村土地整理项目的规划设计上报工作。建设用地占用耕地实现了“占一补一”，保证了全市耕地总量动态平衡，保证了建设项目的用地需求。

【用地工作】本着“保障重点、节约集约用地”的原则，认真做好全市重点项目用地报批工作。2009年，共审批建设用地36宗、60.4公顷，建设用地审批全程管理率达100%。其中，协议出让土地3宗、7.3436公顷，收取出让金469.6647万元；划拨土地4宗6.1967公顷，全年共申请上报城市建设用地3个批次，面积26.0354公顷。这些项目的上报、审批，重点保障了市政工程常州路东进工程、垃圾填埋厂项目用地、污水处理厂项目用地、经济适用房项目用地、重工机械项目用地、新宇泰项目用地。

【土地利用总体规划修编】2009年，舞钢市本级土地利用总体规划修编已经省政府批准实施，乡级土地利用总体规划已通过初审。

【土地收购储备开发】依照舞钢市土地利用总体规划和城市总体规划要求，通过收回、收购等方式调查土地现状并进行储备，对城区范围内的闲置土地和黄金地段的增值前景，投入市场后效益价值等有关情况进行了调查摸底、综合分析，并实地丈量进行了登记造册，通过土地利用现状测算和分析，更大程度发挥市场配置对土地资源的基础性作用，对符合土地市场流转的地块予以收购收回。今年以来，共储备土地6宗、3.91公顷，根据市场需求情况，共挂牌出让国有土地使用权29宗、46.86公顷，收取土地出让金1.35亿元。

【矿产资源补偿费征缴、土地年租金征收】2009年，共征收年租金247万余元，矿产资源补偿费279万元。

【地籍管理】一是加强了日常地政地籍管理工作。在做好地政地籍日常管理工作基础上，认真加强地籍基础图件、档案资料管理、规范土地登记工作、调处解决土地权属纠纷案件、建立农村土地变更调查工作机制、施行有效监察上报汇总统计。今年，共办理国有土地使用权登记97宗，集体土地使用证37宗，其他项权利等级发证20本，地籍档案接受公开查询29人（次）。处理土地信访案件6件， 进行土地权属纠纷调处6起。二是强力推进第二次全市土地调查工作。完成农村及建制镇土地调查工作；完成内业处理及数据库建设上报工作；完成基本农田专项调查及成果上报工作；完成国家检查工作，组织实施2009年度农村土地调查统一时点变更工作、城镇地籍调查统计汇总工作。

【测绘工作】2009年，完成了“数字庙街”乡政府所在地4平方公里1：500地形图，高速路口3平方公里1：1000地形图，全乡区域51平方公里1：5000地形图的成果。同时，在庙街乡、尹集镇、杨庄乡、武功乡顺利开展的控制布设工作，其成果已应用于高速公路、钢司三期等重点项目建设。通过“数字乡镇”项目的实施，大力推进了“数字舞钢”的建设步伐，为舞钢市今后在旅游开发、招商引资、新农村建设等工作提供全面，准确的基础资料。

【矿产资源】舞钢市矿产资源较为丰富，已探明矿产50多种。其中，铁矿储量达6.6亿吨，占全省已探明储量的76.3%，是全国十大铁矿区之一。

【矿产资源开发】一是全面加强矿山企业和新办矿山的采矿登记管理。对全市34宗采矿权进行了年审，年审率达100%；实地检查26个，实地审查率达76.7%。对全市新办理的乙类矿产资源采矿权全面实行挂牌有偿出让制度。全年共办理采矿许可证3个，其中，延续2个，新设立1个；收取采矿权价款6.3万元，收缴采矿权使用费0.8万元。二是配合省国土资源厅、舞钢市国土资源局完成矿业权核查工作，共核查省部级设立采矿权6个，县级设立采矿权28个。三是加强矿产资源保护、开发利用的监督和储量管理工作，坚持每年对全市所有矿山企业进行一次年审并制定矿山企业的“二率”指标，对矿山企业提出相应的整改措施，督促企业提高资源的回收利用率，减少浪费和损失。四是地质灾害防治工作得到加强。针对地质灾害现状，编写了《舞钢市2009年度地质灾害防治应急预案》，圈定了“舞钢市地质灾害隐患区”，建立了地质灾害监测预防网络，给地质灾害隐患区责任单位发文（函）9次，发放“防灾工作明白卡”和“避险明白卡”150余份。

【执法监察】强化了国土资源执法监察，各类国土资源案件得到了及时、有效查处，建立和推行预防机制，完善疑难案件会审、督办、重大违法案件报告备案制度。加大动态巡查责任制力度，确保及时发现和制止国土资源违法行为，切实提高办案效率。截至2009年底，共查处国土资源违法案件218件，立案率100%，结案率96%；移送法院强制执行82宗。

【信访工作】舞钢市国土资源局针对全市国土资源信访工作信访量大、涉及面广，群众越级上访、集体上访等突出问题，认真分析信访案件居高不下的因素，立足现有条件，认真开展“依法积案化解年”活动。2009年，群众因国土资源问题引发上访176起、356人（次），其中，个访129起、131人（次），集访47起、225人（次），立案156件。京、省、平顶山市交办的信访事项按期办结率达到了100%，年终办结率达到了100%；市自立案件按期办结率达到了94%，年终办结率达到了96%；办结的信访事项群众满意率达到92%，信访人稳定率达到了95%。

【获奖情况】2009年5月，获河南省优质服务窗口荣誉称号

（温 杰 冯向远）

汝州市国土资源局

汝州市位于河南省中西部，伏牛、嵩山之间，东与禹州、郏县毗邻，西同汝阳、伊川接壤，南与宝丰、鲁山交界，北与登封相连。现辖6个镇、9个乡、5个街道办事处，456个行政村，总人口95.2万人。全市总面积1573平方公里。

余江平　党委书记、局长
王永亮　党委委员、副局长
王玉杰　党委委员、副局长
闫俊杰　党委委员、副局长
裴军华　党委委员、纪委书记

杨伟丽　党委委员、副局长
刘西欣　储备中心主任
张宏强　测绘局局长
孙宏伟　副主任科员
杨永华　副主任科员

余江平简介：江苏睢宁县人，1956年出生，大专学历，1977年10月加入中国共产党。1976年2月，在33990部队服役；1978年5月，在叶县科委任办公室主任；1984年9月，任叶县空调设备厂副书记；1987年10月，任叶县体改委副主任并主持工作；1988年10月，任叶县经委主任；1992年4月，任汝州市轻纺工业局局长；1993年8月，任汝州市建设局局长兼书记；1996年4月至今，任汝州市国土资源局党委书记、局长。

【机构设置】局机关内设办公室、财务科、人事科、地籍科、用地科、利用科、规划科、纪检监察室、信访科、法制科，下设土地储备中心、测绘局、土地复垦中心、土地执法大队、土地估价所、地产交易中心。

【土地资源】截至2009年底，汝州市土地总面积157181.94公顷，耕地62540.35公顷，园地402.69公顷，林地13159.52公顷，草地31438.64公顷；城镇村及工矿用地16938.56公顷，交通运输用地3640.72公顷，水域及水利设施用地7754.36公顷，其他土地21307.1公顷。

【耕地保护】严格实行基本农田保护制度。进一步落实耕地保护责任制和土地用途管制制度，严格控制建设用地占用耕地，确保基本农田不低于52570公顷，保护率不低于88.2%，耕地保有量不少于60907.13公顷。汝州市国土资源局围绕这一原则，克服重重困难，先后投入30万元的耕地保护宣传资金，在全市主干道和各乡（镇）显著位置张贴标语横幅300余幅，全市15个乡（镇）及5个街道办事处统一设立了乡级基本农田保护标志牌，建立了基本农田保护台账。

【土地整理】采取多种形式，继续大力开展“三项整治”工作，挖掘土地资源潜力。通过对全市15个乡（镇）的工矿废弃地、砖瓦窑进行筛选，实地勘察，认真收集材料，整治面积841.5亩，已经平顶山市验收，可净增耕地834.6亩。国家投资庙下乡土地整理项目和尚庄乡土地整理项目已通过了验收，并根据验收组提出的整改意见进行了整改。新增的杨楼乡李庄等5个村级土地整理项目进行了现场踏勘，编制了项目的规划预算，并编制完成了项目招、投标方案，截至2009年底，已完成全部工程量的20%。

【土地利用总体规划修编】全力做好二次规划修编工作。2009年11月，市级土地总体利用规划修编通过省政府批准；乡级土地利用总体规划修编大纲文本及图斑已报平顶山市政府待批。

【土地利用】围绕重点项目做好用地保障工作。按照“有保有压”的原则，对重点建设项目积极提供用地保障和优质服务。全年共审批各类建设用地8宗，面积69.7347公顷。招、拍、挂出让国有建设用地使用权12宗，出让金1.53亿元，为汝州市按照规划统一开发、统一供地、宏观调控土地供求创造了条件。

【执法监察】2009年，进一步健全完善了县、乡执法监察网络，明确责任人，采取到科级以上领导分包乡（镇）制度，切实做到违法现象能够及时发现，及时制止和及时查处。全年共查处各类土地违法案件231起，移送公安机关84起，申请法院执行166起。与此同时，还集中力量做好卫片执法检查工作，涉及全市的57个图斑，经确认核实，实地面积1545.4亩，其中，合法用地7宗，占地面积55.8亩；实地未变化21宗，占地面积649.7亩；违法占地面积159.9亩。对涉及的违法占地，采取了强制措施，全部恢复土地原貌。

【第二次全国土地调查】第二次全国土地调查已圆满完成，此次调查全面掌握了汝州市各类土地利用现状，共调查农村外业1572.04平方公里，城镇外业70.43 平方公里，并率先在全省开展乡政府所在地1：500比例的城镇地籍调查。

（张宏强）

汝州市地质矿产局

汝州市位于河南省中西部，属温暖带大陆性气候，冬冷夏热，四季分明。地理坐标为东经112° 31′～113° 7′，北纬33° 56′～34° 20′。东与禹州、郏县接壤，西与汝阳、伊川相连，南与鲁山、宝丰搭界，北与登封毗邻。东西长45公里，南北宽34公里，总面积1572.84平方公里，其中，山地面积419平方公里，丘陵725平方公里，黄土平原

338平方公里。市域南依外方山脉，北靠嵩箕山脉，北汝河自西向东贯穿全境，形成两隆一坳的槽型盆地，地理总趋势为西北高、东南低。

李万聚　党组书记、局长
韩路易　党组成员、主任科员
杨景明　党组成员、副局长
张建路　党组成员、副局长
连宏志　党组成员、副局长
卢胜利　党组成员、纪检组长
赵新建　副局长

李万聚简介：河南省汝州市人，1953年11月出生，汉族，中共党员，大专学历。1972年12月～1991年10月，在87022部队服役，历任班长、排长、参谋、连长、股长、营长等职；1991年10月～1996年4月，在中共汝州市委组织部工作，任乡镇干部科科长；1996年5月～2002年10月，在汝州市信访局工作，任党组书记、局长（期间，1998年10月起，兼任汝州市委副秘书长）；2002年10月～2003年9月，在汝州市委办公室工作，任专职副秘书长；2003年9月至今，在汝州市地质矿产局工作，任党组书记、局长。

【机构设置】汝州市地质矿产局位于汝州市区烟风中路，原名为“矿产资源管理委员会”。1992年4月14日，经汝州市委、市政府批准，建立“汝州市矿产资源管理局”，1996年4月更名为“汝州市地质矿产局”。内设办公室、综合科、财务科、人事科、政策法规科、纪检监察科、开发管理科、储量地环科、稽查一队、稽查二队、矿权交易中心、技术服务中心、国营科、冶金办、冶金服务中心、冶金市场办、冶金稽查队、化验室18个业务科（室），下设小屯、蟒川、寄料、陵头、大峪、临汝镇、中心所7个地矿所。截至2009年底，共有干部职工160人，

【矿产资源】汝州市地层属华北地层区豫西分区，横跨两个地层小区，即嵩山箕山地层小区和渑池—确山小区，除奥陶、泥盆、侏罗、白垩系外，其他地层均有出露，其构造处于中期准地台与秦岭褶皱系两个一级大地构造单元衔接地带，经历长期复杂多旋回不均衡演化过程，构造极为复杂，多期次地质作用形成了丰富的矿产资源。全市境内已发现的矿产种类达46种，已开发利用26种，优势矿产主要有煤、铝土矿、水泥灰岩、高岭土、玄武岩、叶蜡石、地热矿泉水等。其中，煤炭资源主要赋存于石炭—二迭系地层中，垂深在1500米以浅的煤炭总储量35.5亿吨，已探明地质储量9亿吨；铝土矿属地台型沉积矿产，矿体赋存于石炭系中统本系组中、下部铝土质、铁质岩系内，勘查储量7950万吨，预测储量2.37亿吨；水泥灰岩主要赋存于寒武系下统辛集组、中统张夏组、上统崮山组地层中，普查储量5亿吨，总资源量20多亿吨；其他矿产如叶蜡石、硅石、玄武岩、钾钠长石、石墨、重晶石等也具有较高的开发利用价值。

【采矿权管理】2009年，汝州市共有各类采矿许可证182个，其中，省国土资源厅颁发54个，本级发证128个。按矿种划分，煤矿52个，铝土矿2个，建筑石料用灰岩18个，水泥用灰岩8个，砂岩4个，石灰岩24个，陶瓷土3个，白云岩3个，石英岩23个，建筑石料用砂岩2个，玻璃用石英岩17个，水泥配料用砂岩2个，建筑用安山岩2个，重晶石3个，长石7个，石墨1个，叶蜡石4个，安山岩1个，大理岩1个，砖瓦用页岩2个，铸型用砂岩1个，玻璃用砂岩2个。采矿许可证总面积104.83平方公里。全年共办理采矿权报件36件，其中，延续2件，临时延续34件。开展采矿权人年度报告检查，实地抽检52个，年检率、抽检率分别为97.7%和38.8%。开展矿业权实地核查，共实地核查矿山207个，其中，省办证采矿权54个，探矿权25个，非煤矿山128个。稳步推进采矿权全国统一配号，完成159个矿山数据库升级上报工作。积极为矿山企业搞好服务，义务为企业提供咨询130余矿次，依法调处天佑采石场、新磊采石场与地方群众2起纠纷。做好第二轮矿产资源规划编制工作，2009年底，编制单位拿出了规划初稿。

【地质勘查管理】2009年，汝州市辖区共有勘查许可证25个，其中，铝土矿10个，煤矿3个，铅锌矿2个，水泥灰岩矿2个，铁矿4个，多金属矿1个，高岭土矿1个，玄武岩矿1个，石墨矿1个；勘查总面积250.66平方公里。全年办理勘查许可证征求意见回函9件，其中，变更5件，保留2件，划定矿区范围2件。认真搞好勘查项目年检工作，应参加年检探矿权23个（另外两个为两权价款项目不参加年检），实际收到年检资料21个，年检率91.3%。全年完成探矿资金投入225.62万元，实施钻探523.6米，槽探3540立方米，浅井50米，其他2837.7米。

【资源储量管理】强力推进矿产资源储量动

态监管，督促45家煤矿、7家非煤矿山开展储量动态检测；对15个零星分散和乙类矿产矿山储量检测报告进行审查备案；配合平顶山市地科所对6家零星分散延续矿山进行实地踏勘。搞好矿产储量登记统计工作，对128家非煤矿山储量数据输入金土工程系统，督促180家持证矿山填报2009年固体矿产资源统计基础报表。

【矿业秩序整顿】 2009年，汝州地质矿产局严格整顿和规范矿产资源开发秩序，确保矿产资源勘查开采秩序稳定。一是认真落实采矿权人例会制度。每月定期召开采矿权人例会，把例会制度拓展为强化资源管理的平台，促进了储量动态监管、图纸交换、开发管理的制度化。二是严格落实动态巡查责任制，加强日常巡查，严防非法开采死灰复燃；按照汝州市政府的统一部署，组织开展了春季、夏季、秋季、冬季和“五一”、“十一”期间安全大检查等专项整治，重点打击无证开采、私采滥挖、关闭死灰复燃矿井等违法行为，共查处私采滥挖露头煤小坑口2起、无证开采砂场石料厂12起、高岭土矿4起。三是加大煤矿企业实测检查力度。重点对提供图纸不真实、开采区域接近边界、可采储量将要枯竭、边界有密闭墙和发生过超层越界违法行为矿井的入井实测，变事后处理为事前预防，共立案查处越界违法开采6 起；督促12家煤矿设立永久性密闭墙17处，有效预防违法开采行为的发生。四是开展地热水专项整顿。组织集中行动，对地热矿泉水开发利用情况进行清查，查封无证取水井3口、封填1口，督促地热矿泉水开采企业办理相关证照，规范地热水开发秩序。

【资源补偿费征收】 矿产资源补偿费征管不断加强。面对矿业经济低迷、煤矿企业长时间停产整顿的严峻形势，积极转变征收观念，坚持以法律法规宣传和服务矿山企业为突破口，实行征收目标管理责任制，全面推行纳费申报制，采取跟班核实、重点稽查等措施，使征收工作取得明显成效，较好完成资源补偿费入库任务。2009年，共征收入库矿资源补偿费1700万元。

【地质灾害防治和地质环境保护】 会同相关部门，编制了《汝州市2009年度地质灾害防治方案》。突出汛期地质灾害防治，督促乡（镇）政府成立组织，制订监测预警方案，发放防灾和避灾明白卡1000余份、防灾宣传折页300多份，张贴地质灾害防治宣传画100余幅，落实防治责任人和监测人员。加强陵头朱沟前门崩塌和大峪班庄过风口滑坡两处重点地灾点的监测与预防，确保安全度汛。联合河南省有色地矿局第四地质大队编制《汝州市地质灾害防治规划》，由市政府发布实施。稳步推进矿山生态环境治理，组织开展大峪村煤矿、蟒川乡任村—唐沟矿山环境治理项目和大红寨省级地质公园地质遗迹保护项目验收工作，通过专家组验收；申报了原梨园矿务局太山庙煤矿和原杨楼乡胜利煤矿两个矿山环境治理项目。

【冶金矿山管理】 按照省政府48号令规定，认真落实市场统一调控制度，协调6家矿山企业与中铝公司签订供货合同，委托中铝公司代扣代缴交易费、矿产资源补偿费，调处矛盾纠纷。严格市场准运制度，依法查处私拉偷运行为10起，规范铝、铁生产经营秩序。持续开展冶金矿山专项整治，严厉打击非法开采、私采滥挖和以采代探等违法行为，组织集中行动5次，查处私采滥挖铝土矿32起、无证开采金矿点2起，立案查处15起，拆除工棚12间，暂扣没收非法开采设备27台（件），查扣挖掘机、铲车4台，抓获非法开采人员9名，确保冶金矿山矿业秩序的稳定。积极推进铝土矿资源整合，除中铝公司、汇源公司的4个自备矿山和1个“两权价款”项目外，协调7个探矿权与中铝公司签订整合协议。

【执法监察】 完善行政许可、行政执法案件集体会审、听证制度及错案责任追究制度，规范行政行为。严格行政处罚案件的审核把关，共受理审核违反矿产资源法规案件25起，结案25起，每起案件都做到了事实清楚、证据确凿、程序合法，无行政复议和败诉案件，选送的卷宗被平顶山市国土资源局和汝州市政府法制办评为优秀卷宗。认真做好《矿产资源法》贯彻执行情况检查工作，顺利通过汝州、平顶山两级人大的执法检查。

【人事管理】 积极做好人才教育工作，全年共组织学习培训以及选派人员参加上级组织培训15期、87人（次）。积极做好职称申报工作，截至2009年底，全局共有中级技术职称人员22名，初级技术职称人员24名；组织工人技术等级考核，全年共组织23名技术工人进行报名、培训、考试和发证工作，截至2009年底，全局共有高级工28名，中级工34名，初级工30名。完成了相关人员职务变动的工资调档工作。

（陈亚强）

宝丰县国土资源局

宝丰县位于河南省中西部，属平顶山市辖县，地理坐标为北纬112°43′～113°18′、东经33°39′～34°02′。北依汝河，南临沙河。东和东南与平顶山市郊区接壤，南和西南与鲁山县及平顶山市西区相连，西北与临汝县交界，北和东北与郏县毗邻。东西长54公里，南北宽27公里，总面积722平方公里。全县辖8镇、4乡、1个林业工作站、1个街道办事处，320个行政村，总人口50万人。

张新宇　党组副书记、局长（2009年6月前任党组副书记、副局长,6月起任局长、党组副书记,主持全面工作）

王曙吉　党组书记（2009年6月前任党组成员、副局长，6月起任党组书记）

宋国峰　土地开发中心主任（2009年6月前任党组副书记、副局长,6月起任土地开发中心主任,2010年3月调离）

夏永太　党组成员、副局长（2009年6月任主任科员）

王延涛　党组成员、副局长

胡长炜　党组成员、副局长（2009年6月前任纪检组长，6月起任副局长）

肖国欣　党组成员、副局长　（2009年6月起任副局长）

牛广军　党组成员、纪检组长（2009年6月起任纪检组长）

张新宇简介：男，汉族，1962年出生，大专学历，宝丰县石桥镇人，1982年7月参加工作，1985年3月加入中国共产党。1982年7月～1989年7月，在石桥高中、宝丰二高工作；1989年8月～2001年12月，在县财政局、大营镇政府、石桥镇政府工作；2001年12月～2009年6月，任国土资源局党组副书记、副局长；2009年6月至今，任宝丰县国土资源局党组副书记、局长。

【机构设置】宝丰县国土资源局内设办公室、财务股、文印室、审计股、人事股、用地审批管理股、纪检监察室、规划股、宣传股、工会、团支部、妇联、计生、地籍管理股、勘测队、矿产开发股、法制室、地质环境股、测绘管理股、矿产资源稽查队、征收办、利用股、铝粘土市场开发办、冶金办、信访股、行政服务大厅国土资源窗口、耕保股、信息中心、国土资源派出所29个职能股（室），下设宝丰县土地监察队、宝丰县土地开发中心、宝丰县地产市场管理处、宝丰县土地整理中心、土地估价事务所5个二级机构，有城关国土资源所、杨庄国土资源所、周庄国土资源所、闹店国土资源所、李庄国土资源所、肖旗国土资源所、赵庄国土资源所、商酒务国土资源所、大营国土资源所、张八桥国土资源所、观音堂国土资源所、前营国土资源所、石桥国土资源所、周庄矿产资源管理所、张八桥矿产资源管理所、大营矿产资源管理所、韩庄矿产资源所、大营铝粘土资源管理所、张八桥铝粘土资源管理所、观音堂铝粘土管理所20个派出机构。全局现有工作人员591人。

【基本农田保护】认真实施基本农田保护监督检查和耕地占补平衡制度，严控各类建设用地，按照“占多少、垦多少”的原则，确保耕地总量不减少，实现了耕地总量动态平衡，耕地保有量稳定在4.1803万公顷，基本农田面积稳定在3.6416万公顷。2009年，积极组织开展耕地后备资源调查、勘查和入库工作，通过对耕地后备资源外业调查和内业核对，共储备耕地217.4公顷，涉及赵庄乡木中营村、晁庄和商酒务镇石庄村北、雷神村、房庄村等5个土地开发项目。截至2009年底，以上项目已全部通过验收，并通过国土资源部电子报备审核确认，保障了年度耕地先补后占。

【建设用地管理】2009年，经国务院、省、市人民政府批准的农用地转用、土地征收共4个批次、24宗土地以及1个单独选址项目，批准总面积91.7838公顷，其中，农用地71.3701公顷（耕地67.6564公顷）。

【土地利用】截至2009年底，共出让国有建设用地使用权21宗，面积27.6098公顷。其中，工业用地2宗，面积7.3241公顷；商服用地3宗，面积0.8413公顷；居住用地15宗，面积19.0524公顷；公共设施用地1宗，面积0.3920公顷。2009年，办理合法土地使用权交易办理用地手续23宗，面积8.08万平方米；成功拍卖、挂牌出让国有建设用地使用权8宗，面积9.32万平方米，成交价款3933.05万元；共盘活国有存量建设用地8宗，面积

136.11亩；共为192宗国有土地办理了划拨土地使用权出租登记手续，面积12300平方米。

【地籍管理】按照《国土资源部关于开发全国地籍管理规范化建设的通知》要求，对照《地籍管理规范化建设内容及标准》逐条进行认真落实。截至2009年底，当年共办理国有土地登记发证53宗，发放集体企业建设用地使用证10宗，发放农村宅基地使用证519宗，出具地类认定证明316宗。集体土地所有权登记发证率为100%，使用权登记发证率达到90%。

【第二次全国土地调查工作】宝丰县第二次全国土地调查农村729.5平方公里外业调查和数据库建设已经完成，报国家二调办核查；全县8个建制镇、31.3平方公里的权属调查和外业测量已经完成，正在进行内业数据整理；城区15.1平方公里的调查成果正在开展数据库建设。

【国土资源执法监察】2009年，在县政府的领导和乡（镇）政府的支持下，对城区及各乡（镇）公路沿线非法建设的门面房、路边店等违法建筑进行强制拆除。在联合执法过程中，充分发挥民兵预备役的作用，每次联合执法，40名预备役人员全副武装，着警服，戴钢盔，持警棍，加大了震慑力度。先后组织联合打击20余次，每次行动参与执法车辆均达20余台（次），参与执法人员均不低于百人。每次拆除行动，宝丰县县委书记、县长或主管副县长均赶赴一线统一指挥，保证了拆除质量。拆除非法建筑32处，拆除总面积16.6亩。共查处土地违法案件132宗，申请人民法院执行110宗。深入开展安全生产隐患排查治理活动。共组织打击私采乱挖行动20余次，封填辘轳井50眼，小煤井19眼，控制私采乱挖人员8人。扣押挖掘机15台，破坏拆卸1台，铲车1台，三轮车和空压机各1台，吉普车和面包车各1台，运输铝土车辆19台；没收铝土资源200余吨。

【信访工作】截至2009年底，共接待来访80余起、102人（次），其中，咨询45起，引导信访人通过法律渠道解决2起，立案35起，已结案33起，正在处理2起，到期结案率100%。未发生一起赴京、赴省、赴市集体上访事项。在开展的“信访问题集中处理”活动中，整理案卷并结案63宗，由于成绩突出，被宝丰县县委、县政府评为信访案件集中活动先进单位。

【采矿权管理】年初以来，对全县58座矿山实际年检55座，年检率为96%，实地检查率为100%；对全县境内51家矿山企业储量动态检测年度报告进行了初步审查；协助矿山储量动态检测的6家地勘单位与矿山企业签订了储量动态检测合同，并对矿山企业进行了矿山储量动态检测；对宝丰县9个零星分散及乙类矿产地质检测报告完成了初审。对前营乡龙兴寺建筑石料用灰岩采矿权进行挂牌出让，收缴出让金4.2万元。

【地质灾害防治】2009年，完成了《地质灾害防治规划》和《矿山地质环境保护与治理规划》的编制工作，充分发挥民兵预备役人员作用，健全地质灾害群测群防网络，9月份，举行了模拟地质灾害演练，做到预警报警快速反应，防治行动及时有效。加强对宝丰县平煤天安香山煤矿东片区和余官营塌陷区2个矿山环境治理项目的施工协调与监管，完成了对余官营治理项目的终验。

【宣传工作】2009年，切实加大宣传力度，并改变传统宣传模式，在全县划分3个区域，组成声势浩大的宣传车队，深入每个行政村和矿区，张贴宣传彩页、分发宣传册、刷写宣传标语，在全县营造了浓厚的宣传氛围。12月29日，人民网宝丰县新闻信息联播在宝丰县成功开通。人民网在全省县级开通信息联播，宝丰县是第一家。人民网宝丰县新闻信息联播开通后，将成为展示宝丰经济文化和发展成果的窗口，成为展示国土形象，宣传国土资源法律法规的新阵地。当年共在《宝丰快报》发稿30篇，市级以上报刊采用27篇，其中《资源导刊》采用11篇，《中国国土资源报》采用8篇。大力推行政务公开工作，每周编发《宝丰国土资源》1期，并同期报送平顶山市国土资源局领导、宝丰县四大班子领导和县直相关单位，向社会各界较好地通报了工作动态。完成了政府专网连通和局域网的组建。在局网页上发布信息42条，总信息量达422条，浏览量达5.5万余人（次）。

【轮岗交流】2009年8月，宝丰县国土资源局在全系统工作人员中实行轮岗交流。此次轮岗共涉及30个股、室、队、所，共计150人，从机关业务股（室）和其他二级机构中抽调人员充实到13个国土资源所，轮岗期限为1年，重点充实基层力量。

（马中奎、胡俊芳）

驻马店市

驻马店市国土资源局

驻马店市位于河南省中南部、淮河以北的洪汝河流域。地理坐标为北纬32°18′～33°35′，东经113°10′～115°12′。东西长191.5公里，南北宽137.5公里，总面积15083平方公里，占全省总面积8.9%。东与安徽省阜阳市接壤，西与南阳市相连，北与周口、平顶山和漯河市为界，南与信阳市毗邻。京广铁路、京深公路、京珠高速公路纵贯南北，洪河、汝河、泌阳河流经其间。全市辖驿城区和遂平、西平、上蔡、汝南、平舆、新蔡、正阳、确山、泌阳9个县，总人口853.03万人。主要旅游景点有嵖岈山、薄山湖、杨靖宇将军旧居、竹沟革命烈士陵园、南海禅寺、铜山风景区、宿鸭湖、天中山、棠溪源国家森林公园等。

梁再培　党组副书记、局长（2009年9月任职）

刘勇智　党组书记（2009年9月离任）

冯保柱　党组成员、副局长

刘超福　党组成员、调研员

王更寅　党组成员、调研员

王永宇　党组成员、副局长

陈新国　党组成员、副局长

邢建洲　党组成员、副局长

崔春常　党组成员、纪检组长

梁再培简介：1962年10月生，汉族，河南省兰考县人，本科学历，中共党员。1978年7月参加工作，先后在兰考县三义寨公社河渠初中任教以及兰考县、杞县行政机关、河南省国土资源厅工作。历任兰考县组织部副部长、人事局长；杞县县委常委、组织部长；河南省国土资源厅人事教育处副处长、地质环境处副处长；2009年9月至今，任驻马店市国土资源局党组副书记、局长。

【机构设置】驻马店市国土资源局机关设办公室、人事教育科、财务科、土地利用管理科、规划科技科、地籍与耕地保护科、用地审批科、法规监察科、矿产资源开发管理科、地质勘察环境科、纪检监察室、机关党委、测绘管理科、行政审核审批科14个科（室），下设土地储备开发中心、直属分局、开发区分局、征地事务所、地产评估所、国土资源监察支队、土地整理中心、职工培训中心、土地市场服务中心、地质环境监测站、工业集聚区办公室、平川造地公司12个直属单位。

【土地资源】全市土地总面积150.8628万公顷。其中，耕地95.4707万公顷，占土地总面积的63.28%；园地0.2758万公顷，占土地总面积的0.2%；林地16.2556万公顷，占土地总面积的11%；草地3.1330万公顷，占土地总面积的2%；城镇村及工矿用地17.9764万公顷，占土地总面积的12%；交通运输用地4.9707公顷，占土地总面积的3.3%；水利及水利设施用地10.9293万公顷，占土地总面积的7.2%；其他土地1.8514万公顷，占土地总面积的1.2%。全市土地粗放利用和资源日趋紧缺的形势非常严峻，全市人均耕地占有量仅为1．68亩，低于全省平均水平。

【土地利用】2009年，继续盘活存量土地。开展了存量土地专项摸底调查处置工作，对全市闲置、低效用地进行全面排查摸底，建立土地台账，并绘制出可利用存量土地的详细平面图，灵活运用多种方式，分别加以处置。对供而未用的土地，分别进行督查会办，责令限期整改。对整改难以到位的，重新组织招商，鼓励和引导企业通过“腾笼换鸟”的项目置换方式，将存量变增量，全程服务办理依法转让。对关停并转的工矿企业用地，市政府进行收购储备，根据用地计划、产业发展方向和招商重点，制订盘活方案，重新确定土地用途，以招、拍、挂出让方式适时推出。2009年，全市共盘活挖潜存量土地350公顷，是省下达目标的116%。加强土地市场调控。严格控制土地一级市场，将土地供应纳入市场轨道，不断扩大城镇建设用地有偿出让和使用的范围，使土地收益成为城市建设的重要资金来源。2009年，全市国有建设用地供应总量为880.17公顷，出让土地495.63公顷，土地出让成交价款17.93亿元。其中，市本级共供应土地101.9公顷，出让土地89.36公顷，合同价款8亿元，为历年最高水平。扎实开展土地收储工作。依法对条件成熟的储备地块进行拆迁和开发，将“生地”变为“熟地”。2009年，市本级共完成土地收储2400亩，对土地综合效益的提高和城乡建设的合理布局起到了积极作用。四是持续推进工业集聚区建设。按照统一规划、分期实施、稳步发展的原则，采取统筹土地和城市规划衔接、加强招商开发、实行用地储备的办法，强力推进工业聚集区建设。截至2009年底，经过省政府审核批准，全市共有工业集聚区12个，规划面积10856.4617公顷，已建成面积1947.7864公顷。五是大力推行标准厂房建设，特别是多层标准厂房的建设。对适合使用标准厂房的项目，一律不再单独供地，对现有企业利用老厂区进行技术改造和厂房加层增加建筑面积的实行政策优惠。截至2009年底，全市共在12个工业集聚区建成标准厂房77万平方米，入住企业200多家，节约建设用地约6000余亩。

【耕地保护】2009年，驻马店市政府下达了县、区政府耕地保护考核指标，明确了县、区政府对本行政辖区内耕地保有量和基本农田保护面积负总责，县、区长是第一责任人，并与县、区政府签订责任书，落实管护措施。各县、区政府根据市政府下达的耕地保护面积，把耕地保护指标逐级分解到乡（镇）、村、组和农户，并落实到地块，形成了市、县区、乡镇、村组、农户五级监管网络。全市共签订耕地保护责任书127.1854万份，聘请基本农田保护监管员2800多人，开展了基本农田保护清查，修订完善基本农田保护制度，设立的基本农田保护地块全部上图、上表。根据第二次全国土地调查结果显示，全市现有耕地面积约为95.20万公顷，高于省定88.63万公顷的耕地保有量指标6个百分点，基本农田面积稳定在75.72万公顷以上，做到了面积不减少、用途不改变、质量不降低。持续推进耕地占补平衡项目的实施。2009年，全市共批准耕地占补平衡入库项目255个，项目规模9259公顷，批准招标项目149个，规模6053公顷，投资约3.6亿元，已验收的项目57个，面积1232公顷。进一步加强基本农田占用补划管理，对建设项目占用基本农田的全部实行先补后占，并严格按规划设计标准验收，确保补充耕地质量。2009年，全市共经批准占用耕地1065.4097公顷，共完成补充耕地1065.5556公顷，连续11年实现了耕地占补平衡有余。加大土地开发整理力度。2006年以前下达的2个国家投资土地开发整理项目全部竣工并通过验收；2007年批准实施的9个国家投资土地整理项目基本全部竣工，已经市级验收3个，其余6个正在进行验收。利用2007年度新增费批准的5个土地整理开发项目已顺利实施。

【建设用地管理】2009年，该局认真落实省政府“扩内需、保增长”各项政策，按照“有限指标保重点，一般项目靠挖潜”的总体要求，保障重点项目建设用地。一是对重点建设项目提前介入，主动做好服务。在项目可行性研究阶段，提供政策咨询服务，协同相关部门做好项目入驻选址和用地预审。同时，积极协调上级部门将项目纳入用地计划，为项目配备用地指标。2009年，全市共向省政府上报建设用地1365.41公顷，是近年来用地最多的年份。二是开辟“绿色通道”，加快用地报批。对重点建设项目实行专人跟踪办理，坚持急事急办，特事特办，快速转报。2009年，全市共受理上报建设用地42个报件，其中，批次用地36个，单选址项目6个，报批数量和速度均为历年最高。三是对一般性项目和乡镇经济社会发展项目用地通过城乡建设用地增减挂钩解决用地问题。在没有建设用地指标的情况下，通过将原有的建设用地（如空心村、砖瓦窑等）复垦为耕地，从而置换建设用地指标，满足城乡建设用地需求。2009年，全市通过6个县的城乡建设用地增减挂钩，解决建新区用地165.36公顷。

【土地利用总体规划修编】全市着眼于区域土地资源条件和经济社会发展要求，重点做好土地空间布局规划，做到土地利用总体规划、城镇体系规划、村镇规划、产业规划以及重大基础设施建设规划相互衔接，着重把握好空间布局、用地规模和建设时序的关系。同时，严格执行土地利用年度计划，分清轻重缓急，统筹安排使用。2009年，全市规划修编工作已基本完成，市、县级规划已经省政府审批，乡镇规划修编已完成复审。通过规划修编，实现了将中心城区框架规模由原来的58平方公里扩展到目前的150平方公里的目标，土地规划修编工作实现了历史性突破。

【第二次全国土地调查】按照第二次全国土地调查工作的要求，采取内外业相结合的方式，利用基本农田划定资料、土地利用现状、遥感影像等相关资料和图件进行空间叠加与分析，顺利完成了阶段性工作。2009年，各县（区）数据库复核成果经省级检查后已全部上报国家；市本级相关数据录入全部结束，正在进行核查；各县（区）利用第二次土地调查形成的土地利用现状图件开展了基本农田调查上图工作，数据库已上报国家。同时，全市城镇地籍更新调查也已通过省级验收。

【黏土砖瓦窑整治】2009年，持续推进黏土砖瓦窑厂的整治、拆除工作，在巩固和扩大整治成果的基础上，进一步落实部门职责，严格责任追究，严厉打击违法、违规生产黏土砖行为，有效遏制了黏土砖瓦窑厂反弹势头。全市共拆除新建、复建黏土砖瓦窑厂53座，复垦土地总面积3.28万亩，占应复垦面积的85%。

【执法监察】建立了“防范在前、发现及时、制止有效、查处到位”的执法监察机制，健全了市、县（区）、乡（镇）、村四级动态巡查网络，前移执法关口，抓好动态巡查，聘请了村级国土资源协管员2800多名，把各类违法行为消灭在基层、处理在萌芽状态。进一步加大对土地违法案件的查处力度，2009年，驻马店全市共立案查处国土资源违法案件117起，涉及土地面积21.38公顷（其中，耕地18.84公顷），拆除违法建筑物7.23万平方米，收回土地97．5亩，收缴罚没款146.31万元，所有案件全部结案，结案率100%。深入开展第二次卫片执法检查工作，根据国土资源部应用遥感技术开展对新增建设用地变化情况进行检查的总体部署，驻马店市政府及时成立了由市长任组长、分管副市长任副组长，纪检监察、国土、人事、发改、规划、公检法等相关部门主要领导为成员的土地卫片执法检查工作领导小组，制订了工作方案，特别是强化了工作责任，明确了县（区）政府是组织实施土地卫片执法检查工作的主体，县（区）政府主要领导对辖区内土地管理和违法案件查处工作负总责，并把检查工作细化到了每一宗土地、每一卷材料，切实做到了核查全面、准确、真实，确保按时、高效地完成了执法检查工作。2008年度，卫片执法检查仅履盖市中心城区（包括驿城区、经济开发区、市工业集聚区），从监测的图斑看，共涉及新增建设用地109宗，面积302.72公顷（其中，耕地229.48公顷），违法用地67宗，面积51.85公顷（其中，耕地19.95公顷），违法用地占用耕地比率为8.7%，低于省定13%的限制目标，卫片执法检查顺利通过国土部和济南督查局的评估验收。

【信访工作】着力解决国土资源信访问题，突出抓好接访和办理工作，把矛盾和问题妥善解决在萌芽状态，维护了社会稳定大局。2009年，全市共接待涉土群众来访143起、288人（次）（集体信访22起、111人（次）），受理信访件30起，信访总量较2008年明显下降，并全部按规定办结完毕；处理上级交办的涉土信访案件9 起，全部办结，办结率达100%。

【国土资源所建设】全市按照省国土资源厅关于基层国土资源所规范化建设的“六有”标准，加大资金投入，采取县（区）国土局投入一点、同级财政拨付一点、所在乡（镇）支持一点、市国土资源局政策扶持补一点的“四个一点”的筹资办法，共投资2000多万元，用于基层国土所的软硬件建设。进一步明确基层所十项职责，建立健全管理制度，加强绩效考核，严明奖惩，有力推动了全市基层所规范化建设。2009年，全市180个基层所达到规范化建设标准的有156个，占86.7%，高于省国土资源厅既定的年度60%的达标任务。

【特色工作】一是深入开展企业服务年活动。为适应新时期新任务对国土资源管理工作提出的新要求，积极为基层和企业排忧解难，2009年，该局在全市范围内开展了“大调研、解难题 、促服务”活动。成立了8个调研组，利用10天时间，分赴8个市直相关单位、30个重点企业、12个县（区）、42个乡（镇）开展调研活动。调研组先后同500多名党政机关领导干部、企业法人、服务对象、基层代表、社会群众进行了走访座谈，收集并梳理出意见建议共8个类别、36条，形成调研报告10份。该局还结合市政府交办的由16家市直重点企业提出的24项涉土问题，一并研究、制定了具体的落实措施，将这些问题进行了分解，明确了责任领导、责任单位、协办单位和完成时限，形成了国土资源管理部门“扩内需、保增长、保民生、保稳定”的责任目标管理新举措。通过活动的开展，建立了服务重点企业绿色通道，简化了报批和办事流程，办证程序由15项缩减为6项，梳理出的36条问题全部得到解决，尤其是市政府交办的由蓝天集团、中集华骏、平煤蓝天等16家市直重点企业提出的24项问题得到较快解决。二是决战四季度，狠抓责任目标的落实。为全面完成年度责任目标任务，该局在前三季度工作的基础上，制定了《决战四季度全面完成年度目标任务的实施意见》。各单位认真对照2009年责任目标，进行全面盘点梳理，对漏项弱项工作建立工作台账，落实工作责任，明确工作时限，实行工作销号制。采取催办督查、专项督查、实地督查等方式进行跟踪问效。尤其是对一些重点工作，倒排工期，实行分管领导包案和周汇报、周通报制度，确保各项工作快速推进，圆满完成了省厅下达的23项责任目标和其他重要工作任务，被河南省国土资源厅表彰为2009年度完成责任目标优秀单位，获得1000亩的土地利用年度计划指标奖励。

【矿产资源】截至2009年底，全市已发现各类矿产资源50多种，主要以非金属矿产为主，占矿产总数的80%，此外还有部分金、铁、铜、铝、锌等矿种。目前，驻马店市已探明储量的矿产有20多种，其中，有经济发展价值的矿种包括：石油探明储量的2146万吨，居全省第三位；化工灰岩1.75亿吨，占全省储量的79%；溶剂灰岩1.85亿吨，占全省储量的36%；水泥灰岩1.2亿吨，含钾岩石1819万吨，远景储备量16.87亿吨；煤炭储量10.5亿吨，其中，1000米以浅的有吴桂桥煤矿1.1亿吨、王楼煤矿2.8亿吨、王岗煤矿6086万吨、安里煤矿1252万吨，共计4.6亿吨；金红石矿普查探明氧化钛资源量333+3341级73.82万吨，矿带远景3341级401.04万吨，为大型金红石矿床；白云岩矿地质资源量2亿吨；还有部分玄武岩、小型铁矿等，潜在经济价值约在2000亿元以上。现已开发利用的矿产有30余种，矿业开发已经成为全市国民经济发展的一个新的增长点。

【矿产资源管理】2009年，全市继续深化矿产资源整合工作，压缩矿山数量，优化矿业布局，调整矿业结构，解决了历史上形成的矿山数量过多、矿山企业规模小、开发布局不够合理、大矿小开、回采率低等问题。进一步规范矿业权管理，严格执行矿山年审制度，建立并应用了采矿权审批网上远程申报审查、全国统一配号和在线监管系统，全市采矿权和探矿权持证率均达到100%，甲类矿山储量动态检测率达98%以上。健全和完善矿业权市场体系，全市新立采矿权一律实行招、拍、挂方式取得。2009年，全市共办理采矿许可证47个，其中，新立采矿许可证15个，收取采矿权价款和使用费共计53.24万元。加大矿山安全生产检查力度，彻底取缔无证采矿行为，对不具备安全生产条件，破坏环境、污染严重的矿山企业进行关闭，2009年，全市没有矿山安全生产事故发生。

【地质环境工作】加强地质灾害群测群防工作，市、县两级认真制订地质灾害防治应急预案。统筹安排地质灾害监测、预报、预警、治理和领导工作，9县、1区重点地灾隐患点落实了责任单位、责任人，建成了约500余人的地质灾害群测群防网络，12处重点防治区纳入了监测范围，全市保持地灾“零伤亡”，财产损失创历史新低。同时，全市《地质灾害防治规划》和《矿山地质环境恢复治理规划》编制完成，矿山地质环境恢复治理工作正在有序开展。

（李文友）

遂平县国土资源局

遂平县地理坐标为北纬32°59′～33°18′，东经113°37′～114°10′。位于河南省中南部，隶属驻马店市。全县总面积1062.7平方公里，总人口55.2万人，辖11个乡（镇）、2个风景区管委会、3个街道办事处、1个工业集聚区、205个行政村（居委会）。全县耕地为985586.7亩，人均耕地1.78亩。京广铁路、107国道、京珠高速公路、石武高速铁路纵贯全境，驻舞、驻周、七蚁路等省道穿境而过，城乡公路四通八达。属暖温带半湿润季风性气候，光照充足，四季分明，平均年降水量972毫米。盛产小麦、玉米、花生、芝麻、烟叶等农作物，素有“中原粮仓”之美称，是全国商品粮生产基地县、优质粮食生产基地县、肉牛生产基地县、铜山优质烟生产基地县、生猪调出大县，是河南省畜牧强县和全省畜牧业发展重点县。

张轩安　党组书记、局长
舒　华　党组副书记、副局长
晁纯祥　党组成员、副局长
董永军　党组成员、副局长
孙连国　党组成员、纪检组长
魏　娜　党组成员、副主任科员（女）
张新亮　党组成员、副主任科员

张轩安简介：男，汉族，1964年5月出生，河南省正阳县人，专科学历，中共党员，毕业于信阳农业学校。历任正阳县油坊店乡党委副书记、副乡长，西严店乡党委副书记、副乡长，汝南埠镇党委副书记、副镇长，正阳县招商办党支部副书记、副主任，正阳县王勿桥乡党委副书记、乡长，正阳县国土资源局党组副书记、副局长；2007年5月，任遂平县国土资源局党组书记、局长；2008年1月和4月，分别被驻马店市和河南省总工会授予“五一劳动奖章”荣誉称号。

【机构设置】遂平县国土资源局是主管全县国土资源管理的县政府工作部门。现内部设有办公室、规划审批股、地籍测绘股、地质矿产股、法规监察股、纪检监察室6个职能股（室），设国土资源监察大队、土地收购储备开发中心、土地整理中心、土地勘测评估所、城区国土资源所、土地市场服务中心6个局属单位，全县共设石寨铺、和兴、玉山、花庄、常庄、嵖岈山风景区、褚堂、凤鸣谷风景区、嵖岈山、车站、沈寨、文城、濯阳、阳丰、槐树15个基层国土资源所。

【土地资源】全县总面积1063.48平方公里，耕地面积1013328.15亩，基本农田面积843180.3亩，园地面积1082.4亩，林地面积74246.55亩，草地面积98029.5亩，城镇村及工矿用地面积196127.7亩，交通运输用地面积75166.65亩，水域及水利设施用地面积116104.2亩，其他土地面积21135.45亩（第二次土地调查未经验收确认数据）。

【土地利用】积极响应“扩内需、保增长”重大决策，扎实开展企业服务年活动，严格按照国土资源系统审批程序要求办理，采取一站式审批，批前做到提前介入，批中做到及时快捷，批后全程跟踪服务。年内共组织乡镇建设用地征收报件5批、城市建设用地征收报件3批、单选址项目用地报件5个，征收嵖岈山等乡镇农村集体土地3674.84亩。以上用地获批，可使50个国家、省、市、县重点项目及时合法用地（其中，第一、二批乡（镇）报件已获省政府批准）。年内共审批供应包括希望幼儿园、蓝天燃气调压站、1+1面业、江南房地产、鼎恒置业有限公司、百仕乐饮料有限公司、惠民置业、蓝天花园等用地项目27宗（大宗），供应土地面积849.66亩。其中，划拨供应包括濯阳计生所、金山小学、遂平中学、嵖岈山客运站等用地项目7宗、面积153.38亩；出让供应土地20宗、面积696.28亩，出让价款15659.08万元。

【耕地保护】以第二次全国土地调查为契机，进一步加强了耕地特别是基本农田保护工作。2009年，全县耕地保有量为1013328.15亩，基本农田保护面积为843180.3亩，达到上级新一轮（2020年）下达耕地保有量指标1003050亩，基本农田保护指标843150亩的目标以上。工作中，在县主要道路两侧设立基本农田保护标志牌43块、耕地保护宣传标志46个、大型县乡级耕地保护宣传标志牌3个，加强宣传，增强全民耕地保护意识。按照第二次土地调查有关要求，将全县基本农田划分12个保护区、2740个保护块，并逐块落实到第二次全国土地调查形成的新的土地利用现状图上，实现基本农田保护图件省、市、县三级备案和保护档案资料市、县、乡（镇）三级备案。成立以主管县长任组长的全县耕地保护工作领导小组，制定下发耕地保护考核办法，建立政府耕地保护责任制，把基本农田保护逐级分解到乡（镇）、村、组和农户，并层层签订责任书。2009年，全县共签订耕地（基本农田）保护责任书136897份，其中，乡级16份、村级197份、组级3582份、农户133102份。严格执行“占一补一”要求，年内批准建设占用耕地547.0695亩，补充耕地547.0695亩，实现了耕地先补后占、占补平衡。

【建设用地管理】严格执行豫国土资发〔2006〕86号和豫国土资发〔2008〕56号等关于用地定额标准文件精神，通过建设用地预审、供地审批等环节，严格核定各类用地定额标准。进一步加大存量建设用地盘活力度，规范操作企业改制划拨土地处置、出让土地改变用途等存量建设用地，年内共处置水泥厂、玻璃厂、线材厂等9宗存量建设用地，面积227.28亩，盘活的9宗存量建设用地全部以出让方式处置，出让价款9615.26万元。积极推行竞价出让国有土地使用权，按照国土资源部11号令及相关法律法规规定，对商业、旅游、娱乐和商品住宅等经营性用地、工业用地以及同一宗有两个以上意向用地者的国有土地使用权严格实行招标、拍卖、挂牌出让。年内共招标、拍卖、挂牌出让土地10宗，面积386.36亩，出让价款13394.84万元。

【土地整理】2009年，完成了国家投资和兴等2个乡的土地整理项目。该项目建设总规模29406亩、国家投资2995万元，于2008年10月11日开工建设，2009年11月10日竣工。完成土方量30.68万立方米；修建桥涵339座，农桥5座；排水闸2座，其中，维修1座；打机井257眼，配套水泵、柴油发电机组243台（套）；铺设地埋管道78.1千米，挖修排水沟70.8千米；完成水泥路、泥结石路等田间道路71.289千米；植树46300株等。

【土地利用总体规划修编】新一轮县级土地利用总体规划在全市第一个被省政府批准。该规划共调整6.2万亩基本农田，预留发展空间8.6万亩，在确保耕地和基本农田总量的同时，为县域经济社会发展留足了空间。乡级规划正在有条不紊地进行中，目前规划文本及图件已经原则通过市级初审。

【第二次全国土地调查】农村土地调查和数据库建设工作于2009年3月底全面完成，成果按照市、省和国家二调办反馈意见经过两次复核后已于8月10日再次上报国家二调办验收。完成了全县12个保护区、2740个保护块、843180.3亩基本农田的调查和上图工作。完成了28.69平方公里、1.8万余宗土地的城镇地籍更新调查。第二次全国土地调查统一时点更新调查、工业用地等用地利用状况的专项调查和年度变更调查工作也同步完成。

【执法监察】全面推行村级土地协管员聘任制度，全县共有行政村207个，聘任协管员215名，聘任率达100%，215名土地协管员全部正常开展工作。建立健全了《国土资源执法监察工作责任制制度》等一系列工作制度，并做到制度规范上墙、工作人员熟悉掌握、真正落实到具体工作中去。按照“预防为主、预防和查处相结合”的国土资源监察方针，在加大国情国策宣传、增强遵守法律、法规的自觉性的同时，全面推行动态巡查制度，做好土地违法行为的预防工作。年内，通过动态巡查有效预防违法案件数十起，保护耕地近百亩。充分发挥国土资源执法监察职能作用，加强与公安、法院等部门的横向联系，进一步加大土地执法力度。开展了为期一个月的集中查办土地矿产违法、违规案件突击月活动，有效打击了各类违法行为。年内立案查处国土资源违法案件28起，收缴罚款22.34万元，拆除违法建筑1762平方米，结案28起，结案率达100%。年内无重大违法、违规占用耕地案件发生，年度违法占用耕地面积为67.76亩，新增建设占用耕地总面积为849.17亩，违法占用耕地面积占新增建设占用耕地总面积的7.98%，违法占用耕地面积没有超过新增建设占用耕地总面积的13%，为全县的国土资源管理营造了良好的环境。

【信访工作】在信访工作方面，充分认识信访工作的重要性，切实将信访稳定工作摆上突出位置来抓，客观认识信访问题，具体情况、具体对待，以真正化解矛盾为最终目的。坚持实行属地管理和领导包案制度等，使信访工作规范化、制度化。进一步发挥基层国土资源所和土地协管员的作用，加大信访矛盾纠纷的排查力度。注重初访，热情接待，解惑释疑，尽最大可能把信访问题化解在接访过程中。对群众反映的信访问题做到区别情况、分类处理。对重点稳控对象采取有效措施进行稳控，坚决将不稳定因素稳定在基层。年内共接待群众来访246起、436人（次），办理信访案件185起。其中，市局转办25起，结案25起，结案率100%，年度受理信访事项办结件的群众满意率达85%。

【特色工作】开展了农村集体建设用地流转试点工作。进行了外出考察学习，报请遂平县政府印发了“流转”试行办法，开展了集体土地所有权发证工作和集体土地基准地价拟定工作，并选定风景区、花庄等乡（镇）为流转工作的试点乡（镇），督促其编制村镇规划，为流转工作创造条件。

【矿产资源】西部山区蕴藏着铁、花岗石、石英岩、磷、地热、大理石等矿产资源，现已探明和开发的矿产资源金属类矿产有铁，非金属类矿产有硅石、磷矿、沸石、页岩、花岗石、大理石、建筑用石料和建筑用砂等，水气矿产有地热水、矿泉水等。

【矿产资源管理】按照《驻马店市国土资源局关于进一步规范采矿权审批的通知》精神，全面实行公开、公平、规范有序的采矿权有偿出让制度，2009，年共为15家矿山企业办理了采矿权登记延续手续，通过招、拍、挂取得采矿许可证的8家，采矿持证率达到100%。积极为新型墙体材料企业提供服务，全县申报生产烧结类页岩和高掺量粉煤灰（煤矸石）新型墙材砖企业15家，已经省发改委批准11家，市发改委批复1家。以巩固已关闭拆除粘土砖瓦窑厂成果为抓手，加强动态巡查，严防私挖滥采和“死灰复燃”现象发生，全县无一“死灰复燃”现象发生，违法开采行为得到有效遏制。按照上级文件精神，制定下发了《遂平县国土资源局安全生产管理办法》和《遂平县国土资源局安全生产应急救援方案》等文件，认真开展矿山企业安全生产工作，全县无一起安全生产事故发生。

认真开展地质灾害防治工作，加强汛期地质灾害动态巡查，下发《地质灾害知识常识》300份，签订地质灾害明白卡24份，对泥石流隐患较大的隐患点安装了报警器，建立地质灾害速报制度，确保人民群众生命财产安全。编制了《遂平县地质灾害防治规划（2009—2020年）》（由县政府发布实施），为今后保护矿山地质环境、防治地质灾害奠定了基础，提供了依据。为落实矿山企业履行矿山地质环境保护与治理恢复义务，在大力宣传《矿山地质环境保护规定》（国土资源部44号令）和《河南省国土资源厅关于〈矿山地质环境保护规定〉的实施意见》（豫国土资发〔2009〕113号）的同时，编制了《遂平县矿山地质环境保护与治理规划（2009—2020年）》（由县政府发布实施）。严格落实矿山储量动态监测工作，全面完成了全县23家矿业权实地核查项目野外测量任务。开展了 “地质找矿改革发展大讨论”活动，征收矿产资源补偿费3万元，超额完成驻马店市国土资源局下达的目标任务。

【**地质矿产工作特色**】遂平县781铀矿矿山地质环境治理二期工程已经遂平县国土资源局自查通过，现正积极申请市局、省厅验收；三期工程已基本竣工。

（*郭满 武新威*）

西平县国土资源局

西平县地处河南省中南部，地理坐标为北纬33°10′～33°32′，东经113°36′～114°13′，隶属驻马店市，东邻上蔡县，西接舞钢市、舞阳县，南依遂平县，北接漯河市及郾城县。京广铁路、石武汉高速铁路、京港澳高速公路、107国道纵贯全境。县境东西长60公里，南北宽32公里，总面积1092.77平方公里，辖2个街道办事处、4个镇、13个乡和老王坡管委会，总人口84万人，是国家商品粮基地县、国家瘦肉型生猪基地县。

程汉生　党组书记、局长
闫　海　党组副书记
王灵芝　党组成员、副局长
卢桂英　党组成员、副局长（女）
杨　平　党组成员、副局长（女）
刘献军　党组成员、纪检组长

程汉生简介，男，汉族，1958年3月出生，山东省青州市人，中国共产党党员，本科学历。1970年8月参加工作，历任遂平县公路局党总支书记、副段长，遂平县国土资源局副局长。1995年4月，获驻马店地区首届“十佳”职工称号；2004年4月，荣获市“五一劳动奖章”。

【**机构设置**】西平县国土资源局是主管西平县国土资源、矿产资源和测绘管理的政府职能部门，全系统共有干部职工166人，下属13个股（室）、4个二级机构，辖19个国土资源所和1个国土资源监察大队。

【**土地资源**】2009年，全县土地总面积109979.53公顷，其中，耕地80442.24公顷，园地178.82公顷，林地3873.44公顷，草地216.81公顷，城镇村及工矿用地14722.16公顷，交通运输用地3573.10公顷，水域及水利设施用地6329.58顷，其他土地643.38公顷。本年度耕地净减867.6 亩，园地未变化，林地减少5.9亩，草地未变化，城镇村及工矿用地净增130.2亩，交通运输用地净增527.2亩，水域及水利设施用地净减503.2亩，其他土地净增225.5亩。西平县土地后备资源不足，可供开发耕地面积少，绝大部分为山区，现阶段无法利用，其余未利用地分布零散，可作耕地开发的后备资源已非常匮乏。

【**耕地保护**】一是进一步健全完善政府耕地保护责任目标考核办法，认真落实耕地保护责任制，把基本农田保护指标逐级分解到乡、村、村民组和农户，落实到地块，明确责任人，逐级抓落实。2009年提出的关于将耕地保护纳入乡镇年度目标考核的建议得到了西平县政府的采纳并实施，促使基层政府真正担负起保护耕地的责任。二是不断增加投入，做好基本农田保护标志维护及宣传内容更新工作。三是坚持实行耕地保护零报告制度，坚持开展以耕地保护责任制落实情况为核心的动态监测和动态巡查工作，做到耕地保护工作关口前移，有效防止破坏和滥占滥用耕地现象发生。四是加大土地开发整理和基本农田整治力度。建立健全了耕地占补平衡制度、缴纳耕地开垦费和新增建设用地有偿使用费制度、基本农田保护区管理制度、监督检查制度等制度，并严格执行基本农田“五不准”等上级关于耕地保护的各项政策，实现了耕地保护工作的制度化、规范化。重点开展了国家投资的西平县专探、二郎两个乡土地整理项目的实施工作，该项目区规模1679.29公顷，项目总投资2013万元，预计新增耕地91.83公顷。开展了项目区面积为2125.9公顷的焦庄乡基本农田示范区土地整理项目的前期规划申报工作和做好项目区面积2521公顷的师灵镇基本农田示范区土地整理项目申报工作。新阳高速计划补充项目，项目区总面积42.22公顷，项目总投资246.42万元。第1、第2、第3批占补平衡项目总规模共计383公顷，新增耕地面积337公顷，该项目总投资2710万元。五是加强农村集体建设用地管理，规范农村宅基地审批，严格控制农村集体建设用地规模，从严查处乱占农用地进行非农建设的违法、违规行为。全县耕地保有量保持在79226.50公顷以上，基本农田稳定在68598.10公顷以上，实现耕地占补平衡，基本农田保护率始终保持在86%以上。

【土地利用】严格落实节约集约用地制度，大力发展节地型产业，走新型城镇化、工业化道路，健全了各类建设用地控制指标，防止和消除各类项目多占多用土地现象发生。做好对现有存量建设用地的盘活利用。2009年，完成盘活建设用地69.1966公顷，其中，盘活批而未供57.2601公顷，盘活低效使用8.8869公顷，盘活空闲土地3.0479公顷，盘活率达100%，超额完成驻马店市国土资源局下达的目标任务。在建设用地利用管理中，严格执行用地定额标准，切实执行相关法律法规，对不符合划拨用地的，全部实行有偿供地，对经营性用地实行招、拍、挂方式出让，全年供地55宗，供地面积973676平方米，收取土地出让金1.958亿元。其中，招、拍、挂出让土地38宗，占年度供地总面积的95%。协议出让土地16宗；划拨供地1宗。标准厂房建设和使用得到推广，走出一条节约集约用地之路。全县规划建立1个产业集聚区，建成标准厂房56幢，完成建筑面积65000平方米，引进项目96个，总投资29亿元，有力推动了全县工业项目建设和经济社会的健康快速发展。紧紧抓住土地收储为城市建设服务这条主线不放手，下大力气解决各种遗留问题，全年收储土地10宗，面积606.1595亩，申请县政府拨付专项资金1531万元。并积极协助县政府开展了旧城拆迁改造等项目用地调查统计工作。

【用地保障】 统筹安排，确保国家、省、市、县重点项目依法用地、报批及时。2009年，上报省政府批准建设用地5个批次和京港澳调整改扩建单选址项目，涉及土地154.3177公顷，在规定的审查时间内一次通过率100%。已批准的建设用地报件，全县共接到省政府批复建设用地3个批次，已全部及时领文、备案。积极主动配合市局组织上报京港澳调整改扩建单选址项目，及时有效保障了中央扩内需项目用地。按照市、县企业服务年活动要求，对市、县重点项目主动介入、主动服务，及时了解项目用地需求，圆满完成市、县企业服务年活动办批转的需重点解决的问题，多次受到用地单位负责人的称赞。认真贯彻落实国家、省征地补偿安置政策，严格按照“两公告一登记”制度执行，根据被征地群众意见，举行听证会，切实保护被征地群众利益。征地补偿费落实由县政府进行监督，法定期限内全额支付到位率100%。

【地籍工作】完成数据库建设并上报国家二调办审查，完成了市内接边、市外数据库接边工作。城镇土地调查权属调查和地籍测量工作全部完成，数据库建设正同步进行，按时完成第二次全国土地调查专项调查工作。第二次全国土地调查工作统一时点更新工作积极开展，根据国家、省、市要求，2009年度的土地变更工作并入第二次全国土地调查统一时点更新工作中，直接从更新库中提取2009年度变更内容，与统一时点更新工作同步完成。农村调查完成基本农田上图入库67189.70公顷，城镇权属调查约33600宗全部完成。同时，根据《关于开展2009年度城镇土地利用现状与潜力调查试点工作的通知》（豫国土资办〔2009〕69号），对出山镇小韩庄全村各类土地利用状况进行全面调查，为提高土地利用率，搞好村庄综合整治提供科学服务。

【规划修编】针对第二轮土地利用规划修编工作时间紧、任务重、技术性强，影响深远，事关全县未来十多年经济发展的特点，在广泛征求意见的基础上十分慎重地开展此项工作。2009年底，县级规划修编成果已上报省政府批复，乡级规划修编成果已经市专家初审。年度土地利用计划顺利完成。

【政风行风建设】每月采取组织全局干部观看电教警示片，开全体党员会、民主生活会等不同形式，开展廉洁从政教育，做到警钟长鸣。对党建、机关建设等重大问题，坚持民主集中制原则。严格执行领导干部廉洁自律各项规定，全局无违法、违纪行为发生。加强对干部职工的依法行政培训管理，在工作中坚持亮证执法，文明执法，没有发生粗暴执法现象。加大政风行风督查力度，把开展政风行风建设工作列入重要议事日程，严格落实责任，强化监督检查，制度建设进一步完善，监督机制进一步强化。在2009年度的政风行风评议活动中，评议结果排序由2008年的第34名提升到了第5名。

【执法监察】按照省厅开展卫片执法检查的通知，在县政府的支持下开展了卫片执法检查工作，制订工作方案并组织实施。对卫片执法检查的27个变化图斑涉及的320.92亩土地进行实地测量，根据卫片执法检查情况对发现的57宗违法占地进行了集中整治。动态巡查责任制得到落实，在动态巡查中，通过排查清理出违法占用耕地、基本农田建房、搞非农业建设等共计46宗，当场制止39宗，挽回经济损失300多万元。对其中12宗土地违法、违规案件案件下达行政处罚告知书和处罚决定书，对处罚决定已到期限而当事人未履行的案件全部移送法院强制执行。根据当前土地违法的严峻形势和国家利用卫片执法检查的特点，及时向县委、县政府提出建议，将耕地保护国策纳入乡（镇）政府年度责任目标考核办法，促使基层政府真正担负起保护耕地的责任。2009年，无重大违法、违规占用耕地案件，年度违法占用耕地不超过新增建设占用耕地总面积的13%。为坚决遏制非法新建、复建粘土砖瓦窑和非法制造砖坯等违法、违规行为的出现，全年共组织500人（次），3次拆窑行动，共拆除粘土砖窑13座，移交公安机关3人。

【信访工作】结合开展的“信访积案化解年”活动，排查矛盾纠纷，采取有效措施预防进京、赴省等上访事件，土地信访案件2009年大幅减少。开通国土资源信访热线“12336”，及时受理群众信访。全年共接待群众来信来访85起，其中，市局转办案件18宗，全部按要求查处办结，无重访事件发生，结案率100%。依法行政工作得到进一步规范和提高，17宗行政复议案件也全部办结，复议案件维持率在98%以上。

【特色工作】实行了“三位一体”工作法。一是绩效考核抓管理。率先在全市国土资源系统实行绩效考核。该制度参照人事、劳资、财政等部门提供的数据将县财政局核拨给职工工资专户的个人工资按单位逐人分解为基础工资、任务工资、质量工资和参加集体活动工资4个部分，逐月考核，逐月兑现。考核主要依据县委、县政府和市局与西平县国土资源局签订的年度主要责任目标以及其他与国土资源相关的责任事项；局行政指令性通知单确定的工作事项等。该制度在《资源导刊》（2009第9期）刊发；2009年9月10日，在《驻马店日报》头版刊登；经市局领导推介作为典型创新管理办法在全市国土系统推广。通过绩效考核制度，全体干部职工思想观念发生了根本性转变，工作作风进一步加强，服务意识全面提高。二是“十比十看”树形象。“十比十看”即比学习、看宣传；比纪律、看作风；比廉洁、看效果；比业务、看技能；比服务、看效率；比首问、看工作；比贡献、看业绩；比节约、看管理；比集体、看个人；比卫生、看环境。该活动以绩效考核为平台，由局纪检监察室具体操作。在实施过程中，依照评比的内容和标准，对有关工作进行月赛季评，逐月发布通报、简报、表扬、批评等，强化对工作事项的督查、督办力度。三是行政指令创业绩。在局班子成员和中层干部中，严格实行周工作计划和行政指令性工作制度，即各位班子成员每周五根据各自分工在周工作计划单上写明上周结转工作事项及本周工作计划，然后由局长审阅后提出工作质量、相关要求等，对其中重大事项，遵循“急事急办、特事特批特办”的原则，在行政指令性工作安排通知单上载明，由纪检监察室转发相关责任人，并由局长存查，纪检监察室负责督查督办、汇总、通报，以便年终兑现奖惩。

【矿产资源】西平县矿产资源丰富，现已探明的矿产类资源有铁矿、耐火石、方解石、硅石、瓷石、石墨、麦饭石、含钾岩石、墨色花岗岩、玉石、大理石、玛瑙、粘土和盐矿等，有极高的开采价值。

【矿政管理】加强对矿山企业的巡查，确保企业能安全生产，相继开展了第二轮矿产资源规划修编工作、矿业权实地核查工作，整顿和规范矿产秩序成效明显，完成矿产资源开展利用统计年报任务。全年共发放矿产资源采矿产权证12宗，矿产勘查持证率10%，采矿持证率100%，规范了矿产资源管理秩序。按时完成了矿产资源储量统计工作，并按时足额征收矿产资源补偿费，辖区内矿产资源利用现状调查工作稳步进行。

【地质灾害防治】全县地质灾害类型C级，危险程度一般。起草制定了《地质灾害防治方案》等文件，并多次和县安监局配合到出山矿区实地检查汛期各种安全隐患。

（刘富学）

上蔡县国土资源局

上蔡县位于河南省东南部，驻马店市偏东北部。东临项城，西连西平、遂平，南与汝南、平舆接壤，北和商水，郾城毗邻。东西长60公里，南北宽35公里，总面积1516.6平方公里。京珠高速公路穿境而过，开龚、商桐吴黄、上项、西上省级公路纵贯全境。境内有汝河、洪河、黑河、杨岗河4条河流，均由西、西北向东南注入淮河。全县辖24个乡（镇），528个行政村，1568个自然村，18个民族，总人口139万人，是一个平原农业大县。县内被列为省级重点文物单位的有光武台、航寨、十里铺、商岳4处古文化遗址及蔡侯墓、李斯墓。

胡建乡　党组书记、局长
韩俊峰　党组副书记、副局长
程玉嫦　党组成员、副局长（女）
王合新　党组成员、副局长
黄宣伟　党组成员、纪检组长
侯建华　党组成员、副主任科员

胡建乡简介：男，汉族，1960年11月出生，中共党员，本科学历，高级政工师。1977年9月参加工作，历任上蔡县团县委组织部长、副书记，上蔡县大路李乡党委副书记、乡长、政协委员，上蔡县委咨询服务科科长，上蔡县农机局党组副书记、副局长；2007年至今，任上蔡县国土资源局党组书记、局长。

【机构设置】上蔡县国土资源局全系统共有干部职工278人，内设办公室、督查室、财务室、地籍股、法制信访室、用地耕保股、利用股、规划股和矿产股9个股（室），下设土地监察大队、土地储备中心、地价评估事务所、土地复垦中心、征地事务所、土地规划管理所6个二级机构，辖杨集、朱里、黄埠、洙湖、华陂、党店、五龙、蔡沟、塔桥、韩寨、齐海、小岳寺、百尺、大路李、无量寺、和店、杨屯、邵店、芦岗、崇礼、东岸、西洪、东洪23个国土资源所。

【土地资源】2009年，全县土地总面积为151422.68公顷。其中，农用地面积125444.27公顷，约占土地总面积的82.84%；建设用地23324.09公顷，约占土地总面积的15.40%，其他用地2654.32公顷，约占土地总面积的1.76%。农用地中，耕地111565.76公顷，约占土地总面积的73.68%；园地63.61公顷，约占土地总面积的0.04%；林地3869.98公顷，约占土地总面积的2.56%；其他农用地9944.61公顷，约占土地总面积的6.57%。建设用地中，城乡建设用地22450.93公顷，约占土地总面积的14.83%；交通水利用地846.86公顷，约占土地总面积的0.56%；其他用地中，水域1182.15公顷，滩涂沼泽1472.17公顷。

【耕地保护】一是加大耕地保护特别是基本农田保护的宣传力度。对上项路、上和路、商桐路、上华路、上百路等县主要道路增设基本农田保护标志牌，其中，乡级保护牌16块、村级保护牌90块，共计106块。二是完善耕地保护责任目标相关材料，准备充分，通过了省、市验收。三是补划基本农田。针对土地违法违规专项清查活动中查处的违法占地，补办用地手续1.5104公顷，确保了全县辖区内基本农田面积不减少、质量不降低。

【土地利用】一是规范运作，做好经营性用地的上市交易。严格土地出让合同管理，规范了划拨土地使用权入市管理问题。2009年，共上报政府批复36宗地，其中，协议出让18宗，面积95727.954平方米；招、拍、挂18宗，面积430416.13平方米。二是认真执行企业改制土地资产处置政策，服务企业改革，促进经济多元化发展。三是强化土地市场管理。继续落实经营性用地100%招拍挂公开出让制度，及时发布土地招、拍、挂出让信息和协议出让结果，全面落实了土地市场信息的公开白露制度和月报制度。运行了土地市场动态监测与监管系统，为宏观调控和土地利用管理提供信息和基础数据。四是落实省厅《建设项目用地控制指标执行情况考核管理办法》（豫国土资发〔2005〕146号）和《关于规范国有建设用地供应和管理工作的意见》（豫国土资发〔2005〕182号），按照“保障发展，节约用地”的要求，进一步完善土地供应条件、方式和各类用地标准，提高供应效率。

【建设用地管理】一是对2008年上报的4批乡

镇建设用地积极催件，并按照省厅要求及时补正相关材料。2009年，这4个批次均已经省政府批准征收，批准征收面积83.4625公顷（1251.94亩）。二是对“土地执法百日行动”5个批次的材料进行补办手续补正工作，2009年均获省政府批准征收，批准征收面积133.6449公顷（2004.672亩）。三是2009年第一批乡镇征收已经省政府批准征收，批准征收面积29.9530公顷（449.30亩）。四是2009年第一批乡镇建设农用地转用已报市政府，拟转用农用地面积5.1270公顷（76.905亩）。五是完成了百尺乡粮油加工厂、朱里镇辣椒加工厂、韩寨乡农贸市场、环保局污水自动监测站、芦岗乡黄尼庄公共墓地、工商质检中心等项目共计306.2705公顷（4594.06亩）土地的前期现场勘测工作。

【农村宅基地管理】针对遗留的农民宅基地报批问题，及时补正材料，报县政府审批。2009年，报县政府审批东洪乡农宅154宗，占地37.83亩。

【测绘市场管理】严格按照2009年驻马店市测绘工作要求，坚持贯彻“技术求新、测绘求精、服务周到、与时俱进”的质量方针，坚持“公正、诚信、专业、快捷”的服务理念。全年累计完成土地勘测定界140宗，共8924.98亩。全年出图2133张。

【土地执法监察】2009年，紧紧围绕“预防为主，预防和查处相结合”的国土资源执法监察工作思路，标本兼治，采取各种有效措施，坚持依法查处各类土地、矿产违法案件。全年共发现国土资源违法案件64宗，占地面积84.5亩，立案查处64宗，结案62宗，结案率98%。维护了法律的尊严和国土资源管理部门的权威，促进和保障了全县社会经济的协调、可持续发展。

【信访工作】妥善解决国土资源信访问题。按照《信访条例》的要求，以“事要解决”、“案结事了”为重点，认真解决群众反映的问题，努力控制越级上访，积极化解集体上访，有效减少重复上访。对来访群众均给予及时答复、解决或转办，做到件件有答复、事事有回应，解决不了的及时上报县人民政府信访办和上级业务主管部门，把矛盾控制或消除在萌芽状态。

（陈四龙）

汝南县国土资源局

汝南县地处河南省东南部，驻马店市域中部，地理坐标为东经114°04′～114°35′、北纬32°29′～33°11′。地面海拔为40～70米。东与平舆县接壤，南与正阳县交界，西与驻马店市驿城区、确山县、遂平县毗邻，北连上蔡县。全县土地总面积1502平方公里，辖老君庙、和孝、梁祝、王岗、留盆、金铺6个镇，张楼、罗店、韩庄、官庄、常兴、南余店、三桥、板店8个乡，汝宁、三门闸、古塔3个街道办事处，277个村民委员会，4个居民委员会，总人口78.54万人。旅游景点有全国最大的平原人工水库宿鸭湖水库、亚洲最大的寺院南海禅寺等；还是世界著名的爱情传奇梁祝故事的发祥地梁祝故里，被中国民间文艺家协会命名为“中国梁祝之乡”。

杨　利　　党组书记、局长
李　华　　党组成员、副局长
李进军　　党组成员、副局长
任　燕　　党组成员副、局长（女）
杨景华　　党组成员、纪检组长
徐新春　　党组成员

杨利简介：男，汉族，1965年出生，中共党员，本科学历。历任汝南县公路段段长，汝南县老君庙镇镇长，汝南县留盆镇镇长，现任汝南县国土资源局党组书记、局长。

【机构设置】汝南县国土资源局是主管全县土地资源、矿产资源和测绘管理等自然资源的规划、管理、保护与合理利用的县政府工作部门。局机关设办公室、土地利用与耕地保护股、土地规划与地籍管理股、矿产资源管理股、法规监察股、人事股6个股（室），下设局二级机构4个，分别是土地监察大队，编制10人，实有人员117人；土地整理中心，编制2人，实有人员8人；土地储备中心，编制2人，实有人员6人；土地市场服务中心，编制8人，实有人员10人。

【土地资源】截至2009年，土地总面积150226.20公顷。农用地109904.33公顷，其中，耕地面积95930.0公顷（基本农田面积81968.0公顷），园地362.0公顷，林地751.0公顷，其他农用地12861.3公顷。建设用地30110.0公顷，其中，城镇工矿用地2750.0公顷，农村居民点用地

15253.0公顷，交通水利及其他建设用地12107.0公顷。未利用地10211.90公顷，其中，滩涂沼泽6529.7公顷，河流水面2398.1公顷，荒草地344.2公顷，其他未利用地939.9公顷。

【耕地保护】为了确保全县81249.83公顷基本农田面积和96628.1公顷耕地面积不减少。一是重点加强了对新增建设用地的预审，严把占用耕地关；二是进一步完善落实耕地保护目标责任制，层层签订耕地保护责任书，对形成的图、表、册进行了归档整理，整理卷宗20余卷；三是加强土地执法巡查，严厉打击违法行为。全面落实国土资源动态巡查责任制，充分发挥基层国土资源所的作用，明确基层国土资源所职责，加强动态巡查，把违法占地制止在萌芽状态。从第二次土地调查初步汇总数字看，汝南县耕地面积为1522847.1亩，与2008年汝南县上报的变更调查年末耕地1442191.6亩相比，净增加80655.5亩。

【土地利用】重点围绕“两保一高”和扩内需、保增长，要求大力构建保障科学发展新机制。一是积极参与重点项目征地工作，完成了工业二路、环城路等全县重点建设项目用地的土地征收任务。二是积极做好建设项目用地的审查报批工作。全年完成了1个城乡挂钩项目征收批次以及3个批次的农用地转用报件上报工作， 3个乡镇批次农转用项目征收土地67.0837公顷，1个城乡挂钩项目征收土地13.5236公顷。三是严格按照国土资源部第39号令和第21号令等有关规定进行审批，强化了土地供应。2009年，共为27宗国有建设用地办理了供地手续，总面积15.2461公顷（228.6915亩），共收取土地出让金3881.4059万元。其中，以招、拍、挂出让方式供地9宗、10.3468公顷（155.202亩），收取土地出让金3482.2万元；协议出让17宗4.8255公顷（72.3825亩），收取土地出让金399.2059万元；划拨供地1宗0.0738公顷(1.107亩)。四是加强土地市场管理。2009年，共受理国有土地使用权转让12宗，转让面积0.5407公顷，转让金额277.7万元；国有土地使用权抵押20宗，抵押面积12.6754公顷，抵押贷款金额1886.4万元。

【建设用地管理】一是进一步强化土地利用总体规划的管理。全县国土资源系统严格按照土地利用总体规划审查报批建设用地，2009年，共报批城市及乡镇年批次共3批，做到了不符合土地利用总体规划的建设用地，一律不予审批。二是进一步加大多层标准厂房建设使用力度，不断提高工业园区建设水准，促进土地的节约集约利用，全县工业集聚区已建标准厂房5栋，面积20000平方米。三是全力支持民生项目用地，优先保障经济适用房、廉租房、教育等公益事业用地，坚持以人为本，切实做好征地补偿安置工作。四是积极盘活存量建设用地。根据2009年初驻马店市国土资源局下达的目标任务，通过收回土地公开出让、限期开发等形式共盘活存量建设用地20公顷。五是逐步规范了农村宅基地的审批管理，共审理了31宗农村宅基地申报材料，并报县政府审批。2009年，办理集体土地所有权应登记发证277宗，集体土地使用权应登记发证197018宗，圆满完成市局年初下达的目标任务。六是完成了城镇土地级别与基准地价更新验收工作，县政府于2009年10月9日公开实施。

【三项整治】结合全县新农村建设，突出重点，强化机制，进一步加大“三项整治”力度。全年整治工矿废弃地和砖瓦窑厂及“空心村”治理规模3075多亩，新增耕地2400多亩。

【土地整理】一是国家级土地整理项目，主要分布在三桥、留盆两个乡（镇），属国家投资重点土地整理项目，建设规模1989.48公顷，总投资2916.6万元。该项目于2008年8月公开招投标，12月份开工。截至2009年年底，该工程项目已全部完成。二是新阳高速土地整理项目涉及韩庄乡、老君庙镇、王岗镇、南余店乡等7个乡（镇），计划补充耕地面积177.57公顷，计划总投资1260万元，计划建设期限3个月。该项目于2009年5月正式开工，2009年年底该项目全部完成并验收合格。

【第二次全国土地调查】国务院2006年部署第二次全国土地调查工作，2007年启动，2008年正式开展各项调查工作。具体任务是：①农村土地现状调查；②基本农田调查；③土地专项调查；④城镇地籍更新调查等；截至2009年底，全县农村土地调查已完成了土地调查地类一致性外业复核及数据库完善工作；城镇地籍调查，6个建制镇的外业工作全部结束，建库工作基本完成；基本农田上图成果已按时上报完成。

【土地利用总体规划修编】全县新一轮土地利用总体规划修编工作于2008年12月开始部署，2009年4月启动，主要任务是科学编制土地利用总体规划，制定土地利用总体规划目标和土地利用空间布局，规范城乡建设用地，加强土地调控，实行土地用途管制，是全县城镇建设用地、产业集聚区用地及新农村建设科学规划的关键，同时也是土地开发利用整治和保护的纲领性文件。本轮规划期限为2006～2020年，近期为2006～2010年，远期为2011～2020年。2009年，县级规划已报省政府批准，乡级规划已通过省、市专家组的初审和市政府批准，已报省政府备案。

【土地执法监察】国家采取了新的执法手段，用卫星遥感来监测各地违法用地，只要卫片显示不符合土地利用总体规划的用地，都是违法用地，都必须依法拆除，恢复耕地原状。因此，全县国土资源管理部门加大执法力度，严肃查处违法违规用地案件，切实履行保护耕地，坚决遏制乱圈乱占耕地和基本农田的严重行为。2009年，共查处违法占地90起，结案86起，结案率95%以上。

【信访工作】积极做好信访稳定工作，实行首访负责任和领导包案制，严格控制越级上访和集体上访，努力把问题解决在基层，解决在萌芽状态。特别是上级交办案件，做到件件有回音，全年共接待土地信访案件54件，接待来访群众210人，国土资源部交办案件1宗，省厅交办1宗，市局交办8宗，县交办11宗，均全部结案，结案率100%。

【矿产资源】现已探明的矿产资源主要有粘土、河砂、地下水、矿泉水、地热水等矿种，但分布散乱，相对贫匮。

【矿产资源管理】一是整顿矿产资源秩序，依法管理矿产资源。认真开展整顿和规范矿产资源开发秩序工作，突出重点，严肃惩处矿产资源违法行为，重点查处县域内无证开采砖瓦粘土、河砂、地热水、矿泉水等资源违法案件。二是进一步加强地质灾害防治工作，切实保护人民群众的生命财产安全。

（杜兵）

平舆县国土资源局

平舆县位于河南省南部，驻马店地区东部，县城距省会郑州280公里，距驻马店市60公里，属淮北平原，地理坐标为东径114°24′～114°56′、北纬32°44′～33°10′。南界正阳县，西与汝南县为邻，北界上蔡县和项城县，东界新蔡县和安徽省的临泉县。辖7个建制镇、3个街道办事处、9个乡，221行政村，土地总面积128512公顷。

王　华　党组书记、局长
陈富礼　党组副书记、副局长
闫　奔　党组成员、副局长、纪检组长
赵克勤　党组成员、副局长
吴宏运　党组成员、副局长

王华简介：男，汉族，1957年4月出生，平舆县万冢乡万寨村人，中共党员，大专学历。1975年8月参加工作，历任平舆县庙湾乡任团委书记、平舆县委组织部干事；2002年至今，任平舆县国土资源局党组书记、局长。

【机构设置】平舆县国土资源局是主管全县国土资源工作的县政府工作部门。局机关内设办公室、纪检监察室、法律法规监察股、信访股、地籍股、审批股6个股（室），设国土资源监察大队、土地储备中心、土地整理中心、土地堪测评估中心4个直属二级机构以及古槐、清河、东皇庙　西洋店、辛店、王岗、李屯、郭楼、万冢、阳城、射桥、十字路、玉皇庙、庙湾、高杨店、杨埠、东和店、双庙、万金店19个乡（镇）、街道办事处国土资源所。

【土地资源】县域总面积为128512公顷。农用地面积97438.09公顷，占土地总面积的75.82%。其中，耕地面积94060公顷，占土地总面积的73.19%；园地总面积为383.69公顷，占土地面积的0.20%；林地面积740.13公顷，占土地总面积的0.57%；牧草地面积12.87公顷，占土地总面积的0.01%；水面面积2241.40公顷，占土地总面积的1.74%；建设用地面积20223.00公顷，占土地总面积15.74%。未利用地面积为10189.66公顷，占土地总面积的7.93%。

【耕地保护】认真落实耕地保护责任制，提请县政府把耕地保护工作纳入年度目标考核主要内容，对耕地保护目标考核不达标的单位实行一票否决，县政府与各乡（镇）签订耕地保护责任书，各乡（镇）长作为本乡镇耕地保护的第一责任人，对辖区内的耕地保有量、基本农田保护面积负总责。同时，与各国土资源所也签订了耕地保护责任书，与全县11.33万元户农民签订了耕地保护合同，形成县、乡、村三级层层签订耕地保护责任书（合同）。建立基本农田保护标志40个，在新阳高速、大广高速等主要公路两侧建立大型基本农田保护宣传牌6个。据二次调查成果显示，全县耕地保有量为95248.57公顷，基本农田稳定在81000.00公顷。加大土地开发整理力度。通过实地踏勘土地整理项目立项18个，新增耕地352公顷；射桥镇国家级土地整理项目全部完工，新增耕地25.4公顷，正等待验收。

【建设用地管理】认真落实县委、县政府确定的经济平稳较快发展目标，对重点项目依法用地、及时报批。2009年，报审批征地报件一批，征地面积17.7628公顷，全部为工业区项目用地。补偿安置费足额及时到位，没有因征地补偿款发生信访事项，保障了建设项目的用地需求。盘活建设用地22宗，面积19.4928公顷。

【土地市场建设】2009年，共协议出让12宗，面积15.0452公顷，收取土地出让金1865.57万元；经营性用地招标、拍卖、挂牌出让22宗，面积19.9924公顷，收取土地出让金4965.47万元；工业用地招标、拍卖、挂牌出让1宗，面积3.2720公顷，收取土地出让金687.12万元。

【第二次全国土地调查】按照《国务院关于开展第二次全国土地调查的通知》和《河南省人民政府贯彻国务院关于开展第二次全国土地调查的意见》要求，认真组织开展土地调查工作，成立了全县土地调查领导小组，设立办公室。科学编制了《平舆县第二次土地调查实施方案》，收集整理了调查基础资料。截至2009年底，完成了县城和7个建制镇的土地调查工作，调查总面积1285.12平方公里。

【土地规划修编工作】按照规划修编工要求，结合全县的实际情况，进行认真的研究分析、科学论证，合理调整全县各项用地和基本农田的布局，开展《平舆县土地利用总体规划纲要》（2006～2020）编写的前期工作，土地利用总体规划修编成果已经省政府审批。完成了全县19个乡级土地利用规划修编工作，并上报市政府待批。规划修编中，按照市级下达至规划期末的各项约束性指标，即耕地保有量94060公顷，基本农田保护面积80600公顷，城乡建设用地规模20223公顷（其中，新增城镇工矿用地规模911公顷），平舆县国土资源局与技术协作单位配合，结合第二次土地调查成果，利用MapGIS软件系统对规划成果进行了核查。经图上量算数据与规划文本核对显示，全县规划基数分类面积数据与量算面积一致，中心城镇允许建设区、有条件建设区面积与量算面积一致，至规划期末耕地和基本农田保护面积分别为94060公顷和80600公顷，落实了市级下达的各项约束性指标，与市级规划相衔接，有力地保障了产业集聚区发展的用地需求。

【基准地价与更新工作】2009年，为保证基准地价能够及时反映土地市场地价水平变化情况，有力指导土地价格，平舆县成立了工作领导小组，研究制订了基准地价更新工作方案和技术方案，明确了工作任务、时间安排、工作程序以及成果要求，及时对基准地价进行了更新调整。

【执法监察】在国土资源执法监察方面，一是组织监察队人员定期巡查，坚决遏制非法新建、复建粘土砖瓦窑和非法制造砖坯等违法违规行为，坚决防止反弹，全县没有一座粘土砖瓦窑复建、复烧，没有一起非法制造砖坯等违法违规行为；二是建立了村级协管员制度，全县共聘任国土资源村级协管员214名，聘任率达100%，并全面开展工作；三是确保卫片执法监察整改到位，企业向园区集中，对批而未供等违法占地行为及时补办用地手续，使项目用地合法化；四是强化联合办案工作机制，严肃查处土地违法违规行为。会同公、检、法等部门研究制定了联合执法工作意见，进一步理顺了土地违法案件的查处、移送程序，提高联合办案效率。2009年，共查处违法用地61起，面积196亩，收取罚款40多万元。其中，拆除1起，申请法院执行3起，结案54起，案件办结率90%以上。年度无重大违法、违规占用耕地案件，违法占用耕地面积不超过新增建设占用耕地总面积的13%。

【信访工作】2009年，制定下发了《关于扎实做好近期国土资源信访稳定及安全保卫工作的实施意见》、《关于实行信访工作领导责任追究制的规定》等制度和规定。同时，继续实行来访登记制度、案件月报制度、案件会审制度、错案追究制度，确保将每起案件都处理到位。继续做好县长、书记大接访陪访工作，多次受到县委群工部领导的好评，获得县政府颁发的“全县群众信访工作先进单位”等荣誉称号。2009年，共接待受理群众来信（电）、来访28起、70人（次），5人以上集体访3起、20人（次）；市局交（转）办案件18起，已全部办结；县信访局交（转）办案件35起，全部办结。

【矿产资源管理】认真整顿和规范矿产资源开发秩序“回头看”工作，全县43座粘土砖瓦窑已全部拆除，并进行全面复垦，复垦土地1334亩。无粘土砖瓦窑厂反弹现象。

（郭永志）

新蔡县国土资源局

新蔡县位于河南省东南部，地处淮河流域，两省四市六县交界处。地理坐标为北纬32°35′～32°38′、东经114°38′～115°13′。东西长约44公里，南北宽约35公里，土地面积1441.75平方千米。大广、新阳高速公路及106国道、平长路、堂溪路纵横县境，西接京广铁路，东连京九铁路，北临漯阜铁路。下辖22个乡（镇），356个行政村，总面积1453平方公里，耕地148万亩，人口104.2万人。旅游景点有雕廊画栋、簧学成大殿、孔子周游列国时留下的子路问津处及金禅寺、金兀象等历史文化遗址。

梅希军　党组书记、局长

崔之富　党组成员、主任科员

张学堂　党组成员、主任科员

韩文献　党组成员、副局长

邹一雷　党组成员、副局长

朱　玉　党组成员、纪检组长

梅希军简介：汉族，河南省新蔡县人，本科学历，1985年1月参加工作，1992年5月加入中国共产党。1985年1月～1987年10月，在河南省第一测绘队工作；1987年10月，在新蔡县国土资源局工作，历任办公室主任、纪检组长、党组副书记、副局长等职务；2008年3月至今，任新蔡县国土资源局党组书记、局长。

【机构设置】新蔡县国土资源局是主管全县土地资源、矿产资源等自然资源的规划、管理、保护与合理利用以及测绘管理的县政府工作部门。全县国土资源系统共有干部职工181人；机关内设办公室、用地审批与耕地保护股、土地利用与地籍规划管理股、法规监察股；下属国土资源执法监察大队、土地收购储备中心2个二级机构；派出关津、宋岗、练村、河坞、陈店、余店、砖店、化庄、黄楼、李桥、龙口、古吕、孙召、栎城、顿岗、涧头、韩集、棠村、杨庄户、十里铺、弥陀寺、佛阁寺22个乡（镇）国土资源所。

【土地资源】县域土地总面积1442平方公里，其中，耕地101457.32公顷，园地50.95公顷，林地4474.28公顷，草地66.26公顷，城镇村及工矿用地22819.42公顷，交通运输用地4041.27公顷，水域及水利设施用地11181.10公顷，其他土地92.84公顷。

【土地利用】一是主动服务，保障建设用地需求。按照国家、省、市有关“扩内需、保增长”的有关要求，充分挖掘用地潜力，做好用地保障服务工作。2009年，全县共组织上报一批城市建设用地33.3529公顷、二批城市建设用地10.2188公顷、一批乡（镇）建设用地17.1309公顷、化新高速先行用地11.6406公顷、化新高速用地150.6129公顷，确保了重点项目、民生项目和招商引资项目的及时落地。二是组织开展城乡建设用地增减挂钩项目。2009年，全县上报的城乡建设用地增减挂钩项目获得省厅批准，解决建新区用地35.0447公顷。建新区项目正在实施中。

【耕地保护】一是落实耕地保护目标责任制。健全政府领导耕地保护目标责任制，落实基本农田保护措施，出台耕地保护目标责任办法，县、乡、村、组层层签订耕地保护目标责任书。聘请基本农田保护监管员361人，形成县、乡、村组、农户四级监管网络。确保全县辖区内耕地保有量保持在105408.99公顷以上，基本农田面积稳定在94693公顷以上。二是土地开发整理项目进展顺利。全县2007年下达的两个国家投资土地整理项目练村镇土地整理项目基本完工，已经市国土资源局初验，佛阁寺镇土地整理项目处于施工阶段。三是耕地占补平衡项目顺利实施。2009年，全县严格规范用地审批，建设项目补充耕地实行先补后占，上报的2009年度第一批城市建设用地共占用耕地26.6117公顷，补充耕地26.6117公顷，实现了耕地占补平衡。

【建设用地】一是搞活土地资产经营，实现土地收益的逐年增长。2009年，出让国有土地51宗，面积799303.11平方米，成交价款1.5349亿元。二是盘活存量土地，用地空间不断拓展。健全完善土地收购储备制度，积极采取有效措施盘活挖潜各类存量建设用地，盘活存量建设用地51.1公顷，超额完成市局下达的年度任务。三是工业集聚区和标准厂房建设力度加大，土地集约利用水平不断提高。积极推进工业集聚区和标准厂房建设力度，对各类企业，能够使用标准厂房的，一律进入工业集聚区，使用标准厂房，从而节约集约用地。2009年，已建成标准厂房面积18000平方米，新入驻企业9家。

【第二次全国土地调查】2009年，全县城区城镇地籍调查工作基本结束，已转入城镇土地调查数据库建设，砖店等8个建制镇的城镇地籍外业调查全面展开；农村土地调查外业如期完成，基本农田保护数据已完成上报工作，农村土地调查数据库成果也上报国家内业核查完毕。

【规划修编】一是县级、乡级新一轮规划修编工作取得阶段性成果。2009年，全县县级、乡级新一轮土地利用规划修编工作根据市规划大纲各项用地指标分解原则，结合全县实际，将各项指标分解到乡（镇）。县级规划修编于2009年8月份已经省政府批准。乡级规划已经省、市专家初审，正在修改完善。

【乡国土资源所建设】根据省、市关于基层国土资源所规范化建设的总体要求，积极采取有效措施加大基层国土资源所建设力度。一是加强制度建设。明确各工作岗位的岗位职责，出台动态巡查制度、档案管理制度、财务管理制度、重大事项报告制度及党风廉政建设制度等，使工作人员严格按照制度办事，树立优质服务、务实创新、廉政勤政的基层国土资源队伍形象。二是严格执行国土资源所规范化建设考评标准。积极开展政务公开活动，公布人员分工、联系方式、办事流程、服务承诺和监管措施，极大地方便群众办事。三是积极筹措资金，加强硬件建设力度。筹集300多万元资金，采取新建、购买、租赁等方式，新建栎城国土资源所；拟建涧头、十里铺2个国土资源所；购买河坞、佛阁寺、韩集、顿岗4个国土资源所办公用房；棠村国土资源所租赁办公用房等，全县22个基层国土资源所都有固定的办公场所。

【执法监察】在土地执法监察方面，一是健全完善动态巡查等各项规章制度。建立了以局执法监察股为指导、以监察大队为主体、基层国土所为依托的“三位一体”的执法监察网络。二是与县公安局协调，在土地监察大队成立了国土资源公安警务室，增添了必要的办公设备和执法车辆，对阻挠查处工作的由公安部门负责追究。三是由县政府牵头，建立了共同责任机制。通过给相关部门和乡镇政府发函，对违法违规项目发改部门不得进行项目立项、环保部门不得出具环评报告、建设部门不得规划、工商部门不得登记、电力部门不得供电等，收到了很好的效果。2009年，共立案查处土地违法案件36件，结案率100%，涉及土地面积102.09亩，没收建筑物140平方米。通过对土地违法、违规案件的查处，起到较好的震慑作用，维护土地法律法规的严肃性，进一步规范新蔡县的用地秩序。

【信访工作】在涉土信访方面，一是健全和完善信访工作制度，严格落实领导接待、分工负责和对口办理制度，做到人员到位、责任到位、工作到位、稳控到位、问题解决处理到位。二是加强矛盾纠纷调处，主动超前解决问题，重点做好国家重大活动、节假日以及有可能发生赴京、到省上访和越级上访的信访苗头的排查工作。三是不断增强服务意识，变群众“上访”为干部“下访”，深入基层，听取群众的诉求，把问题解决在基层，把信访人员稳控在当地，努力做到大事不出县、小事不出乡。2009年，接待来访咨询293人（次）；市局批示交办11起，办结11起；县领导大接访批示交办45起，办结45起。2009年，没有信访积案。

【矿产资源管理】2009年，按照省、市有关要求，认真开展矿产资源秩序整顿工作，对无证开采、乱采、滥采粘土的违法行为进行综合治理，加强对矿产资源的管理，使矿产资源秩序得到规范。全县辖区内矿产勘查项目年检率达100%；矿产勘查持证率100%；采矿持证率100%。严格执行有关税费征收政策，按照收费许可标准，做到应收尽收、足额征收，没有违规截留、挪用现象发生。2009年，征收矿产资源补偿费28万元。

（潘红岩）

正阳县国土资源局

正阳县位于驻马店市东南部，地理坐标为东经114°12′～114°53′，北纬32°16′～32°47′。西临京广铁路、京珠高速公路和107国道，东靠京九铁路、大广高速、106国道，南接312国道和宁西铁路，省道明临路和开龚路、吴潢路东西交叉贯通全境，总面积1903平方公里。下辖19个乡（镇），281个行政村，13个居委会，1421个村民组，总人口76万人。境内有古江国都城遗址、袁家大院、汉代黄叔度墓、汉代石阙等历史名胜。

王飞鹏　党组书记、局长
车光辉　党组副书记、副局长
涂心良　党组成员、副局长
卢正周　党组成员、副局长
沈　沉　党组成员、纪检组长
李银生　党组成员、副科级干部
朱广明　副主任科员
曲云飞　副主任科员

王飞鹏简介：男，汉族，1965年11月出生，中共党员，本科学历，西平县人。1986年7月参加工作，历任西平县杨庄乡党委副书记兼人大主席团主席，西平县环保局副局长，西平县司法局副局长，西平县国土资源局党组副书记、副局长；2008年至今，任正阳县国土资源局党组书记、局长。1989年9月，荣获团中央颁发的“中国五四青年奖章”。

【机构设置】正阳县国土资源局是主管全县国土资源、矿产资源和测绘管理等工作的县政府部门，全系统共有干部职工264人。机关设办公室、国土资源管理股、地籍测绘规划股、法规监察股、矿产开发和地质环境股5个股（室）；下设国土资源执法监察大队、土地市场服务中心、土地储备中心、土地整理中心、平原土地测绘队5个二级机构；辖真阳、慎水、新阮店、袁寨、付寨、寒冻、油坊店、雷寨、汝南埠、吕河、永兴、同中、大林、皮店、陡沟、彭桥、兰青、熊寨、王勿桥、西严店20个国土资源所。

【土地资源】截至2009年底，全县耕地面积为2147110.2亩，园地面积为1021.7亩，林地面积为95341.8亩。城镇村及工矿用地面积347370.3亩（其中，建制镇面积20073.5亩，村庄居民点面积317929.5亩，采矿面积3577.2亩）；交通运输用地面积99696亩（其中，公路面积12888.9亩，农村道路面积80867.1亩）；水域及水利设施用地面积145877.6亩（其中，河流水面面积38692.7亩，湖泊水面面积128亩，水库水面面积3314.9亩，坑塘水面面积47915.6亩，内陆滩涂面积4935亩，沟渠面积50040.8亩，水工建筑用地面积850.7亩）；其他土地面积9050.9亩（其中，设施农用地8796.3亩，田坎面积43.2亩，沼泽地面积211.4亩）。

【土地利用】2009年，全县共申报两批次城市建设用地，面积52.3492公顷。其中，第一批城市建设用地20.2997公顷（县植物油加工厂10.5316公顷，县标准厂房6.2861公顷，县居民廉租房3.4820公顷）；第二批城市建设用地（育才外国语学校）32.0495公顷。同时，积极开展土地整理开发工作，新增耕地150.30公顷，圆满完成了市局下达的土地利用年度计划指标。严格执行协议出让土地最低价标准和工业用地最低价标准。按照《全国工业用地最低价标准的通知》和全省协议出让土地最低价标准的有关要求，2009年，全县招、拍、挂出让土地9宗，共收取土地出让金5600余万元。2009年先后盘活县园艺场等7宗土地，总面积49.74公顷，超额完成驻马店市国土资源局下达的盘活20公顷的目标任务。同时，对新建项目严格执行国家规定的投资强度、容积率等定额标准，不断提高全县节约集约用地水平。

【耕地保护】一是以第二次全国土地调查为契机，进一步完善了基本农田保护档案资料，建设基本农田保护标识牌20块，做到了基本农田保护图、簿、册、卡等保护档案齐全。基本农田保护档案实行省、市、县、乡、村五级备案，做到归档规范、资料齐全。二是进一步强化乡（镇）政府的责任。县政府与各乡（镇）签定了基本农田保护目标责任书，将耕地保护和落实第15号令列入年度目标考核体系，有效调动了乡（镇）政府做好耕地保护工作的主动性和积极性。三是进一步加大耕地保护巡查，切实责任到人、到区域，发现占用和破坏耕地的违法、违规行为，坚决从重、从快及时查处，始终保持对破坏和违法占用耕地行为的高压态势。四是积极开展土地复垦整理，2009年度经批准占用耕地14.76公顷，经复垦开发补充耕地150.30公顷，实现了耕地占补有余，确保了全县耕地保有量143610.78公顷，基本农田保护面积稳定在117718.68公顷，均高于市局下达的耕地保护目标。五是加大土地开发整理力度。分别在吕河乡、熊寨镇等乡（镇）实施了土地开发整理项目，补充耕地150.30公顷，不仅保障了本年度县城经济发展用地需求，还为兄弟县区易地补充耕地作出了积极的贡献。

【土地综合整治】2009年，正阳县被河南省国土资源厅确定为全省24个土地综合整治试点县之一，按照“搬迁进度快、实施难度小、新增耕地面积大”的原则，确定将真阳镇庞桥村等5个行政村作为全县土地综合整治试点村。项目区总规模57573亩，可新增耕地4914亩。紧紧抓住河南省国土资源厅安排专项资金用于土地综合整治试点村工作的机遇，争取土地整治专项资金250万元；其中，正阳县国土资源局投资近80万元为庞桥新村西区1.3公里的环形道路建设。

【建设用地管理】对省、市、县重点建设项目，采取超前介入、主动服务、依法用地、及时报批，确保补偿安置费足额及时到位，保障建设项目用地需要。2009年，全县第一批城市建设用地20.2997公顷上报省政府待批，第二批城市建设用地32.0495公顷已通过市局上报至省国土资源厅。及时保障了全县居民廉租房、育才外国语学校、标准厂房等扩内需项目，共计52.35公顷的用地保障工作，确保了重点项目工程的顺利实施。

【土地利用总体规划修编】2009年，全县土地利用规划修编工作在正阳县政府的统一领导和驻马店市国土资源局的具体指导下，于2009年8月，顺利通过省厅专家验收，在对规划文本进行相应修改和完善后，上报省政府批复；乡级土地利用规划修编已全部完成，经市国土资源局组织专家审核并原则通过。

【第二次全国土地调查】坚持把全县第二次全国土地调查作为一项重点工作，设法筹集调查专项经费800余万元，为顺利实施第二次全国土地调查工作的提供了资金保障。2009年6月，上报农村第二次全国土地调查数据库成果并完成本级二次调查数据库建设；11月底，完成第二次全国土地调查基本农田上图、城镇外业权属调查、专项调查工作。

【土地使用权发证】2009年，农村集体土地建设用地使用权登记已累计发证4335宗，登记发证率达到了85%以上。

【粘土砖瓦窑整治】2009年6月份和10月份，由政府牵头组织国土、纪检、公安、电力等部门两次强制拆除死灰复燃粘土砖瓦窑厂10座，复垦10座，全县没有发现粘土窑厂反弹现象。

【依法行政工作】2009年，共举行国土资源系统工作人员业务知识培训4期、培训600余人（次），国土系统工作人员依法行政意识得到有效提高，整体素质明显提升。全年共发生行政复议案件6起，维持6起，维持率100%。

【执法监察】一是执法监察队伍改革。为适应新形势下国土执法监察工作需要，积极向县机构编制委员会争取财政全供事业编制80名，在县委、县政府主要领导的支持下，于2009年8～10月全部落实到位，圆满完成市国土资源局下达的执法监察大队改革工作任务。二是认真落实国土资源动态巡查责任制。进一步制定完善了土地执法监察动态巡查情况登记表，对巡查当中发现的各类土地违法、违规行为，认真填写，登记造册，建立动态巡查台账。对巡查中发现并已制止和查处的各类土地违法行为，收集资料、分门别类、归档整理，并指定专人保管，建立完整的土地执法监察动态巡查档案。三是选强配齐村级土地协管员。为延长土地监察触角和拓宽土地执法视野，选聘了282名村级土地协管员，达到了每村1名协管员，并进一步明确了协管员工作职责，前移巡查关口，为及时发现和制止土地违法行为提供了保障。四是严查各类国土资源违法案件。与正阳县公安局沟通和协调，设立了国土资源公安派出所，及时发现和制止土地违法行为。2009年，全县共发现土地违法、违规行为186起，制止52起，立案134起，查结130起，结案率达97%，其中，强制拆除违法建筑23起，移送公安机关18起。

【信访工作】不断加强信访工作。坚持落实“四包一”工作责任制，对全年接访的241起涉土信访问题，全部责任到人，较往年信访案件下降了26.4%。现场调处涉土纠纷145起，立案96起，查结92起，结案率94%。其中，市局转交案件18起，结案18起，结案率100%。注重加强涉土信访回访工作，回访率90%，群众满意率达86%，较好地完成了全年信访目标任务。

【矿产资源】全县矿产资源除黏土和建筑用河沙外，其他资源零星分布，均无形成规模开采。截至2009年底，全县已探测到4个铁矿，铁矿储量和矿石等级正在勘测之中。

【矿政管理】一是按照县政府和市局要求，认真开展规范矿产资源开发秩序“回头看”治理，积极配合县政府强制拆除死灰复燃砖瓦窑厂10座，全县形成了依法开采、秩序井然的良好局面。二是加大对矿产资源违法、违规行为的治理，有效遏制了私挖滥采现象。三是对全县采矿企业和个人进行了年度审验。四是按照地质灾害防治要求，制定了《正阳县2009年地质灾害防治应急预案》。

（袁立书）

确山县国土资源局

确山县位于河南省南部，淮河北岸，西依桐柏、伏牛两山余脉，东眺黄淮平原，素有“中原腹地，豫鄂咽喉”之称。全县辖11镇、2乡，总人口49万人。

王永堂　党组书记、局长
蒋　银　党组副书记、副局长
吴爱华　党组成员、副局长
王　兰　党组成员、副局长（女）
刘学明　党组成员、副局长、监察大队队长
张　俊　党组成员、纪检组长
黄连峰　党组成员

王永堂简介：男、汉族、1954年6月出生，河南峄城区人，中共党员，大专文化。曾在部队服役，先后担任班长、排长、连长等职务；转业到地方工作后，历任确山县供销社股长、纪检员，确山县纪委副书记，确山县土地管理局党组书记、局长；1999年至今，任确山县国土资源局党组书记、局长。

【机构设置】局机关设办公室、信访股、耕地保护股、土地利用股、地籍管理股、矿产开发股6个科（室）；下设土地矿产监察大队、土地储备中心、地产交易中心土地整理办公室（2009年成立）等4个直属事业单位；辖盘龙、三里河、竹沟、瓦岗、石滚河、蚁蜂、普会寺、刘店、留庄、任店、新安店、李新店、双河13个国土资源所。

【土地资源】全县总面积171650公顷，其中，耕地面积67306公顷，园地459公顷，林地47735公顷，草地12809公顷，城镇村及工矿用地15196公顷，交通用地5279公顷，水域10425公顷，其他土地12711公顷。

【土地利用】 一是始终贯彻“两保一高”总体要求。严格土地供应政策，严格控制土地供应指标，坚持“节约、集约用地”原则，提高土地利用效率。二是大力推广使用标准厂房。2009年，新增标准厂房建设面积1.2万平方米，平均容积率较去年增加4个百分点，初步实现了节约、集约用地。三是完成了基准地价更新工作。四是盘活存量土地31.5公顷。五是利用土地市场回暖的机会，适度加快土地供应，配合国家拉动内需的政策。2009年，共计出让土地12宗，面积32.7公顷，出让价款1.2亿元，有力支持了城市建设。

【耕地保护】成立了基本农田保护工作领导小组、土地开发整理工作领导小组，制定并落实了基本农田保护制度，完善了各种保护措施，确保了全县2009年耕地、基本农田面积不减少、质量不降低。完成了确山县2009年度土地整理项目备案工作。入库备案项目17个，面积668公顷；完成了确山县留庄镇土地整理项目的整理工作，申请有偿使用费2500万元；确山县新安店土地整理项目全面开工；完成了确山县本级占补平衡项目的招投标工作。

【建设用地管理】 2009年，共组织报批216公顷农用地的征收和转用，保证了京珠高速铁路确山段、京广澳确山段等重点项目的顺利实施。

【第二次全国土地调查与规划修编】于2009年4月20日按时完成全县第二次农村土地调查初始数据库上报工作，对国家“二调办”指出的2422个疑问图斑，组织进行了室内正射影像图复核及室外现场拍照核查，由数据建库单位按规定完善，并经市局、省厅将成果上报国家“二调办”。协助郑州方园正坤科技有限公司开展确山县土地利用总体规划修编工作，完成县级规划修编大纲和文本说明以及专题图件制作，并通过了省厅审查。

【乡国土资源所建设】一是完善各项规章制度，确保制度落实。二是对乡国土资源所工作人员加强教育培训，不断提高人员业务素质和管理水平。三是加强基础设施建设，已建成完工的乡国土资源所投入使用的7个，在建的3个。初步实现了把乡国土资源所建设成“机构设置合理、办公设施完备、管理制度配套、工作纪律严明、人员素质优良、基层群众满意”的标准化国土资源所工作目标。2009年，被市局命名为国土所建设先进单位。

【执法监察和信访工作】与公、检、法、纪检部门密切配合，对土地、矿产重大违法案件坚持“谁主管、谁负责”的原则，一查到底、抓着不放，并做好案件相互移送工作，把“变一家管地为多家管地，变一家责任为共同责任”落到实处。发现各类违法案件367起，查结256起，查处率100%，结案率达70%。认真落实“一岗双责”，上下联动，齐抓共管。认真排查和化解矛盾冲突，把问题解决在基层，消除在萌芽状态。一是对上级交转案件，确定包案领导，采取首问负责和责任追究制，直查快办按期结案。二是对自立案件，责任到人，相关股（室）、二级机构密切配合，15天内保证案件的调查处理到位。三是对权属纠纷案件，严格工作程序，认真调查取证，依照有关法律法规，在规定的期限内，公平、公正、合理、合法地提出初步处理意见，报县政府审批。所有信访案件已按期办结，累计处理信访案件59起，按时办结率100%。

【矿产资源】全县矿产资源较为丰富，是驻马店市重要的非金属矿产地。区域内已发现各类矿产19种，矿产地84处。其中，大型矿床4处，中型矿床6处，小型矿床37处，矿点36处，矿泉水1处。探有工业储量的矿产18种。非金属矿产是确山县的优势矿产，分布广、储量大、品位高、易开采。其中，熔剂灰岩、化工灰岩和水泥用灰岩的资源储量，均在全省占有重要位置。

【矿产资源管理】一是完成了对2009年度的矿产资源开发管理和地质勘查环境保护年度考评工作。二是制订了工作计划、安全生产工作方案、矿业秩序治理整顿实施方案、矿业权实地核实方案、矿山环境治理保证金管理（暂行）办法、地质灾害防治工作方案等。对全县地质灾害隐患点进行了严格排查，签订了目标责任人，在所有隐患点下发了地质灾害防治避险明白卡和地质灾害防灾工作明白卡。三是积极开展了矿业秩序治理整顿工作，严厉打击和关闭了一批违法违纪、手续不全、不注意安全生产的矿山企业，矿业秩序治理整顿取得了阶段性成果。并配合安监部门做好了安全生产月的宣传和突发性安全事故模拟演习活动。四是全面落实了《探矿权采矿权评估管理暂行办法》。凡本辖区内的矿业权设置，无轮新设还是延续一律实行价款评估，彻底杜绝了采矿权价款流失现象的发生。五是落实了矿山环境治理保证金（暂行）办法。对2007年1月1日以来的矿山企业进行了补提，新设矿山企业按照中华人民共和国国土资源部令第44号执行。六是积极开展了本辖区内的矿业权的核实工作。联系了协肋单位，为协肋单位提供了大量的相关资料、图片等，为矿业权的实地核查，提供了组织保证。

（赵运生）

泌阳县国土资源局

泌阳县位于河南省驻马店市西部，南阳盆地东沿，西近焦枝线，东依京广线，东西距驻马店市、南阳市均为90公里。全县辖8个镇、16个乡，400个行政村，人口96万人，总面积2774平方公里。属浅山丘陵区，总体格局是“五山一水四分田”。境内伏牛与大别山两大山脉相交汇，长江、淮河两大水系相分流，兼有南北之长，东西之利。泌阳的自然景观及历史传说俯拾皆是。铜山湖森林公园被定为国家级森林公园，素有“锦峰秀岭，山水之乡”之美称的铜山湖被批准为国家水利风景区；铜山被省政府批准为省级风景名胜区，素有“南朝金顶、北谒铜峰”之美谚；省级自然生态保护区白云山，位于板桥水库上游，植被资源丰富，美景天成，海拔983米，为全市最高峰；因盘古开天而闻名于世的盘古山，引来历代文人墨客观瞻游览，流连忘返，最近被中国民间艺术家协会命名为“盘古圣地”；还有蒋庄、太子岭、搪瓷岗等文化遗址。

赵　刚　党组书记、局长

张　霞　党组成员、副局长（女）

张立坤　党组成员、副局长

张增明　党组成员、副局长

刘福全　党组成员、副局长

张永超　党组成员、纪检组长

崔广庆　党组成员、副局长

赵刚简介：男，汉族，1963年12月出生，中共党员，研究生学历。1982年8月参加工作，历任泌阳县粮食局马谷田粮管所所长，泌阳县粮食局直属二库主任，泌阳县国家粮食储备库任主任，泌阳县粮食局党组成员、副局长，党组书记、局长。2007年4月至今，任泌阳县国土资源局党组书记、局长。

【机构设置】泌阳县国土资源局是主管泌阳县国土资源、矿产资源和测绘管理的县政府工作部门。局机关内设办公室、地政地籍股、矿产资源管理股、信访监察股、用地审批股、财务股、科技规划股、纪检监察室8个股（室）；下设属国土资源执法监察大队、土地储备中心、土地开发整理中心、土地地产交易所、地价评估事务所5个二级机构；辖泌水、花园、赊湾、官庄、羊册、板桥、老河、象河、王店、铜山、盘古、高店、郭集、黄山、贾楼、春水、付庄、高邑、杨家集、双庙街、泰山庙、下碑寺、马谷田、沙河店24个国土资源所。

【土地资源】泌阳县有耕地140万亩，连片无污染草坡117万亩，柞坡50万亩，宜林面积157万亩。地处北亚热带与暖温带过渡地带，四季分明、气候湿润，光照充足，无霜期长，地域宽广，土壤资源丰富且类型多样，土地肥沃，涵养丰富，既适应种植一般农作物，又适宜种植特殊经济作物。全县有林地面积138万亩，有宜林面积190万亩，特别是近年来发展了60万亩火炬松速生林基地，27万亩薪炭林基地，10万亩板栗基地，2.5万亩人枣基地、5万亩标瓢梨基地，年产值达到2亿元，生态效益和经济效益显著。

【土地利用】2009年，共出让国有建设用地使用权33宗，出让总面积318954.94平方米。招、拍、挂出让4宗，面积298481.8平方米，成交金额14347万元。协议出让84宗，面积12815.32平方米，成交金额 128.0892 万元。通过挖潜、出让等方式盘活闲置、抵消存量建设用地29.8482公顷，签订土地征收协议138.286亩。

【耕地保护】严格控制新增建设用地。在审查具体建设项目时要求其尽可能不占用或少占用耕地，对确实需要占用耕地的项目，必须首先明确补充耕地责任单位，按照“占一补一、先补后占”的原则，先落实补充耕地方案，补充耕地通过验收后，方可办理农用地转用等报批批手续。泌阳县耕地总面积99539.36公顷，基本农田面积83844公顷，建设项目占用耕地29.8971公顷，实现补充耕地33.2591公顷。实行耕地保护目标责任制。县、乡、村组、农户层层签订了耕地保护目标责任书，责任明确到人，农户分包到地块。认真开展了全县基本农田保护清查工作，设立的基本农田保护地块全部上图、上表。聘请基本农田保护监管员411人，形成了县、乡（镇）、村组、农户四级监管网络。根据第二次全国土地调查结果显示，全县现有耕地面积约为97560公顷，基本农田面积稳定在83902公顷以上，全县连续12年实现耕地占补平衡。加大土地开发整理力度。建立健全土地开发整理机制，强化监督管理各项措施，严格项目质量进度，对全县未利用荒山、荒草、湖泊进行了开发整理。2009年，实现占补平衡开发项目34个，分布在13个乡（镇），项目整治土地面积1054.43公顷，总投资12942.75万元，可新增耕地956.16公顷。这些项目中，9个项目已通过验收，净增耕地476.7公顷，为县财政创收1.5亿元；有17个项目已完成，等待验收；另有15个项目正在实施当中。

【建设用地预审】2009年，进行建设项目用地预审15件，通过13件。为扩大内需，控制建设用地总量，合理和集约、节约利用土地，充分发挥土地供应的宏观调控作用，为促进泌阳县经济建设提供了快速服务。

【规划修编】县级土地利用总体规划修编于2009年10月份完成，报经省厅审查后，于11月份获得省人民政府批准。乡级土地利用总体规划于11月份完成，报市局通过初审，已报市政府审批。

【三项整治】2009年初，对全县砖瓦窑和“空心村”进行了摸底，对有开发价值的部分砖瓦窑和“空心村”进行了整治和复垦，整治和复垦土地59.2767公顷，增加耕地57.2396公顷，已报经市局验收。

【测绘管理】2009年，完成测绘土地面积2638.54亩，编制勘测定界报告172份，勘测定界1181.4亩。其中，城市建设用地共16宗，勘界面积771.3亩；乡（镇）建设用地共19宗，勘测面积316亩；中国石油化工股份有限公司河南油田分公司一厂、二厂勘界面积共1457.4亩。测绘成果档案资料管理有序，查阅方便，被评为“2009年度全市测绘管理工作先进单位”。

【信息化建设】2009年，按照“金土工程”建设的总体目标，全面完成了外网和局域网建设。在硬件建设上，建立了中心机房，配备了36台电脑，硬件装备达到了“金土工程”一期标准。在软件建设上，完善了门户网站板块内容，实行了政务公开，率先在全市系统推进了网上审批业务，实现了内部网络化办公。视频会议系统和全局办公自动化网络已建成并投入使用，实现了部、省、市、县四位一体，提高了办事效率。内网建设正逐步实施，为网上报件快速无纸化办公打下基础。

【基层国土资源所建设】2009年，投入资金67.5万元，新建黄山、沙河店国土资源所，给12个乡（镇）国土资源所配备了电脑、打印机、传真机，有24个乡（镇）国土资源所基本达到了省厅规定的规范化建设标准，达标率80%。

【执法监察】在全县24个乡（镇）内推行了土地协管员制度，聘请村级土地协管员，对土地实施零距离监管，把违法、违规用地苗头消灭在萌芽状态。持续加大违法、违规用地查处力度，对违法行为根据“既处理事，又处理人”的原则，发现一起、制止一起，把违法苗头消灭在萌芽状态。2009年，共发现违法、违规用地案件26宗、5.17公顷，当场制止14件，立案查处12宗，涉及土地面积3.336公顷，罚没款2.8915万元，收回土地0.632公顷，挽回经济损失3.5万元。所有案件全部结案，结案率100%。

【信访工作】切实加强信访工作。进一步完善县、乡、村不安定因素的排查机制，抽调经验丰富的工作人员，充实信访队伍，及时消化解决信访积案。2009年，共接待来访群众1026人（次），立案45件，结案41件；县信访局批件108件，结案99件；县领导“大接访”批件23件，结案22件；市批件26件，结案25件；省部批件7件，结案7件；民意热线6件，结案6件。

【依法行政】一是实行窗口办文制度。坚持推行政务公开，全面增加国土资源管理透明度。把国土资源管理的对外服务归集到“县行政服务中心土地窗口”。统一按照“机关股室为窗口服务，窗口为群众服务”的运作原则，实行“零距离”、“一站式”服务，用地户只需将申请文字材料递入窗口，即可在限定的承诺时间内到发文窗口领取办理结果。2009年，窗口共受理各项业务412项，全部办结，办案率达到了100%；设立了投诉热线，在局站设置留言平台，自觉接受社会的监督，增加了工作的透明度，有效遏制了腐败行为的发生，树立了“文明、高效、廉洁、务实”的部门形象。二是改进工作作风。坚持把尊重民意、倾听民情、解决民生放在首位，不走过场、不图形式、扎实工作，促进了依法行政。2009年，共受理纪检案件7件，立案1件，结案1件，结案率100%，为国家挽回经济损失29万余元。其他案件6件经核查后及时化解矛盾，不预立案，全部答复，群众满意率100%。行风评议在全县41个政府部门和28个公共服务行业评比中名列二名，在全市行风评议中位列第一。

【矿产资源】泌阳县是豫南地区重要的金属、非金属矿产基地。矿产资源比较丰富，发现的矿产资源有石油、天然气、铁矿、金矿、银矿、铅锌、花岗岩、萤石、大理岩、石英、含钾岩、金红石、碱矿、河砂等40余种，现已开发的有石油、天然气、铁矿、花岗岩、萤石、石英等10种矿产。全县现有各类矿山总数112个。据不完全统计，全年矿产资源开发的经济总价值（不含油田、砖瓦窑业）约3亿元左右，可实现税收5000多万元，矿业经济已成为泌阳县重要的产业支柱之一。

【矿业秩序整顿】2009年，以打击无证勘查、无证开采、越界开采、以采代探以及非法转让采矿权、探矿权为重点，在全县范围内实行拉网式排查，逐矿点登记造册。对无证开采矿点坚决关闭井口、拆除工棚、驱散人员、拆毁设备。全年共清查采（选）矿点110家，没收非法采矿设备80余台，收缴的爆炸物品已移交有关部门，因非法使用爆炸物品行政拘留1人，非法采矿移交公安部门1起，有效地巩固了矿产资源整顿和规范成果。全县2009年矿产勘查持证率达到100%，采矿证率达到100%；矿山储量动态检测率达到98%，其中,省办矿山储量动态检测率达到100%。

【矿产资源整合】坚持“以整顿促整合、以整合促规范、以规范保发展”的指导思想，按照“合理布局、规模开采、优化资源配置、安全生产”的原则，扎实、稳步推进矿产资源整合力度，对不具备安全生产条件、破坏环境、污染严重的矿山企业进行了取缔，对企业规模小、开发布局不够合理、大矿小开、回采率低、违法、违规用地企业进行了兼并整合，由原来的95家，兼并整合到35家，对新增8家采矿权一律进行了招、拍、挂。

【地质灾害防治】制定了《2009年泌阳县地质灾害防治方案》，编制了《泌阳县地质灾害气象预报预警制度》，对全县2009年地质灾害防治工作进行了安排部署，明确了目标任务和工作职责。组建地质灾害易发生的老河乡、沙河店镇、板桥镇、贾楼乡、付庄乡、铜山乡、马谷田镇、盘古乡、象河乡等14个群防群测系统，向群众发放“明白卡”、“避险卡”4000多份，提高了广大群众的防灾意识和避灾能力。

（熊利中　王雪宇）

驿城区国土资源局

驿城区位于驻马店市中心，地理坐标为东经113°55′～114°10′，北纬32°53′～33°03′。地处淮北平原西缘，地势由西南向东北缓倾。西部属伏牛山前倾斜平原，东部属淮河冲积、湖积平原。练江河由西向东流经南部。有仰韶、龙山、汉代等遗址。驿城区属大陆性季风湿润气候，适宜南北多种作物生长，素有河南“粮仓”、“芝麻王国”、“油库”之称。京广铁路纵贯南北，京深公路穿城而过，毗邻京珠高速，交通便利，四通八达。驿城区总面积778平方公里，其中，城区面积50平方公里，总人口56．8万人，为驻马店市所在地，是全市政治、文化、经济中心。全区辖10个街道办事处、1个镇、5个乡。

张　冲　党组书记、局长

段秀岭　党组成员、副局长

王屯生　党组成员、副局长

黄德林　党组成员、纪检组长

刘　伟　党组成员、副局长

张冲简介：男、汉族、驻马店驿城区人，中共党员。1995年3月～1999年1月，历任确山县胡庙乡副乡长、橡林乡副乡长；2002年3月～2006年3月，在驿城区老街乡任乡长；2006年3月～2008年3月，任驿城区区委办公室副主任；2008年3月至今，任驿城区国土资源局党组书记、局长。

【机构设置】驿城区国土资源局是驿城区国土资源、矿产资源的政府工作部门，全系统共有干部职工204人。下设办公室、地籍股、审批股、法规监察股、矿产股5个股（室）；下属储备中心、复垦中心、监察大队3个二级机构；辖香山、顺河、刘阁、古城、朱古洞、水屯、诸市、胡庙8个乡（镇、街道办事处）国土资源所。

【土地资源】全区耕地面积49020.95公顷，园地213.16公顷，林地7657.95公顷，草地1223.05公顷，城镇村及工矿用地14024.98公顷，交通运输用地2617.44公顷，水域及水利设施用地2816.59公顷，其他土地345.77公顷。全区耕地面积比例少，人均耕地约1.3亩，低于全市平均水平，且地块零碎，质量欠肥沃，部分耕地分布在西部丘陵山区，耕地后备资源不足。

【耕地保护】2009年，驿城区政府与各乡（镇）办续签基本农田保护责任书，把耕地和基本农田保护目标列入各乡（镇）办政府年度工作进行考核，政府主要领导是第一责任人，强化了各级政府在保护耕地工作中的责任，圆满完成了市政府下达的30223.94公顷基本农田保护任务。积极实施土地开发整理项目，共实施土地整理项目167.55公顷，连续12年实现了占补平衡，既为全区经济社会发展提供了良好的服务，又保证了基本农田数量不减少、质量不降低。

【建设用地管理】2009年，全区国土资源系统广大干部职工围绕全区经济发展大局，积极开展工作，在土地指标十分紧张的情况下，及时为招商引资金、城市基础设施和一批重点建设项目办理用地手续，为经济发展提供了用地保障。全年供地115.1871公顷，确保了管桩附件、康华新包装材料、天基权一期、驿都帽服等重点项目的顺利实施。

【第二次全国土地调查】2009年3月，完成农村土地外业调查工作；3月中旬，全面转入内业数据库建库工作；4月10日上报国家进行核查。本次调查前后投入100余人（次），涉及48幅1：1万现状图，面积779平方公里。8月，对全区29983公顷基本农田进行了上图，建立了基本农田保护数据库并上报省厅。

【土地使用权发证】2009年，全区共发放农村集体土地使用证3483宗，国有土地使用证11宗，集体土地所有权证90宗。截至到2009年底，农村集体土地使用证发证率达85%。

【执法监察和信访工作】2009年，共查处违法用地案件125宗，涉及土地283.4亩，强制拆除违法建筑47286平方米，有效遏制了土地违法违规行为。通过组织开展信访矛盾大排查、大化解和实行领导干部大接访活动，层层落实信访工作责任，有力地促进了全区社会的稳定发展。2009年，共接待来访群众90余人（次），处理上级交办和本区内信访案件56宗，已全部结案，结案率100%。

【矿产资源】驿城区的矿产资源主要分布在西部山区，已发现各类矿种10余种，其中，金属矿1种，非金属矿6种，能源矿种1种，水气矿种2种；查明储量的矿产6种。在查明储量的矿产资源中，建材类矿产是驿城区的优势矿产，分布广、质量优、储量大、易开采。驿城区矿产资源分布有明显的地域性，例如铁、白云岩，水泥用类岩主要集中在朱古洞乡；花岗岩、石英岩、粘土主要集中在胡庙乡；煤主要集在古城乡；水气资源在全区范围内均有发现，有待进一步详查。

（郭 蕊）

信　阳　市

信阳市国土资源局

信阳市位于河南省南部，地处淮河上游、大别山北麓，是南北经济文化交流的重要通道，素有“豫南明珠”、“三省通衢”之称。全市总面积18915平方公里，辖8县、2区、6个管理区，人口803万人。信阳地处亚热带向暖温带过渡地带，在中国地理南北分界线上，全市森林覆盖率达32%，高于全国平均水平10多个百分点。信阳季节气候明显，又兼有山地气候特点，光照充足，雨量丰沛，气候温暖湿润，能满足多种植物培育和生长的需要，因而农副产品丰富，著名的地方农产品信阳毛尖茶是全国十大名茶之一。信阳既有绵延重叠的崇山峻岭，也有冈峦起伏的低山丘陵；既有坦荡无垠的平原，也有群山环绕的盆地。旅游和矿产资源都非常丰富。境内革命遗址、古迹和文物众多。全市现有国家级文物保护单位6处，省及省以下级文物保护单位400多处，重要革命纪念地和革命旧址400多处。

董元成　党组成员、调研员（2008年11月至今，主持全局工作）

胡　敏　党组副书记（女）

曹晓林　党组成员、副局长

李积光　党组成员、副局长

熊　伟　党组成员、副局长

杨富山　党组成员、纪检组长

于海忠　党组成员、总工程师

董元成简介：汉族，中共党员，全日制大专学历。1977年7月参加工作；1982年～2001年历任原信阳地区工业局人事科副科长，原信阳地区经贸委政治部副主任、主任，息县人民政府副县长，信阳农业机械化学校校长，信阳地区地质矿产局局长；2001年12月～2008年6月，任信阳市国土资源局党组成员、副局长；2008年6月，任信阳市国土资源局党组成员、调研员；2008年11月20日至今，主持局全面工作。

【机构设置】局机关内设办公室、人事科、财务科、地籍科、规划科、用地科、耕保科、矿管科、地质科、利用科、测绘科、法规科、机关党委、纪检监察室、信访办、老干科16个科（室）。设国土储备中心、国土执法监察支队、国土资源交易中心、土地开发整理中心、土地规划勘测队、地价评估所6个直属事业单位。设浉河一分局、浉河二分局、平桥分局、明港分局、羊山分局、南湾分局、工业城分局、鸡公山分局8个分局。

【土地资源】我市行政区划总面积28373420.4亩。耕地12596237.4亩，其中，水田9440158.5亩，水浇地42458.85亩，旱地3113620.05亩；园地1011241.2亩，其中，果园315516.75亩，茶园411220.95亩，284503.5亩；林地6483235.65亩，其中，有林地5839756.65亩，灌木林地231427.35亩，其他林地412051.65亩；草地890232.45亩。

【耕地保护】落实了最严格的耕地保护制度，基本农田保护责任得到落实，保护体系得到健全。耕地保护目标通过了省政府检查验收，并给予了较高评价。加强占补平衡，补充耕地7.44万亩，项目建设全部实现了“先补后占”。实施土地开发整理提速工程，2006年以前国家投资10个项目通过省厅验收，2007年度在建国家投资项目完成投资6216.9万元。积极推进规模化土地综合整治，完成土地综合整治35万亩，全市累计关闭拆除粘土砖瓦窑厂492座，复垦面积2.2万亩。中共中央政治局常委、全国政协主席贾庆林，中共中央政治局常委、中央纪委书记贺国强等领导在信阳调研期间，对信阳的土地综合整治给予高度评价。

【第二次全国土地调查】第二次全国土地调查通过国家抽查核实，8县、2区完成了农村土地调查，建立了农村第二次土地调查数据库，并已上报国家核查确认。信阳市区81.9平方公里的城镇地籍更新调查通过省级验收；新县、光山、商城城镇地籍更新调查基本完成。

【建设用地管理】多方协调，积极争取省政府追加新增建设用地指标1.06万亩，为省里下达计划指标3435亩（229公顷）的311%，上报省政府审批用地报件33个、1.45万亩。把“双保”行动与耕地保护责任目标、企业服务年活动、第九次卫片执法检查等工作结合起来，及时与23个“8511”项目、104家重点服务企业取得联系，主动服务，实地走访，现场办公。为出山店水库、宁西复线、西气东输、京九铁路电气化改造、京港澳高速公路改扩建、华新水泥矿山用地及污水处理厂、变电站等重点项目做好用地的保障工作。石武高铁信阳段（占地260.7公顷）创下该征地拆迁工作和整体进度全省最快，受到省政府大项目办通报表扬。

【土地利用】落实了最严格的节约集约用地制度，严格执行建设用地定额标准，核减各类不合理用地380亩。大力推广使用先进节地技术，建成多层标准厂房1.5万平方米，收购储备土地1113亩，盘活存量土地2046亩。对经营性用地全部实现招、拍、挂，全市共出让土地199宗，面积3601亩，出让价款12.98亿元，出让纯收益1.6亿元；完成国有土地使用权转让720宗，转让金1.34亿元，抵押296宗，抵押价款32.87亿元。

【土地综合整治】为应对金融危机带来的影响，国家实施了积极的财政政策。结合国土资源部开展的“保增长、保红线”行动，围绕服务和拉动经济增长，按“特事特办”的原则，加快推进土地综合整治项目建设，2009年，全市综合整治35万亩土地的目标任务（其中，中低产田基本农田改造33.8万亩，未利用地开发1.2万亩），将目标任务分解至各县（区）。一是2007年以前项目及2007年国家投资项目于本年底全部完工；二是2007年新增费项目全部开工建设，并于年底前完成了主体工程；三是2008年新增费项目落实到了具体项目上，大部分已开工建设。

【矿产资源管理】2009年，对全市探矿权、采矿权审批登记管理工作进行全面规范；开展了信阳市非煤矿产所有权有偿处置情况的清理工作；对省厅发证的矿业权进行认真审查，收到省厅的探矿权征求意见函21份，采矿权审批征求意见函10份，通过初审，及时回函，回函率达100%。与市监察局联合圆满完成信阳市采矿权招标、拍卖、挂牌出让制度执行情况专项清理工作，通过清理，本市2006年～2009年4月份，市、县二级共新设采矿权267个，查出没按国土资发〔2006〕12号文件要求出让采矿权的有22个，责令其限期纠正。调整充实了国土资源局安全生产领导小组。根据信阳市政府办公室《关于印发信阳市安全生产三项行动实施方案的通知》（信政办〔2009〕46号）的要求，认真开展了安全生产“三项行动”活动，并取得了显著成效；查处无证采矿100起，关闭取缔后又擅自生产的10起，查处私采滥挖、超层越界开采的26起。

【地质灾害防治】2009年4月，各县（区）对全市地质灾害隐患点进行了排查，共排查地质灾害隐患点178处，完善了全市地质灾害群测群防体系。对中型以上地质灾害隐患点逐点进行了现场检查，提出了防治意见。汛期共派出巡查人员200余人（次），应急转移人员90人（次）。6月，从省厅领取地质灾害宣传画450份，宣传册200份，及时下发到本市地质灾害隐患点；同时，对受地质灾害隐患威胁的单位和群众能及时发放防灾明白卡，已累计发放2000余份，基本覆盖了全市地质灾害易发区内受地质灾害隐患点威胁的所有单位和群众。及时下发省厅给本市的1台滑坡监测伸缩仪和30台裂缝报警器到地质灾害易发县（区）。其中，新县1台伸缩仪、15套报警器；商城7套，光山县3套，固始县2套，浉河区1套，罗山县2套。《信阳市矿山环境保护与治理规划》已编制完成，11月26日，组织省、市专家和信阳市相关局（委）召开了规划评审会，待编制单位修改完善后报市政府发布实施。地质灾害易发县（区）：商城县、浉河区、罗山县、平桥区、新县、固始县、光山县的地质灾害防治和矿山环境保护与治理规划已经通过评审，并由政府发布实施。信阳金刚台国家地质公园建设正有序进，新县大别山省级地质公园申报已获得成功，将按照地质公园建设的要求，积极做好各项准备工作，待批准后将认真组织实施。

【执法监察】采取村荐、所选、乡核、局聘的办法，3177名村级国土资源协管员上岗履职。建立“防范在前，发现及时，制止有效，查处到位”的执法监察新机制，违法案件相比去年下降36.2%,收到较好的效果。全市发现违法案件293件，发现率100%；立案228件，面积71.26公顷，其中，耕地面积40.67公顷，查处率100%；结案228件，结案率100%；拆除违法建筑38宗，拆除面积48万平方米，恢复土地面积48.98公顷；提出党政纪处分7人，移送司法机关9人，移交率100%。

【信访工作】建立了主要领导亲自抓、分管领导全力抓、党组成员分工抓、有关科（室）配合抓，形成齐抓共管的信访工作格局。2009年，全市因国土资源进京、赴省的批次和人次呈现下降趋势，分别较去年同期下降了48.6%和42.8%。

（张广义）

罗山县国土资源局

罗山县位于河南省东南部，大别山北麓，淮河南岸，地理坐标为东经114° 10′ ～114° 42′，北纬31° 44′～32° 19′，县境东西宽41公里，南北长63公里，面积2065平方公里。南与湖北大悟、河南新县接壤，东以竹竿河为界与光山县为邻，北隔淮河与息县、正阳相望，西与信阳县毗连，辖10乡、9镇，人口71.2万人。罗山隋开皇十六年始置县，曾先后哺育了三国名相费祎、治水名臣黎世序、历史学家尚钺、起义将军张轸等历史名人。悠久的历史、灿烂的文化，与罗山山之佳作、水之精品交相辉映，勾勒出一辐绚丽多彩的罗山山水画卷。境内著名的佛教圣地灵山、董寨国家级鸟类自然保护区、石山湖风景区、红色胜地何家冲等便是这画卷中最璀璨夺目、鬼斧神工的经典。

陈占东　党组书记、局长
黄先斌　副局长
高正平　副局长
许正东　副局长
张　玲　副局长（女）
陈　辉　纪检组长
李明军　工会主任
李　洁　副科级干部（女）
胡云武　副科级干部
桂行富　副科级干部
黄绪涛　副科级干部
包　君　办公室主任

陈占东简介：1955年10月出生，汉族，中共党员。1976年12月参加工作；1976年12月～1982年3月，先后在信阳铁矿厂毛集铁矿、信阳化工厂、罗山县化肥厂工作；1985年1月～2002年1月，先后任罗山县矿建局党组副书记、副局长，罗山县银矿支部书记、矿长，罗山县计划经济委员会开发办主任，罗山县矿产局党组副书记、局长，罗山县国土资源局党组副书记、副局长，罗山县国土资源局党组书记；2007年7月至今，任罗山县国土资源局党组书记、局长。

【土地资源】罗山县南靠大别山，西南高，东北低。最高海拔841米（王坟顶），最低海拔41米（竹竿河入汇淮河处）。从南到北，地貌类型依次为山地、丘陵、垄岗及平原。全县土地总面积207268.35平方公里，占信阳市土地总面积的10.96%。其中，耕地面积为86094.14公顷，水田面积70482.97公顷，旱地面积13795.75公顷，水浇地面积1815.42公顷，园地面积2477.10公顷，林地面积58146.68公顷，牧草地面积1018.49公顷，其他农用地面积为23911.01公顷。

【矿产资源】全县发现各类矿产22种，其中，金属矿产11种，非金属矿产11种；发现各类矿产地74处，其中，特大型矿床1处，大型矿床2处，中型矿床4处，小型矿床29处。县内还发现大批矿点、矿化点和物、化探异常。主要矿区有双桥膨润土矿区、母山铜钼矿区、肖畈铜钼矿区、白石坡银金多金属矿区、何店金红石矿区、高庙岗铁矿区、胜利湾铅矿区、杨店饰面用花岗岩矿区和山店饰面用花岗岩矿区等。丰富和较丰富矿产主要有膨润土、钼矿、银矿、金红石矿、饰面用花岗岩、萤石矿、建筑石材和建筑用砂等。具有小型以上规模的其他矿产有金矿、铅矿（多金属矿）、铁矿等。

【耕地保护】2009年，在全县聘请了282名土地协管员，共签订县、乡、村、组、户耕地保护责任书147775份。设立县、乡、村、地块四级基本农田保护标志牌2356块，确保了全县耕地8.61万公顷、基本农田7.75万公顷面积不减少、用途不改变、质量不降低。启动并完成了国家投资2128万元的竹竿—子路等2个乡（镇）土地整理项目。项目总规模1923.49公顷，整治后可新增耕地190.48公顷。完成竹竿镇文湖、王集、新塘、河口、汪河、淮河6个试点行政村的土地综合整治规划编制，并且争取综合整治资金250万元。按照综合整治项目对全县43座砖瓦窑厂进行了整治复垦，复垦土地面积306公顷，新增耕地101.23公顷，受到了省政府给予的230亩建设用地指标和100万元专项资金的奖励。同时，该局将多余补充耕地指标易地调剂给省内其他地市占补使用，共争取易地占补资金3000余万元。

【土地利用总体规划修编】新一轮土地利用总体工作已完成。新一轮全县土地利用总体规划确定罗山县的耕地保有量为86579公顷、基本农田保护面积77198公顷；中心城区与产业聚集区规模指标面积25.37平方公里，首次实现了县城土地利用总体规划与建设规划的无缝对接；确定社会主义新农村建设点397个，总规模4974公顷，长期困扰罗山县的新农村建设用地矛盾将会得到缓解。

【土地利用】2009年，罗山县国土资源局认真组织了79.3708公顷、3个批次的建设用地报批工作，重点保障县职业中专、博润纺织和恒远造纸等重点项目的用地需求。全力支持了罗山境内主线60.2公里，支线39公里，途经11个乡（镇）的国家重点项目兰州至长沙成品油管道工程建设。完成了省重点电力项目罗山岳楼110千伏输变电工程项目0.4745公顷的用地预审工作以及14宗、53.2284公顷全县“双保”建设项目用地的规划、选址、预审等工作。

【地籍测绘】2009年，全年核发国有土地使用权证书829本，抵押登记28宗。全县第二次全国土地调查工作已完成权属、地类调查以及基本农田上图工作，并形成数据库；统一时点变更和专项用地调查基本结束；城镇地籍更新调查已完成权属及利用情况调查，内外业工作已通过了省国土资源厅的预检，调查成果将移交省厅信息中心建数据库。完成了新区、工业园区、农村信用联社、违法违规用地、乡镇农转用报批等142宗地的勘测定界工作，勘测总面积达180多公顷。同时，完成了“数字乡镇”试点镇周党镇政府驻地10平方公里的勘测任务，已形成DLG喷绘图、控制测量、技术设计、数据光盘等相关成果。罗山县D级GPS控制网已完成项目论证、踏勘、设计等工作，并实际观测了22个D级GPS点，全面启动了“罗山县D级GPS三维空间大地控制网”工程。

【建设用地管理】全年在已获省政府批准征收方案的基础上，报经罗山县政府批准供应国有建设用地24宗，面积31.1676公顷。其中，划拨国有土地使用权8宗，面积17.2954公顷；公开挂牌出让国有土地使用权16宗，面积13.8722公顷。实现政府收益6317.15万元，并且创造了罗山县1宗地76次竞报价，出让金每亩134万元的新纪录。盘活存量国有土地11宗，面积10.0523公顷，实现收益3300.06万元，占全年土地供应总量的32%。储备国有建设用地1100亩，有力保障了县域建设的用地需求。完成了二、三级地产交易130多宗，交易额1200多万元。办理抵押登记28宗，面积83公顷，为企业融资1亿多元。

【地质矿产】全县有39家矿山企业，主要开采银矿、膨润土、萤石、铁矿、铅锌矿、建筑石料与建筑用砂等。主要开采矿山有罗山县皇城山银矿、熊店五斗冲萤石矿、朱堂乡肖洼萤石矿、山店乡萤石矿、七里冲白土矿等。

【矿政管理】2009年，受理了采矿权申请8件，其中，延续采矿登记5件，发证3件；完成了全县39家矿山企业采矿权人的年度检查和全县20家探矿权企业的年检。同时，罗山县作为信阳市第一批开展矿业权实地核查试点县，自6月20日开始全面开展了矿业权实地核查工作。8月份完成了野外实测及内业数据整理，共实地核查矿权数59个，其中，探矿权20个、采矿权39个。

【矿山环境治理】编制了《罗山县2009年度地质灾害防治和矿山环境保护与治理规划（2009－2020）》，2009年8月通过专家评审，10月22日由县政府批准执行。

【地质灾害防治】一是制定了《罗山县地质灾害防治方案》和《罗山县地质灾害防治应急预案》，组织了应急小分队，配备了工具和装备。二是与县气象局联合开展了汛期地质灾害气象预报预警工作。三是加强了地质灾害隐患点的排查，在朱堂、高店等重大地质灾害隐患点安装了2个裂缝报警装置，在16处地质灾害隐患点设置了标识牌，与所在乡、村签订了地质灾害防治责任书，向群众发放了防灾避险明白卡。四是开展了地质灾害群测群防“十有县”创建工作，落实了县、乡、村三级防灾责任制，建立了地质灾害群测群防体系，完善了地质灾害防灾体制，推进了地质灾害防治工作的规范化、标准化。目前，地质灾害群测群防已做到“有组织、有经费、有规划、有预案、有制度、有宣传、有预报、有监测、有手段、有警示”，通过了国土资源部的审核，并被命名为“全国地质灾害群测群防十有县”。2009年，地质灾害防治工作实现了无人员伤亡，无重大财产损失。

【执法监察】2009年，充分发挥了“12336”

土地违法举报热线和村级协管员队伍的作用，加强了与公安、检察机关联合执法办案力度，有效遏制了违法用地势头。全年，共查处国土资源违法案件35起，收取罚没款89万元，已处理35起，查处率达100%；已结案34起，结案率为98%。

【信访工作】高度重视信访工作，认真解决群众反映的问题。2009年，共接待群众来访287人（次），受理群众来信、“12336”土地违法举报热线等信访案件94起。其中，上级交办案件59起，已办结58起，结案率达98.3%，按期结案率100%；自受理案件35起，已办结32起，结案率达91.4%，按期结案率100%，做到了来信来访事事有回音、件件有落实。

（李 健）

新县国土资源局

新县位于河南省南部、大别山腹地，地处豫、鄂2省、6县（市）的结合部。地理坐标为东经114°33′～115°12′，北纬31°28′～31°46′。境域东西长61.6公里，南北宽40.7公里，总面积为1554平方公里。土地形以浅山、丘陵为主，自然特点是“七山一水一分田，一分道路和庄园”。辖15个乡（镇）、1个管理区，205个行政村（居委会），总人口36万人。

扶廷胜　党总支书记、局长
吴新固　副书记
罗传德　副局长
汪淮河　副局长
叶继高　副局长
何宜萍　副局长
许　进　储备中心主任
刘　涛　纪检组长
刘　伟　工会主任

扶廷胜简介：新县千斤人，1964年3月出生，汉族，中共党员，大专学历。1985年12月参加工作；1990年12月，加入中国共产党；1994年12月～1997年10月，在县信访办任副主任；2000年9月，任新县国土资源局副局长；2007年至今，任新县国土资源局党总支书记、局长。

【土地资源】全县行政区域面积155421公顷，其中，耕地23414公顷、园地17885公顷、林地92710公顷，草地5309公顷，城镇村及工矿用地6051公顷、交通运输用地1694公顷、水利及水利设施用地4233公顷、其他土地4123公顷。

【土地利用】2009年，全县盘活挖潜存量土地20.7341公顷，其中，盘活闲置土地1.5543公顷、低效使用土地10.2798公顷，挖潜闲置土地8.9公顷。科学编制、严格执行年度土地供应计划，大力推进多层标准化厂房建设和使用，全年完成标准化厂房建设75500平方米，其中，多层标准化厂房67000平方米，入住企业11家。2009年，新县新一轮土地利用总体规划（2010～2020年）修编工作全面完成，规划期内全县耕地保有量17227公顷，基本农田15631公顷，建设用地规模不超过7205公顷，规划期内新增用地规模1060公顷。

【耕地保护】全县划定15650公顷耕地为基本农田，建立了基本农田保护档案，农保图、表、册及保护制度齐全。将15650公顷基本农田保护指标进行层层分解，由县政府与各乡（镇）政府签订责任书，乡政府与村、村与农户分别签订责任书，逐块责任落实到人。开展国土综合整治。投入资金5421万元，集中对宜耕种的“空心村”、砖瓦窑厂、工矿废弃地、滩涂地和荒草地进行田、水、路、林、村综合整治，整治中低产田和基本农田1.44万亩，未利用地2070亩。砖瓦窑整治工作被省政府奖励100万元。投资306万元，实施了陡山河等3个乡基本农田整治项目，整治面积78公顷，新增耕地6.01公顷。大力实施国土整理项目。先后实施陈店乡国家级土地整理项目、阿深高速新县段补充耕地项目和新县2006年度补办建设用地补充耕地项目，共投资2372万元，整理土地598公顷，新增耕地296公顷，补充基本农田46.81公顷。陈店乡国家级土地整理项目作为全省提速工程被省政府奖励500万元。

【建设用地管理】2009年，全县审批国有土地46宗，面积603亩；农宅用地243宗，面积41亩；临时用地9件，面积20.52亩，收取土地出让金2232万元。招、拍、挂出让国有建设用地7宗，面积199.97亩，土地成交价款1755.628万元。对全县征地片区综合地价标准各项数据进行核对和确认。

【地籍管理】2009年，全县发放国有土地使用证380宗，集体土地使用证965宗，土地他项权利登记43宗，集体土地所有权证195宗。完成10551宗地籍权属调查。

【测绘管理】2009年，新县国土资源局又新组建了国土规划勘测队，承担全县日常测绘工作。D级控制网建设全面完成，在县城规划区建立72个D级控制网点，606个E级控制点，制作1：500工作图231幅，建设了新集、吴陈河、浒湾3个乡（镇）“数字乡镇”地理信息框架。

【帮扶工作】2009年，新县国土资源局帮扶田铺乡塘畈、宋畈、陶冲等村计生室和卫生室建设，帮扶资金9.5万元。帮扶贫困学生40余人，帮扶资金1.2万元；向慈善机构捐款4万元。

【文明单位创建】2009年，新县国土资源局开展了省级文明单位创建，周河、郭家河、吴陈河和苏河4个国土资源所被县文明委命名为“县级文明单位”。开展了“十佳卫士”和“十佳所长”评选活动，陡山河国土资源所所长刘志群被评为信阳市“十佳国土所长”，局监察大队副队长万年勇被评为信阳市“十佳国土卫士”；深入开展科学发展观学习活动和“讲、树、促”活动。

【矿产资源】新县境内已探明各类矿种38种，矿点1400多处。新县素有“山上藏金、地下埋银”的美称，全县矿产资源总储量大，零星分散，以鸡窝矿为主。

【矿产资源管理】2009年，新县国土资源局对全县30家矿山企业进行年度审查，合格率达100%。探矿权年度报告审查、资料收集和实地勘查13个；对全县石英石矿进行专项治理，取缔了2起无证采矿，对全县矿山企业实施实地核查，与河南省煤田地质局物探测绘院配合外业实地核查13个探矿权、33个采矿权。大力推进采矿权招、拍、挂工作，全年出让采矿权6宗，收取出让金47万元；采矿许可证实行网上申报、配号、公告。

【地质灾害防治】开展“十有县”创建活动。县政府成立创建工作领导小组，制订创建工作方案，确定每年拨付专项经费10万元开展工作。11月20日，新县被国土资源部命名为地质灾害群测群防“十有县”，赵吉海同志被表彰为优秀群测群防员。制定地质灾害防治四项制度和方案，由县政府与各乡（镇）签定防治目标责任书。将易发的崩塌、滑坡、泥石流和矿山采空区地面塌陷的公路和铁路沿线、学校和居民集中的区域、旅游景点等区域列为重点防治，对县城区西山路、卡房乡王畈小学、城区朝阳路板栗园和红高粱家属楼后滑坡隐患点作为重点监测区。2009年，全县无一起地质灾害发生。新县大别山省级地质公园被省国土资源厅批准建设。

【执法监察】2009年，新县国土局坚持执法动态巡查，实行分片负责、责任到人，重点对各乡（镇）基本农田变化利用执行情况开展巡查，全年开展巡查725次，发现违法行为78起，面积7.46公顷，立案查处13宗，结案13宗，结案率达100%。开通“12336”国土违法举报电话，全年共接举报电话10个，立案10件，结案10件，结案率100%。在全县16个乡（镇）、205个行政村聘任村级土地协管员。深入开展执法模范县创建活动。全年参与行政诉讼8起，受理行政确权案2起、行政复议案1起，行政复议、应诉胜诉率达到100%。

【信访工作】全年受理来信来访166件（次），结案160件，结案率达到96%。抓好新中国成立60周年庆典的矛盾纠纷排查。新县国土资源局被省国土资源厅表彰为“2009年度全省信访工作先进单位”。

（黄成高）

固始县国土资源局

固始县位于河南省东南边陲，豫皖两省交界处，南依大别山，北临淮河水。地理坐标为东经115°21′～115°56′，北纬31°46′～32°35′。南北最长94.16公里，东西最宽56.19公里。县境地势大体由西南向东北呈倾斜状，平均坡降1/1200，最高处华阳大佛山海拔1025.6米，最低处三河尖建湾村海拔23米，也是河南省海拔最低点。境内地形多样，山区、丘陵、平原、洼地、湿地、滩地兼备。固始县辖32个乡（镇）、601个行政村（街），总人口165万人。截至2009年年底，城区面积37平方公里，常住人口35.8万人，初具中等城市规模；农村集镇面积73平方公里，常住人口31.2万人，全县城镇化率达32.2%。固始县是河南省第一人口大县、农业大县，也是国家扶贫开发工作重点县；2004年，被确定为全省6个加快发展的区域性中心城市和26个加快城镇化进程重点县之一。

【机构设置】固始县国土资源局前身为固始县土地管理局，建于1988年12月。1989年，全县

33个乡（镇）分别设立了土地管理所，并先后在601个行政村，7266个村民组聘请了兼职土地管理员和土地监察信息员，初步形成了全县城乡地政统一管理格局，建立了县、乡、村三级土地管理网络。2002年3月，在县、乡机构改革中，将原县土地管理局的行政管理职能、原县地质矿产局的行政管理职能、原属县建委的城乡规划行政管理职能、原县国有资产管理局承担的涉及土地方面的已实行资产化管理的国有资产行政管理职能合并，重组成立了县国土资源规划局。2005年8月，局城乡建设规划职能重新划归县建设局，国土资源规划局改为国土资源局。2007年12月，理顺了全县32个乡（镇）国土资源管理体制，按照“大镇5人、小乡4人”的原则，共收编国土资源所人员145人，实行财政全额供给。国土资源局现设4室10股,分别为局办公室、效能办公室、基建办公室、纪检室和地籍股、财务股、建设用地股、耕保股、规划股、信访股、监察股、矿管股、人事股和测绘股；直属的二级机构有地产开发总公司、地产交易中心、城市土地监察大队、农村土地监察大队、矿产稽查大队、地价评估事务所、测绘队、国有土地有偿使用费征收办公室、土地整理中心、安置办公室10个事业单位以及全县32个国土资源所。全局共有干部职工475人。

潘家云　党总支书记、局长
李英奇　党总支委员、副局长
张　兵　党总支委员、副局长
何继华　党总支委员、副局长
毛光林　党总支委员、副局长
许培明　党总支委员、纪检组长
侯景峰　党总支委员、工会主任

潘家云：1963年8月出生，汉族，中共党员，大学文化程度，市人大代表， 1981年7月参加工作，1983年11月入党。1981年9月～1988年2月，在固始县马堽乡中学任教师、校长；1988年3月～1989年4月，任马堽乡政府秘书；1989年5月～2001年2月，任观堂乡党委秘书、副乡长、乡长、书记；2001年2月～2004年4月，任武庙乡党委书记；2004年4月～2007年10月，任城郊乡党委书记。2007年10月至今，任固始县国土资源局党总支书记、局长。

【土地资源】固始县土地总面积是4414457.4亩。耕地2342548.2亩，其中，水田2154419.7亩，水浇地3906.6亩，旱地184221.9亩。园地33870.9亩，其中，果园15610.8亩，茶园15513.75亩，其他园地2746.35亩。林地477884.25亩，其中，有林地449381.1亩，灌木林地1557.3亩，其他林地26945.85亩。草地85635.45亩，其中，人工牧草地1.8亩，其他草地85633.65亩。城镇村及工矿用地672917.55亩，其中，建制镇88048.5亩，村庄535309.5亩，采矿用地16483.5亩，风景名胜用地及特殊用地33076.05亩。交通运输用地81076.5亩，其中，铁路用地1180.95亩，公路用地13141.35亩，农村道路66746.1亩，管道运输用地8.1亩。水域及水利设施用地700151.85亩，其中，河流水面91735.2亩，湖泊水面627.75亩，水库水面8599.05亩，坑塘水面347101.2亩，内陆滩涂105408.3亩，沟渠138261.9亩，水工建筑8418.45亩。其他土地20372.7亩，其中，设施农用地5892.15亩，田坎14036.55亩，沙地403.8亩，裸地40.2亩。

【矿产资源】全县已发现各类矿产19种，其中，金属矿6种，非金属矿（包括能源矿产煤和地下水资源）13种。共发现小型矿产地12处，矿点18处。探明资源储量的矿产有煤炭（4807千吨）、铀矿（2800千吨）、铁矿（9.6千吨）、铜矿（53.83千吨）、水泥用灰岩（728千吨）、磷矿（609千吨）、白云岩（10080千吨）、黄铁矿（1000千吨）、建筑用砂（1970千吨）和建筑石料（550千吨）等。上述矿产除建筑用砂产于史河、灌河河床外，其余矿产分布于南部中低山丘陵区与东部四十里长山一带的低山小丘。其中，黑山水泥用灰岩为勘探，杨山煤矿为详查，4处普查，其余为预查程度。县境还圈出较好的化探异常，例如长湾P6、Zn异常，为地质找矿提供了信息。

【耕地保护】一是强化基本农田管护。严格控制建设用地占用基本农田，确保耕地保护面积稳定在15.4481万公顷和13.5298万公顷基本农田保有量，总量不减少、质量不降低、用途不改变。二是落实耕地保护责任制。严格按照《固始县人民政府办公室关于加强耕地保护落实耕地保护责任目标的实施意见》（固政办〔2009〕58号）精神，全面落实乡（镇）政府主要负责人对本行政区耕地保有量和基本农田保护面积负总责的规定，坚持年度责任考核；在全县聘任了600多名村级国土资源（耕地保护）协管员，对违法用地基本做到早发现、早报告、早制止。三是投资700多万元在陈淋、胡族、丰港、观堂、陈集5乡（镇）继续实施“万亩造地”工程，项目总规模427.94公顷，实施整治后可新增耕地393.37公顷。超额完成了市局下达的57公顷土地整理复垦开发补充耕地计划。四是积极争取了2009年新增建设用地土地有偿使用1157.40万元用于分水、泉河2个的乡土地整理项目，项目总规模1020.96公顷，新增耕地39.2公顷，新增耕地率3.84%。五是积极争取占补平衡储备库项目指标异地有偿流转，为荥阳电厂建设项目、如意高速项目及漯河市城市建设用地项目易地补充耕72.1737公顷，收取耕地开垦费1251.1606万元。

【地籍管理】一是加快国有土地使用登记发证速度。改革发证工作机制，提高地籍发证工作进度，全年共完成国有土地登记发证486宗，面积111626平方米，维护了土地所有者的合法权益。二是扎实开展农村土地“两权”颁证工作。全县集体土地所有权登记发证率达100%，集体土地建设用地使用权登记发证率达到90%，远远高于上级下达的95%和85%两个目标。三是全面完成了第二次全国土地调查工作。按照围绕“摸清土地家底，服务科学发展”目标，有序组织和实施第二次全国土地调查的各项活动。对全县2940多平方公里的土地进行了地类、权属调查，对调查结果进行分类统计，并建立了数字、影像于一体的土地利用现状数据库。按照《基本农田调查上图规程》认真开展了31个乡（镇）的基本农田调查上图工作。

【土地市场管理】一是进一步规范土地市场。严格执行土地产业政策、供应政策，认真落实《固始县人民政府关于加强土地“五统一”管理规范土地市场的意见》（固政文〔2008〕194号），全面推行经营性用地、工业用地公开出让制度。全年共成功拍卖土地10宗77亩，拍卖金额共计3460.62万元，清缴拖欠土地出让金2505.52万元。协议出让土地1宗、10亩，金额180.93万元；划拨土地1宗、44.1亩，用于“春晖”廉租房建设。土地市场的规范，提高了土地资源的市场化配置程度，增强了市场主体用地成本意识，提高了全社会珍惜土地、节约用地的自觉性。二是从严清理闲置土地。认真落实《固始县城闲置土地清理处置实施意见》（固政文〔2009〕39号），按照“摸底数、梳项目、保供应”的方针，全面开展闲置土地清理整顿工作，在对历年建设用地使用资源调查的基础上，通过限期开工，调整、收回、回购等措施，督促、引导用地单位做好开发建设或经营。全年依法收回闲置土地64.20亩，查处闲置土地86宗近百亩，收取土地闲置费80万元。闲置土地清理的开展，优化配置了土地资源，提高了土地利用效率。三是盘活存量建设用地。开展了存量用地的调查，建立了存量土地数据库，开通了土地市场动态监管、监测网络。摸清了我县土地利用潜力，为领导决策提供依据。全年完成盘活存量建设用地34.2789公顷，高于市局下达的34公顷目标。四是规范土地资源交易行为。按照减少审批事项、简化审批程序的原则，实行一个窗口对外，一站式服务。办理国有土地使用权转让97 宗，办理抵押登记127 宗，面积946816平方米，抵押金额25220万元，为全县各业融资提供了方便、快捷的服务。

【建设用地管理】一是加强建设用地审批管理，简化审批程序，提高审批质量和征收效率。坚持依法征地。新增建设用地全部实行“五统一”管理和农地转用。二抓好建设用地报批，依法完善用地手续。按“扩内需、保增长”总体要求，确保项目用地需求，加快报批力度。2009年，共上报5个批次用地，其中，报省批征收1个乡镇批次和4个城市批次、共106.624公顷，涉及的有省重点项目绿源植物油5.6727公顷以及县重点项目华汉鞋业、巨力玻璃、软袋输液制品厂、小史河治理、根亲文化园和产业集聚区内的部分工业项目用地。二是加大土地预审工作。按照“有限指标保重点，一般项目靠挖潜”的原则，建立了严格的建设用地申报预审制度，严格审查拟建设项目的立项、规划、环保、预审等资料，做到依法依规。全年共完成了九龙畜禽养殖等44个项目用地的预审，未通过7项，核减用地面积6.138公顷。三是批管并重。从过去重审批到现在审批监管并重，落实批后建立台账、动态巡查、联合验收、内部监督机制，实现了用地的集约节约。全年共完成报建审批125宗，上报省、市建设用地5个批次。其中，报省批征收3个批次，共117.7991公顷，报市农用地转用2个批次，共33.9339公顷。四是加强建设用地跟踪监督管理，严格实行土地用途管制，建立批复后土地的监督核查制度。五是严格执行工业项目控制指标制度，大力推进标准化厂房建设和使用，对标准化厂房企业实行优惠、倾斜政策，提升现有项目用地的集聚度，提高单位用地产出率，共完成6栋4层标准化工业厂房建设,建筑面积达22400平方米。

【执法监察】一是进一步落实土地案件联合查处制度。在查处土地案件时要求人民法院、人民检察院、公安机关、监察机关和国土资源管理部门通力协作，建立联席会议、信息通报、案件调查、案件移送工作制度，确保土地违法案件查处到位。二是进一步落实联合遏制制度。组织协调发改、建设、规划、房产、电力、银行、工商等部门，建立相关工作制度，落实工作责任，形成执法合力，共同遏制违法占地建设行为。三是进一步落实动态巡查制度。制定了《实施土地执法监察动态巡查责任制度》和《加强土地执法监察建立内部协助机制》，由事后查处变为“预防为主，防查结合”。全年共发现违法、违规用地23宗，占地面积151.7亩，已结案22宗，结案率达95.7%；已查案件21宗，查案率达91.3%。四是实现公开透明的工作机制。开通了全国联网的“12336”土地违法举报电话，对受理电话举报的9宗违法用地进行了查处，并对当事人进行了反馈。五是认真做好卫片执法检查工作。对省国土资源厅监测固始县的206个变化图斑、4023.8亩土地逐一进行调查核实，完善了部分用地手续；对4宗、26.8亩违法用地实施了强制拆除，使本县违法用地占用耕地面积占新增建设用地占用耕地总面积的10.69%，控制在上级规定的15%以内。

【信访工作】加大信访工作力度，进一步强化责任落实制度，建立了县、乡、村三级信访网络机制，进一步明确了分管领导和包案领导责任，组织单位和责任单位的责任分工，提高了查处问题和解决问题的执行力。是认真做好群众来信来访工作。2009年度，我局共受理各类信访案件94件，接待人访11批、97人，在规定时限内办结率100%，全年信访总量较2008年下降23%。全年未发生赴京非正常上访，无赴京、赴省、到市集体上访和恶性上访、群访事件。

【矿产资源管理】一是继续巩固整顿和规范矿产资源开发秩序工作成果。加大了对全县矿产资源开发秩序的整顿和规范力度，对无证开采、乱采滥挖、以探代采、破坏浪费矿产资源、非法转让矿业权等违法、违规行为进行全面监管。集中开展了对我县武庙、段集和方集3个乡（镇）非法开采小煤窑的整治活动。二是完成了2008年度采矿权、探矿权年检工作。对全县33个矿山企业进行了实地检查，实地检查率为100%；抽检各类矿山企业21个，抽检率为68%；矿业权人采矿证、勘查证持证率达100%。三是完成了矿业权实地核查和矿山储量动态检测工作。四是抓好矿产资源有偿使用费征收工作，顺利完成了年度资源补偿费征收工作任务。五是认真落实《河南省发展应用新型墙体材料管理办法》，按照“市场导向、节能环保、规模发展、合理布局”的原则，规范新型墙体材料市场秩序，推广新型墙体材料的使用，加强了对我县现有7家新型墙材生产厂家的监管。六是加强汛期地质灾害监测和防治工作。制定了2008年地质灾害防治方案和应急预案，保证了无地质灾害发生、无安全事故发生。

【测绘市场建设】一是服务城市建设改造，完成了全县应急平台数据报送工作。通过采集、现场勘测、整理，共提供全县1000多个目标及单位所在地的大地坐标数据。二是加大了基础设施投入。先后投资120多万元新建了GPS基准站，县域D级GPS控制网，购置了南方CASS系列操作平台，提高了测绘成果的精度和效率。三是结合土地违法违规专项清查，完成全县违法用地的勘测定界图、勘测定界报告，为清查工作的顺利实施及报批奠定了坚实的基础。

【国土资源所建设】通过改革，对基层所实现人、财、物垂直管理，将基层国土资源所145名人员的工资、编制全部列入县财政，全额拨款。各国土资源所办公设施齐备，管理制度配套，工作纪律严格，人员素质逐步提高，工作效率日渐提高，广大群众比较满意。制定了《国土资源所工作目标管理方案》和考评机制，确保各国土资源所在工作中做到认识到位、责任到位、机制到位、管理到位和督查到位。

【制度建设】建立督导制度，成立效能办公室，所有业务全部进入行政审批中心，统一受理，限时办结。从根本上解决和预防了行业不正之风问题，系统办事效率显著提高。制定规章，强化责任，先后制定了《固始县国土资源局机关差旅费管理办法》、《机关公务接待制度》、《车辆管理制度》，修订完善了《财务管理会审会签制度》，从源头上杜绝了违法乱纪现象的发生。

（郭力新）

淮滨县国土资源局

淮滨县位于河南省东南边陲，淮河中上游。因地处淮河之滨而得名，属于信阳市。地理坐标为北纬32°26′～32°30′、东经115°21′～115°26′。土地总面积1207.2338平方公里，辖7个镇、10个乡，人口约70万人。淮滨县四面环河，西以闾河与息县为界，东、北两面隔洪河，与安徽省的阜南临泉县相望；南有白露河，与固始、潢川为邻。淮河干流由西向东横贯中部。

姚志坚　党总支书记、局长

丁　超　党总支副书记、副局长

任绪良　副局长

周洪泽　副局长

陈玉春　工会主席

任方明　纪检组长

张希元　副主任科员

姜焕森　副主任科员

李红莉　副主任科员

李　涛　办公室主任

姚志坚简介：汉族，1967年6月出生，河南省息县人，大学本科学历，党员，1988年7月参加工作。1988年7月～2000年11月，在淮滨县台头人民政府工作，历任组织委员、副书记；2000年11月～2005年3月，在淮滨县城关镇工作，历任镇长、党委书记；2005年3月至今，在淮滨县国土资源局工作，任淮滨县国土资源局党总支书记、局长。

【机构设置】内设办公室、地籍股、用地股、规划与耕保股、人事股、测绘股、国资与矿管股、监察股8个职能股（室）。下设土地开发公司、储备中心、整理中心、城监队、农监队、矿监队、交易所、评估所、信访室、监察室、测绘队11个二级机构以及17个国土资源所。全局共有干部职工282人。其中，本科以上学历95人，专科以上学历146人，中级职称以上6人，中共党员130人。

【土地资源】全县土地总面积120723.36公顷，其中，耕地79092.30公顷，占土地总面积的65.52%；林地2071.33公顷，占土地总面积的1.72%；园地30.36公顷，占土地总面积的0.03%；草地144.17公顷，占土地总面积的0.12%；城镇及工矿用地20055.57公顷，占土地总面积的16.61%；水域及水利设施用地15567.05公顷，占土地总面积的12.89%；其他土地287.22公顷，占土地总面积的0.24%。

【耕地保护】完成了基本农田保护工作，全县基本农田保护面积66450公顷，占耕地总面积的88.22%。一是健全基本农田保护体系，做到制度到位。各乡（镇）建立了《基本农田保护责任制度》，对基本农田采取了最严格的保护措施。进一步完善了基本农田保护责任体系，落实了保护地块，明确了保护责任，全县共签订保护责任状3287份，向农户发放明白卡94037份。基本农田保护情况已经成为村务公开的重要内容。二是狠抓基本农田保护硬件建设，对全县345块永久性基本农田保护标志牌进行了整修维护，落实基本农田保护地块2385块，做到了有片块面积、有片块图形、有保护责任人、有举报电话、有基本农田保护“五不准”规定。三是推行基本农田保护预警制度，做到网络到位。全县建立了县、乡、村三级基本农田保护网络。全县共聘请兼职村级土地协管员289人，定期逐级报告基本农田保护巡查情况。四是积极开展土地后备资源开发整理，做到挖潜到位。加大建立土地储备库工作力度，积极推进项目开发整理，确保了耕地动态平衡。五是严格农用地转用审批，做到控制到位。

【土地利用总体规划修编】《淮滨县土地利用总体规划》于2009年10月27日获河南省政府批准，17个乡（镇）土地利用总体规划修编成果已通过市县评审。2009年，挂钩规划规划建新区项目共5个，用地总规模140.01公顷，已入省厅备案库待批。

【三项整治】开展“空心村”、工矿废弃地、废弃砖瓦窑“三项整治”共计135.61公顷，纳入省级补充耕地储备库106.02公顷。马集等3个乡（镇）土地整治项目。总规模1717.86公顷，新增耕地56.54公顷，新增耕地率3.29%，国家投资2677万元，2009年3月份开始动工，已完成总工程量的70%。

【建设用地管理】建设用地审查报批工作。全年共上报7个批次城市建设用地，面积270.7485公顷。2009年，全县出让国有经营性土地使用权10宗，面积10.6204公顷，收取土地出让金5734.00万元。盘活存量土地32.0126公顷。优先保障重点建设项目用地，尤其县政府招商引资项目用地以及“扩内需，保发展”项目用地，积极提供优质、高效服务。2009年，共征地1764.17亩。

【地籍管理】淮滨县第二次全国土地大调查工作，农村外业调查已全部结束，转入内业建库阶段。标准分幅图的建库已通过省、部核查，正按有关意见进行整改。小集镇首级控制、底图测量、权属调查已全部完成，正在申请省级验收。土地产权管理，全年共发放土地使用证215本，其中，国有土地使用证173本，集体土地使用证42本。完成马集、芦集2个乡（镇）的集体土地“两权”发证，集体建设用地使用权登记发证试点工作。完成289个行政村集体土地所有权登记发证的权属调查和权属协议书的签订，完成与周边县的接边工作。加强了全县测绘执法力度，全年共查处违法测绘3起。D级DPS系统建设已与协作单位签订合同，正待实施。

【集体土地流转】按照淮滨县委、县政府安排，设立了淮滨县农村集体土地承包经营权交易所，把农村集体土地流转工作作为建设社会主义新农村、发展现代农业以及推进农村改革发展综合试验区建设的切入点、载体、平台和亮点，采取得力措施,激活农村土地承包经营权流转。全县流转农村集体土地55.751万亩。

【矿产资源】淮河河砂由桐柏山与大别山矿石经过多年风化和流水洗刷而形成，淮滨县的河砂粒均质纯，强度高，是优质的建筑材料，砂滩绵延50公里，砂层厚，容易开采，贮量约为4153万立方米，年开采量约为500万立方米，且每年洪水到来可进行补充，有再生性特点。

【矿产资源管理】深入开展治理整顿粘土砖瓦窑厂工作，按照省、市要求，淮滨县粘土砖瓦窑厂已于2008年全部拆除，2009年加强监管，加强巡查和拆除力度，实施拆除11起。

【执法监察】强化责任，确保土地动态巡查到位。我们完善了《淮滨县国土资源巡查制度》，明确了责任。实行基层国土所工作人员包村巡查制，每3天必须巡查一遍，分包区域若出现违法用地案件，包村责任人员同时受处罚。与各基层国土资源所签订了动态巡查工作目标责任制，考核结果列入全年工作目标责任制范围，与评优评先挂钩，确保巡查工作不走过场。同时，为了保证巡查质量，我们加大了执法监察力度，对巡查中发现的问题，发现一起、制止一起、查处一起、做到快制止、快查处、快拆除。今年，我们共开展动态巡查50余次，发现和制止各类土地违法行为65起。其中，现场制止或责任停工40起，自行拆除违法建筑5起。立案查5起，结案5起；拆除违章建筑10起，共计500余平方米。

【信访工作】把处理信访突出问题和群体性事件作为工作的重点，建立了信访问题分析排查、协调处理机制，按信访登记进行分类排查，分清事件原因，了解事情真象，明确当事人上访目的，从实情出发解决问题。同时，建立信访问题“分级”处理责任制，强化领导责任，各司其职，层层把关，一级抓一级，层层抓落实，把各类矛盾解决在基层和萌芽状态。2009年，共接待来信、来访96起，处理回复96起，处理回复率达100%，来信、来访做到事事有回音、件件有着落。

（吕 帆）

潢川县国土资源局

万青山　党委书记、局长
周龙河　党委委员、副 局 长
梁声铎　党委委员、副 局 长
李世国　党委委员、副 局 长
卞晶波　党委委员、纪委书记
雷　健　党委委员、工会主席
冯中华　副主任科员
闻忠强　副主任科员
樊建波　副科级干部
刘建伟　副科级干部
王志刚　副科级干部
谷德清　办公室主任

万青山简介：男，汉族，潢川县人，1959年12月出生，中共党员，大专学历，政工师。1975年参加工作，历任潢川县开发区土地规划局副局长、局长；2008年4月至今，任潢川县国土资源局党委书记、局长。

【机构设置】潢川县国土资源局位于潢川县宁西路中段，现有干部职工286人，内设办公室、地籍股、规划耕保股、用地股、测绘矿管股、信访室、法规监督监察股、财务股、人事股、综合室等11个股（室）；设国土资源监察队、国土储备发展中心、土地整理中心、地产交易中心、地价评估事务所、土地规划勘测队6个直属事业单位；全县派出城关、双柳树、伞陂、黄寺岗、付店、江家集、仁和、桃林铺、传流店、张集、卜塔集、上油岗、隆古、踅孜、谈店、白店、魏岗、来龙18个乡（镇）国土资源所。

【土地资源】潢川县土地总面积1634.92平方公里。其中，耕地150.44万亩，占61.35%，基本农田113.79万亩，人均耕地1.88亩；林地13.88万亩，占5.66%；园地1.01万亩，占0.41%；牧草地3.98万亩，占1.62%；居民点及工矿用地36.77万亩，占14.99%；交通运输用地5.02万亩，占2.05%；水域及水利设施用地32.48万亩，占13.25%；其他土地1.65万亩，占0.67%。

【土地利用】严格执行土地利用计划，加强项目用地预审，凡国家规定禁止类项目一律不予供地。对符合政策的项目，能使用存量建设用地的坚决不占用耕地，对超标准用地予以核减或依法收回。按时上报土地利用季报、年报。依法盘活存量建设用地22.2193公顷，引导企业建设标准厂房1.8万平方米。

【耕地保护】积极推进国家级基本农田保护示范区建设，将土地管理和耕地保护纳入政府目标管理系列。严格落实耕地保护动态巡查机制、责任机制和监督机制，严格执行耕地占补平衡法定义务。依法关闭、拆除实心黏土砖瓦窑厂25个。为郑州、信阳、荥阳等地易地补划耕地234.1273公顷，补划基本农田150.9982公顷。全县耕地保有量稳定在8.5942万公顷，基本农田保护面积稳定在7.586万公顷，保护率达88.25%。

【土地整理】大力推进土地整理复垦开发，依法做好建设规模为1308.72公顷，预算投资为3147.87万元的2008年度付店等2个乡（镇）的国家投资土地整理项目的规划设计工作；申报了2009年度传流店国家投资土地整理项目，争取项目资金550万元；实施了2009年度第一批补充耕地储备项目，建设规模127.74公顷，总投资571.68万元，新增耕地108.48公顷。

【建设用地管理】深入贯彻《土地储备管理办法》和国有土地出让政策，严格执行《工业用地出让最低价标准》，加大土地收储力度，积极盘活土地市场。完成潢川县城镇土地基准地价更新调整和制定发布工作。全年收回国有土地8宗，总面积10.7070公顷。招、拍、挂出让国有土地使用权15宗，面积23.7429公顷，成交价款1.6059亿元。依法申报新增建设用地4个批次，面积131.2013公顷，较2008年同比增长63.75%。

【执法监察和信访工作】认真落实土地执法监察领导负责制，开通了“12336”国土资源违法案件举报电话，建立完善了县、乡、村三级动态巡查网络。扎实开展“国土资源执法模范县”建设，选聘了279名村级土地协管员。与纪检监察、公安机关等部门联合，依法严厉打击违法用地、违法建设，特别是破坏耕地和基本农田的行为。依法查处违法案件104宗，立案100宗，结案96宗，拆除违法建筑31宗、72.6亩，行政建议处理1人，新闻媒体曝光10宗。受理信访案件38件，结案35件，信访总量较去年同期相比下降22%。出具信访事项处理意见书14件，群众满意12件，申请复查2件。

【土地利用总体规划修编】根据全国统一要求，成立了潢川县土地利用总体规划修编工作领导小组，顺利完成县级规划修编方案和文本的制定。《潢川县土地利用总体规划（2006-2020年）》在全市县级单位率先通过省政府批准实施。乡级土地利用总体规划修编初稿通过省、市专家初审，待市政府批准实施。

【国土资源基础工作】全面开展第二次全国土地大调查工作。完成城区59.7平方公里的全数字航飞摄影，制作了1：1000正射影像图。完成农村外业调查和数据库建设，对基本农田分布状况全部实施上图。认真开展城区37平方公里土地权属调查，成果通过省、市专家预检。抓好城镇住宅用地登记发证工作和农村集体土地所有权登记发证工作。加强对地图市场和网络地图的监督检查。完成覆盖全县的D级GPS控制网建设和D级网标志托管工作，实现了基础测绘成果与国家、省、市的联网共享。

【矿产资源概况】潢川县属矿产资源贫乏县区，辖区内仅有少量河砂、页岩等矿产资源。至2009年末，尚未发现其他矿产资源。

【矿产资源管理】全面加强采矿权使用费和

矿产资源补偿费的征收管理，依法首次招、拍、挂出让页岩矿业权3宗，成交额56.8万元，填补了潢川县矿业权有偿使用的空白。

（王 春）

潢川经济开发区国土资源局

潢川经济开发区创办于1994年；1997年，被河南省人民政府批复为省级开发区，批准规划面积6平方公里；在2005年开发区审核中，确定审核面积为5.32平方公里。2008年12月，河南省人民政府又批准设立潢川经济技术产业集聚区，成为全省首批180个产业集聚区之一。

高云禄　党支部书记、局长

黄　馨　党支部副书记、副局长

高云禄简介：1958年出生，汉族，大专文化，中共党员。1974年12月，在罗山县莽张高中毕业；1974年12月，任罗山县竹杆供销社营业员；1975年9月，知青插队到罗山县竹杆公社红光大队；1978年4月，在信阳师范学校中文专业学习；1979年9月，在罗山高中任教；1980年8月，在罗山一中任教；1981年6月，在罗山县人民武装部任专职新闻干事；1984年11月，在罗山县委宣传部工作；1986年5月，在罗山县委宣传部任干事；1990年5月，任罗山县委宣传部副科级宣传员；1996年4月，任罗山县楠杆镇党委副书记；1999年1月，任罗山县尤店乡党委副书记；2001年2月，任罗山县城关镇党委副书记；2003年10月，任罗山县国土资源局副书记、副局长（正科级）；2008年4月，任潢川经济开发区国土资源局书记、局长。

【机构设置】1993年～1995年，开发区成立之前，潢川县土地局负责开发区规划区内土地的统一管理，由潢川县土地开发总公司具体负责区内的土地开发和预出让工作。1995年5月，潢川县委、县政府为加快火车站新区开发建设，成立了潢川县火车站新区管委会（规格为正科级），由新区管委会全面负责新区的规划建设、土地开发出让管理等各项工作。

1998年，信阳市委、市政府设立潢川开发区党委、管委，作为市委、市政府的派出机构，全面管理开发区管辖范围内的经济和社会事务（规格为正处级），内设土地规划建设局（2002年又分设为国土资源局和规划建设局）等几个正科级单位。2005年3月，根据《信阳市人民政府关于印发信阳市国土资源管理体制改革实施方案的通知》（信政〔2005〕4号）精神，开发区国土资源局的机构编制上受到信阳市人民政府管理，改为信阳市国土资源局潢川开发区国土资源分局，为市国土资源局的派出机构，其规格、编制和经费供给不变。单位内设国土储备中心、地产交易中心、土地监察执法大队、测绘队等职能股室，现有干部职工12人。

【深入开展企业服务年活动】潢川经济开发区国土资源分局按照《信阳市国土资源局关于印发企业服务年活动实施方案的通知》（信国土资〔2009〕126号）精神，认真开展了“保增长、保民生、保稳定”企业服务年活动。根据信阳市国土资源局和开发区管委会的统一安排，确定了黄国粮业有限公司、潢绣建筑防水材料有限公司、友利粮业有限公司、福康羽毛有限公司、新鑫米糠油厂、京西商贸有限公司、中石油河南销售分公司潢川油库等企业为重点服务企业。2009年，分别通过征收方式为黄国粮业解有限公司决用地62亩，以转让方式为黄国粮业有限公司解决用地33亩，以置换方式为新鑫米糠油厂解决用地15亩，以出让方式为福康羽毛厂解决用地4亩；并通过规划调整，将原有企业空闲地进行整合，以达到节约、集约用地目的。针对中石油公司潢川油库及京西商贸公司潢川物流港2个项目所遗留的用地问题进行认真分析和研究，努力寻求破解难题的途径和方法，主动做好与潢川县国土资源局等相关部门的沟通协调，克服重重困难，抽调专人跟踪服务，全力以赴做好项目用地农转用及征收报批工作，目前，项目用地报批材料已全部完备，正在向市政府、省厅上报土地征收手续。在企业融资方面，为企业土地评估和抵押登记提供最便捷的服务，累计帮助企业融资3000多万元，为企业发展提供了强有力的资金保障，为促进开发区经济平稳较快发展发挥了积极作用。

【强力推进征地工作，为启动开发区产业集聚区建设奠定基础】为推进产业集聚区建设，保障招商引资项目能够真正落地，潢川经济开发区国土资源分局超前谋划，提前介入，积极参与产业集聚区土地利用总体规划，发展规划的编制评审工作。在征地工作中，高云禄局长多次深入到涉及的街道办事处、村、组，深入细致地开展征地宣传工作，从现场踏勘、勘测定界、地上附着物清点等都是全程参与，亲自过问。仅仅用了1个多月的时间就与群众签订了征地协议，拟征收集体土地500多余亩，园区基础设施建设已启动，现已做好征地报批的测绘等前期相关准备工作，争取尽快完善农转用及征地手续，保障进区项目有地可用，为保障开发区产业集聚区建设全面启动奠定扎实基础。

【提高开发区集聚约节约用地水平】2009年，潢川经济开发区国土资源局认真开展了土地集约利用评价工作，切实做到人员、任务、责任和经费“四落实”，确保评价工作顺利进行。一是召开专题会议，统一思想，提高认识。二是成立了领导小组，加强领导，保证工作落实。三是根据《河南省开发区土地集约利用评价工作方案》的要求，结合开发区实际，拟订了具体实施方案，对开发区土地集约利用评价的对象、范围、工作内容、工作程序与技术步骤作进一步明确。四是就工作经费问题向信阳市财政局进行专门汇报，争取将工作经费纳入市级财政统筹解决。五是按照省厅备案要求，选择河南省中纬测绘规划信息工程有限公司作为技术协作单位，由河南省中纬测绘规划信息工程有限公司负责制订技术方案，并对有关人员进行了技术培训，为评价工作提供技术支持。2009年1月，潢川经济开发区全面启动外业调查工作；6月底，全面完成成果自查及初审工作；8月27日，潢川经济开发区土地集约利用评价会议在郑州举行。由于准备充分，工作扎实，土地集约利用成果受到了省厅评审验收组领导专家的充分肯定，顺利通过了验收。

【加大“以地招商”工作力度，积极盘活存量土地】2009年，结合信阳市政府开展的“大招商”活动和开发区管委会实施“以地招商”的具体部署，潢川经济开发区国土资源局继续以处置、盘活闲置土地和提高低效用地为突破口，认真落实《国务院关于促进节约集约用地的通知》和《信阳市闲置土地处置办法》信政〔2008〕56号，大力推进节约集约用地工作，取得了明显成效。通过下发催建通知，召开项目催建工作会议，制标语、宣传栏，印发文件，下发通知等形式，利用“6·25”土地日，集中宣传国务院3号文和市政府依法处置闲置土地办法等有关法律、法规和政策措施，从根本上引起用地者的重视，促使其主动，尽快进区开工建设。全年共下发催建通知书108份，新开工25户，涉及出让面积400余亩，共盘活闲置土地共100多亩，收到了良好效果，为推动开发区平稳快速发展发挥了重要作用。

【信访工作】潢川经济开发区国土资源局把做好信访稳定作为压倒一切的首要工作来抓，认真落实全市国土资源信访工作会议精神，努力构建和谐发展环境。一是建立了由“一把手”负总责的信访工作和处理群体性突发事件领导责任制。谁接访，谁负责到底，谁包案，谁跟踪处理，领导亲自阅批，督办，做到登记齐全，处理及时。同时，建议开发区领导落实重点人物包案制度和领导接访制度。二是加大源头防范力度，认真落实国土资源信访评估办法，杜绝因决策失误、政策执行不力等导致信访稳定问题发生，特别是不因此引发集体上访、重复上访、赴京上访和恶性上访事件。三是认真做好矛盾纠纷排查化解工作，切实解决上访群众诉求的实际问题，把矛盾消化在基层源头，解决在萌芽状态。五是加强与开发区信访部门的沟通，通力协作，共同做好土地信访工作。2009年以来，我们分别按照退还购地款、调整地块等方式解决了李世海、张国玺、詹峰、花福兰、王玉英等人因规划变更、闲置土地处置而引起的多次上访问题，做到事结案、群众满意，有力地保障了开发区经济社会和谐发展。

【加快土地规划修编，为开发区扩区升级预留空间】2008年，潢川经济开发区产业集聚区作为全省第一批175个产业集聚区正式通过河南省政府审核批准。根据产业集聚区规划，开发区确立发展区面积为590公顷，控制区面积为400公顷。为保证开发区发展空间，潢川经济开发区把做好产业集聚区规划、开发区总体规划和土地利用总体规划的编制与衔接作为一项重要工作摆上工作日程。由于潢川经济开发区没有独立的行政区划，只能将潢川经济开发区土地利用总体规划纳入到潢川县土地利用总体规划范围内进行统一调整。在信阳市国土资源局的统一协调下，在潢川县国土资源局的大力支持下，突破管理体制不顺的种种障碍，目前已经纳入潢川县土地利用总体规划范围，保证了产业集聚区发展的590公顷用地规模；同时，把400公顷的控制区作为中心城区扩展区，将其范围内的基本农田全部调出，从而保证开发区产业集聚区用地得到保障，为下一步开发区扩区升级奠定了坚实的基础。

【狠抓地籍基础业务管理，全面启动第二次全国土地调查工作】为规范地籍管理，按照第二次全国土地调查工作的总体安排，潢川经济开发区成立了由高云禄局长任组长的工作领导小组，抽调技术骨干组成专业队伍，依托技术协助单位和潢川县国土资源局的大力支持，全面启动第二次全国土地调查和开发区土地专项调查工作。同时，为保证工作顺利开展，通过与开发区管委会和市财政局的沟通协调，把土地调查工作经费和开发区土利用总体规划修编及开发区土地集约利用评价工作经费统一纳入市级财政预算，确保工作不受影响。

【积极创新，为农村改革发展综合试验区建设搞好服务】2009年，为深入贯彻落实省、市建设“河南省农村改革发展综合试验区”的意见精神，根据信阳市建设农村改革发展综合试验区总体方案，潢川经济开发区根据开发区党委的安排，加大调研力度，对开发区及产业集聚区范围内各业用地的面积、位置、现状等情况进行了详细调查摸底，为开发区全面落实信阳市委政府加大农村改革综合试验区建设的各项措施，提供用地项目服务和政策支持。积极参与辖区内2个农村医疗卫生室的选址、规划、供地和测绘服务，对辖区内农民失地及社会保障情况进行调查，为进一步深化改革提供参考依据。

息县国土资源局

息县位于信阳市中北部，地跨淮河干流。南接大别山丘陵带，北缘黄淮海平原，东迎颖凤曙光，西送宛申余辉。地理坐标为北纬32°40′～32°07′,东经114°33′～115°07′。南北最长58.5公里，东西最宽53.2公里，全县总面积1892.46平方公里，人口101万人。辖2区、6镇、14乡。息县历史悠久，是华夏大地上首次实行“县制”的地方，经历近3000年未易其“息”，被誉为“天下第一县”。春秋时期，息国的“息夫人”面如桃花、美艳绝伦，被传颂至今。息县特产有香米“香稻丸”和中药材“息半夏”。

申　军　党委书记、局长
彭　波　党委委员、副局长
邢永红　党委委员、副局长
王明辉　党委委员、副局长
宋传美　党委委员、纪委书记
孙超伊　党委委员、工会主席

申军简介：汉族，1965年3月出生，中共党员，硕士学历。1983年11月参加工作，历任息县物价局团支部书记、白土店乡企办主任、曹黄林乡企办主任、息县地矿局党委副书记；2001年11月～2003年3月，主持息县地矿局工作；2003年3月～2007年9月，任息县濮公山管理区党委书记、主任；2007年9月至今，任息县国土资源局党委书记、局长。

【机构设置】息县国土资源局现位于淮河路与千佛庵东路交叉口东南方。1987年，息县土地办公室成立；1989年6月，息县土地管理局成立；2002年6月，更名为息县国土资源局。全局现有干部职工420人，其中，工人320人；机关内干部职工45人，其中，职工23人。内设办公室、人事股、计划财务股、地籍股、规划耕保股、用地股、监察股、测绘股8个股（室），下设直属一所，直属二所、监察大队、评估所、地产交易中心、土地整理中心、土地收购储备中心7个二级机构，辖18个乡（镇）国土资源所。

【土地资源】息县土地总面积为1892.46平方公里。其中，耕地面积1923973.1亩，占全县土地面积的67.78%，人均耕地面积为1.9亩；基本农田保护面积为1646850亩，占全县耕地面积的85.6%；园地面积为2148.2亩；林地面积为104010.6亩；草地面积为5039亩；城镇村及工矿用地面积365780.7亩；交通运输用地面积为108254.4亩；水域及水利设施用地面积为318934.8亩；其他土地面积为10554亩。

【矿产资源】息县矿产资源主要有建筑石料用灰岩、铁矿、河砂3种。建筑石料用灰岩主要分布在濮公山、大脉山和青龙矿区，储量为3000万立方米（含地下），矿石平均含氧化钙为48.6%；具有层理清晰、整体性强、断层较少等特点，是生产建筑石料加工石子的主要原料；整个矿体开采方式为露天开采。河砂主要分布在息县境内淮河沿岸的10个乡（镇），共有42户采砂场，均属个体经营。铁矿主要分布在城郊乡洪庄、孙庙乡宋楼2个区域，总储量5000万吨，矿区开采面积为10平方公里，平均含铁量为40%，埋藏深度为180米～260米，暂未开发利用。

【耕地保护】2009年，完成全县110225公顷基本农田划定目标任务，耕地保有量维持在12.8万公顷以上，连续多年实现耕地“占补平衡”，为全县农业稳定和粮食丰收打下坚实基础。

【地籍管理】一是做好第二次全国土地调查工作。农村土地调查工作数据库建设已通过省级数检并报国家核查，基本农田上图工作已完成，2010年1月上旬，全面完成统一时点变更工作。城镇地籍调查工作，已完成城区土地调查面积36平方公里的权属调查、细部测量及地图编绘工作，控制测量全县D级网布网工作，并已通过省级核查预检验收。二是加强地籍管理工作。息县国土资源局全年共召开12次会审会签工作例会，对1421宗国有和集体土地使用权登记进行会审会签。三是全面开展农村集体土地所有权登记。截至2009年，共发放集体土地所有权证379宗，占申报登记总数的95%；2009年，发放集体土地使用权证9025宗，发放国有土地使用证276宗。

【建设用地管理】2009年，全年共上报城市建设用地和乡镇建设用地4批次，用地面积82.6公顷。全县通过“招、拍、挂”公开出让土地20宗，面积26.7301公顷，出让金额13805.9064万元，单宗最高价7936.5079元/平方米。全年无违法批地行为，建设项目占用耕地控制在市下达指标内。

【土地综合整治】自2008年以来，先后组织实施土地整理项目27个，投入资金9850万元，整治土地63858亩，新增耕地面积14792亩。其中，国家投资和省投资项目4个，整治土地面积13812.6亩；基本农田整治项目5个，整治面积32019.45亩；大广高速公路占补平衡项目1个，整治土地7865.46亩；未利用地、废弃地、滩涂整治项目2个，整治土地面积1608亩；拆除粘土砖瓦窑厂复耕面积2360亩，复耕率达到82%；整治“空心村”项目14个，整治土地面积5990亩。

【执法监察】2009年，进一步完善国土执法监察制度，一是实行土地违法案件会审会签制度；二是推行预案制度；三是实行动态巡查制度；四是实行土地违法案件月报制度。全年共组织召开案件会审会议8次，会审各类案件162起；上报市局立案案件28起，审核下达停止违法行为通知书164件，处理“12336”举报案件12宗。2009年，息县国土资源局被信阳市政府评为“信阳市违法、违规使用土地专项清查工作先进单位”。

【信访工作】2009年，息县国土资源局信访工作做到严格领导包案制度、严格落实信访问责制、强化信访工作督办制。2009年，因违法、违规用地、破坏耕地导致赴省上访1起。共接待和处理信访案件122起，已结案121起，结案率99%，信访处理率100%。未出现群体赴省、市上访事件，被息县县委、县政府授予“2009年度信访工作先进单位”，被河南省国土资源厅授予“信访稳定工作先进单位”。

（王 春）

商城县国土资源局

商城历史悠久，秦隶九江郡，汉置雩娄县。隋开皇初，更名殷城县。北宋建隆元年，改殷城县为商城县。商城县位于河南省东南隅，大别山北麓，淮河以南。地理坐标为东经115°06′～115°37′、北纬31°23′～32°05′。东邻安徽省金寨县，南界湖北省麻城市，西与本省光山县、新县接壤，西北与本省固始县、潢川县毗邻。地形南北长、东西窄，地势南北倾斜，逐级降纸。南部山地，海拔多在千米以上，占全县总面积的40%。境内金刚台海拔1584米，为大别山脉在河南省境内最高峰。辖区国土总面积2111.54平方公里，人口74.8万人，辖6个镇、13个乡、1个汤泉池管理处、1个工业集聚区和1个黄柏山国家森林公园管理处。商城县文化艺术独具特色，地方戏剧、曲艺种类繁多，人们喜爱以歌舞表达情感，被誉为“歌舞之乡”。 商城县属革命老区，是全国生态示范县。这里生态环境优美，人文自然资源丰富，奇山秀水相映成趣，境内有金刚台国家级地质公园、黄柏山国家级森林公园、鲇鱼山国家级水利风景区等自然景观，是山水游、人文游、红色游的理想去处。

孙卫华　党总支书记、局长
张卫平　党总支委员、副局长
涂伯春　党总支委员、副局长
龚杨三　党总支委员、副局长
王　辉　党总支委员、工会主席
王　锐　党总支委员、纪检组长
陶立早　副科级干部
刘　锋　副科级干部

张建中　副科级干部

陈宜道　办公室主任

孙卫华简介：汉族，1957年8月出生，山东省东平人。1974年8月参加工作，1978年9月，加入中国共产党，大专文化。1974年8月～1976年2月，知青下放商城县双椿铺镇张畈大队；1976年3月～1980年1月，任商城县医院支委、副院长；1980年1月～1985年8月，任县卫生局政工股副股长、股长；1990年1月～2002年8月，历任上石桥镇党委委员、副镇长、镇长、党委书记；2002年8月～2007年9月，任商城县国土资源局党总支书记、副局长。2007年9月至今，任商城县国土资源局党总支书记、局长。

【机构设置】2002年，根据中共商城县委、商城县人民政府《关于印发〈商城县县乡机构改革实施意见〉的通知》（商发〔2002〕7号），撤销商城县土地管理局、地质矿产局，组建商城县国土资源局。商城县国土资源局是主管全县土地、矿产资源、国有资产实行资产化管理和测绘等工作的县政府工作部门，承担着《土地管理法》、《矿产资源法》和《测绘法》的宣传、贯彻实施，负责全县土地、矿产资源的管理、开发、利用和保护工作。局内设办公室（人事股）、财务股、用地股、规划股、地籍股、利用股、法规监察室和信访股8个职能股（室），下设国土执法监察队、征地储备中心、土地整理中心、地质矿产管理中心、地产交易中心、地价评估所和测绘队7个局属二级机构，辖长竹园、达权店、伏山、汪岗、冯店、余集、观庙、汪桥、吴河、鲇鱼山、河凤桥、双铺、鄢岗、上石桥、李集、丰集、苏仙石、金刚台、城关、工业集聚区、汤泉池和黄柏山22个乡（镇、处、区、场）国土资源所。现有干部职工268人。

【土地资源】全县国土总面积210966.43公顷。农用地总面积173084.37公顷，其中，耕地54026.88公顷、园地5378.77公顷、林地97828.25公顷、草地15850.47公顷；建设用地总面积34975.24公顷，其中，城镇村及工矿用地15400.65公顷、交通运输用地2945.70公顷、水域及水利设施用地16628.89公顷；其他土地总面积2906.82公顷。

【矿产资源】商城县地处华北地台南缘和桐柏—大别造山带东部，古老的地层及复杂的岩浆活动，形成了较好的成矿地质条件，矿产资源较为丰富。至今已发现各类矿产31种，其中，金属矿产10种，非金属矿产18种，以及矿泉水、地热水、煤等。已勘定分布在全县16个乡（镇）的大、中、小矿床及矿（化）点有60处。商城县矿产资源的基本情况是，金属矿产种类多，但规模均较小，以小矿（化）点为主，很少能达到工业矿床指标要求；矿种以共生、伴生为主，单个样品虽达到指标要求，但矿体延长及延深均构不成规模，故无开采价值或开采价值小；非金属矿产规模一般较大，并具有较好的利用价值，多数矿种都被开发利用过，有些目前仍在继续开采，为经济建设服务。境内矿产分布特点是山区矿产分布种类多，中部及北部丘陵地带广泛分布粘土及河砂资源。

【耕地保护】2009年，进一步完善了土地管理共同责任体系，层层建立土地管理责任制，严格实行问责制。一是做好耕地目标责任制迎检工作。按照省、市对2006～2008年耕地目标责任检查的要求，我局对历年来耕地保护相关资料，特别是2006年以来耕地保护组织建设、制度建设、土地综合整治方案、城市批次、农转用、占补平衡、重大项目占用耕地、耕地开垦费的收支等相关资料逐一登记造册、完善归档，对缺少的资料，及时与相关部门联系，查漏补缺，确保迎检工作顺利进行。二是严格落实耕地目标责任考核办法。按照市政府下达的指标，将2009年全县耕地和基本农田保有量指标分解到各乡（镇），签订了目标责任书，将耕地保护作为一项重要的考核内容纳入乡（镇）年度目标考核，确保了耕地保有面积和基本农田保护面积稳定在51215公顷和47450公顷。三是严格实行县长、乡（镇）长、村民委员会主任为本行政区域内基本农田保护的第一责任人，层层签订责任书。进一步落实了基本农田公示制度，重新更换了保护标志牌，做到面积、位置、标志、制度和责任“五落实”。健全完善了基本农田档案和电子台账，准确掌握基本农田变化情况，提高了对基本农田日常管护的管理水平。四是严格执行占用耕地补偿制度，确保耕地总量动态平衡。落实占一补一。对上报市政府的乡镇批次和上报省政府的城市批次建设用地占用耕地，通过从储备库划转指标的方式，全部实行先补后占，落实占补平衡指标。2009年，全县补充耕地45.2786公顷，其中，城市批次补充耕地

26.0833公顷，乡镇批次补充耕地19.1953公顷，补充耕地的面积和质量均不低于建设占地的面积和质量。把握政策，为发展预留空间。按照国土资源部和省国土资源厅关于第二次全国土地调查中耕地增加或减少有关政策的通知要求，积极开展第二次全国土地调查增加耕地面积的确认工作，为今后非农业建设占用耕地预留发展空间。

【土地整治】2009年，积极开展土地开发整理和“三项整治”。2009年，补充耕地238.88公顷，其中，整理复垦补充耕地8.80公顷，开发补充耕地230.08公顷，比市局下达的年度补充耕地计划171.00公顷超额完成了67.88公顷。积极争取土地整理项目，加大土地综合整治力度。目前，在建的国家级河凤桥土地整理项目总投资1160万元，建设规模838公顷，可新增耕地36.47公顷，整体工程已完成90%，力争年底一次性通过国家验收；上石桥土地整理项目总投资1200万元，建设规模720.08公顷，可新增耕地24.15公顷，已完成各项前期准备工作。根据商城县经济社会发展状况、土地资源条件，编制了商城县2010年新增建设用地计划指标方案，计划新增建设用地471公顷，计划挂钩周转120公顷，现已向信阳市政府申报；配合县发改委，完善工业集聚区建设规模与省发改委有关发展方向调整的对接，使工业集聚区建设规模更加合理；完成了出山店水库、西宁铁路增线等国家重点项目耕地占补平衡和用地预审前的初审。

【规划修编】2009年，按照省、市统一部署，全面开展了县、乡两级土地利用总体规划修编工作。一是县级规划成果（规划文本、规划说明、4个专题报告、4幅规划图件）已按照审查程序，先后经过市局初审、市和省专家组联合审查、复审，对审查意见进行了认真修改，并按要求进行了网上公示，召开了多部门研讨会、听证会，广泛吸纳了乡（镇）、县直相关部门及公众的意见和建议，并呈报市政府转呈省政府批准。二是乡级土地利用总体规划修编已进入规划文本及图件编制阶段，12月底完成送审稿的编制，报市政府批准。三是加强土地利用总体规划实施的监督管理，严格执行现行的土地利用总体规划，未发生违反规划用地、批地。本县本轮规划修编抓住4个原则，即守住51215公顷耕地和47450公顷基本农田这条“红线”；保障民生和重点项目的用地需求；做到节约集约用地，体现可持续发展和科学发展的需求；做好建设用地规模布局，优化用地结构。

【土地调查】第二次全国土地调查，工作量大、时间紧、技术含量高。商城县农村土地利用现状数据库于2009年4月28日完成，并经省二调办上报国家核查。2009年7月底，国家核查意见反馈，共有973个疑问图斑，我们积极组织技术单位人员，全部逐图斑实地核查，收集相关影像资料，形成复核记录汇总表和相关文字材料，上报国家核查。地方复核成果上报后又在市二调办的统一部署下，开展了县级权属接边和基本农田调查上图等工作。目前，已通过国家抽查核实，完成了农村土地调查和基本农田调查上图，建立了农村第二次全国土地调查和基本农田数据库，并上报国家核查确认。同时，城镇地籍更新调查也已通过省级验收。

【土地利用】一是积极争取建设用地年度计划指标，满足县“一园四景”和民生项目用地需求。按照河南省委、省政府“扩内需、保增长”的工作要求，为满足城乡建设发展，在信阳市国土资源局的大力支持下，商城县国土资源局全力做好重点建设项目用地报批征地工作。2009年，共向省、市争取建设用地计划指标70.8019公顷，征地556亩。其中，重点工程建设征地198亩，主要为县城、建制镇、产业集聚区、“黄金池观”旅游景点景区、桂花植物博览园、宁西铁路二线工程等重点区域、重点项目提供用地保障，确保全县经济社会又好又快发展。二是加大土地运营力度，为县城市建设集聚资金。严格执行土地利用供应年度计划，经营性用地和工业用地坚持招、拍、挂出让。2009年，公开出让各类建设用地39宗，总面积136.03亩，总成交价款11117.93万元。其中，盘活存量土地22宗，新增建设用地17宗；以招、拍、挂方式供地38宗，面积126.03亩，而且每次出让活动前都能在中国土地市场网公布相关信息。严格执行工业项目建设用地控制指标，严格控制建设用地规模，不断加大内涵挖潜力度，全年盘活存量土地53.6公顷，既促进了国有土地保值增值，又为经济建设提供了用地保障。三是积极为全县招商引资项目提供土地预审和前期服务配合工作。按照“两保一高”和建设用地预审要求，我们积极服务支持全县双十重点项目以及国家、省、市重点工程用地报批、供地需求，确保如期开工建设。2009年，完成了汤泉池管理处天润国际旅游工程项目、汤泉池污水建设项目、城市规划区内单位建设项目以及中央、黄淮4市项目用地预审，引导用地单位节约集约用地，保障重点建设项目用地，为拉动内需、保增长、保红线保驾护航，从源头严把土地供应闸门。

【新农村建设】认真学习领会市局《关于贯彻落实河南省农村改革发展综合试验区建设动员大会精神支持村级卫生室建设的通知》、《关于服务支持新农村改革综合试验区的意见》和《关于进一步加强国土资源管理推进农村改革发展综合试验区建设的意见》3个文件精神，充分发挥部门职能作用，组织相关业务口深入开展农村集体土地流转调研，形成了调研报告，为领导决策提供参考，并积极参与了农村改革发展试验区有关文件的制定。为支持农村改革发展，强力推进了农村集体土地确权登记发证。以县政府办公室的名义出台了《商城县农村集体土地使用权登记发证工作的实施意见》。2009年，商城县农村集体土地所有权登记发证344本，占应发证361本的95.3%；集体土地建设用地使用权登记应发证165972宗，已登记发证141242宗，发证率达85.1%。

【矿产资源整规】严格按照《国务院关于全面整顿和规范矿产资源开发秩序的通知》要求，继续严厉查处和打击无证勘查开采、超层越界开采、非法转让矿业权和污染破坏矿山环境等违法违规行为；认真组织开展整规工作“回头看”行动，巩固、扩大整规工作成果，并顺利通过省市政府的验收，得到了检查验收组的肯定。2009年，共向非法开采矿山所在乡（镇）政府发函件21份，提请其关闭非法矿山；向县公安局治安大队、派出所发函件33份，提请其停供民爆用品；向非法开采矿山下达责令停止违法行为通知书70余份，共立案25起，下达行政处罚决定书20份。其中，非法采石厂20家，已移交司法机关6家，3家待移交，8家已停产，3家正积极办理采矿权手续。

【地灾防治】商城县地质灾害隐患点分布广，防治工作难度大。2009年，我们编制了《商城县突发地质灾害应急预案》（商政〔2009〕11号）、《商城县2009年度地质灾害防治方案》（商政办〔2009〕22号；成立了突发地质灾害抢险队伍和应急专家组；结合“5·12”防灾减灾日开展了广泛宣传，积极联系各国土资源所，扩大宣传面，开设多处监督举报点，为及时有效反馈地质灾害隐患信息提供了信息渠道；为搞好地质灾害隐患点摸底排查工作，分3个组，动用3台车，行程2000公里，用时13天，遍及19个乡（镇），110个行政村，共排查隐患点269处，核查落实隐患点95处，解除174处，途中填写、发放避险明白卡384份，发放工作明白卡95份，安装崩塌滑坡报警器7个，发放地灾知识宣传页1000余份，宣传画395份，成功预警预防了一起山体滑坡的威胁，确保了商城县全年无一起因地灾引发人员伤亡事故发生。

【基础业务】一是深入开展地籍管理规范化建设工作。把好土地登记关，严格落实国土资源部第40号令。2009年，共办理国有土地登记发证273宗，集体土地登记发证136403宗，国有土地使用权抵押登记发证14宗。二是强化财务管理，收支规范完善。严格“收支两条线”管理，坚持依法理财、依法监督，对一切开支严格按照财务制度办理。依法组织收入，及时上缴县财政；加强支出管理，各项资金严格按规定使用，费用按规定支出，遵循程序、规范运行。各项资金和财务收支符合预算计划和财经政策的要求，提高了资金的使用效益，有效保证了国土资源事业的健康、顺利发展。三是信息化建设扎实推进。局“建设用地报批系统”正式运行，门户网站定期更新，政务网建设全面完成，同时内网增设了LED电子显示屏系统。同时，地价所、测绘队坚持以提高业务素质、服务质量、经济效益为根本，积极为用地单位和个人提供优质服务，认真做好宗地地价评估、年度资质注册、D级GPS大地控制网布设和第二次全国土地调查监理工作。2009年，共评估土地134宗，测绘土地81宗，做勘测定界报告38宗。四是强化政务督办。2009年，县国土资源局共收件800多宗，发件910多宗，办理人大、政协提案、建议8件，办理政府督办事项138件。

【执法监察】一是建立健全执法监察长效机制。严格落实、广泛宣传《违反土地管理规定行为处分办法》，联合举办国土资源法律知识和《违反土地管理规定行为处分办法》培训班。实行国土资源执法监察监管工作责任制，出台了《关于建立国土资源执法监察监管责任制的实施意见》。进一步加大动态巡查力度，建立和完善了《国土资源执法监察动态巡查制度》，对开展巡查的主体、对象、时间以及台账的建立都作了明确要求。采取村荐、所选、乡核、局聘的办法，从全县368个行政村中选聘368位村级国土资源协管员，全部颁发证书上岗履职，从而建立完善了县、乡、村国土执法监察三级网络体系，进一步落实“网格化”管理，筑牢国土资源管理基层阵地。通过制定国土资源村级协管员工作职责、巡查报告、矛盾纠纷调解、例会、学习培训、考核等制度，切实做到对国土资源违法行为早发现、早报告、早制止。2009年，商城县国土资源局向乡镇政府送达土地执法监察函8起，立案查处各类违法案件136宗，全部处理到位，查案率、结案率均达100%。继续推进依法行政，认真做好违法案件查处工作，全年所办案件均及时、依法、适当、按程序作出行政处罚，没有一起引发被处罚当事人行政复议或诉讼。二是认真开展城市规划建设管理集中整治活动。继2008年全市开展清理查处“以租代征”违法违规用地专项行动之后，2009年6月，商城县国土资源局在县城规划区内开展了为期3个月的清查整治违反规划违法用地行为专项行动，重点清查各类在建、新建项目的依法用地、依规建设情况，重点检查未批先建、批少占多、改变土地用途、非集体组织成员私买集体土地建小产权房、集体经济组织乱占滥建、一户多宅出租出卖、不服从规划管理等违法违规行为。此次专项行动立案查处各类违法违规用地45宗，涉及面积7000余平方米。其中，强制拆除3宗，涉及面积500余平方米；申请法院强制执行15宗，涉及面积3200余平方米；制止在停工状态27宗，涉及面积3300余平方米。同时，针对当前违法用地案件查处工作中遇到的实际困难，提出由国土、建设、监察、检察院、法院、公安局等多部门联合办案的设想，并参与制定了《商城县城市规划建设管理办法（试行）》，从而从根本上遏制住了乱占滥建的势头。

【信访维稳】坚持“日常排查和集中排查、重点排查和普遍排查相结合”的原则，按照“谁主管、谁负责”和“谁经办、谁负责”，成立局信访股，明确专人负责，针对群众反映的有关土地、矿产资源信访问题进行认真的调查处理，并及时给予书面答复，努力从源头上减少信访及不安定因素的发生，切实维护好人民群众的合法权益，维护好社会稳定大局。2009年，共受理群众来访79件（次）。其中，人访48件、151人次，信访31件（次），现已全部结案，结案率100%；上级交办要结果的信访件27件，其中，市局交办3件，县委交办2件，县政府交办6件，县纪委交办1件，县群工部交办15件，均按要求调查处理并及时上报了结果，确保把问题解决在基层，把矛盾化解在萌芽，实现全年无赴省赴京集体上访案事件发生，卓有成效地维护了全县社会大局稳定。

【国土宣传】2009年，商城县国土资源局认真开展文明单位和学习型单位创建活动，县局保持市级文明单位称号，被商城县委、县政府授予学习型机关称号。认真组织开展“十佳国土所长”、“群众满意国土资源所”和“十佳国土卫士”创建活动；积极参与商城县“全民健身活动”体育比赛，女子拔河、男子拔河队分别获得一、二等奖；在纪念商城起义80周年、“6·25”全国土地日暨建局20周年之际，积极组织文艺会演，激励广大干部职工奋发进取、建功立业，营造争先创优氛围，极大地激发了干部职工干事创业的积极性；加大政务信息编写和报送工作力度，切实为领导决策提供了大量信息资源，其中，向市局、县政府报送政务信息86篇（条），被市局采用刊登16篇（条），被县委采用8篇（条），被县政府采用20篇（条），被县纪委采用6篇（条）；编印《国土资源信息》45期，共2000余份；编印《信息简报》20期。加强了宣传报道力度，在《中国国土资源报》宣传报道1篇、《资源导刊》3篇、《信阳日报》2篇、《商城周讯》18篇。截至2009年，该局国土资源宣传报道工作已连续5年被市局和县政府评为先进单位。

【学教活动】按照县委的统一部署，该局认真开展了“深入学习实践科学发展观”、“学习弘扬焦裕禄精神”以及“讲、树、促”3个主题教育活动。认真制定了实施方案和学习计划，采取丰富多样的形式和载体，切实联系国土资源工作实际，以学促用、以用促学，鼓励全体党员干部职工参与，以解决在“深入学习实践科学发展观”活动中排查出的影响和制约科学发展的突出问题以及“讲、树、促”活动中党员干部党性、党风、党纪方面群众反映强烈的突出问题，进一步坚定理想信念，解放思想，转变作风，执行纪律，规范言行，不断提高党员队伍和干部队伍素质。在学习实践活动中，我们在抓好学习调研、分析检查、整改落实3个阶段各项工作的基础上，重点把握各阶段的关键环节，建立了领导联系点、学习日、督导检查、工作例会、联系汇报等制度，局党总支组织局中心组专题学习6次，集中学习时间达20个学时，举办专题党课辅导活动5次，每位党员干部都通读了学习资料，精读了重点篇目，并认真做好不少于8000字的学习笔记，班子成员达到1万字以上，每人撰写2篇以上心得体会；确立9大调研课题，完成调研报告49篇,其中，局领导班子17篇,局属单位负责人32篇；编发活动信息15期，其中，在商城电视台报道4次、在报刊发表文章4篇、被上级部门转发3期；上报市局、县学习实践科学发展观成果图片25幅；共收到意见和建议19条，制定整改措施14条。通过开展学习实践活动，强化了该局广大党员干部“守土有责”、“依法行政”和“节约集约”的观念，加大了国土资源法律法规宣传和执行力度，提高了依法管理和利用国土资源的水平；坚守耕地“红线”、切实保护资源，维护了国家和人民群众的根本利益；落实“两保一高”要求，提高了国土资源对经济社会发展的持续保障能力，从而有力地促进了当前各项工作的顺利开展。

【党风廉政建设】一是狠抓机关效能建设。认真查找该局在效能建设工作中存在的突出矛盾和问题，按照“一个窗口受理、一次性告知、一站式办理、一条龙服务”，实行局业务股（室）与“窗口办”联动受理、联动服务、联动管理的互动机制，严格执行首问责任制、服务承诺制、责任追究制和限时办结制，完善会审会签制度，杜绝推诿扯皮现象发生，切实提高办事效率，进一步推进机关思想作风和规范化建设。2009年，该局“窗口办”共受理行政审批项目464件，办结总件数为464件，办结率为100%，被市、县授予优秀窗口。二是狠抓责任目标层层落实。年初，认真对照市局2009年度目标责任书、2009年度党风廉政建设目标责任书和《关于国土资源目标责任考核办法的通知》，局党总支与29个局属单位签订了廉政建设责任书，完善、明确了局对各局属单位的考核重点和党建工作重点任务，将所承担的工作任务进行了细化分解，研究制定了具体的落实措施，明确工作重点和完成期限，确定分管领导和责任股（室）。同时，针对局里安排的中心工作、学习制度和纪律作风建设等，开展跟踪问效，不定期督查，发现问题后，按制度规定，及时整改，靠制度管人、管事，并已形成制度化，建立了长效机制，有力地推动了全局各项工作的顺利开展。三是建立健全教育、制度、监督并重的惩防体系。严格落实党风廉政建设责任制。继续加强对全体党员干部的反腐倡廉教育，严格落实党风廉政建设有关规定，加强对贯彻落实科学发展观的监督检查，把解决损害群众利益突出问题作为党风廉政建设工作重点。坚持从源头防治腐败。组织局属各单位、各国土资源所开展党风廉政建设警示教育，明确具体防范措施，并制定廉政守则，建立健全教育监督并重的惩防腐败体系，进一步加强党风廉政建设。不断完善工作机制。制定了机关接待、小车管理、固定资产管理、财务管理等日常管理制度，完善了《基层国土资源所管理制度》，更新了党风廉政、精神文明、综合治理、“六城联创”及党务政务公开栏，进一步公开局党总支办事程序、决策内容和各业务口职能职责、收费依据、标准和办事流程图，坚持依法行政，打造阳光国土。同时，该局政风行风建设由2008年全县第11名上升到第8名，2009年汪岗国土资源所被省政府纠风办评选为省级“群众满意基层站所”。

（陈宜道）

光山县国土资源局

光山县位于河南省东南部，北临淮河，南依大别山，为鄂、豫、皖三省交界地带，总面积1835平方公里，人口81.8万人，下辖11乡、7镇、2个街道办事处，是北宋政治家、文学家、史学家司马光诞生地，邓颖超的故乡。光山地处亚热带向暖温带过渡地区，青山、绿水、名胜相互映衬，素有“江南北国、北国江南”之美誉，是全国粮油基地、茶叶之乡。

周文国　党总支书记、局长
丁文生　党总支副书记、副局长
尤少新　党总支副书记、副局长
李培森　副局长
韩佑启　副局长
张善秀　纪检组长
曹茂福　监察大队长

周文国同志简介：汉族，1958年1月出生，中共党员，大专文化。1975年8月参加工作，历任卧龙台乡党委秘书、副乡长，河棚乡乡长、乡党委书记，斛山乡党委书记，马畈镇党委书记；2003年11月至今，任光山县国土资源局党总支书记、局长。

【机构设置】2002年8月，根据光编字〔2002〕42号文件精神，撤销光山县土地管理局、地质矿产局，组建光山县国土资源局。2009年，内设办公室、矿管办公室、人事股、财务股、规划与耕地保护股、测绘股、地籍股、土地利用审批股、法规监察股、监察室10个职能股（室），直属光山县土地整理中心、光山县土地规划勘测队、光山县土地收购储备中心、光山县开源地价评估有限责任公司、光山县地产交易中心、光山县国土资源监察大队（副科级单位）、光山县矿产资源开发总公司、光山国土资源局南城管理所、光山县国土资源局北城管理所9个事业单位，下辖弦山、紫水、十里、寨河、孙铁铺、仙居、马畈、罗陈、北向店、文殊、晏河、南向店、殷棚、泼陂河、槐店、斛山、砖桥、凉亭、白雀园、官渡河、净居寺21个国土资源管理所。现有工作人员315人。

【土地资源】全县总面积183367.61公顷，其中,耕地91374.35公顷，园地3341.12公顷，林地30980.11公顷，草地7372.17公顷，城镇村及工矿用地19940.90公顷，交通运输用地4317.95公顷，水域及水利设施用地23293.76公顷，其他土地2747.25公顷。

【矿产资源】矿产资源主要分布在南部山区，现已勘查有金、银、铜、铅、锌及沸石、莹石、石英石等20多种矿产资源。

【耕地保护】认真落实耕地保护和基本农田保护制度以及土地用途管制制度。坚持耕地"占一补一、先补后占"原则，有效保证了全县耕地数量不减少、质量不降低，全县基本农田面积稳定在73250公顷以上，耕地保有量不低于81280公顷。

【建设用地管理】2009年，共申报建设用地3个批次，其中，城市批次2个，面积47.37公顷；乡（镇）批次1个，面积18.21公顷。全年共公开出让土地 85宗，出让金总额2.47亿元，其中，盘活存量土地 73宗，面积15.43公顷。

【土地整理】光山县杨墩、城关2个乡（镇）的土地整理项目为2007年度国家投资土地整理项目，涉及光山县弦山街道办事处龚寨、大张、杨墩等7个行政村。项目区土地总面积2036.2公顷，总投资2690万元，项目建成后可新增耕地77.87公顷。该项目于2008年12月开始实施，截至2009年底，已完成工程总任务的82%，平整土地71.36万方，水泥硬化渠道70.3千米、排水沟28.16千米；新建桥涵73座，提灌站泵房2座，斗、农门563座，跌水132座，拦水坝1座，倒虹吸1座，管涵368座；整修大塘9口；新修筑水泥路25.66千米，生产路60.1千米，圆满完成了年度工程任务。

【基础业务】全年共审批办理土地登记322宗，土地抵押登记6宗。扎实推进第二次全国土地调查，认真复核了上级下发的疑问图斑641个，发现并纠正非疑问图斑1237个，全面完成了外业核查、内业建库及基本农田调查和上图等工作。基本完成土地利用总体规划修编，先后从17个县直部门收集资料90余份，各类图件及表（册）60多套，在广泛收集资料和听取意见建议的基础上，顺利完成了规划文本制作等工作。2009年7月，光山县县级规划修编成果在全市第一批通过省级评审并于10月获省政府批复。

【基层国土资源所建设】自2005年底，乡级国土资源管理所垂直上收县国土资源局管理以来，光山县高度重视，多措并举，不断推进基层国土资源所标准化、规范化建设，通过定期、不定期的学习培训，国土资源所工作人员的政治觉悟、法律意识和业务水平得到全面提高，马畈国土资源所所长当选全市"十佳国土所长"，晏河国土资源所被省政府纠风办评为"群众满意的基层站所"。截至2009年底，全县21个国土资源所都配备了执法监察车辆，拥有独立产权的办公场所、档案室、财务室、会议室等一应齐全，全部达到省国土资源厅规定的规范国土资源所标准。

【执法监察与信访工作】进一步构建县、乡、村三级执法监察网络。县财政每年预算内安排资金50万元，用于村级国土资源协管员队伍建设。经过严格筛选，在全县村党支部书记、村主任和大学生村官中选聘354名村级协管员，将耕地保护工作的"眼睛"放到了田间地头。不断强化政府责任，推动部门联动，全县各乡镇（街道办事处）成立了政府主导，国土、公安、建设、司法、民兵预备役人员参加的国土资源联合执法队伍，有效增强了基层国土资源执法力度。全年共立案查处土地违法、违规案件12起。全年共接待群众来访87批次，160多人（次），来信来访立案调查55件，其中，市、县批转42件。

（郑春来）

工业城分局

信阳市产业集聚区（信阳工业城）辖区总面积73.32平方公里，位于信阳市中心城区东部，是信阳市委、市政府实施“工业立市、工业富市、工业强市”战略，于2004年9月而设立的工业新区。2007年，被列为省黄淮4市资金支持范围；2008年，被确定为省级产业集聚区。下辖1个街道办事处，7个行政村，总人口21693人。

丁正江　党支部书记、局　长

刘国强　党支部委员、副局长

吴鹏生　党支部委员、副局长

陈志华　党支部委员、办公室主任

丁正江简介：河南省潢川县上游岗乡人，1964年7月出生，本科学历。1981年10月入伍，1984年入党；2000年10月转业，分配到信阳市国土资源局工作，任办公室副主任，后任信阳市平桥国土分局副局长；2006年11月至今，任国土资源局工业城分局局长。

【机构设置】信阳市国土资源局工业城分局于2008年1月正式纳入信阳工业城财政编制，全局在编人员14人，级别为正科级。分局内设“三股一室一所”，即用地股、地籍股、法规股、办公室、城东国土资源所。

【行政管理】根据实际情况，分局对各项管理制度进行了完善和细化，出台了《信阳市国土资源局工业城分局各项工作制度的补充规定》，坚持用制度管人、用制度约束人。经市局同意，分局成立了“三股一室一所”即用地股、地籍股、法规股、办公室、城东国土所。同时，按照省市建立村级国土资源协管员队伍的要求，选招了7名村级国土资源协管员，并组织了发放聘书仪式。通过一系列措施，分局的制度更加完善，功能更加齐备，分工更加明确，工作更加扎实，保障更加有力。

【用地报批】2009年，工业城分局抢抓机遇报批了1个乡镇批次和2个城市批次共计1500亩土地，为工业城持续发展提供有力的用地保障。9月份，市第一批乡镇批次（万华生态板业、信电电器共计 20.06公顷）经省政府批准，按照省厅文件规定分局组织了协议供地。全年通过招、拍、挂方式出让10宗地块、35.3公顷，出让金总收入12530.22万元，出让金按照规定全部足额缴纳，完成了全年的用地报批及供地工作任务。

【业务培训】 以“企业服务年”活动为切入点，全面提升新形象。作为服务企业的重要职能部门，过硬的业务素质成为更好地服务企业的关键。分局组织全局人员进行了业务培训，认真学习了《土地管理法》、报批供地的程序、办理土地使用证的程序、信访及征地拆迁等方面的知识；同时，还采取以老带新、实际操作等方法，要求每一个同志都能够在最短的时间里面独挡一面。

【规划工作】《工业城土地利用总体规划（2009-2020年）》获得信阳市政府批准通过。自信阳市安排新一轮土地利用总体规划修编以来，工业城分局在信阳市国土资源局和工业城管委会的正确领导下，围绕工业城今后的发展方向，认真分析研究，广泛征求发改、规划、建设等相关单位和部门的意见，确定了我区至2020年新增建设用地控制规模，基本农田保护面积以及全区城乡建设用地控制规模。11月25日，省、市联合召开对市本级5个管理区的土地利用总体规划修编审查会，信阳工业城第一个接受土地利用总体规划审查并通过。该规划的批准实施将为工业城今后的经济发展提供有力的资源保障。

【第二次全国土地调查工作】按照信阳市第二次全国土地调查办公室的统一安排，完成了辖区第二次全国土地大调查城镇地籍6平方公里和农村土地调查64平方公里的外野调查和内业汇总工作，基本农田全部上图完毕，已通过验收，正在建立数据库，形成第二次全国土地调查成果。

【大项目建设】一是努力开展石武高铁征地拆迁工作，石武高铁工业城段6.078公里，642亩征地工作全部完成，101户被拆迁农民全部拆迁完毕，对需拆迁的2个企业进行了资产评估，对具体拆迁事宜进行了充分协商，没有发生阻工现象。同时，及时下拨了料场、取弃土场和便道选址，永久性用地，改路改渠征地和征地拆迁资金，有力地保障了石武高铁的顺利施工。二是京港澳高速公路拓宽征地工作。按照要求，分局对沿线拓宽改造路段的地形、基本农田等进行了实地调查摸底，及时向市京港澳拓宽领导小组和管委会领导汇报有关情况。通过充分协调，会同市规划勘测队、房管局、建设局、城东办事处以及村组负责人冒严寒，加班加点，经过3天的连续作战，于11月5日完成了京港澳高速公路拓宽改造工程的放线埋桩工作，11月23日，完成了高速公路出口该线的放线埋桩工作，放线埋桩的顺利进行，为下一步征地拆迁工作提供了充分保障。

【卫片检查】分局对第九次卫片检查查出来的31宗用地逐一进行了核查，按照要求对每一宗用地资料组卷建档。在以后的工作中，我们将继续坚持多措并举，加大土地执法检查和宣传的力度，使违法用地行为早发现、早制止、早处置。

【产业集聚区】自申报信阳市产业集聚区以来，分局会同工业城发改、规划等部门积极准备各项申报材料，多次陪同工业城和市发改委领导一起赴省协调申报工作，现信阳市产业集聚区（信阳工业城）的已经省发改委批准，确定了7.6平方公里的建成区、7.5平方公里的发展区、5.39平方公里的控制区，为工业城的下一步发展奠定了坚实的基础。

【信访工作】分局根据新区用地需求量大，容易发生涉土信访案件的特点，结合市局《关于开展“信访积案化解年”活动的实施意见》的要求，高度重视信访工作，进行了逐一排查，建立了信访台账，共接待来信来访9人（次），结案率100%。全年没有集体涉土上访事件发生。

（陈志华）

平桥分局

平桥区位于信阳市东北部，总面积1889平方公里，人口78.85万人。现辖9个乡、5个镇、3个街道办事处、5个管理区，含214个行政村和49个居委会。境内有震雷山风景名胜区、天目山省级森林公园、尖山鄂豫边省委革命旧址、红军桥等人文历史景点；有裴李岗文化、龙山文化等遗址；“亡羊补牢”成语即典于此；全国重点文物保护单位楚国故都城阳城遗址出土的编钟，奏响了中国发射上天的第一颗人造地球卫星的《东方红》乐曲。

冯行礼　党支部书记、局长

李峰远　副主任科员

鲁成武　办公室主任

冯行礼简介：冯行礼，男，汉族，大学本科文化程度，1957年1月出生，1974年12月参加工作，1978年8月入党。历任排长、连政治指导员、政治教导员、团副政委等职；1996年11月～2008年8月，任信阳县土地管理局副局长、平桥区土地管理局副局长、信阳市土地管理局平桥分局副局长、信阳市国土资源局平桥分局副局长；2008年9月至今，任信阳市国土资源局平桥分局党支部书记、局长。

【机构设置】信阳市国土资源局平桥分局(以下简称平桥分局)机关设办公室、用地耕保股、地籍规划股、法规监察股4个职能股(室)；下设地产交易所和平桥国土资源管理所；管辖区域为平桥办事处、五里店办事处、五里镇、洋河镇、胡店乡、肖王乡、龙井乡、彭家湾乡、高梁店乡，辖区各乡、(镇)、街道办事处均设置有国土资源管理所。

【土地资源】第二次土地调查统计显示，平桥分局辖区土地总面积82601.63公顷。其中，耕地38898.14公顷，园地607.14公顷，林地10235.06公顷，草地6272.71公顷，城镇村及工矿用地11491.07公顷，交通运输用地1837.40公顷，水域及水利设施用地12369.13公顷，其他用地890.98公顷。

【耕地保护】严格落实耕地保护责任制，将辖区耕地保有量和基本农田保护面积分解到乡（镇、街道办事处）、村、组，落实到具体地块，并逐级签订目标责任书，实行定期检查与动态巡查相结合，依法从严从快查处土地违法案件，确保了辖区耕地面积稳定，辖区耕地保有量39303公顷，基本农田保护面积28607公顷。

【土地综合整治】完成土地综合整治面积1141.47公顷，其中，中低产田基本农田整治面积960公顷，开发复垦未利用地整治面积181.47公顷。土地开发整理复垦提速工程步伐加快。完成了洋河、肖王、五里、龙井、胡店5个乡（镇），13个项目的前期可行性研究、规划设计等工作，项目总投资4421.8079万元，拟补充耕地377.52公顷。其中，洋河、肖王、五里、龙井4个乡（镇）的7个项目已开工建设。4月1日，省国土资源厅厅长张启生在洋河镇国土综合整治项目区进行了实地调研，在听取了信阳市国土资源局和洋河镇党委、政府关于实施土地综合整治、保障科学发展的工作汇报后，给予高度评价。要求认真总结洋河镇国土综合整治项目带动产业结构调整、促进农村土地流转、增加农民收入的经验，在全省予以推广。5月16日下午，在信阳考察的中共中央政治局常委、中纪委书记贺国强一行视察了洋河国土整治项目区，在听取了平桥区委书记张明春“通过国土整治，全区的土地利用率大大提高，整治后的土地通过土地流转，土地得到了集约化、规模化经营，农民的收益大幅增长”后，贺国强给予了充分肯定。各级领导的亲切关怀和实地调研，极大地调动了各级政府开展土地整治的积极性和主动性，土地综合整治在平桥大地上不断地演绎着精彩。2009年7月，信阳市国土资源局平桥分局迎接了审计署驻济南特派办对辖区耕地开垦费专项资金的审计调查，通过审计，规范了项目实施管理，提升了项目管理水平。

【企业服务年活动】平桥分局成立了以局长冯行礼同志任组长的“企业服务年”活动领导小组，专门设立办公室，保证了组织领导到位。下发了“企业服务年”活动实施方案，进一步明确工作要求、主要措施、活动安排、活动要求，并结合各股（室）工作实际，进一步明确工作任务。召开了企业服务年座谈会，针对座谈了解和企业反映的问题，制定出台了信阳市国土资源局平桥分局服务企业责任分解表，将企业需协调解决的问题，逐项分解到责任单位、责任人、责任领导和协助单位，形成横到底、纵到边的无缝责任链，做到了责任细化到位。为了全面了解企业在用地中存在的问题，对重点服务企业和相关部门发放了《企业服务年征求意见函》和征求意见表，并公开企业服务年活动办公室电话和局主要领导电话，实现了企业与局领导零距离沟通，进一步密切了政府部门与企业的关系。针对企业反映的用地、办证等问题，局办公室抓好跟踪督查，主要领导亲自过问，做到说了就办，定了就干，全力解决企业在用地中存在的问题，为笨鸟科技、华清建材、天力容器、信化化工、新长征幕墙、泰禹丰机械等9家通过招商引资落户平桥工业集聚区的企业办理土地使用证，在8月11日召开的平桥区委三届七次全会上，受到了平桥区委书记张明春、区长王继军的充分肯定和表扬。

【服务农村改革发展综合试验区建设】平桥区作为河南省农村改革发展综合试验区建设的先行先试区，积极主动地向区委、人大、政府、政协及社会各界人士宣传土地政策，以取得辖区政府在农村改革发展综合试验区建设中对土地管理工作的理解与支持。围绕全区农村改革发展综合试验区建设工作，结合耕地保护、土地利用总体规划修编、第二次全国土地调查、土地综合整治、土地登记发证、用地审批等业务工作，制定出切实可行的、支持、服务、推进农村改革发展的具体意见。完成了核心实验区集体土地所有权发证，集体土地使用权发证1527户，发证率85.3%；完成了灵石科技等7家企业的国有土地使用权发证。核心实验区土地利用总体规划修编于11月23日通过市局审查。完成了核心实验区“空心村”、荒草地的调查摸底，整治潜力667.2亩。完成了核心实验区陆圣农机专业合作社等5家企业431.2亩用地规划预审，农贸大市场征地35亩勘界工作已经完成，较好地落实了市委书记王铁在陆庙核心实验区建设现场办公会议精神，有力促进和保障了核心实验区建设。

【服务经济发展】全面完成了辖区石武客专途经的5个乡（镇、园区）、15个自然村，全长47公里的征地拆迁工作，完成拆迁196户，其中，7宗私营企业、2宗国有企业，拆迁4.7万多平方米建（构）筑物，保障了“红线”内用地1600多亩，临时用地1222亩。完成了辖区京珠高速公路改扩建工程的土地权属调查、勘测工作，征地900亩，出口线、停车场征地300亩。完成了京珠高速公路服务区改扩建工程134亩用地的选址、附着物清查和用地预审以及土地补偿、地上附着物补偿等工作。积极主动服务“三路一桥”、光明路改造、招商引资项目及城镇建设与发展项目用地，办理隆基泰和等项目的招、拍、挂手续28宗地，面积86.7223公顷，成交金额34654.9225万元。办理划拨土地补办协议出让手续12宗地，面积0.7731公顷，成交金额113.5458万元。依法报批经济适用房和廉租房用地6宗，面积10.07公顷。严格按照《信阳市国土资源局关于浉河区、平桥区农村居民建住宅使用集体土地审批权限的通知》精神，呈报区政府审批了洋河、胡店、彭家湾、龙井、平桥办事处等乡（镇）480户农民的建住宅用地手续，面积417亩。完成了五里、龙井等乡（镇）农民宅基地补充耕地自验工作，新增耕地3.5727公顷。办理胡店、肖王、洋河、五里街道办事处等乡（镇、办事处）养殖场办理农业产业结构调整用地备案11宗，面积435亩。

【土地利用总体规划修编】统筹协调各方力量，按照“两保一高”的总要求，科学合理、精益求精地编制完成了区、乡两级土地利用总体规划，乡级规划于11月23日通过市局评审。

【第二次全国土地调查】按照市第二次全国土地调查办公室的统一安排，深入乡（镇、办事处）协助二次调查技术协作单位，扎实开展此项工作。二调成果已上报国家核查，并顺利通过国土资源部的抽查验收。基本农田上图工作完成较好，城镇地籍更新调查建库工作有序推进，乡镇地籍更新调查工作正在开展细部调查，统一时点变更调查扎实开展。

【征地拆迁补偿】严格执行征地审批程序，规范征地行为，及时督促各级政府及各项目建设指挥部和隆基泰和等企业依法兑现征地、拆迁、安置费用，切实保护被征地农民的合法权益，确保了辖区建设项目征地补偿费依法、足额、及时拨付到位。

【土地权属登记发证】稳步推进国有土地使用权以及集体土地所有权和使用权的登记发证工作，完成了落户在平桥工业园和洋河镇的企业及平桥电厂、农业银行等国有土地使用权登记发证257宗。根据《信阳市国土资源局关于贯彻执行〈土地登记办法〉及进一步做好农村集体土地登记工作的通知》精神，结合辖区实际，下发了《关于开展集体建设用地和集体土地资源所有权发证的通知》、《关于集体土地所有权和集体建设用地使用权登记的实施方案》，并于5月15日在洋河镇举办了由各乡（镇、街道办事处）土地资源所长及技术骨干参加的集体建设用地使用权登记工作培训班，重点培训了土地确权和地籍调查的程序、报批材料和工作方法等，促进了农村集体土地登记工作的扎实开展。集体建设用地使用权登记发证率达86%。

【法律法规宣传】充分利用报刊、电视、广播、网络等新闻媒体，大张旗鼓地宣传土地法律法规和政策，及时编报政务信息，积极营造全社会齐抓共管国土资源的良好氛围。今年以来，编发工作信息36期，被《资源导刊》等区级以上报纸、杂志、媒体采用58期（次）。其中，《为农改革发展保驾护航》、《为有源头活水来》、《平桥国土资源分局抓信访念好“五字经”》被《中国县域经济报》和《河南经济报》刊发；《全力支持和服务农村改革发展综合试验区核心区建设》一文作为优秀文章，被中共河南省委党的生活杂志社《科学发展观》专集录用；《为有源头活水来》被《河南辉煌60年》录用。6月25日，在《精彩平桥》推出宣传专版，局长冯行礼发表《积极主动服务、严格规范管理，为精彩平桥农村改革发展综合实验区建设提供强有力的资源保障》署名文章。正确应对、努力提高与新闻媒体打交道的能力，主动接受社会各界的舆论监督，及时掌控和消除不良舆情，树立良好的社会形象。通过居高临下、先声夺人的一系列宣传活动，使土地管理法律法规如春雨润物，深入人心。

【第九次卫片执法检查】国家第九次卫星遥感监测图片反映了辖区10个乡（镇、街道办事处、园区）48个图斑、3672.9亩新增建设用地情况，其中，耕地1309.4亩，监测时间从2007年3月至2008年12月。平桥分局严格按照《信阳市国土资源局应用卫星遥感技术开展2008年度（第九次）土地执法检查工作的方案》安排，在第一时间向信阳产业聚集区委、区政府主要领导和分管领导专题汇报此项工作，取得了区委、区政府的高度重视和大力支持，区政府迅速安排在辖区乡（镇、街道办事处）开展声势浩大的卫片执法工作，强力推进卫片执法检查工作的深入扎实开展。在卫片执法检查工作中，区政府成立了由区政府领导任组长，国土、规建办、规划、监察、公检法等部门参加的领导小组，形成了区政府牵头，相关部门齐抓共管的工作合力。区政府多次召开由乡（镇、街道办事处）主要负责人和相关部门负责人参加的卫片执法检查工作会议，并于5月23日、6月2日两次开展集中拆除行动，强力推进工作的开展。市长助理尹建基、市政府副秘书长罗荣国、信阳市国土资源局主要负责人董元成等领导同志先后4次深入乡（镇、街道办事处）检查工作进度，确保了卫片执法检查工作的顺利进行，平桥分局组织精干队伍深入实地对照卫片、对照实地、对照档案逐宗核准，并建立了内容祥实的宗地档案。通过核查，辖区卫片执法监测的48宗地中，合法用地21宗，面积3066.8亩，其中耕地1081.7亩；违法用地5宗，面积79.8亩，其中耕地18.6亩；实地未变化13宗，面积275.1亩，其中耕地160.7亩；农业结构调整用地9宗，面积251.2亩，其中耕地48.4亩。违法用地拆除复垦到位。第九次卫片执法工作得到了省厅和市局的通报表扬。

【来信来访】积极探索新形势下信访工作新思路，变“群众上访”为“领导下访”，通过“早、快、公、实、巧”举措，妥善化解各类土地信访问题，确保了社会和谐稳定。一是抓住一个“早”字。在日常巡查中，有目的地开展重点区域、重点人群以及重大工程建设项目实施前以及重要节假日、重大活动前的矛盾纠纷排查工作，并充分发挥乡（镇）国土资源所和国土资源协管员的作用，争取将问题化解在萌芽状态。二是突出一个“快”字。严格执行领导挂牌接待来访制，为群众的信访诉求开辟了绿色通道，确保群众进得来、谈得上、问题解决得好。三是体现一个“公”字。对群反映的情况认真进行实地调查，避免在处理问题过程中出现偏差，全力把好事实关。严格按政策、法定程序办事，确保把好政策关。对信访案件的处理，多次征求当事人的意见，确保公平、公正，努力把好处理关。四是务求一个“实”字。对群众反映的属于我们受理范围之内的问题，认真核实，能当面解决的当面解决，不能当面解决的，限期解决；对不属于我们工作范围的，告知解决途径。五是注重一个“巧”字。坚持一张笑脸相迎、一把椅子让座、一杯热茶暖心，给来访者应有的尊重。对一些重点案件，落实“三包、四定”措施，“三包”即包案件调查、包问题处理、包人员稳定；“四定”即定领导、定措施、定时间、定责任。对群众反映的具有共性、难点、热点问题进行回访，认真办结每一件信访人访案件，有效地解决了信访难题。2009年，共接待群众来信来访4起，结案4起。

（鲁成武）

羊山分局

羊山新区位于信阳市老城区东北部，南起宁西铁路，东临平桥工业城，西至京广铁路。羊山新区是信阳市委、市政府为了构筑全市经济社会发展载体，拓展城市发展空间，改善群众生活环境，加快城镇化步伐和加快豫东南区域中心城市建设步伐而决定建设的新区。全区规划总面积83平方公里，辖羊山、前进、南京路、龙飞山4个办事处和北湖管理区，现有人口约15万人。新区交通便利、通讯发达、资源丰富、环境优美、别具魅力。京珠高速、上武高速、京广铁路、宁西铁路在新区形成“双十”字交叉，107国道、312国道在新区纵横交错，便捷的交通全国罕见。截至2009年12月底，新区已累计落地项目152个，建成项目21个，在建项目达67个，完成投资72亿元，建成楼房195万多平方米，新建城市道路70公里，新增绿化面积190万平方米。

王德宏　局长

叶长青　副局长

李　良　副局长

陈祖亮　主任科员

郑　昊　办公室主任

王德宏简介：汉族，1970年7月出生，中共党员，大专文化。现任信阳市国土资源局羊山分局局长。1991年8月参加工作；1991年8月～2000年3月，在信阳县土地管理局工作；2000年3月～2002年8月，在信阳市国土资源局明港分局工作；2002年8月～2004年3月，在信阳市国土资源局浉河一分局工作，任市国土储备中心副主任；2004年3月，调入羊山新区任羊山新区开发建设委员会副主任、信阳市国土资源局羊山分局局长、羊山新区机关五支部书记。

【机构设置】分局内设办公室、用地耕保股、地籍规划股3个股（室），下辖前进、南京路2个国土资源所，共有干部职工37人。

【土地资源】截至2009年底，羊山新区农用地面积3281.82公顷，建设用地面积4126.13公顷，未利用地面积567.18公顷。农用地中，耕地面积1827.31公顷，园地面积460.62公顷，林地面积为993.89公顷；建设用地中，居民点及工矿用地面积2866.23公顷（其中，城市用地面积2047.67亩，农村居民点面积804.66公顷，独立工矿用地面积8.13公顷，特殊用地面积5.77公顷），交通用地面积605.62公顷（其中，铁路用地面积 76.9公顷，公路用地面积352.85公顷，农村道路用地面积175.87公顷），水库水面635.5公顷，水利设施用地面积18.78公顷；未利用土地中，草地面积336.58公顷，河流水面面积117.65公顷，其他土地面积112.95公顷。

【建设用地管理】2009年，共申报建设用地9个批次。面积257.3981公顷。其中，农用地198.6856公顷（耕地45.6294公顷），征收集体建设用地42.829公顷，未利用地15.8835公顷。加大闲置土地清查力度，将新区已供地的113个项目进行逐宗清理，共清理42宗闲置土地，其中，闲置2年以上的4宗地，一年以上的38宗地。分局正在积极配合市国土局、市土地监察支队、羊山新区按照《信阳市闲置土地处置办法》以及信阳市国土资源局、羊山新区管委会联合制定的《进一步清查处置羊山新区闲置土地工作方案》（信国土资〔2009〕484号）进行处置。

【地籍管理】2009年，国有土地登记发证上报市局审批54宗地，面积2830.99亩。其中：国有土地使用证遗失补证4宗，面积 7.37亩；划拨国有土地11宗，面积1884.16亩；出让国有土地20宗，面积628.39亩；国有土地使用权转让8宗，面积47.58亩；国家作价出资1宗，面积3.06亩；名称变更6宗，面积258.60亩；划拨补办出让手续4宗，面积1.83亩，发证率100%。各类土地登记均严格按照土地登记程序，无一宗“五不登记”情况发生。

【第二次全国土地调查】2009年5月，全面完成了农村第二次全国土地调查工作，调查面积达60平方公里。辖区内30平方公里、36个街坊、4895宗地的外业、内业工作已全部完成，并顺利通过了省厅二调办检查验收。工作底图、地籍调查表已交信阳市金城公司入库。积极配合技术协作单位地调三队完成了辖区内农村第二次全国土地调查工作，为土地利用总体规划修编提供了科学详实的基础数据。

【土地利用总体规划修编】2009年，开展了新一轮土地利用总体规划修编工作。一是协助信阳市国土资源局完成了《信阳市土地利用总体规划》的编制及《信阳市中心城区用地规模与布局》工作，目前已经省政府批准；二是配合信阳市平桥国土分局开展《平桥区土地利用总体规划》的编制，已完成初审；三是开展《信阳市羊山新区土地利用总体规划》（乡级规划）的编制，乡级土地利用总体规划已通过省验收组初审。

【第十次土地卫片执法检查】按照国土资源部的统一部署和信阳市国土资源局的要求，从2009年3月～5月，配合市国土资源执法监察支队对辖区内受监测的33个图斑进行了认真核查，经核查，发生变化的图斑面积4179.4亩，未发生变化的面积为103.1亩。圆满完成外业调查数据、卷宗档案整理，并配合市土地监察支队开展对违法用地的查处，积极组织用地报批，促进了项目依法用地。

【信访工作】2009年，羊山分局始终把信访工作当作大事来抓，对初访、初信，实行班子成员分工包办制，直到问题彻底解决，真正做到了件件有回复、事事有结果，群众满意率达100%。2009年，共接访156人（次），没有出现重大上访案件，保证了新区建设环境的稳定。

（郑 昊）

浉河一分局

浉河区位于信阳市西部，坐落于豫、鄂两省之间的长江开发带与陇海兰新开发带的交界处，是河南省的南大门。1998年6月，在原县级信阳市基础上重新调整区划而成立，因淮河支流浉河穿越全境而得名。全区总面积1512平方公里；总人口57.7万人，其中，农业人口33.1万人，非农业人口24.6万人。截至2009年底，浉河区辖浉河港、谭家河、柳林、十三里桥、游河、董家河6个乡，东双河、吴家店2个镇，车站、民权、老城、五里墩、五星、湖东、金牛山、双井8个街道办事处，64个居民委员会，157个村民委员会，2249个村民小组。浉河区是全国十大名茶之一“信阳毛尖”的主产地。

范明成　党支部书记、局长
张　哲　副局长（女）
徐洪成　副局长
罗从斌　副主任科员
马　岩　办公室主任

范明成简介：汉族，中央党校研究生学历，1963年3月出生，1981年3月参加工作，1987年12月入党。1989年3月，任信阳县土地管理局办公室主任、土地监察队队长；1993年7月，任信阳县第十届、十一届人大常委会农工委委员；1995年4月，任信阳县土地管理局副局长；1995年9月，中央党校95级本科函授经管专业学习，撰写的毕业论文《城镇国有土地资产流失的原因及对策》获优秀，并获信阳地区社会科学优秀成果一等奖；1998年8月，任信阳市平桥区土地管理局副局长；1999年11月，任信阳市土地管理局人事科科长；2002年8月，任信阳市国土资源局浉河一分局党支部书记、局长。

【机构设置】分局机关设办公室、用地股、地籍股、法规监察股，下设地产交易所、湖东国土资源所、五星国土所，业务指导柳林、十三里桥、谭家河、东双河4个乡（镇）国土所。所辖区域为信阳市东方红大道以南、工区路以西的浉河城区及五星、湖东、东双河、柳林、十三里桥、谭家河6个乡（镇）。

【耕地保护】为严格土地管理和保护耕地，分局及时制订“节约、挖潜”的工作方案，成立基本农田检查领导小组，开展“五落实”活动，做到辖区各乡（镇）有保护牌、村有保护图、地块有保护标志、乡村要签订责任书、保护书签到户。严格按照“先补后占”的原则，确保了耕地占补平衡和动态平衡，确保了基本农田总量不减少、质量不降低，2009年，辖区基本农田稳定在9121.89公顷以上。先后完成石武快速铁路客运专线占补平衡和华新水泥矿区项目用地预审等工作。

【建设用地报批与管理】2009年，上报市政府审批建设用地19宗，面积61.2公顷。按照《国有土地使用权招、拍、挂出让规范》的规定，对信阳市荣盛置业有限公司等6宗用地进行了挂牌出让，面积93.5亩，收缴土地出让金12559.8万元，有效地盘活了土地资产，提高了土地利用率。

【三项整治】2009年，计划开发土地项目8个、146.5675公顷，目前已完成2个。东双河镇彭洼村、响山村14.32公顷土地开发已完成项目立项；十三里桥乡莲花塘村9.0675公顷开发项目已完成可研报告待立项。计划整理土地项目4个，共计1139.22亩，其中，东双河镇周庙村323.9亩，十三里桥乡叶桥村357.4亩，柳林乡甘冲村237.92亩，谭家河乡南湾村220亩。通过土地开发整理与建设用地指标挂钩，解决全区建设用地指标不足。

【地籍管理】规范使用和填写土地登记相关文件资料，进一步完善地籍资料的整理归档工作。加强土地登记成果应用，开展土地登记资料公开查询工作。结合第二次土地调查成果进一步扩大土地登记资料公开查询范围，规范查询程序、提高查询效率，全年公开接待289人（次）查询，有效地发挥了地籍管理工作的基础性作用。不断增强服务意识、改进服务质量、提高办事效率，尽可能简化登记手续，加快登记发证速度。2009年，累积发放国有土地使用证565本，其中，分割土地使用证477本。

【第二次全国土地调查】第二次全国土地调查工作是一项重大的国情、国力调查任务，该分局承担着浉河区东方红大道以南城区城镇调查及5个乡（镇）的农村土地调查任务。现已全面完成第二次全国土地调查城镇地籍更新调查和农村集体土地调查任务。完成辖区46个街坊、17.29平方公里的内业上图工作以及辖区80个行政村、58429.36公顷土地的农村土地调查，进一步加快了集体土地所有权和集体土地使用权登记发证的步伐。

【执法监察】根据《国土资源部办公厅关于开展2008年卫星遥感执法检查工作的通知》的统一部署和安排，按照浉河区政府的工作要求，在市国土资源局卫片执法检查工作领导小组的指导下，按照“重在整改、区别对待”的原则，加班加点，清查并区分不同的类型、用途和违法违规性质，依法处理、完善用地手续。2008年度，卫片监测图斑39宗，总面积为1662.5亩。其中，耕地面积为352.7亩；新增建设用地18宗，面积为1144.4亩（其中，违法用地9宗，面积为417.4亩）；实地未发生变化16宗，面积为457.8亩；农业结构调整用地5宗，面积为60.3亩。在各级政府的大力支持下，依法严肃处理了土地违法行为，坚决遏制了土地违法、违规案件的反弹势头，为辖区经济社会依法用地、有序竞争营造了良好氛围。

【信访工作】为做好群众来信来访工作，分局把规范来信、来访程序，提高办信质量，完善办信机制作为今年信访工作的总抓手。紧紧围绕“案结了事、息访罢诉、群众满意”这个信访工作总目标，坚持“一把手”负总责，完善领导接访制度、包片制度，坚持“特事特办、急事急办”的原则，切实把影响社会稳定的矛盾纠纷解决在基层、消除在萌芽状态。2009年，共接待信访来访案件31宗，其中，同意调解息访罢访28宗，移交市局监察支队依法查处2宗，对分局答复意见不服，要求上级重新复查1宗。

【分局荣誉】2009年，被浉河区委、区政府评为目标管理优秀单位、支持服务经济发展先进单位、平安建设工作先进单位、人口和计划生育工作先进单位；被信阳市国土资源局评为目标管理优秀单位。

（马 岩）

浉河二分局

浉河二分局管辖信阳市东方红大道以北、工区路以东的浉河区域及金牛山、董家河、双井、游河、吴家店、浉河港6个乡镇（管理区）。

江豫闽　党支部书记、局长

黄训华　主任科员

胡雁军　副局长

孙　勇　副主任科员

陈幼新　副主任科员

周宗峰　办公室主任

江豫闽简介：汉族，男，1960年5月8日出生，中共党员，大学本科学历。1981年10月～1982年6月，在信阳市前进乡三桥学校任教；1982年6月～1983年6月，任信阳市民权办事处专职团干；1983年7月～1987年8月，任信阳市团委办公室主任；1987年8月～1988年11月，任信阳市委组织部干事；1988年11月～1991年9月，任信阳市五星乡乡长助理；1991年9月～1996年4月，任信阳市委组织部副科级组织员（1993年8月起，任正科级组织员）；1996年4月～1997年8月，任信阳市老城办事处主任、副书记；1997年8月～1998年11月，任信阳市土地管理局局长；1998年11月～2008年11月，任信阳市国土资源局浉河二分局局长、党支部书记；2008年11月至今，任信阳市国土资源局副调研员、浉河二分局党支部书记、局长。

【机构设置】分局内设办公室、地籍规划股、用地耕保股、法规监察股4个职能股（室）。下设地产交易所和金牛山国土资源管理所。业务指导董家河、双井、游河、吴家店、浉河港5个乡（镇）办事处。

【土地资源】第二次全国土地调查统计显示，浉河二分局辖区土地总面积83757.98公顷。其中，耕地16730.49公顷，园地11389.21公顷，林地40373.26公顷，草地1685.11公顷，城镇村及工矿用地4588.54公顷，交通运输用地1127.47公顷，水域及水利设施用地6826.05公顷，其他用地1037.85公顷。

【耕地保护】2009年，浉河区人民政府与各乡（镇）街道办事处签订了耕地和基本农田保护目标责任书，将二分局辖区基本农田保护面积指标15837.73公顷分解落实到金牛山、双井、吴家店、浉河港、董家河、游河6个乡（镇）办事处，成为年度目标责任考核的刚性指标。2009年11月18日，分局本着“公平、公正、公开”的原则，在浉河二分局辖区6个乡（镇）街道办事处聘用151名土地协管员执行动态巡查制度，坚持经常性巡回检查，将违法行为制止在萌芽状态。

【服务地方经济】2009年，浉河二分局采取提前介入、主动服务等办法，妥善解决征地中的突出问题，做好国家、省、市、区级重大工程项目淮干滩区移民用地的前期各项准备工作。在新一轮土地利用总体规划修编中重点倾斜，将移民安置区范围内的基本农田调出，重点配给建设用地指标，保障移民工作的用地需求。同时，积极为出山店水库、宁西铁路复线的前期调研、规划调整提供服务，切实做好用地保障。

【三项整治】2009年，浉河二分局辖区内省级投资项目双井、吴家店、董家河、浉河港开展异地占补平衡项目实施工程全面推进，项目区总规模139.0617公顷，预计新增耕地128.1076公顷。

【土地利用总体规划修编】2009年，在市局和区政府的领导下，二分局负责统筹浉河区（鸡公山、南湾）的土地利用总体规划。经过分局和协助单位的共同努力，6月9日，区级土地利用总体规划通过省、市专家的评审；5月12日，乡级土地利用总体规划获得批准。

【第二次全国土地调查】根据国务院和省、市的要求，二分局积极筹措经费，购置办公设备，抽调精干力量，组织技术培训，基本完成了第二次全国土地调查的城镇地籍调查和农村土地调查工作，为今后合理开发、利用土地提供翔实、可靠的资料。

【地籍管理】2009年，共完成辖区内土地登记发证688宗，其中，独立宗地地土地登记发证数为92宗，三房分割登记发证为596宗。

【卫片执法检查】2009年，紧密结合第九次卫片执法检查工作，积极配合监察支队做好违法拆除和完善手续工作，对辖区内土地违法情况逐宗进行深入细致的调查，对符合要求的5宗、127万平方米土地积极配合完善用地手续，对不符合条件的9宗、286.5万平方米违法用地进行了拆除。

（臧国兵）

明港分局

2009年，明港分局以科学发展观为统领，深入贯彻全市国土资源工作会议和平桥区三级干部会议精神，以“夯实业务基础，提升服务水平”为目标，通过“四抓四强”（抓培训强素质、抓业务强形象、抓载体强措施、抓公开强廉政），圆满完成各项工作任务。

【耕地保护】一是积极做好基本农田中期考核迎检工作。我们成立了以主管副区长为组长，国土资源、农业、水利、环保等多部门为成员的耕地保护领导小组，定期进行对耕地保护责任落实的检查与考核，确保10个乡（镇、街道办事处、管理区）耕地总面积一直稳定在41692.48公顷。共划定基本农田保护块1263块，划定面积36118公顷，占耕地总面积的86.6%，已建立基本农田保护牌26块，保护责任书签订到村级122份，签订到村民组180份，签订到农户9600份。二是严格落实耕地占补平衡制度，对明港等3个乡（镇）占用的86.0459公顷耕地（基本农田85.6472公顷）及时进行补划，并保证补划地块均在各乡（镇）内部平衡，确保耕总量不减少、质量不降低。三是对已依法批准占用耕地建设项目及时补充耕地，14个已签订委托补充耕地协议项目正逐步按照《土地开发整理项目管理办法》的要求进行实施。同时，在长台关乡（城阳城）马营村实施了土地开发项目，新增耕地共计5.6724公顷，并纳入补充耕地项目储备库。四是分解土地综合整治任务。按照与新农村特区建设有机结合、与农业结构调整及农村集体土地流转有机结合、与农业综合开发、小流域综合整治、乡村道路、农村电网建设、骨干水利工程、农业产业化工程等有机结合的总体要求，把960公顷中低产田改造、40公顷未利用地开发复垦的综合整治任务分解到10个乡（镇、办事处、管理区），做到分工负责，形成合力，切实做好综合整治工作。

【第二次全国土地调查】明港分局把第二次全国土地调查工作作为“夯实业务基础”的重要抓手，强力推进该项工作。一是农村土地调查已全面完成。自2009年2月份开始，农村土地调查外业工作全面展开，经过2个多月的努力，在2009年4月底前完成外业工作，自5月份开始，转入室内作业建立数据库，9月底建立完毕，11月将基本农田布设完成。二是城镇地籍调查正在紧张、有序进行。2009年7月底，城镇地籍调查全面启动，为确保该项工作的质量和进度，我们制订了实施方案，组织了专业权属核查队伍。明港镇25平方公里内的权属调查已基本完成，正在进行细部测量；其他8个乡（镇）的城镇地籍控制点已布设完毕，权属调查正紧张有序进行。同时，摸清了集体土地的基本情况，共有集体土地所有权地块148宗，集体土地使用权76498宗，为完成“两权”发证目标打下基础。2009年，明港分局共进行农村土地登记发证65164宗（集体土地所有权141宗，完成95%；集体建设用地使用权65023宗，完成85%。）

【土地规划】明港分局按照相关政策规定，多次主动向平桥区政府汇报土地利用总体规划修编工作开展情况，积极配合其他部门完成了平桥区级规划修编工作，并严格依照上级下达的各项指标进行分解，完成基本农田上图工作。另外，以地籍规划股为主导，具体指导各乡（镇、街道办事处、管理区）级总规修编工作并通过专家评审。

【服务淮干滩区移民迁建】出山店水库是信阳市大型建设项目，拟占用辖区平昌关镇、甘岸办事处集体土地3469.3554公顷，其中，农用地2035.5937公顷，建设用地370.7842公顷，未利用地792.9775公顷。为了促进项目能够尽早开工建设，我们积极配合信阳市国土资源局的工作，组织辖区涉及乡（镇）举行了听证会，对平昌关、甘岸两个乡（镇）的土地利用总体规划进行局部调整，从而有效促进这一大型项目的建设。

【支持重点项目建设】一是全力支持石武客专建设。石武客专明港段征地涉及明港6个行政村、29.47公顷集体土地，总长度为11.05公里，征地材料已报报待批；积极配合组织拆除石武客专建设红线内房屋29户，拆除面积6570.49平方米；为石武客专建设签订临时用地协议14.73公顷。二是全力支持京港澳高速扩建。京港澳高速公路扩建工程是国家“扩内需、保增长”项目，占用明港镇淮河村土地1.9016公顷，经现场踏看，该项目占用的土地不符合规划，及时对明港土地利用总体规划进行局部调整，共调整1.9016公顷，通过调整满足了该项目建设需求，同时，配合测绘队完成勘测定界工作。三是全力支持信钢技改项目建设。信阳钢铁公司技改项目是市政府重点项目，需征收集体土地122.6公顷，已分别按信阳市2008年第三、第四、第五、第六批乡镇建设用地组织上报且已获省政府批准，现正在组织材料依法进行供地。

【土地利用】全年，明港分局共上报市政府批准公开挂牌出让国有建设用地使用权9宗，总出让面积94199.56平方米，共缴纳出让金2963.1638万元。

【执法监察】2009年度，明港分局辖区发现土地违法案件41宗，案件发现率100%；报告25宗，报告率60%；查处25宗，查处率100%；移交19宗，移交率76%；共拆除违法建筑2600平方米。一是按照上级要求，认真开展第九次卫片执法检查工作，及时、准确地调查了解情况，认真负责地提出初步处理建议，对涉及的8个图斑、10宗用地情况建立了档案。现正在对长台关乡地税所等进行立案查处，并积极配合平桥区政府对3宗地的拆除工作。二是法规监察股配合支队明港大队坚持每周不少于3天在外巡查，制定巡查路线，认真作巡查记录，将基本农田变化、“五不准”落实情况及土地利用执行情况作为重点，发现问题立即依法制止解决，造成违法事实的，坚决依法查处。三是积极配合市支队、区墙改办对23个砖瓦窑厂进行调查汇总上报。

【信访工作】四是共办理上级交办信访案件21起，其中，市局3起，平桥区群工部18起，办结率达100%，群众满意率达90%。21起信访案件中，属往年重访2次办理的3起，当年重访2次办理的2起。没有因违法、违规用地、破坏耕地等导致赴省上访情况发生，通过我们的工作，把矛盾化解在基层，维护了地方稳定。

（胡廷武）

许　昌　市

许昌市国土资源局

许昌市位于河南省中部，东邻周口市，西交平顶山市，南界漯河市，北依省会郑州市，距离省会仅80公里。京广铁路、京珠高速公路、107国道纵贯南北；311国道、地方铁路横穿东西；新郑国际机场在北50公里。2009年，许昌市辖3县（许昌县、鄢陵县、襄城县）、2市（禹州市、长葛市）、1区（魏都区），总面积4996平方公里，其中，许昌市区建成区面积45.8平方公里；总人口456.41万人，市区人口48万人。

张明山　党委书记、局长
苏　晓　党委副书记、副局长
沈耀宇　党委委员、调研员
陈念卫　党委委员、副局长
郭保中　党委委员、副局长
阮玉兴　党委委员、副局长
康永生　党委委员、副局长
赵　理　党委委员、纪委书记

张明山简介：河南省长葛市人，1956年12月出生，汉族，中共党员，本科学历，1979年11月参加工作。1979年11月～1984年12月，在许昌地区农科所实验厂工作，任副厂长；1985年1月～1988年4月，在长葛市委组织部工作，历任秘书、干事、知工办副主任；1988年4月～1992年10月，任长葛市董村乡党委书记；1992年10月～1997年12月，任许昌县检察院党组书记、检察长；1997年12月～2001年5月，任禹州市委常委、常务副市长；2001年5月～2002年8月，任禹州市委副书记、常务副市长；2002年8月～2003年2月，任禹州市委副书记、市政府代市长；2003年2月～2007年4月，任禹州市委副书记、市长；2007年4月至今，任许昌市人民政府市长助理、许昌市国土资源局党委书记、局长。

【机构设置】许昌市国土资源局机关现内设科（室）13个，分别是办公室、政策法规监察科、耕地保护科、地籍与测绘管理科、规划与建设用地审批科、土地利用管理科、矿产资源开发保护科、矿产资源勘查储量科、财务科、行政审批事项服务科、人事教育科、纪检监察室、党委办公室（信访科）；隶属行政单位1个即许昌市国土资源局魏都分局。

许昌市国土资源局属下许昌市国土资源执法监察支队、许昌市土地收购储备中心、许昌市国有土地管理一所、二所、三所、许昌市国土资源局经济开发区分局、许昌市国土资源局东城区分局，许昌市土地开发整理中心8个事业单位；代管许昌市国土资源局东城区分局邓庄所、许昌市国土资源局经济开发区分局长村张所2个事业单位。

【土地资源】截至2009年底，全市总面积4978.83平方公里。其中，耕地5175076.50亩，园地7845.45亩，林地271272.15亩，草地151881.45亩，城镇村及独立工矿用地1302284.85亩，交通运输用地224195.1亩，水域及水利设施用地216535.35亩，其他土地119158.65亩。

【土地利用】2009年，全市共盘活存量和低效用地221.35公顷，其中，市本级盘活37宗、145.12公顷，并按照新土地规划用途实施了土地供应。年内全市共建成标准厂房32.09万平方米,在建33.9万平方米，全市在建和已建标准厂房共251.99万平方米。市本级收储土地14宗、382.89亩；全市经营性用地招、拍、挂成交额达32.2亿元，市本级共出让土地37宗，土地成交价18.9亿元，高出起始价3.4亿元。

【耕地保护】全市耕地面积保持在5175076.50亩,基本农田面积稳定在4346689.95亩，连续11年实现耕地占补平衡。2009年，全年共完工国家投资项目9个，市投占补平衡项目30个，县级占补平衡项目165个，全市新增耕地1727.7公顷，顺利通过了省政府耕地保护目标履行情况的检查，以及省国土资源厅对占补平衡项目的检查。

【建设用地管理】许昌市向省政府上报45个批次用地报件和8个单独选址项目，报批建设用地1.79万亩，其中，农用地9387亩(其中,耕地8807亩),建设用地8457亩,未利用地7亩。其中，列入中央新增投资项目3个,列入省“8511”投资促进计划的重点项目8个。

【保障发展用地】许昌市国土资源局将许昌市确定的新增中央投资项目以及省、市重点项目纳入到新一轮土地利用总体规划统筹安排，积极争取把更多的项目列入省重点工程，使用省配置的用地指标。进一步完善了重点项目用地保障机制，将重点项目全部纳入快速通道，简化程序、提高效率，专人负责、定时定责，对所有列入市扩内需、保增长的重点项目，在依法依规的前提下优先办理、快速办理。坚持实行并联审批制度，用地报批的效率显著提高。2009年，本市仅用了1个月的时间就完成了全省首家中央投资项目的用地报批工作，不断加大了部门衔接配合力度，及时掌握和了解重点项目的进展情况；积极主动与项目单位沟通，加强对项目涉及用地的服务和指导，协助项目单位申请建设项目用地预审，及时申请用地报批。

【节约集约利用】坚持以工业园区和集聚区为载体，积极引导项目向工业园区和集聚区集中，向优势产业集中，促使企业节约用地，有效防止了工业项目遍地开花、土地资源浪费的现象。着力在整合闲置土地资源、消化闲置土地、盘活存量用地上下功夫，深入开展了闲置土地大清查和“批而未征、征而未用”土地清理，不断提高土地利用效率，实现土地资源的循环利用。将加快标准厂房建设作为节约集约用地的重要措施，将标准厂房建设纳入各级政府责任目标管理体系中，标准厂房建设总量位居全省前列。将推进城中村改造作为节约集约用地的新平台，用政策推动、靠市场调节，实现城市整体增值的同时，促进了土地的节约集约利用。同时，探索出了政府统征储备、市场开发运作、社区自主改造、“村企共建”、“村园共建”、“土地整理”5种不同类型的城中村改造模式。2009年,全市共启动了57个“城中村”和旧城区改造项目，拆迁面积500万平方米，建设安置房123万平方米，累计完成投资50.6亿元，节约集约用地5000余亩。

【土地市场】继续深化阳光土地市场成果，充分发挥市场配置的作用，切实做好土地供应。不断创新收储方法，在坚持过去成功、有效方法的基础上，采取了预定的收储方式，即只约定土地及其附属物的补偿方式和价款，待土地出让后再支付土地及其附属物补偿费，有效减轻了由于资金不足的困难，缓解了资金周转的压力。采取了招标拆迁，进行收储后的拆迁，收到了良好的效果。在土地收储的补偿中，坚持委托中介机构对土地和地上建筑评估，进行土地收储出让测算，经市财政审，报市政府批准后，进入实质性收储工作。2009年，通过积极协调，解决土地收储资金2亿元，回笼资金1亿元。认真研究制定每季度的土地出让计划，并及时在媒体上进行公示；适势调整供地速度，严格控制“毛地”出让。为了防止个别房地产开发企业的不良行为，建立了房地产企业诚信档案，出台了关于规范土地市场、房地产市场准入机制的意见。进一步加大了土地出让信息公开的广度和密度，在全国性各大报刊网络媒体、本地报刊网络媒体同时发布对外公告；通过举办土地推介会、参加外地大型土地推介会，邀请和吸引有实力的品牌开发企业参与许昌建设。2009年，该局先后到深圳、杭州等地参加了全国大型土地推介会，取得了良好的成效。

【土地利用总体规划修编】许昌市国土资源局坚持对许昌历史负责、对许昌经济社会发展负责的态度，认真开展土地利用总体规划修编工作，实现了省厅满意，党委政府满意，企业和群众满意的良好效果。市级规划修编通过18次修改完善，于2009年9月顺利通过省政府批准，市级新规划共核减基本农田面积6.45万亩，并增加用地指标1.83万亩。在县级规划编制中，许昌“初审模式”在全省推广。乡级规划修编在省厅规定的时限内提前完成了市级审核。本市新一轮的土地利用总体规划修编，较好地实现了各业、各类用地的统筹安排和科学布局；实现了与城市总体规划、许长一体化推进区规划、各类产业集聚区专项规划的科学统一；实现了许昌新区和各类重点项目进规划大盘子，保障了许昌市今后15年经济发展用地需求。

【第二次全国土地调查】经过全市国土资源系统2年的努力，许昌市第二次全国土地调查工作现已经圆满完成。2009年4月，许昌市农村土地调查数据库成果全部完成核查上报工作，其中，魏都区的农村土地调查成果在全省率先上报国家进行核查。全市内业复核成果于2009年7月22日全部上报省土地调查办；8月，经国家土地调查办进行外业核查，禹州市在全省同一批外业核查县、市（区）中质量排名第一。基本农田调查上图数据库成果

2009年12月25日全部上报省土地调查办。城镇地籍更新调查工作外业部分于2009年12月底全部完成。在集体土地确权登记方面，全市应发集体土地所有权证2299本，实发2235本，发证率97%；全市应发集体土地建设用地使用权917847本，实发832645本，发证率90.7%。同时，按照省国土资源厅的要求，按时保质、保量完成了统一时点更新，2009年土地变更调查，“一张图”工程建设，第二次全国土地调查整改等一系列工作。

【矿产资源】许昌市矿产资源较为丰富，是河南省煤炭、铁矿、铝土矿、耐火粘土、水泥灰岩、建筑石料灰岩等矿产的重要成矿区。全市已发现32种矿产，查明资源储量的矿产7种，矿产地56处。其中，大型矿床8处，中型矿床12处，小型矿床24处。矿产资源保有储量居全省第2位的有煤、铁2种，铝土矿居全省第5位，居6～10位的有硫铁矿、耐火粘土、水泥配料用粘土、水泥用灰岩4种。查明地下水可采资源储量5.28亿立方米。截至2009年底，主要矿产资源储量保有量，煤探明资源储量50.76亿吨，保有资源储量48.19亿吨；铁探明资源储量4.2亿吨，保有资源储量4.2亿吨，其中，已上表矿区查明资源储量2.5亿吨，保有资源储量2.5亿吨；铝土矿(耐火粘土)探明资源储量5264.7万吨，保有资源储量2608万吨，其中，已上表矿区查明资源储量1765万吨，保有资源储量840万吨。主要开发利用矿种有煤、铝、铁、建筑石料。

【探矿权、采矿权管理】按照国土资源部和省厅矿业权设置要求，全市各有关县（市、区）国土资源部门配备了必要的人员和设备，认真实施采矿权全国统一配号工作。截至2009年6月，许昌市共清查采矿权358个，全面开通了采矿权全国统一配号系统。采矿权统一配号工作的圆满完成，为加强全市采矿权审批登记管理工作，严格按照有关法律法规明确的审批权限审批采矿权，禁止以大化小、变更矿种等变相越权审批行为提供了可靠保证。同时，许昌市深入开展了矿业权野外实地核查工作，成立了矿业权核查领导小组，编制了矿业权核查实施方案，选择好野外核查队伍，于2009年12月5日全部完成了全市97个甲类矿山和252个乙类矿山的野外核查工作。

【矿政监督管理】进一步完善了采矿回采率、采矿贫化率、选矿回收率等技术经济指标，加强对矿山企业资源利用情况的监督考核，在矿山的延续、变更、换证中，严格对矿山企业履行义务的管理。深入开展了矿产资源开采领域安全生产违法违规行为的查处打击工作，成立了多部门参与的联合执法办公室，实行了分片包干、责任到人，不分昼夜，加大对重点矿区巡查力度，对违法矿井进行了关闭取缔，基本遏制了非法开采势头。先后取缔非法矿点10余处；抓获非法采矿人员32名，其中，治安拘留6名；捣毁设备43台（件），查扣铲车、挖掘机3台，汽车1台，农用三轮车1辆。有效地巩固了矿业秩序治理整顿成果。

【矿产资源补偿费征收】2009年，许昌市国土资源局认真落实国务院第150号令、省政府第13号令，认真总结经验，积极创新思路，将矿产资源补偿费征收工作与矿山监督、采矿权年检相结合，与矿山企业储量消耗相结合，督促矿山企业依法缴费。在核定纳费金额中坚持采取集体会审制度，并张榜公布，确保公开、透明，做到了“从严计征、应收尽收、全额入库”。同时，改变过去上门征收为设立申报大厅征收，让矿山企业主动到大厅申报。2009年，全市征收矿产资源补偿费3125万元，并全额入库。

【地质勘查】2009年度，许昌市境内由省政府出资的地质勘查项目共有8个，即禹州市张得煤详查、禹州市方山—白沙煤矿深部煤详查、禹州煤田葡萄寺煤详查区、禹州煤田扒村井田详查、禹州市新峰一矿深部普查、禹州市泉店井田深部煤预查、禹州市泉店铁矿普查、许昌市灵井铁矿普查。截至2009年底，初步查明禹州市张得煤普查区1500米以浅煤资源量20.58亿吨，为一中型煤田大型煤矿区；许昌县泉店铁矿普查区估算铁矿石资源量1.34亿吨，为一大型铁矿区；禹州市新峰一矿深部普查区初步查明为一处中型煤矿区，估算资源量约3.1亿吨；禹州市方山—白沙煤矿深部详查区初步查明为一中型煤矿区，估算资源量约2.5亿吨；禹州煤田葡萄寺煤矿区详查区初步查明为一中型煤矿区，估算资源量约2.4亿吨。

【执法监察】2009年，全市共发生土地违法案件72宗，涉及土地面积121.68公顷（其中，耕地面积95.5公顷）。及时制止、自行纠正12宗；立案查处各类土地违法案件60宗，涉及土地面积68.17公顷（其中，耕地55.05公顷），结案59宗。

全市案件发现率、报告率、查处率达到100%,移交率和结案率达到95%以上。共拆除违法、违规占地建筑物面积11640平方米。对涉嫌破坏耕地的18宗违法用地进行耕地破坏程度鉴定，及时向公安机关移送涉嫌犯罪人员，追究刑事责任8人，向纪检监察部门提出追究党政纪责任4人，落实4人。

【信访工作】2009年，市本级共接待群众来访69起、91批、223人，集体访12起、73人，来信81封，来电登记42件，土地信访案件结案率达到95%，群众满意率达到90%。

【执法监管】认真落实土地违法案（事）件处理情况月报告制度，各县（市、区）人民政府每月对辖区内发生的土地违法案（事）件处理情况，由县（市、区）长签字后以红头文件形式上报市政府，及时掌握各县（市、区）土地违法情况；同时，加大了督察暗访力度，避免了瞒报、漏报情况的发生。进一步建立健全了耕地保护动态巡查机制、党政“一把手”共同负总责的科学考核机制、土地执法多部门联动机制、查处违法占地案件引入司法保全机制以及党委、政府统一领导下的联合督察机制等，从源头上规范执法行为。集中整治土地违法违规行为，市委书记、市长亲自致信各县（市、区）主要负责同志，提要求，市政府与县（市、区）政府签订刚性责任目标，明确党政同责，坚持多部门联动，集中拆除了一大批违法违规用地。全市2009年土地违法违规案件与2008年相比下降了80%；顺利通过了部、省卫片执法检查和“全国土地执法百日行动”成效显著单位跟踪调查评估，其做法得到了国家土地督察济南局的充分肯定。砖瓦窑厂和新型墙材的监管得到强化，进一步加大了督察暗访力度，开展了死灰复燃粘土砖瓦窑厂集中查处行动，对手续不齐全的64家实施了停产、停建，复耕了17个晾坯场共650亩。

（杨长捷 刘涛）

禹州市国土资源局

禹州市东邻许昌、长葛，北靠新郑、新密，西北同登封搭界，西及南部与汝州市、郏县、襄城县接壤，辖26个乡、镇、街道办事处，655个行政村，总人口约120万人。禹州市物华天宝，沃土生金，素有“夏都”、“钧都”、“药都”之称；煤炭、石灰石、铝矾土、陶土、中药材等自然资源丰富，系全国15个重点商品煤基地之一；郑南公路、许洛公路、平禹铁路、禹郸铁路、洛亳铁路及郑尧高速、永登高速公路在境内交汇。优越的地理位置及丰富的自然资源，为禹州市的经济振兴提供了得天独厚的条件。

上官建平　党组副书记、局长(2009年7月任)
王长仁　党组书记（2009年7月任）
许红涛　党组副书记
刘新法　党组成员
李敏增　副局长
王　磊　副局长
李顺兴　副局长
刘金红　副局长
范志勋　副局长
柴建强　纪检组长
李艺军　工会主席

上官建平简介：1958年出生，汉族，大专文化，中共党员。1976年7月参加工作，历任禹州市粮食局副局长，禹州市外资外经办主任、党组书记，禹州市商务局党委副书记、局长；2009年7月至今，任禹州市国土资源局党组副书记、局长。

【机构设置】全局现有干部职工660人，其中，行政编制18人，事业全供、自收自支共642人。局下设机构45个，其中一级机构11个，分别是办公室、政策法规监察股、规划耕地保护股、用地审批管理股、土地利用股、地籍管理股、人事教育股、综合股、矿产开发管理股、计划征收股、矿产储量股；设国土资源监察执法大队、土地开发整理中心、冶金矿产管理办公室、地质灾害防治办公室、土地估价事务所、地产交易中心、矿产技术服务中心和26个国土资源管理所等34个二级机构。

【土地资源】截至2009年底，禹州市辖区总面积为2203534.32亩。其中，耕地面积1274240.77亩；园地面积为10048.85亩；林地面积为240109.64亩；草地面积为155636.76亩；城镇村及工矿用地362577.12亩；交通运输用地51600.15亩；水域及水利设施用地34487.22亩；其他土地74833.81亩。

【土地利用】坚持集约节约用地的原则，鼓励和引导企业建设多层标准厂房。全年建成多层标准厂房3万平方米，在建多层标准厂房5000平方米；加大存量建设用地盘活利用力度，高度重视对城市存量土地的盘活利用和规划建设用地的收储工作。2009年，盘活存量土地12宗、816亩，收购储备土地280亩。严格执行国有经营性用地和工业用地出让有关规定，按照科学发展观的要求优化配置土地资源，积极搞好国有土地使用权招、拍、挂活动，全年举行招、拍、挂活动4次，出让土地11宗，面积1154.04亩，累计成交金额35770万元，完成土地收益22174万元。

【耕地保护】进一步加强了耕地特别是基本农田保护工作，坚持推行基本农田规范化、标准化管理，严格落实各乡（镇）、街道办事处基本农田保护责任制，确保全市耕地保有量89788.6公顷，基本农田保护面积稳定在75132.79公顷。切实加强土地开发整理工作，组织实施许昌市级投资土地整理项目8个，禹州市投资土地整理项目13个，新增耕地134.68公顷。全市共储备耕地214.01公顷，重点项目拟补充38.5759公顷。当年建设用地共3个乡（镇）批次及1个城市批次，共补充51.4622公顷，年底结余储备耕地162.5478公顷。连续8年实现耕地占补平衡且有剩余。

【建设用地管理】紧紧围绕禹州市经济社会发展大局，对河南平禹煤电公司新建九矿、神火集团梁北煤矿及选煤厂改扩建项目、河南永锦能源公司新建选煤厂项目和龙岗电厂禹州二期项目等重点建设项目提前介入、主动服务，与用地单位共同参与用地报批前各项准备工作，加快用地初审，提高报批效率和审批质量，保证重点项目、重大产业项目和城市基础设施项目用地需求。2009年，共组织上报3个城市批次、5个乡（镇）批次，总用地约133公顷，有力支持了全市重点项目建设。

【执法监察】在全市范围内重新选聘国土资源协管员656名，并制定《禹州市村级国土资源协管员管理办法》。完善土地执法动态巡查制度，执法关口前移，及时发现和有效制止新的违法用地行为；完善部门联合办案和联席会议制度，形成执法合力，强化执法效果。共立案查处土地违法违规案件56起，结案56起；市局交办案件9宗，结案9宗，制止9宗；拆除违法用地33350平方米；申请法院强制执行9起；移送公安机关追究刑事责任4人，移送纪检监察机关党政纪处分1人，维护了良好的土地管理秩序。

【信访工作】从解决信访遗留问题入手，加大国土资源信访工作力度，认真排查、上报不稳定因素，消除信访苗头；每月召开信访工作例会，通报信访工作中出现的新情况、新问题，研究解决处理办法；实行领导包案责任制和重大信访案件会审制，努力做到事事有结果、件件有回音。对信访遗留问题，由主要领导带队，多方沟通协调，耐心细致地做信访人的工作，动之以情、晓之以理、明之以法，千方百计在生产、生活上给予他们无微不至的关怀和帮助，使多年来久拖未决的信访问题得到彻底解决，信访案件大幅度减少，未出现重大群访事件，赴京、赴省访同比下降50%以上。省厅、市局批转、交办的信访事项结案率达到100%，本级受理信访事项办结件群众满意率达到90%以上。

【规划修编和第二次全国土地调查任务】根据全国统一部署，扎实开展工作，圆满完成了该市第二次全国土地调查各项目标任务。其中，农村部分经国家核查，在全省同批次26个县（市）中名列第一。按照“守住耕地红线，节约集约用地”的要求，全面完成了新一轮土地利用总体规划修编工作，一次性通过省、市审核。进一步优化土地利用布局结构，拓展发展空间，保证了未来10年全市经济社会发展、项目建设的用地需求。

【矿产资源】禹州市矿产资源丰富，境内共发现矿产4大类、24种。分别是能源矿产1种，金属矿产7种，非金属矿产14种，水气矿产2种。主要优势矿产是煤炭、铝土矿、耐火粘土、水泥用灰岩、水泥配料用粘土、建筑石料等。煤炭探明资源储量16.16亿吨，远景资源量70亿吨，位居全省第三位，分布在禹州市整个辖区内。铝土矿探明资源储量2940.3万吨，远景资源量2000万吨，位居全省第四位，分布在苌庄、浅井、磨街、鸠山、方山、文殊、神垕、鸿畅等乡（镇）。耐火粘土探明资源储量572.1万吨，它与铝土矿是伴生矿产，分布情况与铝土矿相同。水泥用灰岩探明资源储量50亿吨，位居全省第十位，分布在角子山矿区、大鸡山矿区、灵山矿区、杨垌沟矿区。建筑石料灰岩估算资源量超过10亿立方米，主要分布在苌庄、浅井、无梁、神垕、鸿畅、方山、鸠山等乡（镇）。

【矿产资源管理】一是组织完成了2009年度全市采矿权人年度报告的审查工作，了解和掌握了禹州市2008年度矿产资源开发利用情况，澄清了资源家底，为促进禹州市矿业有序开发奠定了良好基础。二是搞好矿业权公开出让工作，对浅井、方山、苌庄3个乡（镇）范围内符合条件的、储量规模较大的3处建筑石料灰岩和砂岩矿产地以挂牌的方式公开出让采矿权。三是认真开展矿业权实地核查工作。通过制订方案、组织调研、收集现有资料、确定矿业权实地核查的基准数据等措施，全面完成矿业权实地核查。四是对全市6个探矿权项目进行了实地检查和年度审查，对全市98个甲类矿产资源矿山和206个乙类矿产资源矿山的储量动态检测报告进行了备案，备案率100%。五是加强煤矿实测工作，2009年以来共实测矿井60余对，测量200余次，对有超层越界嫌疑的矿井做到早发现、早制止、早处理，有效防范和制止了煤矿企业超层越界、乱采滥挖等违法开采行为，减少了事故隐患。

【整规工作荣膺全国先进集体】禹州市国土资源局在搞好矿产资源正常监管工作的同时，从建章立制入手，充分发挥三级监管网络的作用，深入开展整顿规范矿产资源开发秩序工作，做到事前抓防范、事中抓严打、事后抓监督，实现了对矿山企业从一般性的大规模整顿到规范化、制度化地实施日常监督管理的根本转变，无证非法采矿现象得到有效遏制，事故隐患得到消除，推动了全市矿业管理秩序明显好转。2009年10月，荣获“全国整顿规范矿产资源开发秩序先进集体”称号。

【成功创建地质灾害群测群防“十有县”】禹州市切实加强地质灾害防治工作，建立健全地质灾害三级群测群防体系，深入开展“防灾减灾”宣传，严格按照有组织、有经费、有规划、有预案、有制度、有宣传、有预报、有监测、有手段、有警示的“十有”标准，强化工作措施，扎实开展地质灾害群测群防“十有县”创建活动，在全市上下形成由政府牵头组织，国土资源部门具体实施，相关部门和各乡（镇）、街道办事处全力配合，村组干部群众人人参与的良好氛围。2009年11月26日，禹州市荣膺全国地质灾害群测群防“十有县”称号。

（李红彬 张延伟）

长葛市国土资源局

长葛市北邻新郑市，南连许昌市，西衔禹州市，东北和东南分别与尉氏县和鄢陵县接壤。总面积636.05 平方公里，辖12个乡（镇）、4个街道办事处，359个行政村，总人口67.7万人，是河南省18个“改革、开放、发展”试点县（市）之一。长葛区位优势明显，北距省会郑州市50公里，京广铁路、107国道、京珠高速公路穿境而过，市内有火车站2处，经高速公路北上25公里即达郑州国际机场。全市路网设施发达齐全，是河南省公路建设先进县（市）之一。

关晓东　党组副书记、局长

王国晨　党组书记

刘明山　党组成员、副局长(2009年10月任)

金新义　党组成员、副局长(2009年10月任)

李浩选　党组成员、副局长(2009年10月任)

朱军峰　党组成员、副局长(2009年10月任)

李军凯　党组成员、纪检组长(2009年10月任)

孟俊峰　党组成员、工会主席(2009年10月任)

关晓东简介：河南省禹州市人，1970年10月出生，汉族，在职研究生学历，1990年参加工作，1995年6月加入中国共产党。1992年4月，到禹州市国土资源局工作，历任办公室副主任、主任；1997年4月，任工会主席（副科级）；2002年1月，任执法监察队大队长；2003年2月，任禹州市国土资源局党组成员、副局长；2008年3月至今，任长葛市国土资源局党组副书记、局长。

【机构设置】长葛市国土资源局现内设办公室、用地审批科、地政地籍科、规划耕保科、土地利用科、矿产资源科、法规监察科、纪检监察室、人事教育科、群众工作站（信访办）10个职能科（室），下属执法监察大队、国有土地管理所、土地收储中心、地产公司4个二级机构以及16个国土资源所；现有干部职工257人。

【土地资源】据2009年第二次全国土地调查统计，全市土地总面积63605.49公顷。其中，耕地45543.77公顷，园地45.42公顷，林地1150.56公顷，草地21.18公顷，城镇村及工矿用地13316.24公顷，交通运输用地1642.81公顷，水域水利设施用地1694.55公顷；其他土地190.96公顷。

【耕地保护】2009年，全市耕地保有量稳定在45017.2公顷，基本农田保护面积40067.4公顷。实施市本级耕地占补平衡项目113个，新增耕地2200多亩；6个市级项目完成招标工作；后河镇省级土地整理项目完成总工程量90%；董村、南席

2个国家级土地整理项目全部竣工并通过省级验收，平整土地达5.6万亩。启动了农村土地综合整治试点，董村镇竹园董村土地综合整治试点项目完成前期准备工作，在8月份国土资源部专题调研活动中得到了国土资源部领导的充分肯定。

【土地利用】2009年，全市共收购储备土地3373.23亩；以招、拍、挂方式出让土地36宗、1428.88亩，总成交价款为2.35亿元；协助法院办理协议出让土地8宗、124.7亩，补缴出让金2829.66万元；年内土地总收益2.63亿元。通过兼并、收购、转让、租赁等方式共盘活存量建设用地48宗、824亩；鼓励和引导企业建设使用多层标准厂房5万平方米。

【建设用地管理】2009年，共上报13个批次用地和4个单独选址用地，共计5485亩，为众品食业股份有限公司、森源股份有限公司等34个省、市重点项目办理了用地手续。

【保障经济发展】长葛市坚持“有限指标保重点、一般项目靠挖潜”的原则，科学分配和使用用地计划指标，统筹安排各类建设用地，严把土地供应关口。对民生工程、城市基础设施建设项目、优化产业结构和拉动内需的重大建设项目，积极做好前期准备工作，加大协调力度，尽可能列为省级以上重点项目，以争取单列计划指标。2009年，长葛市众品食业股份有限公司、黄河集团股份有限公司和奔马股份有限公司等，共计6个高产出、高效益的建设项目已分别列入省重点项目和“8511”投资促进计划，并办理了相关用地手续。同时，以开展“企业服务年”活动为主要抓手，全力服务项目用地。尤其是对列入2009年市定工业重点项目以及涉及民生的基础工程项目进行全面排查，及时掌握全市急需用地项目情况，建立重点项目快速审批通道，合理优化工作流程，落实专人跟踪服务，确保其早审批、早开工、早建设。针对耕地后备资源不足的局面，长葛市在报请上级研究同意后，易地调剂补充耕地指标2302亩，既确保了全市耕地占补平衡，又保证了城乡一体化推进区重点项目的用地报批，此举开创了整个许昌地区乃至全省易地补充耕地的先河，得到许昌市政府的充分肯定。

【土地市场建设】 2009年初，长葛市根据“扩内需、保增长”宏观调控政策，立足该市土地市场实际，科学制订收储和供地计划，并根据市场用地需求，将一些运作成熟的地块适时推向市场，充分发挥土地的杠杆作用，强化政府土地宏观调控能力，实现土地资源优化配置，总土地收益达2.63亿元，这也是该市自推行招、拍、挂出让制度以来年度土地出让收入首次突破2亿元。工作中，长葛市针对当前宏观调控形势，除按规定对新增建设用地纳入收储外，更侧重于城区“边角废料”等存量土地的盘活，尤其是“城中村”改造、小产权房等历史遗留问题的解决。全年共以挂牌方式出让土地36宗、1428.88亩，总成交价款达2.35亿元；协议出让8宗、124.7亩，补缴出让金2829.66万元。不仅盘活了存量建设用地，促进了城镇化建设，而且满足了企业的用地需求，实现土地收益稳步增长。

【矿产资源】长葛市已发现的矿产资源主要是石英砂岩、磁铁矿、煤炭、建筑用砂及矿泉水。石英砂岩分布于长葛市西北部陉山；磁铁矿分布于长葛市石固镇东南与许昌县、禹州市交界处；煤炭分布于长葛市官厅乡李良店村北与新郑市交界处；建筑用砂分布于长葛市双洎河河道，矿泉水分布于长葛市坡胡镇孟排村。

【矿产资源管理】2009年，共整合非煤矿山企业3家；全市60座粘土砖瓦窑已全部做到关闭、拆除、复垦三到位，无一例反弹，粘土砖瓦窑整治成果得到进一步巩固。针对全市11家新型墙材企业，本着“积极扶持、严格监管”的原则，在新一轮规划修编工作中，调剂建设用地120亩，为其合法用地提供了有力保障。

【地质灾害防治】积极开展地质灾害防治工作，排查出地质灾害隐患14处，设立警示标志牌12块，发放地质灾害材料1000多份，防灾避险卡80多份，有效预防了地质灾害事故的发生。

【执法监察和信访工作】严格国土资源执法监察，完善了国土资源执法监察动态巡查责任制度，实行土地违法案件周报、月报制。开通了“12336”国土资源违法举报热线，与公安、法院、纪检监察等部门加强协调配合，建立了土地违法案件联合查处机制，对典型案件以市土地违法违规集中整治领导小组名义对当地党委、政府通报批评，予以曝光。开展了土地违法、违规案件集中整治活动，拆除违法建筑107起、711亩，恢复土地原状500亩。2009年，共查处土地违法案件21宗、

260余亩，有效遏制了土地违法、违规行为的发生。办理土地信访事项23起，同比下降21%，结案率100%，群众满意率达92%。全年未发生一例进京、赴省重大涉地信访案件的发生。

（张晓杰　栗晓辉）

许昌县国土资源局

许昌县东临鄢陵县，西邻襄城县、禹州市，南接临颍县，北靠长葛市，环抱许昌市区。东西长46.8公里，南北宽37.8公里，土地总面积885.2平方公里。辖14个乡（镇），404个行政村，总人口71.12万人。总耕地面积100.70万亩，人均耕地1.42亩。许昌县人民政府驻尚集镇武店村西，距省会郑州市72公里。

马光伟　党组书记、局长
闫建立　副局长
程伟功　副局长
王翠红　副局长（女）（2009年10月任）
任全会　副局长（2009年10月任）
魏有才　纪检组长
周春明　工会主席（2009年10月任）

马光伟简介：河南郾城人，1969年5月出生，汉族，中共党员，本科学历，毕业于中央党校法律专业。1991年4月参加工作，先后在禹州市褚河乡政府、古城镇政府以及许昌市国土资源局用地审批科、国有土地二所、地产交易中心、纪检监察室、行政服务大厅窗口、人事教育科任职；2008年至今，任许昌县国土资源局党组书记、局长。

【机构设置】许昌县国土资源局设办公室、用地审批股、规划股、耕保股、政策法规股、工会办公室、矿产资源股、纪检监察室、信访办、土地利用股、地政地籍股、国土所、土地收储中心、人事股、宣传教育股、行政服务股、信息中心、计划财务股、土地整理中心、农宅审批股、土地交易中心、督察室、国土资源执法监察大队、推进区分局以及11个乡（镇）国土资源所；人员共计271人。

【土地资源】据土地变更调查统计，2009年全县土地总面积100076.15公顷。其中，农用地76299.04公顷、建设用地23610.33公顷、未利用地166.78公顷，分别占土地总面积的76.24%、23.59%、0.17%。在农用地中，耕地75621.25公顷、园地87.61公顷、林地590.18公顷，分别占农用地的99.11%、0.12%、0.77%。在建设用地中居民点及工矿用地17274.53 公顷、交通运输用地3519.33公顷，水利设施用地2816.47公顷，分别占建设用地的73.17%、14.91%、11.92%。全县未利用土地共166.78公顷。

【土地利用】许昌县着力提升土地集约利用水平，规范完善国有土地有偿使用制度，充分发挥市场在配置土地资源中的基础性作用，搞好土地经营，盘活土地资产，防止国有资产流失，积极为城市建设聚集资金。2009年，全县完成收储存量建设用地200亩的年度目标任务，盘活存量土地127亩，共建标准厂房3万平方米，入驻企业2家。全年共公开出让土地29宗，总出让面积1622.6亩，获土地出让金4.0131亿元，比去年超出3.26亿元。其中，以协议方式出让1宗、47.1亩，出让金470万元；其余全部以招、拍、挂方式出让。

【耕地保护】许昌县严格贯彻落实基本农田保护“五不准”、“三个不报批”规定，不断强化对耕地的保护，严格控制对基本农田的占用，集中人力、物力、财力统筹城乡发展，大力推进农村土地综合整治。2009年，在巩固2008年耕地保护工作成果的基础上，完成市级土地开发整理项目4个、县级土地开发整理项目5个。其中，市级土地开发整理项目涉及苏桥、五女店、蒋李集3个乡（镇），累计总投资1166.3131万元，土地开发整理面积747.98公顷，新增耕地24.87公顷，净增耕地率3.83%；县级土地开发整理项目涉及五女店、苏桥、河街、灵井4个乡（镇），累计总投资211.3137万元，土地开发整理面积89.36公顷，新增耕地17.89公顷，净增耕地率49.65% 。全县耕地保有量稳定在75756.8公顷，基本农田面积稳定在65017.35公顷，保护率达到85.82%。重新建立了耕地占补平衡台账、基本农田补划台账，设立和维修基本农田保护标志90余块，刷新耕地保护固定标语140余条，面积达到108850平方米。

【建设用地管理】全年共上报建设用地10个批次，其中，乡镇建设用地6个批次，共169.8869亩；城市建设用地3个批次，共78.8571亩；中石油许昌油库项目用地为单选，共4.2249亩。全年共收缴国有土地年租金80余万元，办理土地使用权抵押40宗、97.81公顷，抵押金额19622万元；办理土地使用权转让7宗、19.70公顷，转让金额2758万元。

【土地出让】许昌县着力打造“阳光”土地市场，2009年，共出让29宗土地，全年土地出让金突破4亿元大关，比2008年增长近300%，获土地纯收益1.1606 亿元。

【全力支持许昌新区建设】许昌县国土资源局按照“高起点规划、高质量建设、高水平管理”的总体要求，最大限度地满足新区建设的用地需求，牢牢把握土地利用总体规划修编的机遇，重点筹划新区土地规划，使新区项目建设做到了不受基本农田的制约，为新区今后10年建设留足发展空间。成立新区国土资源分局，切实为新区发展用地提供优质的服务。许昌县国土资源局对新区建设用地坚持优先办理、优先服务，从规划、征收到供地实行全程跟踪服务，减少中间环节，确保建设项目用地手续快速办理。2009年，新区共征收土地5620亩，做到了统筹安排各类、各区域用地。有力保障了英地置业、移动公司、文化娱乐中心和瑞贝卡等重点建设项目供地。

【矿产资源】许昌县已发现4种矿产、8处矿产地。其中，探明资源储量的矿产有煤、铁、磁铁、高岭土4种，部分重要矿产已达详查程度。矿产资源主要分布于许昌县西部，被新生界地层覆盖，位于地下500～1300米处。主要有泉店煤矿、武庄铁矿、灵井镇泉店村和桂村乡水道杨村附近的铁矿和磁铁矿等3个矿区。

【矿产资源管理】2009年度，许昌县国土资源局全体干部职工牢固树立科学发展观理念和服务全县经济发展理念，认真贯彻各项矿产资源管理的法律法规，切实履行矿产资源行政管理职责。完善了部门管理机制，做好了矿山开发秩序整顿、开发监管、矿山储量动态监督和年检以及在许昌县内施工的“两权价款”项目的施工监督等工作。

【矿山环境治理】为进一步落实河南省国土资源厅关于矿山环境治理工作精神，许昌县在2009年对辖区内矿山首次征收矿产资源费，全年共征收矿产资源费60万元。建立了矿山环境治理和生态恢复责任机制，形成了矿山地质环境治理与恢复保障金制度，许昌县国土局、财政局、环保局以及许昌银行股份有限公司新许路支行4个部门对矿山环境治理恢复保证金共同监督管理，并达成了许昌县矿山环境治理恢复保证金管理协议。

【执法监察】2009年，许昌县国土资源局与许昌县公安局建立了联合办案机制，加大对土地违法案件的打击力度。通过在全县402个行政村中选聘404名国土资源协管员，建立和完善了县、乡、村、组四级动态巡查责任制，进一步优化执法环境。2009年，共开展动态巡查220次，查处土地违法案件96宗，立案56宗，结案47宗，申请法院强制执行8起，移送公安机关3起，开展集中拆除行动15次，收缴罚款205.885万元。

【信访工作】通过在全县402个行政村公开招聘404名土地协管员，完善土地信访网络，做到了有情况早发现、早掌握、早处理。全年共接待群众来信来访165人（次），调查处理群众举报、上级交办、转办等信访案件21起，调解矛盾纠纷85起，阻止违法越级上访30起，信访案件查处率100%，结案率90%以上，荣获河南省国土资源厅信访稳定工作先进单位称号。

（王翠红 李建鹏）

鄢陵县国土资源局

鄢陵县位于许昌市东部，东西宽20.87公里，南北长57.5公里，总面积 871.6平方公里，耕地面积997296.8亩。东邻扶沟县、西靠许昌县、南邻西华县、北接尉氏县、西北毗临长葛市、西南界临颍县。现辖5镇、7乡，386个行政村，面积871.6平方公里，人口62万人，人均耕地约1.6亩，是一个人多地少的平原农业大县。

刘付民　党组书记、局长
边雷福　党组副书记（2009年12月起任）
蔡合科　副局长（2009年11月起任）
李　峰　副局长（2009年11月起任）
袁国庆　副局长（2009年11月起任）
马松鹏　副局长（2009年11月起任）
秦少辉　纪检组长（2009年11月起任）
刘　枫　工会主席（2009年11月起任）

刘付民简介：河南省鄢陵人，1959年09月出生，汉族，大专学历，毕业于许昌广播电视大学法律专业，1981年3月入党。1977年7月参加工作，先后在鄢陵县检察院、司法局、马栏镇政府任职，2000～2007年7月，在鄢陵县国土资源和房屋管理局任党组成员、副局长；2007年7月至今，任鄢陵县国土资源和房屋管理局党组副书记、局长。

【机构设置】鄢陵县国土资源和房屋管理局，内设办公室（计划财务股）、土地利用规划建设用地管理股、地政房政股（含农村宅基地管理股）、法制信访股、矿产资源管理股5个机构；编制53人，实有311人。隶属事业单位4个，即安陵镇国土资源所、国土资源和房屋执法监察大队、土地房屋管理所、鄢陵县土地收购储备中心。下设二级机构18个即国有土地年租金收缴办公室、土地执法监察大队、土地收购储备中心、房地产管理所、土地开发整理中心、经济适用住房建设开发中心、城乡房屋综合开发公司以及马栏镇、张桥乡、南坞乡、陶城乡、望田镇、只乐乡、大马乡、柏梁镇、陈化店、马坊乡、彭店乡11个国土资源所。内设工会、妇联、团委3个群团组织。

【土地资源】鄢陵县境内总土地面积1302751.2亩，其中，农用地1098675.8亩，占总土地面积的84.33%；建设用地171180.3亩，占总土地面积的13.14%；未利用地32894.9亩，占总土地面积的2.53%。

【土地利用】大力推进土地市场建设。2009年，该局严格按照两个规范要求，继续加大国有土地使用权招、拍、挂力度，形成了用地找市场、供地进市场的良好格局。全年共收储土地6宗、268亩。出让土地11宗、557亩，成交额1.22亿元，连续两年突破亿元大关。大力开展节约集约用地。对全县闲置土地进行摸底调查，逐宗查明闲置原因，拟出处置意见，通过招、拍、挂等形式盘活存量土地10宗，面积485.7亩。严格执行各类建设项目用地标准，严把用地项目预审关，坚决核减不合标准用地。大力开展标准厂房建设，提高土地利用率，全年完成标准厂房4.2平方米，在建2万平方米。

【耕地保护】以学习贯彻15号令为契机，建立健全耕地保护责任机制，不断强化耕地保护共同责任。县、乡、村层层签订耕地保护目标责任书，全县5.71万公顷基本农田和6.64万公顷耕地保护指标全部落实到田间地块。实行违法案（事）件月报告制度，强化政府“一把手”保护耕地的第一责任。积极开展土地综合整治，第三个国家级土地整理项目陶城—只乐整理项目正在实施。全年实施土地整治项目6个，安排增减挂钩项目20个，开发整理耕地1.42万亩，新增耕地3000亩，超额完成补充耕地任务，全县连续11年实现耕地占补平衡。

【建设用地管理】2009年，面对全县经济社会“破危局、谋发展”的严峻形势，该局立足部门职能，主动作为，以全系统开展的“双保行动”为契机，把“扩内需、保增长”和支持服务重点项目建设列入重要议事日程，重点将2009年新增1000亿元中央投资项目和市、县重点项目列入保障范围，积极协调，主动配合，为项目报批开通“绿色通道”，上报2个批次、162亩。2009年，第一批城市建设用地县廉租住房和经济适用住房项目已上报，面积100亩，截至目前，已完成廉租住房1栋、96套6348平方米，在建4栋、416套、20800平方米；完成了311国道改扩建等重点项目的征地报批工作。另外，省重点项目马坊110千伏变电站、鄢陵县粮食储备库以及7个乡（镇）批次28宗、2208亩用地已批复，进入供地阶段，确保了全县基础类、民生类项目用地。

【土地利用总体规划修编】鄢陵县土地利用总体规划修编邀请了河大专家全程参与，力争兼顾当前和长远、整体和局部，紧紧围绕“扩内需、保增长”的要求，确保为名优花木园区、箱包工业园、金汇区和旧城改造等全县重点项目预留充足的用地空间。修编共调整基本农田面积9159.7公顷，其中，调入4678.85公顷，调出4480.85公顷，全县基本农田占耕地总面积的86.36%。目前，全县规划修编大纲已一次性通过省政府批准。

【土地出让】进一步加大了土地收购储备和招、拍、挂力度，全年共收储土地6宗，面积268.14亩；出让土地11宗，面积557.51亩，成交额12243.29万元。较去年稳中有升，连续2年突破亿元大关。

【矿产资源】鄢陵县境内有西北—东南流向季节性河流20条，境内地表岩性松散，地层储水条件好，补给周期短，易形成地下水。地下水资源较充足，农田灌溉、工业和人畜全靠地下水。尤其以陈化店镇部分区域地下水为优，该区域位于陈化店镇东部，占地100亩，地下水矿物质含量高，有较高的饮用价值。

【矿产资源管理】2009年，鄢陵县国土资源局加大了对矿产资源管理力度，联合公安、电力、乡镇、宣传等部门，对非法抽砂较为严重的彭店、柏梁、马坊进行了集中整治，共查处非法抽砂11起，没收抽砂设备14台。

【执法监察】充分发挥土地协管员的作用，在全县382个行政村聘请土地协管员382名，建立健全了县、乡、村三级监察网络，构建了执法平台，真正做到执法监察关口前移、重心下移。加大日常动态巡查力度，将全县12个乡（镇）分片包干，要求每周不少于2次巡查，在巡查中做到早发现、早制止、早处理，力争将土地违法案件消灭在萌芽状态。加大与公检法的联合办案力度，按照“既处理事、又处理人”的原则，畅通案件移送渠道，对典型案件公开曝光，做到“查处一起，震慑一片”的效果。全年共查处土地违法案件36宗、630亩，立案36宗，结案34宗，移交法院12宗，查处率100%，结案率96.9%，无重大违法、违规占用耕地案件。

【信访工作】全年共接待来信来访289人（次），受理各类案件28起。其中，处理11起，转办17起，法院开庭5起。未发生重大群访事件，无赴市、赴省、赴京访，信访工作经验被省厅《资源导刊》杂志刊登推广。

（潘庆功 常伟强）

襄城县国土资源局

襄城县东倚伏牛山脉之首，西接黄淮平原东缘，为许昌市属县，辖6镇、10乡、434个行政村，面积897平方公里，耕地82.5万亩，总人口79万，有汉、回、蒙、满、瑶、壮、土、侗、彝10个民族。襄城县春秋时期称“汜邑”、“汜城”。公元前540年，楚灵王在汜之西北筑新城，周襄王避难曾居汜，故名“襄城”。秦统一六国后，设襄城县，属颍川郡。自唐贞观元年（627年）改属许州，后历代相沿。1949年7月，隶属许昌行政区；1986年，改属平顶山市；1997年8月，经国务院批准又划归许昌市管辖。

孙朝阳　党组副书记、局长(2009年7月任)
卢军志　党组书记（2009年7月任）
王子庚　党组副书记、副局长
张素娟　党组成员、副局长（女）（2009年10月任）
王国友　党组成员
王雪瑜　党组成员、副局长
张会杰　党组成员、纪检组长(2009年10月任)
宋银枝　党组成员、工会主席（女）（2009年10月任）
石朝辉　党组成员（2009年10月任）

孙朝阳简历：河南省襄城县人，1970年7月出生，汉族，中共党员，本科学历。1986年8月参加工作，历任襄城县委办公室副主任、襄城县保密局局长、十里铺乡党委副书记、乡长、襄城县畜牧局党组书记、局长；2009年7月至今，任襄城县国土资源局党组副书记、局长。

【机构设置】襄城县国土资源局在编干部职工425人，其中，局机关312人，各乡（镇）国土资源所113人。内设办公室、财务室、人事教育股、政策法规股、信访股、规划审批股、耕保股、行政审批服务股、地政地籍股、农村宅基地管理股、测绘股、土地利用股、矿产资源开发利用股、矿产资源储量股、监察室15个股（室），7个二级机构，分别为土地收购储备中心、土地执法监察队、矿产资源补偿费征收办公室、国有土地管理所、土地整理中心、评估所、土地交易中心。16个乡（镇）国土资源所，分别为城关国土资源所、茨沟国土资源所、丁营国土资源所、麦岭国土资源所、

【土地资源】全县总面积916平方公里，农用地面积70879.91公顷，其中，耕地面积63014.79公顷，占农用地总面积的88.9%；基本农田面积54025公顷。建设用地面积16026.07公顷，其中，城乡建设用地面积13395.42公顷（其中，农村居民占用地10312.65公顷，占城乡建设用地面积的76.99%），占建设用地面积的91.08%；未利用地面积4782.5公顷。在新一轮《土地利用总体规划》修编中，耕地保有量和基本农田面积均有所增加，2010年全县耕地保有量保持在64070.11公顷以上，2020年保持在65069.11公顷以上。规划期内基本农田保护面积不低于54735.75公顷。

【耕地保护】通过严格落实耕地保护制度和耕地占补平衡制度，严格控制对基本农田的占用。目前，全面耕地保有量稳定在62875.3公顷，基本农田面积稳定在54025公顷以上。

【土地利用】2009年，襄城县共新建成标准化厂房25500平方米，盘活存量土地381.75亩。通过加大对土地的招、拍、挂出让力度，累计出让土

地23宗，面积33.703公顷，收取土地出让金12346.97万元。

【建设用地管理】大力开展土地综合整治，增加耕地面积，提高耕地量，折抵置换建设用地指标。先后完成了2008年度第三批次34.87公顷乡镇建设用地和08年度第一批次19.6公顷城市建设用地的批准工作；同时，对2008年经省、市批准的63.1466公顷土地进行征收，完成征收土地56.6183公顷，为城市建设和项目“落地”提供了用地保障。结合县域经济发展对土地的需求，拟定了2009年土地征收计划，预计征收土地140公顷，其中，基本农田40公顷。完成3个城市批次和5个乡镇批次的建设用地报批上报工作，总计报批建设用地156公顷，确保全县城市建设和经济发展对土地的需求。

【矿产资源】襄城县矿产资源较为丰富，主要分布在襄城县西南部，是许昌市最为集中的煤炭资源分布区。目前已发现16种矿产，产地58处，有大、中、小型煤矿区（井田）6处，还有丰富的煤层气、地热、石油、天然气、高岭土、地下水、矿泉水、岩盐、石膏及建材类非金属矿产。以优势矿产资源煤炭为依托，平顶山煤业集团已经建立了规模开发的煤炭资源基地，要重点发展煤炭的洗选与合理转化，构筑在全省有重要地位的煤炭开采与加工基地；建设全市重要的建筑材料基地；勘查、论证开发煤层气、地热等新型清洁能源，逐步将形成具有优势的新型矿业开发基地。

【执法监察和信访工作】落实土地违法、违规案件月报制度，加强动态巡查工作力度，继续巩固土地市场秩序治理整顿成果，完善和落实分片包干、动态巡查责任制，进一步加大违法案件的查处力度。全年共查处土地违法行为53宗，全部进行了立案处理。共受理各种信访案件70起、108人（次），按时结案67起，其余案件正在处理，结案率达95%。

（李军民　杨小鹏）

魏都区分局

魏都区为许昌市辖区，四周与许昌县相邻。1986年，在行政区划调整中由原来的许昌市改建为魏都区。全区辖11个街道办事处，1个民营科技园区，80个社区。

毛红军　局长

毛红军简介：1968年9月出生，本科学历，中共党员。1986年入伍，2004年转业；2004年10 月～2008年12月，在许昌市国土资源局工作；2009年1月至今，任许昌市国土资源局魏都分局局长。

【机构设置】许昌市国土资源局魏都分局，科级规格，行政编制13名（财政全供），局长1名。

【土地资源】全区土地总面积134238.18 亩（89.5 平方公里），农用地41106.8 亩（其中，耕地41000.25 亩，园地13.25亩，其他农用地 93.3亩），建设用地91483.95亩，未利用地66.15亩。

【耕地保护】在保证经济建设用地、城市基础设施用地、城市扩大框架和推进区等用地需求的同时，确保全区基本农田面积不减少、质量有提高。严格控制对基本农田的占用，切实做到“五不准”。全面落实基本农田保护责任制，魏都区政府与涉农办事处签订基本农田保护责任书2份，办事处与各行政社区签订保护责任书4份，行政社区与组签订保护责任书20份，组与居民签订保护责任书6725份，将基本农田保护责任明确到人、落实到户。通过新一轮土地规划修编，魏都区基本农田面积由原来2068.83公顷减少到445.83公顷。建城区内部基本农田面积1622.97公顷全部调整出并不再保留基本农田，为市、区经济发展提供了长远保障。

【建设用地管理】结合魏都区特殊的地理环境，为保障区域经济建设和城市建设对土地的需求，适时调整土地利用总体规划、中心城区用地规模和用地布局，落实市政府“扩内需、保增长”的总体要求，全面完成了国家、省级和市级重点项目建设用地保障任务。全年完成上报省级项目用地报批组卷1批、21.66公顷，市级项目用地报批组卷2批、6.1809公顷，乡镇用地报批组卷3批、56.3736公顷。坚持节约集约用地。工业项目一律入驻园区，严格执行投资强度、容积率等定额标准，实行项目用地预审责任制，建设3层以上标准厂房2万平方米，全面完成了闲置土地的清理和处置工作。

【地籍管理】完成了第二次全国土地调查工作农村部分上报并顺利通过国家验收，城镇部分外业调查、权属确任、数据汇总、图件编制已全部结束。集体建设用地使用权登记发证完成外业权属调查、权属确认、填表造册、建立档案。全年集体土地建设用地使用权登记发证达到95%以上，集体土地所有权登记发证达到90%。

【土地整理】完成了高桥营办事处老吴营社区市级土地整理项目，整理规模390.3亩，投资44.9万元，新增耕地28.8亩；实施市级砖瓦窑整理项目4个，整理规模206.55亩，总投资126.15万元，新增耕地141.9亩，新增耕地率达到68.7%；申报1个土地综合整治试点项目，即七里店办事处庞庄社区土地综合整治项目。庞庄社区辖2个自然村、7个小组、450户、2100口人，土地总面积3272.4亩，扣除建新区合150亩，整治后可新增耕地合829.95亩。

【执法监察】采取多种措施，重拳出击，集中整治，加大了对"以租代征"、"未批先占"等违法用地行为的打击力度，取得了明显成效。一是建立了局、办、社三级联动执法监察网络体系，明确职能分工，实行目标管理责任制，规范执法行为，上下联动，形成合力，集中行动与动态巡查相结合。二是建立了防范机制，着力从群众举报和动态巡查中获取案件线索，严肃查处各类土地违法案件。三是加强与纪检监察、检察、法院等部门的协作，形成合力，实施执法联动，加大执法监察工作力度。开展第十次卫片执法监察专项活动，全区对监测到的38 宗违法用地进行了集中整治活动，共拆除违法用地12宗、83.5亩；16宗符合土地利用总体规划，补办用地手续；其余10宗为合法用地。

（朱根柱）

东城区分局

许昌市东城区位于地于市区东部，与老城区仅一河之隔，辖区城市规划面积48平方公里，代管半截河办事处和邓庄乡，共有23个社区、21个行政村，现有人口11万人。

刘军治　局长

刘军治简介：许昌市人，1970年11月出生，汉族，中共党员。1992年参加工作，研究生学历，毕业于解放军工程信息学院测绘专业。先后在襄城县国土资源局、许昌市国土资源局审批科、市国土三所任职。2003年至今，任许昌市国土资源局东城区分局局长。

【机构设置】全局现有事业全供人员17人。下设办公室、土地管理综合科、监察大队，辖邓庄乡1个国土资源所。

【耕地保护】认真落实耕地保护共同责任机制，将耕地保护纳入到政府工作目标，并层层签订了耕地保护责任书；通过异地补充耕地等措施，保障了辖区内年度耕地占补平衡。截至2009年底，辖区耕地面积稳定在79961.3亩，基本农田面积稳定在60423.45亩。

【土地利用】2009年，东城区成功公开出让12宗土地，面积1014.39亩，实现成交额12499万元；划拨方式供应土地3宗，面积90.43亩；2008年，建设标准厂房9500平方米。

【建设用地管理】2009年，共报批城市批次4个批次，面积1548.213亩，其中，农用地面积1099.31亩，建设用地面积448.91亩。

【执法法监察和信访工作】2009年，共立案查处违法用地案件28宗，面积达294.82亩，罚没款上缴财政21.6143万元。2009年，分局建立健全信访机制，顺利实现 "零信访"，同时对省厅、市局批转、交办的信访事项结案率达到了100%。

【国土资源执法监察管理信息系统】为了提高土地管理效能，分局主动与河南省道讯信息技术有限公司联合研究开发的"市级国土资源执法监察案件管理系统建设研究"项目。目前，单机版已经研究开发成功并投入使用，通过计算机软硬件进行科学的存储和管理，用于国土案件信息的快速录入、更新、空间定位、影响对比、地类分析、查询统计和辅助决策等功能，从而实现国土资源执法监察的"四化"，促进了地理信息技术在国土资源执法监察中的应用，对于有效防范土地违法行为发生、有力发挥土地执法监察效能起了积极作用。分局2009年重新制作并规范了国土资源网站，新网站采用电信、网通双线路，提高了不同线路链接分局网站的速度，此次运行快捷方便，进一步扩大了分局的影响力，并有效协助分局各项工作有序开展，为分局政务公开，落实上级规定奠定了坚实的基础。

（赵朝军）

经济技术开发区分局

经济开发区位于许昌市市区西南部，代管许昌县的长村张乡以及魏都区七里店办事处的徐庄、罗庄和老户陈社区。代管区域面积61.94平方公里，辖13个行政村，10个社区居委会，居民人口5.2万余人，加上开发区企业就业的2万人，开发区现有人口7.2万余人。开发区城市规划面积16.62平方公里。

张国保　局长

张国保简介：1960年4月5日出生，历任许昌市国土一所副所长、所长；2003年6月至今，任经济技术开发区分局局长。

【机构设置】开发区分局编制6人，正、副职各1人，在职5人。下辖长村张国土资源管理所（编制7人），内设办公室、用地规划、监察队3个科（室）。

【耕地保护】2009年底，开发区耕地面积稳定在4734.29公顷，基本农田面积稳定在3998.62公顷。坚持土地用途管制制度，严格按照土地利用总体规划确定的用途和土地利用计划的安排使用土地；强化耕地占补平衡管理，采取调剂使用、异地补充耕地等办法，确保建设占用耕地真正做到“占一补一”；积极引入耕地保护的社会监督机制，确保各项耕地保护措施落到了实处。

【土地利用】2009年，共清查盘活闲置土地135亩；共成功公开出让5宗土地，面积280亩，实现成交额6440万元；共建设标准厂房3.8万平方米。

【建设用地管理】2009年，上报省厅单独选址项目1宗，占用一般耕地4公顷完成了0901粮库单独选址项目4.6公顷的预审报件工作。

【执法监察和信访工作】2009年，立案查处违法、违规用地1宗，结案1宗，结案率100%；及时发现并制止9宗。全年无重大违法、违规占用耕地案件。2009年，全年无重大群访事件，对省厅、市局批转、交办的信访事项结案率达到了100%。

（李　明）

周 口 市

周口市国土资源局

周口市位于河南省东南部、黄淮平原腹地。现辖淮阳、鹿邑、扶沟、沈丘、太康、郸城、西华、商水8个县以及项城市、川汇区和经济技术开发区。耕地面积1170万亩，总人口1070万人，耕地面积、总人口均居全省第2位。周口市有6400多年的灿烂文明史，享有“华夏先驱，九州圣迹”之誉，是羲皇故都、老子故里，是中华农业文明的重要发祥地，也是中华龙文化、根祖文化、道家文化的重要发祥地。

张楸昇　党组书记、局长
杨安生　党组副书记、调研员
窦中文　党组成员、副局长
李洪义　党组成员、副局长
胡大伟　党组成员、副局长、纪检组长
孙绍辉　党组成员、副局长
王思龙　助理调研员
侯　奇　助理调研员
成富才　助理调研员
王富来　助理调研员

张楸昇，河南省周口市人，1961年8月出生，汉族，中共党员。1981年11月～1986年12月，在周口市广播事业局工作；1986年12月～1988年8月，周口市团地委办事员；1988年8月～1990年4月，任周口市团地委学校部副部长；1990年4月～1993年1月，任周口市团地委学校部部长；1993年1月～1996年5月，任周口市团地委副书记；1996年5月～2001年4月，任周口市莲花味精厂副处级干部；2001年4月～2004年3月，任中共周口市委办公室副主任；2004年3月至今，任周口市国土资源局党组书记、局长。

【机构设置】周口市国土资源共有干部职工227人。内设办公室、规划科、耕保科、财务科、利用科、用地科、执法监察科、政策法规科、人事科、土地整理科、机关党委、团委、测绘局、科技科、地质勘查科、地质环境科、矿产资源储量科、地籍科、窗口办、纪检室、地矿科、妇联、老干部科、信访室等科（室）；下设信息中心、地产中心、储备中心、估价所、规划院、整理中心、执法监察队等二级机构。

【土地资源】周口市土地面积1.19万平方公里。全市耕地1293万亩，占土地总面积72.07%，人均耕地面积1.28亩。耕地是周口市土地资源的主体类型，分3个2级地类（水田5614.5亩，水浇地1222.6亩，旱地699907.95亩）。全市园地面积80991.9亩，占土地总面积0.45%，人均占有量0.023亩。全市林地面积670927.95亩，占土地总面积3.74%，人均占有量0.08亩，分有林地，灌木林、其他林地3个2级类型。全市草地1742.25亩。

全市居民点及工矿用地2742744亩，分为城市、建制镇、村庄、采矿用地、风景名胜及特殊用地5个2级地类（村庄用地2360227.35亩，占居民点及工矿用地的86.05%；采矿用地45360亩；城镇居民点用地340200.15亩；风景名胜及特殊用地11956.5亩）。全市交通用地539721亩，占土地总面积3.01%，分铁路、公路、农村道路、港口码头等6个2级类型（农村道路占地389197.5亩，占交通用地面积72.11%；公路占地142829.25亩；铁路占地7486.2亩）。

全市水域用地936593.85亩，占土地总面积5.22%，分河流水面、湖泊水面、水库水面、坑塘水面、沿海滩涂、内陆滩涂、冰川及永久冰雪、沟渠、水工建筑物9个2级类型。

全市其他土地22070.55亩，占土地总面积0.12%，分设施农用地、盐碱地、沼泽地、沙地、裸土地、田坎6个2级类型。

【耕地保护】2009年，全市共依法批准占用耕地1124.4381公顷，占用基本农田35.585公顷，全部补充补划到位。市本级补充耕地储备116.62公顷，新拟定7个占补平衡项目，拟补充耕地402.5904公顷；新批准县（市、区）立项耕地占补平衡项目10个，拟补充耕地面积477.4474公顷。2009年末，全市耕地保有量达到1293.6825万亩

（基本农田保护面积1090.95万亩），比2008年末净增12.6825万亩。

【土地综合整治】2009年，全市累计立项1.9498万亩，可新增耕地1.8550万亩，土地整治总规模、新增耕地、备案建设用地3项指标连续5年居全省首位。全国人大副委员长严隽琪，国土资源部部长徐绍史，省长郭庚茂、副省长张大卫等领导先后到周口市考察、调研并给予充分肯定和高度评价；省委书记徐光春、副书记陈全国分别作出批示，要求推广"周口模式"。5月13日，河南省政府再次在周口市召开全省土地综合整治现场会。《周口市2008—2012年土地开发整理实施方案》修订完毕并报省厅备案。2007年以前承担的19个国家投资项目全部竣工验收。河南省下达新增费11964.8万元，新设13个土地整理项目全部完成招投标。

【土地储备与出让】2009年，周口市除财政投入外，向银行贷款2300万元，储备土地7宗，面积163.2672亩；全市出让土地6870.45亩，成交价款11.6511亿元。

【建设用地管理】2009年度，周口市共领取批文80件，新增建设用地27740亩；新上报47个城市和乡镇批次，8个单独选址项目，涉及土地面积17110亩，保障了国家、省、市重点项目用地需求。保障性住房用地率达到90%以上，全年供应13宗、481.2亩。其中，廉租房项目供地达100%。

【节约集约用地】2009年，项目建设对土地需求量大且呈刚性，土地供需矛盾突出。周口市以节约集约用地为抓手，一是控增量，按省厅下达土地利用年度计划合理安排用地，严格控制土地利用规模。二是提效率，加强新增建设用地批后监管，坚决纠正低效用地行为。全市完工标准厂房建筑面积46.893万平方米，在建面积61.1万平方米。三是挖存量，通过限期开发、调整项目等方法，盘活存量建设用地5196.3175亩。四是限准入，会同发展和改革、工业等部门，严格执行国家产业政策和投资强度等限制性指标，适度提高投资门槛。

【土地例行督察】2009年10月26日～11月10日，国家土地督察济南局在周口市例行土地督察。周口市委、市政府先后4次召开专题联席会议，部署违法、违规用地集中整治工作。市政府与各县（市、区）政府签订了违法、违规用地整改目标责任书，全市违法、违规用地整改迅速推进，一批重大违法、违规用地案件得到彻底处理，全市违法占用耕地占新增建设用地占用耕地的比例由例行督察前的14.94%，下降到督察结束时的9.3%，整改工作受到督察组肯定。在土地例行督察中，完善土地执法监察新机制。周口市推行了土地执法监察队长高配（副科级）、异地交流任职；市委、市政府印发了《中共周口市委周口市人民政府关于建立健全土地执法长效机制落实耕地保护责任的意见》，构建起党政同责、部门联动的土地执法新机制，土地执法监察进入法制化、常态化轨道。

【涉土信访】2009年，周口市累计接待群众来访、咨询485起、690人（次），受理群众来信50件，来电95次，全部及时进行转办、交办。年度内因国土资源问题导致的赴京、赴省上访共27起，较2008年同期下降41%；办理信访案件67起，办结率100%，群众满意率达到90%以上。

引入信访评估机制。在办理涉及农用地转用、土地征收征用前，认真收集群众意见，拟决策事项进行分析评价、充分论证后，确保不引起信访问题才能实施；在事关被征地群众切身利益的征地补偿问题上，公开补偿标准、补偿程序，将征地补偿费纳入专户管理，保证补偿费足额发放；在全市国土资源系统开展"矛盾纠纷排查化解年"活动，集中解决因涉土问题引发的重信、重访问题；将建设用地报批、征地、行政处罚等涉农事项全部纳入听证范围，既促进了国土资源管理方式创新，又增进了社会理解。

【粘土砖瓦窑整治】周口市作为传统平原农区，资源极度匮乏，新型墙材产能远不足以满足市场需求，市场缺口巨大。受暴利驱使，个别地方出现顶风新建粘土砖瓦窑厂的现象，市政府先后4次召开粘土砖瓦窑厂治理整顿工作会议，市长徐光、分管市长陈峰多次赴基层督察粘土砖瓦窑厂整治工作。2009年，全市拆除死灰复燃、新建粘土砖瓦窑厂132座，清理凉坯场68个，销毁土砖坯2052万块，累计复垦整理土地23769亩（2009年复垦整理2681亩），位居全省前列，粘土砖瓦窑厂死灰复燃现象基本绝迹。同时，周口市还联合有关部门停产、整顿新型墙体材料136家。坚决贯彻落实省、市政府部署，始终保持高压态势，粘土砖瓦窑厂死灰复燃现象在严厉打击下基本绝迹。

【第二次全国土地调查】农村土地调查成果

上报和数据库建设按时完成，72.73万公顷基本农田全部上图并上报省厅，城镇地籍调查外业全部结束，内业完成应调查总量的80%，统一试点更新、年度变更等调查按时完成。

【地籍管理】集体土地所有权登记发证率达到97%，集体建设用地使用权登记发证率达到85.53%。

【规划修编】新一轮土地利用总体规划修编进展顺利。市、县两级土地利用总体规划成果已经省政府正式批复，乡级土地利用总体规划成果全部初审并原则通过。

【窗口办公】局机关各项审批业务统一集中到市行政服务中心办公，实行一站式服务。2009年度，局窗口办被河南省纪检会表彰为“全省优质服务窗口”，被共青团省委命名为“青年文明号”称号。

【乡所建设】“人民满意国土资源所”创建扎实推进，全市有115个基层所达到规范化建设标准。基层所1075名干部职工国土资源法律法规知识轮训一遍。

（李北斗）

郸城县国土资源局

郸城县于1952年8月建县，位于河南省东部，北依鹿邑县，南接沈丘县，西邻淮阳县，东南和东部与安徽省界首县、太和县和亳州市为邻，传说是“老子炼丹丹成（郸城）”之地。县境东西长58.9公里，南北宽43.5公里。现辖8镇、11乡、3个街道办事处，498个村委会，18个居委会，2338个自然村。总人口131万人，其中，农业人口110万人。土地总面积223.5万亩，2009年，全县重新划定基本农田140.2794万亩，保护率达到85.71%。郸城县是全国商品粮基地县，粮食和棉花生产百强县，河南省粮食主产县，基本农田建设示范县，连续5年被评为全国食品工业强县。

吕振龙　党组书记、局长
李　成　党组副书记、副局长
陈宝聚　党组成员、副局长
黄英华　党组成员、副局长(女)
张献中　党组成员、副局长
李勇立　副主任科员
孙玉君　副主任科员

【机构设置】局一级机构设15个股（室），分别是办公室、人事股、纪检室、财务股、宣教股、信息中心、耕保股、用地股、地政地籍股、规划股、监察股、土地利用股、地矿股、信访股、窗口办；二级机构6个，分别是土地行政执法大队、地产交易中心、土地整理中心、土地勘测设计室、年租金征收大队、土地储备中心；下属新城、洺南、洺北、城郊、工业区、虎岗、汲冢、胡集、南丰、秋渠、宁平、石槽、双楼、宜路、汲水、张完、白马、东风、李楼、吴台、丁村、钱店、巴集23个乡（镇、办事处）国土资源所，全系统干部职工380人。

【土地资源】截至2009年底，郸城县农用地面积1874731.6亩，占全县土地总面积的84%（其中，耕地总面积1636880.4亩，园地总面积12843.4亩，林地总面积87298.8亩，其他农用地总面积137709.0亩）；建设用地面积308059.9亩，占全县土地总面积的14%（其中，居民点及工矿用地299069.9亩，交通用地8990.0亩）；未利用地总面积52267.5亩，占土地总面积的0.02%，主要是难以利用的田坎、零星的坟地及两米以下的田间小路、沟渠。

【基本农田保护】郸城县是农业大县、河南省主要粮食生产基地，国家粮食生产核心区，承担着维护国家粮食安全的重任。因此，郸城县国土资源局始终把耕地保护工作作为贯彻落实科学发展观的首要工作来抓，健全了基本农田保护的各项制度，五级基本农田保护责任目标明确。2009年，全县共划定基本农田93519.65公顷（140.279475万亩），保护率达到85.71%。

【建设用地供需】郸城县国土资源局认真贯彻落实河南国土资源厅《关于为扩大内需促进经济平稳较快发展做好用地预审和规划调整工作的通知》、《关于改进建设用地审批服务“扩内需、保增长”用地需求的通知》的文件精神，积极组织规划调整、农用地转用和建设用地报批工作。2009年，共报批土地面积115.6220公顷，其中，农用地面积113.8422公顷（耕地面积104.7173公顷）、建设用地面积1.7798公顷。分4个乡镇批次，其中，2009年度第一批乡镇建设用地报批土地总面积为31.9567公顷；2009年度第二批乡镇建设用地报批土地总面积为26.3748公顷；2009年度第三批乡镇建设用地报批土地总面积为16.8105公顷；2009年度第一批城乡挂钩试点项目报批土地总面积为40.4800公顷。分别报批供应了经济适用房用地、报批了廉租房用地的农用地转用，保证了民生用地及时供给。对重点建设项目用地，郸城县国土资源局主动上门报务，努力解决重点企业发展用地，扎实开展“企业报务年”活动。对郸城县财鑫集团、河南金丹乳酸科技有限公司等重点企业，郸城县国土资源局局长吕振龙等领导多次现场办公，及时为企业协调解决困难和问题。同时，组织分管业务的班子成员和有关业务股室，开展“一对一”、“点对点”服务。

【规划编修与管理】通过充分的准备、翔实的调研、严谨的专题研究、科学的规划编制，郸城县土地利用总体规划县级规划成果已通过验收。规划做到了耕地占补平衡，适当增加了园地面积，扩大了林地面积，严格控制了城乡镇用地规模，增加了城镇工矿用地，缩小了农村居民点用地，增加了交通、水利及其他建设用地，规划期间的用地布局更趋合理。乡级土地利用总体规划的编制工作已于11月18日通过河南省、周口市联合评审，评审结果已通过，正在修改完善。根据河南省人民政府办公厅《关于印发河南省城乡建设用地增减挂钩试点暂行办法的通知》（豫政办〔2009〕124号）和省国土资源厅《关于2009年第一批城乡建设用地增减挂钩项目区实施规划的批复》（豫国土资函〔2009〕549号），2009年第一批城乡建设用地增减挂钩项目实施规划和建新拆旧已经河南省国土资源厅整体审批，郸城县共批准面积42.81公顷。郸城县2009年第一批城乡建设用地增减挂钩区规划共上报征收面积40.48公顷，其中，农用地40.48公顷（耕地面积39.8821公顷）。挂钩试点项目区土地征收报件已上报。

【土地利用】2009年，郸城县国土资源局继续加大国有土地使用权招、拍、挂出让力度，严格按照《招标、拍卖、挂牌出让国有土地使用权规定》执行，培育了公开、公平、公正、活跃的土地市场。共出让土地27宗，面积73.395774公顷（折合1100.9366亩），出让金15071.96万元。其中，挂牌出让18宗，面积39.734公顷（折合596.01亩），出让金9225.96万元；拍卖出让1宗，面积0.4662公顷（折合6.993亩），出让金392万元；办理续期出让手续8宗，面积18.01574公顷(折合270.236亩),出让金2314万元。

【三项整治】2009年，郸城县继续推进土地“三项整治”，全县土地“三项整治”面积4953亩，经周口市局验收的新增耕地面积4856.25亩。2009年“五一”期间，省国土资源厅厅长张启生专程来郸城县检查指导“三项整治”工作，并给予了充分肯定。国土资源部耕地保护司副司长黄鹤图9月16日在郸城调研时指出：“听了周口市副市长陈峰、郸城县人民政府县长陈志伟、胡集乡党委书记李素梅、胡集乡郝寺行政村支部书记师田和秋渠乡齐庄行政村支部书记任凯举3位（乡、村）书记的情况介绍，我们学到了一些新东西，有5项做法，5条值得借鉴的经验给了我们启发，有一些做法和我们想法合拍了。”

【土地整理】2009年，已经竣工的国家投资项目1个，新争取国家投资项目2个，资金3908.6万元。其中，郸城县石槽镇等（2）个乡（镇）的土地整理项目属于2008年国家投资项日，2009年开工建设，建设总规模为1856.2公顷，投资总规模为2622万元，新增耕地90.04公顷，新增耕地率4.85%。共分为2片，分布在石槽镇、钱店镇2个乡（镇）、13个行政村。该项目工程于2009年2月底开工，截至到2009年12月31日，工程已完成，正在申请验收。郸城县汲水乡土地整理项目属于2009年新争取土地整理项目，建设总规模为1359.43公顷，投资总规模为2502.64万元，新增耕地41.0公顷，新增耕地率为3.02%。分布在汲水乡的8个行政村。该项目工程于2009年6月招投标，于2009年7月20日开工，截至到2009年12月31日，工程已完成20%，预计2010年3月竣工。郸城县汲水乡等3个乡（镇）的土地整理项目，建设总规模为784.98公顷，投资总规模为1405.96万元，新增耕地23.88公顷，新增耕地率为3.04%。共分二片，一片涉及汲水乡的鲁桥村，二片涉及南丰镇的李路口，白马镇的东陈堂村。该项目正在招投标。郸城县是全省土地综合整治试点县，按照河南省国土资源厅要求，郸城县人民政府下发郸政〔2009〕71号文件，成立了郸城县土地综合整治工作领导小组，陈志伟县长任组长，主管副县长吕国平任副组长，县政府办、国土资源局、发改委、财政局、建委、交通局、农开办、水务局、环保局、农业局、电业局等有关单位负责人任领导小组成员，领导小组办公室设在郸城县国土资源局。有关乡（镇）人民政府也成立了相应的组织。按照“社会基础条件好、土地整治潜力大、实施难度小、农村经济基础条件较好”的原则，经过反复筛选，选取了5个行政村作为试点村，分别是巴集乡的段寨行政村、宜路镇的左庄行政村、吴台镇的张楼行政村、宁平镇的竹园行政村、虎岗乡的段岭行政村。

【第二次全国土地调查】2009年5月，国土资源部对郸城县农村内外业调查成果进行了核查，共发现302个疑似图斑，75个批而未建的图斑。郸城县国土资源局对国家核查出来的意见及时组织专业队技术人员共同研究复核措施，并按要求进行实地核查。城区调查进展顺利，郸城县国土资源局和河南省有色金属地质矿产局第一地质大队明确责任，合理分工，1个试点村为名南办事处坟后庄，1个试点镇是钱店镇，已全部完成内外业各项调查，并已经入库。8个建制镇的权属调查、外业测量已经完成。县城区47.93平方公里，权属调查已经完成，外业测量已完成31.95平方公里，占县城应测量任务的2/3。基本农田内业上图已完成任务的50%。

【土地登记发证】2009年，发放国有土地使用证194本，面积1609亩；集体土地使用证80本。

【执法监察】按照国家土地督察济南局2009年度土地例行督察工作方案，根据周口市国土资源局的统一部署和具体要求，郸城县全面开展了土地利用管理和卫片执法检查工作。郸城县人民政府成立了领导小组，主管副县长任领导小组组长，县国土资源局、监察局、人民法院、检察院、公安局、财政局、建设局等单位的有关负责人任领导小组成员。县国土资源局成立了领导小组，同时成立了技术组，负责土地例行督察工作，并指导业务技术组做好卫片外业调查、内业整理、汇总、填表、编写报告等工作。在土地例行督察卫片监测范围内，郸城县共有215个图斑，面积3626.7亩，其中，安徽省4个图斑，面积34.4亩；沈丘县飞地1个图斑，面积4.4亩；郸城县辖区内共有210个图斑，面积3587.9亩。经核查，涉及用地345宗，面积3172.64亩，其中，耕地面积2839.56亩。新增建设用地275宗，面积2726.14亩，其中，耕地2397.35亩；农业结构调整用地33宗，面积151.97亩；实地未变化用地37宗，面积294.52亩。

新增建设用地中，合法用地40宗，面积2355.99亩，其中，耕地2074.99亩，分别占新增建设用地宗地数和面积数的14.5%和86.4%；违法用地235宗，面积370.15亩，其中耕地322.38亩，分别占分别占新增建设用地宗地数和面积数的85.5%和13.6%。

235宗违法用地中，农村建设违法用地233宗，面积365.19亩，占违法用地宗地数和面积数的99%和98.7%；城市建设违法用地2宗，面积4.96亩，占违法用地宗地数和面积数的1%和1.3%。

农村建设违法用地中，农村宅基地191宗，面积150.2亩，占违法用地宗地数和面积数的81.2%和40.6%；乡（镇）、村企业13宗，面积157.62亩，占违法用地宗地数和面积数的5.5%和42.6%；乡（镇）、村公共设施、公益事业29宗，面积57.37亩，占违法用地宗地数和面积数的12.3%和15.5%。城市建设违法用地中，住宅用地2宗，面积4.96亩，占违法用地宗地数和面积数的1%和1.3%。

郸城县235宗违法用地，全部立案查处，立案率100%。建议行政处分13件，已落实13件，申请法院执法案件227件，移交司法机关追究责任案件8件。已拆除30宗，拆除建筑物、构筑物面积25347平方米，复耕地土地面积104.22亩。2009年12月31日，郸城县违法占用耕地面积占新增建设用地占用耕地面积的比例为9.5%。其中，济南督察局督察期间，拆除违法用地10宗，建筑物、构筑物面积15106平方米，复耕地土地57.72亩；济南局督察组反馈意见之后，拆除违法用地20宗，建筑物、构筑物10241平方米，复耕地土地46.5亩。

【信访工作】一是积极主动配合郸城县4个班子领导的接访工作；二是充实专职信访机构工作人员，不断提高信访工作人员的政治业务素质；三是对不稳定因素定期排查，制订预案；四是落实郸城县国土资源局领导班子成员“一岗双责”目标责任制；五是坚持郸城县国土资源局领导班子成员值班接访、班子成员包案、信访案件会审评判等制度；六是严格信访案件错案责任追究。2009年，共接待群众来信来访100余人（次），其中，集体访2起、20人（次），政策咨询30起、30人（次），其他原因来访50多人（次）。办理权属纠纷、行政复议、诉讼案件71件。其中，河南省国土资源厅交办案件4件，周口市政府转批案件1件，周口市国土资源局交办4件，郸城县群众工作部交办案件10件，受理行政复议案件20件，行政诉讼案件20件，处理权属纠纷案件12件。切实做到了息访、息事、息诉。郸城县国土资源局被周口市人民政府授予“全市信访工作先进单位”。

【宣传教育】在第19个“6·25”全国土地日期间，郸城县国土资源局和郸城县教体局联合举办了全县中小学师生“国土杯”征文比赛。2009年6月23日，在郸城县中英文学校举行“国土杯”征文比赛颁奖仪式，郸城县政府副县长张艳秋、副县长吕国平、郸城县国土资源局局长吕振龙、郸城县教体局局长于秀邦、副局长刘现营以及郸城县国土资源局党组全体成员出席会议。“国土杯”征文大赛，共设立了教师组、高中组、初中组、小学组4个组别，每组分别设立了一、二、三等奖以及优秀奖和教师辅导奖。全县共征集各种体裁的文章781篇，评出一等奖15名、二等奖28名、三等奖47名、优秀奖261名、辅导奖54名；同时，还有12个单位荣获组织奖。通过征文比赛，全县中小学师生普遍受到了国土资源知识教育，增强了中小学师生珍惜土地、保护耕地意识。充分利用报刊、广播、电视等新闻媒体，发专题、搞讲座、公开热线电话，扩大宣传范围、增加宣传效果。2009年，在《光明日报》、《中国县域经济报》、《河南工人日报》、《资源导刊》、《周口日报》、《周口晚报》等各级媒体发布信息和署名文章27篇。上报信息被采用117篇（其中，省委、省政府采用5篇，市委、市政府采用38篇，县委、县政府采用74篇）。

【乡镇所建设】2009年，郸城县国土资源局共投资70万元，建宜路镇、汲水乡两个标准化乡（镇）所；到12月31日，主体工程已经竣工。

（展国杰）

扶沟县国土资源局

扶沟县隶属周口市，是著名抗日民族英雄吉鸿昌将军的故里。辖16个乡（镇）、场，总人口74.8万人，411个行政村。县域面积1163.28平方公里，是一个平原农业县。先后被国家授予全国商品粮基地县、全国优质棉生产基地县、全国无公害蔬菜生产基地县、全国果蔬十强县、全国绿色农业示范县、全国绿化模范县、全国基础教育先进县、全国科技进步先进县、全国科普先进县、全国基本农田保护先进县等荣誉称号。

王趁意　党组书记、局长
朱福现　党组副书记，副局长
姜中太　党组成员、副局长
李清占　党组成员、纪检组长
张从亮　主任科员
施保德　副主任科员
刘建设　副主任科员
王振庚　副主任科员
王全友　副主任科员
李群生　副主任科员
王二涛　土地执法监察大队队长（副科级）

王趁意简介：汉族，扶沟县吕潭乡尚村岗村人，1962年6月出生，法律硕士，中共党员。1980年12月参加工作，历任扶沟县大新乡经联社副主任，扶沟县曹里乡棉花加工厂党支部书记，扶沟县供销社党委委员、党委办公室主任，扶沟县监察局党组成员、副局长，中共扶沟县纪律检查委员会常委、监察局副局长，纪委副书记、纪委常务副书记兼监察局局长，2002年3月至今，任扶沟县国土资源局党组书记、局长。

【机构设置】扶沟县国土资源局始建于1987年，前身为扶沟县土地管理局，2002年更名为扶沟县国土资源局。该局位于扶沟县鸿昌大道中段，占地8667.1平方米，全局现有职工298人。内设办公室、人事股、宣教股、计财股、规划与耕地保护股、用地审批管理股、地籍测绘股、政策法规监察股、地矿股9个股（室），下设土地执法监察大队、土地整理中心、土地储备发展中心、地产交易所、测绘室、评估所、城镇国有土地管理所、窗口办8个二级机构，辖崔桥、江村、白潭、曹里、韭园、柴岗、固城、练寺、汴岗、大新、吕潭、包屯、大李庄、城郊、城关、农牧场16个乡（镇）国土资源所。

【资源概况】扶沟县土地总面积116328公顷。耕地86801.63公顷，园地706.51公顷，林地6062.28公顷，草地112.92公顷，城镇村及工矿用地13012.22公顷，交通运输用地4035.79公顷，水域及水利设施538.36公顷，其他土地面积268.14公顷（据第二次全国土地调查）。全县地貌平坦，土层深厚，无山少矿，目前可开发利用的矿产品仅有地热水。

【耕地保护】认真落实周口市政府办公室印发的《县（市、区）政府耕地保护责任目标考核办法》，按照“主体明确、责任明晰、监管制约”的工作思路，建立健全了以“政府为责任主体、部门联动监管、社会广泛参与”的共同保护责任机制。县政府与16个乡（镇、场）政府、县国土资源局与各基层国土资源所分别签订了目标管理责任书，把耕地和基本农田保护纳入到县政府年度考核评价指标体系。全县强化了县、乡、村三级保护网络，调整充实了县、乡级领导组，聘任411个行政村的村委主任为耕地保护协管员，全面落实了耕地保护责任，耕地用途管制，占用耕地审批和占补平衡，耕地质量，基本农田“五不准”等制度。在档案管理上，实行“一乡一图、一村一档、一组一书”的基本农田保护管理模式，建立三级档案15卷、411册，签订到村的保护责任书2404份，签订到农户的10万多份。同时，建立了耕地保护占补平衡、基本农田补划台账。加强耕地保护标志管理，设立大型宣传牌32块，更新基本农田保护标志2845块。其中，用瓷片烧制的一级标志31块，用铁板钢管焊制的二级标志411块，用石碑刻制的三级标志2404块。2009年，全县耕地面积为125.4066万亩，基本农田面积104.64万亩。

认真落实耕地占补平衡有关规定，积极推进建设用地项目与补充耕地项目挂钩，采取“先补后占、占一补一”措施，落实了7个建设用地项目的占补平衡。其中，单独选址建设用地项目2个，城市分批次建设用地项目2个，乡镇分批次建设用地项目3个。建设占用耕地总面积0.4074万亩，补充耕地面积0.4074万亩，全县连续11年实现了耕地占补平衡。

【建设用地管理】2009年，共报批土地98.4985公顷，其中，城市建设用地2个批次，面积13.2879公顷；乡镇建设用地3个批次，面积78.0196公顷；单独选址项目1个，面积7.1910公顷。全年供应土地18宗，面积258.0373公顷，其中，划拨供应8宗，面积208.0253公顷；有偿出让3宗，面积24620公顷；招、拍、挂出让7宗，面积47.55公顷。

【节约集约用地】按照“用地节约、产业集聚、资源共享、提高效益”的原则，着力加强多层标准化厂房的建设和推广使用工作，当年在县产业集聚区建食品加工创业园多层标准化厂房12栋、3.53万平方米，全县累计建成多层标准化厂房43栋、14万平方米。

【土地综合整治】因地制宜，科学规划，从全县土地开发整理项目库中筛选和制订土地综合整治计划，按照“田成方、林成网、路相通、渠相连”的标准，设计“连片集中、生态绿化、渠系配套”的土地综合整治模式。在土地综合整治项目投放上，坚持与农业综合开发、科技示范、扶贫开发相结合。在项目实施过程中，推行“八制”管理，规范实施程序，由县纪检、审计部门介入，对项目建设进行全程监督，确保了项目质量和资金安全。2009年，共实施土地综合整治项目5个，投资1247万元，整治规模1405.1771公顷，整治后新增耕地290公顷。

【第九次土地卫片执法检查】一是领导重视，县委、县政府主要领导认识统一，态度坚决，制定了“党政同责、部门联动、属地管理”的原则。二是健全组织，县委、县政府成立了“两组一队”，即以县长为组长的违法用地拆除整改工作领导组，由纪检会、国土资源局牵头的督察组以及各乡（镇）政府及县土地执法监察大队联合成立的集中拆除整改工作专业队。三是约谈警示。县政府副县长、县监察局局长、县国土资源局局长分别约见了12个乡（镇）政府主要负责人和违法当事人，先后对50多人进行了警示约谈。四是强力拆除整改。县政府组织县国土、建设、监察、电力、安全、公安、法院及各乡（镇、场）政府联合行动，集中开展拆除整改，县电视台全程跟踪报道。被国家土地督察济南局认定的19宗违法、违规用地全部得到整改，其中，公共公益事业及居民住宅用地整改8宗，涉及土地面积65.64亩；拆除违法用地8宗，面积66.04亩，拆除违法建筑物面积10531.7平方米，复耕土地63.84亩；实施没收3宗，涉及土地面积34.33亩，没收违法建筑物4931.14平方米，收缴罚款687110元，追究党纪、政纪处分68人。

【地籍管理】完成土地利用现状变更调查，调查面积648亩；完成许亳铁路（拓宽）用地权属调查36.8公里；受理土地权属纠纷案件19起，办理土地抵押登记25宗，发放国有土地使用证178本，集体土地使用权证324本。

【第二次全国土地调查】采取统筹计划、倒排工期、分步实施整体推进措施决战第二次全国土地调查工作。一是健全工作制度，扶沟县国土资源局对各乡（镇、场）和协助单位实行目标责任管理，制定了定期汇报和奖惩制度，要求每月25日为工作情况汇报日。对于进度快、完成好、质量高的乡（镇）以及成绩突出的个人给予表扬，对不能按期完成任务、影响全县工作进度的予以通报批评、效能告诫。二是认真组织核查复查。全国土地调查办对扶沟县上报的调查成果进行全面核查后，对数据库质量和地类一致性图斑提出了补充完善意见，扶沟县国土资源局及时成立核查复查小组，按照全国土地调查办《关于报送县级土地调查地方复核成果的通知》要求，逐地块、逐图斑对地类进行了复核，对数据库建设有关问题进行了补正完善。三是基本农田上图工作按时完成。全县调查基本农田面积104.64万亩，按照规程要求全部上图。四是标准时点统一更新。以初始调查成果为基础，充分利用“标准时点”调查底图，以2009年12月31日为标准时点，更新了各类土地调查成果。五是城镇土地调查全面开展。完成城镇土地调查面积53.15平方公里，建立调查档案4.3万份。

【土地利用总体规划修编】县、乡两级规划修编同步进行，在严格落实耕地保护目标的前提下，科学规划区域发展趋势，统筹安排城乡建设用地，正确处理当前与长远、局部与整体、需求与供给的关系，坚持“自上而下、上下结合、下级规划服从上级规划”的原则，按照严格保护耕地、保障科学发展用地、提高土地利用效益、优化土地利用结构和布局、保护生态环境5个方面的基本要求，落实了6项指标。本轮规划全县耕地保有量为78707公顷，基本农田保护面积为67350公顷，建设用地指标1000公顷，农村居民点用地规模11894公顷。近期(2010年)建设占用耕地指标204公顷，补充耕地指标539公顷、园地指标177公顷、林地指标1861公顷。2009年，经省政府批准规划调整1次，涉及土地面积0.078万亩，调整的区域在城关镇、城郊乡、大李庄、包屯镇境内，将农用地调整为规划建设用地，调整的土地主要用于扶沟县产业集聚区建设。

【土地资产经营】遵循“优化土地资源、优化土地利用结构”的工作思路，加强土地资产经营，规范推进土地市场建设。通过对城区倒闭企业土地，闲置、低效利用土地的挖潜整合，收购收回储备土地51.5公顷。认真落实国土资源部《招标拍卖挂牌出让国有土地使用权规定》，遵照“公开、公平、公正和诚实信用”的原则，凡工业用地和经营性用地一律采取招、拍、挂方式公开出让，全年共出让土地7宗，面积713.25亩，总成交价款9291.54万元。其中，挂牌出让土地6宗，面积683.83亩，成交价款4231.54万元；拍卖土地1宗，面积29.43亩，成交价款5060万元。在年租制方面，依照土地级别与基准地价更新成果，积极推进国有建设用地年租金征收工作，共征收租金27.6万元。

【土地勘测】扶沟县土地勘测规划设计室是河南省测绘局核定的工程测量、地籍测绘丁级资质单位，负责全县的土地规划、开发、利用监测、整治、地籍管理中的土地勘测工作。近年来，按照事业单位分类改革“政事分开”的要求，不断加强机构职能建设和基础设施建设，使专业技术服务功能得到了明显增强。现有职工17人，其中，地籍测绘工程师、助理工程师4人，中高级技术人员12人。GPS定位系统、全站仪、水准仪、绘图仪等先进设备齐全。

2009年，全力开展土地勘测工作，共完成土地勘测定界项目61个，面积36811亩。其中，产业集聚区工业用地项目15个，面积1220亩；企业改制项目12个，面积850亩；土地整理项目22个，面积34481亩；其他项目12个，面积260亩。绘制图件670幅，整饰图件123幅，编辑土地勘测定界报告书56套。

【土地评估】2009年，共完成土地评估11宗，评估土地面积391702.7平方米，评估总值1.02亿元。

【执法监察】继续落实三级联网动态巡查制度，划分巡查区域、规定巡查内容、严格巡查流程、建立巡查台账，实行执法巡查日报、周报、月报“三报告”制度，对违法行为做到了早发现、早制止、早查处，推进执法关口前移。连续下发4个文件，规范执法监察行为，即《违法案件查处工作程序》、《违法案件会审制度》、《执法监察督办制度》和《执法监察人员过错责任追究办法》。同时，深化了联合办案和案件移送制度，做到既查处违法行为，又追究违法责任。当年立案查处违法、违规用地案件11件，收缴罚款6.7万元，拆除违法建筑790平方米，移交有关部门处理案件3件，追究相关责任人5人。2009年，在县政府的组织协调下，由国土资源局牵头，公安、安全、电力、水利、农业等相关职能部门联合执法，开展了2次打击非法取土、采砂行动，立案查处非法取土案件22起，拆除采砂点44个，捣毁大型采砂船4艘，没收电线3400多米，没收矿产品510方。

【信访工作】继续严格落实信访工作目标责任制，领导班子成员认真履行接待日制度，谁接访、谁处理，做到有访必接、接必有果，对于重点案件，实行集中会办、领导包案、限期办理。依托县、乡、村国土资源信访网络，强化源头治理，完善矛盾排查调处机制，及时发现和解决问题，把矛盾化解在基层和萌芽状态。严格落实《国土资源信访规定》，依法依规解决信访事项，做到息事宁人、定纷止争。4～5月，开展了赴京非正常上访、越级上访、越级重访集中整治活动。8～9月，开展涉土信访案件大排查、大化解活动。当年，共接待群众来访26人（次），办结上级交办案件2起，信访案件同上年相比明显下降，受到市国土资源局3次通报表扬。

（施洪营）

项城市国土资源局

项城市位于河南省东南部，是河南省重点扩权市，享有省辖市经济管理权和社会管理权。全市辖3乡、12镇、6个街道办事处，总面积1078.3平方公里，人口117万人。

郭　剑　党组书记、局长
张亚东　主任科员
田金伟　副局长
高有升　副局长
谷志明　副局长
黄洪新　纪委书记
陈　杰　副主任科员（女）
袁春红　副主任科员（女）
刘光华　副主任科员
钮朝阳　副主任科员
龙松涛　副主任科员
孙　杰　监察队长

郭剑简介：项城市人，1973年1月生，汉族，在职研究生，中共党员。1991年9月参加工作，历任项城市市委组织部科员，项城市丁集镇副镇长，项城市委办公室科长等职；2006年，任项城市国土资源局主任科员；2008年1月至今，任项城市国土资源局党委书记、局长。

【机构设置】项城市国土资源局成立于1987年，现有干部职工418人。内设地籍与测绘管理股、土地利用与用地管理股、地质与矿产管理股、耕地保护规划股、计财股、人事科教宣传股、办公室（信访接待室）7个股（室）；下属项城市土地储备发展中心、项城市国土资源执法监察队、项城市地产中心、项城市土地交易所、项城市土地整理中心、项城市国土资源勘测规划中心和富源地价评估公司7个二级机构；辖水寨、莲花、东方、千佛阁、花园、光武、南顿、永丰、范集、孙店、三店、李寨、贾岭、秣陵、郑郭、官会、王明口、丁集、新桥、付集、高寺21个乡（镇）、办事处基层国土资源所。

【土地资源】项城市土地总面积1078.3平方公里。农用地面积为80306.62公顷（耕地面积78013.27公顷，其中，基本农田面积65854.93公顷；园地面积73.73公顷；林地面积2219.62公顷），建设用地面积27399.08公顷（其中，城镇村及工矿用地17345.22公顷，交通运输用地3568.91公顷，水域及水利设施用地6484.95公顷）；未利用地129.51公顷。

【耕地保护】转变保护理念，全面实行动态管护。坚持保护与利用并重，与各乡（镇）、办事处签订耕地保护责任书，进一步明确政府“一把手”为耕地保护第一责任人。建立动态防护体系，完善市、乡、村、组、农户五层责任保护体系，落实耕地保护巡查制度，严厉打击非农建设违法占用基本农田行为，保住了96.3万亩基本农田和116.16万亩耕地“红线”不突破。

【建设用地管理】2009年，在用地计划指标偏紧的情况下，努力争取用地指标，通过主动上争、整治置换等措施，共组织年度计划指标报批600亩，较好地满足了各类新增建设用地需求。

【土地资本运营】一是创新服务模式，保障项目用地。积极处理历史遗留问题，完成土地征收724.8亩，市教育园区、南顿线路器材厂、中医院、帅克药业、中水回用等项目用地得到有效保证。特别是对投资2亿元的重点招商引资项目蜀中制药一期工程用地100亩，通过创新服务模式，多股（室）现场联合办公，征地迅速、效果明显。二是盘活存量土地，以地生财。研究制定节约集约用地、盘活存量土地工作措施和具体工作方案，与监察部门联合开展对转而未供、供而未建以及低效闲置土地的消化利用，再出让闲置土地2宗、35亩，收缴土地出让金816万元。同时，国税局东18亩、鑫苑名城东45亩土地已勘测丈量评估完毕，进入拍卖程序。

【土地规划修编】彻底打破原有规划，重新调整各类建设用地规模，合理分配，科学布局，积极搞好与城市规划、村镇规划、开发区(园区)规划、重点产业布局规划、交通等基础设施及教育等社会事业发展规划的对接，2009年5月底，完成规划文本。2009年6月15日、7月22日，规划成果经河南省国土资源厅评审验收并通过，共调出基本农田5.7万余亩，消除了影响和制约项城市经济进一步发展的“瓶颈”。

【地籍管理】精心组织开展第二次全国土地调查，创新工作思路，建立健全四张网络协调推进，保质、保量地完成了全部调查任务。首先是构建三级工作网，形成市、乡、村三级网络，各负其责、协作推进。其次是构建三层保障网，做到思想有保障、经费有保障、宣传有保障。再次是构建多元技术网。对技术骨干、村干部等人员进行专业培训，并确定了技术好、把关严的工程勘测、监督检验和监理单位。四是构建六方检查网，采取作业员自查、作业队互查、作业单位质检科检查、监理单位核查、领导小组抽查、局纪检监察室监察的六方检查机制。

【土地综合整治】加快复垦整理项目实施，从守资源向建设资源过渡。李寨土地整理项目顺利通过省国土资源厅验收后，全力抓好付集土地整理项目实施。付集土地整理项目总规模为1828.95公顷，预算总投资超过2265万元，2009年6月底完成招标，7月初各标段同时施工，12月底各个标段全面完工，共完成土地平整土方量49.55万方、打井271眼、建泵房271座、配备12匹柴油机水泵271台（套）、修桥82座、修水泥路40.41公里、生产路43.15公里、开挖农沟28.27公里、种植防护林90922株。积极推进贾岭、秣陵项目实施，集中建设连片标准农田，以实现居住集中、资源集聚、用地集约、效益集显的目标。扩大项城市建设用地增量基础，为项城市今后发展夯实基础。

【执法监察】严格执法监察，努力构建高压防线。把土地利用总体规划、建设用地计划、耕地保有量和基本农田面积执行情况这“四条线”作为监管重点，不断加大执法监察力度。采取“事前防范和事后查处相结合，以事前防范为主”的办法，实行“分片包干、责任到人”，努力前移执法监察关口，重点在巡查范围、巡查时间和反映速度等方面下功夫，共开展土地巡查65次，收缴罚款85.55万元。开展卫片执法检查，集中整治违法、违规用地。项城市卫片执法检查，共有图斑34块，面积890.2亩。经实地核查，34块图斑共涉及53宗用地，面积862.5亩，其中，农业结构调整10宗、739.6亩；实地未变化2宗、43.4亩；违法用地41宗、79.5亩（占用耕地面积55.8亩）。

国家土地督察济南局在周例行督察期间，全面汇报了项城市2008年以来土地管理和利用情况，并要求全市上下要高度重视，在高规格、高标准接待的基础上，全力配合提供督察所需材料，精心组织好外业督察。项城市政府成立了卫片执法检查工作领导小组，及时制定下发了《项城市开展第九次卫片执法检查集中整治违法违规用地行动实施方案》，对卫片执法工作任务、组织领导及责任分工、整治范围、原则、实施方法、步骤和时间要求作了详细的安排和部署。特别是在济南局外业督察结束后，市政府召开专题会议，对41宗违法用地根据不同情况，分别提出处理意见，狠抓整改落实，共组织大规模拆除行动9次，拆除违法建筑5933平方米，除4宗公益事业、26宗村民住宅用地外的所有被占用耕地已全部复耕；对4宗公益事业、26宗村民住宅用地，本着“既处理事、又处理人”的原则，追缴罚款50.83万元；对4名违法用地单位负责人提出了行政处分建议书；对贾岭罗庄、孙店火张营、范集大陈、蒋寨4个行政村的党支部书记给予党内严重警告处分；对不认真履行职责、监管不力的3名国土资源所所长予以免职处理。

【粘土砖瓦窑整治】巩固粘土砖瓦窑厂治理整顿成果，实施全面关闭。在全市范围内开展粘土砖瓦窑整治行动，对境内的所有吊丝窑、轮窑先后实施了3次集中行动。共拆除死灰复燃窑厂7座，轧毁砖坯300余万块，没收、砸坏制砖设备21台（件）。对拆除的粘土砖瓦窑厂及晾坯场进行整理复耕。全市窑厂占地面积3801亩，现已复垦整理3296亩。窑厂整治取得阶段性成果，耕地资源得到有效保护。

【信访工作】解决合理涉土诉求，维护社会安定团结。一是强化信访工作制度建设。实行一把手负责制和领导包片联系制度，“全员上阵，全力以赴”，分管领导包乡所，工作人员包行政村，对各类信访案件做到了“早发现、早介入、早控制、早解决”。重点、难点问题或影响较大的信访件实现了主要领导督办、分管领导包办、系统上下合办。二是强化责任意识和服务意识。切实畅通老百姓请愿、申诉的渠道，想群众所想、急企业所急，切实为基层、为企业、为老百姓解决实际问题。三是大力开展信访排查和调处工作。深入到村、企业和老百姓家中，及时了解和掌握各类涉土信访苗头，力争将问题解决在萌芽状态。共办理举报电话25件,受理来信、来访46件，通过法制宣传和政策疏导，对来信、来访的问题全部进行了妥善处理，报结上级转办案件30起。特别是在新中国成立60周年庆典期间，全体人员不休息，认真、细致排查不稳定因素，坚持日报告、零报告制度，确保没有赴省、进京等非正常上访案件发生。

（李　冉）

淮阳县国土资源局

淮阳地处豫东平原周口市腹地，辖21个乡（镇、场），497个行政村；国土面积1419.8平方公里，耕地150.47万亩；总人口135万人，农业人口120.3万人。淮阳县古称宛丘、陈、陈州，是中华民族古文化发祥地之一，6500年前，三皇之首太昊伏羲氏在此定都，创下先天八卦和龙图腾，占地875亩的太昊伏羲陵号称“天下第一陵”。

李俭超　党组书记、局长
朱爱华　党组副书记、副局长（女）
蔡庆民　党组成员、副局长（正科级）
胡清中　主任科员
曹建峰　党组成员、副局长（女）
张国峰　党组成员、纪检组长
朱红军　党组成员、副局长
雷爱梅　党组成员（正科级）（女）
谷立学　党组成员
齐向东　副主任科员
高　延　执法监察大队大队长

李俭超简介：河南省西华县人，1964年5月出生，汉族，中共党员，专科文化。1979年10月入伍；2000年10月转业，任西华县土地管理局党组成员、副局长；2006年10月，任周口市国土资源局财务科长；2007年12月至今，任淮阳县国土资源局党组书记、局长。

【机构设置】淮阳县国土资源局现有干部职工251人，其中，县局机关170人，乡（镇）国土资源所81人。局机关内设办公室、人事股、用地审批管理股、土地利用管理股、规划股、耕地保护股、地籍测绘管理股、矿产与地质管理股、政策法规监察股、财务股、地矿股、信访股、车管股、纪检监察室、年租金征收办公室15个股（室），下设土地整理中心、储备发展中心、评估所、土地执法监察大队4个事业单位以及地产交易中心、规划勘测队2个企业单位，辖城关、朱集、白楼、许湾、临蔡、四通、安岭、齐老、大连、冯塘、黄集、郑集、鲁台、王店、曹河、新站、豆门、刘振屯、葛店19个乡（镇）国土资源所。

【土地资源】淮阳县总人口135万人，总土地面积212.97万亩。其中，农用地174.44万亩（耕地150.47万亩，园地0.14万亩，林地11.56万亩，其他农用地12.27万亩），建设用地34.83万亩（居民点32.72万亩，交通运输用地1.89万亩，水域及水利设施用地0.22万亩），未利用地3.7万亩。全县地貌平坦，土层深厚，水源充足，有利于农业生产的发展，无山少矿，已开发的矿产品仅有地热水、矿泉水。

【耕地保护】2009年，认真强化耕地保护责任制，淮阳县人民政府与全县19个乡（镇）签订了耕地保护目标责任书，将各乡（镇）基本农田保护面积和耕地保有量列入政府目标考核体系，实行年终考核一票否决制，强化领导保护耕地的责任意识。加大对违法占用基本农田的查处力度，有力地打击了乱圈乱占耕地和基本农田等违法行为。基本农田保护实行市对县、县对乡、乡对村三级责任目标制度。在高速公路、重要地段、显著位置设立了大型保护耕地和基本农田保护牌2个，乡以下在基本农田保护区均设立了基本农田保护标志56个。全县基本农田面积继续稳定在131.4万亩。淮阳县被列入为“全省基本农田保护示范县”。

严格执行占补平衡制度。一是严格执行建设用地项目与补充耕地项目挂钩制度，严格加强耕地占补平衡项目管理，做到建设占用耕地占一补一，确保耕地总量动态平衡。二是建立了耕地后备资源库，年度占补平衡项目库和耕地储备库；三是积极做好国家、省投资土地开发整理项目，实施完成了4个土地整理项目，整理后新增耕地3105.8亩，为全县建设项目的用地报批提供了耕地后备资源，并对新农村建设起到了推进作用。

【建设用地管理】 按照省政府“有限指标保重点，一般项目靠挖潜”的工作思路，认真落实国家产业政策、耕地政策、环保政策，积极做好用地服务，全力支持县域经济持续发展。在严格执行规划设计、统筹安排各业用地的前提下，优先保障重点工程用地，最大限度地为重点工程如期开工创建了宽松优良的用地环境。全年共上报7个批次乡镇建设用地、1个单独选址项目、1个城乡挂钩试点项目，共9个批次、1687.27亩的土地征收报批工作，完成了淮阳县征地区片综合地价的编制工作，为淮阳县经济发展提供了用地保障。

【土地利用】 严格执行国家土地利用管理法律、法规及政策规定，进一步搞好用地服务，强化节约集约用地，完善和落实建设用地全程监管制度，为全县经济社会发展提供用地保障。全年共举行了10期国有建设用地使用权挂牌出让，挂牌出让国有土地24宗、564.5亩，成交金额7626.29万元。加强土地二级市场管理，共办理91宗国有建设使用权转让、抵押。完成了经济适用住房和廉租住房建设用地的供地工作。

【地籍管理】 全年共办理国有土地使用权登记手续150宗，受理行政诉讼案件24宗。第二次全国土地调查农村调查工作经过1年来的努力，按时完成了全县1419.8平方公里的外业调查以及内业数据汇总和数据库建设工作。按时完成了全县基本农田上图工作，上图总面积为85933公顷。城镇调查工作，对全县5个建制镇和县城所在地进行了调查，调查总面积为32.4平方公里。权属调查、界址点测绘全部结束，已转入内业整理及地籍图的制作。按时完成了2009年度变更调查工作，全年土地变更总量为128.92公顷。国家第二次土地调查核查组来淮阳县核查验收，对淮阳县第二次全国土地调查工作给予了充分的肯定。

【三项整治】 全国人大常委会副委员长严隽琪、国土资源部部长徐绍史、省长郭庚茂、副省长张大卫、国土资源部规划司司长董祚继、国土资源部耕保司副司长黄鹤图、省国土资源厅厅长张启生等上级领导莅临淮阳检查、指导、调研土地“三项整治”工作。国土资源部国家级刊物《国土资源通讯》第19期刊登了“豫东大地涌起惠农潮—河南省淮阳县大力推进土地‘三项整治’的做法”；《国土资源导刊》第5期专刊也专题介绍了淮阳县土地“三项整治”工作模式，“全省农村土地综合整治现场会”在淮阳县朱庄召开，对淮阳县的土地“三项整治”工作模式给予了充分的肯定。

【土地利用总体规划修编】 着眼于区域土地资源条件和社会发展要求，重点做好土地空间布局规划，做好土地利用总体规划、城镇体系规划、产业规划以及重大基础设施规划的相互衔接，着重把握好空间布局、用地规模和建设时序的关系，严格执行土地利用年度计划，分清轻重缓急，统筹安排使用。第三轮土地利用总体规划修编工作开展顺利。县级土地利用总体规划修编工作已完成，规划修编成果已通过省级专家评审，上报省政府待批；乡级土地利用总体规划修编工作已经通过市级专家评审，修改完善后上报省政府待批；2010年土地利用年度计划的编修工作已完成，共调整各项建设用地规划指标4428亩，完成了许亳铁路、周郸公路的规划预审和规划修编。

【土地收购储备】 按照淮阳县政府的部署安排，完成了淮阳县委、县政府2009年“双十”工程和“十件实事”工程等重点工程用地的测量、附属物清点、补偿登记工作。完成了对原周口市汽车运输总公司淮阳车站化工厂20亩闲置土地收购的准备工作。全年征收土地416亩，保证了文化局三馆一中心、经济适用房、燃气电厂、工业园区等一批全县重点建设项目的用地。

【执法监察】 认真搞好了拆除违法、违规用地建筑物工作，严厉打击粘土砖瓦窑厂死灰复燃的发生。按照国家土地督察济南局的督察要求，认真做好了土地卫片执法工作，共立案查处违法、违规用地140宗，拆除粘土砖瓦窑厂24座（次），销毁砖坯2000多万块；拆除违规违法用地107宗，复耕面积355.29亩；摧毁非法采砂点28处，销毁抽泵40余台；办理农用地转用手续16宗，面积73.51亩；收缴罚款323万多元；移交公安机关处理13起；申请法院强制执行97起。

【信访工作】紧紧围绕信访工作的重点，服务全县工作大局，强化排查和化解关系群众切身利益的矛盾纠纷，加强信访源头的预防和治理，实行领导班子和机关干部包案制度，包案领导负责组织、协调对案件的调查处理和落实。各国土资源所分包人员依照“属地管理、分级负责”的原则处理，按照“小事不出村，大事不出乡（镇），重大问题不出县”的要求，及时排查问题，化解矛盾。通过各级信访人员的共同努力，信访案件持续逐年下降，土地访的问题明显好转。全年共接待办理来人来访46起、101人（次），受理上级交办、转办案件36起，土地确权案件10起。

【国土所建设】坚持“因地制宜、量力而行、分类对待”的原则，多方筹措资金、多方协调，加大对乡（镇）国土资源所基础设施投入力度，逐步改善乡（镇）国土资源所办公条件。我们与各乡（镇）党委、政府沟通，解决了17个乡（镇）国土资源所办公用房，为各乡（镇）国土资源所重新配备了办公桌椅、档案柜，对重点乡（镇）工作业务量大的国土资源所还配备了电脑，改善了乡（镇）国土资源所工作条件，提高了工作效率，实现了乡（镇）所“机构设置规范化、工作职能具体化、设置配备标准化”目标。

（王金华）

沈丘县国土资源局

沈丘县位于河南省东南边沿，处黄淮平原，居沙颖水中游。县境西邻项城市，西北、北部接淮阳县、郸城县，东南与安徽省界首市、临泉县毗邻。土地总面积1081平方公里，辖22个乡（镇）、办事处，人口123万人。

刘体锋　党组书记、局长
刘靖立　党组副书记、副局长
陈永亮　党组副书记、副局长
卜大庆　党组成员、副局长
徐　丽　党组成员、副局长（女）
周秀丽　党组成员、纪检组长（女）

刘体锋简介：汉族，大学文化，高级经济师。1976年9月参加工作，历任沈丘县周营乡副乡长，付井镇党委副书记、经委主任，老城镇党委副书记、镇长，付井镇党委书记，洪山乡党委书记；2002年3月至今，任沈丘县国土资源局党组书记、局长。

【机构设置】沈丘县国土资源局现有干部职工268人，其中，乡（镇）国土资源管理所105人，县局163人；党员77名；本科学历17人，大专学历37人。局机关设办公室、规划股、财务股、耕地保护股、用地审批管理股、地籍管理股、土地利用管理股、矿产与地质管理股、信访股、人事股、宣传教育股、整理中心、监察股、纪检监察室、信息中心15个职能股（室），下设有土地储备发展交易中心和国土执法监察队2个二级事业单位，辖莲池、刘庄店、石槽集乡、李老庄、范营、城关、留福、大邢庄、冯营、赵德营、付井、周营、槐店镇、白集、下路口、北杨集、新安集、纸店、刘湾、洪山等22个乡（镇）、办事处国土资源管理所。

【土地资源】沈丘县土地总面积1081.48平方公里，其中，农用地86603公顷，建设用地20619公顷，未利用地1027.7公顷。全县现有耕地面积77763.3公顷，基本农田面积64970公顷，但人均耕地不足1亩，低于全省人均耕地水平。

【耕地保护】落实最严格的耕地保护制度。一是进一步强化各级政府保护耕地的责任，县政府与各乡（镇）、办事处签订基本农田保护责任书，把耕地和基本农田保护纳入各乡（镇）、办事处政府年度工作进行考核，明确政府主要领导是第一责任人。二是加大土地复垦开发整理力度。投入资金334.68万元，完成了沈丘县石槽集乡和沈丘县下路口等4个乡（镇）的2个补充耕地项目，整理土地173.93公顷，新增耕地72.67公顷。争取国家投资877万元，正在实施沈丘县下路口等乡（镇）的国家级土地整理项目，总整理规模633.22公顷，完工后可新增耕地87.32公顷。三是全面落实土地执法动态巡查责任制度，进一步加强土地执法监察工作，从严查处违法、违规占用耕地特别是占用基本农田行为。全年共查处违法违规用地44宗，收缴罚没款64万元。

落实最严格的节约集约用地制度。一是加强规划管控，各项建设不得突破土地利用总体规划确定的用地规模和标准；凡新建工业项目都必须向工业集聚区集中；推进多层标准化厂房建设，截至目前，新建标准化厂房1200平方米。二是挖掘城镇存量建设用地潜力，积极盘活存量闲置、低效利用的土地，全年共盘活存量土地13宗、6.31公顷，占供应总量的6.98%。三是挖掘土地资源自身潜力，继续深入开展“三项整治”工作，投入资金114.77万元，整治总规模104.5公顷，新增耕地100.59公顷。

【建设用地管理】一是切实做好土地报批工作。2009年，省政府批准沈丘县3个城市批次、47.05公顷，3个乡（镇）批次、33.76公顷；2009年，上报4个城市批次用地、115.34公顷，1个乡镇批次、25.76公顷，有力保障了重点项目及县政府年初确定的“四十工程”用地需求。二是搞好用地服务，对重点项目提前介入、加强协调、提供优质服务，有力服务了漯阜铁路升级改造工程、徐亳铁路改建工程和火车站站前大道开发等重点工程。三是积极推进产业集聚区建设，对产业集聚区科学规划、优先供地，并对新上项目从供地总量、结构、布局和时序上把好土地供应关，防止“三高一多”。全年沙北、沙南工业园区完成征地356.68公顷，保障发展区用地。

【执法监察】根据《国家土地督察济南局2009年度土地例行督察工作方案》，此次土地例行督察卫片检查，沈丘县涉及卫片图斑136块，监测面积2272亩。为把该项工作落到实处，重点做好了4方面的工作。一是强化领导，成立了以常务副县长刘广明任组长、县直各单位主要负责人为成员的沈丘县卫片执法检查工作领导小组，为该项工作的顺利开展奠定了坚实的组织基础。二是深入实地，认真核查图斑。为摸清图斑涉及的各类用地情况，沈丘县利用30天的时间，抽调20名业务技术骨干组成3个外业调查组，深入实地，对照图斑，逐宗地块核查。经核查，沈丘县共有图斑135块，监测面积2248亩，实测面积2887.59亩（耕地面积2848.01），涉及用地223宗。其中，新增建设用地178宗，面积2108.67亩（耕地2108.67亩）；农业结构调整9宗，面积177亩（耕地177亩）；实地未变化图斑36块，面积601.72亩（耕地面积562.14亩）。新增建设用地中，合法用地43宗，面积1811.72亩，其中耕地1811.72亩，分别占新增建设用地宗地数和面积数的19.28%和62.74%；违法用地135宗，面积296.95亩，其中，耕地296.95亩，分别占新增建设用地宗地数和面积数的60.53%和10.28%。三是结合实际，分类整改。县长与各乡（镇）、办事处签订集中整治违法违规用地责任状，下达给各乡（镇）、办事处53宗拆除违法、违规用地任务，拆除面积172.45亩，拆除违法、违规建筑物面积7084平方米；立案查处违法用地135件；建议监察部门行政处分14件（人），其中，科级干部一人；构成刑事案件移交公安机关9件（人）；申请法院强制执行135件。通过整改，违法用地占用耕地面积占新增建设用地占用耕地面积的9.5%，低于15号令规定的15%的底线。

【土地使用权出让】进一步强化政府对土地一级市场的垄断，所有经营性用地和工业用地都严格按规定程序实行招、拍、挂出让，并确保其出让价格不低于法定最低价标准，努力实现土地价值的最大化。全年共出让土地68宗，面积78.42公顷，成交金额10475.29万元。

【基础性业务】一是加快推进第二次全国土地调查工作。已完成农村内外业调查工作和数据库成果的修改，调查成果已通过省厅验收，正在更新数据库。完成县城和9个建制镇约38.2平方公里的外业权属调查和界址点测量工作；内业整理及权属上图已完成60%。二是加快推进新一轮土地利用总体规划修编工作。已完成沈丘县土地利用总体规划文本及说明，并通过省厅复审，下一步省厅将按批次对县级土地利用总体规划修编成果上报省政府审批；乡级土地利用总体规划修编文本及图件已经省厅初审通过。三是加快推进农村土地确权登记发证工作。结合第二次全国土地调查全面查清集体土地所有权、集体建设用地使用权、宅基地使用权等权属状况，正在开展集体土地登记发证工作。同时，做好国有土地使用权登记发证工作，全年共办理国有土地使用证203本。四是加快推进基准地价更新工作，基准地价更新成果已经省市验收，已于2009年10月执行。

【信访工作】强化对信访工作的领导，落实信访工作责任制，实行领导分片包干、包案制度；严格落实信访接待制度，实行首问负责制；深入开展赴京非正常上访、越级重访集中整治工作，坚持定期排查不安定因素，把信访案件化解在萌芽时期。2009年，共接待各类信访件100起，其中，确权7起，行政诉讼23起，结案98起，结案率98%。

（陈勇　刘青山）

太康县国土资源局

太康县隶属周口市，南北长44.25公里，东西宽55.25公里。东邻商丘市柘城县、睢县，北连开封市通许、杞县，西与扶沟县、西华县毗邻，南与淮阳县接壤。太康有文字记载的历史有5000多年，夏王太康曾迁都于此，太康故称“阳夏”；秦王嬴政23年（前224年）始置阳夏县；隋文帝开皇七年（587年），改阳夏县为太康县，沿袭至今。全县辖23个乡（镇），768个行政村，总面积1759平方公里，总人口138万人（其中，农业人口126万人）。

徐公立　党组书记、局长
程慎众　党组副书记、副局长
陈忠祥　副局长
张存功　副局长
李康民　纪检组长
徐国民　监察队长
张志明　主任科员
刘保恩　主任科员
王明强　副主任科员
侯钦迎　副主任科员

徐公立简介：1968年10月出生，1988年7月参加工作，1993年10月加入中国共产党，本科学历。1988年8月～1995年5月，在太康县财政局工作，任审计股长（期间，1992年2月～1994年2月，被太康县委下派到符草楼乡张坤楼行政村任村主任）；1995年5月～2002年3月，在太康县纪检会工作，任副科级纪检员、执法监察室主任、常委；2002年3月～2005年9月，在太康县逊母口镇工作，任镇党委副书记、镇长；2005年12月至今，任太康县国土资源局党组书记、局长。

【机构设置】太康县国土资源局内设办公室、人秘股、政策法规股、规划耕地保护股、财务股、建设用地管理股、地籍测绘股、矿产与地质管理股、信访股、国有土地管理股10个股（室），下设评估所、地产中心、土地整理中心、土地执法监察大队、测绘队5个二级机构，辖城关、城郊、毛庄、独塘、高朗、杨庙、马头、转楼、王集、龙曲、高贤、芝麻洼、常营、清集、板桥、逊母口、大许寨、五里口、老冢、符草楼、张集、朱口、马厂23个国土资源所。现有干部职工368人。

【土地资源】太康县土地总面积175900公顷，其中，耕地面积129935公顷，园地1512公顷，林地5610公顷，建设及工矿用地28428公顷，交通运输、水利设施、水域用地10052.94公顷，其他土地362.06公顷。

【矿产资源】经勘探，太康县具有一定的煤炭、煤层气资源，主要集中在太康县东部，勘测煤层厚度较大的为4.7米，面积312平方公里，预测煤炭储量约9.06亿吨，煤级为无烟煤；煤层气蕴藏在地下1000～2000米煤层中，总资源量达161亿立方米。同时，建筑用沙、地热水资源较为丰富。

【建设用地管理】适应工业化、城镇化快速发展的形势，针对工业项目建设不断扩大、土地供需矛盾突出的现状，切实提高建设供给能力。严格执行土地管理政策和土地审批制度，县政府高度垄断土地一级市场，培育激活二、三级土地市场。对经营性用地全部纳入招、拍、挂范围，通过公开拍卖，公平竞争，增加了社会透明度，使土地交易从分散、隐蔽、无序逐步走向规范、公开、有序，使土地收益更加科学。以“保增长、保红线”为目标，挖潜存量土地。一是发挥土地利用总体规划的整体控制作用，注重各类建设规划与土地利用总体规划的衔接，经省政府批准，工业集聚区规划面积为1.275万亩，纺织工业园区规划面积为3000亩，为太康县工业发展提供了强有力的用地保障。调整优化产业用地结构，把符合产业政策的新上项目向工业聚集区集中，引导企业向工业集聚区集中，在企业用地上执行国家产业政策，严格控制用地规模。龙源纸业有限公司、通泰纺织有限公司、神风锅炉有限公司等28家企业已进驻产业园区。二是坚持节约集约用地，增强城市配套功能。招商引资广东恩平金昌投资有限公司投资2亿元，实施对天宁寺坑改造工程，把120亩的天宁寺坑改造成为购物、商住、游乐、休闲为一体的综合建设项目。三是服务项目用地建设。为项目建设的顺利进行，工作人员深入实地，做群众的思想工作；同时，以民为本，积极维护拆迁群众的利益，提高拆迁补偿标准，争取群众的理解和支持，为县域经济发展创造良好的用地环境。四是争取新增建设用地指标，做好土地征收、转用工作，完成了6个批次，共计86.5785公顷用地的报件工作。2009年，向市局、省厅上报了2009年建设项目大地棉纺织厂、太康县人民医院、太康县物流中心、万利园棉纺织厂等17个县级重点建设项目用地，合计167.3338公顷。全年出让国有土地使用权24宗，面积352.42亩，收取土地出让金1.006亿元。7月22日，拍卖的西大街南侧原文化局国有土地使用权，亩均地价达400多万元，创太康县土地使用制度改革以来亩均出让地价之最。四是挖潜土地存量。通过限期开发、等价置换、调整项目等多种方法，挖掘存量及低效利用土地。

【三项整治】2009年，以“空心村”整治为重点，开展“三项整治”工作，新增耕地2000多亩。在每个乡（镇）确定典型的“空心村”实施整治，通过示范带动，全面展开。合并零散村庄向中心村集中，腾出原村址综合利用，发展乡镇企业和种植业；在原村址上实施村庄规划，严格限定宅基面积，集约利用土地；合理利用村内空闲地，由外迁到内迁，填实“空心村”。制定村庄规划，打通主干道，完善村内基础设施，达到既节约用地，又使村庄布局合理的目的；村庄整体合并，腾出原宅基地复耕。

【耕地保护】为确保全县耕地总量不减少、质量不下降、用途不改变，始终坚持一手抓开源、一手抓节流，耕地保护尤其是基本农田保护工作成效突出。一是认真落实耕地保护责任制。对全县12.9914万公顷耕地，划定了基本农田保护片23个，保护块4782个，基本农田保护面积11.16万公顷，保护率达85.4%。全县与农户签订目标责任书2.5万多份，投资50多万元，重新设立一级基本农田保护标志25个，二级基本农田保护标志500多个，三级基本农田保护标志2000多个。年初，县政府将耕地保有量和基本农田保护面积列入各乡（镇）政府经济工作年度考核内容，层层签订耕地保护目标责任书，组织监察、农业、财政等部门定期检查各乡（镇）政府履行耕地保护职责情况。对成绩突出的，通报表扬；因工作不力出现严重违法、违规用地的，依纪严肃追究相关人员责任。二是建立健全基本农田信息网络，每个行政村聘用信息员，定期巡查汇报。三是加大基本农田执法巡查力度，落实基本农田“五不准”规定，由县分管领导牵头，国土、公安、法院等有关部门联合办案，对破坏基本农田违法行为一查到底，处理到位。

【第二次全国土地调查】开展第二次全国土地调查工作，成立了以副县长崔世岭为组长的太康县第二次全国土地调查领导小组。在工作中做到“三个到位”、做好“五个保障”。“三个到位”，即认识到位、组织保障到位、责任到位；“五个保障”，即工作人员有保障、技术有保障、经费有保障、纪律有保障、质量有保障。一年来，通过第二次全国土地调查队伍近300名业务骨干的努力，掌握了基础资料，利用航拍正射影像图，开展了1：10000大比例尺农村现状调查工作，农村外业调查共调查土地面积1702.4624平方公里，农村数据库建库经国家复核，提出970个疑问图斑，经过外业和内业逐一核实，并进行了拍照、勘察。城镇第二次全国土地调查权属调查基本完成，实测面积达80%以上，完成基本农田图斑核查与土地利用总体规划衔接，完成了基本调查。监理单位按期、如实对农村土地外业调查成果质量进行了现场监理，审查了外业调查成果，作出了“调查成果详细、准确，图面清晰”的结论。通过第二次全国土地调查，不仅为统筹使用各类土地掌握了基础数据，也全面查清了土地利用现状，可以有效化解权属纠纷和遗留问题，为土地利用规划和建设提供科学依据。

【土地利用总体规划修编】科学编制土地利用总体规划。一方面，突破制约当前经济发展的土地规划瓶颈；另一方面，保障经济发展用地，坚持经济、社会、人口、资源相协调的可持续发展，统筹土地利用，确保经济发展的用地所需。《太康县土地利用总体规划修编（2006—2020）》已经省政府批准实施。此次的土地利用总体规划修编，紧密结合太康县经济发展目标，明确规定了到2020年，新增建设占用耕地规模控制在834公顷内，土地整理复垦开发补充耕地面积不低于1116公顷，全县耕地保有量保持在130196公顷以上，基本农田面积稳定在111600公顷以上。确定了中心城区规模25.99平方公里，实现了各业、各类用地的统筹安排和科学布局，保障了太康县今后15年经济发展的用地所需，为促进全县经济社会又好又快发展打下坚实的基础。

【土地整理】把开展土地综合整治，作为保护耕地、节约集约用地和解决土地供需矛盾的重要途径和手段，一方面增加有效耕地面积，另一方面提高耕地生产能力，改善和保护生态环境。根据土地开发复垦整理规划的要求，在全县范围内大力开展土地开发整理工作，向上争取开发整理专项资金与鼓励单位、个人、集体、企事业单位等积极参与相结合，对项目区田、水、路、林、村进行综合治理，实现了项目区基础设施的根本改善，有效增加了项目区耕地面积，改善当地农业生产条件，降低农业灌溉成本，提高农业规模效益，提高土地综合生产能力。

完成了国家投资转楼乡土地整理项目。项目总投资2213万元，涉及转楼乡12个行政村，建设总规模1603.31公顷，新增耕地187.14公顷，新增耕地率11.65%，远远高于国家规定的3%的标准。在2009年冬春之交遇到的特大旱灾面前，项目成果显示出显著的保障能力，280多眼机井全部派上用场，项目区粮食产量较整理前不减反增，亩均产增收100多斤。

加快落实土地开发整理计划，编制了2008～2012年土地开发整理方案。太康县高朗等3个乡（镇）Ⅰ期、Ⅱ期土地整理项目，项目区分大许寨、逊母口、高朗3个区片，Ⅰ期、Ⅱ期项目投资分别为1624.29万元、1399.792万元，项目区实施总规模分别为733.71公顷、916.62公顷，新增耕地将分别达到22.32公顷、32.02公顷，新增耕地率分别为3.04%和3.5%。

坚持土地整理“五个结合”。一是与改善农村生产条件相结合，通过归并零散地块、平整土地、改良土壤、基础设施配套等手段，改善农村生产条件。二是与推进农业产业化相结合，利用土地整理后新增耕地，积极引入农业产业项目。三是与农民集中居住相结合，推进农村院落拆并和农民居住向城镇、中心村和聚居区集中。四是与农民增收相结合，充分利用土地整理增加耕地数量和提高耕地质量带来的增收和引入农业产业化项目使农民收益。五是与发展企业相结合，土地整理项目的实施改善了项目区交通、生产条件，腾出了土地，通过增加建设用地指标为企业发展提高用地保障。

【信访工作】把做好群众工作、维护社会稳定作为国土资源管理工作的重要内容，采取两项措施确保信访工作扎实、有效地进行。一是积极改进工作方法，探索新时期信访工作的新方法、新路子，由过去的坐在机关等案件变为主动排查矛盾解决问题，送法上门、服务上门，把矛盾消化在基层、消灭在萌芽状态；二是分片包案，实行个案责任追究制。按照“四到位、五包、四亲自”工作方案开展工作。“四到位”即对上访群众诉求的合理问题要解决到位，对上访群众提出的过高要求要说服教育到位，对无理缠访人员要稳控到位，对触犯法律的要打击处理到位；“五包”即包掌握情况，包解决困难，包教育说服转化，包稳定控制，包解决处理；“四亲自”即该局班子成员亲自走访上访人，亲自与上访人员谈心做工作，亲自调查研究解决问题，亲自落实督办结案。2009年，全县共接待土地来信来访125人（次），受理案件56起，其中，省厅转办6起，市局转办12起，结案55起，结案率达99%。

【拆迁安置问题】成功解决一环路拆迁安置问题。2003年，太康县委、县政府将一环路扩宽改造列入县重点工程建设，由县建委具体负责实施，修建50米宽的大道，将40多家的住房拆除和宅基占用，没有进行安置。该安置工作先有建委负责落实，后转到城关镇政府，多年来一直未得到解决，安置户多次赴京、赴省上访。2006年10月，太康县委、县政府交由国土专业局负责。为搞好安置工作，在各级政府严格实行耕地保护、坚持节约集约用地、对城镇居民不再实行住宅安置的情况下，探索新的安置途径，对一环路拆迁户实行住宅楼安置。国土资源局的同志多次制订、修改、确定了补偿安置方案，在没有安置房用地指标的情况下，经过与省、市有关部门协调，争取到80亩地的用地指标。由于县财政经济紧张，采取招商引资的办法进行安置，由太康县利宏置业有限公司投资3000万元建设“民心家园”，对拆迁居民进行安置。12月24日，在人大政协代表、监察局、公正处等部门及新闻媒体的监督下，举行了安置房摇号仪式。象征着历经6年、历届领导没有解决的一环路安置工作得到了彻底解决。

【服务新农村建设】充分发挥职能作用，积极服务新农村建设。一是优化资源配置，满足项目需求，壮大村镇经济。对全县范围内乡镇企业用地进行了普查登记，分别建立了台账，共收回包括停产、半停产企业等各类闲置及低效利用土地1200多亩，利用未利用地、闲散地、废弃地支持乡镇企业发展，用足、用活土地置换、折抵等政策。二是积极参与农业产业结构调整，为畜牧养殖、生态园建设献计献策。在老冢镇谢堂、独塘轩庄开展生态文明村建设，组建工作队进驻板桥乡后席村开展“生态文明村”创建，在调查摸底、逐户询问、了解民情的基础上，引导群众发展养殖业。工作队又与“村村通”主管部门积极协商，为后席村各主街道修建了2200米长、5米宽的柏油路，解决了群众出路难问题；帮助村里修建10座沼气池，使他们用上节能、环保的新型燃气，改善了村民生活环境。三是结合村镇规划建设，开展村庄治理，主要采取了4种形式。①合并零散村庄向中心村集中，腾出原村址综合利用，发展乡镇企业和种植业。②在原村址上实施村庄规划，严格限定宅基面积，集约利用土地。③合理利用村内空闲地，填实“空心村”。制定村庄规划，打通主干道，完善村内基础设施，使村庄布局合理。④村庄整体搬迁，腾出原宅基地复耕。规划了毛庄镇市场村，马厂镇李麦村，独堂乡轩庄、赵胡同等10个新农村建设试点村，实施后将为全县新农村规划建设摸索出一条新路。2009年，审批安排农村宅基地500多户，发放集体土地使用权证600多本。

【执法监察】从预防、查处、监管和部门联动4个方面人手，构建土地执法长效机制、推进依法行政。一是建立健全了县、乡、村三级执法监察网络，太康县国土资源局把全县23个乡（镇）划分为7个管理区，成立7个执法中队，各中队划片包干，责任到人。对县城规划区、城乡结合部、基本农田保护区和公路沿线实行重点巡查。乡（镇）国土所负责其他区域的巡查，要求巡查人员做到“四必查”，即“有举报必查、有传闻必查、有建房必查、有新动地必查”，确保巡查工作全覆盖、无缝隙。二是建立部门联动制度，形成执法合力。县国土资源局发现违法占地后，及时函告县发展改革委员会、建设、工商、电力等职能部门，共同制止违法占地，弥补了国土资源执法力量薄弱的不足。三是落实责任追究制度。对违法用地多发的乡（镇）和大宗违法占地，在对当事人下达停工通知的同时，执法队伍内部实行“问责制”，向分管的中队长、国土资源所所长下发督办通知，责成有关人员对违法用地实行定点巡查，监督停工，跟踪管理。对制止不力、形成新的违法占地的，严肃追究管理人员的责任。同时，由县国土资源局向违法用地所在乡（镇）人民政府送达《共同制止违法违规用地建议函》，联合制止违法违规用地。四是开展卫片执法，全县利用15天时间完成了外业调查任务，查清了各类用地情况。从做好前期准备工作到内业、外业、实地核查测量、确定变化图斑的合法性、汇总分析等各阶段工作都有条不紊的进行。全县查出28宗违法用地，已全部立案查处，立案率为100%。拆除违法用地建筑物9座，涉及土地面积39.66亩；收缴罚没款5.11万元。提出行政处分建议8件，已落实7件（1位已被免去职务）；申请法院协助执行58件，移交公安机关追究责任6件。2009年，全县共立案查处土地违法案件26件，面积1.64公顷，其中，耕地1.4公顷，立案26件，结案26件。

（陈德畅）

鹿邑县国土资源局

鹿邑县位于豫皖交界的河南省东部，地理坐标为东径115°25′～115°37′，北纬33°43′～34°51′，地处黄淮平原，涡河中游，是我国古代伟大的哲学家、思想家、道教学派创始人老子的故里。鹿邑东西长54.6公里，南北宽40.5公里，总面积为1245.5平方公里，耕地面积136万亩。辖24个乡（镇）、办事处以及1个工业园区。其中，8个镇、12个乡、4个街道办事处，546个行政村（居委会），2163个自然村，人口116万人。是“全国粮食生产百强县”、“全国商品粮基地县”；河南省十大文化强县、50个对外开放重点县、24个农业综合开发重点扶持县、18个粮食生产基地县和10个棉纺织工业重点县之一。

梁卫民　党组书记、局长
田　健　党组成员、主任科员
夏学然　党组成员、副局长
张新河　党组成员、副局长
安玉山　党组成员、副局长
陈亚锋　党组成员、纪检组长

梁卫民简介：永城市人，1971年3月出生，汉族，1990年7月参加工作，1992年7月入党，本科学历（河南省委党校）。1990年7月～1991年11月，在周口市蔬菜乡工作；1991年11月～1993年8月，任太康县常营镇副镇长；1993年8月～1995年6月，任河南省宋河酒厂副科级干部；1995年6月～1999年1月，任鹿邑县辛集镇党委委员、副书记；1999年1月～2002年3月，任鹿邑县辛集镇党委委员、副书记、人大主席；2002年3月～2005年4月，任鹿邑县涡北镇党委委员、副书记、镇长；2005年4月～2008年6月，任鹿邑县杨湖口乡党委委员、书记、人大主席；2008年6月～2009年6月，任鹿邑县人民政府党组成员、工业园区管委会主任、党委副书记；2009年6月至今，任鹿邑县国土资源局党组书记、局长。

【机构设置】鹿邑县国土资源局位于鹿邑县谷阳路西段。内设办公室、规划股、耕地保护股、财务股、地政地籍股、地质矿产管理股、土地监察股、用地审批股、人事科教老干部股、行政服务股、测绘股、信访办、法制办、纪检监察室14个职能股（室）；下设土地管理执法监察队、土地交易中心、土地开发中心、土地整理中心、土地储备中心、地产估价事务所、国土资源勘测队7个二级机构；辖太清宫、郑家集、王皮溜、观堂、生铁冢、赵村、试量、张店、邱集、玄武、穆店、贾滩、马铺、任集、辛集、高集、唐集、宋河、涡北、杨湖口、谷阳、卫真、鸣鹿、真源、工业园区25个乡（镇）、园区国土资源所。2009年，鹿邑县国土资源局干部、职工总人数324人，行政人员22人，事业全供161人，事业干部73人，事业（养供、自收支）119人，退休22人；有局长1名，副局长5名，纪检组长1名。

【土地资源】截至2009年底，鹿邑县耕地面积为1359703亩，基本农田面积为1185000亩，农用地面积为8694.7亩，园地面积为998.8亩，林地面积为65818.8亩，农村道路面积为41993亩，坑塘水面19690.6亩，农田水利用地28243.4亩，农村居民点用地为224907.2亩，独立工矿用地为19304.7亩，特殊用地3267.5亩，交通运输用地7394.4亩，公路用地7394.4亩，未利用地22547.6亩，河流水面用地47291.3亩，苇地面积为271.3亩。鹿邑县境内地势平坦，无高山丘陵，土层深厚，水资源充足，有利于农业生产的发展。

【耕地保护】2009年，严格落实基本农田保护“五个不准”和基本农田保护“八项制度”等各项规章制度，始终坚持基本农田保护“红线”不突破。认真做好耕地占补平衡工作，申报补充耕地项目4个，其中县级43个，市本级1个，计划补充耕地196.68公顷。完成了王皮溜四乡镇和观堂赵村2个乡（镇）补充耕地项目，共补充耕地108.68公顷，并已通过省国土资源厅审核认定。加强拆除窑厂复耕工作，确保被拆除窑厂不死灰复燃，2009年，共复耕土地690亩。全县基本农田面积始终稳定在122万亩，连续9年实现耕地占补平衡。

【建设用地管理】2009年，鹿邑县用地已上报省、市用地6个批次，面积79.2561公顷。其中，城市3个批次、1100多亩，乡镇1个批次、340亩，单独选址2个批次、5.4320公顷。许亳高速、许亳高速西互通立交及连接线、国能发电项目已经国务院批准，批文已下发。

盘活存量闲置土地，保障城区建设用地，依法进行土地出让。2009年，通过拍卖、挂牌、出让国有建设用地使用权24宗，面积1640.2793亩，成交金额28504.2966万元。其中，商业用地6宗，商住用地2宗，居住用地13宗，工业用地2宗，教育用地1宗。

【规划修编】2009年，县级规划修编工作已圆满完成，已经河南省人民政府批复，成果已报省国土资源厅备案。乡级规划修编已完成，严格按照县级规划所下达的指标，把基本农田调出、调入，新农村建设、公益事业单位用地落实到新一轮土地利用总体规划图上，河南省国土资源厅已对乡级规划修编成果进行复审。2009年，共上报城乡建设用地，增减挂钩规划2批，其中，第一批挂钩项目建新区2片，项目24宗，面积537亩；第二批挂钩项目建新区2片，项目16宗，面积819亩。2009年，上报局部调整规划项目10宗，规划调整面积135亩，涉及6个乡镇，该项目已经河南省人民政府批复。

【土地整理】2009年，完成了国家投资鹿邑县杨湖口、太清宫土地整理项目，整理出新增耕地59.21公顷，该项目已通过省国土资源厅验收。完成了省级投资许亳高速公路（鹿邑段）补充耕地项目，该项目总投资2317.38万元，整理出新增耕地291.29公顷。完成了国家投资鹿邑县杨湖口乡和辛集镇土地整理项目的招标工作，2个项目总投资3364万元，项目建设规模2396.57公顷，计划新增耕地13.14公顷。通过积极争取，鹿邑县申报并获批准了国家投资鹿邑县任集等2乡（镇）的土地整理项目，该项目前期规划设计工作已完成，项目规模510.69公顷，总投资1123万元，计划新增耕地16.42公顷。

【地籍管理】2009年，经过组织准备、资料收集、计算分析、成果整理等内个阶段的实际工作，高质量地完成了整个县城区41.07平方公里的土地定级估价更新工作。认真做好土地登记发证工作，2009年，共办理国有土地登记发证76宗，集体土地登记发证5宗。第二次全国土地调查工作进展顺利。目前，农村土地调查内业和外业工作已全部结束；城镇外业土地调查已结束，正在进行内业整理。

【执法监察】2009年，土地执法工作注重依法行政，严格办案，重点对城区和城市规划区非法占地、非法炒买炒卖土地、非法占用耕地，尤其是对非法占用基本农田的案件依法进行了严厉查处，查处率达100%。全年共立案查处各类土地违法案件95起，其中，提请法院强制执行55起，对非法占用耕地建房，破坏耕地的，拆除房屋50余间，制止土地违法案件40起，向纪检监察机关提出党政纪处分建议3人，有效地遏制了土地违法行为的发生，促进了土地市场秩序的好转。

扎实做好卫片执法检查工作，对涉及违法的66宗用地已全部立案查处，立案率100%；拆除违法用地建筑物24320平方米，复耕土地面积146.1亩；向公安机关移送8宗，提出党纪、政纪处分3人，确保了违法、违规问题整改落实到位、处理到位。

【信访工作】积极开展“信访积案化解年”集中整治活动和鹿邑县委、县政府组织的“千名干部下访专项活动”。按照“属地管理、分级负责”的原则，严格落实领导包案责任制。把信访稳定工作放在首位，形成了责任明确，分工负责，齐抓共管的工作格局。全年共接待来信、来访72起，省督办案件6起，市、县督办案件66起，已化解70起，结案率97%，群众满意率95%。

（罗高源）

商水县国土资源局

商水县位于豫东平原，沙河南岸，地理坐标为东经114° 15′ ～114° 53′ ，北纬33° 18′ ～33° 45′ 。西邻郾城，南连上蔡县，东接项城市，北靠周口市川汇区，西北、东北与西华、淮阳县隔沙河相望。地势西北高，东南低。全县总面积1270.75平方公里，总人口113.2万人，全县辖20个乡（镇）、1个国营农场和3个街道办事处，共有571个行政村，14个居委会，是个人口多、村镇密集的平原农业大县。

潘民生　党组书记、局长

高向阳　党组成员、副局长

郭小伟　党组成员、副局长

王富贵　党组成员、副局长

智秋真　党组成员、纪检组长(女)

张志强　监察队长

潘民生简介：郾城孟庙镇人，1958年11月出生，汉族，大专文化，中共党员。1979年9月参加工作，历任商水县税务局税务所所长，商水县物价局副局长，商水县谭庄镇党委副书记，商水县固墙镇镇长，商水县姚集乡党委书记，商水县张庄乡党委书记，商水县组织部正科级组织委员，商水县纪委副书记、监察局局长；2007年4月至今，任商水县国土资源局党组书记、局长。

【机构设置】商水县国土资源局局机关内设8股、1室（办公室、财务股、人事股、监察股、规划耕保股、审批利用股、地籍测绘管理股、矿产资源管理股、信访股），辖22个国土资源所。局机关共53人，现有行政编制12人（工人1名），事业编制154人。其中，土地执法监察队5人、地产中心（储备中心）14人、土地整理中心10人、土地勘测规划设计室10人、乡（镇）国土资源所116人。全局共有干部职工308人（其中离退休6人）。副科级以上干部10人、股级干部41人、干部144人、职工158人、党员132人。

【土地资源】第二次全国土地调查成果显示，2009年，县域土地总面积127074.99公顷。其中，耕地面积97823.99公顷，园地面积59.57公顷，林地面积1663.85公顷，城镇村及工矿用地面积17160.10公顷，交通运输用地面积3912.89公顷，水域及水利设施用地面积6260.76公顷，其他土地面积193.83公顷。

【耕地保护】加强耕地保护力度，一是建立完善和落实耕地保护目标责任制，与乡（镇）、村层层签订耕地保护责任书。二是充分发挥土地利用总体规划的龙头作用，建立健全并完善了规划实施和动态监测制度。三是以多种形式宣传土地法规、政策，提高全社会依法依规用意识。四是认真落实“占补平衡”制度。全年申报入库省级占补平衡项目6个，项目建设总规模279.6755公顷。其中，实施并经省级核查验收的项目4个，总规模192.2767公顷，补充耕地92.3167公顷，年内报批建设占用耕地68.8258公顷，实现占补有余。五是大力开展土地开发复垦整理。完成了国家投资黄寨一期、二期土地整理项目的可行性研究、规划、预算。黄寨一期建设规模835.65公顷，投资1333.84万元，新增耕地25.17公顷，年内实施完成总工程量的90%；黄寨二期建设规模1272.98公顷，投资1240.3万元，可新增耕地38.98公顷，年内完成前期工作。

【土地审批利用】一是规范土地供应，全年供应建设用地12宗，面积170亩。其中，划拨方式供地2宗，面积21亩。以招、拍、挂方式供地10宗，面积159亩，收取土地出让金2784万元。二是按照“有限指标保重点，一般项目靠挖潜”的思路利用土地。全年清查收回闲置、低效利用土地6宗，面积27.567亩，并全部挂牌出让利用。

【土地利用总体规划编修】2009年12月12日，商水县土地利用总体规划（2006-2020年）通过河南省人民政府审核批复。该规划明确商水县到2020年，新增建设占用耕地规模控制在697公顷以内，土地整理复垦开发补充耕地面积不低于929公顷；全县耕地保有量保持在94642公顷以上，基本农田保护面积稳定在80370公顷以上。全县城乡建设用地规模控制在13975公顷以内。

【建设用地管理】一是按照土地利用总体规划审查报批建设用地。本年度报批建设用地4个批次，总面积967.17亩。上报国务院单独选址项目2个，即商水县城市垃圾处理厂工程160亩，兰州—郑州—长沙输油管道商水段工程9.6亩。二是从严控制城乡建设用地规模，整合规范农村建设用地。三是积极拓展建设用地新空间，促进土地节约集约用地。本年度工业集聚区一期规划的12栋、2万平方米标准化厂房竣工，《商水县纺织和服饰重点产业集群发展规划》通过省政府验收，成为省重点扶持发展的纺织和服饰产业基地。

【第二次全国土地调查】商水县第二次全国土地调查工作于2008年10月全面展开，按照《商水县第二次土地调查实施方案》，国土资源局抽调30名业务骨干直接参与调查工作。2009年，完成农村土地调查面积1270.7平方公里，城镇地籍更新调查面积38平方公里（含县城和9个建制镇），投入农村调查总资金283.65万元，城镇调查总资金410.05万元，完成了农村权属调查、现状调查、农村调查数据库建成上报，基本农田上图完成上报，城镇外业调查及内业上图工作。

【矿产资源】商水县矿产资源贫乏，已发现的矿产资源主要有建筑用砂、地热水、黏土。建筑用砂分布于境内汾河及沙河河道；地热水、粘土在境内分布广泛。

【矿产资源管理】坚持落实矿产资源巡查制度，年内共查处无证采砂26起，收缴抽砂泵12台，电线460米，销毁采砂设备5台，妥善处理矿产资源信访案件13起，查处非法开采地热水5家。

【黏土砖瓦窑厂整治】全面落实豫政办〔2009〕35号文件，制定了《2009年治理整顿黏土砖瓦窑厂工作计划》，巩固和深化了全县黏土砖瓦窑厂整治成果。全年共拆除新建、改建黏土砖瓦窑厂47座（包括吊丝窑），销毁制砖设备20台，黏土砖坯700万块，收缴罚没款28万元。采取有效措施，及时复垦黏土砖瓦窑占用土地40亩，同时，规范了6家烧结类新型墙材企业的生产秩序。本年度荣获全市黏土砖瓦窑厂整治工作先进单位。

【执法监察和信访工作】结合卫片执法检查，2009年，全县开展国土资源动态巡查180次，及时制止土地违法行为63起，依法立案查处土地违法案件380宗，面积25.2公顷，结案352宗，收取土地罚没款115万元。年内共接待信访来信、来访36起，受理各类信访案件42起，其中，处理行政诉讼案件18起，上级转办信访案件36起。

【卫片执法检查】2009年，县政府及时成立卫片执法检查工作领导组，召开专题会议研究部署。对违法、违规建筑坚决拆除，彻底整治，及时复耕。建立查处违法、违规案件通报制度，健全早发现、早报告、早制止、早查处的长效机制，从根本上遏制了违法、违规用地发生。通过大力开展违法、违规用地整治和卫片执法检查工作使全县违法用地比例降至10%以下。

（段翔耕 崔怀勤）

西华县国土资源局

西华历史悠久，汉代置县，历称西华、长平、箕城、鸿沟等，唐代复名西华至今。相传女娲在此抟泥造人、炼石补天。境内有女娲城、箕子读书台、商高宗陵、龙泉寺等古迹，故西华又有“娲城”、“箕城”之称。风味小吃逍遥胡辣汤誉满神州、闻名遐迩。西华县位于黄泛区腹地，东及东边界淮阳、太康，西连郾城、临颖，南邻商水、周口，北及西北接扶沟、焉陵。县境东西长57公里，南北平均宽21公里，总面积1094平方公里（泛区农场、五二农场除外）。辖18个乡（镇）、3个街道办事处、3个农林场，435个行政村，1099个自然村，3090个村民组，总人口89万人，是全国重要的粮、棉、油生产基地。

勾卫清　党组书记、局长（2009年3月）

刘发义　党组副书记、副局长

金玉峰　党组成员、副局长

袁志强　党组成员、副局长

卜凡俊　党组成员、纪检组长

勾卫清简介：河南省商水县人，中共党员，本科学历。1972年7月出生，1991年1月参加工作。1991年1月～1995年5月，在商水县财政局工作（科员）；1995年5月～2004年3月，任商水县检察院检察员；2004年3月～2007年7月，任商水县检察院副科级检察员；2007年7月～2008年2月，任商水县纪律检查委员会副科级纪检员；2008年2月～2009年3月，任周口市国土资源局纪检室主任；2009年3月至今，任西华县国土资源局党组书记、局长。

【机构设置】西华县国土资源局位于县城南关行政新区，截至2009年底，有干部职工383人。局机关设办公室、人事、财务、宣教、妇委会、文印、车管、利用、耕保、用地、规划、地籍、矿产、信访、档案、法制、纪检、行政审批、测绘19个股（室）；设土地执法监察队、地产中心、土地整理中心、土地使用登记中心、土地储备中心、土地勘测设计室6个直属事业单位；设城关、清河驿、皮营、大王庄、李大庄、叶埠口、东王营、迟营、黄桥、西夏、逍遥、址坊、奉母、艾岗、红花、聂堆、田口、西华营、东夏、县农场、县林场、县园艺场22个乡（镇、场）国土资源所。

【土地资源】西华县耕地保护面积105.7万亩，基本农田保护面积91.9万亩，人均耕地1.2亩。农用地面积136.84万亩，占全县土地总面积的83%。其中，耕地105.7万亩，园地8.45万亩，林地11.99万亩，其他农用地10.7万亩。建设用地面积19.98万亩，占全县土地总面积的12%，其中，居民点及独立工矿用地18.57万亩，交通运输用地1.41万亩；未利用地面积7.43万亩，占全县土地总面积的5%。

【耕地保护】2009年，西华县把耕地和基本农田保护纳入了县政府年度目标考核内容，县政府与各乡(镇、办)分别签订了目标责任书，制定了考核办法和责任追究制度。着力构建共同责任机制，完善了县、乡、村领导组织机构，聘任435个行政村的村委会主任为耕地保护协管员，形成了三级运转有效的保护网络，并定期向县人大常委会汇报耕地保护工作，接受监督。全县建立了政府为主体、国土先导、部门联动监管、社会广泛参与的耕地保护共同责任机制。着力调控建设用地，严格控制城乡用地规模，积极探索耕地保护补偿机制，深入开展土地综合开发整理工作，落实“先补后占”措施，以补充耕地能力确定占用耕地规模，落实“占一补一”措施，确保耕地占补平衡。着力加强执法监察监管，全面实行耕地动态巡查制度，监管基本农田“五不准”的落实。加大土地违法、违规案件的查处力度，打击各类破坏、占用基本农田违法行为，精心构造了“地动我知，违法必查”的综合防控体系。着力强化耕地保护基础工作，强化了宣传教育、档案管理、标志管护、督察核查等项基础工作。2009年，确保了全县7.0467万公顷耕地和6.1267万公顷基本农田面积不减少、质量不下降。

【建设用地管理】2009年，全县集中办理乡镇建设用地1个批次，面积122.382亩，城市建设用地2个批次，面积1046亩；调整规划1个批次，调整面积900亩；申报挂钩试点项目1个批次，面积484亩，满足了全县基础设施建设项目和重大招商引资项目用地。

【地籍管理】围绕“对内以图管地，对外以证管地”的总体思路，狠抓地籍管理规范化建设，土地登记发证工作程序规范、资料齐全。进一步更新和完善了城镇地籍信息系统数据库和1∶1万土地利用数据库，推进了地籍管理数字化、信息化、自动化进程；在全县范围内利用遥感先进技术，以正射影像图为基础，开展了第二次全国土地更新调查。截至2009年底，农村土地调查和基本农田调查已全部结束，基本农田补划工作已完成工作量的95%，城镇土地调查已完成工作量的90%。

【土地利用总体规划修编】全县新一轮土地利用总体规划修编工作按时间节点顺利完成。按照省、市要求，及时完成了全县级土地规划大纲编制工作，形成了规划文本、说明、专题和土建等初步成果，全县土地规划修编顺利通过省厅审查。

【土地利用】立足于建设用地指标严重不足、保障发展用地压力不断加大的新形势，通过科学调整供地结构、时序，引导项目适度集中，严格控制土地利用规模，鼓励企业内涵挖潜，灵活采取多种途径挖掘存量土地，严格执行招、拍、挂出让土地规定和工业用地最低价标准，国有建设用地使用权出让势头良好。2009年，全县出让国有建设用地使用权6宗、417.34亩，入库土地出让金5421.54万元。同时，主动应对严查贪污腐败、失职渎职新形势，报请县政府同意，全面自查纠正国有土地出让、土地使用证办理等重点部位存在的问题，顺利追缴欠缴土地出让金 5941万元，梳理健全不规范土地出让档案21宗。

【执法监察】面对国家土地督察机构正式启动问责的严峻形势，为消化处理遗留违法用地，按照西华县委、县政府和周口市国土资源局党组的统一部署，联合执法执纪部门，在全县范围内先后开展了土地专项清查、卫片执法检查、违法违规用地集中整治等几项大的土地执法行动。2009年，拆除关闭砖瓦窑场9座，窑厂占用225亩耕地全部复耕，拆除历史遗留违法违规用地建筑物49宗、复垦耕地1152.6亩；违法用地占用耕地面积占新增建设用地占用耕地面积的比例为8.5%，在全市最低，下降了33.7个百分点；新立案查处土地违法案件11宗，涉案面积49.5亩，违法案件宗数、面积分别比2008年下降51%和43%。

【国土信访】全面落实土地信访目标管理责任制，完善工作机制，健全工作制度，规范工作程序，抽调精干人员分片包干，全面排查涉土隐患，重点解决农村宅基地权属争议、征地补偿过程中损害群众利益等突出问题，坚决遏制群体性事件发生。对发现的问题，能当场处理的，坚决当场处理到位；不能当场处理的，明确人员，包处理、包稳定。2009年，接访63起、221人（次），办理上级交办转办案件36起，已结案35起，结案率97%。

（穆　磊）

川汇分局

川汇区地处沙河、颍河、贾鲁河汇流处，沙颍河、贾鲁河穿越市区中心流向东南，三岸鼎足，素有“小武汉”之称。西北处至下口与西华县毗邻、东北部和淮阳接壤、南部至商水县冯庄相连。总面积252.24平方公里（第二次全国土地调整统计数据），周口市委、市政府所在地。

王全明　局长

余　辉　副局长.

范新民　副局长

王全明简介：河南省项城市人，汉族，1958年7月出生，中共党员，大专学历。1979年11月参加工作，历任周口市林科所办事员、林业局副科长；1987年9月，调周口市国土资源局任副科长、科长；2007年6～2009年6月，任鹿邑县国土资源局党组书记、局长；2009年8月至今，任周口市国土资源局川汇分局局长。

【机构设置】分局内设办公室、年租金征收股2个股（室）。现有职工58人，行政人员8人、事业全供38人、事业（自收自支）12人。局领导班子有局长1名、副局长2名。

【土地资源】截至2009年底，川汇区有耕地面积13431.44公顷，占全区土地总面积的53.25%；园地面积149.89公顷，占全区土地总面积的0.59%；林地面积1126.65公顷，占全区土地总面积的4.47%；城镇村及工矿用地面积8002.48公顷，占全区土地总面积的31.73%；交通运输用地面积1127.40，占全区土地总面积的4.47%；水域及水利设施用地面积1345.16公顷，占全区土地总面积的5.33%；其他土地面积40.98公顷，占全区土地总面积的,0.16%，主要是难以利用的田坎、零星的坟地以及两米以下的田间小路、沟渠.

【年租金征收】 2009年，川汇分局在年租金征收人员锐减的前提下，局领导班子精心部署，分局上下齐心协力，充分调动主观能动性，自我加压，全力以赴，全年征收年租金43万元。

【土地发证】土地登记窗口，设在市行政服务中心，分局抽调6名业务骨干到市行政服务中心工作，配合地籍科进行土地登记的前期工作及群众来访、咨询工作。2009年，共接待群众来访、咨询1300余人（次），发放国有土地使用证120多本，收取土地登记费178403.5元，并在依法登记土地使用权时，开展“事前调查，事后跟踪”的服务，使登记引发的纠纷降到了最低点。

【信访工作】 全年共接到市局和区政府信访办批转信访案件12件。局领导接到信访件后，立即组织人员进行调查核实，并有专人负责，做到件件有落实、有汇报，积极有效地稳控了上访人员，宣传有关法律法规政策，充分做好他们的思想工作。

（撰稿人 时克志）

经济技术开发区分局

周口市经济技术开发区设立于1992年6月，1997年11月，被河南省人民政府批准为省级开发区。东部与川汇区李埠口办事处接壤，西与川汇区城南办事处为邻，南邻商水县，北与川汇区交界。现辖23个居委会，人口6.8万人，总面积40.78平方公里。2006年11月，经上级主管部门批准设立开发区国土资源分局。

杨明军　　局长

朱　丽　　副局长（女）

杨明军简介：项城市郑郭镇人，汉族，本科文化，中共党员。1989年8月参加工作；2008年2月至今，任周口市国土资源局经济技术开发区分局局长。

【机构设置】分局内设办公室、信访室、业务室；现有干部职工16人；班子成员有局长、副局长各1名。

【土地资源】周口经济技术开发区土地总面积4355.74公顷。农用地面积2240.59公顷，占全区土地总面积的51%。其中，耕地1819.66公顷（人均耕地0.079公顷），园地38.62公顷，林地195.51公顷，其他农用地186.8公顷。建设用地面积2069.07公顷，占全区土地总面积的48%。其中，居民点及独立工矿用地1871.25公顷，交通运输用地197.82公顷。未利用地面积46.08公顷，占全区土地总面积的1%。

【信访工作】2009年，周口市国土资源局经济技术开发区分局在以人为本、温情接待的同时，坚持依法治访，完善土地信访制度，形成了主要领导负总责、分管领导亲自抓、业务领导具体抓的良好局面，做到了土地信访案件跟踪督办、限时办结，防止矛盾激化，件件有回音、事事有着落。全年共待和接待信访事件22起，上访人数60余人。分局严格按照“分级负责、属地管理”的原则，加大信访查办、督办力度，年结案率达98%以上。

【用地服务】为了满足经济发展对土地需要，保障开发区经济的发展，分局高度重视业务服务工作，实行项目承包责任制，将用地项目承包到人，要求分局项目负责人员全程跟踪服务，主动与用地户和用地单位联系，能指导的指导、能代办的代办，直至达到用地户满意。此项工作的开展，既树立了国土资源管理部门的良好形象，又保障了当地经济的发展。同时，为能及时了解项目运行情况，分局领导又安排专人汇总“开发区项目情况综合统计表”，对每一个项目实施全程监督管理，经过大家的不懈努力，分局的业务服务工作取得了突出成效。

2009年，开发区分局共办理建设用地项目52个，新增17个。

（朱 丽）

商　丘　市

商丘市国土资源局

商丘市位于河南省东部，地处豫、鲁、苏、皖4省交界处，地理坐标为北纬33°47′，东经114°57′～116°39′，东南与安徽省淮北市、阜阳市及宿州市相连，北与山东省菏泽市接壤，西、西南与本省的开封市和周口市毗邻。辖梁园、睢阳2区，虞城、夏邑、民权、宁陵、柘城、睢县6县，永城市和1个省级经济开发区。全市土地总面积10700.23平方公里，约占全省总面积的6.4%，其中，平原面积10618.91平方公里，占全市总面积的99.24%，山丘面积81.32平方公里，占0.76%。2009年，全市总人口820万人，是全省第4人口大市。商丘市市委、市政府驻睢阳区。

李新桢　党组书记、局长（2009年9月前）
彭显文　党组书记、局长（2009年9月任）
聂世建　党组副书记、调研员(2009年5月任)
王明钦　党组成员、调研员
王玉玲　组成员、调研员（女），（2009年5月任）
马召军　副局长
张永健　副局长
张明勇　副局长（2009年3月任）
冯业茂　副局长（2009年8月任）
孟祥才　纪检组长（2009年3月任）
张　东　局长助理（2009年4月任）

彭显文简介：河南淅川县人，研究生学历，中共党员。1988年1月～1989年5月，任河南省地质技工学校团委书记；1989年5月～1998年4月，任河南省地矿厅直属机关团委书记；1998年4月～2000年5月，任河南省地矿厅政治部副主任；2000年5月～2008年1月，任河南省国土资源厅办公室副主任；2001年12月～2004年5月，任尉氏县委副书记；2004年5月～2007年12月，任河南省国土资源厅信访办公室主任；2008年1月～2009年9月，任河南省国土资源厅办公室调研员。2009年9月至今，任商丘市国土资源局党组书记、局长。

【机构设置】商丘市国土资源局辖睢阳区、梁园区、开发区3个分局，对虞城县、夏邑县、民权县、宁陵县、柘城县、睢县、永城市的国土资源、地矿主管部门进行管理（地方党委政府协管），全市国土资源系统共有干部职工2800多人。局机关内设办公室、财务科、人事教育科、用地审批管理科、土地利用管理科、规划科、耕地保护科、地质矿产科、地籍测绘管理科、政策法规科、执法监察科11个科（室），市土地监察大队、市土地收购储备交易中心、市土地开发复垦整理中心为市局直属管理的事业单位。

【土地资源】截至2009年底，全市有农用地849108.12公顷，建设用地197846.39公顷，未利用地23400.89公顷。

【耕地保护】2009年初，制定并实施了《商丘市耕地保护责任目标考核办法》和县、乡、村、组、农户五级基本农田保护责任制，层层签订了耕地保护目标责任书160余万份，制作大型基本农田保护图、宣传牌、保护标识3232块。启动了补充耕地储备库建设工作，全年验收6个批次，储备补充耕地指标623.8583公顷。经省、市政府审批征收和农地转用建设用地项目30个批次，建设占用耕地总面积442.97公顷，补充耕地449.07公顷。

【新增建设用地申报实现新突破】2009年，共组织申报各类建设用地61个批次（宗），面积1555.636公顷，新增建设用地申报总量实现历史新突破。积极开展“双保”活动，将完善项目分解到人，跟踪服务，保障了“京九铁路电气化改造项目”、“新奥燃气门站项目”、“睢县城区天然气利用工程”、“永城市顺和煤矿项目”、“商周高速公路二期工程”等一批重点项目用地。采取提前介入，主动服务，完成了“连霍高速公路扩建工程”勘测定界和资料搜集工作。对已批准的建设用地，按要求在国土资源部、济南督察局和省国土资源厅备案。

【土地开发整理】 2009年11月，全市共完成了国家投资土地开发整理项目9个。其中，睢阳区毛堌堆乡土地整理项目建设规模1901.82公顷，新增耕地面积61.38公顷；睢阳区勒马乡土地整理项目建设规模745公顷，新增耕地面积78.20公顷；民权县东南部土地整理项目建设规模892.10公顷，新增耕地面积118.58公顷；柘城县张桥慈圣土地整理项目建设规模841.8公顷，新增耕地面积119公顷；宁陵县赵村乡土地整理项目建设规模1399.45公顷，新增耕地面积72.45公顷；夏邑县太平乡土地整理项目建设规模1809.91公顷，新增耕地87.9公顷；商丘市梁园区王楼乡土地整理项目建设规模1293.49公顷，新增耕地面积43.85公顷；虞城县古王集等2个乡土地整理项目建设规模1956.4公顷，新增耕地面积109.79公顷；虞城县站集等4个乡土地整理项目建设规模1884.88公顷，新增耕地面积74.57公顷。2009年，项目总建设规模12724.81公顷，总投资额1.8336亿元，总新增耕地面积765.72公顷。

【土地节约集约利用】2009年，全市国土资源系统强力开展节约集约利用土地工作。一是稳步推进了“三项整治”工作，整治规模290.06公顷，新增耕地面积276.59公顷。其中，整治“空心村”62个，整治规模209.91公顷，新增耕地面积202.24公顷；整治砖瓦窑33个，整治规模53.24公顷，新增耕地面积47.44公顷；整治工矿废弃地24个，整治规模26.9公顷，新增耕地面积26.9公顷。二是积极盘活存量建设用地。全年共盘活各类建设用地385.7公顷，完成了省国土资源厅2009年初下达本市盘活存量土地320公顷任务的120.5%。三是加大标准厂房推广建设力度。全年全市建成标准厂房90万平方米。

【土地招标拍卖挂牌】2009年，市国土资源局全面落实工业用地和经营性用地使用权招标、拍卖、挂牌出让制度，对工业、商业、旅游、娱乐和商品住宅等各类经营性用地全部采取了招标、拍卖、挂牌出让，确保了国有建设用地招标、拍卖、挂牌出让的“公开、公正、公平”和规范有序进行。截至12月底，全市共出让建设用地162宗，面积329.6489公顷，成交价款10.4142亿元。其中，市辖区出让建设用地39宗，出让土地面积115420.6公顷，成交价款4.5976亿元。

【土地收购储备】2009年，共纳入政府储备库土地105.87公顷，挂牌出让土地26.4公顷，实现政府出让收益近3亿元。一是将阏伯路两侧、宋城路南侧49.2公顷集体土地报请省政府批准转用并征收后纳入政府土地储备库。二是依法收购了方域路北侧2.858公顷、神火大道西侧4.712公顷和睢阳路西侧0.9公顷3宗政府划拨土地使用权，并成功实施了挂牌出让，实现土地净收益2076万元。三是完成了宋城路北侧、蔡河西侧第一批实施储备的5宗共18.2公顷土地的测量、调查等前期工作。四是将阏伯路北侧、归德路东侧1宗7公顷流拍土地纳入政府土地储备库，并成功实施了挂牌出让，实现土地收益2600万元。五是依法收回了珠江路南侧3公顷闲置土地，完成了开发区范围内的建筑物入户丈量工作。六是对全市220余公顷批而未供土地，进行了建档归类，分近、中、远期纳入政府土地储备库。七是将2007—18号、2008—32号2宗储备土地成功实施了挂牌出让，实现土地收益1.066亿元。

【矿产资源管理】完成矿产资源补偿费征缴入库1.0004亿元，同比增长15%。编制了《地质灾害防治方案》和《突发性地质灾害应急预案》，划定了地灾隐患点19处，并设立了警示标识牌，发放了地质灾害防治宣传资料1000余份，治理塌陷区面积100公顷。审查验收合格矿山9个，储量动态监测工作开展率100%，任务完成率100%。完成了矿业权分布区野外控制测量工作。

【农村土地综合整治】2009年11月30日，商丘市人民政府出台了《商丘市人民政府关于成立商丘市土地综合整治工作领导小组的通知》（商政文〔2009〕205号），成立了由常务副市长张国伟任组长，副市长李思杰、贾瑞琴、市长助理江方众任副组长的商丘市土地综合整治工作领导小组。领导小组下设办公室，市长助理江方众兼办公室主任，市国土资源局局长彭显文、农办副主任孟伟任办公室副主任，并从各县（市、区）国土资源局抽调5名同志为办公室成员。办公室设在市国土资源局，具体负责全市农村土地综合整治项目实施工作的业务指导、督促检查和日常协调工作。

2009年9月2日，商丘市政府召开了全市新农村建设暨农村土地综合整治工作会，选定了32个土地综合整治试点村，截至12月底，85%的试点村完成了规划设计，部分试点村道路框架等基础设施已开工建设，新村建设已初具规模。在此基础上，市政府又选择了68个土地综合整治试点村，在全省率先提出了“百村土地综合整治”工程，启动了百村土地综合整治计划。睢县、民权和宁陵3县被确定为全省土地综合整治工作试点县。

【卫片执法检查】2009年3月，商丘市被国土资源部确定为2008年度卫片执法检查地区。通过清查，这次土地卫片执法检查在商丘市3区（梁园区、睢阳区、开发区）共监测图斑55个，涉及新增建设用地35宗，总面积170.32公顷，其中，耕地面积109.307公顷。违法用地16宗，面积41.227公顷，其中，耕地面积12.06公顷。对卫片监测涉及的违法、违规用地问题，全部进行了依法处理，下发了处理处罚决定，立案率、查处率、处理率均为100%。共收缴罚款218万余元，没收建筑物52075平方米，拆除建筑物、构筑物面积约9000平方米，围墙800余米，复耕土地面积18公顷；申请法院强制执行14起；对5起违法案件的有关责任人分别向各级纪检监察机关提出行政处分建议，落实2人；7起土地违法案件移送公安机关处理。

【解决批而未征征而未供工作】2009年，商丘市解决批而未征征而未供土地及规划管理问题工作全面启动。2009年11月份，召开了全市解决批而未征征而未供土地及规划管理问题工作会议，出台了《商丘市城市建设管理领导小组关于解决批而未征征而未供土地及规划管理问题的意见》（商城建〔2009〕2号），成立土地工作组、规划工作组、宣传工作组、涉法涉诉和信访工作组、监督检查组5个领导小组。通过宣传发动、调查摸底、申请报批、处置等方法，对批而未征征而未供土地及规划方面遗留的问题进行了处理。

【黏土砖瓦窑厂治理】2009年，市治理整顿黏土砖瓦窑厂联席会议办公室严厉打击死灰复燃黏土砖厂和以新型墙材为名烧制黏土砖现象，全年共拆除死灰复燃粘土砖瓦窑厂178座，复垦窑厂用地190.8公顷。同时，加快推进了新型墙材生产建设，全年建成隧道窑或轮窑外加烘干室的烧结类新型墙材企业137家。

【第二次土地调查】2009年，市国土资源局将第二次土地调查作为全局工作的重中之重，调查工作采用了“3S”技术，进行全野外调查，保证每一块地走到、看到、问到、绘到，以《土地利用现状分类》为依据确定土地类别，运用国家统一测评公布的软件建立数据库。12月31日，进行了标准时点统一更新，取得阶段性成果。一是全市农村土地调查以国家下发卫片为工作底图，经过6个月野外作业，完成10703.55平方公里外业调绘工作，建立了农村土地调查数据库。4月，全市9个县（市、区）农村土地调查成果全部通过省级预检并上报全国土地调查办公室；6月底全部通过国家级内业核查并提出了整改意见；10月，上报了农村土地调查地方复核成果。二是按照实施方案要求，于11月底完成了基本农田上图工作，成果提交省和国家二次调查办公室复核。三是全市城镇土地调查与农村土地调查同步开展，截至12月底，9个县（市、区）城镇地籍外业调查工作已基本完成，部分县（市、区）已通过省级验收。四是农村集体土地所有权发证5278本，集体建设用地使用权发证93万余本。

【法规建设】2009年，全年共受理并解决行政复议案件3件，办理以市国土资源局为被申请人的行政复议案件4起，以市政府为被申请人的省政府受理复议案件1起，处理涉诉案件9件，对4个规范性文件进行了审查把关，协调有关科室做好了执法案卷参评工作。2项科研项目入选省国土资源厅国土资源科研项目库，2项科技成果通过省国土资源厅鉴定。做好了474个集体经济组织征地安置补偿方案的听证告知工作，确保了无群众上访与诉讼。

【加强县（市、区）局班子的组织建设】依据《党政领导干部选拔任用工作条例》等人事工作政策法规规定，2009年初，商丘市国土资源局党组研究制定了县（市）局、分局班子调整配备原则和全市国土资源系统科级领导干部调整配备实施方案，共调整配备科级干部86名。

【81%的乡镇国土资源所达到规范化标准】2009年，市国土资源局进一步加大对全市177个基层国土所规范化建设力度，解决了172个国土所办公用房问题，其中57个国土所达到了独楼独院办公用房问题，配备巡查车125辆，办公桌椅996套，安装固定电话131部，配备电视90台，电脑150台，照相录像器材135部，资料柜402组。截至12月底，143个基层所达到规范化建设标准，占全市基层国土所总数的81%。

【无纸化办公系统正式启动】2009年10月，市国土资源局投资30余万元，购置图文网络物理隔离卡、内网设备等，在全市国土资源系统启动了OA无纸化办公系统，公文运转、信息传递、工作办理全部实现网上操作，进一步规范了公文运转程序，提高了工作效率。

【土地利用规划修编】2009年，市国土资源局进一步加大土地利用规划修编工作力度，市级土地利用总体规划在多次审查、修改、完善的基础上，于7月通过省国土资源厅专家组审查，11月得到了省政府批准。县级土地利用总体规划于6月召开了修编联审会议，睢县、民权县、夏邑县、虞城县、柘城县、宁陵县、永城市县级土地利用总体规划修编通过评审，11月得到了省政府批准。9月，全市乡级土地利用总体规划修编工作全面展开，182个乡镇全部通过省、市专家组的初步审查。

【效能监察】2009年9月，商丘市国土资源局行政效能电子监察系统率先在全省国土资源系统开通并实现试运行。该系统共接入终端用户16个，涵盖了局主要领导、分管领导和用地审批科、土地利用科、地政地籍科、地质矿产科、市行政服务中心国土资源窗口、纪检监察室等有关科室。系统通过设置实时监控、预警纠错、绩效评估、统计分析、投诉处理和信息服务等功能，实现了对国土资源行政审批、行政征收、行政处罚、行政检查以及公共资源交易（涉及建设工程招投标、国有土地出让、国有产权交易、政府采购）等行政事项的全程效能电子监察，大大提高了机关办事效率。同时，还严格按照《商丘市行政效能电子监察管理办法》等4项制度的规定，运用该系统对参与行政审批的各环节工作人员进行全程监督，对于严肃查处“四乱”、“四难”等行为，树立国土资源部门良好形象，打造廉洁高效的国土资源队伍具有重要意义。

【开展“双保行动”及企业服务年活动】按照“积极主动服务，严格规范管理”的总体要求，进一步解放思想、转变观念，认清形势、强化责任，为扩大内需，促进全市经济平稳较快发展提供可靠的国土资源保障。一是成立了以局长为组长，各分管副职为副组长，各科室负责人为成员的“双保行动”及企业服务年活动领导组，制定了《商丘市保增长保红线行动实施方案》，细化了工作目标责任，落实了各项工作任务。二是利用新闻媒体、开辟门户网站、印发简报等多种形式对“双保行动”及企业服务年活动的重大意义及相关目标任务进行广泛宣传。三是紧紧围绕“保增长、保红线”及服务企业发展这条主线开展调研活动，分四个调研组深入企业调研，在广泛征求意见的基础上，提出了解决问题的对策和措施，促进了“双保行动”及企业服务年活动的深入开展。

【全力支援灾区】2009年6月3日晚，商丘市突遭狂风暴雨和冰雹袭击，市国土资源局于6月4日组成工作组，由局领导王明钦同志带队一行7人进驻重灾区虞城县利民、田庙两乡镇抢险救灾。工作组深入乡村走访群众，实地查看灾情。6月8日上午，市国土资源局召开了党组扩大会，专题研究了抗灾救灾的具体措施。一是进一步统一思想。争分夺秒将帮助群众抢收抢种作为抗灾救灾首要任务来抓，尽最大努力支援灾区。二是明确帮扶重点。根据调查情况，将困难户和五保户作为帮扶重点，与乡镇政府对接，共同研究制定帮扶收割具体措施。三是充实帮扶工作人员。在原派驻工作组的基础上，每个乡镇又增派4名工作人员充实帮扶队伍。四是加强信息沟通。准确掌握灾区信息，确保抗灾救灾和抢收抢种工作信息渠道畅通。据统计，市国土资源局共筹资捐款1.5万元，帮助群众收割倒伏小麦3000余亩，清理树木1000余棵，赢得了当地群众的一致好评。

【国土资源局获奖情况】2009年1月，被省政府授予“全省黏土砖瓦窑厂治理整顿先进集体”称号；4月，行政中心国土资源窗口被河南省优化经济发展环境工作领导小组评选为河南省“优质服务窗口”；9月，政务信息网上公开执行情况被河南省国土资源厅评为“先进示范单位”；10月，被市委信访稳定工作领导小组评为“全市60周年庆典期间信访稳定工作先进单位”。

【信访工作】2009年，全市因国土资源问题共发生赴京上访24批55人次，赴省上访14批32人次，较上年赴京赴省上访下降43.4%，接待群众来访93批282人次，受理热线电话636个，办理群众来信69封，处理上级和本级批、交、转办信访件48件，办理复查案件9起，参加行风热线12期，编发信访情况月报12期，季报4期。

【执法监察】2009年，全市共发生各类土地违法案件213起，及时制止57起，立案查处156起，涉及土地面积123.23公顷，结案155起，立案率、查处率均为100%，结案率为99.4%。省国土资源厅、市政府交办案件63起，全部按时回复，办结率达到100%。

（张灿　徐冬）

商丘市国土资源局梁园分局

梁园区位于商丘市中北部，全区辖10个乡（镇）、8个街道办事处，行政村238个，人口80万人。总面积960平方公里。梁园区是全国商品粮、棉基地和重要农副产品主产区。

杨春先　局长

张敬华　党组书记

王建领　副局长

刘家祯　副局长

吕　兵　副局长

杭　明　副局长

顾乐义　副局长

张洪源　副局长

马基孝　纪检组长

杨春先简介：商丘市人，1959年3月出生，汉族，中共党员，大专文化。1975年5月～1990年10月，在原商丘县五交化公司工作，任门市部主任；1990年10月～1993年10月，在应天商场工作，任业务股长；1993年10月～1995年6月，在商丘油脂化学总厂工作，任供销科长；1995年6月～1999年5月，在平台镇政府工作，任司法所长、土地所长（副科级）；1999年5月～2001年，任平台土地所所长（副科级）；2001年～2003年4月，任商丘市国土资源局开发区分局副局长；2003年4月～2007年3月，任商丘市国土资源局梁园分局党组书记；2007年3月至今，任商丘市国土资源局梁园分局局长。

【机构设置】梁园分局共有干部职工425人，梁园分局机关内设办公室、用地股、地籍股、耕保股、规划股、监察股、信访股、政策法规股、人事股、财务股、纪检监察室、土地整理中心、土地收益办公室、创建办公室15个股（室）。白云、前进、长征、平原、建设、八八、东风、周庄8个城区国土资源所，1个监察队，张阁、周集、刘口、双八、李庄、谢集、孙福集、观堂、水池铺、王楼10个乡（镇）国土资源所。

【土地资源概况】梁园区土地总面积为65572.2公顷，基本农田面积34703.36公顷，基本农田保护率为86.65%。其中，农用地50445.7公顷，建设用地14273.16公顷，未利用土地853.3公顷。

【土地利用】加大盘活存量建设用地力度，强化对盘活存量和节约集约用地工作的监管，激励与约束并举，结合“城中村”、旧城区改造，努力做好城镇存量建设用地盘活工作，共盘活存量土地55公顷。全面推进多层标准化厂房的建设使用（全年共建设标准化厂房5万平方米）。狠抓闲置土地的处置，依法查处闲置囤积土地现象，严厉打击炒地行为。加大市区加油站专项整治力度。共调查加油站用地58宗，其中，20宗为违法、违规用地，正在完善手续。

【耕地保护】2009年，梁园区政府同各乡（镇）、各有关街道办事处签订耕地保护目标管理责任书，区政府将耕地保护责任列入了综合目标考评体系，落实了乡（镇）政府、有关街道办事处保护耕地的责任。切实加强补充耕地储备库建设，分别在张阁镇和谢集镇利用未利用地实施2个土地开发项目，总规模77.15公顷，项目于2009年11月经验收合格后并入耕地储备库，保证了全区报批建设项目的需要。建立了较为完善的耕地占补平衡台账，严格落实耕地占补平衡制度，2009年，共补充耕地63.95公顷（折合959.25亩）。2009年，梁园区启动第一批市级土地综合整治试点行政村3个，分别为孙福集乡王小庄村、李师傅屯村和谢集镇义合村。3个试点村拟新增耕地面积545.39亩。切实做好土地复垦整理项目的实施工作，张阁镇市级土地整理项目已通过市局验收，新增耕地面积4.95公顷，项目共计投资1945万元的王楼乡国家级土地整理项目已完成合同工程量。巩固砖瓦窑厂治理成果，加大窑业监管力度，严格审批新型墙材企业，推行以粉煤灰、煤矸石为原料的新型墙材，确保了全区范围内无非法窑厂。

【建设用地管理】2009年，共报征收9个批次，总面积5546.4亩，其中，商周二期高速用地2056.9亩，另外工商企事业单位项目用地3581.7亩，包括城市用地补办3个批次，用地面积1445.25亩，乡镇用地补办1个批次，用地面积306.8亩，城市用地报批4个批次，用地面积1709.85亩，乡镇用地报批1个批次，用地面积119.7亩。

为辖区4270.341亩批而未征征而未供土地搞好服务。截至2009年底，梁园分局正在组织资料的有20宗，面积1699.869亩，已报市国土资源局审查报卷的有5宗，面积136.0575亩，正在向市规划部门申请规划条件及发函征求规划条件的有15宗，面积1563.25亩。

【土地利用总体规划修编】2009年，按照省厅、市局对土地利用总体规划修编的要求，结合梁园区经济建设发展布局，严格落实节约集约用地要求，优化各类用地结构和空间布局，确保耕地和基本农田数量不减少、质量不降低，通过高起点、高要求的标准做好梁园区土地利用总体规划修编工作，增加了建设用地指标2380公顷（折合35700亩），为梁园区经济社会发展留足空间。

【执法监察】2009年，保质保量完成了第九次卫片执法检查的各项工作任务。为严厉打击各类土地违法行为，梁园分局通过建立完善的执法监察工作制度、主要干道两侧录像核查制度以及在执法中按照加强联合、注重效率、提高质量的总要求，坚持原则，秉公执法，共立案查处各类土地违法案件180起，下发处罚决定169起，收缴罚没款62万元，申请法院强制执行56宗，移送司法机关20人。

【第二次土地调查】梁园区农村调查共涉及1：10000标准分幅图47幅，总面积640平方公里，城镇地籍测量面积30平方公里。第二次土地调查工作的农村土地调查外业工作已于2009年1月21日完成了权属和地类调查；2009年2月26日，自查测绘及地物补测工作完成100%；2009年3月，转入农调外业数据库建库工作，该农调外业及建库工作已于4月结束。全面完成了第二次土地调查任务及地籍档案电子数据库建设工作。

【信访工作】2009年，梁园分局采取局领导接待日制度、班子成员包案责任制、信访过错责任追究、重大案件联合办案等措施，进一步加强了信访工作，特别是国庆60周年维稳工作。梁园分局坚持24小时值班，实行稳定信息“日报告”、“零报告”制度，坚持“有事报情况、无事报平安”的原则，做到上通下达，确保了信访大局稳定。2009年，共接待群众来访57起78人次，所有信访问题已基本妥善解决，结案率98%。共接行风热线需反馈案件6起，全部在市局规定的时限内办结。

【创建工作】2009年，梁园分局高举中国特色社会主义伟大旗帜，以邓小平理论和“三个代表”重要思想为指导，深入贯彻落实科学发展观，以建设社会主义核心价值体系为根本，切实加强政风行风建设。通过深入开展精神文明创建活动，不断提高全局干部职工文明素质，在梁园区树立了较好的部门形象，被河南省委、省政府评为“2009年度省级文明单位”。

（李宏涛）

商丘市国土资源局睢阳分局

商丘市睢阳区位于河南省东部，位于北纬34°04′～34°38′，东经115°20′～115°48′之间，由于睢阳地处睢水（古睢水）之北，以中国传统方位论，即“山北为阴，水北为阳”，因此而得名。睢阳区现辖18个乡（镇、办事处），全区总面积964.33平方公里，城区面积44平方公里，现辖新城、古城、东方、文化4个办事处，李口镇、宋集镇、郭村镇、高辛镇4个镇，古宋乡、勒马乡、冯桥乡、路河乡、坞墙乡、阎集乡、娄店乡、临河店乡、毛堌堆乡、包公庙乡10个乡。全区总人口约80万人，城镇人口17.7万人。

孙学润　局长
李　建　副局长
张　芹　副局长（女、回族）
陈　勇　副局长
张云梦　副局长
冯艳红　纪检组长

孙学润简介：1962年5月出生，1979年12月参加工作，1985年4月入党，本科学历。1979年12月～1981年12月，在部队服役；1981年12月～1983年9月，任商丘市精神病医院职工；1983年9月～1986年7月，在周口师专美术系学习；1986年7月～1991年7月，任商丘师范学校教师；1991年7月～1994年7月，任商丘市土地管理局科员；1994年7月～1998年6月，任商丘市土地管理局宣教科副科长；1998年6月～2002年10月，任商丘市国土资源局宣教科科长；2002年10月～2004年2月，任商丘市国土资源局政策法规科科长；2004年2月～2008年3月，任商丘市国土资源局地籍测绘管理科科长；2008年3月至今，任睢阳国土资源分局局长。

【机构设置】睢阳国土资源分局是主管全区国土资源、矿产资源和测绘工作的政府工作部门，共有干部职工290人，内设办公室、地籍管理股、土地利用股、建设用地股、政策法规股、耕地保护股、人事教育股、土地收益办公室、纪检监察室、信访股、土地规划股、财务股12个股（室），下设二级机构睢阳国土资源局信访监察队；共辖古城、古宋、新城、文化、东方、冯桥、闫集、坞墙、宋集、李口、高辛、包公庙、娄店、路河、毛堌堆、勒马、临河店、郭村18个基层国土资源所。

【土地资源概况】截至2009年底，睢阳区土地面积为964.33平方公里，其中，耕地面积100.14万亩，全区下辖14个乡（镇）和4个办事处，349个行政村，总人口约80万人，农业人口62.3万人，人均耕地面积1.252亩。全区土地利用分类中耕地100.14万亩；园地4359.9亩；林地76415.4亩；建设用地251077.5亩，其中，建制镇用地67995.15亩，村庄175786.35亩，采矿用地6072.75亩，风景名胜1223.25亩；交通运输用地41678.7亩；水域及水利设施用地70509.6亩；其他土地1089.3亩。

【耕地保护】2009年，全区耕地保护面积69693.28公顷，基本农田共2910块，区、乡、村、村民四级层层签订了基本农田保护目标责任书163654份，保护面积59000公顷，保护率达84.66%。全年依法批准占用耕地209.169公顷，实施补充耕地211.1056公顷，比依法批准占用耕地多补1.9366公顷，超额完成全年土地占补平衡任务。

【建设用地报批与管理】2009年，共上报土地面积233.3637公顷，其中，睢阳区产业集聚区分3个批次，面积104.0764公顷；商丘市2009年度一乡、二乡建设用地和商丘市一城、八城建设用地等4个批次，京九铁路电气化改造和商丘市新奥然气有限公司2个单独项目和乡镇企业商丘市同春堂中药饮片有限公司等新增建设用地，上报土地面积129.2873公顷。严格对建设用地的批前、批中、批后全程跟踪检查，及时掌握项目用地动态，发现问题及时解决，较好地完成了2009年建设用地报批与管理工作。

【土地利用】对“批而未供”土地、未批未供先建土地和加油站用地等情况做了调查统计，认真执行工业用地和商业、旅游、娱乐、房地产开发等经营性用地招标拍卖挂牌出让。全年共办理土地供应报批14宗，面积18855.698亩，盘活存量土地15.81亩，为43家用地单位做好土地供应前期报批工作。

【土地规划】完成连霍高速公路商丘—兰考段改扩建占地项目、商丘—周口高速公路商丘段二期工程项目、“西气东输”郑州东和开封—商丘地方支线工程站厂及阀室项目、商丘商南220千伏输变电工程项目4个省级重点建设项目用地预审申报工作，总面积43.9321公顷，并对该4个项目确实不能避开占用基本农田的进行规划调整；完成商丘市海通金属材料有限公司、市检察院2个建设项目的用地预审工作，总面积20.773公顷，其中，利用存量土地的有4个项目，面积8.0355公顷。

【地籍管理】第二次土地调查工作已全面完成，调查土地面积964.33平方公里，基本农田调查59000公顷，数据库建设成果已通过市级、省级预检，并已上报国土资源部验收。认真做好土地登记工作，2009年，共完成辖区内400余宗土地登记报件的审查工作；集体土地所有权登记发证率达到92%，集体土地建设用地使用权登记发证率完成40%。全年成功调处土地权属争议案件5起，而且全部都是多年的老信访案件。完善了公开查询制度，全年共向社会公开查询档案300余宗，及时为市局业务科室提供了各种图件、资料200余份。

【土地综合整治】积极稳妥地推进建设用地指标置换政策，鼓励挖掘农村建设用地潜力，巩固以“空心村”治理为主的“三项整治”工作成果，稳步推进全区农村土地综合整治工作，完成冯桥乡曹集村、坞墙乡大郭庄村、临河店乡安庄村、包公庙乡大徐庄村、毛堌堆乡刘楼村等全区5个土地综合整治项目的规划设计、组织论证和上报工作，5个土地综合整治项目，国家投资2500万元，可新增耕地200公顷，为产业集聚区提供用地指标80公顷。

【黏土砖瓦窑厂治理】2009年，睢阳分局共彻底拆除新建、复建的死灰复燃窑厂16座，拆除窑体及其他违法建筑面积达3560平方米，累计复耕土地823亩，并责令6家未能达到批准要求的新型墙体生产企业停产整改。在集中清理拆除行动中，先后向公安机关移送窑厂涉嫌违法犯罪案件共14宗17人（次），向法院申请强制执行窑厂案件23宗，向纪检监察部门提出党政纪处分建议4宗6人（次）。

【土地节约集约利用】严格执行新增工业用地指标标准，鼓励全区招商引资项目、产业集聚区项目建设和使用多层标准厂房，控制企业用地规模，提高投资强度，提高土地利用效率。目前，全区已建成标准厂房76000平方米，入驻企业56家。盘活存量建设用地11宗，面积13.90公顷。

【土地复垦整理】加大土地开发复垦整理工

作力度，土地整理项目国家总投资3953万元，建设总规模2646.8公顷，通过实施土地整理共新增耕地139.7公顷，其中，毛堌堆乡整理项目建设规模1901.8公顷，总投资2749万元，新增耕地61.5公顷；勒马乡整理项目总投资1204万元，建设规模745公顷，新增耕地78.2公顷。目前，这两个项目施工工程量都已达到90%以上。

【执法监察】2009年，通过国土动态巡查、群众举报、卫星遥感执法检查以及12336国土资源违法举报热线电话等渠道共发现土地违法案件416起，涉及总面积1046.5亩，立案查处416起，查处率为100%；移送司法机关案件12起，向纪检监察部门提起处罚建议4起，申请法院强制执行案件56起；制止在耕地中非法取土、乱搭乱建等违法行为113起，有效保护土地394亩免遭占用或破坏；集中强制拆除违法用地建筑65起，拆除违法建筑物91300平方米，其中，对彤丰肥业、丰源饲料厂、麦佳面粉、舒皇家具、豫鑫花园等重点违法案件采取组织大型机械和定向爆破等方式进行集中拆除。

【第九次卫片检查】全国第九次卫片共监测到全区23个图斑，涉及23宗土地，面积1802.3亩，耕地1567.2亩。实际发生新增建设用地17宗，面积1086.9亩，耕地851.8亩；实地未发生变化及农业结构调整用地6宗，面积715.4亩，耕地715.4亩。对每个图斑都做到一个图斑一个卷宗，分类归档，制作详细的情况说明和统计表，并且现场拍摄图片，对违法图斑涉及的17宗违法用地依法严格查处，分别对新城办事处平原居委会郭庄村、文化办事处潘洼村村委、曹胡同村3处卫片执法检查违法违规用地进行了集中拆除活动。共拆除违法建筑4300平方米，顺利通过部和省厅的检查验收。

【国土资源队伍建设】2009年4月，睢阳国土分局在全区国土资源系统进行中层领导干部公开竞选上岗。通过公开竞选，选出65名德才兼备的中层干部，充实到各股室所，为国土资源队伍输入新的血液，促进睢阳国土资源管理工作全面、协调、可持续发展。

【信访工作】睢阳国土分局切实加强信访工作的源头预防和排查工作，建立了以村级土地协管员为基础，区、乡、村三级联动的信访网络。全年无因土地问题进京、赴省集体上访情况的发生，赴省个体访3起。2009年，共接待来访群众22批76人（次），区信访局等单位转批案件5起，10批次，信访案件立案率100%，结案率在98%以上。

【信息宣传工作】用宣传台、报纸、网络等多种形式，深入广泛宣传土地国情和国策，开展国土资源法律法规宣传活动。全年共印发国土资源管理法律、法规宣传单6万多张，张贴布告、横幅、墙标1000余条，出动宣传车46辆（次），编印《土地工作动态》近50期，切实起到很好的社会宣传效果。

（黄昆　蒋宁）

经济开发区分局

河南省商丘市经济开发区于2000年经省政府批准成立，2005年通过国家发改委组织的开发区审核，是商丘市唯一的省级经济开发区，辖区总面积66平方公里，其中，经省发改委批准产业集聚区面积29.45平方公里。

罗诗海　局长

翟景坤　党总支书记

张红霞　副局长（女）

丁　艳　副局长（女）

罗诗海简介：1963年11月出生，汉族，中共党员，本科学历。1980年～2003年，在部队服役，历任战士、排长、连政治指导员、营政治教导员、旅政治部副主任；2003年9月～2009年5月，任商丘市国土资源局主任科员、机关党委办公室主任；2009年5月至今，任商丘经济开发区国土资源分局局长。

【机构设置】经济开发区国土分局内设办公室、人事财务科、纪检监察室、建设用地科、地籍管理科、执法监察科6个科（室），辖执法监察队和平台国土资源所。

【土地利用】实行强化节约和集约用地政策，建设用地严格控制增量，积极盘活存量。一是大力推广使用标准化厂房。截至2009年底，开发区辖区内已建成多层标准化厂房21万平方米，其中，开发区受吾服装等企业建设的8.1万平方米多层标准化厂房已产生良好的经济效益。二是对闲置土地进行了全面清查，并协议收回闲置土地20余宗，合计用地面积512.269亩。三是严格执行工业用地最低价标准，对所有工业用地项目严格实行招、拍、挂方式出让。2009年，共完成了市、区招商引资重点项目—腾飞电动车、六味地黄茶、东阳耐火材料厂、仁和商贸有限公司、蓝天服装厂、市政设施污水处理厂等17个项目的供地手续，面积650余亩。

【建设用地】2009年，商丘市经济开发区国土分局认真做好新增建设用地的规划预审、审查报批工作，有力地保障了地方经济和社会发展对用地的需求。一是积极做好新增建设用地报批工作。2009年，共上报省政府批准用地6个半批次，面积约220公顷。二是优先保障重点建设项目用地。对重点建设项目，特别是省重点项目和市政府、开发区管委会招商引资重点项目用地以及多层标准化厂房和民生用地，重点予以保障，积极提供优质高效服务，全力支持商丘市经济建设。

【执法监察】完善土地违法案件的查处协调机制，加大对土地违法、违规行为的查处力度。开发区国土分局坚持“预防为主，防查结合”的土地监察方针，健全和完善土地执法长效机制，将土地执法关口前移，不断强化执法手段，采取政府主导、部门配合、联合执法的工作措施，开展了治理违法占地、违规建筑集中整治行动。2009年，共拆除了违法、违规建筑 10000多平方米，严厉打击了各类土地违法行为。通过开展卫片执法检查工作，2009年，查处各类违法用地案件10起，违法用地面积199.83亩。

【信访工作】开发区国土分局始终坚持把处理信访突出问题和群体性上访事件作为工作的重点，建立了信访问题分析排查和协调处理机制，按信访登记进行分类排查，分清事件原因，了解事情真相，明确当事人上访目的，从实情出发解决问题。2009年，共接待来信、来访5起，无一起赴京、赴省上访事件，处理回复率达100%。

（常宏涛）

永城市国土资源局

永城市位于河南省东部边缘，地理坐标为东经115°58′～116°39′北纬33°42′～34°18′，西及西北部与夏邑县接壤，其余部分与安徽省砀山县、萧县、濉溪县、涡阳县、亳州市等地毗连。永城市南北长约72.00公里，东西宽约62.25公里，土地总面积2019.98平方公里。辖11个镇，18个乡，739个行政村，3706个自然村，总人口1412222人。永城市是全国六大无烟煤基地之一，是国家唯一授予“中国面粉城”称号的城市，拥有两家中国500强企业—永城煤电控股集团和神火集团，是河南省最大的煤化工基地。

夏思邦　党组书记、局长
刘怀备　党组副书记、副局长
孙建华　副局长
王振华　副局长
赵显俊　副局长
刘松峰　纪检组长

夏思邦简介：永城市裴桥镇夏平楼村人，1958年3月出生，汉族，中共党员，大专学历。1973年12月～1985年，在部队服役，历任班长、收发员、保密员、军务参谋、连政治指导员；1985～1986年，在县物价局工作；1987～1993年，任永城县政府办公室办事员、信息科长；1993～1996年8月，任永城县委办公室副主任；1996年8月～2002年2月，任侯岭乡党委书记；2002年3月，任永城市土地管理局党组书记、局长；2002年6月至今，任永城市国土资源局党组书记、局长。

【机构设置】永城市国土资源局现有行政编制13人，事业编制412名，实有干部职工476人。内设办公室、计财股、人事股、宣教股、纪检监察室、总工办、复垦股、地政地籍股、建设用地股、团委、工会、政策法规股12个股（室）；下设监察大队、测绘队、评估交易所、土地整理中心、收购储备中心、信访大队6个二级机构；辖城关、苗桥、酇阳、茴村、十八里、陈官庄、城厢、侯岭、太丘、演集、顺和、高庄、蒋口、龙岗、陈集、卧龙、芒山、马牧、薛湖、酇城、刘河、大王集、条河、双桥、裴桥、黄口、李寨、新桥等29个国土资源所。

【土地资源概况】永城市土地总面积为201998.37公顷，其中，农用地162927.63公顷，建设用地34392.81公顷（占土地总面积的17.03%），未利用地4677.93公顷（占土地总面积的2.32%）。

【建设用地管理】2009年，永城市共上报土地4个批次，上报省政府126.3484公顷，当年省政府批准313.237公顷（含永淮高速277.278公顷），供应169.4774公顷。

【执法监察和信访工作】2009年，根据第九次卫片执法检查情况，涉及永城市28个乡镇，卫星图斑188个，占地4281.54亩。国土资源局先后组织执法人员对188个图斑（189宗）进行了摸底核查，对涉及的131宗违法用地进行了查处，已全部移送至司法机关。永城市国土资源局结合《进一步开展查处土地违法违规案件专项行动》及第九次卫片执法检查，共查处各类土地违法案件84起（含农村宅基地），占地3000余亩，移交公安机关41起，移交法院66起（含2008年前遗留案件），刑事拘留16人。

加强信访工作，确保无严重集体、越级上访行为发生，杜绝赴省进京集体上访，健全完善了信访工作长效机制，坚持以人为本，坚持以稳定为大局，认真研究解决群众反映的困难和问题。2009年，永城市国土资源局共接待来访群众500余人（次），办理各类国土资源信访案件77起（成功调解7起）。其中，国家交办3起（信访）、省交办4起、商丘市交办7起、永城市交办63起。现已办结72起，结案率为97.3%。基本上做到件件有结果、事事有回音。

【耕地保护】2009年3月，永城市政府与国土资源局、乡（镇）政府签订了耕地保护目标责任书，投资55万元制作了高标准保护标识52块，在芒山高速出口及城区主要出入口处设立了大型宣传牌10块。根据各乡镇实际情况，对29个乡镇及河南神火集团和永城煤电集团下达了1500亩废弃地、塌陷地的复垦任务，完成复垦造地1100亩；申报了太丘、龙岗两个土地整理项目，面积20691.8亩，新增耕地671.32亩，新增耕地率为3.24%；落实了耕地保护巡查制度，加强了日常土地执法监察，严厉打击了非农建设违法占用基本农田行为，耕地和基本农田得到了有效保护。

【规划修编和二次大调查工作】2009年，永城市市级规划已通过省市评审，各种文本、专题及图件已报省政府待批。乡级规划已顺利通过省市初评，现在做好复审前的准备工作，有望年底通过省市复审。第二次国土资源大调查工作，农村部分（2020平方公里）已完成，成果已上报省及国家，并顺利通过复核。城镇调查部分（138平方公里）外业已全部结束，正在着手做内业及数据库建设工作。

【纪检监察工作】纪检监察室组织召开全局党风廉政建设工作会议，并制定了党组与各科室队所负责人签订的党风廉政建设目标责任书，将廉政责任分解到具体岗位具体人员。严格按照上级文件精神认真做好相关工作，建立健全马上就办机制，提高办理群众反映问题的效率和质量。全年群众网上投诉3起，答复3起，结案率、群众满意率、评审打分均居第一。2009年，永城局纠风在线网上信息发布128条，位居全市同级单位第三名，商丘市国土资源系统第一名。

【土地出让】2009年，全年招拍挂出让建设用地11宗，面积820.959亩，其中，商住用地1宗，工业用地10宗，共收缴土地出让金9190.48万元。

【宣传教育工作】2009年，永城市国土资源局充分利用“4·22”世界地球日和“6·25”全国土地日，多渠道、多形式地开展国土资源法律法规的宣传教育活动。为了进一步扩大宣传活动的影响面和增强全社会的土地法制意识，国土资源局与永城市总工会联合开展了一次国土资源管理法律法规知识竞赛活动，并在《今日永城》报上刊登第19个全国“土地日”专版，宣传国土资源管理法规和国家土地调控新政策。在“6·25”当日设立咨询台，受理广大群众的诉求和对违法用地的举报。

【强化国土资源所建设】2009年，卧龙国土资源所设置了土地监察室、信访接待室、行政服务室、档案室、耕地保护室、综合办公室、文化活动室7个室，做到政务公开，工作人员公开透明接受社会监督。该所是2009年全市国土资源所正规化建设参观学习的一个亮点。

【建立基层土地协管员制度】2009年，永城市国土资源局共聘用村级土地协管员739人，并制定了土地协管员管理制度，定期组织培训学习。

（房华民　杨辉敏）

永城市地质矿产局

永城市位于豫、鲁、苏、皖四省结合部，素有“豫东门户”之称，是一个以煤炭、面粉、旅游、电力为主导产业的新兴能源城市。目前，永城矿业发展势头强劲，矿业经济蓬勃发展。境内永城煤电、河南神火两大矿业集团已经成为全国知名的以矿业为主的大型企业集团，全市共有生产矿井8对，在建矿井1对，分别是永煤集团城郊煤矿、陈四楼煤矿、车集煤矿、新桥煤矿和顺和煤矿（在建矿井），神火集团新庄煤矿、葛店煤矿、刘河煤矿和薛湖煤矿。2009年，全市共生产原煤达1528万吨，原煤销售收入97.8亿元，实现利税64.5亿元。

蒋清伟　党组书记、局长
郑　杰　副局长
刘懿德　副局长
刘彦祥　副局长
杨　辉　纪检组长
蒋少杰　总工程师
张永来　工会主席

蒋清伟简介：永城市人，1970年10月出生，中共党员，本科学历，工程师。1987～1992年，在水利局办公室工作；1992～1997年，在地质矿产局任办公室主任，兼任矿管二站站长；1997～1999年，在永城市芒山镇张庄村开展小康村建设；1998年4月～2002年3月，任地质矿产局副主任科员、办公室主任；2002年4月～2003年5月，任地质矿产局主任科员、办公室主任；2003年6月～2008年3月，任地质矿产局党组成员、副局长（正科）；2008年3月至今，任永城市地质矿产局党组书记、局长。

【机构设置】永城市地质矿产局2009年底有干部职工142人。局机关内设办公室、矿产资源管理股、矿产资源补偿征收管理股、地质环境股、财务股、规划股、人事教育股7个股（室），下设矿管一站、矿管二站、矿管三站、芒山矿管站、矿业开发技术培训中心及地矿执法监察队6个二级机构。

【矿产资源概况】永城市地下矿藏丰富，全市已发现矿产17种，主要有煤炭、磁铁矿、高岭土、石英斑岩、石灰岩、大理石、膨润土等。其中，以煤炭的储量最大，勘探区面积1150平方公里，含煤面积716平方公里，分布于全市18个乡（镇），探明资源储量达32.43亿吨，是全国六大无烟煤基地之一。近年来，在永城西部及东北部的找矿过程中，发现了一批新的煤田，从目前勘探成果证实，可新增煤炭储量20亿吨以上，可再建3～4个大、中型煤矿。但这些煤田的埋藏深度较深，在700～1200米之间，可作为现有矿井的接替矿区。

铁矿资源主要分布于侯岭乡大王庄村及周围，已探明资源储量为2100万吨，平均品位40.74%，为易于选矿的磁铁型铁矿。徐郃山石英斑岩是永城市的一种重要矿产资源，当地俗称“瓷土矿”。该矿位于条河乡，为露天矿体，量大质优，探明储量1048万吨，矿石为优质陶瓷原料。

【矿产资源管理】为维护良好的矿业开发秩序，认真贯彻落实矿管法律法规和“八项”制度，采取日常检查与专项检查相结合、定期检查与突击检查相结合的方式，保持矿业良好的发展趋势。通过举办多期采矿权人培训班，实行采矿权人例会制度，经常深入矿山企业一线实地查看资源开发现状，认真开展矿产储量动态监测工作，严格执行矿山储量动用年度计划备案制度，集中力量开展储量核查，准确掌握资源“家底”。从严打击无证采矿、超层越界开采、不按设计方案开采等违法行为，确保了全市矿业开发秩序稳定健康发展。2009年，全市矿山企业持证开采率达100%，矿山企业储量报告拥有率达100%，违法案件查处率达100%，开创了矿产资源监督管理工作新局面。

【矿产资源勘查】2009年1月，河南省国土资源厅批准了永城市马桥北马庄煤普查、顺和西煤详查和城郊矿区西煤普查3个勘查项目，共拨付勘探资金9151万元，总勘探面积379平方公里。3个项目全部完工后，预计可提交煤炭资源储量11.5亿吨，至少可以建设4个大型煤矿，延长永城矿区服务年限50年以上，将为永城市经济的可持续发展提供较好的资源基础。

【资源补偿费征收】2009年，矿产资源补偿费征收再创新高，达1.0004亿元，首次破亿元大关。为确保矿产资源补偿及时、足额征收入库，永城市地质矿产局严格执行纳费申报制度，及时准确掌握征收数据，进一步建立健全了征管台账，做到应征则征、应收尽收。

【地质环境治理】2009年，永城市建立了地质灾害恢复治理保证金制度，由矿山企业按照产量缴纳采煤塌陷区治理保证金，如不履行治理义务，由市政府组织利用保证金进行治理。目前，永城市财政部门已经建立相应的专门账户，全市各矿山企业按照要求正在编制矿山地质环境治理方案，地质灾害恢复治理保证金制度正在稳步推进中。

芒砀山4个矿山环境治理项目全部竣工，竣工报告编制完毕，正准备迎接验收。这些项目的建设，将进一步改善芒砀山矿区地质环境，有效消除芒砀山矿区地质灾害的发生，同时，也有力地支持了芒砀山文物旅游区建设，促进当地社会经济的和谐发展。

进一步加大地质环境监测工作，成立了地质环境监测站，抽调业务骨干充实到监测队伍中，投入近10万元，为监测站购置了先进的监测设备，集中时间对地质环境监测站全体人员进行了业务培训，地质环境监测工作逐步开展。同时进一步加大了采煤塌陷区的治理力度，2009年，共完成治理面积5400亩，全面超额完成年初制定的目标任务。

芒砀山省级地质公园申报工作顺利进行，成立了永城市芒砀山地质公园管理处，专门负责芒砀山地质公园的申报建设与管理工作。投资21.7万元，委托洛阳古建园林设计院对芒砀山主体园区进行了详细规划设计。2009年，《芒砀山地质公园申报方案》顺利通过专家评审，河南省国土资源厅正式批准永城市芒砀山省级地质公园建设资格，标志着永城市地质公园的建设和地质遗迹保护开发工作进入新阶段。

【地质科学研究】永城市地质矿产局超前思考，提前动手，认真做好矿区的规划和研究工作，先后筹资100余万元，开展了《永城矿区国土资源开发利用综合规划》、《永城市矿产资源规划》等科研工作。2009年，又累计投资24万余元，完成了《永城市第二轮矿产资源规划》、《永城市地质灾害防治规划》、《永城市矿山环境保护与治理规划》3个规划的编制工作。

（陈国庆）

夏邑县国土资源局

夏邑县位于商丘市东部，西北与虞城县接壤，东南与永城市毗邻，东北与安徽省砀山县相连，西南与安徽省亳州市交界。全县土地总面积1484.7平方公里，辖16个乡、8个镇，727个行政村，2665个村民组，总人口115万人。

张作良　党组书记、局长
张剑英　党组成员、副局长
王　珂　党组成员、副局长
张建华　党组成员、副局长
马春雷　党组成员、副局长
王道恩　党组成员、副局长
李　锋　党组成员、纪检组长

张作良简介：汉族，1963年8月出生，大专学历。1983年，毕业于商丘师专化学系，同年分配到夏邑县孔庄高中任教；1984年，调夏邑县文化补习学校任教；1985年，调夏邑县教师进修学校任团委书记；1987年，调夏邑团县委任学校部长；1991年，调夏邑县信访办任副主任；1996年，任夏邑县国土资源局副局长、党组副书记；2008年至今，任夏邑县国土资源局党组书记、局长。

【机构设置】夏邑县国土资源局辖郭店、会亭、曹集、歧河、胡桥、北镇、火店、孔庄、韩道口、太平、骆集、杨集、王集、刘店、车站、业庙、马头、中峰、罗庄、济阳、城关、何营、桑固、李集24个国土资源所。局机关内设办公室、财务股、宣教人事股、纪检监察室、用地审批股、土地利用股、地政地籍股、规划股、政策法规执法监察股、耕地保护股、信访股11个股（室）和土地监察队、土地勘测队、地价评估事务所、土地开发复垦整理中心5个直属事业单位。共有干部职工260人。

【土地资源概况】夏邑县土地总面积2228547.5亩，其中，农用地1789175.9亩，占全县土地总面积的80.29%；建设用地370428.9亩，占土地总面积的16.62%；未利用土地68942.7亩，占土地总面积的3.09%。

【矿产资源概况】主要有煤、铁、石灰岩、石膏和铝土等。正在开采中的永夏煤田是全国六大无烟煤基地之一。夏邑县境内的骆集煤田，经河南省地质队多次勘察，河南省国土资源厅认定，该煤田煤资源量为333（D级）3150吨。

【耕地保护】2009年，夏邑县政府与乡、村、农户逐级签订耕地保护责任书，明确规定了各级政府主要负责人是第一责任人，确保全县耕地保有量为101929.78公顷，基本农田保护面积为87582.56公顷，基本农田保护率为86.68%。县政府与乡镇签订责任书24份，乡镇与各行政村签订责任书727份，各行政与村民组签订责任书2665份，村民组与农户签订责任书273365份。制作基本农田保护标识牌31块，其中，县级大型保护牌1块，县乡一、二级保护牌12块，三级保护牌18块，全部建成了档次较高的永久性标识牌。三是争取资金100多万元，对火店乡废运河滩涂进行开发整理，目前正在做可研报告、规划设计，图件正在整理上报。

【“双保”行动】为了落实“双保”行动，对县、乡道路两侧和占用基本农田违法建房行为进行了专项整治。局党组成员对违法建房行为进行不定时“集中督导”，全面巡查，现场办公，对国土所巡查情况进行讲评。国土所分片包干，加大动态巡查力度，严格管理，大力宣传，采取联合执法、分片巡查的办法，全年共有效制止了县乡道路两侧及占用基本农田建房200余处，通过联合执法拆除了30余座违法建筑物，有效震慑了违法用地行为；在执法监察巡查中，做到亮证执法、秉公办案。认真承办12366举报电话，建立违法案件快速反应机制和违法用地巡查责任制。通过划分巡查区域、分片包干的形式，严格责任目标考核，对未能及时发现和制止的实行问责。2009年，下达听证告知书、处罚告知书570份，下达停工通知书890份、查封决定书420份，审核行政处罚决定书180余份，有效制止了各类违法占地行为。

【“企业服务年”活动】强化用地预审，合理确定企业用地规模，对各类重点企业项目用地，按照“先期介入、预审协调、快速办理”的原则，凡列入国家、省、市重大项目的用地，全部进入审批“绿色通道”，做到服务提前介入、全程跟踪，实现项目审批环节再优化、时间再压缩、效率再提高，确保重大项目尽快落地。为重点项目用地开辟“绿色通道”，订做窗口办文示意牌和办件流程图，对受理项目六公开并分类整理，坚持首问负责制，谁承办谁全程负责，责任追究到底。领导班子成员分头深入重点企业，及时帮助企业研究解决在项目用地过程中遇到的困难和问题，帮助7个重点项目顺利落地。2009年以来，受理国有土地变更登记报件106件，全部审批发证。做好各项费用收缴780件，获得土地收益647万元，办结率达100%。在全县服务窗口评议中，群众的满意率达100%，没有发生一起投诉现象。2009年，为火店35千伏变电项目、连霍高速夏邑段扩建工程用地进行了听证。加强批后跟踪管理。每月对工业集聚区项目用地情况进行集中督查，确保企业高效集约地使用土地。全年挂牌出让国有土地15宗，面积25.44公顷，成交价款4842.92万元；道路组装补办用地手续75宗，补缴出让金237.5万元；供应划拨国有土地1宗，面积20369平方米，用于桑固220千伏输变电工程。挂牌出让工业用地222.70亩，用于3户重点企业——圣源电缆、郑氏化工、淮海铸造建设，出让价款1188万元。

【国土所建设】完善国土所目标管理责任制，建立激励机制。国土所通过不断优化制度建设，强化素质教育，在执法中切实树立服务理念，实行平时督查与年终考评相结合，对先进所进行奖励，对落后所限期整改。国土所继续投入建设资金，不断加强硬件建设，完善办公条件，有序推进国土所规范化建设。坚持服务群众，建立宅基地审批绿色通道。对符合申请宅基地条件的，工作人员接到申请后前去现场测量、踏勘，做到了详细调查、规范办理。全年共受理申请宅基地1258宗，通过审核批准938宗。

【第二次土地调查】经过艰苦不懈、卓有成效的努力，全县农村外业调查工作已经完成，全县24个乡镇调查卫片81幅，调查面积1485.69平方公里。对地类、线状地物、零星地类等进行了实地核查调绘。农村外业调查成果已报国土资源部二次调查办公室复核通过。城镇地籍调查已完成23个乡镇，调查面积30平方公里。对调查的数据分门别类转入内业矢量化，目前正在抽验检查，对发现问题修改完善，验收合格后即利用第二次土地调查成果建立数据库。县城24平方公里的外业调查内业建库已基本完成。

【规划修编】全县土地利用总体规划修编规划文本和专题研究、规划图件已绘制完毕，达到了数据准确、图件精确，已经过省国土资源厅审核，并报省政府批准备案；乡级土地利用总体规划编制工作已经完成。

【宣传信息】2009年以来，制作“国土在线”专题节目16期，悬挂条幅200余幅，刷写墙标100余幅，设立咨询台5个，接待来访群众6000余人，举办了“土地日”宣传专题文艺晚会，发送宣传短信10000余条，广泛宣传保障发展、保护红线的重大意义，营造了浓厚的舆论氛围。编发《夏邑国土信息》22期246条，编发《夏邑国土动态》22期，在《中国国土资源报》、《资源导刊》等报刊发表新闻稿件33篇，被县委、县政府、市局采用信息186条，上报量和采用量都位居前列，起到了很好的宣传作用。

【信访维稳】通过信访目标管理，进一步优化信访辖区负责制、领导包案制、定期下访制、领导接访制等制度，健全信访评估机制。针对工业集聚区建设、土地信访积案等，提前介入，争取工作的主动权，接待群众来信来访36起、47人（次），积极主动处理，使上访得到有效控制。办理上级交办案件63起，全部办结；处理权属纠纷案件3起，全部办结。办理行政诉讼案件13起，胜诉率85%，结案率100%。

【党风廉政建设】充分认识全省经济评价综合调查的重要性，全局动员，确保调查满意率达到最高。局纪检监察室对各乡镇道路两侧和占基本农田建房情况进行督察，发现问题及时下达督察整改通知，督促国土资源所开展工作。纪检检查组下发督察整改通知书30份，查处举报案件4起，结案率100%，其中，2起给予诫勉谈话，1起降职，1起行政记过处分。重点防范和监督政风行风存在的不作为、慢作为、乱作为现象，以滚动字幕的形式在县电视台向社会公布。同时还公布2部纠风举报电话和投诉邮箱，发放1000多份联系卡，制作廉政提示牌42个，胸卡230个，全部人员做到了带牌上岗。办理网上举报案件8起，办案率、及时率、满意率均为100%，名列全市国土资源系统前茅。完善纪检监察信访办案程序，制定了防范措施和查处机制，广泛征求社会各界的意见建议，开展全方位监督。

【招商引资】从常熟骑仕剑服饰有限公司引进资金1300多万元，建成夏邑县康奥服装厂。目前，企业顺利建成投产，实现产销两旺。

（华润之）

虞城县国土资源局

虞城县位于河南省东部，黄河故道南侧，豫、皖、鲁三省交界处，为传统农业县。土地面积4356.59公顷，属黄河冲积平原，地势由西北向东南倾斜，全县人口107.09万人，是河南省重要的粮棉油生产区。

刘远林　党组书记、局长

周学福　副局长（2009年3月离）

刘学忠　副局长（2009年3月离）

高来福　副局长（2009年3月离）

张　兵　副局长

马　莉　副局长（女）

刘远林简介：汉族，1960年12月出生，中共党员，大专文化。1980年3月参加工作，1984年12月入党。2007年12月至今，任虞城县国土资源局党组书记、局长。

【机构设置】内设办公室、地籍股、人事股、耕保股、窗口办、建设用地股、规划股、监察股、信访股、土地利用股10个股（室）和测绘队、评估所、土地整理中心、土地收购储备中心、土地交易中心5个二级机构。下辖张集、乔集、刘集、田庙、利民、贾寨、古王集、大杨集、镇里固、稍岗、李老家、城郊、城关、郑集、大侯、闻集、站集、谷熟、芒种桥、店集、沙集、杜集、黄冢、界沟、营廓、刘店26个基层国土资源所。

【土地资源概况】全县土地总面积154356.59公顷，耕地面积98751.68公顷，园地5039.00公顷，林地14594.75公顷，城镇村及工矿用地2407.06公顷，交通运输用地4755.55公顷，水域及水利设施用地7064.85公顷，其他土地433.7公顷。基本农田85630.78公顷，基本农田保护率86%。

【耕地保护】健全了保护耕地各项制度，全县基本农田面积稳定在85630.78公顷以上。投资10万多元对全县基本农田保护牌重新维修。认真落实了县、乡、村三级基本农田保护责任制，并逐级签订了目标责任书，明确了各级领导的责任，将目标完成情况纳入了政府目标管理体系。实施了站集乡、店集乡2个乡镇和古王集乡等4个乡镇国家级土地整理项目及田庙、张集3127.2亩土地整治项目。

【建设用地管理】切实为中石油炼油厂等重点项目和招商引资项目搞好用地服务。积极组织了7批城镇200公顷建设用地的报批工作。为城镇建设项目征地13宗780多亩。积极向省、市主管部门争取新增建设用地有偿使用费4000多万元，为项目建设提供了用地保障。县政府组织审计、财政、国土、建委、经委等单位扎实开展了存量土地清查工作，制定了清查方案，对存量逐宗进行清查，逐宗制定处置方案，共盘活存量土地18公顷，并依法进行了公开出让。

【执法监察和信访工作】加强了动态巡查，共依法制止土地违法行为253起，立案查处违法案件26宗。在全县聘请694名村级土地协管员，构建了县、乡、村三级土地执法监察网络，走出了一条“预防为主，事前防范与事后查处相结合”的执法监察新路子。扎实开展了违法、违规用地治理整顿等专项治理整顿活动，重点整治沿公路两侧开发建房等违法行为。切实做好了信访稳定工作，共接待群众来访200多人（次），化解土地纠纷6起，办理行风热线反映问题8起。上级交办信访案件及《行风热线》反映问题都得到了及时查处反馈，反馈率达到100%。

【业务基础建设】扎实开展了全县第二次土地调查工作，农村内业数据库已建成并报省厅，等待验收，城镇外业调查正在进行。切实做好规划修编工作，县级规划修编方案已经省政府批准实施，乡级规划修编正在进行。结合新农村建设，开展了土地综合整治试点，取得良好成效。积极实施土地挂钩项目3个，整治土地360亩。认真搞好土地登记发证工作，共发放国有土地使用权证196本，集体土地所有证642本，集体土地使用权证3本，国有土地他项权证2本。投资40万元购置了全站仪、打印机等仪器，提高了国土资源工作科技含量。搞好土地测绘工作，共测量土地3000多亩，制图40幅。局网站定期更新内容，充分利用网络信息向外界宣传土地管理法律法规和提供高效快捷的信息服务，为切实提高国土资源管理水平奠定了良好的基础。

【土地市场建设】完成了全县城镇土地基准地价更新调整工作，通过了专家成果验收，为规范虞城县土地市场奠定了基础。建立健全了土地出让底价集体决策制度，县政府成立了由法制办、监察局、财政局、国土资源局等单位组成的地价领导组，所有土地出让底价都由地价领导组集体研究。积极与相关部门协调，规范了破产企业和搬迁单位土地处置行为，破产企业和搬迁单位土地，由县政府统一收回，交土地收购储备中心进行储备后，再适时投放市场，以招拍挂形式进行出让，扭转了过去破产企业和搬迁单位乱处置土地的局面。积极培育土地市场，规范土地出让行为，所有经营性用地实行公开挂牌出让，全年共公开出让土地26宗518亩，成交1.3亿多元，其中，11月19日，公开挂牌土地4宗40亩，总成交价款32811230元，平均每亩80多万元，创造了虞城县国有土地使用权出让的新高。

【黏土砖瓦窑厂整治】从2009年7月23日开始，县政府组织力量，采取了最严厉的措施，集中拆除了56家死灰复燃黏土砖瓦窑厂，复耕土地1900多亩。

【加强队伍建设】以开展落实科学发展观活动为载体，强化对工作人员教育。2009年2月，举办了政治业务培训班，对局工作人员实行了10天的封闭式学习，并进行了闭卷考试，成绩作为人员上岗的重要依据。2009年10月，组织52位国土所长参加全市国土资源法律法规培训班；11月，又开展了“三讲一统”教育活动，通过学习整顿，改进工作作风，提高了全体干部职工的政治业务素质，增强队伍的战斗力。

【乡所建设】为切实改善办公环境，投资10多万元对局机关大院进行了地面硬化，对办公楼进行了刷新。加强乡镇国土资源所建设，全县26个乡镇国土所中，20个达到高标准乡镇国土所要求，被商丘市国土资源局评为基层所建设工作先进单位。大杨集镇国土资源所被评为省级群众满意基层所。

（许功良）

宁陵县国土资源局

宁陵县位于东经115° 16′ 54″ ～115° 20′ 29″，北纬34° 26′ 06″ ～34° 28′ 16″ 之间。地处豫、鲁、苏皖结合部，在河南省的东部、商丘市西部，是典型的黄淮冲积平原，地势比较平坦，海拔高程在55米左右。全县辖5镇9乡，368个行政村，总面积797平方公里，总人口60万人，耕地80万亩，人均耕地1.3亩。

冯业茂　党组书记、局长
郭彦坤　党组成员、副局长
刘　昂　党组成员、副局长
吕海涛　党组成员、副局长
邱书军　党组成员、副局长
郑晓玲　党组成员、副局长（女）
宋　丽　党组成员、纪检组长（女）

冯业茂简介：1964年3月出生，汉族，研究生学历。历任专武干部、县委秘书、督察科长、乡（镇）党委书记、县委组织部副部长、县委宣传部副部长，期间曾任县委委员、县政协常委等职。2004年2月，任宁陵县国土资源局党组书记、局长；2008年8月，任商丘市国土资源局党组成员、副局长，兼宁陵县国土资源局局长。

【机构设置】2009年，宁陵县国土资源局共有干部职工215人。内设办公室、人事股、财务股、建设用地股、土地利用股、地籍地政股、耕地保护股、规划股、信访办、政策法规股、测绘队、执法监察股、纪检监察室13个职能股室。辖土地储备中心、执法监察大队、土地整理中心、土地评估所4个直属单位。下设城关、城郊、乔楼、石桥、赵村、孔集、柳河、逻岗、阳驿、刘楼、张弓、黄岗、华堡、楚庄、程楼15个国土资源所。

【土地资源】宁陵县属黄河冲积平原，土壤以沙土和两合土为主。截至2009年底，宁陵县总面积79704.59公顷，其中，农用地面积61870.71公顷（耕地面积52876.51公顷，园地2120.84公顷，林地6815.07公顷，草地10.07公顷），建设用地13622.34公顷，城镇村及工矿用地13622.34公顷，水域及水利设施用地2003.5公顷，未利用地48.22公顷。

【规划修编】2009年，宁陵县调整了土地利用总体规划修编领导小组，召开了土地利用总体规划修编工作会议。编制了工作方案和技术方案，开展了自然、经济、社会等状况基础资料调查，完成了县级土地利用总体规划修编，已经河南省人民政府批复实施。14个乡镇土地利用总体规划已通过省级专家审核，按照审核意见修改后报商丘市人民政府进行报批。

【建设用地管理】2009年，上报建设用地3个批次，总用地面积72.9219公顷。其中，乡镇批次1个，面积18.7097公顷。严格落实国家宏观调控政策，采取多种措施合理引导用地单位利用劣质地和空闲地进行项目建设，充分保障了省、市符合供地政策的重点企业项目用地需求。

【基本农田保护】县政府与各乡（镇）政府签订了耕地保护及土地综合整治目标责任书，将耕地保有量及基本农田保护考核指标执行情况、土地综合整治情况列为乡（镇）主要负责人业绩考核的重要内容。投资80万元完善了基本农田保护区和保护块标识牌，其中，设立一级保护标识牌14块，二级保护标识牌150块，三级保护标识牌345块。2009年全市基本农田保护和标识牌建设现场会在宁陵县召开，得到与会各级领导的肯定。同时，加大执法监管力度，全县基本农田面积继续稳定在48134.9公顷以上。确需占用耕地的，严格按照“占一补一”的原则，先补后占，最大限度地减少了耕地占用数量。2009年，共补充耕地109.7867公顷。

【土地综合治理】2009年，宁陵县阳驿乡后陈等村的村庄合并试点通过省厅立项，并纳入全省10个试点之一，将以后陈村为中心方圆2公里的11个村庄合并到后陈社区，届时可增加耕地4000余亩。同年，争取省挂钩试点项目23.939公顷，完成了建新区、拆旧区的选点规划及拆旧区的丈量、核算工作。2009年，宁陵县共有4个土地整理项目。其中，赵村土地整理项目投资1839万元，已完工95%；投资100万元的李七庄土地整理项目、投资849万元的柳河天齐庙项目、投资342万元的华堡乡赵庄村项目和投资394.37万元的新增费项目建设，已竣工验收。投资3479万元、建设规模18220.78公顷的土地整理项目，已纳入国家储备库，2010年可批复实施。土地整理项目的实施，增加了有效耕地面积，改善了农业生产条件，美化了人居环境，满足了建设用地需求。

【地籍管理工作】2009年，共办理土地登记216宗，其中，国有土地登记208宗，集体土地登记4宗，土地他项权利登记4宗。

【土地市场治理】2009年，严格落实经营性用地招、拍、挂出让制度。全年共挂牌出让经营性用地22宗，面积25672.17公顷，出让金总额1.5亿元。严格调控土地供应总量，对不符合国家产业政策、发展规划和市场准入条件的项目杜绝供地。注重建设用地预审管理，严格执行建设用地控制指标，认真履行预审职责，对项目的投资强度、土地产出率等严格把关，对达不到规定要求的坚决核减其用地规模。加强建设用地批后管理，对已批准的建设用地进行逐宗审查，定期或不定期地对建设项目进展情况进行检查，实施批、供、用全程监管。

【执法监察】坚持查防并举、预防为主的方针，实行局监察队、国土所、土地协管员三位一体的监管模式，将执法监察关口前移，进一步加大执法监察力度，严肃查处各类国土资源违法案件。2009年，发现土地违法案件87起，制止62起，立案查处25起，收缴罚没款60万元，挽回经济损失700万元。向监察机关提起行政处分建议3起，移送公安机关1起。2009年9月，宁陵县代表河南省参加了国土资源部执法监察研讨会，介绍了执法监察工作经验并得到肯定。

【信访工作】2009年，全年共受理群众来信来访咨询24起30人（次），办理省信访交办件1起，市交办信访件9起，县交办信访件6起，结案率达100%，信访积案为零。

【土地协管员作用有效发挥】2009年，进一步探索土地协管员深化管理和职责延伸的新方法，加强学习培训，完善制度，提高协管员学法、守法、护法和依法办事自觉性，充分发挥协管员法律法规宣传员、纠纷调解员、耕地保护安全员、违法动态信息员、依法用地模范执行员的作用，使土地违法案件较去年减少七成以上。全年，土地协管员提供土地违法案件线索275条，调处土地纠纷186起。

【加大基层所建设力度】2009年，在完成办公场所建设的同时，为全县15个国土资源所全部配备了电脑、电话、打印机、照相机等，达到了河南省国土资源所规范化建设“六个一”标准。

【宣传报道连续四年被评为先进单位】2009年，在《中国国土资源报》发表稿件21篇，《资源导刊》23篇，连续四年获“全省国土系统宣传报道先进单位”称号。

【获得的荣誉】2009年，宁陵县国土资源局被评为“全省信访工作先进单位”、“全省信息宣传工作先进单位”、“全市耕地保护先进单位”和“全市综合工作先进单位”。

（李玉华　郭妍妍）

柘城县国土资源局

柘城县位于商丘市西南部，地处东经115°02′18″～115°32′02″、北纬33°55′55″～34°16′35″之间，辖21个乡（镇），496个行政村，人口94.1万人，土地总面积1041.45平方公里。

李伟峰　党组书记、局长
张　辉　党组成员、副局长
李继春　党组成员、副局长
李清树　党组成员、副局长
郭　雨　党组成员、副局长
陈松梅　党组成员、纪检组长（女）
白海彬　党组成员、副主任科员
陈传仲　党组成员、副主任科员
邢思海　副主任科员

李伟峰简介：1965年6月出生，汉族，中共党员，在职研究生。1989～2004年，在柘城县县委办公室任干事、秘书、秘书科长、副主任；2005年1月，任中共柘城县委委员、慈圣镇党委书记；2009年5月至今，任柘城县国土资源局党组书记、局长。

【机构设置】柘城县国土资源局现有干部职工199人，内设办公室、用地审批股、土地利用管理股、人事股等9个股（室），下设土地监察大队、地政地籍所、土地规划所、土地交易所等15个事业单位，辖城关、伯岗、岗王、安平、皇集、胡襄、陈青集、惠济、老王集、张桥、梁庄、申桥、大仵、远襄、慈圣、洪恩、牛城、马集、邵园、李原、起台21个国土资源所。

【土地资源概况】柘城县土地总面积1041.45平方公里，其中，耕地69623.06公顷，园地89.08公顷，林地6690.94公顷，城镇村及工矿用地18879.01公顷，交通运输用地3928.65公顷，水域及水利设施用地4863.47公顷，基本农田保护率88.14%。

【耕地保护】柘城县人民政府与各乡（镇）人民政府签订了基本农田保护目标责任书，将63000公顷基本农田保护任务，层层分解，具体到每个地块和农户，明确了保护责任人和保护措施。采取得力措施开展窑厂集中整治活动，先后拆除非法小窑厂（吊丝窑、地龙、围窑）30座，拆除死灰复燃窑厂2座，拆除有违法烧制粘土砖行为的新型墙材窑厂58座；复耕土地1568亩。积极开展土地复垦整理和补充耕地工作，完成了国家投资1512万元的柘城县安平远襄830公顷土地复垦整理项目和国家投资1417万元的柘城县张桥慈圣土地复垦整理项目。通过整理，新增耕地252.96公顷。编制实施了《柘城县2009年度第一批补充耕地储备项目》，对皇集乡、申桥乡和伯岗乡区域内小洪河两岸103.8461公顷滩涂地实施开发整理，顺利通过了市局、省厅的验收，并报国土资源部备案，新增耕地101.1公顷。

【土地利用】严格实行国有土地使用权公开出让制度，共挂牌出让国有土地28宗，面积800余亩，上交土地价款8756万元，实现政府土地纯收益3000万元。积极做好土地综合整治和“双挂钩”工作，县政府制订了农村土地综合整治的方案，县委书记、县长、主管国土工作的副县长等15位县领导分包15个整治试点村。经过调查、论证，根据乡镇上报情况，初步选定55个整治试点村，理论测算新增耕地面积为351.68公顷。结合土地综合整治，组织编制了“双挂钩”项目1个，该项目已经省国土资源厅批准实施。

【违法违规集中整治】2009年以来，柘城县新增建设用地1174.80亩，其中，已办理农地转用或已取得合法用地手续的12宗，面积403亩，违法用地66宗，面积771.80亩，违法占用耕地面积占新增建设用地耕地面积的比例为66%，已严重超过15号令规定的问责比例，更超过市政府下达给县政府13%的责任目标任务。为此，经过成立违法、违规集中整治领导组、制订实施方案、召开会议集中整治，完善用地手续26宗，拆除18宗，征缴耕地开垦费和罚款350万元。通过拆除和补办用地手续，使违法占用耕地面积占新增建设用地占用耕地总面积的比例降到10%以下。

【执法监察与土地信访】一是健全了县监察大队、国土资源所、村协管员三级土地监察网络，并明确了工作职责及奖励措施。二是坚持动态巡查制度，明确了巡查职责、巡查的重点及频率、巡查目的以及制止、报告和查处等问题。2009年，县、乡国土资源部门共巡查达5000余次，发现土地违法462起，及时制止了385起，立案查处77起，下达行政处罚决定书77个，并及时依法进行了移交。

局党组对土地信访稳定工作高度重视，定期开展不稳定因素的排查工作，先后排查不稳定因素37起，及时化解21起，对16起实行局领导分包制度，限期解决。2009年，省厅、市局共交办信访案件10起，结案率为100%，县、乡受理的信访事项为45起，结案42起，结案率为93%，群众满意率达到95%以上。

【党风廉政建设】进一步推进惩治和预防腐败体系建设，制定下发了《柘城县国土资源系统建立健全惩治和预防腐败体系实施意见》，确立了年度惩治和预防腐败工作责任目标，建立了惩治和预防腐败体系建设工作台账。认真履行党风廉政建设责任制度，把党风廉政建设与国土资源管理工作一起布置、一起检查、一起落实。党组“一班人”坚持做到“五个直接”：对涉及党风廉政建设和反腐败的重大问题直接研究，重要工作直接部署，重要信访直接批示，重要案件直接听取汇报，重要情况直接调度。2009年，柘城县组织的28宗招标、拍卖、挂牌出让国有土地中，没有发生一例违反规定、暗箱操作的行为。

（李 丽）

民权县国土资源局

民权县地处豫东平原，全县土地总面积1221平方公里，辖18个乡（镇），545个行政村，总人口84万人。

王文才　党组书记、局长
伏思虎　党组副书记
魏广德　副局长
孙　伟　副局长
董洪亮　副局长
王西会　副局长
林国栋　副局长（2009年3月任）
王春峰　副局长（2009年3月任）
王笑波　纪检组长（2009年3月任）
陈玉东　工会主席（2009年3月任）
张长斌　党组成员（2009年3月任）
程　军　党组成员（2009年3月任）

【耕地保护】2009年，全县7个乡级国土资源中心所采取定期开展耕地保护动态巡查方式，加大耕地保护和土地违法查处力度，遏制了各类破坏耕地行为发生。通过多渠道、多形式宣传土地管理法律法规，促进广大干部群众关心、理解和支持国土资源管理工作，使耕地保护意识深入人心，为耕地保护工作营造了良好的社会舆论氛围。通过以上措施，确保了全县耕地保有量在80978.01公顷以上，基本农田面积不低于6.95万公顷，保护和提高了粮食生产能力，保障了全县的粮食安全。

【土地整理】2009年11月，国家总投资1395万元的民权县东南部土地整理项目竣工，新增耕地面积118.58公顷，新增耕地比率为13.29%；总投资509万元的尹店乡土地整理项目竣工，新增耕地面积13.33公顷，新增耕地率为3.08%。

【土地节约集约利用】2009年，完成了县进修学校等19宗闲置低效利用土地盘活工作，盘活土地面积40公顷，通过招、拍、挂等市场手段重新配置了土地资源，提高了土地利用率。投资170万元建设了区内台州路，全年完成建设标准化厂房7.47万平方米。2009年5月～6月，成立由审计局、财政局、国土局、监察、产业集聚区管委会组成的联合调查组，对入驻南华产业集聚区企业的用地情况开展拉网式调查，根据各企业用地规模、投资强度、容积率等情况分别提出了依法收回、收取闲置费、限期增加投资强度的整改措施，通过挖潜盘活，拓展了产业集聚区用地空间。

【保障经济发展用地需求】开展“保增长、保红线”、“企业发展服务年”、“大宣传、大走访、大服务”活动，局领导班子成员分头到全县58家工业企业以及帮扶企业走访，与企业负责人面对面交流，了解企业在用地方面存在的问题和困难，听取用地企业对国土工作的意见和建议，对企业提出的各类用地问题进行了归纳汇总，制定了具体办理措施。对县委、县政府确定的重点项目主动服务，提前介入，加快预审。在项目选址、用地报批等方面进行全程指导，跟踪服务。对新上项目和重点项目实行联络员制度。2009年，共上报4个批次建设用地，连同国电民权发电有限公司使用的国有未利用地以及2009年度第一批城乡挂钩项目，共上报建设用地3000亩，满足了国电民权发电有限公司二期工程、商丘110千伏人和输变电站工程、南华产业集聚区等重点建设项目用地需求。

【土地规划修编】2009年，县级规划大纲和规划成果完成，通过了市级和省级评审；乡镇土地利用总体规划的编制通过县级部门联审和省、市审查组的初审，并报省、市联合复审；开展了第二次全县土地调查工作，完成各阶段工作任务，建立了农村外业调查和数据库，向国家提交了成果；城镇地籍调查分为县城和建制镇两个部分，县城部分2006年完成权属调查，2009年完成地籍测量控制点的布设并进入实测工作；完成两个建制镇权属调查，补充了有关缺项资料；成立了民权县农村集体土地登记发证领导组，制定了《民权县农村集体土地登记发证实施方案》，组织了人员培训、参观学习,并利用电视、广播等媒体进行了广泛宣传，农村集体土地确权登记发证完成95%以上,农村集体建设用地使用权登记发证完成60%以上。工作中,坚持把农村宅基地管理与土地监察相结合,严格落实了一户一宅政策。

【整治土地违法行为】2009年，完善与公、检、法、纪检监察部门的联动执法机制，重新聘任503名村级土地协管员等措施，健全了土地执法监察网络。4月，开展土地违法行为集中整治活动，拆除19处非法占用耕地的各类建筑物。全年发现土地违法行为28起，占地面积614.8亩，立案查处28件，结案27件，结案率为96%。通过集中土地整治违法违规案件，拆除3宗，面积37.8亩；补办用地手续8宗，面积336亩。实际违法占地面积为241亩，2009年度已供、已建设占用耕地面积1328.7亩，新增建设用地总面积1943.5亩，违法用地占用耕地的面积占新增建设用地占用耕地总面积的比例为12.4%，案件均得到有效制止和依法查处。全年收缴罚没款69余万元，移送公安机关4起，刑事拘留1人，与上年同期相比,违法用地量下降了30%以上。2009年，辖区内没有发生占用耕地和基本农田等重大土地违法案件，年度内没有出现被国家土地督察济南局、省国土资源厅列为重点查处和督察的重大土地违法案件。

【信访维稳工作】2009年，全年接访17批24人（次），结案率90%以上，满意率达到85%以上；受理、办理上级批办、交办信访事项20件，结案率达到100%，行政案件胜诉率、复议案件维持率均达到了100%，被省国土资源厅授予“信访工作先进单位”。

【推广新型墙体材料】利用黄河故道黏土和豫东电厂粉煤灰资源优势，向上级申报粉煤灰砖、煤矸石烧结砖等新型墙体材料项目，按照要求建设新型墙体材料厂，上报的31家企业已全部获准，并建成投产。其中，位于豫东电厂附近的民安、龙门两家企业年产标块粉煤灰达4亿块。2009年末，依法拆除9座不符合新型墙材生产工艺的窑厂。

【农村土地综合整治工作】2009年9月4日，民权县政府召开县长办公会，研究制定《民权县农村土地综合整治方案》。9月5日，成立龙塘镇吴堂省级试点村土地综合整治指挥部，靠前指挥，现场办公。9月24日，商丘市农村土地综合整治工作座谈会在民权县吴堂村召开。10月，龙塘镇吴堂村作为省级土地综合整治试点村，新村建设全面启动。县政府整合300万资金购买新型建材砖投入该村建设，至2009年底，建成新居40套，建筑面积达4800平方米，另有42套已开工建设。新村户型设计为二层半楼房，每户占地规划面积为0.25亩，排与排之间胡同宽为8米，村内道路为10～12米。吴堂村土地整理项目总投资595万元，获得批准，规划设计通过市国土资源局审查。

【规费征收】2009年，共收取土地出让金1.27亿元，其他行政规费236.6万元，保障和实现了政府土地收益最大化；严格财务管理，推行财务内审制度；坚持每月对局本身和二级机构开展一次财务内审，实行财务公开，增强财务管理透明度，各项财政资金使用规范有序。

【依法行政】一是严格落实国有经营性土地

使用权招标拍卖挂牌出让制度，坚持依法行政，实行阳光作业，规范交易行为。二是在重大项目如二次土地调查、开发整理项目等均实行了公开招投标。三是实行窗口办公，实施便民工程。实行首问负责、转办会签、一次性告知、限时办结等制度，坚持向用地单位和个人发放征求意见卡，对窗口工作人员的工作实行全程监督。

【基层国土所建设】深化基层所人事改革，对所有国土所长采取了自愿报名、竞聘演讲、民意测评、党组审定、录用上岗的程序进行。2009年7月初，全县10个国土所进行整建制交流。坚持业务培训和考核，不断提高基层所人员综合素质和执法水平。截至2009年底，90%的基层所基本达到了省厅规定的规范化建设标准。

【党风廉政建设】2009年，局领导班子成员认真遵守党政领导干部廉洁自律的各项规定，在贯彻落实国土资源法律法规、扎实开展各项基础业务工作的同时，加强政治理论学习，开展了深入学习实践科学发展观活动；坚持发扬民主，政务公开，逢会必讲党风廉政，遇事必想廉洁自律，增强全体干部职工特别是班子成员的廉洁自律意识和拒腐防变能力。

【平安国土】一是做到“三个到位”，强化创建意识，即领导重视到位、组织机构到位、创建措施到位。二是坚持“三个结合”，即坚持平安国土专项创建与整体创优相结合，创建形式与内容相结合，创建实效与提高法制水平相结合。三是把握“三大重点”，注重创建实效。即把建章立制作为平安创建工作的切入点，把实施目标管理作为平安国土创建工作的着力点，把强化执法监督、推进依法行政作为平安国土创建工作的平衡点。通过以上措施的实施，平安创建工作呈现了“领导重视，全员参与，上下联动，整体推进”的良好氛围。

【手足口病防控工作】2009年3月，县国土局抽调20名人员组成10个帮扶工作队分赴龙塘镇7个行政村、花园乡2个行政村和林七乡1个行政村帮扶防控工作。为10个帮扶村购置温度计950个，石灰17吨，漂白粉900斤，喷雾器7个，宣传横幅44条。驻村工作队坚持每天为所驻村庄用石灰、漂白粉消毒，测量儿童体温，关注体温变化，利用驻村喇叭广播手足口病防控知识，提醒村民及早预防。

【“土地日”宣传活动】为紧紧围绕“保障科学发展，保护耕地红线”宣传主题，做好2009年第19个全国“土地日”宣传活动。通过县局网站发布全国“土地日”有关宣传内容和方案，同时将国家有关土地方面的政策和精神以及广大群众关心的土地问题予以发布。在县城和乡镇主要街道悬挂宣传条幅，结合“双保”行动粉刷宣传墙标。在县、乡镇主要街道、集市设立咨询台，宣传土地法律法规，了解群众土地方面的问题，印刷发送宣传单2000份。结合“6·25”土地宣传日，开展行风评议活动，向群众发送征求意见表，广泛征求群众意见。2009年6月25日晚，在庄子文化广场举办全县国土资源系统国土资源知识竞赛活动，深入宣传国土法律法规。

【获奖情况】2009年，被商丘市国土资源局评为“信息宣传工作先进单位”；荣获商丘市国土资源系统2009年征文活动组织奖；被省国土资源厅表彰为“全省国土资源系统先进单位”；被县委、县政府评为“信访工作先进单位”、“招商引资工作优质服务单位”、“新农村建设先进驻村帮扶工作队”、“环境卫生综合整治先进单位”、“迎县庆组织工作先进单位”；被商丘市市委、市政府授予“市级文明单位标兵”；行政服务窗口每月都被行政服务中心评为“红旗窗口”，每季度都被行政服务中心评为“红旗示范窗口”，2009年，继续保持了这项荣誉；档案管理工作成功晋级省一级管理单位。

（韩丛峰　杨毅红）

睢县国土资源局

睢县位于商丘市西部，东、南与宁陵、柘城、太康三县毗邻，西、北与杞县、民权县接壤；总面积924平方公里，人口78.6万人。

张友峰　党组书记、局长
杨孝生　党组副书记、副局长
方其红　党组成员、副局长
李保刚　党组成员、副局长
杨广祥　党组成员、副局长
汤本敬　党组成员、副局长
樊明珠　党组成员、纪检组长(女)
王　森　党组成员、监察大队队长
徐照会　副主任科员、办公室主任

张友峰简介：1971年5月出生，河南省商丘市虞城县人，汉族，中共党员，本科学历。1991年9月～1995年7月，就读于河南农业大学植物保护学院；1995年10月～1998年3月，任商丘市睢阳区新城办事处土地管理所土地管理员；1998年3月～1999年6月，任商丘市睢阳区新城办事处土地管理所所长兼新城办事处团委书记；1999年6月～2001年5月，任新城土地管理所所长；2001年6月～2004年7月，任商丘市开发区国土资源分局副局长；2004年7月～2007年12月，在商丘市国土资源局用地审批科主持工作；2007年12月至今，任睢县国土资源局党组书记、局长。

【机构设置】睢县国土资源局共有干部职工153人，内设办公室、纪检监察室、人事股、财务股、宣传教育股、地籍测绘股、用地审批股、规划耕保股、土地利用股、监督监察股10个股（室）；下设信访大队、地产交易中心、土地收购储备中心、土地开发复垦中心、土地测绘队、信息中心、窗口办、土地评估事务所等8个事业单位和1个二级机构（国土资源监察大队）；辖城关、城郊、董店、涧岗4个监察中队，周堂、孙聚寨、河堤、平岗、长岗5个国土资源中心所，尚屯、西陵寺、蓼堤、匡城、尤吉屯、河集6个国土资源所。

【土地资源】睢县土地总面积92071.2公顷。农用地72417.786公顷（其中，耕地66693.626公顷），建设用地16238.98公顷，未利用地1093.1666公顷。

【耕地保护】2009年，睢县县政府与各乡（镇）政府签订了耕地保护目标责任书，突出强化了各乡（镇）人民政府的耕地保护责任。大力开展以“空心村”整治为主要内容的“三项整治”工作，全县完成“空心村”整治任务1500亩，面积135.4公顷的“三项整治”成果在省厅备案。成功建立了面积168.53公顷的睢县2009年补充耕地储备库。大力开展土地整理工作，配合设计单位完成了“尤吉屯乡等两个乡镇土地整理项目”的可研、预算、规划设计等工作，2009年10月9日全面开工，年底完成工程总量的30%。完成涧岗等两个乡镇土地整理项目规划设计，顺利通过了预审。对全县耕地，尤其是基本农田实行动态巡视监管，严格执行基本农田“五不准”和六项管护制度。耕地占补平衡目标得到了充分落实，全县基本农田面积连续10年稳定在57200公顷以上。

【建设用地管理】2009年，采取规划调整和建设用地申报同步运行的方式，增加人员、争取时间，完成了5个批次、总面积137.82公顷的乡镇建设用地，1个4.55公顷的补办乡镇建设用地，1个批次、面积34.68公顷的城市建设用地，1个面积1.02公顷的单独选址项目用地，1个面积20.31公顷的城乡试点挂钩项目用地，申报新增建设用地总面积198.37公顷，在组织报件批次、申报用地面积两方面均处全市领先位置。做好了投资3.2亿元的深圳富士康集团睢县基础人力培训基地、投资15亿元的河南鼎龙特钢有限公司两个重大招商引资项目用地服务工作。全年落实农民征地补偿5000多万元，切实维护了失地农民利益。

【土地利用】根据《河南省国土资源厅关于开展批而未供和征而未供土地专项清理工作的通知》，清理2009年以前批而未供土地16宗，面积47.41公顷，征而未供土地15宗，面积72.18公顷。根据《国土资源部关于加大闲置土地处置力度的通知》精神，认真做好闲置土地的清理处置工作，盘活存量建设用地25.38公顷。严格审批工业项目用地，工业集聚区用地严格控制非工艺流程需要的单层工业厂房，鼓励和提倡建设标准化厂房和多层厂房。2009年，共建设标准厂房25幢，面积5.2万平方米。加大土地收购储备力度，储备了已经政府征收的面积9.4公顷的国有土地。全县供应各类建设用地27宗，面积23.23公顷。2009年，成功出让国有建设用地使用权18宗，面积11.96公顷，成交总价款6569.75万元。

【地籍管理】2009年，严格按照《国土资源部关于进一步规范土地登记工作的通知》要求，做好土地登记工作，对不符合登记条件的宗地一律不予登记，坚决杜绝通过土地登记使违法用地合法化，切实保证土地登记权属合法、程序到位、主体明确，提高了土地登记的公信力。颁发国有土地使用证268本、集体土地使用证230本。执行土地登记资料公开查询制度，全年为100多人次提供了查询服务。加强测绘管理，开展测绘法规主题宣传活动，对全县地图市场进行了全面清理检查，规范了测绘市场秩序。

【执法监察】2009年，深入落实土地执法动态巡查责任制、实行土地巡查日电话汇报和重大案件立即汇报制度。进一步与公检法等部门加强协调，建立了联动执法、联合办案长效机制。严格依法查处以非法毁耕取土、农村居民违法违规占地建房等为重点的各类土地违法案件。对上级交办和领导批办的案件做到了快立快查，并及时汇报。全年共依法查处耕地取土案件40余起，拆除违法建筑5幢，案件查处率在95%以上，结案率100%，准确率100%。严防黏土砖瓦窑厂复燃，坚决制止非法取土、制坯行为，针对重点乡镇进行了全天候动态监管，对各新建黏土砖瓦窑厂及时发现、及时制止、坚决拆除，通过移送公安机关对1名违法窑厂主进行了行政拘留，拆除1座非法新建的小轮窑。对2008年已拆除的黏土砖瓦窑厂用地进行了全部复耕，净增耕地3000余亩，顺利通过了省政府复查验收。

【信访工作】加强组织领导，调整充实了土地信访领导组，成立了处理土地信访案件、控制非正常上访专门机构—信访大队；各乡镇国土所明确1名信访专干，在各行政村聘请了土地信息联络员，实行了县、乡、村联动机制。落实工作责任，编排信访稳定值班表，排查矛盾纠纷，建立《睢县国土资源局矛盾纠纷排查台账》。落实领导包案制度，明确包案领导、承办单位和责任人，形成主要领导亲自抓、分管领导具体抓、全体干部联手抓，一级抓一级、层层抓落实的土地信访接待调处工作机制。充分发挥土地信访网络作用，筑牢土地信访前沿阵地，调动基层队、所和村级土地协管员一线作用，畅通信访渠道，及时掌握各类土地信息，及时化解土地纠纷。认真做好商丘广播电台每月17日行风热线节目收听、案件查处和反馈工作，局领导定期作客县电视台《行风热线》，与全县广大干群直接沟通，宣传法规政策，解答咨询问题，对群众反映的土地纠纷和热点、难点问题做到迅速调查、认真处理、及时反馈。将土地信访专项整治与土地执法巡查结合起来，严格落实土地执法巡查制度，统一印制了《巡查日志》，将巡查情况记录在案，及时掌握了信访动态，有效遏制了土地违法案件的发生，维护社会秩序稳定。2009年，接待来电、来访1000余人（次），重要来访60余件、170余人（次）。圆满办理省厅、市局交办的信访案件15起；办结县委、县政府交办案件24起；受理土地纠纷案件共19起，立案率100%。其中，成功调解7起，行政复议诉讼维持、胜诉率100%。全年无因土地纠纷处理不当赴省、进京上访案件发生。

【农村土地综合整治】成立了县、乡、村三级领导组，针对省定的5个整治试点村，先后进行了摸底调查、现状测绘、编制村庄整治规划等工作，并整合危房改造资金100多万元、整合河南丰太生态农业发展有限公司资金345万元，用于试点村综合整治工作。在5个试点村已经先期整出耕地230亩，通过建设用地增减挂钩来解决丰太公司的用地问题。按照乡（镇）党委书记、乡（镇）长、国土所长各包一个村的原则，2009年，县政府选定了55个土地综合整治试点村。

【土地利用总体规划修编】2009年，成立了专门队伍，在技术协作单位协助下，顺利完成了县、乡两级土地利用总体规划修编、联审及报批工作，实现了土地利用总体规划、城镇规划、产业集聚区发展规划“三规合一”，为城市建设、产业集聚区建设和新农村建设留下充足的用地空间，并获得了商丘市质量第一的赞誉。

【第二次土地调查】2009年，全面完成城镇、农村土地外业调查工作。2009年4月23日，将调查成果逐级上报至国家第二次全国土地调查办公室核查。8月20日开始，组织人员，分3个外业核查组，配合协作单位，做好核查相关具体工作。9月18日，睢县土地调查成果一次性通过省厅验收，复核数据顺利上报国土资源部审批。作为全市10个县（市区）唯一能一次性通过验收的县，睢县第二次土地调查工作先后受到了省厅、市局的表扬。农村外业调查数据库已建设完成，基本农田上图工作已全面完成，并入二次土地调查数据库。

（林军伟）

南　阳　市

南阳市国土资源局

南阳古称宛，位于河南省西南部，与湖北、陕西两省接壤，处在东经110° 58′ ~113° 49′、北纬32° 17′ ~33° 48′ 之间，海拔2212.5(西峡县鸡角尖)~72.7米(新野县沙堰)之间，全市海拔500米以上的山区占总面积的48.4%，海拔200~500米的岗丘占30.6%，海拔200米以下的平原占21%。东西长263公里，南北宽168公里。北、东、西分别是伏牛山、桐柏山和秦岭山脉，南临汉水，地形呈马蹄形盆地，素称“南阳盆地”。全市辖1市、2区、10县、236个乡镇(办)、4603个行政村，总人口1085万人，农业人口903万人，是河南省面积最大、人口最多的市。

包建铎　党组书记、局长
王保湘　党组副书记、副局长
张清松　党组成员、副局长
张书玉　党组成员、副调研员
朱中道　党组成员、局长助理
刘佳勤　调研员
王中昌　副调研员
张文秀　副调研员
王泽昆　副调研员
张国建　副调研员

包建铎简介：1958年9月出生，汉族，中共党员，大专文化。1981年参加工作，历任南阳日报社总编室副主任、南召县委宣传部副部长兼文联主席、南阳市政府办公室工交科科长、南阳市政府办公室副主任、南阳市政府副秘书长兼政府机关党委书记；2007年至今，任南阳市国土资源局党组书记、局长。

【机构设置】南阳市国土资源局位于南阳市兴隆路8号，2009年底在职人员345人，核定编制261人，行政编制44人，事业编制217人，超编84人。内设办公室、法制科、规划科、财务科、耕地保护科、用地审批管理科、地籍管理科、测绘管理科、土地利用管理科、矿产开发管理科、地质环境科、地质勘查储量科、人事科、监察室、机关党委、信访科、老干科、总工室18个科（室）；设南阳市土地储备开发中心、南阳伏牛山地质公园管理局、南阳市地质矿产宛城管理处、南阳市地质矿产卧龙管理处、南阳市国土资源执法监察支队、南阳市地产交易中心、南阳市土地事务所、南阳市土地整理中心8个二级单位，其中，副处级事业单位2个（南阳市土地储备开发中心、南阳伏牛山地质公园管理局）。

【土地资源】全市国土面积2.66万平方公里(3976万亩)，占全省面积的16.3%。耕地面积1492万亩，占总面积的37.5%，其中，灌溉水田60.23万亩，望天田10.11万亩，水浇地371.42万亩，旱地1035.12万亩，菜地14.45万亩，分别占耕地面积的4.04%、0.68%、24.91%、69.41%和0.96%。人均耕地1.39亩，低于全国平均水平(1.41亩)，高于全省平均水平(1.22亩)。耕地中划为基本农田的有1296万亩，保护率86.79%，占全省的12.5%。全市土地承载力为404人/平方公里，低于全省水平(584人/平方公里)，高于全国水平(136人/平方公里)。耕地承载力为0.72人/亩，低于全省水平(1.36人/亩)，等于全国水平。市中心城区规划控制区面积394平方公里(59万亩)，中心城区面积56平方公里，建成区面积约90平方公里，常住人口近80万人，建成区土地承载力8888人/平方公里。

2009年底，全市土地利用现状是：农用地规模3041万亩，占总面积的76.5%，高于全省2.22个百分点；建设用地规模413万亩，占总面积的10.2%，低于全省2.7个百分点；未利用地占总面积的13.1%，高于全省0.3个百分点。用地潜力高于全省平均水平。

【矿产资源】南阳是一个矿产资源大市，资源量和资源潜力在全省占有重要位置。南阳已发现各类矿产84种，占全省已发现矿种总数的63.6%以上。石油、金矿、银矿、天然碱、高铝三石（蓝晶石、矽线石、红柱石）、石墨、铜、金红石、玉石、饰面大理石、饰面花岗岩、水泥用石灰岩为南阳的优势矿产，天然碱、蓝晶石、金红石、银矿储量居全国首位，铜矿、石墨矿、蓝石棉、大理石储量居全省第一位，石油、金矿储量居全省第二位，独山玉是全国绝无仅有的天然玉品种。2009年，全市持证矿山企业371家，全市矿业总产值123.47亿元，从业人员4.6万人。全市宝玉石行业从业人员35万人，年出口宝玉器占全省同类产品的70%。

【土地利用】2009年，全年新建设标准厂房80万平方米，盘活存量建设用地578公顷。巩固整治成果，有效遏制粘土砖瓦窑厂反弹。全年累计拆除新建复建砖瓦窑厂122座，复垦土地3797.2亩。稳妥推进集体建设用地使用权流转工作。提请市政府下发了《南阳市农民集体所有建设用地使用权流转管理暂行意见》，邓州、新野被确定为全省集体建设用地流转试点。建立了建设项目复核验收制度。提请市政府下发了《关于严格土地登记规范建设用地管理的意见》，遏制了批而不用、闲置浪费、随意改变用途等违法违规现象。加强了中心城区土地的调控力度。提请市委、市政府成立由市委书记任主任、市长任常务副主任的市土地储备管理委员会，21个相关单位共同参与、协同做好土地储备工作，出台了《南阳市中心城区土地储备实施办法》，初步构建了“大储备”工作格局。提请市委、市政府成立了由市长任组长，纪委书记、政法委书记及人大、政府、政协有关领导为副组长的南阳市闲置国有土地处置工作领导小组，出台了《南阳市闲置国有土地处置办法》等规范性文件，确保中心城区土地供应“一个池子蓄水、一个龙头放水”，实现土地节约集约高效利用。进一步完善规范国有土地市场建设，有计划、有步骤地调控土地供应的数量和规模。2009年，全市累计出让土地253宗、874.06公顷，成交价款27.656亿元。

【耕地保护】市、县、乡政府和村、组、农户层层签订耕地保护目标责任书，耕地保护五项制度得到较好落实。首次将土地开发整理项目列入对县、市、区政府年度目标考核内容，确保了2007年以前下达的国家投资土地开发整理项目全部竣工验收。指导协调邓州、淅川成功申报了渠首土地整理重大项目，通过了国土资源部、财政部专家审查论证。进一步规范了土地综合整治项目管理，建立了土地综合整治项目库。入库项目38个、规模64633公顷。邓州市、新野县被确定为全省首批土地综合整治试点，15个村被定为首批试点项目。建立了2009年耕地占补平衡项目库，全市入库项目103个、规模4554.67公顷，实施后可新增耕地4219.75公顷。完成补充耕地项目53个，储备补充耕地2262.8公顷，建设项目全部做到了先补后占，连续11年实现了耕地占补平衡，耕地面积持续稳定在99.41万公顷，基本农田面积持续稳定在86.41万公顷，为全市粮食超百亿斤作出了积极贡献。

【建设用地管理】积极应对金融危机，按照国土资源部“保增长、保红线”行动的部署和要求，在做好耕地保护的同时，积极做好用地服务工作。对重点项目开辟用地报批绿色通道，与有关部门共同建立联审联批制度，提前介入，高效运作，跟踪服务，为企业排忧解难。全年全市累计上报各类建设项目用地95个批次、308个项目、1684.62公顷，南水北调中线一期膨胀土试验段、西气东输二线、日贷沼气、第七届农运会主体育场馆、内邓高速、南阳机场、兵工新城二期、瑞发风电等国家、省、市重点建设项目用地全部得到保证，为南阳经济社会发展提供了用地支撑。

【土地利用总体规划修编】按照把南阳市建设成鄂、豫、陕三省交界的区域性中心城市和全省次中心城市的战略定位，按照粮食核心区和中部交通枢纽，服务文化旅游产业、国家新能源产业等支柱产业建设发展的客观要求，保证区域中心城市和产业集聚区10～15年发展的空间。市级土地利用总体规划与城市规划、产业集聚区规划“三个规划”无缝对接的做法，得到了国家土地督察济南局的充分肯定，中国国土资源报社对此进行了专访。规划期内市中心城区预留新增城镇工矿用地指标5200公顷，占全市所有新增城镇工矿用地指标的1/4。到2020年，按城市人口180万人，人均用地标准92平方米计算，确定中心城区用地规模为165平方公里，扩展规模为35平方公里。市级规划已于2009年9月10日通过国土资源部审查，11个县市的土地利用总体规划于2009年11月底全部经省政府审查批准，乡级规划成果已于2009年11月28日通过省、市、县联合初步审查。

【第二次土地调查】按时完成了调查任务，建立了土地调查数据库，完成了基本农田上图和城镇土地调查工作。在全省地级市中率先组织统一的航空摄影测量，节约飞机调用费用80万元。首家将第二次土地调查工作细化到自然村内部，在全市实现了真正意义的全覆盖。在全省启动全市统一招标的工作模式，公开选拔优秀作业单位、有效降低调查成本，使全市调查费用大大低于全省平均水平。经过强力推进，全市13个县级行政单位的调查成果经市、县两级严格检查，已顺利报全国第二次土地调查办公室，整体工作进度和质量在全省处于先进水平。

【基层所建设】基层国土资源所规范化建设得到加强。将基层国土资源所规范化建设纳入对县市区政府、县市区局目标管理，印发了《关于进一步加强基层国土资源所规范化建设的意见》，规范了基层国土资源所建设标准。2009年，全市投入国土资源所基础设施建设资金达5000多万元，新建了158个国土资源所，达标率75%，超额完成省定目标任务。

【测绘管理】强化测绘统一监管，深化测绘资质专项治理，规范测绘市场秩序。制订了年度注册方案，组织专门机构对辖区测绘资质单位实行了百分量化考核，对辖区从事房产测绘的单位进行了专项检查。加强对地图编制的管理，完善地图审核制度，严把地图审核关，将展会、户外展示地图监管工作纳入地图巡查中，加强对外国组织和个人来南阳测绘活动和涉军测绘工作的监管。建立了国土资源、国家安全、公安等部门联动机制，密切关注外国组织或个人来南阳测绘活动。完善测绘质量管理体制和机制。重点加强对影响面广、社会反映强烈的重大测绘项目和重大建设工程测绘项目质量的监督检查。市政府下发了《南阳市人民政府办公室关于转发南阳市国土资源局等部门整顿和规范地理信息市场秩序工作实施方案的通知》（宛政办〔2009〕52号），对全市地理信息市场整治工作进行安排部署。加快“数字南阳”地理空间框架建设。2009年，积极筹措资金，在河南省测绘工程院的帮助支持下，完成了全市域2.66万平方公里D级GPS大地控制网建设，并向13个县、（市、区）及驻南阳部队提供了D级GPS成果数据，全市先后有8个县、（市、区）建立了GPS连续运行基站（CORS）建设。

【矿产资源管理】矿产资源勘查开发违法、违规行为专项整治行动扎实开展。在全市范围内部署开展矿产资源勘查开发违法、违规行为专项整治行动，重点打击无证采矿、越界开采、以采代探等矿业违法行为。通过专项整治工作，共查处取缔无证采矿77起、越界开采3家、违法勘查9家，拆除、查扣、没收非法采矿设备137台（套），没收爆破物品百余公斤，移送司法机关处理19人，检查矿业安全生产制度不健全10家。矿业权管理不断规范。强化采矿权人实地年检，属市国土资源局年检的采矿权人，全部进行实地年检。全年应审查矿山314个，实际参加年检矿山企业314个，年度检查率100%，合格率95.2%，不合格矿山15个；实地检查矿山223个，实地检查率71%。抽检矿山企业35个，抽检率11.1%。在年检中，全市共查处矿山企业违法行为12起，追缴补偿费25万元，采矿权使用费54万元，罚没款1.5万元。大力开展资源整合。钼矿资源整合方案已获省厅批复，资产及采矿权评估完成总量的90%以上，7个矿产资源集中的县市区上报了整合方案。加强矿山储量动态监督管理。实地测量矿山450多家，完成率100%。编制了《南阳市矿产资源整装勘查规划》。南阳市金土矿业开发有限公司成功注册，为实施整装勘查奠定了机制基础。

【地质环境保护】编制了《南阳市2009年度地质灾害防治方案》，建立了南阳市地质灾害防治部门工作责任制，明确了市直23个相关单位在地质灾害工作中的责任。建立了地质灾害防治信息网络。全年排查地质灾害隐患点103个，与气象局、电视台、电信部门联合发布地质灾害预警预报7次，避免了因地质灾害造成的人员伤亡事故。西峡县、镇平县被国土资源部批准为“地质灾害防治十有县”。探索建立了矿山环境保护与治理恢复机制，为矿山环境恢复治理争取了主动。成功申报了伏牛山世界地质公园国土资源科普基地，伏牛山世界地质公园规划修编工作进展顺利。

【政务公开】2009年，窗口累计受理报件424件，受理预审报件56件，接受咨询服务1643人（次），收费122.77万元。南阳市国土资源局窗口办文工作得到市政府行政服务中心和社会各界的好评。认真落实行风建设各项制度。强化对岗位责任制、服务承诺制、限时办结制、首问负责制、失职追究制、效能考评制、一次性告知制等制度的监督检查，对制度落实不到位的单位和个人严格追究责任，切实转变机关作风。2009年，市局先后深入镇平、方城、宛城区等县区现场对受理行风案事件进行督办。通过领导交办、行风热线、热线民生、信访投诉、电话接访等渠道，全年共受理行风案事件76件，纪检信访投诉案件3件，受理率达到了100%，结案率达到了100%。

【企业服务年活动】优化经济发展环境，积极开展服务企业年活动。南阳市国土资源局成立了优化经济发展环境工作领导小组，开辟重点项目服务“绿色通道”，确保重点项目顺利开工建设，营造良好的用地环境。建立快速反应机制，对上级批办的涉企“四乱”案件或企业用地环境治理问题，坚决做到严查快办，为企业发展创造良好的外部环境。强化服务意识，改进服务方式，提高服务质量，对用地审批、土地采矿权审批等事项，实行预审、会审，建立公开、透明、高效的国土资源审批制度，优质高效服务企业发展，保障了“发动机”项目、“8511”项目和一大批重点项目的开工建设，被国土资源部评为“双保行动成效显著单位”。

【执法监察】出台了《南阳市国土资源执法监察动态巡查办法》、《南阳市国土资源行政执法及错案责任追究办法》、《南阳市国土资源局关于国土资源破坏程度及鉴定的通知》等规范性文件，健全规范了国土资源违法案件巡查、处理、报告、备案、督办及违法案件移送等工作制度。探索建立联合办案机制。桐柏、淅川、新野、宛城四县区组建了国土资源警察保卫大队。全市聘任村级国土资源协管员4404人。全面开展集中整治违法违规用地活动。全市共清理国土资源违法案件114宗，已全部结案。违法占用耕地占新增建设占用耕地的比例控制在9%以内，土地违法违规案件宗数和面积分别比2008年下降24.82%和31.39%。2009年，南阳市国土资源局被市政府授予“法制工作先进单位”，被国土资源部授予“国土资源依法行政先进单位”。

【信访工作】建立健全信访制度和机构，积极探索信访工作新途径和新方法，以“发现得早，化解得了，控制得住，处置得好”为目标，扎实开展信访积案化解年和零积案行动，解决了一批历史遗留信访案件，确保了“两会”期间没有发生国土资源信访干扰问题。2009年，接待来市访群众134起411人次，接收处理信件389封；接收处理投诉电话342个；受理督办、转办、交办案件170件，除9件未到期外，其余161件均按期结案，按期结案率100%。南阳市国土资源局被市政府、省国土资源厅授予“信访稳定工作先进单位”。

（宋　伟）

方城县国土资源局

方城县位于河南省西南部，南阳盆地东北隅。处于中原文化和荆楚文化的交接地带，迄今已有7000多年的文明史。“方城”之名，因春秋时期的楚长城而得名。介于东经112°38′～113°24′，北纬33°04′～33°37′之间，北依鲁山，南连社旗，东靠舞阳、舞钢，西邻南召，东北、西南分别与叶县、泌阳、宛城区接壤。地处北亚热带与南温暖带、长江流域与淮河流域、南阳盆地与黄淮平原、伏牛山脉与桐柏山脉、华北地台与秦岭地槽五条分界线上，东北部是全国九大隘口之一的方城垭口，素有“五界一口”之称。土地总面积2543.2平方公里，辖9乡、7镇、567个行政村，总人口103万人，其中，县城人口10万人，是传统的农业大县、全国对外开放县。交通便利，豫01线穿境而过，许平南高速公路贯穿全境，县城距省会郑州市202公里，距南阳市中心城区52公里。

靳松强　党委书记、局长
邵道真　党委委员、副局长（女）
马庆祥　党委副书记
马俊中　党委委员、副局长
高　燕　副局长（女）
何顺景　党委委员、纪检书记（女）
马群忠　正科级
霍海涛　党委委员、副主任科员
陈　健　副主任科员、国土资源交易所所长

靳松强简介：1959年9月23日出生，男，汉族，大专文化，中共党员。1975年参加工作，历任方城县外贸局办公室主任，赵河镇副镇长，县外贸局副局长，县供销社副主任，赵河镇副书记、镇长、党委书记；2007年8月至今，任方城县国土资源局党委书记、局长。

【机构设置】方城县国土资源局内设办公室、人事股、计财股、纪检监察室、地籍股、征地股、法制股、信访办、规划股、测管股、矿产开发股、环境勘查股12个股（室）。设土地收购储备中心1个正科级单位。下设土地收益租金办公室、国土资源执法监察大队、地产交易所3个二级单位。

辖县城规划控制区、赵河、独树、博望、小史店、拐河、广阳、杨集、清河、古庄店、券桥、四里店、二郎庙、杨楼、柳河、袁店16个国土资源所。2002年3月，县矿产资源管理办公室与县土地管理局合并，组建方城县国土资源局。县国土资源局位于县城人民路227号。全系统在职人员435人，核定编制168人，行政编制15人，事业编制153人，超编267人。

【土地资源】方城县土地总面积254318.47公顷，山、岗、平各占1/3。其中，耕地127802.04公顷，园地1582.25公顷，林地58585.19公顷，草地14832.77公顷，交通运输用地6683.74公顷，城、镇、村及工矿用地20957.07公顷，水域及水利设施用地14621.7公顷，其他土地9253.71公顷。

【矿产资源】初步探明的矿产有30余种，分布在四里店、拐河、杨集、独树、小史店、古庄店、清河、袁店、柳河9个乡镇160余处，主要有萤石、硅石、金红石、滑石、花岗岩、石灰岩、砚石、大理石、含钾岩石、蛭石、透辉石、白云岩、铁、铅、锌等。已探明储量的有10余种，其中，金红石矿带由于规模巨大，曾被中央电视台等多家媒体报道，预计储量5000万吨，为世界级特大矿床，居全国之首。白云岩、滑石储量居全国前列，萤石储量居全省之冠，均为全国大型矿床。滑石矿储量较大，且药用价值较高，李时珍《本草纲目》中有“药用滑石以堵阳者佳”（堵阳即今方城）之描述。方城特产的黄石砚始创于汉，盛行于宋，为全国五大名砚之一，曾获全国名砚展览评比石质、工艺双项金奖，畅销北美、东亚及我国港澳台地区。

【土地利用】严格落实国家节约集约用地制度，对城镇闲置、空闲、批而未用、低效利用土地开展调查，建立闲置土地档案，分类制订盘活计划，重点抓好企业土地资产处置、旧城改造、划拨土地进入市场管理三个环节，共盘活存量土地80公顷，建设标准厂房4.2万平方米。

2009年，第一批城乡建设用地增减挂钩项目区由建新区和拆旧区组成，建新区总规模19.03公顷，征收上报省厅；拆旧区总规模26.43公顷，涉及5个乡镇、9个居民点，拆迁、复垦后新增耕地23.57公顷。

优化资源市场配置，公开出让国有建设用地3宗，面积115.6亩（其中，工业用地63.4亩），成交价款1346万元。进入二、三级市场土地使用权公开交易28宗，面积2141.7平方米，成交额124.5万元。通过公开出让和补办出让手续等方式，共收取出让金1.02亿元。

【耕地保护】落实耕地保护特别是基本农田保护责任。县、乡、村、组层层签订耕地保护目标责任书，将全县耕地保有量和基本农田保护面积分解到各乡镇，落实到村组，明确到具体地块。各级行政一把手为耕地保护第一责任人，分管领导为具体责任人，实行严格的责任追究，对乡镇、村主要领导离任时进行耕地保护离任审计，实行一票否决。

提高全民耕地保护意识。斥资10万元，对全县基本农田保护标识重新刷写，并增添新的保护标识。在各乡镇、公路沿线、矿区等重要位置刷写大量的宣传标语，为耕地保护营造浓厚的舆论氛围。

严格执行占补平衡制度。申报的2009年度柳河、四里店乡土地开发补充耕地项目，总规模156.5公顷，新增耕地131.57公顷。项目纳入市局补充耕地项目库，规划、设计等前期工作全部完成。连续11年实现耕地占补平衡，全县耕地保护面积稳定在109507.85公顷，基本农田保护面积稳定在98064.85公顷。

【土地整理】杨楼、清河、券桥3个乡的两个国家级土地整理项目顺利通过省级终验。2008年和2009年申报的赵河镇国家级土地整理项目总投资2477.3万元，建设规模1660.57公顷，新增耕地60.86公顷。截至2009年底，项目工程施工完成工程总量的80%，工程各项施工进入尾声。

【建设用地管理】完善2008年度上报的4个批次、1260亩项目用地报件工作。2009年，上报建设用地6个批次，总面积1109.93亩，多晶硅、风力发电、吴府街安置区、五中安置区、康达路安置区、翟庄安置区、机动车检测中心、安庄加油站、利民医院、金舟腾龙物流公司、南环路菜市场、望花水月生态旅游度假村、客车站等一大批重点项目用地得到保障。报县政府审批农民建房用地264宗，面积64.96亩，有力地支持了新农村建设。全年无违法违规调整土地利用总体规划、无超计划批地用地。

【服务重点项目建设】完成了中南金刚石项目厂中村拆迁补偿安置工作；完成了潘河一坝附属物清点和勘测定界工作；对西气东输工程永久占地进行了勘测定界和附属物清点，同时，完成了临时用地的登记和补偿工作；金舟腾龙、检察院南侧项目、兽药厂、原政协宾馆、五中安置区、客车站新址、翟庄杨树林等土地的征收工作基本完成；对方城尤庄110千伏输变电工程、南阳方城风电场一期工程建设项目进行用地预审，预审材料上报省厅待批。

【规划修编】抓住新一轮土地利用总体规划修编的机遇，科学调整布局，将规划期内县城中心城区面积由原来的9.02平方公里调整为14.16平方公里，将乡镇政府驻地和产业集聚区的用地指标调整为4.09平方公里，将2020年县城中心城区面积调整为20.97平方公里、扩展区规模为6.54平方公里，保证中心城区、乡镇和产业集聚区10年以上的发展空间。县级土地利用总体规划与城市规划、产业集聚区规划三个规划实现无缝对接。土地利用总体规划县级规划通过省政府批准，乡级规划报省政府待批。县级矿产资源规划修编初步成果由河南省地勘一院编制完成。

【第二次土地调查】全县第二次土地调查经费总预算772.7万元，实际落实772.7万元，2009年支付费用252.87万元。农村土地调查面积2543.2平方公里，技术协作单位是南阳三维测绘有限公司。城镇地籍调查面积35平方公里，涉及9乡7镇政府驻地，技术协作单位是平顶山金铂来公司和南阳春阳测绘有限公司。按时完成农村土地调查、城镇地籍调查、专项用地调查、统一更新调查、2009年度变更调查和县级二次调查数据库建设等重点工作任务。在农村调查数据库成果检查、基本农田调查等方面的做法得到市里的肯定。

【矿产资源管理】开展资源整合，矿产资源整合方案获市政府批复，按照方案全县矿山整合为69个，矿山数量减少32%。

完成了采矿权、探矿权年检工作。全县应检矿山97个，其中，在县级应检的90个矿山中，实检矿山85个，年检率94%；实地检查90个，实地检查率100%，合格率91%。对37个探矿权年检中发现的10个不合格勘查项目依法进行了查处。对全县所有持证矿山全部进行储量动态检测，动态监测率达到100%。

开展矿产资源勘查开发违法、违规行为专项整治活动，查处矿山企业违法行为3起，取缔无证采矿29起、越界开采2起，追缴矿产资源补偿费和采矿权使用费6万元。加强矿山安全生产监管，对存在安全隐患的非煤矿山企业坚决予以关闭。

【黏土砖瓦窑厂整治】巩固和深化黏土砖瓦窑治理整顿成果，拆除新建复建砖瓦窑17座，复垦土地450亩，推动新型墙材的推广应用，促进节能减排。

【国土所建设】斥资70多万元，新建清河、券桥、杨楼3个国土资源所。截至2009年底，全县16个基层国土资源所都有自己的办公场所，配备了电脑、电话、摩托车等。在加强基层国土资源所办公场所“硬件”建设的同时，做好建章立制、档案管理、工作程序及干部队伍等“软件”建设，全部达到规范化建设标准。

【地籍管理】社会公开查询土地登记档案资料284宗（次），国有土地和集体土地使用权登记发证417宗。

【地价评估】进行土地使用权出让、补办出让手续、抵押、挂牌出让土地评估94宗，面积337.3公顷，评估额5.63亿万元。办理土地抵押登记发证54宗，面积22.1万平方米，评估额4694万元。

【测绘管理】加大对测绘市场、地图市场及网上地图的监管力度，做好测绘资质单位的测绘资质定检和资质管理，不断提高测绘成果利用和服务水平。积极为新建、改建等项目用地做好勘测定界和宗地草图绘制，全力提供测绘保障服务。

【议案办理】全年办理县人大建议14件、县政协提案5件，共计19件，其中，县人大常务委员会重点督办建议2件。主要涉及土地管理、矿产管理和依法行政三大类、12个方面的工作。依照“件件有回音、事事有落实”的办理原则，虚心征求意见，深入调查研究，注重答复实效，按时完成办理任务，代表满意率达100%。

【地质灾害防治】编制完成《方城县地质灾害防治规划》和《方城县矿山地质环境保护规划》，并提请县政府发布实施。编制《方城县2009年度地质灾害防治方案》和《方城县地质灾害应急预案》，建立县、乡、村、组四级地质灾害群测群防预警网络，严格落实汛期巡查和灾情报告制度。对重点灾害隐患点设立警示牌，确定监测责任人，共发放防灾避险明白卡303户，签订防灾工作明白卡51份。2009年，全县未发生地质灾害事故。

【国土执法监察】构建共同监管责任体系，提请县政府下发了《关于建立土地管理共同责任制度的通知》，进一步强化地方政府在土地管理中的责任主体，明确相关职能部门在国土资源管理中的职责，理顺涉及土地管理部门之间的职能关系，全县“大家管大家用”的格局基本形成。构建国土系统执法监管体系，在全县567个行政村聘请了土地协管员，进一步扩大监管的覆盖面。严厉打击国土资源违法行为，全年共立案查处国土资源违法案件320起，申请法院强制执行179起，移送公安部门处理9起，追究刑事责任3人，向乡镇下发告知书8份，退还土地230亩，复耕土地60多亩。违法占用耕地占新增建设占用耕地的比例控制在10%以内，无发生重大违法、违规占用耕地案件。

【信访工作】全年共接待上访案件70批次300人（次），办理省厅、市局和县大信访交办案件62件，初访查结率100%，案件处理答复率100%，群众满意率92%以上，没有出现信访事项处理结果（意见）被撤销或纠正现象。

组织行政听证案件1件，调处土地权属纠纷案件7件，代理行政复议案件1件、诉讼案件22件，案件办理率100%，胜诉率95%以上。办理政风行风案件9件，纪检信访案件、行风案事件办理率达100%，结案率达100%。

（郭晓峰 刘振林）

西峡县国土资源局

西峡县位于河南西南部，伏牛山老界岭南麓，东邻内乡县，南依淅川县，西接陕西省商南县，北交卢氏县、栾川县、嵩县。全县辖10镇、6乡、3个办事处，299个行政村，总人口43万人，总面积3454平方公里，是河南省第二区域大县。该县旅游资源丰富，是河南省第一林业资源大县，也是南水北调中线工程的水源涵养区，生态战略地位突出。被誉为“植物标本园”、“中原绿色心脏”、“天然氧吧”，先后被评为“国家级生态示范区建设试点县”、“全国水土保持生态建设示范县”、“全国科技兴林示范县”。全县已建成国家级自然保护区3个，省级自然保护区7个，是中国南阳伏牛山世界地质公园的核心区域。

张成立　党组书记、局长
符建华　党组成员、副局长
王宜秦　党组成员、副局长
常新胜　党组成员、副局长
王玉华　党组副书记、纪检组长
郑新玉　党组成员、副主任科员
王宜敏　党组成员、副主任科员
王锦根　党组成员、副主任科员
李玉亭　主任科员（女）
封荣贵　主任科员
李　瑜　副主任科员
程义芳　副主任科员
徐志勇　副主任科员

张成立简介：南阳市西峡县人，1963年3月出生，汉族，中共党员，大专文化。1989年4月参加工作；2005年10月，调入国土资源局任党组书记、局长至今。

【机构设置】西峡县国土资源系统现共有227人，其中，财政全供73人，自收自支154人。局机关内设办公室、纪检监察室、用地股、规划股、地籍股、资源环境股、勘查开发股、政策法规股、耕地保护中心、土地储备中心、信访处理中心11个股室（中心）；下辖土地交易所、国土资源监察大队、土地开发整理中心、矿产执法监察中心、土地评估所5个二级单位；辖丹水、田关、阳城、回车、城关、五里桥、丁河、重阳、西坪、寨根、军马河、石界河、米坪、桑坪、双龙、二郎坪、太平镇17个国土资源所。

【土地资源】西峡县为山区地形，境内北中部山峦叠嶂、地势陡峻，海拔千米以上的山峰就有30余座；东南部海拔较低，最大高差达2031.5米，荒山、荒坡、荒滩面积较大，耕地面积较少，仅有34.18万亩，人均耕地0.79亩，全县土地总面积517.036万亩。截至2009年末，全县耕地31.23万亩含基本农田30.25万亩；建设用地为13.09万亩，其中，居民点及工矿用地10.6万亩，交通运输用地1.43万亩，水利设施用地1.05万亩。

【矿产资源】西峡县成矿地质条件有利，矿产资源丰富，现已发现各类矿产49种，其中，金属矿产12种（贵金属矿产2种：黄金、金银矿；黑金属矿产3种：磁铁矿、铬铁矿、锰；有色金属矿产7种：铜、铅、锌、钼、镁、锑、镍），非金属矿产37种（冶金辅助材料矿产7种：石墨、长石、石英、橄榄石、白云石、石灰石、氟石；耐火材料矿产6种：红柱石、矽线石、海泡石、石棉、蛭石、耐火黏土；建材原料矿产4种：大理石、花岗岩、水泥灰岩、黏土；化工原料矿产8种：萤石、滑石、重晶石、电气石、金红石、磷灰石、硫铁矿、自然硫；宝玉石原料矿产8种：琥珀、墨绿玉、白绿玉、汉白玉、石榴子石、玉髓、绿柱石、水晶；特种非金属矿产4种：蓝石棉、云母、冰洲石、方解石），此外，古生物化石主要有恐龙蛋化石、恐龙骨骼化石、鱼化石等。目前，已探明储量矿产23种，其中，石墨、红柱石、金红石、橄榄石等矿种储量大、品质好，在国内外占有一定的位置。全县石墨储量近1亿吨，为亚洲四大矿床之一；金红石储量1亿吨，为亚洲特大矿床；镁橄榄石储量1.5亿吨，红柱石储量约5000万吨，储量均居全国首位。

【基本农田保护】加强动态监测，定期开展巡查，及时发现和制止违法占用耕地尤其是基本农田行为，全县耕地面积稳定在20822.48公顷。新设立基本农田保护地块11块，签订保护责任书1.21万份，基本农田面积稳定在18613.11公顷，占耕地总面积的89.3%。

【土地复垦】2009年，耕地占补平衡项目经市局批准，总面积7405.95亩，共涉及9个乡（镇）、15个项目。项目实施后，预计可净增耕地6482.7亩。五里桥镇国家级投资961万元的土地开发整理项目已完成，实现新增耕地870亩。

【建设用地管理】依法为龙港商贸城、瑞发风力发电、丹水标准化厂房、西保集团铝箔压延、南阳汉冶特钢技改项目等12个重点工程供地3000亩。全年上报乡镇建设用地、城市建设用地和城乡挂钩项目用地8批次2675亩。共解决宅基地389处，面积108亩，其中，生态移民216处，面积72亩；地灾搬迁户53处，面积11亩；住房困难户120处，面积25亩，引导原城关礼堂二组利用1.2亩预留地建6层36户住宅楼，节约土地近10亩。

【土地出让】全年共出让国有土地使用权10宗，面积58.10公顷，共收缴土地出让金1.8亿元。

【地产市场建设】共办理土地交易37宗，面积4.6公顷，补缴土地出让金320万元；抵押评估390宗，面积257.63公顷，评估总额11.12亿元；国有土地使用权年租金22.1万元。

【土地登记发证】全年共发放国有、集体土地使用权证340份，登记面积10150平方米。

【第二次土地调查】结合该县遥感影像分辨率低、地类复杂、植被茂盛等实际问题，采用“山区综合调绘、城镇全数字调查”的方法开展第二次土地调查工作。全县外业调查任务已全部完成，正在进行内业整理，预计2009年年底前，可按时保质、保量完成全部任务。

【土地利用规划修编】编制了该县《2006—2020年土地利用总体规划》，县级土地利用总体规划已通过省政府审批，乡级规划通过市局初审，将迎接复审。

【矿业权管理】矿业权管理坚持“四个一”：“编制一项规划”，编制了全县矿产资源规划，规划修编方案初稿已报上级初审；“强化一项制度”，加强矿山储量动态监测，建立动态监测台账，强化储量备案管理；“组织一次核查”，对全县矿业权进行实地核查，正在进行内业数据整理；“开展一次年检”，对66个探矿权进行了年检，对其中5个不合格企业进行了处罚，对32个采矿证进行了年检，对6个不合格企业进行了依法查处；“推进矿产资源整合”，拟对全县多矿种进行整合，通过整合，全县矿山总数可减少20%，整合方案报市政府批准，按照方案要求对该县钼矿及米坪、五里桥辖区内的大理石矿区进行整合。

【执法监察】全年共受理土地违法案件104起，立案查处89起，恢复土地总面积423亩，先后组织7次大型强制拆除活动，共拆除违法建筑20处20000余平方米。对矿业秩序进行集中整治，共排查无证矿山65家，下发行政处罚告知书70份、行政处罚决定书68份，拆除矿山设备25台，砸毁空压机3台。加强砖瓦窑厂整治，已对13家砖瓦窑厂采取断电措施，依法取缔21家，移送司法机关处理19家。

【国土信访】健全了领导接访、干部下访、信访分析排查等制度，全年共接待群众来访112起204人（次），来信28封，来电25次，受理群众政策性咨询121人（次），办理省、市、县交办信访案件26起，按期上报结案率达100%，省厅批转、交办的信访事项结案率达100%，群众满意率为90%。

【地质灾害防治】地质灾害防治坚持“以人为本、预防为主、防治结合、综合治理”三级防灾责任制，全年共发放工作明白卡34份，避险明白卡346份，有效预防各类地质灾害隐患32处，确保了全县12个乡（镇）、27个行政村、32个村民小组、1874户、8140名群众的生命及财产安全。该县被国土资源部授予“地灾群测群防十有县”荣誉称号，连续7年保持地质灾害零伤亡。军马河乡白果村郭家墁组山体滑坡治理项目所需450万元资金已落实到位，米坪镇子母沟泥石流治理项目省厅已立项，争取地质遗迹保护资金80万元，新建地质遗迹保护标识牌17块。协助做好伏牛山世界地质公园总体规划修编调绘和景区权属确认工作。

【本年本地区特色】工业发展上坚持集中供地，按照“小企业‘下乡’，大企业‘上岗’”的思路，全年节约新增建设用地1050亩。

（王锦根　封立博）

社旗县国土资源局

社旗县位于河南省西南部，南阳盆地的东缘。东与泌阳县接壤，西和宛城区毗连，北与方城县交界，南同唐河县为邻。南北长约42公里，东西宽约35公里，总面积1203平方公里。全县15个乡镇、244个行政村，人口65.8万人，耕地面积85638.56公顷，人均耕地0.13公顷。社旗县资源丰富，农业发达，素有“豫南粮仓”之称，是全国优质小麦、棉花、芝麻、小杂粮生产基地县。2006年，被确定为省级基本农田建设示范区之一。

史玉山　党委书记、局长
程远金　党委委员、副局长
刘章银　党委委员、副局长
贺红伟　党委委员、副局长
李庆文　党委副书记、局纪委书记
向　丽　党委委员、副局级干部（女）
赵志刚　党委委员、副主任科员
袁玉岭　党委委员、副主任科员
周怀振　副主任科员
刘金坡　副主任科员

史玉山简历：男，1962年5月出生，汉族，1984年入党，在职研究生学历。1982年参加工作，历任社旗县农牧局秘书股负责人，社旗县组织部青干科干事、副科长、科长，组织部干部科科长，社旗县城郊乡乡长、党委书记，社旗县发改委党组书记、主任；2008年2月至今，任社旗县国土资源局党委书记、局长。

【机构设置】社旗县国土资源局于2002年3月由原县土地管理局和县发改委下属的原矿产管理办公室合并组建而成，内设办公室、党委办公室、人事股、财务审计办公室、信访股、测绘股、监察室、行政审批股、土地利用市场股、建设用地股、地籍股、法制股、耕保股、规划股、招商项目办公室、保卫股16个股（室）。下设矿产资源管理办公室、国土资源执法监察大队、地产交易中心、估价所、储备中心、华耘土地平整有限公司、精正测绘队、年租金征收办公室、土地整理中心9个二级单位，并对全县19个国土资源所实行垂直领导，系统干部职工378人。

【土地资源】社旗县全县面积1151.5897平方公里，折合1727384.6亩。其中，耕地1262542.8亩，园地7522.7亩，林地60420.5亩，工矿用地7155.1亩，居民点用地153859.9亩，交通运输用地6587.5亩，水域及水利设施用地17888.3亩，未利用地9745.5亩。

【矿产资源】矿产资源相对较少，主要分布在下洼镇低山丘陵区，已探明的有20多种，主要有大理石岩矿、萤石矿、脉石矿、金红石矿以及铁矿等，其中，大理石岩矿储量25万立方米，脉石矿矿体长8公里，宽1～3公里，金红石矿储量3600万立方米。

【土地利用】一是强化政府对土地市场的宏观调控。县政府成立土地储备委员会，制定社旗县土地储备方案。依据县城土地利用总体规划和城区建设总体规划，加强政府对土地的垄断管理职能。采取财政支持、多渠道融资等措施，通过收购改制企业土地、征收集体土地、收回闲置土地等途径，在加大对新城区建设用地储备的基础上，加大存量土地的储备盘活，同时，坚决打击土地隐形交易、非法出让转让国有土地等行为，实现政府高度垄断土地一级市场，规范二级市场。二是全面加强建设项目用地全程管理，提高集约用地水平。加强对建设用地的前期管理、审批管理和批后的跟踪管理。对新增用地项目的投资强度、投入产出、节能减排等从严管理，严把项目准入关。坚持有保有压、突出重点，促进土地要素向新城区、工业园区、产业集聚区等重点区域集聚，进一步优化供地空间布局，提高集约用地水平。三是多策并举，加大存量用地的盘活利用。对城镇闲置、空闲、批而未用、低效使用土地开展调查，建立闲置土地档案，分类制订盘活计划，调查低效利用土地，以抓好企业土地资产处置、旧城改造、划拨土地进入市场管理三个环节，加大存量土地的盘活使用。2009年，共盘活存量土地55.9588公顷，其中，挖潜并收购储备存量土地34.6316公顷，依法收回挖潜存量土地21.3272公顷。四是高度重视标准化厂房和保障性住房建设。全年完成标准化厂房建设29200平方米，完成经济适用房及廉租房用地报批及供应4.7217公顷。

【耕地保护】建立政府土地管理共同责任制度和耕地保护责任制，强化各级政府责任。制定全县基本农田保护责任制度和考核办法，层层签订责任书，明确基本农田的保护权利、义务和奖惩措施，形成人人有责任、层层抓管理、管理有制度的保护模式。以建促保，大力开展土地整理和三项整治，全力打造基本农田保护示范县的品牌。在完成全县25万亩基本农田整治规划编制的基础上，积极开展土地整理项目的实施和申报。建设规模1968.86公顷、投资2498万元的桥头土地整理项目于2009年4月开工，2009年12月竣工并通过验收。整理总规模2298.26公顷、总投资3858.58万元的太和—晋庄和兴隆两个土地整理项目招投标工作已完成，2010年开工建设。认真组织耕地后备资源的开发整治，2009年，完成耕地占补平衡指标87.6139公顷。实现耕地面积和质量稳中有升，确保基本农田面积稳定在73615.09公顷，保护率86%。2009年，被市政府评为“耕地保护工作先进县”。

【建设用地管理】认真执行土地利用总体规划和土地利用计划，围绕县工业集聚区规划调整、重点项目落地，先后申报城乡建设挂钩项目400亩，无违法违规调整土地利用总体规划的行为。抓住国家扩内需、保增长的政策机遇，采取城乡建设用地增减挂钩、争取独立选址计划、争取把更多项目列入国家省市重点项目范围内等多种措施，千方百计地对上争取建设用地指标，在积极完善2008年度上报的5个批次778.47亩项目用地报件工作，实现批文全部取回的基础上，2009年，新组织6个批次1620亩的报件，已通过核准共计5个批次870亩（其中，国家重点项目—县医院扩建项目省政府已批准，英宝电子扩建项目、标准化用地项目、挂钩项目和复合肥用地项目已报省政府待批），确保重点项目、标准厂房和保障性住房的建设用地保障任务。同时，认真做好征地补偿工作，全面加强建设用地全程管理，切实解决征地过程中出现的各种矛盾和问题，全县无因征地问题引起群众上访事件。

【地籍管理】按照规范化建设管理的要求，完善各项工作制度和办事流程，建立健全目标责任和考核办法，全年共办理集体土地使用权证168宗，国有土使用证205宗，无错误登记现象。

【第二次土地调查】农村外业调查和数据建库工作已完成并上报国家；城镇地籍外业调查工作已完成并转报入库单位，数据库正在建设中。

【第二次规划修编】县级土地利用总体规划大纲已经省政府批准，乡级规划已编制完成并通过市级和省级专家评审组评审。

【测绘工作】认真开展地理信息市场秩序整顿工作，利用《测绘法》宣传日等时机，广泛宣传测绘管理法律法规，测绘市场管理进一步加强。2009年，共完成260多个项目的测绘工作，测绘保障能力和技术水平得到提高。

【执法监察】一是坚持依法行政。全面推行政务公开制度，县国土资源局成立行政审批股，统一负责行政审批和许可事项办理，申报项目进窗口率100%，县行政服务审批中心国土资源局窗口被评为“省级先进窗口”。坚持重大事项报告制、重大问题集体决策制，规范领导干部行为。高度重视政风行风建设工作，政风行风评议位列全县第十名，连续三年被县委、政府授予“政风行风工作先进单位”，饶良国土资源所被省纠风办、省国土资源厅评为“全省群众满意基层所站”。二是实行高层启动。出台《社旗县土地管理共同责任制度》和《社旗县土地违法案件处理办法》，根据实际情况，突出阶段工作重心，先后组织开展灰沙砖厂清理整顿、公路沿线违章建房治理整顿、粘土砖瓦窑治理整顿和县城规划区内土地违规违法行为清理整顿等执法监察工作。三是推行部门联动。建立健全国土、规划、城建、公安、法院等部门参加的国土资源违法案件查处协调机制，实行土地违法案件查处联席会议制度、信息通报制度和联合执法制度，对案情复杂、影响重大的国土资源违法违规案件，各相关部门根据案情需要组成联合调查执法组，按照各自职权单独或共同立案调查。四是坚持基层发动。建立和完善县、乡、村、组四级土地执法动巡网络，切实加大动巡力度，实现土地违法案件早发现、快制止、速查处。五是落实责任追究。以实施

15号令为契机，建立落实耕地保护问责机制和干部移交建议机制，明确“问责”机制和程序，加大案件移送和查处力度。2009年，社旗县共完成动巡160余人（次），现场制止违法占地案件15起，立案调查5宗，涉及土地面积26.6亩，查处和结案5宗，建议党政纪处理5人，违法案件同比下降70%。全县违法占用耕地面积不超过新增建设用地占用耕地总面积的10%，无重大违法、违规占用耕地行为发生。

【信访工作】严格实行法制信访工作责任制，调整充实信访领导机构，进一步改善信访工作条件，落实法制信访工作包案制、领导信访接待日制度、首问责任制和行政处罚案件的错案追究制，构建三级信访网络，畅通信访渠道，规范信访程序。严格实行涉土重大事项信访评估机制，在土地征用等重大事项实施前，县政府均组织相关单位进行排查、研判和信访评估，及时发现和解决涉土不稳定因素。2009年，社旗县共接待上访案件36批次60人（次）（法律政策咨询7起，受理29件），受理电话举报26件，上级交办批转20件。上级交办信访事项按期办结率100%，初访查结率100%，受理信访事项处理答复率100%，信访群众满意率92%以上，没有出现信访事项处理结果（意见）被撤销或纠正的现象，再次被省国土资源厅评为“全省国土资源系统信访先进单位”。全县无重大和群体性上访案件发生，有力促进了全县经济社会的稳定。

【矿产资源管理】继续推动矿业秩序整顿和规范，取缔不具备生产条件矿山2个，限期整改1个，延续采矿许可证2个，矿产资源勘查许可证持证率和采矿许可证持证率均为100%。

【地质灾害防治】完成《社旗县地质灾害防治规划》和《矿山地质环境保护与治理规划》编制工作。出台《社旗县地质灾害防治规划》，下发《社旗县地质灾害应急预案》、《社旗县2009年地质灾害防治方案》、《社旗县国土资源局关于进一步做好地质灾害防治工作的通知》等相关文件，层层签订责任书，做好地质灾害群测群防、预警预报及地质灾害防治工作，落实不间断对辖区内进行监测、巡查和值班制度，责任到人，值班到位，提高人民群众的防灾意识。2009年，全县未发生地质灾害。

【乡所建设】根据省、市有关文件精神，结合自身实际，克服阻力和困难，多策并举，加大基层国土资源所办公场所建设。通过从县财政土地收益中争取专项资金用于新所建设；收购储备旧的办公场所，经完善手续后划拨给国土资源所，重新改造后使用；由乡（镇）政府提供办公场所，经过重新改造后投入使用等措施。截至2009年，全县已投入各类建设资金400余万元，完成标准化国土资源所14个并投入使用，基层所规范化建设比例达到77.7%以上。

在加强基层所办公场所“硬件”建设基础上，按照宛国土资〔2009〕22号文件精神认真做好基层所建章立制、档案管理、工作程序及干部队伍等“软件”建设工作，确保了基层国土资源所建设规范化和制度化，“软件”达标率100%。基层国土资源所各项管理职责得到有效履行，无严重国土资源违法案件和信访突出问题。

（宋永林　魏向林）

唐河县国土资源局

唐河县位于河南省西南南阳盆地东部、豫鄂两省交界处，北纬32°21′～32°55′，东经112°28′～112°16′之间，属北亚热带季风性大陆气候。东西长74.3公里，南北长63公里，土地总面积2512.4平方公里。东邻桐柏县、泌阳县，西接新野县、宛城区，南与湖北省枣阳市、襄樊市相连，北同社旗县接壤。辖19个乡（镇）、2个街道办事处，人口133万人。唐河县城建成区面积12.5平方公里。主城区东至河南油田试采基地，南至工业路，西至唐方路口，北至312国道；由南北走向的公主路、文峰路、泌阳路、新春路、人民路、新华路、滨河路、龙山大道和东西走向的飞凤路、文化路、解放路、建设路、友兰大道、北京大道等主街道构成棋盘形结构，建成区长住人口20万人左右。

申坤奇　局长
李银合　副局长
张　冶　副局长
周万勇　副局长
郝全军　副局长
尹秀勤　主任科员
刘　佳　副主任科员
毛　军　副主任科员
徐延生　副主任科员

申坤奇简介：1962年9月出生，汉族。1987年

10月入党，在职研究生学历。1982年7月参加工作，历任社旗县县委办公室秘书，唐河县县委办公室督查科科长，唐河县油脂食品厂厂长，唐河县上屯镇党委副书记，唐河县湖阳镇党委副书记、镇长，唐河县上屯镇党委书记；2007年6月至今，任唐河县国土资源局党委书记、局长。

【机构设置】唐河县国土资源局于2002年3月由原县土地管理局和县发展与改革委员会下属的原矿产管理办公室合并组建而成，内设办公室、人事股、财务股、监察室、土地规划股、土地利用股、地政地籍股、支援油田建设办公室、国有土地使用年租金办公室、耕地保护股、建设用地股、地产交易中心、土地信访办公室、工会14个股（室）。下设土地评估所、土地整理中心、土地收购储备中心、土地拍卖中心、矿产管理办公室、土地勘测规划队、惠农公司、土地监察大队8个二级单位和21个基层国土资源所。机关行政编制10人，事业编制110人，总人数374人。

【土地资源】唐河县土地面积2512.4平方公里。其中，耕地143518公顷，占土地总面积的57.12%；园地3833.38公顷，占土地总面积的1.53%；林地11058.46公顷，占土地总面积的4.40%；居民点及工矿用地33911.77公顷，占土地总面积的13.50%；交通运输用地10325.27公顷，占土地总面积的4.11%；水域用地23874.63公顷，占土地总面积的9.50%；未利用地24718.49公顷，占土地总面积的9.84%。

【矿产资源】唐河县探明矿藏80余种，主要矿点100余处。主要矿产资源分布在唐河县东南部的丘陵、浅山区。矿产资源主要有石油、石油伴生气、石英、花岗岩、大理石、水晶石、冰洲石、石灰石、钾长石、钠长石、萤石、白云石、耐火石、长石、砂岩、油页岩、高岭土、磷、铁、磁铁、方铅、钼、锡等。已开采的有石油、石油伴生气、石英、花岗岩、大理石、石灰石、莹石、长石砂岩、耐火石等。

【规划修编】唐河县国土资源局于2009年初全面启动县、乡两级土地利用总体规划修编工作，把上级下达的“2020年前城镇工矿用地指标1090公顷、农村居民点占地面积减少1050公顷、基本农田保护面积12.67万公顷”严格落实到规划修编中。2009年底，县级规划修编已通过市级初审，并上报省厅审批；乡级规划修编已完成，并上报市政府待审批。

【土地利用】2009年，唐河县国土资源局强化土地市场管理，加大招拍挂出让力度。挖掘土地潜力，盘活存量闲置土地，实现了土地收益最大化，全年共投入土地收储资金340万元，收储土地7宗、12.13公顷。协议出让国有建设用地使用权1.20公顷，成交价款120余万元。公开挂牌和拍卖出让土地20宗，总面积42.97公顷，其中，商业用地4宗，工业用地3宗，住宅用地13宗，出让总成交价款2.531亿元。

【耕地保护】2009年，通过强化工作责任及监督检查，加大耕地保护力度，采取得力有效措施，保证了耕地保护面积稳定在14.7万公顷以上，基本农田保护面积稳定在12.8万公顷以上，完成市下达12.52万公顷基本农田保护面积的102.2%。一是认真落实和健全基本农田保护责任制，乡镇、村、组逐级签订年度基本农田保护责任书；二是对各类建设项目占用耕地进行足额补划，严格落实基本农田“五不准”政策，确保全县耕地占补平衡；三是对基本农田实行不定期抽查和经常性动态巡查，对各类非法占用基本农田的行为坚决依法严惩；四是加大耕地开发整理力度，确保耕地面积不减少，质量有提高。

2009年，唐河县国土资源局严格执行土地用途管制，加大土地整理、复垦、开发力度，土地开发复垦成效显著，耕地总量保持了动态平衡，初步实现了土地资源的可持续利用。实施了对东王集乡、上屯镇、祁仪乡、郭滩镇、昝岗乡、马振抚乡、苍台镇、桐河乡8个乡（镇）的21个区片共733.33公顷的土地开发。唐河县上屯镇异地补充耕地项目100公顷，张店镇国家级2000公顷土地整理项目已高标准、高质量完成。

【建设用地管理】坚持“有保有压”，做好服务保障工作。在用地审批中坚持以经济建设为中心，为唐河县经济社会发展提供必需的建设用地。办理过程中，全部报件审查仔细，实现了报件规范齐全，按时办结的既定目标，报件一次通过审批率达到95%以上。2009年，全县上报审批征收建设用地5个批次28个项目，共计120公顷，保证了县域重点项目的顺利实施。

【执法监察】2009年，唐河县国土资源局国土资源监察大队强化动态巡查，工作中实行定人、定位、定责任，包查、包处理、包监督、包结案的“三定四包”责任制，构建村、乡、县三级动态巡查网络。即以村、组为单位，将每个乡镇分成若干责任片，由土地协管员全程参与所负责区片的动态巡查及国土资源违法行为的发现、制止、上报和查处工作。各国土资源所对辖区土地违法案件定期上报。县级建立包括纪检、监察、检察、法院、公安、建设、规划、国土等多部门在内的联合执法机制，增强土地执法的工作力度，有效防范和制止了土地违法案件的发生。2009年，全年共发现和制止各类土地违法案件12起，涉及土地面积1994平方米，立案12起，下发行政处罚决定书12份，申请人民法院强制执行案件12起，移送司法机关处理2宗，拆除在建非法占地建筑物1座，恢复耕地面积248平方米，收缴罚款近2万元。

【信访工作】2009年，唐河县国土资源局进一步加强信访工作领导责任制，充实信访队伍，提高信访工作人员待遇，较好地完成了年度土地信访控制目标任务。全年办理省、市批转信访件7起，全部结案上报，结案率100%。县级立案61起，结案58起，结案率95%。处理土地权属争议案件14起，举行听证6起。

【矿产资源管理】2009年，唐河县国土资源局加强对全县采矿、采石行业的监管，严格探矿权、采矿权管理。同时，对重要矿区从生产到安全实行任务到人、责任到人，稳定了矿业生产秩序和安全生产大局。进一步巩固和深化粘土砖瓦窑厂整治成果，严肃查处违法违规新建或重建的粘土砖瓦窑厂。同时，加快对新型墙体材料的推广步伐，严格准入标准，强化新型砖厂规范化管理，使新型墙体材料生产逐步走上规范化建设轨道。全年共征收矿产资源补偿费5.6万元，收缴罚没款12万元。全县甲类矿山持证率100%，乙类矿山动态监测率达90%以上。

【第二次土地调查】2009年，唐河县第二次土地调查工作紧张开展且富有成效，整个调查工作全部完成，调查成果已通过市、省上报国家第二次土地调查办公室，等待检查验收。

【工作成绩】2009年，唐河县国土资源局圆满完成上级下达的各项目标任务。保持连续多年实现耕地“占补平衡”，为县财政作出了较大贡献。被省优化经济发展环境工作领导小组评为“河南省优质服务窗口”，被省国土资源厅评为“土地信访工作先进单位”；被市政府评为“国土资源管理工作优秀单位”，名列全市第一；被市国土资源局评为“党风廉政建设及政风行风建设工作第一、土地执法监察先进单位”；被县纠风领导小组评为行风政风建设第一；连续三年被县政府授予集体三等功。

（钮松山）

宛城区国土资源房产管理局

南阳市宛城区位于河南省西南部，南阳盆地腹心，东与社旗县、唐河县交界，南与新野县接壤，西邻卧龙区，北与方城县相连，辖4镇6乡，6个街道办事处，241个行政村，35个居委会，人口79.25万人，总面积970.06平方公里，可耕地面积63437.3公顷。

方作延　党组书记、局长
张成亮　党组成员、副局长
王文祥　党组成员、副局长
田建华　党组成员、主任科员
王宗沛　党组成员、副局长
王　擎　党组成员、纪检组长
马成德　党组成员、副主任科员
李永健　副主任科员
鲁　兵　副主任科员

方作延简介：1963年12月6日出生，汉族，硕士学位，中共党员。1985年8月参加工作，历任宛城区白河镇党委副书记、宛城区区委办副主任、宛城区茶庵乡党委书记；2002年9月至今，任宛城区国土资源房产管理局党组书记、局长。

【机构设置】宛城区国土资源局内设办公室、地籍科、财务科、人事科、纪检室、法规科、用地科、市场科、耕保科、规划科、测绘科、房产科12个科（室），下设监察大队、土地收购储备中心、土地开发整理中心、房产交易所、房屋廉租办公室等。全局现有干部职工110人。

【矿产资源】宛城区矿产资源主要以蓝晶石英岩为主，次为绢（白）云蓝晶石英岩，褐铁蓝晶石英岩，少量蓝晶石岩、蓝晶黄玉岩。蓝晶石储量为C+D级198.973亿公斤，其中，C级49.815亿公斤，矿床赋存在中元古界二朗坪群小寨组层位内，余矿地层主要由富硅铝的沉积碎屑岩经区域变质作用形成的石英岩类岩石组成，分布蓝晶石矿床20个，其中，达工业储量规模的矿床9个。据有关资料显示，宛城区的蓝晶石，其储量和品位属亚洲第一位。

【耕地保护】严格落实耕地保护目标责任制，建立健全基本农田保护的各项规章制度，落实基本农田保护“五不准”，确保划定的基本农田保护面积不减少、质量不降低；建立区、乡（镇）、村、三级基本农田保护责任制，层层签订基本农田保护责任书。耕地面积稳定在97.4万亩，基本农田面积在78.67万亩，划定基本农田保护块2029块；建立乡、村、地块三级保护标识，其中，设立一级保护标识牌12块，二级保护标识牌220块，在保护区的交通沿线明显位置，设立三级保护标识牌近300块，形成一批田成方，林成网，沟渠路相配套的高标准农田。

红泥湾镇国家投资土地整理项目已全部完成工程任务，通过市局验收合格。该项目建设总面积1923.9公顷，整理后新增耕地面积84.51公顷，新增耕地率达到4.39%。

【土地利用】按照城市整体规划，对2007年、2008年批而未供的工业用地进行挂牌出让，南阳新旺氯碱化工项目用地12.93公顷，天冠集团30万吨玉米深加工项目用地31.96公顷，香港添胜集团海泳制衣项目用地8.48公顷，南阳世纪精纺10万锭纺织项目用地8.48公顷，南阳农资物流项目用地4.62公顷，南阳市电业局三色鸽乳业标准化厂房项目用地15.98公顷，官庄镇住宅小区项目用地0.3953公顷，盘活河南油田存量闲置建设用地5.95公顷，公开出让给生物质能发电项目使用。共盘活存量土地88.8公顷，国家节约集约用地制度得到有效落实。

推进标准化厂房建设。为三色鸽乳业项目、娃哈哈食品、防爆风能电机、一通电器等项目提供标准化厂房，供应标准化厂房用地15.98公顷，建成9万平方米，超额完成2009年初所定的6.4万平方米标准化厂房的责任目标。

【建设用地管理】重点建设项目用地得到合理保障。围绕中心、服务大局，开展企业服务年活动和双保行动，建立以局长为组长的重点建设项目服务保障领导小组，为南阳铝业压延项目、路德筑路机械项目、中祥电子项目完成土地报批工作，为军工城一期、市科技局、市商检局、南阳张仲景医院、独山大道南延、仲景路扩宽改造完成征地拆迁工作，全面落实扩内需、保增长的土地调控政策，组织上报400亩挂钩项目区规划，为中心城区建设提供用地保障。

【执法监察】与乡（镇、办）国土资源所签订目标责任书，量化目标责任，细化考核办法，明确工作分工。落实三级动态巡查责任到人，按照巡查范围，突出重点，各负其责，建立健全巡查制度，清理各类土地违法案件217宗，面积192亩，查处到位217宗，对违法违纪责任人党政纪处分4人，复耕土地107亩，拆除违章建筑17400平方米。

加强同执法职能部门的联合，完善联合办案机制，保持高压态势，严惩新的违法案件发生。一是积极配合区委、区政府开展土地清理整治工作，拆除各类违法占地违章建筑20000余平方米，取得良好的社会效益。二是通过部门联动机制，及时立案查处一批重点案件。

【地籍与测绘管理】2009年，共核发国有土地使用证21宗，受理土地权属争议案件7宗。集体土地所有权登记发证率达到95%，集体土地建设用地使用权登记发证率达到85%。

第二次土地调查农村外业调查面积为694.19平方公里，涉及10个乡（镇），202个行政村。按照省、市二调办公室要求，共分四个标段，分别为农村外业调查、农村内业数据库建设、乡（镇）政府所在地外业调查、乡（镇）政府内业数据库建设。已完成金华、黄台岗、瓦店、汉冢、茶庵5个乡（镇）所在地的权属调查和地籍调查，共10平方公里。

强化测绘监督管理，认真开展“测绘质量年”活动。坚持“依法、规范、务实、高效”的原则，进一步加强测绘统一管理，完善持证测绘单位测绘成果资料档案管理和测绘技术质量保证体系，加强对地图市场的监管，以地籍测绘和土地利用现状调查测绘质量为重点，切实抓好“测绘质量年”活动，全面加强测绘项目的质量监督管理。

【信访工作】认真落实《2009年国土资源信访工作实施意见》有关精神，明确责任，强化初访办理工作，初访办结率100%；落实矛盾纠纷排查化解制度，坚持每月每季度定期矛盾排查，并做好化解登记工作。领导班子每月召开国土资源信访会议两次以上；落实领导接访制度和领导包案制度；保障信访办公和工作经费的落实；加强领导班子配备。经区编委批准，设立宛城区国土局信访工作群众工作站，选配工作人员7名，加强局信访队伍建设。

全年共接待上访群众152/191人（次），比2008年同期减少36/48人（次），来信32封，电话64次，按时报结上级转交办信访案件11件，查处反馈率达100%，无进京、赴省、集体上访和进京非正常上访，重访率控制在10%以内。全年行政诉讼和行政复议6起，胜诉4起，胜诉率为98%。组织土地听证会3次，均达到预期效果。

（陶增录　唐剑）

邓州市国土资源局

邓州市地处河南西南部，全市国土面积2369平方公里，辖28个乡镇(办、区)，579个行政村，156万人，244万亩耕地。1988年，撤县建市；1989年，被国务院确定为对外开放城市；1993年，被国务院确定为改革开放特别试点市；2004年，被省委、省政府确定为重点扩权县(市)之一。邓州是全球华裔“邓姓”发源地、医圣张仲景故里，是南水北调中线工程的渠首市、国家粮食核心主产区，中原速生杨树生产加工基地市。农村基层党建“四议两公开”工作法受到中央肯定，在全国农村推广。享有“中国第一雷锋城”荣誉称号。

刘　刚　党组书记 局长
刘国伟　党组副书记
黄彦鹏　党组成员、副局长
常吉朝　党组成员、副局长
李彦涛　党组成员、纪检组长
李定岑　主任科员

刘刚简介：男，回族，1959年10月出生，邓州市古城办事处人，中共党员，大专文化。1975年8月参加工作，先后在市公安局、组织部、外贸局工作；历任邓州市东城办事处副主任，邓州市委事务局局长，邓州市发展计划委员会党组书记、主任，邓州市发展和改革委员会党组书记、主任；2008年4月至今，任邓州市国土资源局党组书记、局长。

【机构设置】邓州市国土资源局位于邓州市北环路，现有干部职工294人，其中，行政编制15人，事业全供编制101人，事业自收自支编制178人，机关设办公室、用地科、规划科、市场科、耕保科、地籍科、财务科、审计科、党办室、信访科、人事教育科、纪检监察室、后勤科、法制科、督查科、土地事务所、测绘科17个科室，设邓州市国土资源城区分局、邓州市土地监察大队、邓州市人民政府地租征收处、邓州市矿产资源管理委员会办公室、邓州市土地开发整理中心、邓州市土地储备中心6个局属单位，设穰东、构林、裴营、赵集、罗庄、十林、张村、文渠、张楼、九龙、夏集、高集、彭桥、小杨营、杏山、桑庄、孟楼、腰店、林扒、汲滩、陶营、元庄、都司、刘集24个国土资源所（国土资源中心所）。

【土地资源】邓州市有耕地244万亩，人均耕地1.57亩,其中，基本农田保护面积为217.5万亩，保护率为89.1%。2006年，邓州市被确定为全国116个基本农田保护建设示范区之一，连续11年实现了耕地的占补平衡。2009年度被市委、市政府评为市级文明标兵单位，目标管理工作先进单位。

【耕地保护】全面实行了耕地保护目标责任制、乡镇长耕地保护离任审计制、村级耕地保护协管员聘任制等制度，将全市244万亩耕地保有量和217.5万亩基本农田保护指标层层分解落实，并纳入邓州市政府对各乡镇办区年度目标考核体系，实行严格奖惩。建立健全补充耕地储备制度、补充耕地验收标准，切实加强建设用地补充耕地项目的管理，通过农用地整理、建设用地整理和未利用地的开发利用，不但保证了耕地的占补平衡，且耕地数量稳中有升。2009年，完成建设用地补充耕地任务592.1亩，另外南邓一级公路，邓内高速预审3082.7亩，实现了耕地的“占补平衡”，2009年底，邓州市尚余1715.7亩占补平衡指标。认真落实最严格的耕地保护制度，建立了基本农田基础数据库和信息管理系统，以建设促保护，建设高标准的基本农田，积极探索“基本农田标准化、基础工作规范化、保护责任社会化、监督管理信息化、区域布局规模化、土地利用高效化”的“六化”建设，充分发挥其示范带头作用，全面提升基本农田保护管理和建设水平的要求。在2009年4月15日国土资源部对邓州市耕地占补平衡和国家基本农田保护示范区建设工作检查中，对邓州市耕地保护、占补平衡和国家基本农田保护示范区建设工作给予高度评价，认为在全国116面基本农田保护“旗帜”中，邓州是一面创新的旗帜，是一面党和人民放心的旗帜。

【土地整理和三项整治】严格执行工程招标、工程监理、质量监督、设计变更、资金监管等各项制度，精心组织实施土地整理项目。2006年和2007年下达的小杨营、龙堰和构林、文渠等3个国家投资土地整理项目，总投资6210万元，建设规模6.4万亩，新增耕地4384亩，全部竣工验收。百万亩南水北调中线渠首土地整理重大工程项目，建设规模119.3万亩，新增耕地3.56万亩，总投资19.3亿元，已通过国土资源部和财政部专家组评审。白牛、张楼、穰东等乡镇土地整理项目，已完成可行性研究报告、初步规划设计、预算编制工作，并通过南阳市专家评审，已进行了招投标程序，正组织实施。2009年规划和实施“三项整治”项目95个，达到验收标准的“三项整治”新增耕地面积4850余亩。2009年，被市政府授予“2008～2009年农田水利基本建设先进单位”。

【保障项目建设用地】落实“扩内需，保增长”要求，优先保障重点项目建设用地，全方位做好保障服务，制订了《邓州市扩内需保增长大力开展企业服务年活动实施方案》，县国土资源局成立了以局长为组长的“扩内需保增长、大力开展企业服务年活动”领导小组，组成重点项目服务办公室。在建设用地申报中，通过提前介入、服务前移，国土、发改委等部门建立联动机制等方式，为各类重点项目建设开辟了用地审批绿色通道，及时保障了邓州市的各类重点项目建设用地。2009年，共申报城乡建设用地5个批次（其中，3个城市批次、2个村镇批次），涉及项目19个，面积1070亩。完成了2009年国家、省级、南阳市重点项目建设用地保障任务，中央新增投资项目6个，分别为邓州市第一人民医院新址、邓州市廉租房建设项目、构林镇卫生院、农村安全饮水、户用沼气和乡村道路建设用地，共206.14亩。

【节约集约用地】为促进土地资源的高效利用，坚持“两个盘活”，加大存量土地储备与盘活力度，向存量土地寻求经济发展空间，通过土地节约集约利用，有效解决经济建设用地矛盾。2009年完成储备土地44.95公顷，其中工业及仓储用地35.15公顷，商住用地9.8公顷。并重点加强对批而未供、空闲、低效使用闲置土地进行盘活，完成盘活存量建设用地17宗，面积39.1193公顷，其中，国有建设用地13宗，面积29.0363公顷，集体建设用地4宗，面积10.083公顷，超额完成年度责任目标11.8%。在盘活存量土地的同时，大力推进标准化厂房建设，2009年度完成标准厂房建设面积79071平方米（占地9.3069公顷），超额完成责任目标97.7%，平均层数1.6，平均容积率0.9，平均投资强度900万元/公顷。

【土地利用土地收益】严格落实工业和经营性用地招拍挂出让制度，深化土地有偿使用制度。2009年，共挂牌出让国有建设用地使用权10宗，总面积290473平方米，土地出让收入4427.3万元；土地年租金征收工作取得新突破，共收入185.3万元；全年土地出让收入总额达4612.6万元。

【土地利用总体规划修编】为编制好新一轮土地利用总体规划，邓州市成立了以市政府常务副市长为组长，市国土、发改委、规划及各乡（镇）人民政府等40余家成员单位组成的规划修编领导小组，统筹指导规划修编工作，同时建立了联席会议制度，保证规划修编资料的现实性和完整性，征求相关部门意见，使本轮土地规划与城市规划、产业集聚区规划和其他相关规划搞好衔接。结合土地开发整理专项规划和挂钩规划，为各乡镇今后工业和新农村建设留足空间；新一轮县级土地利用总体规划修编工作已完成，规划大纲已经南阳市国土资源局和省国土资源厅审核通过，已报河南省人民政府审批，乡级规划修编工作已基本完成，正待省市审查批准。

为服务城镇建设和新农村建设，2009年，共调整规划1218亩，涉及18个乡（镇），已全部得到省政府的批准，无违法、违规调整规划的现象发生。

【第二次土地调查工作】邓州市第二次土地调查工作进展顺利，先后完成了农村外业调查、数据库建设和基本农田上图工作，并报经河南省国土资源厅和国土资源部审核通过。第二次土地调查工作的农村部分，完成28个乡镇的2360.3平方公里的内外业调查工作，并通过了内业核查；全国第二次土地调查办公室以抽查方式，于2009年8月25日组织核查组一行7人莅临邓州市，对邓州市100个疑问图斑和70个精度测量图斑进行实地核查，核查结果与实地一致；基本农田上图工作，已矢量入库，并通过核查。中心城区地籍更新调查部分，完成了市区23.2平方公里的平面控制测量，权属调查工作已基本完成，进入细部测量。截至2009年底，完成地籍更新调查总工作量的60%以上；乡（镇）政府所在地的地籍调查部分，调查面积约34平方公里，完成了内外业招投标工作，与外业中标单位签订了施工合同，进入入场作业阶段。

【土地执法监察】健全和完善市、乡两级土地动态巡查和行政执法责任制，坚持防范与查处相结合，进一步加强和规范土地执法监察，组织邓州市土地执法动态巡查责任制工作，遏制土地违法行为发生。2009年，受理土地违法案件86宗，其中，上级交办案件16宗，群众举报案件14宗，乡所呈报案件21宗，动态巡查发现案件35宗。消除在萌芽状态18宗，立案查处68宗，查结55宗，正在查处13宗。强制拆除建筑物5处，拆除面积1690平方米。行政处罚决定定性准确，适用法律适当，全年无行政复议案件。

进一步建立和完善查处国土资源违法案件部门横向联合机制。加强与公安、法院、纪检监察、检察等部门的衔接和协调，建立经常性的联系制度，形成联动机制，推进部门联合执法，通过沟通情况，统一行动，形成执法合力。2009年4月和11月，分别组织了全市范围内国土资源违法、违规用地的集中整治工作。协助纪检部门查处涉及土地违法案件4起，协助法院执行土地违法案件5起，对达到追究行政责任的1宗上年度遗留案件移交纪检监察部门追究当事人行政责任，对符合申请法院执行的29宗上年度遗留案件和1宗本年度案件申请人民法院强制执行，做到了对违法案件处理“人、事、移送、移交、罚款”五到位。

邓州市属河南省二次卫片土地执法检查范围，为做好卫片执法检查工作，2009年4月17日起，在全市开展加强耕地保护严厉打击违法违规用地集中行动，并对卫片反映的60宗变化图斑进行外业核查工作，对每宗地现场核实、丈量，为卫片执法检查提供翔实的现场资料。卫片反映邓州市2007年11月至2008年10月新增建设用地图斑60个，面积1091亩。通过内业判图核对，外业实地核查，60个图斑涉及63宗土地，面积1018亩。其中，实地未变化26宗，面积285亩；农业结构调整用地19宗，面积141.2亩；新增建设用地18宗，面积591.8亩。新增建设用地中合法占用耕地251.9亩，违法占用耕地面积27.1亩，违法占用耕地面积占新增建设用地占用耕地面积的9.7%。

【信访工作】认真推行信访工作首接负责制和责任追究制，按照“属地管理、分级负责”和“谁主管、谁负责”的原则，实行信访苗头预报制度，建立信访案件排查例会制度，实施国土资源信访案件“三理两告一回访”工作法；开展了“信访积案化解年”活动，强化目标考评和责任倒查，共处理进京访7起27人（次）、赴省访2起3人（次），以上13起信访件已按时结报，结案率100%。对省厅交办、批转的13起信访件已按时结报，结案率100%。本级受理信访事项109件，办结109件，信访人满意率达到90%。办理土地确权案4宗，做到信访问题“有始有终”，确保信访件“件件有着落、事事有回音”。

【国土资源综合整治】作为省市国土资源综合整治试点，通过政府主导、国土搭台、多方合作、群众参与等形式，捆绑项目、整合资金、统筹规划、综合开发，在桑庄、腰店两个乡镇因地制宜地实施了田、水、路、林、村、房综合整治项目，建设国土资源综合整治示范区。项目规模3.1万亩，预计总投资7068万元。其中，一期工程1.6万亩，投资4701万元，已经完成。项目区内已整体搬迁自然村4个，新增耕地558.7亩，修建宽4米高标准水泥硬化田间路33582米，生产路39108米，开挖排水沟71302米，植树6000余株，修建桥涵344座，新打机井305眼。已整治项目区新增耕地558.7亩。

【基层国土所规范化建设】从实际出发，完善了全市24个乡所的“软件”建设。对全市乡所98名工作人员组织了业务学习，重点进行国土资源执法培训，按照南阳市局要求，统一制作了国土资源徽标25块、办公场所“四牌”、“八簿”、学习笔记、业务笔记等共700余本；规章制度、政务公开内容统一制作上墙，内部管理规章制度统一印制成册，做到每位工作人员人手一册，全市基层国土资源所在“软件”建设上，达标率100%。23个乡所已配备车辆、电脑，22个乡所达到相对独立的办公场所和6间以上的办公用房。

2009年7月，经邓州市政府批准，在穰东、夏集、汲滩、桑庄、构林、孟楼、彭桥、赵集、九龙、都司、刘集、张村、十林13个乡镇设立国土资源中心所。

【地籍管理】全面开展土地登记发证工作和

中心城区违法违规建筑清查发证工作，共办理土地使用证360宗。办理土地使用权抵押180宗，贷款额达9000余万元；办理土地使用权转让20宗。投资22.45万元建成市域范围内D级GPS三维空间大地控制网站，全面提升测绘保障能力和服务水平，邓州市国土资源局被国家测绘局评为“全国县市测绘管理工作先进单位”。

【矿产资源】邓州市矿产资源主要有固体矿产、水汽矿产和地质遗迹资源。境内共发现各类矿产19种，已探明储量的3种，固体矿产为非金属矿产。

固体矿产主要有河砂、石灰岩和花岗岩。河砂多分布于湍河，赵河少量，主要为河床冲洪积淤砂，储量大于35000万立方米。石灰岩主要分布在杏山、禹山一带，总面积73平方公里，总远景储量12.9亿吨，其中，杏山南坡勘探B+C级储量2584万吨，杏山北坡勘探B+C级储量1.1亿吨。花岗岩分布在罗庄吐谷山，主要为花岗岩石料和饰面花岗岩，两者共生，上部为花岗岩石料，中深部为饰面花岗岩，勘探程度低，仅做过普查，踏勘远景总储量超过1.5亿立方米，饰面花岗岩普查出D+E级储量511.91万立方米，远景储量大于5000万立方米。

水汽矿产有地下水、矿泉水和地热水。地下水水量丰富、水质良好，可采量1.249亿立方米/年；矿泉水为优质锶、偏硅酸复合型饮用矿泉水，单井自流量9.5～12.0立方米/小时；地热水温度40℃左右，单井涌水量30～40吨/小时。

【矿产资源管理】全面整顿和规范以石灰岩矿、花岗岩矿、河砂矿为重点的矿产资源开发秩序，使无证开采、乱采滥挖、浪费破坏矿产资源、严重污染环境等违法行为得到全面遏制；越界开采、非法转让探矿权采矿权等违法行为得到全面清理，违法案件得到及时查处；矿山安全事故及破坏生态环境现象明显减少，矿山安全生产水平明显提高，矿山环境恢复治愈率达20%以上；加强对探矿权监督管理工作，对辖区内2个勘查项目进行实地检查、督查及年检，通过实地检查，提高了探矿施工进度，进一步规范了探矿权人自觉履行探矿义务的行为。辖区内勘查持证率达100%。

矿山企业储量动态监督管理工作，召开了采矿企业储量动态监测培训会议，各持证企业与相关监测单位签订了技术服务合同和2009年准备动用储量申报。辖区内甲类矿产矿山储量动态监测率达100%。

推进资源整合工作，制订了《邓州市石灰岩资源整合方案》，将彭桥张山石灰岩矿区作为邓州市资源整合矿区，依照方案逐步推行了整合工作，将该矿区6个采矿企业实行股份制联合经营，采矿权由原来的6家减少为1家，通过整合使辖区内矿山数量减少了10%。继续推进采矿权有偿出让制度。新办证企业以挂牌方式出让采矿权，延续企业以协议方式出让采矿权，2009年，延续采矿许可证1个；辖区内采矿许可证持证率达100%。

【地质灾害防治】加强地质灾害防治，详细分析邓州市地质环境条件，预测可能发生的地质灾害类型、分布区域及重点防范期，制定地质灾害防范措施，编写了2009年度地质灾害防治方案，并将《地质灾害防治规划》和《矿山地质环境保护与治理规划》合二为一进行编制。以汛期防灾工作为重点，做好地质灾害险情特制定汛期排查巡查工作，与辖区内各乡（镇）政府、村、组、采矿企业签订地灾防治管理目标责任书，把“地质灾害防灾工作明白卡”和“地质灾害防灾避险明白卡”发放到村、组、住户和各采矿企业，雨季向矿山企业及附近居民发警示短信100余条。在汛期继续实行汛期值班制度，成立了防汛突击队，设立专门值班电话，安排专人昼夜24小时值守；建立地质灾害群测群防网络体系，与市气象台协作做好地质灾害预警预报工作。

【地质遗迹保护】地质遗迹资源位于南水北调中线工程渠首所在地。以喀斯特岩溶地貌、岩溶洞群、岩溶泉和特殊的大地构造位置、古生物化石为主，以其典型性、稀有性、系统性和可观赏性，与完整古老的楚长城等一起组成了独特的人文地质生态环境景观，2005年12月，被省厅批准为杏山省级地质公园。目前，杏山地地质公园建设进展顺利，地质广场、主题碑、博物馆、部分旅游步道等硬件建设正在施工中。

（杨桂丽）

桐柏县地质矿产局

陶克宇　局长
王忠建　党组成员、副局长，总工程师
陈勤生　党组成员、副局长

叶长生　副主任科员
周明献　正科级
张　中　副科级

陶克宇简介：河南省西平县人，1958年月11日出生，共产党员，采矿工程师。1983年，毕业于沈阳黄金学院；1986年1月，任桐柏县老湾金矿副矿长；1988年9月，任桐柏县银洞坡金矿副矿长；1995年4月，任桐柏县经贸委副主任兼桐柏县非金属开发总公司总经理；2001年12月，任桐柏县县政府办公室副主任兼招商局局长；2004年10月至今，任桐柏县地质矿产局局长。

【机构设置】桐柏县地质矿产局现有干部职工119人，内设开发科、储量勘查科、地质环境科、征收科、财务科、信访科、执法监察大队、行政办、纪检监察室、人事科10个科（室），承担着桐柏县地质矿产勘查、开发、地质灾害防治、矿产资源补偿费征收、矿业秩序规范化管理等项工作职责。

【矿产资源】桐柏县是全国特大矿产资源宝库县，境内矿产资源丰富，矿种多、储量大。已发现16个成矿区带，60个矿种，已探明储量的有23种，已开发利用矿产18种。优势矿产主要有天然碱、芒硝、石油、天然气、金、银、水泥灰岩等。天然碱探明储量1.2亿吨，储量居亚洲第一、世界第二；金矿储量85吨，位居全省第二；银矿储量2700吨，位居全国第一。据专家评估，桐柏县境内矿产资源潜在价值达5000亿元。

【矿业管理】进一步规范矿产资源勘查开发秩序，各项基础管理工作稳步推进。一是完成了桐柏县矿产资源规划（2008—2015年）的编制工作。二是在全县范围内开展了采矿权人年检工作。县级发证持证矿山67个，其中，停产整顿列入整合的16家，正在办理延续手续19家，通过室内预审和实地检查全县矿山企业年检率为94%，实地抽检率为90%，全县矿山企业采矿许可证持证率100%。三是对辖区内勘查项目进行了年度检查，全县共有地质勘查项目37个，勘查许可证持证率达到100%。通过项目实地勘验，项目年检率达100%，实地检查率90%，合格率91%。辖区内的甲类矿产矿山企业18家，全面落实了矿山储量动态监测制度，甲类矿产矿山储量动态监测率100%。四是2009年共有偿出让采矿权8个，共计收取采矿权价款59.96万元。五是全力完成矿业权实地核查工作，及时纠正核查中发现的问题，更新采矿权登记数据库，全面提升矿业权的科学管理水平。六是地质找矿工作取得新进展，矿产资源保障能力进一步增强。2009年，新增铁矿石探明储量（332+333级）276.04万吨；新增金矿探明矿石量（122b+333级）188.7万吨；新增银矿探明矿石量（333级）59吨；新增铅矿探明矿石量4万吨；新增锌矿探明矿石量2万吨，为桐柏矿业经济可持续发展提供了有力的资源保障。为解决老矿山接替资源危机及深部外围找矿难题，争取政策性项目资金，完成了安棚碱矿薄矿层开发新工艺与矿层保护研究项目，落实项目资金300万元；银洞坡金矿危机矿山接替资源找矿项目，落实项目资金1600万元；兴业矿业有限公司深部找矿勘探项目，落实项目资金1156万元，为资源危机矿山从深部和外围寻找接替矿产资源，为老矿山可持续发展提供了新的资源储备。强力推进矿产资源整合工作，有力地促进矿业可持续发展。全县资源整合的范围为建筑用大理石岩矿，整合的标准是整合后的矿山企业必须达到一定的开采规模，形成规模化、集约化经营，通过严格矿山整合准入条件，确保辖区内矿山数量减少20%，解决矿山企业小、散、乱的局面，矿山布局不合理的状况得到进一步改善。

【矿业秩序治理整顿】根据国务院、省、市整顿和规范矿产资源开发秩序相关精神，深入开展矿业秩序治理整顿工作，重点打击无证开采、越界开采、以采代探、非法转让等违法矿业活动。采取一系列强制措施，彻底铲除违法矿业活动。为了确保桐柏矿业秩序的根本好转和长治久安，中共桐柏县委、桐柏县人民政府下发了《关于对治理乱采矿工作实行责任追究的规定》。同时，桐柏县县委、县政府将整顿和规范矿产资源开发秩序工作纳入县政府年度目标考评，实行一票否决制。明确了追究非法采矿行为的责任主体，细化了工作职责，实施了责任追究。通过多措并举，全县矿业秩序整治工作已形成政府牵头、部门联动、步调一致、齐抓共管的良好局面。通过动态巡查和分片包干责任制的落实，全县矿业活动区域的监管处处都有责任人分片包干把守。2009年，共出动执法巡查车辆247台（次），出动执法监察人员535人次，制止违法矿业行为37起，立案查处5起，结案5起，没收罚款17万元，结案率100%，有效遏制了各类违法矿业行为的发生。

【地质环境保护】加大地质环境保护力度，强化地质灾害防治，加快省级地质公园建设。一是编制了《桐柏县地质灾害防治规划》、《桐柏县地质灾害防治预案》和《桐柏县地质灾害应急预案》。在全县25个地质灾害隐患点设立了警示牌，为周边群众发放了《防治地质灾害工作明白卡》、《防治地质灾害避险明白卡》，明确了乡村协管员，建立健全了地灾群测群防网络。通过有效的预警预报和及时采取避让措施，避免了人民群众因地质灾害而遭受生命财产损失。二是积极开展矿山地质环境工程治理，争取政策性项目资金，完成了大河铜矿矿山地质环境治理项目、银洞坡金矿矿山地质环境治理项目、河坎银矿矿山地质环境治理项目、桐柏山地质遗迹保护项目。通过矿山地质环境治理，有效改善了矿区群众的生活环境。三是桐柏山省级地质公园的建设完成了步道建设、地质遗迹标识牌的制作，地质博物馆、地质广场的土建工程,开展了收集岩矿标本和地质博物馆的布展工作。

【信访工作】积极围绕全县信访工作部署，建立健全完善信访工作机制，积极化解信访矛盾。对涉矿信访案件采取重心下移、关口前移、事前介入的方法，及时化解涉矿信访案件，把可能的信访案件化解在萌芽状态。全年共接待来电、来信、来访38人（次），排查化解矛盾纠纷8起。省厅没有批转、交办信访事项案件，年度本级立案3起，办结3起，受理信访事项办结件群众满意率100%。

【政务公开及窗口办公】积极推行政务公开，行政审批实行窗口办公。按照“单位围绕窗口转，窗口围绕群众转”，实行一个窗口对外，即窗口受理、限时办结、窗口交付，大大提高了办事效率和服务质量，服务窗口全年共办理采矿权登记、延续转让、变更26份，业务咨询543次，受理事项按时办结率达100%。

（曹　磊）

桐柏县国土资源局

桐柏县位于河南省南部、南阳盆地东缘，豫鄂边区，桐柏山腹，是千里淮河的发源地，总面积1913平方公里。县城位置距离南阳市120公里，信阳市80公里，武汉市270公里，沪陕高速、焦桐高速、312国道、宁西铁路经县城横贯全境。县域地貌以浅山、丘陵为主，属亚热带季风型大陆性温湿气候，四季分明，雨量充沛，辖11镇、5乡，215个行政村（社区），总人口44.08万人，自然特点为“七山一水二分田”。

白庆周　党组书记、局长

王德强　党组成员、副局长

郑俊生　党组成员、副局长

胡　泳　党组副书记、纪检组长

徐新枝　副主任科员（女）

白庆周简介：河南唐河县人，男，汉族，1963年10月出生，中共党员，研究生学历，经济师。1982年12月毕业于南阳农校牧医专业；历任桐柏县原果园乡兽医站会计、医生，桐柏县安棚乡茶林牧助理兼会计，桐柏县县委机要局秘书、副局长，桐柏县财政局副局长、副书记（其中，2000年9月～2002年2月，兼任桐柏县农税局局长）；桐柏县粮食局党委书记、局长；2004年10月至今，任桐柏县国土资源局党组书记、局长。

【机构设置】桐柏县国土资源局的前身是桐柏县土地管理局，成立于1992年6月；1995年9月，桐柏县房产处、房产交易所并入，更名为桐柏县土地房产管理局；2002年3月，桐柏县地质矿产局并入（2004年10月又分出），更名为桐柏县国土资源房产管理局；2005年底实行垂直管理，房产业务分出，更名为桐柏县国土资源局，由政府职能部门转变为政府工作部门，负责全县国土资源的统一管理。局机关内设办公室、人事劳资科、计财科、政策法规科、信访科、规划科、耕地保护科、地籍管理科、土地征用科、市场管理科、年租金征收办公室、测绘科、监察室（机关党委办公室）13个科（室），下属国土资源执法监察大队、地产交易中心、土地整理中心、土地储备中心、土地房屋测绘队等5个二级单位，下辖城关、城郊、吴城、月河、固县、朱庄、大河、安棚、埠江、平氏、程湾、新集、淮源、回龙、毛集、黄岗16个国土资源所，全系统现有干部职工共252人。

【土地资源】截至2009年底，全县土地总面积191381.96公顷（2870729.4亩），耕地面积57114.28公顷（856714.2亩），其中，基本农田39203公顷（588045亩），基本农田保护率达68.7%；园地3737.51公顷（56062.65亩）；林地89818.03公顷（1347270.45亩）；草地12621.34公

顷；建设用地24665.46公顷（369981.9亩）；其他土地3425.34公顷（51380.1亩）。

【土地利用】以推进土地节约集约利用为核心，进一步提高土地利用率。一是创新模式，四项机制确保新增用地节约集约利用。该县在工作中探索建立的“导向、准入、制约、激励”用地机制，有效地促使企业转变发展方式，实现集约经营，以较少的土地获取了最大效益。2009年，有5个项目因投资强度、容积率等达不到要求而被淘汰，有6个项目因超过用地标准，违反集约用地原则，在用地指标上实行核减，共核减用地面积500余亩。二是积极盘活存量土地，提高现有建设用地利用效率。认真落实《国务院关于促进节约集约用地的通知》，对批而未供、闲置和低效利用土地进行全面的调查摸底。2009年，盘活闲置和低效利用土地26.03公顷，大大提高了土地的利用潜力。三是大力推进多层标准厂房建设。按照“布局集中、用地集约、产业集聚”的原则，积极探索投资模式，成立了桐柏县产业集聚区投融资公司，在县产业集聚区内划定标准厂房项目建设区，规划用地面积12.4公顷，总建筑面积14.8万平方米，2009年，已完成建筑面积26000平方米，标准化厂房建设为该县招商引资搭建了良好的投资平台。

加强土地市场建设，建立了公开、公平、公正的交易机制。把县域内国有土地作为推进有偿使用制度改革的重点来运作，全面提高土地的市场化配置水平。2009年，共出让国有建设用地16宗，面积114.21公顷，出让价款1.85亿元，其中，工业用地15宗，面积108.87公顷，成交价款1.615亿元；商业用地1宗，面积5.332公顷，成交价款0.242亿元，为县域城镇建设提供了财力支持。

【耕地保护】严格落实基本农田保护目标责任制。县、乡、村逐级签订了耕地保护目标责任书，将耕地保护列为全县工作重点，纳入各乡镇重点考核的重要内容，全县划定基本农田保护片1042块，新设和更新基本农田保护标识牌200余块。严格土地利用规划实施管理，控制农用地转用规模。对不符合土地利用总体规划的用地项目，做到不受理、不预审、不下达农用地转用计划。对符合土地利用总体规划的项目，严格控制用地规模，对相关指标达不到规定标准的，坚决核减用地面积。严格履行耕地占补平衡制度。对申请建设项目征地单位的补充耕地方案进行严格审查，坚持先补后占、占一补一，确保耕地面积不减少、质量不降低。2009年，桐柏县新增耕地11000亩，上年度还结余已验收合格的300余亩，实现年度全县耕地占补平衡有余。由于管理严格，措施到位，使全县耕地面积达到85.67万亩，基本农田稳定在58.8万亩，在保障新增建设用地的基础上，连续11年实现耕地总量动态平衡。

【建设用地管理】一是按照“两保一高”总要求，坚持“有限指标保重点、一般项目靠挖潜”的供地原则，一方面认真研究运用国家政策，及时拿出土地规划调整意见，集中有限的建设用地指标，重点保障好“扩内需、保增长”的重大项目，如县产业集聚区和碱硝化工产业集聚区建设用地；另一方面，对于重点建设项目，积极配合项目单位，争取报上级政府立项并直接配置用地指标。二是统筹兼顾，实行有重点、分层次的保障，采取对全县重点项目进行分类排队的办法，明确优先保障顺序，统筹安排。三是开辟重点项目用地“绿色通道”，建立统一组织、统一协调、统一标准、统一时间、统一上报的统征统迁服务模式，提高审批效率。全年共完成二氧化碳全降解塑料、河南油田产能建设、标准厂房、城镇建设等两个单独选址、一个挂钩、一个城市、两个乡（镇）共6个批次2065亩的用地报批，有力地支持了全县重点项目建设。

【执法监察】以探索长效机制为基础，切实加强执法监察。立足于从管理上找原因、从落实共同责任上想办法、从提高土地执法水平上下功夫，严查各处各类土地违法行为。一是加强动态巡查。在大力宣传、营造氛围的基础上，实行局长、所长、监察员层层负责制，明确巡查区域，划分巡查等级，安排巡查专人，定时开展巡查，做到管护到边、巡查到位。实行“提前介入，关口前移，查防结合”的执法监察新模式，确保早发现、早制止、早查处。二是健全执法机制。4个执法中队与16个基层所协调配合，分片负责，对大案要案实行公开联合挂牌督办；建立和完善了联合办案机制，主动引入司法机制，在南阳市率先成立公安国土中队的基础上，进一步与法院、检察院和监察机关协作配合的工作机制，加大对重大典型案件的联合处理和责任追究力度，大大提高了办案质量。三是建立了县、乡、村土地管理长效机制。进一步明确县直有关部门、乡镇政府、村组在土地管理中的职责，强调共同责任，形成强大合力。全年共采取集体行动20余次，立案200余宗，下达处罚决定200余宗，拆除根基和房屋20余宗，移送纪委处分4人，移送检察部门批准逮捕2人，移送公安部门刑事处理3起;全年违法占用耕地面积占新增建设用地占用耕地总面积远远低于法定临界点，较好地维护了全县土地市场秩序。

【信访工作】以关注民生为根本，妥善处理认真解决信访问题。按照《信访条例》和《国土资源信访规定》的要求，加大工作力度，落实信访责任，一是把信访工作的关口前移，把预防放在首位，发挥信访调解作用，排查不稳定因素，对于排查出来的不稳定因素，明确班子成员为化解稳定责任人，限期解决；二是基层所同志切实承担起信访调解员的作用，实在解决不了的，带着信访问题带着信访人到县局反映，帮助解决；三是请有威望的群众代表参与、请律师协调、请县领导帮助解决信访问题，共同应对信访难题；四是坚持首问负责制、信访工作目标管理责任制、领导包案制、责任追究制。通过该机制的建立，及时解决一些难点信访问题。全年共接待信访人300余人（次），立案50件，其中，转办19件，交办10件，直接查办21件，现已办结。2009年，被南阳市委、市政府授予“县市区直信访稳定工作先进单位”。

【土地综合整治】2009年，该县立足桐柏山区土地资源得天独厚的条件，大规模开展以土地开发、土地整理为主要内容的土地综合整治工作，完成黄岗、毛集、固县、月河、吴城、淮源、程湾等项目13个，涉及7个乡（镇）、15个行政村、共10个土地开发项目，土地开发总面积11669亩（合778公顷），新增耕地11000余亩，总投资近6000万元，工程全部合格完工，并通过省市级验收。

【基层国土所建设】按照河南省、南阳市关于基层所规范化建设的要求，2009年，在一无资金、二无场地的情况下，从零做起，积极协调政府等多个部门，采取融资、借贷等办法，通过置换、与乡镇政府有关站所合建、购买等形式，使16个所14个全部达标（其中，2个在县城区内，已作出详细规划），超额完成年度目标任务，进一步加强了国土资源阵地建设。

（汪本明）

南召县国土资源局

南召县位于河南省西南部，伏牛山南麓，南阳盆地北缘。地理坐标为北纬33° 12′ ～33° 43′、东经111° 55′ ～112° 51′，东邻方城，西连内乡，南接镇平、卧龙，北依鲁山、嵩县。全县辖16个乡镇，340个行政村（居委会），总面积2933.14平方公里，总人口62.8万人。地势西北高、东南低，大小山峰300余座。山地面积占全县总面积的34.3%，丘陵面积占62.6%，平原主要位于东部，海拔在200米以下，占土地总面积的3.1%。

朱卫红　局长（2009年8月任）
陈新强　党总支书记
王　磊　党总支副书记、主任科员（2009年8月前主持局全面工作）
余发改　党总支委员、副局长（女）
褚剑东　党总支委员、副主任科员
马先跃　党总支委员、副主任科员
苏　刚　党总支委员、副主任科员

朱卫红简历：男，汉族，1960年3月出生，南召县皇路店镇人，中共党员，大专学历。1976年参加工作，先后在本县云阳镇唐庄学校、红阳机械厂、县志办、四棵树乡、石门乡、县计划委员会、县政府机关事务局工作，历任县志办副主任、乡党委副书记、乡长、计划委员会副主任、局长等职务；2009年8月至今，任县国土资源局局长。

【机构设置】南召县国土资源局内设建设用地股、矿产开发股、规划与耕保股等10个股（室），下辖土地开发整理中心、监察队等7个二级单位和16个基层国土资源所，全系统现有在职干部职工248人。

【矿产资源】南召县矿产资源种类多、分布广、开发利用潜力较大，已发现的矿产有40余种，矿点、矿化点200余处。金属矿产主要有铁、金、铅、锌等，铁矿主要分布在南河店、白土岗等乡镇的浅山丘陵区，埋藏浅、易开采。非金属矿产主要有大理石岩、水泥灰岩、方解石、钾长石等，已发现的大型矿床有青山水泥灰岩矿，储量2亿吨以上，天瑞集团正在建设日产5000吨水泥熟料项目；板山坪方解石矿，储量5000万吨以上。此外，在皇路店镇沽沱村发现的地下热泉，水温最低为18℃，高于50℃的地热异常范围450平方米，稳定水位埋深2.4～4.6米，水质类型为偏硅酸钠钙类，并含有多种微量元素。

【土地资源】 截至2009年底，全县农用地面积234964.4公顷，其中，耕地31204.7公顷，园地7178.2公顷，林地190475.9公顷，其他农用地6105.7公顷；建设用地18165.8公顷，其中，居民点、工矿用地11883.2公顷，交通运输用地844.8公顷，水利设施用地5437.3公顷；未利用地26297.4公顷。

【耕地保护】 一是强化政府耕地保护责任制，县、乡、村、组、农户层层签订了耕地保护目标责任书，明确责任人，加强检查和考核，形成了保护耕地的良好社会环境。二是建立了2009年耕地占补平衡项目库，入库项目4个，规模99.85公顷，实施后可新增耕地98公顷；完成补充耕地项目1个，储备补充耕地97公顷，建设项目占用耕地全部做到“先补后占，占一补一”，保证了全县耕地和基本农田面积持续稳定。三是加大执法力度，及时发现、制止和查处侵占、破坏耕地的违法行为。截至2009年末，全县耕地总量达31274.6公顷，与2008年相比稳中有升。

【节约集约用地】 认真贯彻执行节约集约用地政策规定，积极盘活利用存量土地，大力推广标准厂房建设。全年建设标准厂房4万平方米，盘活存量土地45.08公顷，其中，盘活闲置土地0.18公顷、批而未供土地41.9公顷、低效利用土地3公顷。

【服务重点项目建设】 围绕“扩内需、保增长”的工作任务，建立领导班子成员联系重点企业制度，加强与发改、规划、商务等部门的配合，提前介入，高效运作，跟踪服务，为企业排忧解难。全年上报建设项目用地2批次44.9公顷，蚕丝毯博物馆等省、市重点项目用地全部得到保证，没有因土地问题影响项目落地。同时，配合市国土资源局做好高庄核电项目前期移民安置、进厂道路用地的协调工作，积极组织开展市“发动机”项目—青山水泥熟料生产线建设用地征收，保证了项目正常开工建设。

【建设用地出让】 进一步完善经营性建设用地招、拍、挂出让措施，对工业用地纳入招标出让范围，邀请纪检监察、检察部门全程参与监督，确保招拍挂工作公开、公正、透明，坚决杜绝商业贿赂现象发生。全年共招、拍、挂出让国有建设用地21宗104公顷，成交价款1.33亿元。

【土地利用总体规划修编】 强化土地利用总体规划宏观调控功能，正确处理保护耕地与城镇发展、当前与长远的关系，做好与城市（镇）建设、旅游、交通等专项规划的衔接和协调，并多次召开乡镇政府和县直有关部门会议，充分研究讨论，增强规划的科学性、前瞻性和可操作性，保证了县城和产业集聚区10年以上的发展空间。县级规划已经省政府批复，乡级规划已通过初审。

【矿政管理】 一是强化采矿权人实地年检，2009年应审查矿山企业54个，全部参加了年检，年度检查率100%，合格率96%；实地检查矿山43个，实地检查率80%，责令2个存在违规行为的矿山进行了整改。二是加大矿产资源勘查开发秩序整治力度，查处取缔无证采矿10起，拆除、扣押非法采矿设备15件，确保全县采矿许可证持证率达100%。三是加强矿山储量动态监督管理，全县22个甲类矿山储量动态检测率达100%。积极组织开展矿业权实地核查，58个矿山已完成野外实地测量任务，正在进行室内作业和数据库建设。

【执法监察】 一是严格落实执法监察动态巡查责任制，明确巡查区域和责任人员，加强对城镇规划区、城乡结合部和重点矿区的巡查监管，健全完善了国土资源违法行为巡查、处理、报告、备案、督办及移送等工作制度；二是建立联合办案机制，加强与县公安资源管理大队的密切配合，对涉嫌犯罪的违法责任人，公安资源大队提前介入侦查，进一步提高了办案质量和效果；三是聘请村级国土资源协管员340人，国土资源市场监管网络进一步完善。2009年土地违法、违规案件比2008年下降15%，违法占用耕地占新增建设占用耕地面积控制在10%以内；查处矿山违法案件10件，矿产资源开发秩序持续健康稳定。

【国土资源信访】 一是建立健全信访制度和机构，认真落实信访工作“一把手”负责制、领导包案制和接待制度，加强和改进信访工作新途径、新方法，充分发挥国土资源信息网络作用；二是以“发现得早，化解得了，控制得住，处置得好”为目标，扎实开展信访积案化解年行动，解决了一批历史遗留问题，确保了新中国成立60周年和“两会”期间没有发生国土资源信访干扰问题。2009

年，共办理信访案件273件，其中，进京上访6件，比上年减少25%；赴省上访3件，比上年减少80%，按期结案率100%。县级受理信访案件242件，到期结案率100%。

【地质灾害防治】一是编制了《南召县地质灾害防治规划》和《南召县2009年度地质灾害防治方案》，建立了地质灾害防治部门工作责任制，明确了县直相关单位在地质灾害防治工作中的责任，地质灾害防治工作纳入乡镇责任目标。二是加强地质灾害防治监测信息网络建设，认真落实值班、巡查和灾情速报制度，扎实开展地质灾害隐患排查，多渠道开展防灾避险知识宣传，把地质灾害损失降到最低限度。2009年，县内发生白土岗大庄山体滑坡等地质灾害4起，由于防治和处置措施及时到位，没有造成大的财产损失和人员伤亡。

【基层所规范化建设】根据市国土资源局《关于进一步加强基层国土资源所规范化建设的意见》，把基层国土所规范化建设工作纳入县政府年度目标和县局工作重点，坚持示范带动、全面推进的原则，积极争取县、乡（镇）政府的高度重视和资金支持，并结合工商、地税等部门基层所站撤并，通过征地新建、政府划拨等方式，解决了6个基层所办公用房，配备了必要的交通、通讯和办公设备。全县16个基层国土资源所“软件”建设全部达标，12个基层所“硬件”建设达标，达标率75%。

（崔中雨）

淅川县国土资源局

淅川县位于河南省西南边陲，豫、鄂、陕三省结合部，属秦岭山系东南余脉延伸地带，因丹江（淅水）穿境而过，冲积成百里平川而得名。淅川县是国家扶贫开发工作重点县、河南省首批扩权县、国家级湿地自然保护区、全国首批投资诚信安全区、南水北调中线工程水源地和渠首所在地。分别与三省七县（市）接壤，东邻内乡县和邓州市，南接湖北省丹江口市、老河口市，西连湖北省郧县，北靠西峡县和陕西省的商南县。地理坐标为东经110°58′～111°53′，北纬32°35′～33°22′，地势呈西北—东南走向，西北高、东南低，南北狭长150.6公里，东西宽52.5公里。总国土面积2820.28平方公里，共辖17个乡镇（街道），520个行政村（社区），74万人。

淅川历史悠久。1974年，在滔河乡发现河南省的第一枚恐龙蛋化石，距今已有1.8亿年；1971年，在毛堂乡出土的化石证明，70万年前就有猿人在此居住；2008年，在上集镇发掘的新石期时期下王岗遗址考证，7000年前有人类在此居住；在淅川发掘的夏墓、周墓、楚墓和汉墓，说明淅川是楚始都所在地，也是楚文化的发祥地、南北文化的交汇地。尧舜时期，淅川为尧儿子丹朱的封地，秦始皇二十六年（公元前221年）为丹水县，北魏时开始设淅川县，唐朝时提升为淅州，明朝成化六年复设淅川县，清朝时改为淅川厅，民国时设淅川县至今。

彭　硕　党委书记、局长
张均祥　副局长、地质公园管理处处长
刘景昌　副局长
李　健　主任科员
景占清　副主任科员
周沛江　副主任科员
贾亚峰　地质公园管理处副处长
石宝山　副主任科员

彭硕简介：淅川县老城镇人，1961年出生，回族，中共党员，大专文化。1980年，在淅川县粮食局工作；1984年，担任淅川县粮食局副书记、副局长；1996年，担任淅川县供销社党委书记、理事会主任；2003年，担任淅川县粮食局党委书记、局长；2007年11月至今，任淅川国土资源局党委书记、局长。

【机构设置】淅川县国土资源局全系统共有296人，其中，财政全供127人，自收自支169人。内设办公室、财务审计股、人事教育股、建设用地股、规划股、耕保股、地政地籍股、地质环境股、勘查储量股、矿产开发股、土地利用股、政策法规股、纪检监察室13个股（室）；下设土地测绘中心、土地储备中心、年租征收办公室、地产交易所、土地测绘大队、国土执法监察大队、土地开发整理中心、矿产资源管理站、土地评估所9个二级单位和17个乡镇国土资源所（商圣、龙城、上集、金河、毛堂、荆紫关、西簧、寺湾、香花、老城、滔河、九重、厚坡、仓房、马蹬、大石桥、盛湾）。

【土地资源】淅川县国土总面积2820.28平方公里。全县共有农用地164405.5公顷（其中，耕地63867.11公顷，园地2778.67公顷，林地

81831.31公顷，牧草地3697.23公顷，其他农用地12231.20公顷），建设用地52997.49公顷，未利用地64639.25公顷。

【矿产资源】全县已发现有8大类、39种矿产资源，600多个矿点，已开发利用20余种，主要开发矿种有铁、钡、砂金、铅、锌、银、铜、石煤、蓝石棉、水晶、白云岩、石膏、水泥灰岩、大理石、花岗岩、虎睛石、黑绿玉、木纹王、重晶石、蛇纹石等。其中，蓝石棉、虎睛石和松香黄大理石储量居全国第一位，钒土矿资源量位居全国前列。具有较高开发价值的矿种还有石煤、水泥灰岩、花岗岩、大理石、铁矿石等12种。全县共有采矿权54个，其中，省发证3个，市发证10家，县发非金属矿证41个；共有勘查权13个，其中铁矿6个，铅锌矿1个，金矿1个，虎睛石1个，银多金属1个，铜多金属1个，钒矿2个，勘查面积100多平方公里。全县共有工矿类企业45家，其中，水泥企业2家、石材加工企业38家、灰砂砖厂3家、钒冶炼企业2家。

【地政地籍管理】进一步完善了土地登记程序和土地登记发证审批程序，共发放土地使用权证书47本，其中，国有土地使用权证书41本，集体土地使用权证书6本；完成了全国第二次土地调查的农村外业调查和内业数据库建设，调查成果已全部经过县级自检、市级和省级复检，并上报国家核查确认；积极服务县域经济发展，规划局部调整5次，调整面积5600亩。大力开展“三项整治”工作，共完成“空心村”、砖瓦窑厂、工矿废弃地整治400亩；积极开展基本农田保护区设立、资料归档和目标责任制签订，落实保护块3282个，全县基本农田保护面积55073.9公顷，稳定在市下达55000公顷以上，保护率为82%。

【耕地保护】一是不断完善耕地保护制度。明确了乡镇政府和相关职能单位的监管责任；建立了耕地占补平衡制度、补充耕地储备制度、基本农田补划储备制度；实行了国土资源管理“承包”责任制，把全县2820平方公里国土面积划分成58个承包区，每个区由县局机关股室和乡镇所各1名工作人员承包，负责区域内的基本农田保护、土地法律法规宣传、违法违规巡查等方面工作，切实纠正违法违规占用基本农田、随意变更土地用途等突出问题，使保护耕地数量向全面管护转变。二是严格保护基本农田。划定基本农田保护块3282个，逐级签订目标责任书，将基本农田保护落实到村组、地块，基本农田保护面积稳定在5.5万公顷以上，连续10年实现了耕地总量动态平衡。三是大力实施土地整治。借助国家向南水北调中线工程渠首资金倾斜政策，成功争取了国家级南水北调渠首40万亩重大土地整治工程项目，该项目总投资87241.69万元，建设规模22534.47公顷，可新增耕地2402.06公顷，计划分5年实施。第一批2010年实施的项目资金1.01亿元已拨付到位，正在制作详细规划设计方案，2010年可全面实施；全面完成了国家投资3029万元的寺湾、厚坡两镇土地整理项目，该项目涉及两镇11个行政村，总面积1897.72公顷，新增耕地2827.5亩；2009年，申报的新增建设用地有偿使用费投资的九重、厚坡两镇土地整理项目，总投资2755万元，建设总规模1124.7公顷，可新增耕地516.75亩，2009年10月，完成工程招标并施工；完成了县政府总投资725.55万元的“占补平衡”项目，对九重、厚坡、香花3镇15个行政村的204.11公顷荒地进行整理，新增耕地224.43公顷；争取的省政府城乡建设增减挂钩试点项目，涉及寺湾、马蹬等5个乡（镇）9个村，总面积30.0731公顷，拆旧区已完成，建新区已开始实施，工程已完成70%以上。四是坚持集约节约用地。借助南水北调机遇和国家应对金融危机，扩大内需政策，争取上级扶持，提高了投资强度和土地利用效率，并严格按照县重点项目联席办公会议制度，规划建设渠首移民安置循环经济区和县城机械制造产业聚集区，引导企业向园区集中。2009年，划定标准厂房建设区145亩，建设标准厂房71000平方米，有效缓解了用地矛盾，初步破解了发展难题。

【建设用地管理】一是提前介入，争取主动。2009年初，对中央应对金融危机在淅川投资的29家重点企业项目用地情况开展了摸底调查，全面掌握项目的规模、用地面积及使用方向，为项目的顺利推进、及时报批和顺利落地打下了坚实基础，保障了县八大续建、十大新建项目的顺利实施。二是积极协调，预审先行。先后为淅水集团干法水泥、淅铝集团大电解、淅减减振器扩建等南阳市“发动机”项目提供了用地保障，同时，保证了南水北调渠首工程1000余亩和内邓高速3200余亩用地的按时供地。三是盘活低效闲置用地。盘活批而未供、供而未用、低效利用建设用地100余公顷，旧城改造和破产倒闭企业腾地近50公顷，保障了城市发展和经济适用房、廉租房建设用地需求。四是加强土地收储，坚持市场资源配制导向。2009年，共收购储备城区黄金地段土地200公顷，对经营性土地使用权实施招、拍、挂出让，全县成功挂牌出让工业用地8宗，为企业建设用地提供了有力保障。五是加大力度，快速报批。2009年，上报建设项目用地共计19宗，总面积29.6189公顷（折合444.28亩，其中，耕地14.1209公顷）。经南阳市政府以宛政土〔2009〕262号文批准村镇建设用地1批次3宗，面积1.5941公顷（折合23.91亩），呈报省国土资源厅5批次16宗，面积28.0248公顷（折合420.37亩），待省政府批准。具体为：组织呈报“百日行动”违法用地补办手续3批次9宗，总面积23.2442公顷（耕地11.4410公顷），分别为县二初中迁建项目4.8126公顷，县铝业集团年产10万吨PS版基、铝箔坯料及5万吨铝箔加工技术改造工业项目4.5729公顷，香花辣椒城石臼项目和九重环宇、振翼、永飞等5宗辣椒制品项目7.8651公顷，县福森药业生态大观苑项目2.9181公顷，荆关亚欣有限公司年产10000吨锰碳合金球、10000吨钢水净化剂及10000吨保护渣工业项目3.0755公顷；组织呈报2009年度第一批城市建设用地1批次4宗，总面积2.0641公顷（耕地1.0858公顷），分别为县华新铸造有限公司年产100万只过桥箱、减速器壳工业项目0.9644公顷，储备商服用地0.6570公顷，县福安康老年公寓老年人住宅项目0.2007公顷，年产2.5万吨冶金材料金属钢球制品工业项目0.2420公顷;组织呈报2009年度第一批乡镇建设用地1批次3宗，总面积2.7165公顷（建设用地），分别为县宝林彩印包装有限公司彩印包装工业项目1.2951公顷，南通远大置业有限公司莱茵广场商服用地项目0.5941公顷，南阳峰基伟业房地产开发有限公司书香水岸商品房开发项目0.8273公顷;呈报2009年度省政府审批第一批城乡挂钩试点项目征收土地5宗，总面积26.4289公顷。分别为泵式位移相关变阻尼减震器和高速列车及城市轨道地铁减震器自主生产项目21.8602公顷，机械制造项目2宗1.7619公顷，建材加工项目2.6347公顷，辣椒酱料食品加工项目0.1721公顷；组织呈报2009年度第一批村镇建设用地1批次3宗，总面积1.5941公顷（耕地1.5941公顷），分别为商圣街道办事处冬青社区二组居民住宅项目0.8088公顷，龙城街道办事处西湾社区二组居民住宅项目0.5331公顷，金河镇金汇社区组居民住宅项目0.2522公顷；呈报县政府审批建设用地5宗，总面积6.3775公顷（95.66亩）。其中，批准国有土地使用权划拨3宗，分别为划拨县经济适用房开发中心“金水湾”经济适用房项目2.0592公顷（30.89亩），划拨县邮政局建老城邮政支局项目0.1667公顷（2.50亩）；划拨县老干部局老年大学活动场所项目0.3575公顷（5.36亩）；批准乡镇企业工业项目2宗，分别为上集镇程营社区三组以集体土地3.2348公顷（48.52亩）作价出资方式与县宝春源酱料食品有限公司合建辣椒深加工项目，上集镇谢岭社区七组以集体土地0.5593公顷（8.39亩）作价出资方式与县宏华电极糊加工厂合建年产5000吨电极糊项目。

【经营性用地】在经济危机、土地市场不景气的情况下，完成国有土地使用权招、拍、挂出让8宗375.60亩，土地使用权出让总收益达8476.18万元。分别为：位于西坪头原股份制牧场，出让面积19866.76平方米（合29.8亩），成交价款365.68万元，由淅川同辉汽车减振器有限公司拍得，用于工业制造；位于上集镇程营社区，出让面积18573.8平方米（合27.86亩），成交价款为1082.42万元，由河南丹江国际酒店有限公司拍得，用于商业开发；位于上集镇丹阳社区，出让面积126765.8平方米（合190.15亩），成交价款2405.88万元，由淅川汽车减振器厂拍得，用于工业制造；位于厚坡镇卢咀村，出让面积32957.1平方米（合49.43亩），成交价款313.2万元，由河南省淅川金泰源实业有限公司拍得，用于工业制造；位于上集镇东方社区第一、二居民小组的国有工业建设用地，面积56342平方米（合84.51亩），出让使用年限50年，成交价款1295万元，由南阳福森镁粉有限公司竞得；位于上集镇北塘村（原北塘道班）的国有建设用地，面积391.16平方米（合0.58亩），规划用途为商住用地，出让使用年限50年，成交价款40万元，由侯建林竞得；位于荆紫关镇史村、北街村、张村的国有工业建设用地，面积63713.1平方米（合95.56亩），出让使用年限50年，成交价款858万元，由河南淅川玉典化冶有限责任公司竞得；位于上集镇下集村沟北组、刘营社区刘营组的国有工业建设用地，面积129967.9平方米（合194.95亩），出让使用年限50年，成交价款2116万元，由淅川县水泥有限公司竞得。经组织市场调查、反复论证，完成县城区东环路、灌河路、上九路、丹江大道、淅西路及滨河路沿路两侧土地的实地勘测摸底，共收购储备城区黄金地段土地5宗，面积29.668公顷，分别为西湾配件厂北31.95亩、人民路和东环路交叉口109.3亩、二桥北144.92亩、西湾炮厂59.3亩、东环路99.55亩。全年共征收国有土地年租金65万元。

【评估、交易工作】全年共评估土地36宗，评估总面积941802.70万平方米，评估总价值24477.33万元。分别为企业抵押贷款11宗，招拍挂出让及权益价评估15宗，农用地评估及办理国有土地使用权评估3宗，为县检察院、监察局、国土执法监察大队办理违法用地提供价格参考7宗。完成土地使用权抵押登记4宗，抵押土地面积784.77公顷，抵押金额2437万元。办理土地转让1宗，面积866.15平方米；出租登记3宗，面积5768.56平方米。

【测绘工作】不断加强《测绘法》和《基础测绘条例》宣传工作。2009年8月29日，围绕“加强基础测绘工作，发展地理信息产业”主题，在县城中心广场举办了全国第17个《测绘法》宣传日主场活动，并在城控区主要街道悬挂过街标语20余幅，发放宣传单5000多张；强化了测绘市场的监管。多次对全县涉及卫星导航、地理、地图、测绘等单位进行检查，共备案29宗，涉及图幅66幅、25万平方米；积极配合第二次土地调查工作，准确提供了36个三等点数据；申报了淅川县基础测绘工程项目可行性研究报告，涉及淅川1∶500地形图数字化建设，并通过市局验收；完成了全国第二次土地调查、占地360亩的渠首枢纽工程测量工作；配合县纪委、检察院、国土执法监察大队对62宗违法违规用地面积进行了测量，为依法打击国土违法、违规用地提供了准确依据。

【渠首百万亩土地整治项目】该项目是淅川县借助国家向南水北调中线工程渠首资金倾斜政策，申报的渠首百万亩土地整治重大项目。2009年11月27日，由国土资源部、财政部组织的专家组一行深入淅川县、邓州市实地查勘，并一次性通过评审立项。项目区位于淅川、邓州两县（市），建设规模150余万亩，预计新增耕地7万亩，改造中低产田126万亩，投资估算27.76亿元，建设期为5年。其中，淅川区涉及九重、厚坡、香花3镇73个行政村，总规模22860.8公顷，估算投资87241.69万元，整治后可新增耕地面积2487.46公顷，项目工程分5年实施。淅川区2010年实施项目，总投资10176.44万元整治资金已拨付到账，建设总规模3504.4公顷，实施后可新增耕地380.47公顷，新增耕地率为10.85%。项目涉及厚坡镇张楼、杨庵、前河、前街、后街、唐湾、李寨、卢咀、饶营、付营等11个行政村，涉及香花镇香花、桑苗场、周沟、黄庄4个行政村，涉及九重镇夏庄、更生2个行政村。

【南水北调中线渠首枢纽工程】经过淅川县国土资源局20余天的工程勘测、登记、征收工作，2009年6月6日，该工程征地拆迁工作正式拉开帷幕，12月28日开始动工建设。该工程既是南水北调中线输水总干渠的引水渠首，也是丹江口水库的副坝，工程设计为新址重建加电站方案。建筑物主要有引渠、重力坝、引水闸、消力池、电站厂房和管理用房等。闸室布置在右岸，电站设在渠道中间，渠首闸坝顶高程176.6米，轴线长265米。引水闸底部高程140米，分3孔，孔口尺寸宽7米、高6.5米，设计流量350立方米／秒，加大流量可达420立方米／秒。电站为河床径流式，装机容量5万千瓦，安装2台2.5万千瓦机组。工程永久征地360.6亩，临时占地683.1亩，涉及该淅川县8个行政村、5个单位、1家大型企业。工程批复总投资85935万元，其中电站投资约3.7亿元。该工程采取高标准、高品位、高档次的一级景观设计，建成后将成为南水北调中线工程的标志性建筑，成为集观光旅游、休闲度假为一体的亮丽风景线。

【标准所建设】为进一步规范国土资源所工作，充分发挥其国土资源管理 “前沿”阵地作用，淅川县国土资源局按照“统一规划、分步实施、因地制宜、量力而行”的原则，重点突出人员培训、制度建设和基础设施建设三个方面，力争用3年时间使全县国土资源管理所建设达到 “六个一”的基本目标，即一支高效廉洁的队伍、一本健全的管理制度、一处规范的办公场所、一辆专用的执法车辆、一个优质高效的服务窗口、一套完善的办公设备。一是多方筹措资金将滔河、大石桥、寺湾、西簧、毛堂、九重、仓房7处原乡镇工商所撤并后闲置的办公用房予以收购，调整为所在乡镇国土资源所使用，并投资360余万元进行修缮，配齐了办公设施、车辆、电脑等硬件设施。二是对17个乡镇所所有人员进行业务水平培训，并实行异地任职，交流、轮岗使用。三是对17乡所实行财务统管统支，办公经费统一由局长一支笔支出。

【执法监察】建立了由县政府牵头的国土执法监管联席会议制度，成立了由国土、公安、建设、规划、电业等部门及有关乡（镇）参与的国土执法联动机制，制定了国土管理共同责任制度，由县政府明确了乡镇政府国土管理的责任主体和各职能部门的监管责任，使国土资源执法由国土部门“单枪匹马”转变为多个部门“齐抓共管”，形成了“一家管”为“多家管”的执法监察新格局；2009年，在为执法监察队伍充实了10名骨干的基础上，5月，又成立了国土资源管理警察大队；6月，在全县17个乡镇、489个行政村选聘了492名协管员；开通了0377—12336国土资源违法举报电话，进一步畅通国土资源违法案件举报渠道,从而构建起了横到边、纵到底的县、乡、村三级联动国土执法监察网络体系，为确保国土资源违法行为“早发现、早报告、早制止”打下了坚实的基础,实现了对违法违规案件的“快立案、快制止、快查处”。相继开展了声势浩大的集中整治非法买卖土地、违法违规用地、非法砖瓦窑厂等专项整治打击活动，共出动执法人员600余人、执法车辆100余台（次），查处国土违法违规案件1370余宗，拆除违法砖瓦窑厂18座，申请法院案件1200余宗，刑事拘留24人，行政拘留15人，建议落实党政纪处分20人。构筑的国土违法“防火墙”，有效遏制了国土违法违规案件的发生，实现了2009年度的国土违法违规案件比2008年度下降了60%。淅川县国土资源局成立国土资源管理警察大队和“既处理事、又追究人”等执法经验和做法，在2009年洛阳召开的全国国土资源执法监察工作会议上，作为成功经验得到交流和推广。

【信访工作】以构建和谐淅川为目标，坚持“以人为本、群众利益无小事”的原则，积极开展涉土纠纷“积案化解年”活动，认真解决群众反映的信访事项和问题，妥善处理化解了一批涉及群众利益的热点、难点问题，维护了社会稳定。全年共接待人访124起370人（次），信访29封，投诉电话42个，全部予以妥善处理。无发生赴京、省、市集体上访及恶性集体、个体上访事件。办理省厅、市局市长连线、行风热线、县信访局等交办案件42起，已全部结案。市级以上信访率下降了40%，结案率达到100%，群众满意率在90%以上。

【国土资源警察大队】为加大国土资源执法力度，淅川县委、县政府决定成立淅川县公安局国土资源管理警察大队。2009年5月22日，淅川县公安局国土资源管理警察大队在淅川国土资源管理局正式挂牌成立。该大队为淅川县公安局派出机构，编制5人，人员由公安局内部抽调组成，工作经费及办公场所、设施、车辆由县国土资源局保障，办公地点设在国土资源局。一旦发生国土违法案件，国土资源管理警察大队将会介入立案调查，实现与国土资源管理警察大队强强联手，用法律的手段从重、从快、从严查处国土资源违法案件，为全力维护国土资源管理新秩序，为发展地方经济保驾护航。2009年，共行政拘留13人。

【矿政执法监察】2009年，坚持开发与保护并重，管理与服务相结合的方针，深入推进采矿权市场化建设，狠抓采矿权管理和矿业秩序整顿工作，坚决制止和打击非法勘查和开采行为。本着“反复抓，抓反复”的原则，陆续开展了钒土、河道采金、小煤窑、大理石等多次专项矿业秩序整顿，清查无证非法开采矿点167个，查处涉钒案件100余宗，炸毁非法钒窑129座、978门，浸泡池118个，查封钒土2000余吨，没收钒土760余吨；炸毁采金船4条，拆毁非法采金船3条，强制上岸13条；炸毁小煤窑15个，扣除非法运输车6辆；关停无证大理石矿山20余家，强令14家石灰岩矿山整改，共移送公安机关处理17宗，行政拘留9人，党政纪处分2人，违法采矿活动得到初步遏制，理顺了矿业管理秩序。全年，共完成矿产类各种规费100余万元。

【采矿权出让】2009年，成功挂牌出让了5块采矿权，成交价款406万元。分别为：大石桥刘家坪0.07平方公里、5.73万吨、大石桥朱家沟0.30平方公里、9.47万吨两宗钒土采矿权，成交价款167万元，被南阳金泰源公司竞得；马蹬镇青龙嘴钒矿0.13平方公里、9.39万吨，盛湾镇秀子沟钒矿0.1平方公里、7.79万吨，香花镇免子寨0.21平方公里、7.47万吨三宗钒土采矿权，成交价款239万元，被河南玉典化业公司竞得。

【矿产资源整合】为认真贯彻落实《国务院关于全面整顿和规范矿产资源开发秩序的通知》（国发〔2005〕28号）等文件精神，切实解决淅川县矿山企业存在的矿权分散、采矿规模小、开采方法落后、税费流失严重和安全隐患大等突出问题，制订了《淅川县矿产资源整合实施方案》。通过对淅川54家矿山（其中，钒矿9家、铅锌矿2家、铁矿2家、虎睛石1家、大理石16家、石灰岩17家、河砂4家、方解石2家、黑绿玉2家）关闭、整合重组，实现关闭矿山企业8家（其中，直接关闭矿山企业2家，整合关闭矿山企业6家）。

【动态储量监测】按照《南阳市国土资源局严厉打击矿产资源勘查开发领域违法违规行为专项行动工作方案》（宛国土资〔2009〕68号）要求，组织矿产管理站、储量勘查股、矿产开发股、地质环境股等相关人员对淅川县矿产资源勘查开发领域进行了一次全面排查，实地检查率达100%。对54家采矿权和15家探矿权企业建立了2009年矿产资源储量动用技术档案和储量检测台账。在对探矿权核查、督查、年检工作中，没有发现无证勘查、非法转让探矿权、圈而不探、资源浪费和越界开采现象，各矿山企业勘查单位都能按照设计的矿山开发利用方案进行施工，矿业秩序良好。

【地质灾害防治】2009年，开展了"4·22世界地球日"和"5·12防灾减灾日"宣传活动，制定了《淅川县2009年度地质灾害防治预案》，建立了县、乡、村、组四级防灾网络。积极开展地质灾害隐患排查，对全县17各乡镇（街道办）进行了逐一排查，对易发生地质灾害的8个乡镇、14个地灾点及学校，166户873人，发放了避险和防灾明白卡。组织编制了《淅川县地质灾害防治规划》和《淅川县地质环境保护规划》已全部完成，通过市局审核，并经县政府批准实施，确保地质灾害不给人民群众生命财产安全造成损失。

【钒土整治】2009年，在淅川县集中打击非法采钒冶钒专项行动指挥部的统一组织协调下，全县国土资源系统全员参与，先后出动人员400余人次，车辆180余次，炸毁非法钒窑129座978门、浸泡池118个，查封钒土2000余吨，没收钒土760余吨，扣押非法采钒工具一批，遣散民工450人，行政处罚14人，移交公安机关处理16宗，报送省非法采矿鉴定7人7案，公安机关刑事拘留9人，非法采矿批准逮捕2人。通过集中整治，已收到了明显效果，有效遏制了钒土资源的非法开采、冶炼现象。

（章政玉）

镇平县国土资源局

镇平县位于河南省西南部，毗邻南阳市区，辖19个乡镇3个街道办事处，409个行政村，总人口95万人，总面积1500平方公里，山区、丘陵、平原各占1/3。被授予"中国玉雕之乡"、"中国地毯之乡"、"中国金鱼之乡"、"中国玉兰之乡"、"中国民间艺术之乡"称号，是全国500个商品粮生产基地县及河南省命名的18个综合改革试点县和26个城镇化重点县之一，是河南省确定的玉文化改革试验区、可持续发展试验区、粮食生产核心区。

赵凌辉　党委书记、局长

丁治林　党委副书记、副局长

王清和　党委委员、副局长

尤永文　党委委员、副局长

王海瑞　党委委员、纪检组长

范天栓　党委委员、主任科员

沙玉山　党委委员、主任科员

赵凌辉简介：男，汉族，1962年1月出生，河南省镇平县城关镇人。中共党员，会计师，研究生学历。1981年参加工作，历任镇平县教育局干事、计财科副科长，镇平县教委职教科科长，镇平县城郊乡副乡长、党委副书记，遮山乡党委副书记、乡长、党委书记，遮山镇党委书记、乡长，镇平县环保局局长、党总支书记；2005年6月，任镇平县国土资源局党委书记、局长。

【机构设置】镇平县国土资源局内设办公室、计财股、建设用地股、地籍股、规划与耕保股、矿产开发管理股、地质环境测绘股、法制监察股、信访股、监察室10个股（室）。下设土地监察大队、地产储备交易中心、土地评估所、矿产资源监督管理站、年租金征收办公室、土地开发整理中心和城区直属分局7个单位。现有干部职工276人，党员103人。

【土地资源】镇平县土地总面积14.9万公顷，其中，基本农田面积69977.1公顷，耕地面积78664.31公顷，其他土地面积70365.45公顷。

【矿产资源】镇平县境内矿产资源较为丰富，已发现各类矿产30余种。金属类主要有金、银、铜、钼、铁等，非金属类主要有石墨、矽线石、石榴籽石、大理石、建筑石料用灰岩等。其中，铜、钼储量位居河南省前列，主要分布在老庄镇任家沟、楸树湾矿区；其他大理石及建筑石料用灰岩更是遍布遮山、柳泉铺、老庄等地。

【基本农田保护】严格落实耕地保护责任，提请县政府把基本农田保护工作纳入乡镇年度目标管理，层层签订目标责任书，强化管护措施，有效确保耕地保护面积稳定在78685公顷，基本农田保护面积稳定在69977公顷。

【占补平衡】建立年度耕地占补平衡项目库，入库面积600公顷，全年通过开展“三项整治”，新增耕地面积2300亩，连续11年实现了耕地占补平衡。

【土地综合整治】投资3303万元的曲屯、安字营两乡（镇）3万亩国家级土地整理项目顺利通过南阳市国土资源局验收，新增耕地面积960亩；投资418万元的杨营镇土地整理项目有序推进。

【砖瓦窑厂集中整治】2009年7月1日～2日联合公、检、法等部门，集中对16座反弹的粘土窑厂进行了彻底拆除。

【保障重点项目用地】对投资额度大、带动能力强、运作基本成熟的项目积极向上申报省市重点项目及双百计划，争取单列供地，全年组织上报建设用地16批次3490亩，确保了华兴科技、玉料市场等重点项目和基础设施建设项目的用地需求。

【土地储备】国有土地储备工作，全年共储备土地447亩，为县域经济后续发展奠定了有利条件。

【国土规划】严格执行土地利用总体规划，严把项目预审关，2009年，共受理预审建设用地项目45宗，核减不符合供地条件的项目6个。

【土地出让】严格执行工业用地和经营性用地招拍挂制度，2009年，共出让国有建设用地18宗514亩，成交价款1.68亿元，实现土地收益8866万元，为县城城市建设提供了资金支撑。

【盘活存量土地】 针对建设项目用地供求矛盾，积极向内部挖潜要空间，全面清查县内，特别是工业集聚区内低效闲置用地，大力实施“腾笼换鸟”，招商嫁接优势项目，提高土地利用强度，提升工业集聚区发展水平。2009年，有效盘活低效闲置土地30.77公顷，引进鼎源包装等工业项目9个，增加投资1.76亿元，为县域经济发展提供了用地保障。

【节约集约用地】大力发展标准厂房、经济适用房建设，2009年，建设标准化厂房14.97万平方米，超额完成12.57万平方米；完成保障性住房项目用地1.8公顷。

【城中村改造】编制了涅阳镇菩路南段、玉都大刘营村、雪枫郭家庄村钢铁市场等旧城改造规划，开发建设了水岸星城、林语华庭等高层住宅小区，进一步提高城市开发建设品位和居民生活质量。

【规划修编】科学修编新一轮土地利用总体规划，实现了土地利用总体规划与县城总体规划、产业集聚区规划和玉文化改革发展试验区规划的“四规合一”。规划期内，中心城区规模由原来的1583.05公顷规划为2688.39公顷，其中，产业集聚区规划规模1640公顷，玉文化改革发展试验区规划规模300公顷，为县城规划区的持续发展拓展了空间；乡级土地规划结合乡镇村建设和村镇建设规划，通过城乡建设用地增减挂钩落实指标200公顷，较好地保证了未来10年内乡镇集镇建设、新农村建设和重点基础设施建设项目的用地需求；新一轮县级土地规划修编通过省政府批准，乡级土地规划通过省市专家审查。

【第二次土地调查】完成了镇平县1490.3平方公里农村土地外业调查及数据库建设，通过验收并上报国土资源部备案；县城地籍更新调查外业地籍测绘权属调查已完成；乡镇政府所在地地籍调查稳步开展外业调查。

【整治矿业秩序】坚持“治乱、治散、治本”一起抓，以整顿促整合，以整合促规范，以规范促发展，强力开展矿业秩序集中整治活动，2009年，通过与公安、安监等部门联合执法，对全县范围内钼矿、铁矿、石材及零星矿区排查“四证一照”，落实“三停”措施，先后下发制止违法行为通知书45份，移送司法机关处理6家，没收扣压设备210余件，责令停产整顿98家，矿业秩序明显好转。

【钼矿资源整合】2009年，镇平县钼矿资源整合工作领导小组积极协调南阳市地勘一院及河南省有色金属地质矿产局地质三队，将14家钼矿企业的储量核查制作出来并提交企业确认，配合新金石评估公司对企业的资产、矿权等进行了清点查看、数据上报复查及初步评估，在《大河报》发布债权债务公告，妥善处理矛盾纠纷，制订评估原则及内容，国土资源局、安监局、环保局及老庄镇政府等成员单位分包企业开展整合工作，促使企业与洛钼集团缩小差距，合理报价，尽快达成一致意见，顺利推进各项整合工作，截至2009年底，储量核查和资产评估工作已基本完成。

【储量动态监测】全县甲类矿山18个，除14个钼矿（因资源整合，全部处于停产状态）外，其余甲类矿山全部进行了储量动态监测，储量动态监测率达100%。

【矿业权实地核查】积极对县域内钼、铁、石墨、矿泉水、硅石等资源的分布、储量进行详查，准确掌握矿产资源储量家底，为资源招商创造条件。2009年，探矿权、采矿权实地核查工作全面完成，并顺利通过省市验收。

【地灾防治】针对全县发现的80个地质灾害隐患点，科学编制了《镇平县地质灾害防治规划》和《镇平县矿山地质环境保护与治理规划》，建立健全地质灾害群测群防网络，创新工作机制，协同县气象局建立地质灾害预警预报平台，有效地避免了三次小型地质灾害发生。加强地质灾害警示宣传教育，发放防灾避险明白卡和工作明白卡2000份，宣传单200张，宣传手册200份，设置警示牌20个，受教育群众5万人。认真组织实施遮山北部山体、玉都祁子堂金矿尾矿库、二龙赵河泥石流应急勘查项目和高丘、二龙两所小学滑坡治理项目，确保人民群众生命财产安全，2009年12月，该县被国土资源部命名为“地质灾害防治十有县”。

【构建共同责任机制】研究出台了《关于建立土地管理共同责任制度的通知》（镇政〔2009〕28号），建立健全了定期会商、政策协调、信息共享、联合执法等工作制度，形成了在县政府统一领导下，各司其职，各负其责，上下联动，齐抓共管的执法格局。

【违法占地集中整治】研究出台了《关于建立土地利用和规划建设长效管理机制的实施意见》（镇发〔2009〕26号）和《镇平县城规划区违法占地建设集中整治实施方案》（镇办〔2009〕32号）等规范性文件4份，组织开展县城区违法占地建设集中整治活动，重点对未取得合法用地手续擅自建设、未经批准擅自改变土地用途、以各种名义违法占用国有土地进行小商品房开发建设、取得土地使用权后闲置土地四种土地违法行为进行严厉查处。

【动态巡查】加强动态巡查，积极推进执法关口前移，实行日巡查、周报告制度，及时制止查处各类土地违法违规行为，全年通过动态巡查查处土地违法案件67宗136.12亩，其中，通过联合执法强制拆除违法占地建设94.82亩，复耕72.1亩，移交司法机关40余宗，移交纪检监察机关13宗，党政纪处理45人，批捕3人，收缴罚没款70余万元。

【信访接待】2009年，共接待信访案件139起，其中人访56起，电话、信件举报19起，上级批转件64起，省国土资源厅批转、交办案件结案率100%，群众满意度达94%以上，信访量与2008年相比下降21%。

【法制监察】全年受理行政诉讼案件24宗，审结18宗，胜诉17宗，胜诉率98%；受理行政复议案件3宗，维持率100%。

【规范审批行为】进一步规范窗口办文制度，实行一站式办公，较好地服务了社会，支持了县域经济建设。全年受理各类业务1200余项，办结率100%，获得“红旗窗口”和“河南省优质服务窗口”荣誉称号。

【乡所规范化建设】通过积极协调，理顺了乡所工作人员渠道，实现了县乡国土资源人财物的统一归口管理；筹措资金180万元统一为各所配置了车辆、电脑、打印机、照相机等设备，有效地改善了乡所工作条件。2009年，全县19个乡所中已有18个达到规范化建设标准，达标率95%。

（谢泽林　周勇）

新野县国土资源局

新野县位于河南省西南部，与湖北省襄樊市接壤，历史悠久，文化灿烂，物华天宝，人杰地灵，是三国历史文化名城。总面积1062平方公里，辖9镇5乡，98万亩耕地，76万人。其中，县城建成区面积22平方公里，城区20万人。是全国对外开放县、优质棉生产基地县、无公害蔬菜生产基地示范县、社会治安综合治理先进县、河南省对外开放重点县、城镇化建设重点县和绿色畜产品生产基地示范县，新野正由平原农业县崛起为充满活力的新兴工业城市。勤劳智慧的新野人民正用双手和汗水缔造“全国棉纺织强县、全国优质蔬菜基地县、全国皮埃蒙特优质肉牛大县”，为实现全面建设小康社会的目标而不懈奋斗。

黄平亚　局长（县纪委副书记）

王保山　党组书记(财政局党组书记、局长)

陈合永　党组成员、副局长

彤克明　党组成员、副局长

任新襄　党组成员、纪检组长

王义生　党组成员、主任科员

王新华　党组成员、副主任科员（女）

黄平亚简介：男，汉族，1963 年12月出生，籍贯新野县歪子镇，大专毕业，中共党员。1983年8月参加工作，任桐柏农业高中教导主任；1985年8月，任新野县委办干事；1990年6月，任新野县委办秘书（副科）；1994年8月，任新野县农牧局副局长（1997年9月兼畜牧办主任）；1997年11月，任农业局副局长；1999年8月任，新野县纪委常委、办公室主任（正科）；2005年7月，任新野县纪委常委、监察局副局长；2006年5月至今，任新野县纪委副书记（2009年7月，兼县国土资源局局长）。

【机构设置】新野县国土资源局现有干部职工230人，内设办公室、财务股、人事股、监察室、地籍股、用地股、规划股、信访股、法制股、耕保股、测绘股11个股室；国土资源执法监察大队、矿产资源管理办公室、地产交易中心、土地储备中心、土地整理中心5个二级单位；辖汉华、汉城、城郊乡、新甸铺、五星、王庄、前高庙、溧河铺、施庵、沙堰、樊集、上庄、歪子、王集、上港15个国土资源所。

【土地资源】全县土地总面积为1062平方公里，由于地处南阳盆地南部，既有平原，又有岗地、洼地，还有河湖坑塘。就土壤类型而言，全县共有4个土类、4个亚类、8个土属、37个土种，其中，灰潮土20.5万亩，黄老土20.8万亩，黑老土28.8万亩，砂礓黑土43.9万亩。就利用情况看，农业耕地97.6万亩，占总面积的61.3%；城镇村庄道路用地47.2万亩，占24%；林业用地3.2万亩，占2%；河沟渠道9.8万亩，占6.2%。全县现有农耕地97.6万亩，多为河流沉淀物覆盖，土层深厚，保水保肥性好，适应植物种类繁多，最具发展商品生产的优越条件。

【土地利用】做好经营性土地和工业用地招标拍卖挂牌出让工作，共招、拍、挂出让国有建设用地16宗，面积405844平方米，占出让面积总数的84%；出让土地总收益2.2亿元，其中，土地出让净收益突破亿元。大力盘活存量土地，共盘活存量土地19宗，面积430849.15平方米。强化企业改制土地资产处置工作，支持服务企业发展，共处置企业改制土地2宗，面积23898.82平方米。加强对土地二级市场管理，全面落实土地市场动态监测制度，为强化政府宏观调控提供支持和服务。2009年，办理土地转让28宗，面积13626平方米。

【耕地保护】为进一步落实“十分珍惜，合理利用土地和切实保护耕地”的基本国策，切实加强耕地保护工作，县政府与各乡镇、办事处签订耕地保护责任书，乡镇、办事处与村组层层签订目标，并制定完善了《乡镇政府耕地保护目标考核办法》，把全县耕地稳定在67809.12公顷，其中，基本农田面积60800公顷，保护率88.36%。另外，积极推进基本农田整治，提高耕地质量。2009年，共争取基本农田整治项目2个，建设总规模5.53亩，连续10年实现耕地占补平衡有余，耕地占补平衡考核位居全市前列。

【建设用地管理】2009年，依据新野县土地利用总体规划，城镇村建设规划和国家产业政策要求，依法上报村镇建设农用地转用审批手续两个批次，面积10.5793公顷（158.7亩）；乡镇建设征收土地、城市建设用地各1个批次，面积共计28.33公顷（424.95亩）。严把宅基地审批关，真正落实了“一户一宅”及法定面积标准，从投资强度、容积率、建筑密度、绿地率、办公用地率等方面严把项目用地规模，确保建设用地节约、集约，提高了土地利用率。积极探索集体建设用地流转，招拍挂流转集体建设用地2宗，面积共计150余亩，盘活了集体存量建设用地，增加了农民收入，为农村土地管理制度改革积累了实践基础。

【执法监察】一是紧紧围绕 “零违法、全收储”目标，建立健全各项规章制度，依据《中华人民共和国土地管理法》及相关法律法规制定印发了《新野县土地违法案件查处办法》，明确职责，严格程序，为土地违法案件及时、有效查处提供保障。二是公开违法用地举报电话，统一设置投诉信箱，畅通举报渠道，努力做到举报一起、查处一起、结案一起，建立健全县、乡、村、组四级动态巡查体系，强化动态巡查的幅度与强度，对省道、县道、乡道主要道路，确保每周动态巡查不少于两次。同时，每个行政村聘任国土资源协管员1名，并且乡（镇）监察中队分组包村，初步形成了县、乡、村三级动态执法监察信息网，积极推进和实现“属地管理”、“重心前移”、“关口前移”的目标要求，做到“早发现、早制止、早报告、早处理”。完善动态巡查日志、台账，做到有案必查、查必有果。三是制定出台违法、违规用地及建设行为长效管理机制，成立集中整治违法违规用地及建设行为“集中整治”指挥部，对全县违法、违规用地及建设行为进行彻底清理，通过联合执法，强力拆除了一批违法建筑，震慑了违法违规建设行为，收到了良好的社会效果。四是加大国土资源执法监察力度，全年动态巡查共立案土地违法13件，结案13件，涉嫌犯罪移送案件7起，行政处分案件19起。

【信访工作】主要是采取理顺工作思路，严格领导包案，积极落实信访风险评估，狠抓信访案件办理，强化信访督查督办，加强沟通协调，部门联动等措施，做好国土资源信访工作。2009年，共受理立案信访案件84件，较2008年同比下降20%，其中，省厅市局批转、交办8件，本级年度受理76件，已全部办结，结案率达100%，群众满意率达87%。

【基础业务工作】坚持“三规合一”原则，科学规划县中心城区、产业集聚区空间布局和发展规模，保证了县中心城区、产业集聚区有10年以上的发展空间。县乡两级土地利用总体规划修编成果均已完成，并且已分别经省、市政府批复。同时，认真开展第二次土地调查，其中，农村土地外业调查、内业建库、基本农田上图、城区地籍更新调查等重点工作任务已基本完成，不仅为国土资源管理提供了大量的数据资料，还为全县社会经济发展提供了坚实的基础保障。

【矿产资源】已查明的矿产资源如下：河砂。新野位于南阳盆地底部，汉工支流的河、唐河及瑞河汇入新野，三大河流河砂资源丰富；石油。主要位于西北部的施庵、沙堰两镇域内；地热。属于地质构造中地热较富集区，主要是中、低热，一般位于地下1200米左右。其他如邻唐河县的王庄镇、前高庙乡等地有铜臬埋藏，但尚未查明。

【矿产资源管理】矿产资源管理办公室负责全县矿产资源日常监督管理。石油的探、采由河南油田和上级主管部门实施管理。鉴于河砂分布于河流的特殊性，自2008年来，每年由县政府实施统一招标开采（三大河流分13个标段分别招标），由水利局、国土局依法监管。地热开采处于启动阶段，正在积极探索有效监管办法。

（聂晓宇）

卧龙区国土资源房产管理局

卧龙区位于河南省西南部，居南阳盆地中偏北处。北接南召县、方城县，东邻南阳市宛城区，南交邓州市、新野县，西与镇平县接壤。

李连伟　党组书记、局长
刘剑剀　党组副书记、纪检组长（女）
丁建仓　副局长
陈庆文　副局长
丁声奇　副局长
宋卫东　党组成员、主任科员
吕晓峰　党组成员、副主任科员
谢　明　副主任科员（女）
赵显超　副主任科员
丁清华　副主任科员
赵　明　副主任科员

李连伟简介：汉族，1963年出生，中共党员，南阳市宛城区人，本科文化程度。1983年参加工作，历任南阳大铜矿团委副书记，南阳化学制药厂党办副主任、党委宣传科长，南阳轻化工业局团委副书记、党办秘书，中共卧龙区委办公室干事、区委办公室督察科副科长，区委督察室副主任、正局级督察员，区委办公室副主任；2004年至今，任卧龙区国土资源房产管理局局长

【机构设置】河南省南阳市卧龙区国土资源房产管理局现有干部职工121人，平均年龄36岁，大专以上文化程度占95%，机构设置健全，基础设施逐步加强。内设职能科（室）7个：办公室、综合财务科、用地科、地籍科、政策法规科（监察科）、房管科、规划耕保科、测绘科，另设监察大队、土地开发整理中心、土地收购储备中心、土地评估所、房改办、房产评估所、房屋廉租办、矿管办。工、青、妇群团组织健全，局管理科学规范。

【土地资源】辖区内土地资源类型多样，土地总面积1526359.2亩，其中，农用地1146136.2亩、建设用地252694.6亩、未利用地127483.5亩，分别占土地总面积的75.09%、16.56%、8.35%。在农用地中，耕地面积856132亩、园地面积24993亩、林地面积158616.6亩、牧草地99.6亩

（在百分比中不显示）、其他农用地106339.6亩，分别占农用地的74.69%、2.18%、13.84%、9.28%。在建设用地中，居民点及工矿用地216249.3亩、交通运输用地12460.4亩、水利设施用地23985.2亩，分别占建设用地的85.58%、4.93%、9.49%。在未利用地中，未利用土地62822.8亩、其他土地64660.7亩，分别占未利用地的49.28%、50.72%。

【矿产资源】卧龙区内矿产资源丰富，主要有石英石、大理石、花岗岩、钾长岩、高岭土、陶土、水晶、玛瑙、独山玉等，其中，石英石、大理石、钾长岩主要蕴藏在潦河坡乡，水晶主要分布在谢庄乡，陶土蕴藏在小寨乡。

【基本农田保护】完善耕地保护责任体系。把耕地保护纳入政府目标管理序列，成立基本农田保护领导小组。与各乡镇办主要责任人签订目标责任书，由卧龙区人民政府组织对各乡镇办基本农田保护进行全面考评，考评结果纳入全区年度目标管理。

加大耕地保护宣传力度。一是利用“三下乡”、“4·22地球日”和“6·25土地日”等机会，在乡镇主要街道设立咨询台、散发宣传彩页、悬挂横幅、刷写墙标，同时，组织宣传车2台30余（次）深入全区各乡（镇），持续广泛巡回宣传耕地保护工作。二是在卧龙人民政府及卧龙区国土资源局网站上设立耕地保护宣传版块，公布举报电话，方便群众浏览举报。三是投入专项资金30余万元，修缮并制作了基本农田保护牌1000余块，并定期对保护牌进行维护。

【土地开发整理】在土地开发整理方面，严把补充耕地的质量关，高标准验收，以保证补充耕地的数量和质量达到设计要求，使卧龙区的耕地保有量稳定在57132.15公顷以上，实现全区耕地总量动态平衡。

【用地服务】国家实行从严从紧的年度计划用地供应政策，上级分配卧龙区的用地指标每年300亩左右。为保障经济发展的用地需求，争取省、市的大力支持，同时，积极向指标富余的县、市筹措用地指标，缓解土地供需矛盾。2009年，共上报正常农用地转用3个批次，共计7个项目，面积37.4430公顷。第一批和第二批村镇建设报件市局已全部通过会审，第三批村镇建设报件市局耕保科尚未审查。农用地转用所报项目含市发动机项目1个（银海物流园），市、区重点项目3个（蒙古风情园项目、地雅花生精粉加工项目、中联水泥余热发电项目）。上报“百日行动”补办手续农用地转用1个批次，含市发动机项目1个，乐牛乳业、四佳机械、宝山耐磨材料，共计3个项目，总面积6.3215公顷。农用地转用已报南阳市政府审批，征收土地的报件报至南阳市国土资源局，待南阳市政府出具请示文件及审查意见后上报省厅。

【节约集约用地】坚持节约集约用地，把重点项目用地向龙升工业集聚区引导，对入驻园区的项目按照“三高”、“五不准”的原则优选（“三高”即进入工业集聚区的项目必须达到高投入、高附加值、高科技含量的标准。“五不准”即3000万元以下项目原则上不能入驻，高耗能、有污染的项目不得入驻，低水平重复建设的项目不得入驻，投资强度每亩低于150万元的不能入驻，容积率低于0.7的不能入驻）。全年共供应土地（含新增及盘活存量土地）6宗，面积合计27.66218公顷，已超额完成南阳市国土局2009年初下达的全年20公顷的任务。

推行标准化厂房，集约节约用地。利用标准化厂房用地报批的优惠政策，积极推进标准化厂房建设。工业集聚区规划500亩的土地专项用于标准化厂房区建设，已批准了129亩，预计将建成标准化厂房10万平方米，入住企业30余个。通过标准化厂房的建设优化了土地资源配置，提高土地集约利用水平，节约大量土地。

【地籍管理】响应国家扩大内需促进经济平稳较好较快发展服务方面，为提出申请的医疗卫生、供水工程、垃圾处理、污水处理等公共基础设施和公益事业项目，出具了用地的初审意见。

【查办土地违法案件】加大土地违法案件的打击力度，严查土地违法案件。建立区、乡镇办、村的国土资源执法监察网络，完善土地动态巡查制度，形成事前预防、事中监督、事后查处的土地执法体系。每月底将各乡镇办土地违法情况综合评定、排序在全区进行通报，通报直接送区委书记、区长、主管区长、人大、政协以及组织、纪检监察、公安、检察、法院等部门，同时函告各乡镇办主要负责人。内部实行办案、监察分离，大队负责办案，法规科负责监督，不仅增强了执法效果，也提高了办案质量。2009年，发现违法占地118宗232亩，比上年同期下降了40%。已处理完结94宗，其余正在调查中。

创新土地执法机制，加强土地执法工作。成立了由卧龙区监察局牵头，土地、城建、公安、检察、法院等部门组成的清理查处违法占地违法建设活动领导小组及清查办公室，制订了《卧龙区违法占地违法建设清查工作方案》，按照方案要求分阶段、分步骤进行清理工作。“两违”清查共拆除违法建房2.5万平方米，下达停工通知1100余份，追究党政纪责任2人（其中，副科级干部1人），有效遏制了土地违法行为的发生。

【信访工作】加强对征地补偿安置费分配使用的监管，防止拖欠、截留和挪用，及时给予被征地农民合理补偿，从源头上解决群众因征地补偿问题上访的问题。

每月定期向全区四大家领导、乡镇办主要负责人通报各乡镇办涉土信访案件情况，同时，对涉土信访案件实行领导包案制度，实行信访案件“四包”，即包案件排查、包调查处理、包人员稳定、包结案。高度重视信访接待，成立群众工作站，并实行节假日值班制度，接待群众来访。全年的国土资源信访京访2起、省访2起、市访20起，信访量与2008年同期相比下降40%左右，其中京访、省访下降比重较大。

【矿山治理】围绕卧龙区独山、蒲山两大矿区，严厉打击无证采矿、越层越界开采、乱采滥挖等行为，实现辖区内矿产资源开采秩序的稳定。推行矿山储量动态监测工作，落实矿山企业年度储量运用计划的申报备案制度。勘查许可证持证率达到100%。辖区内甲类矿产储量动态监测率达到100%。严格执行征收标准，确保矿产资源补偿费按时足额入库。

按照“谁受益、谁投入，谁破坏、谁恢复”的指导方针，做好矿山环境保护工作。认真开展地质灾害危险性评估，凡在地质灾害易发区内进行工程建设，必须在可行性研究阶段进行地质灾害危险性评估。督促矿山生态环境恢复保证金的落实，确保矿山环境的治理。正在编制《地质灾害防治规划》和《矿山地质环境保护与治理规划》，2009年，地质灾害防治方案下达乡（镇）、矿山企业。争取中央矿山环境治理专项资金1200万元，并通过省国土资源厅审定，是南阳市唯一的一家。

【人事教育】卧龙区国土资源局党组高度重视党风廉政和政风行风建设工作，按照“谁主管、谁负责”和“一岗双责”的原则，进一步加强对系统内党风廉政和政风行风建设的监督管理工作，每年与各乡镇办国土所长、各科室（单位）负责人签订目标责任书，强化任务，明确责任，从而有效规范干部职工的行政行为。同时，不断加强机关管理和干部队伍作风建设，对机关各项管理制度和工作程序进行全面修订完善，建立了科学完善的规章制度、工作规范和行为准则的考评机制。结合工作实际，制定了《绩效综合考评办法》，对各科室（单位）实行百分制考核，在年终按照德、能、勤、绩进行综合评定并与目标奖、文明奖挂钩，改变了机关人员干好干坏一个样的局面，受到上级好评。

【信息化建设】按政府要求，对自2003年以来的各类政府信息进行了清理，编制了《政府信息公开指南》和《政府信息公开目录》，方便群众查询和监督。

（李 红）

内乡县国土资源局

内乡县位于河南省西南部，伏牛山南麓。地处东经110° 34′～112° 09′，北纬32° 49′～36° 36′之间。东连镇平县，西邻淅川县、西峡县，南接邓州市，北依嵩县、南召县。全县共辖10镇、6乡、289个行政村和8个居民委员会，3840个村民小组，总人口63万人，289个行政村。地形呈南北条状，南北长85公里，东西宽54公里，总面积2465平方公里，耕地面积76万亩。

【机构设置】内乡县国土资源局内设办公室、人事股、财务股、建设用地股、地政地籍股、执法监察股、规划股、开发股、地质环境股9个股室。下属1个正科级事业单位：地质公园管理处；8个股级事业单位：土地监察大队、地价评估事务所、地产交易所、土地测绘队、土地整理中心、土地年租金征收管理办公室、土地储备中心、矿产资源开发服务中心；16个国土资源所和8个地矿管理所。局系统现有干部职工255人，其中，离退休人员22人，在职工作人员233人。现有172个行政和事业编制。其中，行政编制19个，事业编制153个

（乡国土资源所财政全供编制48个，定补事业编制5个，自收自支事业编制100个）。

薛武宗　党委书记、局长

聂兴宗　党委副书记、主任科员

范保定　党委委员、副局长

王炳华　党委委员、副局长

刘光旭　党委委员、纪委书记

张怀江　党委委员、主任科员

岳义磊　党委委员、主任科员

李国志　正科级干部

陶贵法　正科级干部

郭同先　主任科员

马桂丽　副主任科员（女）

薛武宗简介：男，汉族，1963年6月出生于内乡县灌涨镇。1985年7月参加工作，1990年5月加入中国共产党，大专文化程度。1982年7月，在内乡农牧局工作；1987年2月，任内乡县园艺场场长；1988年5月，任内乡县师岗镇副镇长；1998年4月，任内乡县师岗镇副书记；2000年10月，任内乡县夏馆镇党委副书记、镇长；2002年3月，任内乡县夏馆镇党委书记；2005年12月，任内乡县城关镇党委书记；2007年9月至今，任内乡县国土资源局党委书记、局长。

【土地资源】截至2009年底，全县国土面积230483.85公顷。其中，耕地60538.91公顷，园地5757.52公顷，林地125391.78公顷，草地9063.39公顷，城镇村及工矿用地13748.77公顷，交通运输用地3096.01公顷，水域及水利设施用地7860.09公顷，其他土地5027.38公顷。

【矿产资源】内乡县地处秦岭东西向复杂褶皱带东段，区内地质结构复杂，岩浆活动频繁，变质作用强烈，岩石类型齐全，成矿地质条件优越，形成了多种有用矿产。多年来，经地质队的长期勘查工作和广大群众的积极寻找探查，截至2009年底，全县已发现有用矿产31种。其中，金属矿产有金、银、铜、铅、锌、钒、铁、锰矿8种；非金属矿产有水泥用灰岩、水泥配料用砂岩、水泥配料用页岩、矽线石、石墨、硅灰石、方解石、白云岩、大理石、花岗岩、玄武岩、石灰岩、陶粒页岩、钾长石、海泡石、蓝石棉、高岭土、石英岩、建筑用砂、砖瓦用粘土、石煤、磷矿等23种。具有开发利用价值的矿产15种，已部分探明或初步查明矿产8种，大致查明的矿产15种，矿产地达110余处。查明资源储量较大，且在矿产开发利用中占有重要地位的优势矿产有多金属、水泥用灰岩、饰面大理石、石墨、饰面花岗岩、建筑石料等。查明资源储量大，且品种与质量在省内比较少见的特色矿产有玄武岩、陶粒页（泥）岩、矽线石、钒矿等。

【耕地保护】2009年，内乡县第二次土地调查成果确定，与第一次土地调查相比较，耕地面积由94.26万亩减少到90.81万亩，减少了3.45万亩。而新一轮规划修编分配的基本农田保护指标面积83.13万亩，占第二次土地调查耕地面积的91.5%，造成内乡县基本农田面积及空间布局，在第二次土地调查的耕地范围内无法保证。在2009年基本农田调查划定中，把内乡县的名特优产品基地中的可调整园地、林地的一部分划入了基本农田，主要涉及赤眉、王店、湍东、灌涨、余关、赵店、大桥、七里坪等乡镇的万亩无公害油桃基地，涉及赵店、桃溪、乍曲、夏馆、板场等乡镇的无虫蛀板栗基地，涉及余关、乍岖等乡镇的优质薄皮核桃基地等。

2009年，完成基本农田调查工作，并与第二次土地调查、新一轮土地利用规划修编相衔接，经县、乡两级政府确认，全县基本农田保护面积为83.2万亩（其中，可调整园地0.98万亩、可调整林地1.24万亩，其余为净耕地），保护率91.62%。

【土地利用与建设用地管理】2009年，总供地9宗，面积38.492公顷。其中，划拨1宗0.1383公顷，招、拍、挂36.22公顷，通过盘活批而未用、低效利用土地面积2.134公顷，成交金额7700万元。一是大力推进节约集约用地。对新上工业项目用地落实投资强度、容积率、建筑系数等控制指标，严格控制行政办公、生活服务设施用地和绿化用地，大力推行标准厂房。2009年，争取标准厂房新增建设用地指标4公顷，已建成双层标准厂房4座26000平方米，超额完成市局下达的24000平方米的目标任务。二是积极盘活存量。盘活批而未用、低效利用土地面积33.5411公顷，成交金额5546万元。根据省发改委下达给全县的保障性住房计划，全县2009年计划投资建设内乡县幸福住宅小区、温馨花园住宅小区2个廉租房项目。其中，内乡县幸福住宅小区项目计划征地20.88亩，全县在2009年用地指标紧缺的情况下，将该项目用地纳入了城乡建设用地增减挂钩项目，获得省国土资源厅批准，使该项目顺利动工建设；将内乡县一高闲置国有土地4.6亩进行了收回盘活，作为温馨花园住宅小区用地建设，两个廉租房项目建设顺利推进。三是积极服务重点项目。主动出击，超前服务，龙大、双千万等市县重点项目进展顺利，扩内需、保增长要求落实到位。积极做好县产业集聚区规划申报工作，经过多方努力，多次修改，已获省发改委备案，在全市统一展评中荣获一等奖。总面积11.11平方公里，其中，建成区2.11平方公里，发展区4平方公里，控制区5平方公里，县级产业集聚区规划纳入新一轮规划修编，为今后10年经济发展留足了用地空间。

【土地执法监察和信访工作】2009年，共发现违法案件126宗（其中，矿产资源案件23宗），同比下降80%，结案率100%，涉案土地面积520亩，其中，耕地144.5亩，占新增建设用地总面积的9%。全年无行政诉讼案和行政复议撤销案，强制拆除违法建筑物3处，扣押大型违法施工设备15台；移交司法机关追究刑事责任6人，申请人民法院强制执行34宗，移交纪检监察机关7宗，其中，4人受到党政纪处分。

2009年，全局共受案94起，其中，人访41人次38件，涉及违法占地27件、破坏耕地1件、政策咨询7件、权属纠纷1件、采矿权纠纷1件；信件56件，涉及违法占地39件、非法交易6件、非法采矿3件、破坏耕地1件、政策咨询1件、权属纠纷2件、采矿权纠纷4件；在56件信件中，其中，省转3件，市局转9件、县信访局转14件、局受信件30件。通过各乡所及信访股同志们的共同努力，已结案91件，结案率达96.8 %，省、市、县转14起，除1起正在调查外，其余全部结案。截至2009年底,受理的信访案件比2008年同期相比下降20%以上。

全年共为两批21宗建设用地项目进行了听证，为内邓高速规划调整、综合区片地价举行了公开听证会；全年应诉3起，全部胜诉。

【土地开发复垦整理】2009年，内乡县强化土地整理复垦开发等土地综合整治工作。5月，完成内乡县2009年耕地占补平衡项目5410亩申报入库工作，获南阳市宛国土资办〔2009〕16号文件批准入库；完成赵店等2个乡土地综合整治项目1.77万亩的申报工作，获南阳市宛国土资办〔2009〕37号文件批准立项，并招投标实施。7月，完成内乡县2010～2012年土地综合整治项目库建库申报工作，入库项目3个：余关项目、赵店项目、湍东项目，整治总规模5.98万亩，总投资9754万元，获南阳市宛国土资办〔2009〕55号文件批复，顺利进入南阳市土地综合整治项目库。11月，完成郑开城市通道工程建设易地瓦亭镇春景村补充耕地项目的验收申报工作，南阳市宛国土资函〔20099〕141号批复通过验收，新增耕地800余亩。12月，完成补充耕地储备项目5000亩和城乡建设用地增减挂钩拆旧区项目445亩的立项申报工作，并获南阳市批准立项实施。

【矿产资源开发管理】2009年，按照省市工作要求，全面落实矿产资源开发监督管理制度，结合各基层所对全县矿山企业进行了动态监管，及时完成了矿山企业2009年度开发利用情况年检和年度开发统计，做到及时掌握矿山企业生产情况，对存在问题的矿山企业进行了指令整改，促进企业合理开发利用矿产资源。

按照上级要求，为调整和优化矿产资源开发结构，提高矿产资源开发利用水平，结合全县矿产资源开发的实际情况，制订了《内乡县矿产资源整合总体方案》，经市政府批准实施，拟完成整合矿区4个，减少矿山个数24个。板厂让河花岗岩、马山、七里坪石墨矿区完成了资源初查与整合实施方案，待实施方案上报批准后组织实施。

严格采矿权审批管理。在采矿权审批工作中，严格按照上级文件要求，大幅度提高采矿权准入门槛，严格审查采矿申请人的资质条件，对规模小、生产技术落后、经济效益低下的12家小矿依法进行了关闭。同时，严格按照法定程序开展矿权出让工作，全年出让采矿权15宗，颁发采矿许可证6本，征缴采矿权价款145万元，全县共有71家持证矿山企业，比上年度减少15%，比较圆满地完成了年度采矿权管理工作和经济目标任务。

按照省市工作部署，及时制订了全县矿业权实地核查工作方案，结合省地球物理勘探院及时开展了矿业权矿业权实地核查工作的培训和实施，已完成所有矿山的野外实测工作，完成资料整理59套，并通过省市检查组的初次验收。

及时为采矿申请人野外勘测矿点30余处、及时到上级主管部门协调解决企业在办理相关手续中遇到的各种问题和困难，完成上报审批资料22套。

【国土资源调查】在第二次土地调查工作中，

认真编写方案，积极开展业务培训、组建工作队伍、收集各种资料、足额筹措经费，确保工作顺利开展。城镇地籍调查部分已完成县城30平方公里的控制测量工作，权属调查正在进行。农村外业调查和基本农田调查已全部结束，数据库建设成果已经国土资源部核查。乡镇政府所在地权属调查工作正在进行。

【乡所建设】内乡县国土资源局在经费较紧的情况下，累计投入资金300余万元，先后为6个乡所购置了新的办公用房，新建乡所严格按照规范化建设的具体要求进行设置，其中，3个所装修后已投入使用，其他乡所也正在施工建设。截至2009年底，连同原有的4个有独立办公用房的国土资源所，全县16个乡镇15个国土资源所共有12个国土资源所有独立的办公用房，基层国土资源所有独立办公用房数达到80%。强力推进乡所规范化建设。为各乡所设置了统一了土地巡查、政务公开、工作职责等15类版面上墙，为各所配备了办公车辆、电脑、测量工具、电话，规范化建设得到加强。在全县289个行政村聘请国土资源协管员，以县国土资源局名义颁发聘书，姓名、电话、工作职责公开上墙。

（王兵　王丽）

济　源　市

济源市国土资源局

济源市位于河南省西北部，北依太行山、王屋山，南邻黄河，西与山西相邻，东接华北平原。因济水发源地而得名，是传说中“愚公移山”故事的发祥地。隋开皇十六年（公元596年）设县；1988年，撤县建市；1997年，升格为省辖市；2003年，被列入河南省“中原城市群”；2005年，被列为河南省城乡一体化试点城市。

济源是一座新兴的绿色休闲城市，是国家卫生城市、全国水土保持示范城市、全国篮球城市、国家园林城市。境内济焦、济洛、济晋、济邵高速公路使济源人的出行便捷通达。黄河小浪底、王屋山、五龙口、九里沟等风景名胜区组成了济源市独特奇异的自然风光。

杨学忠　党组书记、局长
杨国鸣　党组副书记、副局长（2001年8月～2009年3月）
杨国鸣　党组副书记、调研员(2009年3月任)
李贤玲　党组副书记、纪检组长（女）
郭同德　党组成员、副局长
贾长廷　党组成员、副局长
邱建平　党组成员、城区分局局长（2006年2月～2009年3月）
邱建平　组成员、副局长(2009年3月任)

杨学忠简介：河南省内乡人，蒙古族，1953年7月出生，中共党员，大专文化。1972年10月参加工作；1980年1月，加入中国共产党。历任济源县物资局机电公司经理，济源市辛庄乡党委副书记，济源市辛庄乡党委副书记、乡长，济源市思礼乡党委书记，济源市风景办主任兼九里沟风景管理局局长，济源市风景管理委员会党委书记、主任；2001年8月至今，任济源市国土资源局党组书记、局长。

【机构设置】济源市国土资源局位于沁园路中段66号，成立于2001年8月。局机关内设办公室、地籍管理科、规划科、土地利用科、耕地保护科、执法监察科、财务科、人事政工科、矿产开发科、地质环境科等科室；下设6个二级机构，即国土资源执法监察大队、征地事务所、土地测绘服务站、土地整理中心、土地收购储备中心、王屋山世界地质公园管理处；5个国土资源分局，即城区分局、五龙口分局、克井分局、轵城分局、王屋分局。全系统有干部职工286人，其中，党员123人，具有大专以上学历211人，土地估价师5人，工程师6人，经济师23人。

【土地资源】济源市土地总面积189871.18公顷，其中，农用地148666.19公顷，建设用地25110.89公顷，未利用地16094.1公顷，分别占土地总面积的78.3%、13.23%、8.5%。在农用地中，耕地47161.57公顷，园地3967.13公顷，林地89267.13公顷，其他农用地9066.43公顷。在建设用地中，居民及独立工矿用地18013.64公顷，交通运输用地4541.28公顷，水利设施用地6234.94公顷。在未利用地中，未利用土地7027.27公顷，其他土地9066.43公顷。济源土地资源特点：一是山地多、平原少，山地和丘陵面积约占土地总面积的78%。二是土地自然环境条件较差，水土流失较严重。三是林地面积较大，约占土地总面积的47%。四是未利用土地和耕地后备资源少。全市未利用地占土地总面积的8.48%。但未利用地大部分分布在山地丘陵区，受自然条件的制约，耕地后备资源十分缺乏。

【矿产资源】济源市已发现各类矿产37种，查明矿产地113处，其中，上表17处。上表矿产地中，煤炭6处，资源储量20853.501万吨；铁矿2处，资源储量659.2万吨；铝土矿1处，资源储量747.2万吨；硫铁矿1处，资源储量446.5万吨；伴生硫铁矿1处，资源储量3.1万吨；伴生钴矿1处，钴金属资源储量643吨（为河南省唯一提交钴基础储量的资源地）；含钾岩石1处，其他如灰岩类、白云岩类等矿产只有很少的上表储量。优势矿产主要是煤炭、建筑石料、铝土矿、玻璃硅质原料、白云岩、地热水等。矿产资源的特点是矿床小，贫矿多，优势矿产上表储量少。矿产资源的总体分布特征是以封门口断层为界，其南部和太行山以南的广大冲积平原以外生沉积矿产为主，西、北部则以内生矿产为主。

【耕地保护】2009年，耕地保护工作紧紧围绕“保增长、保红线”目标任务，按照“强化基础、完善制度、规范管理、巩固提高”的工作要求，全面加强耕地保护各项基础工作。通过建立国土资源协管员制度，在全市聘任520名国土资源协管员，形成市、国土资源分局、镇(街道)、村四级耕地保护监管网络；严格落实耕地保护目标责任制，与各镇、街道层层签订耕地保护目标责任书，明确责任，量化标准，切实提高保护耕地的责任感，确保了济源市耕地保护面积和基本农田面积稳定在4.16万公顷和4万公顷；进一步加强耕地后备资源库、耕地占补平衡项目库和补充耕地储备库建设，完善补充耕地项目立项制度，强化补充耕地项目管理，严格项目验收，切实提高补充耕地质量，圆满完成各类建设占补平衡任务；全面推进土地开发整理提速工程，积极开展规模化土地整治。2009年，济源市国土资源局被国土资源部和农业部评为“全国基本农田保护先进单位”。

【土地年度计划指标】2009年，省下达济源市土地利用计划指标为68公顷。其中，46公顷用于重点项目、产业集聚区和中心城市用地，其余指标均分到各镇。同时，围绕全市的重点项目建设，又向省国土资源厅争取用地指标144.2109公顷。

【建设用地预审】2009年，共完成河口村水库、500千伏济源变电站、沁北电厂三期、某部队等10个国家、省、市重点建设项目预审。其中，通过国土资源部预审5件，通过省国土资源厅预审5件，涉及土地面积约941.6893公顷。出具市级项目用地意见25个。

【建设用地报批与管理】上报国务院审批1个单选址项目，用地面积46.253公顷，其中，耕地面积7.2999公顷。上报省政府8个批次，总用地面积188.1908公顷，其中，农用地160.8442公顷。上报市政府审批集体建设用地5个批次，总面积13.2963公顷，其中，农用地11.0065公顷。上报市政府审批农村宅基地13个批次，619户，面积8.52公顷。

【城乡建设用地增减挂钩】城乡建设用地增减挂钩项目所涉及的28.46公顷土地全部复耕，新增耕地26.7729公顷；虎岭产业集聚区和梨林镇建新区项目2个，面积26.2082公顷。均已通过省厅审批，为济源经济建设争取计划指标26.2082公顷。

【粘土砖瓦窑厂整治】积极督导督查粘土砖瓦窑厂关停情况，预防反弹现象发生，2009年8月22日，召开粘土砖瓦窑厂整治工作联席会议，对拆窑复垦工作进行了安排部署，对使用轮窑的6家企业，在断电停产的基础上，进行了彻底集中拆除，复垦土地253.33公顷。

【国有土地供应】2009年，供应国有建设用地62宗，总面积587.1693公顷（划拨15宗，面积459.9378公顷；出让47宗，面积127.2315公顷）。其中，商服用地7.3786公顷，工矿仓储用地57.2472公顷，住宅用地73.9471公顷，其他用地448.5964公顷（其中，公用设施用地2.5282公顷，公共建筑用地33.6113公顷，交通运输用地404.2806公顷，特殊用地8.1763公顷）。总成交价款4.66亿元，土地纯收益3.39亿元，分别比2008年增长121.9%、142.14%。

【节约集约利用土地】共盘活存量土地39宗，面积131.5252公顷，完成年计划的328%。完成标准化厂房建设20万平方米，超额完成全年计划目标。

【服务企业改制和“城中村”改造】全年服务企业改制11宗，处置土地面积11.9182公顷。服务北街、宋庄、东夫、北潘、南堰头、高庄6个“城中村”改造项目，“城中村”改造面积11.8301公顷。

【土地二级市场管理】办理改变土地用途7宗，面积6.6218公顷，成交价款1825.80万元；土地使用权转让19宗，转让面积41.6809公顷，转让金额7199.90万元；土地使用权抵押141宗，抵押面积336.8353公顷，抵押贷款金额4.0116亿元。

【城镇基准地价更新调整】济源市土地级别与基准地价更新成果以济源市人民政府《关于公布城区及各镇区土地基准地价的通知》(济政〔2009〕21号)文件印发，自2009年4月21日起公布执行。

【土地市场动态监测与监管】自2009年1月1日起，济源市全面启动土地市场动态监测与监管系统，形成土地“批、供、用、补、查”动态监管体系。同时，实现了2007年、2008年所有《国有建设用地使用权出让合同》和《国有建设用地划拨决定书》的数据补录上传。

【农村集体建设用地流转试点】全年共流转

集体建设用地10宗，流转面积11.0979公顷，流转金额345.5348万元。

【土地规划修编】《济源市土地利用总体规划（2006—2020年）》先后通过了省国土资源厅、省政府组织的初审、复审和审查，2009年7月23日，向省政府提交了市级规划报批成果；2009年9月21日,河南省人民政府正式批准。基本完成12个乡级土地规划编制工作，并通过了省国土资源厅专家组的初审、复审，市政府组织的专家联审,市委、人大、政府、政协领导及市政府常委会的审查。

【第二次土地调查】在2008年外业调查的基础上，2009年1月，第二次全国土地调查开始数据库建设；3月，数据库初步建成并按时向国家第二次土地调查办公室提交了成果，7月底，向国家提交了第二次土地调查地方复核成果，并按时上报了基本农田调查上图成果，全面查清了济源市1898.71平方公里土地的分类、权属、界线、面积等利用现状。

【地籍管理】2009年，完成国有土地登记发证189宗，抵押登记43宗，审理个人住宅及分割登记1800余宗。全市国有土地初始登记率超过90%，集体土地建设用地使用权登记发证率超过85%，城镇住房用地分割登记发证完成了总量的95%，集体土地所有权登记发证率达到96%。

【土地整理】2009年，实施冬春“3+1”土地开发整理工程71个，总投资8000余万元，开发整理面积1536.53公顷，新增耕地面积666.67公顷。实施占补平衡项目21个，总投资1639.23万元，总规模215.45公顷，新增耕地173.33公顷。在25个行政村开展了空心村整治，实施村庄整理项目19个，复垦耕地246.67公顷，节约和新增耕地153.33公顷。国家投资的轵城镇土地整理项目通过省国土资源厅验收。

【土地综合整治】开工建设了王屋麻庄等11个村和梨林大许等12个村2个土地综合整治项目。完成了梨林南官庄等19个村土地综合整治项目规划设计和预算评审工作。确定梨林镇桃园村、前荣村、后荣村3个行政村为土地综合整治试点村，总规模296.82公顷。

【测绘服务】2009年，勘测定界95宗，面积558.1673公顷；土地复耕项目21个，面积644.6422公顷；地籍测量138宗，面积386.6844公顷；家属楼分割92宗，1891户，面积13.5097公顷。

【土地收购储备】土地收购储备融资3180万元，收购储备土地19宗，面积157.81公顷。

【矿产资源规划修编】《济源市矿产资源规划》（第二轮）编制送审稿已通过市发改委、旅游局、工业局、林业局等市直有关部门初审，已上报省国土资源厅待批。

【地质灾害防治】2009年，开展了《济源市地质灾害防治规划》的评审工作，制定了《济源市2009年地质灾害防灾预案》，成立地质灾害防治领导小组23个，建立抢险小分队20个，抢险人员948人，覆盖全市范围；确定汛期13处地质灾害高易发区和10处中易发区，设置警示标识牌270块，发放防灾避灾明白卡2436份，发布气象预警20次，汛期地质灾害巡查达515人（次）。

【矿山环境治理】《济源市地质灾害防治规划》、《济源市2008—2015年矿山地质环境治理规划方案》顺利通过评审并实施。认真落实《河南省矿山环境治理恢复保证金管理暂行办法》，对28家矿山企业推行了地质环境恢复治理保证金制度，征缴保证金32.6万元。完成了济源煤业集团公司一矿北社塌陷区地质环境治理项目，总计挖方225090立方米，填方226890立方米，修路1068米，修渠2100米，植树1000棵。总计投入资金437万元，治理面积26.7747公顷。

【采矿权管理】全面规范采矿权审批程序，新设采矿权全部实行招、拍、挂。全年共办理采矿登记发证30家，其中，变更登记6家，延续登记22家，收取采矿权价款69.49万元。

【探矿权管理】开展了全市探矿权年度检查，25个勘查项目全部持证，地质勘查持证率100%，勘查项目年审合格率100%。

【储量管理】进一步完善了矿山储量动态监测工作验收程序，对34家甲类矿山全面实施动态监测，监测率达到100%。为6家矿山企业出具了备案证明。完成了99个固体矿山开发利用和储量统计数据审查，并汇总入库，按时上报。对污水处理厂中水回用工程等7个工程建设项目压覆矿产资源进行了初步审查，并出具了初审意见。

【王屋山世界地质公园建设】2009年5月17日，王屋山世界地质公园被国土资源部授予“全国首批国土资源科普基地”，9月16日，隆重举行了揭牌仪式。王屋山世界地质公园与湖南省张家界世界地质公园、四川省宜宾市兴文世界地质公园成为友好结对单位。积极筹备2010年联合国教科文组织对王屋山世界地质公园进行评估考察的迎检准备工作。“王屋山世界地质公园”网站于“4·22世界地球日”正式开通，受到各界一致好评。

【河南省地质测绘总院济源分院成立】 2009年4月28日，河南省地质测绘总院济源分院正式挂牌成立。济源分院是河南省地质测绘总院在全省18个地市设立的第一个分院。

【数字济源地理空间框架申报工作】 积极开展数字济源地理空间框架申报工作。2009年9月23日，济源市人民政府以《关于申请全国数字城市地理空间框架建设推广城市的函》（济政函〔2009〕37号）向省测绘局申报数字济源地理空间框架建设项目。省测绘局将济源市按试点城市上报国家测绘局。

【行政审批服务】 2009年，受理国土资源报件1212宗，办结率达到100%，积极开展送证上门服务40余次。全年挂牌出让国有建设用地使用权17宗，其中，成交15宗，拍卖国有建设用地使用权3宗，土地成交价款达38535.33498万元。

【企业服务年活动】 在全市开展的企业服务年活动中，局班子成员带领相关科室先后30余次深入局分包联系的6家企业进行调研，收集整理意见20余条，现场解决问题5个；对省国土资源厅和济源市企业服务年活动领导小组办公室交办的23家企业所反映的32项问题进行了办理。

【省级文明单位创建】 对机关办公环境进行全方位高标准的美化、亮化和绿化，建立长效卫生保洁机制，开展精神文明建设，整理文明单位创建资料215册，印刷创建掠影画册300余册，2009年12月份，被省人民政府授予“省级文明单位”。

【信息化建设】 2009年，投资150余万元对机房、计算机等设备进行了改造更新，运行了用地审批、土地市场动态监测与监管、政务办公等多类业务管理信息系统，国土资源门户网站全面改版，政务信息实现网上公开，办公自动化系统初步建立。

【执法监察】 建立国土资源联合办案机制，与河南省人民检察院济源分院、济源市人民检察院联合制定了《济源检察机关和济源市国土资源局共同开展预防职务犯罪工作的实施意见》。加大与公安机关、纪检监察部门联合办案工作力度，提前介入较大案件的查处工作。与河务部门联合对沁河河道28家采沙船进行治理，消除汛期隐患。强化国土资源执法监察工作，全年组织巡查562次，发现国土资源违法行为275起，当场制止违法行为163起，封堵非法矿点35处，清理非法煤场47家，立案查处土地违法案件4起，移交司法机关3起，拘留非法开采者10人。

【土地卫片执法检查】 对卫片执法检查涉及的206块图斑进行了认真核查，对违法占用耕地数超过新增建设用地占用耕地数12%的镇、街道主要领导进行约谈，提出警告，责令限期整改，卫片执法检查中发现的41宗违法违规用地已全部按要求处理到位。

【建立协管员制度】 在全市聘任国土资源协管员520名，各行政村都有1名国土资源协管员，制定了《济源市国土资源协管员管理暂行办法》，明确了协管员的职责、待遇及日常管理机制和考核奖惩机制。

【信访工作】 2009年，受理信访案件40起，其中，省厅交办2起，市信访局交办23起，市局接访15起，办结率100%。实现了国庆期间非正常上访零登记、全年省厅零交办的目标。

（孙 璐）

城区分局

济源市国土资源局城区分局为市国土资源局派出机构，辖济水、北海、天坛、沁园4个街道办事处、51个居委会（行政村），辖区面积32平方公里，人口24万人。

李保国　党支部书记、副局长（主持工作）

赵晓战　副局长

李保国简介：河南省济源市人，汉族，中共党员，本科文化。1971年9月出生，1994年参加工作。历任济源市土地整理中心主任、济源市国土资源局办公室主任；2008年5月至今，任城区分局党支部书记、副局长，主持工作。

【机构设置】 城区分局位于济水大街西段62号，成立于2006年2月，负责对城区居民住宅用地登记发证及转让管理；对辖区内土地的日常巡查，对违法占地、非法出租、转让、擅自改变土地用途等违法行为进行查处；对城区国有土地收益租金的征收管理工作。内设办公室、土地管理科、征收管理科、执法监察中队。现有干部职工22人。

【土地资源】辖区土地总面积5053.6公顷；耕地面积1189.26公顷（其中，水浇田1118.92公顷，旱地70.34公顷）；园地面积239.14公顷；林地面积17.98公顷；草地面积12.20公顷；城镇村及工矿用地面积3222.62公顷（其中，城市用地3142.35公顷，建制镇用地18.78公顷，村庄用地48.83公顷，采矿用地12.69公顷）；风景名胜及特殊用地2.97公顷；交通运输用地面积225.93公顷（其中，铁路用地15.8公顷，公路用地167.66公顷，农村道路42.37公顷）；水域及水利设施用地面积139.88公顷（其中，河流面积109.93公顷，坑塘水面用地2.93公顷，沟渠27.02公顷）；其他土地面积18.79公顷（其中，设施用地18.48公顷，田坎用地0.31公顷）。

【全年工作概况】办理居民住宅用地登记发证193宗，城镇住房用地分割登记12个单位1600户，单位用地登记28宗，抵押登记65宗，转让登记8宗。对25233户住宅用地档案重新进行规范整理；对新划入的11个居委会的宅基地使用情况进行调查，完成了登记发证工作。发现土地违法行为25起，下发制止通知书42份，其中，立案6起，拆除4起，复耕土地50余亩。对卫片检查出的14宗违法占地进行处理。征缴土地年租金84.5万元。配合市局完成了"城中村"改造、第二次土地调查、闲置土地调查等工作。认真做好信访工作，受理来信来访12起，处理11起；处理12345便民热线反映问题3起，结案3起；受理上级交办案件6起。

克井分局

克井分局为市国土资源局派出机构，辖克井、思礼两镇，77个行政村。辖区面积289.7平方公里，人口9.55万人。

杨立新　党支部书记、局长

李东风　副局长

杨占洲　副书记

杨立新简介：河南省济源市人，汉族，中共党员，大专文化。1987年7月参加工作，历任济源市思礼乡副乡长、济源市五龙口镇副镇长；2006年2月至今，任济源市国土资源局克井分局党支部书记、局长。

【机构设置】 济源市国土资源局克井分局位于克井镇文化路北段，组建于2006年2月。主要负责辖区内地籍管理、土地统计、土地调查等基础工作；负责辖区内土地登记、发证的前期工作，并向市局报批；负责辖区内的矿产资源勘查、开采等基础资料的初审和勘察开采活动的管理工作，负责辖区内矿山企业储量统计和动态管理工作；负责辖区内地质遗迹保护、地质灾害调查、地质灾害易发区定期监测和防治。现有干部职工19人，其中，党员7人，大专以上学历15人。内设办公室、土地管理科、矿业管理科、执法监察中队。

【土地资源】克井分局辖区面积289.7平方公里，人口9.25万人，耕地面积87631.1亩（克井镇65181.1亩，思礼镇22450亩），其中，基本农田78390.5亩（克井镇63640.5亩、思礼镇14750亩），人均耕地面积0.9亩（克井镇1.18亩、思礼镇0.69亩）。

【矿产资源】辖区矿产资源丰富，主要矿产有煤炭、耐火粘土、石英砂、钾长石、砚石、水泥用灰岩、白云石、石灰石等20余种，储量可观，水资源充裕，是天然的地下水汇集盆地，是济源市城市用水水源地，境内有沁河、蟒河和修建于20世纪60年代的人工天河引沁济蟒渠。集防洪、灌溉、发电、旅游于一体总库容量4.3亿立方米的河口水库和蟒河水库，正在施工建设。

【耕地保护】2009年，辖区耕地面积87631.1亩，其中，基本农田78390.5亩。共设两个镇级基本农田保护示范区，其中克井镇级示范区面积3886.5亩，设镇级标识牌1个，村级标识牌7个，思礼镇级示范区面积1868亩，设镇级标识牌1个，村级标识牌3个，并在此基础上完善了各村的基本农田管理档案，与辖区77个村层层签订保护责任书，把基本农田保护的责任落实到具体人，使得干部群众保护基本农田的责任意识得到了提高，确保了基本农田用途不改变、面积不减少、质量有提高的要求。

【规划修编】确定了2006—2020年土地利用规划目标、土地利用结构与布局、用地控制指标、土地利用分区、土地利用结构调整及土地利用重点工程等，保证辖区到2020年耕地保有量不低于5600公顷、基本农田保护指标不低于5200公顷，远近期建设用地指标不高于363.4公顷（含玉川产业集聚区）等各项指标全部落实分解上图。修编方案为今后的辖区科学发展留足了空间，现土地利用规划修编已基本结束，正在进行最后的评审。

【第二次土地调查】认真开展权属调查和农村集体土地登记发证工作。克井镇除因规划拟搬迁的11个村不予发证外，其余的39个村，已有33个村完成了登记发证工作，剩下6个村的发证工作正在进行中。思礼镇除因规划搬迁2个村，不予发证。其余25个村中，已有22个村完成登记发证工作，其余3个村正在进行中，累计完成登记发证工作的86%，已完成市局下达的任务目标。扎实做好标准时点更新及2009年土地利用现状变更调查工作。

【服务辖区经济发展】认真开展“企业服务年”活动。积极服务辖区5个重点企业，及时了解企业所遇到的困难，针对实情排忧难，坚持“重点企业定期走访制”，2009年以来，共办理土地报件18宗。

【“空心村”整治】为有效整合土地资源，提高土地利用率，推进新农村建设，辖区内共规划整治以下几个行政村：

双峰村：计划在该村东北部约16.4亩原有旧宅区域规划建设6栋5层住宅楼，用于集体安置本村无房户和住房困难户。该区域由于规划不到位，此前只有29处宅基地，6栋楼全部建成投用后，可集体安置约150户居民，由此可节约村庄住宅用地约30亩，目前一期2栋楼共44套住房主体工程已经竣工。

南樊村：累计拆除房屋130余间，清理残墙断壁60余处、土石3000余方、各类树木近百株，打通道路10余条，新硬化道路4400余平方米，建设排水沟1000余米，新划拨宅基地40多处，节约用地30余亩，有力地促进了村庄规划的实施和村庄建设用地的节约集约利用。

思礼镇“空心村”整治2个村，北姚、西宋庄整治旧宅基地28处，拆除老房84间，可增加土地10.6亩。同时，为加强城乡一体化建设，切实做好2009年迁户并村、旧村改造工作，思礼村对72户进行拆旧建新，在村东（万洋大道西）新建6层住宅楼2栋，总建筑面积11466平方米。

【盘活存量土地】积极盘活和优先利用存量建设用地，合理利用低效闲置土地，严格控制占用农用地，2009年，共盘活土地240余亩（其中，原农校51.7亩、梅苑小区30亩、任庄社区40亩、盛荣特钢120亩）。

【建立村级国土资源协管员队伍】按照市局的要求，城区分局在辖区两镇行政村两委班子成员中选聘协管员78人，严格按照市局制定的协管员审核标准进行审核，并向协管员发放聘书。

【执法检查与信访工作】2009年以来，共查处违法用地42起，执行罚款50余万元，其中，立案2起，下达停建124份，及时制止土地违法20余起。共查处非法白矸点6个，暂扣非法开采工具若干，查处矿业案13起，其中，立案1起。查处河道非法开采6家，没收电缆线500余米，收缴电动机三角带160余条，有力打击了非法开采行为。在第九次全国卫片检查中，城区分局辖区内共有89个图斑。由于我分局提前介入，对卫片可能拍到的用地项目提前进行了拆除和用地审批工作，对2009年的卫片进行分类后违法图斑基本不存在，圆满地完成了第九次卫片检查工作。

分局设立举报箱、公开举报电话、设政务公开信息栏、确定信访接待日，对农民群众来信、来电、来访的办理、接待工作程序和工作要求等方面也作了详细规定。中队共处理群众来访40余起，12345、12366交办案件14起，全部在规定的时间内办结，有效地维护了辖区内安定。

【矿产资源管理】分局结合辖区矿业企业的实际，加强矿山企业的矿政管理，制定了8项矿产资源开发监督管理制度、5项整顿和规范矿产资源开发秩序工作制度。采取了分片包干责任制。将辖区内所有的矿山企业的矿政管理工作落实到人，责任到人。积极配合省测绘总院对辖区全部矿山企业认真进行了坐标系转换测量工作，按时完成了规定任务。2009年，辖区内共有矿山企业68家，其中，煤矿16家，水泥石13家，石英石1家，石料厂38家，全部按要求参加了年检。年检率达100%，合格率达100%，持证率达100%。截至目前，已征收资源补偿费 317 余万元。

【地质环境治理与灾害防治】按照“谁受益、谁出资，谁破坏、谁治理”的方针，2009年辖区内的建材企业全部签订了地质环境治理责任书，各企业按照年初制订的治理方案，实施植树种草复绿工程，推行加水除尘，减少污染，从而达到良好的效果。在地质灾害防治方面，依据市局防灾减灾的文件精神，在有关易发部位设立警示标牌，特别是对引沁渠沿线的各采煤企业下发了通知，要求其有组织、有人员、有措施、有防灾物资，确保煤矿的安全生产。

五龙口分局

济源市国土资源局五龙口分局为市国土资源局派出机构，辖五龙口镇、梨林镇、玉泉街道办事处，99个行政村（居委会）。辖区面积196平方公里，人口12万人。

任英甫　党支部书记、局长

张迎军　副局长

任英甫简介：河南省济源市人，汉族，中共党员，大专文化程度。1968年8月出生，1989年8月参加工作，1995年2月加入中国共产党。历任济源市土地管理局农宅科科长、济源市国土资源局地籍科科长、局机关第一支部书记；2006年2月至今，任国土资源局五龙口分局党支部书记、局长。

【机构设置】济源市国土资源局五龙口分局于2006年2月成立。现有职工16人，其中，党员9人，内设科（室）有办公室、土地管理科、矿业管理科、执法监察中队。

【土地资源】截至到2009年底，五龙口分局辖区行政区域总面积18990.90公顷，农用地面积12759.33公顷，其中，耕地面积 8721.85公顷，基本农田保护面积7858 公顷，园地703.24公顷，草地面积24.39公顷；建设用地5256.73公顷，其中，城镇村及工矿用地3189.98公顷，交通运输用地985.49公顷，水域及水利设施用地1081.26公顷；其他土地974.84公顷。

【矿产资源】辖区已探明的矿产资源有石灰石、铁矿石、云母石、水泥石、温泉地热等多种矿产资源。有矿山企业11家。

【全年工作概况】 开展了300公顷基本农田保护示范区建设，示范区内田、水、路、林、电、灌全部配套到位，对梨林镇大许等12个村万亩土地进行综合整治，总投资506万元，可新增耕地39.0667公顷。拆除旧房299座，可新增耕地3.33公顷。2009年，征收土地年租金4万元。第二次土地调查工作进展顺利，大比例上图工作已经市局验收结束，土地协议书签订工作基本完成。加强了土地协管员业务培训，共为辖区内3镇开展业务培训4次。加强矿业管理，强化矿业秩序治理，对12家采矿企业进行年检，参检率100%，合格率100%。开展地质环境治理试点工作，制订了治理方案，按要求进行治理。认真做好汛期地质灾害防治工作，加大巡查力度，建立24小时值班制度，确保汛期安全，做好矿产资源补偿费征收工作，全年征收补偿费31.1964万元。加强国土资源执法监察工作，严格落实巡查工作制度、领导包案制度，对卫片检查中涉及五龙口分局辖区内的20宗问题用地全部予以处理。

王屋分局

济源市国土资源局王屋分局为市国土资源局派出机构，辖承留、王屋、下冶、邵原4镇，179个行政村。辖区面积920平方公里，人口12.3119万人。

郭玉升　党支部书记、局长

左社成　副局长

牛学斌　副局长

郭玉升简介：河南省济源市人，汉族，1968年11月出生，中共党员，本科学历，测绘工程师，土地估价师。1990年8月参加工作。历任济源市土地管理局地籍科副科长、济源市国土资源局测绘服务站任站长、济源市土地估价所所长、济源市国土资源局耕地保护科科长；2006年2月至今，任济源市国土资源局王屋分局党支部书记、局长。

【机构设置】济源市国土资源局王屋分局成立于2006年2月。现有干部职工22人，设办公室、土地管理科、矿业管理科、执法监察中队、下冶国土资源管理站、邵原国土资源管理站。

【土地资源】辖区耕地面积16987.2公顷，基本农田面积9821.33公顷。

【矿产资源】辖区主要以煤、铁、铜、铝土矿、钾长石、石英、页岩、高岭土、硫铁矿、水泥用石灰等矿产资源为主，品种多，资源丰富且分布广泛。辖区共设立采矿权24个，探矿权14个。

【全年工作概况】全国第二次土地调查绘制权属图1434幅，签订协议书1286份。完成土地开发整理整理397.13公顷。2009年，报批宅基地882户，农村宅基地发证达到14101户，在8个村开展了“空心村”整治工作，涉及土地101.33公顷，重点对承留镇谷沱洼村进行治理，共涉及村民53户，拆除旧房146间，开通道路11条1200米，节约新增耕地5.33公顷。2009年，盘活存量土地10.93公顷。加强基本农田保护，建立基本农田保护责任制，制作保护标识牌1000余块。加强矿业管理，完成了20家矿山的动态监测，矿山年审39个，参审率100%，合格率100%，采矿权延续登记5家，探矿权延续登记4家，共完成矿产资源补偿费征收74.5万元。加强地质灾害防治，强化动态巡查，发放明白卡200余份，对下冶镇南部沿黄地区实行重点监测，设置监测仪20台，对处在地质灾害易发区的王屋小学、和平幼儿园实施重点预防，疏散学生300余人。执法监察工作，查处土地违法案件45宗，立案10宗，移交市局10宗，拆除5宗。清理非法煤场48处，没收非法开采小柳叶煤7万余吨，拘留6人，对9家砖厂进行了停产整顿。

轵城分局

济源市国土资源局轵城分局为市国土资源局派出机构，辖轵城镇、坡头镇、大峪镇三镇，121个行政村。辖区面积493.77平方公里，水域面积79.5平方公里，人口13.76万人。

冯长春　党支部书记、局长

李运生　副局长

马军委　副局长

冯长春简介：河南省济源市人，汉族，1966年4月出生，中共党员，本科文化。1989年8月参加工作。历任济源市土地局规划科科长、济源市北海街道办事处副主任、济源市国土资源局副主任科员、行政服务大厅主任；2006年2月至今，任济源市国土资源局轵城分局党支部书记、局长。

【机构设置】 轵城分局于2006年2月成立。负责辖区内地籍管理、土地统计、土地调查、土地登记和发证等基本工作；矿产资源勘察、开采登记、矿山企业储量统计和动态管理、地质遗迹保护、地质灾害调查、地质灾害易发区监察和防治工作；负责辖区内土地、矿产权属纠纷和规划实施中纠纷的调处工作；负责辖区内国土资源有关规费征收管理工作；加强耕地保护，配合市局做好基本农田保护区的划定、监管，确保辖区内基本农田面积的稳定等。现有干部职工13人，下设1室2科1队1站，分别是办公室、土地管理科、矿产管理科、执法监察中队、国土资源管理大峪站。

【土地资源】 辖区总面积49136.72公顷，农用地面积35218.16公顷，其中，耕地14203.39公顷，园地1795.47公顷，林地15583.61公顷，草地3635.69公顷;建设用地26883.93公顷，其中，城镇村及工矿用地19213.01公顷，交通运输用地1310.51公顷，水利设施用地6360.41公顷；其他用地2334.63公顷。

【矿产资源】 辖区主要矿种有煤炭、铁矿石、砂岩、页岩等，有2个页岩矿段采矿权、1个砂岩矿段采矿权，2个探矿权保留（1个硫铁矿详查、1个煤矿普查），根据河南省济源市矿产资源勘查开发利用规划，有1个I级开发区，即下冶至大峪煤炭开发区。

【全年工作概况】 加强耕地保护，建立了基本农田保护示范区，与各镇签订了耕地保护目标责任书，制作10余块保护标识牌。开发整理土地586.67公顷。全面完成全国第二次土地调查及农村集体土地发证工作，集体土地所有权证持证率95%，集体土地使用权证持证率85%。全年报批宅基地107户，在6个村开展了“空心村”治理，新增耕地23.67公顷。全年征收土地年租金9.4万元，征收矿产资源补偿费5万元。加强矿业秩序治理整顿工作，辖区内勘察和采矿许可证持证率达98%以上，甲类、乙类矿山储量动态监测率达100%，年检合格率100%。加强地质灾害调查，建立群测群防系统，树立醒目标识70余处，发放明白卡200余份。加强国土资源执法监察工作，全年查处各类违法案件54起，立案5起，执行罚款13万元对6家违法占地进行了集中拆除，共拆除房屋16间，围墙120米。对卫片检查出的27宗占地，分类予以了处置。严厉打击非法开采小柳叶煤矿山，创新工作方法，在非法矿口及主要道路栽植林木，进行封山绿化，使开采者不能进入。扎实做好信访稳定工作，全年处理信访案件100起，其中，12345转办54起，市局转办10起，来信来访36起。

重要法规

河南省人民政府关于公布实施河南省征地区片综合地价标准的通知

（豫政〔2009〕87号）

各市、县人民政府，省人民政府有关部门：

为进一步完善征地补偿安置机制，切实维护被征地农民合法权益，按照《国务院关于深化改革严格土地管理的决定》（国发〔2004〕28号）要求，结合我省实际，省国土资源厅会同有关部门研究制定了《河南省征地区片综合地价标准》。为做好征地区片综合地价标准的实施工作，现就有关事项通知如下：

一、征地区片综合地价标准由征地补偿安置费和社会保障费组成，不包括地上附着物和青苗补偿费。

二、征地补偿安置费的分配和使用按照《河南省人民政府办公厅关于规范农民集体所有土地征地补偿费分配和使用的意见》（豫政办〔2006〕50号）执行，其中土地补偿费占40%，安置补助费占60%。

三、社会保障费的管理和使用按照《河南省劳动和社会保障厅河南省国土资源厅河南省财政厅关于做好被征地农民就业培训和社会保障工作的实施意见》（豫劳社〔2008〕19号）执行。

四、地上附着物和青苗补偿费标准由各省辖市政府制定、完善并公布，与征地区片综合地价配套实施，其中，经济林补偿标准由省林业厅制定和调整。

五、《河南省征地区片综合地价标准》由省国土资源厅统一印制下发，自2009年11月1日起执行。

六、征地区片综合地价标准原则上2到3年调整一次。由省国土资源厅会同有关部门提出调整方案，报省政府批准后公布实施。地上附着物和青苗补偿费标准由各省辖市政府根据本地经济发展状况适时调整。

河南省人民政府

二○○九年十月十六日

河南省人民政府关于进一步严格土地监管促进依法依规用地的通知

（豫政〔2009〕55号）

各省辖市人民政府，省人民政府有关部门：

2009年以来，全省各地深入贯彻落实科学发展观，积极应对国际金融危机给我省带来的负面影响，认真落实“扩内需、保增长、保民生、保稳定”的各项政策措施，加快推进重点项目和民生工程建设，经济社会发展取得了积极成效。但是，一些地方在发展经济过程中乱占滥用耕地、违法违规占地的现象有所抬头，特别是前一时期，一些新闻媒体相继曝光了我省多起土地违法违规案件，引起了国家有关部门和社会各界的高度关注，给我省造成了严重不良影响。为进一步严格土地利用监管，促进依法依规用地，努力实现全省经济社会科学发展，现通知如下：

一、深刻认识违法违规用地的严重危害性

严格、规范的土地管理秩序不仅是社会主义市场经济秩序的重要组成部分,更是国家法律、法规的基本要求和实施宏观调控的必要前提,是维护广大人民群众根本利益的重要保证。但是,由于一些地方依法管地、依法用地意识淡薄,未批先占、未供先用、以租代征、侵害群众土地合法权益等违法行为时有发生,严重扰乱了正常的土地管理秩序,损害了农民群众的根本利益,甚至引发群体性信访事件,影响基层社会稳定。同时,也破坏了地方经济发展环境,给招商引资带来了负面影响。

各地、各部门要按照最严格的耕地保护制度、最严格的节约用地制度和“两保一高”(保护耕地,保障科学发展,实现土地高效利用)的总体要求,坚持把依法合理用地、节约集约用地贯穿经济社会发展的始终,走符合我省实际的新型工业化、城镇化道路。要深刻认识违法违规用地对我省经济社会发展的严重危害性,正确处理保护资源与保障发展的关系,处理“扩内需、保增长”与依法依规合理利用土地的关系,及时纠正和预防实施扩大内需政策过程中已经出现或者可能出现的问题。

二、坚持依法依规管理和使用土地

(一)依法依规保障重点项目用地需求。各地要按照“有限指标保重点、一般项目靠挖潜”的原则和要求,优先满足民生、重大基础设施、公共事业、环保生态等方面重点项目用地需求。国土资源部门要对建设用地计划指标安排使用状况进行认真评估和测算,会同发展改革部门做好重点项目用地保障工作。要进一步精简报批手序,加快审批进度,提高工作效率,并切实做好征地、供地及征地补偿安置等相关工作,保障重点项目顺利开工。

(二)努力提高节约集约用地水平。各类建设项目的设计和建设必须严格执行国家、省规定的用地标准,对超标准用地要严格核减面积,防止囤积土地、圈而不用。要按照布局集中、产业集聚和用地集约的原则,引导新上产业项目向产业集聚区集中、向多层标准厂房集中。要进一步加大存量土地挖潜力度,通过盘活和利用闲置土地、批而未供等低效利用土地安排新增建设项目,促进有限的土地资源高效集约利用。

(三)扎实做好新一轮土地规划修编、第二次土地调查等基础性工作。各地要抓紧做好新一轮土地利用总体规划修编成果审查报批工作,并做好城乡规划、产业集聚区规划等相关重大规划的衔接。要在完成土地调查成果检查的基础上,加快数据核查、整理、转换和成果汇总、确认、上报等工作,按时保质完成第二次土地调查任务。要充分利用新一轮土地规划修编和第二次土地调查的成果,进一步调整和优化土地利用的结构和布局,拓宽土地利用空间。

三、坚决遏制和查处各类土地违法违规行为

(一)严格禁止各类违法违规用地行为。严禁以建设产业集聚区的名义非法圈占土地。各地产业集聚区规划要严格以土地利用总体规划、城乡规划为基础,并纳入其中,依照法定程序报批和使用土地。对超出规划建设用地规模和范围的产业集聚区非法用地,要依法严肃处理。

严禁以建设社会主义新农村和设施农业等名义违法圈占土地或进行房地产开发。开展新农村建设必须坚持群众自愿原则,农用地转为建设用地必须符合规划和计划、依法履行报批手续,并严格按照规定落实补偿安置措施。对经依法批准的设施农业项目的管理生活用房、病疫防控设施、饲料储藏用房、农副产品仓库和加工厂、塘底固化的水产养殖场、硬化道路等附属设施及其他永久性建(构)筑物占用农用地的,要依法办理农用地转用手续,并按照农村集体建设用地进行管理。对借新农村建设和设施农业名义占用农用地变相进行房地产开发,开展观光旅游、娱乐、餐饮等商业性服务活动或通过以租代征等形式擅自将农用地转为建设用地的,要依法严厉查处。

严禁以各种名义擅自占用基本农田。各类建设项目要尽量避让基本农田,确需占用的必须严格依程序报国务院审批。建设项目用地预审或农用地转用报批时,凡涉及占用基本农田的,项目性质必须符合有关规定并进行充分论证,在预审时应说明不能避让的理由,在农用地转用报批时应提交耕地补划及其质量、数量的有关情况。

严禁建设项目用地违反国家政策未批先占、边报边占。各类建设用地必须严格依法办理用地手续。除按照国家规定办理先行用地手续情况外,凡未按规定办理有关用地手续的项目,一律不得开工建设。对已经批准用地,但因欠缴新增建设用地土地有偿使用费而压卷未取的,限期上缴费用。

严禁以各种名义侵害农民群众的合法权益。要严格按照经批准的征地方案实施征地,落实征地告知、听证、确认程序和“两公告一登记”制度(“两公告”指被征收土地所在地的市、县级政府及其土地行政主管部门在被征收土地所在地的乡镇、村发布的征收土地方案公告和征地补偿安置方案公告;“一登记”指被征收土地的所有权人、使用权人在征收土地公告规定的期限内持土地权属证书到指定的政府土地行政主管部门办理征地补偿登记),维护被征地集体经济组织和成员的知情权,确保补偿款项按时足额交付到被征地农户手中,确保各项安置措施、社会保障措施等落实到位。征地补偿安置没有落实到位的,不得动工建设。国土资源部门要配合有关部门,切实做好征地补偿争议案件裁决和侵害农民权益案件查处等工作。

(二)继续强力推进违法违规用地集中清查专项行动。各地要结合全国第九次卫星遥感监测执法检查等工作,继续加大工作力度,对行政区域内未批先占、以租代征等违法违规用地行为进行集中排查,对违反规划计划、未批先用、征地补偿安置或补充耕地不到位以及批地供地违规操作的,要及时制止、坚决查处,并依法追究有关责任人员的责任。省国土资源部门要会同监察等有关部门,对各地清查处理情况进行督促、检查和指导。

(三)进一步完善严格土地执法监管的长效机制。各地要认真落实联合执法、联合办案、共同监管的工作机制,国土资源、公安、监察等部门要积极与检察院、法院等密切配合、通力合作,严厉打击各类违法违规用地行为。要进一步完善省、市、县、乡镇四级土地动态巡查制度,强化岗位责任,加大动态巡查力度,对违法违规用地案件做到早发现、早制止、早查处。

四、严格落实保护耕地和节约集约用地的共同责任

(一)进一步强化政府的土地管理责任。各省辖市、县(市、区)政府要对本行政区域内的耕地保有量和基本农田保护面积、土地利用总体规划和年度计划执行情况、节约集约用地情况、依法依规用地情况负总责,政府主要负责人是第一责任人。国土资源、发展改革、财政、公安、监察、住房和城乡建设、农业等部门要切实履行职责,努力形成齐抓共管的工作格局。

(二)加大土地管理的行政问责力度。严格落实《违反土地管理规定行为处分办法》(监察部、人力资源和社会保障部国土资源部令第15号),健全和完善促进科学发展的土地管理工作考核评价与奖惩机制。对土地管理秩序混乱,致使在一年内本行政区域违法占用耕地面积占新增建设用地占用耕地总面积的比例达到规定标准,以及虽然未达到规定标准但出现违法违规用地严重问题的省辖市、县(市、区)政府主要负责人和其他负有责任的领导人员,要严格实行行政问责。

五、积极营造保护耕地和依法合理用地的良好舆论氛围

各地、各部门要正确对待舆论监督,对媒体反映的突出问题及时进行调查处理,切实维护法律权威和群众利益。要认真做好与媒体的沟通工作,大力宣传我省严格保护耕地和节约集约用地的典型经验,引导社会树立正确的用地观念,共同维护良好的土地管理秩序,为促进我省经济社会又好又快发展创造条件。

附件:部分典型违法违规用地案件

河南省人民政府

二〇〇九年七月二十三日

河南省人民政府批转省国土资源厅关于做好土地利用总体规划修编工作指导意见的通知

（豫政〔2009〕11号）

各省辖市人民政府，省人民政府有关部门：

省政府同意省国土资源厅《关于做好土地利用总体规划修编工作的指导意见》，现批转给你们，请认真贯彻执行。

河南省人民政府

二〇〇九年二月三日

关于做好土地利用总体规划修编工作的指导意见

土地利用总体规划是城乡建设、土地管理的纲领性文件，是加强宏观调控、发挥市场配置土地资源基础性作用的重要前提，是实行土地用途管制、推进节约集约用地、落实最严格的耕地保护制度的基本手段，也是各类建设利用土地的重要依据。根据《国务院办公厅转发国土资源部关于做好土地利用总体规划前期工作意见的通知》(国办发〔2005〕32号)、《国务院关于印发全国土地利用总体规划纲要(2006-2020年)的通知》(国发〔2008〕33号)和全国土地利用总体规划修编电视电话会议精神，为加快推进我省各级土地利用总体规划修编工作，现提出如下意见：

一、土地利用总体规划修编的必要性、重要性和紧迫性

我省现行各级土地利用总体规划批准实施以来，在加强土地管理，贯彻落实国家宏观调控的方针和产业政策，保护耕地和基本农田，促进节约集约用地，优化城乡用地结构和布局，协调生态环境建设等方面发挥了重要作用。但是，现行规划已执行十几年，在规模、结构和布局上都难以适应当前经济社会发展的需要。当前和未来一个时期是我省加快推进城镇化、工业化和农业现代化，实现由经济大省向经济强省、文化资源大省向文化强省跨越的关键时期，人口增加、经济社会发展和生态环境改善对全省土地利用结构和布局提出了新的更高的要求，土地利用中的供需矛盾和各种深层次问题将进一步显现。因此，抓紧修编土地利用总体规划，是解决制约我省经济社会发展的瓶颈与矛盾，引导城市发展和生产力合理布局，加强耕地和基本农田保护，统筹土地利用与经济社会发展的当务之急。

二、土地利用总体规划修编的基本要求

(一)指导思想。以科学发展观为统领，坚持“两保一高”(严格保护土地资源、保障科学发展用地、高效集约利用土地)。正确处理当前与长远、局部与整体、需要与供给的关系，加强宏观调控，转变用地观念，创新用地模式，注重开源节流，落实共同责任，构建保障科学发展新机制，促进我省经济社会又好又快发展。

(二)基本原则。

1.严格保护耕地。严格保护耕地特别是基本农田，确保耕地数量的稳定与质量的逐步提高，加强基本农田保护和建设，进一步提高农业综合生产能力，维护国家粮食安全。

2.保障科学发展用地。按照全面、协调、可

持续发展的要求，合理安排非农业建设用地和生态环境保护用地，重点保障能源、交通、水利等基础设施以及战略支撑产业发展用地，保障经济适用房、廉租房等民生用地，促进经济发展与人口、资源、环境相协调。

3.提高土地利用效益。以建设资源节约型社会为目标，严格执行建设用地定额标准，推进多层标准厂房建设，推动土地利用方式由外延扩张向内涵挖潜、由粗放低效向集约高效转变，坚定不移地走新型城镇化和工业化道路。

4.优化土地利用结构与布局。从实现城乡统筹、区域协调的要求出发，优化城乡、区域土地利用结构和布局，促进城镇化、工业化和农业现代化健康发展。

5.保护生态环境。以建设环境友好型社会为目标，切实加强对湿地等生态功能区和重要自然、文化遗产的保护，积极开展国土综合整治，加大对水土流失、土地污染的防治力度，提高土地资源可持续利用能力。

(三)总体要求。各级规划编制要紧紧围绕当地经济社会发展目标，力求体现国家和省对土地规划的宏观要求，力求体现省委、省政府对河南发展的战略构想，总结近年来我省土地管理中一些行之有效的措施和经验，突出当地特色。

(四)规划期限。规划修编以2005年为规划基期年，2010年为近期规划目标年，2020年为远期规划目标年。

(五)规划基数。规划修编基数原则上使用2005年变更调查数据。

三、土地利用总体规划修编的任务与内容

(一)土地利用总体规划修编的主要任务。

1.评价现行规划实施情况。评价现行规划实施的成效与不足，确定规划修编的重点和方向，形成规划实施评价报告。

2.分析规划背景与形势。分析自然资源环境禀赋条件、人口变化、经济社会发展趋势和政策环境等规划背景，明确经济社会发展对土地利用的要求。

3.预测分析土地供需变化趋势。综合分析土地资源利用现状、潜力、特点和经济社会发展等各方面因素，研究土地供需在时间和空间上的变化趋势，预测规划期内各类、各业用地需求。

4.编制规划供选方案。以上级规划下达的各项指标为依据，明确土地利用结构调整的方向，开展用地结构调整多方案设计与评价，确定优化方案。

5.优化土地利用布局。根据区域协调和城乡统筹要求，安排土地保护、利用、整治、开发的重点区域，重大工程和重大基础设施建设项目用地布局，合理划分土地利用区域。

6.明确空间管制内容和管制规则。划定城镇、工矿和农村居民点用地的建设边界，落实基本农田保护区，明确保护责任和管制规则。

7.拟定规划实施的政策措施。从行政、经济、社会、技术等多方面明确规划实施的责任与义务；制定规划实施的保障措施。

(二)市级土地利用总体规划的主要内容。

1.省级土地利用任务的落实。

2.市域土地利用规模、结构与布局的框架性安排。

3.市域土地利用分区及其差异化政策。

4.中心城区土地利用控制。

5.对县级土地利用的调控。

6.围绕规划目标实现的重点工程安排。

7.规划实施责任的落实。

(三)县级土地利用总体规划的主要内容。

1.市级土地利用任务的落实。

2.城乡各业、各类土地利用规模、结构、布局的统筹安排。

3.城镇用地增长边界的划定。

4.县域土地用途分区及其管制规则。

5.土地整理复垦计划的安排。

6.规划实施保障方案。

(四)乡级土地利用总体规划的主要内容。

1.县级规划中各类用地布局与边界的落实。

2.基于地块的土地规划用途的确定，重点落实基本农田保护目标。

3.规划实施保障方案。

四、明确土地利用总体规划修编的重点

(一)严格保护耕地和基本农田。必须从保障国家粮食安全的战略高度出发，不断巩固和强化农业的基础地位，通过实施粮食生产核心区建设工程，把

发展粮食生产与加强耕地和基本农田保护结合起来,加强对耕地的保护,推进基本农田建设,提高耕地综合生产能力和利用效益。要科学分解下达的耕地保有量和基本农田保护指标,下级土地利用总体规划中的建设用地总量不得超过上一级土地利用总体规划确定的控制指标,耕地保有量不得低于上一级土地利用总体规划确定的控制指标。规划修编要与基本农田调整划定工作同步进行,确保调整后的基本农田数量不低于上级土地利用总体规划确定的指标,并不折不扣地落实到地块和农户。基本农田保护图件备案工作要在土地利用总体规划修编后3个月内完成。

(二)优化各类用地结构和空间布局。优化各类用地空间布局是本次规划修编的难点和关键。农用地方面,要在确保耕地和基本农田数量不减少、质量不降低的前提下,科学调整耕地和基本农田布局,把优质耕地划入基本农田,实行永久保护,在为城镇化、工业化合理预留一定空间的同时,引导耕地和基本农田集中连片分布,便于保护和建设。城镇建设用地方面,要合理调控城镇用地规模和时序,重点保障民生项目、环保工程等用地需求,引导城镇内部用地结构调整。

(三)严格落实节约集约用地要求。要把节约集约用地作为规划修编的基本原则,以土地利用方式的转变推动经济发展方式的转变。各类建设用地指标分解要与当地经济社会发展战略相适应,与区域主体功能定位、产业发展方向、人口集聚趋势相适应,兼顾地区资源禀赋条件,避免一些地方过度开发建设。要按照“产业集聚、布局集中、用地集约”的原则,推进工业项目向产业集聚区集中。要制定城镇存量建设用地挖潜的措施和目标,严格执行农村宅基地的用地标准,统筹考虑农村宅基地的迁并。

(四)优先安排产业集聚区用地需求。要把产业集聚区纳入新一轮土地利用总体规划,作为重点予以优先安排。产业集聚区规模的确定要与当地工业化、城镇化发展相适应,与当地土地资源的供给能力相适应。规划修编要明确产业集聚区的建成区范围,保障发展区用地,严格界定控制区。通过规划引导工业项目向产业集聚区集中,以集中促集约。集聚区用地必须符合人均城镇用地控制标准,工业项目要严格落实建设用地控制指标和入驻标准厂房的规定,提高节约集约用地水平。

(五)合理确定城市规模。市、县(市)中心城区规模要符合土地利用总体规划,按照合理布局、循序渐进、节约土地、集约利用的原则,充分考虑当地经济社会发展水平和上级土地利用总体规划下达的城镇工矿用地指标,转变城市发展理念,科学确定城市发展规模,建设紧凑型城市和复合型城市,形成产业集聚、人群宜居、生态环境和谐发展的格局。限制城市“摊大饼”式的蔓延无序扩张,对于超出土地利用总体规划确定的中心城区规模的,在用地上不予保障。要结合城镇体系规划,统筹区域内大、中、小城市协调发展,不得将分解下达的城镇工矿用地指标向大、中城市过度倾斜。

(六)合理安排基础设施建设用地。要按照合理布局、经济可行、控制时序的原则,统筹协调各类交通、能源、水利等基础设施和基础产业建设规划,避免盲目投资、过度超前和低水平重复建设浪费土地资源。国家级和省级重点建设项目所需规划建设用地指标由省级统一配置,省级以下的重点建设项目要结合上级规划下达的重点项目用地指标,在本级规划内合理安排。在本级土地利用总体规划内,要统筹安排各级重点建设项目所占用的耕地和基本农田,并结合耕地和基本农田布局优化工作,对适宜开发利用的未利用地做出规划。要采取先进节地技术,降低路基高度,提高桥隧比例等措施,降低公路、铁路等基础设施工程用地和取弃土用地标准。建设项目设计、施工和建设用地审批必须严格执行用地标准,对超标准用地的,要核减用地面积。

(七)逐步减少农村建设用地。按照上级规划下达的农村建设用地减少指标,结合新农村建设和村镇规划编制,合理调整农村建设用地的结构和布局,划定农村建设用地减少的范围、方向和布局,稳步推进农村居民点迁并和村庄整治,逐步缩小农村居民点总规模。

五、规范土地利用总体规划修编的程序

(一)组织开展专题分析。在核定规划基数的基础上,要围绕落实规划修编的基本原则和目标,有针对性地开展若干问题的政策研究,为本级规划修编提供科学依据。县级规划应在完成上轮规划实施评价的基础上,开展加强耕地和基本农田保护、土地

利用供需预测、促进节约和集约利用土地等方面的专题分析。乡级规划不再进行专题分析。

(二)科学编制规划。结合专题分析成果,经有关部门充分论证后,按照上级规划下达的各项主要控制指标,编制土地利用总体规划。土地利用总体规划包括土地利用总体规划文本、说明、土地利用总体规划图、土地利用现状图,市、县级土地利用总体规划还应编制中心城区规模控制图。乡级土地利用总体规划与所在地的县级土地利用总体规划同步编制。

(三)严格审查、报批和备案。市、县级土地利用总体规划审查报批分为土地利用总体规划大纲审查和土地利用总体规划正式成果审查报批两个阶段。首先进行土地利用总体规划大纲审查,编制的土地利用总体规划大纲经本级人民政府审查同意后,报上级有权审批政府的国土资源部门审查(其中,县级土地利用总体规划大纲须由市级国土资源部门审查后上报)。审查通过后,再按程序报批土地利用总体规划正式成果。乡镇可直接编制土地利用总体规划正式成果并按程序报批。土地利用总体规划大纲包括以下内容:土地利用总体规划大纲文本及说明、主要规划指标分解表。土地利用总体规划正式成果包括以下内容:土地利用总体规划文本及说明、土地利用总体规划图件、专题分析成果、土地利用总体规划成果数据库、论证意见、土地利用总体规划大纲审查意见、公众听证材料及相关文件。土地利用总体规划正式成果批准后,在15个工作日内进行备案。

(四)规范工作程序。严格执行规划修编程序规定,坚持自上而下、上下结合、逐步推进。在规划主要指标控制和用地布局时,做到下级规划服从上级规划。

六、加强对土地利用总体规划修编工作的领导

(一)加强组织领导。各级政府要高度重视土地利用总体规划修编工作,要成立政府组织、国土资源管理部门牵头、多部门参与的组织和领导机构,加强对规划修编工作的领导和指导。

(二)做好衔接协调。各类与土地利用相关的规划要与土地利用总体规划相衔接,所确定的建设用地规模必须符合土地利用总体规划,年度用地安排也必须控制在土地利用年度计划之内,不符合土地利用总体规划和年度计划安排的,必须及时调整和修改,核减用地规模。

(三)改进工作方式。要坚持政府组织、专家领衔、部门合作、公众参与、科学决策的工作方针,科学系统地安排规划修编各项工作,尤其要重视发挥专家的作用。要采取多种方式和渠道,扩大公众参与范围,广泛征求各有关部门的意见,增强规划修编的公开性、科学性和透明度。

(四)加强队伍建设。要搞好业务培训,提高规划专业人员的业务素质。要结合规划机构资质审查认定工作,加强对规划专业队伍的管理。市、县级土地利用总体规划修编应由取得乙级以上(含乙级)资质的规划编制机构承担。没有资质的规划编制机构不得承担各项规划修编工作任务。

(五)落实经费保障。按照分级负责的原则,切实保障规划修编工作所需经费。市、县级规划修编工作经费由同级财政安排解决,乡级规划修编工作经费由县级财政安排解决。

(六)确保时间进度。市级规划要在2009年3月底前争取完成,县级、乡级规划要在2009年6月底前争取完成。经济发展较快的重点地区要加快进度,抓紧组织规划编制,争取提前完成编制报批工作。

(七)严格规划实施。规划修编完成后,要加强规划的实施管理,划定的基本农田要实行永久性的保护,除大型能源、交通、水利等基础设施建设用地需要改变土地利用总体规划以外,其他一般不得修改或调整土地利用总体规划确定的用地布局。

河南省国土资源厅

二〇〇九年一月二十日

河南省人民政府关于印发中原城市群国土规划编制工作实施方案的通知

（豫政〔2009〕97号）

各市、县人民政府,省人民政府有关部门:

现将《中原城市群国土规划编制工作实施方案》印发给你们,请严格按照方案要求,切实加强领导,密切协作配合,抓好工作落实,确保按时全面完成中原城市群国土规划编制工作。

河南省人民政府

二〇〇九年十二月十六日

中原城市群国土规划编制工作实施方案

为扎实做好中原城市群国土规划编制工作,根据《国土资源部关于河南中原城市群国土规划试点的复函》(国土资函〔2008〕843号)和《国土资源部河南省人民政府共同推进中原城市群国土规划编制暨开展豫西地区地质找矿工作备忘录》要求,制定本方案。

一、开展中原城市群国土规划编制工作的重要意义

国土规划是根据国家或区域经济社会发展战略和国土资源条件,对国土开发、利用、保护和整治的统筹谋划和综合部署。中原城市群是全国国土规划编制的试点地区之一,中原城市群国土规划编制是省政府和国土资源部合作项目。开展中原城市群国土规划编制工作,是新形势下深入贯彻落实科学发展观、促进经济发展方式转变、加快中原崛起的客观要求。编制和实施中原城市群国土规划,对落实国家促进中部地区崛起规划、培育河南新的经济增长极、推进中原城市群科学发展、促进全省经济社会可持续发展具有重要的战略意义。

二、规划编制的指导思想和基本原则

(一)指导思想。深入贯彻落实科学发展观,遵循自然规律、经济和社会发展规律,根据区域资源的空间分布特点和优势,立足于解决中原城市群经济社会发展重大问题,统筹安排国土资源和国土空间开发、利用、保护与整治,充分发挥国土规划的空间协调作用和宏观调控作用,构建和谐的国土空间和核心竞争力布局,为我省实现全面建设小康社会目标、加快中原崛起提供具有科学性、战略性和可操作性的国土空间总体布局方案,促进中原城市群经济持续发展、文化更加繁荣、整体竞争力不断增强、人民群众安居乐业,为加快中部崛起和全国区域协调发展做出贡献。

(二)基本原则。

1.因地制宜。立足基本省情,结合不同发展阶段特点,突出河南特色,充分发挥地区优势,力求把资源优势转化为经济优势。

2.资源集约高效利用。节约集约、高效利用资源,促进经济发展方式转变,促进全省经济社会可

持续发展。

3.三次产业协调发展。加快农业现代化,走不以牺牲农业和粮食生产为代价的新型工业化、城镇化道路,大力发展现代服务业,促进一、二、三产业协调发展。

4.保护生态环境。坚持国土资源的开发利用和整治保护相结合,促进经济发展与资源环境容量相适应,建设宜居宜业生态环境。

5.统领相关规划。发挥国土规划作为最高层次空间类规划的作用,充分体现规划的综合性、基础性、前瞻性和约束性,统筹协调相关规划。

三、规划的总体目标和基本要求

(一)总体目标。

1.打造高效国土。优化资源配置,发展循环经济和低碳经济,促进资源节约集约、高效利用,形成城市间分工协作、优势互补的发展格局,提高中原城市群整体竞争力和科学发展水平。

2.创建和谐国土。坚持以人为本,优化国土开发利用格局,促进中原城市群区域、城乡、经济社会、人与自然协调发展。

3.营造宜居国土。加强城乡基础设施建设和公共服务,改善城乡居住环境,营造宜居宜业的国土空间。

4.构筑绿色国土。强化国土综合整治,加快生态环境治理与恢复,实施重大生态环保工程,构筑稳固的国土生态绿色屏障,提升防灾抗灾能力,促进生态河南建设。

5.建设开放国土。加强对外交流与合作,充分利用省外和国外资本、技术、人才和矿产等,实现优势互补,为河南长期可持续发展开辟更加广阔的空间。

(二)基本要求。

1.体现"三个突出"。一是力求突出体现国家发展战略和促进中部地区崛起规划的宏观要求;二是力求突出体现省委、省政府关于加快中原城市群建设的战略要求和总体思路;三是力求突出体现中原城市群的区域特色。

2.实现"三个结合"。一是紧密结合国家即将编制的"十二五"规划及远景目标,把有利于中原城市群发展的各项优惠政策落到实处;二是紧密结合我省即将编制的"十二五"规划及远景目标,把加快中原城市群发展的各项措施落到实处;三是紧密结合中原城市群内部各圈层的发展战略和思路,把中原城市群发展的总体目标及各圈层的具体目标落到实处。

3.贯穿"三条主线"。一是必须将落实科学发展观的要求作为主线贯穿始终;二是必须将落实"两保一高"、研究突出问题、破解发展难题的要求作为主线贯穿始终;三是必须将落实规划的战略性、综合性、基础性、前瞻性、约束性和可操作性的要求作为主线贯穿始终。

4.坚持"三个创新"。在规划理念、理论,规划指标、评价体系,规划编制方法三个方面要有所创新,为开展全国国土规划提供经验和示范。

四、规划的范围和期限

(一)规划范围。中原城市群国土规划的范围包含18个省辖市,覆盖全省国土。规划要突出中原城市群核心层和紧密层的郑州、开封、洛阳、新乡、焦作、平顶山、许昌、漯河、济源等9个城市区域,统筹规划位于辐射层的商丘、周口、驻马店、信阳、南阳、三门峡、安阳、鹤壁、濮阳等9个城市区域。

(二)规划期限。规划期限为2009年~2030年,规划基期年为2008年,阶段年为2020年,目标年为2030年。

五、工作内容

(一)重大问题研究。

1.针对国土规划期末中原城市群的发展目标,如何提供资源保障。

2.针对我省产业发展现状,如何加快产业结构调整和升级改造,促进经济发展方式转变。

3.针对地区发展中存在的突出问题,如何优化中原城市群国土开发空间格局,合理划分国土综合功能区,促进区域之间、城乡之间协调发展。

4.在构建中原城市群现代城镇体系,加速城镇化进程中,如何加快基础设施和公共服务向农村延伸,促进城乡统筹发展。

5.针对中原城市群不同地区自然条件的差异

和环境保护现状,如何实施国土综合整治工程,促进生态环境的改善,建设宜居城镇、乡村。

6.在工业化、城镇化快速发展的背景下,如何加快推进中原城市群农业现代化,打造粮食生产核心区,实现“三化”(工业化、城镇化、农业现代化)对全省经济发展的有力支撑。

7.在城市间竞相发展的情况下,如何实现核心城市带动、城市间分工协作、互相促进,增强中原城市群的合力、辐射力和竞争力。

8.在区域经济竞争日趋激烈的情况下,中原城市群城市如何利用好省内省外“两种资源、两个市场”,开展跨区域合作,加快自身发展。

9.在国土规划试点阶段,如何在理论、方法和政策制度等方面进行探索,保障国土规划的科学编制和有效实施。

(二)专题研究。围绕国土规划的总体目标,按照中原城市群国土规划编制的要求,共设置研究专题20项。

1.中原城市群发展战略定位及目标体系构建研究。

2.中原城市群人口流向及合理布局研究。

3.中原城市群土地供需预测及可持续利用研究。

4.中原城市群水资源承载力研究。

5.中原城市群能源和矿产资源保障战略研究。

6.中原城市群环境承载力研究。

7.中原城市群国土开发空间布局研究。

8.中原城市群产业转型与升级研究。

9.河南省粮食生产核心区建设和现代农业发展研究。

10.构建“一极两圈三层”和增强城市群发展合力研究。

11.中原城市群城镇体系构建及布局优化研究。

12.中原城市群区域协调发展研究。

13.中原城市群生态环境保护研究。

14.中原城市群国土综合整治研究。

15.中原城市群新农村建设与推进城镇化互动研究。

16.中原城市群重点经济带发展研究。

17.中原城市群重大基础设施布局研究。

18.保障中原城市群国土规划实施的体制机制研究。

19.中原城市群国土规划信息系统开发研究。

20.中原城市群国土规划编制理论和方法研究。

(三)规划成果编制。在重大问题研究和专题研究基础上,编写中原城市群国土规划,形成一系列规划成果。主要包括:中原城市群国土规划文本、规划说明、规划图集、专题研究报告汇编、国土规划信息系统、国土规划技术总结和工作总结、国土规划实施意见等。

六、规划的编制方法和程序

(一)规划编制方法。

1.综合研究与专题研究相结合。综合研究的重点主要是提出宏观战略性的内容,包括国土规划的编制思路、重点等;专题研究主要针对本次规划的内容,围绕资源开发利用、区域发展布局等重点领域进行。综合研究要与专题研究紧密结合,同步交叉进行。

2.实地调研与理论研究相结合。采取实地调研、部门访谈、专家座谈相结合的方式,广泛听取各方面意见。在借鉴运用国内外先进理论方法的同时,利用地理信息系统、遥感技术和数字分析模型等现代科技手段,提高规划的科学性和可操作性。

3.建立国土规划合作交流平台。加强我省与辽宁、福建等已完成或正在开展国土规划试点的省市之间的合作交流,适时举办国土规划高层论坛,取长补短,提高规划编制水平。

(二)规划编制程序。中原城市群国土规划编制工作包括8个程序:前期准备工作、制定实施方案、开展现状调研、展开专题研究、制定规划方案、编制规划、形成规划成果、组织规划报批。在规划方案形成的过程中,需经过专家论证、征求部门意见和公众意见以及开展国内、国际交流等环节。

七、时间安排

中原城市群国土规划的编制和报批工作要在2年6个月内完成,时间安排如下:

(一)前期准备阶段(2009年12月底前)。开展国土规划前期考察调研;研究制定规划编制工作实施方案;签署部省合作备忘录;成立组织领导机构,安排办公场所,确定工作任务分工,落实经费;组建课题组、专家顾问组,制定工作计划,细化工作内容，确定研究专题，明确承担单位；举办中原城市群国土规划论坛；召开中原城市群国土规划编制工作会议。

(二)专题研究阶段(2010年1～6月)。各专题研究单位进行资料收集、实地调研、分析论证，形成初步成果，并进行专家论证审查，对总体规划提出框架设想并进行论证；开展国土规划信息系统研发工作。

(三)规划成果形成阶段(2010年7月～2011年3月)。修改完善专题研究成果，编制完成《中原城市群国土规划(初稿)》，广泛征求意见后进一步修改完善，形成《中原城市群国土规划(征求意见稿)》；建立国土规划信息系统。(四)审定报批阶段(2011年4月—6月)。将《中原城市群国土规划(征求意见稿)》送国土资源部及我省各相关部门征求意见，进一步完善后形成《中原城市群国土规划(送审稿)》，报国土资源部和省政府审查，由省政府报国务院审批。

八、组织领导

为确保规划编制工作顺利进行，根据部省合作备忘录，中原城市群国土规划编制以省政府和国土资源部合作的方式开展，成立中原城市群国土规划编制工作领导小组，设立领导小组办公室、技术指导和专家顾问联络办公室、规划编制课题组和专家顾问组等组织机构。

(一)中原城市群国土规划编制工作领导小组。成立由副省长张大卫、国土资源部总规划师胡存智任组长，省国土资源厅等有关部门和各省辖市政府为成员单位的规划编制工作领导小组(成员名单附后)。领导小组主要对规划编制工作中的重大事项进行协调和决策。各成员单位要按照职责分工，负责提供规划编制的相关资料，完成涉及本行业、本部门和本地的专项任务或专题研究；要指定专门人员，负责联络、沟通和协调工作。

各省辖市要成立相应领导机构，加强沟通协调，搞好协作配合，做好基础性和保障性工作，为规划的编制和实施创造良好条件。

(二)中原城市群国土规划编制工作领导小组办公室。领导小组办公室设在省国土资源厅，省国土资源厅厅长张启生兼任办公室主任，具体负责规划编制过程中的日常工作和领导小组交办的工作。办公室成员名单另定。

(三)中原城市群国土规划编制技术指导和专家顾问联络办公室。技术指导和专家顾问联络办公室设在国土资源部规划司，国土资源部规划司司长董祚继兼任办公室主任，具体负责规划编制的技术指导和专家顾问联络等工作。办公室成员名单另定。

(四)中原城市群国土规划编制课题组。课题组分土地组、矿产组、环境组、城乡规划组、产业发展组和综合组，具体负责中原城市群国土规划编制工作。课题组成员名单另定。

(五)中原城市群国土规划编制专家顾问组。专家顾问组主要负责对规划编制工作的指导、咨询和论证。专家顾问组成员名单另定。

附件：（中原城市群国土规划编制工作领导小组成员名单）

组长：

张大卫(副省长)

胡存智(国土资源部总规划师)

副组长：

董祚继(国土资源部规划司司长)

张庆义(省政府副秘书长)

张启生(省国土资源厅厅长)

成员：

李志民(省国土资源厅副厅长)

刘伟(省发展改革委副主任)

鲁玉(省财政厅副厅长)

贾跃(省科技厅副厅长)

郭风春(省住房城乡建设厅副巡视员)

刘兴彬(省交通运输厅副巡视员)

程志明(省水利厅副厅长)

王锦屏(省农业厅副厅长)

王德启(省林业厅副厅长)

刘世伟(省工业和信息化厅副厅长)

陈新贵(省环保厅副厅长)

刘明宪(省统计局副巡视员)

鲍常勇(省人口计生委副主任)

宋国卿(省商务厅副厅长)

张凤有(省旅游局副局长)

赵国强(省气象局副局长)

杨贵钧(郑州铁路局副局长)

潘华斌(省委政研室副主任)

郭建军(省政府发展研究中心副主任)
张占仓(省科学院副院长)
喻新安(省社科院副院长)
邹庆鹏(省农科院副院长)
张建慧(郑州市副市长)
王学杰(开封市副市长)
沈庆怀(洛阳市副市长)
郑茂杰(平顶山市副市长)
代毅君(安阳市副市长)
史全新(鹤壁市副市长)
贾全明(新乡市副市长)
贾书君(焦作市副市长)
高树森(濮阳市副市长)
张宗保(许昌市副市长)
谢连章(漯河市副市长)
赵光超(三门峡市副市长)
陈光杰(南阳市副市长)
贾瑞琴(商丘市副市长)
李水(信阳市副市长)
陈锋(周口市副市长)
刘金志(驻马店市副市长)
田志华(济源市副市长)

河南省人民政府办公厅关于印发河南省国土资源厅主要职责内设机构和人员编制规定的通知

(豫政办〔2009〕93号)

各省辖市人民政府,省人民政府各部门:

《河南省国土资源厅主要职责内设机构和人员编制规定》已经省政府批准,现予印发。

河南省人民政府办公厅

二〇〇九年五月二十五日

河南省国土资源厅主要职责内设机构和人员编制规定

根据《中共河南省委河南省人民政府关于印发河南省人民政府机构改革实施意见的通知》(豫文〔2009〕18号),设立河南省国土资源厅,为省政府组成部门。

一、职责调整

(一)取消已由省政府公布取消的行政审批事项。

(二)取消相关职业技能鉴定、颁证职责。

(三)将科技成果转化具体实施的职责交给事业单位和社会中介组织。

(四)将土地评估机构和人员资质认定职责交给行业协会。

(五)加强土地供需调控和总量平衡,落实最严格的土地管理制度。加强国土规划、土地利用总体规划的整体控制作用。加强矿产资源规划和合理开发利用管理,强化对资源回采率和资源综合利用率的监管。加强对省辖市、县(市、区)政府及其国土资源行政主管部门违反国土资源管理法律法规行为的直接查处职责。

二、主要职责

(一)承担保护与合理利用全省土地资源、矿产资源等自然资源的责任。组织制定全省国土资源发展规划,开展国土资源经济形势分析,研究提出全省国土资源供需总量平衡的政策建议。落实国家国土资源调控政策,参与全省宏观经济运行、区域协调、城乡统筹的研究并制定涉及国土资源的调控政策措施。编制并组织实施国土规划,制定并组织实施国土资源领域资源节约集约利用和循环经济的政策措施。

(二)承担规范全省国土资源管理秩序的责任。起草国土资源管理地方性法规、规章草案,制定全省地质环境保护政策,组织实施国家国土资源调查评价技术规程和开发利用标准。指导全省国土资源行政执法工作,调查处理国土资源重大违法违规案件。

(三)承担优化配置全省国土资源的责任。编制并组织实施土地利用总体规划、土地利用年度计划、土地整理复垦开发规划和其他专项规划、计划。组织编制矿产资源、地质勘查和地质环境等规划以及地质灾害防治、矿山环境保护等其他有关专项规划并监督检查实施情况。参与报省政府审批和经省政府报国务院审批的涉及土地、矿产相关规划的审核。

(四)负责规范全省国土资源权属管理。依法保护土地资源、矿产资源等自然资源所有者和使用者的合法权益,组织调处重大权属纠纷,指导土地确权;承担各类土地登记资料和地质资料的收集、整理、共享与汇交管理,提供社会查询服务。

(五)承担全省耕地保护的责任,确保耕地保有量和基本农田面积不减少。落实国家耕地保护法律、法规和政策,牵头制定并实施全省耕地保护政策,组织实施基本农田保护,监督占用耕地补偿制度执行情况。指导和监督全省未利用土地开发、土地整理、土地复垦和耕地开发工作。组织实施土地用途管制、农用地转用和土地征收征用,承担报省政府审批和经省政府报国务院审批的各类用地的审核、报批工作。

(六)承担及时准确提供全省土地利用各种数据的责任。制定全省地籍管理实施办法,组织全省土地资源调查、地籍调查、土地统计和动态监测,组织全省重大土地调查专项,指导省级以下地籍调查、土地登记和土地分等定级工作。

(七)承担全省节约集约利用土地资源的责任。制定并组织实施全省土地开发利用标准,执行国家禁止和限制供地目录、划拨用地目录等,管理和监督城乡建设用地供应、政府土地储备、土地开发和节约集约利用。制定土地使用权出让、租赁、作价出资、转让等管理办法并按规定组织实施,落实基准地价、标定地价等政府公示地价制度,会同农业部门监督管理农村集体建设用地使用权的流转。

(八)承担规范全省国土资源市场秩序的责任。监测土地市场和建设用地利用情况,监管地价,规范和监管矿业权市场,组织对矿业权人勘查、开采活动进行监督管理,规范和监管国土资源相关社会中介组织和行为,依法查处违法违规行为。

(九)负责全省矿产资源开发的管理,依法管理全省探矿权、采矿权的审批登记发证和转让审批登记,编制并组织实施全省矿业权设置方案。

(十)负责全省地质勘查和矿产资源储量管理。组织实施全省地质调查评价和矿产资源勘查,管理省出资的地质勘查项目,组织实施省级重大地质勘查专项,管理地质勘查资质、地质资料和地质勘查成果,依法实施全省地质勘查行业管理。

(十一)承担全省地质环境保护的责任。组织实施全省矿山地质环境保护,监督管理古生物化石、地质遗迹、矿业遗迹等重要保护区、保护地,依法管理水文地质、工程地质、环境地质勘查和评价工作,监测、监督防止地下水过量开采和污染,承担城市地质、农业地质、旅游地质的勘查、评价工作。

(十二)承担全省地质灾害预防和治理的责任。组织、协调、指导和监督全省地质灾害防治工作,制定并组织实施重大地质灾害等国土资源突发事件应急预案。

(十三)依法征收资源收益,规范、监督资金使用,制定土地、矿产资源参与经济调控的政策措施。依法组织土地、矿产资源专项收入的征管。配合有关部门制定收益分配办法,配合有关部门指导、监督全省土地整理复垦开发资金的收取和使用。参与管理土地、矿产等资源性资产,参与管理国家、省出资形成的矿业权权益,负责有关资金、基金的预算和财务、资产管理与监督。

(十四)推进全省国土资源科技进步,制定并组织实施全省国土资源科技发展和人才培养规划、计划,组织实施重大科技专项,推进国土资源信息化和信息资料方面的公共服务工作,指导国土资源新技术、新方法的推广应用。

(十五)开展对外合作与交流,制定并组织实施全省对外合作勘查、开采矿产资源政策,组织协调省外、境外矿产资源勘查,监督对外合作勘查开采行为。

(十六)负责省辖市国土资源行政主管部门领导干部的管理工作。

(十七)承办省政府交办的其他事项。

三、内设机构

根据上述职责,省国土资源厅设16个内设机构。

(一)办公室。负责文电、会务、机要、档案等工作;承担信息、宣传、安全保密、政府信息公开和政务公开工作;负责机关资产管理、后勤保障、综合业务等工作。

(二)政策法规处。组织起草国土资源管理地方性法规、规章草案和有关政策,承担机关有关规范性文件的合法性审核工作;组织国土资源管理法律、法规和政策的宣传教育,推进全省国土资源系统依法行政;承担行政复议、行政应诉、征地补偿标准争议裁决的有关工作。

(三)调控和监测处。开展全省国土资源经济形势监测与分析,研究提出国土资源供需总量平衡的政策建议,参与全省宏观经济运行及相关改革研究;组织开展全省国土资源重大课题调研,承担综合统计和机关专业统计归口管理工作;承担有关重要文稿的起草工作;协调和组织机关有关综合研究工作。

(四)规划处。编制实施全省国土、土地利用、矿产资源、地质环境等综合规划,组织编制全省资源调查评价、勘查、开发、整理、复垦等专项规划;依法指导和审核省级以下国土规划、土地利用总体规划、矿产资源规划;参与报省政府审批和经省政府报国务院审批的涉及土地、矿产相关规划的审核;编制实施土地利用计划和国土资源调查评价计划;承担建设项目用地预审工作;研究制定有关国土资源的区域、城乡统筹协调、综合利用和循环经济的政策措施。

(五)财务处。承担国土资源有偿使用工作,参与管理土地、矿产等资源性资产和国家、省出资形成的矿业权权益的有关工作;依法承担国土资源专项收入征管相关工作;承担国家、省拨付的有关工作经费、专项资金、基金的管理工作和部门预决算、政府采购、国库集中支付及内部审计工作;负责机关财务工作;承担监管直属单位财务及国有资产的工作。

(六)耕地保护处。制定有关耕地保护政策措施,组织实施耕地特别是基本农田保护,监督检查基本农田保护和占用耕地补偿制度落实情况,承担耕地保护责任目标考核的有关工作。指导和监督全省未利用土地开发、土地整理、土地复垦和耕地开发工作。

(七)用地审批管理处。承担报省政府审批和经省政府报国务院审批的农用地转用、土地征收征用事项的审查、报批工作;组织实施建设用地批后监管,指导和监督土地征收征用的补偿安置工作,参与国家、省重点项目涉及建设用地事项的协调、服务和指导。

(八)地籍管理处。制定全省土地确权、登记、发证、权属纠纷调处和权属管理的实施办法;承担各类土地登记资料的整理、共享和汇交管理;负责组织实施全省土地调查、监测及统计;调处跨省辖市及其他重大土地权属纠纷;指导全省地籍工作。

(九)土地利用管理处。承担城乡建设用地和土地市场管理工作;规范土地使用权出让、租赁、作价出资和转让行为;制定并组织实施土地供应、土地价格、土地资产和土地储备管理政策;制定并组织实施土地开发利用标准;承担节约集约用地评价和建设用地分等定级工作,组织实施基准地价和标定地价等地价制度,对土地市场和地价实施动态监测;承担报省政府审批的改制企业国有土地资产处置的审核、报批工作。

(十)地质勘查处。组织全省矿产资源调查评价;编制全省地质勘查规划并监督检查实施情况;管理省出资的地质勘查项目;组织实施国家地质勘查工作标准、规程和规范;管理全省地质勘查行业,负责全省地质勘查资质管理和信息管理。

(十一)矿产开发管理处。承担全省矿业权审批登记发证和转让审批登记工作;制定全省矿产开发管理政策;编制并组织实施全省矿业权设置方案,组织审查勘查实施方案和开发利用方案；管理全省矿业权市场；监管矿产资源勘查、开采活动；组织调处重大矿业权权属争议；负责矿产资源勘查开采准入管理。

(十二)矿产资源储量处。组织实施国家矿产资源储量管理办法、标准、规程、规范；管理矿产资源储量评审、备案、登记、统计工作；指导开展矿山储量动态检测工作；承担矿产资源补偿费征收、矿产地储备、压覆矿产资源管理的事项；承担矿业权评估备案和地质资料汇交管理工作。

(十三)地质环境处。组织协调和监督全省地质灾害防治工作；组织实施全省矿山地质环境保护，监督管理古生物化石、地质遗迹、矿业遗迹等重要保护区、保护地的工作；依法管理水文地质、工程地质、环境地质勘查和评价工作；组织监测、监督防止地下水过量开采引起的地面沉降和地下水污染造成的地质环境破坏；指导全省城市地质、农业地质、旅游地质等环境地质调查评价工作。

(十四)执法监察处(信访工作处)。组织对国家和省土地资源、矿产资源法律、法规执行情况进行监督检查；制定全省国土资源执法监督和违法案件查处的规定。承担群众来信来访办理工作，指导全省国土资源系统信访工作。

(十五)科技处。编制并组织实施全省国土资源科技发展规划；组织实施重大科技计划；组织制定并管理全省国土资源技术标准、规程和规范，承担全省国土资源科技成果管理工作；制定全省国土资源对外合作规划、计划和政策，承担省外、境外矿产资源勘查和参与开发工作；承担对外交流合作工作。

(十六)人事处(机关党委)。承担机关、直属单位的人事和机构编制工作；按规定承担管理省辖市国土资源行政主管部门领导干部的工作；组织实施全省国土资源系统教育培训工作。负责机关和直属单位的党群工作。

离退休干部工作处。负责机关离退休干部工作，指导直属单位的离退休干部工作。

四、人员编制

省国土资源厅机关行政编制为131名。其中，厅长1名、副厅长3名；正处级领导职数20名(含总规划师1名、总工程师1名、机关党委专职副书记1名)，副处级领导职数27名。

五、直属机构

设立河南省国土资源执法监察总队。其主要职责是：查处全省重大国土资源违法违规案件；组织开展国土资源动态巡查工作；指导省级以下国土资源执法监察队伍的业务工作。机构规格为正处级。行政编制14名，其中，总队长1名(副厅级)，副总队长2名(正处级)。

六、其他事项

(一)河道采砂管理的职责分工。我省长江流域按《长江河道采砂管理条例》的规定执行。其他流域河道采砂管理的职责分工是：省水利厅对河道采砂影响防洪安全、河势稳定、堤防安全负责，省国土资源厅对保障河道内砂石资源合理开发利用负责，省交通运输厅对河道采砂影响通航安全负责。由省水利厅牵头，会同省国土资源厅、交通运输厅等部门，负责河道采砂监督管理工作，统一编制河道采砂规划和计划。河道采砂的水上执法监管，要充分发挥交通运输部门执法机构的作用。

(二)根据省政府的规定，领导河南省煤田地质局、河南省测绘局。

(三)指导河南省地质矿产勘查开发局、河南省有色金属地质矿产局的业务工作。

(四)所属事业单位的设置、职责和编制事项另行规定。(五)所属国有企业(金融投资类除外)移交省政府国有资产监督管理委员会监管。

七、附　则

本规定由河南省机构编制委员会办公室负责解释，其调整由河南省机构编制委员会办公室按规定程序办理。

河南省人民政府办公厅关于印发
河南省城乡建设用地增减挂钩试点暂行办法的通知

（豫政办〔2009〕124号）

各市、县人民政府,省人民政府各部门:

《河南省城乡建设用地增减挂钩试点暂行办法》已经省政府同意,现印发给你们,请结合实际,认真贯彻执行。

河南省人民政府办公厅

二〇〇九年七月二十二日

河南省城乡建设用地增减挂钩试点暂行办法

第一章　总 则

第一条 为进一步加强和规范城乡建设用地增减挂钩试点工作,根据《国务院关于深化改革严格土地管理的决定》(国发〔2004〕28号)精神和国家有关城乡建设用地增减挂钩试点工作的规定,结合我省实际,制定本办法。

第二条 本办法所称城乡建设用地增减挂钩(以下简称挂钩)是指依据土地利用总体规划,将若干拟整理复垦为耕地的农村建设用地地块(即拆旧区)和拟用于城镇建设的地块(即建新区)共同组成拆旧建新项目区(以下简称项目区),通过拆旧建新和土地整理复垦等措施,实现项目区内增加耕地有效面积,提高耕地质量;在确保建设用地总量不增加的前提下,实现节约集约利用建设用地、城乡用地布局更合理的目标。

第三条 挂钩试点工作应以科学发展观为统领,以保护耕地、保障农民土地权益为出发点,以改善农村生产生活条件、统筹城乡发展、全面建设小康社会为目标,以优化用地结构和节约集约用地为重点。具体遵循以下原则:

(一)按照“有限指标保重点、一般项目靠挖潜”的总体要求,对省定产业集聚区和省重点项目优先安排挂钩试点。

(二)以规划统筹试点工作,依据土地利用总体规划和村镇规划,与土地综合整治、农业综合开发、农村住房建设、村庄改造和农村危房改造、农民进城购房等涉农政策措施相结合,引导调整城乡用地结构,优化农村建设用地布局,依据有关建设标准加强农村居民安置点公共服务设施和基础设施建设,推进土地节约集约利用,促进城乡协调发展。

(三)以挂钩周转指标安排项目区建新拆旧规模,调控实施进度,考核计划目标完成情况。

(四)以项目区实施为核心,实行行政区域和项目区建新拆旧双层审批、考核和管理,确保项目区实施后有效增加耕地面积,提高耕地质量,建设用地总量不突破原有规模。

(五)因地制宜,统筹安排,零拆整建,先易后难,突出重点,分步实施。

(六)尊重群众意愿,不损害群众权益。

(七)以城带乡、以工促农,通过开展挂钩试点工作,改善农民生产生活条件,促进农业适度规模经营和农村集体经济发展。

第四 条省国土资源厅负责全省挂钩试点工作的总体部署和组织管理;试点省辖市、县(市、区)国土资源部门负责本行政区域内试点工作的具体组织实施。挂钩试点工作应当由省辖市、县(市、区)政府组织协调,相关部门协同配合,共同推进。

第五 条挂钩试点工作涉及的土地,必须统一纳入项目区,按项目区整体申报审批。在项目区内,鼓励土地权属单位在“依法、自愿、有偿、规范”的前提下,遵循同类土地等价交换的原则,交换土地的权属变更结果依照法定程序办理土地变更登记,合理进行土地调整、互换和补偿。

第六条 挂钩试点工作实行行政区域和项目区双层管理,以项目区为主体组织实施。项目区应在试点县(市、区)行政区域内设置,建新区和拆旧区要相对接近,便于实施和管理,并避让基本农田。建新区必须符合土地利用总体规划,并与产业集聚区规划、城镇体系规划相协调。在新一轮土地利用总体规划批准实施之前,建新区不符合规划的,可依法依规调整规划。

建新区总面积必须小于拆旧区总面积,拆旧区土地整理复垦的耕地应比建新区占用的耕地数量有增加、质量有提高。

拆旧区土地整理复垦的耕地面积大于建新区占用耕地面积的部分,可用于建设占用耕地占补平衡。

第二章 项目区申报

第七条 试点县(市、区)政府组织有关部门依据土地利用总体规划、城镇体系规划等,结合土地综合整治、农村住房建设、村庄改造和农村危房改造等工作,初步确定项目区位置和规模,并按照国土资源听证管理规定的法定程序,就项目区选点布局、迁村并点安置政策等组织听证、论证,严禁违背农民意愿大拆大建。

第八条 项目区规模要适度,建新区要根据当地自然条件、人口密度和分布情况、经济发展状况,结合村镇体系规划,因地制宜进行合理控制和统筹安排,防止占地规模过大,浪费土地资源,违背农村发展规律。

第九条 试点县(市、区)政府应组织开展专项调查,查清项目区土地利用现状、权属,分析农村建设用地整理复垦潜力和城镇建设用地需求,了解当地群众的生产生活条件和建新拆旧意愿。

第十条 试点县(市、区)政府应依据土地利用总体规划、产业集聚区规划、城乡规划和专项调查结果,依照国家有关规定组织编制挂钩试点专项规划和项目区实施规划。将产业集聚区、重点项目和民生项目优先作为建新区建设项目,统筹确定城镇建设用地增加和农村建设用地撤并的规模、范围和布局。

项目区实施规划的主要内容:

(一)规划文本。

1.项目区基本情况。简述项目区涉及村庄的自然、经济、社会状况和土地利用现状,拆旧区、建新区的范围和规模、布局。

2.项目区土地平衡情况。分析建新区占用耕地及其他用地情况,拆旧区土地整理复垦增加的耕地面积,前后对比分析占用和复垦的耕地质量。

3.拆旧区安排情况。说明拆旧区中农村建设用地拆并的范围与村镇规划衔接情况,拆旧区内居民安置与新农村建设规划衔接情况。

4.建新区建设项目情况。说明建新区建设项目是否符合国家产业政策。

5.项目区规划方案。简述建新区规划方案、拆旧区土地整理复垦可行性研究和项目区迁建安置补偿方案。

6.项目区工作计划。简述项目区的总体安排、挂钩周转指标的使用和归还计划。

7.建新区拟建项目的资金筹措和拆旧区土地复垦资金筹措情况。

8.项目区土地权属调整方案。简述项目区土地权属现状,明确土地权属调整方案。

9.实施规划的保障措施。

(二)图件。

1.现状图。在1∶1万土地利用现状图上标注项目区范围情况。

2.规划图。在1∶1万土地利用总体规划图上标注项目区规划情况。

3.总体布局图。在1∶5万土地利用总体规划图上标注县(市、区)项目区总体布局情况。

(三)附件。

1.县(市、区)政府批准农村居民点改造和迁并安置补偿方案的文件。

2.村民、农村集体经济组织及有关单位同意改造和迁并安置补偿的意见。

3.土地整理复垦协议。

4.居民点以外的其他农村建设用地需有县级以上政府用地批准文件或者土地证书。

5.必要的遥感和影像等资料。

6.使用已备案的“三项整治”(“空心村”、砖瓦窑厂和工矿废弃地整治)指标作为拆旧区归还指标的,还应附“三图一表一报告”(按项目反映的项目区整治前、后的1∶1万标准分幅土地利用现状图,乡级土地利用总体规划图,"三项整治"项目入库表和项目验收报告)。

第十一条 挂钩试点工作实行项目区备选库制度,由省国土资源厅负责建立项目区备选库。试点县(市、区)国土资源管理部门要向省辖市国土资源管理部门提出进入项目区备选库的申请,省辖市国土资源管理部门审核汇总后向省国土资源厅申报,省国土资源厅根据省辖市审核汇总情况建立项目区备选库。

省辖市国土资源管理部门向省国土资源厅申报时应附以下材料:

(一)省辖市国土资源管理部门关于项目区的审核意见。

(二)项目区实施规划。

(三)项目区土地勘测定界成果。

第十二条 省国土资源厅应根据以下条件,从备选库中择优选取项目区,编制挂钩试点工作总体方案:

(一)从有利于产业集聚、社会主义新农村建设、城乡统筹、提高城镇化水平和县域经济发展出发,项目区的确定要依托省政府确定的重点发展区域(如:郑汴新区、洛阳新区等),以推动重点发展区域的发展。

(二)已经编制完成或正在编制县(市)域村镇体系规划的县(市、区),优先安排项目区;没有编制村镇体系规划或已编制规划不符合要求的不予安排。

(三)当地政府重视,群众积极性较高。

(四)经济发展较快,具备较强的经济实力,能确保项目区建新拆旧顺利实施。

(五)土地管理严格规范,各项基础业务扎实,项目区实施规划及各项材料完整、符合要求。

第十三条 建立挂钩试点工作总体方案联合审查制度。省政府组织国土资源、发展改革、住房城乡建设、环保等部门对挂钩试点工作总体方案进行联合审查,由省国土资源厅组织实施。

第十四条 省国土资源厅根据审核后的挂钩试点工作总体方案,对项目区实施规划和建新拆旧进行整体审批,并下达试点省辖市执行,不再单独办理农用地转用审批手续。

项目区经整体审批后方可实施,未经整体审批的项目区不得使用挂钩周转指标;对未纳入项目区、无挂钩周转指标的地块,不得改变土地用途,农用地改变为新增建设用地的应依法办理农用地转用手续。

第三章 项目区实施

第十五条 建新区要按照国家供地政策和节约集约用地的要求供地和用地。确需征收集体土地的,应依法办理土地征收手续。

第十六条 拆旧区土地整理复垦实施前,试点县(市、区)国土资源管理部门要与具体实施土地整理复垦的单位签订土地整理复垦合同,约定土地整理复垦期限、质量标准、资金来源、后期管理等内容。

第十七条 项目区实施过程中,要严格执行土地整理复垦的有关规定;涉及工程建设的,应当执行项目法人制、招投标制、工程监理制、公告制等制度。

第十八条 项目区应当按照批准的规划进行施工建设,不得擅自变更建设地点、规模、标准和内容。项目区一经批准,原则上不得调整;因特殊原因确需调整的,须履行听证、论证、征求意见等程序,按原程序重新审批。

第十九条 项目区实施过程中,涉及的农用地或建设用地需调整、互换的,要得到农村集体经济组织和农民的确认。建新区实行有偿供地所得收益,按照城市反哺农村的要求,主要用于项目区内农村基础设施建设,优先用于支持农村集体发展生产和农民改善生活条件。

第四章 项目区及挂钩周转指标管理

第二十条 挂钩周转指标按照"总量控制、封闭运行、定期考核、到期归还"的原则进行管理。试点县(市、区)国土资源管理部门应建立挂钩周转指标使用管理台账,登记挂钩周转指标使用的地点、面积、地类等,对挂钩周转指标的使用和归还进行全程监管。

第二十一条 挂钩试点通过下达挂钩周转指标进行。挂钩周转指标专项用于控制建新区的规模,同时作为拆旧区土地整理复垦耕地面积的标准。

挂钩周转指标应在规定时间内用拆旧区土地整理复垦的耕地归还,归还的耕地面积不得少于下达的挂钩周转指标。

第二十二条 挂钩周转指标分别以行政区域和项目区为考核单位,两者建新区的规模都不得突破下达的挂钩周转指标规模。对各项目区挂钩周转指标的使用情况，要独立进行考核和管理。

第二十三条 试点县(市、区)应加快项目区建设进度。对于先拆后建的项目区，拆旧区使用已整治备案的“三项整治”指标，建新区按照设计开工建设的，可视为完成挂钩试点指标周转任务，挂钩周转指标从项目区获得整体审批至指标归还的期限一般不超过半年。对于先建后拆的项目区，建新区按照设计开工建设，拆旧区在规定时间内完成复垦任务并经验收合格的，可视为完成挂钩试点指标周转任务。

第二十四条 省辖市国土资源管理部门是挂钩试点工作日常监管的主体，试点县(市、区)国土资源管理部门每月要向省辖市国土资源管理部门报告项目区实施情况；省辖市国土资源管理部门要加大对试点县(市、区)的日常监管力度，每季度末向省国土资源厅书面报告挂钩周转指标使用情况。

省国土资源厅不定期对全省挂钩试点工作进行抽查，并定期组织开展考核，考核情况报国土资源部备案。

第五章 项目区竣工验收

第二十五条 项目区实施完成后，试点县(市、区)国土资源管理部门向省辖市国土资源管理部门提出初验申请。

第二十六条 省辖市国土资源管理部门接到初验申请后，应按照土地整理复垦验收的有关规定组织开展初验。初验合格后，省辖市国土资源管理部门向省国土资源厅提出竣工验收申请，并将初验情况和有关材料一并上报。

第二十七条 省国土资源厅接到竣工验收申请后，应组织有关部门进行项目区竣工验收。竣工验收按下列步骤进行：

(一)听取项目区建设和土地复垦情况报告；

(二)实地查验工程建设、新增耕地和土地权属调整情况；

(三)查阅有关资料；(四)出具竣工验收报告。

第二十八条 竣工验收合格的，归还周转指标；不合格的，责令当地国土资源管理部门在规定时间内进行整改，整改后按原程序重新验收。连续两次验收不合格的，收回周转指标，取消试点资格。

第二十九条 项目区建新拆旧完成后，由试点县(市、区)国土资源管理部门按照土地利用变更调查的要求，对调整后的土地面积、地类、权属等进行变更登记。

各级国土资源管理部门应运用计算机技术等手段，对建新拆旧面积、挂钩周转指标、土地权属等进行登记、汇总，建立项目区数据库，加强信息化管理。

第三十条 试点县(市、区)国土资源管理部门要做好有关项目成果的档案管理工作。对项目区实施规划、验收通过的有关文件和资料等，要立卷归档，妥善保管。

第六章 项目区考核

第三十一条 试点县(市、区)国土资源管理部门负责项目区的日常管理。省辖市国土资源管理部门应按照项目区实施计划和工程设计标准，每月对项目区工程进度进行监督检查。

第三十二条 对未按批准的实施规划开展工作的或抽查不合格的试点县(市、区)，要限期整改；连续两次抽查不合格的，予以全省通报，并取消试点资格。对擅自扩大项目区范围，突破下达挂钩周转指标规模的试点县(市、区)，停止该县(市、区)的挂钩试点工作，并相应扣减所在省辖市的土地利用年度计划指标。

对损害群众利益，造成群众集体上访的试点县(市、区)，取消试点资格，收回挂钩周转指标，两年内不得开展挂钩试点工作。

对组织开展挂钩试点工作较好、日常监管到位的省辖市，将在项目区安排上予以倾斜；对组织开展挂钩试点工作较差，不重视挂钩试点工作的省辖市，将减少项目区安排和挂钩周转指标。

第三十三条 被取消试点资格的项目区已占用的农用地和未利用地，由省国土资源厅在项目区所在省辖市当年或下一年的土地利用计划指标中予以核减。

第七章 附 则

第三十四条 为整体推进我省挂钩试点工作，实现城市总体规划、产业集聚区规划、村镇体系规划与土地利用总体规划充分衔接，由省住房城乡建设部门牵头，省发展改革等部门参加，抓紧组织开展村镇体系规划、乡镇和村庄规划的编制及调整工作。省发展改革部门要会同省住房城乡建设等相关部门，进一步明确应建公共服务设施、公共设施的内容与标准，并按规划搞好配套建设。

第三十五条 本办法自印发之日起施行。《河南省国土资源厅关于印发河南省城镇建设用地增加与农村建设用地减少相挂钩工作暂行办法的通知》(豫国土资发〔2006〕116号)同时废止。

河南省人民政府办公厅关于转发省财政厅国土资源厅河南省土地专项资金管理试行办法的通知

(豫政办〔2009〕38号)

各市、县人民政府,省人民政府各部门:

省财政厅、国土资源厅制定的《河南省土地专项资金管理试行办法》已经省政府同意,现转发给你们,请认真贯彻执行。

河南省人民政府办公厅

二〇〇九年四月十六日

河南省土地专项资金管理试行办法

第一章　总 则

第一条　为建立我省“两保一高”(严格保护耕地特别是基本农田,基本保障工业化、城镇化健康发展的建设用地需求,努力实现土地高效利用)财政约束激励机制,进一步规范和加强土地专项资金管理,推进土地专项资金整合和土地高效利用,根据《河南省人民政府关于保护耕地保障科学发展实现土地高效利用的若干意见》(豫政〔2008〕44号)、《河南省人民政府贯彻国务院关于加强土地调控有关问题通知的意见》(豫政〔2006〕70号)、《河南省人民政府办公厅关于加强土地调控严格土地管理的通知》(豫政办〔2007〕33号)精神和财政部、国土资源部、中国人民银行有关规定,制定本办法。

第二条　本办法所指土地专项资金主要包括:国有土地使用权出让收入(以下简称土地出让收入)、新增建设用地土地有偿使用费、农业土地开发资金、国有土地收益基金以及国土资源部门征收的耕地开垦费、土地复垦费和土地闲置费等行政性收费收入。

第三条　土地专项资金收支分别纳入省、市、县(市、区)政府基金预算和地方财政一般预算管理,其中:土地出让收入、新增建设用地土地有偿使用费、农业土地开发资金、国有土地收益基金全部缴入省、市、县(市、区)国库,纳入政府基金预算,实行“收支两条线”管理;土地储备零星收入和国土资源部门征收的土地复垦费、土地闲置费和耕地开垦费收入全额缴入本级国库,纳入地方财政一般预算,实行“收支两条线”管理。

第二章　土地出让收入收支管理

第四　条土地出让收入范围。土地出让收入是指政府以出让等方式配置国有土地使用权取得的全部土地价款。具体包括:

(一)以招标、拍卖、挂牌和协议方式出让国有土地使用权所取得的总成交价款(不含代收代缴的税费);

(二)转让划拨国有土地使用权或依法利用原划拨土地进行经营性建设应当补缴的土地价款;

(三)变现处置抵押划拨国有土地使用权应当补缴的土地价款;

(四)转让房改房、经济适用住房按照规定应当补缴的土地价款;

(五)改变出让国有土地使用权土地用途、容积率等土地使用条件应当补缴的土地价款,以及其他和国有土地使用权出让或变更有关的收入等；

(六)国土资源部门依法出租国有土地向承租者收取的土地租金收入；

(七)出租划拨土地上的房屋应当上缴的土地收益；

(八)以行政划拨方式取得国有土地使用权的土地使用者,依法向市、县(市、区)人民政府缴纳的土地补偿费、安置补助费、地上附着物和青苗补偿费、拆迁补偿费等费用(不含征地管理费)。

按照规定依法向国有土地使用权受让人收取的定金、保证金和预收款,在国有土地使用权出让合同(以下简称土地出让合同)生效后可以抵作土地价款。划拨土地的预收款按照上述要求管理。

第五条 土地出让收入的支出管理。按照《财政部国土资源部中国人民银行印发关于国有土地使用权出让收支管理办法的通知》(财综〔2006〕68号)规定,土地出让收入的支出范围包括征地和拆迁补偿支出、土地开发支出、支农支出、城市建设支出以及其他支出。

(一)征地和拆迁补偿支出。包括土地补偿费、安置补助费、地上附着物和青苗补偿费、拆迁补偿费,按照省、市、县(市、区)人民政府批准的征地补偿方案、拆迁补偿方案以及财政部门核定的预算执行。

(二)土地开发支出。包括出让土地需要进行的相关道路、供水、供电、供气、排水、通讯、照明、土地平整等基础设施建设支出,以及相关需要支付的银行贷款本息等支出,按照财政部门核定的预算执行。

(三)支农支出。包括用于保持被征地农民原有生活水平补贴支出、补助被征地农民社会保障支出、农业土地开发支出以及从土地出让收入中安排用于农村饮水、沼气、道路、环境、卫生、教育和文化等基础设施建设项目支出,按照省政府规定以及财政部门核定的预算执行。

(四)城市建设支出。含完善国有土地使用功能的配套设施建设以及城市基础设施建设支出,具体包括:城市道路、桥涵、公共绿地、公共厕所、消防设施等基础设施建设支出,按照财政部门核定的预算执行。

(五)其他支出。包括土地出让业务费、缴纳新增建设用地土地有偿使用费、国有土地收益基金支出、城镇廉租住房保障支出以及破产或改制国有企业职工安置费用支出等,按照有关计提规定以及财政部门核定的预算执行。土地出让业务费直接列入国土资源部门预算,不再按每宗地的净收益计提。

(六)土地出让收入的使用要确保足额支付征地和拆迁补偿费、补助被征地农民社会保障支出、保持被征地农民原有生活水平补贴支出,严格按照有关规定将被征地农民的社会保障费用纳入征地补偿安置费用,切实保障被征地农民的合法权益。

(七)土地出让收入的使用要重点向新农村建设倾斜,逐步提高用于农业土地开发和农村基础设施建设的比重,逐步改善农民的生产、生活条件和居住环境,努力提高农民的生活质量和水平。

(八)土地前期开发要积极引入市场机制,严格控制支出,通过政府采购招投标方式选择评估、拆迁、工程施工、监理等单位,努力降低开发成本。城市建设支出和其他支出要严格按照批准的预算执行。编制政府采购预算的,应严格按照政府采购的有关规定执行。

第六条 土地出让收入的征收管理。土地出让收入的收缴程序按照《河南省财政厅关于启用新版土地出让收入专用票据的通知》(豫财办综〔2007〕71号)规定执行。

(一)设立土地出让收入汇缴专户。按照《财政部国土资源部关于落实规范土地出让收支管理文件等有关问题的通知》(财综〔2007〕49号)规定,财政部门设立土地出让收入汇缴专户,用于办理土地出让收入资金的清算分解缴库,有条件的地方也可以将土地出让收入直接缴入国库,具体由各市、县(市、区)根据实际情况确定。

(二)各级财政部门要严格按照《财政部国土资源部关于落实规范土地收支管理文件等有关问题的通知》规定,在10个工作日内将土地出让收入汇缴专户的资金(包括向国有土地使用权受让人收取的定金、保证金和预收款)缴入同级国库,不得人为滞压资金。

(三)对通过招标、拍卖、挂牌和协议出让方式取得的土地出让总价款收入,市、县(市、区)财政部门要设立宗地台账,实行宗地核算,以准确地测算出每宗土地出让净收益。宗地出让净收益为当年实际收取的每宗土地出让总成交价款收入扣除代收代缴的税费、需要支付的征地和拆迁补偿费、土地开发费、农业土地开发资金、国有土地收益基金、上解省级收入和土地出让业务费后的余额。

(四)多缴国库的土地出让收入和未能取得国有土地使用权的竞投人缴纳的定金、保证金和预收款按规定程序予以退库。不涉及分成的,由同级财政部门根据土地出让合同或国有划拨土地决定书以及缴款凭证审核确认后在当地国库办理退库手续;涉及省与市、县(市、区)分成的收入,先由市、县(市、区)财政部门开具“收入退还书”,加盖同级财政部门公章后,连同该宗地的土地出让合同或国有划拨土地决定书以及缴款凭证报省财政厅,经省财政厅审核确认并在“收入退还书”上加盖公章后,退回市、县(市、区)财政部门在当地国库办理退库手续。

(五)按照《财政部关于国有企业改制土地出让收入缴库有关问题的批复》(财综〔2007〕50号)规定,国有企业使用的原划拨土地以出让方式处置的,应将总成交价款(不含代收代缴的税费)全部缴入市、县(市、区)国库;国有企业改制的有关费用应当通过预算从土地出让收入中予以安排,不得直接留给相关企业。

第七条 土地储备收入的收支管理按照《国土资源部财政部中国人民银行关于印发土地储备管理办法的通知》(国土资发〔2007〕277号)、《财政部国土资源部关于印发土地储备资金财务管理暂行办法的通知》(财综〔2007〕17号)和《河南省国土资源厅河南省财政厅中国人民银行郑州中心支行关于贯彻国土资源部财政部中国人民银行土地储备管理办法的意见》(豫国土资发〔2008〕144号)规定执行。

第三章 新增建设用地土地有偿使用费收支管理

第八条 新增建设用地土地有偿使用费征收范围。新增建设用地土地有偿使用费是指在农用地和未利用地转为建设用地时,依据国家规定的标准缴入中央国库和省级国库的资金。新增建设用地土地有偿使用费的征收范围是:土地利用总体规划确定的城市(含建制镇)建设用地范围内的新增建设用地(含村庄和集镇新增建设用地);在土地利用总体规划确定的城市(含建制镇)、村庄和集镇建设用地范围外单独选址、依法以出让等有偿使用方式取得的新增建设用地;在水利水电工程建设中,移民迁建用地占用城市(含建制镇)土地利用总体规划确定的经批准超出原建设用地面积的新增建设用地。

因违法批地、占用而实际发生的新增建设用地,应按照国土资源部认定的实际新增建设用地面积、相应等别和征收标准征收新增建设用地土地有偿使用费。按照《国土资源部办公厅财政部办公厅关于新增建设用地土地有偿使用费征收范围有关问题的复函》(国土资厅函〔2007〕96号)规定,跨城市(含建制镇)建设用地范围的单独选址建设项目,其在城市(含建制镇)建设用地范围内的部分,应当征收新增建设用地土地有偿使用费;其在城市(含建制镇)建设用地范围外的新增建设用地,依法以出让等有偿使用方式供应的,应当征收新增建设用地土地有偿使用费,依法以划拨方式供应的不征收新增建设用地土地有偿使用费。

新增建设用地土地有偿使用费的征收标准按照《河南省财政厅河南省国土资源厅中国人民银行郑州中心支行关于贯彻财政部调整新增建设用地土地有偿使用费政策等有关问题的通知》(豫财办综〔2006〕85号)规定执行。

第九条 新增建设用地土地有偿使用费的征收管理。根据《财政部国土资源部中国人民银行关于调整新增建设用地土地有偿使用费政策等问题的通知》(财综〔2006〕48号)规定,新增建设用地土地有偿使用费的缴纳人是市、县(市、区)人民政府,资金来源是当地的土地出让收入和其他财政性资金。

新增建设用地土地有偿使用费具体收缴程序按照《河南省财政厅河南省国土资源厅中国人民银行郑州中心支行关于贯彻财政部调整新增建设用地土地有偿使用费政策等有关问题的通知》规定执行。

第十条 新增建设用地土地有偿使用费支出范围。

(一)基本农田建设支出。是指为促进基本农田综合生产能力提高和持续利用,按照土地利用总体规划和土地开发整理专项规划,采取土地整理方式对基本农田进行综合整治发生的支出。

(二)土地整理支出。是指为增加耕地面积,促进耕地综合生产能力提高,按照土地利用总体规划和土地开发整理专项规划,对基本农田保护区以外的农用地进行田、水、路、林、村综合整治发生的支出,以及对历史遗留的生产建设挖损、塌陷、压占土地和洪灾、滑坡、崩塌、泥石流和风沙等自然灾害损毁的耕地进行复垦发生的支出。

(三)耕地开发支出。是指在保护和改善生态环境的前提下，以增加耕地面积为主要目的，按照土地利用总体规划和土地开发整理专项规划，对滩涂、盐碱地、荒草地、裸地、空闲地等宜农未利用土地进行开发，使之达到可利用状态所发生的支出。

(四)基本农田保护支出。是指为保护基本农田而发生的基本农田动态监管与维护、信息系统建设及其他基本农田保护基础业务支出。

(五)土地调查支出。是根据《土地调查条例》(国务院令第518号)、《国务院关于开展第二次全国土地调查的通知》(国发〔2006〕38号)和《河南省人民政府贯彻国务院关于开展第二次全国土地调查通知的意见》(豫政〔2007〕35号)规定，按照省、市、县(市、区)各自承担的第二次土地调查工作任务从新增建设用地土地有偿使用费中安排的支出。

(六)其他支出。是指在实施基本农田基本建设和保护、土地整理、耕地开发项目过程中发生的项目审核论证及实施、资金使用的监督检查以及绩效考评等支出。

基本农田建设、土地整理和耕地开发按照土地开发整理项目进行管理，有关费用的支出内容和标准按照《财政部土地开发整理项目预算定额标准》(财建〔2005〕169号)规定执行。

新增建设用地土地有偿使用费不得用于下列支出：

基本农田建设、土地整理和耕地开发项目区以外，不直接与项目相配套的道路工程、水利工程、电力工程和村庄改造等基础设施建设工程支出。10万立方米以上大中型水库、防洪堤坝、干渠、干道和10千伏以上输变电等工程支出。

项目施工单位施工用车辆、机械等设备，项目承担单位和施工单位管理用小汽车等设备以及农业生产用具、设备等不属于项目规划设计需要的设备购置支出。

对外投资；赞助和捐赠支出；支付的滞纳金、罚款、违约金、赔偿金以及国家法律、法规规定不得列入成本、费用的其他支出。

第四章　农业土地开发资金收支管理

第十一条　农业土地开发资金收入范围。市、县(市、区)财政部门根据土地出让合同列明的招标、拍卖、挂牌和协议方式出让的土地面积，按照财政部规定的土地平均纯收益的30%从土地出让总价款中计提农业土地开发资金，在办理土地出让总价款缴库手续时一并缴入本级国库。具体计提标准按照《财政部国土资源部关于印发用于农业土地开发的土地出让金收入管理办法的通知》(财综〔2004〕49号)、《财政部国土资源部关于印发用于农业土地开发的土地出让金使用管理办法的通知》(财建〔2004〕174号)和《河南省财政厅河南省国土资源厅中国人民银行郑州中心支行关于印发河南省用于农业土地开发的土地出让金收缴使用管理办法的通知》(豫财综〔2004〕103号)规定执行。

补缴的土地价款、划拨土地收入和其他土地出让金收入不计提农业土地开发资金。

第十二条　农业土地开发资金支出范围。农业土地开发资金的支出范围主要包括：土地整理和复垦、宜农未利用地的开发、基本农田建设以及改善农业生产条件的土地开发支出。

第五章　国有土地收益基金收支管理

第十三条　国有土地收益基金收入范围。市、县(市、区)政府按照规定在以招标、拍卖、挂牌和协议方式出让国有土地使用权所取得的总成交价款(不含代收代缴的税费)中按2%的比例提取国有土地收益基金。补缴的土地价款、划拨土地收入和其他土地出让金收入不计提国有土地收益基金。

第十四条　国有土地收益基金支出范围。国有土地收益基金用于征收、收购、优先购买、收回土地过程中发生的各种开支。具体包括：(一)征地和拆迁补偿支出。是指用于收购储备土地需要支付的土地补偿费、安置补助费、地上附着物和青苗补偿费、拆迁补偿费支出。(二)土地开发支出。是指收购储备土地需要支付的前期土地开发性支出以及与前期土地开发相关的费用等支出。

第六章　土地行政性收费收支管理

第十五条　土地行政性收费是指由国土资源部门征收的用于土地开垦、复垦的耕地开垦费、土地复垦费和土地闲置费等行政性收费收入。

第十六条　耕地开垦费的收支范围。

(一)征收范围。凡在河南省区域内占用耕地进行非农业建设的单位或个人必须考虑耕地占补平衡问题；未做到占补平衡的，必须缴纳耕地开垦费。耕地开垦费作为建设用地成本列入建设投资。

(二)征收标准。按照《河南省人民政府办公厅关于加强土地调控严格土地管理的通知》规定和《河南省人民政府关于公布取消停止征收和调整有关收费项目的通知》(豫政〔2008〕52号)规定，耕地开垦费按占用耕地类型和面积征收。非农业建设项目占用耕地的，耕地开垦费按9～13元/平方米收取，其中，占用望天田的按9元/平方米收取，占用旱地的按11元/平方米收取，占用水浇地、灌溉水田、菜地的按13元/平方米收取；非农业建设项目占用基本农田的，耕地开垦费按18～22元/平方米收取，其中，占用望天田的按18元/平方米收取，占用旱地的按20元/平方米收取，占用水浇地、灌溉水田、菜地的按22元/平方米收取。

(三)支出范围。耕地开垦费主要用于扶持单位或个人开发、整理耕地，扩大耕地面积；新的基本农田建设；土地整理开发复垦项目管理；编制或修编土地利用总体规划和土地开发、整理规划，基本农田保护区的划定、保护和管理；经财政部门批准的其他支出。

第十七条 土地复垦费的收支范围。

(一)征收范围。按照《省发展和改革委员会省财政厅关于修订土地复垦收费标准有关问题的通知》(豫发改收费〔2006〕1263号)和《河南省人民政府关于公布取消停止征收和调整有关收费项目的通知》规定，对因挖损、塌陷、压占等造成土地破坏的，用地单位和个人应当负责复垦；没有条件复垦或者复垦不符合要求的，应当缴纳土地复垦费，专项用于土地复垦。具体标准按规定执行。

(二)支出范围。土地复垦费主要用于因挖损、塌陷、压占等造成破坏的土地的复垦。

第十八条 土地闲置费收支范围。

(一)征收范围。按照《河南省人民政府关于公布取消停止征收和调整有关收费项目的通知》规定，已经批准办理审批手续的非农建设占用耕地或以出让方式取得土地使用权进行房地产开发的土地，1年以上2年以下未动工建设的视为闲置土地，用地单位和个人没有条件复垦或复垦不符合要求的，应缴纳土地闲置费。非农建设占用耕地，土地闲置费按该耕地前3年平均年产值的2～3.5倍计收；以出让方式取得土地使用权的闲置费按土地使用权出让金20%的比例计收。

(二)支出范围。土地闲置费专项用于耕地开垦。

第七章 资金及项目管理

第十九条 建立完善“两保一高”财政激励约束机制，将新增建设用地土地有偿使用费、省集中的土地使用权出让收入的使用与各地“两保一高”绩效挂钩，鼓励地方保护耕地、节约用地、集约用地、高效用地。

第二十条 从省级财政集中土地出让总价款和其他土地出让收入(不含补缴土地收入和划拨土地收入)的3%中安排一部分资金，按照奖励节约、补助挖潜、鼓励集约的原则，奖励土地挖潜成效突出的市、县(市、区)。具体奖励办法由省财政厅会同省国土资源厅另行制定。其余资金按照省政府“两保一高”要求，用于节约集约用地和城市基础设施建设项目。

第二十一条 中央安排我省和我省留成的新增建设用地土地有偿使用费，除省按规定安排的专项资金外，其余由省财政厅会同省国土资源厅按照各市、县(市、区)基本农田面积、灌溉水浇地面积、净增耕地量和省政府确定的土地管理重点工作完成量等因素分配，报省政府批准后由省财政厅向市、县(市、区)下达资金额度。

第二十二条 各市、县(市、区)国土资源局、财政局根据省下达的新增建设用地土地有偿使用费资金额度，连同市、县(市、区)管理的农业土地开发资金、土地复垦费、土地闲置费、耕地开垦费，扣除安排土地调查、项目监管等工作经费后编制项目规划，全部安排落实到基本农田建设与保护、土地整理、耕地开发等具体支出项目，并征求农业、发展改革等部门的意见。市国土资源局、财政局对项目规划汇总审查后联合报省国土资源厅和省财政厅。省国土资源厅会同省财政厅对项目规划审查确认后，由省财政厅向市、县(市、区)下达项目支出预算。省分配下达的新增建设用地土地有偿使用费资金，保证用于基本农田建设与保护、土地整理、耕地开发项目的支出不低于95%。

因实施条件变化需撤销的项目，由项目所在地国土资源部门和财政部门逐级联合上报省国土资源厅和省财政厅，经同意后撤销项目并由省财政收回资金重新安排。

第二十三条 省财政厅会同省国土资源厅审定市、县(市、区)的项目资金安排。省国土资源厅负责项目设计审查论证并对项目实施监督管理,省财政厅负责资金概算的审查及拨付,省审计厅负责组织对全省土地专项资金使用情况进行审计监督。

第二十四条 分配下达给市本级的资金,由市财政局和市国土资源局负责管理和使用。分配下达给县(市、区)的资金,由市财政局会同市国土资源局及时将省下达的新增建设用地有偿使用费下拨到县(市、区),不得截留挪用。市、县(市、区)国土资源局负责具体项目的实施及管理工作。

第二十五条 市、县(市、区)国土资源部门要严格按照规定的新增建设用地土地有偿使用费支出范围使用资金。对基本农田建设、土地整理和耕地开发等项目的资金,严格执行国家土地开发整理项目的有关规定。在项目管理中要认真落实招投标制度、专家评审制度、项目法人制度、公告制度、合同管理制度、监理制度。市、县(市、区)财政局要按照财政管理制度的规定做好资金拨付和日常监督工作。

第二十六条 各市财政局、国土资源局应在每年的11月底之前,将上年省下达的新增建设用地土地有偿使用费资金使用情况和项目实施管理情况上报省财政厅、国土资源厅。

第二十七条 新增建设用地土地有偿使用费项目承担单位要严格按照批准下达的预算,合理安排使用资金,不得擅自变更项目的建设地点、规模;不得扩大支出范围,提高开支标准;不得用于其他支出。

第二十八条 新增建设用地土地有偿使用费项目承担单位要按照国家有关财务会计制度的规定,做好资金核算工作,及时办理年度结算和财务决算。年度财务决算和竣工财务决算由项目承担单位报同级财政部门批复。经竣工财务决算批复后的项目结余资金,由同级财政、国土资源部门按本办法规定的支出范围安排使用,资金使用计划应报省财政厅、国土资源厅批准。

第八章 监督检查

第二十九条 省财政厅、国土资源厅、审计厅等部门要对全省土地专项资金收支情况开展定期或不定期监督检查,强化对土地专项资金收支的监督管理,确保土地专项资金及时足额征收、入库、划转,支出严格按照有关规定执行。对不如实申报使用市、县(市、区)管理的农业土地开发资金、土地复垦费、土地闲置费、耕地开垦费或不按省备案项目实施的,停止安排下一年度新增建设用地土地有偿使用费资金并收回上年度下拨资金,同时停止市、县(市、区)的用地项目审批。

第三十条 对国有土地使用权受让人不按土地出让合同、国有划拨土地决定书等规定及时足额向财政部门缴纳土地出让收入,按日加收违约金额1‰的违约金。违约金随同土地出让收入一并缴入地方国库,涉及分成的土地出让收入违约金按省与市、县(市、区)3∶97比例分成入库。

第三十一条 对违反规定,擅自减免、缓缴、截留、挤占、挪用应缴国库的土地专项资金,不执行国家财务会计制度规定,不依法履行核定、征收、监督管理职责,对违法行为不予查处或查处不力造成严重后果的,严格按照《中华人民共和国土地管理法》、《中华人民共和国会计法》、《中华人民共和国审计法》、《中华人民共和国政府采购法》、《财政违法行为处罚处分条例》(国务院令第427号)、《金融违法行为处罚办法》(国务院令第260号)等法律、法规进行处理,并依法依纪追究有关责任人的责任。触犯《中华人民共和国刑法》的,要依法追究有关人员的刑事责任。

第九章 绩效评价

第三十二条 市、县(市、区)财政、国土资源管理部门要建立健全土地专项资金使用管理的绩效评价制度,对土地专项资金用于基本农田建设、土地整理和耕地开发项目的实施过程及完成结果进行全面、综合的绩效评价。评价的内容主要包括:项目的实施进度、实施质量、后期预测、财务状况、执行结果、社会经济效益、项目资金使用及管理状况等。市、县(市、区)财政部门负责制定项目支出绩效考评的规章制度,确定考评项目,配合、监督、检查国土资源部门项目支出绩效考评工作。市、县(市、区)国土资源部门依据财政部门关于项目支出绩效考评的规定和要求,由市、县(市、区)人大、政协和财政、国土资源、农业、发展改革等部门组成绩效考评委员会,对基本农田建设、土地整理和耕地开发项目实施情况进行绩效考评,根据考评中发现的问题及时改进和加强项目后续实施过程的管理。

第十章 附 则

第三十三条 各市财政部门应当会同国土资源管理部门根据本办法,结合本地实际,制定实施细则,并报省财政厅、国土资源厅备案。

第三十四条 以前规定与本办法不一致的,按本办法规定执行。

第三十五条 本办法由省财政厅和省国土资源厅负责解释。

第三十六条 本办法自公布之日起执行。

省财政厅 省国土资源厅

二〇〇九年四月十三日

河南省人民政府办公厅关于切实巩固粘土砖瓦窑厂治理整顿成果的意见

(豫政办〔2009〕35号)

各市、县人民政府,省人民政府有关部门:

为进一步做好全省粘土砖瓦窑厂治理整顿和监督管理工作,切实巩固粘土砖瓦窑厂专项整治成果,经省政府同意,现提出如下意见,请认真贯彻落实。

一、充分认识巩固整治成果的重要意义

2006年以来,全省各级政府和有关部门按照省政府的统一部署,深入贯彻落实《河南省人民政府关于治理整顿粘土砖瓦窑厂加快发展新型墙体材料的通知》(豫政〔2005〕54号)精神,同心协力、克难攻坚,深入持久地推进整治工作,取得了有效保护耕地、改善生态环境、促进新型墙体材料产业健康有序发展的显著成效。但是,由于粘土砖使用惯性和利益驱动的影响,一些地方粘土砖生产出现局部反弹,特别是以新型墙体材料名义生产粘土砖的问题尚未得到根本解决。

当前,全省粘土砖瓦窑厂整治工作正处于全面巩固整治成果的关键阶段,已取得的整治成果来之不易,巩固整治成果的工作决不能放松。各级政府和有关部门必须保持清醒认识,要从落实科学发展观的大局出发,从促进新型墙体材料产业加快发展的迫切需要出发,充分认识巩固粘土砖瓦窑厂整治成果的重要意义,牢固树立责任意识,再接再厉、齐抓共管,坚持在深化整治的过程中巩固成果,在巩固成果的目标下深化整治。要继续加强宣传和引导,充分发挥新闻媒体的舆论导向和监督作用,大力宣传巩固粘土砖瓦窑厂整治成果、推进发展新型墙体材料的重要意义,提高广大干部群众的认识,为切实巩固粘土砖瓦窑厂整治成果、加快推广应用新型墙体材料创造良好的舆论环境。

二、严防粘土砖生产出现反弹

严格执行省政府确定的关闭政策,凡属《河南省发展应用新型墙体材料管理办法》(省政府令第116号)和豫政〔2005〕54号文件规定的禁止与关闭范围的粘土砖瓦窑厂,必须依法关闭到位。对违规生产粘土砖或以新型墙体材料名义生产粘土砖的场所,由市、县级政府组织有关部门会同乡镇政府限期拆除,并对有关责任人依法严肃处理。其中,属于非法用地或非法取土的由国土资源部门牵头依法查处;属于未取得工商营业执照擅自经营的由工商部门依法查处;对涉嫌非法占用耕地罪或非法经营罪的人员,由国土资源或工商部门移交公安机关,依法追究刑事责任。

三、加大黄河滩区砖瓦窑厂整治力度

沿黄各级政府和住房城乡建设、国土资源、河务等部门要继续按照《中华人民共和国防洪法》、《中华人民共和国河道管理条例》(国务院

第3号令)等法律、法规的规定和“总量控制、方便行洪、合理布局、节能环保、规模发展”的原则,加强对黄河滩区砖瓦窑厂的整治力度,强化政府领导责任,建立政府组织、部门联动的工作机制,采取多种有效措施,限期完成整顿规范任务。沿黄各级政府要严格落实黄河淤泥砖“地产地销”的有关规定,禁止黄河淤泥砖进入“禁实”区域销售。对凡属影响河道行洪安全的砖瓦窑厂和以黄河淤泥砖名义堤外取土生产粘土砖的砖瓦窑厂,由当地县级政府依法予以拆除。

四、继续做好粘土砖瓦窑厂占地复垦工作

各级政府要强化责任,明确期限,落实资金,保证质量,继续加大复垦力度,及时做好已关闭粘土砖瓦窑厂占地复垦工作,复垦整理土地面积要达到粘土砖瓦窑厂占地总量的80%以上。要认真落实省国土资源厅下达的2008年粘土砖瓦窑厂整治新增建设用地奖励指标,确保省财政安排的受省政府表彰省辖市、县(市、区)的粘土砖瓦窑厂专项复垦资金落实到位和专款专用。

五、严格规范新型墙体材料市场秩序

严格新型墙体材料企业的准入标准,按照“市场导向、节能环保、规模发展、合理布局”的原则,进一步规范新型墙体材料市场秩序。各地烧结类新型墙体材料企业必须按照省发展改革委核准(备案)的生产工艺、原料及比例要求生产,并依法办理环评、用地、产品确认等手续。对已经发展改革、环境保护、国土资源、住房城乡建设等有关部门批(核)准的新型墙体材料企业,按照“谁审批、谁负责”的原则,由县级政府相关部门负责对其生产经营行为进行日常核查与监管;凡未按核准(备案)、环评、用地等批准内容及范围生产的,责令限期停工整改,逾期不整改或达不到整改要求的,依法限期关闭拆除并提请原批准机关撤销相关批文或证书;凡未经批(核)准擅自生产经营的,由县级政府组织发展改革、环境保护、国土资源、住房城乡建设、工商等有关部门依法查处并限期关闭拆除;凡未经确认合格的产品不得推广使用,对违规使用的单位由住房城乡建设部门负责查处;对生产的新型墙体材料掺配粘土比例不符合规定标准的,由质量技术监督部门依法查处;对销售的新型墙体材料不符合规定标准的,由工商部门依法查处;对违反省有关规定继续使用晾坯场的,由国土资源等有关部门依法查处,并由当地乡镇政府负责限期清理。

六、建立健全监管体系

建立统计监测体系。各省辖市、县(市、区)要进一步建立巩固粘土砖瓦窑厂整治成果工作的相关公示、巡查、统计、报告等制度。县级发展改革、国土资源、住房城乡建设、环境保护、河务等部门要根据各自职责,建立日常巡查制度,对本辖区巩固粘土砖瓦窑厂整治成果工作情况进行经常性动态巡查,并每月向本级政府报告巡查结果。各省辖市每季度要在当地新闻媒体公示所辖县(市、区)巡查监测情况,接受社会监督。同时,各省辖市每月分别向省国土资源厅(省治理整顿粘土砖瓦窑厂工作联席会议办公室)、省住房城乡建设厅(省墙体材料改革办公室)报送本市巩固粘土砖瓦窑厂整治成果工作进展情况。各地建立和完善统计监测体系的相关内容和要求,由省国土资源厅会同省住房城乡建设厅另行制定。

建立目标考评体系。对所辖各县(市、区)巩固粘土砖瓦窑厂整治成果、加快粘土砖瓦窑厂占地复垦、规范新型墙体材料市场秩序等情况,各省辖市政府要按照省政府工作要求,进行半年和年度目标考评并通报考评结果。省政府对各省辖市进行年度目标考评并通报考评结果。

建立奖惩体系。由省国土资源厅会同省住房城乡建设厅每月汇总通报各省辖市巩固粘土砖瓦窑厂整治成果工作情况,每年对巩固粘土砖瓦窑厂整治成果工作进行评比,对工作先进的省辖市、县(市、区)予以表彰,对工作落后的省辖市、县(市、区)予以批评并列为重点监控地区,责令限期整改,逾期整改不到位的可采取暂停建设用地报批、核减建设用地指标等惩处措施。

七、落实部门监管职责

发展改革部门负责新型墙体材料新建、改扩建项目的核准、项目实施的核查监管;环境保护部门负

责环境评价和监管;国土资源部门负责非法新建、复建粘土砖瓦窑厂及非法用地取土行为的监管和土地复垦整理项目的实施,负责对新型墙体材料新建、改扩建项目建设用地的审核、监管;住房城乡建设部门负责新型墙体材料掺配粘土比例标准的制定、产品确认及推广应用的监管;质量技术监督部门负责新型墙体材料掺配粘土比例的产品检测和生产监管;工商部门负责非法销售粘土砖、掺配粘土比例标准未经质量技术监督部门检测合格的新型墙体材料、未取得住房城乡建设部门产品确认书的新型墙体材料和无照经营行为的监管。水利、河务、电力、公安、监察等部门按照省政府令第116号和豫政〔2005〕54号文件等规定的职责,落实监管责任,形成监管合力。各地要采取有效措施,支持新型墙体材料企业规模化、规范化发展,提高资源利用效率,促进我省新型墙体材料产业优化升级。

八、严格落实责任追究

省辖市、县(市、区)政府主要领导是巩固粘土砖瓦窑厂整治成果的第一责任人,分管领导是直接责任人。各省辖市政府要把巩固粘土砖瓦窑厂整治成果工作列入政府责任目标,认真落实县、乡镇两级政府的领导责任及相关部门的监管责任,切实加强督导检查。因行政不作为或领导不力、组织不到位,对辖区内粘土砖瓦窑厂反弹和以新型墙体材料名义生产粘土砖控制不力的,监察部门要追究领导责任和监管责任。

河南省人民政府办公厅

二〇〇九年四月十日

河南省国土资源厅
关于印发《河南省国土资源厅工作规则》的通知

各省辖市国土资源局,厅属各单位,厅机关各处室:

《河南省国土资源厅工作规则》已经厅务会议讨论通过,现予以印发。

二〇〇九年三月十九日

河南省国土资源厅工作规则

第一章　总　则

第一条 根据《河南省人民政府工作规则》、《国土资源部工作规则》,结合我省国土资源工作实际,制定本规则。

第二条 省国土资源厅工作的指导思想是,高举中国特色社会主义伟大旗帜,以邓小平理论和“三个代表”重要思想为指导,深入贯彻落实科学发展观,全面履行行政职能,实行科学民主决策,坚持依法行政,推进政务公开,严肃作风纪律,广泛接受监督,保证政令畅通,努力建设学习型、创新型、服务型、责任型机关。

第三条 省国土资源厅工作人员要坚持解放思想,实事求是;加强学习,提高素质;勤于实践,大胆创新;务实高效,勤政为民;忠于职守,清正廉洁。努力提高依法行政的能力、科学管理的能力、服务社会的能力、自我约束的能力。

第二章　职责分工

第四条 实行厅长负责制,厅长领导厅的全面工作。

第五条 副厅长及其他厅领导协助厅长工作,按分工负责处理分管事务;受厅长委托,负责其他方面的工作或者专项任务，并代表厅进行公务活动。

第六条 厅长外出期间，由负责常务工作的副厅长或厅长委托的厅领导代行厅长职责，主持工作。分管厅领导外出期间，由厅长或厅长指定的其他厅领导代行职责。

第七条 厅长助理、总工程师协助厅长或者副厅长工作，受厅长委托负责某些方面的工作。

第八条 办公室主任协助厅领导处理厅机关日常工作，协调落实厅决定的事项和厅长交办的事项。各处室的处长（主任）在规定的职责范围内行使职权，承担责任；处长（主任）外出期间，委托一名副职主持工作。

第九条 各处室要认真贯彻落实省委、省政府、国土资源部及厅的各项工作部署，依照法律法规行使职权，各负其责。一项工作原则上由一个处室主办，实行主办处室负责制，相关处室要密切配合，共同完成各项工作。

第三章　实行科学民主决策

第十条 建立健全公众参与、专家论证和领导决策相结合的行政决策机制，健全重大决策的规则和程序，提高决策透明度，实行依法决策、科学决策和民主决策。

第十一条 提请省政府审议发布的行政规章（起草稿）和提请省人大常委会审议发布的地方性法规（起草稿），制定、修改、废止厅规范性文件和机关管理规章制度，全省国土资源管理的重大问题，必须由厅务会议集体讨论决定。

第十二条 向省委、省政府和国土资源部请示或报告的重要事项，厅年度计划、发展规划、改革方案、部门预算、重大项目立项、重点案件查处和重大工作部署，厅日常工作中的重要问题或专项问题，上报或下发的重要文件、厅重要会议的主要文件，参与宏观调控的意见和建议，有关处室及下级部门提请研究的重要事项，厅大型活动、干部培训、出国组团、重点调研、大额资金使用、基本建设、会议安排等，必须由厅长办公会集体讨论决定。

第十三条 提请厅务会议或厅长办公会议讨论的重大事项，有关处室和厅属单位必须严格审核把关、严格履行规定的程序，提出切实可行的方案。其中，涉及省政府有关部门和其他有关单位的，应事先协商；涉及省辖市、县（市、区）人民政府的，应事先征求意见；涉及人民群众切身利益的，应通过公示或听证会等形式听取意见和建议；涉及基础性、战略性研究的，应组织有关专家或机构进行论证、评估。

第十四条 国土规划的编制审查，土地利用总体规划、矿产资源规划及专项规划的编制审查，建设项目用地预审，农用地转用和土地征收审查，使用国有未利用土地的建设用地审查，土地开发用地审查，土地资产处置，探矿权和采矿权审批，建设项目压覆矿产资源审查（批），矿产资源补偿费减免，探矿权和采矿权价款分期缴纳等重大事项，严格实行会审制度。

第十五条 针对国土资源管理中出现的突出矛盾和带有倾向性的问题，组织科研单位和相关人员进行专题调研，为科学决策提供依据。

第四章　坚持依法行政

第十六条 按照合法正当、高效便民、诚实守信、权责一致的要求行使行政权力，强化责任意识，不断提高依法行政能力。

第十七条 结合国土资源管理实践，及时提出制订、修改或者废止有关地方性法规、规章的建议，不断完善国土资源管理地方性法规体系，依法适时制订、修改、废止国土资源管理规范性文件。

加强与法院、检察院、公安、监察机关等沟通协作，健全完善执法监察工作机制，推进共同责任机制和问责制度建设，严厉打击和有效遏制国土资源领域违法违规行为。

第十八条 坚持便民、高效、廉洁、规范的原则，实行首问负责制、窗口办文制、限期办结制、政务公开制、责任追究制，亮证执法，挂牌上岗，规范服务行为，提高服务质量和效率。

除行政服务中心外，各处室一律不得对外直接收发业务审批文件。

第十九条 严格行政执法责任制和行政过错追究制。行政复议或者行政诉讼中，厅作为被申请人或者被告的，政策法规处牵头协调，原具体行政行为经办处室提供答复或者答辩材料，政策法规处依法对有关材料进行审查，并同原具体行政行为经办处室作为厅代理人参加行政复议或者行政诉讼。原具体行政行为被变更、撤销、确认违法并引起行政赔偿的，要依法依规追究有故意或重大过失的工作人员的责任。

第二十条 坚持行政执法与经济利益脱钩、与责任挂钩的原则，将行政执法的责任落实到岗，明确到人。

第五章 推进政务公开

第二十一条 认真贯彻落实《中共中央办公厅国务院办公厅关于进一步推行政务公开的意见》（中办发〔2005〕12号）和《政府信息公开条例》（国务院第492号令），坚持依法行政、全面真实、及时便民的原则，推行政务公开，健全信息发布制度，公开办事程序，提高工作透明度。

第二十二条 凡涉及群众切身利益，需要群众广泛知晓的事项以及法律法规和上级有关部门规定需要公开的事项，有关处室应会同办公室通过网站、新闻发布会以及报刊、广播、电视等方式，依法、及时、准确向社会公开。依申请公开的事项，由行政服务中心负责办理。

应当听证和公示的事项，按照有关规定进行。

第二十三条 加强厅网站建设，及时发布和更新网上政务信息。实行网络信息审查制度，防止涉密信息上网发布。凡在网站上发布的国土资源信息，均应严格按照《河南省国土资源厅网站管理办法》履行相关手续。

第二十四条 完善网上服务系统，为公众参与国土资源监督管理创造条件。公众提出的问题、意见和建议由信访部门按照职责分工交有关处室限期办理。

第六章 强化目标管理和督促检查

第二十五条 实行目标管理。根据省政府、国土资源部及其他上级有关部门的重要工作部署及有关责任目标，制定厅年度工作责任目标并进行分解，明确责任。厅按年度工作责任目标进行管理、考评和奖惩。

阶段性、临时性工作部署及领导重要批示落实情况纳入目标管理。

第二十六条 实行督促检查制度。对上级及厅重要决策、领导批示，人大代表建议、政协委员提案落实情况进行督促检查；对重大安全事故、重大地质灾害、群体性事件等突发事件的处置实行跟踪督查。对不按要求办理督办事项的，依照有关规定追究相关单位和人员的责任。督查结果作为绩效考核的重要依据。

第二十七条 实行厅领导分片联系制度。厅领导对分片联系的省辖市“保护资源、保障发展、实现资源高效利用”工作做好服务、指导，并对省辖市国土资源局的班子建设、政风行风建设、信访稳定等重要工作负相关责任。

第七章 会议制度

第二十八条 厅实行厅务会议、厅长办公会议、厅专题会议制度。坚持厅领导周一工作碰头会议制度。

第二十九条 厅务会议由所有厅领导、厅长助理、总工程师和各处室主要负责人组成，由厅长或厅长委托主持工作的副厅长召集和主持，其他列席人员根据会议内容需要确定。

厅务会议一般每2个月召开一次。必要时，可临时召开。

第三十条 厅长办公会由所有厅领导、办公室主任及与研究讨论议题相关的处室、厅属单位主要负责人组成，由厅长或厅长委托主持工作的副厅长召集和主持，其他列席人员根据会议需要确定。

厅长办公会议一般每月召开一次。必要时，可临时召开。

第三十一条 厅专题会议由厅领导或厅领导委托办公室主任

召集和主持，研究讨论议题相关的处室、厅属单位负责人参加，其他列席人员根据会议需要确定。

厅专题会议根据需要随时召开。

第三十二条 提交会议审议的事项，要严格履行规定的程序。厅务会议、厅长办公会议研究决定的事项应形成会议纪要。

第八章 公文审批

第三十三条 公文处理（含电子公文）要按照国务院《国家行政机关公文处理办法》与河南省人民政府《公文处理工作制度》执行。公文阅批和审批，按照厅领导分工负责的原则办理。

第三十四条 厅受理的公文均由办公室统一登记并负责运转，其他各处室不得直接受理。

第三十五条 以厅名义制发的上行文，由厅长签发。以厅名义制发的其他公文，由厅长或分管厅领导签发。

以厅办公室名义制发的公文，由办公室主任签发；如有需要，由分管厅领导签发。其他各处室不得对外正式发文。

第三十六条 以厅或厅办公室名义制发的公文，在签发前，必须由办公室审核；其中厅制发的规范性文件，在签发前必须经政策法规处审查，并出具意见。

第三十七条 大力推进电子政务建设。厅制发的公文实行网上审签，加快推行收文网上办理，逐步实现无纸化办公。

第九章 作风纪律

第三十八条 认真贯彻厅党组各项决定，严格执行厅各项工作部署，严守纪律，有令必行，有禁必止。如有不同意见，可在内部提出，在没有重新作出决定前，不得有相违背的言行；代表厅发表讲话或文章，或个人名义发表涉及未经厅研究的重大问题及事项的讲话和文章，事先需经厅同意。

第三十九条 克服官僚主义和形式主义。要加强学习调研，深入基层现场办公，防止作风浮漂；要坚持实事求是，讲求工作实效，严禁弄虚作假、做表面文章；要提高工作效率，保持雷厉风行的工作作风，防止工作拖拉、推诿扯皮。

第四十条 完善信访制度，确保信访渠道畅通。厅领导和有关处室负责人要及时阅批群众来信，亲自接待重要来访，体察民情民意，了解和掌握有关法律法规和政策制度在基层的落实情况，妥善解决群众诉求。

第四十一条 实行领导干部外出报告制度。厅领导参加省辖市、县（市、区）人民政府及有关部门、本系统各单位举办的会议和活动，应事先报厅长同意，并告知厅办公室。各省辖市国土资源局主要负责人离开工作所在地的，需经厅长同意，并报厅办公室备案。厅机关各处室、厅属各单位主要负责人离郑参加会议和活动，需经分管厅领导同意，并向厅长报告。

第四十二条 各省辖市、县（市、区）党委、政府来厅协商工作，各省辖市国土资源局、厅属各单位向厅主要领导汇报工作，需经厅办公室统一安排。

第四十三条 严格遵守保密规定和外事纪律，严禁泄露国家秘密、工作秘密或者因履行职责掌握的商业秘密等，坚决维护国家的安全、荣誉和利益。

第四十四条 严格遵守新闻宣传纪律。凡以厅名义向新闻单位提供新闻稿件，需经办公室审核后报厅领导同意。任何处室、单位或个人不得以厅名义私自与新闻单位联系发布新闻、接受采访，不得将厅领导讲话、文件、会议材料等提供新闻单位。

第四十五条 严格执行财经纪律，规范公务接待，降低行政成本，建设节约型机关。

第四十六条 严格遵守廉政建设有关规定，廉洁从政。

第十章 接受监督

第四十七条 自觉接受人大、政协监督，认真办理人大代表、政协委员的建议、提案，研究答复意见并及时反馈，虚心接受提出的批评、意见和建议。

第四十八条 依照有关法律规定，接受司法监督；接受监察、审计等部门的专项监督，对发现的问题要认真整改，必要时应向省政府及上级有关部门报告。

第四十九条 加强行政系统内部监督，严格执行《中华人民共和国行政复议法》和规范性文件备案制度，及时发现并纠正违反法律、法规和部门规章的规范性文件，以及违法的或者不当的具体行政行为；主动征求并认真听取省辖市、县（市、区）人民政府及其部门的批评、意见和建议。

第五十条 自觉接受舆论、群众和社会监督，重视互联网、电视、广播、报刊等新闻媒体和群众反映的问题，积极主动地查处和整改，并向上级领导和有关部门报告。

第十一章 附 则

第五十一条 本规则自发布之日起实施，原工作规则同时废止。

第五十二条 各省辖市国土资源局、厅属各单位参照本规则执行。

河南省国土资源厅关于改进建设用地审批服务扩内需保增长用地需求的通知

各省辖市国土资源局：

为落实“积极主动服务，严格规范管理”的总体要求，提高投资拉动项目用地保障水平，促进各项建设依法依规合理用地，保障经济平稳较快发展需要，根据国土资源部《关于为扩大内需促进经济平稳较快发展做好服务和监管工作的通知》（国土资发〔2008〕237号）、《关于做好2009年报国务院批准城市建设用地申报工作的通知》（国土资发〔2008〕246号）、《关于改进报国务院批准单独选址建设项目用地审查报批工作的通知》（国土资发〔2009〕8号）等文件精神和我省“扩内需，保增长”整体工作部署，经省政府同意，改进报国务院和省政府批准建设用地审查报批工作。现将有关事项通知如下：

一、完善建设项目用地申报制度

（一）改进批次用地申报制度。继续实行省辖市本级、扩权县（市）、非扩权县（市）每年分别最多申报5个、4个、3个整体批次的申报制度。另外，符合批次用地条件的“扩内需、保增长”项目、国家和省重点项目、多层标准厂房项目、单一保障性住宅项目还可以单独组卷申报，不占用申报批次数量指标。

（二）实行申报用地结报制度。省辖市政府申请省政府批准的分批次建设用地，每年11月30日前报至省国土资源厅。郑州市等7个省辖市政府一次性申请省政府转报城市批次建设用地，每年2月15日前报至省国土资源厅，其中新增投资项目较多的城市，在一次性完成用地组件后，还可以即时单独申请省政府转报城市批次建设用地。各省辖市单独选址建设项目和“扩内需、保增长”项目及国家、省重点项目用地报批即时受理。

（三）推行同步申报用地制度。新一轮土地利用总体规划批准实施前，因急需建设、有重大影响、对选址有特殊要求且不涉及基本农田、依法须由省政府批准用地的城市、村庄、集镇建设项目，确实无法在现行规划确定的建设用地范围内安排的，可以在与新一轮土地利用总体规划布局相衔接的前提下，按照有关规定提出规划修改方案，随同批次用地报件按法定程序一并报省政府批准。列入新增中央投资计划清单且选址难以避让基本农田的项目，属中央直接下达计划的，规划修改方案可以随同用地报件按法定程序一并经省政府转报国务院批准，属切块下达地方的，规划修改方案报省政府批准。

（四）建立分段用地申报制度。对跨多个市、县的线型工程，根据完成用地组件进度，可分段分批报批用地，项目用地批准权限属国务院的，按省辖市为单位分批申请省政府转报用地；属省政府的，按市、县为单位分批申请省政府批准用地。

（五）统一乡镇批次用地申报制度。申请征收土地利用总体规划确定的村庄、集镇建设用地规模范围内的土地，由市、县国土资源部门拟订“一书三方案”，省辖市政府在批准农用地转用方案和补充耕地方案的同时，申请批准征收土地方案。

二、简化建设项目用地申报材料

（一）简化报国务院批准建设项目用地申报材料。单独选址项目用地转报材料由现行的35件减少到11件，部分报件不再需要纸质材料；郑州市等7个省辖市一次性城市批次用地转报材料维持现行的5件。

（二）简化报省政府批准建设项目用地申报材料。单独选址项目用地申报材料由现行的24件减少到11件；城市分批次建设用地申报材料由现行的14件减少到5件；乡镇分批次建设用地申报材料由现行的13件减少到4件；郑州市等7个省辖市实施城市批次用地方案申报材料，由现行的10件减少到5件。部分报件不再需要纸质材料。

（三）简化建设项目先行用地申报材料。建设项目控制工期的单体工程申请先行用地材料，由现行的9件减少到6件，部分报件不再需要纸质材料。

三、优化建设项目用地审查程序

（一）统一受理建设用地申请。省国土资源厅行政服务中心统一受理省辖市政府呈报的建设用地报件。经初步审查，不符合办理条件的不予受理，申报材料不齐全的，一次性书面告知需要补报完善的材料。

（二）建设用地限时审查制度。市、县国土资源部门要及时做好建设项目用地前期工作，积极推行勘测定界与拟定征收土地方案、履行征地批前程序同步进行工作模式，充分听取被征地村组和农户对拟征土地地类、面积和补偿标准、安置途径的意见并共同确认有关内容，建立部门内部组织用地报件分工协作、同步运行机制，形成工作合力，加快完成用地组件工作。全面建立建设用地审查限时办结制度，省辖市国土资源部门审查转报建设用地的办结期限为5个工作日，省国土资源厅审查省政府批准和转报建设用地的办结期限为15个工作日，其中“扩内需、保增长”项目及国家和省重点项目缩短至7个工作日，部分特别重大项目实行加“急”优先审查办理。省国土资源厅对通过会审的建设用地，即时将审查意见上报省政府。

（三）改革建设用地会审制度。省国土资源厅对省政府批准和转报的建设用地，定期组织召开建设用地会审会议，重点对省辖市政府的审查意见进行复核性审查，结论性意见符合法律法规规定的，不再进行重复审查。会审认为申报材料内容不完善、格式不规范、结论性意见不完整的，由省国土资源厅行政服务中心一次性书面通知有关省辖市国土资源局在10个工作日内补正相关材料，并对补正材料重新组织对点会审。申报的建设项目用地已经通过国土资源部或省国土资源厅预审且有关意见已经落实到位的，不再重复会审。

（四）调整现场踏看时序。省辖市国土资源局受省国土资源厅委托，在呈报同级政府审核前组织建设用地现场踏看工作，省国土资源厅对呈报省政府批准或转报的建设用地现场进行随机抽查，踏看人按有关规定出具踏看报告。

四、提高建设项目用地审批效率

（一）实行建设项目先行用地审批。“扩内需、保增长”项目及国家和省重点项目的桥梁、隧道、特殊地基处理等控制工期的单体工程，以及有工期要求或受季节影响急需开工工程的用地，在完成项目批准（核准）与初步设计后，可以依规申请先行用地。依法须由省政府批准的建设项目用地，向省国土资源厅申请批准先行用地；国务院批准的，向省国土资源厅申请转报先行用地。列入新增中央投资计划清单的项目申请用地预审时，在完成初步设计、确保征地补偿安置落实到位的前提下，可同时申请先行用地。对符合规定条件、材料规范齐全的先行用地申请，省国土资源厅在7个工作日内转报或批准。批准先行用地的建设项目，应在3个月内正式报批用地；逾期未报批的，暂停受理该省辖市其他项目先行用地申请。

申请先行用地应当先行制定征地补偿安置方案并征得农民同意，将征地补偿安置费用足额拨付到当地政府或部门有关资金专户；动工用地前，要将有关费用支付到被征地村组和农户，做到足额补偿。

（二）推进建设用地网上审批。加快建设用地报批电子政务建设，今年6月底前实现省政府批准和转报建设用地远程申报网上审查，进一步提高审批工作效率。

（三）规范核减申报建设用地审批。省国土资源厅对会审提出核减建设用地建议的，通知有关省辖市国土资源局在10个工作日内补报相关材料。省国土资源厅按核减后的农用地转用方案、补充耕地方案、征收土地方案提出审查意见并上报省政府。

（四）调整新增建设用地土地有偿使用费收缴环节。省国土资源厅对申请省政府批准的建设用地，在通过会审审查后，向省财政厅网上传送《土地有偿使用费缴款通知书》。省国土资源厅根据市、县人民政府反馈的缴费凭证，及时办理批准文件编号、印制和加盖印章事项。

（五）明确退回建设用地申请报件的条件。凡申报用地不符合法定审批条件的，发现申报材料存在谎报、瞒报用地位置、地类、面积或编造其他申报用地材料等弄虚作假行为的，现场踏看与实际不符的，有关省辖市国土资源局未在规定期限内补报或补正相关材料的，省国土资源厅以厅函形式退回建设用地申请。省国土资源厅定期通报退回、核减建设用地申请情况，并等量核减有关省辖市下年度批次用地申报数量指标。

五、强化建设项目用地审查责任

（一）健全建设用地报批共同责任机制。省辖市政府对申报省政府批准和转报建设用地的必要性、合法性和真实性负责，市长是第一责任人，分管领导是直接责任人。各相关部门要积极履行职责，加强协调配合，共同做好建设用地报批工作。国土资源部门负责受理建设用地申请，审查申请用地条件，依据土地利用总体规划核定申请用地土地用途，执行土地利用计划，依据土地使用标准和节约集约用地要求核定申报用地总面积，组织进行建设项目勘测定界，编报建设项目用地“一书四方案”、规划修改方案，履行征地批前告知、确认和听证程序，落实耕地占补平衡和补划基本农田，出具建设项目用地预审意见，办理压覆矿产资源审批、地质灾害危险性评估备案和土地复垦方案评审，依法查处未批先用等违法用地行为。发展改革部门按照国家产业政策、发展建设规划和市场准入标准对拟建项目进行审查，办理项目审批、核准、备案手续。城乡规划部门依据控制性详细规划核定拟建划拨项目用地的位置、面积、允许建设的范围，提出出让项目地块的位置、使用性质、开发强度等规划条件。劳动和社会保障部门对被征地农民社会保障落实情况进行审查并出具审核意见书。财政部门在土地出让总价款中足额留存征地补偿费和新增建设用地土地有偿使用费，并将征地补偿安置费用足额拨付到当地政府或部门有关资金专户，出具《新增建设用地土地有偿使用费承诺函》。林业部门对建设占用林地进行审查并出具《使用林地审核意见书》。房产部门对拟建住宅项目用地进行审查，出具中小套型建筑面积90平方米以下住房（含经济适用房）面积，达到开发建设总面积70%以上的书面意见。监察部门配合国土资源部门依法查处未批先用等违法用地行为。信访部门对土地征收、补偿及安置按照规定程序进行信访评估并出具评估报告。

（二）建立建设用地报批共同审核制度。各省辖市政府要建立申请省政府批准和转报建设用地会审制度。会审工作由省辖市分管领导牵头，国土资源、发展改革、城乡规划、劳动保障、财政、信访、监察部门为常设成员单位，各省辖市政府可根据实际情况增加成员单位。拟报省政府批准或转报建设用地前，应当组织会审会议，对相关材料逐项严格审查，提出结论明确的审查意见。会审通过后，形成内容真实完整、格式正确规范、结论依据合法合规的审查意见报告，连同市长签发的用地请示文件一并呈报。省辖市政府对审查内容和意见的真实性、合法合规性负责。

（三）强化建设用地批后监督检查。按照现行法律法规及政策性规定应当实施但不再上报省政府的用地组件，由省辖市国土资源局存档备查。省国土资源厅定期组织开展建设用地批后监督检查活动，核查存档备查材料的真实性、合法合规性，凡发现弄虚作假、骗取批准行为的，将依法严肃查处，按照干部管理权限追究有关人员的行政责任，构成犯罪的移送司法机关，同时，对相关省辖市申请省政府批准或转报建设用地进行全面核查。

省辖市国土资源局可根据本通知要求，结合本地区实际情况制定具体的实施办法。

本通知自下发之日起执行。

中共河南省国土资源厅党组关于贯彻落实徐绍史、徐光春、郭庚茂同志重要讲话精神，进一步加强国土资源工作的意见

2009年5月20日至23日，国土资源部部长、党组书记、国家土地总督察徐绍史在河南调研考察并发表了一系列重要讲话，省委书记徐光春、省长郭庚茂在会见徐绍史及陪同调研期间也对加强我省国土资源工作作了重要指示。徐绍史、徐光春、郭庚茂等领导同志的重要讲话和指示，既有对当前形势的准确判断和理性分析，又有对未来工作的深刻思考和超前谋划，对新形势下推进河南国土资源事业改革发展提出了明确要求、指明了前进方向，对做好我省国土资源工作具有重要的指导意义。为深入学习贯彻这一系列重要讲话精神，认真落实“两保一高”（保护资源，保障科学发展，实现资源高效利用）目标要求，进一步加强和改进我省国土资源工作，加快构建保障和促进科学发展的新机制，为全省经济社会平稳较快发展提供有力的资源保障，现提出如下意见：

一、学习贯彻讲话精神，进一步凝聚干部职工思想

（一）及时传达学习部、省领导重要讲话。各单位、各部门要把学习贯彻徐绍史、徐光春、郭庚茂等领导同志的重要讲话作为当前工作的重中之重，集中时间组织学习，及时把讲话精神传达到每一位干部职工，切实增强做好国土资源管理工作的责任感和紧迫感，把思想统一到科学发展观上来，把行动统一到国土资源部和省委、省政府的一系列重大决策部署上来。

（二）坚持以讲话精神凝聚干部职工思想。全省国土资源系统广大干部职工要深刻领会讲话精神，努力在深刻领会中统一思想，在统一思想中解放思想，在解放思想中凝聚力量，不断提升国土资源管理工作水平。

要把广大干部职工的思想凝聚到部、省领导对当前国土资源工作形势的准确判断上来，既看到面临的严峻形势和挑战，又看到有利条件和机遇；既要有正视困难、直面压力的勇气，又要有抢抓机遇、克难攻坚的信心。

要把广大干部职工的思想凝聚到部、省领导对当前国土资源部门所担负重大责任的准确把握上来，站在落实科学发展观的高度，对职责、任务进行重新审视、重新定位，积极探索保护资源、保障科学发展和实现资源高效利用的新途径。

要把广大干部职工的思想凝聚到部、省领导对当前国土资源工作的重大部署上来，做到方向更加明确、头脑更加清醒、措施更加有效、作风更加扎实，坚决地、毫不动摇地贯彻部、省作出的重大决策部署，努力提高国土资源管理工作水平。

二、认真总结经验教训，进一步理清工作思路

（三）全面系统地总结经验教训。各单位、各部门要结合自身实际，对近年来在保护资源、保障发展、维护权益、服务社会以及国土资源部门自身建设等方面的经验做法进行认真梳理、分析，并认真加以深化和推广。要结合近年来工作中出现的突出矛盾和问题，对照部、省领导重要讲话的精神和要求，深入查找当前工作中存在的薄弱环节，着重解决好政策研究和主动谋划不够及时深入、破解资源难题的办法偏少、工作运行机制不够科学、内部协调联动不够顺畅、行政问责和责任追究不够严格等突出问题，研究制定有效措施坚决予以克服。

（四）进一步理清工作思路。各单位、各部门要结合部、省领导讲话要求，在年初工作安排的基础上，进一步解放思想，理清思路，创新方法，创造性地开展工作，认认真真抓好落实。要以深入开展“保增长、保红线”行动和地质找矿改革发展大讨论为抓手，针对当前国土资源工作中的重点难点，抓住薄弱

环节、关键环节，不断完善“十个突出、十个确保”重点工作思路，努力实现国土资源管理秩序的根本好转，推动国土资源工作再上新台阶。

三、切实改进工作作风，进一步做好当前工作

（五）积极主动服务“保增长”。要按照“有限指标保重点、一般项目靠挖潜”的要求，合理利用有限的土地资源，积极服务“扩内需、保增长”。各省辖市、县（市、区）国土资源部门要严格按照省下达的用地计划制定用地预算，并积极协调发展改革部门按用地预算配置项目，其他建设项目用地一律通过挖潜解决。要进一步改进重点项目用地服务工作，及时跟踪、参与项目前期论证，拿出切实可行的办法，让在建项目尽快竣工，让规划项目尽快“上马”，让拟建项目尽快启动。

（六）严格规范管理“保红线”。坚定不移地实行最严格的耕地保护制度和最严格的节约用地制度，建立健全符合我省实际的基本农田保护新机制，逐步实现基本农田标准化、基础工作规范化、保护责任社会化，不断提高基本农田管理和建设水平。

要坚持依法依规批地用地，坚决制止和及时查处未批先占、以租代征、随意侵占基本农田、粗放利用和闲置浪费土地资源的行为，坚守耕地“红线”。当前要特别注意在扩大内需当中“搭车”批地、违规用地和打政策“擦边球”的现象，防止因配套资金投入不到位可能造成新的闲置用地。要对拟上项目严格把关，防止不符合产业政策的项目开工建设，下决心走出一条符合科学发展观要求的节约集约利用资源之路。

（七）深入开展地质找矿改革发展大讨论。认真梳理当前地质工作和地勘单位经营管理中的体制、机制性问题，积极研究制订解决问题的对策，及时形成制度性成果，确保把大讨论成果转化为现实生产力，为实现地质找矿新突破和促进地质勘查单位改革打下坚实基础。

结合地质找矿改革发展大讨论，积极探索和实践加强地质找矿的新形式、新途径。要将整装勘查作为当前和今后一个时期加强我省地质找矿工作的重要举措，突出重点矿种和重要成矿区带，按照矿床的自然属性和探矿地质条件，在一定范围内对分散分布的探矿权、勘查技术、资金、信息、人员、设备等资源要素实施优化整合，统一编制勘查设计方案，统一勘查工作部署，统一质量成果标准，兼顾浅部评价与深部找矿，科学组织、分步实施，协调推进矿产勘查，逐步提高地质工作程度，为全省经济社会发展提供资源支撑。

四、紧紧抓住热点难点，进一步破解各种难题

（八）加快构建保障和促进科学发展的新机制。各单位、各部门要在当前已经初步形成的基本框架基础上，突出针对性和实效性，努力在构建国土资源管理共同责任机制、市场配置和国土资源宏观调控机制、落实“两保一高”要求的激励约束机制、国土资源执法监管长效机制、国土资源系统领导班子和领导干部绩效考核评价机制上迈出新的步伐，取得新的突破。要通过建立和完善新机制，进一步研究破解当前面临的土地供需矛盾突出的难题，矿产资源领域找矿难、管矿难、综合利用程度偏低的难题，国土资源违法行为屡禁不止的难题和国土资源信访量大的难题。

（九）大力推进土地综合整治。按照全省土地综合整治现场会议要求，坚持城乡统筹的原则，在总结土地“三项整治”和土地整理复垦开发经验的基础上，以土地整治和城乡建设用地增减挂钩试点为平台，整合使用各类土地专项资金，积极聚合其他涉农资金，对农村的田、水、路、林、村、房进行统一整治、统筹规划、整村推进，努力实现耕地面积有增加、耕地质量有提高、节约用地有突破、基础设施有改善、农民生活有提高。

（十）进一步加快规划修编和第二次土地调查。各省辖市、县（市、区）国土资源部门要进一步加快土地利用总体规划修编进度，依照程序抓紧做好审查、修订和报批工作，并积极协调有关部门切实做好土地利用总体规划、城乡建设规划、产业集聚区规划等相关规划的精准对接，探索推进“布局集中、产业集聚、用地集约”的经济发展模式。要加快推进全省第二次土地调查，按时完成外业调查和数据库建设各项工作，确保调查工作质量，为土地规划修编提供基础支撑。

要积极创造条件，扎实推进中原城市群国土规划编制工作，将全省产业结构调整、城镇体系布局和重大基础设施配置等国土开发建设活动与资源

开发利用、环境整治保护密切结合，努力实现资源共享、优势互补，更好地促进全省经济社会发展。

（十一）完善国土资源执法监察机制。严格按照早发现、早制止、早处置的要求，认真落实重大事项报告制度、土地动态巡查制度、村级协管员制度、联合查处制度及“两公告一听证”、安置补偿等制度，建立周报告、零报告制度和土地违法信息上下及时沟通制度，完善执法监管制度措施和“一张图”监管平台建设。结合第九次卫星遥感监测执法检查，对全省违法违规用地案件排查摸底，对卫星遥感监测区以外的地区进行重点清查。建立警示约谈制度，严格落实行政问责规定，努力形成全员监管、全程监管、联动监管的“立体式”执法监管新机制。建立完善重大违法案件查处通报制度，加强与新闻媒体的沟通，建立与新闻媒体良好的互动关系。

五、结合国土资源工作实际，着力解决倾向性问题

（十二）要迎难而上、改革创新，不要畏首畏尾、因循守旧。各单位、各部门特别是领导干部要把改革创新放在突出位置，进一步增强改革的紧迫感，努力克服“安于现状不想改、畏首畏尾不敢改、思路狭窄不会改”的状况，力争做到“勇于革思想的命、勇于削手中的权、勇于去部门的利”，重点突破发展模式和管理模式的固定化，努力解决一些长期存在的深层次矛盾和问题，及时跟进国家、省出台的一些重大改革，在深化改革和创新工作中进一步破解难题、化解矛盾，更好地为地方经济社会发展服务。

（十三）要抓好重大决策的落实和机制制度建设，不要零打碎敲、被动应付。围绕省委、省政府关于建设国家粮食生产核心区、实现国土资源“两保一高”目标要求、建设发展产业集聚区、开展土地综合整治等重大决策，以及省厅关于构建保障和促进科学发展新机制、加强和规范集体建设用地使用管理与流转等重要措施，认真学习政策、充分运用政策，切实抓好落实，创造性地开展工作，努力使国土资源管理工作向更加科学、规范和法治的方向发展。

（十四）要对领导班子和干部队伍严格要求、严格教育、严格管理，不要不管不问、放任自流。各单位、各部门要高度重视领导班子建设和干部队伍建设，进一步严格内部管理，强化制度建设，加强对重要环节和关键部位的监督，努力提高党风廉政建设和反腐败工作水平。全省各级国土资源部门领导班子一把手既要带队伍，又要管队伍，既要抓工作，更要抓廉政，坚持反腐倡廉常抓不懈，使干部队伍经得起考验、能打赢硬仗。要紧紧围绕“两转两提”，进一步转变管理理念、转变管理职能、转变工作作风、转变工作方式，使国土资源管理从重审批向重监管转变，努力提高服务水平，切实增强执行力。

（十五）要多出亮点、多出经验，不要出重大问题。各单位、各部门要结合实际，认真总结分析典型经验，挖掘和培育工作亮点，主动研究新情况、新问题，注重从根源上找原因、找对策，形成制度性成果予以推广，不断提高国土资源工作水平。要切实强化政治意识，坚持依法依规管地用地，进一步加强对政府耕地保护责任目标履行情况的检查和节约集约用地情况的评价，严格落实奖惩措施，落实共同责任，形成强大合力，确保资源保护和合理利用的各项措施落到实处。

二〇〇九年六月三日

中共河南省国土资源厅党组关于深入学习实践科学发展观加快建设学习型、创新型、服务型、责任型国土资源部门的决定

为巩固和扩大学习实践科学发展观的活动成果，持续保持贯彻落实科学发展观的自觉性和坚定性，切实把新一届省政府关于转变政府职能、转变工作作风、提高行政效能、提高公务员素质为重点的“两转两提”要求落到实处，加快建设学习型、创新型、服务型、责任型国土资源部门，更好地保障和服务我省经济社会平稳较快发展，厅党组作出如下决定：

一、大兴学习之风，强化与时俱进的思想观念

坚持把学习当作成就事业的第一需要、领导工作的第一需要、人生追求的第一需要，增强学习的主动性和自觉性。要充分利用各级党校培训和发挥理论学习中心组的作用，有计划地安排党员干部深入学习中国特色社会主义理论，认真组织学习国家关于国土资源管理的新政策、新要求和外地的新做法、新经验，强化广大党员干部“守土有责”的观念，切实保护资源、坚守耕地红线，维护好国家和人民群众的根本利益；强化“依法行政”的观念，加大国土资源法律法规宣传和执行力度，提高依法管理和利用国土资源的水平；强化“节约集约”的观念，落实“两保一高”要求，不断提高国土资源对经济社会发展的持续保障能力。定期召开不同层次的研讨会或务虚会，查找问题、研究对策。建立健全中心组和机关理论学习制度，做到年初有安排、月月有计划、半年有检查、年终有总结。全系统每年召开一次学习成果交流会，厅机关每半年举办一次“国土资源学习大讲堂”，通过网络专栏等形式经常交流学习心得，营造浓厚的学习氛围。

二、继续解放思想，形成改革创新的工作局面

以改革创新的精神审视自身的思想和工作，围绕工作职能、工作方式、工作流程和工作手段，不断发掘改进和创新的空间；以宽广的视野、全局的观念和战略的思维，超前谋划国土资源管理工作；密切关注宏观经济形势的变化，敏锐地把握苗头性、倾向性问题，及时跟进研究、提出妥善应对之策。加强对国土资源管理重大问题的调查研究，加快构建保障和促进科学发展的“五大机制”、破解困扰我省国土资源工作的“四大难题”。每年组织开展一次“大调研、大接访”活动，深入基层现场办公，帮助排查化解矛盾、总结新鲜经验、解决工作难题。厅领导班子成员要率先垂范，每年至少到基层调研1个月。采取开通网络信箱等形式畅通征集、处理意见建议的渠道，鼓励广大党员干部开动脑筋、献计献策。各级国土资源部门每年都要组织评选优秀调研报告，汇编成册以供交流。

三、加快工作节奏，保持雷厉风行的工作作风

认真贯彻落实省委、省政府提出的“严、细、深、实、快”的要求，切实改进机关作风、提高执行力；强化责任意识、效率意识，坚决杜绝推诿扯皮、敷衍塞责的现象。上级交办事项、相关部门商办事项、处室的文件会签以及按程序受理的领导批件、基层请示、群众信访件等，都要认真地逐项登记，并按有关规定及时回复、限期批复，不得延办，更不准压着不办。进一步完善会审制度，提高审批效率，强化会审责任；科学确定审查重点，简化手续、优化程序，提高时效性。认真执行首问

负责制、限时办结制、AB岗位工作制和行政责任追究制，制定下发《河南省国土资源厅行政执法岗位责任制度》、《河南省国土资源厅行政执法标准》，修订完善《河南省国土资源厅工作规则》、《河南省国土资源厅行政服务规定》等规章制度，作为今后规范机关工作的主要依据。各级国土资源部门在处理日常工作中务必做到：班子决策不过周，领导签文不过夜，机关办事不超期；始终保持昂扬的精神状态和雷厉风行的工作作风，切实提高机关工作效率和质量。

四、改进会风文风，倡导实事求是的务实精神

下决心改进会风文风，解决因“文山会海”造成的机关工作忙乱和资源浪费问题，进一步提高行政效能。要严格控制和规范各类会议。省厅召开的涉及全局的所有会议均由各处室在年初提出计划，由厅长办公会议审批下达，并严格控制会议规模，尽量节约会议经费；因特殊情况临时决定召开的会议，必须经厅长办会会议审定批准；凡上级或相关部门召开会议要求厅领导参加的，由办公室统筹协调，各处室不得随意安排。提倡少开会、开短会、开电视电话会和以会代训；严明会议纪律，杜绝参会人员迟到、旷会或会议期间使用手机等现象。坚决精简文电，提高公文质量和运转效率。严把公文审核关，凡属日常工作和年初计划内的工作，年中不再发文；已在会议上印发的文件和领导讲话稿，不另行文；严禁厅机关各处室以处函形式对下随意发文、安排部署重要工作；对现有简报进行清理，发挥简报的功能作用。倡导清新简练的文风，做到文体规范，用词准确，条理清楚，意尽文止。大力推行网上办公和电子公文传输，推广实行机关无纸化办公，提高公文运转效率。

五、推进政务公开，改善依法行政的制度环境

认真落实依法行政各项制度规定，加大政府信息公开的力度，实行“阳光行政”。严格执行规范性文件合法性审查和备案制度，除有保密要求外，国土资源管理规范性文件要于印发之日起两个工作日内在厅内外网上公开；每2年对国土资源管理规范性文件进行一次全面评价和清理，提出立、改、废的意见或建议。认真落实省政府要求，深化国土资源行政审批制度改革，进一步清理现有行政审批项目，切实做到应减尽减，应清尽清，应下放的坚决下放，真正实现权责统一、职能转变到位。当前，各级国土资源部门要把抓好项目资金管理作为政务公开的重点内容，建立健全投资项目公示制度，提高资金使用透明度，确保国土资源各项资金管理规范、运行安全。加强各级国土资源部门门户网站建设，把门户网站办成集政务公开、行政审批、信息发布、投诉受理为一体的综合服务平台。加快推进电子政务建设，及时提供便捷的资源公共信息；大力推行网上并联审批和审批过程公开，努力消除行政审批中的自由裁量权。

六、加强考核督促，坚持激励先进的正确导向

进一步健全和完善考核办法，坚持定性考核与定量考核、日常考核与年度考核相结合，建立效能优先实绩为重的评价机制。加强政务督查，充分利用政务信息手段对机关开展学习调研、课题研究、改革创新、政策评价、意见建议、公文会议、事项办理、重大活动等重要工作的成效进行全面监测统计，纳入考核范畴，年底将考核结果通过展板或网络专栏等公开展示。建立工作督查通报制度，省厅要督查到县（市、区），市局要督查到乡（镇、办）。

加强年度目标考核和对各级领导班子的考核，在全面细致地掌握被考核单位领导班子建设和完成任务情况的基础上，省厅要对省辖市局领导班子进行分类排队并适时进行讲评。排在末位的要限期进行整改，其单位主要负责同志本年度不得提拔使用；对考核结果优秀的同志给予表彰和奖励，对执行力不强、工作效果不明显的公开批评，对连续两年年度考核被确定为不称职等次的，按规定予以辞退。要改进干部选拔任用机制，打破“论资排辈”、“平衡照顾”等用人框框，加大公开选拔、竞争上岗工作力度，为优秀人才脱颖而出创造条件。要落实干部交流轮岗规定，按照在一个岗位上工作满3年可以交流、满5年需要交流、满8年必须交流的原则，逐步推进厅机关、直属事业单位、省辖市局领导干部之间，机关不同岗位之间特别是关键岗位的干部交流，以激发活力、锻炼和培养干

部。切实加强机关党建工作，充分发挥党支部的战斗堡垒作用。在全系统叫响“两出两有一争”的口号，即大项任务出成果，创新工作出经验；薄弱环节有突破，单位面貌有改变；评比性工作争先进。打造我省国土资源工作亮点，树立宣扬一批先进典型。

七、严格监督管理，树立清廉为民的部门形象

深入贯彻厅党组《关于加强全省国土资源系统各级领导班子和党员干部队伍纪律建设的决定》，确保令行禁止、政令畅通。落实监督管理领导责任，实行行政问责。对发生下列情形之一的，要对单位主要领导同志启动责任调查和责任追究：本级班子成员和下级单位主要负责同志发生严重违纪问题的；直接管辖范围内发生重大事故、恶性事件以及国土资源管理严重违法案件的；对上级决定和交办的重要事项敷衍塞责、推诿扯皮以及对重大问题知情不报、失职渎职等。要加强对权力监督和制约，严格执行国土资源系统行政为民“十项措施”和工作人员“五条禁令”，杜绝利用手中权力吃、拿、卡、要的现象。认真落实诫勉谈话、约谈函询、述职述廉制度，规范领导干部收入申报和重大事项报告制度，建立领导干部廉政档案，加大领导干部任期经济责任审计力度，坚决查处全省国土资源系统违法违纪案件。大力加强国土资源文化建设，实施“五个一”工程（每年召开一次国土资源文化建设研讨会、组织一次文艺汇演、开展一次体育比赛、举办一次书法绘画摄影展、评选一批精神文明建设先进个人），切实增强系统的凝聚力。

全省国土资源系统各级党组织要认真抓好本《决定》的贯彻落实，深入学习实践科学发展观，进一步解放思想、改革创新、改进作风、增强执行力，加快建设学习型、创新型、服务型、责任型国土资源部门，努力把我省国土资源管理工作提高到一个新水平！

二〇〇九年二月二十七日

新闻摘选

人民日报：国土资源部河南省合作在豫西地区找矿

信息来源：人民日报（2009-07-27）

国土资源部与河南省政府日前在北京签署了共同推进豫西地区地质找矿工作合作备忘录。国土资源部部长徐绍史介绍说，当前，我国经济社会发展面临的资源瓶颈约束越来越突出，迫切需要加大地质找矿工作力度。国土资源部和河南省合作共同在矿产蕴藏丰富的豫西地区统一部署地质找矿，推进整装勘查，既有利于探索构建地质找矿新机制，又有利于实现豫西地区优势金属矿产找矿的新突破。根据合作备忘录，双方将共同成立国土规划编制工作组，合作开展豫西地区地质找矿工作，以铁、铝、镁等重要矿产和优势金属矿产为主攻矿种，力争实现找矿新突破。

徐光春、郭庚茂会见国土资源部部长徐绍史

信息来源：河南日报（2009-05-22）

2009年5月21日，省委书记、省人大常委会主任徐光春，省委副书记、省长郭庚茂在郑州亲切会见了国土资源部党组书记、部长、国家土地总督察徐绍史。 省委常委、宣传部长、副省长孔玉芳，省委常委、组织部长叶冬松，副省长张大卫等参加了会见。

徐光春在会见时首先代表省委、省政府和近亿河南人民对国土资源部长期以来对河南工作的关心和支持表示感谢。徐光春说，河南经济社会正处在快速发展的关键时期，用地需求量很大，在土地管理使用方面也出现了很多新情况、新问题。国土资源部给予了具体的指导和很大帮助，在国土资源方面为河南经济社会保持跨越式发展的良好态势创造了有利条件。可以说，河南有今天的成就，得益于国土资源部的鼎力支持。

徐光春说，在全省上下全力以赴积极应对金融危机、保持经济平稳较快增长之际，徐绍史部长亲临河南，为大家宣讲政策、传递信息、指导工作，并且以严格保护和合理利用土地资源为主要内容，给省委中心组和河南省的广大干部上了一堂别开生面的课，对提高各地各级各部门对国土资源的认识，普及国土资源知识，落实国土资源方面的法规和有关政策，依法使用和管理国土资源都具有重要意义。徐绍史部长的精彩报告，一定会对河南今后在国土资源的管理、使用方面产生积极的促进作用。

徐光春指出，国土资源问题是目前经济社会发展的重大问题，也是一个难关和难题。就河南而言，国土资源一直是经济社会发展的重要制约因素之一。河南人口众多，在16.7万平方公里的土地上生活着近一亿人，不仅要生存，而且要发展，要尽快富裕起来，难度可想而知。经过这些年来的努力，河南已经由一个经济欠发达省份转变为全国重要的经济大省，由一个温饱不足的省份转变为全国第一粮食生产大省，由一个传统农业省份转变为新兴工业大省，由一个文化资源大省转变为全国有影响的文化大省。按照胡锦涛总书记给我们提出的要求，河南要实现跨越式发展，在促进中部地区崛起中发挥更大作用、走在中部地区前列。在胡锦涛总书记讲话精神的指引下，全省上下正在加快“两大跨越”，推进“两大建设”，加快中原崛起的步伐。要实现跨越式发展，就必定会增大对国土资源的需求。尽管河南资源相对比较丰富，但通过多年的强力开发，存量减少、增量不足。今年还是国家

粮食战略工程河南核心区建设的起步之年，到2020年再增产300亿斤粮食，就必须确保充足的耕地面积。衷心希望国土资源部在政策法律法规允许的前提下，结合河南省的实际情况，给予河南省的发展以更多的关心和支持。尤其是对当前河南省正在积极推进的土地修编工作给予指导和帮助。

徐绍史对徐光春、郭庚茂的会见表示感谢。他说，河南省在省委、省政府的领导下，经过全省广大干部群众的团结奋斗，经济社会发展取得明显进步，走出了一条在不牺牲和削弱农业的前提下加快推进工业化、城镇化、农业现代化的路子，各方面的面貌发生很大的变化。省委、省政府长期以来非常理解、关心和支持国土资源管理工作，也很关心国土资源队伍的成长。在当前国际金融危机的大背景下，国土资源部也出台了一系列保增长、扩内需、调结构的措施，希望能为河南省的经济社会发展作出应有贡献。同时希望河南省对国土资源工作多提出意见和建议，促成我们尽快构建与时俱进、科学发展的国土资源工作新机制。(记者 万川明)

国土部与河南省合作备忘录签字仪式在京举行

——省部共同推进中原城市群国土规划编制暨开展豫西地质找矿工作

信息来源：河南日报（2009-07-20）

2009年7月17日，国土资源部、河南省人民政府共同推进中原城市群国土规划编制暨开展豫西地区地质找矿工作合作备忘录签字仪式在京举行。国土资源部部长徐绍史，省委副书记、省长郭庚茂出席签字仪式。

徐绍史、郭庚茂出席签字仪式

2009年7月17日下午，国土资源部、河南省人民政府共同推进中原城市群国土规划编制暨开展豫西地区地质找矿工作合作备忘录签字仪式在京举行。国土资源部部长徐绍史，省委副书记、省长郭庚茂出席签字仪式。国土资源部副部长鹿心社、副省长史济春分别代表双方签署合作备忘录。国土资源部副部长汪民出席签字仪式。郭庚茂在致辞中首先代表省委、省政府对国土资源部长期以来给予河南经济社会发展的支持和帮助表示衷心感谢。他说，当前，中央关于促进中部地区崛起、推进农村改革发展等一系列重要战略部署，为河南经济社会科学发展提供了重要机遇。中原城市群是河南在新的历史时期实现新跨越、新崛起的核心增长极，是全省经济社会发展中的“领头羊”，在促进中部地区崛起中起着至关重要的作用。2008年底，国土资源部研究同意将中原城市群列为全国国土规划的试点地区，这对中原城市群的建设和发展必将起到重要的促进作用。通过编制和实施中原城市群国土规划，可以从更高层面上统筹协调全省土地利用、城乡建设、能源、交通、水利等空间类规划之间的关系，从宏观上和战略上统筹协调全省城乡区域发展，调整和优化产业布局，更好地保护和合理开发利用资源，推动经济社会快速、协调和可持续发展。他指出，河南是矿产资源和矿业大省，是全国重要的煤炭、石油、天然气、电力、钢铁、化工等产业基地，工业经济对矿产资源的依存度很高。但由于长期强力开发和过度开采，矿产后备资源危机已经开始显现。加强重要矿产资源勘查，争取早日实现地质找矿的新突破，是当前河南一项重要而紧迫的任务。这次省部合作共同推进地质找矿工作，并将河南作为地质找矿体制机制创新试点，这对于进一步推动河南矿产资源勘查、增强资源保障能力，必将产生重要而深远的影响。郭庚茂表示，省部共同推进中原城市群国土规划编制和开展豫西地质找矿工作合作备忘录的签署，不仅体现了国土资源部对河南经济社会发展和国土资源工作的重视与关心，更是河南加强资源保护和利用、统筹区域协调发展、努力实现中原崛起的一个重大机遇。作为合作方，河南省政府和全省各级各部门要精心组织，积极配合，提供一切便利和条件，确保合作顺利实施。国土规划编制成员单位、各级国土资源部门和有关地勘单位，要把这次合作备忘录的实施作为当前和今后一个时期的工作重点，加强组织领导，认真抓好落实。参与规划编制和地质找矿合作的同志，要虚心向国土资源部和国家有关部门的专家学习，以科学务实的精神，团结协作，高质量地做好工作，使之成为省部合作的典范项目。徐绍史在致辞中感谢河南省政府及有关部门近年来对国土资源工作的关心和支持。他说，河南是人口大省、农业大省、新兴工业大省和经济大省，近年来经济社会发展很快，特别是中原城市群发展迅速。同时河南面临的资源保障问题日益突出，迫切需要以科学发展观为指导，统筹谋划国土资源的开发、利用和保护，提高区域竞争力和可持续发展能力，促进经济社会全面协调可持续发展。他表示，部省合作共同开展中原城市群国土规划试点，有很强的代表性和重要的现实意义，必将有力推动河南省的建设和发展，同时也将为国土规划编制工作积累经验。 徐绍史表示，河南是全国重要的矿产资源和矿业大省，成矿条件优越，煤炭、石油、天然气等优势矿产在全国都占有重要位置。部省合作共同在矿产蕴藏丰富的豫西地区统一部署地质找矿，推进整装勘查，不仅对于探索构建地质找矿新机制具有十分重要的意义，而且有利于实现豫西地区优势金属矿产找矿的新突破，更重要的是有利于促进河南省乃至全国经济社会的发展。 徐绍史说，中原城市群国土规划编制暨开展豫西地区地质找矿工作合作备忘录签字仪式的成功举行，标志着部省合作进入了一个新阶段。国土资源部将在政策法规、理论技术、编制经验、地质科技、勘查装备等方面给予业务指导和大力支持，与河南省政府共同努力，争取使中原城市群国土规划编制、豫西地区地质找矿合作取得丰硕成果，为加强和改善国土资源管理提供经验，为河南省经济社会发展作出贡献。签字仪式举行前，郭庚茂与徐绍史进行了亲切会谈。郭庚茂说，国务院刚刚批复了《河南省土地利用总体规划》，这是全国第一个正式批准的新一轮省级土地利用总体规划。消息传来，河南上下备受鼓舞，但也深感责任重大。他表示，河南省将根据规划要求，一方面按照省委、省政府提出的“严格保护资源，基本保障工业化、城镇化健康发展的资源需求，努力实现资源高效利用”的方针，坚决推动我省土地的节约集约利用，力争为全国做好示范。另一方面也将采取更加坚决有力的措施，做好土地管理和调控工作，落实最严格的土地管理制度，坚决保护耕地特别是基本农田，严守土地“红线”，坚持“有限指标保重点，一般项目靠挖潜”的土地使用原则，更好地发挥土地对经济社会发展的保障作用。 徐绍史说，今天双方在这里签署中原城市群国土规划编制暨开展豫西地区地质找矿工作合作备忘录，标志着这两项重要工作的全面启动，也标志着国土资源部与河南省政府的合作又迈上一个新的台阶。他表示，国土资源部将在新的平台上更好地发挥作用，密切合作，扎实工作，开拓创新，全力支持河南经济社会发展，推动部省合作取得丰硕成果。 根据合作备忘录，双方将共同成立国土规划编制工作组，共同推进中原城市群国土规划的编制与组织实施工作，并合作开展豫西地区地质找矿工作，以铁、铝、镁、铅、锌、金等重要矿产和钼优势金属矿产为主攻矿种，推进整装勘查，力争实现找矿新突破。

（记者 杨 凌）

旱情考问我省土地整理进程

信息来源：河南日报（2009-02-24）

核心提示

经历了几十年一遇大旱的人们，仿佛突然记起，上天不可能年年风调雨顺；记起土地整理是多么重要。

打井、挖渠、铺管、架电……干渴的麦田提醒人们：土地整理是应对灾害天气、提高土地产出的前提，也是提高农民收入、保障国家粮食安全的必由之路。

土地整理需要全社会参与。以政府投资为导向，如能有效撬动市场力量，吸引社会积极投资、参与土地整理，一定会大大释放我省土地的潜在效能。

橙色！红色！2009年以来，河南旱情预警不断加急。

连续4个多月的大旱，考验着全国粮食主产区的河南，也牵动着共和国总理的心。

连续9年的夏粮丰收，曾经掩盖了许多问题。50年一遇的大旱，让这些问题重新暴露了出来。有多少麦田浇不上水？为什么农田基本建设长期滞后？

旱情在考验着我省的土地整理，也引发了人们对一系列问题的深刻反思。

项目区内外“两重天”

2月14日一早，省国土资源厅琚福林等人专程到原阳、获嘉了解土地整理项目区的小麦抗旱情况。沿途看到的情况让他们心情非常沉重：很多麦苗已经发黄，路边的小麦旱情着实不轻。“项目区的小麦旱情会怎么样呢？”

上午9点，他们来到位于原阳县桥北乡的滩涂开发项目区，眼前看到的一切，马上让他们的眉头舒展开来。与沿途看到的不同，这里的麦苗绿油油的，基本看不出旱情。田间地头，还有部分群众在利用机井和地埋管浇麦，也有人拖着“小白龙”在浇。当地的一位村主任说，群众这是在给麦田浇第二遍水，其中，大部分都浇完了，只剩下零星的几块正在浇。

省国土资源厅耕地保护处处长陈治胜介绍说，这里通过开发治理，已经把以前低效益的滩涂地变成了设施齐全、生产便利的标准农田，生产条件大大改善了。在输变电设施上安装了电力智能预付费系统和电力设备智能防盗系统，采取感应即可轻松付费用电，灌溉时可以即充即用。智能防盗系统在电力设备遭破坏及偷盗时，会在第一时间内向10部手机报警，被称得上“土地上的110”。

在获嘉县冯庄镇的土地整理项目区，实现了引黄灌溉和井水灌溉“双保险”，田成方、路成网、林成行、沟相通。电闸一推，两台水泵两条水龙喷涌而出，顺着水泥砌成的水沟流进麦田。“水量大得很”，“一万多亩地两天就能浇完。”几位正在浇麦的群众说。“这次抗旱浇麦，土地整理项目发挥了至关重要的作用。”省国土资源厅厅长张启生说。1997年以后，根据土地管理法，国家鼓励土地整理。“按照土地利用总体规划，对田、水、路、林、村综合整治，提高耕地质量，增加有效耕地面积，改善农业生产条件和生态环境。”现阶段的土地整理，主要包括土地平整、农田水利、田间道路和农业生态等四项工程。今年我省将进一步加大土地整理项目力度。对旱情严重的宜阳县，国土资源厅将提供200万元资金，帮助抗旱、帮助解决山区群众吃水问题。

2008年秋以来，我省遭遇罕见的旱情，严重威胁到生产安全，这对土地整理项目是一次严峻的考验。由于已建成项目区水利排灌设施完善，保证了有效的灌溉面积，不仅缓解了旱情，满足了项目区的取水需求，而且项目区内作物生长明显好于周边，展示了巨大的综合效益。

但是，已有的土地整理项目区，相对河南的1.1889亿亩耕地显得严重不足。我省的耕地一半以上水利设施仍然较差，排灌问题突出；相当一部分耕地高低不平，分割破碎，不利于基础建设和规模化经营。

今年春节，记者回许昌老家时了解到，建于上世纪六七十年代的水利设施，基本被破坏殆尽，以前打的机井多数已被废弃，只有最近建设的黄开项目可以在抗旱时发挥作用。“没有井，没有水，想浇也浇不成”。

张启生说，河南目前还有6000余万亩中低产田，从河南省长期进行中低产田改造的实践来看，每改造一亩中低产田，可平均增产150～200公斤粮食生产能力，土地整理空间巨大，6000余万亩中低产田蕴藏着巨大的粮食生产潜力。

亟须撬起市场力量

今年的旱情，引起了全省上下广泛的关注，河南发出最高级别干旱预警，国务院总理温家宝亲临我省指导抗旱。干部心中似火烧，但一些地方农民浇地的积极性却不高。大河网一位网友说，春节回到平顶山老家，回乡村一转悠，真的被旱灾的严重给震住了！放眼望去一片黄灿灿的模样，小麦叶子干了快一半了，油菜更没法看啊，全部都似烤焦了一样，轻轻一碰就碎了。真不知道还能不能活过来。“令人费解的是，这么严重的旱情，为什么没见到有人在抗旱浇地呢？”

记者了解到，并不是没有地下水可以用，也不是没有钱去浇地……现在村民浇地不但不花钱，而且浇一亩地政府再补贴50元。但就是这样一个政策却没起到应有作用。为什么？

几位村民谈了他们的真实想法：种地不挣钱。粮价那么低，就算地荒一年也无所谓。现在浇地，浇了后还要锄地，要不然就等于白浇了，土壤板结更不好。

比较效益低下，农民种粮积极性不高，是土地整理面临的一种困境。

以我省为例，中央党校经济学部施红也算了一笔账：小麦每亩生产成本大约400多元，而每亩的平均收益大约150元，如果以每户平均种植小麦5亩计算，每户种植小麦的收益不到1000元钱。也就是说，农民辛辛苦苦种了一季小麦的收入，不如到城里打工一个月的工资。清华大学教授、社会学家孙立平因此反对把农民外出打工的原因归结为农村剩余劳动力太多，而把它归因于农业的比较效益低下。

与此同时，粮食大县也一般面临高产、穷县、穷农民的困境：第一是农业的比较效益低；第二是农产品的加工业发展滞后；第三是中央政府对粮食大县扶持力度较弱。这也影响了对土地整理的热情。据介绍，我省滑县是著名的小麦大县，财政收入却只有全国平均县级财政收入的24%。

与此同时，河南却为全国粮食安全作出了巨大贡献。以前我们熟知这样一种说法：“湖广熟、天下足”，现在一定程度变成了“中原熟、天下足”。东南沿海已经告别了主要产粮区。过去南粮北运，东粮西运；现在是北粮南运，中粮东运。应该说，粮食大县在为国家粮食安全作出巨大贡献的同时，也作出了巨大的牺牲。郑州粮食批发市场高级分析师陈艳军说，2008年美国芝加哥商品交易所最高小麦价格是每吨467美元，最低价每吨174美元，最高价是最低价的2.68倍。国际粮价的暴涨甚至让一些国家发生了冲击总统府的内乱。中国推出了强有力的政策，保证了粮价的平稳。“如果不是如此，CPI不知翻多少倍呢？”

农业比较效益低下，因此不能发挥市场杠杆的作用，一方面减少了市场力量投资土地整理的热情；另一方面，也降低了农民维护土地整理成果的动力。

有关专家认为，粮食从低产到中产阶段，主要靠物质投入改变生产条件，实现增产；从中产到高产，物质与科技手段并重；从高产到再高产，主要靠科技。以全球性粮食产量标准来衡量，河南已有一半耕地处于第二阶段，少部分进入从高产到再高产阶段。

在此情况下，如果能从根本上整合国内资源，调动市场力量参与土地整理的热情，加大对河南省中低产田改造的投入力度，河南的粮食增收潜力必将得到更大程度释放，也将为国家的粮食安全提供更有力的保障。

（记者 方化祎）

河南60年：国土资源严格保护高效利用

信息来源：大河网-河南日报（2009-09-28）

河南省是全国第一人口大省，人均耕地和资源十分有限。河南以占全国1.74%的土地承载了占全国7.47%的人口，以占全国6.5%的耕地生产了占全国10.3%的粮食，粮食总产量多年来一直位居全国首位。

河南正处在工业化和城镇化快速发展的关键时期，每年大约有150万农村人口向城镇转移。交通、工业、教育、房地产用地迅速增加，南水北调、高速公路、高速铁路等国家规划的重点工程需要占用大量土地，土地供需矛盾十分尖锐。

经济要发展、资源要保护、耕地保护红线要坚守，这是全国各地都面临的难题，而河南尤为突出。

全省国土资源管理部门以高度的责任感和使命感，锐意改革创新，努力构建促进科学发展的国土资源管理新机制，开源与节流并举，节约集约利用资源，科学保障，依法管理，为我省经济社会快速发展和中原崛起发挥了重要的支撑和保障作用。

在保障我省经济快速发展的同时，坚守全省1.188亿亩耕地红线不动摇。自1999年以来，河南连续10年实现耕地“占补平衡”。仅2006年至2008年，全省补充耕地达60.23万亩，占补相抵净增耕地1.2万亩。在国家组织的2007年耕地“占补平衡”考核中，河南名列全国第一。

河南是资源大省，矿产资源丰富。近年来，全省国土资源管理部门在治乱治散的基础上进行矿产资源整合，对煤炭、铝土、钼等重要矿产资源进行重新配置。目前，全省小煤矿由1569个减少到533个；小铝土矿从144个减少到52个。矿业生产集中度明显提高，资源开发利用水平明显提升。

资源是人类生存和发展的基础，是经济社会发展最重要的生产资料，是民生之本、发展之基、财富之源。今天，随着全球人口的持续增长和工业化、城镇化的快速发展，资源供需矛盾日益突出。

河南是全国第一人口大省、重要的农业大省和资源大省，但人均耕地和资源占有量少，后备资源不足，以占全国1.74%的土地承载了占全国7.47%的人口，以占全国6.5%的耕地生产了占全国10.3%的粮食，土地承载压力大，人地矛盾十分突出。

严格保护资源，实现资源高效利用，全力保障科学发展，成为当前河南国土资源管理工作的中心任务和神圣责任。

河南省委、省政府对国土资源工作给予了高度重视。省委书记、省人大常委会主任徐光春，省委副书记、省长郭庚茂多次听取国土资源工作汇报，并就资源保护与开发利用的思路、方式和途径提出具体要求。全省各级国土资源部门不畏困难，锐意进取，以高度的责任感和使命感开创新工作，谱写出新时期资源保护和合理利用的精彩华章。

保卫“天下粮仓”

河南是全国重要的粮食主产区，粮食产量一直雄踞全国首位。可以说河南的耕地保护，关系着全中国的粮食安全，事关国家的发展稳定，工作任重道远。河南对全国人民已作出了郑重的承诺：坚守全省1.188亿亩耕地“红线”，坚决保卫“天下粮仓”。

落实耕地“占补平衡”制度。

自1999年以来，河南连续10年实现耕地“占补平衡”。仅2006年至2008年，全省补充耕地达到60.23万亩，占补相抵净增耕地1.2万亩。数字背后，有全省国土资源管理者们流下的数不清艰辛汗水，付出的百倍千倍努力。在2007年国家组织的耕地“占补平衡”考核中，河南名列全国第一。

加强基本农田特殊保护。

通过严格控制对基本农田的占用，我省基本农田面积一直稳定在1.034亿亩以上。不断推进6个国家级和25个省级基本农田保护示范区建设，大力改造中低产田，建设高标准基本农田，我省基本农田质量得以不断提高。

大力实施土地开发整理。

2001年以来，河南先后实施国家和省级土地整理项目481个，总投资41.18亿元，建设规模401.5万亩，新增耕地53.8万亩。有效地改善了我省农村生产生活环境，提高了耕地综合生产能力，促进了农民增产增收，在2009年初的抗旱保苗工作中，发挥了良好的经济、社会和生态效益。

保障科学发展

河南正处在加快推进工业化城镇化、努力实现跨越式发展的关键时期，发展离不开资源的持续有力保障，河南国土资源工作始终坚持把保障科学发展放在首位，积极破解资源保障难题，努力实现保护与保障的双赢。

● 优先保障重点项目建设用地需求。

近年来，全省国土资源管理部门努力服务重点建设项目用地，建立起了服务的“快速通道”。2001年以来，全省共审批建设用地163万亩，年均20多万亩，有力地保证了南水北调、西气东输、小浪底水利枢纽、铁路客运专线以及高速公路网络等一系列重点项目建设用地。

● 努力提高矿产资源保障程度。

近两年来，我省共实施各类地质勘察项目1200多个，投入资金约21亿元，不断加大地质找矿的力度。新发现矿产地131个，新增查明煤炭资源储量30.18亿吨、铝土矿2.39亿吨、铁矿2.87亿吨、钼矿49.45万吨、金矿147.80吨，大大增强了矿产资源对经济社会发展的支撑能力。

探寻节约之路

面对资源矛盾加剧的严峻现实，我省从新增建设项目中“抠”地、从存量建设用地中“盘”地、从严管严查中“挖”地、从多层标准厂房中“节”地，探寻出一条节约与保障并举的科学发展新路。

● 大力整治盘活存量土地。

近三年来，通过大力开展“空心村”、砖瓦窑厂和工矿废弃地整治，共整治土地159.4万亩，新增耕地86.5万亩，相当于新增一个中等县的耕地规模；累计拆除黏土砖瓦窑厂7918个，整理复垦土地25.5万亩，有力支持了县域经济的发展。同时，我省还累计盘活城镇存量土地15万亩。

● 积极转变土地利用方式。

在严控建设项目用地指标、防止盲目圈地和粗放用地的同时，全省国土资源管理部门还引导企业积极利用山地、荒地和劣质地上项目，引导产业集聚区沿山区进行布局；大力推广使用先进节地技术，大力推进多层标准厂房建设，截至2008年底，全省共建设标准厂房1837万平方米，节约用地50%以上。

● 强力推进矿产资源整合。

为加强对矿产资源开采的调控，我省在治乱的基础上对煤炭、铝土矿等重要矿产资源实施了整合和优化配置。全省小煤矿由1569个减少到533个，煤炭骨干企业占有及控股的资源达90%以上；小铝土矿从144个减少到52个，氧化铝骨干企业占有资源量达70%以上，矿业生产集中度明显提高，资源开发利用水平显著提升。

“雄关漫道真如铁，而今迈步从头越”。当今的河南，正面临着加快跨越式发展和实现中原崛起的历史性机遇，河南国土资源管理工作也正在由单纯的资源微观管理向参与经济社会发展战略布局和资源政策宏观调控转变。我们相信，在省委、省政府的正确领导下，河南的国土资源事业必将迎来更加美好的未来，必将为河南更好更快发展作出更大贡献。

国土资源管理工作一览

●万物之母
—— 土地

通过严格执行耕地先补后占制度，严把占补平衡项目验收，我省连续10年保持耕地总量占补平衡有余，并初步探索出了一条资源节约、环境友好的可持续发展路子。

近几年，每年审批建设用地约25万亩，保障了我省高速公路、铁路客运专线、大型水利工程、污水垃圾处理工程、民生工程等国家和省重点项目及“扩内需、保增长”项目的建设用地。目前，全省城市建成区面积由1949年的54平方公里扩大为2007年的1775平方公里。

自1986年开始，我省花费10年时间开展了土地利用现状调查，于1996年9月完成省级汇总。2007年全省第二轮土地调查全面启动，预计2009年底全面完成。

据不完全统计，2001年后，全省各级财政投入100多亿元用于土地整理，全省新增耕地近2万多公顷，并改造了中低产田，提高了耕地质量。

2005年，我省开展了城镇地籍更新调查，于2009年7月基本完成。城镇地籍调查成果在土地管理、清理整顿地产市场、土地使用制度改革以及旧城改造、城镇规划和各行业用地管理得到充分应用。

近年来，我省共压缩、核减项目不合理用地2万亩，清理盘活存量建设用地15万亩，并通过强力推进使用多层标准厂房、“工业出城、项目上山”等办法，向山岗、荒坡要地，实现了经济建设与土地节约的双赢。

与此同时，我省加大了卫星遥感监测土地执法检查力度，查处和从严处理了一批土地违法案件。与公安、法院、检察、监察、纪委等部门联合，初步构建了国土资源执法共同责任机制。通过“百日行动”，全省共立案查处土地违法违规案件5063起，土地面积近2 2万亩。

● 国民经济的排头兵

——地质勘查业

地质工作是经济建设与社会发展的基础。其主要任务是开展地质找矿和地质环境调查评价。新中国成立前，河南省没有查明一种矿产储量。截至2008年底，全省已发现煤炭、铝土、钼等各类矿产127种，已探明储量75种，其中钼、蓝晶石等8种矿产储量居全国首位。

省国土资源管理部门先后组织开展了西峡恐龙蛋、汝阳栾川恐龙化石、义马银杏化石等具有世界级科学意义的古生物化石群地质遗迹调查；组织申报并建设了嵩山、云台山、王屋山－黛眉山、伏牛山等4个世界级、11个国家级和10个省级地质公园。

改革开放以来，我省开展了以氟中毒为主的地方病地质背景调查、平原及中心城市地下水环境质量调查、黄淮海平原农业地质调查等项工作，基本查清了全省地下水与土壤质量状况。自1979年起，开始对全省地下水进行动态监测，定期向社会发布全省地质环境公报。

自1998年起，先后开展了60余个县（市）地质灾害调查与区划，建立了群策群防体系。2005年起，正式运行汛期地质灾害气象预警预报系统。

21世纪以来，开展了两轮全省矿山地质环境调查，编制了矿山生态环境保护与治理规划，建设了1个国家级、2个省级矿山公园。平顶山煤矿、永城煤矿采空塌陷土地复垦被列为全国示范区，长城铝业采矿区土地复垦受到联合国环境署表彰。

●工业的基石

——矿业开发

新中国成立初期，河南省仅开发了煤、铁、铝等少数矿种。改革开放后，矿业开发走向高潮。进入21世纪，矿业经济总量年增长率保持在20%以上，年实际采掘矿石量超过5亿吨。

河南省矿产品产量、矿业总产值长期居全国前五位，10种有色金属、氧化铝、钼、耐火材料产量均雄踞全国第一；金矿、煤炭长期位居全国第二、第三位；玻璃、水泥、石油、天然气、银矿、钢铁等产量位居全国前列。矿业对全省工业经济增长的贡献率保持在50%以上。

1984年，省人大通过《河南省采矿管理条例》，开始实行采矿登记与采矿许可证制度；1987年，开始实施勘察登记与勘察许可证制度。1992年起，开征矿产资源补偿费。2002年起，部分实行“招拍挂”形式出让采矿权、探矿权；2004年起实施煤、铝、铁等矿产资源整合。

我省依靠科技进步与技术创新，大幅度提高了矿产资源综合利用水平。在煤化工、油气化工、盐碱化工、铝、钼、金等矿产品利用领域建设了一批循环经济产业群。（记者 方化祎）

我省率先摸清煤炭资源"家底"

信息来源：河南日报（2009-11-03）

本报讯　（记者龚砚庆　通讯员郝拴元）日前，在全国煤炭资源潜力评价办公室专家及省内地勘行业专家的热烈掌声中，由省煤田地质局负责、省煤炭地质勘察研究院编制的《河南省煤炭资源潜力评价、资源远景圈定和优选成果报告》，顺利通过了省国土资源厅组织的初审。

报告在深入研究我省沉积环境和聚煤规律基础上，确定了4个赋煤带，划分了18个煤田、2个找煤区，分析了全省煤炭资源勘察开发现状，提供了已查明资源储量651.14亿吨（含正在勘察的资源储量）、已动用资源量49.30亿吨、保有资源储量601.84亿吨的数据。特别是对2000米以浅资源量进行了新一轮潜力预测，明确全省2000米以浅资源总量约1270亿吨，并通过对预测区的煤炭级别、类别和等别进行科学评价，提出了今后煤炭资源勘察部署的初步建议。

据全国煤炭资源潜力评价办公室专家介绍，截至目前，全国按时完成任务提交编制报告的仅有包括河南在内的两家，由此也标志着我省在全国率先摸清了煤炭资源赋存的"家底"。

新一轮"家底"的摸清，对于我省这一产煤大省来说，具有十分重要的现实和战略意义，它不仅为省委、省政府的能源战略提供了决策依据，也为全省乃至全国"十二五"煤炭资源勘察规划的制定提供了依据。

转危为机　中国大型矿业公司走出去

信息来源：中国新闻网（2009-05-06）

中新社郑州四月二十日电(记者　朱晓娟)记者今日下午从河南省国土资源部门召开的会议上获悉，当前，国际金融危机继续蔓延，矿业成为受打击最重的产业之一。对此，包括河南永煤集团在内的中国大型矿业公司正在采取"走出去"的策略，目前已迅速展开了对国外矿业公司的投资和并购行动，正在转"危"为"机"。

金融危机下，矿业成为受打击最重的产业之一，河南矿业经济受到严重影响。目前，该省约有70%以上的矿山企业处于停产或半停产状态，有色金属行业出现大面积亏损。

据了解，全球大型矿业公司也普遍资金短缺，经营陷入困境，国际矿业资产的并购处于低潮期，而抛售则处于高潮期。然而中国由于金融体系受损面远低于西方国家，而且中国又在以往已出台的一系列鼓励支持企业到境外勘查开发矿产资源政策的基础上，正在研究出台动用外汇储备支持到境外勘查开发矿产资源的新政策，因此企业仍有较强的融资能力。

受国家政策支持的推动，最近中国大型矿业公司已迅速展开了对国外矿业公司的投资和并购行动。今年以来，国家有关方面就宣布了四则涉及金额近五百亿美元的大型矿业并购和矿产品供货谈判的消息(中国购俄石油250亿美元、中石油购伊朗油田17.6亿美元、中铝购力拓股权195亿美元、中国五矿购OZ股权26亿澳元)。

河南省国土资源厅副厅长郭公民称，实践证明，国有地勘单位与有实力的企业联合"走出去”，到境外申请、收购矿业权并进行勘查与开发，是一条最经济、最有效、最安全可靠的途径。

目前，河南省地矿局与国际合作公司、河南省工业企业第一位的永煤集团等单位对外联合开展的几内亚铝土矿勘探，一期工程提交铝土矿储量4.3亿吨，远景资源量10亿吨，超过了河南省铝土矿现有保有资源量的总和。

我省四市强力整治违法用地

信息来源：河南日报（2009-01-04）

郑州：党政同责 铁腕攻坚

从2009年11月下旬开始，一场集中整治违法用地违法建设专项行动在郑州市全面展开。截至2008年12月31日，郑州市已整治违法用地1511宗，面积11877亩，拆除违法建筑物面积246万平方米。

近年来，一些人受利益驱动，违法违规占用土地，违法用地现象屡禁不止，在城乡结合部尤为突出，严重扰乱了土地市场秩序，影响了经济社会健康发展。郑州市委、市政府在学习实践科学发展观活动中深刻认识到，要实现全市经济社会的健康发展和可持续发展，违法用地行为必须纠正，整治违法用地势在必行。

整改不到位 党政一把手就地免职

11月24日，郑州市召开全市集中整治违法用地违法建设动员大会。河南省委常委、郑州市委书记王文超强调，各级党委、政府在保护耕地和执法监管方面担负主体责任，各级部门负有共同责任，对不按时按要求整改到位的，当地党政一把手就地免职。郑州市市长赵建才对集中整治工作进行了全面动员部署，要求各级党委、政府不但要对第八次卫片发生的违法用地进行整治，还要对2006年以来和新发生的违法用地进行彻底整治，并在会上与各县（市）区政府当场签订整治目标责任书；会议还宣布了对违法用地严重的三个乡镇主要领导免去党内外职务的决定。会后，各县（市）、区迅速成立了由当地党委或政府主要领导挂帅的集中整治违法用地违法建设领导机构，一场铁腕整治违法用地行为的攻坚战在郑州市随即打响。

维护群众利益 依法依规整治违法用地

整治违法用地、拆除违法建筑物势必触及一部分人的利益。为得到群众的理解和支持，确保社会稳定，郑州市始终把维护群众利益、关注民生放在重要位置，确立了“鼓励自行拆除，减少强制拆除”的原则。实行自拆补助金制度，对自行拆除违法建筑物的单位和个人，每平方米补助50—100元的自拆费用；对拆除建筑物上有合法工商、卫生、税务等经营执照的商店、工厂、仓库等项目，组织相关单位重新划定经营区域，确保群众的合法利益不受侵害；坚持边拆除边复耕，一些失地群众重新获得耕地。

在整治违法用地工作中，郑州市牢牢把握依法行政这个尺度，坚持依法依规处理问题。由纪委、政法委、公安、法院、检察院、国土资源等部门抽调人员联合执法。对一些经说服教育无效的违法用地违法建设单位和个人，依法依规予以强制拆除，严厉打击各种违法用地违法建设行为。截至目前，全市移送公安机关55宗101人，公安机关已立案19宗21人，已公诉批捕5人；移交纪检监察部门12人，已追究责任9人。

完善监管长效机制 巩固集中整治成果

为巩固集中整治成果，确保违法用地现象不反弹，郑州市正在加紧制订完善监管长效机制。一是在强化乡（镇）国土所开展土地执法的同时，增设或配齐村组土地信息员，前移土地执法关口，对违法用地做到早发现、早制止、早查处。二是设立全市耕地保护基金，拿出专项资金对耕地特别是基本农田进行补贴，提高农民保护耕地和基本农田的积极性。三是加大动态巡查力度，实行全方位、全时段的动态巡查，坚决遏制新的违法用地问题发生。四是完善多部门联合执法机制，形成多部门联合查处违法用地违法建设的合力，有效遏制违法用地行为。

空前的集中整治违法用地违法建设力度，在郑州市引起强烈反响，各级党委政府的保护耕地和执法监管主体责任意识得到强化，依法依规用地、节约集约用地的氛围明显增强，违法用地现象得到有效遏制，土地市场秩序更加有序规范，也进一步促进了全市经济社会的健康发展。

洛阳："飓风行动" 重拳出击

近日，为切实解决土地使用中存在的问题，彻底扭转被动局面和不良影响，洛阳市掀起了专项整治违法占地、违法建筑的"飓风行动"。截至2008年12月31日，全市135宗违法用地中，已自行纠正10宗，立案125宗，查处和查结125宗，立案查结率100%。对违法用地上的构建物依法符合没收条件的，全部予以没收；依法符合拆除条件的，全部予以拆除。收取罚没款1984.03万元；移送司法机关35宗21人，已追究刑事责任4人；党政纪处分21人，其中处级1人，科级20人。

特别重大案件 政府主要领导亲自包案

对这次专项整治行动，洛阳市委、市政府高度重视，省委常委、市委书记连维良亲自安排在全市开展"飓风行动"，对违法占地、违法建筑进行专项整治，市长郭洪昌任卫片执法检查整改工作领导小组组长，保障了整改工作的顺利进行。

为保证整改工作取得实效，洛阳市委、市政府要求各有关单位痛下决心，不折不扣地完成各项整改任务。对没有处理到位的违法用地，必须依法做到六个到位，即拆除到位、复耕到位、没收到位、行政处罚到位、司法移送到位、责任人处理到位；对整改工作领导不重视、组织不到位、行动不迅速、工作不扎实，不能按时完成任务的，市委、市政府将启动责任调查和追究机制，严格责任追究，决不姑息迁就。

为保障整改工作落实到位，洛阳市建立了严格的工作制度。如疑难案件周报制度，将疑难案件纳入周报进行督办，不解决问题不下周报，直至办结销号；重大案件领导包案制度，对特别重大案件，政府主要领导亲自包案，确保问题解决，所有案件均包案到人。

落实问责制度 强化土地管理和执法监管

洛阳市委、市政府强调，要以这次执法整改为契机，变被动为主动，在强化政府职能、建立长效机制上下功夫，强化土地管理和执法监管。

强化政府职责，落实耕地保护"红线"第一责任人。11月21日，市政府常务会议研究通过了《关于严格保护耕地节约集约用地保障科学发展的意见》，明确保护耕地、制止违法占地是各级政府的职责，列入年度责任目标进行绩效考核。

认真落实共同责任机制。进一步建立完善政府牵头、部门联动的工作机制，落实共同保护责任，强化联合执法共同查处制度。严格落实土地违法行为问责制度。严格落实《违反土地管理规定行为处分办法》，对违反土地管理规定行为的，都要严肃追究当地政府领导人的责任。

推广完善村级土地协管员制度。在全市推广完善村级土地协管员制度，在所有行政村设立土地协管员，明确工作职责，确保工作到位，进一步完善土地违法行为早发现、早制止、早报告、早处理的工作机制，努力减少土地违法行为的发生。

进一步完善联合执法动态巡查制度。加大巡查密度和力度，构建快速反映机制，切实将违法用地消除在萌芽状态和初始阶段。建立各级政府违法用地逐级报告制度。从明年起，在全市建立各级政府对新发生违法用地逐级报告制度，即乡政府周报告和县政府月报告制度。通过该项制度的建立，进一步明确县（市、区）、乡（镇）政府对土地违法行为的监管责任，实现从发现到查处的全程监控。

开封：全程监控　全面清理

日前，一场声势浩大的集中整治土地违法行为的战役正在开封打响。截至2008年12月31日，开封已对违法用地单位已下处罚决定9份，没收地上建筑物4.78万平方米，移送公安机关5宗5人，纪检机关追究党政纪责任11人（其中，副县级1人）。

开封市委书记刘长春、市长周以忠强调，要认真落实科学发展观，严格保护耕地，严肃查处违法用地，按照国土资源部的要求迅速整改，决不能因为违法用地影响到全市依法保障发展用地的大局。

对违法用地既要处理事又要处理人

12月份以来，开封市连续几次召开会议，采取了一系列有力措施，通过强有力的执法手段，彻底扭转了土地执法被动局面。

开封市委、市政府要求，相关职能部门对违法用地案件要及时接收，从快处理，对违法当事人严厉打击。一要彻底规范整治黄河滩区；二要提高认识，深刻检讨，认真整改；三是要以这次检查为契机，在全市范围内开展集中整治工作，不但要对第八次卫片执法检查出的违法用地按照既处理事又处理人的原则处理到位，还要对以前发生的各类违法案件进行排查整治处理到位，做到该拆的拆，该收的收，该处理人的处理人，决不姑息迁就；四是要求党政同责，在各级党委、政府中进一步统一思想，增强依法用地、节约集约用地的意识。

目前，开封市国土资源局对原未立案的敬老院项目已立案调查；化工园区道路用地涉案汪屯乡政府正、副乡长已处理到位，魏都路项目涉案开发区管委会主管领导正在处理；金明区政府、市河务局已对滩区内窑厂积极实施规划，并加快了整治进度。

建立长效机制全程监控土地违法行为

为严格规范土地市场秩序，从而保障开封市经济社会持续健康发展，开封市委、市政府下发了《关于集中整治违法违规用地的通知》，要求实行党政同责，市、县、乡党委、政府及各相关部门联同，共建共同责任机制，彻底通过这次整治将各类土地违法违规行为依法处理纠正到位。

结合开封实际，这次集中整治将分两个阶段进行：一是对本次集中整治范围内的违法违规用地，必须在12月31日前对事、对人、对地上建筑物整治到位。二是2007年以来的其他违法违规用地须在2008年12月31日前清查到位，2009年3月底前按照既处理事又处理人的原则全部处理到位。对整治不力的实行问责，对新发生的违法违规用地发现一起严查一起。

同时，开封市将进一步建立和完善“防范在前、及时发现、制止有效、督查到位”的工作机制，将查处违法用地的关口前移，在早发现、早制止上下功夫，加大土地执法巡查密度和力度，对未批先占、边占边报、占而不报、随意改变土地用途、以租代征等土地违法案件全面清理，严肃查处。从2009年起，开封市将建立各级政府对新发生违法用地逐级报告制度，在全市范围内设立村级土地协管员，建立健全“早报告、早制止、早处理”的工作机制，努力减少土地违法行为的发生，实现从发现到查处的全程监控。

焦作:完善机制　快速整改

从2008年12月2日开始，一场声势浩大的整治违法用地的行动在焦作掀起。按照国土资源部的要求，焦作市对违法用地情况进行了认真的清理和彻底整改。截至2008年12月31日全市共拆除违法建筑物15宗，收缴罚款197万元，没收建筑物23宗，给予党政纪处分26人，收到了明显的效果。

快速整改　案件全部移交移送到位

整治行动开始后，市委书记路国贤、市长孙立坤等主要领导相继做出了重要批示和安排，要求各级政府和相关部门一定要充分认识国家加强土地管理、制止违法违规用地的严肃性，切实增强政治敏锐性，严格按照国家要求，克服一切困难，积极整改、主动整改、快速整改、彻底整改，对违法违规用地建设问题坚决依法处理到位。

焦作市委、市政府要求，各城区政府高度重

视整改工作，主要领导要亲自牵头组织，主管领导要亲自协调，安排专人负责，并抓好督促落实。凡不负责任、处理不到位的，将按国家有关规定追究责任，严重的将依法依纪给予严肃处理，该免职的免职，该处理的坚决处理，各有关部门和区政府务必在12月16日前全部整改到位，并每天将整改情况向市委、市政府报告。

截至目前，焦作市所有申请强制执行的案件、没收的建筑物移交、追究刑事的案件全部移交移送到位，对违法责任人的党政纪处分也全部落实到位。

完善机制 遏制土地违法行为

焦作市委、市政府要求，通过这次整改，要痛下决心狠抓土地管理工作，依法管地、科学用地，把最严格的耕地保护制度和最严格的节约集约用地制度落到实处。

为此，焦作市决定，该拆除建筑物的坚决全部拆除到位，对已经拆除建筑物的违法用地，做好后续工作，确保恢复土地原貌，能复耕地的，坚决恢复耕种。对全市的违法用地进行集中整治。凡是不符合土地利用总体规划、不符合城市规划、不符合产业政策项目的违法用地，特别是违法占用基本农田的项目用地，要坚决拆除其建筑物，恢复土地原貌。

在这次整改行动中，焦作市积极探索完善土地管理机制。一方面建立责任追究制度，强化政府第一责任人的责任，对工作做的不到位的县市区和相关单位负责人实行责任追究。从2009年开始，我们将年度违法占用耕地面积控制在新增建设用地占用耕地总面积的15%以内列入政府考核目标。另一方面优化发展用地空间，充分利用全市的地貌，制订“四向四要”的发展战略，即向黄河滩区要农业用地，五年开发20万亩耕地；向太行山前坡地要工业用地；向空间拓展要建设用地；向城市北部浅山区要城市发展用地，减少城市发展占用耕地。

同时，为遏制土地违法行为，焦作市决定，要加强国土资源执法监察力量，完善监察、法院、公安、检察、国土、规划联合执法机制，加大对违法行为的查处力度；完善市、县、乡、村四级巡查责任机制，保证违法占地的早发现、早制止、早查处；成立国土资源警察支队，壮大执法队伍，加大对违法用地的有效遏制和打击力度。

（记者 董学彦）

违法黏土砖厂要一律取缔　副省长张大卫暗访中牟开封的黏土砖厂，要求查处干部参股砖厂等问题

信息来源：大河报（2009-08-06）

无证砖厂照样轰隆隆地生产，砖厂外堆着一垄垄的黏土砖……8月4日下午，在对中牟、开封的黏土砖厂进行暗访后，副省长张大卫明确表示：凡是违法无证的黏土砖厂，一律取缔！发现有干部参股砖厂，一律严肃处理！

中牟这家砖厂够狂的，核心文件一个也没有

8月4日下午4时30分，张大卫一行来到中牟县狼岗镇西狼村一座砖厂。

走进这个砖厂，迎面看到一堆空心砖。厂里一共分布着四个窑，远处一垄垄的砖坯上搭着蓝色的塑料布。张大卫越过一个土坎，掀开砖坯上的塑料布。“外面的空心砖竟然全是摆设！这分明全是黏土砖嘛！”张大卫掰开一个砖坯说，“这是打着生产新型空心砖的招牌生产黏土砖！”

“你的生产证件呢？拿来我看看。”张大卫问砖厂老板。

“没有……不知道。”砖厂老板支支吾吾地说，“我去找找。”

不一会儿，砖厂老板拿来一摞证件。“你这安全生产许可证是2005年颁发的，早就被撤销

了。”张大卫说，“你的项目审批证呢？土地证呢？新型墙体材料生产审批证呢？”砖厂老板低着头，一概回答：“没有。”

“这个砖厂是河务局审批的吗？”张大卫问。

“主河道以内不能有砖厂，我们没有审批。”河务局的有关负责人马上回答。

“这些砖厂一年给镇里交多少钱？”张大卫问。

“大约1000万元，主要是税收。”狼岗镇党委书记回答。

“这个砖厂到底是谁审批的？核心文件一个没有！中牟县有些部门是无权审批的！”张大卫说，“到7月底，中牟应关120座砖厂，但目前一个没关。如果整改不到位，今后对中牟县的用地申请要实行限批！

非法砖厂用电谁批的各部门都说不是自己

随后，张大卫一行又驱车来到开封。

下午5时26分，开封金明区水稻乡一座砖厂内，机器轰隆隆地响着，放眼望去，全是实心黏土砖。

这个砖厂的老板说，手续基本办齐了。当张大卫要求看证件时，他又说不知道放哪了。

这家砖厂内至少有五根电线杆。“电力部门呢，谁架的电线杆？”张大卫问。

“是河务部门批的，用于防汛。”开封电力部门有关人员说。“这不是。”现场的河务局人员忙解释。

“那是经过城建部门批的。”

“我们没批”。现场的城建部门负责人表示。

“马上查清楚谁批的，谁让电力部门给砖厂供电的？凡是违法生产的砖厂，电线要一律拆掉。”张大卫说。

对于郑州中牟县、开封出现的黏土砖厂反弹现象，张大卫表示，从2005年以来，我省大规模取缔实心黏土砖厂，但黄河滩区成了死角。这中间存在着部分政府部门不作为的失职问题，个别干部参股黏土砖厂现象严重。群众有举报，有些河务部门也有乱收费现象。“建新型墙材厂要有项目审批证、土地证、环保证、新型墙材审批证，还要有河务部门的许可，然后才能在规划的指定区域开建。今后无证违规开工的要一律拆除”。

（记者 李 红 实习生 张响铃）

20座该拆砖瓦窑厂一个没拆 副省长“突袭”黄河滩问责

信息来源：东方今报（2009-08-06）

郑州、开封、新乡3市交界的黄河滩区，存在着大量黏土砖瓦窑厂，不仅破坏耕地，还直接影响黄河防洪安全。

8月4日，副省长张大卫带领省直相关部门负责人和省内媒体，对郑州、开封两市黄河滩区黏土砖瓦窑厂进行“突击”检查。按照省政府要求，今年8月底前，郑州市中牟县黄河滩区的300座砖瓦窑厂，要关闭拆除120座以上，但目前的整顿进度仍然是零。

中牟

● “整顿砖瓦窑不是让政府发证收钱”。

“突击”检查的第一站是中牟县狼岗镇的黄河滩区。中牟县黄河滩区现有的300座砖瓦窑厂，200多座都在狼岗镇。

张大卫首先走进狼岗镇西狼村的一家砖瓦窑厂。这家窑厂在进门的地方堆放了十几排多孔砖。据窑主讲，他的这座窑厂正在进行升级改造，生产的是经过认证的新型墙材。可在这家窑厂的最里面，张大卫发现了几十排塑料布覆盖的“砖坯”。掀开塑料布，看到的是码放整齐的黏土砖。一排排黏土砖坯的尽头，是一座“隆隆”作响、正在烧砖的土窑。

在张大卫的要求下，窑主拿来了砖瓦窑厂的各种手续证件，林林总总有十几份，全是县里工商、税务、安全监督、河务、环保等部门颁发的。“让媒体的朋友都拍一拍，看都是哪个部门发出去的。”张大卫反问各部门负责人：这种土窑的落后工艺，环保局为啥给发环评？安全监督局发了证，可窑厂生产区就住有孩子，作业区工人也不戴安全帽，安全生产措施在哪里？平常在黄河滩区栽棵树种点庄稼，河务部门都说影响黄河行洪安全，现在滩区这么多黏土砖瓦窑厂，就不影响黄河防汛了？“政府整顿黏土砖瓦窑厂是为了保护耕地，节能减排，不是为了发证收钱。”张大卫说。

● “完不成整顿任务要进行土地限批”。

按照省政府要求，今年8月底前，中牟县黄河滩区的300座砖瓦窑厂，要关闭拆除120座以上，但目前的整顿进度仍然是零。“省政府连续下发紧急通知，明确了沿黄四市黄河滩区黏土砖瓦窑厂整顿规范进度表，郑州有没有转发省政府通知？”张大卫问。“方案都转发到乡镇一级了，正在落实。”“那为什么该关停的一家都没关？”张大卫说，省政府通知要求各省辖市要在7月底前进行书面汇报，郑州至今仍然没有动静。“如果中牟县8月底前完不成整顿任务，省国土资源厅要对中牟县进行土地限批；如果到时候还解决不了，就对郑州市进行土地限批”。

开封

● 副省长问责 各部门当场互相推诿。

“突击”检查的第二站是开封市金明区水稻乡，该乡的一座黏土砖瓦窑厂紧邻乡村公路，距离黄河大堤不到500米。“窑厂离村庄这么远，谁供的电？”张大卫指着一路搭建到窑厂的电线杆和电线问。“是我们架线供的电。”开封市电力公司负责人答。“你们给窑厂供电，为什么不审查手续合法不合法？”张大卫说。“不是专门给窑厂供电的，主要是为了防汛。”电力公司负责人说。“河务部门的人呢？”“不是我们让往这儿供电的，跟防汛没关系。”开封市河务部门负责人赶紧站出来说。“城建部门也有用电需求。”电力公司负责人又说。“城建部门有人在没？”“跟我们没关系，这里没有建设项目要用电。”开封市建委负责人说。“不要再推了。”张大卫说，“对违规向窑厂发放审批手续的一定要问责、处理干部。”

要求

● “五证”不全一律拆除。

张大卫要求，各主管部门要清理各自的审批手续，谁给黏土砖瓦窑场发放的证书，谁要负责收回来。今后，确认黄河滩区砖瓦窑场是否合法，主要看有没有“五证”，即发改委的核准证、国土部门的土地证、环保部门的环评、建设部门的新型墙材证、河务部门的许可证。“除此之外，没证的砖瓦窑厂一律拆除”。

● 整顿不力追究领导责任。

省政府要求，今年8月底前，全省黄河滩区窑厂数要削减40%以上，总数控制在680座以内，郑州、开封、新乡、濮阳等沿黄四市，都有明确的整顿规范进度表。但现在整体进度缓慢。今后，省治理整顿黏土砖瓦窑厂工作联席会议将组成多个督查组。因行政不作为或领导不力、组织不到位，对黏土砖瓦窑厂反弹的地方，要严肃追究县（市、区）、乡镇政府及有关部门的领导责任和监管责任。

黏土砖瓦窑厂整顿进度（单位：座）

城市	砖瓦窑厂数	月底前拆除	目前关闭
中牟	300	120以上	0
开封	413	173	18
新乡	324	118	21
濮阳	61	11	0
总计	1098	422以上	39

违规砖窑厂“拆”字当头

信息来源：大河报（2009-08-18）

截至8月11日，郑州、开封、新乡、濮阳4个沿黄河城市已拆除滩区违规砖窑113座

□ 记者 李 红 实习生 张响铃

本报讯 昨天，记者从省治理整顿黏土砖瓦窑厂工作联席办获悉，截至8月11日，沿黄河四市郑州、开封、新乡、濮阳已拆除滩区违规砖窑厂113座。

据介绍，其中，新乡市拆除95座，完成省定关闭目标83%，其余243座全部关停整顿。开封市拆除18座，完成省定关闭目标10%，其余438座全部关停整顿。昨天下午中牟已拆除9座，其余291座已停产整顿。濮阳拆除和停产整顿工作正在抓紧落实之中。

郑州市专门召开会议要求，如在规定时间内完不成任务，市委、市政府将对中牟党政负责人及相关部门负责人进行问责。

开封为推进整治工作进度，市政府制定出相关奖惩政策，即在规定时间内自行拆除的，给予窑厂主1万元奖励，对不能在规定时间内自行拆除的，由县、区政府组织公安、河务、国土、环保、建设等部门强制拆除。

省国土资源厅有关负责人表示，该厅已对郑州、开封、新乡、濮阳四市及所辖沿黄县、区滩区砖瓦窑整治工作实行厅领导分工负责、包片督导制，确保8月15日前各地完成省委、省政府确定的影响行洪安全的砖瓦窑厂拆除工作。

《违法黏土砖厂要一律取缔》追踪
沿黄滩区违规砖瓦窑厂“末日”到了
8月12日前，将一律撤销限期拆除，否则将严格追究责任

信息来源：大河报（2009-08-11）

本报讯 昨天，本报刊发了《违法黏土砖厂要一律取缔》一文，报道了副省长张大卫暗访中牟、开封的黏土砖厂时，发现黄河滩区黏土砖厂出现反弹，此事引起读者强烈反响。昨天，记者从省国土资源厅砖瓦窑整顿治理办公室获悉，8月12日之前，凡属违规违章批准的或不符合法定条件的我省沿黄砖瓦窑厂将一律撤销，限期拆除，否则由监察部门严格追究责任。

昨天，省治理整顿黏土砖瓦窑厂工作联席会议办公室分别向郑州、开封、新乡、濮阳等四市政府发出督办函，要求加紧完成黄河滩区黏土砖瓦窑厂拆除目标。督办函指出，目前，黄河正值主汛期，确保黄河行洪安全责任重大。相关市、县政府要采取强有力措施，周密部署，集中力量，加紧完成省政府确定的黏土砖瓦窑厂关闭拆除目标，确保黄河行洪安全和社会稳定大局。

8月10日之前，沿黄各市对所有黄河滩区黏土砖瓦窑厂统一停产整顿，一律由电力部门切断生产用电。停产整顿期间，按照“谁批准、谁清理、谁负责”的原则，由县政府统一组织河务、发展改革、国土、建设、环保等相关部门，对各相关单位批准的黄河滩区砖瓦窑厂的证照或批文逐一清理，凡属违规违章批准的或不符合法定条件的，8月12日之前一律撤销，限期拆除，否则由监察部门严

格追究责任。经河务、发展改革、环保、国土、建设等部门联合审核确认，手续合法并达到省定改造升级标准的砖瓦窑厂，经县级以上人民政府公示名单后，可准予恢复生产。同时，实行黄河滩区黏土砖瓦窑厂关闭拆除周报制度，各市联席办每周一报送本辖区关闭拆除进度。

窑主拿出“一堆证”应付检查 副省长：没有一个管用！

——张大卫突击检查黑砖窑厂 叮嘱地方官员：“违规发证的要问责，该处理的就处理”

信息来源：河南商报（2009-08-06）

为了整治黄河滩区的非法砖瓦窑厂，8月4日，副省长张大卫带领省国土资源厅等相关部门人员，到中牟、开封两地进行突击检查。

抽查时，一窑主拿出了一摞审批证件，遗憾的是，却没有一个是“核心证件”。

检查现场，张大卫特别叮嘱当地官员，对于整治一事绝不能睁只眼、闭只眼，要问问自己到底作为了没有？失职不失职？

突击检查

● 窑主拿出一堆证，没有一个“管用”。

当天，副省长张大卫一行抽查的首个地点是中牟县的西廊村。

走进砖瓦窑厂，张大卫直奔窑工而去：“你是这里的工人？家是哪里的？”

“家是云南的！”一位面色黝黑、正光着膀子的中年男子怯生生地答道。

“在这里干活，一个月能拿多少钱？”张大卫又问。

“没有多少，一个月1000块钱吧！”

“窑主是谁？出来见见面！”

窑主是一个三四十岁的中年男人。据他介绍，这个砖瓦窑场已经有20多年的历史。工人们的工资，一般计件发放，有挣1000多的，也有挣两三千的。

“既然已经这么长时间了，有证没有？拿出来看看！”张大卫问道。“俺这啥手续都有。”说着，窑主便回屋拿出一摞厚厚的文件：“这个是国税证，这张是地税的，还有一个安全生产部门发的……”

翻着一张张盖有公章的文件，张大卫皱起了眉头：“证件是不少，没有一个管用的！这都不是办厂的核心文件！”

一眼识破

● 大量实心黏土砖藏身后院，副省长质问窑主。

检查过证件之后，经验老到的张大卫又转身走到了窑厂的后院。只见后院密密麻麻地堆着几十排东西，而且全部用白色塑料布遮盖。

张大卫箭步上前，揭开了塑料布的一角，只见里面全部是实心黏土砖砖坯，数量是前院的新型墙体砖的3倍还要多。

据悉，实心黏土砖不仅浪费大量能源，而且严重毁坏耕地，破坏生态环境。2005年，我省就曾要求逐步禁止实心砖，当时的省建设厅等部门还曾下发《关于在全省城镇建设工程中逐步禁止使用实心黏土砖意见的通知》，要求县政府所在地的城镇，“禁实”最迟不得超过2008年年底。

看到此景，张大卫厉声质问窑主：“生产实心黏土砖，谁批准的？每年给乡里交多少钱？采土从哪里采？”说着，就拿出其中一块，往地上轻轻一磕，砖立刻断成了两截。 窑主脸上青一阵白一阵，支支吾吾说不清。

劝告窑主

● 你还这么年轻，使用新工艺才会有出路。

中牟之后，张大卫一行又赶赴开封市水稻乡。那里的一个窑厂，虽然没有中牟的大，却距离河堤不足500米，这样的窑厂在我省是被明令禁止的。

问到窑厂是否有证，窑主心虚地笑了笑，推说有证，不过这个事不是他负责，到底办的啥证他也不知道。

在水稻乡检查时，一位年轻的窑主透露，办这个窑厂，是吸引外来资金，村里几个人出地建的。招聘来的工人不少都是家庭困难户，也算是为乡里“招商引资”。

看着这位窑主才30来岁，张大卫就边走边做他的思想工作：“你还这么年轻，应该知道办砖瓦窑厂要有政府部门的审批。况且，生产实心黏土砖是一种落后的工艺，你们有资金，为什么不到豫南去考察考察，看看人家窑厂是怎么干的？掌握新工艺，生产新墙材，你们的未来才有出路。”

现场“普法”

● 开窑厂至少要有5证，无证的一律取缔。

检查结束后，张大卫叮嘱当地官员，开窑厂可以，但是一定要有证件。至少要有河务局的同意、发改委的项目审批证、国土局的土地证、环保局的环保证，以及城建部门的新型墙材核准证5个证件。

“另外，黄河滩区的取土也应该有规划，不能乱采乱用。这些砖瓦窑厂不仅工艺低下，而且还污染环境、浪费能源。所以对于砖瓦窑厂的整治工作，我们不能睁只眼、闭只眼，要问问自己到底作为了没有，失职不失职？”

张大卫要求各有关单位及时清理自己批复的文件：“你觉得合格就给（窑厂）发，不合格的要收上来。违规发放证件的要问责，该处理干部的就处理！”

相关链接

● 下月前黄河滩区窑厂要削减四成。

据悉，根据省政府今年4月发出的一个通知，8月底，黄河滩区窑厂的数量要削减40%以上，总数要控制在680座以内。凡影响河道行洪安全的砖瓦窑厂，必须拆除；堤外取土堤内烧制的，必须拆除；限期整改未能达到规定要求的，必须拆除。

省国土资源厅的一位负责人告诉记者，目前主要是各地市自己整改，限期整改不到位的，将会采取限批土地的方法来进行督促。

副省长语录：

“对于整治一事绝不能睁只眼、闭只眼，要问问自己到底作为了没有？失职不失职？”

“违规发放证件的要问责，该处理干部的就处理！”

——给地方官员的话

“掌握新工艺，生产新墙材，你们的未来才有出路。”

——给黑砖窑窑主的话

（记者 李雅静）

河南省治理整顿黏土砖瓦窑场 比预定目标多拆58座

信息来源：东方今报（2009-08-28）

今报郑州讯 2009年8月27日，河南省治理整顿黏土砖瓦窑厂工作联席会议办公室发布消息，至8月25日，沿黄郑州、开封、新乡、濮阳四市共拆除黄河滩区黏土砖瓦窑厂476座，提前完成省政府确定8月底前拆除418座以上的最低拆除目标。

进度

比省定最低目标多拆58座

省联席办统计，至8月25日，沿黄河4市共拆除黄河滩区黏土砖瓦窑厂476座，提前完成省政府确定最低拆除目标。根据该目标，8月底前，沿黄四市至少要拆除418座滩区黏土砖瓦窑厂。

其中郑州市共拆除120座，完成省定8月底前最低拆除目标100%；开封市拆除183座，完成最低拆除目标106%；新乡市拆除162座，完成最低拆除目标142%；濮阳市拆除11座，完成最低拆除目标100%。目前，沿黄河4市黄河滩区黏土砖瓦窑厂整治，正在从关闭拆除阶段进入全面整顿规范阶段。

新规

影响防洪占耕地的要全拆

昨天，省联席办下发省国土资源厅等12厅局

《关于全面整治黄河滩区黏土砖瓦窑厂的实施意见》（简称《意见》），明确了全面整治黄河滩区黏土砖瓦窑场的各项任务。要求沿黄河4市对凡影响黄河防洪工程建设和行洪安全的黏土砖瓦窑厂，必须于8月15日前全部拆除；凡占用基本农田和一般耕地、以黄河淤泥砖名义堤外取土堤内烧砖的黏土砖瓦窑场，必须于8月31日前全部拆除。

问责

整治责任在市、县政府

在确保黄河行洪安全的前提下，《意见》对黄河淤泥制砖产业提出了规划。按照要求，今年9月底前，省河务局、省发改委、省环保厅将分别完成黄河滩区可采、禁采区域范围规划和砖瓦窑厂布局规划。今后，所有滩区砖瓦窑厂一律要生产黄河淤泥烧结多孔砖，严格禁止生产实心砖。《意见》强调，黄河滩区黏土砖瓦窑场整治的责任在市、县政府。各市、县（区）政府对黄河滩区黏土砖瓦窑厂整治负总责，主要领导是第一责任人。

（记者 王献军）

我省保增长与保“红线”同成亮点

信息来源：河南日报（2009-11-09）

本报讯 （记者王屹立）在积极贯彻保障经济增长与保护耕地“红线”的关键阶段，11月6日，国家土地督察济南局在平顶山市召开河南、山东、青岛两省一市人民政府土地督察工作联席会议。会议充分肯定了我省在保障经济增长、保护耕地“红线”行动中取得的显著成效，并要求四季度继续全面加强土地督察工作，确保完成全年“双保”任务。

据介绍，今年以来，我省在土地利用和管理面临巨大压力的情况下，一方面努力保障重点项目建设用地需求，一方面强化最严格的耕地保护制度。截至目前，我省一大批急需开工的重点项目建设用地得到有力保障，涉及项目300多个；同时，全省大力开展规模化土地综合整治，平均每年新增耕地20万亩，今年以来已安排32.7亿元新增建设用地有偿使用费，投入到181个土地综合整治项目。目前，全省已储备的可用于占补平衡的耕地约为18.47万亩，有力地保证了“扩内需、保增长”项目耕地占补平衡任务的顺利完成。

此外，我省还集中开展了建设用地批后核查活动，重点对建设用地审批、计划执行、执行国家产业政策等情况进行核查，努力提高土地利用效率。目前，全省土地利用规范有序，土地市场运行平稳。

针对四季度的“双保行动”，国家土地督察济南局局长赵龙指出，前三季度，两省一市经济增幅均居国内前列，但面临的经济保障与耕地保护的压力依然很大。随着投资拉动经济的效应集中显现，很可能会在四季度迎来一个项目开工和用地高峰。

河南省政府、山东省政府、青岛市政府相关部门负责人参加了会议。

中原城市群国土规划论坛在郑举行 郭庚茂出席并讲话

——河南省省长郭庚茂到会并作重要讲话

信息来源：人民网河南频道（2009-12-26）

人民网河南频道12月26日电（记者郭芳）12月26日上午，河南省“中原城市群国土规划论坛”在郑州黄河迎宾馆举行。来自省内外的专家学者汇聚一堂畅谈“中原城市群”规划编制问题。河南省省长郭庚茂到会并作重要讲话。国土资源部党组成员、总规划师胡存智，国土资源部规划司司长董祚继，河南副省长张大卫，河南国土资源厅厅长张启生，副厅长郭公民等出席会议。论坛由河南省政府副秘书长张庆义主持。

郭庚茂在讲话中指出，河南省作为人口大省，资源环境与人口之间存在的矛盾日益突出，研究国土规划是当务之急，也是实现科学发展观的体现。河南是农业大省，在维护国家粮食安全上有着不可推卸的责任，但人均耕地面积少，国土资源比较紧张，这次论坛研究的正是省委省政府关注的焦点性、战略性问题。

论坛上，与会专家学者与政府工作人员进行了热烈的分组讨论。专家依据规划编制的指导思想和基本原则，对规划的总题目标、实施方法等进行了深入交流，中原城市圈国土规划包括18个省辖市，覆盖全省国土。规划突出中原城市群核心层和紧密层的郑州、开封、洛阳、新乡、焦作、平顶山、许昌、漯河、济源等9个城市区域，统筹规划位于辐射层的商丘、周口、驻马店、信阳、南阳、三门峡、安阳、鹤岗、濮阳等9个城市区域。规划期限为2009年—2030年。

国土规划是根据国家区域经济社会发展战略和国土资源条件，对国土开发、利用、保护和整治的统筹谋划和综合部署。中原城市群是国土规划编制的试点地区之一，中原城市群国土规划编制是河南省政府和国土资源部合作项目。开展中原城市群国土规划编制工作，是新形势下深入贯彻落实科学发展观、促进经济发展方式转变、加快中原举起的客观要求。编制和实施中原城市群国土规划，对落实国家促进中部地区崛起规划、培育很安心的经济增长极、推进中原城市群科学发展、促进全省经济社会可持续发展有重要的战略意义。

我省又一土地整理重大项目启动

信息来源：河南日报（2009-11-03）

为提高粮食生产能力，巩固粮食生产核心区地位，中国粮仓河南再出大手笔：投资约50亿元的南水北调渠首及小浪底下游土地整理重大项目近日正式启动。

该项目区位于南阳、新乡两市，涉及淅川、邓州、原阳、延津、封丘5个县（市），建设规模346万亩。项目实施后可新增耕地20余万亩，计划建设工期为5年（2009～2013年）。该项目的实施可从根本上改善项目区的农业生产条件，提高粮食生产能力，对解决项目区民生问题具有重要意义。据测算，项目完成后，每年可增加粮食产量近10亿斤。

10月29日，由国土资源部和财政部等部委组成的调研组和专家组抵达我省，对该项目进行论证调研。副省长刘满仓在项目调研论证汇报会上介绍，省政府不久前已批复了该项目，并从地方留成的新增建设用地有偿使用费中投资3亿元，正式启动了项目建设。我省今后每年还将按计划投入一定数量的资金，全力把该项目建设成为土地整理的样板工程，发挥示范和带动作用。

（记者 董学彦 实习生 李 浩）

河南曝光5起土地违法案件 投资7亿电厂建好也得拆

信息来源：东方今报（2009-07-30）

今报讯（记者王秋欣 实习生 张晓颐） 灵宝市五帝产业集聚区违法用地，灵宝市常务副市长受到行政警告处分；洛阳信诚粮油市场违法用地，洛阳市发展改革委经济运行局副局长受到行政警告处分；登封市委书记张学军向郑州市委作出深刻检查。

昨天，省政府下发《关于进一步严格土地监管促进依法依规用地的通知》，公布了5起典型违法违规用地案件的情况和处理结果，并表示，下一阶段将加大土地管理的行政问责力度。

【案件一】灵宝市五帝产业集聚区违法用地案件

案件情况

2007年12月29日，灵宝市五帝产业集聚区第一批需征收土地327.2亩，省政府以《河南省人民政府关于灵宝市2007年度第一批乡镇建设征收土地的批复》的文件给予了批准，但灵宝市政府尚未供地；而第二批征收土地517亩，第三批征收土地241.8亩，只是上报省政府，等待批复。随后，灵宝市五帝产业集聚区在征地补偿不到位的情况下，强行对第一批327.2亩土地进行圈占并建设围墙200米；对申报的第二、第三批土地，在未获得省政府批准的情况下，发布清理公告并对约450亩土地进行了地上附着物清理，损害了群众利益。2009年4月27日，中央电视台《焦点访谈》栏目对该案件进行了曝光。

处理结果

责成灵宝市委、市政府向三门峡市委、市政府作出深刻检查；责成灵宝市委书记吕均平、市长乔长青向三门峡市委、市政府作出深刻检查；给予灵宝市委常委、常务副市长高永瑞行政警告处分；免去黄松涛的大王镇党委书记、委员，五帝产业集聚区建设指挥部副指挥长、办公室主任职务；免去李建强的灵宝市土地管理局副局长职务；给予灵宝市土地管理局阳店土地管理中心所所长（副科级）翟海江行政记过处分。省国土资源厅决定除国家和省重点工程项目外，对灵宝市用地实施暂时限批。

【案件二】洛阳信诚粮油市场违法用地案件

案件情况

洛阳信诚粮油市场位于洛龙区安乐镇西岗村，由洛阳市信诚粮油副食商贸公司投资建设。2002年8月，信诚粮油副食商贸公司与西岗村村委签订土地合同书，租用该村一般耕地42亩拟建设粮油仓库，从2007年10月起，该企业开始圈地进行建设。洛龙区国土资源局接到群众举报后，向该企业下达了《责令停止土地违法行为通知书》，责令其停止违法占地行为，拆除围墙。但是，2008年3月，该企业再次进行建设，洛龙区国土资源局依法进行制止，并强行拆除了部分在建仓库墙体。2008年5月5日，洛龙区国土资源局依法向信诚粮油副食商贸公司下达《国土资源违法案件行政处罚决定书》，责令其退还非法占用的土地，限15日内自行拆除在非法占用土地上新建的建筑物及其他设施，恢复土地原状，并对企业处以非法占用土地每平方米20元的罚款（计56万元）。但是后来，洛阳市优化办、减负办和洛龙区优化办研究后又决定，对该企业不处罚，不追究刑事责任。但因土地未复耕到位，当地群众非常不满意。后来，该案件被《人民日报》报道。

处理结果

给予洛阳市发展改革委经济运行局副局长、市减负办主任回建国行政警告处分；给予洛龙区副区长孙中信行政警告处分；责令洛龙区优化办主任郭金豹停职检查；给予洛阳市公安局洛龙分局法制科科长霍建华行政警告处分；给予洛龙区国土资源局土地监察大队副队长蒋旭峰行政记大过处分；给予洛龙区安乐镇土地城建所所长张占国行政撤职处分。目前，土地已复耕，追缴罚款56万元。

【案件三】林州市陵阳镇修路毁麦案件

案件情况

这一案件的缘由，是林州市陵阳镇政府计划修建一条长3500米、宽35米的乡村公路。在2009年5月1日凌晨，该镇南陵阳村在镇政府的支持下，没有办理任何用地手续，就动用了10余台铲车，将规划修路范围内长1100米、宽35米，共57.75亩耕地，长500米、宽35米，共26.25亩蔬菜地，以及其他农用地30多亩，全部夷为平地。后来经林州市国土资源局鉴定，该地块并不符合陵阳镇土地利用总体规划，其中有75.6亩是属于基本农田用地的。由于制止及时，这片地的耕地种植条件幸运地没有被彻底破坏。

处理结果

责成林州市委、市政府向安阳市委、市政府作出深刻检查，陵阳镇委、镇政府和陵阳镇党委书记、镇人大主席王志国，镇党委副书记、代镇长李红海向林州市委、市政府作出深刻检查；给予陵阳镇党委书记、镇人大主席王志国党内警告处分；免去陈书平的陵阳镇政府副镇长职务；给予南陵阳村党支部书记李林喜、副书记张长生党内严重警告处分。目前，土地已复耕，并以每亩1200元对群众进行了补偿。

【案件四】郏县招商引资非法圈占基本农田案件

案件情况

2008年5月，郏县政府在未取得合法用地手续的情况下，通过有关文件和会议纪要，非法批准河南圣光集团医药物流有限公司擅自扩大用地范围，圈占王集乡寨子村集体农用地157亩（均为一般耕地，符合土地利用总体规划，尚未进行建设），并按每亩3.7万元土地价格支付征地补偿款给农户。2008年8月，县政府又以同样形式，同意祥瑞铝箔加工厂圈占寨子村基本农田280亩（尚未实施建设），从而形成了违法圈占437亩耕地的事实。

处理结果

给予郏县副县长宁和平行政警告处分；给予王集乡副乡长赵富强行政记过处分；给予王集乡村镇发展中心主任李红伟行政记大过处分；给予王集乡寨子村党支部书记杨秋波党内严重警告处分。目前，祥瑞铝箔加工厂非法建设的围墙已被拆除，土地已复耕。对河南圣光集团医药物流有限公司圈占的157亩集体农用地，已补办用地手续。

【案件五】登封市嵩阳火力发电厂项目违法占地案件

案件情况

2004年2月，嵩阳电厂在未经有关政府部门审批、核准的情况下，违反国家产业政策，违法占地、顶风违法违规建设。2004年3月，登封市国土资源局发现了这宗违法用地案件并立案查处，责令企业停止违法占地行为，但是，该项目投资主体之一的向阳公司对此置若罔闻，继续违法建设。

8月份，登封市政府收到登封市国土资源局的有关报告后，没有采取有效措施制止违法用地行为。9月份，登封市国土资源局将此案移送到登封市公安局，登封市公安局在受理这一案件后，也没有采取有效措施及时查办，这期间，该项目一直都没有停止建设。

2005年1月，登封市国土资源局又对该公司违法占地行为依法下达了行政处罚决定，责令其限期拆除违法占地所建建筑物及其他配套设施，并处罚款401万元，但向阳公司并未执行。直到2006年12月，该项目的另一投资主体嵩颖公司才向登封市财政局交纳了401万元违法占地罚款。经现场勘测，该项目违法占地面积约为300亩，其中基本农田293.65亩，其他农用地（主要为田间道路）6.72亩，所占土地范围并不符合土地利用总体规划，实际上，已经毁坏的土地面积多达219.586亩。

而这一项目也“生米煮成了熟饭”，基本完工，累计投资已经多达7.17亿元。据悉，该案件被审计署《审计要情》反映。

处理结果

对向阳公司法定代表人、郑州市人大代表董松年，嵩颖公司法定代表人、登封市政协常委李铁林以涉嫌破坏耕地罪由公安机关刑事拘留；给予郑州市水利局党组书记、局长（时任登封市委副书记、市长）陈松林行政降级、党内严重警告处分；给予登封市原市委副书记、市长吴福民行政记大过、党内警告处分；给予登封市委常委、嵩山风景区管委会党委书记、副主任（时任大冶镇党委书记）裴松宪行政记过、党内警告处分；给予登封市卫生局局长（时任大冶镇镇长）魏松建行政记过处分；责成登封市委书记张学军向郑州市委作出深刻检查；给予登封市公安局副局长陈兆甲（分管治安等工作）行政警告处分；给予原省中小企业服务局发展规划处处长陈建超行政警告处分；责成省水利厅副厅长于合群（分管水政水资源等工作）向省政府作出深刻检查；责成郑州市政府向省政府作出深刻检查。

由郑州市政府责成项目投资单位限期拆除，并切实做好职工安置、失地农民补偿、债务清偿、社会稳定等善后工作。

今后举措

加大土地管理行政问责力度。

除了公布5起典型案件外，今后，为杜绝“未批先占、未供先用、以租代征、侵害群众土地合法权益”等类似事件的发生，省政府还在通知中要求，今后将严格禁止各类违法违规用地行为。

严禁以建设产业集聚区的名义非法圈占土地，严禁以建设社会主义新农村和设施农业等名义违法圈占土地或进行房地产开发，严禁以各种名义擅自占用基本农田，严禁建设项目用地违反国家政策未批先占、边报边占，严禁以各种名义侵害农民群众的合法权益。

同时，我省将继续强力推进违法违规用地集中清查专项行动，进一步完善严格土地执法监管的长效机制，进一步强化政府的土地管理责任，加大土地管理的行政问责力度。

对土地管理秩序混乱，致使在一年度内本行政区域违法占用耕地面积占新增建设用地占用耕地总面积的比例达到规定标准，以及虽然未达到规定标准但出现违法违规用地严重问题的省辖市、县（市、区）政府主要负责人和其他负有责任的领导人员，将严格实行行政问责。

全国国土代表洛阳论执法 向洛阳国土资源警察支队取经

信息来源：东方今报（2009-09-30）

今报洛阳讯 9月24日上午8时30分，全国创新国土资源联合执法机制研讨会召开，来自全国各个地方的代表齐聚洛阳，就国土资源联合执法展开讨论。

会上，洛阳市国土资源局局长赵建国详细介绍了洛阳市国土资源警察支队和洛阳市国土资源监察支队联合执法的效果，并详细介绍了在联合执法中起着重要作用的洛阳市国土资源警察支队。

该支队是中国第一支国土资源警察支队，为严厉打击国土资源违法犯罪活动，建立良好的国土资源管理秩序提供强有力的保障。该支队采取“走出去、请进来”的方法，到外地学习经验并邀请其他地区人员到洛阳参观交流。

河北省唐山市、辽宁省本溪市、黑龙江省鸡西市、浙江省丽水市的国土资源局的代表结合自己辖区的具体情况讲述了各自执法的特色。

全省"卖地"进账307亿元

信息来源：东方今报（2009-02-12）

今报郑州讯（记者 王献军） 记者昨日从全省国土资源管理工作会议上获悉，去年，我省国有土地出让金共征收307亿元，同比增长65%，通过市场手段配置国土资源成效显著。

据介绍，除了土地出让金的进账，全省还征收了22.74亿元的新增建设用地土地有偿使用费，以及1889万元的土地闲置费。同时，通过实行矿业权招拍挂出让制度，全省去年共征收探矿权采矿权使用费及价款62.34亿元，同比增长28%；征收矿产资源补偿费6.16亿元，增长了65.59%。

河南明确建设用地"五个严禁"

——坚决遏制和查处各类土地违法违规行为

信息来源：中国国土资源报（2009-08-14）

日前，河南省出台了《河南省人民政府关于进一步严格土地监管促进依法依规用地的通知》，要求坚决遏制和查处各类土地违法违规行为，切实做到"五个严禁"：

（一）严禁以建设产业集聚区的名义非法圈占土地。各地产业集聚区规划要严格以土地利用总体规划、城乡规划为基础，并纳入其中，依照法定程序报批和使用土地。对超出规划建设用地规模和范围的产业集聚区非法用地，要依法严肃处理。

（二）严禁以建设社会主义新农村和设施农业等名义违法圈占土地或进行房地产开发。开展新农村建设必须坚持群众自愿原则，农用地转为建设用地必须符合规划和计划、依法履行报批手续，并严格按照规定落实补偿安置措施。对借新农村建设和设施农业名义占用农用地变相进行房地产开发，开展观光旅游、娱乐、餐饮等商业性服务活动或通过以租代征等形式擅自将农用地转为建设用地的，要依法严厉查处。

（三）严禁以各种名义擅自占用基本农田。各类建设项目要尽量避让基本农田，确需占用的必须严格依程序报国务院审批。建设项目用地预审或农用地转用报批时，凡涉及占用基本农田的，项目性质必须符合有关规定并进行充分论证，在预审时应说明不能避让的理由，在农用地转用报批时应提交耕地补划及其质量、数量的有关情况。

（四）严禁建设项目用地违反国家政策未批先占、边报边占。各类建设用地必须严格依法办理用地手续。除按照国家规定办理先行用地手续情况外，凡未按规定办理有关用地手续的项目，一律不得开工建设。对已经批准用地，但因欠缴新增建设用地土地有偿使用费而压卷未取的，限期上缴费用。

（五）严禁以各种名义侵害农民群众的合法权益。要严格按照经批准的征地方案实施征地，落实征地告知、听证、确认程序和"两公告一登记"制度，征地补偿安置没有落实到位的，不得动工建设。国土资源部门要配合有关部门，切实做好征地补偿争议案件裁决和侵害农民权益案件查处等工作。

《通知》还进一步强调了各级政府严格落实保护耕地和节约集约用地的共同责任，要求加大土地管理的行政问责力度，积极营造保护耕地红线和依法依规用地的良好氛围，真正促进国民经济又好又快发展。 （记者 袁华）

在扩内需保增长的形势下，有些地方盲目追求项目“多上马、快落地”，忽视了对依法依规用地的管理和对耕地的保护。于是以各种名义乱占耕地和基本农田，未批先占、边批边占等违法违规现象时有出现，对维护良好的土地利用秩序和坚守耕地红线都形成了严峻挑战。河南省及时发现这一势头，出台加强用地监管的通知，明确提出建设用地“五个严禁”。此举有利于一些地方政府端正发展思路，遏制土地违法行为，促进经济又好又快发展和“双保”任务的顺利实现。

河南“双保”行动喜结硕果

信息来源：中国国土资源报（2009-06-30）

● 截至6月30日，在全省计划开工的329个扩内需项目中，已批准用地手续项目184个，正在办理用地手续项目62个。

● 扩内需保增长的建设项目全部实现耕地占补平衡。

本报讯 （特约记者 袁 华） 夏日的阳光挥洒在桌面上，用许昌县河南豪丰机械制造有限公司总经理刘少林的话说，自己正遭受着“幸福的烦恼”，他万万没想到，过去按正常的报批程序恐怕需要一年左右的用地报批手续，如今只用了33天就拿到了省政府的用地批文，以至于许多后续工作有些“措手不及”。一提起这，刘少林就激动地说，“这么多繁杂的手续，我到现在还不清楚都是哪些部门批的！”这是河南在国土资源系统深入开展企业服务年活动，扎实推进“双保”行动的一个缩影。

据介绍，针对全省计划开工的329个扩内需项目，河南国土资源系统主动服务、周密部署，截至六月底，除去83个项目正处于项目前期准备阶段外，已完成批准用地手续项目184个，正在向省政府、国务院申办用地手续项目62个。在此推动下，全省已有73个项目开工建设、21个项目建成投产，全面超额实现了上半年目标，全省重点项目上半年共完成投资774亿元，占年目标的59.5%。同时，该省在连续十年实现耕地占补平衡的基础上，不断加大补充耕地储备力度，今年1月至5月，全省储备可用于占补平衡的用地为10.3296万亩，保证了扩内需保增长的建设项目实现占补平衡，从而受到了河南省委、省政府领导的高度评价。

为坚决打赢“双保”行动这一仗，河南国土资源厅党组从高度的政治责任感出发，在充分调查研究的基础上，研究制定了九项保障措施。为加快用地报件的审批时间，该省明确规定，省辖市国土资源部门审查转报建设用地的办结期限为5个工作日，省国土资源厅审查省政府批准和转报建设用地的办结期限为15个工作日，其中“扩内需、保增长”项目及国家和省重点项目缩短至7个工作日，对部分特别重大项目建设用地实行加“急”办理。同时，该厅还专门成立了重点项目协调办公室，加强与厅机关各处室及省直各单位的协调对接，积极主动做好各项工作。

有无用地指标，是项目能否落地的关键。为此，该省在加快土地利用总体规划修编工作，统筹安排项目用地的基础上，按照“有限指标保重点、一般项目靠挖潜”的原则，着力保障重点项目用地指标。对重大项目用地服务该省还按照集中领导、集中力量、集中办理、集中协调，“一站式”服务的原则，开辟重点项目用地报批“快速绿色通道”，坚持提前介入，全程跟踪服务。郑州国际航空港的建设属于省内重点项目，为切实做好该项目用地工作，省国土资源厅多次派工作组与用地单位沟通联系，全程跟踪服务，确保了项目顺利进行。

征地拆迁进度的快与慢是关系项目能否及时开工建设的重要环节。为此，该省明确，对于一些关系重大尤其是属于国家重点建设项目的征地拆迁工作一律由省里统一组织实施。石家庄至武汉客运专线河南段永久性占地2.1万亩，拆迁工作设计8个省辖市，时间紧，任务重。接此任务后，省国土资源厅立即召开沿线有关市县负责人的专项工作会议，并派出工作组到现场督察，帮助解决实际问题，目前，该项目的征地拆迁工作进展顺利。

密切关注项目建设进度，重视对“难点”问题的解决是该省的又一个特色。据统计，今年以来，省政府、省企业服务年办公室和各地经济运行督察组分解交办的三批共47个企业反映的需要国土资源部门解决的问题。截至目前，在全省国土资源系统的共同努力下，除1件不符合国家和省相关政策的问题外，已解决问题35个，正在协调解决的问题11个，受到了用地单位的一致好评。

延伸国土资源管理触角　健全五级执法监察网络

——河南增加4.8万名村级国土协管员、管理体制为“局聘所管”，补贴从土地收益金中列出

信息来源：中国国土资源报（2009-02-19）

目前，河南省国土资源厅发出《关于建立村级国土资源协管员队伍的通知》，决定进一步延伸国土资源管理触角，在全省建立村级国土资源协管员队伍。业内人士表示，这不仅标志着河南省国土资源管理延伸到了行政村一级，实现了国土资源管理纵向到底；而且全省至少将增加4.8万名国土资源协管员。

重视农村土地协管员队伍建设，是河南近年来十分关注的一件大事。为切实做好这项工作，河南省先是将宁陵、孟州等县（市）组建国土资源协管员的经验在全省推广，接着又在全省开展县、乡、村干部国土资源法律法规培训活动，并取得了显著成效。为进一步把这项工作做好，推动省、市、县、乡、村五级国土资源执法监察网络，这个省从构建耕地保护科学保障机制的高度入手，决定在全省4.8万个行政村普遍推行国土资源协管员制度。

河南省规定，村级国土资源协管员的职责是宣传国土资源管理及相关法律法规、政策和基本知识，协助上级做好国土资源管理工作。同时协助做好所辖村国土资源管理日常检查、监督、登记、调处等工作；及时报告地质灾害险情，并协助做好地质灾害隐患点监测、预报和组织避让等工作，及时反映所辖村各方面对国土资源管理的意见和建议。其管理体制为“局聘所管”，即明确：村级国土资源协管员由县级国土资源行政主管部门聘任，聘期为3年，由乡（镇）国土资源所负责其日常管理工作。产生办法是：村级推荐，乡党委政府审核，县国土资源局决定聘任及发放聘书。在土地协管员待遇方面，河南省明确要求，各级国土资源部门应商请当地政府及有关部门同意，每年从土地收益金中等列出一定资金用于国土资源协管员的补贴和必要学习刊物（资料）的订阅，关于国土资源协管员的补贴可采取定额补贴，也可采取以奖代补方法。

此外，还明确各县（市、区）国土资源主管部门每年至少要组织一次村级国土资源协管员的培训，不断提高其业务能力和政策水平。乡（镇）国土资源所应根据工作需要，及时组织村级国土资源协管员进行业务学习与交流。县级国土资源行政主管部门要根据实际情况，制定切实可行的村级国土资源协管员管理考核办法，加强对协管员的日常管理和业务指导，对不能胜任工作的、不能正确履行工作职责的，要及时调聘。各省辖市国土资源行政主管部门应加强对本地区协管员管理工作的指导，并对村级国土资源协管员工作情况开展不定期督察。

目前，河南省村级国土资源协管员的各项组建工作正在各地深入开展。

俗话说，农民富不富，关键看支部；村庄强不强，全靠“领头羊”。大量实践证明，村“两委”干部国土守法意识强的地方，土地、矿产违法行为和上访发生几率就小。建立村级国土协管员队伍，发挥其宣传、协助做好国土资源管理工作的作用，日益得到了广泛认可和关注。河南省决定建立村级国土协管员队伍，是将国土资源管理触角延伸到基层的有效措施。　（记者　袁　华）

从各地实践来看，村级协管员对国土资源管理工作产生了一定的促进作用。但在一些地方也存在问题，如津贴难以保障，人员素质参差不齐，业务能力较低等等。

河南是如何回答这些难题的呢？这个省建立了“局聘所管”的管理体制，一名村级协管员的产生，须由村到乡，再由乡到县局层层审核，最后正式下发聘书，规范程度可见一斑。同时，通过定期考核和不定期督察，加强对协管员的管理和监督。在酬劳上，规定每年从土地收益金中拿出一部分用于协管员的补贴。此外，这个省还注重对村级协管员的培训，着力提高协管员工作水平，规定对不能胜任工作的，要及时调聘。相信通过这些措施，村级国土协管员的作用一定会得到充分发挥。

实践中探寻出路——全国创新国土资源联合执法机制研讨会综述

信息来源：中国国土资源报（2009-10-19）

这个金秋，牡丹花城洛阳，因为一次特别的会议、一个永恒的主题，而留下一段难忘的记忆。

9月24日～25日，全国创新国土资源联合执法机制研讨会在河南省洛阳市举行。200余名来自全国31个省（区、市）及其部分市（县）从事国土资源执法监察工作的同志，带着各自的实践经验、思索建议，齐聚一堂，畅所欲言。大家的话题集中于一点——如何进一步推动国土资源联合执法机制的建立和完善，破解国土资源执法难的困境。

一个困扰人们的老话题，一个急切求解的新课题。在对保障发展、保护资源这一永恒主题的思索和探寻中，人们多方求解。实践创新，思想碰撞，向人们传达出一条十分重要的信息——国土资源联合执法机制创新的时代已扑面而来。

“执法难”，一个令人长期困惑的“老大难”

提起国土资源执法难这个“老大难”话题，人人说难。难到一些干了十几二十年的“老执法”，一声叹息。

执法难，难执法，法难执。国土资源执法难，是一个令人长期困惑的难题，甚至可以说是国土资源管理最具挑战性的课题。中国发展的战略机遇期，伴随着土地、矿产等自然资源供需严重失衡的长期存在，这注定了国土资源执法监察短期内无法摆脱艰苦复杂的执法环境。而当下，面对“扩内需、保增长”的艰巨任务，社会投资需求强劲增长，国土资源违法现象有激增之势，执法监察的压力更大。

研讨会上，大家交流着执法实践中的种种酸甜苦辣。不少代表在发言中反映了执法人员当前承受的种种压力。言谈之间，不无难色，不无困惑。

有人说，现阶段的国土资源执法手段太“软”，没有统一的执法制服、执法车辆和执法标志，违法分子“不认、不理、不怕”，构不成威慑力。落到具体工作的各个环节，表现为执行力不强。比如，制止难。发现违法行为后，缺乏强制手段，加之执法程序复杂，等程序到位，违法建设已成事实。再如，取证难。在取证上缺乏有效手段，对违法当事人不能有效控制，证据不足、难定性，难以准确适用法律。又如，执法难。现在凡是涉及强制执行的，必须向人民法院提出申请，但司法环节受理程序复杂，执法成本高，强制执行往往很难到位。

有人抱怨：“执行人员经常被迫扮演‘救火队员’的角色，哪里有事冲向哪里，工作干得不少，效果难以确保。实际工作中经常面临的是‘违法必究’和‘法难责众’、‘依法处理难合情’、‘合情处理难合法’的两难境地，要承受的是领导不满意、群众不满意、社会不满意的尴尬局面。”

执法环境差、法制不健全、体制未理顺、力量待充实……表象和症结摆在桌上，一目了然。国土资源执法监察的出路究竟在何方？对现实境况的反思，使大家痛定思痛，开始探寻困境背后的深层根源和解决出路。经过两天的充分研讨，代表们达成了坚定的共识：

执法难，难在执法的共同责任机制没有建立，单靠国土资源部门一家孤军无援、回天无力。破解执法难的问题，只有在地方党委、政府的高度重视和相关部门的大力支持、配合下，开创国土资源联合执法的新局面，才有希望。在现行体制背景下，创建联合执法机制是打击国土资源违法行为的最有力武器。

联合执法，实践创新，为国土执法带来深刻影响

研讨会上，让人印象深刻的是，各地方兴未艾的国土资源联合执法机制创新实践，正以不可遏制的发展势头，冲破体制的束缚，为新形势下的国土资源执法监察事业带来日益深刻、广泛的影响。

河南洛阳，从2007年起开始大胆而有步骤地创新执法体制机制，在全国率先成立国土资源警察支队。警察支队与原有的国土资源监察支队合署办公，一同巡查、一同执法，将行政执法与刑事执法有效衔接，实现了联合执法的稳定化、常态化。两年实践下来，全市国土资源执法环境得到明显改善，尤其在矿产资源管理方面，基本形成了管理有规、矿权有序、开发有责、调控有效、监督有力的全新局面。

河北唐山，在打造“省域中心城市”、发展压力空前巨大的背景下，积极创新执法监管手段，探索出了一条政府负总责、相关部门齐抓共管，国土资源、公安联合执法的新路径。经市政府批准，唐山市、县两级均成立了公安驻国土资源治安办公室，按照市级6人、县（市）区3人的标准派驻干警，赋予其立案侦查权。治安办成立一年来，全市共启动快速反应机制170次，有力打击了犯罪分子的嚣张气焰。

江西景德镇，致力于打造“四个一”工程，创新执法机制、加强部门联动，全面实现快速反应和长效机制。这“四个一”工程分别是：办好“一个中心”，即国土资源执法监察指挥中心，中心由局执法支队和公安局刑警选派专人负责，24小时受理国土资源违法行为举报，保证以最快速度赴现场开展工作；开好“一个会”，即联席会议，明确了国土资源执法监察工作中市法院、检察院、公安局、监察局以及建设、电力、供水等部门和单位的职责；建立好“一张网”，即“纵向到底、横向到边”的市、县、乡、村四级立体监察网络；营造“一种环境”，即全员护法、全民守法的大环境。“四个一”工程的建设，使景德镇市找到了一条符合自身实际、具可操作性的执法新路。2008年以来，全市范围的国土资源违法违规势头得到有效遏制，历年积弊也有很大改观。

内蒙古鄂尔多斯为严厉打击国土资源违法犯罪行为，2007年在市委、市政府的大力支持下，经市编办批准，在市公安局成立了鄂尔多斯市矿业治安支队，并向市国土资源局派驻国土资源警察大队。在执法实践中，两支队伍密切配合，快速反应，及时有效地制止和打击了国土资源违法犯罪行为。

东部、中部、西部，处处有亮点，亮点连成了片。在总体执法尚处于困境的局面中，这些创新亮点的频频出现，令人欣慰，也引人深思。

当人们的目光跳出旧体制的窠臼，投向生动的实践，呈现在人们眼前的是一片充满生机、大有作为的广阔天地。

各地创新联合执法机制的经验启示人们：联合执法可以从制度和措施上进一步落实地方政府和相关部门的共同责任，将部门的执法行动上升为政府管理行为。有了部门之间的配合和协作，大大提高了对违法行为的反应速度、制止力度、制止效果和查处效率。有了司法机关的先期介入和后期跟踪落实，当事人不配合调查取证工作、阻碍查处工作和暴力抗法的事件减少了，难执法、执法难和执行难等问题有了较大的改善。

与会代表们一致认为，开展政府主导、各部门协调配合的国土资源联合执法，是变资源“一家管、大家用”为“大家管、大家用”，形成强大执法合力，确保国土资源法律法规和政策规定执行到位的重要保证，是国土资源执法监察工作发展的必然趋势。

创新中的困惑，实践变革向体制改革提出了挑战

创新，意味着攻坚。国土资源联合执法机制的创新，更是一场艰难的攻坚。因为它不仅仅是执法手段的改变，说到底是向既有国土资源管理体制展开的挑战，是一场管理体制的变革。

先行者们颇多感慨："目前联合执法的制度和机制尚未完善，虽然一些地方从文件上初步建立了执法监管的共同责任机制，采取了联合执法的形式，但是共同责任机制还没有得到很好落实，往往存在职责不清、国土资源管理部门责任重、相关部门'出工不出力'等问题。一些地方的公安机关以'先期介入行政执法存在执法程序不公正'等理由，不愿意开展联合执法。"

"建立上下协调、左右配合的联合执法机制，实乃形势所迫。从效果上看，的确发挥了积极作用，但透过表象，隐藏其背后的很多深层次问题还有待解决。"

研讨会上，河北省国土资源厅提供的一份调研报告切中肯綮。报告深刻分析了当前国土资源联合执法机制存在的三大要害问题：一是相关部门的合作主动性不够。无论是建立联合执法机构，还是大的联合执法行动，大多是国土资源部门积极呼吁、做了大量协调工作的结果。打击国土资源违法行为还缺乏社会基础，各相关部门主动作为的意识不强。

二是政府主导特点突出。政府违法是执法难的重要原因。在这种背景下，如果没有政府的支持，国土资源部门要想联合执法，阻力显然很大。从实践上看，查处国土资源重大违法行为的联合执法，无一不是在政府甚至党委的统一领导下集中组织实施的；所成立的联合执法机构，也都是在15号令问责、卫片执法检查、领导批示等国土资源执法强大压力下成立的。一旦这种联合执法失去地方党委、政府的支持，其作用就会大打折扣。

三是法律依据还不够明确。联合执法在一定程度上简化了法律规定的复杂程序，高效率地处理了一些棘手的问题。但这种高效率的工作方式，如果把握不好，容易造成违法行政的难堪。司法机关有对行政权力的监督职能，如果它们同时参加行政执法，在执法中公民合法权益一旦受到侵犯就无法得到保护。

有与会代表在研讨中尖锐地指出，国土资源联合执法产生的社会背景，是我国法治不健全，政府依法行政、公民依法经营的意识都不够强，而单一法律部门的执法又受到诸多困扰。在这种背景下，联合执法可以以强大的气势和力量减少抗法行为，形成威慑力，但打击力度有限，难以从根本上遏制违法行为。从根本上说，联合执法只有实现规范化、制度化管理，坚持依法行政，才能从源头上对各类国土资源违法行为进行全面监管。

建立执法长效机制，我们需要做的事情还很多

"联合执法尚处于尝试与探索阶段，其完善与成熟必然是一个渐进的过程，需要国土资源部门的持续创新，需要社会各相关部门的密切协调与配合。"攻坚愈难攻愈坚。越是攻坚难下，改革创新之志越要坚定。这是研讨会上大家达成的深刻共识。

现行体制下，创建构成合理、责任明确、高效运行的国土资源联合执法机制，尤为紧迫。众多代表呼吁，推进国土资源联合执法机制建设，从必要性看，有其现实的客观需要；从实践上看，各地进行了多种形式的探索和尝试，并呈加快推进态势；从效果上看，有效遏制了国土资源违法行为。各级国土资源管理部门应结合实际，积极稳妥推进国土资源联合执法机制建设，既要依法行政，又要勇于创新。

有代表认为，应鼓励各地根据自身实际因地制宜建立国土资源联合执法机制，采取国土公安执法、部门联合执法、派驻联合执法员等形式开展联合执法。有条件的地方，应当借鉴森林公安的经验成立国土资源公安。只有引起国家司法、立法界的高度关注，完善法律体系，赋予国土警察应有的法律地位，国土资源执法改革创新之路才会越走越宽广。

国土资源联合执法必须有相应的配套制度作为支撑和保障。一些代表提出，走出执法难困境，必须创新执法监察思路。要两手并举，一手抓预防，一手抓查处，走预防为主、查防结合的路子。关键是要完善联席会议制度、违法案件移送制度、共同责任制度、联合巡查制度和信息通报制度等。

代表们还强烈呼吁，国土资源法规政策亟待修改完善。现行国土资源法律法规的某些条文，可操作性不强，已不能适应形势发展的需要。他们建议国土资源部加快国土资源法律法规的修改进度，及时推进相关法律法规的修订。对实践中已证明不合理的规定应及时清理，对规定不明确的应及时细化，对规定欠缺造成操作困难的应及时补白，特别是要及时明确行政执法与司法证据衔接，为行政执法与司法衔接提供法制保障。

总结实践，探索实践，推动实践。尽管有障碍、有阻力，生机勃勃的实践推进势头总在开辟着道路。我们期待着国土资源执法监察事业新的时代的到来！（记者 张 晏）

继续坚持落实科学发展观 构建国土事业发展新机制

信息来源：河南科技报（2009-02-14）

本报讯：2008年是个值得肯定和怀念的一年。在过去的一年中我省国土资源广大干部职工在国际金融蔓延，国内经济运行困难，外部发展环境陡然严峻的形势下，坚持以落实科学发展观统揽国土工作大局的基础上，主动作为，改革创新，连续10年实现土地“占补平衡”。特别是在落实严格的耕地保护和节约用地制度的同时，有效地保障了全省经济社会发展用地，得到了省委、省政府的高度肯定。

近日，全省国土资源工作会议在郑州召开，省政府副省长张大卫，国家土地督察济南局副局长刘志萍，省国土资源厅党组书记、厅长张启生出席会议并作了重要讲话。会议全面总结了2008年全省国土资源工作，要求全省国土资源系统要准确把握国土资源形势，继续坚持落实科学发展观的基础上，以“突出工作实效，确保土地二次调查和规划修编等基础工作任务按时完成；突出落实最严格的耕地保护制度，确保全省耕地特别是基本农田数量不减少；突出用地计划的科学配置，确保重点项目建设用地及时供应到位；突出落实最严格的节约用地制度，确保全省土地利用水平有新提高；突出改革集体建设用地制度，确保农村土地管理进一步规范；突出地质找矿，确保矿产资源对全省经济发展的支撑能力明显增强；突出矿产资源整合和开发秩序规范，确保资源综合利用水平有新提高；突出地质环境保护治理，确保人民群众生命财产安全；突出依法依规行政，确保国土资源违法违规现象得到有效遏制；突出解决热点难点问题，确保人民群众切身利益得到维护”为工作重点，构建国土事业发展新机制，扎实做好2009年国土资源管理工作，着力服务好“扩内需、保增长”，促进全省经济平稳较快发展。（记者 付建新 张 琨）

河南省土地利用规划获批 豫中要减少人均建设用地

信息来源：河南商报（2009-07-22）

商报讯（记者 郭富收 实习生 尹楠）以后，城市要大搞经济建设和规模扩展，土地这关将成为很难过的门槛，因为豫中地区将会逐步减少人均城乡建设用地面积。

昨日，省国土资源厅传来消息，我省的《土地利用总体规划(2006—2020年)》已得到国务院正式批复，这也是我省在新一轮规划修编中成为第一个获批的省级土地利用总体规划。

批复说，今后河南要严格控制非农建设占用耕地，要多补充耕地。同时，从严控制建设用地总规模，特别是城乡建设用地规模，科学配置城镇工矿用地，整合规范农村建设用地，保障必要的基础设施用地，加大存量建设用地挖潜力度，促进各项建设节约集约用地。

就是说，今后河南不仅要控制城乡建设用地的规模，还要多开垦或整理种粮土地，首先保证必要的基础设施用地；而且，无论是搞企业园区还是城市扩张，如建多层标准厂房、企业聚集在一起等，土地都要集中利用。

在《规划》的指导下，尽快完成省以下各级土地利用总体规划修编工作。《规划》确定的主要目标和指标，要纳入国民经济和社会发展规划。要将耕地保有量、基本农田保护面积、城乡建设用地规模等约束性指标层层分解，不得突破。

河南用地管理和调控具体方向：

豫北地区：现有耕地保护是重点，农用地整理和工矿废弃地要进行复垦。

豫西南地区：豫西南地区，多对农用地进行整理和进行高标准农田建设，合理有序开发耕地后备资源，加强森林生态系统和黄河湿地保护。

豫中地区：农村建设用地整理是重点，节约集约用地，逐步降低人均城乡建设用地面积。

黄淮地区：要在中低产田改造和高标准基本农田建设上多下工夫，增加耕地面积，提高耕地质量。

河南恪守耕地“红线” 保障“中国粮仓”稳固丰收

信息来源：新华网河南频道（2009-07-12）

新华网河南频道7月12日专电 （记者闻有成）今年河南省夏粮生产在特重旱灾中夺得大丰收，夏粮总产有望再次突破600亿斤。这一成绩，与河南省近年来恪守耕地红线密不可分。

河南省国土资源厅厅长张启生说：“河南省耕地连续10年实现占补平衡，面积稳定在1.034亿亩以上，为粮食生产稳定和丰收提供了可靠的保证。”

据介绍，河南素有“中国粮仓”之称。自1954年至1996年的42年间，全省耕地面积出现连年下降态势，全省共减少耕地3390万亩，年均减少79万亩，等于一年减少一个中等县的耕地面积。与此同时，河南正处于中原崛起的关键时期，工业化、城镇化加快，一大批事关国计民生的重大项目需要占用大量耕地，建设用地供需矛盾日益加剧。

面对严峻现实，河南省严格按照国家要求，坚守河南1亿亩耕地红线。在经济高速发展、建设用地不断扩大的同时，实现了“四个不减”：耕地面积不减、基本农田保护面积不减、粮食播种面积不减、粮食总产量不减。与此同时，河南为解决保障经济发展和保护有限耕地这一突出矛盾中，探索出一套科学的耕地保护保障新思路。

新闻链接

河南：农业综合开发大旱之年显威力

记者从河南省财政厅农业综合开发办公室获悉：尽管去冬今春遭受了特大旱灾，全省27个农业综合开发重点县今年夏粮产量预计达到304.6亿斤，占全省夏粮总产612亿斤的49.8%；27个农业综合开发重点县项目区小麦单产平均达到1049斤，比未开发项目区平均高出291斤。

对中低产田的改造，显著改善了河南省农业生产条件和生态环境。1988～2008年，河南省农业综合开发共投入中低产田改造项目资金111亿元，其中中央财政投资37.59亿元，地方财政投资29.67亿元，群众自筹及整合资金43.74亿元；改造中低产田4700万亩，共新增和改善灌溉面积3153万亩，新增和改善除涝面积2197万亩，新增农田林网防护面积2216余万亩。这使得粮食综合生产能力得到稳步提高，农业抗灾能力明显增强。

集中资金打造粮食生产核心区，建设高标准基本农田，使项目区粮食产量明显提高。2005年以来，河南省从原有的121个农业综合开发县中选择了27个重点县，连续集中70%的农业综合开发土地治理项目资金，实行规模开发，建设高标准基本农田，打造粮食生产核心区，稳步提高粮食综合生产能力。2005～2008年，农业综合开发重点县共投入各类开发资金20.18亿元，建成了389万亩旱涝保丰收、稳产高产的高标准农田。据统计，2008年，农业综合开发重点县项目区小麦单产平均超过1000斤。今年，农业综合开发重点县项目区小麦单产平均达到1049斤，比未开发项目区平均高出291斤。

河南推优质高产小麦15个品种个个面积超百万亩

在今年夏粮生产中，优质高产小麦品种的普及推广，成为我省夺取夏粮丰收的重要因素。据统计，有15个小麦品种在我省的播种面积超过100万亩，其中“矮抗58”以1325.0万亩的面积“拔得头筹”。

据省种子管理站站长汤其林介绍，今年全省小麦收获总面积为7900万亩，比去年增加10万亩。其中小麦良种补贴面积近7000万亩，统一供种率达到86%，良种覆盖率达90%以上。

据初步统计，今年小麦平均亩产超过450公斤的有8个市，分别是焦作、许昌、新乡、漯河、鹤壁、商丘、濮阳和周口，焦作亩产达到507公斤。

河南恪守耕地“红线”

信息来源：新华社（2009-07-12）

据新华社郑州7月11日电　今年河南省夏粮生产在特重旱灾中夺得大丰收，夏粮总产有望再次突破600亿斤。这一成绩，与河南省近年来恪守耕地红线密不可分。

河南省国土资源厅有关负责同志说：“河南省耕地连续10年实现占补平衡，面积稳定在1.034亿亩以上，为粮食生产稳定和丰收提供了可靠的保证。”

据介绍，自1954年至1996年的42年间，河南省共减少耕地3390万亩，年均减少79万亩，等于一年减少一个中等县的耕地面积。与此同时，河南正处于中原崛起的关键时期，工业化、城镇化加快，一大批事关国计民生的重大项目需要占用大量耕地，建设用地供需矛盾日益加剧。

面对严峻现实，河南省实现了“四个不减”：耕地面积不减、基本农田保护面积不减、粮食播种面积不减、粮食总产量不减。

与此同时，河南在解决保障经济发展和保护有限耕地这一突出矛盾中，探索出一套科学的耕地保护保障新思路。

近年来，国家下达河南的用地指标，主要用于事关国计民生的国家及省里的重点项目，一般项目则从建设多层标准厂房和盘活存量用地中解决。据统计，2006年以来，河南省国土资源厅通过项目预审卡掉了35个不符合产业政策的拟建项目，节约土地1.5万亩。

目前，河南各地逐渐形成了各具特色的节约集约用地模式。济源、焦作等市依托当地地处太行山前的优势，提出了“工业出城、项目上山”的思路，在一些荒山未利用地上建立工业集聚区，分别节约土地上万亩。商丘市在商丘至周口、商丘至亳州等高速公路的施工中，采取合理选址、降低路基、增加涵洞和从河滩取土等方法，创出了大型建设项目节约土地1万余亩的佳绩。

据统计，近几年来，河南省共盘活存量土地16.7万亩。

河南矿业发展60年沧桑巨变

信息来源：人民网河南频道（2009-09-21）

60年来，全省新发现矿种，由建国初期的20种到2008年的127种，增长6倍多；

已探明矿产资源量，由建国初期的零矿种猛增到75种，潜在经济价值1.8亿万元；

在2008年前探明的矿产储量中，居全国第一位的有15种，前五位的有47种，前四位的有85种。

秋日的阳光挥洒在桌面上，提起河南矿业发展60年来的变化，河南省国土资源厅有关负责同志如数家珍，“用沧桑巨变来形容河南矿业的发展不为过！”。据统计，在地质找矿方面，60年来全省发现的矿种由建国初期的20种到2008年的127种，增长6倍多；探明矿产资源量，由建国初期的零矿种到现在的75种，潜在经济价值1.8亿万元。在矿业开发方面，全省矿产开发利用的矿产由建国初期的不到10种到2008年的90种；全省矿山数量，由建国初期的100多个发展到2008年的4488个；矿产产量，由建国初期的年产100余万吨增长到2008年的3亿万吨；矿业产值，由建国初期的区区几十万增长到2008年的855.6亿元，其中石油、天然气现价工业总产值为268亿元。几何级的增长速度，神话般的辉煌成绩，使河南走进了全国五大重要矿业省份之一。

矿业发展是一个地区工业经济发展的基础。从新中国成立的那一天起，河南省委、省政府有关领导就高度重视矿产资源的开发利用。60年来，河南的矿产开发从无到有，从小到大，演绎了一曲壮丽的凯歌，尤其在实施科技兴矿、引入市场机制、实行循环经济方面，更是走在了全国前列。

科技兴矿是河南矿业迅猛发展的重要因素。正是由于科研人员的潜心研究，使黄金测试技术提高到百万分之三，才使全省“以金找金”变成了现实。受此影响，地质队员们先是在小秦岭发现了特大型金矿田，后又在洛宁、嵩县等地相继有一系列新发现。栾川钼矿伴生矿——钨矿的综合回收率，也是科技兴矿的一个成功范例。昔日，由于选矿工艺不过关，选矿回收率低，每年有大量含钨的矿石得不到利用，被白白堆积在荒山之中。从2003年开始，由于当地引进国外浮选新技术，使选矿回收率由原来的78%提高到85%。进入2006年之后，当地又通过与国外先进技术联姻，成功破解了钨矿回收中的“贪、细、杂”等技术难题，从而使珍贵的钨矿资源得以回收，为洛钼公司创造了新的盈利点，实现了中国钼矿开发上的新突破。

引入市场机制，一切按市场规律办事，是河

南矿业改革的重点。为此，该省在进一步解放思想，加强对矿业宏观管理的同时，注意按照国际惯例实行多元化融资，充分调动各方面办矿的积极性。同时，注意拉长矿产品深加工链条，大力发展下游产业。全省的煤炭国有资产由新中国建国初期的零发展到1998年时的200亿元，后又由1998年时的200亿元发展到2008年时的1040亿元，正是这一全新的发展思路才为河南煤业的发展打造了具有强大支撑力的“发动机”，使河南迎来了煤业发展的黄金期。此外，在盐矿开发上，也一改以前的以卖原盐为主，转而在大力推进盐化工上下功夫，使其产值实现了几倍甚至几十倍的增长，有力促进了地方经济的发展。

着力发展循环经济是河南矿业发展的又一亮点。针对以前矿业发展中一度存在的“散、小、乱”局面，该省坚持依法依规进行矿产资源整合，促使矿产资源向优势矿产企业集聚。以煤炭为例，整合前，全省仅乡镇煤矿就有1569处，通过一年多的努力，全省乡镇煤矿一下子就减去了949个。与此同时，全省45家地方国有煤炭企业和16家在建矿井也完成了整合。同时，在推行循环经济、变废为宝的理念指导下，昔日散落河南各地堆积如山的煤矸石正随着新型建材——矸石烧结砖业的兴起，逐渐变成了炙手可热的抢手货，昔日长期存在的秦砖汉瓦时代也即将永远淡出中州大地。（通讯员　袁华）

河南省国土资源厅党组书记、厅长 张启生做客《高端网谈》

信息来源：人民网河南视窗（2009-06-25）

主 持 人：周少喆

做客嘉宾：河南省国土资源厅党组书记、厅长 张启生

[主持人]：“说科学发展、话和谐中原”，各位网友，大家好！欢迎您收看由人民日报社河南分社、河南省委宣传部网络处主办，中国联合网络通信有限公司河南分公司协办，人民网河南视窗和商都网共同承办的大型网络访谈栏目——《高端网谈》。

6·25是“全国土地日”，今年是第19个土地日，今年的主题是“保障科学发展，保护耕地红线”。大家都知道，“十分珍惜、合理利用土地，切实保护耕地”是我国的基本国策。尤其是随着城市化和工业化进程的不断加快，耕地减少和资源短缺等矛盾日益突出。那究竟如何破解这个难题？今天的节目里我们就和大家一起来聊聊如何“保障科学发展，保护耕地红线”这个话题。

下面我来介绍一下今天的做客嘉宾，我们非常荣幸地请到了河南省国土资源厅党组书记、厅长张启生，欢迎您，张厅长！

[张启生]：谢谢主持人！各位网友，大家好！非常高兴做客人民网《高端网谈》和大家见面交流，也非常感谢人民日报社河南分社给我提供这样一个平台。

[主持人]：张厅长，我们都知道，6月初，国务院三部委刚刚结束对河南耕地保护责任目标的考核，张厅长能否先给大家介绍一下2008年河南耕地占补平衡和基本农田保护的情况呢？

[张启生]：好的。截至2008年底，河南已经连续10年实现耕地占补平衡。根据2008年度土地利用变更调查和基本农田变化情况分析，我们省耕地面积稳定在1.189亿亩，基本农田面积保持在1.034亿亩；耕地质量总体上讲有所提高，粮食生产能力也在不断增强，从2006到2008年粮食产量连续3年超千亿斤，今年夏粮生产又喜获丰收。这与河南严格保护耕地是分不开的。

河南多项措施保护耕地 维护国家粮食安全

[主持人]：河南是个农业大省，在保护耕地和维护国家粮食安全方面取得了较好的成绩。请问张厅长，河南在保护耕地和维护国家粮食安全上都采

取了哪些措施?

[张启生]：大家知道，维护国家粮食安全，离不开一定数量和高质量的耕地。近年来，河南在保证耕地总量不减少、质量有提高方面确实也采取了一系列措施。

首先，省委、省政府高度重视耕地保护工作。省委书记徐光春同志、省长郭庚茂、主管副省长张大卫同志多次听取国土资源工作汇报，就国土资源管理尤其是涉及耕地保护的重点工作、重要问题多次作出批示、提出要求。两年多来，河南省委、省政府围绕保护耕地、合理利用土地，做出了多项重大决策，主要有四个方面：一是主动提出在河南建设国家粮食生产核心区。省委、省政府组织编制了《国家粮食战略工程河南粮食核心区建设规划纲要》，主动提出要使粮食年生产能力到2020年由目前的1000亿斤稳定提高到1300亿斤，这样就成为全国重要的粮食生产核心地区。这是河南对保障国家粮食安全的郑重承诺，也充分体现了河南省委、省政府严守耕地保护“红线”的坚定决心。二是省委、省政府全面确立了国土资源“两保一高”的目标要求。针对当前的形势和任务，河南省政府提出了“严格保护资源，基本保障工业化、城镇化健康发展的资源需求，努力实现资源高效利用”这个目标，并先后出台了《关于严格保护耕地保障科学发展实现土地高效利用的若干意见》（豫政〔2008〕44号）和《关于进一步加强矿产资源勘查开发管理的若干意见》（豫政〔2008〕49号）。省委、省政府的第三个重大决策就是探索推进“布局集中、产业集聚、用地集约”的经济发展模式。提出要进一步优化土地资源配置，把科学规划建设产业集聚区作为构建现代产业体系、现代城市体系的结合点，作为推进节约集约用地的着力点，努力走出一条不以牺牲农业为代价、加快推进工业化和城镇化的节约集约用地新路子。省委、省政府第四个重大决策就是要积极主动地开展土地综合整治。提出要依据土地利用总体规划和城乡建设规划，整合使用各类土地专项资金，积极聚合其他涉农资金，统筹协调农用地整理、农村建设用地整理、废弃地复垦以及未利用地开发等各类活动，对田、水、路、林、村、房实行综合整治，实现耕地面积有增加、耕地质量有提高、节约用地有突破、基础设施有改善、农民生活有提高的多项目标。这是省委、省政府采取的一些重大决策。

其次，各市、县政府和广大群众为保护耕地做出了不懈努力。近年来，我们在全省建立了保护耕地共同责任制度和目标考核制度，市、县政府对本行政区域内的耕地保有量和基本农田保护面积、土地利用总体规划和年度计划执行情况、节约集约用地、依法依规用地情况担负了重要责任。我们还下发了《省辖市人民政府耕地保护责任目标考核办法》，省、市、县、乡各级政府层层签订了目标责任书，把河南省的耕地保有量和基本农田保护指标进行层层分解，建立了基本农田保护档案，实行省、市、县、乡四级备案管理，并纳入对省辖市政府年度综合目标考核体系，实行严格奖惩。树立乡、村、地块三级基本农田保护标志10万多块。各级政府和广大群众保护耕地、节约用地、依法用地的意识这几年来应该说明显增强，在保护耕地中发挥了积极作用。

第三，为严格保护耕地，我们省国土资源厅包括全省四万多个干部职工也采取了一系列措施。一是积极实施整地增粮惠民工程和基本农田保护示范区建设工程，这是一个方面。二是严格落实耕地“占补平衡”制度。建立了补充耕地储备制度、补充耕地指标划转制度、补充耕地验收标准，加强了补充耕地项目管理。在2007年国土资源部组织的首次全国耕地“占补平衡”目标考核中，河南总分位居第一。三是继续深化以“空心村”、砖瓦窑、工矿废弃地为重点的“三项整治”，提高土地利用率，目前已累计整治土地159万亩，新增耕地78万亩，应该说相当于增加了一个中等县的水平。四是严格土地行政执法。健全了行政执法队伍，成立了河南省国土资源执法监察总队，健全了乡、村执法监察信息网络。认真开展土地执法“百日行动”和卫星遥感监测执法检查，在全省开展集中整治行动。三年来，我们共查处各类土地违法案件两万多起，给予各级人员党政纪处分600余人，追究刑事责任284人。五是加强目标考核，兑现奖惩措施。今年初，我们厅制定了工作方案和评分标准，由厅领导带队，分组对各省辖市包括耕地保护目标在内的土地管理目标进行了认真考核，我们按照考核成绩，对各市县进行奖励。

[主持人]：张厅长，我们都知道，6月初，国务院三部委刚刚结束对河南耕地保护责任目标的考

核，张厅长能否先给大家介绍一下2008年河南耕地占补平衡和基本农田保护的情况呢？

[张启生]：好的。截至2008年底，河南已经连续10年实现耕地占补平衡。根据2008年度土地利用变更调查和基本农田变化情况分析，我们省耕地面积稳定在1.189亿亩，基本农田面积保持在1.034亿亩；耕地质量总体上讲有所提高，粮食生产能力也在不断增强，从2006到2008年粮食产量连续3年超千亿斤，今年夏粮生产又喜获丰收。这与河南严格保护耕地是分不开的。

许昌市国土资源局

局长张明山在改造项目现场

许昌市国土资源局成立于2001年12月，机关现内设科（室）13个，隶属行政单位1个，所属事业单位8个，现有干部职工157人。近年来，许昌市国土资源局紧紧围绕全市发展大局，认真履行工作职能，全力服务许昌市经济科学发展。2007年以来，全市报批用地4万余亩，并呈现出逐年上升趋势，有力保障了许昌市经济发展用地需求；坚守耕地红线，严格保护耕地，全市耕地总量稳定在34.39万公顷，基本农田稳定在29.34万公顷；大力开展土地开发整理工程，连续十一年实现了“占补平衡”；强力推进土地节约集约利用，市本级清理闲置土地1233亩，盘活低效用地2700亩；已建和在建标准厂房251.99万平方米；阳光土地市场建设成效显著，土地收益稳步增长，三年来土地出让成交价款31.22亿元；矿产开发秩序保持稳定，矿产资源整合成效明显；出色完成新一轮土地利用总体规划修编和第二次土地调查工作，为进一步规范全市国土资源管理、保障全市经济社会长远发展奠定了良好的基础。

2009年5月22日徐绍史部长一行在瑞贝卡发制品股份有限公司调研

2009年，许昌市国土资源管理成绩斐然，得到了省国土资源厅和许昌市委、市政府的充分肯定。市国土资源局获得全省“保发展、保红线先进单位”、“党风廉政建设先进单位”、“信访稳定先进单位”、“矿产资源补偿费征管工作先进单位”、“国土资源年鉴编撰先进单位”；获得许昌市“服务许昌新区发展先进单位”、“平安建设先进单位”、“信息工作先进单位”、“人大代表建议政协委员提案先进单位”；许昌市、禹州市、长葛市、许昌县、鄢陵县和襄城县人民政府分别获得“全省黏土砖瓦窑厂整治工作先进集体”；禹州市获得全国地质灾害群测群防“十有县”称号，禹州市国土资源局获得“全国矿产资源开发秩序整顿规范先进集体”称号。

市委书记毛万春到市国土资源局调研

6·25土地日宣传现场

郑州市国土资源局

局党组书记、局长吴洪杰接受人民网专访

郑州市市委书记王文超、市长赵建才现场指导土地开发整理

厅长张启生指导卫片执法工作

街头开展法规宣传活动

2009年5月21日，国土资源部部长徐绍史、河南省省长郭庚茂检查指导工作

保障重点工程建设用地

郑州市副市长张建慧参加土地日宣传活动

大力开展土地综合整治

积极开展国土资源文化，丰富业余文化生活

平顶山市国土资源局

2001年12月，根据机构改革的需要，原平顶山市地矿局和土地局合并，成立平顶山市国土资源局，主要职责是负责全市土地资源、矿产资源的规划、管理、保护和合理利用。

市局机关内设办公室、政策法规科、监察室等15个科室，下设土地复垦管理处（副处级单位）、地产中心、稽查大队、测绘局等14个二级机构。2005年又上划了11个县（市）、区、局工作机构，乡所机构也已建立健全。目前，全系统共有干部职工2983人，党员879人。其中，县级干部18人，科级干部262人，一般干部2091人，市级（含二级机构）党员402人，县（市）区党员477人。

2001年以来先后被评为“全省国土资源系统执法监察先进集体”、“全市责任目标完成先进单位”、“全市督查工作先进单位”、“全省卫生先进单位”，2002年还被河南省国土资源厅评为“矿业秩序整顿先进地市”，2003年被国土资源部评为“全国矿业秩序整顿先进单位”，并在南京召开的全国矿业秩序

整顿工作会议上介绍了经验。2004年被平顶山市市委、市政府评为“市级文明单位”。2005年荣获了部级“矿产资源规划优秀成果一等奖”、省级“全省土地市场治理整顿先进单位”、“宏观调控统计报表先进单位”。2006年荣获“地球日宣传先进单位”、市级“五好基层党组织”。2007年获得了省级“卫生先进单位”和市级“综合治理先进单位”、“五好基层党组织”、“先进机关党组织”、“重视支持机关党建工作先进党组”、“目标管理优秀单位”。2008年被市委授予“优秀党组织”，被市政府授予“完成责任目标优秀单位”等荣誉称号。

国土资源部部长徐绍史到洛阳检查指导国土资源管理工作

国土资源部、农业部等领导参观洛阳基本农田保护宣传板

国家土地督察济南局领导张振国到洛阳调研土地执法情况

党组书记、局长带头给汶川灾区捐款

9月24日，创新全国国土资源执法监察机制研讨会在洛阳召开

洛阳市人民政府市长助理罗慧6·25土地宣传日到现场指导工作

徐绍史部长到洛阳视察矿山整顿工作

召开全市国土资源信访稳定工作会议

洛阳市国土资源局领导参观廉政教育基地

洛阳市国土资源局举办警民联欢会

三门峡市国土资源局

三门峡市国土资源局党组书记、局长马进仓在人民网河南频道与主持人畅谈三门峡市国土资源管理工作情况

9月25日国土资源部执法监察局局长李建勤（右一）到灵宝市视察土地执法监察暨小秦岭矿区秩序工作

省政务公开检查组莅临三门峡市国土资源局检查验收政务公开工作

国家土地督察济南局土地例行督察工作汇报会

河南省三门峡市地质调查院揭碑仪式

三门峡市人民政府与省地矿局地质勘查项目办公室揭碑仪式

三门峡市国土资源局局长马进仓在人民网河南频道做客

三门峡市人民政府与省有色金属局战略合作协议签订仪式

4·22地球日宣传活动

三门峡市国土资源局参加全市祖国颂合唱比赛

濮阳市国土资源局

团结的局领导班子

2009年，濮阳市国土资源局紧紧围绕濮阳经济发展大局，积极应对金融危机给经济发展带来的诸多不利形势，认真履行保护资源、保障发展、维护权益、服务社会的职责，努力完成“保增长、保红线”的艰巨任务，主动作为，扎实推进，为保障全市经济社会健康发展提供了有力支持，全市国土资源事业节节攀升，取得丰硕成果。全市国土资源系统完成各级财政收入4.25亿元，同比增长36.6%；实现了“保增长”与“保红线”双保双赢的喜人局面。全年审查报批建设用地40批次7581亩，同比增加81%；实施土地整治，投资近2亿元，新增耕地6656亩，连续11年确保了耕地占补平衡。工作作风持续改进，部门形象进一步好转。深入基层，组织开展系列走访调研活动，加强宣传，发挥主流带动作用，赢得了社会各界的普遍理解和认可。先后获得“全国基本农田保护先进单位”等省、部级荣誉1项，全省“矿产资源补偿费征管工作先进单位”、“河南省测绘系统先进集体”、”全市目标管理优秀单位”等市级荣誉16项。党风廉政以及政风行风建设也取得明显成效，分别被评为2009年度反腐倡廉建设优秀等次，政风行风评议和综合考核工作良好等次。

濮阳市市长助理董志厚（右一）陪同省国土资源厅副厅长李志民（右二）检查我市耕地保护工作

濮阳市副市长高树森(右二)陪同国家土地督察济南局督导组检查全市卫片执法工作

局长杨非深入县（区）开展国土资源走访调研现场办公服务活动

真诚服务企业，召开企业界负责人座谈会

实施的土地开发整理项目得到当地村委及村民好评

严厉打击土地违法行为，集中拆除违法建筑物

干部职工文化生活丰富多彩

深入社区开展土地证办理现场服务活动

土地整理项目区即将丰收的麦田一望无垠

全国基本农田保护工作

先进单位

获得“全国基本农田保护工作先进单位”荣誉称号

商丘市国土资源局

商丘市国土资源局党组书记、局长彭显文

商丘市国土资源局领导班子

彭显文局长陪同商丘市市长张国伟在产业集聚区调研

2009年，商丘市国土资源局以保护耕地和保障发展为中心，深入实践科学发展观，全面贯彻党的十七届四中全会精神及国家、省、市关于国土资源管理工作的一系列重大决策和部署，全面加强国土资源建设，积极改进工作作风，增强服务意识，提高工作效能，并着力从耕地保护、保障用地、节约集约用地、土地收购储备、矿产资源管理、信访稳定、执法监察、卫片执法检查、农村土地综合整治、乡镇所规范建设、办公无纸化等方面努力

强力推进农村土地综合整治工作

召开监督员座谈会，广泛听取意见建议

工作，较好地完成了省国土资源厅及市委、市政府下达的各项目标任务，新增建设用地申报实现历史新突破，全市耕地面积稳定在72.1万公顷，基本农田面积稳定在62.2万公顷以上，在充分保障全市经济发展用地需求的同时，实现了全市耕地占补平衡。全年共完成各类土地收益15.7亿元，同比增长22.37%，完成矿产资源补偿费征缴入库1.0004亿元，首次突破亿元大关。2009年先后荣获省政府“全省黏土砖瓦窑厂治理整顿先进集体”、河南省“优质服务窗口”、政务信息网上公开“先进示范单位”、“全市60周年庆典期间信访稳定工作先进单位”等称号，全面工作获得商丘市政府通令嘉奖。

广泛开展国土资源法律法规宣传

实施土地项目整理，有效增加耕地面积

有效促进节约集约用地

开展各类文体活动，丰富职工文化生活

加强基本农田保护工作

“商”文化和“火”文化的发源地

南阳市国土资源局

团结奋进的局领导班子

2009年，南阳市国土资源局在河南省国土资源厅和南阳市委、市政府的正确领导下，围绕保增长、保民生、保稳定，以解放思想、改革创新，构建保障科学发展新机制为主线，以落实“两保一高”为总体要求，按照围绕发展抓工作，发挥职能搞服务，改革创新求实效，严管厚爱带队伍的工作思路，不断创新管理机制和工作措施。全市耕地保有量持续稳定在99.41万公顷，基本农田保护面积连续保持在86.41万公顷，连续11年实现了耕地占补平衡。全年共盘活存量建设用地578公顷，新建标准厂房80万平方米，保障性住房用地供应40.237公顷。全年共上报建设用地95个批次308个项目，国家、省、市重点项目用地得到有效保障。土地利用总体规划修编已通过国土资源部审查。第二次土地调查工作进度和质量在全省处于领先位次。矿产资源勘查开发秩序进一步规范，勘查和采矿许可证持证率100%，辖区内甲类矿山储量动态检测率100%。各类国土资源违法案件大幅度减少，结案率100%，年度违法占用耕地占新增建设占用耕地面积比例小于9%。省厅批转、交办信访事项办结率100%，本级年度信访事项办结案件群众满意率达85%以上。2009年，南阳市国土资源局被河南省国土资源厅授予“目标管理先进单位”和“信访稳定工作先进单位”，被河南省人力资源和社会保障厅、河南省测绘局授予“河南省测绘系统先进集体”，被国土资源部授予“国土资源依法行政先进单位”和“双保行动成效显著单位”。

省国土资源厅厅长张启生陪同国土资源部领导对南水北调源头土地综合整治项目区进行调研

市政府召开全市国土资源工作会议，会上各县市区政府主要领导向市长穆为民递交2010年度国土资源工作目标责任书

市委市政府召开全市土地储备暨闲置国有土地处置工作动员大会

市委常委、副市长陈光杰陪同国土资源部领导在邓州市调研乡所建设

开封市国土资源局

国务院三部委检查组到现场检查指导卫片执法工作

县（区）长向开封市市长周以忠（左二）递交2009年度耕地保护责任目标书

全市国土资源系统认真组织“6·25”土地日宣传活动

认真开展学习实践科学发展观活动

开封市举行2009年度全市乡（镇）国土资源管理干部业务知识培训

全市国土资源系统干部职工热烈庆祝新中国成立60周年

信阳市国土资源局明港分局

Xinyangshiguotuziyuanjuminggangfenju

局长 刘元辉

国有建设用地使用权挂牌出让现场

局长刘元辉（左二）现场办公

土地整理验收现场

信阳市国土资源局平桥分局

局长冯行礼同志（中）在项目建设实地现场办公

全区规划建设暨土地综合整治工作会议

平桥区洋河镇经整治后的土地旧貌换新颜

开展卫片执法活动，依法拆除违法违规用地

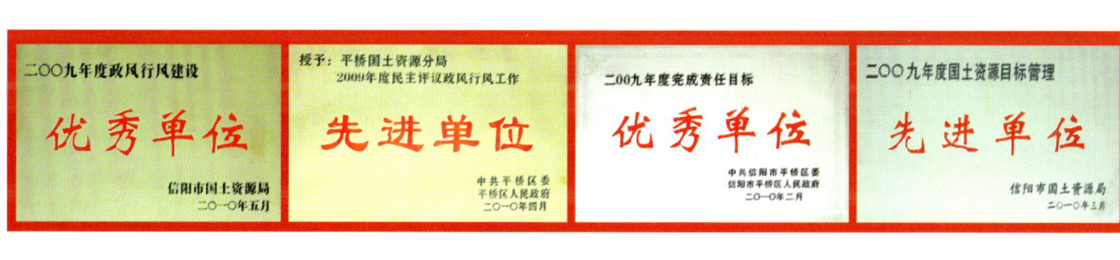

平顶山市

新华区地质矿产局

党组书记、局长 宋国峰

新华区地处平顶山市区中西部，面积157平方公里，辖区总人口36万人。目前共探明矿产资源有煤炭、水泥灰岩、伊利石、水泥黏土、建筑石材、锰等7种矿产资源。现有煤炭、伊利石、水泥黏土、建筑石材等4种矿产资源得到开发利用，其中煤炭资源是新华区的支柱性矿产资源，其他三种资源得到初步开发。辖区现有煤矿企业19座。

新华区地质矿产局成立于1993年，隶属平顶山新华区人民政府。全局现有干部职工79人，内设办公室、财务股、政策法规室、开发储量股、征收股、稽查队、地质环境股、信访股、工会、妇联、计生办。

近年来，新华区地质矿产局按照省、市的要求，在辖区范围内开展了矿产资源开发秩序治理整顿工作。对辖区煤矿和非煤矿山加大了监管力度，严禁非法开采、采富弃贫等破坏矿业秩序和浪费资源等不良现象，严格依法管理，坚决取缔和打击无证采矿、乱采滥挖非法采矿行为。对不符合办矿条件，隐患较大且整改不力的，坚决取缔其采矿资格。通过煤炭资源整合和矿业秩序整顿，截至目前，没有发生一起关闭矿井死灰复燃现象。确保了辖区矿业秩序的稳定。

新华区地质矿产局班子成员

平顶山市 卫东区地质矿产局

团结、活力、拼搏的领导班子

局长岳斌亲临矿山指导工作

平顶山市卫东区地质矿产局成立于1993年12月，为平顶山市卫东区政府行政执法管理部门，负责辖区矿产资源监督管理、规划保护、地质灾害防治和矿产资源补偿费征收管理等工作。现设办公室、财务股、监察室、矿产资源稽查队、技术监督股、矿产资源征收股、法制股，现有干部职工66人。

多年来，卫东区地质矿产局在卫东区区委、区政府和平顶山市国土资源局的正确领导下，认真执行国家法律法规，严厉打击各类违法开采矿产资源行为，加强地质灾害防治，依法加强矿产资源补偿费征收管理，整顿和规范矿产资源开采秩序，确保全区矿业秩序健康、稳定。自1996年起，连续三届荣获省级“卫生先进单位”、“市级文明单位”，多次获得市国土资源系统“执法监察先进单位”和“目标管理先进单位”等荣誉称号。从1994年4月至2009年4月，辖区煤矿企业已连续十年实现安全生产无重特大事故发生，地质矿产管理工作受到区委、区政府通令嘉奖。2009年底成功创建为省级文明先进单位。

慰问岳家村贫困群众

卫东区领导视察安全生产工作

安全生产十周年座谈会

表彰依法办矿先进企业

邀请卫东区人大领导征求意见和建议

南阳市宛城区
国土资源房产管理局

局党组书记、局长 方作延

副局长王宗沛接待来访群众，解答问题

宛城区国有土地使用权出让清理检查工作会议

宛城区全力整治违法用地

宛城区国土资源房产管理局2009年度工作总结大会

宛城区标准化厂房建设

禹州市国土资源局

陪同市领导深入基层调研

禹州市国土资源局自2002年1月成立以来，切实履行国土资源监管职责，全局干部职工紧紧围绕“整体工作当先进，单项工作争第一”的奋斗目标，创造性地开展工作，取得令人瞩目的优异成绩；精心打造土地收储出让金字招牌，组织“招拍挂”出让活动34次，出让经营性用地109宗，宗地面积2748.03亩，成交金额11.6349亿元；高度重视基本农田保护工作，确保全市基本农田面积稳定在7.521万公顷，质量不断提高，2006年6月被国土资源部授予“全国基本农田保护示范县（市）”；深入开展“三项整治”工作，先后组织实施国家、省、许昌市级投资土地整理项目83个，“空心村”整治项目27个，新增耕地面积20000余亩；关闭拆除黏土砖瓦窑厂148座，复垦窑厂占地5000余亩；在全省率先完成资源整合任务，没有因此发生一起信访案件；建立三级执法监管网络，走出一条富有禹州特色的矿山执法监察新路子，实现了矿业秩序的根本好转；针对土地市场存在的突出问题，建立健全土地执法工作新机制，推动执法水平不断提高，城乡土地违法违规行为发案率逐年下降，在国家土地督察济南局开展的例行督察中受到好评。

深入贫困山村开展帮扶活动

该局自建局以来，连续六次受到禹州市政府通令嘉奖，荣获许昌市局综合目标考核“五连冠”，先后获得全国“整规工作先进集体”、全省“执法监察先进集体”、“资源补偿费征收管理先进单位”、“冶金管理先进单位”和“省级文明单位”等殊荣。

表彰资源开发利用先进单位

国土资源工作先进颁奖大会

土地整理项目现场

砖瓦窑整治现场

禹州市国土资源局夜景

尉氏县国土资源局

尉氏县国土资源局连续11年强化职能素质教育，法规知识实行月考。图为考试现场

此处原是一片高岗，高低落差14米。自从2009年河南雏鹰农牧股份有限公司准备在这里建大型养殖基地以来，尉氏县国土资源局，积极为企业提供服务，协助企业平整造地，一期工程平整土地3600亩，项目计划总投资4.37亿元。目前养殖厂已经完成基础建设，猪舍建筑面积8万平方米，年底可完成猪舍建筑面积20万平方米。2011年6月完成37万平方米的建筑面积。项目建成后，将解决岗李镇三石、张同府、田庄、肖庄、刘庄、胡家6个行政村1200户农民的就业问题。该公司经营按照“公司+基地+农户”模式，预计农户每年可增收4.32万～5万元不等，即使市场价格下跌，公司也保证农户年收入2万元。图为岗李国土资源管理所所长石红星与河南雏鹰农牧股份有限公司尉氏分公司经理侯三群察看施工现场

尉氏县开展全国第二次土地利用现状调查工作，聘请省测绘总院工程技术人员现场指导，并通过两行政村指界人实地共同达成的有效权属界址，进行逐一确权登记，此次共出动调查人员40余人

尉氏县严格落实基本农田保护责任制，与18个乡镇的党政一把手签订责任书，强调切实加强耕地保护，确保耕地红线的重大意义。该县已经连续10年耕地保有量保持在87928.27公顷以上，基本农田保持在76870公顷以上。图为县长王国立与邢庄乡乡长齐建正签订《基本农田保护责任书》

尉氏县局注重信访回访，用关怀化解心结，被省国土资源厅授予全省“信访稳定先进单位”

尉氏县窑业集聚在洧川镇，全镇40余座窑厂全部依法拆除，复垦耕地达3800余亩，今秋作物长势良好，图为所长陈会超实地了解村民的种植情况

郑州煤炭工业(集团)建业煤炭有限责任公司

郑州煤炭工业（集团）建业煤炭有限责任公司（以下简称“建业公司”）是郑州煤炭工业（集团）有限责任公司（以下简称“郑煤集团”）资源整合矿井，位于河南省登封市境内，由郑煤集团和原登封市刘庄煤矿，依照煤炭资源整合政策于2005年12月合作组建而成。

郑煤集团党委委员、宣传部长崔书平在荣获郑州市文明单位、省级文明煤矿揭牌仪式上讲话

建业公司矿井位于登封煤田箕山勘探区中部，属白坪井田，井田面积9.32平方

2010年元旦晚会

5·1运动会开幕式

公里，地质储量2897.5万吨，可采储量1686.13万吨，水文条件简单，为低瓦斯矿井，煤层不易自燃。矿井设计生产能力45万吨/年，服务年限26.7年。主采二1煤，后期配采五3煤，采用斜井、暗斜井、上下山开拓，中央并列抽出式通风。

矿井于2005年12月开始技改，概算投资为1.13亿元，实际投入1.6亿元，2007年6月全部技改工程竣工，形成井下生产系统，完善地面服务设施，现已转为生产矿井。

建业公司先后荣获了郑煤集团公司安全工作先进单位、先进集体，郑州市“安康杯”竞赛优胜单位，郑煤集团公司资源整合矿井安全治理整顿活动优秀单位、整合矿井“五项建设”先进单位，河南省一级安全质量标准化矿井，郑州市文明单位，河南省文明煤矿等荣誉称号。

办公楼

矿区风景

中国平煤神马能源化

中国平煤神马集团董事长、党委书记、总经理 梁铁山

煤电

煤焦化工

集团总部

工集团有限责任公司

煤盐化工

尼龙化工

机电装备

物流贸易

高新技术

煤炭采选

建工建材

郑州煤炭工业（集团）有限责任公司

省委副书记、省长郭庚茂到郑煤集团调研项目建设情况

董事长、党委书记杜工会深入井下检查安全生产

郑州煤炭工业（集团）有限责任公司（简称郑煤集团）始建于1958年，1997年以所属部分企业组建郑州煤电股份有限公司并成功上市，成为中国煤炭行业第一股。郑煤集团是一家以煤炭生产为主，集电力、铁路、氧化铝、建材、煤化工、机械制造等多元发展的现代能源企业集团，是全国规划的13个亿吨级大型煤炭基地豫西基地的重要组成部分，国家大型一类企业，河南省重点企业。先后“荣获中国煤炭工业优秀企业（金石奖）”、“国有重点煤矿科技进步十佳企业”、“中国煤炭工业节能减排先进企业”、“中国能源绿色企业50佳”、“河南省文明单位”、“河南省重合同守信用AAA企

2009年9月27日郑煤集团年设计生产能力300万吨的赵家寨煤矿竣工试运转

新学习 新收获 新实践 新举措 新思路 新风格 新目标 新跨越

业”、“河南省改革开放三十年功勋企业”等称号。

2009年，郑煤集团在国际金融危机影响下，企业经济实现了逆势增长，多项指标均创出历史最好水平，煤炭生产1836万吨，实现销售收入158亿元，名列中国企业500强第397位、全国煤炭企业100强第27位、河南企业100强第15位、河南地税纳税百强第3位。

进入2010年，郑煤集团认真落实省委、省政府对煤矿企业兼并重组工作的总体部署和目标要求，积极稳妥地推进兼并重组工作，截至6月底，已与139家煤矿企业签订了框架协议，现场安全评价131家，基本完成了省政府下达的目标任务。此次煤炭企业兼并重组结束后，郑煤集团下属煤矿企业总数将达到180多家，年生产能力将达到5100万吨。郑煤集团将提前实现“三五”战略目标，建成主业突出、实力雄厚、核心竞争力强、具有较大影响力的综合发展的现代能源集团。

2010年7月18日，郑州地区第一家洗煤厂——郑煤集团新郑精煤公司试运行

2010年5月15日，河南省三软煤层开采技术研究中心在郑煤集团揭牌成立

2010年6月19日，郑煤集团郑新、嵩阳煤业公司暨首批十对整合煤矿揭牌复工

洛阳矿业集团 嵩县非金属矿产有限公司

总经理　张宏保

洛阳矿业集团嵩县非金属矿产有限公司成立于2008年，属洛阳矿业集团的控股子公司，公司注册资本金5000万元，现有职工235人，其中工程技术人员90人、高级工程师15人、工程师27人，经营范围是以非金属矿产品的开采、加工及销售为主，以高新技术产品的研制、开发和利用为发展方向。目前已在嵩县饭坡工业集聚区征地228亩，作为项目建设用地，其中一期无水氟化氢项目于2010年5月底建成投产，砖厂、选厂项目于2011年1月底建成投产。二期无水氟化氢项目于4月份开始建设，2011年3月底建成投产。

公司地处萤石储量居河南省之首的嵩县，目前已拥有桑树沟、阳坡湾、石台

公司总经理张宏宝陪同县委书记马振宇等县领导视察工作

团省委领导来公司视察工作

全国氟化工高峰论坛会议在本企业召开

公司办公大楼

专用罐装设备

冷冻车间

沟、小南沟、乱石沟、石磨沟、大路沟、沙里沟、道沟等十几座萤石矿，初步探明储量已达200万吨。目前已将车村南坪一矿、二矿、古满沟矿、木植街长城一矿、二矿及杨寺矿整合给我公司。公司投资1.2亿元引进瑞士布斯工艺，充分依托嵩县丰富的萤石资源及中金公司冶炼厂副产的硫酸，建设3万吨无水氟化氢及配套500吨/日萤石选厂和1.2亿块标砖生产线，2010年建成投产，投产后年产值3.5亿元，利润8000万元左右。该项目能有效利用嵩县的矿产资源，因此生产成本相对较低，在市场上具有绝对的竞争力。同时与之相配套的500吨/日萤石选厂项目也即将建设完毕，届时将成为河南省氟化工行业按照国家提倡的建立循环经济产业的企业，选厂产生的尾矿沙和化工厂所产生的炉渣作为砖厂生产的原材料，氟化氢所产生的氟石膏也将被制成新型墙体材料，既环保又节约了成本，同时选厂产生的废水经过处理循环利用，不造成任何环境污染，化工厂、选厂、砖厂三位一体、同时运作，节约节能，没有任何废弃物排放，符合目前国际要求的绿色环保生产。目前公司还在重点开发年产300吨六氟磷酸锂和2400吨电解液项目等，预计2011年底建成投产，市场前景广阔。力争用3至5年时间建成年产值30亿元、利税11.1亿元的氟化工产业基地，形成从萤石采选，氟化氢生产，并优选3至5个氟烃工业、氟化盐、含氟中间体及精细化学品、电子工业用含氟化学品、氟碳涂料等领域的高精尖项目，作为产业基地的龙头企业，最终建成我国氟化工产业研究、开发、生产的重要基地。

公司秉承“爱岗敬业、诚实守信、精诚团结、科技兴企”的经营理念，以科学发展观为指导，以提高市场竞争力为导向，以产业结构战略性调整为途径，以科技进步和技术创新为动力，把氟化工项目做大做强，发展氟化工循环经济，拉长产业链，开发生产其下游精细化学品，以提高对能源的综合利用率，增强企业综合实力，按照现代企业管理理念，为客户提供最优质的服务。

主装置楼

建设中的施工现场

河南金源黄金矿业有限责任公司

工业和信息化部安全生产司司长吴风来视察公司安全生产工作

河南省副省长史济春视察公司工作

河南金源黄金矿业有限责任公司是中金黄金股份有限公司控股子公司，位于河南省嵩县城关镇祁雨沟，公司于1997年11月在嵩县工商局注册成立。2008年2月，中国黄金集团公司将持有51%的股份转让给中金黄金股份有限公司，公司成为上市公司。

现拥有采矿证面积18.56平方千米，保有黄金金属储量29吨，采选生产规模3000吨/日，总资产3.9亿元，员工2525人，其中中高级技术

洛阳市市委书记连维良视察安全生产工作

[illegible]于1997年，是中国黄金集团公司[illegible][illegible]黄金基地骨干企业，是目前我国最大的井下采矿单体黄金矿山。

主要业务范围是黄金矿开采、选冶、生产、销售、餐饮服务等。下属单位包括15个部室、1个选矿厂、2个采矿区、1个铸钢厂、1个黄金大厦和1个控股子公司。采矿区开拓方式主要是平硐+主、副井开拓，采矿方法主要是无底柱分段崩落法、下向大直径深孔阶段矿房嗣后充填法和有底柱分段空场法，选矿方法是三段一闭路碎矿、一段一闭路磨矿，重选（尼尔森）+浮选工艺，主要产品为合质金和金精矿。

中国黄金集团公司总经理、党委书记孙兆学视察工作

公司始终坚持“超常规思维、跨越式发展”的理念，深入贯彻科学发展观，进一步彰显“安全第一、效益优先、以人为本”的企业精神。1997成立至2009年底，共生产黄金11吨，实现利润3.2亿元，上缴地方税费3.5亿元以上，为地方经济作出了贡献。公司还十分重视承担社会责任，积极帮扶困难、弱势群体，为当地公益事业、学校改建和周围村庄新农村建设等投入了大量资金，深受地方政府和当地群众的好评，为构建和谐社会作出了应有的贡献。

公司多次荣获国家、省、市、县嘉奖。先后被国家人力资源和社会保障部、中国黄金协会授予“全国黄金行业先进集体”荣誉称号，被中国黄金集团公司授予“先进集体”和“基础管理达标企业”称号，被河南省总工会授予“五一劳动奖章”，被河南省环保厅评为“绿色企业”，被洛阳市人民政府评为“安全生产先进企业”等荣誉。

钢化螺旋溜槽机组

运矿车

选矿厂全景

洛阳矿业集团力泰

党委书记、总经理 王二军

洛阳矿业集团力泰矿业开发有限公司成立于2009年3月12日，在洛阳市委、市政府，嵩县县委、县政府的大力支持下，在洛阳矿业集团的直接领导下，在河南省核工业地质局的全力配合下，力泰公司资源整合工作开展顺利。已整合大石门沟金矿采矿权一个，安沟钼多金属探矿权和大石门沟金矿外围钼矿探矿权两个、萤石探矿权一个，成果显著。

公司地质工作主要集中在东西长约1600米，南北宽600～800米，面积约4平方公里的螃蟹沟—木头沟探矿区。经过2009年度物探、槽探、坑探、钻探等地质探矿工程的开展，现已初步探明工业品位以上钼矿石4亿多吨，钼金属量50万吨以上、铅金属量66万吨以上。经多名知名地质专家实地踏勘，一致认为该矿区为特大型的多金属矿山。为公司万吨选厂的建设奠定了坚实的资源基础，确保了万吨选厂项目顺利实施的资源储备。

洛阳市市委副书记李兴太(左一)、国资委主任唐超（左二）莅临力泰公司检查指导工作

结合前期探矿成果及矿区实际，经专家多方论证，已于2010年年初制定并通过了力泰公司螃蟹沟—木头沟探矿区及新整合的安沟矿区的资源勘查工作方案。目前，钻探等地质工作正在紧张进行当中，根据初步勘查结果分析，力泰公司2010年度有望实现钼金属量增储15万吨。同时，根据集团公司2010年度工作安排，力泰公司将有序开展金矿等资源的开发工作。目前，已完成相应施工队伍的招标工作。

力泰公司承办洛矿集团“青春在岗位上闪光”演讲比赛

洛矿集团副总经理张建设为力泰公司颁发先进集体奖

矿业开发有限公司

洛矿集团副董事长、党委书记李灵敏（中）莅临力泰公司检查指导工作

集团公司董事长段玉贤（中）、总经理秦传钧深入矿区指导工作

总经理王二军陪同集团公司总工程师王新义深入矿区一线

严格规范落实出入井管理

力泰公司总经理王二军深入选厂一线检查指导工作

嵩县中萤氟盐有限责任公司

董事长 薛文杰

嵩县中萤氟盐有限责任公司位于嵩县车村镇陈楼村，始建于1970年，是冶金部20世纪70年代初兴建的四大萤石生产企业之一。原名地方国营嵩县萤石联营公司，后改为地方国营嵩县萤石矿，1998年改制为股份制企业，更名为嵩县中萤氟盐有限责任公司。公司现有2个车间，6个科室。职工380人，大、中专以上学历58人，专业技术人员36人，公司提出了“规范管理、创新高效、和谐发展”的经营理念，克服种种困难保持企业生产经营稳定发展。

2009年，嵩县中萤氟盐有限责任公司认真学习实践科学发展观，坚持以人为本，走可持续发展的道路，把员工就业、职工工资、生活福利正常发放，企业生产经营正常运行作为公司各项工作主线，面对公司资源贫化、采矿深度增加、成本剧增、地压释放严重、巷道经常变形、工作环境不断恶化等一系列问题，号召广大职工转变观念、团结一致、克服困难，保证了生产经营工作的连续稳定运行。公司一方面积极和省有关单位联系签订合作协议，进行深部探矿；另一方面从内部挖掘潜力，积极探索低品位选矿和尾矿回收利用工作。同时，根据省地矿厅和县有关文件精神，积极参与萤石资源整合工作。2009年，公司主营产品萤石精粉生产8600吨，萤石块矿生产7900吨，完成销售收入1300万元，上缴税收170万元，实现利润35万元。

办公大楼

采区大井架

2009年，公司投入200多万元对设备、工艺进行改造，并对尾矿库工程进行专项治理、聘请有关专家对低品位选矿技术进行试验研究，已取得积极的成果。2009年，中萤公司获得市政府授予的“安全生产先进单位”称号。

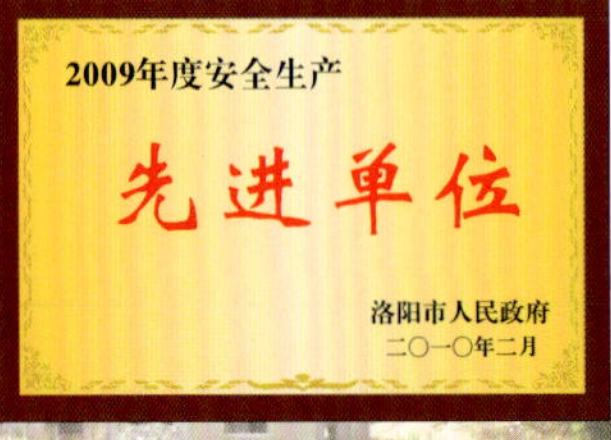

采区

嵩县金牛有限责任公司

环境保护部华北督察中心主任黄滨辉到公司视察

嵩县金牛有限责任公司是于2007年6月，由中国黄金集团公司在原嵩县金牛有限责任公司和原嵩县前河矿业有限责任公司控股（60%）、嵩县黄金有限公司参股（40%）的基础上，重新组建的集采、选、冶为一体的股份制企业。

中国黄金集团公司副总经理王富江（右三）视察公司地质探矿工作

公司现有职工1560人，总资产1.3亿元。公司下设前河、东湾、店房、牛头沟四个分矿，10余个职能部室，采选能力1650吨/日，是一个“以金为主、多元发展”的大型黄金矿山企业。

目前，由金牛公司（含前河公司）、金源公司、嵩原冶炼厂组成的嵩县黄金基地，已成为中国黄金集团公司规划的5个储量超百吨、年产量超5吨的大型黄金基地之一。金牛公司正依托集团公司和嵩县地方政府的大力支持，秉承“超常规思维、跨越式发展”的理念，积极化资源优势为经济优势，金牛公司牛头沟3000吨/日、东湾2000吨/日采选扩建工程正在论证、规划、实施，一个现代化的特大型黄金企业正崛起于洛南大地。

嵩县县长李大伟陪同省黄金局局长崔建国到公司调研

前河公司办公楼

金牛公司牛头沟矿选厂

总经理关士良（右二）与中金公司领导在一起

金牛公司东湾矿选厂

义煤集团永兴工程有限责任公司

公司总经理 吕涛

党委书记 张文革

义煤集团公司董事长武予鲁来单位视察工作（右一）

义煤集团永兴工程有限责任公司是豫西唯一一家从事地质勘探、岩土、测绘、矿山施工的二级企业，注册资本金3000万元，资产总额1.8亿元，现有职工1628人，2009年实现产值3.16亿元。

公司自2007年改制以来，始终坚持“诚信、务实、创新、发展”的经营理念，先后完成义马煤业集团10余个矿井的勘探及补勘工作，施工各类钻孔428个，总进尺30余万米，特甲级孔率达95%以上，探明储量3亿多吨。

省级文明单位揭牌仪式

为扩大市场占有份额，2008年公司确定了以勘探、建井、开拓掘进三个主业为重点的生产模式，两年来，开拓掘进如雨后春笋，由原来的8个队迅速扩建到41个队，年进尺10000米，年产值1亿元，迅速成为公司的支柱产业，施工地跨河南、青海、新疆、山西等5省（区），凭着良好的信誉、优良的工程质量成为豫西地区规模最大的矿山施工企业。

2009年荣获中国煤炭建筑协会颁发的“全国建筑业优秀企业”，被河南省委、省政府命名为“省级文明单位”、“三门峡建筑业优秀企业”。

工作现场

公司游园

新春文艺晚会

承建的棚改工程

岩土勘察工程

灵宝黄金投资公司

灵宝黄金投资公司成立于2004年5月18日，是整合收购6家破产企业资产而组建的国有独资企业。公司位于灵宝市黄河路中段，下辖四个矿区、10个部（室）。现有在岗员工1453人，其中各类专业技术人员150人。公司注册资金1亿元，拥有采矿权面积51.6674平方公里，勘查区面积3.41平方公里，采选规模1550吨/日。公司成立以来，累计生产黄金42.6万两，实现利税8629.8万元，是灵宝市三大黄金矿山骨干企业之一。

公司成立6年来，紧紧围绕“生产改制两手抓，产量效益双提高”的工作目标，着力抓好资源管理，大力实施项目建设和技术改造，不断提升管理水平，形成了生产布局合理、效益稳中有升、管理日渐完善、活力逐步凸显的好局面。

总经理、党委书记　王建银

市委副书记任晓云（中）、副市长朱振华（左）在矿区检查安全生产

一矿区200吨新选厂

二矿区300吨炭浆吸附工艺新选厂

副市长李赞鹏在矿区检查工作

安全生产标准化坑口

河南省地质博物馆

河南省地质博物馆与河南省地质事业的开端与发展同步。

1931年，河南省地质调查所在开封设地质标本陈列室，时藏化石、岩石和矿物标本250余种，到1948年，陈列室标本增加到436种；1952年，中南地质局将原河南地质调查所的标本运往武汉陈列。1956年，河南省地质局开始筹建河南地质博物馆。

馆长蒲含勇接待日本福井恐龙博物馆东洋一博士(左二)及中国地质科学院吕君昌博士（左一）

馆长蒲含勇在现场指导工作

2009年6月30日，馆长蒲含勇接待阿尔及利亚矿业代表团

馆长蒲含勇（右二）、副馆长徐莉博士（右一）、高殿松博士（左二）等接待美国自然历史博物馆艾伦·德雷格博士

1960年5月，全国博物馆会议文件将河南地质博物馆列为全国七大省级地质博物馆之一。1966年，河南地质博物馆已设有9个陈列室，馆藏各类标本3400余件。“文化大革命”时期，河南地质博物馆被迫关闭，并遭受严重破坏，标本全部遗弃或丢失。

1983年10月，重新筹建地质陈列馆，隶属省地质矿产局经济技术研究室管理，1984年重新开馆，设金属矿产室、宝玉石室、能源矿产室、非金属室、岩矿室、生物室、地质成果标本室和录像放映室共8个展室。

2001年，河南省组建河南省地质博物馆。承担全省地质博物展览管理和标本（展品）的收藏、研究，负责国土资源地质资料、土地资料、档案、图书文献等的接收、保管、维护及社会公益性服务工作。2004年7月，博物馆人事关系正式由省地质矿产勘查开发局划归省国土资源厅管理。2005年1月，新馆筹建工作正式启动。2008年4月免费对外开放，截至2009年底，累计接待超过100万人次，迎来了20多个国家的专家与宾朋，已成为河南贡献给中国和世界的一道美丽风景。

张兴辽总工程师（河南省地质博物馆原馆长）陪同徐绍史部长、郭庚茂省长考察省地质博物馆

2009年6月6日，国土资源部科普教育基地揭牌仪式

河南省地质博物馆开展野外古生物化石调查发掘工作

北京自然博物馆李建军博士（右三）在河南进行野外考察

河南省地质博物馆特聘研究员吕君昌博士（上）在汝阳县史家沟采集同位素样品

河南省地质博物馆为广东省河源恐龙博物馆制作汝阳黄河巨龙模型

三位地质专家野外考察发现植物化石（左起：王海清、徐莉、王志宏）

河南省地质环境监测院

精诚团结、勤奋务实的班子集体（左起：郑拓副院长，刘其明党总支书记，杨昌生院长，孔小刚副院长，甄习春副院长、总工程师

河南省地质环境监测院始建于1980年12月，为河南省国土资源厅直属公益性事业单位，是省国土资源厅业务支撑机构，协助履行地质环境监测管理职责，承担日常地质环境监测工作，从事公益性技术服务。

单位内设地下水监测室、地质灾害调查监测室、矿山地质环境与国土整治室、环境地质调查评价室、信息室、科技情报资料室、地质环境实验测试中心、综合研究室等业务科室。同时，河南省国土资源厅依托该院成立了河南省地质灾害预警预报中心、河南省国土资源厅地质环境项目管理办公室、河南省国土资

2009年2月，杨士海副厅长来院调研地质环境工作

2009年11月，院"爱岗敬业"演讲比赛现场

2009年4月，全省地质环境管理工作会议

2009年6月，省政府召开汛期地质灾害应急指挥部会议，部署地质灾害防治工作

源厅地质灾害应急中心。该院拥有水工环地质勘查、地质灾害危险性评估、地质灾害防治工程勘查、设计、监理等多项甲级资质。

单位成立以来，先后承担环境地质调查、科研项目近400项，获国家、省（部）级奖60余项，在地质环境监测与管理、地质灾害调查科研领域均取得了丰硕成果，为全省经济社会发展作出了积极贡献。先后被授予“全国国土资源系统先进集体”、“全国地质灾害防治工作先进集体”、“全国地质资料管理工作先进集体”等荣誉称号。

2009年12月，全省地质环境监测座谈会围绕河南省地质环境监测工作和监测体系建设进行交流讨论

开展业务技术培训，组织技术人员到野外进行实地考察

汛期地质灾害巡查

2009年“5·12防灾减灾日”宣传现场

技术人员在调试自动化监测设备，以保证国家级单孔多层地下水示范监测井正常运行

矿山环境恢复治理工程施工现场

地质灾害治理工程施工现场

2009年6月，地质灾害应急会商系统演示

河南省国土资

河南省国土资源调查规划院院长 刘维德

河南省国土资源调查规划院党支部书记 高树青

刘维德院长为先进分院颁奖

河南省国土资源调查规划院是河南省国土资源厅直属的公益性、基础性事业单位，成立于1988年12月，原名河南省土地勘测规划队，1995年更名为河南省土地勘测规划院，2006年更名为河南省国土资源调查规划院。下设8个科室：总工室、办公室、国土资源信息工程所、国土资源调查所、土地勘测工程所、土地利用所、党务办公室和妇委会。现有在编人员45人，外聘人员17人。业务职能是：承担国家和省制定的有关土地管理的方针、政策、法规、制度的调研任务，参与土地科学

院支部集中学习党员领导干部廉政条例

源调查规划院

技术成果的研究、鉴定和评奖工作，并提供相关成果；承担土地管理和土地经济等方面理论和应用的研究；承担全省土地信息系统建设，开展信息开发应用的推广工作，指导各级土地信息方面的业务工作；承担全省土地资源调查方面的技术性、事业性工作；承担全省土地规划方面的技术性、事业性工作；承担省批建设用地的前期勘测定界工作；参与承担土地开发整理复垦工程设计和制图工作；承办省厅交办的其他工作。

中国地质勘查规划院院长郑凌志同志在副厅长李志民的陪同下到我院指导工作

院室领导在南水北调一期工程中现场指导工作

院领导现场动员

为更好地为全省国土资源管理部门提供技术服务，自1998年起，在有关市、县国土资源管理部门的大力支持与配合下，先后成立了17个下属分院。经过十年的历练，省国土资源调查规划院与下属分院已有数百名高、中级工程技术人员并拥有价值近千万元的专业技术设备，成为一支能为全省国土资源管理工作提供强有力技术支持的专业化技术队伍。

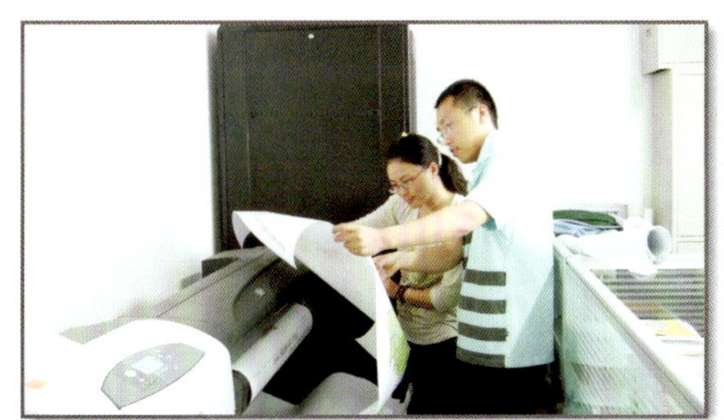

信息所

京港澳高速公路驻马店至信阳段改扩建

中原地区基本农田保护研究运用课题研讨会

河南省国土资

院长 冯进城

党委书记 林应满

团结拼搏、勇于超越的领导班子

河南省国土资源科学研究院（河南省矿产资源储量评审中心）原名河南省地质科学研究所，成立于1959年，是河南省国土资源厅负责全省国土资源基础性、公益性、战略性调查和评价工作的直属事业单位。

河南省国土资源科学研究院的主要职责：承担河南省重大国土资源调查、评价与勘查；编制各级国土资源总体规划与专项规划；组织实施与国土资源技术经济有关的科技攻关与理论研究；开展国土资源动态监测和“数字国土”工程；承接地质公园建设、地质遗迹保护、地质灾害评估等项目；负责由省国土资源厅认定、备案的矿产资源储量评审工作。在国土资源规划编制、地质勘查、地质遗迹保护和土地利用服务等领域取得了可喜成绩，先后荣获“全省地质工作先进集体”、“国土资源部地质灾害防治工作先进

嵖岈山国家地质公园地质遗迹保护工作验收

源科学研究院

建院五十周年庆典

矿业开发与环境遥感监测技术研究项目验收会

省矿业权实地核查工作进展工作交流会

国际交流

集体”、“全国地质勘查行业先进集体”等荣誉称号。

该院通过中国质量认证中心的ISO9001-2000质量管理体系认证，拥有固体矿产勘查甲级资质、地质灾害危险性评估甲级资质、地质灾害治理工程设计甲级资质、甲级工程咨询资格证书、乙级测绘资质证书、矿产资源储量评审资格证书等多项资格、资质。

荣获省国土资源厅庆祝国庆60周年歌咏比赛一等奖

河南省征地储备中心

主任　刘长胜

河南省征地储备中心是河南省国土资源厅直属的承担建设征地事务、地产市场交易及土地收购储备工作的事业单位。内设办公室、人事科、财务科、征地科、储备科、开发科、市场科。

中心领导班子

河南省征地储备中心承担国家大中型建设用地项目的政策与技术咨询服务；承接委托单位的建设项目用地的技术咨询、前期用地咨询、技术性论证及法律、政策咨询服务；受委托，承担国有土地收购、储备事务；承揽委托的建设征地拆迁和费用包

刘长胜主任在现场督导石武客专征迁进度

干工作，受委托承揽国家和省重点工程，跨省辖市建设工程用地的前期准备、开发和征地包干的具体事务工作；做好土地使用权的出让和划拨的准备及具体事务工作；协助办理建设用地手续，代理地产交易、租赁等事务；提供地产市场信息交流及资料、数据服务工作。

乔小雨副主任在现场冒雪研究施工进度问题

崔婷婷同志在“讲、树、促”教育活动演讲比赛中

新中国成立六十周年歌咏比赛中心全体参赛队员

主任刘长胜同志被铁道部授予火车头奖章

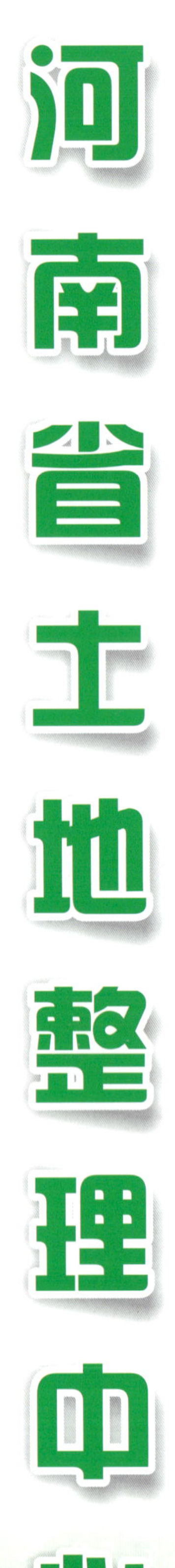

主任 陈新中

土地综合整治试点县座谈会

河南省土地整理中心正式组建于2001年8月，是河南省国土资源厅负责土地开发整理工作的直属事业单位。根据省编委《关于成立河南省土地整理中心的批复》和省国土资源厅《关于印发〈河南省土地整理中心职能配置、内设机构和人员编制方案〉的通知》，中心的主要职责是编制全省土地开发整理项目计划，并指导各省辖市组织实施；承担重点项目的实施；对地方编制项目计划进行技术指导；在全省范围内选择和运作项目；开展有关的调研及技术研究；参与拟定有关政策法规、技术规程、管理办法；承担技术培训；承办项目的鉴定、验收和复核；参与项目财务监督、检查、资金使用、效益评价等；参与编制全省土地开发整理专项规划；承办土地开发整理信息服务；开展国际交流合作等。中心规格为正处级，事业单位人员编制25名，其中处级领导职数5名，经费实行全额预算管理。结合工作职责，内设4个科室：办公室（人事科）、财务科、项目计划科、项目实施科，其中，办公室5人，财务科3人，项目计划科5人，项目实施科7人，科级干部共12人。

集中学习

预算定额评审1

预算定额评审2

参观焦裕禄精神展

省土地整理预算定额修编会

年度优秀个人

年度先进个人

歌唱祖国

绿色守护者

河南省地质

国土资源部部长徐绍史视察河南省地矿局干部职工

河南省地质矿产勘查开发局（简称河南省地矿局）成立于1957年，原隶属于地矿部。1999年实行属地化管理。2000年在省直机构改革中，从省地矿厅分离出来，成为省政府直属厅级事业单位。

局机关位于郑州市金水路28号，内设8个职能处室，事业编制71名，工作人员依照公务员管理。全局共有32个处级单位，分布在11个省辖市，其中地勘单位24个、公司8个。

全局拥有地质勘查资质145个，涉及11个专业领域，其中甲级78个，乙级48个，丙级19个；水工环资质116个，涉及7个专业领域，其中甲级（含一级、A级）58个，乙级（含二级）45个，丙级（含三级、C级）9个，其他4个。

建局50多年来，发现和评价了大批矿产资源，形成的矿产地1000余处，确立和巩固了我省的资源大省、矿业大省地位；提交了大批基础性、公益性地质工作成果，形成了

国土资源部部长徐绍史视察嵩县整合勘查矿区

河南省地矿局与三门峡市政府签订战略合作协议

河南省地矿局与河南省煤化工集团签订战略合作协议

矿产勘查开发局

河南省地矿局承办的深部找矿研讨会

全省地质工作服务体系；积累了大批地质矿产勘查资料和地学研究成果，为全省的地质工作、矿业发展和国土资源管理构建了地学支撑。

近年来，全局坚持以科学发展观为统领，深入贯彻落实温家宝总理“两个更加”的重要指示和《国务院关于加强地质工作的决定》，紧紧围绕省委、省政府重大决策部署，以“找矿、服务、促发展”为己任，坚持以地质勘查为主业，巩固发展工勘施工、矿产开发和多种经营，大力加强重大项目建设，实施“走出去”发展战略，创新地质勘查机制，深化地勘单位改革，加快市场主体建设，有力地促进了全局的科学发展。

国土资源部部长徐绍史视察一线职工

全局广大干部职工坚持发扬“以献身地质事业为荣、以艰苦奋斗为荣、以找矿立功为荣”的光荣传统，并形成了“特别能吃苦、特别能战斗、特别能奉献、特别能忍耐”的河南地矿精神，为加快中原崛起做出了应有贡献。

河南省地矿局等举办的地质找矿与科学发展论坛

河南省地矿局与洛阳市政府签订合作协议

河南省地质调查院

院长　张良

书记　孙模志

2009年，河南省地质调查院继续坚持以地质找矿为中心，不断增强公益性地质工作资源保障能力和服务功能，共承担国家和地方各类公益性地质工作项目103项。

将地质找矿作为公益性地质工作的中心任务，努力为国家和全省资源安全提供资源保障，开展了河南、西藏、新疆、内蒙古等省区，以及非洲津巴布韦和刚果（金）、大洋洲澳大利亚等国的矿产资源勘查与调查评价工作。提交新发现矿产地5处，圈定找矿靶区33处，另有多处已发现矿产地新增了矿产资源量。累计新增矿产资源量：铁9854万吨、铝土矿3540万吨、钼2.08万吨、铅锌43.34万吨、金3.8吨、银425吨。

省国土厅科技处组织专家对我院承担的豫西南铅锌银钼矿集区成矿规律及找矿方向研究成果评审鉴定

与栾川县人民政府共建栾川产学研基地

中国地质调查局领导莅临我院检查指导

参加河南省国土资源系统赴西南抗旱救灾

省国土厅科技处组织专家对我院承担的豫西南铅锌银钼矿集区成矿规律及找矿方向研究成果评审鉴定

紧密围绕国家需求和地方发展目标，积极拓展地质工作服务领域，基础地质、农业地质、水文与环境地质、城市地质、旅游地质、遥感地质、地学数据库与信息系统建设等工作取得一批重要成果。

加强地学科研，年内开展科研课题9项，有5项通过评审鉴定，其中3项成果达国际先进，2项成果达国内领先。另有多项成果获重大奖励，2项成果获国土资源部科技成果一等奖，1项成果获河南省科技进步二等奖，1项成果被中国地质学会评选为2009年度“十大找矿成果”之一。

承办河南省地质矿产勘查技能竞赛

与中国地质大学（北京）建设地学研究生联合培养示范基地

河南省地质矿产勘查开发局

第一地质勘查院

院长王建明深入灵宝安底金矿勘查项目指导工作

党委书记、副院长雷淮在庆“七一”会上讲话

河南省地矿局第一地质勘查院成立以来，在省地矿局的领导和社会各界的大力支持下，与时俱进、谋求发展，赢得了良好的业绩和广泛的社会信誉。具有光荣传统的南阳地质人在豫西南大地栉风沐雨、历尽艰辛，“以献身地质事业为荣，以找矿立功为荣，以艰苦奋斗为荣”。踏遍巍巍群山，取得了累累硕果：不仅承担了国家大量的战略性、基础性、公益性地质工作，还先后在豫西南探明了高铝三石（红柱石、蓝晶石、矽线石）、天然碱、石墨、水泥灰岩、膨润土、钾长石、独山玉等矿藏，为南阳赢得了“非金属之乡”、“宝玉石之乡”的美誉；并先后探明了金、银、锑、钨、铅、锌等40余处矿产地，发现各类矿产60余处，其潜在经济价值3000多亿元，为豫西南地方经济的发展作出了卓著的贡献，被地学界誉为“南阳劲旅、豫局功勋”。

新时期，地勘一院领导班子遵照温家宝总理“地质工作两个根本性转变”的要求，带领全院广大干部职工发扬“特别能吃苦、特别能战斗、特别能创新、特别能奉献”的“四特别”精神，大力加强市场主体建设，面向市场，奋力开拓，利用行业人才、技术、设备、管理优势，立足南阳，辐射国内外市场，积极参与西部开发。在地质勘查、地质灾害防治工程、水源地、地热资源开发、石油、天然碱的深井开凿、建筑基础施工、矿山建设与开发等方面承揽了百余项大中型工程，赢得了广泛的社会信誉，阔步走在地勘行业的前列。先后被授予“南阳市文明单位”、“南阳市标兵级文明单位”、“河南省地质工作先进集体”、“南阳市地质工作先进单位”、“河南省地矿系统先进单位”、“省级重合同守信用企业”、“河南省职业道德先进单位”称号，成为河南最具发展实力的大型综合地勘单位。

河南省新蔡县练村北部铁矿详查项目经过进一步勘查评价，新增资源量达大型矿产地规模

河南省唐河县周庵铜镍矿勘探项目发现了大型含铂族—铜镍硫化物矿床，其资源储量位居全国前列，该项目被中国地质学会评为2008年度十大地质找矿成果之一

河南省地质矿产勘查开发局

第一地质工程院

2009年，我院充分发挥勘察设计施工一体化的专业优势，打造水工环专业特色品牌形象，保持了在全省的领先地位。实施了781铀矿矿山地质环境治理工程（三期），项目总资金1900万元，治理矿山环境276000平方米。积极寻找和培育新的经济增长点，开辟了浅层地热能新业务，成功掌握了地温空调的安装工艺和技术，在院办公楼安装了成套的地温空调系统，并与郑东新区地矿大厦签订了施工安装合同，合同额914万元；承揽实施了西气东输三线和四线、中缅油气管道、中卫—贵阳油气管道等国家重点工程10000多公里的地质灾害评估、压矿评估等工作。在地质找矿方面，承揽实施了河南省偃龙煤田西村煤普查项目，获得煤资源量近10亿吨，取得了深部找矿新突破。实施的河南永银化工实业有限公司40万吨卤折盐矿山钻井工程，合同金额3400万元，成功实现了我院由中浅井向深层盐井的转变。在工勘施工传统业务强项上，承担实施了郑州新区郑州国际物流园区及拓展区城市规划工程地质勘察等项目，同时，积极参与市场竞争，相继中标遂平白云纸业桩基工程、驻马店热电厂2×300千瓦机组桩基工程、河南省送变电1000千伏特高压电网桩基工程、南水北调焦作段桥梁工程、新密电厂2×1000千瓦机组桩基工程、驻马店中心医院桩基工程、遂平月儿弯大桥等30余项市场项目。

国电驻马店热电厂2×300千瓦机组桩基工程

河南永银化工实业有限公司40万吨卤折盐矿山钻井工程

781铀矿矿山地质环境治理工程全景

阿特拉斯岩心钻探钻机在内蒙古西乌旗白音查干矿区施工

中石化镇海岚山原油商储库工程地质勘查(详勘)

河南省遂平县地热资源勘查

河南省地质矿产勘查开发局

第二地质队

中矿联咨询中心河南评审部专家验收几内亚558号矿区铝土矿勘探项目野外工作。项目工作区面积558平方公里,提交的资源量是河南省铝土矿保有资源储量的数倍

焦作煤田五里源煤普查，是河南省两权价款地质勘查项目，经该队2009年阶段性工作，初步估算的资源量达大型矿产地规模，实现了豫北地区深部地质找矿的重大进展。图为探取的煤心

几内亚3650号矿区铝土矿勘查开钻。项工作区面积2269平方公里，是该队在几内亚承担的大型铝土勘探项目，2009年发现并初步评价1处特大型铝土矿体

嵩县矿集区金多金属矿整合勘查。项目共8个勘查区，面积67平方公里。其中该队东湾、槐树坪两个勘查区，面积14平方公里，初步估算矿体金属量3909.5公斤。图为项目槐树坪矿区作业

河南省地质矿产勘查开发局

第三地质探矿队

队长　黄帆

河南省地矿局第三地质探矿队始建于1957年，队部位于洛阳市洛龙区关林。现拥有地质灾害防治、地基与基础施工、水文地质工程地质勘察、工程测绘、控制爆破等多项资质。全队拥有各类专业技术人员165人，高中级技工260人。

国土资源部部长徐绍史和洛阳市委书记连维良鼓励队长带好队伍，实现二次创业

2009年，探矿三队各项经济指标均创历史新高。实施的“两权”价款项目中的汝阳县里沟铅锌矿具有工业价值。与矿业企业合作，成功申报一项中央财政资源保护项目，这是我队首次获得的中央财政项目；岩心钻探方面有两台钻机全年施工接近3000米，这是我队在豫西复杂地层中创下的单机进尺纪录；地质环境公司实施的山西项目均为山西省重要建设项目；2009年，我队在青海省申办探矿权四个，承揽省外社会地质勘查项目四个。在青海省德令哈市开木棋河沟脑钼矿预查中，发现钼矿化带5条，钼矿化程度较好；2009年，队上对多种经营单位进行资金扶持，使其自我发展的能力有所增强，职工收入有较大幅度的提高。

省国土资源厅专家在对现场验收探矿三队承揽的新密甘砦煤矿矿山地质环境治理工程进行现场验收

2009年，我队资信体系建设成绩显著。地质钻探资质升级为甲级资质，新取得了乙级测绘资质。我队被评为先进企业、安全先进企业、质量管理先进企业。勘察公司被评为2008年度优秀勘察设计企业。2009年，我队在省局举办的党纪条规知识竞赛中荣获一等奖。

今后，我队将以打造“小综合、有强项”的综合型地勘队伍为工作中心，完善和推进事企两种体制分体运行，进一步调整产业结构，确保承担的中央财政和省财政项目高标准高质量完成，确保我队经济保持平稳快速增长，确保市场主体建设取得根本性突破。

河南省地矿局副局长王建平到探矿三队指导地质勘查工作

技术人员在青海省祁连县中铁目勒金矿普查

技术人员在认真操作

河南省地矿建设工程（集团）有限公司

河南省地矿建设工程（集团）有限公司组建于1997年，属国有企业，拥有多种高级别专业资质，注册资金13000万元。主管单位为河南省地质矿产勘查开发局。

公司拥有十一类14种专业资质，拥有对外经营权和进出口贸易权。并取得了质量管理体系、环境管理体系、职业健康安全管理体系认证，信用等级为AAA。还拥有一级、二级注册建造师近百人，是集工程勘查施工与科研为一体的国有大型建筑业企业。

总经理 牛先进

四川分公司负责人左庆红同志受到委员长吴邦国的接见

河南地矿集团实施“走出去”战略，精心打造“河南地矿”品牌，在省内、国内经济建设中取得了不斐的业绩。工作地域也由国内的塞北江南、东海西域拓展到东南亚、西非等海外市场，经营业绩稳定增长。2009年，公司的各类施工合同金额达到15亿元，经营业务涵盖了市政工程、水利水电、公路桥梁、房屋建筑、地热凿井、岩土工程勘查、地基与基础施工、地质灾害防治等领域，取得了令人瞩目的业绩，使“河南地矿”品牌在公司资质涵盖的各个领域越来越响。

“十一五”期间，河南地矿集团获得各类集体荣誉和专业技术成果奖50余项，多次获得河南省五一劳动奖状，省、部级文明单位，河南省管理创新最佳企业称号。从2003年以来，每年均荣获“河南省先进建筑企业”、“河南省建筑安全先进企业”称号。公司承担和参与建设的多项工程荣获国家级、省部级奖励。公司承建的广州新光快速路第九标段荣获了“广州市市政优良工程”、“广东省优良工程”。自2004年以来连续5年进入全国百强勘查企业。

荣誉证书

河南省地矿建设工程（集团）有限公司：

由贵单位承建的广州市新光快速路第9标段荣获2009年度广州市市政优良样板工程奖。

特发此证。

广州市优质样板工程

河南省地矿建设工程（集团）有限公司：

你单位勘察、设计的河南省地质博物馆综合楼工程 经国家工程建设质量奖审定委员会审定，荣获二〇〇八年度国家优质工程银质奖。特发此证，以资鼓励。

国家工程建设质量奖审定委员会

二〇〇八年十一月二十七日

国家优质工程银质奖

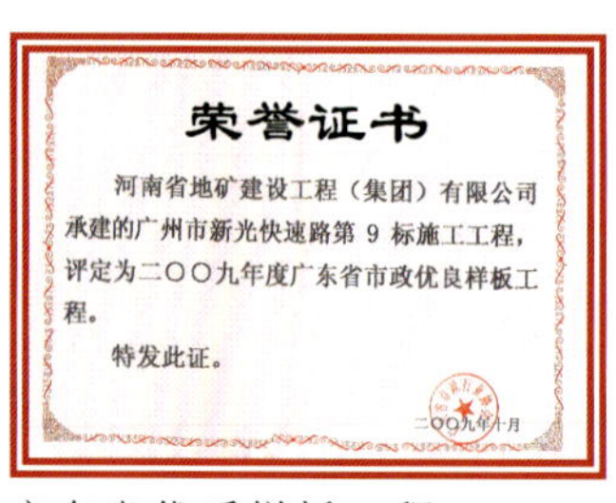

荣誉证书

河南省地矿建设工程（集团）有限公司承建的广州市新光快速路第9标施工工程，评定为二〇〇九年度广东省市政优良样板工程。

特发此证。

二〇〇九年十月

广东省优质样板工程

河南省地矿建设工程（集团）有限公司：

你单位勘察设计的郑州邮政综合生产楼工程 经国家工程建设质量奖审定委员会审定，荣获二〇〇五年度国家优质工程银质奖。特发此证，以资鼓励。

国家工程建设质量奖审定委员会

国家优质工程银质奖

河南省有色金属地质勘查总院

院长 白风军

河南省有色金属地质勘查总院拥有固体矿产勘查、地球物理勘查、地球化学勘查三个甲级勘查资质；遥感地质、岩矿鉴定与测试、工程测量三个乙级勘查资质；地质钻探、地灾治理两个丙级勘查资质，现有员工近200人，其中博士研究生5人，教授级高工6人，高级工程师35人，工程师88人。

我院以“承担国家委托及省内外基础性、公益性、战略性地质调查评价和矿产资源远景评价及矿产勘查工作为主要职责，先后完成了省部级科研、勘查等项目323项，为国家探明铝土矿、钼矿、铜矿、铁矿、银矿、金矿等各类矿产32种，探明矿区120处，其中大型矿床23处，中型矿床49处，共提交铝土矿矿石量10430.29万吨，钼金属量775553.6吨等。

白风军院长（中）到智利共和国第三大区铜矿区踏勘

我院地质勘查足迹遍布国内15个省市及越南、智利、老挝、蒙古、刚果（金）等国。近年来，先后为中国铝业、洛阳香江万基、永煤集团、中金集团进行渑池县雷沟铝土矿、偃师市管茅铝土矿、嵩县鱼池岭钼矿、栾川南泥湖钼矿、内蒙古毛登钼矿、新县姚冲钼矿等大中型铝土矿、钼矿地质勘查，为中国建材在老挝进行大型红土型铝土矿详查、中赫集团在蒙古进行钼矿详查。2009年获批河南省国土资源厅“河南省有色金属深部找矿技术研究重点实验室”。

我院热诚携手有志于地矿业腾飞的各界仁人志士共谋大业。

内蒙古乌兰察布市凉城县等三幅1：5万区域矿产地质调查项目地质填图

蒙古国前巴音钼矿勘查项目测量工作

GDP-32多功能电法仪应用于商丘一带航磁异常查证项目

河南省有色金属地质

河南省有色金属地质矿产局第六地质大队组建于1978年，先后隶属于冶金部、中国有色金属工业总公司、国家有色金属工业局，2000年属地化后，为省直河南省有色金属地质矿产局下属地质勘查单位。历经30多年发展，已形成集地质勘查、开发、水工环、物化探、测绘、化验、岩土、地质灾害防治等业务为一体的综合性地勘队伍。现有在职职工227人，各类专业技术人员139人，高级技术职称23人，其中博士2人。拥有固体矿产勘查、地质实验和测绘、液体矿产勘查、水文地质、工程地质、环境地质调查及地质灾害勘查、评估、设计、监理、施工等多项资质，拥有先进的专业设备百余台套，总资产近9000万元，是一支技术实力雄厚的地勘队伍。

队长 张银启

局长朱东晖深入矿区调研

建队以来，向国家提交各类地质勘查报告130余份，科研报告20余份；查明铝土矿2.48亿吨、金25吨、银2000余吨、水泥灰岩6000多万吨。六队的铝土矿勘查成果，为专家们编写我国《铝土矿、冶镁菱镁矿地质勘查规范》提供了基础资料。

队领导在贵州都匀矿区考察

局专家组深入洛宁范庄矿区考察

矿产局第六地质大队

河南省陕县支建铝土矿床、河南省洛宁地区银金多金属找矿、陕县支建—崖底铝土矿床项目、河南省渑池县水泉洼及坻坞铝土矿、河南省陕县王古洞铝土矿区普查等多项找矿成果荣获冶金部、中国有色金属工业总公司、国家有色金属工业局重大找矿成果奖。作为有色地勘系统找矿功勋队，六队为建成豫西铝土矿资源基地、熊耳山银金多金属矿资源基地作出了重大贡献。

河南省省委常委、洛阳市市委书记连维良参观队标本室

近年来，六队以科学发展观为指导，认真落实河南省有色金属地质矿产局“突出主业、拓宽实业、发展辅业、致富家业”发展战略，不断拓展找矿区域。立足省内，协助省有色地矿局分别和我省两个重要矿产资源基地—洛阳市和三门峡市签订了战略合作协议，并成立洛阳地质勘查院和三门峡地质勘查院，积极开展整装勘查和深部找矿工作；拓展省外，在新疆、四川、内蒙古、贵州等地开展了找矿工作，获取了数个矿权；开辟国外，积极实施“走出去”战略，在澳大利亚、缅甸、蒙古、刚果（金）等实地踏勘，投资入股刚果（金）地质调查公司。

2010年1月，与洛阳矿业集团签约勘查协议

2009年，六队在地质找矿、矿业开发（合作）、和谐单位建设上又取得重要进展，先后获得了河南省有色金属地质矿产局“突出主业奖”、“拓宽实业奖”，荣获省级“文明单位创建工作先进集体”和局“精神文明建设先进集体”和局“安全生产先进单位”等荣誉称号。

澳大利亚矿区实地踏勘

援川项目——江油市地灾调查

参加局新中国成立60周年合唱比赛

内蒙古锡盟野外找矿

HNYSDK 河南省有色金属地质

队长、党委副书记　秦 臻

河南省有色金属地质矿产局第三地质大队组建于1966年，其前身为“冶金工业部中南冶金地质勘探公司六零八队”（创建于1958年）。全队现有职工599人，专业技术人员164人，其中教授级高工1人，高工26人，工程师78人，是一支拥有高学历、高素质复合型专业人才和各类先进专业仪器设备的综合型地勘队伍。

三大队先后在省内外探明和发现矿产地300余处、矿种30余种，提交普查、详查和勘探地质报告510余份，提交查明资源储量的矿区近55处，发现大型矿床5处，中小型矿床36处。发现和勘查的秋树湾铜钼矿床、水洞岭铜锌矿床、银洞沟银铅锌矿床、山王庄凉水泉水泥灰岩矿床以及舞钢铁矿区外围勘探等都已形成了较好的经济效益和社会效益，为社会经济发展作出了突出贡献。近年来，还积极承担中央地质勘查基金项目、国土资源大调查项目、河南省地勘基金项目、河南省财政补贴和两权价款项目等20余项，通过工作取得了一批新的找矿成果。同时，还积极开拓社会市场，先后承揽并完成了大量工业与民用高层建筑、高速公路、铁路、桥梁等岩土工程勘查项目，并在矿山环境治理和评估、地质灾害治理与评估、土地整理等领域取得了丰硕成果。先后荣获国家和省部级科技进步奖23项，重大找矿成果奖12项。先后被国土资源部和河南省国土资源厅授予“全国地质勘查行业先进集体”和“河南省地质工作先进集体”光荣称号。

省国土厅副厅长李志民（右二）省有色局副局长贺建伟（右一）到矿区指导工作

马达加斯加铁矿区

荣誉证书

授予：河南省有色金属地质矿产局第三地质大队

“全国地质勘查行业先进集体”称号

证书编号：国土资勘集2007-054

二〇〇七年十月

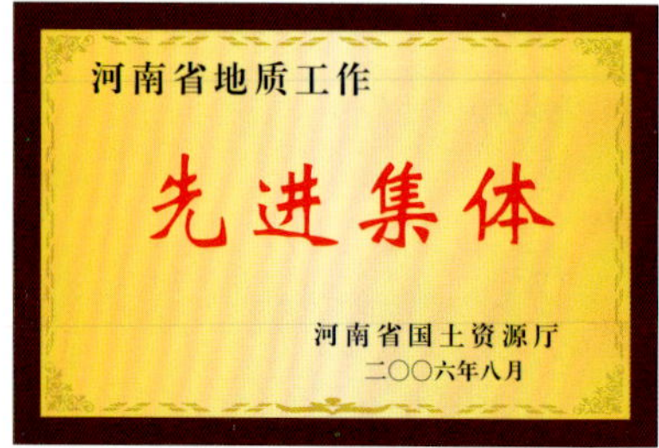

河南省地质工作

先进集体

河南省国土资源厅

二〇〇六年八月

河南省“十五”期间优秀地质找矿项目

项目名称：河南省镇平县凉水泉矿区水泥原料（大理石）矿地质勘探

一等奖

河南省国土资源厅

二〇〇七年八月

矿产局第三地质大队

队长秦臻在野外检查指导工作

副队长张智慧(右一)率队赴尼日利亚铜矿区考察

在纳米比亚找矿期间和该国总统努乔马合影留念

近年来，三大队紧紧围绕河南省有色地矿局党组提出的“巩固省内、拓展省外、开辟境外”的发展战略，充分利用“两种资源、两个市场”，积极开展境外找矿工作。先后在澳大利亚、纳米比亚、刚果（金）等国开展铜、金、铁、铀等矿产勘查，均取得了较好的找矿效果。近期，又与香港武钢广新锦华资源有限公司合作，承担了马达加斯加苏拉拉铁矿探矿项目。

技术人员在哈萨克斯坦江布尔州沃尔金斯金矿区

英国专家在南召龙洞大理岩矿区实地考察（与英国英格瓷有限公司合作项目）

利用三大队成果建成的中联航天水泥厂外景

内乡银洞沟大型银矿床Ⅰ号脉（国土资源大调查项目）

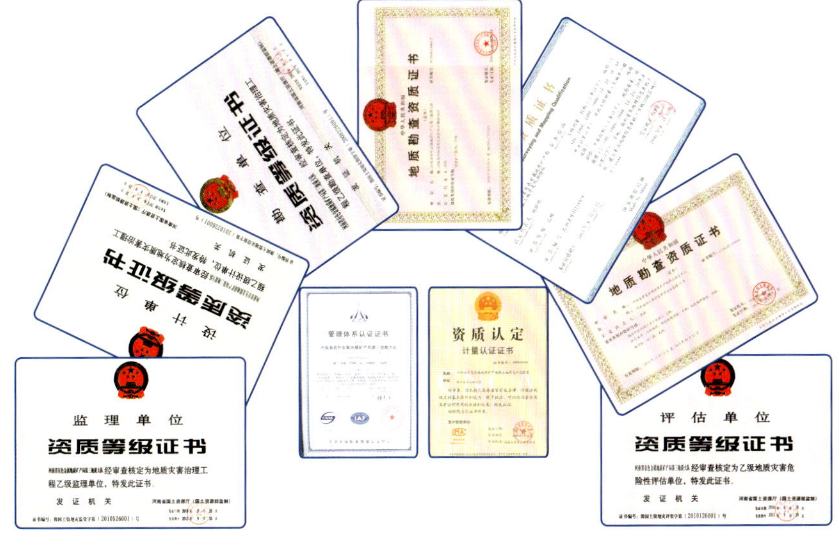

睢县榆厢煤矿区施工现场（两权价款项目）

河南省煤田地质局

局长、党委副书记 蒯保平

党委书记、副局长 李新增

团结奋进的领导班子

左起：耿建国（总工程师）、常基尧（工会主席）、赵宗敏（副局长）、管忠民（党委副书记、副局长）、蒯保平（局长、党委副书记）、李新增（党委书记、副局长）、朱永飞（党委副书记、纪委书记）、曹代功（副局长）、余广庆（副局长）

河南省煤田地质局建立于1954年8月，是一个拥有辉煌历史的国家级地质勘查功勋队伍，隶属于省国土资源厅领导。局机关内设办公室、政治部、纪委、财务处、审计处、监察处、规划发展处、人事劳动处、地质处、勘察技术处、离退休职工管理工作处、工会。全局现有职工6000余人，其中在职职工3856人，离退休人员2146人。各类专业技术人员1100余人，其中拥有高级职称161人，教授级高级工程师11人，中级职称338人。

全局下属12个二级单位，分别为河南省煤田地质局一队、河南省煤田地质局二队、河南省煤田地质局三队、河南省煤田地质局四队、河南省煤炭地质勘察研究院、河南省煤田地质局物探测量队、河南省煤田地质局资源环境调查中心、河南豫中地质勘察工程公司、河南卓越建设工程有限公司、河南嵩阳饭店有限公司、河南省煤田地质局机关服务中心、郑州煤田地质物资公司，分驻郑州、洛阳、新乡、平顶山等市。

2009年，全局共承担省级财政两权价款项目17个，社会商业性资源项目50多个，资源类勘查项目总计235个，提交各类地质报告227件，共提交煤炭资源量达57.77亿吨，其中省内提交各类煤炭资源量20.18亿吨，勘探储量3.55亿吨，详查储量3.15亿吨，普查储量6.23亿吨，预查资源量1.56亿吨，核实煤炭资源储量5.69亿吨。新成立的西北办事处在新疆维吾尔自治区进行煤炭资源勘查中取得了可喜的成绩，共获得勘查资源量37.59亿吨。完成了河南省最大的煤炭整装勘查"两权"项目"睢县西煤普查"的设计工作，并成为该项目下一步勘查的技术牵头单位，编制的《河南省煤炭资源潜力评价、资源远景圈定和优选成果报告》顺利通过省国土资源厅评审，确定了4个赋煤带，划分了18个煤田、2个找煤区，为河南省煤田地质工作指出了方向。

大口径瓦斯管道井

党委副书记、纪委书记朱永飞到钻机调研

被誉为“亚洲第一井”的安徽淮南瓦斯抽排井

蒯保平局长到一线工地指导工作

李新增书记到钻机现场看望职工

工会主席常基尧看望退休职工

煤矿抢险工程

煤矿注浆井

河南省煤炭地质勘察研究院

河南省煤炭地质勘察研究院院长 石建平

河南省煤炭地质勘察研究院书记 韩玉柱

河南省煤炭地质勘察研究院是集地质设计、勘查施工、科研、报告编制、测井、测绘、煤质检验、地质司法鉴定、工程监理等为一体的综合性勘察研究单位，具有国土资源部颁发的固体矿产勘查甲级资质和省国土资源厅颁发的气体矿产勘查、地球物理勘探、岩矿鉴定等十三项资质；煤田地质监理甲级资质、省高级人民法院和省司法厅注册登记成立的中原煤炭地质司法鉴定所。我院内设地质研究所、勘查研究所、物探研究所、煤化研究所、测井研究所、矿井地质研究所、煤层气研究所、资源环境地质研究所、测绘研究所、质量管理、安全管理、经营管理、综合办公室等职能部门。此外，我院经省技术监督局授权成立了河南省煤炭质量监督检验站、省国土厅批准成立了河南省煤层气重点实验室。我院还是中国煤炭检测协会主持单位，并组织每年的全国煤炭测试能力验证考核工作。

勘察院喜获坦桑尼亚鲁代瓦铜矿矿权

我院现有职工150人，专业技术人员占职工总数的92%，其中，中级以上职称人员占技术人员的60%以上。设备、仪器精良，技术力量雄厚。

技术人员现场分析岩芯

我院于2009年通过国家质量管理体系认证、职业健康安全管理体系认证、环境管理体系认证。先后承担国家和省内大中型地质勘查项目90余项，项目合格率保持100%；提交各类地质勘查设计、报告、科研报告、资源储量核实报告、矿井地质报告等380余件，提交各类煤炭储量120亿吨；地质成果获得各类奖励47项，其中，国家级6项、省级7项、厅局级34项。业绩卓著，成绩辉煌！

欢迎社会各界同仁携手共谋发展！

石建平院长、牛志刚总工视察新疆施工钻机

河南省煤田地质局二队

队长 张建奇

党委书记 李宏伟

正在施工的钻机

河南省煤田地质局二队位于洛阳市南约10公里的世界文化遗产——龙门石窟北侧，与洛阳新区毗邻。1954年建队，是一支有着五十五年光荣历史的国家级煤田地质勘查“功勋单位”。五十多年来，通过几代地质人的无私奉献和辛勤工作，我队累计勘探施工各类地质勘查项目348个，完成钻探进尺179.66万米，提交各类地质报告457件，提交煤炭资源储量153亿吨，煤层气1.04万亿立方米。拥有安阳、鹤壁、焦作、平顶山、新安、宜洛、陕渑、临汝、偃龙、登封、荥巩等煤田详实的地质资料。省内依据我队提交的地质勘查资料，建设矿井70余座，为河南成为全国第二煤炭大省作出了突出贡献。

职工住宅区新貌

职工篮球比赛

办公区外景

河南省煤田地质局四队

队长 阎冠欣

党委书记 缑延民

河南省煤田地质局四队成立于1954年，是一支从事煤田地质及多矿种地质勘查的专业队伍，隶属于河南省煤田地质局。

2009年10月19日省委常委、秘书长曹维新（前排左八）、副省长徐济超（前排左九）出席四队施工的中澳合作煤层气开发利用项目启动仪式

五十多年来，为了祖国的煤炭事业和社会经济的发展，河南省煤田地质局四队转战大江南北，先后在河南、广东、内蒙古、新疆、山西、陕西、甘肃、青海等省（区）施工，向国家提交煤田地质报告500余件，其中大型报告57件，探明煤炭储量150亿吨。近年来，四队又在河南、山西等省大力开发煤层气市场，为国家煤炭事业和清洁能源的开发作出了积极贡献。

开发山西阳泉煤层气项目

目前四队在职职工588人，专业技术人员141人，其中教授级高工2人、高级工程师25人、工程师60人。技术力量雄厚，机械设备精良，可承担煤层气参数井、生产井、定向井及丛式井，石油井、地热井、水源井、盐井、煤田井筒检查孔、注浆孔、冻结孔的设计和施工，煤田、有色矿产地质勘查设计、施工和报告编制，水文地质与工程地质勘查设计、施工和监理，地质钻探工具、金刚石钻头设计与制造，土地整理、地质灾害治理与评价，矿山、公路工程测量、城市地籍测量等。2009年，获得全国煤炭系统“建设和谐社区先进单位”荣誉称号，并在地质钻探工具、金刚石钻头的设计与制造方面，研发出新型工艺：绳索取心钻具及钻头，新型的PDC扩孔掏穴钻头(专利号为ZL 200610017895.5)。

四队是河南煤田地质局系统内唯一连续两届被河南省委、省政府命名的“省级文明单位”光荣称号的野外基层地勘单位，近几年来又连续多次被河南省煤田地质局命名为“双文明队”、“五好基层党委”。四队基地大院的地质社区党校被河南省委宣传部命名为“省级示范社区党校”。省、市、区及国土厅的各级领导多次到我队检查指导工作。四队正以“河南煤田、奉献永远”的精神风貌及优良的质量信誉为社会经济发展所需的能源保障继续作出新的更大的贡献。

队长阎冠欣、党委书记缑延民携全体员工向社会各界朋友问好！

河南豫中地质勘察工程公司

副省长史济春在公司钻井工地视察

河南豫中地质勘察工程公司成立于1986年，隶属于河南省煤田地质局，是一个以煤层气钻井施工为主的大型国有企业。公司现有员工600余人，其中，高、中级工程技术人员136人。公司下设5个钻井专业分公司，一个煤层气钻井工程技术研发中心，一个物资装备公司。

豫中公司拥有各类工程钻机及与之相配套的机具100余台套，其中1台石油4000米钻机，2台进口车载钻机，3台RPS3000钻机，6台GZ—2600钻机和12台12V190/1200HP柴油机，28台12V135柴油机，5台8V190柴油机以及5台F500泥浆泵，10台TBW1200/70泥浆泵等大型钻井设备；拥有无线随钻定向钻井、大口径绳索取心、复合钻进、空气钻进和气（液）动反循环钻进等先进钻井工艺设备和技术。其中，煤层掏穴机具获得了国家专利，煤层气参数井、丛式井和大口径瓦斯抽排井施工技术居全国同行业领先水平。

“亚洲第一井”竣工后受到表彰

豫中公司先后荣获“中国煤炭学会煤层气专业委员会团体会员单位”、“国家第五届优秀工程勘察铜奖”、“全国优秀工程勘察铜质奖”、“全国AAA诚信单位”、“全国勘察行业500强单位”和“河南省AAA诚信单位”、“河南省和谐劳动关系模范单位”、“河南省煤炭工业先进单位”、“共青团河南省委青年文明号”、“河南省煤炭行业非煤产业先进企业”、“郑州市创新示范岗”等荣誉称号。

豫中公司施工国内第一口煤层气掏穴井开工

豫中公司施工完成的一组煤层气丛式井

豫中公司施工的我省第一口煤层气参数井在焦作开工

河南省核工业地质局创建于1958年，现有职工1331人，各类专业技术人员313人，中级职称以上239人（高级51人）。其中，高工49人（地质勘查类23人）、工程师125人（地质勘查类76人）。

局长 胡龙廷

1987年参与找金以后，累计提交中型勘探金矿床2处、中型钼矿床2处、中型萤石矿床1处、中型铅锌矿床1处、小型勘探金矿3处，详查金矿点6处、银矿点1处，为国防事业发展和河南省矿产资源勘查与开发作出了突出贡献。

局领导检查指导野外地质工作

近年来，逐步建立起以工程勘察、地基基础施工、道路及桥涵施工为主要业务范围的建设工程有限公司，以硅微粉、绿色干燥剂、煤泥浮选剂等为主要产品的恒达实业公司和核力公司，以多金属勘查与开发为主要工作的地质调查院，以放射性核素检测为主的核素检测中心等实体单位，经济发展逐年攀升，综合实力显著增强。

局召开“地质找矿改革发展大讨论”活动动员大会现场

局长胡龙廷深入野外钻探施工现场指导工作

工业地质局

局召开第四次科学技术大会现场

生产现场

恒达公司干燥剂厂车间

河南省核工业地质局内抓管理、外树形象，以“三项制度”改革为龙头，以转换经营机制为依托，布局合理，机制灵活。2003年经河南省委和省政府批准，获得省级“文明单位”光荣称号，2006年获省“五一劳动奖状”称号。“十一五”期间，河南省核工业地质局将继续发扬核工业优良传统和作风，树立和落实科学发展观，全面加强党建和精神文明建设，以饱满姿态面向市场迎接挑战！

核素检测中心人员正在做矿样分析

企业文化

施工现场

河南省铁路土地管理局

局长李学章到集资建房现场检查土地利用情况

河南省铁路土地管理局是河南省国土资源厅的派出机构，接受河南省国土资源厅和郑州铁路局的双重领导。土地业务上受河南省国土资源厅领导，行使河南省政府土地部门授予的部分职能和权力。同时设立郑州铁路土地管理分局和洛阳铁路土地管理分局，两分局除受河南省铁路土地管理局的垂直领导外，在业务上是接受当地人民政府土地管理部门的指导。

局长李学章到基层作报告

2009年铁路用地管理工作研讨会

河南省铁路土地管理局管是河南省国营企业中用地较多的单位，也是跨地区多的用地大户。铁路用地具有线长、点多、涉及面广、多邻多界的特点。河南省铁路土地管理局担负着对铁路用地利用状况的检查指导、监督和管理。组织宣传贯彻执行土地管理法律、法规和政策，制定铁路用地

全局房地水林会议为铁路用地先进单位颁奖

2009年郑州铁路局职工集资建房工作推进会

郑州铁路局党、政联席会研究职工住房建设

6·25“土地日”宣传活动现场

6·25“土地日”宣传活动现场

南阳办公、生活区开工奠基现场

管理的规章制度。负责铁路用地的调查、申报、登记、统计和基建工程用地的验收和接管工作。按省国土资源厅赋予铁路土地监察的任务，做好铁路用地的监察工作，调查土地违法行为。依据国家和地方有关法规，配合县级以上人民政府土地管理部门处理土地纠纷。

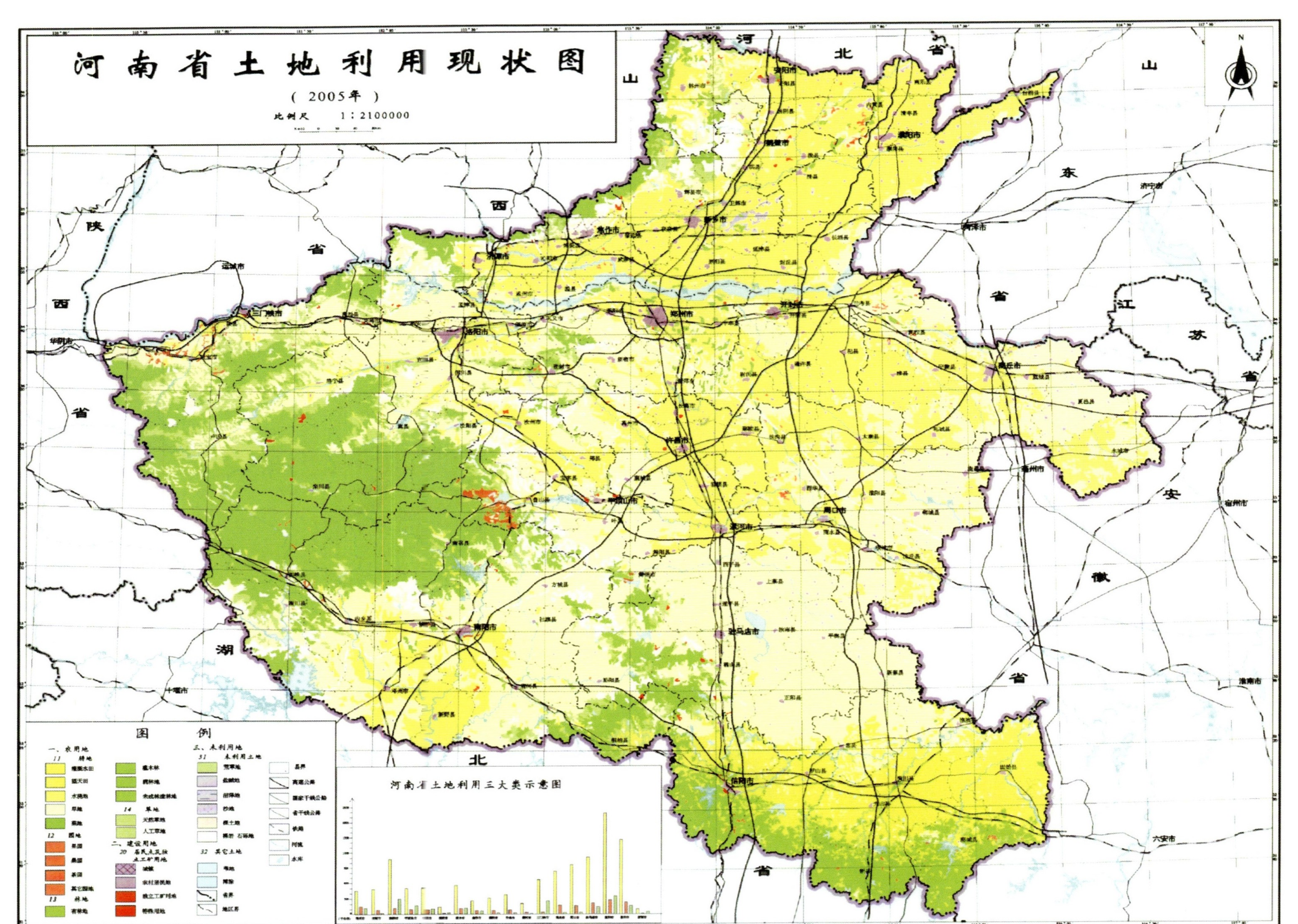

河南省土地利用现状图
（2005年）
比例尺 1：2100000
河 北 省
山 西 省
山 东 省
江 苏 省
安 徽 省
湖 北 省
陕 西 省
安阳市
鹤壁市
濮阳市
新乡市
焦作市
济源市
三门峡市
洛阳市
郑州市
开封市
商丘市
许昌市
平顶山市
漯河市
周口市
驻马店市
南阳市
信阳市
运城市
华阴市
十堰市
济宁市
菏泽市
亳州市
宿州市
淮南市
六安市
图例
一、农用地
11 耕地
灌溉水田
望天田
水浇地
旱地
菜地
12 园地
果园
桑园
茶园
其它园地
13 林地
有林地
灌木林
疏林地
未成林造林地
14 草地
天然草地
人工草地
二、建设用地
20 居民点及独立工矿用地
城镇
农村居民点
独立工矿用地
特殊用地
三、未利用地
31 未利用土地
荒草地
盐碱地
沼泽地
沙地
裸土地
裸岩石砾地
32 其它土地
苇地
滩涂
省界
地区界
县界
高速公路
国家干线公路
省干线公路
铁路
河流
水库
河南省土地利用三大类示意图